Des Sociétés commerciales
françaises et étrangères
par Rousseau

Tome II

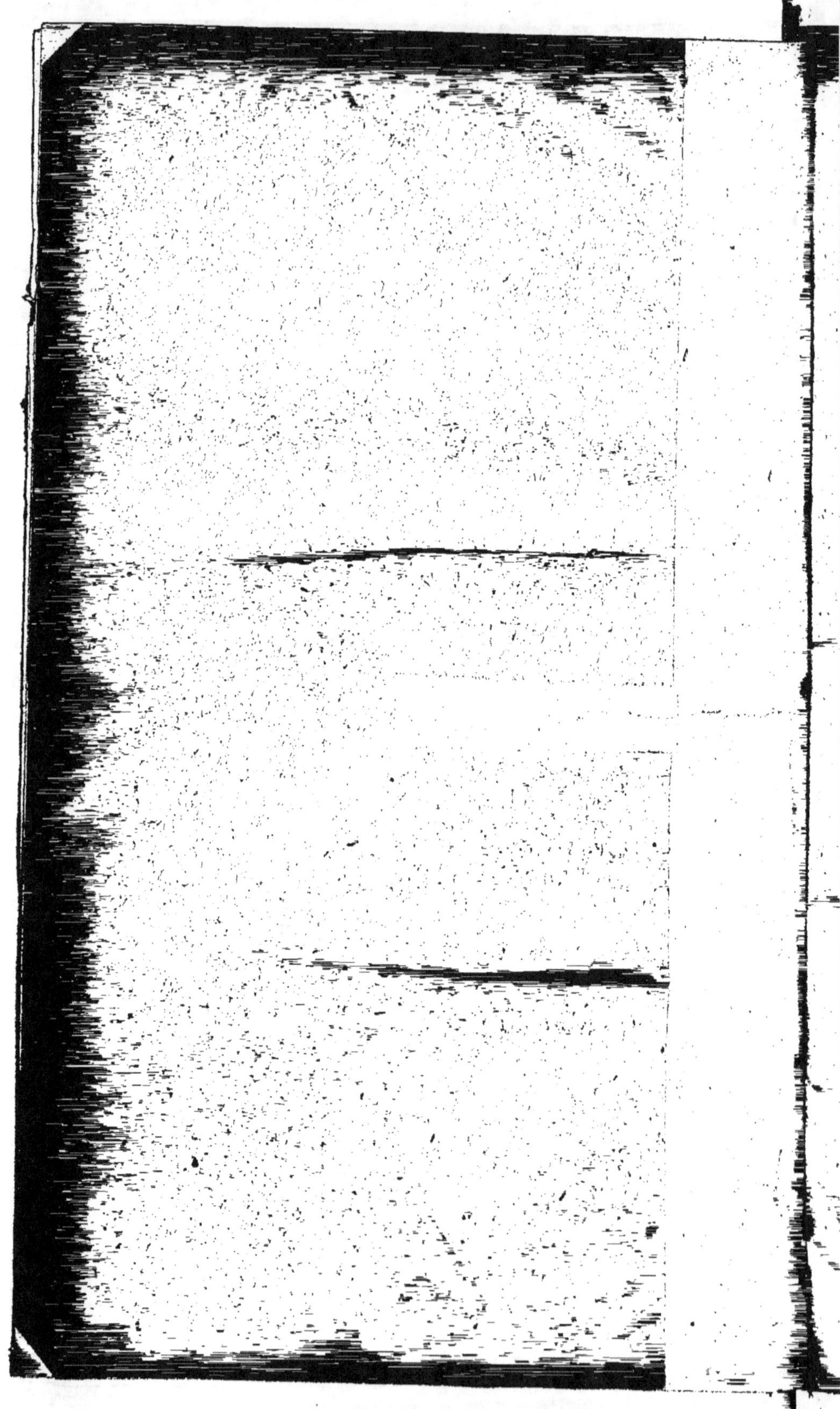

DES

SOCIÉTÉS COMMERCIALES

FRANÇAISES ET ÉTRANGÈRES

II

ERRATUM

TOME I

Page 161. SECTION VIII, *au lieu de* : Publication ; *lire* : Publicité.
Page 475, *au lieu de* : convention ; *lire* : conversion.

TOME II

Page 521,   N° 4112
          N° 4113   } *au lieu de* : 4 % ; *lire* : 10 %.

Page 525,   N° 4118, *au lieu de* : Mais l'impôt de 5 % sur le revenu ; *lire* : l'impôt de 10 %.

N. B. — L'impôt sur le revenu des valeurs mobilières est actuellement de 10 % (*Loi du 25 juin 1920, art.* 50).

TRAITÉ THÉORIQUE ET PRATIQUE

DES

SOCIÉTÉS COMMERCIALES

FRANÇAISES ET ÉTRANGÈRES

CONTENANT

UNE ÉTUDE DU RÉGIME FISCAL

ET SUIVI

DE FORMULES ANNOTÉES

RÉPONDANT A TOUS LES ACTES DE LA VIE SOCIALE

CINQUIÈME ÉDITION, *entièrement refondue*

PAR

RODOLPHE-ROUSSEAU

Avocat à la Cour d'appel de Paris
Secrétaire général du Congrès des Sociétés en 1889
Vice-Président, Rapporteur général du Congrès international des Sociétés
à l'Exposition de 1900
Rapporteur général de la Commission extraparlementaire instituée en 1902
au Ministère de la Justice pour la réforme de la législation des sociétés par actions
Fondateur de la *Gazette des Sociétés* et du *Droit Financier*

Mise au courant de la Jurisprudence la plus récente

et publiée par ses Collaborateurs

André DOLBEAU — Louis GALLIÉ

DOCTEURS EN DROIT, AVOCATS A LA COUR D'APPEL DE PARIS

Jacques RODOLPHE-ROUSSEAU

DOCTEUR EN DROIT

TOME DEUXIÈME

PARIS

LIBRAIRIE ARTHUR ROUSSEAU

ROUSSEAU ET Cie

ÉDITEURS

14, RUE SOUFFLOT ET RUE TOULLIER, 13

1921

II. — CODE DE COMMERCE

TITRE III
DES SOCIÉTÉS

SECTION I
DES DIVERSES SOCIÉTÉS ET DE LEURS RÈGLES.

Art. 18. — Le contrat de société se règle par le droit civil, par les lois particulières au commerce et par les conventions des parties.

Art. 19. — La loi reconnaît trois espèces de sociétés commerciales :

La société en nom collectif ;

La société en commandite ;

La société anonyme.

Art. 20. — La *société en nom collectif* est celle que contractent deux personnes ou un plus grand nombre, et qui a pour objet de faire le commerce sous une raison sociale.

Art. 21. — Les noms des associés peuvent seuls faire partie de la raison sociale.

Art. 22. — Les associés en nom collectif indiqués dans l'acte de société sont solidaires pour tous les engagements de la société, encore qu'un seul des associés ait signé, pourvu que ce soit sous la raison sociale.

Art. 23. — La *société en commandite* se contracte entre un ou plusieurs associés responsables et solidaires et un ou plusieurs associés simples bailleurs de fonds, que l'on nomme *commanditaires* ou *associés en commandite*.

Elle est régie sous un nom social, qui doit être nécessairement celui d'un ou plusieurs des associés responsables et solidaires.

Art. 24. — Lorsqu'il y a plusieurs associés solidaires et en nom, soit que tous gèrent ensemble, soit qu'un ou plusieurs gèrent pour tous, la société est à la fois société en nom collectif à leur égard, et société en commandite à l'égard des simples bailleurs de fonds.

Art. 25. — Le nom d'un associé commanditaire ne peut faire partie de la raison sociale.

Art. 26. — L'associé commanditaire n'est passible des pertes que jusqu'à concurrence des fonds qu'il a mis ou dû mettre dans la société.

Art. 27 (*Ainsi modifié, L. 6 mai 1863*). — L'associé commanditaire ne peut faire aucun acte de gestion, même en vertu de procuration.

Art. 28 (*Ainsi modifié, L. 6 mai 1864*). — En cas de contravention à la prohibition mentionnée dans l'article précédent, l'associé commanditaire est obligé, solidairement avec les associés en nom collectif, pour les dettes et engagements de la société qui dérivent des actes de gestion qu'il a faits, et il peut, suivant le nombre ou la gravité de ces actes, être déclaré solidairement obligé pour tous les engagements de la société ou pour quelques-uns seulement.

Les avis et conseils, les actes de contrôle et de surveillance n'engagent point l'associé commanditaire.

Art. 29. — La *société anonyme* n'existe point sous un nom social ; elle n'est désignée par le nom d'aucun des associés.

Art. 30. — Elle est qualifiée par la désignation de l'objet de son entreprise.

Art. 31. — Elle est administrée par des mandataires à temps, révocables, associés ou non associés, salariés ou gratuits (*Abrogé, L. 24 juill. 1867, art. 47*).

Art. 32. — Les administrateurs ne sont responsables que de l'exécution du mandat qu'ils ont reçu.

Ils ne contractent, à raison de leur gestion, aucune obligation personnelle ni solidaire relativement aux engagements de la société.

Art. 33. — Les associés ne sont passibles que de la perte du montant de leur intérêt dans la société.

Art. 34 (*L. 16 nov. 1903*). — Le capital social des sociétés par actions se divise en actions et même en coupons d'actions d'une valeur nominale égale.

Toute société par actions peut, par délibération de l'assemblée générale constituée dans les conditions prévues par l'art. 31 de la loi du 24 juill. 1867, créer des actions de priorité, jouissant de certains avantages sur les autres actions ou conférant des droits d'antériorité, soit sur les bénéfices, soit sur l'actif social, soit sur les deux, si les statuts n'interdisent point, par une prohibition directe et expresse, la création d'actions de cette nature.

Sauf dispositions contraires des statuts, les actions de priorité et les autres actions ont, dans les assemblées, un droit de vote égal.

Dans le cas où une décision de l'assemblée générale comporterait une modification dans les droits attachés à une catégorie d'actions, cette décision ne sera définitive qu'après avoir été ratifiée par une assemblée spéciale des actionnaires de la catégorie visée.

(*L. 22 nov. 1913.*) Cette assemblée spéciale, pour délibérer valablement, doit réunir au moins la portion du capital que représentent les actions dont il s'agit, déterminée par les paragraphes 2, 3 et 4 de l'art. 31 de la loi du 24 juill. 1867.

Art. 35. — L'action peut être établie sous la forme d'un titre au porteur. Dans ce cas, la cession s'opère par la tradition du titre.

Art. 36. — La propriété des actions peut être établie par une inscription sur les registres de la société.

Dans ce cas, la cession s'opère par une déclaration de transfert inscrite sur les registres et signée de celui qui fait le transport ou d'un fondé de pouvoir.

Art. 37 (*Abrogé, L. 24 juill. 1867, art. 47*). — *La société anonyme ne peut exister qu'avec l'autorisation du roi et avec son approbation pour l'acte qui la constitue ; cette approbation doit être donnée dans la forme prescrite pour les règlements d'administration publique.*

Art. 38. — Le capital des sociétés en commandite pourra être aussi divisé en actions, sans aucune autre dérogation aux règles établies pour ce genre de société.

Art. 39. — Les sociétés en nom collectif ou en commandite doivent être constatées par des actes publics ou sous signature privée, en se conformant, dans ce dernier cas, à l'art. 1325 C. civ.

Art. 40 (*Abrogé, L. 24 juill. 1867, art. 47*). — *Les sociétés anonymes ne peuvent être formées que par des actes publics.*

Art. 41. — Aucune preuve par témoins ne peut être admise contre et outre le contenu dans les actes de société, ni sur ce qui serait allégué avoir été dit avant l'acte, lors de l'acte ou depuis, encore qu'il s'agisse d'une somme au-dessous de 150 francs.

Art. 42 (*Abrogé, L. 24 juill. 1867, art. 65*). — *L'extrait des actes de la société en nom collectif et en commandite doit être remis, dans la quinzaine de leur date, au greffe du tribunal de commerce de l'arrondissement dans lequel est établie la maison de commerce social, pour être transcrit sur le registre et affiché pendant trois mois dans la salle des audiences.*

Si la société a plusieurs maisons de commerce situées dans divers arrondissements, la remise, la transcription et l'affiche de cet extrait seront faites au tribunal de commerce de chaque arrondissement.

Chaque année, dans la première quinzaine de janvier, les tribunaux de commerce désigneront, au chef-lieu de leur ressort, et à leur défaut dans la ville la plus voisine, un ou plusieurs journaux où devront être insérés, dans la quinzaine de leur date, les extraits d'actes de société en nom collectif ou en commandite, et régleront le tarif de l'impression de ces extraits.

Il sera justifié de cette insertion par un exemplaire du journal certifié par l'imprimeur, légalisé par le maire et enregistré dans les trois mois de sa date. Ces formalités seront observées, à peine de nullité, à l'égard des intéressés ; mais le défaut d'aucune d'elles ne pourra être opposé à des tiers par les associés.

Art. 43 (*Abrogé, L. 24 juill. 1867, art. 65*). — *L'extrait doit contenir :*

Les noms, prénoms, qualités et demeures des associés autres que les actionnaires ou commanditaires ;

La raison de commerce de la société ;

La désignation de ceux des associés autorisés à gérer, administrer et signer pour la société ;

Le montant des valeurs fournies ou à fournir par actions ou en commandite ;

L'époque où la société doit commencer et celle où elle doit finir.

Art. 44 (*Abrogé, L. 24 juill. 1867, art. 65*). — *L'extrait des actes de société est signé, pour les actes publics, par les notaires, et pour les actes sous seing privé, par tous les associés, si la société est en nom collectif, et par les associés solidaires ou gérants, si la société est en commandite, soit qu'elle se divise ou ne se divise pas en actions.*

Art. 45 (*Abrogé, L. 24 juill. 1867, art. 65*). — *L'ordonnance du roi qui autorise les sociétés anonymes devra être affichée avec l'acte d'association et pendant le même temps.*

Art. 46 (*Abrogé, L. 24 juill. 1867, art. 65*). — *Toute continuation de société, après son terme expiré, sera constatée par une déclaration des coasso-*

ciés. — Cette déclaration et tous actes portant dissolution de société avant le terme fixé pour sa durée par l'acte qui l'établit, tout changement ou retraite d'associés, toutes nouvelles stipulations ou clauses, tout changement à la raison de société, sont soumis aux formalités prescrites par les art. 42, 43 et 44.

En cas d'omission de ces formalités, il y aura lieu à l'application des dispositions pénales de l'art. 42, dernier alinéa.

ART. 47. — Indépendamment des trois espèces de sociétés ci-dessus, la loi reconnaît les *associations commerciales en participation*.

ART. 48. — Ces associations sont relatives à une ou plusieurs *opérations de commerce* ; elles ont lieu pour les objets, dans les formes, avec les proportions d'intérêt et aux conditions convenues entre les participants.

ART. 49. — Les associations en participation peuvent être constatées par la représentation des livres, de la correspondance, ou par la preuve testimoniale, si le tribunal juge qu'elle peut être admise.

ART. 50. — Les associations commerciales en participation ne sont pas sujettes aux formalités prescrites pour les autres sociétés.

ART. 51 à 63. — *Abrogés, L. 17 juill. 1856.*

ART. 64. — Toutes actions contre les associés non liquidateurs et leurs veuves, héritiers ou ayants cause, sont prescrites cinq ans après la fin ou la dissolution de la société, si l'acte de société qui en énonce la durée, ou l'acte de dissolution, a été affiché et enregistré conformément aux art. 42, 43, 44 et 46, et si, depuis cette formalité remplie, la prescription n'a été interrompue, à leur égard, par aucune poursuite judiciaire.

III. — LOIS GÉNÉRALES SUR LES SOCIÉTÉS COMMERCIALES

I. — Loi sur les sociétés du 24 juillet 1867 promulguée le 29 juillet 1867 modifiée dans certaines de ses dispositions par la loi du 1ᵉʳ août 1893.

Textes coordonnés.

TITRE PREMIER

DES SOCIÉTÉS EN COMMANDITE PAR ACTIONS

ART. 1ᵉʳ (*Modifié en ses deux premiers paragraphes par la loi du 1ᵉʳ août 1893, art. 1ᵉʳ*). — Les sociétés en commandite ne peuvent diviser leur capital en actions ou coupures d'actions de moins de 25 francs lorsque le capital n'excède pas 200.000 francs, de moins de 100 francs lorsque le capital est supérieur à 200.000 francs.

Elles ne peuvent être définitivement constituées qu'après la souscription de la totalité du capital et le versement en espèces, par chaque actionnaire, du montant des actions ou coupures d'actions souscrites par lui, lorsqu'elles n'excèdent pas 25 francs, et du quart au moins des actions lorsqu'elles sont de 100 francs et au-dessus.

Cette souscription et ces versements sont constatés par une déclaration du gérant dans un acte notarié.

A cette déclaration sont annexés la liste des souscripteurs, l'état des versements effectués, l'un des doubles de l'acte de société, s'il est sous seing privé, et une expédition, s'il est notarié et s'il a été passé devant un notaire autre que celui qui a reçu la déclaration.

L'acte sous seing privé, quel que soit le nombre des associés, sera fait en double original, dont l'un sera annexé, comme il est dit au paragraphe qui précède, à la déclaration de souscription du capital et de versement du quart et l'autre restera déposé au siège social.

ART. 2. — Les actions ou coupons d'actions sont négociables après le versement du quart.

ART. 3 (*Modifié par la loi du 1ᵉʳ août 1893, art. 2*). — Les actions sont nominatives jusqu'à leur entière libération. Les actions représentant des apports devront toujours être intégralement libérées au moment de la constitution de la société.

Ces actions ne peuvent être détachées de la souche et ne sont négociables que deux ans après la constitution définitive de la société.

(*Ajouté par la loi du 16 nov. 1903.*) En cas de fusion de sociétés par voie d'absorption, ou de création d'une société nouvelle englobant une ou plusieurs sociétés préexistantes, l'interdiction de détacher les actions de la souche et de les négocier ne s'applique pas aux actions d'apport attribuées à une société par actions ayant lors de la fusion plus de deux ans d'existence.

Pendant ce temps, elles devront, à la diligence des administrateurs, être frappées d'un timbre indiquant leur nature et la date de cette constitution.

Les titulaires, les cessionnaires intermédiaires et les souscripteurs sont tenus solidairement du montant de l'action.

Tout souscripteur ou actionnaire qui a cédé son titre cesse, deux ans après la cession, d'être responsable des versements non encore appelés.

ART. 4. — Lorsqu'un associé fait un apport qui ne consiste pas en numéraire, ou stipule à son profit des avantages particuliers, la première assemblée générale fait apprécier la valeur de l'apport ou la cause des avantages stipulés.

La société n'est définitivement constituée qu'après l'approbation de l'apport ou des avantages, donnée par une autre assemblée générale, après une nouvelle convocation.

La seconde assemblée générale ne pourra statuer sur l'approbation de l'apport ou des avantages qu'après un rapport qui sera imprimé et tenu à la disposition des actionnaires, cinq jours au moins avant la réunion de cette assemblée.

Les délibérations sont prises par la majorité des actionnaires présents. Cette majorité doit comprendre le quart des actionnaires et représenter le quart du capital social en numéraire.

Les associés qui ont fait l'apport ou stipulé des avantages particuliers soumis à l'appréciation de l'assemblée n'ont pas voix délibérative.

A défaut d'approbation, la société reste sans effet à l'égard de toutes les parties.

L'approbation ne fait pas obstacle à l'exercice ultérieur de l'action qui peut être intentée pour cause de dol ou de fraude.

Les dispositions du présent article relatives à la vérification de l'apport qui ne consiste pas en numéraire ne sont pas applicables au cas où la société à laquelle est fait ledit apport est formée entre ceux seulement qui en étaient propriétaires par indivis.

ART. 5. — Un conseil de surveillance, composé de trois actionnaires au moins, est établi dans chaque société en commandite par actions.

Ce conseil est nommé par l'assemblée générale des actionnaires immédiatement après la constitution définitive de la société et avant toute opération sociale.

Il est soumis à la réélection aux époques et suivant les conditions déterminées par les statuts.

Toutefois, le premier conseil n'est nommé que pour une année.

ART. 6. — Ce premier conseil doit, immédiatement après sa nomination, vérifier si toutes les dispositions contenues dans les articles qui précèdent ont été observées.

ART. 7. — Est nulle et de nul effet à l'égard des intéressés toute société en commandite par actions constituée contrairement aux prescriptions des art. 1er, 2, 3, 4 et 5 de la présente loi.

Cette nullité ne peut être opposée aux tiers par les associés.

ART. 8. — Lorsque la société est annulée, aux termes de l'article précédent, les membres du premier conseil de surveillance peuvent être déclarés responsables, avec le gérant, du dommage résultant, pour la société ou pour les tiers, de l'annulation de la société.

La même responsabilité peut être prononcée contre ceux des associés dont les apports ou les avantages n'auraient pas été vérifiés et approuvés conformément à l'art. 4 ci-dessus.

(*Ajouté par la loi du* 1er *août* 1893, *art.* 3.) L'action en nullité de la société ou des actes et délibérations postérieurs à sa constitution n'est plus recevable lorsque, avant l'introduction de la demande, la cause de nullité a cessé d'exister. L'action en responsabilité, pour les faits dont la nullité résultait, cesse également d'être recevable lorsque, avant l'introduction de la demande, la cause de nullité a cessé d'exister et, en outre, que trois ans se sont écoulés depuis le jour où la nullité était encourue.

Si, pour couvrir la nullité, une assemblée générale devait être convoquée, l'action en nullité ne sera plus recevable à partir de la date de la convocation régulière de cette assemblée.

Ces actions en nullité contre les actes constitutifs des sociétés sont prescrites par dix ans.

Cette prescription ne pourra, toutefois, être opposée avant l'expiration des dix années qui suivront la promulgation de la présente loi.

ART. 9. — Les membres du conseil de surveillance n'encourent aucune responsabilité en raison des actes de la gestion et de leurs résultats.

Chaque membre du conseil de surveillance est responsable de ses fautes personnelles, dans l'exécution de son mandat, conformément aux règles du droit commun.

ART. 10. — Les membres du conseil de surveillance vérifient les livres, la caisse, le portefeuille et les valeurs de la société.

Ils font, chaque année, à l'assemblée générale, un rapport dans lequel ils doivent signaler les irrégularités et inexactitudes qu'ils ont reconnues dans les inventaires, et constater, s'il y a lieu, les motifs qui s'opposent aux distributions des dividendes proposés par le gérant.

Aucune répétition de dividendes ne peut être exercée contre les actionnaires, si ce n'est dans le cas où la distribution en aura été faite en l'absence de tout inventaire ou en dehors des résultats constatés par l'inventaire.

L'action en répétition, dans le cas où elle est ouverte, se prescrit par cinq ans, à partir du jour fixé pour la distribution des dividendes.

Les prescriptions commencées à l'époque de la promulgation de la présente loi, et pour lesquelles il faudrait encore, suivant les lois anciennes, plus de cinq ans, à partir de la même époque, seront accomplies par ce laps de temps.

ART. 11. — Le conseil de surveillance peut convoquer l'assemblée générale et, conformément à son avis, provoquer la dissolution de la société.

ART. 12. — Quinze jours au moins avant la réunion de l'assemblée générale, tout actionnaire peut prendre par lui ou par un fondé de pouvoir, au siège social, communication du bilan, des inventaires et du rapport du conseil de surveillance.

ART. 13. — L'émission d'actions ou de coupons d'actions d'une société constituée contrairement aux prescriptions des art. 1er, 2 et 3 de la présente loi, est punie d'une amende de 500 à 10.000 francs.

Sont punis de la même peine :

Le gérant qui commence les opérations sociales avant l'entrée en fonctions du conseil de surveillance ;

Ceux qui, en se présentant comme propriétaires d'actions ou de coupons d'actions qui ne leur appartiennent pas, ont créé frauduleusement une majorité factice dans une assemblée générale, sans préjudice de tous dommages-intérêts, s'il y a lieu, envers la société ou envers les tiers ;

Ceux qui ont remis les actions pour en faire l'usage frauduleux.

Dans les cas prévus par les deux paragraphes précédents, la peine de l'emprisonnement de quinze jours à six mois peut, en outre, être prononcée.

ART. 14. — La négociation d'actions ou de coupons d'actions dont la valeur ou la forme serait contraire aux dispositions des art. 1er, 2 et 3 de la présente loi, ou pour lesquels le versement du quart n'aurait pas été effectué conformément à l'art. 2 ci-dessus, est punie d'une amende de 500 à 10.000 fr.

Sont punies de la même peine toute participation à ces négociations et toute publication de la valeur desdites actions.

ART. 15. — Sont punis des peines portées par l'art. 405 C. pén., sans préjudice de l'application de cet article à tous les faits constitutifs du délit d'escroquerie :

1° Ceux qui, par simulation de souscriptions ou de versements ou par publication, faite de mauvaise foi, de souscriptions ou de versements qui n'existent pas, ou de tous autres faits faux, ont obtenu ou tenté d'obtenir des souscriptions ou des versements ;

2° Ceux qui, pour provoquer des souscriptions ou des versements, ont, de mauvaise foi, publié les noms des personnes désignées, contrairement à la vérité, comme étant ou devant être attachées à la société à un titre quelconque ;

3° Les gérants qui, en l'absence d'inventaires ou au moyen d'inventaires frauduleux, ont opéré entre les actionnaires la répartition de dividendes fictifs.

Les membres du conseil de surveillance ne sont pas civilement responsables des délits commis par le gérant.

ART. 16. — L'art. 463 C. pén. est applicable aux faits prévus par les trois articles qui précèdent.

ART. 17. — Des actionnaires représentant le vingtième au moins du capital social peuvent, dans un intérêt commun, charger à leurs frais un ou plusieurs mandataires de soutenir, tant en demandant qu'en défendant, une action contre les gérants ou contre les membres du conseil de surveillance, et de les représenter, en ce cas, en justice, sans préjudice de l'action que chaque actionnaire peut intenter individuellement en son nom personnel.

ART. 18. — Les sociétés antérieures à la loi du 17 juillet 1856, et qui ne se seraient pas conformées à l'art. 15 de cette loi, seront tenues, dans un délai de six mois, de constituer un conseil de surveillance, conformément aux dispositions qui précèdent.

A défaut de constitution du conseil de surveillance dans le délai ci-dessus fixé, chaque actionnaire a le droit de faire prononcer la dissolution de la société.

Art. 19. — Les sociétés en commandite par actions antérieures à la présente loi, dont les statuts permettent la transformation en société anonyme autorisée par le gouvernement, pourront se convertir en société anonyme dans les termes déterminés par le titre II de la présente loi, en se conformant aux conditions stipulées dans les statuts pour la transformation.

Art. 20. — Est abrogée la loi du 17 juillet 1856.

TITRE II

DES SOCIÉTÉS ANONYMES

Art. 21. — A l'avenir, les sociétés anonymes pourront se former sans l'autorisation du gouvernement.

Elles pourront, quel que soit le nombre des associés, être formées par un acte sous seing privé fait en double original.

Elles seront soumises aux dispositions des art. 29, 30, 32, 33, 34 et 36 C. com., et aux dispositions contenues dans le présent titre.

Art. 22. — Les sociétés anonymes sont administrées par un ou plusieurs mandataires à temps, révocables, salariés ou gratuits, pris parmi les associés.

Ces mandataires peuvent choisir parmi eux un directeur, ou, si les statuts le permettent, se substituer un mandataire étranger à la société et dont ils sont responsables envers elle.

Art. 23. — La société ne peut être constituée si le nombre des associés est inférieur à sept.

Art. 24. — Les dispositions des art. 1er, 2, 3 et 4 de la présente loi sont applicables aux sociétés anonymes.

La déclaration imposée au gérant par l'art. 1er est faite par les fondateurs de la société anonyme ; elle est soumise, avec les pièces à l'appui, à la première assemblée générale qui en vérifie la sincérité.

Art. 25. — Une assemblée générale est, dans tous les cas, convoquée, à la diligence des fondateurs, postérieurement à l'acte qui constate la souscription du capital social et le versement du quart du capital, qui consiste en numéraire. Cette assemblée nomme les premiers administrateurs ; elle nomme également, pour la première année, les commissaires institués par l'art. 32 ci-après.

Ces administrateurs ne peuvent être nommés pour plus de six ans, ils sont rééligibles, sauf stipulation contraire.

Toutefois, ils peuvent être désignés par les statuts, avec stipulation formelle que leur nomination ne sera point soumise à l'approbation de l'assemblée générale. En ce cas, ils ne peuvent être nommés pour plus de trois ans.

Le procès-verbal de la séance constate l'acceptation des administrateurs et des commissaires présents à la réunion.

La société est constituée à partir de cette acceptation.

ART. 26. — Les administrateurs doivent être propriétaires d'un nombre d'actions déterminé par les statuts.

Ces actions sont affectées en totalité à la garantie de tous les actes de la gestion, même de ceux qui seraient exclusivement personnels à l'un des administrateurs.

Elles sont nominatives, inaliénables, frappées d'un timbre indiquant l'inaliénabilité et déposées dans la caisse sociale.

ART. 27. — Il est tenu, chaque année au moins, une assemblée générale à l'époque fixée par les statuts. Les statuts déterminent le nombre d'actions qu'il est nécessaire de posséder, soit à titre de propriétaire, soit à titre de mandataire, pour être admis dans l'assemblée, et le nombre de voix appartenant à chaque actionnaire, eu égard au nombre d'actions dont il est porteur.

(*Ajouté par la loi du 1er août 1893, art. 4.*) Tous propriétaires d'un nombre d'actions inférieur à celui déterminé pour être admis dans l'assemblée pourront se réunir pour former le nombre nécessaire et se faire représenter par l'un d'eux.

(*Ajouté par la loi du 22 nov. 1913, art. 3.*) Cette disposition est applicable aux sociétés constituées avant le 1er août 1913.

Néanmoins, dans les assemblées générales appelées à vérifier les apports, à nommer les premiers administrateurs et à vérifier la sincérité de la déclaration des fondateurs de la société, prescrite par le deuxième paragraphe de l'art. 24, tout actionnaire, quel que soit le nombre des actions dont il est porteur, peut prendre part aux délibérations avec le nombre de voix déterminé par les statuts, sans qu'il puisse être supérieur à dix.

ART. 28. — Dans toutes les assemblée générales, les délibérations sont prises à la majorité des voix.

Il est tenu une feuille de présence, elle contient les nom et domicile des actionnaires et le nombre d'actions dont chacun d'eux est porteur.

Cette feuille, certifiée par le bureau de l'assemblée, est déposée au siège social et doit être communiquée à tout requérant.

ART. 29. — Les assemblées générales qui ont à délibérer dans des cas autres que ceux qui sont prévus par les deux articles qui suivent doivent être composées d'un nombre d'actionnaires représentant le quart au moins du capital social.

Si l'assemblée générale ne réunit pas ce nombre, une nouvelle assemblée est convoquée dans les formes et avec les délais prescrits par les statuts et elle délibère valablement, quelle que soit la portion du capital représentée par les actionnaires présents.

ART. 30. — Les assemblées qui ont à délibérer sur la vérification des apports, sur la nomination des premiers administrateurs, sur la sincérité de la déclaration faite par les fondateurs aux termes du paragraphe 2 de l'art. 24, doivent être composées d'un nombre d'actionnaires représentant la moitié au moins du capital social.

Le capital social, dont la moitié doit être représentée pour la vérification de l'apport, se compose seulement des apports non soumis à vérification.

Si l'assemblée générale ne réunit pas un nombre d'actionnaires représentant la moitié du capital social, elle ne peut prendre qu'une délibération provisoire. Dans ce cas, une nouvelle assemblée générale est convoquée. Deux avis, publiés à huit jours d'intervalle, au moins un mois à l'avance, dans l'un des journaux désignés pour recevoir les annonces légales, font connaître aux actionnaires les résolutions provisoires adoptées par la première assemblée, et ces résolutions deviennent définitives si elles sont approuvées par la nouvelle assemblée, composée d'un nombre d'actionnaires représentant le cinquième au moins du capital social.

ART. 31 (*Loi du 22 novembre 1913*). — Sauf dispositions contraires des statuts, l'assemblée générale, délibérant comme il est dit ci-après, peut modifier les statuts dans toutes leurs dispositions. Elle ne peut toutefois changer la nationalité de la société ni augmenter les engagements des actionnaires.

Nonobstant toute clause contraire de l'acte de société, dans les assemblées générales qui ont à délibérer sur les modifications aux statuts, tout actionnaire, quel que soit le nombre des actions dont il est porteur, peut prendre part aux délibérations avec un nombre de voix égal aux actions qu'il possède, sans limitation.

Les assemblées qui ont à délibérer sur les modifications touchant à l'objet ou à la forme de la société ne sont régulièrement constituées et ne délibèrent valablement qu'autant qu'elles sont composées d'un nombre d'actionnaires représentant les trois quarts au moins du capital social. Les résolutions, pour être valables, doivent réunir les deux tiers au moins des voix des actionnaires présents ou représentés.

Dans tous les cas autres que ceux prévus par le précédent paragraphe, si une première assemblée ne remplit pas les conditions ci-dessus fixées, une nouvelle assemblée peut être convoquée dans les formes statutaires et par deux insertions, à quinze jours d'intervalle, dans le Bulletin annexe du Journal officiel et dans un journal d'annonces légales du lieu où la société est établie. Cette convocation reproduit l'ordre du jour en indiquant la date et le résultat de la précédente assemblée. La seconde assemblée délibère valablement si elle se compose d'un nombre d'actionnaires représentant la moitié au moins du capital social. Si cette seconde assemblée ne réunit pas la moitié du capital, il peut être convoqué, dans les formes ci-dessus, une troisième assemblée, qui délibère valablement, si elle se compose d'un nombre d'actionnaires représentant le tiers du capital social. Dans toutes ces assemblées, les résolutions, pour être valables, devront réunir les deux tiers des voix des actionnaires présents ou représentés.

ART. 32. — L'assemblée générale annuelle désigne un ou plusieurs commissaires, associés ou non, chargés de faire un rapport à l'assemblée générale de l'année suivante sur la situation de la société, sur le bilan et sur les comptes présentés par les administrateurs.

La délibération contenant approbation du bilan et des comptes est nulle, si elle n'a été précédée du rapport des commissaires.

A défaut de nomination des commissaires par l'assemblée générale, ou en cas d'empêchement ou de refus d'un ou de plusieurs des commissaires nommés, il est procédé à leur nomination ou à leur remplacement par ordonnance du président du tribunal de commerce du siège de la société, à la requête de tout intéressé, les administrateurs dûment appelés.

Art. 33. — Pendant le trimestre qui précède l'époque fixée par les statuts pour la réunion de l'assemblée générale, les commissaires ont droit, toutes les fois qu'ils le jugent convenable dans l'intérêt social, de prendre communication des livres et d'examiner les opérations de la société.

Ils peuvent toujours, en cas d'urgence, convoquer l'assemblée générale.

Art. 34. — Toute société anonyme doit dresser, chaque trimestre, un état sommaire de sa situation active et passive.

Cet état est mis à la disposition des commissaires.

Il est, en outre, établi chaque année, conformément à l'art. 9 C. com., un inventaire contenant l'indication des valeurs mobilières et immobilières et de toutes les dettes actives et passives de la société.

L'inventaire, le bilan et le compte des profits et pertes sont mis à la disposition des commissaires, le quarantième jour au plus tard avant l'assemblée générale. Ils sont présentés à cette assemblée.

Art. 35. — Quinze jours au moins avant la réunion de l'assemblée générale, tout actionnaire peut prendre, au siège social, communication de l'inventaire et de la liste des actionnaires, et se faire délivrer copie du bilan résumant l'inventaire et du rapport des commissaires.

Art. 36. — Il est fait annuellement, sur les bénéfices nets, un prélèvement d'un vingtième au moins, affecté à la formation d'un fonds de réserve.

Ce prélèvement cesse d'être obligatoire lorsque le fonds de réserve a atteint le dixième du capital social.

Art. 37. — En cas de perte des trois quarts du capital social, les administrateurs sont tenus de provoquer la réunion de l'assemblée générale de tous les actionnaires, à l'effet de statuer sur la question de savoir s'il y a lieu de prononcer la dissolution de la société.

La résolution de l'assemblée est, dans tous les cas, rendue publique.

A défaut par les administrateurs de réunir l'assemblée générale, comme dans le cas où cette assemblée n'aurait pu se constituer régulièrement, tout intéressé peut demander la dissolution de la société devant les tribunaux.

Art. 38. — La dissolution peut être prononcée sur la demande de toute partie intéressée, lorsqu'un an s'est écoulé depuis l'époque où le nombre des associés est réduit à moins de sept.

Art. 39. — L'art. 17 est applicable aux sociétés anonymes.

Art. 40. — Il est interdit aux administrateurs de prendre ou de conserver un intérêt direct ou indirect dans une entreprise ou dans un marché fait avec la société ou pour son compte, à moins qu'ils n'y soient autorisés par l'assemblée générale.

Il est, chaque année, rendu à l'assemblée générale un compte spécial de l'exécution des marchés ou entreprises par elle autorisés, aux termes du paragraphe précédent.

Art. 41. — Est nulle et de nul effet, à l'égard des intéressés, toute société anonyme pour laquelle n'ont pas été observées les dispositions des art. 22, 23, 24 et 25 ci-dessus.

Art. 42. — Lorsque la nullité de la société ou des actes et délibérations a été prononcée aux termes de l'article précédent, les fondateurs auxquels la nullité est imputable et les administrateurs en fonctions au moment où elle a été encourue (*modifié par la loi du 1er août 1893, art. 5*) sont responsables solidairement envers les tiers et les actionnaires du dommage résultant de cette annulation.

La même responsabilité solidaire peut être prononcée contre ceux des associés dont les apports ou les avantages n'auraient pas été vérifiés et approuvés conformément à l'art. 24.

(*Ajouté par la loi du 1er août 1893, art. 5.*) L'action en nullité et celle en responsabilité en résultant sont soumises aux dispositions de l'art. 8 ci-dessus.

Art. 43. — L'étendue et les effets de la responsabilité des commissaires envers la société sont déterminés d'après les règles générales du mandat.

Art. 44. — Les administrateurs sont responsables conformément aux règles du droit commun, individuellement ou solidairement suivant les cas, envers la société ou envers les tiers, soit des infractions aux dispositions de la présente loi, soit des fautes qu'ils auraient commises dans leur gestion, notamment en distribuant ou en laissant distribuer sans opposition des dividendes fictifs.

Art. 45. — Les dispositions des art. 13, 14, 15 et 16 de la présente loi sont applicables en matière de sociétés anonymes, sans distinction entre celles qui sont actuellement existantes et celles qui se constitueront sous l'empire de la présente loi. Les administrateurs qui, en l'absence d'inventaire ou au moyen d'inventaire frauduleux, auront opéré des dividendes fictifs, seront punis de la peine qui est prononcée dans ce cas par le n° 3 de l'art. 15 contre les gérants des sociétés en commandite.

Sont également applicables en matière de sociétés anonymes les dispositions des trois derniers paragraphes de l'art. 10.

Art. 46. — Les sociétés anonymes actuellement existantes continueront à être soumises, pendant toute leur durée, aux dispositions qui les régissent.

Elles pourront se transformer en sociétés anonymes dans les termes de la présente loi, en obtenant l'autorisation du gouvernement et en observant les formes prescrites pour la modification de leurs statuts.

Art. 47. — Les sociétés à responsabilité limitée pourront se convertir en sociétés anonymes dans les termes de la présente loi, en se conformant aux conditions stipulées pour la modification de leurs statuts.

Sont abrogés les art. 31, 37 et 40 C. com. et la loi du 23 mai 1863 sur les sociétés en responsabilité limitée.

TITRE III

DISPOSITIONS PARTICULIÈRES AUX SOCIÉTÉS A CAPITAL VARIABLE

Art. 48. — Il peut être stipulé, dans les statuts de toute société, que le capital social sera susceptible d'augmentation par des versements successifs faits par les associés ou l'admission d'associés nouveaux et de diminution par la reprise totale ou partielle des apports effectués.

Les sociétés dont les statuts contiendront la stipulation ci-dessus seront soumises, indépendamment des règles générales qui leur sont propres suivant leur forme spéciale, aux dispositions des articles suivants.

Art. 49. — Le capital social ne pourra être porté par les statuts constitutifs de la société au-dessus de la somme de 200.000 francs.

Il pourra être augmenté par des délibérations de l'assemblée générale, prises d'année en année ; chacune des augmentations ne pourra être supérieure à 200.000 francs.

Art. 50. — Les actions ou coupons d'actions seront nominatifs, même après leur entière libération.

Ils ne seront négociables qu'après la constitution définitive de la société.

La négociation ne pourra avoir lieu que par voie de transfert sur les registres de la société, et les statuts pourront donner, soit au conseil d'administration, soit à l'assemblée générale, le droit de s'opposer au transfert.

Art. 51. — Les statuts détermineront une somme au-dessous de laquelle le capital ne pourra être réduit par les reprises des apports autorisées par l'art. 48.

Cette somme pourra être inférieure au dixième du capital social.

La société ne sera définitivement constituée qu'après le versement du dixième.

Art. 52. — Chaque associé pourra se retirer de la société lorsqu'il le jugera convenable, à moins de conventions contraires et sauf l'application du paragraphe 1er de l'article précédent.

Il pourra être stipulé que l'assemblée générale aura le droit de décider à la majorité fixée pour la modification des statuts, que l'un ou plusieurs des associés cesseront de faire partie de la société.

L'associé qui cessera de faire partie de la société, soit par l'effet de sa volonté, soit par suite de décision de l'assemblée générale, restera tenu, pendant cinq ans, envers les associés et envers les tiers, de toutes les obligations existant au moment de sa retraite.

Art. 53. — La société, quelle que soit sa forme, sera valablement représentée en justice par ses administrateurs.

Art. 54. — La société ne sera point dissoute par la mort, la retraite, l'interdiction, la faillite ou la déconfiture de l'un des associés ; elle continuera de plein droit entre les autres associés.

TITRE IV

DISPOSITIONS RELATIVES A LA PUBLICATION DES ACTES DE SOCIÉTÉS

Art. 55. — Dans le mois de la constitution de toute société commerciale, un double de l'acte constitutif, s'il est sous seing privé, ou une expédition, s'il est notarié, est déposé aux greffes de la justice de paix et du tribunal de commerce du lieu dans lequel est établie la société.

A l'acte constitutif des sociétés en commandite par actions et des sociétés anonymes sont annexées : 1° une expédition de l'acte notarié constatant la souscription du capital social et le versement du quart ; 2° une copie certifiée des délibérations prises par l'assemblée générale dans les cas prévus par les art. 4 et 24.

En outre, lorsque la société est anonyme, on doit annexer à l'acte constitutif la liste nominative dûment certifiée des souscripteurs, contenant les nom, prénoms, qualité, demeure et le nombre d'actions de chacun d'eux.

Art. 56. — Dans le même délai d'un mois, un extrait de l'acte constitutif et des pièces annexées est publié dans l'un des journaux désignés pour recevoir les annonces légales.

Il sera justifié de l'insertion par un exemplaire du journal certifié par l'imprimeur, légalisé par le maire et enregistré dans les trois mois de sa date.

Les formalités prescrites par l'article précédent et par le présent article seront observées, à peine de nullité, à l'égard des intéressés ; mais le défaut d'aucune d'elles ne pourra être opposé aux tiers par les associés.

Art. 57. — L'extrait doit contenir les noms des associés autres que les actionnaires ou commanditaires ; la raison de commerce ou la dénomination adoptée par la société et l'indication du siège social ; la désignation des associés autorisés à gérer, administrer et signer pour la société, le montant du capital social et le montant des valeurs fournies ou à fournir par les actionnaires ou commanditaires ; l'époque où la société commence ; celle où elle doit finir et la date du dépôt fait aux greffes de la justice de paix et du tribunal de commerce.

Art. 58. — L'extrait doit énoncer que la société est en nom collectif, ou en commandite simple, ou en commandite par actions, ou anonyme, ou à capital variable.

Si la société est anonyme, l'extrait doit énoncer le montant du capital social en numéraire et en autres objets, la quotité à prélever sur les bénéfices pour composer le fonds de réserve.

Enfin, si la société est à capital variable, l'extrait doit contenir l'indication de la somme au-dessous de laquelle le capital social ne peut être réduit.

Art. 59. — Si la société a plusieurs maisons de commerce situées dans divers arrondissements, le dépôt prescrit par l'art. 55 et la publication prescrite par l'art. 56 ont lieu dans chacun des arrondissements où existent les maisons de commerce.

Dans les villes divisées en plusieurs arrondissements, le dépôt sera fait seulement au greffe de la justice de paix du principal établissement.

Art. 60. — L'extrait des actes et pièces déposés est signé, pour les actes publiés, par le notaire, et, pour les actes sous seing privé, par les associés en nom collectif, par les gérants des sociétés en commandite ou par les administrateurs des sociétés anonymes.

Art. 61. — Sont soumis aux formalités et aux pénalités prescrites par les art. 55 et 56 :

Tous actes et délibérations ayant pour objet la modification des statuts, la continuation de la société au delà du terme fixé pour sa durée, la dissolution avant ce terme et le mode de liquidation, tout changement ou retraite d'associés et tout changement à la raison sociale.

Sont également soumises aux dispositions des art. 55 et 56 les délibérations prises dans les cas prévus par les art. 19, 37, 46, 47 et 49 ci-dessus.

Art. 62. — Ne sont pas assujettis aux formalités de dépôt et de publication les actes constatant les augmentations ou les diminutions du capital social opérées dans les termes de l'art. 48 ou les retraites d'associés, autres que les gérants ou administrateurs, qui auraient lieu conformément à l'art. 52.

Art. 63. — Lorsqu'il s'agit d'une société en commandite par actions ou d'une société anonyme, toute personne a le droit de prendre communication des pièces déposées aux greffes de la justice de paix et du tribunal de commerce, ou même de s'en faire délivrer à ses frais expédition ou extrait par le greffier ou par le notaire détenteur de la minute.

Toute personne peut également exiger qu'il lui soit délivré au siège de la société une copie certifiée des statuts, moyennant payement d'une somme qui ne pourra excéder 1 franc.

Enfin, les pièces déposées doivent être affichées d'une manière apparente dans les bureaux de la société.

Art. 64. — Dans tous les actes, factures, annonces, publications et autres documents *imprimés ou autographiés*, émanés des sociétés anonymes, ou des sociétés en commandite par actions, la dénomination sociale doit toujours être précédée ou suivie immédiatement de ces mots, écrits lisiblement en toutes lettres : *société anonyme, ou société en commandite par actions,* et de l'énonciation du capital social.

Si la société a usé de la faculté accordée par l'art. 48, cette circonstance doit être mentionnée par l'addition de ces mots : *à capital variable.*

(*Ajouté par la loi du 26 avril* 1917.)Si la société use de la faculté d'émettre des actions de travail, cette circonstance doit être mentionnée par l'addition de ces mots : *à participation ouvrière.*

Toute contravention aux dispositions qui précèdent est punie d'une amende de 50 à 1.000 francs.

Art. 65. — Sont abrogées les dispositions des art. 42, 43, 44, 45, 46 C. com.

TITRE V

DES TONTINES ET DES SOCIÉTÉS D'ASSURANCES

Art. 66. — [*Les associations de la nature des tontines et les sociétés d'assurances sur la vie, mutuelles ou à primes, restent soumises à l'autorisation et à la surveillance du gouvernement*] (1).

Les autres sociétés d'assurances pourront se former sans autorisation. Un règlement d'administration publique déterminera les conditions sous lesquelles elles pourront être constituées.

Art. 67. — Les sociétés d'assurances désignées dans le paragraphe 2 de l'article précédent qui existent actuellement pourront se placer sous le régime qui sera établi par le règlement d'administration publique, sans l'autorisation du gouvernement, en observant les formes et les conditions prescrites pour la modification de leurs statuts.

(1) Cet alinéa a été abrogé par l'art. 22 de la loi du 17 mars 1905 [V. *infrà*].

Dispositions diverses.

Art. 68 (*Ajouté par la loi du* 1er *août* 1893, *art.* 6). — Quel que soit leur objet, les sociétés en commandite ou anonymes qui seront constituées dans les formes du Code de commerce ou de la présente loi seront commerciales et soumises aux lois et usages du commerce.

Art. 69 (*Ajouté par la loi du* 1er *août* 1893, *art.* 6). — Il pourra être consenti hypothèque au nom de toute société commerciale en vertu des pouvoirs résultant de son acte de formation même sous seing privé, ou des délibérations ou autorisations constatées dans les formes réglées par ledit acte. L'acte d'hypothèque sera passé en forme authentique, conformément à l'art. 2127 C. civ.

Art. 70 (*Ajouté par la loi du* 1er *août* 1893, *art.* 6). — Dans les cas où les sociétés ont continué à payer les intérêts ou dividendes des actions, obligations ou tous autres titres remboursables par suite d'un tirage au sort, elles ne peuvent répéter ces sommes lorsque le titre est présenté au remboursement.

Art. 71 (*Ajouté par la loi du* 1er *août* 1893, *art.* 6). — Dans l'art. 50, § 1er, sont supprimés les mots : « ils ne pourront être inférieurs à 50 fr. ».

TITRE VI

DES SOCIÉTÉS ANONYMES A PARTICIPATION OUVRIÈRE

Art. 72 (*Ajouté par la loi du* 26 *avril* 1917). — Il peut être stipulé dans les statuts de toute société anonyme que la société sera « à participation ouvrière ».

Les sociétés dont les statuts ne contiendraient pas cette stipulation pourront se transformer en sociétés à participation ouvrière, en procédant conformément aux paragraphes 2, 3 et 4 de l'art. 31 de la loi du 24 juill. 1867, modifié par la loi du 22 nov. 1913.

Les sociétés à participation ouvrière seront soumises, indépendamment des règles générales applicables aux sociétés anonymes, aux dispositions des articles suivants.

Art. 73 (*Ajouté par la loi du* 26 *avril* 1917). — Les actions de la société se composent :

1o D'actions ou coupures d'actions de capital ;

2o D'actions dites « actions de travail ».

Art. 74 (*Ajouté par la loi du* 26 *avril* 1917). — Les actions de travail sont la propriété collective du personnel salarié (ouvriers et employés des deux sexes) constitué en société commerciale coopérative de main-d'œuvre en conformité de l'art. 68 de la loi du 24 juill. 1867, modifiée par la loi du 1er août 1893. Cette société de main-d'œuvre comprendra, obligatoirement et exclusivement, tous les salariés attachés à l'entreprise depuis au moins un an et âgés de plus de vingt et un ans. La perte de l'emploi salarié fait perdre au participant, et sans indemnité, tous ses droits dans la coopérative de main-d'œuvre, sous la réserve de l'art. 79 de la présente loi.

Lorsqu'une société se constituera dès son début sous le régime de la présente loi, c'est-à-dire sous la forme de société anonyme à participation ouvrière, les statuts de la société anonyme devront prévoir la mise en réserve, jusqu'à l'expiration de l'année, des actions de travail attribuées à la collectivité des salariés. A l'expiration de ce délai, les actions seront remises à la coopérative de main-d'œuvre légalement constituée.

Les dividendes attribués aux ouvriers et employés faisant partie de la coopérative ouvrière sont répartis entre eux conformément aux règles fixées par les statuts de la société ouvrière et aux décisions de ses assemblées générales. Toutefois, les statuts de la société anonyme devront disposer que, préalablement à toute distribution de dividende, il sera prélevé sur les bénéfices, au profit des porteurs d'actions de capital, une somme correspondant à celle que produirait, à l'intérêt qu'ils fixeront, le capital versé.

En aucun cas les actions de travail ne pourront être attribuées individuellement aux salariés de la société, membres de la coopérative de main-d'œuvre.

Art. 75 (*Ajouté par la loi du 26 avril 1917*). — Les actions de travail sont nominatives, inscrites au nom de la société coopérative de main-d'œuvre, inaliénables pendant toute la durée de la société à participation ouvrière et frappées d'un timbre indiquant l'inaliénabilité et l'incessibilité de ces actions.

Art. 76 (*Ajouté par la loi du 26 avril 1917*). — Les participants à la société coopérative de main-d'œuvre sont représentés aux assemblées générales par des mandataires élus par ces participants, chacun de ceux-ci disposant pour cette élection d'autant de voix que son salaire annuel, établi sur les comptes arrêtés quinze jours avant l'assemblée générale, comprend de fois le chiffre du salaire le plus faible attribué par la société aux salariés âgés de plus de vingt et un ans. Ces élections ne sont valables que si les deux tiers des participants au moins ont assisté à la réunion où il y a été procédé.

Les mandataires élus doivent être choisis parmi les participants. Leur nombre est fixé par les statuts de la société anonyme.

Le nombre des voix dont disposent ces mandataires à chaque assemblée générale est au nombre des voix attribuées au capital qui y est représenté dans la même proportion que le nombre des actions de travail est à celui des actions de capital. Il est déterminé au début de chaque assemblée d'après les indications de la feuille de présence.

Les mandataires présents partagent également entre eux les voix qui leur sont ainsi attribuées, les plus âgés bénéficiant des voix restantes.

En cas d'action judiciaire, les mandataires élus à la dernière assemblée générale désignent un ou plusieurs d'entre eux pour représenter les participants. Si aucune élection n'avait encore été faite, ou si aucun des mandataires élus ne faisait plus partie de la coopérative de main-d'œuvre, il serait procédé à l'élection de mandataires spéciaux dans les formes et conditions prévues au paragraphe 1er du présent article. Toutes les décisions des assemblées générales coopératives de main-d'œuvre devront d'ailleurs être prises dans ces mêmes formes et conditions.

Art. 77 (*Ajouté par la loi du 26 avril 1917*).— Toutefois, les assemblées générales des sociétés anonymes à participation ouvrière délibérant sur des modifications à apporter aux statuts ou sur des propositions de continu a tion de la société au delà du terme fixé pour sa durée ou de dissolution avant ce terme, ne sont régulièrement constituées et ne peuvent valablement délibérer qu'autant qu'elles comprendront un nombre d'actionnaires représentant les trois quarts des actions de capital. Il en pourra être décidé autrement par les statuts.

Dans le cas où une décision de l'assemblée générale comporterait une modification dans les droits attachés aux actions de travail, cette décision ne sera définitive qu'après avoir été ratifiée par une assemblée générale de la coopérative de main-d'œuvre.

Art. 78 (*Ajouté par la loi du 26 avril 1917*). — Le conseil d'administration de la société anonyme à participation ouvrière comprend un ou plusieurs représentants de la société coopérative de main-d'œuvre ; ces représentants sont élus par l'assemblée générale des actionnaires et choisis parmi les mandataires qui représentent la coopérative à cette assemblée générale. Le nombre en est fixé par le rapport qui existe entre les actions de travail et les actions de capital. Ils sont nommés pour le même temps que les autres administrateurs et sont comme eux rééligibles ; toutefois leur mandat prend fin s'ils cessent d'être salariés de la société et, par suite, membres de la coopérative. Si le conseil d'administration ne se compose que de trois membres, il devra comprendre tout au moins un représentant de la société ouvrière.

Art. 79 (*Ajouté par la loi du 26 avril 1917*). — En cas de dissolution, l'actif social n'est réparti entre les actionnaires qu'après l'amortissement intégral des actions de capital ;

La part représentative des actions de travail, conformément aux décisions prises par l'assemblée générale de la coopérative ouvrière convoquée à cet effet, est alors répartie entre les participants et anciens participants comptant au moins dix ans de services consécutifs dans les établissements de la société, ou tout au moins une durée de services sans interruption égale à la moitié de la durée de la société et ayant quitté la société pour cause de maladie ou de vieillesse.

Toutefois, les anciens participants remplissant les conditions prévues à l'alinéa précédent ne figureront à la répartition que pour 9/10, 8/10, 7/10, etc., d'une part correspondant à la durée de leurs services, suivant qu'ils auront cessé leurs services depuis un an, deux ans, trois ans, etc.

La dissolution de la société anonyme amène la dissolution de la coopérative de main-d'œuvre.

Art. 80 (*Ajouté par la loi du 26 avril 1917*). — Les sociétés qui se conformeront aux dispositions précédentes seront affranchies, en ce qui concerne leurs statuts ou actes d'augmentation de capital, des droits de timbre et d'enregistrement, exclusivement applicables au montant des actions de travail.

Celles dans lesquelles le nombre des actions de travail sera égal au moins au quart du nombre des actions de capital bénéficieront, en outre, pour leurs actions de travail, des avantages accordés par l'art. 24 de la loi du 30 décembre 1903, complété par l'art. 25 de la loi de finances du 8 avril 1910, aux parts d'intérêts ou actions dans les sociétés de toute nature dites de coopération, formées exclusivement entre ouvriers et artisans. Ces mêmes titres seront, de plus, affranchis du droit proportionnel de timbre édicté par la loi du 5 juin 1850 et du droit de transmission établi par la loi du 23 juin 1857. Indépendamment des immunités fiscales ci-dessus prévues au paragraphe précédent, les sociétés à participation ouvrière bénéficieront des avantages accordés par les lois et décrets en vigueur aux sociétés coopératives en ce qui concerne les adjudications et soumissions de travaux publics.

II. — Loi du 1er août 1893 portant modification de la loi du 24 juillet 1867, sur les sociétés par actions.

ART. 1er. — Les paragraphes 1 et 2 de l'art. 1er de la loi du 24 juill. 1867 sont modifiés comme suit : V. *suprà*, p. XXI, loi du 24 juill. 1867, art. 1er, §§ 1 et 2.

ART. 2. — L'art. 3 est modifié comme suit : V. *suprà*, p. XXI, loi du 24 juill. 1867, art. 3.

ART. 3. — A l'art. 8 sont ajoutées les dispositions suivantes : V. *suprà*, p. XXIII, loi du 24 juill. 1867, art. 8.

ART. 4. — Au paragraphe 1er de l'art. 27, est ajouté ce qui suit : V. *suprà*, p. XXVI, loi du 24 juill. 1867, art. 27, § 1.

ART. 5. — Dans le paragraphe 1er de l'art. 42 sont substitués les termes suivants : V. *suprà*, p. XXVIII, loi du 24 juill. 1867, art. 42, § 1.

Au même article est ajouté le paragraphe suivant : V. *suprà*, p. XXVIII, loi du 24 juill. 1867, art. 42, paragraphe dernier.

ART. 6. — Sont ajoutées à la loi les dispositions suivantes : V. *suprà*, loi du 24 juill. 1867, art. 68 à 71.

III. — Loi du 16 novembre 1903 modifiant la loi du 9 juillet 1902, relative aux actions de priorité.

V. *suprà*, p. XVIII, art. 34, C. com., et p. XXI, loi du 24 juill. 1867, art. 3, § 3.

IV. — Loi du 30 janvier 1907 portant fixation du budget général des dépenses et des recettes de l'exercice 1907.

. . . .

ART. 3. — L'émission, l'exposition, la mise en vente, l'introduction sur le marché en France d'actions, d'obligations ou de titres, de quelque nature qu'ils soient, de sociétés françaises ou étrangères seront, en ce qui concerne ceux de ces titres offerts au public à partir du 1er mars 1907, assujetties aux formalités ci-après :

Préalablement à toute mesure de publicité, les émetteurs, exposants, metteurs en vente et introducteurs devront faire insérer dans un bulletin annexe au *Journal officiel*, dont la forme sera déterminée par décret, une notice contenant les énonciations suivantes :

1º La dénomination de la société ou la raison sociale ;

2º L'indication de la législation (française ou étrangère) sous le régime de laquelle fonctionne la société ;

3º Le siège social ;

4º L'objet de l'entreprise ;

5º La durée de la société ;

6º Le montant du capital social, le taux de chaque catégorie d'actions et le capital non libéré ;

7° Le dernier bilan certifié pour copie conforme ou la mention qu'il n'en a pas été dressé encore.

Devront être également indiqués le montant des obligations qui auraient déjà été émises par la société avec énumération des garanties qui y sont attachées et, s'il s'agit d'une nouvelle émission d'obligations, le nombre ainsi que la valeur des titres à émettre, l'intérêt à payer pour chacun d'eux, l'époque et les conditions de remboursement et les garanties sur lesquelles repose la nouvelle émission.

Il devra, en outre, être fait mention des avantages stipulés au profit des fondateurs et des administrateurs, du gérant et de toute autre personne, des apports en nature et de leur mode de rémunération, des modalités de convocation aux assemblées générales et de leur lieu de réunion.

Les émetteurs, exposants, metteurs en vente et introducteurs devront être domiciliés en France ; ils seront tenus de revêtir la notice ci-dessus de leur signature et de leur adresse.

Les affiches, prospectus et circulaires devront reproduire les énonciations de la notice et contenir mention de l'insertion de ladite notice au bulletin annexe du *Journal officiel*, avec référence au numéro dans lequel elle aura été publiée.

Toute société étrangère qui procède en France à une émission publique, à une exposition, à une mise en vente ou à une introduction d'actions, d'obligations ou de titres de quelque nature qu'ils soient, sera tenue, en outre, de publier intégralement ses statuts, en langue française, au même bulletin annexe du *Journal officiel* et avant tout placement de titres.

Les infractions aux dispositions édictées ci-dessus seront constatées par les agents de l'enregistrement ; elles seront punies d'une amende de dix mille à vingt mille francs (10.000 fr. à 20.000 fr.).

L'art. 463 du Code pénal est applicable aux peines prévues par le présent article.

V. — Décret du 27 février 1907 portant création du « Bulletin annexe au Journal officiel » prévu par la loi de finances du 30 janvier 1907.

LE PRÉSIDENT DE LA RÉPUBLIQUE FRANÇAISE,

Sur le rapport du président du Conseil, ministre de l'intérieur, et du ministre des finances ;

Vu la loi de finances du 30 janvier 1907 ;

Vu le décret du 29 décembre 1896 ;

Vu le décret du 7 avril 1902 ;

Vu le décret du 10 décembre 1902 ;

Vu l'arrêté du 2 janvier 1889, relatif aux annonces du *Journal officiel* ;

DÉCRÈTE :

ART. 1er. — Les insertions prévues à l'art. 3 de la loi de finances du 30 janvier 1907 seront publiées en feuilles annexes du *Journal officiel* sous le titre de *Bulletin annexe au Journal officiel de la République française*. Ces insertions obligatoires sont à la charge des sociétés financières.

ART. 2. — Le tarif des insertions est fixé à deux francs (2 fr.) la ligne de corps sept, la ligne ordinaire du *Journal officiel* prise comme justification.

Art. 3. — Le *Bulletin annexe* paraîtra le lundi de chaque semaine. *Les insertions, établies sous la responsabilité des signataires,* devront être transmises au plus tard le mercredi de chaque semaine à la direction du *Journal officiel.*

Art. 4. — Le *Bulletin annexe* sera donné sans augmentation de prix aux abonnés à l'édition complète du *Journal officiel.*

Le prix de l'abonnement spécial au *Bulletin annexe* est fixé, en France, Algérie et Tunisie, à douze francs (12 fr.) par an (onze francs (11 fr.) pour les libraires et commissionnaires) et à dix-huit francs (18 fr.) par an dans les autres pays de l'union postale (dix-sept francs (17 fr.) pour les libraires et commissionnaires). Les abonnement seront invariablement d'une durée d'un an et partiront du 1er de chaque mois.

Art. 5. — Le *Bulletin* sera vendu par feuille ou cahier de seize pages au maximum. Le prix de chaque feuille ou cahier est fixé à cinq centimes (0 fr. 05) pour l'année courante et à cinquante centimes (0 fr. 50) pour les années écoulées, à partir du 1er février de l'année qui suit.

Le prix de la feuille ou cahier légalisé du *Bulletin annexe* justificatif d'insertion est fixé à soixante-quinze centimes (0 fr. 75).

Art. 6. — Il sera dressé un répertoire alphabétique annuel du *Bulletin annexe* ; ce répertoire figurera dans les tables annuelles du *Journal officiel,* dont le prix reste fixé à six francs (6 fr.).

Art. 7. — Le président du Conseil, ministre de l'intérieur, et le ministre des finances sont chargés, etc........

Décret du 8 février 1912 modifiant le décret du 27 février 1907, relatif à la création du « Bulletin annexe au Journal officiel ».

Le Président de la République française,

Sur le rapport du ministre de l'intérieur et du ministre des finances ;
Vu la loi de finances du 30 janvier 1907 ;
Vu le décret du 27 février 1907, relatif à la création du *Bulletin annexe au Journal officiel* ;

Décrète :

Art. 1er. — L'art. 1er du décret du 27 février 1907 est remplacé par les dispositions suivantes :

« Les insertions prévues à l'art. 3 de la loi de finances du 30 janvier 1907 seront publiées en feuilles annexes du *Journal officiel* sous le titre de *Bulletin des annonces légales obligatoires à la charge des sociétés financières,* publié en exécution de la loi du 30 janvier 1907 et du décret du 27 février 1907, modifié par le décret du 3 février 1912. » Ces insertions obligatoires sont à la charge des sociétés financières.

« Les signatures apposées au bas des notices devront être légalisées. »

Art. 2. — Le ministre de l'intérieur et le ministre des finances sont chargés, chacun en ce qui le concerne, de l'exécution du présent décret, qui sera publié au *Journal officiel* et inséré au *Bulletin des lois.*

Loi du 22 novembre 1913 portant modification de l'art. 34 du Code de commerce et des art. 27 et 31 de la loi du 24 juillet 1867 sur les sociétés par actions (D. P. 1914. 4.1 ; Bull. Dalloz, 1914, p. 174).

V. *suprà*, p. XVIII, art. 34 C, com. et p. XXVI et XXVII, loi du 24 juillet 1867, art. 27 et 31.

. . . .

ART. 4. — Les dispositions de l'art. 31, § 4 de la loi du 24 juill. 1867 et de l'art. 34 du Code de commerce modifiés par la présente loi, s'appliquent aux sociétés déjà constituées sous l'empire de la loi du 24 juill. 1867.

Loi du 31 mai 1916 portant restriction du droit d'émission de valeurs mobilières pendant la durée des hostilités.

ART. 1er. — L'émission, l'exposition, la mise en vente, l'introduction sur le marché en France, de titres de rente, emprunts et autres effets publics des gouvernements étrangers, d'obligations ou de titres de quelque nature qu'ils soient, de villes, corporations ou sociétés françaises ou étrangères sont interdites à partir de la promulgation de la présente loi jusqu'à une date à fixer par décret en conseil des ministres après la cessation des hostilités.

Toutefois il peut être dérogé à cette disposition par arrêté du ministre des finances.

ART. 2. — Les infractions à la présente loi seront passibles d'un emprisonnement de six mois à un an et d'une amende de mille à dix mille francs (1.000 et à 10.000 fr.) et en cas de récidive d'un emprisonnement de un à deux ans et d'une amende de dix mille à vingt-cinq mille francs (10.000 à 25.000 fr.).

L'art. 463 du Code pénal sera applicable.

Loi du 26 avril 1917 sur les sociétés anonymes à participation ouvrière
(D. P. 1918, 4e partie).

ART. 1er. — La loi du 24 juill. 1867 sur les sociétés est complétée par les dispositions suivantes : V. *suprà*, p. XXXIII, loi du 24 juill. 1867, art. 72 et suiv.

ART. 2. — Le deuxième alinéa de l'art. 64 de la loi du 24 juill. 1867 est complété par la disposition suivante : V. *suprà*, p. XXII, loi du 24 juill. 1867, art. 64, § 2.

Loi du 16 juillet 1919 relative aux sociétés commerciales ayant leur siège en régions envahies.

ART. 1er. — Les sociétés commerciales dont le siège se trouve dans les régions envahies et qui sont arrivées à leur terme statutaire au cours de la guerre peuvent proroger leur durée, avec effet rétroactif au jour de ce terme, dans les conditions où la prorogation aurait pu être valablement décidée avant la date de leur expiration.

La décision relative à la prorogation visée au paragraphe précédent devra intervenir au plus tard dans les six mois qui suivront la fin des hostilités, dont la date sera fixée par décret.

ART. 2. — Sont valables les actes accomplis au nom des sociétés par actions visées à l'article 1er par les personnes autorisées à gérer, administrer et signer pour la société, dans la limite de leurs pouvoirs statutaires, depuis l'arrivée de la société à son terme normal jusqu'à la réunion de l'assemblée générale des actionnaires.

Dans le cas où l'assemblée générale des actionnaires ne serait pas réunie à l'expiration du délai de six mois fixé par le second paragraphe de l'art. 1er, les actes visés par le présent article cesseront d'être valablement accomplis à l'expiration du dit délai.

Dans le cas où il serait impossible d'observer les formalités statutaires pour la convocation des assemblées générales, cette convocation sera valablement faite par voie d'insertions dans des journaux désignés par le président du tribunal. Le président du tribunal fixera le nombre et la forme de ces insertions.

Art. 3. — Sont également valables, mais seulement au cas où la prorogation de la société aura été décidée conformément à l'art. 1er, les actes accomplis au nom des sociétés en nom collectif ou en commandite simple par les personnes autorisées à gérer, administrer et signer pour la société, dans la limite de leurs pouvoirs statutaires, depuis l'arrivée de la société à son terme normal jusqu'à ce que les associés se soient prononcés sur la prorogation de la société.

Art. 4. — Pendant la durée de la guerre, et jusqu'à l'expiration du délai de six mois fixé par le second paragraphe de l'art. 1er, les assemblées générales des actionnaires pourront, avec l'autorisation du président du tribunal de commerce, dans le ressort duquel se trouve la localité choisie, se tenir dans un lieu autre que celui fixé par les statuts.

Loi du 17 juin 1920, facilitant la réunion et la délibération des assemblées générales de sociétés ayant leur siège social ou exploitations en régions libérées ou dévastées.

Voir texte intégral, tome I, page 863.

IV. — SOCIÉTÉS DE CRÉDIT AGRICOLE

1. — Loi du 5 novembre 1894 modifiée par les lois du 20 juillet 1901, du 14 janvier 1908, du 18 février et du 19 mars 1910.

Art. 1er. — Des sociétés de crédit agricole peuvent être constituées, soit par la totalité ou par une partie des membres d'un ou plusieurs syndicats professionnels agricoles, soit par la totalité ou par une partie des membres d'une ou plusieurs sociétés d'assurances mutuelles agricoles régies par la loi du 4 juillet 1900 ; elles ont exclusivement pour objet de faciliter et même de garantir les opérations concernant la production agricole et effectuées par ces syndicats et ces sociétés d'assurances ou par des membres de ces syndicats et de ces sociétés d'assurances, ainsi que par les sociétés coopératives agricoles constituées d'après les dispositions de la loi du 29 décembre 1906. Les sociétés de crédit agricole peuvent également consentir des prêts individuels à long terme, destinés à faciliter l'acquisition, l'aménagement, la transformation et la reconstitution des petites exploitations rurales.

Ces sociétés peuvent recevoir des dépôts de fonds en comptes courants avec ou sans intérêts, se charger, relativement aux opérations concernant l'industrie agricole, des recouvrements et payements à faire pour les syndicats ou pour les membres de ces syndicats. Elles peuvent notamment contracter les emprunts nécessaires pour constituer ou augmenter leurs fonds de roulement.

Le capital social ne peut être formé par des souscriptions d'actions. Il pourra être constitué à l'aide de souscriptions des membres de la société ; ces souscriptions formeront des parts, qui pourront être de valeur inégale ; elles seront nominatives et ne seront transmissibles que par voie de cession aux membres des syndicats et avec l'agrément de la société.

La société ne pourra être constituée qu'après versement du quart du capital souscrit.

Dans le cas où la société serait constituée sous la forme de société à capital variable, le capital ne pourra être réduit par les reprises des apports des sociétaires sortants au-dessous du montant du capital de fondation.

Art. 2. — Les statuts détermineront le siège et le mode d'administration de la société de crédit, les conditions nécessaires à la modification de ces statuts et à la dissolution de la société, la composition du capital et la proportion dans laquelle chacun de ces membres contribuera à sa constitution.

Ils détermineront le maximum des dépôts à recevoir en comptes courants.

Ils régleront l'étendue et les conditions de la responsabilité qui incombera à chacun des sociétaires dans les engagements pris par la société.

Les sociétaires ne pourront être libérés de leurs engagements qu'après la liquidation des opérations contractées par la société antérieurement à leur sortie.

Art. 3. — Les statuts détermineront les prélèvements qui seront opérés au profit de la société sur les opérations faites par elle.

Les sommes résultant de ces prélèvements après acquittement des frais généraux et payement des intérêts des emprunts et du capital social, seront d'abord affectées, jusqu'à concurrence des trois quarts au moins, à la constitution d'un fonds de réserve, jusqu'à ce qu'il ait atteint au moins la moitié de ce capital.

Le surplus pourra être réparti, à la fin de chaque exercice, entre les syndicats et entre les membres des syndicats au prorata des prélèvements faits sur leurs opérations. Il ne pourra, en aucun cas, être partagé sous forme de dividende entre les membres de la société.

A la dissolution de la société, ce fonds de réserve et le reste de l'actif seront partagés entre les sociétaires, proportionnellement à leur souscription, à moins que les statuts n'en aient affecté l'emploi à une œuvre d'intérêt agricole.

Art. 5. — Les sociétés de crédit autorisées par la présente loi sont des sociétés commerciales dont les livres doivent être tenus conformément aux prescriptions du Code de commerce.

Elles sont exemptes du droit de patente, ainsi que de l'impôt sur les valeurs mobilières.

Art. 6. — Les conditions de publicité prescrites pour les sociétés commerciales ordinaires sont remplacées par les dispositions suivantes :

Avant toute opération, les statuts avec la liste complète des administrateurs ou directeurs et des sociétaires, indiquant leurs nom, profession, domicile et le montant de chaque souscription, seront déposés, en double exemplaire, au greffe de la justice de paix du canton où la société a son siège principal. Il en sera donné récépissé.

Un des exemplaires des statuts et de la liste des membres de la société sera, par les soins du juge de paix, déposé au greffe du tribunal de commerce de l'arrondissement.

Chaque année, dans la première quinzaine de février, le directeur ou un administrateur de la société déposera, en double exemplaire, au greffe de la justice de paix du canton, avec la liste des membres faisant partie de la société à cette date, le tableau sommaire des recettes et des dépenses, ainsi que des opérations effectuées dans l'année précédente. Un des exemplaires sera déposé par les soins du juge de paix au greffe du tribunal de commerce de l'arrondissement.

Les documents déposés au greffe de la justice de paix et du tribunal de commerce seront communiqués à tout requérant.

Art. 7. — Les membres chargés de l'administration de la société seront personnellement responsables, en cas de violation des statuts ou des dispositions de la présente loi, du préjudice résultant de cette violation.

En outre, en cas de fausse déclaration relative aux statuts ou aux noms et qualités des administrateurs, des directeurs ou des sociétaires, ils pourront être poursuivis et punis d'une amende de 16 francs à 500 francs.

Art. 8. — La présente loi est applicable à l'Algérie et aux colonies.

II. — Instruction de la direction générale de l'enregistrement sur le dépôt au greffe (5 octobre 1895).

L'art. 5 de la loi du 5 novembre 1894, dont le texte a été transmis au service par l'instruction n° 2874, modifie, en faveur des sociétés de crédit agricole, les conditions de publicité prescrites par les art. 55 et suivants de la loi du 24 juillet 1867 pour les sociétés commerciales ordinaires.

Il dispose que les sociétés de crédit agricole seront tenues seulement de déposer en double exemplaire, au greffe de la justice de paix du canton où elles auront leur siège principal : 1° avant toute opération, leurs statuts, avec la liste complète de leurs membres ; 2° chaque année, dans la première quinzaine de février, la liste de leurs membres à cette époque, ainsi qu'un tableau sommaire des recettes, des dépenses et des opérations effectuées pendant l'année précédente ; que l'un des exemplaires des pièces ainsi déposées sera remis par les soins du juge de paix au greffe du tribunal de commerce de l'arrondissement ; enfin il sera donné récépissé du dépôt fait, au greffe de la justice de paix, des statuts de la société.

Ces prescriptions nouvelles ont soulevé plusieurs questions dont la solution intéresse le service de l'enregistrement et du timbre : on s'est demandé si, dans le cas prévu par la loi de 1894, les greffiers doivent, conformément au principe général établi par l'art. 43 de la loi du 22 frimaire an XII, dresser acte des dépôts qui leur sont faits, si les récépissés par eux délivrés constituent des actes de greffe sujets à l'enregistrement dans un délai déterminé, et si les actes et les documents déposés doivent être sur papier timbré.

Les ministres des finances et de la justice ont, le 27 juillet et le 19 août 1895, sur la proposition conforme de l'administration, résolu ces difficultés dans le sens ci-après :

1° Il a été admis, en premier lieu, que les greffiers des justices de paix et des tribunaux de commerce peuvent, sans en dresser acte, recevoir indistinctement tous les dépôts prescrits par l'art. 5 de la loi du 5 novembre 1894.

En ce qui concerne le dépôt des statuts aux greffes des justices de paix, on a considéré qu'il doit, selon les termes exprès de la loi, en être donné récépissé, et que cette prescription est exclusive de l'obligation de dresser acte, ainsi qu'une décision ministérielle l'a déjà reconnu pour le cas analogue où il s'agit du dépôt de leurs titres fait, contre récépissé, au greffe du tribunal de commerce, par les créanciers d'un failli (Instr. n° 420, § 2).

Pour les dépôts périodiques à effectuer par les sociétés au greffe de la justice de paix, la loi de 1894 n'a pas, il est vrai, prévu formellement la délivrance d'un récépissé ; mais il est évident que, l'omission étant purement accidentelle, ils pourront être constatés de cette façon, et il s'ensuit que pour cette catégorie de dépôts comme pour la première, le greffier n'est pas tenu de dresser acte.

Quant au dépôt qui devra être fait au greffe du tribunal de commerce, non par les sociétés elles-mêmes, mais par le juge de paix, il revêt le caractère d'une mesure administrative et d'ordre public, ce qui suffit à écarter l'application de l'art. 43 de la loi de frimaire.

2° Les récépissés que les greffiers des justices de paix ont à délivrer aux sociétés pour les dépôts annuels aussi bien que pour le dépôt des statuts sont assimilables à ceux qui sont remis aux créanciers par les greffiers des tribunaux de commerce en matière de faillite, et pas plus que ceux-ci, ils ne constituent des actes de greffe, à proprement parler. Ils ne sont donc pas sujets à la formalité de l'enregistrement dans un délai déterminé.

Mais délivrés par les greffiers, en qualité d'officiers ministériels, ils ne sauraient être considérés comme de simples écritures privées, passibles du droit de timbre de 0 fr. 10 établi par l'art. 18 de la loi du 23 août 1871 ; ils sont soumis au timbre de dimension, en conformité de l'art. 12 de la loi du 13 brumaire an VII.

3° Lorsque le législateur de 1894 a prescrit aux sociétés de crédit agricole de déposer au greffe de la justice de paix, « en double exemplaire », leurs statuts, la liste de leurs membres, etc., il n'a point entendu parler d'actes réguliers. Si telle eût été son intention, il n'aurait pas manqué de reproduire les expressions contenues dans l'art. 55 de la loi du 24 juillet 1867, qui prescrit aux sociétés ordinaires de déposer soit « un double de l'acte constitutif » s'il est sous seing privé, soit « une expédition » s'il est notarié.

On doit, dès lors, admettre que les *exemplaires*, présentés sous forme d'imprimés ou de simples copies signées ou non signées par les représentants de la société, sont affranchis du timbre. Toutefois, il en serait différemment, et les documents déposés seraient soumis à cet impôt, s'ils étaient établis en forme d'actes réguliers, tels que des expéditions délivrées par des notaires, ces expéditions ne pouvant être considérées comme de simples *exemplaires* sans caractère juridique.

En résumé, les solutions arrêtées entre les départements de la justice et des finances sont les suivantes :

Les greffiers des justices de paix et des tribunaux de commerce sont, d'une manière générale et absolue, dispensés de dresser acte des dépôts qui leur sont faits en exécution de l'art. 5 de la loi du 5 novembre 1894.

Les récépissés que les greffiers des justices de paix délivrent dans tous les cas, lors de ces dépôts, ne sont pas sujets à enregistrement dans un délai déterminé, mais ils doivent être rédigés sur papier frappé du timbre de dimension.

Enfin, les pièces à déposer sont exemptés du timbre, à moins qu'elles ne soient établies sous la forme d'actes réguliers.

Loi du 31 mars 1899, modifiée et complétée par les lois des 25 décembre 1900, 29 décembre 1906, 19 mars 1910, ayant pour but l'institution des caisses régionales de crédit agricole mutuel et les encouragements à leur donner, ainsi qu'aux sociétés et aux banques locales de crédit agricole mutuel.

ART. 1er. — L'avance de quarante millions de francs (40.000.000) et la redevance annuelle à verser au Trésor par la Banque de France en vertu de la convention du 31 octobre 1896, approuvée par la loi du 17 novembre 1897, sont mises à la disposition du gouvernement pour être attribuées à titre d'avances sans intérêts aux caisses régionales de crédit agricole mutuel qui seront constituées d'après les dispositions de la loi du 5 novembre 1894.

(*Loi du 29 décembre 1906.*) — Le gouvernement peut, en outre, prélever sur les redevances annuelles et remettre gratuitement auxdites caisses régionales des avances spéciales destinées aux sociétés coopératives agricoles et remboursables dans un délai maximum de vingt cinq années.

Ces avances ne pourront dépasser le tiers des redevances versées annuellement par la Banque de France dans les caisses du Trésor, en vertu de la convention du 31 octobre 1896, approuvée par la loi du 17 novembre 1897.

(*Loi du* 19 *mars* 1910.) — Le gouvernement peut également prélever sur les redevances annuelles et remettre gratuitement auxdites caisses régionales des avances spéciales pour faciliter les opérations prévues à l'art. 1er de la présente loi. Ces avances complémentaires ne pourront excéder, dépasser le tiers des redevances versées annuellement par la Banque de France dans les caisses du Trésor, en vertu de la convention du 31 octobre 1896, approuvée par la loi du 17 novembre 1897.

(*Loi du* 19 *mars* 1910.) — Le gouvernement peut également prélever sur les redevances annuelles et remettre gratuitement auxdites caisses régionales des avances spéciales pour faciliter les opérations prévues à l'art. 1er de la présente loi. Ces avances complémentaires ne pourront excéder le double du capital social des caisses régionales et seront remboursables dans un délai maximum de vingt ans.

Art. 2. — Les caisses régionales ont pour but de faciliter les opérations concernant l'industrie agricole effectuées par les membres des sociétés locales de crédit agricole mutuel de leur circonscription et garanties par ces sociétés.

A cet effet, elles escomptent les effets souscrits par les membres des sociétés locales et endossés par ces sociétés.

Elles peuvent faire à ces sociétés les avances nécessaires pour la constitution de leurs fonds de roulement.

Toutes autres opérations leur sont interdites.

Art. 3 (*Loi du* 25 *décembre* 1900). — Le montant des avances faites aux caisses régionales ne pourra excéder le quadruple du montant du capital versé en espèces.

Ces avances ne pourront être faites pour une durée de plus de cinq ans. Elles pourront être renouvelées.

Elles deviendront immédiatement remboursables, en cas de violation des statuts ou de modifications à ces statuts qui diminueraient les garanties de remboursement.

Art. 4. — *Abrogé par la loi du* 29 *décembre* 1906, *art.* 5.

Art. 5. — Un décret, rendu sur l'avis de la commission, fixera les moyens de contrôle et de surveillance à exercer sur les caisses régionales.

Les statuts de ces caisses devront être déposés au ministère de l'agriculture.

Ces statuts indiqueront la circonscription territoriale des sociétés, la nature et l'étendue de leurs opérations et leur mode d'administration.

Ils détermineront la composition du capital social, la proportion dans laquelle chaque sociétaire pourra contribuer à sa constitution, ainsi que les conditions de retrait, s'il y a lieu, le nombre des parts dont les deux tiers au moins seront réservés de préférence aux sociétés locales, l'intérêt à allouer aux parts, lequel ne pourra dépasser cinq pour cent (5 %) du capital versé, le maximum des dépôts à recevoir en comptes courants et le maximum des bons à émettre, lesquels réunis ne pourront excéder les trois quarts du montant des effets en portefeuille, les conditions et les règles applicables à la modification des statuts et à la liquidation de la société.

Art. 6. — Le ministre de l'agriculture adressera, chaque année, au Président de la République un compte-rendu des opérations faites en exécution de la présente loi, lequel sera publié au *Journal officiel*.

Loi du 30 avril 1906 sur les warrants agricoles.

Art. 1er. — Tout agriculteur peut emprunter sur les produits agricoles ou industriels de son exploitation, qui ne sont pas immeubles par destination, y compris le sel marin et les animaux lui appartenant, soit en en conservant la garde dans les bâtiments ou sur les terres de cette exploitation, soit en confiant le dépôt aux syndicats, comices et sociétés agricoles dont il est adhérent, ou à des tiers convenus entre les parties.

L'emprunt peut également être contracté par les sociétés coopératives agricoles sur les produits dont elles sont devenues propriétaires lorsque les statuts ne s'y opposent pas.

Le produit warranté reste, jusqu'au remboursement des sommes avancées, le gage du porteur du warrant.

L'emprunteur ou le dépositaire des produits warrantés est responsable de la marchandise qui reste confiée à ses soins et à sa garde, et cela sans aucune indemnité opposable aux bénéficiaires du warrant.

Art. 2. — Le cultivateur, lorsqu'il ne sera pas propriétaire ou usufruitier de son exploitation, devra, avant tout emprunt, sauf ce qui sera dit ci-après, aviser le propriétaire du fonds loué, de la nature, de la valeur et de la quantité des marchandises qui doivent servir de gage pour l'emprunt, ainsi que du montant des sommes à emprunter.

Cet avis devra être donné au propriétaire, usufruitier ou à leur mandataire légal désigné, par l'intermédiaire du greffier de paix du canton de la situation des objets warrantés ; si l'emprunteur est une société coopérative agricole, la compétence appartiendra au greffier du canton du siège légal de cette société. La lettre d'avis sera remise au greffier qui devra la viser, l'enregistrer et l'envoyer sous forme de pli d'affaires recommandé avec accusé de réception.

Le propriétaire, l'usufruitier ou le mandataire légal désigné pourront, dans le cas où des termes échus leur seraient dus, dans un délai de huit jours francs à partir de la date de l'accusé de réception, s'opposer au prêt sur lesdits produits par une autre lettre envoyée également sous pli d'affaires recommandé au greffier du juge de paix.

Toutefois, si le prêteur y consent, et sous la condition que l'emprunteur devra conserver la garde des produits warrantés dans les bâtiments ou sur les terres de l'exploitations, aucun avis ne sera donné au propriétaire ou usufruitier, et le consentement donné sera mentionné dans les clauses particulières du warrant ; mais, en ce cas, le privilège du bailleur subsistera dans les termes de droit.

Le bailleur pourra renoncer à son privilège jusqu'à concurrence de la dette contractée, en apposant sa signature sur le warrant.

Art. 3. — Pour établir la pièce dénommée warrant, le greffier de la justice de paix du canton où se trouvent les objets à warranter inscrira, d'après les déclarations de l'emprunteur, la nature, la quantité, la valeur et le lieu de situation des produits, gage de l'emprunt, le montant des sommes empruntées, ainsi que les clauses et conditions particulières relatives au warrant, arrêtées entre les parties.

Il transcrira sur un registre spécial le warrant ainsi rédigé et, sur le warrant, il mentionnera le volume et le numéro de la transcription avec la mention des warrants préexistants sur les mêmes produits.

Si l'emprunteur ne sait signer, le warrant est signé pour lui, en sa présence dûment constatée, par le greffier.

Lorsque les produits warrantés ne restent pas entre les mains de l'emprunteur lui-même, le dépositaire et le bailleur des lieux où est effectué le dépôt ne peuvent faire valoir aucun droit de rétention ou de privilège à l'encontre du bénéficiaire du warrant ou de ses ayants cause. L'acceptation de la garde des produits engagés sera constatée par récépissé signé du dépositaire des produits et s'il y a lieu, du bailleur des locaux où ils sont en dépôt, porté sur le warrant lui-même ou donné séparément pour l'accompagner.

Dans le cas où l'emprunteur ne sera point propriétaire ou usufruitier de l'exploitation, le greffier devra, en outre des indications ci-dessus, mentionner la date de l'envoi de l'avis au propriétaire ou usufruitier ainsi que la non-opposition de leur part après huit jours francs à partir de la date de l'accusé de réception de la lettre recommandée comme il est dit ci-dessus.

Art. 4. — Le warrant agricole peut également être établi, entre les parties, sans l'observation des formalités ci-dessus prescrites.

Mais en ce cas, d'une part, il n'est opposable aux tiers qu'après sa transcription au greffe de la justice de paix, conformément à l'art. 3 qui précède, et, d'autre part, il ne prime les privilèges, soit du bailleur, soit du dépositaire des produits warrantés et du propriétaire des locaux où est effectué le dépôt, que si les avis ou consentements prévus par les articles précédents ont été donnés.

Art. 5. — Le warrant indiquera si le produit warranté est assuré ou non, et, en cas d'assurance, le nom et l'adresse de l'assureur.

Faculté est donnée aux prêteurs de continuer ladite assurance jusqu'à la réalisation du produit warranté.

Les porteurs de warrants ont, sur les indemnités d'assurances dues en cas de sinistres, les mêmes droits et privilèges que sur les produits assurés.

Art. 6. — Le greffier délivrera à tout prêteur qui le requerra, avec l'autorisation de l'emprunteur, un état des warrants inscrits au nom de ce dernier ou un certificat établissant qu'il n'existe pas d'inscription. Cet état ne remontera pas à une époque antérieure à cinq années.

Art. 7. — La radiation de l'inscription sera opérée sur la justification, soit du remboursement de la créance garantie par le warrant, soit d'une mainlevée régulière.

L'emprunteur qui aura remboursé son warrant fera constater le remboursement au greffe de la justice de paix ; mention du remboursement ou de la mainlevée sera faite sur le registre prévu à l'art. 3, certificat lui sera donné de la radiation de l'inscription. L'inscription sera radiée d'office après cinq ans, si elle n'a pas été renouvelée avant l'expiration de ce délai ; si elle est inscrite à nouveau après la radiation d'office, elle ne vaudra à l'égard des tiers que du jour de la nouvelle date.

Art. 8. — L'emprunteur conserve le droit de vendre les produits warrantés à l'amiable et avant le payement de la créance, même sans le concours du prêteur ; mais la tradition à l'acquéreur ne peut être opérée que lorsque le créancier a été désintéressé.

L'emprunteur peut, même avant l'échéance, rembourser la créance garantie par le warrant ; si le porteur du warrant refuse les offres du débiteur, celui-ci peut, pour se libérer, consigner la somme offerte, en observant les formalités prescrites par l'art. 1259 C. civ. ; les offres sont faites au dernier ayant droit connu par les avis donnés au greffier en conformité de l'art. 10 qui suit. Sur le vu d'une quittance de consignation régulière et suffisante, le juge de paix du canton où le warrant est inscrit rendra une ordonnance aux termes de laquelle le gage sera transporté sur la somme consignée.

En cas de remboursement anticipé d'un warrant agricole, l'emprunteur bénéficie des intérêts qui restaient à courir jusqu'à l'échéance du warrant, déduction faite d'un délai de dix jours.

Art. 9. — Les établissements publics de crédits peuvent recevoir les warrants comme effets de commerce avec dispense d'une des signatures exigées par leurs statuts.

Art. 10. — Le warrant est transmissible par voie d'endossement. L'endossement est daté et signé ; il énonce les noms, professions et domiciles des parties.

Tous ceux qui ont signé ou endossé un warrant sont tenus à la garantie solidaire envers le porteur.

L'escompteur ou les réescompteurs d'un warrant seront tenus d'aviser, dans les huit jours, le greffier du juge de paix par pli recommandé avec accusé de réception, ou verbalement contre récépissé de l'avis.

L'emprunteur pourra, par une mention spéciale inscrite au warrant, dispenser l'escompteur et les réescompteurs de donner cet avis ; mais, dans ce cas, il n'y a pas lieu à l'application des dispositions des deux derniers paragraphes de l'art. 8.

Art. 11. — Le porteur du warrant doit réclamer à l'emprunteur payement de sa créance échue et, à défaut de ce payement, constater et réitérer sa réclamation par lettre recommandée adressée au débiteur et pour laquelle un avis de réception sera demandé.

S'il n'est pas payé dans les cinq jours de l'envoi de cette lettre, le porteur du warrant est tenu, à peine de perdre ses droits contre les endosseurs, de dénoncer le défaut de payement, quinze jours francs au plus tard après l'échéance, par avertissement, pour chacun des endosseurs, remis au greffier de la justice de paix compétent qui lui en donne récépissé. Le greffier fait connaître cet avertissement, dans la huitaine qui le suit, aux endosseurs, par lettre recommandée pour laquelle un avis de réception doit être demandé.

En cas de refus de payement, le porteur du warrant peut, quinze jours après la lettre recommandée adressée à l'emprunteur comme il est ci-dessus prescrit, faire procéder par un officier public ou ministériel à la vente publique de la marchandise engagée. Il y est procédé en vertu d'une ordonnance du juge de paix rendue sur requête, fixant les jour, lieu et heure de la vente ; elle sera annoncée huit jours au moins à l'avance par affiches apposées dans les lieux indiqués par le juge de paix, qui pourra même l'autoriser sans affiches après une ou plusieurs annonces à son de trompe ou de caisse ; le juge de paix pourra dans tous les cas en autoriser l'annonce par voie de journaux. La publicité donnée sera constatée par une mention insérée au procès-verbal de vente.

L'officier public, chargé de procéder, préviendra par lettre recommandée le débiteur et les endosseurs, huit jours à l'avance, des lieu, jour et heure de la vente.

Les art. 622, 623, 624 et 625 C. proc. civ. sont applicables aux ventes prévues par la présente loi.

Pour les tabacs warrantés la vente publique est remplacée par une opposition entre les mains du comptable chargé d'en effectuer le payement lors de sa livraison au magasin de la régie où il doit être livré, et ce par simple pli recommandé avec accusé de réception. Ce magasin sera désigné dès la création du warrant et dans son libellé même.

Art. 12. — Le porteur du warrant est payé directement de sa créance sur le prix de vente, par privilège et de préférence à tous créanciers, sauf l'exception prévue par l'avant-dernier paragraphe de l'art. 2 et sans autres déductions que celle des contributions directes et des frais de vente et sans autres formalités qu'une ordonnance du juge de paix.

Art. 13. — Si le porteur du warrant fait procéder à la vente, conformément à l'art. 11 ci-dessus, il ne peut plus exercer son recours contre les endosseurs, et même contre l'emprunteur, qu'après avoir fait valoir ses droits sur le prix des produits warrantés. En cas d'insuffisance du prix pour le désintéresser, un délai d'un mois lui est imparti, à dater du jour où la vente de la marchandise est réalisée, pour exercer son recours contre les endosseurs.

Art. 14. — Tout emprunteur convaincu d'avoir fait une fausse déclaration ou d'avoir constitué un warrant sur les produits déjà warrantés, sans avis préalable donné au nouveau prêteur, tout emprunteur ou dépositaire convaincu d'avoir détourné, dissipé ou volontairement détérioré au préjudice de son créancier le gage de celui-ci, sera poursuivi correctionnellement sous inculpation d'escroquerie ou d'abus de confiance, selon les cas, et frappé des peines prévues aux art. 405 et 408 C. pén.

Art. 15. — Lorsque, pour l'exécution de la présente loi, il y aura lieu à référé, ce référé sera porté devant le juge de paix de la situation des objets warrantés.

Art. 16. — Les tarifs établis et les mesures ordonnées antérieurement pour l'exécution de la loi du 18 juillet 1898 resteront en vigueur jusqu'à ce qu'il ait été ordonné autrement par décret nouveau.

Le montant des droits du greffier à prévoir audit décret devra être inférieur d'un tiers au total des droits prévus par le décret du 29 octobre 1898 pour les warrants ne dépassant pas 1.000 fr. en capital, à moins que l'emprunteur ne demande la délivrance simultanée de plusieurs warrants dont le total serait supérieur à cette somme.

Les avis prescrits par la présente loi seront envoyés en la forme et avec la taxe des papiers d'affaires recommandés.

Art. 17. — Sont dispensés de la formalité du timbre et de l'enregistrement les lettres et accusés de réception, les renonciations, acceptations et consentements prévus aux art. 2, 3, 10 et 11, le registre sur lequel les warrants seront inscrits, la copie des inscriptions d'emprunt, le certificat négatif et le certificat de radiation mentionnés aux art. 6 et 7.

Le warrant est passible du droit de timbre des effets de commerce (0,05 %).

L'enregistrement (0,50 %) ne deviendra obligatoire qu'en cas de vente opérée en vertu de l'art. 11.

Le droit à percevoir sur le prix de ladite vente sera de 0,10 % comme pour les marchandises neuves.

Art. 18. — Le bénéfice de la présente loi s'appliquera aux ostréiculteurs.

Art. 19. — La présente loi est applicable à l'Algérie.

L'art. 463 C. pén. est applicable à la présente loi.

La loi du 18 juillet 1898 est abrogée.

Loi du 5 août 1920 sur le crédit mutuel et la coopération agricoles.

TITRE PREMIER

CAISSES DE CRÉDIT AGRICOLE MUTUEL

CHAPITRE PREMIER

CONSTITUTION. — PUBLICITÉ.

Art. 1er. — Les caisses de crédit agricole peuvent être constituées par tout ou partie des membres d'une ou de plusieurs des associations suivantes et par ces associations elles-mêmes : syndicats professionnels agricoles, sociétés d'assurances mutuelles agricoles régies par la loi du 4 juillet 1900, sociétés coopératives agricoles, associations syndicales et sociétés diverses d'intérêt agricole énumérées à l'art. 22 ci-après.

Art. 2. — Les caisses de crédit agricole mutuel ont exclusivement pour objet de faciliter et de garantir les opérations concernant la production agricole, effectuées par leurs sociétaires individuels ou collectifs.

Art. 3. — Le capital des caisses de crédit agricole mutuel ne peut être formé par des souscriptions d'actions.

Il doit l'être par les sociétaires au moyen de parts. Ces parts sont nominatives et ne sont transmissibles que par voie de cession avec l'agrément de la caisse.

Art. 4. — Les caisses de crédit agricole mutuel ne peuvent être constituées qu'après versement du quart du capital social.

Leur durée est illimitée.

Dans le cas où la caisse est à capital variable, le capital ne peut être réduit, par la reprise des apports des sociétaires sortants, au-dessous du montant du capital de fondation.

Art. 5. — Les conditions de publicité prescrites pour les sociétés commerciales ordinaires sont remplacées par les dispositions spéciales suivantes :

« Avant toute opération, les statuts avec la liste complète des administrateurs ou directeurs et des sociétaires indiquant leur nom, leur profession, leur domicile, l'association agricole à laquelle ils appartiennent et le montant de leur souscription, sont déposés, en double exemplaire, au greffe de la justice de paix du canton où la caisse a son siège principal. Il en est donné récépissé.

« La caisse est valablement constituée dès ce dépôt effectué.

« Un des exemplaires des statuts et de la liste des membres de la caisse est, par les soins du juge de paix, déposé au greffe du tribunal de commerce de l'arrondissement.

« Chaque année, dans la première quinzaine de février, un administrateur ou le directeur de la caisse dépose en double exemplaire, au greffe de la justice de paix du canton, avec la liste des membres faisant partie de la caisse à cette date, le tableau sommaire des recettes et des dépenses, ainsi que des opérations effectuées dans l'année précédente.

« Un des exemplaires est transmis par les soins du juge de paix au greffe du tribunal de commerce.

« Les documents déposés au greffe de la justice de paix et du tribunal de commerce sont communiqués à tout requérant. »

CHAPITRE II

SECTION 1ʳᵉ. — DES CAISSES LOCALES.

Art. 6. — Les caisses locales de crédit agricole mutuel peuvent consentir :

1º À tous leurs sociétaires, des prêts d'argent à court terme, dont la durée totale ne doit pas excéder celle de l'opération en vue de laquelle ces prêts sont consentis ;

2º À tous leurs sociétaires, des prêts d'argent à moyen terme pour l'aménagement ou la reconstitution de leurs propriétés. Ces prêts sont remboursables en dix années par amortissements annuels et sont entourés de garanties particulières, telles que cautions, warrants, hypothèques ou dépôts de titres, etc. ;

3º À leurs sociétaires individuels, des prêts d'argent à long terme, dont les conditions sont indiquées ci-après à l'art. 8.

Art. 7. — Pour la réalisation des prêts à court terme, les caisses locales escomptent les effets souscrits par leurs seuls sociétaires en vue d'opérations exclusivement agricoles. Elles peuvent se charger, relativement à ces opérations, de tous payements et recouvrements à faire dans l'intérêt de ces mêmes sociétaires.

Pour la réalisation des prêts à moyen terme, les caisses locales font signer à leurs sociétaires des engagements spéciaux qui fixent les conditions du prêt, les garanties fournies et les conditions du remboursement.

Les syndicats agricoles et les sociétés coopératives d'achat en commun et d'approvisionnement, visés à l'art. 22, § 2, de la présente loi, ne peuvent recevoir des prêts à court terme et à moyen terme qu'à condition d'y être autorisés par leurs statuts, d'offrir des garanties jugées suffisantes, d'être administrés gratuitement et de ne pas réaliser de bénéfices commerciaux.

Art. 8. — Pour la réalisation des prêts individuels à long terme, les caisses locales exigent comme garantie une inscription hypothécaire ou un contrat d'assurance en cas de décès.

Ces prêts sont de 40.000 fr. au plus, non compris le montant des frais. La durée de leur remboursement peut atteindre vingt-cinq ans, sans toutefois que l'âge de l'emprunteur, à la date du dernier amortissement, puisse dépasser soixante ans.

Ils portent intérêt au taux de 2 % et sont destinés à faciliter l'acquisition, l'aménagement, la transformation et la reconstitution de petites exploitations rurales.

Lorsque le bénéficiaire d'un prêt individuel à long terme est un pensionné militaire ou une victime civile de la guerre, le prêt peut être également consenti par une société de crédit immobilier. Le taux d'intérêt est réduit à 1 % et une bonification de 50 centimes pour 100 fr. est versée annuellement par l'État, en atténuation des annuités à servir à la société prêteuse par l'emprunteur, à raison de chacun des enfants légitimes qui lui naîtront postérieurement à la conclusion du prêt.

Art. 9. — Les exploitations rurales pour lesquelles les prêts à long terme ont été consentis peuvent être constituées en biens de famille insaisissables par application de la loi du 12 juillet 1909. Toutefois, par dérogation aux art. 5, 8, 10 et 14 de ladite loi et à l'art. 5 du décret du 26 mars 1910, les caisses régionales et les caisses locales jouissent du privilège institué par l'art. 2103, § 2, C. civ.

Art. 10. — La caisse nationale d'assurance en cas de décès est autorisée à passer, avec les titulaires de prêts individuels à long terme de la présente loi, dans les conditions à déterminer par décret rendu sur la proposition du ministre de l'agriculture et du ministre des finances, des contrats à prime unique, d'effet immédiat ou différé, garantissant le payement de tout ou partie des annuités qui resteraient à échoir au moment de la mort, le montant de la prime pouvant être incorporé au prêt.

SECTION II. — DES CAISSES RÉGIONALES.

Art. 11. — Les caisses régionales ont pour but :

1º De faciliter les opérations à court terme, à moyen terme et à long terme effectuées par les membres des caisses locales de crédit agricole mutuel de leur circonscription et garanties par ces sociétés ;

2º De transmettre aux sociétés coopératives agricoles, aux associations syndicales ou à tous autres groupements les avances spéciales qui peuvent leur être consenties par l'État.

Art. 12. — Les caisses régionales ne peuvent accepter l'affiliation que de caisses locales dont le siège est situé dans leur circonscription et qui ne sont pas, d'autre part, rattachées à une autre caisse régionale.

Elles réescomptent, après endossement par les caisses locales qui leur sont affiliées, les effets souscrits par les sociétaires de ces caisses.

Elles peuvent se charger de tout payement et recouvrement à faire dans l'intérêt desdites caisses locales.

Elles peuvent faire aux caisses locales qui leur sont affiliées les avances nécessaires à la constitution d'un fonds de roulement. Toutefois, pour celles qui ont fait appel au concours financier de l'État, ces avances ne pourront dépasser, pour chaque caisse locale, le montant du capital versé à la caisse régionale sous forme de souscription de parts.

Elles peuvent émettre des bons de caisse à échéance variable avec ou sans intérêt, mais ces bons ne sont créés qu'en faveur des agriculteurs domiciliés dans la circonscription de la caisse régionale.

ART. 13. — Tous les ans, dans la première quinzaine de février, les caisses régionales reversent à l'office national du crédit agricole les amortissements qu'elles ont encaissés dans le cours de l'année précédente et auxquels sont astreints les bénéficiaires des prêts à long terme, les sociétés coopératives, les associations syndicales et les autres associations ayant reçu des avances de l'État.

SECTION III. — OPÉRATIONS COMMUNES AUX CAISSES LOCALES ET AUX CAISSES RÉGIONALES.

ART. 14. — Les caisses de crédit agricole mutuel peuvent contracter les emprunts nécessaires pour constituer ou augmenter leurs fonds de roulement.

Pour les caisses de crédit ayant fait appel au concours financier de l'État, ces emprunts doivent être préalablement soumis à l'autorisation du ministre de l'agriculture.

Elles peuvent se procurer des capitaux en réescomptant leur portefeuille d'effets ou en empruntant sur titres.

Elles peuvent recevoir, de toute personne, des dépôts en compte courant, avec ou sans intérêt, et tout dépôt de titres.

Les opérations autres que celles qui sont autorisées par la présente loi leur sont interdites.

ART. 15. — Les caisses de crédit agricole ont, pour toutes les obligations de leurs sociétaires vis-à-vis d'elles, un privilège sur les parts formant le capital social.

CHAPITRE III

FONCTIONNEMENT.

ART. 16. — Les statuts déterminent le siège, la circonscription territoriale et le mode d'administration des caisses de crédit agricole.

Ils fixent la nature et l'étendue de leurs opérations, les règles à suivre pour la modification des statuts, la dissolution de la société, la composition du capital, la proportion dans laquelle chacun des membres peut contribuer à la constitution de ce capital et les conditions dans lesquelles il peut se retirer.

Les statuts des caisses de crédit ne bénéficiant pas d'avances de l'État déterminent le maximum des dépôts à recevoir en compte courant.

Ceux des caisses de crédit ayant fait appel au concours financier de l'État fixent le maximum des dépôts à recevoir en comptes courants ou à échéances, le montant de ces dépôts devant toujours être représenté par un actif égal, immédiatement réalisable au moment des échéances.

Les statuts déterminent le taux de l'intérêt des parts, qui ne peut dépasser 6 %, ni excéder pour les caisses locales le taux des prêts consentis à leurs sociétaires.

Aucun dividende n'est attribué aux parts sociales et, en cas de dissolution, leur taux de remboursement ne peut excéder la valeur fixée lors de la constitution de la société.

Art. 17. — Chaque année, après acquittement des frais généraux, payement des intérêts aux emprunts, aux dépôts et au capital social, les bénéfices sont affectés, jusqu'à concurrence des trois quarts au moins, à la constitution d'un fonds de réserve jusqu'à ce qu'il ait atteint le double du capital social.

Lorsqu'il atteint cette importance, la proportion à verser au fonds de réserve est réduite à 50 % des bénéfices annuels.

Art. 18. — Les statuts règlent l'étendue et les conditions de la responsabilité qui incombe à chacun des sociétaires dans les engagements pris par la caisse.

Les sociétaires ne peuvent, en principe, être libérés de leurs engagements qu'après la liquidation des opérations en cours au moment où ils se retirent. Dans tous les cas, leur responsabilité cesse cinq ans après la date de leur sortie.

Art. 19. — La responsabilité personnelle des membres chargés de l'administration de la caisse n'est engagée qu'en cas de violation des statuts ou de la présente loi.

En outre, en cas de fausses déclarations relatives aux statuts ou aux noms et qualités des administrateurs ou du directeur, ils peuvent être poursuivis et punis d'une amende de seize à cinq cents francs (16 à 500 fr.).

Art. 20. — En cas de dissolution de caisses régionales ayant reçu des avances de l'État ou de caisses locales ayant participé au bénéfice de ces avances, l'actif, y compris les réserves, est, après payement des dettes sociales et remboursement du capital effectivement versé, affecté à une œuvre d'intérêt agricole, sur décision de l'assemblée générale, approuvée par le ministre de l'agriculture, et à défaut de cette décision, désignée par le ministre après avis de la commission plénière de l'office national du crédit agricole.

Art. 21. — Les caisses de crédit agricole mutuel régies par la présente loi sont des sociétés commerciales dont les livres doivent être tenus conformément aux prescriptions du code de commerce et suivant les instructions du ministre de l'agriculture, pour celles qui ont reçu des avances de l'État.

TITRE II

Sociétés coopératives agricoles. — Associations syndicales agricoles. Sociétés d'intérêt collectif agricole.

Art. 22. — Les sociétés coopératives, les associations syndicales, les sociétés d'intérêt collectif agricole, qui, aux termes de l'art. 1er, peuvent être affiliées aux caisses locales de crédit agricole, sont :

1º Les sociétés coopératives agricoles constituées en vue d'effectuer ou de faciliter toutes les opérations concernant la production, la transformation, la conservation ou la vente des produits agricoles provenant exclusivement des exploitations des associés ;

2º Les sociétés coopératives d'achat en commun et d'approvisionnement visées à l'art. 7 de la présente loi ;

3º Les associations syndicales ayant un objet exclusivement agricole ;

4º Les sociétés agricoles ayant pour objet soit de procéder à la fabrication de toutes matières, de tous produits ou instruments utiles à l'agriculture, à l'exécution de travaux agricoles d'intérêt collectif, soit de doter une région ou une agglomération rurale d'installations modernes d'intérêt collectif, tels qu'abattoirs industriels, entrepôts frigorifiques, réseaux électriques, réseaux ferrés, etc., d'entreprises d'hygiène sociale, en particulier pour la construction de logements hygiéniques destinés à des ouvriers ruraux, ou bien pour l'amélioration de bâtiments agricoles reconnus insalubres par le corps du génie rural.

Art. 23. — Le capital de toutes les sociétés coopératives autorisées, aux termes de l'art. 22, §§ 1er et 2, à faire des opérations avec les sociétés de crédit mutuel agricole, ne peut être constitué par des souscriptions d'actions. Il doit être formé par les sociétaires au moyen de parts souscrites par chacun d'eux.

Les statuts doivent spécifier expressément :

1º Que ces parts sont nominatives et réservées exclusivement à des agriculteurs, que le taux de remboursement n'excédera en aucun cas leur prix initial et qu'elles ne sont transmissibles que par voie de cession et avec l'agrément de la société ;

2º Qu'aucun dividende n'est attribué au capital ou aux fractions de capital, que le taux des intérêts ne peut pas dépasser 6 % et que les excédents annuels, déduction faite des charges, amortissements, intérêt au capital, frais généraux et réserves, etc., ne peuvent être répartis, s'il y a lieu, entre les coopérateurs, que proportionnellement aux opérations faites par eux avec la société coopérative.

Des dispositions analogues seront prévues dans le règlement d'administration publique en ce qui concerne les conditions que doivent remplir les sociétés d'intérêt collectif agricole prévues à l'art. 22, § 4, qui désirent recevoir des avances de l'État.

Art. 24. — Les sociétés coopératives et les sociétés désignées à l'art. 22 peuvent seules bénéficier d'avances à long terme dans les conditions fixées à l'article ci-après.

Ces avances sont faites aux taux de 2 % pour une durée de vingt-cinq ans au maximum, cette durée pouvant exceptionnellement être portée à cinquante ans pour les sociétés coopératives de reboisement.

Les demandes d'avances doivent indiquer, d'une manière précise, l'emploi des fonds sollicités. Elles sont présentées au ministre de l'agriculture par l'intermédiaire des caisses régionales.

Art. 25. — Lorsque les sociétés coopératives ou les sociétés d'intérêt collectif agricole auxquelles sont attribuées les avances à long terme sont ou deviennent propriétaires d'immeubles, hypothèque doit être consentie sur ces immeubles, au profit de l'État, dès que la caisse régionale en fait la demande et dans la forme des actes administratifs, en application de l'art. 14 de la loi des 28 octobre-5 novembre 1790.

TITRE III

Avances de l'Etat.

Art. 26. — L'avance de 40 millions de francs et la redevance annuelle à verser au Trésor par la Banque de France, en vertu de la convention du 26 octobre 1917, approuvée par la loi du 20 décembre 1918, sont à la disposition du Gouvernement, pour être remises à titre d'avances aux caisses régionales.

Un décret, pris sur la proposition du ministre de l'agriculture et du ministre des finances, fixe la proportion dans laquelle ces sommes sont affectées à des avances pour prêts à court terme et à moyen terme, à des avances pour prêts individuels à long terme ou à des avances pour prêts à des sociétés coopératives et à des associations syndicales ou à des associations d'intérêt collectif agricole.

Art. 27. — La répartition des avances accordées, en vertu de la présente loi, est faite par l'office national du crédit agricole.

Art. 28. — Les avances pour prêts à court terme et à moyen terme sont consenties en comptes courants ouverts à l'office national de crédit agricole.

Les avances que les caisses régionales peuvent recevoir pour l'attribution de prêts individuels à long terme sont fixées suivant le nombre et l'importance des demandes dont seront saisies les caisses régionales.

Les sociétés coopératives agricoles, les associations syndicales libres, les sociétés d'intérêt collectif agricole peuvent recevoir des avances égales à six fois leur capital versé en argent ou en nature, lorsque les statuts comportent une clause de responsabilité conjointe et solidaire de tous les sociétaires ou bien lorsque tout ou partie des membres du conseil d'administration ont souscrit un engagement solidaire de remboursement jugé, sous sa responsabilité, suffisant par la caisse régionale intermédiaire.

Les avances aux associations syndicales autorisées seront proportionnées à l'importance des travaux qu'elles auront à exécuter.

Art. 29. — Toutes les avances de l'État deviennent immédiatement remboursables en cas de violation de statuts ou de modifications à ces statuts qui diminueraient les garanties de remboursement. Elles peuvent être exigibles en cas de malversations des administrateurs et du directeur des sociétés ayant reçu des avances. L'État a un privilège sur les parts des sociétés auxquelles il a consenti des avances.

Art. 30. — Le règlement d'administration publique prévu à l'art. 42 déterminera dans le détail la procédure à suivre pour l'attribution des avances et précisera les dispositions que devront contenir les statuts des sociétés appelées au bénéfice de ces avances.

Il fixera, en ce qui concerne les avances aux sociétés coopératives, aux associations syndicales et aux sociétés d'intérêt collectif agricole, le mode et la forme des enquêtes préliminaires à ouvrir, ainsi que les garanties à prendre pour assurer le remboursement des avances et les moyens de surveillance à exercer pour qu'elles ne soient pas détournées de leur affectation particulière.

TITRE IV

Dispositions fiscales et dispositions relatives au régime des prêts hypothécaires.

Art. 31. — Les sociétés de crédit agricole sont exemptes du droit de patente. Il en est de même pour les sociétés déterminées à l'art. 22 de la présente loi.

Les dispositions des lois des 29 juin 1872, 29 mars 1914, relatives à l'impôt sur le revenu des valeurs mobilières, et celles du titre V de la loi du 31 juillet 1917, relatives à l'impôt sur les revenus des créances, dépôts et cautionnements, ne sont applicables ni aux parts d'intérêts, ni aux emprunts ou obligations des sociétés de crédit mutuel et des sociétés coopératives susvisées. Cette dispense est étendue aux sociétés d'intérêt collectif agricole ayant bénéficié d'avances de l'État.

Les actes d'affectation hypothécaire, passés en la forme administrative, ainsi qu'il est prévu à l'art. 25, seront assujettis au timbre et à l'enregistrement sur la minute dans un délai de vingt jours, comme il est prévu à l'art. 78 de la loi du 15 mai 1918.

Art. 32. — Les bâtiments affectés à un usage agricole par les sociétés énumérées à l'art. 22 jouissent des mêmes exemptions d'impôts que celles dont bénéficient les bâtiments des agriculteurs.

Art. 33. — L'exemption du droit de licence sera appliquée, dans les mêmes conditions qu'aux propriétaires récoltants, aux sociétés coopératives agricoles constituées suivant les dispositions de la présente loi et vendant exclusivement les récoltes de leurs membres, vinifiées, distillées ou transformées en commun.

Art. 34. — Les dispositions des art. 32 à 42 inclus et de l'art. 47 du décret du 28 février 1852, sur les sociétés de crédit foncier, relatives à l'expropriation et à la vente en cas de non-payement des annuités ou pour toute autre cause et à la dispense de renouvellement décennal des inscriptions hypothécaires, pendant toute la durée des prêts, sont étendues aux caisses de crédit agricole pour toutes leurs opérations hypothécaires.

La purge des hypothèques légales peut être valablement opérée avant la réalisation de leurs prêts garantis par hypothèques, par les caisses de crédit agricole qui accomplissent les formalités prescrites par les articles 19 à 25 du décret du 28 février 1852, modifiés par la loi du 10 juin 1853, sur les sociétés de crédit foncier.

TITRE V

De l'office national et de la commission plénière du crédit agricole. Inspection et contrôle. — Dispositions générales.

Art. 35. — Il est créé un office national du crédit agricole.

Cet office est un établissement public possédant l'autonomie financière.

D'une façon générale, il assure l'application de la présente loi.

Il a notamment pour objet :

1° La gestion de la dotation du crédit agricole ;

2° La gestion des dépôts de fonds reçus par les caisses régionales de crédit agricole mutuel, et qui lui sont confiés par elles ;

3° L'émission de bons par l'intermédiaire des caisses régionales de crédit agricole mutuel ;

4° La gestion des crédits votés, en application de la loi du 4 mai 1918, relative à la mise en culture des terres abandonnées.

Art. 36. — L'office est administré par un conseil d'administration, sous le contrôle d'une commission plénière composée de trente membres.

La commission plénière est présidée par le ministre de l'agriculture. Elle est composée pour un cinquième de représentants du Sénat et de la Chambre des députés, pour deux cinquièmes de délégués élus par les caisses régionales de crédit agricole mutuel, et pour deux cinquièmes de membres nommés par décret sur la proposition du ministre de l'agriculture et du ministre des finances et choisis parmi les hautes personnalités prises dans l'administration.

Les membres du conseil sont nommés par la commission plénière. Ils sont au nombre de sept.

La direction de l'office est confiée à un directeur général nommé par décret sur la proposition du ministre de l'agriculture. Ce fonctionnaire remplit les fonctions d'administrateur de l'office et ne peut être révoqué que sur la proposition de la commission plénière et du conseil d'administration.

Un agent comptable soumis à l'inspection des finances et justiciable de la cour des comptes est également nommé par décret sur la proposition du ministre de l'agriculture et du ministre des finances.

Art. 37. — Les ressources de l'office comprennent :

1° Le revenu des fonds dont il a la gestion ;

2° La dotation du crédit agricole ;

3° Les sommes provenant des remboursements effectués par les comités départementaux d'action agricole, en exécution de la loi du 4 mai 1918 ;

4° Les crédits qui peuvent lui être affectés par mesure législative ;

5° Les dons, legs ou libéralités de toute nature qu'il pourrait recevoir.

En cas de dissolution, les valeurs provenant de cette dernière source seront attribuées, par décret rendu en Conseil d'État, à des établissements publics ou reconnus d'utilité publique susceptibles d'exécuter les intentions des donateurs.

Art. 38. — L'office national effectue toutes ses opérations au moyen de comptes courants au Trésor, à la Caisse des dépôts et Consignations et à la Banque de France.

Art. 39. — Le budget de l'office est arrêté par le conseil d'administration et approuvé par le ministre de l'agriculture et le ministre des finances après avis de la commission plénière.

Le compte administratif de l'ordonnateur et le compte de gestion de l'agent comptable sont soumis chaque année à la délibération du conseil d'administration et à l'avis de la commission plénière. Le compte administratif sera définitivement réglé par décret.

Art. 40. — Le service central du crédit, de la coopération et de la mutualité agricole au ministère de l'agriculture est rattaché à l'office national du crédit agricole.

TITRE VI

Inspection et contrôle. — Dispositions générales.

ART. 41. — Le contrôle permanent de l'inspection générale des associations agricoles et des institutions de crédit s'exerce sur l'office national du crédit agricole et sur les sociétés ou associations, de quelque nature qu'elles soient, qui ont reçu des avances de l'État sur la dotation du crédit agricole.

ART. 42. — Le ministre de l'agriculture présente chaque année, au Président de la République, un rapport sur les opérations faites en exécution de la présente loi. Ce rapport sera publié au *Journal officiel*.

ART. 43. — Dans les six mois de la promulgation de la loi, un règlement d'administration publique en déterminera les conditions d'application.

ART. 44. — Sont abrogées les lois des 5 novembre 1894, 31 mars 1899, 25 décembre 1900, 20 juillet 1901, 29 décembre 1906, 14 janvier 1908, 18 février 1910, 19 mars 1910, 26 février 1912 (art. 3), 30 novembre 1912, 9 avril 1918, 21 juin 1919 et toutes les dispositions contraires à la présente loi.

V. — SOCIÉTÉS DE CRÉDIT MARITIME

Loi du 4 décembre 1913 abrogeant les lois du 23 avril 1906, 18 juin 1909 et 25 mars 1910 et réorganisant le crédit maritime mutuel.

(Voir texte de la loi, tome II, page 217.)

VI. — CAUTION MUTUELLE ET BANQUE POPULAIRE

Loi du 13 mars 1917.

TITRE PREMIER

Sociétés de caution mutuelle.

Art. 1er. — Des sociétés de caution mutuelle peuvent être constituées entre commerçants, industriels, fabricants, artisans et sociétés commerciales.

Elles ont pour objet exclusif l'aval et l'endos des effets de commerce et billets créés, souscrits ou endossés par leurs membres à raison de leurs opérations professionnelles.

Leur capital est formé de parts nominatives qui peuvent être de valeur inégale, sans cependant qu'aucune d'elles puisse être inférieure à 50 francs, et à la souscription desquelles peuvent concourir, en dehors des membres qui participent aux avantages de la société, des membres non participants, qui n'ont droit qu'à la rémunération de leurs apports.

La société n'est constituée qu'après versement du quart du capital souscrit.

Art. 2. — Les statuts déterminent le siège et le mode d'administration de la société, les conditions nécessaires à la modification de ses statuts et à la dissolution de la société, la composition du capital et la proportion dans laquelle chacun des membres contribue à sa constitution.

Ils règlent l'étendue et les conditions de la responsabilité qui incombe à chacun des sociétaires dans les engagements de la société. Les sociétaires ne peuvent être libérés de leurs engagements qu'après la liquidation des opérations contractées par la société antérieurement à leur sortie.

Les statuts réservent aux sociétaires le droit de se retirer et de réclamer le remboursement des parts leur appartenant. Toutefois il ne pourra être fait usage de ce droit qu'en fin d'exercice et moyennant un préavis de trois mois.

Le remboursement des parts ne peut être effectué qu'après apurement de toutes les opérations sociales engagées au moment de la demande de restitution. Il ne peut excéder ni la valeur, à cette époque, des parts du membre démissionnaire, ni leur valeur nominale. La plus-value, s'il y en a, reste acquise au fonds de réserve, sur lequel le membre remboursé n'a aucun droit.

Art. 3. — Les statuts doivent exiger que le conseil d'administration détermine, pour chaque sociétaire, le montant maximum des avals et endos qui peuvent être accordés, et limiter la durée pour laquelle ces avals et endos seront donnés.

Ils réservent expressément au conseil d'administration le pouvoir de refuser la signature qui lui est demandée, ou de ne l'accorder qu'en prenant les garanties qu'il jugerait utiles.

Art. 4. — Le capital, de même que le fonds de réserve, est affecté à la garantie des effets et billets avalisés ou endossés par la société, de manière à servir de provision pour ces effets et billets, à défaut de règlement. Les administrateurs sont tenus, avant de commencer à donner aucun aval ou endos, d'énoncer, dans une déclaration déposée en double au greffe de la justice de paix du siège de la société, l'emploi qu'ils ont fait du capital (placement en valeurs ou dépôts en banque). Il est donné récépissé de cette déclaration. L'un des exemplaires est transmis par les soins du juge de paix au greffe du tribunal de commerce de l'arrondissement.

Chaque année, une déclaration dans les mêmes formes doit faire connaître l'emploi du capital et du fonds de réserve.

Art. 5. — Les statuts déterminent les prélèvements et commissions qui seront perçus au profit de la société sur les opérations faites par elle.

Les sommes provenant de ces prélèvements et commissions, après acquittement des frais généraux, seront employées de la manière suivante :

1° 10 0/0 serviront à la constitution d'un fonds de réserve ;

2° On pourra ensuite donner aux parts un intérêt égal à 4 0/0 au plus des versements effectués ;

3° Les trois quarts du surplus iront à nouveau au fonds de réserve ;

4° Ce qui restera sera réparti entre les membres, au prorata des prélèvements supportés par eux, en raison de leurs opérations.

Toutefois les versements au fonds de réserve cesseront d'être obligatoires lorsque ce fonds sera devenu égal à la moitié du capital.

A la dissolution de la société, le fonds de réserve et le reste de l'actif net sont partagés entre les sociétaires, proportionnellement à leurs souscriptions, à moins que les statuts n'en aient affecté l'emploi à une œuvre de crédit.

Art. 6. — Les sociétés autorisées par le présent titre de la présente loi sont des sociétés commerciales, dont les livres doivent être tenus conformément aux prescriptions du Code de commerce.

Art. 7. — Les conditions de publicité prescrites pour les sociétés commerciales ordinaires sont remplacées, à l'égard des sociétés qu'autorise le présent titre de la présente loi, par les dispositions suivantes :

Avant toute opération, les statuts avec la liste complète des administrateurs ou directeurs et des sociétaires, indiquant leurs nom, profession, domicile et le montant de chaque souscription, sont déposés en quatre exemplaires au greffe de la justice de paix du canton où la société a son siège. Il en est donné récépissé.

Chaque année, dans la première quinzaine de février, le directeur ou un administrateur de la société dépose de même en quatre exemplaires la liste des membres faisant partie de la société à cette date, et le tableau sommaire des recettes et des dépenses ainsi que des opérations effectuées dans l'année précédente.

Un des exemplaires de ces divers documents est, par les soins du juge de paix, déposé au greffe du tribunal de commerce de l'arrondissement ; les deux autres sont adressés au ministre du commerce et au ministre des finances.

Les documents déposés au greffe de la justice de paix et du tribunal de commerce par application du présent article et de l'article 4 ci-dessus sont communiqués à tout requérant.

Art. 8. — Les sociétés de caution mutuelle dont les statuts et le fonctionnement sont reconnus conformes aux dispositions de la présente loi sont exemptées de l'impôt de la patente ainsi que de l'impôt sur le revenu des valeurs mobilières.

Les certificats de parts non négociables ne sont soumis qu'au timbre de dimension prévu par l'article 12 de la loi du 13 brumaire an VII.

Art. 9. — Les membres chargés de l'administration de la société sont personnellement responsables, en cas de violation des statuts ou des dispositions de la présente loi, du préjudice résultant de cette violation.

En outre, en cas de contravention aux prescriptions des articles 4 et 7, ou en cas de fausses déclarations dans les documents prévus à ces deux articles, les administrateurs peuvent être poursuivis et punis d'une amende de seize à cinq cents francs (16 à 500 francs).

TITRE II

Banques populaires.

Art. 10. — Les articles 7 et 8 qui précèdent sont applicables aux banques populaires qui remplissent les conditions ci-après déterminées :

1º Leur capital doit être constitué par sept souscriptions au moins. Ces souscriptions peuvent être inégales. Peuvent souscrire, en dehors des membres qui participent aux avantages de la banque populaire, des membres non participants, qui n'ont droit qu'à la rémunération de leurs apports. Les statuts règlent l'étendue et les conditions de la responsabilité qui incombe à chacun des sociétaires dans les engagements de la société ;

2º Les capitaux souscrits ne peuvent recevoir un intérêt supérieur à cinq pour cent (5 p. 0/0) des versements effectués. Le surplus des bénéfices, après attribution aux réserves, doit être réparti entre les clients de la banque, au prorata des prélèvements de toutes sortes qu'ils ont subis ;

3º Les banques populaires ne peuvent faire d'opérations qu'avec des commerçants, industriels, fabricants, artisans et sociétés commerciales, pour l'exercice normal de leur industrie, de leur commerce et de leur métier. Toutefois elles peuvent recevoir des sommes en dépôt de toutes personnes et sociétés ;

4º Les statuts doivent exiger que le conseil d'administration détermine, pour chaque client, le montant maximum des escomptes et avances qui peuvent être consentis, et limiter la durée des avances et l'échéance des effets admis à l'escompte.

Les associations fondées par des commerçants, industriels, fabricants, artisans, sous le régime de la loi du 1er juillet 1901, les syndicats professionnels, les sociétés de caution mutuelle et les caisses d'épargne sont autorisés à concourir à la formation du capital des banques ci-dessus définies.

ART. 11. — Sur l'avance de 20 millions de francs versée au Trésor par la Banque de France en vertu de l'article 1er de la convention du 11 novembre 1911, approuvée par la loi du 29 décembre 1911, le gouvernement est autorisé à disposer de 12 millions pour être attribués, sous forme d'avances sans intérêts, aux banques populaires constituées et fonctionnant conformément à l'article 10 de la présente loi.

Cette somme figurera à un compte spécial du Trésor, où seront également portés les fonds de concours qui seront versés en vue de la même affectation.

ART. 12. — Les avances ci-dessus prévues ne peuvent excéder le double du capital versé en espèces, ni être accordées pour plus de cinq ans. Elles peuvent être renouvelées. Elles sont immédiatement remboursables en cas de violation des statuts ou de diminution des garanties sur le vu desquelles elles ont été accordées.

La répartition en est faite par le ministre du commerce, sur l'avis d'une commission spéciale dont les membres sont nommés par décrets pour quatre années, savoir :

1o Neuf sur la proposition du ministre du commerce, dont deux fonctionnaires de son département, trois membres des chambres de commerce, quatre représentants des banques populaires constituées suivant les dispositions de la présente loi ;

2o Quatre sur la proposition du ministre des finances, dont deux fonctionnaires de son département, un représentant de la Banque de France et un représentant des autres banques et établissements de crédit ;

3o Trois sur la proposition du ministre du travail, dont deux fonctionnaires de son département, et un membre de la Commission supérieure des caisses d'épargne, ou un membre du Conseil supérieur de la mutualité.

Les renouvellements seront également accordés par le ministre du commerce, sur l'avis de la commission.

Chaque année, un rapport adressé au Président de la République rendra compte des opérations effectuées en exécution du présent article. Ce rapport sera publié au *Journal officiel*.

ART. 13. — Les caisses d'épargne sont autorisées à faire, sur leur fortune personnelle, des prêts aux banques populaires constituées suivant les dispositions de la présente loi.

Ces prêts, ainsi que le montant des actions souscrites en vertu du dernier paragraphe de l'article 10 ci-dessus, ne peuvent dépasser la quotité prévue par l'article 10 de la loi du 20 juillet 1895, modifié par l'article 10 de la loi du 23 décembre 1912. Les actions doivent être entièrement libérées.

TITRE III

Dispositions générales.

ART. 14. — Toutes les sociétés, de quelque nature qu'elles soient, dont la création est prévue aux deux premiers titres de la présente loi, devront être constituées sous le régime des lois françaises.

Les souscripteurs du capital et les administrateurs devront être Français.

Ces sociétés seront soumises aux vérifications des agents de l'Enregistrement, dans les conditions déterminées par les lois des 23 août 1871 et 21 juin 1875.

ART. 15. — Un décret rendu en la forme des règlements d'administration publique déterminera les conditions d'application de la présente loi.

Décret du 31 janvier 1918 portant règlement d'administration publique pour l'application de la loi du 13 mars 1917.

Le Président de la République française,

Sur le rapport du ministre du commerce, de l'industrie, des postes, des télégraphes, des transports maritimes et de la marine marchande, et du ministre des finances ;

Vu la loi du 13 mars 1917 ayant pour objet l'organisation du crédit au petit et au moyen commerce, à la petite et à la moyenne industrie et notamment l'article 15 ainsi conçu : « Un décret rendu en la forme des règlements d'administration publique déterminera les conditions d'application de la présente loi » ;

Le Conseil d'État entendu,

DÉCRÈTE :

CHAPITRE PREMIER. — *Dispositions concernant l'organisation des banques populaires et des sociétés de caution mutuelle.*

ART. 1er. — Sont applicables aux banques populaires les dispositions du premier paragraphe de l'article 2 de la loi du 13 mars 1917, en vertu desquelles les statuts des sociétés de caution mutuelle déterminent le siège et le mode d'administration de la société, les conditions nécessaires à la modification de ses statuts et à la dissolution de la société, la composition du capital et la proportion dans laquelle chacun des membres contribue à sa constitution.

En outre, les statuts des banques populaires et des sociétés de caution mutuelle, régies par cette loi, spécifient expressément :

1º La durée de la société et la circonscription territoriale à laquelle s'étendent ses opérations ;

2º Le nombre des voix dont dispose chaque sociétaire dans les assemblées générales, eu égard au nombre de parts dont il est titulaire, et le nombre maximum de voix qu'il peut avoir, quel que soit ce nombre de parts.

Les statuts de chaque banque populaire déterminent également les opérations qu'elle fera, par application de l'article 10, 3º, de la loi du 13 mars 1917, et indiquent si elle en réserve le bénéfice aux seuls sociétaires.

ART. 2. — Les parts des sociétaires, dans les banques populaires, sont toujours nominatives.

Lorsqu'elles sont négociables, elles ne peuvent être transférées qu'avec l'agrément du conseil d'administration.

Lorsque la banque populaire est constituée sous la forme de société à capital variable, les statuts déterminent sous quelles conditions les sociétaires peuvent se retirer de la société, obtenir le remboursement de leurs parts et être libérés de leurs engagements.

CHAPITRE II. — *Instruction des demandes adressées à l'Etat.*

ART. 3. — Les banques populaires qui sollicitent une avance sur les fonds mis à la disposition du gouvernement par l'article 11 de la loi du 13 mars 1917 doivent adresser à cet effet au ministre du commerce et de l'industrie une demande indiquant la somme sollicitée et le temps pour lequel l'avance est demandée.

La demande contient, en outre, l'engagement pris par la banque populaire de communiquer à l'avance au ministre du commerce et de l'industrie tout projet de modification à ses statuts ou de dissolution, et de l'informer sans retard de tout changement dans la composition de son conseil d'administration.

La demande doit être signée par le ou les administrateurs de la banque populaire ayant qualité pour engager celle-ci, d'après ses statuts.

ART. 4. — Toute demande d'avance formulée par une banque populaire doit être accompagnée des pièces suivantes :

1º Un exemplaire sur papier libre, certifié conforme, des statuts de la société ;

2º Une copie sur papier libre, certifiée conforme, du récépissé délivré par le greffier de la justice de paix lors de l'accomplissement du dépôt originaire prescrit par l'article 7 de la loi du 13 mars 1917 et, en cas de modifications aux statuts, copie du récépissé du dépôt consécutif à ces modifications ;

3º La liste certifiée exacte des membres de la société à la date de la demande d'avance, avec indication de leurs prénoms, noms, domicile, profession et nationalité, du nombre, de la valeur nominale et du montant des parts sociales souscrites par chacun d'eux, ainsi que des versements effectués sur celles-ci.

Cette liste est divisée en deux parties comprenant, l'une, les membres participants, l'autre, les membres non participants.

En ce qui concerne les souscriptions émanant de sociétés, associations, syndicats professionnels, sociétés de caution mutuelle ou caisses d'épargne, doivent être mentionnés, outre les indications ci-dessus, les prénoms, noms, domicile, profession et nationalité de leur président, administrateur-délégué, directeur ou mandataire ;

4º La liste certifiée exacte des membres du conseil d'administration et de la commission de surveillance de la société, à la date de la demande, avec indication de leurs prénoms, noms, domicile, profession et nationalité ;

5º Une copie sur papier libre, certifiée conforme, du procès-verbal de l'assemblée générale constitutive ainsi que des procès-verbaux des assemblées générales ayant postérieurement apporté des modifications aux statuts ;

6º Un exemplaire, certifié conforme, du règlement intérieur de la société ;

7º Une copie, certifiée conforme, du procès-verbal de l'assemblée général ou du conseil d'administration qui, suivant les statuts, aura décidé de présenter la demande d'avance ;

8° Une copie, certifiée conforme, du dernier bilan avec le tableau des opérations actives et passives du dernier exercice, ainsi que la copie du compte rendu moral et financier présenté à la dernière assemblée générale et du procès-verbal de celle-ci.

Si le dernier bilan remonte à plus de trois mois, il y est joint un tableau des opérations actives et passives effectuées depuis la clôture du dernier exercice jusqu'au jour de la demande d'avance.

Si la banque populaire n'a pas un an de fonctionnement, le bilan et le tableau des opérations sont arrêtés à la date de la demande d'avance par le conseil d'administration, qui doit y joindre les observations présentées à leur sujet par la commission de surveillance ;

9° Une déclaration certifiée exacte, indiquant le chiffre global des escomptes qui peuvent être consentis et des crédits ouverts aux clients de la banque populaire à la date de la demande, avec indication de leur durée maxima telle qu'elle a été fixée par le conseil d'administration, par application de l'article 10, 4°, de la loi du 13 mars 1917 ;

10° Dans le cas où la banque populaire est constituée sous la forme de société en nom collectif, une évaluation en argent de la garantie totale que représente, à l'égard des créanciers de la société, la responsabilité collective de ses membres ;

11° Dans le cas où, la banque populaire étant constituée sous le régime de la responsabilité limitée, les sociétaires sont néanmoins tenus statutairement à garantir, dans une certaine mesure et en plus de leurs souscriptions de parts, les engagements de la société, une évaluation en argent de la garantie complémentaire totale que représente cette obligation.

Art. 5. — La demande d'avance est soumise à une enquête.

La société demanderesse doit tenir ses livres à la disposition de toute personne chargée de procéder à cette enquête et produire tous renseignements qui lui seraient demandés.

Elle peut, notamment, être invitée à fournir un dossier spécial relatif à la constitution, à l'organisation et au fonctionnement des sociétés de caution mutuelle dont elle escompte le portefeuille.

CHAPITRE III. — *Attribution, renouvellement et remboursement des avances de l'État.*

Art. 6. — Pour l'attribution, dans les limites d'importance et de durée fixées par l'article 12 de la loi du 13 mars 1917, des avances de l'État, il est tenu compté du développement des affaires de la banque populaire intéressée, de la nature de ses opérations et de son genre de clientèle, des engagements en cours pris par elle à l'égard des tiers, notamment sous forme d'emprunts ou de réception de dépôts, des avances de l'État déjà reçues par elle, et, d'une façon générale, de tous éléments de nature à permettre de juger de sa solvabilité et à assurer le remboursement de l'avance à l'échéance.

Art. 7. — L'attribution d'avances peut être subordonnée à la présentation de telles garanties de remboursement que le ministre juge nécessaire de demander, notamment en ce qui concerne le mode d'emploi de tout ou partie du capital social ainsi que le mode de constitution et d'emploi des réserves.

ART. 8. — Sauf cas exceptionnels justifiés par les circonstances, aucune avance ne peut être renouvelée que si l'amortissement déterminé par la décision ministérielle accordant l'avance ou, le cas échéant, par une décision ultérieure du ministre, prise sur l'avis de la commission de répartition, a été régulièrement effectué.

Le renouvellement n'est accordé que pour la portion de l'avance non amortie.

ART. 9. — Au cas où la banque populaire bénéficiaire d'une avance de l'État est dissoute ou mise en état de faillite ou de liquidation judiciaire, où elle viole ses statuts, où elle les modifie sans avoir fait au ministre la communication prévue à l'article 3 ci-dessus, enfin où elle perd son caractère de banque populaire tel qu'il résulte des prescriptions de l'article 10 de la loi du 13 mars 1917, les avances en cours deviennent immédiatement exigibles et l'État en doit poursuivre le remboursement intégral, sans délai, auprès de la banque populaire bénéficiaire.

Lorsqu'un projet de modification aux statuts communiqué au ministre, en exécution de l'engagement prévu par l'article 3 du présent décret, est de nature à diminuer les garanties de l'État, le ministre notifie à la banque son opposition. S'il est passé outre, les avances en cours deviennent immédiatement exigibles.

ART. 10. — Pour les vérifications prévues par l'article 14 de la loi du 13 mars 1917, les agents de l'Enregistrement sont placés en ce qui concerne ces vérifications, sous l'autorité du ministre du commerce et de l'industrie, en même temps que sous celle du ministre des finances.

À la suite de chacune de ces vérifications et au moins une fois par an, chaque agent adresse à chacun de ces ministres un rapport contenant ses constatations et observations sur chacune des banques populaires soumises à son contrôle. Le ministre du commerce notifie à la banque un extrait de ce rapport.

ART. 11. — Les ministres du commerce, de l'industrie, des postes, des télégraphes, des transports maritimes et de la marine marchande et le ministre des finances sont chargés, chacun en ce qui le concerne, de l'exécution du présent décret, qui sera publié au *Journal officiel de la République française* et inséré au *Bulletin des lois*.

Loi du 10 août 1920 complétant et modifiant la loi du 13 mars 1917 ayant pour objet l'organisation du crédit au petit et au moyen commerce, à la petite et à la moyenne industrie.

ART. 1er. — Par dérogation aux dispositions de l'art. 49 de la loi du 24 juillet 1867 sur les sociétés, le capital social des banques populaires formées en conformité de la loi du 13 mars 1917, qui adopteront la forme de société à capital variable, pourra être porté par les statuts constitutifs à 500.000 fr., et chacune des augmentations de capital effectuées d'année en année pourra atteindre la même somme.

ART. 2. — Le paragraphe 3 de l'art. 10 de la loi du 13 mars 1917 ayant pour objet l'organisation du crédit au petit et au moyen commerce, à la petite et à la moyenne industrie, est modifié ainsi qu'il suit :

« 2º Les capitaux souscrits ne peuvent recevoir un intérêt supérieur à six pour cent (6 %) des versements effectués... »

Art. 3. — L'usage, comme titre ou comme qualificatif, des mots « banque populaire » est interdit notamment dans les prospectus, réclames, lettres, etc., à toute entreprise qui n'aura pas été autorisée par décision du ministre du commerce, prise après avis de la commission de répartition des avances instituée par l'art. 12 de la loi du 13 mars 1917, et ce, sous peine des condamnations prévues par les dispositions de l'article 405 du Code pénal.

Art. 4. — Le paragraphe 1er de l'art. 8 de la même loi du 13 mars 1917 est complété ainsi qu'il suit :

« ... et de l'impôt sur les bénéfices des professions commerciales et industrielles. »

VII. — TITRES AU PORTEUR

1° Loi du 15 juin 1872 relative aux titres au porteur.

(Pour tous les autres articles, voir la Loi du 8 février 1902.)

ART. 1er. — Le propriétaire de titres au porteur, qui en est dépossédé par quelque événement que ce soit, peut se faire restituer contre cette perte, dans la mesure et sous les conditions déterminées par la présente loi.

ART. 6. — La solvabilité de la caution à fournir, en vertu des dispositions des articles précédents, sera appréciée comme en matière commerciale. S'il s'élève des difficultés, il sera statué en référé par le président de l'établissement débiteur.

Il sera loisible à l'opposant de fournir un nantissement aux lieu et place d'une caution. Ce nantissement pourra être constitué en titres de rentes sur l'État. Il sera restitué à l'expiration des délais fixés pour la libération de la caution.

ART. 8. — Quand il s'agit de coupons au porteur détachés du titre, si l'opposition n'a pas été contredite, l'opposant pourra, après trois années à compter de l'échéance et de l'opposition, réclamer le montant desdits coupons de l'établissement débiteur sans être tenu de se pourvoir d'autorisation.

ART. 9. — Les paiements faits à l'opposant suivant les règles ci-dessus posées libéreront l'établissement débiteur envers tout tiers porteur qui se présenterait ultérieurement. Le tiers porteur au préjudice duquel lesdits paiements auraient été faits conserve seulement une action personnelle contre l'opposant qui aurait formé son opposition sans cause.

ART. 10. — Si, avant que la libération de l'établissement débiteur soit accomplie, il se présente un tiers porteur des titres frappés d'opposition, ledit établissement doit provisoirement retenir les titres contre un récépissé remis au tiers porteur ; il doit de plus avertir l'opposant, par lettre chargée, de la présentation du titre, en lui faisant connaître le nom et l'adresse du tiers porteur. Les effets de l'opposition restent alors suspendus jusqu'à ce que la justice ait prononcé entre l'opposant et le tiers porteur.

ART. 12. — Toute négociation ou transmission postérieure au jour où le bulletin est parvenu, ou aurait pu parvenir par la voie de la poste, au lieu où elle a été faite, sera sans effet vis-à-vis de l'opposant, sauf le recours du tiers porteur contre son vendeur et contre l'agent de change par l'intermédiaire duquel la négociation aura eu lieu. Le tiers porteur pourra également, au cas prévu par le précédent article, contester l'opposition faite irrégulièrement et sans droit.

Sauf le cas où la mauvaise foi serait démontrée, les agents de change ne seront responsables des négociations faites par leur entremise qu'autant que les oppositions leur auront été signifiées personnellement et qu'elles auront été publiées dans le bulletin par les soins du syndicat.

ART. 14. — A l'égard des négociations ou transmissions de titres antérieures à la publication de l'opposition, il n'est pas dérogé aux dispositions des art. 2279 et 2280 C. civ.

ART. 16. — Les dispositions de la présente loi sont applicables aux titres au porteur émis par les départements, les communes et les établissements publics, mais elles ne sont pas applicables aux billets de la Banque de France, ni aux billets de même nature émis par des établissements légalement autorisés, ni aux rentes et autres titres au porteur émis par l'État, lesquels continueront à être régis par les lois, décrets et règlements en vigueur.

Toutefois, les cautionnements exigés par l'administration des finances pour la délivrance du duplicata des titres perdus, volés ou détruits, seront restitués si dans les vingt années qui ont suivi, il n'a été formé aucune demande de la part des tiers porteurs, soit pour les arrérages, soit pour le capital. Le Trésor sera définitivement libéré envers le porteur des titres primitifs, sauf l'action personnelle de celui-ci contre la personne qui aura obtenu le duplicata.

2° Loi du 8 février 1902 portant modification de la loi du 15 juin 1872 sur les titres au porteur.

ART. 1er. — Les art. 2, 3, 4, 5, 7, 11, 13, 15 de la loi du 15 juin 1872 sont modifiés comme suit :

Art. 2. — Le propriétaire dépossédé fera notifier par huissier, au syndicat des agents de change de Paris, un acte d'opposition indiquant le nombre, la nature, la valeur nominale, le numéro et, s'il y a lieu, la série des titres, avec réquisition, sous la condition de payement du coût, de publier, dans la forme qui sera ci-après déterminée, les numéros des titres dont il a été dépossédé.

Il devra aussi, autant que possible, énoncer :

1° L'époque et le lieu où il est devenu propriétaire, ainsi que le mode de son acquisition ;

2° L'époque et le lieu où il a reçu les derniers intérêts ou dividendes ;

3° Les circonstances qui ont accompagné sa dépossession.

Cet acte contiendra une élection de domicile à Paris.

Notification sera également faite par huissier, au nom du propriétaire dépossédé, à l'établissement débiteur.

L'acte contiendra les indications ci-dessus requises pour l'exploit notifié au syndicat des agents de change, et de plus, à peine de nullité, une copie certifiée par l'huissier instrumentaire de la quittance délivrée par le syndicat, du coût de la publication prévue par l'art. 11 ci-après. Cette quittance soumise au seul droit de timbre de dix centimes (0 fr. 10), s'il y échet, sera dispensée d'enregistrement. Il sera fait dans l'acte élection de domicile dans la commune du siège de l'établissement débiteur.

La notification ainsi faite emportera opposition au payement tant du capital que des intérêts ou dividendes échus ou à échoir, jusqu'à ce que main levée en ait été donnée par l'opposant ou ordonnée par justice, ou jusqu'à ce que déclaration ait été faite, par le syndicat des agents de change, à l'établissement débiteur, de la radiation de l'opposition.

S'il s'agit de coupons détachés du titre, il n'y aura pas lieu à la notification au syndicat des agents de change, ni à l'insertion au bulletin quotidien. Le porteur dépossédé ne sera tenu que de l'opposition à l'établissement débiteur.

Art. 3. — Lorsqu'il se sera écoulé une année depuis l'opposition sans qu'elle ait été formellement contredite par un tiers se prétendant propriétaire du titre frappé d'opposition, et que, dans cet intervalle, deux termes au moins d'intérêts ou de dividendes auront été mis en distribution, l'opposant pourra se pourvoir auprès du président du tribunal civil du lieu de son domicile, ou, s'il habite hors de France, auprès du président du tribunal civil du siège de l'établissement débiteur, afin d'obtenir l'autorisation de toucher les intérêts ou dividendes échus, ou même le capital des titres frappés d'opposition, dans le cas où ledit capital serait ou deviendrait exigible.

Le même droit appartiendra au porteur dépossédé de titres ne donnant pas droit à des intérêts ou dividendes, ou à l'égard desquels il y a eu cessation des distributions périodiques. Mais, en ce cas, il ne pourra être exercé que lorsqu'il se sera écoulé trois ans depuis l'opposition sans qu'elle ait été contredite dans les termes indiqués ci-dessus.

Art. 4. — Si le président accorde l'autorisation, l'opposant devra, pour toucher les intérêts ou dividendes, fournir une caution solvable dont l'engagement s'étendra au montant des annuités exigibles, et, de plus, à une valeur double de la dernière annuité échue.

Après deux ans écoulés depuis l'autorisation, sans que l'opposition ait été contredite dans les termes de l'art. 3, la caution sera de plein droit déchargée.

Si l'opposant ne veut ou ne peut fournir la caution requise, il pourra, sur le vu de l'autorisation, exiger de la compagnie le dépôt, à la Caisse des dépôts et consignations, des intérêts ou dividendes échus et de ceux à échoir au fur et à mesure de leur exigibilité.

Après deux ans écoulés depuis l'autorisation, sans que l'opposition ait été contredite dans les termes de l'art. 3, l'opposant pourra retirer de la Caisse des dépôts et consignations les sommes déposées et percevoir librement les intérêts ou dividendes à échoir, au fur et à mesure de leur exigibilité.

Art. 5. — Si le capital des titres frappés d'opposition est devenu exigible, l'opposant qui aura obtenu l'autorisation ci-dessus pourra en toucher le montant, à charge de fournir caution. Il pourra, s'il le préfère, exiger de la compagnie que le montant dudit capital soit déposé à la Caisse des dépôts et consignations.

Lorsqu'il se sera écoulé dix ans depuis l'époque de l'exigibilité et cinq ans au moins à partir de l'autorisation, sans que l'opposition ait été contredite dans les termes de l'art. 3, la caution sera déchargée, et, s'il y a eu dépôt, l'opposant pourra retirer de la Caisse des dépôts et consignations les sommes en faisant l'objet.

Art. 7. — En cas de refus de l'autorisation dont il est parlé en l'art. 3, l'opposant pourra saisir, par voie de requête, le tribunal civil de son domicile, ou, s'il habite hors de France, le tribunal civil du siège de l'établissement débiteur, lequel statuera après avoir entendu le ministère public. Le jugement obtenu dudit tribunal produira les effets attachés à l'ordonnance d'autorisation.

Art. 11. — Sur le vu de l'exploit mentionné en l'art. 2 et de la réquisition y contenue, le syndicat des agents de change de Paris sera tenu de publier les numéros des titres dont la dépossession lui est notifiée.

Cette publication, qui aura pour effet de prévenir la négociation ou la transmission desdits titres, sera faite le surlendemain au plus tard, par les soins et sous la responsabilité du syndicat des agents de change de Paris, dans un bulletin quotidien, établi et publié dans les formes et sous les conditions déterminées par un règlement d'administration publique.

Le même règlement fixera le coût de la rétribution annuelle due par l'opposant pour frais de publicité. Cette rétribution annuelle sera payée d'avance à la caisse du syndicat, faute de quoi la dénonciation ne sera pas continuée à l'expiration de l'année pour laquelle la rétribution aura été payée.

Un mois après l'échéance de la publication non renouvelée, le syndicat fera parvenir à l'établissement débiteur la liste des titres qui n'auront pas été maintenus au bulletin des oppositions ; avis lui sera donné en même temps que cette notification lui tient lieu de mainlevée pour tous payements de coupons, remboursement de capital, conversions, transferts, etc., et lui donne pleine et entière décharge, à condition que les numéros signalés comme rayés du bulletin concordent bien avec ceux inscrits sur les registres de la compagnie comme frappés d'opposition.

Art. 13. — Les agents de change doivent inscrire sur leurs livres les numéros des titres qu'ils achètent ou qu'ils vendent.

Ils mentionneront sur les bordereaux d'achat les numéros livrés. Un règlement d'administration publique déterminera le taux de la rémunération qui sera allouée à l'agent de change pour cette inscription des numéros.

La négociation qui rend sans effet toute publication postérieure de l'opposition sera réputée accomplie dès le moment où aura été opérée sur les livres des agents de change l'inscription des numéros des titres vendus pour compte du donneur d'ordre et livrés par lui.

Si la publication, bien que postérieure à cette inscription, survient avant la livraison ou l'attribution au donneur d'ordre, ou à l'agent de change acheteur, l'opposant pourra, sur la demande de mainlevée formée par l'agent de change ou par tout autre ayant droit, réclamer les titres contre remboursement du prix par application de l'art. 2280 C. civ.

Art. 15. — Lorsqu'il se sera écoulé dix ans depuis l'autorisation obtenue par l'opposant, conformément à l'art. 3, et que, pendant ce laps de temps, l'opposition aura été publiée sans être contredite dans les termes dudit article, l'opposant pourra exiger de l'établissement débiteur qu'il lui soit remis un titre semblable et subrogé au premier. Ce titre devra porter le même numéro que le titre originaire, avec la mention qu'il est délivré par duplicata.

Le titre délivré en duplicata conférera les mêmes droits que le titre primitif et sera négociable dans les mêmes conditions.

Dans le cas du présent article, le titre primitif sera frappé de déchéance, et le tiers qui le représentera après la remise du nouveau titre à l'opposant n'aura qu'une action personnelle contre celui-ci, au cas où l'opposition aurait été faite sans droit.

L'opposant qui réclamera de l'établissement un duplicata payera les frais qu'il occasionnera.

Il devra, de plus, payer à l'avance la publication à faire au bulletin, à la rubrique des titres frappés de déchéance, pour le nombre d'années représenté par la feuille des coupons attachée au titre, sans que cette publication puisse, en aucun cas, être limitée à une durée inférieure à dix ans.

Un règlement d'administration publique fixera le coût de la somme à payer au syndicat pour la publication supplémentaire au delà de dix ans.

Pour les titres qui ne portent aucun coupon, l'opposant devra verser au syndicat, à l'avance, le prix de la publication pendant dix ans à la rubrique des titres frappés de déchéance.

ART. 2. — Sont ajoutées à la loi les dispositions suivantes :

Art. 17. — Le porteur d'un titre frappé d'opposition peut poursuivre la mainlevée de cette opposition de la manière suivante :

Il fera sommation à l'opposant d'avoir à introduire, dans le mois, une demande en revendication, qui sera portée devant le tribunal civil du domicile du porteur actuel du titre.

Cette sommation sera signifiée au domicile de l'opposant et, si celui-ci n'a pas de domicile connu en France, au domicile élu dans l'opposition notifiée au syndicat des agents de change de Paris.

Elle indiquera, autant que possible, l'origine et la cause de la détention du titre, ainsi que la date à partir de laquelle le porteur est à même d'en justifier ; en cas d'acquisition par achat, elle indiquera le montant du prix d'achat et contiendra aussi copie d'un certificat délivré par le syndicat des agents de change, mentionnant la date à laquelle les titres ont paru pour la première fois au bulletin, ledit certificat non soumis au droit d'enregistrement.

Si la sommation est faite à la requête d'un agent de change dans les conditions prévues au paragraphe 4 de l'art. 13, elle devra contenir un extrait certifié conforme des livres de l'agent de change constatant l'inscription des numéros des titres sur ses livres avant leur publication au bulletin.

Cette sommation contiendra, en outre, assignation à l'opposant à comparaître, dans un délai qui ne pourra pas être moindre d'un mois, à l'audience des référés, devant le président du tribunal du domicile du porteur, pour y entendre, dans les cas qui vont être ci-après spécifiés, prononcer la mainlevée de l'opposition.

Art. 18. — Si, au jour de l'audience fixée par l'assignation pour la comparution en référé, l'opposant ne justifie pas avoir introduit une demande en revendication, le juge des référés devra prononcer la mainlevée immédiate.

Il en sera de même, quoique l'opposant ait introduit sa demande en revendication, si le porteur justifie, par un bordereau d'agent de change ou par d'autres actes probants et non suspects, antérieurs à l'opposition, qu'il est propriétaire des valeurs revendiquées depuis une date antérieure à celle de la publication de l'opposition, et si l'opposant n'offre pas le remboursement du prix d'achat dans les conditions prévues par l'art. 2280 C. civ.

Le juge des référés pourra prononcer la mainlevée, même en dehors de toute justification de propriété de la part du porteur, si l'opposant n'allègue à l'appui de sa demande en revendication aucun fait, ou ne produit aucune pièce, de nature à rendre vraisemblable le bien-fondé de sa prétention.

Dans tous les cas où la mainlevée sera prononcée, le juge des référés aura le droit de statuer sur les dépens.

Sur la signification de l'ordonnance à l'établissement débiteur et au syndicat, accompagnée d'un certificat de non-appel, délivré conformément aux dispositions de l'art. 548 C. proc. civ., l'établissement débiteur et le syndicat devront considérer l'opposition comme nulle et non avenue.

Ils seront quittes et déchargés, sans pouvoir exiger d'autres pièces ou justifications.

Art. 19. — Un décret en forme de règlement d'administration publique déterminera :

1º Les formes et les conditions de l'avis à donner en vertu du dernier paragraphe de l'art. 11 ;

2º Les formes et les conditions dans lesquelles seront tenus les livres visés par l'art. 13, et destinés à l'inscription des titres vendus et livrés par les donneurs d'ordre, ainsi que le contrôle auquel ils seront soumis.

3º Décret du 8 mai 1902 portant règlement d'administration publique pour l'exécution de l'article 15 § 6, de la loi du 15 juin 1872, modifié par la loi du 7 février 1902, relative aux titres au porteur.

Le Président de la République française,

Sur le rapport du garde des sceaux, ministre de la justice ;

Vu l'art. 15, § 6, de la loi du 15 juin 1872, modifié par l'art. 1er de la loi du 8 février 1902, ainsi conçu :

« ART. 15, § 6. — Un règlement d'administration publique fixera le coût de la somme à payer au syndicat pour la publication supplémentaire au delà de dix ans » ;

Vu le décret du 10 avril 1873 ;

Le Conseil d'État entendu,

Décrète :

ART. 1er. — Le coût de la publication supplémentaire, après l'expiration de la deuxième période de dix ans prévue à l'art. 15, § 5, de la loi susvisée, pour les titres frappés de déchéance, est de 25 centimes par numéro de valeur et par an.

VIII. — SOCIÉTÉS D'ASSURANCES

1° Décret du 22 janvier 1868.

Voir texte intégral, tome II, p. 165, modifié en son art. 33 ainsi qu'il suit par le décret du 23 novembre 1916 :

Art. 33 (*Décret du 23 novembre 1916*). — Les fonds de la société doivent être employés en valeurs énumérées à l'art. 5 ci-dessus.

L'art. 5 modifié par le décret du 7 novembre 1917 est ainsi conçu :

Art. 5 (*Décret du 7 novembre 1917*). — Les fonds de la société, à l'exception des sommes nécessaires aux besoins du service courant et sous déduction des portions visées au dernier alinéa du présent article, sont placés de la manière suivante :

1° Jusqu'à concurrence des trois quarts au moins en immeubles ou en prêts hypothécaires sur des immeubles situés en France ou en Algérie ;

En valeurs de l'État ou en valeurs ayant une garantie de l'État portant sur le capital ou sur le revenu ;

En actions de la Banque de France ;

En prêts aux départements, aux communes, aux chambres de commerce de France ou d'Algérie, ou en obligations émises par ces divers emprunteurs;

En valeurs jouissant d'une garantie portant sur le capital ou sur le revenu de la part desdits départements, communes ou chambres de commerce régulièrement autorisées ;

En obligations foncières et communales émises par le Crédit foncier de France ;

En prêts ou avances sur les effets publics ci-dessus désignés ;

En ouvertures de crédits hypothécaires pour constructions d'immeubles ;

En obligations des grandes compagnies de chemins de fer (Est, Midi, Nord, Orléans, ancien Ouest, Paris-Lyon-Méditerranée) et du syndicat du chemin de fer de Grande Ceinture ;

En bons émis par les monts-de-piété de France ;

2° Pour le surplus :

En immeubles ou en prêts hypothécaires sur des immeubles situés dans les colonies françaises, les pays de protectorat ou à l'étranger ;

En prêts aux colonies françaises ou en valeurs garanties par ces colonies ;

En effets publics de toute nature, français ou étrangers et en valeurs mobilières françaises portés à la cote officielle de la Bourse de Paris et dont la liste sera arrêtée, chaque année, par l'assemblée générale des actionnaires ;

En prêts ou avances sur les effets publics ci-dessus désignés ;

En actions ou obligations des sociétés régies par la législation sur les habitations à bon marché et sur la petite propriété, ainsi qu'en parts sociales ou obligations de sociétés ayant pour objet l'organisation d'un dispensaire, par application du titre 2 de la loi du 15 avril 1916.

En dehors des limitations fixées aux paragraphes précédents, les sociétés peuvent employer les portions de leur actif correspondant aux opérations réalisées dans chacun des pays étrangers où elles opèrent ainsi qu'aux cautionnements pouvant être exigés par lesdits pays, en immeubles situés dans ces pays, en prêts hypothécaires ou en valeurs mobilières admises par les législations étrangères sur la matière.

2° Loi du 4 juillet 1900 relative à la constitution des sociétés ou caisses d'assurances mutuelles agricoles.

ARTICLE UNIQUE. — Les sociétés ou caisses d'assurances mutuelles agricoles qui sont gérées et administrées gratuitement, qui n'ont en vue et qui, en fait, ne réalisent aucun bénéfice, sont affranchies des formalités prescrites par la loi du 24 juillet 1867 et le décret du 28 janvier 1868, relatifs aux sociétés d'assurances.

Elles pourront se constituer en se soumettant aux prescriptions de la loi du 21 mars 1884 sur les syndicats professionnels.

Les sociétés ou caisses d'assurances mutuelles agricoles ainsi créées seront exemptes de tous droits de timbre et d'enregistrement autres que le droit de timbre de 10 centimes prévu par le paragraphe 1er de l'art. 18 de la loi des 23 et 25 août 1871.

3° Loi du 17 mars 1905 relative à la surveillance et au contrôle des sociétés d'assurances sur la vie et de toutes les entreprises dans les opérations desquelles intervient la durée de la vie humaine.

TITRE PREMIER

Enregistrement des entreprises.

ART. 1er. — Sont assujetties à la présente loi les entreprises françaises ou étrangères de toute nature qui contractent des engagements dont l'exécution dépend de la durée de la vie humaine.

Sont exceptées les sociétés définies par la loi du 1er avril 1898 sur les sociétés de secours mutuels et les institutions de prévoyance publiques ou privées régies par des lois spéciales.

ART. 2. — Ces entreprises doivent limiter leurs opérations à une ou plusieurs de celles qui font l'objet de la présente loi. Il leur est interdit de stipuler ou de réaliser l'exécution de contrats ou l'attribution de bénéfices par la voie de tirage au sort.

Elles ne peuvent fonctionner qu'après avoir été enregistrées, sur leur demande, par le ministre du commerce. Dans le délai maximum de six mois à dater du dépôt de la demande, le ministre du commerce fait mentionner l'enregistrement au *Journal officiel* ou notifie le refus d'enregistrement aux intéressés.

Aucune modification, soit aux statuts, soit aux tarifs de primes ou cotisations, ne peut être mise en vigueur qu'après nouvel enregistrement obtenu dans les mêmes formes.

ART. 3. — Le refus d'enregistrement doit être motivé par une infraction soit aux lois, notamment à celles qui régissent les sociétés, soit aux décrets prévus par l'art. 9 ci-après.

Les intéressés peuvent former un recours pour excès de pouvoir devant le Conseil d'État qui devra statuer dans les trois mois.

TITRE II
Garanties.

Art. 4. — Pour les sociétés françaises anonymes ou en commandite, les statuts doivent spécifier la dissolution obligatoire en cas de perte de la moitié du capital social.

Pour les sociétés à forme mutuelle ou à forme tontinière, les statuts déterminent le mode de règlement et l'emploi des sommes perçues, ainsi que la quotité des prélèvements destinés à faire face aux frais de gestion de l'entreprise.

Art. 5. — Les sociétés françaises anonymes ou en commandite doivent avoir un capital social au moins égal à 2 millions de francs.

Les sociétés françaises à forme mutuelle ou à forme tontinière devront constituer un fonds de premier établissement qui ne peut être inférieur à 50.000 fr. et qui doit être amorti en quinze ans au plus.

Toutes les entreprises sont tenues, en outre, de constituer, dans les conditions prévues à l'art. 9, § 4, une réserve de garantie qui tient lieu du prélèvement prescrit par l'art. 36 de la loi du 24 juillet 1867. Toutefois, cette réserve n'est pas obligatoire pour les opérations à forme tontinière.

Art. 6. — Toutes les entreprises qui contractent des engagements déterminés sont tenues de constituer des réserves mathématiques, égales à la différence entre les valeurs des engagements respectivement pris par elles et par les assurés dans les conditions déterminées par le décret prévu à l'art. 9, § 5. Cette obligation ne s'applique aux entreprises étrangères que pour les contrats souscrits ou exécutés en France et en Algérie.

Les entreprises produiront annuellement, à l'époque et dans les formes déterminées par le ministre et après avis du comité consultatif des assurances sur la vie prévu à l'art. 10, la comparaison : 1° entre la mortalité réelle de leurs assurés et la mortalité prévue par les tables admises pour le calcul de leurs réserves mathématiques et de leurs tarifs ; 2° entre le taux de leurs placements réels et celui qui a été admis pour les calculs susvisés.

En cas d'écarts notables ou répétés portant sur un de ces éléments, des arrêtés ministériels peuvent exiger, au plus tous les cinq ans, une rectification des bases du calcul des réserves mathématiques des opérations en cours et des tarifs des primes ou cotisations.

Ces arrêtés sont pris sur avis conforme du comité consultatif des assurances sur la vie, les représentants de l'entreprise ayant été entendus et mis en demeure de fournir leurs observations par écrit dans un délai d'un mois. Ils fixent le délai dans lequel la rectification doit être opérée ; le montant des versements corrélatifs à la rectification des réserves mathématiques doit être, à la fin de chaque exercice, au moins proportionnel à la fraction du délai couru.

Les sociétés à forme tontinière sont tenues de faire, dans les conditions fixées par le décret prévu à l'art. 9, § 7, emploi immédiat de toutes les cotisations, déduction faite des frais de gestion statutaires.

Art. 7. — Lorsque les bénéfices revenant aux assurés ne sont pas payables immédiatement après la liquidation de l'exercice qui les a produits, un compte individuel doit mentionner chaque année la part de ces bénéfices attribuable à chacun des contrats souscrits ou exécutés en France et en Algérie et être adressé aux assurés.

Jusqu'à concurrence du montant des réserves mathématiques et de la réserve de garantie, ainsi que du montant des comptes spécifiés à l'alinéa précédent, l'actif des entreprises françaises est affecté au règlement des opérations d'assurances par un privilège qui prendra rang après le paragraphe 6 de l'art. 2101 C. civ.

Pour les entreprises étrangères, les valeurs représentant la portion d'actif correspondante doivent, à l'exception des immeubles, faire l'objet d'un dépôt à la Caisse des dépôts et consignations, dans les conditions prévues à l'art. 9, § 6. Le seul fait de ce dépôt confère privilège aux assurés, sur lesdites valeurs, pour les contrats souscrits ou exécutés en France et en Algérie.

Art. 8. — Un règlement d'administration publique, rendu sur la proposition des ministres du commerce et des finances, détermine les biens mobiliers et immobiliers en lesquels devra être effectué le placement de l'actif des entreprises françaises et pour les entreprises étrangères de la portion d'actif afférente aux contrats souscrits ou exécutés en France et en Algérie, ainsi que le mode d'évaluation annuelle des différentes catégories de placements et les garanties à présenter pour les valeurs qui ne pourraient avoir la forme nominative.

Les entreprises sont tenues de produire au ministre, dans les formes et délais qu'il prescrit, après avis du comité consultatif, des états périodiques des modifications survenues dans la composition de leur actif.

Art. 9. — Des décrets rendus après avis du comité consultatif des assurances sur la vie prévu à l'article ci-après déterminent :

1° Les pièces et justifications à produire à l'appui des demandes d'enregistrement, ainsi que le montant du dépôt préalable à effectuer à la Caisse des dépôts et consignations par les différentes catégories d'entreprises et les conditions de réalisation et de restitution dudit dépôt ;

2° Le délai passé lequel cessera d'être valable l'enregistrement d'une entreprise qui n'aurait pas commencé à fonctionner ;

3° Le maximum des dépenses de premier établissement pour les différentes espèces d'entreprises françaises et le délai d'amortissement desdites dépenses ;

4° La fixation pour chaque catégorie d'entreprises de la réserve de garantie ;

5° Les différentes tables de mortalité, le taux d'intérêt et les chargements d'après lesquels doivent être calculées au minimum les primes ou cotisations des opérations à réaliser ainsi que les réserves mathématiques. Publication de ces fixations est effectuée au *Journal officiel* au moins six mois avant le début du premier exercice auquel elles doivent s'appliquer ;

6° Les conditions de dépôt et de retrait des valeurs représentant, pour les entreprises étrangères, la portion d'actif visée à l'art. 7 ;

7° Les conditions dans lesquelles doivent être gérées les entreprises à forme tontinière ;

8° Les conditions dans lesquelles les **entreprises** sont tenues d'inscrire, sur des registres spéciaux, les contrats souscrits ou exécutés en France et en Algérie ;

9° Les conditions dans lesquelles doivent fonctionner les entreprises de gestion d'assurances sur la vie, et suivant lesquelles peuvent être perçus les frais de gestion dans les limites d'un maximum fixé. Ces entreprises doivent déposer à la Caisse des dépôts et consignations un capital de garantie de 100.000 francs. Elles ne peuvent valablement se faire attribuer la gestion pour une période initiale de plus de vingt ans, à l'expiration de laquelle leur mandat ne pourra être renouvelé pour des périodes de plus de dix ans. Chaque renouvellement ne pourra être effectué qu'un an avant l'expiration de la période en cours.

TITRE III

Surveillance et contrôle.

Art. 10. — Il est constitué auprès du ministre du commerce un comité consultatif des assurances sur la vie, composé de vingt et un membres, savoir : deux sénateurs et trois députés élus par leurs collègues, le directeur de l'assurance et de la prévoyance sociales au ministère du commerce, le directeur général de la Caisse des dépôts et consignations, un représentant du ministre des finances, trois membres agrégés de l'Institut des actuaires français, le président de la chambre de commerce ou un membre de la chambre délégué par lui, un professeur de la Faculté de droit de Paris, deux directeurs ou administrateurs de sociétés d'assurances à forme mutuelle ou à forme tontinière, deux directeurs ou administrateurs de sociétés anonymes ou en commandite d'assurances, quatre personnes spécialement compétentes en matière d'assurances sur la vie.

Un décret détermine le mode de nomination et de renouvellement des membres, ainsi que la désignation du président, du vice-président et du secrétaire.

Le comité doit être consulté au sujet des demandes d'enregistrement prévues par l'art. 2 et dans les autres cas prévus par la présente loi. Il peut être saisi par le ministre de toutes autres questions relatives à l'application de la loi.

La présence de neuf membres au moins est nécessaire pour la validité de ses délibérations, dans les cas spécifiés au troisième alinéa de l'art. 6, à l'art. 18 et à l'art. 24.

Art. 11. — Toute entreprise est tenue : 1° de publier en langue française un compte rendu annuel de toutes ses opérations, avec états et tableaux annexés ; 2° de produire ledit compte rendu au ministre du commerce et de le déposer aux greffes des tribunaux civils et des tribunaux de commerce, tant du département de la Seine que du siège social ; 3° de le délivrer à tout assuré ou associé qui en fait la demande, moyennant le paiement d'une somme qui ne peut excéder 1 franc ; 4° de publier annuellement et à ses frais au *Journal officiel* un compte rendu sommaire comprenant : le compte général des profits et pertes, la balance générale des écritures et le mouvement général des opérations en cours.

Des arrêtés ministériels, pris après avis du comité consultatif des assurances sur la vie, déterminent, au moins trois mois avant le début de l'exercice, les modèles des états et tableaux à annexer au compte rendu publié, la date de production et de dépôt du compte rendu, la forme et le délai de la publication prescrite au *Journal officiel.*

Les entreprises doivent en outre communiquer au ministre, à toute époque et dans les formes et délais qu'il détermine, tous les documents et éclaircissements qui lui paraissent nécessaires.

Elles sont soumises à la surveillance de commissaires contrôleurs assermentés qui seront recrutés dans les conditions déterminées par décrets, après avis du comité consultatif des assurances sur la vie, et qui pourront à toute époque vérifier sur place toutes les opérations, indépendamment de toutes personnes exceptionnellement déléguées par le ministre à cet effet.

Art. 12. — Les entreprises étrangères doivent, en ce qui concerne les opérations régies par la présente loi, avoir en France et en Algérie un siège spécial et une comptabilité spéciale pour tous les contrats souscrits ou exécutés en France et en Algérie et accréditer auprès du ministre du commerce un agent préposé à la direction de toutes ces opérations. Cet agent doit être domicilié en France ; il représente seul l'entreprise auprès du ministre, vis-à-vis des titulaires de contrats souscrits en France et en Algérie, notamment pour la signature des polices, avenants, quittances et autres pièces relatives aux opérations réalisées.

Toute entreprise est tenue de produire au ministre du commerce, dans le délai qu'il détermine, la traduction en langue française, certifiée conforme, de documents en langue étrangère se rapportant à ses opérations et pour lesquels cette traduction est requise.

Les conditions générales et particulières des polices, les avenants et autres documents se rapportant à l'exécution des contrats doivent être rédigés ou traduits en langue française. Dans ce dernier cas, le texte français fait seul foi à l'égard des assurés français.

Art. 13. — Le ministre du commerce présente chaque année au Président de la République et fait publier au *Journal officiel* un rapport d'ensemble sur le fonctionnement de la présente loi et sur la situation de toutes les entreprises qu'elle régit.

Les frais de toute nature résultant de la surveillance et du contrôle sont à la charge des entreprises. Un arrêté ministériel fixe, à la fin de chaque exercice, la répartition de ces frais entre les entreprises, au prorata du montant global des primes et des cotisations de toute nature encaissées par elles au cours de l'exercice, exception faite des opérations réalisées hors de France et d'Algérie par les entreprises étrangères, et sans que la contribution de chacune des entreprises puisse dépasser 1/1.000 dudit montant.

Il y joint le compte détaillé des recettes et dépenses afférentes à la surveillance et au contrôle des entreprises.

TITRE IV

Pénalités.

Art. 14. — Les entreprises sont passibles, de plein droit et sans aucune mise en demeure, d'amendes administratives, recouvrées comme en matière d'enregistrement, à la requête du ministre du commerce, savoir :

1° D'une amende de 20 fr. par jour pour retard apporté à chacune des productions visées par le troisième alinéa de l'art. 11 et le deuxième alinéa de l'art. 12.

2° D'une amende de 100 fr. par jour pour retard apporté à chacune des productions ou publications visées par le deuxième alinéa de l'art. 6, les paragraphes 1er, 2 et 4 de l'art. 11.

Art. 15. — Les contraventions aux dispositions des premier et troisième alinéas de l'art. 6, aux premier et troisième alinéas de l'art. 7, à l'art. 8, à l'art. 20, à l'art. 21, ainsi qu'au règlement d'administration publique prévu par l'art. 20, à l'art. 21, ainsi qu'au règlement d'administration publique prévu par l'art. 8 et aux décrets prévus par les paragraphes 3 à 8 de l'art. 9, sont constatées par procès-verbaux des commissaires contrôleurs, qui font foi jusqu'à preuve contraire sans préjudice des constatations et poursuites de droit commun ; elles sont poursuivies devant le tribunal correctionnel à la requête du ministère public et punies d'une amende de 100 à 5.000 fr., et, en cas de récidive, de 500 à 10.000 fr.

Art. 16. — Sont poursuivies devant le tribunal correctionnel et passibles d'une amende de 16 à 100 fr., toute personne qui aurait proposé ou fait souscrire des polices d'assurances, et notamment chacun des administrateurs ou directeurs d'entreprises, qui réalisent des opérations visées par la présente loi avant la publication au *Journal officiel* de l'enregistrement prévu à l'art. 2, ou qui effectuent des opérations nouvelles après la publication du décret prévu par l'art. 18 ou après le refus d'enregistrement prévu par l'art. 19.

L'amende est prononcée pour chacune des opérations réalisées par le contrevenant, qui peut être, en outre, en cas de récidive, condamné à un emprisonnement d'un mois au plus.

Sous les mêmes peines, les prospectus, affiches, circulaires et tous autres documents destinés à être distribués au public ou publiés par une entreprise assujettie à la présente loi doivent toujours porter, à la suite du nom ou de la raison sociale de l'entreprise, la mention ci-après, en caractères uniformes : « Entreprise privée, assujettie au contrôle de l'État », sans renfermer aucune assertion susceptible d'induire en erreur soit sur la véritable nature ou l'importance réelle des opérations, soit sur la portée du contrôle.

Toute déclaration ou dissimulation frauduleuse, soit dans les comptes rendus, soit dans tous autres documents produits au ministre du commerce ou portés à la connaissance du public, est punie des peines prévues par l'art. 405 C. pén.

L'art. 463 C. pén. est applicable à tous les faits punis par le présent article et l'article précédent.

Art. 17. — Les jugements prononcés contre les entreprises ou leurs représentants, en exécution de l'article précédent et de l'art. 15, doivent être publiés, aux frais des condamnés ou des entreprises civilement responsables, dans le *Journal officiel* et dans deux autres journaux au moins, désignés par le tribunal.

ART. 18. — L'enregistrement d'une entreprise, effectué en vertu de l'art. 2 de la présente loi, cesse d'être valable dès qu'un décret constate que l'entreprise ne fonctionne plus en conformité soit de ses statuts, soit de la présente loi ou des décrets et arrêtés qu'elle prévoit. Ce décret est rendu après avis conforme du comité consultatif des assurances sur la vie, les représentants de l'entreprise ayant été mis en demeure de fournir leurs observations par écrit ou d'être entendus dans un délai d'un mois sur communication des irrégularités relevées contre l'entreprise. Le comité doit émettre son avis motivé dans le mois suivant.

Dans un délai de huitaine, à compter de la notification du décret, l'entreprise peut se pourvoir pour excès de pouvoir devant le Conseil d'État, qui doit statuer dans le mois. Ce pourvoi est suspensif. La publication du décret au *Journal officiel* ne pourra être faite qu'après le rejet du pourvoi par le Conseil d'État.

TITRE V

Dispositions transitoires.

ART. 19. — Les entreprises françaises ou étrangères soumises à la présente loi et opérant en France ou en Algérie à l'époque de sa promulgation sont tenues de se conformer immédiatement à ses dispositions, et notamment de demander l'enregistrement spécifié à l'art. 2, dans un délai de deux mois à compter de la promulgation des règlements d'administration publique prévus par les art. 8 et 22, ainsi que des deux décrets prévus par l'art. 9.

Elles peuvent toutefois continuer provisoirement leurs opérations jusqu'à ce que solution soit donnée à cette demande.

ART. 20. — Les entreprises françaises régulièrement autorisées en vertu de la législation en vigueur pourront, après obtention de l'enregistrement spécifié à l'art. 2, modifier, sans autorisation du gouvernement, leurs statuts approuvés, à charge de se conformer à la législation sur les sociétés.

Par dérogation à l'art. 5 ci-dessus, elles ne seront pas tenues d'élever leur capital social au minimum spécifié audit article.

Elles pourront, d'autre part, si elles obtiennent l'enregistrement prévu à l'article précédent, conserver les placements antérieurement effectués par elles en conformité de leurs statuts, sans tenir compte des limitations imposées par le règlement d'administration publique prévu à l'art. 8, sous réserve de ne plus effectuer, à compter de sa promulgation, aucun placement dans les catégories pour lesquelles les limites fixées seront atteintes ou dépassées, et ce jusqu'à ce que la proportion réglementaire soit rétablie.

Toutefois, l'emploi en placements sur première hypothèque, pour la moitié au plus de la valeur estimative, pourra, pendant une période maximum de vingt-cinq ans, être renouvelé pour une somme égale à celle que lesdites entreprises consacraient à cet emploi antérieurement au 1er juillet 1904.

ART. 21. — Pour chacune des entreprises enregistrées par application de l'art. 19, un arrêté ministériel, pris sur avis conforme du comité consultatif des assurances sur la vie, fixe, dans les conditions spécifiées à l'avant-dernier alinéa de l'art. 6, les bases du calcul des réserves mathématiques des opérations réalisées antérieurement à la mise en vigueur du décret prévu par le paragraphe 5 de l'art. 9.

ART. 22. — Est abrogé le premier alinéa de l'art. 66 de la loi du 24 juillet 1867, ainsi que toutes autres dispositions relatives aux tontines et aux sociétés d'assurances sur la vie.

Un règlement d'administration publique déterminera les conditions dans lesquelles pourront être constituées les sociétés d'assurances sur la vie à forme mutuelle ou tontinière.

ART. 23. — La présente loi est applicable à l'Algérie et aux colonies de la Réunion, la Martinique, la Guadeloupe, la Guyane, l'Inde française et la Nouvelle-Calédonie.

4° Décret du 12 mai 1906 portant règlement d'administration publique pour l'exécution de l'art. 22 de la loi du 17 mars 1905 (Voir tome II, page 157).

Les dispositions de ce décret sont rapportées au chapitre dans lequel ces sociétés sont commentées.

5° Décret du 23 novembre 1916 modifiant le décret du 22 janvier 1868
(Voir ci-dessus page LXXV).

6° Décret du 7 novembre 1907 modifiant l'article 5 du décret du 22 janvier 1868
(Voir ci-dessus page LXXV).

7° Loi du 30 novembre 1917 affectant les nouvelles rentes françaises aux placements des entreprises d'assurances de capitalisation et d'épargne
(Voir *J. off.*, 2 décembre 1917, p. 9717).

IX. — SOCIÉTÉS DE CRÉDIT IMMOBILIER ET D'HABITATIONS A BON MARCHÉ

1° Loi du 12 avril 1906 modifiant et complétant la loi du 30 novembre 1894 sur les habitations à bon marché.

ART. 1ᵉʳ. — Il sera établi dans chaque département un ou plusieurs comités de patronage des habitations à bon marché et de la prévoyance sociale. Ces comités ont pour mission d'encourager toutes les manifestations de la prévoyance sociale, notamment la construction de maisons salubres et à bon marché, soit par des particuliers ou des sociétés, en vue de les louer ou de les vendre à des personnes peu fortunées, notamment à des travailleurs vivant principalement de leur salaire, soit par les intéressés eux-mêmes pour leur usage personnel.

ART. 2. — Ces comités sont institués par décret du Président de la République, après avis du conseil général et du conseil supérieur des habitations à bon marché. Le même décret détermine l'étendue de leur circonscription et fixe le nombre de leurs membres, dans la limite de neuf au moins et de douze au plus.

Le tiers des membres du comité est nommé par le conseil général, qui le choisit parmi les conseillers généraux, les maires et les membres des chambres de commerce ou des chambres consultatives des arts et manufactures de la circonscription du comité.

Les deux autres tiers sont désignés, dans les conditions déterminées par un arrêté du ministre du commerce, de l'industrie et du travail, pris après avis du comité permanent du conseil supérieur, visé à l'art. 14 de la présente loi, parmi les personnes spécialement versées dans les questions de prévoyance, d'hygiène, de construction et d'économie sociale.

Ces comités ainsi constitués font leur règlement qui est soumis à l'approbation du préfet. Ils désignent leur président et leur secrétaire. Ce dernier peut être pris en dehors du comité.

Ces comités sont nommés pour trois ans.

Leur mandat peut être renouvelé.

ART. 3. — Ces comités peuvent recevoir des subventions de l'État, des départements et des communes, ainsi que des dons et legs, aux conditions prescrites par l'art. 910 C. civ. pour les établissements d'utilité publique.

Toutefois, ils ne peuvent posséder d'autres immeubles que celui qui est nécessaire à leurs réunions.

Ils peuvent faire des enquêtes, ouvrir des concours d'architecture, distribuer des prix d'ordre et de propreté, accorder des encouragements pécuniaires et, plus généralement, employer les moyens de nature à provoquer l'initiative en faveur de la construction et de l'amélioration des maisons à bon marché.

Dans le cas où ces comités cesseraient d'exister, leur actif après liquidation pourra être dévolu, sur l'avis du conseil supérieur institué à l'art. 14 ci-après, aux sociétés de construction des habitations à bon marché, aux associations de prévoyance et aux bureaux de bienfaisance de la circonscription.

ART. 4. — Le département doit subvenir aux frais de local et de bureau des comités, ainsi qu'aux frais de déplacement nécessaires pour l'application de la présente loi suivant le tarif et dans les conditions déterminées par le conseil général.

Il peut prendre à sa charge les jetons de présence qui seraient alloués, à titre d'indemnité de déplacement, aux membres des comités n'habitant pas la localité où se tiendraient les réunions.

ART. 5. — Les avantages concédés par la présente loi s'appliquent aux maisons destinées à l'habitation collective lorsque la valeur locative réelle de chaque logement ne dépasse pas, au moment de la construction, le chiffre fixé, pour chaque commune, tous les cinq ans, par une commission siégeant au chef-lieu du département et composée d'un juge au tribunal civil, d'un conseiller général et d'un agent des contributions directes, désignés par le préfet. Les maires seront admis à présenter verbalement ou par écrit leurs observations sur la fixation de cette valeur locative, dans leurs communes respectives.

Ce chiffre ne peut être supérieur aux maxima déterminés ci-après, ni inférieur de plus d'un quart auxdits maxima :

1º Communes au-dessous de mille un (1.001) habitants, cent quarante francs (140 fr.) ;

2º Communes de mille un (1.001) à deux mille (2.000) habitants, deux cent francs (200 fr.) ;

3º Communes de deux mille un (2.001) à cinq mille (5.000) habitants, deux cent vingt-cinq francs (225 fr.) ;

4º Communes de cinq mille un (5.001) à trente mille (30.000) habitants et banlieue des communes de trente mille un (30.001) à deux cent mille (200.000) habitants, dans un rayon de dix (10) kilomètres, deux cent cinquante francs (250 fr.) ;

5º Communes de trente mille un (30.001) à deux cent mille (200.000) habitants, banlieue des communes de deux cent mille un (200.001) habitants et au-dessus, dans un rayon de quinze (15) kilomètres, et grande banlieue de Paris, c'est-à-dire communes dont la distance aux fortifications est supérieure à quinze (15) kilomètres et n'excède pas quarante (40) kilomètres, trois cent vingt-cinq francs (325 fr.) ;

6º Petite banlieue de Paris, dans un rayon de quinze (15) kilomètres, quatre cents francs (400 fr.) ;

7º Communes de deux cent mille un (200.001) habitants et au-dessus, quatre cent quarante francs (440 fr.) ;

8º Ville de Paris, cinq cent cinquante francs (550 fr.).

Le bénéfice de la loi est acquis par cela seul que la destination principale de l'immeuble est d'être affectée à des habitations à bon marché. Toutefois, les exonérations d'impôt accordées par l'art. 9 de la présente loi ne s'appliqueront qu'aux parties de l'immeuble réellement occupées par des logements à bon marché.

Bénéficieront également des avantages de la loi les maisons individuelles dont la valeur locative réelle ne dépassera pas de plus d'un cinquième le chiffre déterminé par la commission ci-dessus prévue. Seront considérés comme dépendance de la maison pour l'application de la loi, sauf, en ce qui concerne l'exemption temporaire d'impôt foncier, les jardins d'une superficie de cinq (5) ares au plus attenant aux constructions ou les jardins de dix (10) ares au plus non attenant aux constructions et possédés dans la même localité par les mêmes propriétaires.

Pour l'application de la présente loi, la valeur locative des maisons ou logements sera déterminée par le prix de loyer porté dans les baux, augmenté, le cas échéant, du montant des charges autres que celles de salubrité (eau, vidange, etc.) et d'assurance contre l'incendie ou sur la vie. S'il n'existe pas de bail, la valeur locative des maisons individuelles sera fixée à cinq cinquante-six pour cent (5,56 %) du prix de revient réel de l'immeuble. Les propriétaires devront justifier de l'exactitude des bases d'évaluation par la production de tous documents utiles (baux, contrats, devis, mémoires, etc.). A défaut de justifications ou en cas de justifications insuffisantes, la valeur locative sera déterminée suivant les règles prévues par l'art. 12, § 3, de la loi du 15 juillet 1880.

Les comités de patronage certifieront la salubrité des maisons et logements qui doivent bénéficier des avantages de la loi. S'ils refusent ce certificat ou s'ils négligent de le délivrer dans les trois mois de la demande qui leur en sera faite, les intéressés pourront se pourvoir devant le ministre du commerce, de l'industrie et du travail, qui statuera, après avis du préfet et du comité permanent. Ils pourront soumettre à l'approbation du ministre du commerce, de l'industrie et du travail des règlements indiquant les conditions que devront remplir les constructions pour être agréées.

Art. 6. — Les bureaux de bienfaisance et d'assistance, les hospices et hôpitaux peuvent, avec l'autorisation du préfet, employer une fraction de leur patrimoine, qui ne pourra excéder un cinquième, soit à la construction de maisons à bon marché, soit en prêts aux sociétés de construction de maisons à bon marché et aux sociétés de crédit qui, ne construisant pas elles-mêmes, ont pour objet de faciliter l'achat, la construction ou l'assainissement de ces maisons, soit en obligations ou actions de ces sociétés, lesdites actions entièrement libérées et ne pouvant dépasser les deux tiers du capital social.

Les communes et les départements peuvent employer leurs ressources en prêts, en obligations ou, dans les conditions ci-dessus spécifiées, en actions, sous réserve : 1° que les maisons ne puissent être aliénées au-dessous du prix de revient, ni louées à des prix inférieurs à quatre pour cent (4 %) de ce prix ; ce revenu sera considéré comme un revenu net de toutes charges et notamment de l'amortissement en trente années pour les maisons individuelles et en soixante années pour les maisons collectives ; 2° que ces emplois de fonds soient préalablement approuvés par décision du ministre du commerce, de l'industrie et du travail, après avis du comité permanent du conseil supérieur des habitations à bon marché, aux délibérations duquel participera, pour ces affaires, le directeur de l'administration départementale et communale au ministère de l'intérieur.

Sous réserve d'approbation dans les mêmes formes, les communes et les départements peuvent faire apport aux sociétés susvisées de terrains ou de constructions, pourvu que la valeur attribuée à ces apports ne soit pas inférieure à leur valeur réelle, établie par expertise.

Ils peuvent de même : 1º céder de gré à gré aux sociétés susvisées des terrains ou constructions, sans que le prix de cession puisse être inférieur à la moitié de leur valeur réelle établie par expertise ; 2º garantir, jusqu'à concurrence de trois pour cent (3 %) au maximum, le dividende des actions ou l'intérêt des obligations desdites sociétés pendant dix années au plus à compter de leur constitution.

La Caisse des dépôts et consignations reste autorisée à employer, jusqu'à concurrence du cinquième, le fonds de réserve et de garantie des caisses d'épargne en obligations négociables des sociétés de construction et de crédit visées au présent article.

Art. 7. — La caisse d'assurances en cas de décès, instituée par la loi du 11 juillet 1868, est autorisée à passer, avec les acquéreurs ou les constructeurs de maisons à bon marché, qui se libèrent du prix de leur habitation au moyen d'annuités, des contrats d'assurances temporaires ayant pour but de garantir à la mort de l'assuré, si elle survient dans la période d'années déterminées, le payement de tout ou partie des annuités restant **à échoir.**

Le chiffre maximum du capital assuré est égal au prix de revient de l'habitation à bon marché. Si l'assurance est contractée au moyen d'une prime unique, dont le prêteur bénéficiaire fait l'avance à l'emprunteur, le chiffre maximum indiqué ci-dessus est augmenté de la prime unique nécessaire pour assurer à la fois ledit chiffre et cette dernière prime. La prime d'assurance sera versée directement à la caisse nationale par le prêteur bénéficiaire lors de la souscription de l'assurance.

Tout signataire d'une proposition d'assurance faite dans les conditions du paragraphe 1er du présent article devra répondre aux questions et se soumettre aux constatations médicales qui lui seront prescrites par les polices. En cas de rejet de la proposition, la décision ne devra pas être motivée. L'assurance produira son effet dès la signature de la police.

La somme assurée sera, dans le cas du présent article, cessible en totalité dans les conditions fixées par les polices.

La durée du contrat devra être fixée de manière à ne reporter aucun payement éventuel de prime après l'âge de soixante-cinq ans.

Art. 8. — Lorsqu'une maison individuelle, construite dans les conditions édictées par la présente loi, figure dans une succession et que cette maison est occupée au moment du décès de l'acquéreur ou du constructeur par le défunt, son conjoint ou l'un de ses enfants, il est dérogé aux dispositions du Code civil, ainsi qu'il est dit ci-après :

1º Si le conjoint survivant est copropriétaire de la maison, au moins pour moitié, et s'il l'habite au moment du décès, l'indivision peut, à sa demande, être maintenue pendant cinq ans à partir du décès et continuée ensuite de cinq ans en cinq ans jusqu'à son propre décès.

Si la disposition de l'alinéa précédent n'est point appliquée et si le défunt laisse des descendants, l'indivision peut être maintenue, à la demande du conjoint ou de l'un de ses descendants, pendant cinq années à partir du décès.

Dans le cas où il se trouve des mineurs parmi les descendants, l'indivision peut être continuée pendant cinq années à partir de la majorité de l'aîné des mineurs, sans que sa durée totale puisse, à moins d'un consentement unanime, excéder dix ans.

Dans ces divers cas, le juge de paix prononce le maintien ou la continuation de l'indivision, après avis du conseil de famille, s'il y a lieu.

2° Chacun des héritiers et le conjoint survivant, s'il a un droit de copropriété, a la faculté de reprendre la maison sur estimation. Lorsque plusieurs intéressés veulent user de cette faculté, la préférence est accordée d'abord à celui que le défunt a désigné, puis à l'époux, s'il est copropriétaire pour moitié au moins. Toutes choses égales, la majorité des intéressés décide. A défaut de majorité, il est procédé par voie de tirage au sort. S'il y a contestation sur l'estimation de la maison, cette estimation est faite par le comité du patronage et homologuée par le juge de paix. Si l'attribution de la maison doit être faite par la majorité ou par le sort, les intéressés y procèdent sous la présidence du juge de paix, qui dresse procès-verbal des opérations.

Les dispositions du présent article sont applicables à toute maison, quelle que soit la date de sa construction, dont la valeur locative n'excédera pas les limites fixées par l'art. 5.

ART. 9. — Sont affranchies de la contribution foncière et de la contribution des portes et fenêtres les maisons individuelles ou collectives destinées à être louées ou vendues et celles construites par les intéressés eux-mêmes, pourvu qu'elles remplissent les conditions prévues par l'art. 5. Cette exemption sera d'une durée de douze années à compter de l'achèvement de la maison. Elle cesserait de plein droit si, par suite de transformations ou d'agrandissements, l'immeuble perdait le caractère d'une habitation à bon marché et acquérait une valeur sensiblement supérieure au maximum légal.

Pour être admis à jouir du bénéfice de la présente loi, on devra produire, dans les formes et les délais fixés par l'art. 9, § 3, de la loi du 8 août 1890, une demande qui sera instruite et jugée comme les réclamations pour décharge et réduction de contributions directes. Cette demande pourra être formulée dans la déclaration exigée, par le même article de ladite loi, de tout propriétaire ayant l'intention d'élever une construction passible de l'impôt foncier.

Les parties des bâtiments dont il est question au présent article destinées à l'habitation personnelle donneront lieu, conformément à l'art. 2 de la loi du 4 août 1844, à l'augmentation du contingent départemental dans la contribution personnelle-mobilière, à raison du vingtième de la valeur locative réelle, à dater de la troisième année de l'achèvement des bâtiments, comme si ces bâtiments ne jouissaient que de l'immunité ordinaire d'impôt foncier accordée par l'art. 88 de la loi du 3 frimaire an VII aux maisons nouvellement construites ou reconstruites.

Sont exemptées de la taxe établie par l'art. 1er de la loi du 20 février 1849, dans les termes de la loi du 14 décembre 1875 et par dérogation à l'art. 2 de la loi du 31 mars 1903, les sociétés, quelle qu'en soit la forme, qui ont pour objet exclusif la construction et la vente des maisons auxquelles s'applique la présente loi.

La taxe continuera à être perçue pour les maisons exploitées par la société ou mises en location par elle.

ART. 10. — Les actes constatant la vente de maisons individuelles à bon marché, construites par les bureaux de bienfaisance et d'assistance, hospices ou hôpitaux, les caisses d'épargne, les sociétés de construction ou par des particuliers, sont soumis aux droits de mutation établis par les lois en vigueur.

Toutefois, lorsque le prix aura été stipulé payable par annuités, la perception de ce droit pourra, sur la demande des parties, être effectuée en plusieurs fractions égales, sans que le nombre de ces fractions puisse excéder celui des annuités prévues au contrat ni être supérieur à cinq. Il sera justifié par un certificat du maire de la commune de la situation que l'immeuble a été reconnu exempt de l'impôt foncier, par application des art. 5 et 9, ou que, tout au moins, une demande d'exemption a été formée dans les conditions prévues par ces articles. Ce certificat sera délivré sans frais, en double original, dont l'un sera annexé au contrat de vente et l'autre déposé au bureau de l'enregistrement, lors de l'accomplissement de la formalité.

Le payement de la première fraction du droit aura lieu au moment où le contrat sera enregistré ; les autres fractions seront exigibles d'année en année et seront acquittées dans le trimestre qui suivra l'échéance de chaque année, de manière que la totalité du droit soit acquittée dans l'espace de quatre ans et trois mois au maximum, à partir du jour de l'enregistrement du contrat.

Si la demande d'exemption d'impôt foncier qui a motivé le fractionnement de la perception vient à être définitivement rejetée, les droits non encore acquittés seront immédiatement recouvrés.

Dans le cas où, par anticipation, l'acquéreur se libérerait entièrement du prix avant le payement intégral du droit, la portion restant due deviendrait exigible dans les trois mois du règlement définitif. Les droits seront dus solidairement par l'acquéreur et le vendeur.

L'enregistrement des actes visés au présent article sera effectué dans les délais fixés et, le cas échéant, sous les peines édictées par les lois en vigueur. Tout retard dans le payement de la seconde fraction ou des fractions subséquentes des droits rendra immédiatement exigible la totalité des sommes restant dues au Trésor. Si la vente est résolue avant le payement complet des droits, les termes acquittés ou échus depuis plus de trois mois demeureront acquis au Trésor ; les autres tomberont en non-valeur.

La résolution volontaire ou judiciaire du contrat ne donnera ouverture qu'au droit fixe de trois francs (3 fr.).

ART. 11. — Les actes nécessaires à la constitution et à la dissolution des associations de construction ou de crédit actuellement existantes ou à créer, telles qu'elles sont définies dans la présente loi, sont dispensés du timbre et enregistrés gratis, s'ils remplissent les conditions prévues par l'art. 68, § 3, n° 4, de la loi du 22 frimaire an VII. Les pouvoirs en vue de la représentation aux assemblées générales sont dispensés du timbre. Ces sociétés sont exonérées des droits de timbre pour leurs titres d'actions et d'obligations. Toutefois elles restent soumises au droit de timbre-quittance, établi par l'art. 18 de la loi du 23 août 1871.

ART. 12. — Les mêmes sociétés sont dispensées de toute patente et de l'impôt sur le revenu attribué aux actions, parts d'intérêts et obligations.

ART. 13. — Les sociétés ne seront admises au bénéfice de ces diverses faveurs qu'autant que leurs statuts approuvés par le ministre du commerce, de l'industrie et du travail, sur les avis du comité de patronage et du conseil supérieur institué par l'art. 14, limiteront leurs dividendes annuels à un chiffre maximum. Toutefois ces avis ne seront pas nécessaires lorsque les statuts seront conformes aux statuts-types arrêtés par le ministre du commerce, de l'industrie et du travail, après avis du comité permanent.

L'approbation pourra être retirée dans la même forme, s'il est établi après enquête que les sociétés font des opérations de construction ou de crédit sur des maisons qui ne répondent pas aux conditions prévues par la présente loi.

Les sociétés actuellement existantes jouiront, au même titre que celles qui se fonderont après la promulgation de la loi, des faveurs et immunités qu'elle concède, à la condition de modifier leurs statuts, le cas échéant, conformément à ses prescriptions.

ART. 14. — Il est constitué, auprès du ministre du commerce, de l'industrie et du travail, un conseil supérieur des habitations à bon marché auquel doivent être soumis tous règlements à faire en vertu de la présente loi et, d'une façon générale, toutes les questions concernant les logements économiques.

Les comités de patronage lui adresseront, chaque année, dans le courant de janvier, un rapport détaillé sur leurs travaux. Le conseil supérieur en donnera le résumé, avec ses observations, dans un rapport d'ensemble adressé au Président de la République.

ART. 15. — Un règlement d'administration publique détermine les mesures propres à assurer l'application des dispositions qui précèdent, et notamment : 1° l'organisation et le fonctionnement du conseil supérieur des habitations à bon marché et des comités de patronage ; 2° les dispositions que doivent contenir les statuts des sociétés de construction et de crédit, pour que ces sociétés puissent bénéficier des faveurs de la loi ; 3° les conditions dans lesquelles la caisse d'assurance en cas de décès peut organiser des assurances temporaires ; 4° la procédure à suivre pour l'application de l'art. 8.

ART. 16. — Les emplois en valeurs locales autorisées par l'art. 10 de la loi du 20 juillet 1895 sont étendus : 1° aux actions des sociétés visées à l'art. 6, pourvu que les actions ainsi acquises soient entièrement libérées et ne puissent dépasser les deux tiers du capital social ; 2° à des prêts hypothécaires, amortissables par annuités, au profit de particuliers désireux d'acquérir ou de construire des habitations à bon marché, dans les termes de la présente loi.

Les diverses facultés d'emploi de fonds prévues pour les habitations à bon marché par l'art. 10 de la loi du 20 juillet 1895 et par le présent article s'appliqueront dans les mêmes conditions : 1° pour les jardins ouvriers dont la contenance n'excédera pas dix ares (10 a.) ; 2° pour l'établissement de bains-douches destinés aux personnes visées à l'art. 1er.

Art. 17. — La présente loi est applicable à l'Algérie.

Art. 18. — Les lois des 30 novembre 1894 et 31 mars 1896 sont abrogées.

Toutefois, elles restent applicables à toutes les habitations qui se trouvent actuellement en situation d'en bénéficier.

2° Extrait du décret du 10 janvier 1907 relatif aux habitations à bon marché.

Art. 10. — Les sociétés ou institutions se consacrant à l'œuvre des habitations à bon marché, notamment les sociétés de construction ou de crédit, doivent, pour bénéficier des dispositions de la loi du 12 avril 1906, indiquer dans leurs statuts :

1° Qu'elles ont pour objet de réaliser, dans les conditions et pour l'application de ladite loi, soit l'acquisition, la construction, la vente ou la location d'habitations salubres et à bon marché, ainsi que de leurs dépendances ou annexes, telles que jardins, bains et lavoirs, soit l'amélioration et l'assainissement d'habitations existantes, et la vente ou la location de jardins formant dépendances des habitations, soit l'achat d'immeubles destinés à ces usages ;

2° Que les dividendes sont limités à 4 % au plus ;

3° Que les statuts, ainsi que toute modification qui y serait apportée, doivent être approuvés par le ministre du travail et de la prévoyance sociale dans les conditions prévues à l'art. 13 de la loi ;

4° Que, dans les trois mois qui suivent la clôture de chaque exercice, le compte rendu de l'assemblée générale de la société, accompagné du bilan, sera adressé, par l'intermédiaire du préfet, au ministre du travail et de la prévoyance sociale, pour être soumis au comité permanent.

3° Loi du 10 avril 1908 relative à la petite propriété et aux maisons à bon marché.

Art. 1er. — Tous les avantages prévus par la loi du 12 avril 1906 pour les maisons à bon marché, sauf l'exemption temporaire d'impôt foncier, s'appliquent aux jardins ou champs n'excédant pas un hectare.

Les terrains visés au paragraphe précédent bénéficient, en outre, des avantages prévus aux articles ci-après, pourvu :

1° Que la valeur locative réelle du logement de l'acquéreur n'excède pas au moment de l'acquisition les deux tiers du chiffre fixé pour la commune, par la Commission instituée en vertu de l'art. 5 de la loi précitée ;

2° Que le prix d'acquisition, y compris les charges, ne dépasse pas douze cents francs (1.200 fr.) ;

3° Que l'acquéreur s'engage vis-à-vis de la société qui lui aura consenti un prêt hypothécaire dans les conditions indiquées à l'art. 2 de la présente loi, à cultiver lui-même ce terrain ou à le faire cultiver par les membres de sa famille.

Si l'acquéreur est déjà, au moment de l'acquisition, propriétaire d'un terrain bâti ou non bâti, la contenance et la valeur de ce terrain viennent en déduction des chiffres fixés aux paragraphes précédents.

Art. 2. — Des prêts au taux de 2 % peuvent être consentis par l'État aux sociétés régionales de crédit immobilier qui ont pour objet :

1º De consentir aux emprunteurs remplissant les conditions prévues par la présente loi des prêts hypothécaires individuels, destinés soit à l'acquisition de champs ou jardins dans les termes indiqués à l'art. 1er, soit à l'acquisition ou à la construction de maisons individuelles à bon marché ;

2º De faire des avances aux sociétés d'habitations à bon marché, constituées selon la loi du 12 avril 1906, pour celles de leurs opérations effectuées en conformité du paragraphe précédent.

Art. 3. — Chacun des emprunteurs visés à l'art. 2 doit remplir les conditions suivantes :

1º Posséder avec la Caisse nationale d'assurance en cas de décès un contrat à prime unique garantissant le payement des annuités qui resteraient à échoir au moment de sa mort, le montant de cette prime pouvant être incorporé au prêt hypothécaire ;

3º Être muni d'un certificat administratif constatant qu'il a été satisfait aux conditions imposées, soit par l'art. 1er de la présente loi s'il s'agit de l'acquisition d'un champ ou jardin, soit par l'art. 5 de la loi du 12 avril 1906 s'il s'agit de l'acquisition ou de la construction d'une maison individuelle ; dans ce dernier cas, l'emprunteur doit également obtenir, avant la conclusion du prêt, le certificat de salubrité prévu à l'art. 5 de la loi de 1906 précitée.

Art. 4. — Pour obtenir des prêts de l'État, les sociétés régionales de crédit immobilier devront se constituer sous la forme anonyme et au capital minimum de deux cent mille francs (200,000 fr.).

Les actions ne pourront être libérées de plus de moitié, à moins d'autorisation spéciale donnée par décret, sur la proposition du ministre des finances et du ministre du travail et de la prévoyance sociale, après avis du Conseil supérieur des habitations à bon marché.

Le dividende annuel à servir aux actionnaires ne devra pas dépasser quatre pour cent (4 %).

Les sommes restant dues par une société ne pourront dépasser le chiffre obtenu en ajoutant au quadruple de la partie versée du capital social le montant de la partie non appelée.

Art. 5. — Les sociétés locales de crédit immobilier qui rempliront les conditions requises aux art. 2 et 4 pourront bénéficier des dispositions de la présente loi.

Art. 6. — Le total des avances que pourra faire l'État aux sociétés de crédit immobilier, dans les conditions de la présente loi, est fixé à cent millions de francs (100 millions).

Le ministre des finances est autorisé à se procurer les fonds nécessaires, dans les limites d'un crédit ouvert chaque année par la loi de finances, au moyen d'avances qui pourront être faites au Trésor par la Caisse nationale des retraites pour la vieillesse. Ces avances seront représentées par des titres d'annuités, dont les intérêts seront trimestriellement réglés, au taux fixé pour le tarif de ladite Caisse, conformément à l'art. 12 de la loi du 20 juillet 1886, et en vigueur au moment de la réalisation de chaque avance.

Les prêts aux sociétés sont effectués, pour le compte de l'État, par la

Caisse nationale des retraites, sur la désignation d'une Commission spéciale instituée auprès du ministère du travail par l'art. 8 de la présente loi. Les frais d'administration afférents à ce service sont remboursés chaque année à la Caisse nationale.

ART. 7. — Les remboursements à effectuer par les sociétés sont passibles d'intérêts de retard calculés au taux de quatre pour cent (4 %) à partir de leur échéance, s'ils n'ont pas été opérés dans le mois de cette échéance.

Le recouvrement des sommes non remboursées dans un délai de trois mois et des intérêts de retard y relatifs est poursuivi par l'agent judiciaire du Trésor.

ART. 8. — La commission d'attribution des prêts est nommée par décret, sur la proposition du ministre du travail et de la prévoyance sociale, pour une durée de cinq ans ; elle est composée de 16 membres, ainsi qu'il suit :

Le ministre du travail, président ;

Deux sénateurs ;

Deux députés ;

Un membre du Conseil d'État ;

Un membre de la Cour des comptes ;

Deux fonctionnaires du ministère des finances ;

Le directeur général de la Caisse des dépôts et consignations ou son délégué ;

Le directeur de l'Assurance et de la Prévoyance sociales ou son délégué ;

Le directeur de l'Hydraulique et des améliorations agricoles ou son délégué ;

Deux représentants des sociétés régionales de crédit immobilier ;

Deux membres du Conseil supérieur des habitations à bon marché.

Le décret désigne le vice-président de la commission, ainsi qu'un chef ou sous-chef de bureau du ministère du travail et de la prévoyance sociale qui remplit les fonctions de secrétaire.

ART. 9. — En ce qui concerne les contrats d'assurance temporaire que les emprunteurs hypothécaires doivent passer avec la Caisse nationale d'assurance en cas de décès, conformément à l'art. 3 de la présente loi, le proposant sera soumis à la visite du médecin désigné par elle.

Toutefois, il en sera dispensé lorsqu'il aura, deux ans au moins avant l'acquisition de la maison, du champ ou du jardin, formé une demande d'assurance et opéré à la Caisse nationale un versement égal à un pour cent (1 %) du capital à garantir, sans que la somme versée puisse être inférieure à dix francs (10 fr.). La souscription de la police devra être effectuée dans un délai d'une année après l'expiration de la période de deux ans visée ci-dessus et la somme versée viendra en déduction de la prime unique. Si la police n'est pas souscrite dans le délai fixé, le versement restera acquis à la Caisse nationale.

ART. 10. — Un règlement d'administration publique, rendu sur la proposition du ministre du travail et du ministre des finances, déterminera toutes les mesures propres à assurer l'application des dispositions qui précèdent, et notamment :

1º Les clauses que devront contenir les statuts des sociétés de crédit immobilier pour que ces sociétés puissent recevoir, après avis du Conseil supérieur des habitations à bon marché, l'approbation du ministre du travail, en vue de bénéficier des faveurs accordées par la présente loi et par celle du 12 avril 1906, ainsi que les conditions dans lesquelles serait retirée cette approbation aux sociétés qui ne se conformeraient pas à la présente loi ;

2º Le mode et le délai d'établissement du certificat administratif visé à l'art. 3 ;

3º Les conditions dans lesquelles la Caisse d'assurance en cas de décès effectuera les opérations d'assurance visées aux art. 3 et 9 ;

4º Les dispositions qui devront être insérées dans les contrats passés entre les Caisses nationales des retraites opérant pour le compte de l'État et les sociétés de crédit immobilier, en vue d'assurer l'exécution de la présente loi.

ART. 11. — Les opérations effectuées par les caisses d'épargne, en exécution de l'art. 10 de la loi du 20 juillet 1895 et de l'art. 16 de la loi du 12 avril 1906, pourront être faites au taux réduit de deux pour cent (2 %) lorsqu'elles seront faites au profit de personnes remplissant les conditions requises par l'art. 3 de la présente loi.

ART. 12. — La présente loi est applicable à l'Algérie.

4º Décret du 24 août 1908 relatif à la petite propriété et aux habitations à bon marché.

TITRE PREMIER

Constitution et fonctionnement des sociétés de crédit immobilier.

ART. 1er. — Les sociétés de crédit immobilier doivent, pour bénéficier des dispositions des lois du 12 avril 1906 et du 10 avril 1908, obtenir l'approbation préalable du ministre du travail et de la prévoyance sociale.

Cette approbation est accordée, après avis du ministre des finances, aux sociétés définitivement constituées justifiant par la production de leurs statuts :

1º Qu'elles sont constituées sous la forme anonyme, telle qu'elle est définie au titre II de la loi du 24 juillet 1867, modifiée par la loi du 1er août 1893, et que leur capital social n'est pas inférieur à 200.000 francs ;

2º Qu'elles ont pour objet de consentir aux emprunteurs remplissant les conditions prévues par la loi du 10 avril 1908 (art. 3) des prêts hypothécaires individuels destinés, soit à l'acquisition de champs ou jardins dans les termes de ladite loi, soit à l'acquisition ou à la construction de maisons individuelles à bon marché, et de faire des avances aux sociétés d'habitations à bon marché constituées selon la loi du 12 mars 1906 pour celles de leurs opérations effectuées en conformité du paragraphe 1 de l'art. 2 de la loi du 10 avril 1908 ;

3º Que le taux des prêts ne peut excéder 3 1/2 % pour les prêts directs aux particuliers et 3 % pour les avances aux sociétés d'habitations à bon marché ;

4º Que le dividende annuel à servir aux actionnaires ne dépassera pas 4 % ;

5º Que les actions ne pourront être libérées de plus de moitié, à moins d'autorisation spéciale dans les conditions prévues à l'art. 4 de la loi du 10 avril 1908.

Art. 2. — Les sociétés de crédit immobilier ne peuvent, en dehors des opérations prévues à l'art. 2 de la loi du 10 avril 1908, effectuer que des placements en rentes sur l'État ou en valeurs garanties par l'État. Leurs fonds disponibles, sauf l'encaisse nécessaire pour les besoins courants, sont déposés à la Caisse des dépôts et consignations ou dans une caisse d'épargne.

Elles sont tenues de soumettre à l'approbation ministérielle toutes modifications qui seraient apportées aux statuts primitifs.

Elles doivent adresser au ministre du travail et de la prévoyance sociale, avant le 31 mars de chaque année, le compte rendu de l'assemblée générale approuvant les comptes de l'année précédente, accompagné du bilan.

Art. 3. — Lorsqu'une société de crédit immobilier enfreint les prescriptions de la loi du 10 avril 1908 ou du présent décret, elle est mise en demeure de fournir, dans le délai d'un mois et par écrit, ses observations sur les irrégularités relevées contre elle.

Passé ce délai et faute de justifications suffisantes, l'approbation peut lui être retirée par arrêté pris de concert par le ministre du travail et de la prévoyance sociale et le ministre des finances, après avis du conseil supérieur des habitations à bon marché.

5º **Loi du 26 février 1912** (Voir *J. off.*, 28 février, p. 1932).

6º **Loi du 23 décembre 1912** (Voir *J. off.*, 25 décembre, p. 10813).

7º **Loi du 21 mars 1913** (Voir *J. off.*, 23 mars, p. 2614).

8º **Loi du 10 février 1914** (Voir *J. off.*, 13 février, p. 1358).

9º **Loi du 24 avril 1919 réglant la situation créée par la guerre aux sociétés de crédit immobilier, aux sociétés d'habitations à bon marché et aux institutions prévues par la législation sur les habitations à bon marché et la petite propriété, ainsi qu'à leurs emprunteurs et locataires acquéreurs.**

Art. 1er. — Les contrats de location simple, à l'exclusion des contrats de location comportant promesse de vente ou d'attribution, passés par les sociétés d'habitations à bon marché, demeurent régis par la loi du 9 mars 1918 relative aux modifications apportées aux baux à loyer par l'état de guerre.

Art. 2. — Les emprunteurs des sociétés de crédit immobilier et des sociétés d'habitations à bon marché, ainsi que les locataires acquéreurs et les locataires attributaires des sociétés d'habitations à bon marché, ont la faculté, jusqu'à la fin du sixième mois qui suivra la date de la cessation des hostilités fixée par décret, à moins qu'ils n'aient sous-loué en tout ou partie l'habitation dont ils avaient la jouissance, de suspendre le payement de leurs annuités et fractions d'annuités échues depuis le 1er août 1914. Ce délai sera augmenté d'un an lorsque l'immeuble aura été endommagé par suite de la guerre ou sera situé dans une commune envahie par l'ennemi.

A l'expiration de cette période, la première annuité ou fraction d'annuité différée deviendra exigible et les contrats reprendront effet pour la durée qui en restera alors à courir, augmentée d'un temps égal à celui pendant lequel le payement de ladite annuité ou fraction d'annuité aura été ainsi suspendu, et sans qu'il y ait lieu à un accroissement quelconque des annuités ainsi reportées.

ART. 3. — Les sociétés de crédit immobilier et les sociétés d'habitations à bon marché débitrices d'emprunts remboursables par annuités ont la faculté de suspendre le payement des annuités échues au cours de la période visée à l'art. 2 dans les mêmes conditions que celles fixées audit article pour leurs emprunteurs et locataires. Toutefois, elles devront employer au payement de ces annuités les sommes qu'elles auront reçues de leurs emprunteurs ou locataires pendant cette période.

L'État prendra à sa charge le montant des intérêts dus pendant la période visée à l'art. 2 par les sociétés de crédit immobilier et par les sociétés d'habitations à bon marché, avec une majoration annuelle de 0 fr. 50 % du montant du capital restant dû en vertu des contrats souscrits conformément aux lois des 30 novembre 1894, 12 avril 1906 et 10 avril 1908, après déduction des intérêts payés à ces sociétés par leurs emprunteurs ou par leurs locataires acquéreurs.

Les remboursements de capitaux échus pendant la période visée à l'art. 2 ne sont pas passibles d'intérêts calculés à un taux supérieur à celui du prêt.

ART. 4. — Les art. 2 et 3 de la présente loi sont applicables aux fondations et offices publics d'habitations à bon marché, aux caisses d'épargne, aux bureaux de bienfaisance et d'assistance et aux hospices et hôpitaux, en ce qui concerne les opérations effectuées par eux en exécution des lois du 12 avril 1906 ou du 10 avril 1908.

ART. 5. — La caisse nationale d'assurance en cas de décès est autorisée :

1º A prolonger la durée des contrats d'assurance en cas de décès souscrits dans les conditions prévues par les lois du 12 avril 1906 et du 10 avril 1908, d'une période égale à la prolongation de délai dont l'assuré aura profité en exécution de l'art. 2 ci-dessus, même dans le cas où l'assuré atteindrait l'âge de soixante-cinq ans avant l'expiration de cette période ;

2º Et à augmenter les sommes assurées chaque année du montant du capital supplémentaire dont les intéressés seront débiteurs s'ils ont usé de la faculté que leur accorde le même article.

Les souscripteurs seront dispensés de passer une nouvelle visite médicale.

Le remboursement, à la société qui en aura fait l'avance, de la prime complémentaire d'assurance due pour la modification du contrat sera garanti de plein droit par l'hypothèque au même rang que le principal de la dette. Toutefois, cette dernière disposition ne sera pas opposable aux créanciers hypothécaires postérieurs en rang et inscrits antérieurement au 1er août 1914.

ART. 6. — La présente loi est applicable à l'Algérie.

10º Loi du 26 février 1921 relative à la modification de l'art. 3 de la loi du 24 octobre 1919 sur les habitations à bon marché.

(Voir *J. off.*, 27 février 1921.)

X. — SOCIÉTÉS DE CAPITALISATION ET D'ÉPARGNE

1° Loi du 3 février 1902 qui réglemente les sociétés de prévoyance à partage et durée illimitée.

Art. 1er. — Les sociétés de prévoyance actuellement existantes qui ont pour objet de partager entre leurs adhérents, à partir d'une certaine durée de sociétariat, une part des intérêts du capital social, et dont la durée est illimitée, sont autorisées à fonctionner dans les termes de l'art. 5 de la loi du 1er juillet 1901, à condition de faire, dans le délai d'un mois à partir de la promulgation de la présente loi les déclarations exigées par ledit article.

Celles de ces sociétés qui auront fait la déclaration ci-dessus prévue continueront à jouir des exemptions de droit dont elles ont, en fait, bénéficié jusqu'à ce jour.

Art. 2. — Au cours des dix premières années du partage, aucun sociétaire ne pourra recevoir, à titre de part annuelle, une somme supérieure à une fois et demie le capital versé par lui au jour de la première répartition.

Art. 3. — Les rentes viagères constituées en vertu de la présente loi seront incessibles et insaisissables, conformément à l'art. 12 de la loi du 1er avril 1898 sur les sociétés de secours mutuels.

Art. 4. — Les statuts, même dans leurs clauses fondamentales, pourront toujours être revisés, sur la proposition soit du conseil d'administration ou comité directeur, soit d'un vingtième des membres inscrits. Toutefois, cette revision devra être votée au scrutin secret et obtenir l'assentiment des deux tiers au moins des sociétaires présents après convocation spéciale. Si cette majorité des deux tiers était inférieure au quart des sociétaires inscrits, il y aurait lieu à une deuxième convocation et à un nouveau vote. Dans ce dernier cas, la majorité des deux tiers serait suffisante.

Art. 5. — La présente loi ne modifie pour l'avenir ni les dispositions de la loi du 1er juillet 1901, ni la législation antérieure sur les sociétés, les tontines et les sociétés de secours mutuels.

2° Loi du 19 décembre 1907 relative à la surveillance et au contrôle des sociétés de capitalisation.

TITRE PREMIER
Enregistrement des entreprises.

Art. 1er. — Sont assujetties à la présente loi les entreprises françaises ou étrangères de toute nature qui, sous le titre de sociétés de capitalisation, de reconstitution de capitaux ou sous toute autre dénomination, font appel à l'épargne en vue de la capitalisation et contractent, en échange de versements uniques ou périodiques, directs ou indirects, des engagements déterminés.

Art. 2. — Ces entreprises ne peuvent fonctionner qu'après avoir été enregistrées, sur leur demande, par le ministre du travail.

Dans le délai maximum de six mois à dater du dépôt de la demande, le ministre du travail fait mentionner l'enregistrement au *Journal officiel* ou notifie le refus d'enregistrement aux intéressés.

Aucune modification soit aux statuts, soit aux tarifs, soit aux tableaux d'amortissement, ne peut être mise en vigueur qu'après nouvel enregistrement obtenu dans les mêmes formes.

Ces entreprises enregistrées peuvent ester en justice, acquérir à titre onéreux et effectuer tous les actes de gestion prévus par leurs statuts en conformité de l'article précédent.

Art. 3. — Le refus d'enregistrement doit être motivé par une infraction soit aux lois, notamment à celles qui régissent les sociétés, soit aux décrets prévus par l'art. 9 ci-après.

Au cas de refus d'enregistrement, ou si le délai de six mois prévu à l'art. 2 s'est écoulé sans qu'il soit intervenu de décision, les intéressés pourront former un recours pour excès de pouvoir devant le Conseil d'État, qui devra statuer dans les trois mois.

TITRE II

Garanties.

Art. 4. — Les entreprises doivent spécifier, dans leurs contrats et leurs statuts :

1º Leur objet, leur titre et leur siège ;

2º L'interdiction de percevoir, sous quelque forme que ce soit, des droits d'entrée ;

3º La limitation des sommes à prélever pour frais de gestion, en proportion des versements ;

4º Les conditions de déchéance opposables aux souscripteurs pour retards dans les versements, sans que ces déchéances puissent avoir effet avant un délai d'un mois à dater du jour de l'échéance. Ce délai ne court, si le contrat est nominatif, qu'à partir d'une mise en demeure par lettre recommandée ;

5º La quotité maximum que peuvent atteindre, le cas échéant, les retenues en cas de déchéance eu égard au montant et à la durée des versements effectués ;

6º La substitution de plein droit de tous les héritiers des titulaires de contrats nominatifs auxdits titulaires, ainsi que l'interdiction pour l'entreprise de stipuler à leur décès aucun versement supplémentaire ou aucune retenue spéciale ;

7º La durée maxima de la capitalisation pour les diverses catégories de contrats, sans que cette durée, à compter du premier versement effectué, puisse jamais excéder cinquante ans ;

8º En cas de remboursements anticipés par voie de tirage au sort, les conditions de publicité dans lesquelles devront avoir lieu les opérations.

(Ajouté par la loi du 31 juillet 1917.) « *Le nombre des tirages au sort ne peut, sous les sanctions prévues à l'art. 16, premier alinéa, ci-dessous, être supérieur à douze par an.*

« *Le mode et les conditions de la publicité relative aux tirages seront réglés par arrêté du ministre du travail, pris après avis du comité consultatif des entreprises de capitalisation et d'épargne.* »

Les sociétés françaises, anonymes ou en commandite, doivent, en outre, stipuler dans leurs statuts leur dissolution obligatoire en cas de perte de la moitié du capital social ; les sociétés françaises à forme mutuelle doivent y déterminer le mode de règlement et l'emploi des sommes perçues. Si les contrats de l'entreprise prévoient la faculté d'opérer des remboursements directs ou indirects à époque indéterminée, par voie de tirage ou autrement, la durée de capitalisation ne peut jamais excéder trente-trois ans et toute combinaison de remboursement doit être au préalable enregistrée dans les formes prévues à l'art. 1er, au vu des conditions et tableaux d'amortissement qui devront comporter, pour tous les souscripteurs d'une même série, le remboursement, soit de sommes égales, soit de sommes croissant avec les tirages successifs, sans que le dernier remboursement puisse excéder le double du premier.

Tout contrat doit reproduire le tableau d'amortissement le concernant et tout souscripteur ou porteur, après chaque tirage, a droit, sur sa demande, à la délivrance gratuite de la liste intégrale des titres sortis dans les séries qui l'intéressent et non encore remboursés.

Art. 5. — Les sociétés françaises, anonymes ou en commandite, doivent avoir un capital social au moins égal à un million de francs (1 million), divisé en actions nominatives ne pouvant être libérées de plus de moitié.

Les sociétés françaises à forme mutuelle devront constituer un fonds de premier établissement, qui ne peut être inférieur à cinquante mille francs (50.000 fr.) et qui doit être amorti en quinze ans au plus. Toutes les entreprises sont tenues en outre de constituer, dans les conditions prévues à l'art. 9, § 4, une réserve de garantie, qui tient lieu du prélèvement prescrit par l'art. 36 de la loi du 24 juillet 1867.

Art. 6. — Toutes les entreprises sont tenues de constituer des réserves mathématiques égales aux engagements qu'elles assument, dans les conditions déterminées par le décret prévu à l'art. 9, § 5. Cette obligation ne s'applique aux entreprises étrangères que pour les contrats souscrits ou exécutés en France et en Algérie.

Les entreprises produiront annuellement, à l'époque et dans les formes déterminées par le ministre et après avis du comité consultatif prévu à l'art. 10, la comparaison entre le taux de leurs placements réels et celui qui a été admis pour le calcul de leurs réserves mathématiques et de leurs tarifs.

En cas d'écarts notables ou répétés, des arrêtés ministériels peuvent exiger, au plus tous les cinq ans, une rectification des bases des réserves mathématiques des opérations en cours, ainsi que des tarifs.

Ces arrêtés sont pris sur avis conforme du comité consultatif, les représentants de l'entreprise ayant été entendus et mis en demeure de fournir leurs observations par écrit dans un délai d'un mois. Ils fixent le délai dans lequel la rectification doit être opérée ; le montant des versements corrélatifs à la rectification des réserves mathématiques doit être, à la fin de chaque exercice, au moins proportionnel à la fraction du délai courue.

Art. 7. — Jusqu'à concurrence du montant des réserves mathématiques et de la réserve de garantie, l'actif des entreprises françaises est affecté au règlement de leurs opérations par un privilège qui prendra rang après le paragraphe 6 de l'art. 2101 C. civ.

Pour les entreprises étrangères, les valeurs représentant la portion d'actif correspondante doivent, à l'exception des immeubles, faire l'objet d'un dépôt à la Caisse des dépôts et consignations dans les conditions prévues à l'art. 9, § 6. Le seul fait de ce dépôt confère privilège aux intéressés sur lesdites valeurs pour les contrats souscrits ou exécutés en France et en Algérie.

ART. 8. — Un règlement d'administration publique, rendu sur la proposition des ministres du travail et des finances, détermine les biens mobiliers et immobiliers en lesquels devra être effectué le placement de l'actif des entreprises françaises et, pour les entreprises étrangères, de la portion d'actif afférente aux contrats souscrits ou exécutés en France et en Algérie, ainsi que le mode d'évaluation annuelle des différentes catégories de placement et les garanties à présenter pour les valeurs qui ne pourraient avoir la forme nominative.

Les entreprises sont tenues de produire au ministre du travail, dans les formes et délais qu'il prescrit, après avis du comité consultatif, des états périodiques des modifications survenues dans la composition de leur actif.

ART. 9. — Des décrets rendus après avis du comité consultatif déterminent :

1º Les pièces et justifications à produire à l'appui des demandes d'enregistrement, ainsi que le montant du dépôt préalable à effectuer à la Caisse des dépôts et consignations par les différentes catégories d'entreprises et les conditions de réalisation et de restitution dudit dépôt ;

2º Le délai passé lequel cessera d'être valable l'enregistrement d'une entreprise qui n'aurait pas commencé à fonctionner ;

3º Le maximum des dépenses de premier établissement pour les différentes espèces d'entreprises françaises et le délai d'amortissement desdites dépenses ;

4º La fixation, pour chaque catégorie d'entreprises, de la réserve de garantie ;

5º Le taux d'intérêt maximum et le chargement minimum d'après lesquels doivent être calculés les tarifs de versement, ainsi que les réserves mathématiques et le mode de calcul de ces réserves. Publication de ces fixations est effectuée au *Journal officiel*, au moins six mois avant le début du premier exercice auquel elles doivent s'appliquer ;

6º Les conditions de dépôt et de retrait des valeurs représentant, pour les entreprises étrangères, la portion d'actif visée à l'art. 7 ;

7º Les conditions dans lesquelles les entreprises sont tenues d'inscrire sur des registres spéciaux les contrats souscrits ou exécutés en France et en Algérie ;

8º Les conditions dans lesquelles doivent fonctionner les entreprises de gestion des entreprises de capitalisation et suivant lesquelles peuvent être perçus les frais de gestion dans les limites d'un maximum fixé. Ces entreprises doivent déposer à la Caisse des dépôts et consignations un capital de garantie de cent mille francs (100.000 fr.). Elles ne peuvent valablement se faire attribuer la gestion pour une période initiale de plus de vingt ans, à l'expiration de laquelle leur mandat ne pourra être renouvelé pour des périodes de plus de dix ans. Chaque renouvellement ne pourra être effectué qu'un an avant l'expiration de la période en cours.

TITRE III
Surveillance et contrôle.

(*Loi du 31 juillet* 1917.) « Il est institué auprès du ministre du travail un comité consultatif des entreprises de capitalisation et d'épargne composé de dix-neuf membres, savoir : 2 sénateurs et 3 députés élus par leurs collègues ; le directeur général de la Caisse des dépôts et consignations ; un représentant du ministre des finances ; un membre agrégé de l'Institut des actuaires français ; le président de la Chambre de commerce de Paris ou un membre de la Chambre délégué par lui ; un professeur de la Faculté de droit ; le chef et le conseiller juridique du service du contrôle des assurances privées ; le chef du contrôle central des sociétés d'assurances sur la vie, des sociétés de capitalisation et des sociétés d'épargne ; 2 directeurs ou administrateurs de sociétés anonymes de capitalisation ; 2 directeurs ou administrateurs de sociétés de capitalisation à forme mutuelle ; 2 directeurs ou administrateurs de sociétés d'épargne.

« Un décret détermine le mode de nomination et de renouvellement des membres du comité, ainsi que la désignation du président et du vice-président. »

Il doit être consulté au sujet des demandes d'enregistrement prévues par l'art. 2 et dans les autres cas prévus par la présente loi. Il peut être saisi par le ministre de toutes autres questions relatives à l'application de la loi.

La présence de neuf membres au moins est nécessaire pour la validité de ses délibérations, dans les cas spécifiés au troisième alinéa de l'art. 6, à l'art. 18 et à l'art. 21.

Art. 11. — Toute entreprise est tenue : 1° de publier en langue française un compte rendu annuel de toutes ses opérations, avec états et tableaux annexés ; 2° de produire ledit compte rendu au ministre du travail et de le déposer aux greffes des tribunaux civils et des tribunaux de commerce, tant du département de la Seine que du siège social ; 3° de le délivrer à tout souscripteur ou porteur de bons qui en fait la demande, moyennant le paiement d'une somme qui ne peut excéder un franc (1 fr.).

Des arrêtés ministériels, pris après avis du comité consultatif, déterminent, au moins trois mois avant le début de l'exercice, les modèles des états et tableaux à annexer au compte rendu publié et la date de production et de dépôt du compte rendu.

Les entreprises doivent en outre communiquer au ministre, à toute époque et dans les formes et délais qu'il détermine, tous les documents et éclaircissements qui lui paraissent nécessaires.

Elles sont soumises au contrôle prévu par le dernier alinéa de l'art. 11 de la loi du 17 mars 1905.

Art. 12. — Les entreprises étrangères doivent, en ce qui concerne les opérations régies par la présente loi, avoir en France un siège spécial et une comptabilité spéciale pour toutes leurs opérations réalisées en France et en Algérie et accréditer auprès du ministre du travail un agent préposé à la direction de toutes ces opérations. Cet agent doit être domicilié en France ; il représente seul l'entreprise auprès du ministre, vis-à-vis des titulaires de contrats souscrits en France et en Algérie, et devant les tribunaux. Il doit justifier au préalable de pouvoirs statutaires suffisants pour la gestion directe de l'entreprise en France et en Algérie, notamment pour la signature des polices, bons, quittances et autres pièces relatives aux opérations réalisées.

Toute entreprise est tenue de produire au ministre du travail, dans le délai qu'il détermine, la traduction en langue française, certifiée conforme, des documents en langue étrangère se rapportant à ses opérations et pour lesquels cette traduction est requise.

Les conditions générales et particulières des polices, les bons et tous les documents se rapportant à l'exécution des contrats doivent être rédigés ou traduits en langue française. Dans ce dernier cas, le texte français fait seul foi à l'égard des souscripteurs et des porteurs français.

ART. 13. — Le ministre du travail présente chaque année au Président de la République et fait publier au *Journal officiel* un rapport d'ensemble sur le fonctionnement de la présente loi et sur la situation de toutes les entreprises qu'elle régit.

Les frais de toute nature résultant de la surveillance et du contrôle sont à la charge des entreprises. Un arrêté ministériel fixe, à la fin de chaque exercice, la répartition de ces frais entre les entreprises au prorata du montant global des versements encaissés par elles au cours de l'exercice, exception faite des opérations réalisées hors de France et d'Algérie par les entreprises étrangères.

Au compte rendu est joint le compte détaillé des recettes et dépenses afférentes au contrôle des entreprises.

TITRE IV
Pénalités.

ART. 14. — Les entreprises sont passibles, de plein droit et sans aucune mise en demeure, d'amendes administratives, recouvrées comme en matière d'enregistrement, à la requête du ministre du travail, savoir :

1º D'une amende de vingt francs (20 fr.) par jour pour retard apporté à chacune des productions visées par le troisième alinéa de l'art. 11 et le deuxième alinéa de l'art. 12 ;

2º D'une amende de cent francs (100 fr.) par jour pour retard apporté à chacune des productions ou publications visées par le deuxième alinéa de l'art. 6 et les paragraphes 1 et 2 de l'art. 11.

En cas d'opposition, les instances seront instruites et jugées selon les formes prescrites par l'art. 76 de la loi du 28 avril 1816.

ART. 15. — Les contraventions aux dispositions des premier et troisième alinéas de l'art. 6, aux premier et troisième alinéas de l'art. 7, à l'art. 8, à l'art. 20, à l'art. 21, ainsi qu'au règlement d'administration publique prévu par l'art. 8 et aux décrets prévus par les paragraphes 3 à 7 de l'art. 9, sont constatées par procès-verbaux des commissaires-contrôleurs qui font foi jusqu'à preuve contraire, sans préjudice des constatations et poursuites de droit commun ; elles sont poursuivies devant le tribunal correctionnel à la requête du ministère public et punies d'une amende de cent à cinq mille francs (100 à 5.000 fr.) et, en cas de récidive, de cinq cents à dix mille francs (500 à 10.000 fr.).

ART. 16. — Sont poursuivies devant le tribunal correctionnel et passibles d'une amende de seize à cent francs (16 à 100 fr.), toutes personnes qui auraient proposé ou fait souscrire des polices ou bons de capitalisation, et notamment chacun des administrateurs ou directeurs d'entreprises qui réalisent des opérations visées par la présente loi avant la publication au *Journal officiel* de l'enregistrement prévu à l'art. 2, ou qui effectuent des opérations nouvelles après la publication du décret prévu par l'art. 18 ou après le refus d'enregistrement prévu par l'art. 19.

L'amende est prononcée pour chacune des opérations réalisées par le contrevenant, qui peut être en outre, en cas de récidive, condamné à un emprisonnemmet d'un mois au plus.

Sous les mêmes peines, les prospectus, affiches, circulaires et tous autres documents destinés à être distribués au public et publiés par une entreprise assujettie à la présente loi doivent toujours porter, à la suite du nom ou de la raison sociale de l'entreprise, la mention ci-après, en caractères uniformes : « Entreprise privée, assujettie au contrôle de l'État », sans renfermer aucune assertion susceptible d'induire en erreur soit sur la véritable nature ou l'importance réelle des opérations, soit sur la portée du contrôle.

Toute déclaration ou dissimulation frauduleuse, soit dans les comptes rendus, soit dans tous les autres documents produits au ministre du travail, ou portés à la connaissance du public, est punie des peines prévues par l'art. 405 C. pén.

L'art. 463 C. pén. est applicable à tous les faits punis par le présent article et l'article précédent.

Art. 17. — Les jugements prononcés contre les entreprises ou leurs représentants, en exécution de l'article précédent et de l'art. 15, et devenus définitifs, doivent être publiés, aux frais des condamnés ou des entreprises civilement responsables, dans le *Journal officiel* et dans deux autres journaux au moins désignés par le tribunal.

Art. 18. — L'enregistrement d'une entreprise effectué en vertu de l'art. 2 de la présente loi cesse d'être valable dès qu'un décret constate que l'entreprise ne fonctionne plus en conformité soit de ses statuts, soit de la présente loi ou des décrets et arrêtés qu'elle prévoit. Ce décret est rendu après avis conforme du comité consultatif, les représentants de l'entreprise ayant été mis en demeure de fournir leurs observations par écrit, ou d'être entendus dans un délai d'un mois sur communication des irrégularités relevées contre l'entreprise. Le comité doit émettre son avis motivé dans le mois suivant.

Dans un délai de huitaine à compter de la notification du décret, l'entreprise peut se pourvoir pour excès de pouvoir devant le Conseil d'État, qui doit statuer dans le mois. Ce pourvoi est suspensif. La publication du décret au *Journal officiel* ne pourra être faite qu'après le rejet du pourvoi par le Conseil d'État.

TITRE V
Dispositions transitoires.

Art. 19. — Les entreprises françaises ou étrangères soumises à la présente loi et opérant en France ou en Algérie à l'époque de sa promulgation sont tenues de se conformer immédiatement à ses dispositions, et notamment de demander dans un délai de deux mois à compter de la promulgation du règlement d'administration publique prévu par l'art. 8, ainsi que des décrets prévus par l'art. 9, l'enregistrement spécifié par l'art. 2, pour leurs statuts, tarifs et tableaux d'amortissement destinés à rester en vigueur.

Elles peuvent toutefois continuer provisoirement leurs opérations jusqu'à ce que solution soit donnée à cette demande.

Les entreprises auxquelles l'enregistrement sera refusé pourront former un recours pour excès de pouvoir devant le Conseil d'État, qui devra statuer dans le mois.

Elles devront cesser la réalisation de toute opération nouvelle aussitôt après le refus d'enregistrement ou le rejet de leur pourvoi.

ART. 20. — Par dérogation à l'art. 5 ci-dessus, elles ne seront pas tenues d'élever leur capital social au minimum spécifié audit article, à charge de justifier de l'existence d'une réserve de garantie égale à cinq pour cent (5 %) au moins du montant des réserves mathématiques afférentes aux contrats réalisés avant la mise en vigueur du décret prévu à l'art. 9, § 5.

Elles pourront, d'autre part, si elles obtiennent l'enregistrement prévu à l'article précédent, conserver les placements antérieurement effectués par elles en conformité de leurs statuts, sans tenir compte des limitations imposées par le règlement d'administration publique prévu à l'art. 8, sous réserve de n'effectuer, à compter de sa promulgation, aucun placement dans les catégories pour lesquelles les limites fixées seront atteintes ou dépassées, et ce, jusqu'à ce que la proportion réglementaire soit rétablie.

Toutefois, l'emploi en placement sur première hypothèque, pour la moitié au plus de la valeur estimative, pourra, pendant une période maxima de vingt-cinq ans, être renouvelé pour une somme égale à celle que lesdites entreprises consacraient à cet emploi antérieurement au 1er juillet 1904.

ART. 21. — Pour chacune des entreprises enregistrées par application de l'art. 19, un arrêté ministériel, pris sur avis conforme du comité consultatif, fixe, dans les conditions spécifiées au dernier alinéa de l'art. 6, les bases de calcul des réserves mathématiques des opérations réalisées antérieurement à la mise en vigueur du décret prévu par le paragraphe 5 de l'art. 9.

ART. 22. — Les limitations de durée de capitalisation spécifiées à l'art. 4 ne s'appliqueront pas aux contrats en cours au moment de la mise en vigueur de la présente loi.

Toutefois, à l'expiration d'un délai de cinquante ans à compter de la promulgation de la présente loi, ou d'un délai de vingt-cinq ans si les titres étaient stipulés remboursables à époque aléatoire, tout souscripteur ou porteur aura droit au remboursement immédiat du montant de la réserve mathématique de son contrat. Il devra exercer ce droit dans l'année qui suivra l'expiration desdits délais.

ART. 23. — Les tableaux ou conditions d'amortissement correspondant aux contrats souscrits avant la production prescrite par le dernier alinéa de l'art. 4 devront être gratuitement délivrés à tout souscripteur ou porteur qui en fera la demande.

Le passif et l'actif correspondant à l'exécution des contrats souscrits avant l'entrée en vigueur de la présente loi font l'objet d'une comptabilité spéciale.

ART. 24. — Seront de plein droit réduits à une durée de vingt ans à partir du 1er janvier de l'année qui suivra celle de la promulgation de la présente loi, les traités des sociétés de gestion des entreprises de capitalisation, s'ils comportent une durée plus longue.

ART. 25. — La présente loi est applicable à l'Algérie et aux colonies de la Réunion, la Martinique, la Guadeloupe, la Guyane, l'Inde française et la Nouvelle-Calédonie.

3° **Loi du 3 juillet 1913** relative aux sociétés d'épargne.

TITRE PREMIER

Dispositions générales.

ART. 1er. — Sont soumises à la présente loi les sociétés ou entreprises de toute nature, françaises ou étrangères, qui, sous quelque dénomination que ce soit, ont pour objet de réunir et de capitaliser en commun les épargnes de leurs adhérents, sans prendre à leur égard d'engagements déterminés.

Sont également soumises à la présente loi, à moins que leurs statuts ne soient approuvés en exécution de la loi du 12 avril 1906, les sociétés qui font appel à l'épargne en vue de l'acquisition ou de la construction d'immeubles.

ART. 2. — Il est interdit à toutes ces sociétés de stipuler ou de réaliser aucune espèce de répartition par voie de tirage au sort, à moins que le tirage ait exclusivement pour objet de déterminer entre les ayants droit des attributions ou des priorités d'attribution ne réalisant au profit des attributaires aucun avantage particulier.

ART. 3. — Ces sociétés doivent, préalablement à toute opération, déposer en triple exemplaire, à la préfecture du département ou à la sous-préfecture de l'arrondissement où elles ont leur siège social, leurs statuts et les noms, domiciles et professions de ceux qui, à un titre quelconque, sont chargés de leur administration et de leur direction. Il leur en sera donné récépissé.

Tout changement dans les statuts ou dans la direction sera notifié de même.

ART. 4. — Ces sociétés, ainsi rendues publiques, peuvent ester en justice, acquérir et aliéner à titre onéreux et effectuer tous les actes de gestion prévus par leurs statuts en conformité de l'art. 1er.

ART. 5. — Ces sociétés doivent spécifier dans leurs contrats et leurs statuts :

1° Leur objet, leur titre et leur siège ;

2° La composition et les pouvoirs du conseil d'administration ;

3° La limitation, en proportion des versements, des sommes à prélever quelle qu'en soit la dénomination pour le fonctionnement de la société ;

4° Les conditions de déchéance opposables aux souscripteurs pour retards dans les versements sans que ces déchéances puissent avoir effet avant un délai d'un mois à dater du jour de l'échéance ; ce délai ne court, si le contrat est nominatif, qu'à partir d'une mise en demeure par lettre recommandée ;

5° La quotité maximum que peuvent atteindre, le cas échéant, les retenues en cas de déchéance eu égard aux versements effectués ;

6° La substitution de plein droit de tous les héritiers de titulaires de contrats nominatifs, auxdits titulaires, ainsi que l'interdiction pour la société de stipuler à leur décès aucun versement supplémentaire ou aucune retenue spéciale ;

7° La durée de capitalisation de chaque contrat sans que cette durée puisse excéder vingt-cinq ans du premier versement effectué jusqu'à l'achèvement de la répartition ;

8° L'emploi obligatoire du produit intégral des amendes et, s'il en existe, des droits d'entrée à la capitalisation en commun ;

9° La quotité ou la proportion maximum des disponibilités à conserver en caisse avant placement.

ART. 6. — Dans la huitaine du dépôt des statuts ou des modifications statutaires prévu à l'art. 3, un exemplaire de chacun de ces versements est transmis au ministre du travail et un autre au procureur de la République.

ART. 7. — Avant l'assemblée générale annuelle et obligatoire, un compte rendu sommaire de la situation de la société et de l'emploi des fonds devra être adressé à chaque adhérent au moins cinq jours avant la réunion de l'assemblée.

Les sociétés comptant moins de cent adhérents sont dispensées de cette notification si les statuts le spécifient.

Dans les sociétés non enregistrées, tous les adhérents sont convoqués aux assemblées générales.

Dans les sociétés enregistrées, les statuts déterminent le minimum de valeur des contrats qu'il est nécessaire d'avoir souscrit pour être admis aux assemblées. Tous souscripteurs de contrats d'une valeur inférieure à ce minimum pourront se réunir pour former le chiffre nécessaire et se faire représenter par l'un d'eux.

ART. 8. — Toute infraction commise sciemment aux dispositions qui précèdent sera punie d'une amende de seize à cent francs (16 à 100 fr.). L'action sera introduite par le procureur de la République soit d'office, soit sur la plainte du ministre du travail ou de toute partie intéressée.

L'art. 463 C. pén. et la loi du 26 mars 1891 sont applicables.

TITRE II
Des sociétés d'épargne enregistrées.

ART. 9. — Sans préjudice de l'application des dispositions du titre 1er, sont assujetties à l'enregistrement et au contrôle du ministre du travail, dans les conditions prévues par les art. 2 et 3 de la loi du 19 décembre 1907 :

1° Les entreprises qui ne sont point administrées et dirigées gratuitement ou qui comportent, sous une forme quelconque, une rémunération relative à la constitution ou à la gestion de la société ;

2° Celles qui ne répartissent le produit intégral de la capitalisation que dans un délai supérieur à quinze années à compter du premier versement.

ART. 10 (abrogé par la loi du 31 juillet 1917). — *Le comité consultatif des assurances sur la vie et des entreprises de capitalisation comprendra, outre les membres prévus aux art. 10 de la loi du 17 mars 1905 et de la loi du 10 décembre 1907, un membre pris parmi les directeurs ou administrateurs de sociétés d'épargne.*

Art. 11. — Sous déduction des frais de gestion statutaires, l'actif des entreprises françaises est affecté à la répartition aux adhérents, par un privilège qui prend rang après le paragraphe 6 de l'art. 2101 C. civ.

Pour les entreprises étrangères, les valeurs représentant la portion d'actif correspondante doivent, à l'exception des immeubles, faire l'objet d'un dépôt à la Caisse des dépôts et consignations. Le seul fait de ce dépôt confère privilège aux intéressés sur lesdites valeurs.

Art. 12. — Un règlement d'administration publique rendu sur la proposition des ministres du travail et des finances détermine les biens mobiliers en lesquels devra être effectué le placement de l'actif des entreprises françaises et étrangères visées au présent titre.

Cet actif pourra être employé, dans la proportion fixée aux statuts, en immeubles situés en France ou en Algérie.

Sont étendues aux entreprises visées par le présent titre, en tant qu'elles sont susceptibles de leur être applicables, les dispositions des art. 11, 12, 13, 14, 15, 16, 17, 18 de la loi du 19 décembre 1907.

(*Loi du 31 juillet* 1917.) Des décrets rendus après avis du comité consultatif des entreprises de capitalisation et d'épargne régleront les dispositions prévues aux paragraphes 1, 2, 3, 6, 7 et 8 de l'art. 9 de la loi du 19 décembre 1907. Ce dernier paragraphe est applicable aux sociétés de gestion des sociétés d'épargne.

TITRE III

Dispositions transitoires.

Art. 13. — Sont assujetties à la présente loi celles seulement des sociétés visées à l'art. 1er qui se constitueront ou modifieront leur fonctionnement, ou émettront des séries nouvelles d'épargne postérieurement à sa promulgation.

Toutefois, si elles rentrent dans les conditions spécifiées à l'art. 9, les entreprises françaises ou étrangères opérant en France ou en Algérie à l'époque de la promulgation de la présente loi sont tenues de se conformer immédiatement à ses dispositions et notamment de demander l'enregistrement dans les deux mois à compter de la publication des décrets prévus par les articles ci-dessus.

Sont applicables auxdites entreprises les trois derniers alinéas de l'art. 19 et l'art. 24 de la loi du 19 décembre 1907.

Elles pourront, si elles obtiennent l'enregistrement, conserver les placements effectués par elles, en conformité de leurs statuts, antérieurement à la promulgation de la présente loi.

Art. 14. — La limitation de durée prévue à l'art. 5 ne s'appliquera pas aux contrats d'épargne en cours au moment de la promulgation de la présente loi.

Art. 15. — La présente loi est applicable à l'Algérie.

4° **Loi du 31 juillet 1917 relative à la réglementation des tirages au sort des polices émises par les sociétés de capitalisation portant modification des art. 4 et 10 de la loi du 19 décembre 1907 relative à la surveillance et au contrôle des sociétés de capitalisation, 10 et 12 de la loi du 3 juillet 1913 sur les sociétés d'épargne** (Voir *suprà*, p. XCVIII et CI et CVI-CVII).

XI. — SOCIÉTÉS COOPÉRATIVES

1º Loi du 29 décembre 1906 autorisant des avances aux sociétés coopératives agricoles (Voir *J. off.*, 30 décembre, p. 8700).

2º et 3º Loi du 18 décembre 1915 sur les sociétés coopératives ouvrières de production et le crédit de travail.

ART. 1er. — Les sociétés coopératives de production ont pour but l'exercice en commun de la profession des associés pour l'entreprise de travaux, pour la vente des objets fabriqués ou travaillés par eux, ou produits par leur exploitation.

ART. 2. — Elles sont constituées sous l'une des formes déterminées par les titres I, II et III de la loi du 24 juillet 1867.

ART. 3. — Toutefois, elles doivent comprendre au moins sept personnes appartenant, soit, comme ouvriers, à l'industrie exercée dans l'entreprise sociale, soit, comme employés, à l'entreprise elle-même.

Elles sont administrées par des délégués nommés et révocables par l'assemblée générale des actionnaires, dans les conditions déterminées par les statuts.

ART. 4. — Au cas où les sociétés comprendraient un certain nombre de sociétaires n'étant ni ouvriers de l'industrie, ni employés permanents de l'entreprise, les deux tiers au moins des membres du conseil d'administration devront être pris statutairement parmi les sociétaires ouvriers de l'industrie ou employés de l'entreprise. Les sociétaires non ouvriers ou employés ne devront avoir aucun droit aux fonds de réserve autres que la réserve légale et ne pourront toucher qu'un intérêt dont le maximum sera fixé par les statuts sans autre participation dans les bénéfices. Les sociétés devront se réserver la faculté de rembourser, au fur et à mesure de leurs ressources, les parts appartenant à ces sociétaires non ouvriers.

ART. 5. — Si les sociétés emploient des ouvriers non sociétaires à titre d'auxiliaires, elles devront accorder à tous les travailleurs associés ou non, au prorata des salaires touchés ou du temps de travail fourni par chacun d'eux au cours de l'exercice, une participation dont le taux ne devra jamais être inférieur à 25 % du total des bénéfices nets et devra être au moins égal au taux du dividende attribué au capital.

Cette disposition ne s'appliquera pas aux auxiliaires qui seront employés à titre exceptionnel et pour les besoins accessoires de l'entreprise, si, au cours d'un même exercice, ils n'y séjournent pas plus d'un mois.

ART. 6. — Les sociétés coopératives ouvrières de production bénéficieront des avantages réservés par les lois au crédit au petit et au moyen commerce, à la petite et à la moyenne industrie. Elles pourront, en outre, recevoir des encouragements spéciaux de l'État, sous forme d'avances ou de subventions, si elles satisfont aux conditions déterminées par la précédente loi.

Art. 7. — Les sociétés coopératives ouvrières de crédit sont celles qui se proposent d'effectuer des opérations de crédit, soit avec leurs associés, soit avec d'autres sociétés coopératives.

Art. 8. — Elles sont constituées sous l'une des formes déterminées par les titres I, II et III de la loi du 24 juillet 1867.

Art. 9. — Elles doivent répondre aux conditions suivantes :

1° N'admettre comme actionnaires que des sociétés coopératives ouvrières de production ou des sociétés coopératives ouvrières de crédit, ou des membres des sociétés coopératives de production ;

2° N'effectuer d'opérations de banque que pour le compte des sociétés ouvrières de production ou de crédit ;

3° Ne consentir de prêts ou d'ouvertures de crédit qu'aux sociétés ouvrières de production.

Art. 10. — Les sociétés coopératives ouvrières de crédit peuvent faire des opérations d'escompte, d'avances, de transport de créances ou d'encaissement, avec leurs propres associés ou avec d'autres sociétés coopératives.

Elles bénéficieront de tous les avantages accordés par l'art. 6 aux sociétés coopératives ouvrières de production.

Elles peuvent, par une décision spéciale de l'assemblée générale, contracter des emprunts destinés à augmenter leurs fonds de roulement.

Art. 11. — Les sociétés coopératives ouvrières de crédit ne pourront consentir de prêts et ouvertures de crédit aux coopératives ouvrières de production que sur les adjudications ou marchés passés qui seront terminés ou en cours d'exécution, et seulement jusqu'à concurrence de 80 % de la valeur des travaux exécutés et non réglés, après constat ou justification.

Les prêts ne pourront dépasser une durée de trois années, ni être supérieurs au tiers du capital versé de la société emprunteuse.

Le montant des prêts consentis à une même entreprise ne devra jamais excéder 3 % du capital et des réserves de la société ouvrière de crédit prêteuse.

Par dérogation au paragraphe 2 du présent article, des prêts à long terme pourront être consentis par les sociétés coopératives ouvrières de crédit aux sociétés coopératives ouvrières de production pour la constitution d'entreprises nécessitant d'importants frais de premier établissement. En aucun cas, la durée du remboursement ne pourra dépasser lui-même 15 % du capital d'une société ouvrière de crédit, sans préjudice de ce qui est écrit au paragraphe 3 du présent article.

Art. 12. — Les coopératives ouvrières de production et les coopératives ouvrières de crédit sont autorisées à recevoir des dons et legs.

Art. 13. — Les encouragements alloués aux sociétés coopératives ouvrières de production ou de crédit, en vertu de l'art. 6 de la présente loi, seront répartis après avis d'une commission spéciale composée comme suit :

Le ministre du travail, président ;

Deux sénateurs ;

Trois députés ;

Un membre du Conseil d'État ;

Un membre de la Cour des comptes ;

Le gouverneur de la Banque de France ou son délégué ;

Deux fonctionnaires du ministère des finances ;

Trois fonctionnaires du ministère du travail ou de la prévoyance sociale ;

Six représentants des sociétés ouvrières de production ou de crédit ;

Trois membres du conseil supérieur du travail.

Les membres de cette commission seront nommés pour trois ans par décret.

Art. 14. — Les subventions aux sociétés coopératives ouvrières de production ou de crédit ne peuvent être prélevées que sur les crédits inscrits annuellement au budget ; elles seront acquises aux sociétés bénéficiaires.

Les avances aux sociétés coopératives ouvrières de production ou de crédit ne pourront dépasser la moitié de l'actif net dont justifiera la société emprunteuse. Elles seront imputées sur les ressources budgétaires constituées : 1º à l'aide des crédits ouverts par la loi de finances ; 2º à l'aide des disponibilités du fonds de dotation prévu à l'art. 15 ci-après, lesquelles seront rattachées par décret au budget du ministère du travail et de la prévoyance sociale, au fur et à mesure des besoins, conformément aux dispositions concernant les fonds de concours pour dépenses d'intérêts publics.

Art. 15. — Sur l'avance de 20 millions de francs versée au Trésor par la Banque de France en vertu de l'art. 1er de la convention du 11 novembre 1911, approuvée par la loi du 29 décembre 1911, le gouvernement est autorisé à disposer de 2 millions de francs pour être attribués, sous forme d'avance portant intérêt à 2 0/0 l'an, aux sociétés coopératives ouvrières de production ou de crédit.

Cette somme figurera à un compte spécial du Trésor, où seront également portés les fonds de concours qui seraient versés en vue de la même affectation, ainsi que tous recouvrements opérés, dans les conditions prévues ci-après sur les avances consenties par l'État, et les intérêts produits par ces avances, exception faite du cas prévu à l'art. 17, § 2.

Ce compte constituera le fonds de dotation des sociétés coopératives ouvrières de production et de crédit de France.

Art. 16. — Les avances aux sociétés coopératives ouvrières de production et de crédit seront consenties aux sociétés bénéficiaires, après avis de la commission prévue à l'art. 13 de la présente loi, soit directement par le Trésor, soit par l'intermédiaire de banques coopératives ouvrières agréées pour ce service par arrêté du ministre du travail et de la prévoyance sociale.

Ces banques seront constituées sous l'une des formes déterminées par les titres I, II et III de la loi du 24 juillet 1867.

Les banques ainsi agréées recevront mandat de reverser à chacune des sociétés bénéficiaires de prêt le montant du prêt qui lui sera attribué, de régler avec la société les conditions et les termes du remboursement, de prendre toute sécurité jugée nécessaire, y compris tout nantissement sur le fonds de commerce, l'achalandage, en vue d'assurer le recouvrement des arrérages de remboursement et d'exercer éventuellement toute poursuite judiciaire.

Les sommes recouvrées seront reversées au fonds de dotation, au fur et à mesure des rentrées, pour être employées à de nouvelles avances consenties aux sociétés ouvrières dans les mêmes conditions.

ART. 17. — Les banques coopératives ouvrières qui seront chargées du service des avances, prévu par l'article précédent, ne devront consentir de prêts ou d'ouvertures de crédit qu'aux sociétés ouvrières de production ou de crédit.

Elles bénéficieront, en outre, des avances ou subventions auxquelles elles pourront prétendre au même titre et dans les mêmes conditions que toutes sociétés ouvrières de production ou de crédit, des avantages suivants :

1º L'intérêt de 2 % des avances consenties par leur intermédiaire sera encaissé par elles à leur profit.

2º Pour les rémunérer des frais que leur occasionnera le service des recouvrements, il pourra leur être alloué, après avis de la commission spéciale, au prorata des sommes par elles recouvrées, une bonification qui ne sera pas inférieure à 2 %, mais qui ne devra pas excéder 5 %.

ART. 18. — Un règlement d'administration publique déterminera les conditions d'application de la présente loi et notamment la forme des conventions entre l'État et les banques coopératives chargées du service des prêts aux sociétés ouvrières, la durée de ces prêts, le contrôle des banques coopératives, les sanctions éventuelles et les voies de recours en cas d'inexécution des engagements contractés par les banques ou par les sociétés bénéficiaires des prêts.

3º Loi du 7 mai 1917 ayant pour objet l'organisation du crédit aux sociétés coopératives de consommation.

ART. 1er. — Les sociétés coopératives de consommation sont des sociétés à capital et personnel variables, constituées conformément au titre III de la loi du 24 juillet 1867, par des consommateurs, dans le but :

1º De vendre à leurs adhérents les objets de consommation qu'elles achètent ou fabriquent soit elles-mêmes, soit en s'unissant entre elles ;

2º De distribuer leurs bénéfices entre leurs associés au prorata de la consommation de chacun ou d'en affecter tout ou partie à des œuvres de solidarité sociale dans les conditions déterminées par leurs statuts.

ART. 2. — Elles peuvent ne pas vendre exclusivement à leurs membres, mais elles sont tenues alors de recevoir comme associés tous ceux qu'elles ont déjà admis comme clients habituels, pourvu qu'ils s'engagent à remplir les obligations statutaires.

ART. 3. — Si leurs statuts les y autorisent, les coopératives de consommation peuvent distribuer au capital versé un intérêt prélevé sur les bénéfices et qui ne sera, en aucun cas, supérieur à 6 %.

ART. 4. — Aucun associé ne pourra avoir pour les parts sociales ou actions dont il est titulaire plus d'une voix aux assemblées générales de la société coopérative de consommation à laquelle il adhère.

ART. 5. — Les sociétés coopératives de consommation peuvent constituer, soit entre elles, soit avec des sociétés coopératives de production, des unions sous la forme de sociétés à personnel et capital variables, pour l'achat et la fabrication en commun des objets de consommation qu'elles débitent et du matériel dont elles se servent, ainsi que pour l'accomplissement de leurs opérations de crédit.

ART. 6. — Ces unions ne pourront admettre comme sociétaires que des coopératives de consommation ou de production ou des membres des sociétés adhérentes.

Elles seront soumises aux règles établies par les art. 1, 2, 3 et 4 de la présente loi. Toutefois, le nombre des voix attribuées aux sociétés adhérentes pourra être proportionné au nombre des membres de ces sociétés.

ART. 7. — Les sociétés et unions de sociétés prévues aux articles précédents sont administrées par des délégués nommés et révocables par l'assemblée générale des sociétaires, dans des conditions prévues par les statuts.

ART. 8. — Les sociétés et unions de sociétés prévues par les art. 1 à 6 de la présente loi pourront recevoir des avances de l'État si elles satisfont aux conditions énoncées par la présente loi.

ART. 9. — Les sociétés et unions de sociétés prévues ci-dessus sont autorisées à recevoir des dons et legs.

ART. 10. — Les avances consenties aux sociétés et unions de sociétés prévues ci-dessus seront réparties après avis d'une commission spéciale composée comme suit :

Le ministre du travail, président ;

Deux sénateurs ;

Trois députés ;

Un membre du Conseil d'État ;

Un membre de la Cour des comptes ;

Le gouverneur de la Banque de France ou son délégué ;

Deux fonctionnaires du ministère des finances ;

Deux fonctionnaires du ministère du travail et de la prévoyance sociale ;

Six membres des sociétés coopératives de consommation ;

Trois membres des unions de sociétés coopératives de consommation.

Les membres de la commission seront, par décret, nommés pour trois ans.

Cette commission donnera son avis, non seulement sur la quotité, mais, d'une manière générale, sur les conditions auxquelles seront soumises lesdites avances.

ART. 11. — Les avances aux sociétés et unions de sociétés coopératives de consommation ne pourront dépasser la moitié de l'actif net dont justifiera la société emprunteuse.

Elles seront constituées sur les ressources budgétaires formées : 1º à l'aide des crédits ouverts par la loi de finances ; 2º à l'aide des disponibilités du fonds de dotation qui sera établi par une loi spéciale, lesquelles seront rattachées par décret au budget du ministère du travail et de la prévoyance sociale, au fur et à mesure des besoins, conformément aux dispositions concernant les fonds de concours pour dépenses d'intérêt public.

ART. 12. — Pour que les sociétés coopératives puissent bénéficier des avances ainsi prévues, leurs statuts devront contenir les dispositions suivantes :

« La part ou action sociale que devra acquérir un consommateur pour devenir membre de la société ne pourra dépasser 100 francs.

« Dès que le consommateur admis par la société aura versé le quart de la part ou action dont le maximum est ci-dessus déterminé, il deviendra de plein droit membre de ladite société et le surplus de sa part ou action sera constitué sur la somme lui revenant dans la répartition des bénéfices. »

Art. 13. — Les avances aux sociétés et unions de sociétés prévues ci-dessus seront consenties aux sociétés bénéficiaires, après avis de la commission prévue à l'art. 10 de la présente loi, soit directement par le Trésor, soit par l'intermédiaire d'unions de coopératives de consommation agréées pour ce service par arrêté du ministre du travail et de la prévoyance sociale

Ces unions ne pourront être que des sociétés à capital variable, constituées dans les conditions prévues dans les art. 5 et 6 de la présente loi.

Art. 14. — Si l'avance est faite par l'intermédiaire d'une union de sociétés, l'union recevra mandat de reverser à chacune des sociétés bénéficiaires le montant du prêt qui lui sera attribué, de régler avec la société les conditions et les termes du remboursement, de prendre toute sécurité jugée nécessaire, y compris toute hypothèque et tout nantissement sur le fonds de commerce en vue d'assurer le recouvrement des arrérages de remboursement et d'exercer éventuellement toute poursuite judiciaire.

Les sommes recouvrées seront reversées au fonds de dotation au fur et à mesure des rentrées, pour être employées à de nouvelles avances consenties dans les mêmes conditions aux sociétés et aux unions de sociétés prévues ci-dessus.

Art. 15. — Les unions des sociétés qui seront chargées du service des avances prévues à l'article précédent ne devront consentir de prêts ou d'ouvertures de crédit qu'aux sociétés coopératives de consommation et unions de sociétés prévues à la présente loi.

Elles bénéficieront, en outre, des avances auxquelles elles pourront prétendre au même titre et dans les mêmes conditions que toutes les sociétés et unions de sociétés coopératives de consommation, de l'intérêt à 2 0/0 des avances consenties par leur intermédiaire et qui sera encaissé par elles à leur profit.

Art. 16. — Un règlement d'administration publique déterminera les conditions d'application de la présente loi, notamment la forme des conventions entre l'État et les unions de sociétés chargées des prêts aux sociétés coopératives de consommation, la durée de ces prêts, le contrôle des unions chargées du service des prêts, les sanctions éventuelles et les voies de recours en cas d'inexécution des engagements contractés par les sociétés ou unions de sociétés coopératives bénéficiaires des prêts (V. Décret du 5 septembre 1917, *J. off.*, 7 septembre 1917).

4° Loi du 14 juin 1920 modifiant la loi du 7 mai 1917 ayant pour objet l'organisation du crédit aux sociétés coopératives de consommation.

Art. 1er. — L'art. 1er de la loi du 7 mai 1917 est complété par le paragraphe suivant :

« Le capital desdites sociétés, ainsi que des unions prévues à l'art. 5, peut être fixé, lors de la fondation, à une somme supérieure à 200.000 fr. ou augmenté en une année de plus de 200.000 fr. par dérogation à l'art. 49 de la loi du 24 juillet 1867. »

Le texte de l'art. 12 est modifié comme suit :

« Pour que les sociétés coopératives puissent bénéficier des avances ainsi prévues, leurs statuts devront satisfaire aux dispositions suivantes :

« L'action ou part sociale que devra acquérir un consommateur pour devenir membre de la société ne pourra dépasser 100 fr. Par dérogation à l'art. 1.er de la loi du 24 juillet 1867, les actions pourront être d'un minimum de 25 fr., quel que soit le capital de la société.

« Tout consommateur admis par la société deviendra de plein droit membre de ladite société lorsqu'il aura versé une fraction de part ou d'action, qui ne pourra être fixée au-dessus de 25 fr., quel que soit le taux des actions. Le surplus de sa part ou action sera acquitté par imputation sur les sommes lui revenant dans la répartition des bénéfices ; s'il est imposé, en outre, des versements en espèces, lesdits versements ne pourront être exigés par fractions supérieures, annuellement, au quart du montant de la part ou de l'action.

« Dans tous les cas, les statuts stipuleront que les sommes restant dues sur les actions deviendront immédiatement exigibles en cas de liquidation ou de faillite de la société. »

Art. 2. — Il est inséré, à la suite de l'art. 16, un nouvel article formant art. 17, ainsi conçu :

« *Art. 17.* — Les sociétés constituées avant la loi du 7 mai 1917 et qui répondront aux buts définis par l'art. 1er de ladite loi auront, pour adapter leurs statuts à ses dispositions, un délai de deux ans à dater du décret fixant la cessation des hostilités.

« Les formalités à remplir pour la validité des réunions où sera discutée cette adaptation seront celles fixées par les statuts pour les assemblées générales ordinaires de la société.

« Pendant le délai de deux ans prévu ci-dessus, les sociétés précitées pourront obtenir les avances instituées par la loi, sur délibération motivée de la commission de répartition prévue à l'art. 10. »

5° Loi du 15 août 1920 sur les coopératives de reconstitution.

TITRE PREMIER

Dispositions générales.

Art. 1.er. — Des sociétés coopératives de reconstruction peuvent être constituées entre personnes ayant droit à indemnité pour réparation de dommages immobiliers ou leurs ayants-cause en vertu de la loi du 17 avril 1919.

Ces sociétés ont pour objet de procéder pour le compte de leurs adhérents à toutes les opérations relatives à la reconstitution immobilière, notamment à la préparation des dossiers, à l'évaluation des dommages, à l'exécution, à la surveillance et au payement des travaux de réparation ou de reconstitution et au remploi des avances et acomptes prévus par la loi susvisée.

Elles jouissent de la personnalité civile.

Art. 2. — La durée de la société est déterminée par la réalisation de l'objet pour lequel elle a été constituée.

La dissolution ne peut être prononcée avant l'expiration de son terme qu'en vertu d'une délibération de l'assemblée générale, prise à la majorité en nombre et en sommes, ou en vertu d'une décision judiciaire pour causes graves dûment justifiées.

La société ne prend pas fin par le décès, la faillite, la liquidation judiciaire, la déconfiture ou la volonté de l'un de ses membres ; dans ces divers cas, comme en cas de cession, elle se continue de plein droit avec ses héritiers ou ayants-droit.

Art. 3. — L'assemblée générale des sociétaires délibère souverainement sur les statuts et sur toutes les affaires de la société. Elle doit être composée des deux tiers des adhérents représentant la moitié du montant total des indemnités gérées par la société.

Si une première assemblée ne remplit pas les conditions ci-dessus fixées, une nouvelle assemblée sera convoquée. Ses décisions seront définitives, pourvu qu'elle réunisse au moins la moitié des adhérents représentant le tiers du montant total des indemnités.

Si ces conditions ne sont pas encore remplies, une troisième assemblée est convoquée et délibère valablement, quels que soient le nombre des sociétaires présents et le montant total des indemnités représentées.

Les décisions sont toujours prises à la majorité absolue des adhérents présents ou représentés.

L'assemblée nomme un conseil d'administration, pris parmi les membres de la société. En sont exclus ceux qui ont passé avec la société des contrats pour l'exécution des travaux ou de marchés de fournitures.

Le conseil d'administration agit, d'une manière générale, pour le compte des adhérents, comme étant leur mandataire vis-à-vis de l'État et des tiers et gère leurs intérêts dans les conditions de la présente loi.

. Il passe notamment tous contrats et marchés en leur nom, fait exécuter les travaux de réparation ou de reconstitution de leurs immeubles, conformément aux plans et devis acceptés par eux.

Il représente valablement la société en justice.

Le conseil peut déléguer tout ou partie de ses pouvoirs à l'un de ses membres et charger, sous sa responsabilité, un directeur ou gérant d'exécuter et surveiller les opérations de la société.

Art. 4. — Les ressources propres de la société se composent :

1° Des versements faits par les associés pour leur part contributive au fonds commun destiné à faire face aux frais et dépenses de la société ;

2° Des subventions et avances, s'il y a lieu, accordées par l'État ;

3° Des libéralités, dons ou legs faits à la société.

Les charges de la société comprennent les frais et dépenses nécessaires à son fonctionnement.

Art. 5. — Les payements faits par l'État à la société, pour le compte de ses adhérents, sont effectués, au moyen d'ouvertures de crédit, en leur nom, chez les trésoriers-payeurs généraux ou les établissements désignés à cet effet.

Des comptes individuels, distincts de ceux de la société, sont ouverts, sur ces registres, à chaque sociétaire, sur lesquels elle porte, d'une part : les sommes qu'elle a reçues pour lui et qui doivent être rigoureusement affectées aux travaux de réparation ou de reconstitution d'immeubles dans les conditions de remploi prévues par la loi du 17 avril 1919 ; d'autre part, les sommes dues par le sociétaire ou payées pour son compte.

Art. 6. — Les administrateurs sont responsables envers la société ou envers les tiers, soit des infractions aux dispositions de la présente loi, soit des fautes lourdes qu'ils auraient commises dans l'exercice de leurs fonctions.

ART. 7. — Les sociétaires sont tenus des dettes et obligations de la société dans les limites prévues par l'art. 4 de la présente loi et proportionnellement à leurs intérêts.

Ils ne peuvent se retirer de la société avant la fixation de leurs indemnités par les commissions et juridictions compétentes, ni lorsqu'ils auront opté pour le remploi, avant l'achèvement des travaux de reconstitution de leurs immeubles et la liquidation, qui devra suivre, de leurs comptes individuels.

ART. 8. — Dans le mois de constitution de toute société coopérative ou union de sociétés coopératives, un double de l'acte constitutif, s'il est fait par acte sous seings privés, ou une expédition, s'il est notarié, est déposé au greffe de la justice de paix du canton et à la préfecture du département.

Dans le même délai, un extrait de l'acte constitutif est publié dans l'un des journaux de l'arrondissement de ce département désigné pour recevoir les annonces légales.

Les formalités ci-dessus prescrites seront observées, à peine de nullité, à l'égard de la société.

ART. 9. — L'ordre dans lequel seront exécutés les travaux relatifs aux immeubles à réparer ou à reconstruire est arrêté dans les conditions fixées par les statuts.

Art. 10. — Sont dispensés des formalités et exempts des droits de timbre et d'enregistrement les actes nécessaires à la constitution, à la modification et à la dissolution des groupements de reconstitution, à condition que ces actes remplissent les conditions prévues à l'art. 68, § 3, n° 4, de la loi du 22 frimaire an VII, ainsi que tous les actes quelconques passés par ces groupements ou leurs adhérents pour leur fonctionnement et la réalisation de leur objet.

ART. 11. — Les sociétés coopératives de reconstitution, constituées dans les conditions fixées par la présente loi, peuvent se grouper en unions, suivant les mêmes règles, pour passer des marchés, effectuer des achats en commun, centraliser leurs opérations de comptabilité et s'aider mutuellement dans la gestion de leurs intérêts communs.

ART. 12. — En dehors des prescriptions prévues par la présente loi, les sociétés coopératives de reconstruction ou leurs unions sont régies par les principes généraux du droit applicables aux contrats et obligations.

TITRE II

Dispositions spéciales aux sociétés coopératives et aux unions de sociétés coopératives approuvées par l'État.

ART. 13. — Les sociétés coopératives qui ont reçu l'approbation de l'État bénéficient seules des avantages pécuniaires stipulés par la présente loi.

ART. 14. — Les conditions de l'approbation sont les suivantes :

1° Les statuts seront établis conformément aux dispositions essentielles contenues dans les statuts types élaborés par le ministère des régions libérées ;

2° Le choix des architectes, entrepreneurs et hommes de l'art chargés par la société de la préparation des projets, de la surveillance, de l'exécution et du règlement des travaux sera fait sur une liste dressée pour chaque département, avec le concours des coopératives approuvées et dans les conditions fixées par décret ;

3° La société tiendra une comptabilité régulière et sera soumise au contrôle financier de l'État ;

4° Elle pourra être constituée entre sinistrés d'une ou plusieurs communes ou de leurs ayants-cause. Mais, dans une même commune, il ne sera admis plus d'une coopérative que si le montant des dommages immobiliers causés à ses adhérents atteint, au minimum, un million, calculé d'après la perte subie.

ART. 15. — Les conditions de l'approbation sont vérifiées par un comité spécial, présidé par le préfet, et qui statue, dans le délai de quinzaine du dépôt de la demande.

Le refus d'approbation doit être susceptible d'appel devant un comité central, siégeant à Paris, présidé par le ministre des régions libérées, et qui statuera dans le délai d'un mois.

Ces comités, qui seront nommés dans les conditions prévues par l'article 22 de la présente loi, comprendront un tiers des membres de sociétés coopératives.

ART. 16. — L'approbation pourra être retirée par le ministre, sur l'avis du comité central, pour inobservation des règles fixées par la présente loi ou pour fautes graves commises par les administrateurs, sauf recours de la société devant le Conseil d'État.

ART. 17. — En vue de faciliter le fonctionnement des services généraux des coopératives approuvées, des subventions leur sont accordées par l'État, suivant un barème annexé à la présente loi, et sur les crédits inscrits au budget du ministère des régions libérées.

ART. 18. — Indépendamment des avances individuelles et des acomptes prévus par la loi du 17 avril 1919 et en vue de faciliter aux coopératives approuvées la constitution d'un fonds commun, des avances remboursables pourront être consenties par le ministre des régions libérées d'accord avec le ministre des finances.

ART. 19. — L'État peut passer directement des marchés de gré à gré pour l'exécution de travaux de déblaiement, quelle que soit leur importance, avec les sociétés coopératives de reconstruction approuvées.

ART. 20. — Pourront adhérer aux coopératives approuvées et participer à leur fonctionnement au même titre que les autres sociétaires :

1° Les départements, les communes, les établissements publics, dans les conditions qui seront déterminées par un décret pris par le ministre des régions libérées, d'accord avec les ministres de l'intérieur et des finances ;

2° Les personnes incapables, dûment autorisées.

ART. 21. — Les sociétés ou unions de sociétés déjà constituées, sous quelque forme que ce soit, en vue de la réparation ou de la reconstruction d'immeubles détruits ou atteints par les faits de guerre, les sociétés d'habitations à bon marché et de crédit immobilier approuvées par arrêté ministériel, pourront obtenir l'approbation du ministre des régions libérées dans les conditions prévues par les art. 13 et suivants de la présente loi.

ART. 22. — Dans le délai d'un mois à partir de la promulgation de la présente loi, un décret, rendu sur la proposition du ministre des régions libérées et contresigné par le ministre des finances, déterminera le mode d'attribution des subventions et des avances, la forme des comptabilités, la composition des comités départementaux et du comité central, la procédure d'établissement des listes d'architectes, d'entrepreneurs et hommes de l'art agréés et, d'une façon générale, toutes les mesures relatives à l'application de la présente loi.

ART. 23. — La présente loi est applicable aux départements du Haut-Rhin, du Bas-Rhin et de la Moselle, en même temps qu'aux autres départements français.

ANNEXE

Barême annexé à la loi portant fixation du régime légal des sociétés coopératives de reconstruction

IMPORTANCE DES TRAVAUX	TAUX de la subvention
	p. 100
De 0 à 5.000.000	1 »
De 5.000.000 à 10.000.000	0 75
De 10.000.000 à 50.000.000	0 50
De 50.000.000 à 200.000.000	0 25
Au-dessus de 200.000.000	0 15

Les taux de subventions s'appliquent par tranches.

VOIR EN OUTRE : LOI DU 4 DÉCEMBRE 1913, COOPÉRATIVES MARITIMES ; LOI DU 29 DÉCEMBRE 1906, COOPÉRATIVES AGRICOLES ; LOI DU 26 AVRIL 1917, COOPÉRATIVES DE MAIN-D'ŒUVRE ; LOI DU 13 DÉCEMBRE 1917, CAUTION MUTUELLE.

XII. — LOIS DIVERSES

1° Loi du 17 mars 1909 relative à la vente et au nantissement des fonds de commerce.

CHAPITRE PREMIER

DE LA VENTE DES FONDS DE COMMERCE.

....

ART. 3 (*Loi du 31 juillet 1913*). — Toute vente ou cession de fonds de commerce, consentie même sous condition ou sous la forme d'un autre contrat, ainsi que toute mise en société ou toute attribution de fonds de commerce par partage ou licitation, sera, dans la quinzaine de sa date, publiée à la diligence de l'acquéreur, sous forme d'extrait ou d'avis, dans un journal d'annonces légales du ressort du tribunal de commerce où se trouve le fonds, ou à défaut dans un journal d'annonces légales de l'arrondissement.

L'extrait ou avis contiendra la date de l'acte, les noms, prénoms et domiciles de l'ancien et du nouveau propriétaires, la nature et le siège du fonds, l'indication du délai ci-après fixé pour les oppositions et une élection de domicile dans le ressort du tribunal.

La publication sera renouvelée du huitième au quinzième jour après la première insertion.

Dans les dix jours au plus tard après la seconde insertion, tout créancier du précédent propriétaire, que sa créance soit ou non exigible, pourra former au domicile élu, par simple acte extrajudiciaire, opposition au payement du prix ; l'opposition, à peine de nullité, énoncera le chiffre et les causes de la créance et contiendra une élection de domicile dans le ressort du tribunal de la situation du fonds. Le bailleur ne peut former opposition pour loyers en cours ou à échoir, et ce nonobstant toutes stipulations contraires. Aucun transport amiable ou judiciaire du prix, ou de partie du prix, ne sera opposable aux créanciers qui se seront ainsi fait connaître dans ce délai.

Au cas d'opposition au payement du prix, le vendeur pourra, en tout état de cause, après l'expiration du délai de dix jours, se pourvoir en référé devant le président du tribunal civil afin d'obtenir l'autorisation de toucher son prix malgré l'opposition, à la condition de verser à la caisse des dépôts et consignations, ou aux mains d'un tiers commis à cet effet, somme suffisante, fixée par le juge des référés, pour répondre éventuellement des causes de l'opposition dans le cas où il se reconnaîtrait ou serait jugé débiteur. Le dépôt ainsi ordonné sera affecté spécialement aux mains du tiers détenteur, à la garantie des créances pour sûreté desquelles l'opposition aura été faite, et privilège exclusif de tout autre leur sera attribué sur ledit dépôt, sans que, toutefois, il puisse en résulter transport judiciaire au profit de l'opposant ou des opposants en cause à l'égard des autres créanciers opposants du vendeur, s'il en existe. A partir de l'exécution de l'ordonnance de référé, l'acquéreur sera déchargé et les effets de l'opposition seront transportés sur le tiers détenteur.

Le juge des référés n'accordera l'autorisation demandée que s'il lui est justifié par une déclaration formelle de l'acquéreur mis en cause, faite sous sa responsabilité personnelle et dont il sera pris acte, qu'il n'existe pas d'autres créanciers opposants que ceux contre lesquels il est procédé. L'acquéreur, en exécutant l'ordonnance, ne sera pas libéré de son prix à l'égard des autres créanciers opposants antérieurs à ladite ordonnance, s'il en existe.

Si l'opposition a été faite sans titre et sans cause ou est nulle en la forme et s'il n'y a pas instance engagée au principal, le vendeur pourra se pourvoir en référé devant le président du tribunal civil, à l'effet d'obtenir l'autorisation de toucher son prix, malgré l'opposition.

L'acquéreur, qui sans avoir fait dans les formes prescrites les publications ou avant l'expiration du délai de dix jours aura payé son vendeur, ne sera pas libéré à l'égard des tiers.

....

ART. 7. — Dans la quinzaine de la publication de l'acte de société contenant apport d'un fonds de commerce, tout créancier non inscrit de l'associé qui a fait l'apport fera connaître au greffe du tribunal de commerce où le dépôt de l'acte a eu lieu sa qualité de créancier et la somme qui lui est due. Il lui sera délivré par le greffier un récépissé de sa déclaration.

Si le fonds est apporté dans une société déjà formée, les créanciers non inscrits de l'associé auquel le fonds appartenait feront la déclaration au greffe du tribunal de commerce de la situation du fonds, dans la quinzaine de la publication de l'acte constatant l'apport, effectuée en conformité de l'art. 3 ci-dessus.

A défaut par les coassociés, ou l'un d'eux, de former dans la quinzaine suivante une demande en annulation de la société ou de l'apport, ou si l'annulation n'en est pas prononcée, la société est tenue solidairement avec le débiteur principal au payement du passif déclaré dans le délai ci-dessus et justifié.

2° Loi du 19 mars 1919 tendant à la création d'un registre du commerce.

ART. 1er. — Il sera tenu pour le ressort de chaque tribunal de commerce ou du tribunal civil qui en tient lieu, un registre de commerce.

ART. 2. — Le greffier du tribunal est chargé de tenir ce registre, sous la surveillance du président du tribunal ou d'un juge spécialement désigné chaque année par celui-ci.

ART. 3. — Dans ce registre :

1° Sont immatriculés les commerçants français ou étrangers, ayant en France soit leur établissement principal, soit une succursale ou une agence ; les sociétés commerciales françaises, les sociétés commerciales étrangères ayant une succursale ou une agence en France ;

2° Sont portées les mentions relatives à ces commerçants ou à ces sociétés, dont l'inscription est prescrite par la présente loi.

Des commerçants français ou étrangers ayant leur établissement
principal en France.

ART. 4. — Tout commerçant doit, dans le mois de l'ouverture de son fonds de commerce ou de l'acquisition par lui faite d'un fonds de commerce, requérir du greffier du tribunal dans le ressort duquel ce fonds est exploité son immatriculation dans le registre du commerce.

Le requérant remet au greffier une déclaration en double exemplaire sur papier libre et signée de lui. Cette déclaration indique :

1° Le nom de famille et les prénoms du commerçant ;

2° Le nom sous lequel il exerce le commerce et, s'il y a lieu, son surnom ou pseudonyme ;

3° La date et le lieu de sa naissance ;

4° Sa nationalité d'origine et, au cas où il a acquis une autre nationalité, le mode et la date de l'acquisition de celle-ci ;

5° Dans le cas où il est étranger, la date du décret qui l'aurait autorisé à établir son domicile en France ;

6° S'il s'agit d'un mineur ou d'une femme mariée, l'autorisation expresse de faire le commerce qui lui a été donnée en vertu des art. 2 et 4 du Code de commerce ;

7° Le régime matrimonial du commerçant dans les cas prévus par les art. 67 et 69 du Code de commerce ;

8° L'objet du commerce ;

9° Les lieux où sont situées les succursales ou agences du fonds de commerce en France ou à l'étranger ;

10° L'enseigne ou la raison de commerce de l'établissement ;

11° Les noms de famille, prénoms, date et lieu de naissance, ainsi que la nationalité des fondés de pouvoirs avec toutes les indications prescrites par les dispositions du 4° du présent article ;

12° Les établissements de commerce que le déclarant a précédemment exploités ou ceux qu'il exploite dans le ressort d'autres tribunaux.

Le greffier copie, sur le registre du commerce, le contenu de la déclaration et remet au requérant un des deux exemplaires de celle-ci, au pied duquel il certifie avoir opéré cette copie.

ART. 5. — Doivent aussi être mentionnés dans le registre du commerce :

Tout changement ou modification se rapportant aux faits dont l'inscription sur le registre du commerce est prescrite par l'article précédent.

Les jugements ou arrêts prononçant la séparation de biens, la séparation de corps ou le divorce du commerçant ;

3° L'acte rétablissant la communauté dissoute par la séparation de corps ou de biens prévu par l'article 1451 du Code civil ;

4° Le nantissement du fonds de commerce, le renouvellement et la radiation de l'inscription du privilège du créancier gagiste ;

5° Les brevets d'invention exploités et les marques de fabrique ou de commerce employées par le commerçant ;

6° Les jugements ou arrêts nommant un conseil judiciaire au commerçant inscrit ou prononçant son interdiction, ainsi que les jugements ou arrêts de mainlevée ;

7° Les jugements ou arrêts déclaratifs de faillite ou de liquidation judiciaire homologuant un concordat, en prononçant la résolution ou l'annulation, déclarant l'excusabilité, clôturant des opérations de la faillite ou de la liquidation judiciaire pour insuffisance d'actif, rapportant un jugement de clôture, les jugements ou les arrêts prononçant la réhabilitation ;

8° La cession du fonds de commerce.

Les inscriptions au registre du commerce sont requises par le commerçant dans les cas visés par les 1°, 3°, 5° et 8° du présent article ; elles le sont par le greffier du tribunal ou de la cour qui a rendu les jugements ou arrêts à mentionner dans les cas visés par les 2°, 6° et 7° du présent article. Les inscriptions sont opérées d'office par le greffier quand le jugement a été rendu par le tribunal au greffe duquel est tenu le registre du commerce ou quand il s'agit des mentions à faire en vertu du 4° du présent article 5.

Des sociétés de commerce françaises.

ART. 6. — Doivent être immatriculées dans le registre du commerce du siège social les sociétés commerciales françaises en nom collectif, en commandite simple, en commandite par actions et anonymes.

L'immatriculation doit être requise dans le mois de la constitution de la société soit par les gérants, soit par les administrateurs.

Les requérants produisent au greffier du tribunal du siège social une déclaration en double exemplaire, sur papier libre, signée d'eux, en même temps qu'ils font le dépôt de l'acte de société prescrit par l'article 55 de la loi du 24 juillet 1867.

La déclaration mentionne :

1° Les noms et prénoms des associés autres que les actionnaires et commanditaires, la date et le lieu de naissance, la nationalité de chacun d'eux, avec toutes les indications prescrites par le 4° de l'article 4 ;

2° La raison sociale ou la dénomination de la société ;

3° L'objet de la société ;

4° Les lieux où la société a des succursales ou agences soit en France, soit en pays étranger ;

5° Les noms des associés ou des tiers autorisés à administrer, gérer et signer pour la société, des membres de conseils de surveillance des sociétés en commandite, la date et le lieu de leur naissance ainsi que leur nationalité avec les indications prescrites par le 4° de l'article 4 ;

6° Le montant du capital social et le montant des sommes ou valeurs à fournir par les actionnaires et commanditaires ;

7° L'époque où la société a commencé et celle où elle doit finir ;

8° La nature de la société ;

9° Si elle est à capital variable, la somme au-dessous de laquelle le capital ne peut être réduit.

ART. 7. — Doivent aussi être mentionnés dans le registre du commerce :

1° Tout changement ou modification se rapportant aux faits dont l'inscription sur le registre du commerce est prescrite par l'article précédent ;

2º Les nom, prénoms, date et lieu de naissance, ainsi que la nationalité des gérants, administrateurs ou directeurs nommés pendant la durée de la société, des membres des conseils de surveillance des sociétés en commandite, avec toutes les indications prescrites par le 4º de l'article 4 ;

3º Les brevets d'invention exploités et les marques de fabrique ou de commerce employées par la société.

L'inscription est requise par les gérants ou par les administrateurs en fonctions au moment où elle doit être faite ;

4º Les jugements et arrêts prononçant la dissolution ou la nullité de la société ;

5º Les jugements et arrêts déclarant la société en faillite ou en liquidation judiciaire ainsi que les jugements et arrêts s'y rattachant mentionnés dans le 7º de l'article 5.

Des commerçants français ou étrangers ayant leur établissement principal à l'étranger et une succursale ou agence en France.

ART. 8. — Tout commerçant français ou étranger, ayant un établissement principal en pays étranger et une succursale ou agence en France, doit, dans le mois qui suit l'ouverture de cette agence ou succursale, se faire immatriculer au greffe du tribunal dans le ressort duquel cette agence ou succursale est située. La déclaration à faire par lui doit contenir toutes les mentions indiquées dans l'article 4 avec l'indication du lieu du principal établissement.

Doivent être aussi mentionnés sur le registre du commerce tous les faits énumérés dans l'article 5 et les jugements ou arrêts visés par cet article quand ils ont été rendus en France ou quand ils ont été déclarés exécutoires par un tribunal français.

Des sociétés de commerce étrangères ayant une succursale ou une agence en France.

ART. 9. — Toute société commerciale étrangère qui établit une succursale ou une agence en France est soumise à l'immatriculation dans le registre du commerce.

Avant l'ouverture de cette succursale ou agence, celui qui en prend la direction doit déposer au greffe du tribunal une déclaration sur papier libre en double exemplaire, signée de lui et contenant toutes les mentions prescrites par l'article 6 de la présente loi pour les sociétés françaises. Le déclarant y ajoutera ses nom, prénoms, date et lieu de naissance, ainsi que la nationalité avec toutes les mentions prescrites par le 4º de l'article 4.

Toutes les mentions dont l'inscription est exigée par l'article 7 de la présente loi pour les sociétés françaises doivent être inscrites sur le registre. En cas de remplacement du directeur de la succursale, les nom, prénoms, date et lieu de naissance, nationalité du nouveau directeur, avec toutes les indications prescrites par le 4º de l'article 4, doivent être inscrits dans le registre du commerce.

Du registre central du commerce.

ART. 10. — Un registre central du commerce est tenu pour toute la France continentale, à Paris, à l'Office national de la propriété industrielle. Le directeur de l'office est chargé de tenir ce registre.

Les mentions à y porter sont transmises à l'office par le greffier qui a opéré l'inscription dans le mois de celle-ci.

Elles consistent seulement dans les nom, prénoms de chaque commerçant, dans le nom sous lequel il exerce le commerce et, s'il y a lieu, son surnom ou pseudonyme avec indication de la date et du lieu de sa naissance, dans la raison sociale ou la dénomination de chaque société, avec une référence au registre du commerce dans lequel le commerçant ou la société a été immatriculé.

Dispositions générales.

ART. — L'immatriculation est exigée dans tous les lieux où il existe des succursales ou agences. Mais il suffit que dans les registres du commerce de ces lieux, le commerçant ou la société ayant son siège social en France soit mentionné au registre du commerce sous son nom, sa raison sociale ou sa dénomination avec référence au registre du commerce de l'établissement principal ou du siège social.

Les commerçants et les sociétés étrangères ayant plusieurs succursales ou agences en France ne sont soumis aux dispositions des articles 8 et 9 que dans le lieu où est située la principale de ces succursales ou agences. Dans les lieux où se trouvent d'autres succursales ou agences, il suffit que le commerçant ou la société soient mentionnés au registre du commerce dans les termes indiqués dans le précédent alinéa.

ART. 12. — Toute inscription sur le registre du commerce pour laquelle un délai n'a pas été fixé par les articles précédents doit être requise dans le mois à partir de la date de l'acte ou du fait à inscrire. Le délai court pour les jugements et arrêts du jour où ils sont rendus.

ART. 13. — Toutes les immatriculations et inscriptions au registre du commerce ont lieu après une déclaration faite dans les formes prescrites par l'article 4, deuxième et dernier alinéa.

ART. 14. — Le greffier ne peut refuser d'opérer les inscriptions requises que dans le cas où les déclarations faites par les requérants ne contiennent pas toutes les mentions prescrites par la loi.

Il signale au président ou au juge chargé de la surveillance du registre les inexactitudes qui lui paraissent avoir été commises dans les déclarations.

ART. 15. — Quand un commerçant cesse d'exercer son commerce ou vient à décéder sans qu'il y ait cession de son fonds de commerce ou quand une société est dissoute, il y a lieu à la radiation de l'immatriculation. Cette radiation est opérée d'office en vertu d'une décision du juge préposé à la surveillance du registre, si elle n'a pas été requise par le commerçant, ou par ses héritiers, ou par les gérants ou administrateurs de la société en fonctions au moment de sa dissolution.

ART. 16. — Toute personne peut se faire délivrer par le greffier ou par le directeur de l'Office national de la propriété industrielle une copie sur timbre de dimension des inscriptions portées sur le registre. Le greffier ou le directeur de l'office certifie, s'il y a lieu, qu'il n'existe point d'inscription.

La copie est certifiée conforme soit par le président du tribunal ou par le juge chargé de la surveillance du registre, soit par le directeur de l'Office national de la propriété industrielle.

ART. 17. — Les copies délivrées par le greffier ne doivent pas mentionner :

1º Les nantissements du fonds de commerce quand l'inscription du privilège du créancier gagiste a été rayée ou est périmée par défaut de renouvellement dans le délai de cinq ans, en vertu de l'article 28 de la loi du 17 mars 1909 ;

2º Les jugements déclaratifs de faillite ou de liquidation judiciaire quand il y a eu réhabilitation judiciaire ou légale ;

3º Les jugements d'interdiction ou de nomination d'un conseil judiciaire lorsqu'il y a eu mainlevée.

ART. 18. — Est puni d'une amende de seize francs (16 fr.) à deux cents francs (200 fr.) tout commerçant, tout gérant ou administrateur d'une société française, tout directeur de la succursale d'une société étrangère qui ne requiert pas dans le délai prescrit les inscriptions obligatoires.

L'amende est prononcée par le tribunal de commerce sur la réquisition du président ou du juge chargé de la surveillance du registre du commerce, l'intéressé entendu ou dûment appelé.

Le tribunal ordonne que l'inscription omise sera faite dans un délai de quinzaine. Si, dans ce délai, elle n'a pas été opérée, une nouvelle amende peut être prononcée.

Dans ce dernier cas, s'il s'agit de l'ouverture, en France, d'une succursale d'un établissement situé à l'étranger sans déclaration préalable, le tribunal peut ordonner la fermeture de cette succursale jusqu'au jour où la formalité omise aura été remplie.

Les greffiers qui ne se conformeront pas aux obligations que leur impose la présente loi seront soumis à des poursuites disciplinaires.

ART. 19. — Toute indication inexacte donnée de mauvaise foi en vue de l'immatriculation ou de l'inscription dans le registre du commerce est punie d'une amende de cent francs (100 fr.) à deux mille francs et d'un emprisonnement d'un mois à six mois ou de l'une de ces deux peines seulement.

Les coupables peuvent, en outre, être privés, pendant un temps qui n'excédera pas cinq années, du droit de vote et d'éligibilité pour les tribunaux et chambres de commerce, pour les chambres des arts et manufactures et pour les conseils des prud'hommes.

Le jugement du tribunal correctionnel prononçant la condamnation ordonne que la mention inexacte sera rectifiée dans les termes qu'il détermine.

ART. 20. — L'article 463 du Code pénal sera applicable aux délits prévus par l'article précédent.

ART. 21. — Les dispositions de la présente loi ne portent en rien atteinte aux dispositions des lois antérieures relatives à la publicité des faits, actes ou jugements concernant les commerçants et les sociétés de commerce ; elles demeurent en vigueur avec les sanctions y attachées.

ART. 22. — Des règlements d'administration publique détermineront les formes du registre du commerce, les émoluments dus au greffier et à l'Office national de la propriété industrielle pour les inscriptions et pour la délivrance des extraits du registre et statueront sur toutes les mesures utiles à l'exécution de la présente loi.

L'émolument dû pour une immatriculation ou pour une inscription ne pourra excéder un franc.

ART. 23. — La présente loi entrera en vigueur trois mois après la publication des règlements d'administration publique prévus à l'article précédent.

ART. 24. — Des règlements d'administration publique fixeront les conditions dans lesquelles la présente loi sera applicable en Algérie et dans les colonies.

Disposition transitoire.

ART. 25. — Les dispositions précédentes s'appliquent dans le cas où les établissements principaux, succursales ou agences fonctionnaient en France antérieurement à la promulgation de la présente loi. Les commerçants, administrateurs ou gérants de sociétés et directeurs de succursales doivent s'y conformer dans un délai de six mois à partir de la mise en vigueur.

3° Décret du 15 mars 1920 portant règlement d'administration publique pour l'exécution de la loi du 18 mars 1919 tendant à la création d'un registre du commerce.

(Promulgué au *J. off.* du 27 mars 1920.)

LE PRÉSIDENT DE LA RÉPUBLIQUE FRANÇAISE,

Sur le rapport du ministre du commerce et de l'industrie et du garde des sceaux, ministre de la justice,

Vu la loi du 18 mars 1919 tendant à la création d'un registre du commerce et notamment de l'article 22 ainsi conçu : « Des règlements d'administration publique détermineront les formes du registre du commerce, les émoluments dus au greffier et à l'Office national de la propriété industrielle pour les inscriptions et pour la délivrance des extraits du registre et statueront sur toutes les mesures utiles à l'exécution de la présente loi » ;

Vu le décret du 29 décembre 1919 relatif à la revision du tarif des greffiers;

Vu l'avis du ministre des affaires étrangères en date du 22 juillet 1919 ;

Vu l'avis du ministre des finances en date du 14 août 1919 ;

Le Conseil d'État entendu,

DÉCRÈTE :

TITRE PREMIER

DE LA DÉCLARATION.

ART. 1er. — La déclaration en double exemplaire que tout commerçant, tout gérant ou administrateur de société commerciale ayant en France soit son établissement principal, soit une succursale, soit une agence, tout directeur de succursale ou d'agence est tenu de remettre au greffe du tribunal de commerce dans le ressort duquel il possède ou dirige un établissement, à l'effet de requérir son immatriculation ou une inscription dans le registre du commerce, en vertu de la loi du 18 mars 1919, doit être déposée par l'intéressé ou par son fondé de pouvoir spécial muni d'une procuration ; cette procuration peut être sous seing privé, mais doit être timbrée et enregistrée ; elle est laissée au greffe.

Dans le cas où la déclaration est déposée par un mandataire, la signature du mandant doit être légalisée. Si la déclaration est remise par le requérant lui-même, le greffier du tribunal doit s'assurer de l'identité du requérant.

Art. 2. — La déclaration est établie en double exemplaire sur une formule spéciale dont le modèle est fixé, pour chacun des cas visés aux articles 4, 5, 6, 7, 8 et 9 de la loi du 18 mars 1919, par un arrêté du ministre du commerce.

Cette formule est fournie par le greffier.

Art. 3. — Les mentions exigées par la loi doivent être écrites sur la déclaration lisiblement et sans abréviations ni altérations, ni surcharges ; les renvois en marge doivent être paraphés et leur nombre, ainsi que celui des mots rayés nuls, compté et certifié.

Les brevets d'invention exploités sont désignés par la date de leur dépôt et leur numéro de délivrance ; les marques de fabrique et de commerce employées, par la date, le lieu et le numéro de leur dépôt.

Art. 4. — Le greffier vérifie si toutes les indications prescrites ont été fournies. Il inscrit lui-même en tête de la déclaration :

1° La date et l'heure du dépôt ;

2° Le numéro d'ordre attribué à la déclaration suivant une numérotation continue commençant à nouveau chaque année à partir du 1er janvier ;

3° Le numéro sous lequel le commerçant sera immatriculé au registre analytique prévu ci-après.

Art. 5. — Toute déclaration postérieure à l'immatriculation doit reproduire le numéro de la déclaration initiale et celui du registre analytique attribué lors de l'immatriculation.

Art. 6.— Les inscriptions des jugements ou arrêts visés par les paragraphes 2, 6 et 7 de l'article 5 et les 4° et 5° de l'article 7 de la loi du 18 mars 1919, ainsi que les inscriptions rectificatives d'une inscription antérieure inexacte qui auraient à être opérées par application du paragraphe 3 de l'article 19 de la loi précitée, sont effectuées sur la réquisition du greffier du tribunal ou de la cour ayant rendu le jugement ou l'arrêt, qui en adresse, à cet effet, au greffier du tribunal de commerce où est tenu le registre du commerce, la notification, au moyen d'une lettre recommandée avec accusé de réception.

Le greffier procède d'office à ces inscriptions lorsque le jugement a été rendu par le tribunal du siège ou quand il s'agit des mentions visées par le 4° de l'article 5 de la loi.

TITRE II

DU REGISTRE LOCAL.

Art. 7. — Le registre du commerce institué par l'article 1er de la loi du 18 mars 1919 comprend deux parties :

1° Un registre chronologique ;
2° Un registre analytique.

Art. 8. — Les déclarations sont inscrites sur le registe chronologique à souche dans l'ordre de leur dépôt au greffe et sous le numéro qui leur a été attribué.

Il en est délivré un récépissé détaché de la souche, constatant le fait du dépôt et mentionnant :

1° Le numéro d'ordre de la déclaration ;
2° La date et l'heure du dépôt ;
3° Les noms, prénoms, ou les raisons sociales ou de commerce et le domicile des déclarants.

Art. 9. — Le registre analytique est tenu sous forme de tableau. Il est affecté à chaque établissement faisant l'objet d'une immatriculation distincte, conformément aux articles 3, § 1er, et 11 de la loi du 18 mars 1919, un folio entier, recto et verso, auquel le greffier donne le numéro de la déclaration initiale d'immatriculation.

Art. 10. — Lorsque le greffier sera requis d'inscrire des mentions susceptibles d'annuler des mentions existantes, il aura à rayer celles-ci à l'encre rouge, en indiquant en marge la référence de la mention nouvelle et le numéro sous lequel la déclaration ou la réquisition qui en demandait l'inscription a été réellement enregistrée.

Art. 11. — S'il y a lieu à radiation d'une inscription par application de l'article 15 de la loi du 18 mars 1919, cette radiation est effectuée au moyen de deux traits croisés en diagonale tracés à l'encre rouge.

Indication est faite en marge, à l'encre rouge également, soit de la décision prise à cet effet par le juge chargé de la surveillance du registre, soit de la réquisition en vertu de laquelle la radiation a été effectuée.

Cette mention est paraphée par le greffier.

Art. 12. — Lorsque les indications contenues dans la déclaration ont été reportées au registre analytique, le greffier remet au déposant un des exemplaires de la déclaration, dûment signé, pour valoir certificat de l'inscription.

Les exemplaires des déclarations conservés au greffe du tribunal sont reliés au moins chaque année par les soins et aux frais du greffier et dans leur ordre numérique.

Art. 13. — Les deux registres chronologique et analytique sont cotés, paraphés et vérifiés à la fin de chaque mois par le président du tribunal ou le juge chargé de la surveillance du registre. Mention de cette vérification est faite sous le sceau du tribunal et la signature du juge vérificateur.

Si le président du tribunal de commerce ou le juge consulaire chargé de la vérification du registre présume qu'une déclaration tombe sous le coup de l'article 19 de la loi du 18 mars 1919, il doit dénoncer le fait au procureur de la République.

TITRE III

DU REGISTRE CENTRAL.

Art. 14. — Dans la première semaine de chaque mois et après la vérification prévue à l'article précédent, le greffier transmet à l'Office national de la propriété industrielle un extrait des déclarations qu'il a enregistrées dans le cours du mois à fin d'immatriculation ou de modification d'une déclaration antérieure, lorsque cette modification doit être reportée au registre central par application de l'article 10 de la loi du 18 mars 1919.

Art. 15. — Dès réception à l'Office national de la propriété industrielle, les extraits de déclarations transmis par les greffiers sont réunis en deux registres distincts : l'un pour les commerçants, l'autre pour les sociétés commerciales.

Art. 16. — Les radiations à opérer dans le registre central sont effectuées comme il est dit à l'article 11, sur avis du greffier donné par lettre recommandée avec avis de réception.

La mention à inscrire en marge est paraphée par le préposé à la tenue du registre central.

Art. 17. — Un répertoire alphabétique du registre central est tenu à l'Office national de la propriété industrielle.

TITRE IV

DES ÉMOLUMENTS.

Art. 18. — Conformément aux dispositions de l'article 22 de la loi du 18 mars 1919, les émoluments sont fixés comme suit :

1º A titre d'émolument pour une immatriculation, une inscription ou une radiation, au greffier, 1 fr. ; à l'Office national, 75 centimes ;

2º Pour chaque lettre du greffier adressée à l'occasion des formalités prévues par la loi (frais de poste en sus), 50 centimes ;

3º Pour la copie des inscriptions portées au registre (non compris le remboursement des frais de timbre) : au greffier, 1 fr. pour chaque rôle de 20 lignes à la page et de 12 à 14 syllabes à la ligne ; à l'office, 1 fr. ;

4º Pour tout certificat délivré à l'occasion de la loi (non compris le remboursement des frais de timbre) : au greffier, 2 fr. ; à l'office, 2 fr.

Il est alloué, en outre, à titre de remboursement du prix des formules, des frais de registre, reliure et pour frais de toute formalité à accomplir d'office : au greffier, 2 fr. ; à l'Office national, 1 fr.

Les copies des inscriptions du registre et les certificats de non-inscription, délivrés à la requête des autorités judiciaires ou administratives, sont fournis gratuitement et sur papier libre, à condition de porter la mention de leur destination.

Art. 19. — L'émolument et le montant des débours revenant à l'office, pour l'inscription au registre central, sont perçus par le greffier en même temps que les siens.

Les émoluments alloués aux greffiers par le présent décret sont exclusifs des émoluments prévus par le décret susvisé du 29 décembre 1919.

Art. 20. — Le greffier fait chaque mois à l'Office national, par mandat ou chèque postal dont il retient les frais, l'envoi des émoluments et débours qu'il a perçus pour cet établissement. Il lui en est accusé réception.

TITRE V

DISPOSITIONS GÉNÉRALES.

ART. 21. — Un arrêté du ministre du commerce et de l'industrie déterminera le modèle du registre local et du registre central du commerce, ainsi que les conditions dans lesquelles les inscriptions prévues par la loi et par le présent décret y seront effectuées.

Les imprimés et registres prévus au présent décret sont fournis par l'Office national de la propriété industrielle aux greffiers moyennant remboursement de leur coût réel et des frais d'envoi.

ART. 22. — Le ministre du commerce et de l'industrie et le garde des sceaux, ministre de la justice, sont chargés, chacun en ce qui le concerne, de l'exécution du présent décret, qui sera publié au *Journal officiel* de la République française et inséré au *Bulletin des lois*.

3° Loi du 2 juillet 1919 instituant un règlement transactionnel pour cause générale de guerre entre les commerçants et leurs créanciers (*J. off.* du 4 juillet 1919).

(Voir tome II, p. 408).

4° Loi du 25 septembre 1919 accordant certaines immunités fiscales aux sociétés civiles de mines dont l'exploitation est située dans les régions envahies ou dévastées.

(Voir *Gazette des Sociétés*, août-septembre 1920, p. 141).

XIII. — TEXTES FISCAUX

1° Loi du 29 mars 1914 concernant la contribution foncière des propriétés bâties et non bâties et l'impôt sur le revenu des valeurs mobilières françaises et étrangères (*J. off.*, 31 mars 1914).

TITRE II

VALEURS MOBILIÈRES.

ART. 31. — L'impôt sur le revenu des capitaux mobiliers s'applique aux dividendes, intérêts, arrérages et tous autres produits :

1° Des actions, parts de fondateurs, parts d'intérêt, commandites, obligations et emprunts de toute nature des sociétés et collectivités françaises désignées dans l'article 1er de la loi du 29 juin 1872 et non affranchies de l'impôt sur le revenu des valeurs mobilières par les lois subséquentes ;

2° Des actions, parts de fondateurs, parts d'intérêt, commandites, obligations et emprunts de toute nature des sociétés, compagnies, entreprises, corporations, villes, provinces étrangères, ainsi que tout autre établissement public étranger ;

3° Des rentes, obligations et autres effets publics des colonies françaises et des gouvernements étrangers.

Il n'est pas dérogé aux articles 3 et 4 de la loi du 29 décembre 1880, 9 de la loi du 29 décembre 1884, 4 de la loi du 26 décembre 1890, 3 à 10 de la loi du 16 avril 1895, 20 de la loi du 25 février 1901, 12 de la loi du 13 juillet 1911.

ART. 32. — Les intérêts, dividendes, arrérages ou tous autres produits des valeurs désignées dans l'article 31 ci-dessus sont déterminés, pour le payement de l'impôt sur le revenu, conformément aux dispositions de l'article 2 de la loi du 29 juin 1872.

ART. 33. — L'impôt sur le revenu : 1° des valeurs mobilières françaises désignées au paragraphe 1er de l'article 31 ; 2° des valeurs mobilières étrangères désignées au paragraphe 2 du même article, et qui sont soumises par les lois en vigueur à des droits et taxes équivalents à ceux qui sont établis sur les valeurs françaises ; 3° des rentes, obligations et autres effets publics des colonies françaises, est assis et perçu sur les bases et dans les conditions fixées ou réglées par les lois des 29 juin 1872, 21 juin 1875 et les lois subséquentes. Le taux de l'impôt est fixé à 4 %.

ART. 34. — Pour les valeurs mobilières étrangères visées au paragraphe 2 de l'article 31, qui ne sont pas soumises par les lois en vigueur à des droits et taxes équivalents à ceux qui sont établis sur les valeurs françaises, ainsi que pour les titres de rentes, emprunts et autres effets publics des gouvernements étrangers, la retenue de l'impôt est opérée par le banquier, changeur, ou toute autre personne qui effectue en France le payement des intérêts, arrérages ou tous autres produits.

ART. 35. — Quiconque fait profession ou commerce de recueillir, encaisser, payer ou acheter des coupons, chèques ou tous autres instruments de crédit, créés pour le payement des dividendes, intérêts, arrérages ou produits quelconques de titres ou valeurs désignés dans l'article précédent, doit en faire la déclaration au bureau de l'enregistrement de sa résidence.

Il est interdit à toutes les personnes que désigne le premier alinéa du présent article de recueillir, encaisser, payer, acheter ou négocier les coupons, chèques ou autres instruments de crédit visés par ledit alinéa, sans opérer immédiatement la retenue de l'impôt ou sans en faire l'avance si, par suite de contrats existants, l'impôt est à la charge de l'émetteur du titre, à moins qu'il ne leur soit justifié que cette retenue ou cette avance a déjà été effectuée par un précédent intermédiaire soumis aux prescriptions du présent article et des articles suivants.

Art. 36. — Toute personne qui demandera en France le payement de ces coupons, chèques ou instruments de crédit devra déposer, en même temps et à l'appui, un bordereau daté dont elle pourra exiger un récépissé. Ce bordereau ne portera ni le nom, ni la signature, ni l'adresse de celui qui le déposera.

Celui qui effectuera le payement devra inscrire immédiatement sur le bordereau le montant de l'impôt qu'il aura retenu ou avancé.

Les personnes désignées dans l'article 35, qui négocieront en France des coupons, chèques ou autres instruments de crédit sur lesquels l'impôt aura déjà été retenu, soit par elles-mêmes soit par un précédent intermédiaire, devront joindre, à l'appui de chaque transmission, un bordereau daté et signé. Les mêmes personnes devront tenir deux registres en papier non timbré, cotés et paraphés, sur lesquels elles inscriront, jour par jour, sans blanc ni interligne, toute opération de payement ou de négociation de coupons, chèques ou autres instruments de crédit sujets à la retenue de l'impôt.

Les registres et les bordereaux seront conservés pendant deux ans et représentés à toute réquisition aux agents de l'enregistrement.

Un règlement d'administration publique déterminera les époques de versement de l'impôt, les indications que devront contenir les bordereaux, les récépissés et les registres, le montant des remises, leur mode de payement, ainsi que toutes les autres mesures nécessaires pour l'exécution des dispositions contenues dans le présent article et dans les articles 34 et 35.

Art. 37. — Le propriétaire ou usufruitier de titres ou valeurs mobilières étrangères, domicilié en France, qui se fera envoyer ou encaissera à l'étranger, soit directement, soit par un intermédiaire quelconque, les dividendes, intérêts, arrérages ou tous autres produits de ces valeurs, sera tenu d'apposer annuellement sur chaque titre, au moment de détacher le premier coupon annuel, un timbre mobile spécial, d'une valeur égale au montant de la taxe de 4 % sur le revenu de l'année entière. Faute de se conformer aux prescriptions précédentes, le propriétaire ou usufruitier sus-visé devra, dans les trois premiers mois de l'année, souscrire au bureau de l'enregistrement la déclaration du montant total de ces dividendes, intérêts, arrérages ou produits encaissés au cours de l'année précédente et acquitter la taxe sur ce total.

En cas d'infraction aux prescriptions contenues dans l'alinéa précédent, le contrevenant sera puni d'une amende égale au quintuple des sommes dont le Trésor a été privé pour chacune des années antérieures à celle de la découverte de l'infraction, sans toutefois que le droit de répétition puisse s'étendre à plus de dix années.

ART. 38. — Les contraventions aux prescriptions contenues dans l'article 35 et au règlement à intervenir pour l'exécution de cet article seront constatées au moyen de procès-verbaux dressés par les agents de l'enregistrement, les officiers de police judiciaire, les agents de la force publique, ceux des contributions directes, des contributions indirectes et des douanes.

Elles donneront lieu à des poursuites correctionnelles engagées à la requête de l'administration de l'enregistrement et seront punies d'une amende de cent à mille francs (100 à 1.000 fr.), indépendamment du quintuple droit sur les coupons, chèques, instruments de crédit, qui auraient été payés sans retenue de l'impôt.

Le produit des amendes prévues par le présent article sera réparti dans des conditions à déterminer par décret.

Les contraventions aux articles 36 et 37 et au règlement à intervenir en exécution de ces articles seront constatées et poursuivies comme en matière d'impôts sur les opérations de bourses et punies d'une amende de cent à dix mille francs (100 à 10.000 fr.).

Les contraventions aux prescriptions contenues dans le premier paragraphe de l'article 35, si le contrevenant opérant, tant pour son propre compte que pour le compte de tiers, n'a pas d'établissement en France, seront l'objet de poursuites correctionnelles et passibles d'un emprisonnement de six mois à un an et d'une amende de mille à dix mille francs (1.000 à 10.000 fr.) et, en cas de récidive, d'un emprisonnement de un à deux ans et d'une amende de dix mille à vingt-cinq mille francs (10.000 à 25.000 fr.).

ART. 39. — Le recouvrement de l'impôt sur le revenu des valeurs mobilières sera assuré et les instances seront introduites et jugées comme en matière d'enregistrement, sous réserve de la procédure à suivre en ce qui concerne les contraventions visées au premier alinéa de l'article précédent.

Les dispositions de l'article 21 de la loi du 26 juillet 1893 seront applicables aux actions respectives du Trésor et des redevables, sauf le cas prévu à l'article 37.

ART. 40. — Le droit de timbre proportionnel établi par l'article 14 de la loi du 5 juin 1850 sur les titres ou certificats d'actions est porté à 0 fr. 90 par 100 fr., décimes compris, ou à 1 fr. 80 par 100 fr. décimes compris, suivant la distinction mentionnée audit article.

Le droit de timbre proportionnel établi par l'article 27 de la loi du 5 juin 1850 sur les titres d'obligations est porté à 1 fr. 80 par 100 fr., décimes compris.

Le droit annuel d'abonnement établi par les articles 22 et 31 de la loi du 5 juin 1850 est porté à 0 fr. 09 par 100 fr., décimes compris.

ART. 41. — Le taux du droit fixé à 0 fr. 75 par 100 fr. par l'article 5 de la loi du 26 décembre 1908 pour la transmission des titres nominatifs des actions ou obligations françaises ou leur conversion au porteur est élevé à 0 fr. 90 par 100 fr., sans addition de décime.

Le taux du droit annuel fixé par l'article 6 de la loi du 26 décembre 1908 à 0 fr. 25 par 100 fr. et auquel sont assujettis les titres au porteur d'actions ou d'obligations françaises et les titres nominatifs ou au porteur étrangers visés au paragraphe 2 de l'article 31 ci-dessus est élevé à 0 fr. 30 par 100 fr., sans addition de décime.

Art. 42. — Les titres étrangers énumérés dans l'article 5, §§ 1º et 2º, de la loi du 28 décembre 1895 restent passibles du droit de timbre au comptant établi par les lois du 30 mars 1872, article 2 ; du 25 mai 1872, article 1er ; du 28 décembre 1895, article 3 ; du 13 avril 1898, article 13 ; du 30 janvier 1907, article 8, et du 30 juillet 1913, article 13.

Les titres visés aux paragraphes 1 et 2 de l'article 5 de la loi du 28 décembre 1895 sont assujettis, en outre, à une taxe annuelle supplémentaire de 1 % sur le revenu qui s'ajoute à l'impôt prévu par l'article 31 et qui est perçu sur les mêmes bases et dans les mêmes conditions.

Art. 43. — Le droit de timbre au comptant n'est pas soumis aux décimes ; il est perçu sur la valeur nominale de chaque titre ou coupure considéré isolément, mais sans minimum.

Pour les titres de rentes, obligations et autres effets publics des gouvernements étrangers, cotés à la bourse officielle, dont le cours moyen pendant l'année précédente est tombé au-dessous des trois quarts du pair, la perception s'effectuera sur la valeur négociable déterminée par ce cours moyen.

Art. 44. — L'émission, la mise en souscription, l'exposition en vente, l'introduction sur le marché, le remboursement ou la conversion des titres de rente, emprunts ou autres effets publics des gouvernements étrangers, ne peuvent être annoncés, publiés ou effectués en France, sans qu'il ait été fait dix jours à l'avance, au bureau de l'enregistrement de la résidence, une déclaration dont la date est mentionnée dans l'avis ou l'annonce.

Les titres ou certificats provisoires de titres émis, souscrits, exposés en vente ou introduits sur le marché en France, les nouveaux titres délivrés après conversion, ne peuvent être remis aux souscripteurs, preneurs, acheteurs ou possesseurs sans avoir préalablement acquitté les droits de timbre fixés par les deux articles qui précèdent.

Si les droits ont été payés sur le certificat provisoire, le titre définitif correspondant est timbré sans frais sur la présentation de ce certificat.

Art. 45. — La négociation, l'exposition en vente, l'énonciation dans un acte ou écrit, soit public, soit sous seing privé, le remboursement et le transfert des titres désignés dans l'article 42 ci-dessus, ne peuvent être effectués en France, lorsque ces titres n'ont pas acquitté le droit de timbre au comptant.

Il n'est pas dérogé aux dispositions de l'article 7 de la loi du 31 décembre 1907.

Art. 46. — Toute contravention aux articles 44 et 45 sera punie d'une amende de 5 %, en principal, de la valeur imposable des titres émis, exposés en vente, mis en souscription, négociés, introduits en France, remboursés, convertis, cotés ou énoncés dans les actes, ou dont la feuille de coupons aura été remplacée, sans que cette amende puisse être inférieure à 100 fr. en principal.

L'amende est due personnellement et sans aucun recours par ceux qui

ont émis, exposé en vente, mis en souscription, négocié, introduit, remboursé, converti, coté ou énoncé dans les actes des titres non timbrés, ou qui ont
servi d'intermédiaire soit pour ces opérations, soit pour le remplacement
de la feuille de coupons. La même amende sera exigée de ceux qui auront
publié lesdites opérations sans déclaration préalable. Le souscripteur ou
preneur de titres non timbrés est tenu solidairement de l'amende, sauf son
recours contre celui qui a ouvert la souscription, exposé en vente, émis ou
introduit les titres. Tous les contrevenants seront solidaires pour le recouvrement des droits et amendes.

Il n'est pas dérogé aux dispositions des deux derniers alinéas de l'article 5
de la loi du 28 décembre 1895 relatifs à l'énonciation dans les actes ou écrits
de titres étrangers, sauf application des prescriptions de l'article 7 de la loi
du 31 décembre 1907, au cas où cette énonciation est faite dans un inventaire.

ART. 47. — Un règlement d'administration publique déterminera les
mesures d'exécution des articles compris sous le titre II de la présente loi.

ART. 48. — Les dispositions contenues dans le titre II entreront en
vigueur à partir du 1er juillet 1914.

2° **Loi du 25 juin 1920 portant création de nouvelles ressources fiscales**
(*J. off.*, 26 juin 1920).

ART. 46. — Le droit de timbre auquel l'article 28 de la loi du 28 avril
1893 soumet toute opération de bourse ayant pour objet l'achat et la vente
de valeurs de toute nature au comptant ou à terme est porté à trente centimes (0 fr. 30) par 1.000 fr. ou fraction de 1.000 fr. du montant de la négociation.

Sur les opérations de report, le droit est élevé à dix centimes (0 fr. 10)
par 1.000 fr.

Il n'est pas innové en ce qui concerne les opérations relatives aux rentes
sur l'État français. Le droit reste fixé à 0 fr. 0125 par 1.000 fr. pour les
opérations au comptant ou à terme et à 0 fr. 00625 pour les opérations
de report.

ART. 47. — Les bordereaux rédigés conformément à l'article 28 de la
loi du 28 avril 1893, pour constater les opérations de bourse, devront, à
l'avenir, faire ressortir distinctement le montant de l'impôt payé au Trésor
et le montant des courtages ou commissions revenant au rédacteur du
bordereau.

ART. 48. — Le droit de timbre proportionnel, établi par l'article 14
de la loi du 5 juin 1850 sur les titres ou certificats d'actions, est porté à
1 fr. par 100 fr. et à 2 fr. par 100 fr., décimes compris, suivant les distinctions mentionnées audit article.

Le droit de timbre proportionnel, établi par l'article 27 de la loi du 5 juin
1850 sur les titres d'obligations, est porté à 2 fr. par 100 fr., décimes compris

Le droit annuel d'abonnement, établi par les articles 22 et 31 de la loi
du 5 juin 1850, est porté à 10 centimes par 100 fr., décimes compris, quelle
que soit l'époque à laquelle l'abonnement a été contracté.

ART. 49. — Le taux du droit annuel de transmission, auquel sont assujettis les titres au porteur d'actions ou d'obligations françaises et les titres nominatifs ou au porteur étrangers visés au paragraphe 2 de l'article 31 de la loi du 29 mars 1914, est élevé à 50 centimes par 100 fr., sans addition de décimes.

Le droit applicable à la conversion au porteur des titres nominatifs d'actions ou obligations françaises est porté à 2 fr. par 100 fr., sans addition de décimes.

Un règlement d'administration publique modifiant l'article 47 du décret du 7 octobre 1890 déterminera les conditions de la négociation et du transfert, sous la forme nominative, des titres ci-dessus visés.

Les titulaires de ces titres auront la facilité de recourir, le cas échéant, à l'emploi d'un certificat de propriété dans des conditions à déterminer par le règlement d'administration publique susvisé.

ART. 50. — La taxe de 5 % établie sur le revenu des valeurs mobilières par les lois des 29 juin 1872, 21 juin 1875, 28 décembre 1880, 29 décembre 1884, 26 décembre 1890, 13 juillet 1911, 29 mars 1914, article 33, 30 décembre 1916, articles 11 et 12, 31 juillet 1917, article 38, est portée à 10 fr. par 100 fr.

La taxe de 10 % établie par les articles 5 de la loi du 21 juin 1875, 20 de la loi du 25 février 1901 et 11 de la loi du 30 décembre 1916, sur les lots payés aux créanciers et aux porteurs d'obligations, effets publics et tous autres titres d'emprunts, est fixée à 20 fr. par 100 fr.

La taxe de 6 % établie par les articles 31, 34 et 42 de la loi du 29 mars 1914 et l'article 11 de la loi du 30 décembre 1916, sur le revenu des valeurs mobilières étrangères qui ne sont pas soumises au régime de l'abonnement, ainsi que sur les titres de rentes, emprunts et autres effets publics des gouvernements étrangers, est fixée à 12 fr. par 100 fr.

ART. 51. — Les titulaires de titres nominatifs d'obligations émis par les villes ou départements français, le Crédit foncier de France et les sociétés ou compagnies concessionnaires de chemins de fer français ou coloniaux ont droit au remboursement de la moitié de l'impôt sur le revenu des capitaux mobiliers payés par eux par voie de retenue sur le montant des arrérages ou intérêts de leurs titres par application de l'article 1er, no 2, de la loi du 29 juin 1872 et de l'article 31 de la loi du 29 mars 1914, à la condition :

1o Qu'ils justifient avoir eu une résidence habituelle en France au 1er janvier de l'année pendant laquelle ils ont touché lesdits arrérages ou intérêts ;

2o Qu'ils certifient que le montant du revenu global net dont ils ont disposé durant cette année, calculé de la manière prescrite par les lois en vigueur pour l'établissement de l'impôt général sur le revenu, n'a pas dépassé 6 000 fr.

Ce remboursement ne pourra être demandé que pendant l'année qui suivra celle de la perception des arrérages ou intérêts.

Toute déclaration inexacte sera punie d'une amende égale au quintuple des taxes dont le remboursement aura été indûment obtenu, sans que cette amende puisse être inférieure à 500 fr. sans décimes.

Un règlement d'administration publique déterminera les conditions d'application du présent article.

3° Loi du 31 juillet 1920 portant fixation du budget général pour l'exercice 1920
(*J. off.*, 1ᵉʳ août 1920).

ART. 16. — Dans le cas de négociation en bourse de titres nominatifs, l'agent de change acheteur doit payer son prix à son confrère vendeur contre remise du titre nominatif accompagné d'une déclaration de transfert signée par le titulaire et certifiée par l'agent de change vendeur. La régularisation du transfert au nom du client acheteur est ensuite poursuivie par les soins de l'agent de change acheteur.

Toutefois la présente disposition n'est pas applicable aux cessions de titres immatriculés au nom de femmes mariées, mineurs, interdits et autres incapables ou de titres frappés d'usufruit, d'indivision ou de clauses quelconques restrictives du droit d'aliéner, auxquels cas la régularisation du transfert incombe à l'agent de change vendeur, qui ne peut exiger le payement de son prix que contre remise du titre transféré soit au nom du client acheteur, soit au nom de son agent de change.

Nonobstant toute disposition statutaire contraire, et sauf en ce qui concerne les actions non libérées, les sociétés et autres établissements débiteurs ne peuvent exiger l'acceptation du transfert par le cessionnaire.

ART. 17. — Lorsque le titulaire d'un titre nominatif a dû le convertir au porteur en vue de le vendre et qu'il a acquitté de ce chef le droit de 2 % établi par l'article 49 de la loi du 25 juin 1920, il pourra obtenir le remboursement de ce droit si, dans le délai d'un mois à compter de la conversion, il a remployé le prix de la vente intégralement en valeurs mises au même nom et dont la conversion au porteur est assujettie au droit proportionnel. Un règlement d'administration publique déterminera les conditions de ce remboursement, qui pourra être effectué par l'établissement ou la société qui a opéré la conversion sur simples déclarations de l'agent de change ou du banquier vendeur et de l'agent de change ou du banquier acquéreur établies sur papier libre et sans frais.

ART. 18. — Les sociétés civiles qui exploitent des mines, minières ou carrières ou qui tirent leurs bénéfices du produit de ces exploitations devront dorénavant, soit se soumettre, pour l'établissement, la vérification et l'approbation du bilan annuel, aux règles et aux obligations édictées pour les sociétés anonymes par la loi du 24 juillet 1867 et les lois subséquentes, soit, si elles le préfèrent, se transformer en sociétés anonymes.

Les modifications aux statuts nécessaires, soit pour réglementer l'établissement, la vérification et l'approbation du bilan annuel, soit pour décider la transformation en société anonyme, seront votées à la majorité des intérêts représentés par une assemblée générale extraordinaire à laquelle seront convoqués tous les porteurs de parts d'intérêt.

La transformation des sociétés ci-dessus visées en sociétés anonymes par voie de modification de leurs statuts ne sera pas considérée comme créant un être moral nouveau, la société anonyme nouvelle n'étant que la continuation de la société civile.

Les actes constatant les modifications aux statuts de la société civile ou sa transformation en société anonyme seront enregistrés au droit fixe de 6 fr., à la condition :

1° Que ces actes aient été soumis à l'enregistrement dans le délai d'un an à dater de la promulgation de la présente loi ;

2° Que la déclaration du capital ait lieu sans versements ni apports nouveaux et par la seule évaluation en capital des biens et valeurs existant au moment de la transformation ;

3° Que la durée de la nouvelle société anonyme ne soit pas supérieure à celle de la société civile.

S'il est fait apport de capitaux nouveaux, les droits habituels seront perçus sur ces capitaux nouveaux.

Art. 19. — Les locations, soit écrites, soit verbales, du droit de pêche et du droit de chasse, sont soumises à une taxe annuelle de 10 fr. par 100 fr. qui sera liquidée sur le prix augmenté des charges et qui sera à la charge exclusive des preneurs.

Lorsque la location résulte d'un acte écrit, la première annuité sera perçue au moment de l'enregistrement de l'acte. Si l'acte n'est pas présenté à la formalité dans le délai de trois mois, une taxe en sus au minimum de 100 fr., en principal, sera encourue par le preneur, en outre de la pénalité édictée, pour le droit d'enregistrement, par l'article 14 de la loi du 23 août 1871. Le bailleur sera responsable de la taxe, sauf son recours contre le preneur, et encourra, à titre personnel, la taxe en sus s'il ne dépose pas l'acte au bureau d'enregistrement dans le délai supplémentaire d'un mois qui lui est accordé par l'article 14 de la loi du 23 août 1871.

Lorsque la location ne résulte pas d'un acte écrit, elle devra être déclarée par le preneur dans le délai de trois mois à compter de la conclusion du contrat, au bureau de l'enregistrement, déterminé par l'article 13 de la loi du 29 juin 1918, à peine d'un droit en sus au minimum de 100 fr. en principal. La première annuité de la taxe sera acquittée au moment même de la déclaration.

Les autres annuités devront être payées par le preneur dans les trois premiers mois de l'année suivante pour chaque année écoulée, sous peine d'une taxe en sus au minimum de 100 fr. en principal et sans distinction entre les baux écrits et les baux verbaux.

Les règles en vigueur pour la prescription, le recouvrement et la procédure en matière de droits d'enregistrement sont applicables à la taxe ci-dessus édictée.

Les dispositions qui précèdent ne sont pas applicables aux locations de pêches consenties aux sociétés de pêcheurs à la ligne, bénéficiaires de la loi du 20 janvier 1902 et du décret des 17 février-20 mai 1903.

Ces dispositions ne seront pas applicables aux locations du droit de pêche ou du droit de chasse consenties aux locataires des immeubles sur lesquels s'exercent ces droits.

Art. 20. — Les actes dont la date est antérieure à la mise en vigueur des articles 24, 25 et 26 de la loi du 25 juin 1920, et qui contiennent des dispositions de la nature de celles visées dans ces articles, ne pourront bénéficier des tarifs édictés par les lois antérieures qu'à la condition d'être présentés à la formalité de l'enregistrement dans les dix jours, à compter de l'entrée en vigueur de la présente loi.

Art. 21. — Les actes constatant l'attribution d'actif net faite à une ou plusieurs sociétés similaires, soit par une société de crédit immobilier en vertu de l'article 2 de la loi du 26 février 1912, soit par une société d'habitations à bon marché en vertu de l'article 5 de la loi du 23 décembre 1902 ne donneront lieu, lors de l'enregistrement, qu'à la perception d'un droit fixe de 6 fr., quelle que soit la nature des biens compris dans l'actif net attribué. La formalité de la transcription à la conservation des hypothèques sera opérée, s'il y a lieu, moyennant le droit fixe de un franc.

Art. 27. — Lorsqu'une société française par actions a reçu, en représentation de versements ou d'apports en nature ou en numéraire par elle faits à une autre société par actions, des actions, des obligations ou des parts bénéficiaires nominatives de cette dernière société, les dividendes distribués par la première société sont, pour chaque exercice, exonérés de la taxe du revenu des capitaux mobiliers établie par les lois des 29 juin 1872 (art. 1er) et 29 mars 1914 (art. 31) dans la mesure des produits de ces parts, obligations ou actions touchées par elle au cours de l'exercice, à la condition que ces parts, obligations ou actions soient restées inscrites au nom de la société.

Art. 28. — Les actions, obligations ou parts bénéficiaires nominatives attribuées à une société française par actions en représentation de versements ou d'apports en nature ou en numéraire par elle faits à une autre société française dans les conditions prévues à l'article qui précède sont, lors de leur conversion au porteur, affranchies du droit établi par le paragraphe 1er de l'article 6 de la loi du 23 juin 1857, l'article 9 de la loi du 26 décembre 1908 et l'article 41 de celle du 29 mars 1914.

Art. 29. — Sont exonérés de l'impôt sur le revenu des capitaux mobiliers les arrérages, intérêts et autres produits des prêts consentis sous une forme quelconque à des commerçants ou industriels français ou résidant en France, par des sociétés françaises de banque ou de crédit constituées par actions, qui émettent, en représentation de ces prêts, des obligations ou autres titres d'emprunt, soumis eux-mêmes à l'impôt sur le revenu des capitaux mobiliers. Les prêts exonérés ne pourront jamais excéder le montant des obligations et titres émis, et il devra être justifié par la société de banque ou de crédit de la qualité de ces emprunteurs.

Art. 30. — Lorsqu'une société française réunit, en vue d'assurer les droits des porteurs français, les actions ou obligations d'une ou plusieurs sociétés étrangères et qu'elle délivre en représentation de ces actions ou obligations des titres spéciaux émis par elle-même, comportant l'indication précise des titres que chacun d'eux a pour but de remplacer, ces titres sont exemptés du droit de timbre proportionnel édicté par la loi du 5 juin 1850 (art. 14 et 27) et les produits de ces titres seront, pour chaque exercice, exonérés de la taxe sur le revenu dans la mesure où il sera justifié qu'ils correspondent aux dividendes et intérêts distribués par la ou les sociétés étrangères pour le même exercice et que ces revenus ont acquitté l'impôt prévu par les articles 31, 33 et 42 de la loi du 29 mars 1914, par l'article 11 de la loi du 30 décembre 1916 et par l'article 50 de la loi du 25 juin 1920.

Art. 31. — En aucun cas, les administrations de l'État, des départements et des communes, ainsi que les entreprises concédées ou contrôlées par l'État, les départements et les communes, ne pourront opposer le secret professionnel aux agents de l'administration des finances ayant au moins le grade de contrôleur ou d'inspecteur adjoint qui, pour établir les impôts institués par les lois existantes, leur demanderont communication des documents de service qu'elles détiennent.

Dans le cas d'information ouverte par l'autorité judiciaire, celle-ci devra donner connaissance à l'administration des finances de toute indication qu'elle pourrait recueillir au cours de la procédure et de nature à faire présumer une fraude commise en matière fiscale, ou une manœuvre quelconque ayant eu pour objet ou ayant eu pour résultat de frauder ou de compromettre un impôt.

APPENDICE

—

I

PROJET DE LOI DU 4 JUILLET 1903

SUR LES OBLIGATIONS ÉMISES PAR LES SOCIÉTÉS
ET SUR LES PARTS DE FONDATEUR.

TITRE PREMIER

Des obligations.

Art. 1er. — Les sociétés ne peuvent émettre d'obligations remboursables par voie de tirage au sort à un taux supérieur au prix d'émission qu'à la condition que le taux de remboursement soit le même pour toutes les obligations, à peine de nullité.

Art. 2. — Nonobstant toute stipulation contraire, les porteurs d'obligations peuvent se réunir en assemblée générale et prendre, à la majorité, sur les questions visées à l'art. 10, et en se conformant aux règles de l'art. 9, des résolutions qui s'imposent à tous les obligataires.

Art. 3. — Une assemblée d'obligataires ne peut comprendre que les porteurs d'obligations conférant des droits égaux.

Art. 4. — Les assemblées sont convoquées par la société débitrice. L'assemblée doit être convoquée quand les porteurs d'obligations formant le vingtième au moins du capital représenté par chaque série d'obligations réclament cette convocation, par écrit, avec indication d'un ordre du jour.

Art. 5. — L'assemblée est convoquée par un avis inséré au moins deux fois, à huit jours d'intervalle, dans le Bulletin annexe du *Journal officiel* et dans les journaux désignés soit dans les statuts, soit dans l'acte d'emprunt, pour recevoir les publications relatives à la société.

La convocation indique l'ordre du jour de la réunion et les caisses où les obligations doivent être déposées, deux jours au moins avant l'assemblée.

Art. 6. — Il est dressé, à la diligence de la société débitrice, une feuille de présence des obligataires présents ou représentés, avec indication des noms, prénoms et domicile et du nombre d'obligations, avec leurs numéros, déposées par chacun d'eux.

Cette liste, certifiée par le président de l'assemblée, est mise à la disposition des membres de l'assemblée aussitôt après sa confection et, au plus tard, avant le premier vote.

Art. 7. — L'assemblée est ouverte sous la présidence de l'obligataire ayant le plus grand nombre de titres. Elle nomme son président. Le président est assisté des deux plus forts obligataires présents ou représentés et d'un secrétaire.

La délibération ne peut porter que sur les questions visées à l'ordre du jour publié.

Les délibérations sont constatées par un procès-verbal signé des membres du bureau ; à ce procès-verbal sont annexées la feuille de présence et les procurations des obligataires qui se sont fait représenter.

L'assemblée décide où toutes ces pièces doivent être déposées.

Art. 8. — La société débitrice supporte les frais de convocation et de tenue des assemblées.

Art. 9. — L'assemblée ne peut délibérer que si elle est composée d'un nombre d'obligataires représentant les trois quarts au moins du capital obligations en circulation, déduction faite des obligations qui sont en la possession de la société. A cet effet, la société doit remettre au président, au début de la séance, un état de ces obligations certifié par le président du conseil d'administration. Les résolutions, pour être valables, doivent réunir les deux tiers au moins des voix des membres présents ou représentés. Chaque obligataire a, dans l'assemblée, autant de voix qu'il possède d'obligations.

La société n'a pas le droit de voter avec les titres dont elle est propriétaire ou qui sont en sa possession pour une raison quelconque.

Art. 10. — L'assemblée générale régulièrement constituée a le droit :

1º De nommer un ou plusieurs représentants aux obligataires ;

2º De décider des actes conservatoires à accomplir dans l'intérêt commun ;

3º De confier à des représentants le pouvoir d'intenter des procès déterminés ;

4º De proroger une ou plusieurs échéances d'intérêts ;

5º De prolonger la durée de l'amortissement ou de la suspendre ;

6º De consentir la réduction du taux de l'intérêt ou de modifier les conditions de paiement des coupons ;

7º De décider que des dépenses seront faites à la charge des obligataires.

Art. 11. — Au cas spécial où des sûretés particulières, comme des privilèges ou hypothèques, ou d'autres causes légitimes de préférence, doivent appartenir aux porteurs d'obligations, la société doit convoquer, dans les quinze jours qui suivent soit le commencement de l'émission, soit la clôture de la souscription, l'assemblée générale des obligataires, à l'effet de désigner un ou plusieurs représentants chargés de représenter les créanciers dans l'accomplissement de toutes les formalités légales ; à défaut de nomination de commissaires par l'assemblée, ou en cas de refus d'un ou plusieurs des commissaires nommés, il est procédé à leur nomination ou à leur remplacement par ordonnance du président du tribunal de commerce du siège de la société, à la requête de tout intéressé. Les pouvoirs des commissaires durent jusqu'à ce qu'ils aient été remplacés ou réélus dans une assemblée ultérieure.

Toutes délibérations ou tous actes autorisant un emprunt sous forme d'obligations ayant pour sûreté la concession d'une hypothèque ou nommant des commissaires, peuvent être rédigés en la forme sous seing privé.

conformément à l'art. 69 de la loi du 24 juillet 1867. Les administrateurs ou gérants devront requérir dans la huitaine de l'acte autorisant l'emprunt, dans les formes ordinaires, une inscription éventuelle au profit de la masse des futurs porteurs d'obligations.

L'hypothèque ultérieurement constituée par acte authentique constatant le résultat de l'émission prendra rang du jour de l'inscription provisoire.

L'inscription sera, à peine de péremption, rendue définitive dans le délai de six mois de l'inscription provisoire, par la mention en marge de cette inscription de l'acte constitutif d'hypothèque et du nom du représentant des obligataires, nommé conformément aux dispositions précédentes.

Les dispositions du présent article ne dérogent en rien à la loi du 10 juillet 1885 sur l'hypothèque maritime.

ART. 12. — Le représentant des obligataires ne peut s'immiscer dans la gestion des affaires sociales ; il a droit aux mêmes communications que les actionnaires et aux mêmes époques. Il peut se faire délivrer copie des procès-verbaux de toutes les assemblées générales, quelle qu'en soit la date. Il peut assister aux assemblées générales quelconques des actionnaires sans participer aux discussions ni aux votes. Il est soumis à toutes les règles générales du mandat.

ART. 13. — Aucune des modifications aux statuts touchant à l'objet ou à la forme de la société ne pourra être réalisée par une société ayant émis des obligations, sans l'adhésion des obligataires délibérant conformément à l'art. 9.

Cette adhésion, pour être valable, devra être consentie par les deux tiers du capital-obligations en circulation.

ART. 14. — Les dispositions des articles précédents cesseront d'être appliquées en cas de liquidation judiciaire ou de faillite de la société.

En cas de liquidation judiciaire ou de faillite, les obligations seront admises au passif pour une somme totale égale au capital qu'on obtiendra en ramenant à leur valeur actuelle, au taux réel de l'intérêt de l'emprunt, les annuités d'intérêt et d'amortissement qui restent à échoir. Chaque obligation sera admise pour une somme égale au quotient obtenu en divisant ce capital par le nombre des obligations non encore éteintes.

Toutefois, dans le cas où les obligations comprises dans une même série ne sont pas émises à des conditions identiques, le taux de l'escompte des annuités à échoir est fixé au taux légal commercial en vigueur.

ART. 15 — Les dispositions qui précèdent ne font pas obstacle à l'exercice des actions individuelles qui peuvent appartenir à chaque obligataire.

ART. 16. — Sont punis des peines portées en l'art. 405 C. pén. :

1° Ceux qui, par publications faites de mauvaise foi, de souscriptions qui n'existent pas, ou de tous autres faits faux, ont obtenu ou tenté d'obtenir des souscriptions d'obligations ;

2° Ceux qui, pour provoquer des souscriptions, ont, de mauvaise foi, publié les noms de personnes désignées, contrairement à la vérité, comme étant ou devant être attachées à la société à un titre quelqconue ;

3º Les gérants ou administrateurs qui, dûment avertis dans la huitaine de la réquisition à eux faite conformément à l'art. 4, ne convoquent pas l'assemblée des obligataires ;

4º Ceux qui, en se présentant comme propriétaires d'obligations qui ne leur appartiennent pas, ont voté aux assemblées générales ;

5º Ceux qui ont remis les obligations pour en faire un usage frauduleux ;

6º Ceux qui se font garantir ou promettre des avantages particuliers pour voter, dans l'assemblée, dans un certain sens ou pour ne pas participer au vote.

La même peine est applicable à celui qui garantit ou promet ces avantages particuliers.

L'art. 463 C. pén. est applicable aux faits prévus par le présent article.

Art. 17. — Les dispositions de la présente loi ne s'appliquent pas aux sociétés soumises à l'autorisation préalable du gouvernement.

La présente loi est applicable aux obligations émises antérieurement.

TITRE II

Parts de fondateur.

Art. 18. — Les porteurs de parts de fondateur ou bénéficiaires, dont les droits sont définis par l'art. 4 de la loi du 24 juillet 1867, peuvent, nonobstant toute clause contraire des statuts, se réunir en assemblée générale et prendre, à la majorité, en se conformant aux règles des art. 22, 23, 24 et 25, des résolutions qui s'imposent à tous les porteurs.

Art. 19. — Les statuts peuvent autoriser les porteurs de parts à assister aux assemblées générales d'actionnaires, mais sans voix délibérative, à peine de nullité des délibérations.

Art. 20. — Les assemblées de porteurs de parts sont convoquées par la société. L'assemblée doit être convoquée lorsque les porteurs possédant le vingtième au moins des parts réclament cette convocation par écrit avec indication d'un ordre du jour.

Art. 21. — Les dispositions des art. 5, 6, 7, 8 et 9, paragraphe dernier ci-dessus, sont applicables aux assemblées des porteurs de parts.

Art. 22. — L'assemblée ne peut délibérer que si elle est composée d'un nombre de porteurs possédant la moitié au moins des parts émises. Les résolutions, pour être valables, doivent réunir la moitié plus une au moins des voix des membres présents ou représentés. Chaque porteur a dans l'assemblée autant de voix qu'il possède de parts.

Art. 23. — L'assemblée générale régulièrement constituée statue sur toutes les questions qui lui sont soumises. Elle peut consentir notamment à la réduction du droit aux bénéfices, au rachat des parts par la société, à la conversion des parts en actions.

Art. 24. — La conversion des parts de fondateur en actions ne peut être décidée que deux ans après la constitution de la société. Les actions créées en représentation des parts ne sont pas assujetties à la prohibition de négociation édictée par l'art. 3 de la loi du 24 juillet 1867.

Art. 25. — Dans toute société ayant émis des parts de fondateur, les modifications touchant à l'objet ou à la forme de la société, autorisées par l'art. 31 de la loi de 1867, ne sont valables qu'autant que l'assemblée générale des porteurs de parts, délibérant conformément à l'art. 22, approuve la modification.

L'assemblée convoquée à cet effet ne peut délibérer que si elle est composée d'un nombre de porteurs représentant les deux tiers au moins des parts émises. Les résolutions, pour être valables, doivent réunir les trois quarts au moins des voix des membres présents ou représentés.

ART. 26. — Les porteurs de parts de fondateur ne peuvent s'opposer à la dissolution anticipée de la société prononcée sans fraude par les actionnaires, conformément à la loi et aux statuts.

La proposition de dissolution anticipée est soumise à une assemblée de porteurs de parts réunie conformément aux art. 21 et 22. Si l'assemblée approuve la dissolution, aucun porteur de part ne pourra en contester les effets en justice, ni exercer une action en dommages-intérêts de ce chef contre la société.

ART. 27. — L'assemblée des porteurs de parts peut nommer un représentant qui sera investi des pouvoirs accordés par les art. 11 et 12 aux représentants des obligataires.

ART. 28. — Sont punis des peines portées en l'art. 405 C. pén. :

1º Les gérants ou administrateurs qui, dûment avertis, ne convoquent pas l'assemblée des porteurs de parts dans la huitaine de la réquisition à eux faite conformément à l'art. 20 ;

2º Ceux qui, en se présentant comme porteurs de parts qui ne leur appartiennent pas, ont voté aux assemblées générales ;

3º Ceux qui ont remis des parts pour en faire un usage frauduleux ;

4º Ceux qui se font garantir ou promettre des avantages particuliers pour voter, dans l'assemblée, dans un certain sens ou pour ne pas participer au vote. La même peine est applicable à celui qui garantit ou promet ces avantages particuliers.

L'art. 463 C. pén. est applicable aux faits prévus par le présent article.

ART. 29. — La présente loi est applicable aux parts de fondateur émises antérieurement.

X

II

PROJET DE LOI DU 4 JUILLET 1903

SUR LES

SOCIÉTÉS ÉTRANGÈRES PAR ACTIONS

Art. 1er. — Les sociétés étrangères par actions, constituées conformément aux lois de leur pays, peuvent faire des opérations et ester en justice en France.

Elles ne peuvent établir une succursale en France que si un traité ou un décret général, rendu dans la forme de règlement d'administration publique, a autorisé les sociétés de ce pays à exercer tous leurs droits en France.

Art. 2. — La société qui veut établir une succursale en France en fait préalablement la déclaration au greffe du tribunal de commerce du siège de cette succursale. Dans le mois de cette déclaration, l'acte constitutif de la société, dûment traduit et légalisé, est déposé au greffe du tribunal de commerce du lieu dans lequel est établie la succursale.

Dans le même délai d'un mois, un extrait de l'acte constitutif est publié dans l'un des journaux désignés pour recevoir les annonces légales. Il sera justifié de l'insertion conformément aux prescriptions de l'art. 55 de la loi du 24 juillet 1867.

L'extrait doit indiquer la nationalité de la société et la forme par elle adoptée. Il doit, en outre, énoncer l'objet de la société, le montant du capital social en distinguant le capital apport du capital en numéraire, les conditions de libération de ce dernier capital, le siège social, l'époque où la société a commencé, celle où elle doit finir, la date du dépôt fait au greffe et la référence au Bulletin annexe du *Journal officiel*.

La publication intégrale de l'acte de société a lieu en outre dans le Bulletin annexe du *Journal officiel*, conformément à l'art. 56 de la loi du 24 juillet 1867.

Toute société étrangère qui a plusieurs succursales en France situées dans divers arrondissements doit remplir, dans chacun de ces arrondissements, les formalités de publicité par extraits dans les journaux désignés pour recevoir les annonces légales.

Sont soumis aux mêmes formalités tous actes et délibérations ayant pour objet la modification des statuts, la continuation de la société au delà du terme fixé pour sa durée, la dissolution avant terme et le mode de liquidation, tous changements à la raison sociale.

Dans les deux mois qui suivent l'approbation du bilan annuel par l'assemblée générale d'une société étrangère, ce bilan est publié dans le Bulletin annexe du *Journal officiel*.

Dans tous les actes, factures, annonces, publications et autres documents imprimés ou autographiés, la dénomination sociale doit toujours être accompagnée de l'indication en toutes lettres de la nationalité et de la forme de la société. Si ces actes, factures, annonces, publications et autres documents portent l'énonciation du capital social, ils doivent indiquer la partie du capital restant à verser.

ART. 3. — Sont nulles et de nul effet, à l'égard des tiers, les opérations faites en France par une société étrangère qui a ouvert une succursale en dehors des cas prévus par l'art. 1, § 2, ou sans que les formalités de publicité prescrites par l'art. 2 aient été remplies dans le délai fixé. Cette nullité ne peut être opposée aux tiers par les associés.

Le défaut de publication du bilan donnera lieu seulement aux pénalités du paragraphe 1er de l'art. 7.

ART. 4. — Dans le cas d'émission publique en France d'actions d'une société étrangère, ou dans le cas de mise en vente, non ordonnée par justice, d'actions d'une société étrangère, les affiches, prospectus, insertions dans les journaux, circulaires, bulletins de souscription ou d'achat doivent énoncer :

1º La dénomination de la société ou la raison sociale ;

2º La nationalité de la société ;

3º Le siège social ;

4º L'objet de l'entreprise ;

5º La durée de la société ;

6º Le montant du capital social et le taux de chaque action ;

7º Le mode de libération adopté pour chaque action ;

8º L'énumération des avantages stipulés au profit des administrateurs, du gérant ou de toute autre personne ;

9º La désignation des apports en nature et le mode de rémunération adopté ;

10º La forme dans laquelle doivent être faites les convocations aux assemblées générales ; le lieu où elles doivent se réunir ;

11º Si la société a une succursale en France, la référence au Bulletin annexe du *Journal officiel* dans lequel aura été faite la publication des statuts conformément à l'art. 2.

ART. 5. — Dans le cas d'émission publique en France d'obligations d'une société étrangère, ou dans le cas de mise en vente, non ordonnée par justice, d'obligations d'une société étrangère, les affiches, prospectus, insertions dans les journaux, circulaires, bulletins de souscription ou d'achat doivent énoncer :

1º L'objet de la société ; 2º sa nationalité ; 3º son siège social ; 4º le siège de sa succursale en France, si elle en a une, et, en ce cas, la référence au Bulletin annexe du *Journal officiel* ; 5º sa durée ; 6º la date de l'acte de société et celle de la publication de cet acte et de toute modification apportée aux statuts ; 7º l'indication du capital non libéré ; 8º le montant des obligations déjà émises par la société, avec énumération des garanties attachées à ces obligations ; 9º le nombre et la valeur nominale des obligations à émettre, l'intérêt à payer pour chacune d'elles, l'époque et les conditions de remboursement ; 10° le dernier bilan ou la mention qu'il n'en a pas été dressé encore ;

Dans le cas soit d'émission, soit de mise en vente non ordonnée par justice en France d'obligations de sociétés étrangères, les affiches, prospectus, insertions dans les journaux, circulaires, ainsi que les bulletins de souscription ou d'achat de titres d'obligations provisoires ou définitifs, doivent contenir les mêmes énonciations.

Art. 6. — Les formalités de publicité prescrites par les deux articles précédents, pour la mise en vente d'actions ou d'obligations, ne sont plus nécessaires, pour les mises en vente successives, lorsque ces formalités ont été remplies une première fois.

Art. 7. — Est punie d'une amende de cent francs à cinq mille francs toute infraction au paragraphe 2 de l'art. 1er et à l'art. 2 de la présente loi. Le tribunal pourra en outre ordonner la fermeture de la succursale ouverte contrairement à l'art. 2.

Est punie d'une amende de dix mille à vingt mille francs toute infraction aux dispositions des art. 4 et 5 de la présente loi.

L'art. 463 C. pén. est applicable aux faits prévus par le présent article.

Art. 8. — La présente loi est applicable aux sociétés étrangères actuellement existantes. Celle de ces sociétés qui ont une succursale en France devront, dans un délai de trois mois à partir de la promulgation, faire la déclaration prescrite par l'art. 2 et satisfaire aux obligations imposées par le même article.

Art. 9. — L'art. 2 de la loi du 30 mai 1857 est abrogé.

III

MODIFICATIONS ET INNOVATIONS A LA LOI DU
24 JUILLET 1867 PROPOSÉES
PAR LA SOCIÉTÉ D'ÉTUDES LÉGISLATIVES.

Rapport de Rodolphe-Rousseau (1).

TITRE PREMIER

Des sociétés en commandite par actions.

Art. 1. — *Serait ainsi modifié :* Avant toute souscription du capital, un exemplaire des statuts sera soumis à l'enregistrement.

Chaque souscription est constatée par un bulletin signé du souscripteur avec mention manuscrite que le signataire a pris connaissances des statuts.

Ce bulletin doit contenir les énonciations suivantes :

1º La raison sociale et, s'il y a lieu, la dénomination de la société ;

2º Le siège social ;

3º L'objet de l'entreprise ;

4º La durée de la société ;

5º Le montant du capital social et le taux de chaque action ;

6º Le mode de libération adopté pour chaque action ;

7º L'énumération des avantages stipulés au profit du gérant ou de toute autre personne ;

8º La désignation des apports et le mode de rémunération proposé ;

9º La somme maxima à prendre sur les fonds des souscriptions pour les frais et dépenses de constitution ;

10º La référence au bulletin des annonces imposées aux sociétés dans les cas prévus par la loi du 30 janvier 1907.

Les fonds provenant des souscriptions sont déposés par le gérant à la Banque de France qui en délivrera récépissé au nom du déposant. — Ce dépôt sera accompagné d'une liste nominative des souscripteurs contenant les noms, prénoms, professions, domicile, et le nombre d'actions souscrites par chacun d'eux, ainsi que l'état des versements.

Une déclaration signée du gérant et déposée par lui au greffe du tribunal de commerce du lieu où la société est établie constate que la souscription et le versement exigés par le présent article ont eu lieu. A cette déclaration est annexé le reçu délivré par la Banque de France. Une copie de la déclaration du gérant avec pièces à l'appui est soumise à la première assemblée générale qui en vérifie la sincérité. Cette assemblée est convoquée à la diligence du gérant postérieurement au dépôt au greffe du tribunal de commerce de la déclaration constatant la souscription du capital social et le versement exigé par la loi. Cette assemblée est composée

(1) Voir Rapport et discussions, *Bulletin de la Société d'Etudes Législatives,* années 1919 et 1920.

et délibère dans les conditions fixées par les art. 27, 28 et 30 ci-après.

Les fonds provenant des souscriptions pourront être retirés de la Banque de France sur la signature du ou des gérants ou de leur fondé de pouvoirs, sur la production du procès-verbal de l'assemblée ou des assemblées constitutives, lequel procès-verbal n'aura pas besoin d'être préalablement enregistré.

En cas de non constitution de la société dans l'année qui courra du jour du dépôt à la Banque de France, cet établissement remboursera directement à chacun des souscripteurs les fonds versés par lui.

L'acte de société sous seing privé, quel que soit le nombre des associés, est fait en double original dont l'un est annexé comme il est dit à l'art. 56, et l'autre reste déposé au siège social.

ART. 7. — *Remplacer le second paragraphe de cet article par les dispositions suivantes :*

Le défaut de versement à la Banque de France de fonds provenant des souscriptions entraîne la nullité de la société.

L'omission dans le bulletin de souscription des énonciations prescrites par l'article 1er n'entraîne que la sanction pénale édictée par l'art. 13.

La nullité de la société ne peut être opposée aux tiers par les associés.

L'action à laquelle elle donne lieu ne peut être exercée par les créanciers personnels des associés.

ART. 8. — *Ajouter à cet article, entre les paragraphes 4 et 5, les dispositions suivantes :*

Le tribunal saisi d'une demande en nullité peut, même d'office, accorder un délai pendant lequel la cause de nullité peut être réparée. Si, dans le délai imparti par le tribunal, la cause de nullité a cessé d'exister, l'action en nullité sera déclarée non recevable.

ART. 12. — *Remplacer cet article ainsi qu'il suit :*

Quinze jours au plus avant la réunion de l'assemblée générale et jusqu'à la veille de cette assemblée, tout actionnaire peut prendre par lui ou par un fondé de pouvoir, au siège social, communication de l'inventaire, du compte des profits et pertes, et de la liste des actionnaires ayant le droit d'assister à l'assemblée, laquelle liste doit être arrêtée cinq jours avant la réunion ; il peut en outre se faire délivrer gratuitement copie du bilan résumant l'inventaire et du rapport du conseil de surveillance, à l'exclusion de toutes autres pièces.

Tous propriétaires d'un nombre d'actions inférieur à celui déterminé par les statuts pour être admis dans les assemblées générales peuvent se réunir pour former le nombre nécessaire et se faire représenter par l'un d'eux ou par un actionnaire ayant le droit d'assister à l'assemblée générale.

L'assemblée générale peut, sur la proposition des gérants, décider toutes les modifications autorisées par l'art. 31, notamment la transformation de la société en société anonyme, en se conformant aux dispositions dudit article 31.

TITRE II

Des sociétés anonymes.

ART. 22. — *Ajouter à cet article la disposition suivante :*

Le président du conseil d'administration, le ou les administrateurs délégués et les deux tiers au moins des administrateurs doivent être français. Toutefois, cette disposition ne produira effet qu'un an après la promulgation de la présente loi.

ART. 24. — *Remplacer ainsi le paragraphe 2 de cet article :*

Toutes les formalités imposées au gérant par l'art. 1er sont remplies par les fondateurs de la société anonyme.

Le bulletin de souscription exigé par l'art. 1er doit mentionner le mode de nomination des administrateurs.

Le retrait des fonds provenant des souscriptions est effectué sur la signature de tous les administrateurs ou de leur fondé de pouvoirs, sur la production du procès-verbal, même non enregistré, de l'assemblée ou des assemblées constitutives.

ART. 25. — *Modifier ainsi le paragraphe 1er de cet article :*

Une assemblée générale est, dans tous les cas, convoquée à la diligence des fondateurs, postérieurement au dépôt au greffe du tribunal de commerce de la déclaration constatant la souscription du capital et le versement effectué sur les actions. Cette assemblée nomme également, pour la première année, les commissaires institués par l'art. 32 ci-après.

ART. 27. — *Remplacer ainsi le paragraphe 2 de cet article :*

Tous propriétaires d'un nombre d'actions inférieur à celui déterminé pour être admis dans l'assemblée pourront se réunir pour former le nombre nécessaire et se faire représenter par l'un d'eux ou par un actionnaire ayant le droit d'assister à l'assemblée.

ART. 31. — *Modifier ainsi qu'il suit le paragraphe 2 de cet article :*

Nonobstant toute clause contraire de l'acte de société dans les assemblées générales qui ont à délibérer sur les modifications aux statuts, tout actionnaire, quel que soit le nombre des actions dont il est porteur, peut prendre part aux délibérations. Dans ces assemblées, chaque actionnaire a au moins une voix, et, sauf stipulation contraire, autant de voix qu'il possède et représente d'actions, sans limitation.

Ajouter en fin de cet article :

Les dispositions du présent article s'appliquent aux sociétés constituées antérieurement à la loi du 22 novembre 1913.

ART. 33. — *Remplacer ainsi qu'il suit cet article :*

Pendant tout le cours de l'exercice social, les commissaires dans les sociétés anonymes ont les mêmes pouvoirs que ceux conférés aux membres du conseil de surveillance dans les sociétés en commandite par actions par les art. 10 et 11 de la présente loi.

ART. 34. — *Ajouter à cet article les dispositions suivantes :*

Il y a lieu d'appliquer à la confection des bilans les règles suivantes :

L'actif comprend sous des rubriques distinctes :

a) Les valeurs disponibles ;
b) Les valeurs réalisables ;
c) Les immobilisations.

Les valeurs disponibles se composent des espèces en caisse et en banque ; elles figurent au bilan pour leur montant nominal ; les comptes en monnaie étrangère pour leur valeur au cours du change lors de l'inventaire.

Parmi les valeurs réalisables, les matières premières, les marchandises et les titres en portefeuille sont portés au bilan pour un montant qui, en aucun cas, ne peut être supérieur au prix coûtant. — En cas de moins-value constatée par rapport à ce prix, les chapitres de l'actif sont dépréciés d'une somme égale à la moins-value. — Si lors d'un inventaire ultérieur un relèvement des cours s'est produit, les valeurs réalisables pourront être ramenées au prix coûtant initial sans jamais le dépasser. — Les créances et les effets à recevoir sont inscrits à l'actif pour leur valeur de recouvrement probable.

Les éléments de l'actif immobilisé sont amortis chaque année suivant un taux mentionné dans le bilan. Le bilan fait ressortir explicitement le coût primitif des valeurs amorties et les dépréciations dont elles ont été l'objet en distinguant parmi ces dépréciations celles qui incombent à l'exercice qui vient de finir.

En cas d'hypothèque ou de nantissement, il devra être fait mention spéciale au bilan des biens hypothéqués ou donnés en gage.

Le passif du bilan comprend le capital social, la réserve légale, les réserves diverses, les dettes hypothécaires et chirographaires de la société envers les tiers.

Le compte de profits et pertes fera ressortir le bénéfice brut de l'exploitation et les charges diverses déduites du bénéfice brut pour obtenir le bénéfice net.

Les dispositions qui précèdent sont applicables aux sociétés en commandite par actions.

Toute contravention aux règles ci-dessus relatives à la confection des bilans est punie de l'amende édictée par l'art. 14, sans préjudice de l'application de l'art. 405 du Code pénal en cas de fraude.

TITRE IV

Dispositions relatives à la publication des actes de sociétés.

Art. 35. — *Modifier ainsi qu'il suit cet article :*

Quinze jours au plus avant la réunion de l'assemblée générale et jusqu'à la veille de cette assemblée, tout actionnaire peut prendre, par lui ou par un fondé de pouvoir au siège social, communication de l'inventaire, du compte des profits et pertes, et de la liste des actionnaires ayant le droit d'assister à l'assemblée, laquelle liste doit être arrêtée cinq jours avant la réunion ; il peut en outre se faire délivrer gratuitement copie du bilan résumant l'inventaire et du rapport du conseil de surveillance, à l'exclusion de toutes autres pièces.

Tous propriétaires d'un nombre d'actions inférieur à celui déterminé par les statuts pour être admis dans les assemblées générales peuvent se entre les associés dans l'acte de société et qu'elles sont libérées en espèces de moitié au moins.

Les associés sont tenus solidairement d'opérer les versements complémentaires.

Les parts sociales correspondant en tout ou en partie à des apports en nature doivent toujours être entièrement libérées au moment de la constitution de la société.

Les fondateurs doivent déclarer expressément dans l'acte de société que ces conditions sont remplies.

Art. 8. — L'acte de société doit contenir l'évaluation des apports en nature.

Art. 9. — Est de nul effet à l'égard des intéressés toute société à responsabilité limitée constituée contrairement aux prescriptions des art. 1er, 2, 4, 5, 6, 7.

La nullité ne peut être opposée par les associés.

Art. 10. — Lorsque la nullité de la société a été prononcée aux termes de l'article précédent, les fondateurs auxquels la nullité est imputable et les premiers administrateurs sont responsables solidairement envers les tiers et les associés du dommage résultant de cette annulation.

Les actions en nullité et en responsabilité s'éteignent conformément aux dispositions de l'art. 3 de la loi du 24 juillet 1867.

Art. 11. — La société à responsabilité limitée est, soit qualifiée par la désignation de l'objet de son entreprise, soit désignée sous une raison sociale comprenant les noms d'un ou de plusieurs associés.

Le nom de la société doit, dans l'un et dans l'autre cas, être toujours immédiatement précédé ou suivi des mots « société à responsabilité limitée » écrits visiblement et en toutes lettres.

Art. 12. — Dans le mois de la constitution de la société une expédition de l'acte constitutif est déposée aux greffes de la justice de paix et du tribunal de commerce du lieu dans lequel est établie la société.

Art. 13. — Dans le même délai d'un mois, un extrait de l'acte constitutif est publié dans un des journaux pouvant recevoir des annonces légales.

Il sera justifié de l'insertion par un exemplaire du journal certifié par l'imprimeur, légalisé par le maire et enregistré dans les trois mois de sa date.

Les formalités prescrites par l'article précédent et par le présent article seront observées à peine de nullité à l'égard des intéressés ; mais le défaut d'aucune d'elles ne pourra être opposé aux tiers par les associés.

Art. 14. — L'extrait doit indiquer l'objet de la société, les noms des associés, la raison sociale ou la dénomination adoptée par la société et le siège social, les personnes autorisées à gérer, administrer et signer pour la société ; le montant du capital social, l'espèce et la valeur des apports en nature ; la clause qui attribue des intérêts aux associés même en l'absence de bénéfices dans les termes de l'art. 37 ; l'époque où la société commence, celle où elle doit finir et la date du dépôt aux greffes de la justice de paix et du tribunal de commerce.

Art. 15. — Si la société a plusieurs maisons de commerce situées dans divers arrondissements, le dépôt prescrit par l'art. 12 et la publication prescrite par l'art. 13 ont lieu dans chacun des arrondissements où existent les maisons de commerce.

Dans les villes divisées en plusieurs arrondissements, le dépôt sera fait seulement au greffe de la justice de paix du principal établissement.

Art. 16. — L'extrait est signé par le notaire qui a reçu l'acte de société.

Art. 17. — Sont soumis aux formalités et aux pénalités prescrites par les art. 12 et 13 :

Tous les actes et délibérations ayant pour objet la modification des statuts et tout changement d'associé.

Art. 18. — Dans tous les actes, factures, annonces, publications ou autres documents émanés de la société, la dénomination sociale doit toujours être précédée ou suivie immédiatement des mots écrits visiblement et en toutes lettres « société à responsabilité limitée », et de l'énonciation du montant du capital social.

Toute contravention aux dispositions qui précèdent est punie d'une amende de 50 à 1.000 francs.

Art. 19. — Toute personne a le droit de prendre communication des pièces déposées aux greffes de la justice de paix et du tribunal de commerce ou même de s'en faire délivrer à ses frais des expédition ou extrait par le greffier.

Art. 20. — La société doit être immatriculée dans le registre du commerce créé par la loi du 18 mars 1919, dans le délai et sous les sanctions déterminées par cette loi.

La déclaration à faire au greffier, conformément à l'article 6 de cette loi, doit contenir, outre les mentions prescrites par cet article, les noms et les prénoms des associés, la date et le lieu de naissance, la nationalité de chacun d'eux avec toutes les indications prescrites par l'art. 4, 4º de ladite loi.

Les mentions indiquées dans l'art. 7 de la loi du 18 mars 1919 doivent également être inscrites au registre du commerce.

La société devra aussi être inscrite dans le registre central du commerce, conformément à l'art. 10 de ladite loi.

Art. 21. — Les titres qui peuvent être délivrés aux associés sont à personne dénommée.

Art. 22. — Les parts sociales correspondant à des mises en espèces sont cessibles à partir de la constitution de la société.

Les parts sociales correspondant à des apports en nature ne peuvent être valablement cédées que trois ans après cette constitution. Des titres ne peuvent être délivrés qu'après l'expiration de ce délai.

Art. 23. — Les cessions ne peuvent avoir lieu qu'avec le consentement de la majorité des associés représentant au moins les trois quarts du capital social.

La société a un droit de préemption. — Il est exercé par les administrateurs en vertu d'une décision prise par eux.

Art. 24. — Les cessions de parts sociales doivent être constatées par un acte notarié ou sous seings privés.

Elles ne sont opposables à la société et aux tiers qu'après qu'elles ont été signifiées à la société ou acceptées par elle dans un acte conformément à l'art. 1690 du Code civil.

Art. 25. — Les associés actuels, les cessionnaires intermédiaires et les associés originaires sont tenus solidairement du montant des parts sociales.

Tout associé originaire ou cessionnaire intermédiaire qui a cédé sa part sociale cesse, deux ans après la cession, d'être responsable des versements non encore appelés.

Art. 26.— Les sociétés à responsabilité limitée sont administrées par un ou plusieurs mandataires associés ou non associés, salariés ou gratuits.

Ils sont nommés par les associés, soit dans l'acte de société, soit dans un acte postérieur, pour un temps limité ou sans limitation de durée.

Les administrateurs nommés par l'acte de société ou par un acte postérieur ne sont révocables que pour des causes légitimes.

Art. 27. — Les administrateurs sont responsables, conformément au règles du droit commun, individuellement ou solidairement suivant les cas, envers la société, et envers les tiers, soit des infractions aux dispositions de la présente loi, soit des violations des statuts, soit des fautes commises par eux dans leur gestion.

Art. 28. — Les décisions des associés sont prises en assemblées.

Toutefois, la tenue d'une assemblée n'est pas nécessaire quand le nombre des associés n'est pas supérieur à vingt. — Il suffit en ce cas que le vote de chaque associé soit émis par écrit.

Art. 29. — Aucune décision n'est valablement prise dans les deux cas prévus par l'article précédent qu'autant qu'elle a été adoptée par des associés représentant plus de la moitié du capital social.

Art. 30. — Nonobstant toute clause contraire de l'acte de société, tout associé peut prendre part aux décisions.

Chaque associé a un nombre de voix égal au nombre des parts sociales qu'il possède, sans qu'un associé, dans les sociétés comptant plus de vingt associés, puisse à lui seul avoir plus du tiers du nombre total des voix appartenant à l'ensemble des associés.

Art. 31. — Dans les sociétés comptant plus de vingt associés, il doit être tenu chaque année, au moins, une assemblée générale à l'époque fixée par les statuts.

Art. 32. — Aucune décision n'est valablement prise qu'autant qu'elle a été adoptée par des associés représentant plus de la moitié du capital social.

Art. 33. — Quinze jours au plus avant la réunion de l'assemblée générale annuelle, tout associé peut, par lui ou par fondé de pouvoirs, prendre au siège social communication de l'inventaire, du bilan et du rapport du conseil de surveillance conformément à l'art. 35.

Art. 34. — Dans les sociétés ne comprenant que cinq associés au plus, aucune modification, sauf stipulation contraire, ne peut être apportée à l'acte de société sans le consentement de tous les associés.

Dans les sociétés comprenant plus de cinq associés, des modifications peuvent être apportées à l'acte de société par les associés délibérant conformément aux dispositions des art. 28 et 30. La majorité doit représenter les deux tiers du capital social.

Les associés ne peuvent, si ce n'est à l'unanimité, changer la nationalité de la société ou augmenter les engagements sociaux.

Art. 35. — Dans toute société à responsabilité limitée comprenant plus de vingt associés, est établi un conseil de surveillance composé de trois associés au moins.

Ce conseil est nommé dans l'acte de société. Il est soumis à la réélection aux époques déterminées par les statuts.

Les pouvoirs de conseil de surveillance sont déterminés par les art. 10, alinéas 1 et 2 de la loi du 24 juillet 1867.

Les membres de ce conseil n'encourent aucune responsabilité à raison des actes de gestion des administrateurs et de leurs résultats.

Chaque membre du conseil de surveillance est responsable soit envers la société, soit envers les tiers de ses fautes personnelles dans l'exécution de son mandat.

Art. 36. — Il est fait annuellement sur les bénéfices un prélèvement d'un vingtième au moins affecté à la formation d'un fonds de réserve.

Ce prélèvement cesse d'être obligatoire lorsque le fonds de réserve atteint un dixième du capital social.

Art. 37. — Il peut être stipulé dans l'acte de société, mais seulement pour la période de temps nécessaire à l'exécution des travaux qui, d'après l'objet de la société, doivent précéder le commencement de ses opérations, que les associés auront droit à des intérêts à un taux déterminé, même en l'absence de bénéfices. L'acte de société détermine cette période.

Cette clause doit, à peine de nullité, être insérée dans l'extrait de l'acte de société publié dans un journal d'annonces légales en vertu de l'art. 13.

Le montant des intérêts ainsi payés doit être compris parmi les frais de premier établissement et réparti avec ces frais sur les années qui présenteront des bénéfices.

Art. 38. — La répétition des dividendes ne correspondant pas à des bénéfices réellement acquis est admise contre les associés qui les ont reçus.

L'action en répétition se prescrit par cinq ans à partir du jour fixé pour la distribution des dividendes.

Art. 39. — La société n'est point dissoute par la mort, l'interdiction, la faillite ou la déconfiture de l'un des associés ; elle continue de plein droit avec les autres.

Art. 40. — Sont punis d'une amende de 500 à 10.000 francs et d'un emprisonnement de quinze jours à six mois ou de l'une de ces peines seulement :

Les fondateurs qui ont fait dans l'acte de société une déclaration fausse concernant la répartition des parts sociales entre tous les associés ou la libération des associés ;

Les associés qui ont de mauvaise foi attribué à un apport en nature fait par eux une valeur notablement supérieure à sa valeur réelle ;

Les administrateurs qui, directement ou par personne interposée, ont ouvert pour la société une souscription publique à des actions, à des obligations ou à toutes autres valeurs mobilières.

Art. 41. — Sont punis des peines portées par l'art. 405 du Code pénal, sans préjudice de l'application de cet article à tous les faits constitutifs du délit d'escroquerie :

Ceux qui ont, à l'aide de manœuvres frauduleuses, fait attribuer à un apport en nature une évaluation supérieure à sa valeur réelle ;

Les administrateurs qui, en l'absence d'inventaires ou au moyen d'inventaires frauduleux, ont opéré entre les associés la répartition de dividendes fictifs.

ART. 42. — L'art. 463 du Code pénal est applicable à tous les délits prévus par les dispositions de la présente loi.

ART. 43. — Il peut être stipulé dans les statuts des sociétés à responsabilité limitée que le capital social sera susceptible d'augmentation par des versements successifs faits par les associés ou l'admission d'associés nouveaux et de diminution par la reprise totale ou partielle des apports effectués.

Les sociétés dont les statuts renferment la stipulation ci-dessus sont soumises, indépendamment des règles contenues dans la présente loi, aux dispositions de la loi du 24 juillet 1867, relatives aux sociétés à capital variable (art. 48 à 54).

ART. 44. — Les sociétés anonymes constituées antérieurement ou postérieurement à la présente loi peuvent se transformer en sociétés à responsabilité limitée, dans les conditions prescrites par l'art. 31 de la loi du 24 juillet 1867 modifiée par la loi du 22 novembre 1913 pour les modifications touchant à la forme de la société.

ART. 45. — Les sociétés à responsabilité limitée ayant leur siège social en Alsace ou en Lorraine et constituées sous l'empire de la loi allemande du 10 avril 1892 pourront se transformer en société soumise à la présente loi, sous les conditions que déterminera une loi ultérieure.

Art. 46. — L'impôt sur le revenu des capitaux mobiliers édicté par l'art. 1er de la loi du 29 juin 1872 et l'art. 31 de la loi du 29 mars 1914 ne s'applique pas dans les sociétés prévues par la présente loi, aux dividendes, intérêts, arrérages et autres produits revenant aux membres desdites sociétés chargés de l'administration conformément à l'art. 26 de la présente loi.

Ces sociétés sont assujetties aux communications prescrites par les art. 16 et 28 de la loi du 5 juin 1850, 22 de la loi du 23 août 1871 et 7 de la loi du 21 juin 1875 sous les sanctions édictées tant par ces lois que par l'article 5 de la loi du 17 avril 1906.

ART. 47. — Les dispositions de la présente loi sont applicables à l'Algérie et aux colonies.

CHAPITRE XV

INVENTAIRE, BILANS, AMORTISSEMENTS, RÉSERVES, DIVIDENDES, ÉTAT SEMESTRIEL.

§ 1. — Bilans.

3327. — La société par actions est surtout et avant tout une société *d'augmentation de fortune* : elle a pour but essentiel une concentration de capitaux plutôt qu'une concentration de travail individuel. Elle trouve ses sociétaires, de préférence, dans le milieu des capitalistes qui, par leur entrée dans la société, n'aspirent certes pas à travailler personnellement, mais cherchent principalement à tirer produit de leur fortune. L'actionnaire demande un bénéfice pécuniaire comme produit de son apport ; il recherche un dividende ; il veut surtout *recevoir* ce dividende, en être payé. Dans la société par actions, le bénéfice, en principe, ne sert pas à l'accumulation du capital.

Dans une société de ce genre, chaque actionnaire a une préoccupation, un besoin légitime, celui de connaître quels sont les *objets de fortune* de l'être moral auquel il a apporté son argent, de savoir la valeur de chacun de ces articles de fortune. Il doit pouvoir, à certains moments, en prendre connaissance, apprécier au sujet de quelle branche ses espérances ont été déçues, quelle branche, au contraire, lui a donné satisfaction, où la direction a employé trop ou trop peu d'efforts, bref de savoir, en un mot, si son apport a été fait avec ou sans succès. Il y a plus. A côté de ce point de vue économique, des considérations juridiques, non moins impressionnantes, exigent aussi cet examen ; il faut que la société, comme l'actionnaire, puisse constater si elle se trouve en état d'insolvabilité, situation qui créerait à l'un et à l'autre des obligations et des devoirs particuliers, tant dans leurs rapports réciproques qu'à l'égard des créanciers sociaux. La société fera cet examen de conscience à l'aide de l'inventaire et du bilan.

Le bilan, il est banal de le dire, est donc un acte de la plus haute importance pour les sociétés ; à son établissement se rattachent toute une série de questions, d'ordre juridique et comptable à la fois, qui sont vitales pour la société, les actionnaires et les tiers. Ce sont quelque-unes de ces difficultés que nous voudrions étudier ici, en nous aidant des enseignements de la législation allemande, qui n'a pas cru devoir laisser une aussi importante matière aux seuls soins d'une science plus ou moins empirique. Ces questions sont multiples, puisque le bilan touche à l'inventaire, aux réserves, à l'amortissement, aux bénéfices et aux dividendes. Après avoir posé les définitions essentielles pour ce travail, nous étudierons ces difficultés en les examinant successivement dans l'ordre où elles sont susceptibles de se présenter dans le bilan lui-même, c'est-à-dire en prenant d'abord l'actif, puis le passif et enfin les bénéfices.

3328. — L'art. 9 C. com. prescrit à tout commerçant la confection d'un *inventaire* annuel ; le législateur n'emploie pas le mot *bilan* au titre II du Code de commerce, mais il est vrai de dire que l'inventaire se fait principalement pour faciliter l'établissement du bilan. C'est lui qui sert de règle et l'art. 439 C. com. prescrit au commerçant en état de cessation de paiements le dépôt de son bilan.

L'art. 34 de la loi de 1867 exige que toute société anonyme dresse chaque semestre un état sommaire de sa situation active et passive ; cet état est mis à la disposition des commissaires.

Le bilan est un inventaire sommaire ; c'est l'inventaire qui fournit la base juridique de tout bilan et par suite de la répartition des bénéfices. C'est dire que le bilan doit contenir les mêmes effectifs et les mêmes évaluations que l'inventaire : intégralité du bilan signifie accord avec l'inventaire, et déclaration de la véritable valeur dans le bilan signifie déclaration de la valeur d'inventaire. L'inventaire et le bilan sont des spécifications de la fortune du commerçant ou de la société, l'inventaire donnant les détails, spécifiant les éléments de fortune, les désignant suivant leur genre, leur quantité, leur prix d'unité le bilan donnant sommairement les divers objets groupés par genres principaux et indiquant la valeur totale. La loi allemande (art. 39 C. com.) appelle le bilan un *arrêté*, « un arrêté représentant le rapport entre l'avoir du commerçant et ses dettes ». Il ne s'agit pas là d'un arrêté de comptes, mais d'un arrêté positif, objectif, de l'inventaire, c'est-à-dire d'un inventaire sommaire, d'un inventaire en miniature, d'une récapitulation de l'actif et du passif en forme de compte, d'un groupement d'articles dans lequel on opposera objets de fortune et dettes ; ces expressions ne doivent pas être prises ici d'ailleurs dans leur signification légale, mais bien dans leur signification économique : les *dettes* ne sont pas considérées comme des obligations de faire ou de ne pas faire une prestation quelconque, mais plutôt comme des diminutions de fortune, comme des valeurs de fortune négatives, et d'autre part, les *éléments de fortune* ne sont pas des *droits* de fortune, mais des *objets* de fortune.

L'inventaire est un acte aussi important que le bilan : aussi les déclarations du bilan sur l'état de la fortune sociale et sur la valeur de l'avoir ne peuvent pas s'écarter des déclarations de l'inventaire. L'inventaire est fait pour faciliter l'établissement du bilan ; on comprend dès lors que la législation des faillites exige le dépôt du bilan et non celui de l'inventaire.

3329. — Notre Code de commerce, très laconique sur l'inventaire et le bilan en ce qui concerne les commerçants, est un peu plus explicite à cet égard au regard des sociétés par actions. L'art. 32 de la loi du 24 juillet 1867 parle du rapport « sur le bilan » que doivent faire les commissaires avant l'assemblée générale annuelle des actionnaires. L'art. 34 est plus précis encore : « Il est en outre établi chaque année, dit-il, conformément à l'art. 9 C. com., un inventaire contenant l'indication des valeurs mobilières et immobilières et de toutes les dettes actives et passives de la société. L'*inventaire*, le *bilan* et le *compte de profits et pertes* sont mis à la disposition des commissaires... » Enfin, l'art. 35 permet à tout actionnaire « de prendre, au siège social, communication de l'inventaire... et de se faire délivrer copie du bilan *résumant l'inventaire* ». Mais qu'on le remarque : en dehors de cette brève indication sur la nature du bilan que l'art. 35 présente comme « résumant l'inventaire », la loi du 24 juillet 1867, comme le Code de commerce, supposent connues la pratique et la théorie de l'inventaire et du bilan et ne fournissent sur eux aucune indication de nature à guider soit le jurisconsulte ou l'actionnaire qui veut les lire, pour en tirer les conséquences juridiques ou financières qu'ils comportent, soit le comptable qui veut les établir. Toutefois, dans ces dernières années, une loi concernant une catégorie fort importante de sociétés, la loi du 17 mars 1905 sur le contrôle et la surveillance des entreprises d'assurances sur la vie, ainsi que les décrets et règlements d'administration publique qui l'ont mise en œuvre, ont indiqué certaines règles concernant les inventaires et les bilans de ces sociétés, dont la gestion financière exige des garanties et une prudence spéciales, en raison de leurs opérations à long terme : nous aurons à en faire état, le cas échéant, au moins à titre d'indication.

Cette lacune a amené la conséquence qu'il était aisé de prévoir : rien n'est plus difficile, même aux initiés, que la lecture d'un bilan. Chaque société l'établit à son gré ; les indications varient d'un établissement à l'autre ; les renseignements sont en général beaucoup trop sommaires : les plus graves inconvénients en résultent, ainsi que le montre la pratique de chaque jour. Frappé de cette lacune si grave, M. le garde des sceaux Vallé instituait, le 21 janvier 1902, une Commission extra-parlementaire, sous la présidence de M. Ch. Lyon-Caen. M. Alfred Neymarck, dont l'autorité et la science en ces matières sont unanimement appréciées, présentait à la Commission, le 22 mai 1903, un très important rapport sur les inventaires et bilans, dans lequel, après avoir indiqué que la Commission s'était tout d'abord ralliée au système de la réglementation, il énumère les raisons pour lesquelles elle revint au système de la liberté absolue.

Elle a reculé devant la complexité infinie de cette réglementation qui risquait d'ailleurs, à son avis, d'être vaine : « Les solutions, dit le rapporteur, seraient aussi nombreuses, aussi variées que les sociétés elles-mêmes. Le mode d'établissement d'un inventaire et d'un bilan de société de crédit ne pourrait être celui d'une société de charbonnages, de constructions, de métallurgie, de gaz, d'électricité, etc. Le mode d'évaluation et d'amortissement du matériel ou des marchandises qui serait prescrit et réalisable dans une société serait inapplicable dans une autre. Telle société peut, sans inconvénient, détailler la liste des valeurs mobilières qu'elle possède en portefeuille, ou bien donner le détail des marchandises qu'elle possède en magasin et en indiquer le prix de revient, tandis que d'autres sociétés ne pourraient donner ces mêmes renseignements sans risquer de porter atteinte à leur crédit, de divulguer le secret de leurs opérations et de nuire ainsi aux intérêts qu'elles ont mission de défendre. » Aussi le rapporteur se bornait-il, au nom de la Commission, à émettre le vœu, qui peut paraître platonique, qu'au moment où la société se crée, elle indique dans ses statuts quel mode elle adoptera pour les évaluations comprises dans ses bilans : « Le public serait ainsi averti, et si le mode d'évaluation indiqué ne lui convient pas, s'il en reconnaît les défectuosités, il pourra toujours demander les modifications qui lui sembleront nécessaires. »

3330. — La pratique de chaque jour montre combien ces appréciations optimistes sont illusoires. Nous croyons qu'il est possible de poser certaines règles en pareille matière, malgré sa complexité ; certes, il ne s'agit pas d'entrer dans l'infini détail et de réglementer à l'excès une matière aussi diverse et aussi ondoyante. Ce qu'il faut, c'est poser des principes très généraux, assez larges pour s'adapter à toutes les nécessités de la pratique, mais suffisants néanmoins pour guider à la fois le juge, le financier et le public. Une semblable réglementation a encore une autre utilité : ces principes permettent à la doctrine de se former sur des bases certaines, et ce n'est pas là un des moindres avantages de cette conception législative, dans une matière où, actuellement, rien n'est fixé, rien n'est certain, où chacun agit comme il l'entend, à sa fantaisie. C'est le système qu'a suivi le législateur allemand, pour les sociétés par actions, dans les art. 40, 239, 240, 260 à 267, 299 C. com. du 10 mai 1897, entré en vigueur en 1900. Les travaux remarquables publiés sur la matière des bilans et des inventaires en Allemagne, et dont nous nous inspirerons, sont la preuve évidente de l'observation que nous venons de faire (V. notamment Hermann Rehm, *Bilan des sociétés par actions* ; Beigel, *Droit général de la comptabilité pour l'Allemagne* ; Otto Knappe, *Les bilans des sociétés par actions au point de vue de la comptabilité, du droit et de la loi sur les impôts et les contributions* ; Simon, *Les bilans des sociétés par actions.* — Pour le droit français, V. les monographies très intéressantes de MM. Charpentier, Faragi et Verlay, sur *Le bilan des sociétés anonymes.* V. dans la *Gazette des Sociétés* l'étude de M. Doyen, et notre rapport à la Société d'Etudes législatives, Bulletin de 1919 et sa discussion, Bulletin de 1920. V. aussi les discussions au congrès de Bruxelles de 1910).

3331. — Le bilan présente avec l'inventaire des différences essentielles. Tandis que l'inventaire compte les divers éléments de la fortune de la société d'après leur genre, leur quantité, leur prix par unité, en faisant suivre ces postes les uns après les autres comme dans un journal, le bilan au contraire donne les sommes finales, les principaux genres, sans mentionner la quantité, le prix ou d'autres détails : les résultats définitifs ne sont pas présentés l'un après l'autre, mais sont établis en forme de compte, par actif et passif. Le bénéfice ou la perte résulte de la comparaison de l'actif et du passif ; le résultat constitue le poste final du bilan, soit à la page du *Passif* si ce résultat est un solde de bénéfices, comme une somme que la société se doit à elle-même, soit à la page de l'*Actif* si ce résultat est un solde de pertes. Le bilan est donc impossible sans l'inventaire, dont il n'est que le miroir.

Encore bien que notre Code de commerce, à l'encontre du Code de commerce allemand, ne classifie pas les bilans, l'usage s'est formé en comptabilité d'établir, dans les sociétés par actions, diverses sortes de bilans : peu importe que les écritures les qualifient ainsi ou autrement, le fait est toujours le même.

1° C'est d'abord le *bilan d'ouverture ou de fondation*, qui doit être établi au commencement de l'exploitation de toute société commerciale. La comptabilité manquerait son but sans l'existence de ce bilan, car c'est lui qui servira de base aux bilans annuels postérieurs ; il est nécessaire même au cas où la société ne commencerait qu'avec un passif. Le Code de commerce allemand (art. 39) en fait une obligation à tout commerçant au début de son commerce, et par suite, aux sociétés par actions, qui sont considérées par l'art. 6 du même Code comme des commerçants : cette obligation commence pour elles immédiatement après leur enregistrement au registre du commerce, mais pas avant cette formalité.

2° C'est ensuite le *bilan annuel*, dressé à la fin de chaque exercice par la société qui ne se trouve pas en liquidation : il a pour but d'établir si la société est en bénéfices ou en pertes et de servir ainsi de base, s'il y a des bénéfices, à leur répartition entre les actionnaires. C'est celui dont parlent les art. 32 et 34 de la loi du 24 juillet 1867 ; le Code de commerce allemand (art. 39) en fait également une obligation pour tout commerçant et, par suite, pour la société anonyme. C'est donc lui qui constate le bénéfice annuel ; sans lui il est impossible de savoir s'il y a ou non bénéfices. Il constitue, en la forme, un bilan de bénéfices et, d'après son but, un bilan de répartition des bénéfices. Mais, il convient de le remarquer, ce bilan ne peut servir qu'à la répartition des bénéfices annuels et n'est pas un bilan de répartition de l'avoir social, auquel les actionnaires n'ont pas droit tant que dure la société ; c'est ce qu'expriment très heureusement l'article 213 du Code de commerce allemand, lorsqu'il dit : « Tant que la société existe, les actionnaires n'ont droit qu'aux bénéfices nets », et l'article 215 du même Code : « Ne peut être réparti entre les actionnaires que ce que donne le bilan annuel comme bénéfices nets. »

3° C'est encore le *bilan extraordinaire*, ou bilan qu'une société, qui n'est pas en liquidation, établit au cours d'un exercice ; c'est un bilan qui n'est pas obligatoire, mais qui peut être rendu nécessaire par un événement imprévu. Le Code de commerce allemand, sans l'imposer aux commerçants, le mentionne néanmoins dans son art. 240. — C'est dans cette catégorie que l'on peut ranger le bilan dit de *liquidation anticipée*. C'est celui qui est dressé par la direction ou le conseil d'administration d'une société qui ne se trouve pas en liquidation, afin d'examiner si la société est ou non en déconfiture, s'il y a ou non perte des trois quarts du capital social, susceptible d'entraîner la dissolution de la société, conformément à l'art. 37 de la loi du 24 juillet 1867.

4° C'est enfin le *bilan de liquidation*, qu'il faut prévoir en deux formes : bilan d'ouverture de la liquidation, bilan de clôture qui sera la base du partage. On peut aussi supposer que les liquidateurs dressent un bilan annuel de l'état de la liquidation, lorsque les statuts prévoient que les pouvoirs de l'assemblée générale des actionnaires se continueront pendant la liquidation. Le Code de commerce allemand, dans son art. 299, fait une obligation aux liquidateurs des sociétés d'établir un bilan au commencement de leurs opérations de liquidation et un bilan à la fin de chaque année de liquidation.

5° Enfin, des bilans on peut encore rapprocher l'état sommaire de la situation active et passive que l'art. 34 de la loi du 24 juillet 1867 impose, pour chaque semestre, à toute société anonyme.

Mais, quel que soit le bilan, ordinaire ou extraordinaire, de fondation ou de liquidation, il est une règle qui domine tous les genres : il doit être sincère (Orléans, 19 juin 1886, D. 87.2.38) et s'exprimer en une langue susceptible d'être comprise de tout lecteur. Il doit rendre vraiment *visible* pour tous la situation de fortune de la société et, pour cela, il faut que la situation soit établie clairement et conforme à la vérité : il doit donner aux éléments de l'actif et du passif leur valeur effective et réelle, et non une valeur arbitraire, artificielle ou imaginaire. Il importe que les renseignements, exacts peut-être, que contient le bilan ne soient pas rendus confus, présentés de façon qu'il soit impossible ou même difficile de les reconnaître. Ce n'est pas un bilan clair que celui qui, en énumérant toutes les créances, les indique sous des dénominations qui ne permettent pas de les reconnaître, soit pour voiler l'élévation du compte des débiteurs, soit pour masquer des rapports avec une société filiale par exemple ; ce n'est pas un bilan net que celui qui range sous l'épithète très large de « débiteurs » des actions d'une société filiale.

Il est sage aussi de commenter sommairement les postes indiqués dans la colonne de l'actif et dans celle du passif ou dans le compte des profits et pertes. Quel que soit le plan adopté pour sa rédaction, il doit représenter l'importance totale : 1° de l'actif ; 2° du passif ; 3° du capital, et 4° enfin, le résultat ; il doit faire ressortir également le taux et le montant des amortissements. Ce sont ces différents points que nous allons étudier.

§ 2. — L'actif.

3332. — L'actif du bilan doit contenir l'énumération des éléments de fortune de la société. En soi, cette énumération ne présenterait que peu d'intérêt si la difficulté devait se borner à la faire. Mais il n'en est pas ainsi : ces éléments de fortune sont en effet d'évaluation très variable, et il y a lieu de tenir compte d'une foule de circonstances qui peuvent influer sur leur valeur, sans parler de l'intérêt de la société dont la tendance toute naturelle sera très souvent de l'exagérer ; d'autre part, ces mêmes éléments sont destinés, en majeure partie, à se détériorer, à disparaître, à se déprécier : la fortune de la société subit de ce chef une diminution régulière dont il faut tenir compte nécessairement au regard des tiers intéressés. A côté donc de la question de savoir quels sont les éléments de fortune qui doivent figurer à l'actif de la société, se posent également celles non moins importantes de l'évaluation de cet actif et de son amortissement. C'est le plan que nous suivrons dans l'étude de ce deuxième chapitre, préférant présenter un exposé d'ensemble de la matière de l'évaluation de l'actif et de l'amortissement des immobilisations, plutôt que de disséminer nos explications sur ces deux points à l'occasion de chacune des valeurs de l'actif.

a) Des divers éléments de l'actif.

3333. — Il est difficile, pour ne pas dire impossible, de formuler une règle juridique précise permettant de déterminer quelles sont les valeurs qui doivent figurer à l'actif ; tous ceux qui l'ont tenté ont échoué au port. Comme le disait, en 1901, M. Neymarck, avec sa haute compétence, dans son rapport à la session de Budapest de l'Institut international de statistique : « Dans la composition d'un bilan, tous les éléments, sauf un seul, le compte de caisse, sont incertains, arbitraires et variables. » Aussi ne tenterons-nous pas une classification nouvelle et reprendrons-nous purement et simplement comme base de nos explications la classification la plus récente et la plus sérieuse qui fut indiquée par M. Neymarck lui-même dans son remarquable rapport sur les inventaires et bilans présenté au nom de la commission de réformes de la législation des sociétés, instituée en 1902. Nous examinerons successivement les valeurs d'apport, les valeurs de roulement, les marchandises et le matériel, les immeubles, les créances, le portefeuille et les frais de premier établissement.

Toutefois, avant d'entrer dans l'étude des différents postes du bilan, une observation préalable importante doit être faite. De même que les passifs, les actifs du bilan se divisent en actifs n'ayant qu'une valeur arithmétique et en actifs ayant une valeur commerciale, c'est-à-dire ceux qui représentent une valeur matérielle et ceux qui sont simplement une expression comptable. Les postes du bilan seulement comptables ont une double raison d'être ; les actifs de comptabilité sont en effet ou des comptes de rectification de valeurs, ou des comptes de régularisation de résultats. Les comptes de rectification de valeurs expriment d'une manière comptable une rectification de poste actif. Les comptes de régularisation de résultats ont, d'après les circonstances, un but analogue aux fonds de réserve figurant au passif. Plus ces fonds de réserve prennent de place au passif, plus diminue le bénéfice à distribuer. On peut, par l'écriture à l'actif, régulariser le bénéfice net des diverses années d'exercice et arriver à distribuer des dividendes pareils, ou à peu près ; on peut même créer un fonds de régularisation de dividendes. Nous aurons à indiquer, chemin faisant, la nature des différents postes de l'actif que nous allons rencontrer.

1º *Valeurs d'apport.*

Les valeurs d'apport font partie des valeurs immobilisées ; ce sont celles qui servent à l'exploitation du commerce de la société, sans être toutefois l'objet de son commerce ; elles sont immobilisées en ce sens qu'elles doivent subsister aussi longtemps que la société elle-même, puisqu'elles sont la raison d'être de la société et que, si elles disparaissaient, la société elle-même disparaîtrait (Léautey, *Inventaires et bilans*, p. 153). C'est en ce sens qu'on dit qu'elles sont immobilisées, ce qui ne signifie pas qu'elles sont des immeubles, au sens juridique du mot et avec toutes les conséquences qui s'attachent, en droit, à cette dénomination appliquée aux biens. Ces différentes valeurs peuvent être en effet aussi bien des meubles que des immeubles, des valeurs corporelles que des valeurs incorporelles. — C'est parmi les valeurs immobilisées qu'il y a lieu de classer les valeurs d'apport.

Les valeurs d'apport peuvent être d'ordre très varié, aussi varié que l'exploitation même de la société. Ce peuvent être des immeubles (terrains ou constructions), ou des meubles et parmi les meubles, des meubles corporels (marchandises, machines, matériel), ou des meubles incorporels (concession de mines, de tramways, de chemins de fer, brevets d'invention, secret de fabrication, clientèle d'apport, etc.). Comme ces biens sont de réalisation en général très difficile, puisqu'ils constituent l'exploitation même de la société et que, d'autre part, ils sont susceptibles de diminuer de valeur progressivement et même de disparaître, ils font naître une double difficulté d'ordre très délicat : il faut que leur estimation soit faite avec une

très grande prudence et que, d'autre part, ils soient l'objet d'un amortissement constant. Nous retrouverons plus loin ces deux questions
avec tous les développements qu'elles comportent.

2° *Valeurs de roulement.*

Nous entendons par là les valeurs immédiatement réalisables, c'est-
à-dire les espèces en caisse, en banque, dans les succursales et à l'étranger. L'évaluation ne souffre pas ici de grandes difficultés ; cependant
des différences doivent encore être établies. Tout le numéraire en
caisse doit être porté à l'actif, quelle que soit sa provenance. Pour
l'évaluation des espèces, « il va de soi que leur valeur résulte nettement de la matérialité des monnaies en cours » (V. notre étude, *Des
parts de fondateur*, p. 101). Il en est de même des dépôts d'argent qui
ont été faits par les tiers entre les mains de la société ; ils constituent
en effet des dépôts irréguliers qui deviennent la propriété de la société
et que celle-ci doit donc porter à son actif, exactement comme le numéraire lui appartenant, sous la seule réserve de faire figurer au passif
la créance du déposant.

Pour les monnaies étrangères qui sont entre les mains de la société,
la règle, on le conçoit, est moins simple : il faut tenir compte du change
et calculer la monnaie étrangère en son équivalent en monnaie française, d'après le cours officiel du change. La question est moins théorique qu'on pourrait le croire, on l'a vu en 1896 pour la Compagnie
péninsulaire et orientale : les recettes de cette société qui étaient de
65 millions de francs environ furent réduites à 60 millions par la conversion en or des encaissements faits en Extrême-Orient en argent.

Quant aux dépôts en banque, dans les banques ou dans les succursales, ils doivent être portés également pour leur montant nominal,
augmenté des intérêts s'il y a lieu et sous déduction des commissions
qui pourraient les grever. Bien entendu, cela suppose qu'il ne peut y
avoir aucun doute sur la solvabilité des banquiers. Aussi fera-t-on
sagement en mettant dans un article spécial les dépôts faits dans
les banques à l'étranger, à cause des difficultés qui peuvent se présenter inopinément pour leur recouvrement, quoique, si le banquier
étranger est solvable, l'évaluation doive être la même que pour les
dépôts en banque faits en France.

3° *Marchandises et matériel.*

La société doit faire figurer à son bilan toutes les marchandises et
tout le matériel dont elle est propriétaire à un titre quelconque, même

à la suite de dons ou legs, de découverte d'un trésor. Ces marchandises sont susceptibles du reste de figurer à des postes différents du bilan : certaines, en effet, celles qui sont des accessoires de l'exploitation industrielle, ne sont pas destinées à être vendues et doivent dès lors être considérées comme des immobilisations. Les autres, au contraire, n'entreront pas dans ce poste, mais ne devront pas toujours néanmoins être groupées sous un même chef, car elles peuvent représenter ou des matières premières, ou des produits fabriqués ; de même dans certaines sociétés, notamment dans les sociétés de chemin de fer et de messageries, un poste spécial sera affecté au matériel fixe, à cause de son importance. Mais dans tous les cas, si la société doit faire figurer à l'actif de son bilan, sous des postes différents ou sous un seul poste, suivant les cas, toutes les marchandises et tout le matériel dont elle est propriétaire, elle ne doit faire figurer que les objets dont elle est propriétaire. C'est dire qu'elle doit se garder d'y mentionner les objets qui ont été déposés entre ses mains par des tiers ou qu'elle a en consignation : il n'y a pas ici, comme pour le dépôt des denrées, à envisager l'hypothèse d'un dépôt irrégulier de marchandises ou de matériel, sauf convention contraire expresse : dans ce cas, les marchandises devenant, sauf la créance de restitution du déposant, propriété de la société dépositaire, devraient figurer à son actif. Mais le cas est plutôt rare.

Par identité de motifs, la société devra également mentionner à son actif les marchandises qu'elle n'a pas encore vendues, quoiqu'elle n'en ait plus la détention parce qu'elle les a déposées ou consignées chez des tiers, notamment dans les magasins généraux. Il devra être tenu compte, dans ce cas, des droits de gage, de warrant qui auront pu être consentis sur la marchandise et qui viennent en diminuer d'autant la valeur. Mais il est certain que la société ne saurait considérer ces marchandises comme aliénées d'une façon définitive et en attribuer aux actionnaires le bénéfice ; de même elle ne doit plus porter à l'actif la valeur de ces marchandises alors que leur prix, encore dû, n'est pas porté au passif (Lyon, 16 mars 1899, S. 01.2.297, D. 1900.2.137).

4° *Immeubles.*

Sous cette rubrique, on comprend deux catégories d'immeubles qui ne doivent pas être rangés sous le même poste : les uns servent en effet à la société à atteindre son but social et sont des immobilisations ; les autres sont des immeubles de rapports, des placements. La différence est très sensible entre ces deux catégories : d'une part, leur estimation peut, nous le verrons, ne pas être faite de la même façon ni sur les mêmes bases ; d'autre part, il y aurait lieu, pour les immeubles immobilisés, comme pour les autres immobilisations, à amortissement ; nous verrons toutefois qu'on déroge précisément à ce principe en ce qui concerne les immeubles, parce qu'ils ne doivent pas être considérés comme susceptibles d'une dépréciation périodique ; souvent même ils augmentent de valeur avec le temps.

Les immeubles de rapport constituent, dans certaines sociétés, des placements particulièrement importants, notamment dans les sociétés de banque et surtout dans les sociétés d'assurances ; nous verrons que, pour ces dernières, leur évaluation est soumise à des règles particulières établies par le règlement d'administration publique du 9 juin 1906. Que les immeubles fassent partie de l'actif immobilisé ou des placements, un point est toujours certain. Comme pour les marchandises et le matériel, la société ne peut faire figurer à l'actif de son bilan que les immeubles qui lui appartiennent en pleine propriété, soit qu'elle les ait acquis de ses deniers, soit qu'un apporteur les lui ait transmis en pleine propriété. Si l'immeuble n'a été apporté qu'en jouissance, la société est, à l'égard de l'apporteur, qui a conservé la pleine propriété de la chose, dans les mêmes rapports qu'un locataire vis-à-vis d'un bailleur (Lyon-Caen et Renault, 4ᵉ éd., nᵒ 27; Thaller, p. 157) ; elle n'a pas à faire état de l'immeuble à son bilan. Si l'apport a eu lieu en usufruit ou en nue propriété (cas beaucoup plus rare), l'immeuble devra figurer au bilan, mais il y aura lieu alors à une estimation spéciale de l'usufruit ou de la nue propriété que nous établirons plus loin en nous inspirant des règles administratives posées à cet égard pour les compagnies d'assurances sur la vie.

Si l'immeuble est grevé d'une hypothèque, la société agira prudemment et correctement en faisant apparaître à son passif la créance hypothécaire qui vient ainsi diminuer la valeur de son immeuble.

5ᵒ *Créances.*

Nous verrons plus loin les difficultés auxquelles donne lieu l'évaluation de ces valeurs qui paraissent facilement évaluables. Cette évaluation se traduit matériellement dans la confection du bilan par le nombre de postes qui peuvent être consacrés aux créances. Il serait singulièrement dangereux en effet de les grouper sous un seul chef et des distinctions doivent être introduites entre elles. On devra tout d'abord distinguer les créances pures et simples et conditionnelles en créances bonnes, douteuses, contentieuses et irrecouvrables ; on pourra même faire apparaître à part celles dont le paiement est assuré par une garantie personnelle ou réelle. Quant à celles dont le recouvrement présente pour une raison quelconque des difficultés, on leur fait subir une réduction proportionnelle, ou bien on inscrit au passif, au compte d'une réserve spéciale, une somme égale à la perte prévue. C'est le procédé qui est préconisé par les auteurs allemands sous le nom de *Compte Ducroire* (Simon, *op. cit.*, p. 137). On passera même par profits et pertes, on n'inscrira que pour mémoire celles dont le recouvrement est pour ainsi dire impossible. Pour les mêmes raisons que nous exposions à l'égard des comptes en banque à l'étranger, nous croyons qu'on agira sagement en groupant ensemble les créances recouvrables à l'étranger.

A ce premier classement, il y a lieu d'en **ajouter** un autre, fondé sur l'exigibilité plus ou moins reculée de la créance. Cela est particulièrement intéressant pour les tiers qui ont intérêt à connaître si la société pourrait avoir des disponibilités immédiates, en cas d'éventualités urgentes, de demandes d'argent pressantes. On distinguera donc entre l'actif réalisable à long terme, à plus de neuf ou de douze mois, par exemple, et l'actif réalisable à court terme.

D'autre part, pour présenter un bilan aussi exact que possible, il y a lieu de tenir compte, afin de ne pas exagérer l'actif, de la réduction que peuvent subir les créances du fait soit de l'escompte commercial, soit des rabais que la société peut consentir à certains clients ou par suite de certains usages de places ; on devra donc inscrire ces réductions au passif, comme, par contre, on devra faire figurer à l'actif les intérêts des créances, lorsqu'elles en produisent.

6° *Portefeuille.*

Il convient de distinguer entre le portefeuille commercial et le portefeuille-titres. — En ce qui concerne le portefeuille-titres, nous verrons plus loin que, pour son évaluation, il y a lieu de distinguer entre les titres cotés en bourse, cotés en banque et ceux enfin qui ne sont susceptibles d'aucune cote officielle ou même officieuse. La même classification devra être faite au bilan. Mais pour tous les titres sans exception, il est certain que la plus-value qui sera constatée par la cote peut légitimement figurer au bilan, de même d'ailleurs que la moins-value qui devra être compensée par une réserve équivalente ; aussi, nous le verrons, dans certaines sociétés, notamment dans les sociétés d'assurances, celles-ci constituent une réserve de fluctuation de valeurs qui permet de tenir compte des moins-values par un prélèvement fait pendant les années de plus-values. Il serait bon du reste d'exiger, dans le bilan, un poste spécial pour chaque catégorie de titres, avec l'indication de la façon dont la société a procédé à leur évaluation, car la rubrique générale « Valeurs en portefeuille » n'est pas susceptible de permettre aux intéressés de se faire une opinion raisonnée (*Contra*, Rapport oral Doyen, Soc. d'Etudes Législ., Bulletin, 1920).

Il nous paraît certain également que la société ne peut faire figurer à son bilan ses propres actions comme actif, car ces actions n'ont pas, *entre les mains de la société*, de valeur actuelle, mais seulement une valeur éventuelle qui apparaîtra lorsque la société procédera à leur vente. Il en est de même des parts de fondateur gardées en réserve par la société ; quelle que soit l'opinion que l'on prenne sur la nature des parts de fondateur, qu'on les assimile à des actions ou à des droits de créance, il est certain que, dans l'un comme dans l'autre cas, ces parts n'ont entre les mains de la société aucune valeur actuelle (Charpentier, *Le bilan dans les sociétés par actions*, p. 179 et 180).

Quant au portefeuille commercial, il serait très dangereux de porter à l'actif tous les effets qui le composent pour leur valeur nominale. Les restrictions que nous avons indiquées concernant les créances peuvent recevoir ici aussi leur application, car ces effets peuvent, d'une part, être d'un recouvrement douteux, ou contentieux, ou même impossible, d'autre part d'une réalisation plus ou moins immédiate. Il serait bon de faire ces distinctions dans le bilan, notamment de classer à part les effets recouvrables à plus de trois mois et ceux qui le sont à une échéance plus rapprochée ou à vue. Il y aurait lieu aussi de tenir compte pour ces effets, comme pour les créances, de l'escompte et du change.

A cet égard, il conviendrait de grouper ensemble les effets sur l'étranger, à cause des fluctuations du change de place qui se double ici d'un change de monnaie.

7º *Frais de premier établissement.*

Les frais de premier établissement constituent un compte d'ordre qui ne correspond à aucun actif réel, mais que la pratique admet aujourd'hui d'une façon courante et qui a d'ailleurs reçu une consécration législative. Les frais de premier établissement sont ceux qui ont été faits par la société pour s'établir, pour se fonder, pour arriver à se constituer et à pouvoir fonctionner. En réalité, ce sont des frais généraux qui, normalement, auraient dû être soldés par le premier exercice ; mais s'il en avait été ainsi, ces frais auraient absorbé de beaucoup les bénéfices du premier exercice qui ne donne souvent pas de brillants résultats et ils auraient pesé lourdement sur la société, l'empêchant de distribuer des dividendes, grevant lourdement son budget. Aussi a-t-on pris l'habitude de répartir ces frais sur une série d'exercices, sur plusieurs années, pour un temps plus ou moins long, de façon à pouvoir les amortir annuellement, sans que la société s'en aperçoive trop pour ainsi dire.

Les frais de premier établissement figurent à l'actif parce que, malgré leur caractère fictif, ils représentent, comme les autres valeurs de l'actif, des *éléments de fortune*, des biens économiques, tout comme la clientèle, un secret de fabrication, le crédit, la renommée, etc... Comme ces biens, essentiellement immatériels, mais effectifs cependant, ils constituent le moyen le plus certain pour la société d'atteindre le but qu'elle s'est proposé, de réaliser l'objet qu'elle s'est donné.

Ainsi que nous l'avons dit, la pratique a admis depuis longtemps ce poste spécial, à l'actif, des frais de premier établissement répartis sur plusieurs exercices, et la jurisprudence a validé expressément cette pratique (Trib. Nantes, 20 juin 1885, *J. S.*, 1886.581 ; — Trib. civ. Seine, 28 mars 1887, *J. S.*, 1889.104 ; — Paris, 18 mars 1887, *R. S.*, 1887.195 ; — Dijon, 24 av. 1899 et sur pourvoi, Cass., 2 juill. 1901, D. 03.1.169 ; — Lyon, 20 fév. 1903, D. 04.2.17). Il y a mieux aujourd'hui : deux lois successives, celle du 17 mars 1905 relative au contrôle des sociétés d'assurances sur la vie, et celle du 19 décembre 1907 relative au contrôle des sociétés de capitalisation, contiennent toutes deux une disposition identique, dans leur art. 5 : « Les sociétés françaises à forme mutuelle ou à forme tontinière devront constituer un fonds de premier établissement qui ne peut être inférieur à 50.000 francs et qui doit être amorti en quinze ans. » D'autre part, le décret du 20 janvier 1906 pris en exécution de la loi du 17 mars 1905 et celui du 1er avril 1908 pris en exécution de la loi du 19 décembre 1907 disposent de façon identique : « Art. 1er. — Les dépenses de premier établissement des entreprises françaises sont limitées : 1º pour les sociétés à forme mutuelle, à la quotité du fonds de premier établissement ; 2º pour les autres sociétés, au quart du capital social. — Art. 2. — Ces dépenses doivent être complètement amorties en quinze ans au plus tard, à dater de l'enregistrement. »

La législation allemande contient également une disposition formelle ; aux termes de l'art. 261-4º C. com., « les frais de constitution et d'administration ne doivent pas être repris à l'actif dans le bilan ».

D'autre part, l'art. 22 de la loi allemande du 12 mai 1901 sur les entreprises privées d'assurances décide que la société « doit commencer l'amortissement des frais d'établissement et des dépenses d'organisation dès la première année de l'exploitation » ; mais l'art. 23 contient cette disposition curieuse : « L'autorité chargée du contrôle peut consentir à ce qu'un capital de fondation ne soit pas formé si, d'après la nature de l'affaire à exploiter ou en vertu d'une organisation particulière à l'entreprise, une autre sûreté est fournie. » L'art. 22 définit précisément le capital de formation celui qui est destiné à « couvrir les frais d'installation de la société et à servir généralement comme fonds de garantie et d'exploitation ».

La légitimité de l'inscription à l'actif du compte « Frais de premier établissement » ne peut donc plus faire de doute actuellement, pas plus que la nécessité de l'amortir dans un délai plus ou moins long. Ces frais constituent en effet une charge sociale qui doit être prélevée sur les frais généraux, quel que soit le résultat des exercices (Lyon, 20 fév. 1903, D. 04.2.17) : au lieu de l'être en une seule fois, ils le sont en plusieurs, mais ce principe reste entier. Nous ne croyons pas fondée la théorie, soutenue par un auteur, que leur amortissement, souhaitable en thèse générale, n'est possible cependant qu'autant qu'il y a des bénéfices sociaux (Guénée, note au D. 03.1.169). Toute distribution de dividendes faite sans que les frais de premier établissement aient été amortis constituerait une distribution de dividendes fictifs (Dijon, 24 avr. 1899, précité). Comme le dit l'arrêt de la Cour de cassation du 2 juillet 1901 (D. 03.1.169), l'absence d'amortissement, dans les comptes de premier établissement, ayant pour résultat de présenter comme un élément de l'actif des sommes qui ne correspondent pas réellement à une augmentation de cet actif, entraîne une majoration dans les bilans, qui dissimule aux actionnaires la véritable situation.

Quant au point de savoir dans quel laps de temps cet amortissement doit être fait, c'est là une question de fait qui sera résolue diversement selon la nature des sociétés : le terme de quinze années fixé par les lois précitées de 1905 et de 1907 ne peut être qu'une indication. Pour certaines sociétés en effet, notamment pour les sociétés de mines, de chemins de fer, les frais de premier établissement sont excessivement lourds ; pour d'autres, au contraire, ils sont minimes ; il y aura lieu de tenir compte aussi des ressources de la société. Tout ce que l'on peut conseiller aux sociétés, c'est de se débarrasser le plus tôt possible de cet actif fictif et encombrant et de profiter des bonnes années pour, si les statuts le permettent, en hâter l'amortissement.

La véritable difficulté est de déterminer quels sont les frais qu'il convient de ranger parmi les frais de premier établissement, car, ici aussi, la tentation sera grande parfois, soit d'enfler ce compte qui doit ainsi s'amortir en plusieurs années, ce qui peut laisser des disponibilités pour une année déterminée, soit de le diminuer.

La formule a été très heureusement posée par M. Aucoc, à l'occasion des bilans des sociétés de chemins de fer, et consiste dans l'opposition aux dépenses de premier établissement des frais *d'entretien et d'exploitation* (Aucoc, *Conférences de droit administratif*, 1882, t. III, § 1387 et suiv.). « L'idée directrice qui doit nous guider, dit de son côté M. Charpentier dans une forme très heureuse, c'est que les frais généraux sont des dépenses courantes, régulières, qui se reproduisent tous les ans ; les frais d'établissement sont des dépenses nouvelles *qui sont faites une fois pour toutes* et sont destinées à la création de l'entreprise. » (Charpentier, *op. cit.*, p. 157. L'auteur ajoute « ou à l'augmentation de l'entreprise » ; mais n'est-ce pas étendre un peu la notion des frais de *premier* établissement ?) Ainsi les dépenses de premier établissement comprendront notamment les dépenses de constitution et de mise en train de la société, les frais d'études et de personnel antérieurs à l'exploitation, les honoraires de notaires et d'avocats, les frais d'enregistrement et de timbre, les frais de première publicité, les commissions payées aux banquiers chargés de l'émission, les acquisitions de terrains, de matériel, l'installation de ce matériel, etc. (Cpr. Charpentier, *op. cit.*, p. 159 ; Verley, *Le bilan dans les sociétés anonymes*, p. 145), les frais d'établissement d'une succursale et l'acquisition d'un journal (Paris, 18 mars 1887, *R. S.*, 1887. 195).

M. Charpentier (*Op. cit.*, p. 99 et 100) étend peut-être un peu la notion de ces frais de *premier* établissement en y faisant figurer la reconstruction ou la modification d'ouvrages qui n'ont été faits qu'à titre provisoire, ainsi que les travaux complémentaires nécessités par le développement de l'affaire. Il reste d'ailleurs logique avec lui, puisqu'il comprend dans les frais de premier établissement ceux qui sont nécessités par l'*augmentation* de l'affaire. On ne saurait pourtant être trop réservé en pareille matière ; les administrations n'auront parfois que trop de tentations d'augmenter ces frais pour qu'on les incite d'avance à le faire.

Aussi ne saurions-nous adhérer à la doctrine de l'arrêt de la Cour de Lyon, du 20 février 1903 (D. 04.2.17), qui déclare que lorsque, aux termes des statuts d'une société, le gérant et le conseil d'adminis-

tration sont chargés de prendre les mesures nécessaires pour amortir
« les frais de premier établissement », c'est avec raison qu'ils interprè-
tent et appliquent cet article en établissant sous une seule rubrique
dénommée « des frais de premier établissrment » trois comptes distincts, l'un pour l'amortissement des frais de premier établissement
proprement dits, un autre pour celui des primes de remboursement
des obligations et un troisième pour celui de la clientèle ; le gérant et
le conseil d'administration, en interprétant ainsi les statuts, se conforment non seulement à leur texte et à leur esprit mais encore aux règles
d'une administration sage, prudente et prévoyante. — Avec une
pareille interprétation, comment les tiers intéressés pourront-ils être
renseignés en lisant un bilan qui renferme des énonciations aussi
larges ? (En ce sens, Percerou, note au D. 04.2.17.)

Jugé que, s'il est toléré dans les sociétés commerciales, dont la
marche est normale, que le conseil d'administration fasse figurer
dans l'inventaire de la première année, à l'actif, le montant des dépenses de premier établissement et d'installation pour une valeur
supérieure à l'actif réel que la société en a retiré, sauf à faire disparaître cette majoration par des amortissements successifs, au cours
des années ultérieures, il n'en peut être de même dans une société qui,
après une marche de quelques années, se trouve dans l'impossibilité
de fonctionner, et à laquelle une liquidation s'impose. Dans ce cas,
l'inventaire à dresser pour apprécier s'il existe une perte des trois
quarts du capital social doit représenter la réalité de la situation active
et passive de la société, et ce qui est à considérer, ce n'est pas le montant des dépenses que la société a pu faire pour se constituer et s'ins-
taller, mais seulement la valeur réelle de l'élément d'actif qui est
résulté de ces dépenses au jour de l'inventaire à dresser. Il en est de
même du matériel qui doit être évalué pour sa valeur réalisable au
jour de la dissolution de la société (Douai, 3 févr. 1910, *Gaz. Trib.*,
25 juin 1910).

b) De l'évaluation de l'actif.

3334. — L'évaluation de l'actif est une des opérations les plus importantes du bilan, celle qui donne lieu aux fraudes les plus fréquentes
ou aux erreurs les plus graves. Il est en effet si simple de majorer ou
de minorer les valeurs de l'actif selon le but qu'on se propose d'atteindre ; il est parfois également si difficile de faire une évaluation
exacte d'une valeur, d'une marchandise : les erreurs de bonne foi

peuvent être très fréquentes aussi (Cpr. sur toute cette matière, Charpentier, *op. cit.*, p. 109 et suiv. ; Faragi, *De la conception du bilan des sociétés par actions*, p. 129 et suiv.).

Un point est tout d'abord hors de contestation : les évaluations doivent être *sincères*, c'est-à-dire d'abord correspondre à des réalités, à des éléments d'actif effectifs ; ensuite, n'être ni majorées ni minorées. La première partie de la règle n'est pas de nature à soulever des difficultés pratiques d'ordre très délicat, ni à se présenter en fait très souvent. Il n'est pas impossible, mais il est rare, de voir un bilan comprendre des valeurs qui n'existent pas (V. Cass. civ., 2 juill. 1901, D. 03.1.169) (frais de premier établissement non amortis après un certain temps), ou qui n'existent plus (Rennes, 3 nov. 1887, D. 88. 2.233 ; — Orléans, 19 janv. 1898, *J. S.*, 1898.181) (créances irrécouvrables) ; — Lyon, 16 mars 1899, S. 01.2.297) (marchandises et matériel hors d'usage), ou qui n'existent pas encore (Cass. civ., 28 juin 1862, D. 62.1.305 ; — Req., 7 mai 1872, D. 72.1.233 ; — 23 juin 1883, S. 83.1.428 ; — 17 juill. 1885, S. 87.1.286 ; — Paris, 19 mars 1883, S. 83.2.97) (gains susceptibles d'être réalisés sur une opération en cours) ; plus rare encore d'y voir omettre des valeurs, ou des marchandises, ou des créances certaines (V. le curieux arrêt de la Chambre des requêtes, 21 juill. 1884, S. 86.1.291).

Si cette première partie de la règle ne présente guère de difficultés, il n'en est pas de même de la seconde. Certes, le principe en soi est parfaitement clair et simple et il peut sembler suffisant de l'énoncer : *les évaluations ne doivent pas être erronées, elles ne peuvent être ni minorées, ni majorées.*

La jurisprudence a été appelée souvent à faire application de cette règle et elle n'a pas manqué de la sanctionner avec la rigueur qu'elle comporte. Elle a considéré comme fictif le bilan reposant sur des évaluations erronées, obtenues soit par la majoration de valeurs dépendant de l'actif de la société, soit par l'inscription au compte des *profits et pertes* de sommes qui devaient être affectées à une réserve spéciale, soit enfin par le report à l'exercice suivant d'une partie des frais généraux (Paris, 9 janv. 1888, S. 90.2.163, D. 89.2.71), soit surtout par le fait d'avoir augmenté d'un trait de plume, en bloc et d'un tant pour cent, la valeur des marchandises en chantier, en magasin ou même en voyage (Cass., 18 janv. 1894, S. 94.1.256, D. 95.1.159).

3335. — Là n'est pas la difficulté : elle réside tout entière dans la question de savoir quel doit être le critérium de l'évaluation, à quelle règle il convient de se conformer à cet égard, sur quelles bases l'estimation des valeurs actives doit être faite. Les systèmes sont variés et, il faut le reconnaître, aucun ne semble satisfaire complètement l'esprit ni répondre d'une façon absolue aux nécessités de la pratique. C'est incontestablement, dans la plupart des cas, le point vif du débat dans les procès relatifs aux distributions de dividendes fictifs. Trois systèmes sont en présence : celui du prix de revient, celui du prix actuel ou courant, celui de la valeur raisonnée.

Débarrassons-nous tout d'abord du dernier, celui de la valeur raisonnée, car en réalité, il laisse entière la question. C'est celui d'un économiste belge, M. de Laveleye, qui le ramenait d'ailleurs à l'évaluation des seuls titres des maisons de banque (*Moniteur des intérêts matériels*, année 1883 ; V. aussi le même journal, années 1903 et 1904 ; en faveur de la même tendance, V. les conclusions de M. le substitut Brouchot devant le tribunal civil de la Seine, dans l'affaire de *La Traction, Economiste européen*, n⁰ du 29 janv. 1904, p. 138 ; *Revue financière*, n⁰ du 30 janv. 1901, p. 93). Il est bien certain que l'évaluation la plus exacte sera celle qui sera la mieux raisonnée, c'est-à-dire qui s'appuiera sur des bases vraiment scientifiques Mais quelles doivent être ces bases ? (Peut-être M. de Laveleye était-il impressionné par une organisation qui existe en Suisse, celle des experts comptables officiels chargés de contrôler les prisées. Leur évaluation, faite scientifiquement, à n'en pas douter, donnerait la valeur raisonnée : reste toujours la question de savoir sur quelles bases ils se sont appuyés pour arriver à cette valeur raisonnée.) Nous voilà ramenés aux deux autres systèmes, celui du prix de revient et celui du prix courant (V. les critiques de M. Edmond Théry, dans l'*Economiste européen*, n⁰ du 29 janv. 1904, p. 138. V. également *Le Figaro*, n⁰ du 1ᵉʳ fév. 1904 ; Kergall, *Revue financière*, n⁰ˢ des 6 et 20 fév. 1904, p. 105 et 149).

3336. — Le second système est celui du prix actuel ou du prix courant. On évalue, dans ce système, les éléments de l'actif à la valeur au jour de l'inventaire. C'est celui qui a été soutenu d'abord par M. Vavasseur (*R. S.*, 1883), et repris dans ces derniers temps par M. Wahl (Notes au Sirey, 1901.1.537 et 1901.2.297). « L'actif, dit M. Wahl, doit être estimé au jour de l'inventaire ; c'est une règle évidente, parce que l'idée d'inventaire appelle l'idée de l'établissement d'une situation actuelle… Les objets apportés qui ont diminué de valeur ne doivent être portés que pour leur valeur actuelle… De même encore, les valeurs de bourse doivent être estimées d'après le cours du jour et non d'après leur prix d'acquisition. Mais s'il en est ainsi, la réciproque doit être également acceptée ; il serait inadmissible que

les objets composant l'actif dussent être estimés, non pas uniformé-
ment d'après leur prix d'achat ou d'après leur valeur, mais d'après
la plus faible de ces deux sommes. C'est à ce résultat qu'on arriverait
si l'on décidait que les objets qui ont augmenté de valeur doivent
être compris à l'inventaire pour leur prix d'achat. Non seulement on
manquerait de logique, mais on interdirait la distribution de dividendes réels, puisque les bénéfices réels sont constitués par l'excédent
de la valeur de l'actif sur le montant du passif. Ainsi lorsque des titres
ont augmenté de valeur depuis leur acquisition, ils peuvent être
compris dans l'inventaire pour leur valeur actuelle. De même, la plus-
value des immeubles doit figurer à l'actif. De même encore, les marchandises doivent être estimées d'après leur valeur actuelle, même
supérieure au prix de revient... La valeur vénale d'une marchandise
n'est pas le prix que la société *en demande*, mais le prix qu'elle peut,
étant donnée la loi économique de l'offre et de la demande, *espérer,
en obtenir*. Ainsi les livres d'une librairie ne peuvent être estimés
d'après le prix inscrit sur leur couverture, ou plutôt d'après le prix
net, ni même toujours d'après le prix de revient, s'il s'agit de livres
peu recherchés et qui ne pourraient être vendus que pour un prix
plus faible. »

« Les inventaires, disait de son côté M. Vavasseur, doivent être
assimilés à des liquidations périodiques, non solidaires les unes
des autres, et dans lesquelles doit figurer le prix des valeurs
comme s'il résultait d'une vente réelle. » Toutefois cet auteur admettait à son système une restriction, qui n'a pas reprise pour sa part
M. Wahl, en ce qui concerne les immeubles : pour eux, dont la réalisation est moins facile et moins prompte, « il conviendrait en général de ne pas escompter la plus-value et de ne calculer que le
prix de revient si, bien entendu, il n'est pas supérieur à la valeur
vénale ».

3337. — On a fait à ce système plusieurs objections très graves
(Charpentier, *op. cit.*, p. 120 et s.). Une d'abord, que M. Wahl pré-
voyait lui-même en partie : c'est la difficulté et l'incertitude que présente une évaluation détaillée, renouvelée chaque année. C'est cette
raison qui a fait déjà introduire les règles de l'amortissement à forfait.
Cette difficulté augmente lorsqu'on se trouve en présence de valeurs
dont l'évaluation actuelle est très problématique, presque impossible,
parce qu'elles ne comportent pas ou ne comportent que peu d'équivalents dans le commerce. Comment évaluer, par exemple, la clientèle
de la société, ses brevets, sa concession, son genre d'exploitation qui

ne se conçoit que dans des conditions de lieu et de temps particulières?

L'autre critique est plus spéciale, et peut-être n'en est-elle pas une aux yeux des auteurs qui ont imaginé ce système, précisément pour arriver au résultat dont on leur fait grief. Dans leur conception de l'évaluation du bilan, on arrive à distribuer valablement des bénéfices sur la simple plus-value régulièrement constatée. « Dès lors que l'excédent existe, c'est que la société a fait des bénéfices ; ces bénéfices ne sont pas fictifs ; la loi ne demande pas autre chose... En quoi importe-t-il que l'excédent d'actif ne soit pas facile à réaliser ? » (Wahl, *loc. cit.*). N'est-ce pas, comme on l'a fait très heureusement remarquer, « vendre la peau de l'ours ? » (Charpentier, *op. cit.*, p. 122.) « La moindre fluctuation des cours suffira à rendre le dividende rétroactivement fictif. »

3338. — Le troisième système est celui du prix de revient. C'est celui qui est préconisé par M. Léautey (*Science des comptes et traité des inventaires*, p. 135) et qui est accepté par M. Charpentier (*Op. cit.*, p. 113. — Cpr. Didier, *J. S.*, 1885, p. 145). Mais qu'entendre par prix de revient ? Cela comporte : d'abord, le prix d'acquisition proprement dit, soit de la valeur première, soit de l'objet fabriqué ; ensuite, les frais spéciaux à cette matière, c'est-à-dire les frais de main-d'œuvre, de fabrication, s'il en a été dépensé, les frais de transport, d'assurance, etc. ; enfin, une portion des frais généraux, afférente à la matière. Dans ce système, l'évaluation du prix de revient ne peut subir aucune modification en cas de hausse ; en cas de baisse, au contraire, on est tenu de contrepasser une écriture pour ramener l'évaluation au cours exact : on fera figurer, par exemple, au passif un compte spécial « réserve pour marchandises démodées ou détériorées », en augmentant dans les mêmes proportions le débit d'un compte de résultats qui prend en charge la perte ou l'amortissement (Charpentier, *op. cit.*, p. 117).

Les partisans de ce système font valoir à son appui deux arguments. C'est la seule méthode vraiment exacte et scientifique, car elle ne comporte aucun arbitraire dans l'évaluation, puisque le chiffre de revient est un chiffre connu, matériellement déterminé. C'est en second lieu le seul moyen d'éviter toute distribution de dividendes fictifs, puisqu'il n'est jamais fait état de la plus-value du produit avant la vente. Par contre, on lui reproche précisément de ne pas tenir compte de cette plus-value, étant donné que le bilan annuel ne doit traduire que la situation *actuelle* de la société et ne doit point faire entrer en ligne de compte le bilan éventuel de liquidation. Ensuite, on prétend que, pas plus que les autres, ce système n'échappe au reproche d'arbitraire, car le prix de revient comporte, à côté d'éléments connus et certains, des éléments où une ventilation est nécessaire, en ce qui concerne notamment l'appréciation de la part des frais généraux afférente au produit, et où reparaît, par suite, l'arbitraire de toute évaluation.

En somme, aucun des systèmes n'échappe de façon absolue au reproche ; chacun présente son point faible. Cela explique les divergences que l'on rencontre à cet égard dans la pratique des affaires, dans la jurisprudence, dans les législations, aussi bien en ce qui concerne les immobilisations que les autres valeurs de l'actif.

3339. — *Évaluation des immobilisations.* — Les immobilisations, nous l'avons vu, présentent ce caractère spécial d'être, pour les sociétés, une lourde charge parce que leur réalisation est difficile et incertaine ; comme nous allons le voir, elles sont, par essence et sauf quelques rares exceptions, destinées à perdre périodiquement de leur valeur pour arriver à *zéro*, pour ainsi dire, et doivent être amorties. Aussi l'évaluation ne saurait-elle être ici trop prudente. « C'est un axiome assez répandu que l'affaire doit inspirer d'autant plus de confiance que le chiffre des immobilisations est plus réduit » (Charpentier, *op. cit.*, p. 128).

On est à peu près d'accord pour décider, en doctrine (Charpentier, *op. cit.*, p. 130 et s. ; Verley, *op. cit.*, p. 123 et s.) et en jurisprudence, que les immobilisations doivent être évaluées à leur prix exact, et que la meilleure base à cet effet est le prix de revient. Les immobilisations sont, en général, des valeurs de réalisation très difficile et à l'égard desquelles les évaluations arbitraires des administrateurs pourraient se donner libre carrière ; il vaut donc mieux s'en tenir au prix de revient qui présente ainsi deux avantages précieux : celui de n'être pas arbitraire, celui de pouvoir être facilement déterminé. Il sera en effet évalué par la dépense même que la société a affectée à l'acquisition de ce bien, soit sous forme d'actions attribuées à l'apporteur, soit sous forme de numéraire, d'obligations ou de tout autre moyen de libération.

Il y a cependant une difficulté à signaler. Les apports en nature doivent être évalués par l'assemblée constitutive, dans les formes déterminées par l'art. 4 de la loi du 24 juillet 1867. Mais il peut se faire que l'approbation ait été soumise à l'assemblée générale qui devait spécialement délibérer sur elle et qu'on s'aperçoive après coup que cette évaluation a été majorée (V. par exemple l'affaire de *La*

Nation : Req., 3 janv. 1900, D. 1900.1.289). Sans avoir à rechercher si cette majoration peut ou non entraîner la nullité des évaluations (V. sur cette question Lyon-Caen et Renault, t. II, n° 213 ; Thaller, note au D. 93.1.112 ; Labbé, note au S. 78.2.225), nous devons nous demander ici si cette majoration pourra et devra être ramenée à sa valeur réelle malgré les inconvénients que cette brusque diminution de valeur, apparaissant subitement dans le bilan, pourra causer à la société.

La jurisprudence, dans l'affaire du *Comptoir industriel de France et des colonies*, n'a pas hésité à dire que les immobilisations ne doivent être portées à l'inventaire que pour leur valeur exacte et que si cette valeur a été majorée à l'origine, elle doit être rectifiée par l'inventaire. « Attendu, dit le jugement du tribunal correctionnel de la Seine, dans cette affaire, du 29 avril 1885 (*R. S.*, 1885, p. 422 et suiv.), que les sociétés, ainsi que cette affaire en a donné un exemple éclatant, sont souvent ruinées, dès le début, par les majorations d'apport ; que l'inventaire qui doit tout ramener à la valeur exacte est une correction ; que comprendre dans un inventaire des valeurs majorées, c'est faire œuvre de fraude... Attendu que deux conditions sont exigées dans l'établissement d'un inventaire : l'exactitude matérielle des énonciations, des relevés ; la sincérité des appréciations, des évaluations ; qu'il n'y a aucune différence à établir entre les valeurs d'apport et les valeurs d'acquisitions ultérieure ; que les valeurs d'apport doivent être examinées, revues avec d'autant plus de soin qu'elles n'ont donné lieu qu'à des évaluations de convention, de parti-pris. »

3340. — *Autres valeurs de l'actif.* — Pas plus ici que pour les immobilisations, la loi française, nous l'avons déjà dit, ne s'est préoccupée de la question. Cependant, dans une matière spéciale, celle des assurances sur la vie, elle a posé quelques règles que l'on peut retenir, tout au moins à titre d'indication (les mêmes règles avaient été indiquées, mais d'une façon moins précise, et seulement pour le placement des réserves mathématiques, dans l'art. 8 du règlement d'administration publique du 28 février 1899 sur le contrôle des compagnies d'assurances contre les accidents du travail, pris en exécution de la loi du 9 avril 1898). Le règlement d'administration publique du 9 juin 1906, pris en exécution de l'art. 8 de la loi du 17 mars 1905, déclare, dans son art. 3, que les valeurs figurant à l'actif sont estimées de la manière suivante : 1° Les valeurs mobilières, au prix d'achat, sauf lorsque, pour l'ensemble desdites valeurs, ce prix est supérieur de plus de 5 0/0 à celui qui résulterait du cours de la Bourse de Paris ou, à défaut, des cours d'une des principales places du pays d'émission, à la date de la clôture de l'inventaire. Dans ce dernier cas, un arrêté ministériel fixera les conditions et délai dans lesquels la valeur estimative devra être réduite de la différence entre le prix d'achat et le prix résultant de l'évaluation aux cours susvisés ; 2° Les prêts hypothécaires, les prêts sur les titres, les prêts aux départements, aux communes, aux chambres de commerce, aux colonies et aux pays de protectorat, ainsi que les avances sur polices, d'après les actes qui en font foi et en tenant compte, à chaque inventaire, des amortissements effectués ; 3° Les immeubles, soit au prix d'achat, soit au prix de revient, tel qu'il ressort des travaux de construction et d'amélioration, à l'exclusion des travaux d'entretien proprement dits ; 4° Les nues propriétés et les usufruits suivant les règles générales qui ont été fixées par un arrêté ministériel du 3 juillet 1907 (*J. off.*, n° du 5 juillet 1907). Le système est, comme on le voit, assez éclectique ; il se caractérise par sa grande prudence.

Parmi nos grandes sociétés, les unes tiennent pour le prix d'achat : c'est tout d'abord la Banque de France ; c'était, avant les dispositions que nous venons de faire connaître et qui ont d'ailleurs confirmé sur ce point leurs errements antérieurs, la plupart des grandes compagnies d'assurances sur la vie qui poussaient même la prévoyance jusqu'à établir un compte spécial de « réserve pour fluctuation des valeurs », alimenté par un prélèvement sur les bénéfices annuels. D'autres sociétés estiment leur portefeuille d'après les cours actuels les plus rapprochés de la date des inventaires : ainsi font la Société Générale, la Banque de Paris et des Pays-Bas. Ces sociétés, pour éviter en temps de crise, autant que possible, les écarts qui peuvent se produire alors sur les valeurs entre la fin de l'exercice (31 décembre) et la réunion de l'assemblée générale ordinaire qui se fait habituellement dans le courant de mai, ont reporté quelquefois leurs évaluations au 31 janvier (Vavasseur, articles précités dans *R. S.*, 1883. — V. notamment, pour la Banque de Paris et des Pays-Bas, les rapports aux assemblées générales des 12 mai 1886 et 25 avril 1890).

Quant à la jurisprudence française, elle n'a pas donné de principes directeurs et paraît statuer suivant les cas particuliers qui lui sont présentés ; elle a fait surtout des distinctions suivant les valeurs et sa prudence se comprend fort bien en pareille matière.

3341. — En ce qui concerne les immeubles, la jurisprudence paraît se rattacher au système du prix de revient (Paris, 22 avr. 1870, S. 71.2.169, D. 70.2.121).

3342. — Pour les valeurs mobilières inscrites à la cote officielle de la Bourse, la jurisprudence admet l'évaluation au prix d'achat, mais pourvu qu'il s'agisse de valeurs de premier ordre, susceptibles de variations peu considérables (Paris, 18 mars 1887, *R. S.*, 1887, p. 195, affaire du Crédit général français). La solution devient plus délicate lorsqu'il s'agit de valeurs susceptibles d'écarts prononcés dans leurs cours et notamment lorsque ces valeurs sont descendues à un cours beaucoup plus bas que leur prix d'achat. Dans la fameuse affaire de la *Caisse générale des chemins de fer*, la Cour de cassation n'hésita pas à critiquer très sévèrement la décision de la Cour de Douai du 21 avril 1862, qui s'était ralliée, sans restriction, au système du prix d'achat, en s'appuyant sur les errements de la Banque de France qui, comme nous l'avons vu, fait figurer à son bilan les valeurs mobilières pour leur prix d'achat, mais s'agissant de valeurs de premier ordre (D. 62. 1.308 et suiv.). Le règlement d'administration publique du 9 juin 1906 prévoit, on l'a vu, cette hypothèse d'une baisse accentuée du cours des valeurs sur leur prix d'achat et autorise l'administration, lorsque cette baisse est supérieure à plus de 5 0/0, à fixer la valeur estimative des titres. — Pour les valeurs cotées en banque seulement, la jurisprudence admet qu'on peut s'en rapporter à la cote spéciale de ces valeurs (Paris, 18 mars 1887, précité. — On cite parfois en sens contraire un arrêt de Paris, 9 janv. 1888, D. 89.2.71, mais cet arrêt n'a statué qu'en fait ; il dit que le bénéfice « dépendait uniquement de la réalisation de titres qui n'avaient jamais été cotés en Bourse, mais seulement en banque, où ils n'avaient trouvé qu'une valeur de convention, résultat d'opérations simulées, les sociétés qui les avaient émis n'étant pas, à cette époque, sorties de la période de leur organisation et étant toutes tombées en liquidation, sans avoir donné aucun résultat »). — Pour celles enfin qui ne sont cotées ni en Bourse ni en banque, on peut les maintenir à l'inventaire pour leur prix d'achat, pourvu que ce prix ne soit pas trop sensiblement supérieur à leur valeur actuelle (Paris, 18 mars 1887, précité) ; on peut d'ailleurs inscrire au bilan les actions d'une société, tant que celle-ci n'est pas en déconfiture évidente, à cause des difficultés inhérentes à l'appréciation des affaires d'une société (Trib. Seine, 24 avr. 1886, *R. S.*, 1886.338).

3343. — En ce qui concerne les autres valeurs incorporelles et notamment les créances et effets de commerce, on peut en principe les faire figurer au bilan pour leur valeur nominale ; mais cette règle comporte de nombreuses exceptions. La créance ne doit plus figurer pour sa valeur nominale lorsque le débiteur est insolvable (Lyon, 8 juin 1864, S. 65.2.38 ; — Paris, 9 janv. 1888, D. 89.2.71 ; — Limoges, 2 juill. 1897, D. 1900.1.369), par exemple lorsque le débiteur est le gérant lui-même qui ne pouvait pas ignorer son insolvabilité (Rennes, 3 nov. 1887, D. 88.2.233), ou lorsque la créance est contentieuse (Paris, 9 mars 1888, D. 89.2.72), ou encore lorsqu'elle est garantie par une sûreté réelle dont la valeur est douteuse ou certainement majorée, par exemple lorsqu'elle est garantie par des titres détenus en report qui ne sont autres que les actions de la société elle-même (Paris, 19 mars 1883, D. 83.1.426), ou par un stock de cuivre dont l'évaluation a été manifestement exagérée (Paris, 5 août 1890, D. 93. 1.56). Il y a donc lieu, dans tous ces cas, d'apprécier le degré d'insolvabilité du débiteur, appréciation toujours délicate et pour laquelle il ne faut pas craindre d'être plutôt pessimiste qu'optimiste.

Cette insolvabilité doit en principe s'apprécier d'après la situation existante au moment de l'inventaire (Cass., 14 déc. 1869, *Ann. Lehir*, 1870.2.263 ; — Bourges, 21 août 1871, S. 71.2.257 ; — Paris, 18 mars 1887 précité). L'appréciation de l'insolvabilité doit se faire même dans le cas où les statuts portent que les créances ne figureront à l'inventaire comme irrécouvrables qu'après la faillite du débiteur (Angers, 11 janv. 1867, S. 68.1.261 ; — Orléans, 30 juill. 1881, D. 82.2. 121), ou décident qu'elles ne seront passées par profits et pertes « qu'après avoir épuisé tous les recours sur les personnes et sur les biens des débiteurs et justifié qu'elles sont irrécouvrables » (Trib. civ. Orléans, 28 mars 1881, D. 82.2.183), de pareilles clauses étant contraires à l'ordre public qui veut que les inventaires soient loyaux et fidèles (Angers, 11 janv. 1867, précité).

3344. — En ce qui concerne les meubles corporels (marchandises, matériel, etc.), lorsque leur valeur peut être appréciée à l'aide des mercuriales, la question se pose de la même façon alors que pour les valeurs cotées : les mercuriales, comme les cotes de la bourse des marchandises, peuvent fournir des éléments d'évaluation, à la condition, bien entendu, que les cours ne soient pas faussés par une spéculation ardente et passionnée que dirigerait, par exemple, la société intéressée elle-même (Cass., 24 avr. 1891, S. 92.1.476, D. 93.1.49). Dans les autres cas, les marchandises doivent être évaluées à leur prix de revient, en tenant compte de l'amortissement (Lyon, 16 mars 1899, S. 01.2.297).

3345. — Le Code de commerce allemand n'a pas voulu laisser, nous l'avons dit déjà, aux incertitudes de la jurisprudence et aux hasards de la doctrine et de la pratique les questions relatives à l'évaluation de l'actif. Ce que nous venons de dire des incertitudes devant lesquelles se trouve actuellement le praticien français prouve, mieux que toute autre démonstration, combien le législateur allemand a eu raison de poser des règles générales qui guident l'interprète. Aux termes de l'art. 40 C. com., applicable à tous les commerçants et par suite aux sociétés : « Le bilan doit être dressé en valeur monétaire de l'Empire. L'actif et le passif doivent y figurer *avec la valeur qu'ils ont au moment de l'établissement du bilan*. Les créances douteuses y figureront pour leur valeur *probable* ; les créances irrécouvrables seront exclues. »

D'autre part, l'art. 261 du même Code, spécial aux sociétés anonymes, dit : « Il y a lieu d'appliquer à la confection d'un bilan les dispositions de l'art. 10 et en outre les prescriptions suivantes : 1º Les valeurs et marchandises qui sont cotées en Bourse ou sur le marché seront estimées au maximum *au cours du jour où le bilan a été dressé*. Si ce prix dépasse le prix d'achat ou de revient, elles ne peuvent pas être estimées au-dessus de ce dernier prix ; 2º Les autres valeurs ne peuvent être estimées au-dessus du prix d'achat ou de revient ; 3º Les établissements et autres objets qui ne sont pas destinés à être aliénés, mais qui sont, au contraire, destinés d'une manière permanente à l'exploitation de l'industrie de la société, peuvent être estimés à leur prix d'achat ou de revient, encore qu'ils aient diminué de valeur, pourvu qu'on ait porté en compte une somme représentative de leur usure ou correspondant aux besoins de leur renouvellement. »

Dans la conception de la loi allemande, on ne doit donc appliquer à l'estimation ni une valeur passée, ni une valeur future : c'est la valeur *du présent*, c'est-à-dire celle du moment où a lieu l'établissement du bilan. Cette expression *du présent* s'entend de l'époque contemporaine de la fin de l'exercice ; mais comme il est possible que, entre cette date et celle où le bilan est présenté à l'assemblée générale, des fluctuations se soient produites sur les valeurs et que certains postes du bilan aient diminué, notamment en temps de crise, on doit porter au passif un poste spécial « réserves de cours sur les effets » pour exprimer la réduction de ces valeurs. C'est ce que font aussi certaines grandes compagnies d'assurances françaises qui, nous l'avons vu, établissent un compte spécial de « réserve pour fluctuations des valeurs », alimenté par un prélèvement sur les bénéfices annuels.

Cette *valeur actuelle* est d'ailleurs susceptible d'être entendue en sens différents : si la loi dit que tous les objets doivent être évalués d'après leur valeur actuelle, elle ne dit pas que cette valeur actuelle doit être elle-même estimée d'après des principes semblables, pour tous les objets et dans tous les bilans. Il est certain que cette estimation pourra être différente dans un bilan annuel où la réalisation de l'actif n'est envisagée que comme une hypothèse, et le bilan final de liquidation où cette réalisation va devenir effective et pourra être par suite influencée par les conditions du moment, favorables ou non à la vente immédiate de certaines valeurs.

D'autre part, il convient de remarquer que la loi allemande considère ses prescriptions relatives à l'évaluation des valeurs du bilan comme édictées plutôt dans l'intérêt des tiers, du public, que de la société elle-même. Aussi certains auteurs soutiennent-ils que ces prescriptions ne sont faites qu'en vue des majorations d'actif, mais non en vue des minorations ; en d'autres termes, elles s'imposent à la société qui voudrait augmenter ses valeurs, mais elles ne lui défendent pas de les porter à un taux inférieur à celui de leur valeur exacte ; l'évaluation en plus serait impossible, car les dispositions de la loi sur ce point sont impératives ; l'évaluation en moins, «la sous-évaluation», serait toujours possible au contraire, car les dispositions de la loi à cet égard ne sont que dispositives et interprétatives. Cette théorie, qui pourrait avoir des inconvénients, appliquée dans un sens trop absolu, ne rallie pas d'ailleurs l'unanimité de la doctrine (V. Rehm, *op. cit.*).

3346. — Le tribunal correctionnel de la Seine (11e Chambre) a rendu, le 30 juin 1910, un jugement où il précise la conception de la créance litigieuse au point de vue de son inscription à l'inventaire. Il se prononce en même temps sur la responsabilité des administrateurs dont l'un a participé à la préparation du bilan et dont l'autre a proposé la distribution des dividendes et l'a fait voter. En passant, le jugement signale une application intéressante du versement fictif du quart à propos de l'augmentation du capital et résout en fait une question pratique et d'une application fréquente, celle de savoir dans quelle mesure un prétendu employé qui invoque cette qualité pour échapper à toute responsabilité peut la concilier avec un rôle actif dans la gestion de la société (*L'Information* du 7 juill. 1911).

Voici le texte du jugement :

Le Tribunal,
Attendu qu'il résulte de l'instruction et des débats que la Caisse auxiliaire de l'industrie constituée sous la forme de société anonyme, par acte reçu chez Me Moyne, notaire à Paris, le 4 novembre 1902, au capital de un million divisé en 2.000 actions de 500 francs, avait pour objet la reprise et l'exploitation d'une maison de banque dite « Banque D... et Cie » fondée en 1883 par P..., et comme conséquence de cette reprise, toutes opérations

de banque et de bourse mobilières ou immobilières, etc. ; que P... devait recevoir en représentation de ses apports 1.000 actions de 500 francs sur les 2.000 formant le capital social, et, en outre, 25 0/0 des bénéfices nets ; que de plus, il s'engageait à prêter son concours comme directeur à la société pendant dix ans, avec appointements fixes de 20.000 francs et dédit de 100.000 francs au cas où la société se séparerait de lui ; que dès le 18 novembre 1902 le conseil d'administration, dans lequel figurait F... comme administrateur délégué, lui donne les pouvoirs les plus étendus dépassant de beaucoup ceux qui appartiennent d'ordinaire à un directeur n'ayant que la qualité d'employé ou de mandataire du conseil d'administration ;

Attendu qu'il est constant qu'en fait P... avait conservé sur la direction et la gestion de la société des pouvoirs à peu près identiques à ceux qu'il avait dans sa propre banque, et en rapport avec les appointements et la participation considérable de un quart dans les bénéfices nets, absolument hors de proportion avec la situation d'un simple directeur ordinaire ; que loin de recevoir et d'exécuter les instructions et les ordres du conseil d'administration, celui-ci ne faisait que suivre son impulsion et ratifier en quelque sorte ses décisions ; que notamment F...,propriétaire de dix actions, qui est seul administrateur délégué depuis 1902 jusqu'au 24 décembre 1906, et fut un des principaux collaborateurs de D..., était sous sa complète dépendance ; que ces considérations déterminent à écarter dès maintenant la prétention de D... de n'avoir été qu'un employé exécutant les ordres qu'il recevait, et d'échapper dès lors à toute responsabilité personnelle dans les actes relevés par la prévention au cours de l'existence sociale, quel que soit d'ailleurs leur caractère légal.

I. — Sur le *délit*, imputé à F... comme auteur principal et à P... comme complice, d'avoir participé à l'*émission* d'actions de la « Caisse auxiliaire de l'Industrie », provenant d'une augmentation irrégulière du capital ;

Attendu que, le 18 décembre 1906, l'assemblée générale décida de procéder à une augmentation de capital de 500.000 francs, par la création de 1.000 actions nouvelles de 500 francs ; que d'après l'état de souscription et de versement annexé à la déclaration faite au notaire le 11 décembre 1906 par F...,toutes les actions auraient été souscrites et le premier quart versé sur chacune d'elles par diverses personnes dont les noms étaient indiqués ; que le montant total du premier quart en y ajoutant la prime était de 162.325 francs ;

Attendu qu'il ressort des constatations de l'expert que parmi les souscripteurs, trois ne s'étaient pas acquittés en espèces du premier quart de leur souscription avant le 18 décembre 1906, date à laquelle l'assemblée générale a sanctionné l'augmentation du capital ; que ce versement a été opéré par compensation et au moyen du solde créditeur de leur compte courant ouvert sur les livres de la société, solde créditeur constitué par la remise d'effets créés précisément en vue de leur souscription et qui, s'ils paraissent avoir été finalement acquittés, ne l'ont été que beaucoup plus tard, après retraits à l'aide des deniers sociaux et renouvellements ;

Attendu dès lors que le versement du premier quart n'avait pas été opéré par ces souscripteurs suivant les termes de la loi de 1867 ; que si le versement du premier quart peut être attribué au moyen des deniers d'emprunt et par compensation, c'est à la condition qu'il n'y ait pas, comme dans l'espèce, une véritable fraude par la constitution factice d'un solde créditeur au moyen de la remise de valeurs d'un mouvement incertain créées purement en vue de la souscription de capital de la société, qui les reçoit et est censée les escompter ; que le délit est donc établi, et à la charge de F... qui a signé la déclaration de versement en qualité d'administrateur délégué, et à la charge de P... qui, en qualité de directeur général, avec les pouvoirs et la prépondérance indiqués plus haut, a fourni, en connaissance de cause, les moyens de commettre l'infraction ;

II. — Sur le délit de distribution de dividendes fictifs :

Attendu que le réquisitoire introductif qui a visé les infractions à la loi sur les sociétés porte la date du 1er février 1908 ; qu'en conséquence, il n'y a pas lieu d'examiner les dividendes distribués à la suite des bilans arrêtés au 30 juin 1903 et au 30 juin 1904 et soumis respectivement aux assemblées générales des 28 décembre 1903 et 24 novembre 1904, les infractions à l'article 15 de la loi de 1867 étant à cet égard, en admettant même leur existence, couvertes par la prescription ;

Attendu que le bilan arrêté au 30 juin 1904 a été soumis à l'assemblée générale du 13 décembre 1905 qui a voté la distribution d'un dividende de 7 0/0 conformément aux résolutions du conseil d'administration ;

Attendu que si l'insuffisance de la somme mise en réserve pour parer à la dépréciation des comptes débiteurs peut être considérée comme une simple faute d'administration, il en est autrement de l'inscription au compte des bénéfices d'une commission de 27.635 francs touchés en vertu d'une convention passée le 8 juillet 1904 avec H... et autres pour constituer une société devant exploiter une usine de cuir chromé ; qu'en effet, à la date où le bilan a été établi, cette somme était devenue litigieuse du fait même de la Caisse auxiliaire de l'Industrie qui, par exploit du 28 avril 1905, avait assigné les cessionnaires d'H... en résiliation de convention et en allocation de dommages-intérêts ; que s'il est vrai que la décision de justice qui a prononcé contre la Caisse auxiliaire des condamnations pour 39.000 francs environ, n'est intervenue que le 3 mai 1906, le caractère aléatoire du bénéfice de 27.000 francs existait dès le mois d'avril 1905 et que, par suite, ce bénéfice pouvait être mis en distribution ; que G... a donc, de ce chef, comme administrateur délégué, avec la complicité de P..., établi un inventaire frauduleux et préparé, fait voter et réaliser, à l'aide de cet inventaire, la distribution de dividendes obtenus, pour partie, au moyen de bénéfices non définitivement acquis de 27.000 francs environ ;

En ce qui concerne le bilan établi au 30 juin 1906 et soumis aux actionnaires le 28 décembre 1906 :

Attendu qu'il résulte des constatations de l'expert Doyen, dont le tribunal a reconnu l'exactitude, que le bilan accuse un chiffre de bénéfices nets de 111.840 fr. 33 sur lequel il a été attribué aux actionnaires 4 0/0 du capital, plus les intérêts, soit 48.522 fr. 55 ;

Attendu qu'il fait figurer parmi les bénéfices des commissions encaissées ou à encaisser pour études d'affaires industrielles et constitutions de société et qui n'étaient pas définitivement acquises ou avaient un caractère litigieux ; qu'une commission de 20.000 francs, affaire M..., était litigieuse en raison d'une plainte déposée par M..., dès mai 1906 ; que, sur une commission de 160.000 francs, affaire D..., la Caisse auxiliaire n'avait touché que 60.000 francs, que le reste était représenté par des actions dont, au 30 juin 1904, la Caisse possédait encore une partie qu'elle évaluait, avec dépréciation il est vrai, sur leur taux nominal, à 33.900 francs, alors qu'elles ne pouvaient encore constituer un bénéfice définitivement réalisé ; que, sur une affaire D... le bilan constituait un bénéfice de 36.525 fr. 10, mais que, postérieurement et avant l'assemblée générale du 28 décembre 1906, le sieur D... avait porté une plainte qui rendait cet élément de bénéfice litigieux ; qu'au surplus, une grande partie de la commission était représentée par un lot d'actions de la société à constituer et que la Caisse n'a jamais reçues ; qu'en outre, la commission B..., qui était déjà litigieuse lors du bilan précédent, ainsi qu'il a été expliqué, avait vu ce caractère s'aggraver encore par le jugement du tribunal de commerce de Sedan du 3 mai 1906 qui a condamné la Caisse à payer 39.655 francs et que cette somme payée le 30 août 1906 n'a pas été mentionnée au chapitre des pertes bien qu'elle annulât un bénéfice antérieurement passé en écritures ; qu'enfin, on peut relever encore des majorations d'affaires de titres provenant non d'acquisitions, mais des commissions, notamment en ce qui concerne 217 titres du Syndicat Marinier ;

Attendu que, sans qu'il y ait lieu de retenir en outre le maintien de certains comptes débiteurs d'un recouvrement plus que douteux ou même impossible vu le défaut ou l'insuffisance d'amortissement qui, suivant les cas, peuvent constituer plutôt des fautes d'administration que des fautes donnant lieu à sanction pénale, il résulte suffisamment des constatations qui précèdent que les bénéfices fictifs qu'il y a lieu de retrancher du compte présenté à l'assemblée générale feront disparaître, soit en totalité, soit en la plus grosse part, les bénéfices indiqués comme réalisés et mis en distribution ;

Attendu que s'il est certain que pour l'exercice 1905-1906 encore il a été commis un délit prévu par l'art. 15 précité et dont P... s'est rendu sciemment complice en fournissant les moyens de le commettre, par les écritures frauduleusement établies sous sa direction, F... ne peut être retenu de ce chef, puisqu'il a cessé d'être administrateur délégué avant l'assemblée générale du 28 décembre 1906 ; que sans doute il est possible qu'il ait encore participé à l'établissement des écritures soumises à l'assemblée et que, dans ce cas, il pourrait être considéré comme complice de même que D..., mais qu'à cet égard et en raison de la situation beaucoup plus effacée en fait qu'il occupait, sa culpabilité n'est pas suffisamment établie et qu'il doit au moins bénéficier du doute.

§ 3. — De l'amortissement des immobilisations.

3347. — « Les choses vieillissent comme les hommes et à la fin elles ne représentent pas 10 0/0 de ce qu'elles ont coûté (Didier, *op. cit.*, p. 137). » Cette phrase est profondément vraie appliquée aux immobilisations. Comme on l'a vu, les immobilisations sont, de leur essence, destinées à dépérir, à se déprécier : les brevets sont tombés dans le domaine public, la mine s'épuise, la concession expire, le matériel se détériore et il y a lieu de le renouveler avec les progrès chaque jour croissants de la science, avec les découvertes qui nécessitent des adaptations nouvelles.

Pour parer aux diverses dépréciations des immobilisations qui sont comme autant de brèches faites au capital qu'il s'agit de conserver intact, on se trouve dans la nécessité de faire des *amortissements*, c'est-à-dire de prélever, sur les résultats bruts de l'entreprise, des sommes ayant pour but de boucher et de réparer complètement ces brèches au fur et à mesure qu'elles se produisent (Ed. Laurent, *Sociétés anonymes industrielles*, p. 29. — Cpr. sur l'amortissement la très importante étude de M. Thaller, *Ann. dr. com.*, 1895, p. 243 et suiv.). Le Code de commerce allemand en fait une obligation pour la société dans son art. 261 où, après avoir indiqué que les installations et autres objets dont la destination n'est pas d'être aliénés peuvent être, sans égard à leur moins-value, estimés à leur prix d'achat ou de production, il ajoute : « Pourvu alors qu'une somme équivalente à la moins-value pour usure ait fait l'objet d'une déduction ou ait été portée à un fonds de reconstitution destiné au renouvellement desdits objets. » On pourrait être tenté de dire que l'amortissement constitue une réserve : ce langage serait inexact, car l'amortissement diffère très sensiblement des réserves.

Le fonds d'amortissement a pour but de maintenir intact le capital social en l'empêchant de s'amoindrir, mais n'a aucunement pour but de l'augmenter, tandis que le fonds de réserve, au contraire, vient pourvoir à l'augmentation de ce capital, afin de lui procurer un surplus susceptible de compenser des pertes et de faire face à des besoins urgents. Le fonds de réserve doit être prélevé sur les bénéfices *nets*, alors que le fonds d'amortissement doit l'être sur les bénéfices *bruts* de l'entreprise. Le fonds d'amortissement doit être *intangible*, alors qu'au contraire le fonds de réserve doit être *disponible*, et cela de par la nature même de leurs fonctions respectives (Ed. Laurent, *op. cit.*, p. 35). Les réserves s'ajoutent au capital, se forment à côté de lui et l'augmentent ; l'amortissement se forme « dans l'intérieur du capital lui-même, sans augmenter l'ensemble de la richesse de l'établissement » (Thaller, *op. et loc. cit.*). L'amortissement regarde le passé, répare un fait accompli, un dommage réalisé ; la réserve concerne l'avenir, doit parer aux pertes éventuelles (Charpentier, *op. cit.*, p. 139 et suiv.).

Les réserves, à l'exception de la réserve légale, restent facultatives pour la société ; l'amortissement est obligatoire. Toute société, comme tout commerçant, si elle veut faire un inventaire sincère et régulier, doit tenir compte de la dépréciation que subissent son matériel, ses marchandises et ses immeubles : l'amortissement est donc de droit et n'a même pas à être prévu dans les statuts de la société ; dans le silence de ces dispositions, il s'impose néanmoins (Lyon, 31 juill. 1897, *R. S.*, 1898.193), quitte au juge du fond d'apprécier souverainement si le montant de cette dépréciation n'est pas exagéré (Cass., 5 déc. 1898, *R. S.*, 1899.9).

Bien mieux, la société doit se préoccuper aussi bien des dépréciations *accidentelles* survenues à son matériel que de la dépréciation normale. En effet, les divers éléments de l'actif ne pouvant être portés dans les bilans et inventaires des sociétés anonymes que pour leur valeur réelle, il doit être tenu compte, dans leur établissement, des dépréciations du matériel industriel qui ont pu se produire depuis le dernier inventaire. En conséquence, l'assemblée générale a le droit et le devoir d'opérer ou d'approuver, malgré le silence des statuts et en dehors de l'amortissement ordinaire et normal, les amortissements nécessaires résultant des dépréciations accidentelles du matériel industriel, alors surtout qu'ils sont justifiés et ne peuvent être considérés comme un moyen d'empêcher la distribution de dividendes aux actionnaires (Trib. com. Seine, 22 déc. 1902, *R. S.*, 1903.175, *Gaz. Pal.*, 9 janv. 1903). Il nous semble dès lors que, contrairement à ce qu'a jugé la Cour de Paris (Paris, 30 avr. 1869, *Ann. Lehir*, 1869.2.343), les administrateurs ne pourraient pas, dans le silence des statuts, décider qu'ils suspendent provisoirement l'amortissement dans les années mauvaises, même sous la condition expresse de le reprendre et de l'étendre pendant les années prospères. En principe, l'amortissement doit s'opérer à la fin de chaque exercice.

Il en résulte une conséquence importante, c'est que, à défaut d'amortissement, une distribution sans arrêt de dividendes n'est plus qu'une réduction irrégulière de capital, à la fixité duquel on ne peut pas porter atteinte, comme nous le verrons plus loin, et par suite ces dividendes sont fictifs (Lyon, 31 juill. 1897, précité ; — Cass., 2 juill. 1901, D. 1903.1.169 ; — Lyon, 19 mars 1899, D. 1900.2.137 ; — Trib. com. Seine, 22 déc. 1902, précité. — *Contrà* : Wahl, *J. S.*, 1900. 294). De même, lorsque les statuts prévoient la réduction du capital social uniquement pour le cas de perte du capital, cette réduction est valablement prononcée par l'assemblée générale si une partie de l'ac-

tif, constituée par du matériel et par des travaux n'ayant été l'objet
d'aucun amortissement, se trouve avoir subi de ce fait une dépréciation considérable : la réduction proposée ne fait alors que mettre l'estimation du capital social d'accord avec la valeur réelle de l'actif
(Trib. corr. Seine, 13 nov. 1901, *Gaz. Pal.*, 1902.1.92).

3348. — M. Percerou, nous l'avons déjà dit plusieurs fois, nous paraît avoir démontré que, depuis la loi du 16 novembre 1903 sur les
actions de priorité, il est loisible à l'assemblée générale extraordinaire
de changer les règles statutaires relatives à l'amortissement du capital
social (Percerou, *J. S.*, 1907, p. 68 et suiv.). Quoique cet auteur n'examine la difficulté qu'en ce qui concerne l'amortissement des actions,
la solution qu'il a donnée nous semble pouvoir être étendue à l'amortissement des immobilisations.

Pratiquement la différence entre l'amortissement et les réserves se
traduit dans les comptes en ce que l'amortissement, constituant une
charge sociale qui doit être acquittée avant toute distribution de bénéfices, est inscrit au compte des *frais généraux*, tandis que les réserves,
qui ne sont que des bénéfices économisés, sont prélevées sur le solde
du compte des *profits et pertes*.

3349. — Rien n'empêche, et ce serait même une mesure prudente,
de faire porter l'amortissement sur toutes les valeurs du capital, sans
exception, pourvu qu'elles soient susceptibles d'une dépréciation normale, condition essentielle de l'amortissement. C'est ainsi que l'amortissement pourrait être appliqué aux créances, si quelques-unes d'entre elles sont devenues douteuses ou contentieuses (Faragi, *op. cit.*,
p. 100). En pratique, l'amortissement ne se fait que sur les immobilisations, car ce sont les seules valeurs susceptibles d'une détério-
ration régulière. Autrefois, l'amortissement était échelonné sur des
périodes assez longues, 30, 40, 50 ans même ; aujourd'hui, avec la
concurrence plus grande, la nécessité de produire vite, l'amortissement doit être prévu pour une période de temps moins longue.

L'amortissement idéal serait celui qui serait estimé périodiquement,
qui se ferait chaque année d'après la dépréciation subie dans l'année
par le matériel, qui serait adéquat à cette dépréciation : ce procédé
a cependant un grave inconvénient, celui d'exiger chaque année une
évaluation précise de cette dépréciation, ce qui ne va pas sans grandes
incertitudes. Aussi la pratique lui préfère-t-elle le procédé automatique de l'*amortissement forfaitaire*, qui se fait d'ailleurs suivant
deux manières, l'amortissement *constant* et l'amortissement *décroissant* (M. Laurent, *op. cit.*, p. 71 et suiv., a tenté de donner les formules

mathématiques des différents modes d'estimation des amortissements), Dans le premier, l'amortissement a lieu par annuités égales, proportionnelles aux prix d'origine ; dans le second, « le montant de l'annuité est calculé non plus sur le prix de revient, mais sur le prix de l'annuité précédente, c'est-à-dire sur la valeur originaire, diminuée de la somme des amortissements déjà opérés » (Charpentier, *op. cit.*, p. 142 ; Faragi, *op. cit.*, p. 98 et suiv. ; Verley, *op. cit.*, p. 129 et suiv.). Les deux procédés ont leur avantage respectif, qui doit les faire préférer suivant les cas et les situations : l'amortissement constant arrive à une reconstitution intégrale du capital social et convient par suite aux objets dont la dépréciation sera entière au bout d'un certain temps ; l'amortissement décroissant, qui ne permet pas d'amortir complètement le matériel, sera au contraire employé lorsque ce matériel laissera, malgré son usure, subsister certaines pièces susceptibles encore d'être vendues.

3350. — Les fonds consacrés à l'amortissement, prélevés sur les frais généraux, ne doivent pas être pris sur les valeurs immobilisées elles-mêmes, car il n'y aurait pas création d'un actif nouveau, mais simple passation d'écritures, mais bien sur la plus-value des valeurs de roulement de la société dont le solde débiteur ressortira au compte des profits et pertes. Pratiquement l'amortissement peut figurer au bilan de deux façons différentes : ou bien on porte les objets à amortir au bilan pour leur valeur actuelle, l'amortissement étant déduit ; ou bien on maintient les constructions et le mobilier industriel à leur valeur primitive d'acquisition et, en même temps, pour redresser cette majoration, on ouvre au *Passif* un compte spécial d'amortissement qui s'augmente chaque année du montant de la plus-value. C'est surtout ce second procédé qui est suivi en pratique (Verley, *op. cit.*, p. 131 et suiv.).

3351. — L'amortissement ne doit être ni insuffisant, ni excessif : ni insuffisant, car il pourrait entraîner la répartition de dividendes qui seraient fictifs ; ni excessif, car il ne serait plus alors le maintien du capital immobilisé, mais bien une augmentation de ce capital et constituerait ainsi une véritable réserve, dont la formation pourrait être critiquée par ceux qui escomptent à bon droit la distribution de bénéfices et notamment par les porteurs de parts de fondateur, ou d'actions de jouissance, frustrés dans leur droit (V. Trib. com. Seine, 16 janv. 1890, *R. S.*, 1890.261 ; — 5 déc. 1894, *J. S.*, 1895.130). A quel montant exact peut-on dire que l'amortissement est suffisant, insuffisant ou exagéré, c'est là une question de fait pour laquelle il est bien difficile, sinon impossible, d'indiquer une rège générale et qui est appréciée souverainement par le juge du fond (Cass., 5 déc. 1898, *R. S.*, 1899.9). Il est bien certain d'ailleurs que, toutes choses égales, il vaut encore mieux que l'amortissement soit excessif qu'insuffisant. Il y a même, dans certaines sociétés, une sorte de coquetterie à grossir les amortissements, dans un but de sage administration. Un auteur a été jusqu'à écrire que si même un établissement « inscrivait pour mémoire dans son bilan ses usines avec son outillage, ses titres, loin d'être dépréciés, ne prendraient de ce fait que plus de valeur » (Didier, *Etude sur l'inventaire*, p. 136). Il ne faut cependant pas exagérer et ce serait une faute, croyons-nous, que de priver les actionnaires de dividendes jusqu'à amortissement complet de l'actif immobilisé.

3352. — En tout cas, l'amortissement doit toujours être *spécial*, c'est-à-dire affecté à une partie déterminée de l'actif : le bilan doit indiquer chacune des valeurs auxquelles il correspond, afin qu'on puisse ainsi apprécier si l'amortissement est en rapport avec la dépréciation subie par la valeur. C'est ce qui est fort bien spécifié dans un jugement du tribunal civil de la Seine du 20 décembre 1894 (D. 99.2.363, S. 98. 2.93, col. 2) :

« Attendu que les statuts peuvent assurément prescrire ou permettre la formation d'un fonds d'amortissement qui, représentant une dépréciation subie par l'actif social, n'augmente ni ne diminue celui-ci et se borne à en conserver intacte la valeur, mais que l'assemblée générale ne peut, à défaut de clauses particulières et expresses du pacte social qui l'y autorisent, ou de l'assentiment unanime de tous les intéressés, actionnaires et porteurs de parts appelés à la répartition des bénéfices, établir un prélèvement sur ces bénéfices distribuables ; que d'autre part, l'amortissement étant destiné à représenter, lors de la dissolution de la société, l'objet périssable auquel il s'applique est, de sa nature même, spécial ; qu'il doit dès lors viser une partie déterminée de l'actif, dont on puisse estimer la dépréciation progressive, et non pas former une sorte de fonds de réserve ou de prévoyance déguisé, créé à côté et en dehors de la réserve légale, et destiné à grossir l'actif de la liquidation ; que c'est ainsi que la société l'a compris elle-même, puisque ses statuts, tout en stipulant qu'un amortissement serait effectué, ont précisé avec soin, dans leurs art. 24 et 40, qu'il porterait sur les immeubles, le matériel et l'outillage industriel et les marchandises » (Ce jugement a été infirmé par la Cour de Paris, le 16 juillet 1896 (S. 98.1.89, D. 99.2.363), mais pour des motifs qui laissent intacte sa doctrine sur la spécialité du fonds d'amortissement),

3353. — C'est ainsi encore que les sommes portées au bilan sous la rubrique *amortissement* ne peuvent être affectées au paiement des dépenses telles qu'acquisition d'usines, amélioration du matériel et remboursement de sommes dues à des tiers (Trib. com. Seine, 16 janv. 1890, *Le Droit*, n° du 31 janv. 1890, *R. S.*, 1890.261).

3354. — La règle de la spécialité de l'amortissement ne doit pas être entendue d'ailleurs d'une façon trop stricte. Le fonds d'amortissement reste entre les mains de la société de libre disposition, en ce sens qu'elle est libre de l'employer au mieux de ses intérêts. Elle n'est pas forcée de consacrer ces capitaux spécialement à la portion d'actif dont ils sont destinés à compenser la dépréciation : la société peut les reporter sur un autre chapitre de l'actif, augmenter les valeurs d'une immobilisation au détriment des autres, constituer même avec elles une caisse spéciale ; elle recourra d'ailleurs rarement à ce procédé, en soi défectueux (Charpentier, *op. cit.*, p. 149 ; Verley, *op. cit.*, p. 138 et s.).

3355. — L'amortissement enfin ne doit pas être employé sans distinction à l'égard de toutes les valeurs ; par son but même, l'amortissement ne se conçoit qu'au regard de celles qui sont susceptibles d'une dépréciation et d'un dépérissement graduels et certains ; il se conçoit difficilement à l'égard de celles qui sont sujettes seulement à des fluctuations, à des alternatives de hausse et de baisse, sans que leur valeur subisse une diminution régulière et constante. Pour elles, l'amortissement dépasserait son but : ce ne serait plus le maintien du capital, mais bien son augmentation. Aussi pour ces valeurs, y a-t-il lieu à la création, non d'un fonds d'amortissement, mais d'une véritable réserve, avec tous les caractères qui différencient ces réserves du fonds d'amortissement, constitué en vue d'une dépréciation éventuelle de ces valeurs.

3356. — Parmi les immobilisations qui ne sont pas susceptibles de s'amortir, on cite les terrains et le fonds de commerce. En ce qui concerne les terrains, la question ne souffre pas de difficultés : il n'en est pas de même du fonds de commerce.

La jurisprudence a une tendance à considérer le fonds de commerce comme susceptible d'amortissement, parce que susceptible d'une dépréciation normale et régulière. C'est la solution donnée dans un important arrêt de la Cour de Lyon du 20 février 1903 (D. 1904.2.17). — C'est à tort que l'on cite aussi en ce sens un arrêt de la Cour de Besançon du 1er fév. 1895 (*R. S.*, 1895.429 ; l'arrêt ne nous paraît pas avoir la portée qu'on lui prête), qui considère très nettement que la clientèle étant sujette à dépérissement doit être amortie, quel que soit le résultat des exercices. Cette doctrine est approuvée par M. Percerou (note au D. 1904.2.18. — Dans le même sens, Duplessis, *Comptabilité des sociétés par actions*, p. 4) : « Il peut être sage, dit-il, d'amortir la valeur de la clientèle, en vue de son dépérissement, de même que l'on amortit un immeuble social en vue de sa diminution de valeur (pour usure des bâtiments ou pour tout autre motif)... On est d'accord pour admettre que le conseil d'administration et l'assemblée générale des actionnaires ont le droit et le devoir, même en l'absence de toute stipulation statutaire, de tenir compte, pour l'évaluation de l'actif, de la dépréciation de ses divers éléments, parmi lesquels figure la clientèle, et par conséquent, de prélever la somme nécessaire pour ramener ces éléments à leur valeur au jour de la fondation de la société et pour maintenir ainsi l'égalité entre la valeur vraie de l'actif social et le montant du capital social annoncé aux tiers. » Il nous paraît plus exact de dire avec M. Charpentier (*op. cit.*, p. 151 et 152) que le fonds de commerce, pas plus que les terrains, n'est condamné fatalement à une dépréciation régulière. Il est susceptible de fluctuation et peut même faire l'objet d'une augmentation régulière de valeur. Aussi ne peut-il être question pour lui que d'une réserve et, aussi longtemps qu'en fait la clientèle n'aura pas diminué, les sommes nécessaires ne pourront être prélevées que sur les bénéfices nets.

§ 4. — Le passif.

3357. — De même que nous avons vu qu'il y avait à l'actif des comptes d'une valeur purement comptable, à côté des comptes ayant une valeur commerciale, de même il y a des passifs du bilan qui ne représentent pas des dettes dans le sens juridique du mot. Tous les passifs figurent au bilan, tous ont une signification comptable, mais ils se divisent en passifs de nature exclusivement comptable et en passifs de nature économique, c'est-à-dire représentant des dettes. Tous sont des postes de déduction de l'actif, mais les uns le diminuent d'une façon comptable, tandis que les autres diminuent la fortune brute. Il faut en un mot distinguer entre le déficit et l'endettement, il faut opposer la réduction effective du fonds social et celle qui est purement comptable.

Ce n'est pas à dire qu'il y ait des passifs fictifs et des passifs effectifs ; il ne faudrait pas se laisser entraîner à cette idée que des passifs diminuant seulement la valeur comptable de l'avoir brut ne seraient pas de vrais passifs. *Passif* ne veut pas toujours dire *dette,* comme nous venons de le faire remarquer. En réalité, deux raisons justifient l'existence des passifs comptables non effectifs : 1° Les bilans pour l'établissement des bénéfices présentent un solde qui donne une modification de l'avoir net survenu pendant une période d'exercice. Pour constater cette modification, il est indispensable de comparer l'avoir net effectif actuellement existant avec l'avoir antérieur de l'actif, avec un actif qui, par conséquent, n'existe plus tel quel, qui ne peut être reconnu que par des livres, par des calculs. Ce ne sont pas des postes comptables qui représentent le montant du fonds social, des fonds de réserves figurant au passif. Ils représentent la fortune antérieure qui existait avant l'arrêté de l'exercice. Plus de tels postes comptables sont établis, moins élevé est l'accroissement de l'actif net, c'est-à-dire du bénéfice. Il y a là un moyen de régulariser les bénéfices, de les empêcher de subir de trop brusques variations qui sont toujours dangereuses pour la société, même lorsqu'elles se manifestent dans le sens de l'augmentation du dividende. — 2° Au point de vue de la comptabilité matérielle, les postes de déduction de l'avoir brut étant placés en face de celui-ci, la constatation visuelle de la différence se fait très simplement par l'égalisation de deux sommes totales.

Nous suivrons, pour l'étude du passif, un ordre, non pas semblable (ce ne serait pas possible) à celui de l'actif, mais analogue. Après avoir recherché comment le passif doit être établi, quels sont les éléments qui doivent y figurer, nous verrons en second lieu de quelle façon il doit être vérifié, et enfin quelles sanctions civiles et pénales comportent son établissement et sa vérification.

A) Etablissement du passif.

3358. — Il comprend, nous venons de le dire, les dettes et le déficit de la société, dettes et déficit qui peuvent se traduire soit vis-à-vis de la société elle-même, soit vis-à-vis des tiers. En d'autres termes, il convient d'examiner le passif à l'intérieur de la société, c'est-à-dire le capital et les réserves, et le passif à l'extérieur de la société, c'est-à-dire les obligations de la société envers les tiers, entendus dans un sens très large et comprenant les créanciers ordinaires, les obligataires, les porteurs de parts de fondateur, l'Etat pour la perception de l'impôt.

1° *Le capital.*

3359. — La première somme qui doit figurer au passif, c'est le capital, que la société a reçu des actionnaires, auxquels elle le doit, du

moins éventuellement, car elle ne le devra restituer, s'il existe encore,
qu'au jour de la liquidation de l'actif social : cette inscription ren-
seigne les créanciers sociaux sur l'étendue de leur gage. L'art. 261 C.
com. allemand dit expressément : « Le montant du capital social et
le montant du fonds de réserve et de renouvellement doivent figurer
au passif du bilan. » Il est incontestable, en effet, que le capital fondamental, ainsi que les réserves d'ailleurs, sont des avoirs et aucunement des dettes de la société. Car quels seraient les créanciers ? Les
actionnaires ? Mais ils n'ont droit au capital engagé qu'après la liquidation. Et cependant, le capital doit être porté au passif parce qu'il
doit être remboursé un jour, s'il y a des bénéfices, et ce que le législateur allemand a érigé en loi est un usage constant en France.

Le capital doit être inscrit pour son montant nominal, pour la
somme pour laquelle il a été souscrit : peu importe qu'il ait été versé
ou non en totalité ; peu importe même que les actions aient été émises
au-dessus du pair : la prime pourra dans ce cas être employée, par
exemple, à l'augmentation corrélative de la réserve légale (Verley,
op. cit., p. 197 ; Charpentier, *op. cit.*, p. 44). — La loi du 24 juillet 1867
exigeant la souscription intégrale du capital social supprime toute
difficulté relative au cas où les actions auraient été souscrites au-
dessous du pair, difficulté qui se présente au contraire pour l'émission
des obligations : nous l'étudierons à ce moment. Tout au plus, si les
actions ont été émises par un banquier ou un syndicat qui a prélevé
une prime de tantième, cette prime constituera un avantage particulier soumis aux formalités exigées par la loi dans ce cas ; mais le capital
sera inscrit pour son montant intégral, sans déduction de la prime.
Toutefois, afin que les tiers ne puissent pas être trompés, car des dé-
faillances sont possibles au jour d'un appel du non versé de la part des
actionnaires, le bilan doit faire apparaître la partie versée et le non
versé en y faisant figurer à l'actif, parmi les créances, ce qui reste à
appeler du capital social : l'évaluation de ces créances devra être
faite d'après les règles que nous avons indiquées. En Allemagne, on
suit encore un autre procédé, défectueux, et qui perd d'ailleurs chaque
jour du terrain : certaines sociétés se contentent encore de porter au
passif le montant des versements opérés (Simon, *op. cit.*, p. 206 et s. ;
Verley, *op. cit.*, p. 200).

De même, toutes les actions sans exception doivent figurer dans
cette inscription, aussi bien les actions de numéraire et d'apport, que
les actions de jouissance et les actions privilégiées ; mais on fera bien
d'indiquer dans un poste spécial les actions de jouissance d'une part,

à cause des avantages amoindris qu'elles confèrent à leurs titulaires, et les actions privilégiées d'autre part, pour la raison inverse (Charpentier, *op. cit.*, p. 43).

3360. — *Fixité du capital.* — Le capital de la société est susceptible de varier au cours de l'existence de la société : la somme initiale doit-elle être toujours maintenue au même chiffre, en admettant, bien entendu, qu'aucune modification n'ait été apportée à son montant par une assemblée générale extraordinaire, ayant valablement délibéré ?

Une règle fondamentale des bilans des sociétés par actions réside dans le principe de la *fixité du capital.* Un individu faisant le commerce, responsable envers les tiers sur tous ses biens, peut retirer de son entreprise telles sommes qu'il y avait originairement affectées et qu'il destine à un autre emploi, à la seule condition de ne pas agir en fraude des droits de ses créanciers : sa responsabilité demeure toujours entière et absolue à l'égard de ceux-ci. Une société de capitaux n'est pas dans une semblable situation : tous les biens sociaux, mais rien que les biens sociaux, sont affectés à la garantie des tiers, constituent leur gage. La société est une personnalité juridique distincte de chacun de ses associés ; son capital est un élément essentiel de sa vie juridique ; elle ne peut le toucher sans altérer par cela même son existence. Cela est particulièrement vrai à l'égard des sociétés qui, comme la société anonyme, limitent au montant du capital social le gage de leurs créanciers : elles sont au premier chef des sociétés que l'on peut appeler *à capital fixe* (Thaller, *Traité* (2ᵉ éd.), nº 377 ; Charpentier, *op. cit.*, p. 22 et suiv. ; Faragi, *op. cit.*, p. 144 et suiv.) ; c'est ce qui découle de l'art. 1860 C. civ. : « L'associé qui n'est point administrateur ne peut aliéner ni engager les choses même mobilières qui dépendent de la société. » Comme on l'a fait très heureusement remarquer, ce texte est le véritable pivot juridique de la personnalité des sociétés en droit moderne (Thaller, *Traité* (2ᵉ éd.), nº 287) et son importance est autrement grande que les art. 529 C. civ. et 69 C. proc. civ. que l'on invoque ordinairement comme base de cette personnalité. (Le principe de la fixité du capital est proclamé par tous les auteurs, sinon expressément, du moins dans ses conséquences, notamment à l'occasion du droit pour une société de racheter ses propres actions, ou des pouvoirs pour l'assemblée générale de modifier le capital social en le diminuant. — V. notamment Thaller, *loc. cit.* ; Wahl, *Étude sur l'augmentation du capital, Ann. dr. com.*, 1893.288 ; Lyon-Caen et Renault, *Sociétés* (4ᵉ éd.), nᵒˢ 875 et 876 ; Thaller, *Revue critique*, 1883.348 ; Labbé, note au S. 78.2.225 ; Thaller, note au D. 93.1.111 ; Lyon-Caen, note au S. 92.1.562. — Voici d'autre part ce que l'on peut lire dans la circulaire si importante du ministre de l'intérieur du 11 juillet 1818 relative aux sociétés, *Bull. min. intér.*,1818, p.197 ; Dalloz, V° *Sociétés*, n° 1459, note : « Le gouvernement n'ayant autorisé la société anonyme qu'en raison du capital qu'elle offrait pour garantie de ses opérations, lorsque ce capital est détruit, la garantie n'existe plus et le public serait induit à une confiance sans fondement si, dans cet état de choses, la société était maintenue. Il est vrai que le public court le même risque envers les sociétés ordinaires ; mais elles présentent les garanties de la responsabilité individuelle, indéfinie et solidaire, des associés, ce qu'on ne trouve pas dans les sociétés anonymes. On ne saurait d'ailleurs demander à des particuliers, dont les opérations commerciales roulent sur l'opinion qu'on a de leur crédit, de rendre compte de la situation journalière de leur capital : mais le capital étant la seule sûreté que présente la société anonyme, tout ce qui concerne son existence doit être public ; c'est sur la connaissance des choses et non sur l'opinion qu'en cette matière la confiance doit être réglée. »

Comme on le voit, il pose le principe intangible de la fixité du capital, que l'on peut caractériser par cette idée, c'est que l'associé ne doit avoir aucune faculté individuelle de disposer du bien social. Mais il importe de bien comprendre ce principe de la fixité du capital afin de ne pas en tirer des conséquences inacceptables et qu'il ne comporte pas, tant au point de vue juridique qu'au point de vue comptable.

Il est tout d'abord un point certain : malgré sa fixité, ce capital reste soumis à tous les *aléas* de l'exploitation entreprise par la société et il peut, c'est de toute évidence, être considérablement réduit par les pertes. Les tiers n'ont qu'à s'en prendre à eux-mêmes, puisqu'ils ont fait confiance à la société. Du reste, la perte des trois quarts du capital peut entraîner la dissolution de la société (art. 37 de la loi de 1867) ; il suffit même que cette perte soit de la moitié dans les entreprises d'assurances, pour lesquelles la dissolution est alors obligatoire (art. 4 de la loi du 17 mars 1905). D'autre part, ce capital qui était originairement représenté par une somme d'argent, 100.000 francs par exemple, se transformera nécessairement en immeubles, en marchandises, en matériel, pour tout ou partie. Le principe de sa fixité ne s'y oppose pas.

Le principe doit donc se combiner avec les nécessités administratives ou économiques de la société. Mais jusqu'au jour de la dissolution de la société, le capital doit toujours être inscrit pour son montant initial au passif pour le même chiffre ; il doit se trouver à l'actif dans les diverses valeurs qui le représentent. Les associés ne peuvent pas de leur chef porter atteinte, sous une forme quelconque, directe ou indirecte, avouée ou cachée, à ce capital versé ou promis (Comp. Limoges, 2 juill. 1897, D. 1900.1.372), à moins qu'ils ne justifient de l'emploi des formes et surtout des publications exigées par la loi.

Nous arrivons ainsi à la seconde limitation que comporte le principe de la fixité du capital. Autant il est incontestable que ce capital reste soumis aux *aléas* de l'entreprise, dont les créanciers doivent supporter l'insolvabilité, autant il est non moins incontestable que la société peut, pour des motifs d'ordre très différents, le diminuer par une modification apportée à ses statuts, sous les conditions particulières de publicité, de composition et de nature de son assemblée générale extraordinaire. Il est toujours permis en effet à toute société de modifier, par un accord nouveau, son capital initial, mais à la condition de ne pas le faire à l'insu des tiers et de rendre publique cette modification qui vient ainsi apporter une grave atteinte à leur gage. Cette réduction n'opère d'ailleurs que sous réserve des droits des créanciers antérieurs, qui restent intacts. D'autre part si, en réduisant son capital, la société se rend insolvable ou a augmenté son insolvabilité, la nullité de la réduction peut être demandée par les créanciers postérieurs, au moyen de l'action paulienne (Lyon-Caen et Renault, *Sociétés* (4e éd.), nos 875 et 876 ; Thaller, *Traité*, 2e éd., no 632 et note au D. 93.1.111 ; — Cass., 27 juin 1890, S. 90.1.345 et la note).

La jurisprudence a fait de ces principes deux applications pratiques fort importantes, l'une concernant le rachat par une société de ses propres actions, l'autre relative à la distribution des dividendes fictifs. — En ce qui concerne le rachat par une société de ses propres actions, on sait que la jurisprudence ne l'admet que lorsque le rachat est opéré à l'aide des bénéfices de la société, au moyen des réserves ; si c'est le capital qui est employé au rachat des actions, l'opération est nulle. Mais ici encore des précisions sont nécessaires, car même dans cette dernière hypothèse le principe de la fixité du capital n'est pas toujours atteint.

On a même soutenu en thèse générale que le rachat par une société de ses propres actions, même effectué avec son capital, n'était pas nul parce qu'il portait atteinte à la fixité de ce capital. Suivant M. Wahl (*Étude sur l'augmentation du capital, Ann. dr. com.*, 1893, p. 288), l'emploi par la société de partie de son patrimoine à souscrire ses propres actions ne diminue pas son capital social, car ce capital est indépendant de l'emploi que la société fait des sommes qu'elle a en caisse, et il n'est diminué par aucun des emplois qui peuvent en être faits, que ces emplois consistent à acquérir les titres émis par la société elle-même ou les titres émis par une autre société. D'autre part, la nullité de la souscription ne provient pas non plus de ce que l'actif social, destiné à garantir les obligations de la société envers les tiers, est détourné de sa destination : « l'actif social n'est pas plus destiné aux créanciers de la société que le patrimoine d'un débiteur n'est destiné à ses créanciers ; les créanciers ont leur gage sur l'actif tel qu'il se comporte lorsqu'ils exercent une action sur lui, ils ne peuvent en aucune manière entraver les actes de leur débiteur ». Suivant M. Wahl, la souscription doit être annulée parce qu'en réalité elle n'existe pas : la société qui rachète ses propres actions « est un débiteur qui contracte une dette envers lui-même, un propriétaire qui rachète son propre bien ; la société ne peut acquérir des droits contre elle-même ». L'explication est certes ingénieuse, quoiqu'elle paraisse méconnaître le droit qu'a tout débiteur d'éteindre une dette qui, dans l'espèce, n'est pas contractée par la société à son profit personnel, mais bien à l'encontre de ses actionnaires, ce qui est tout différent : nous n'insisterons donc pas.

Quoi qu'il en soit, on est d'accord pour reconnaître que le principe de la fixité du capital n'est pas atteint et que par suite la nullité de l'opération n'existe plus lorsque la société régularise après coup son rachat en revendant ses actions à un prix au moins égal à celui auquel elle les a achetées : elle n'a fait ainsi qu'une spéculation (Thaller, *op. cit.*, n° 633 ; Lyon-Caen et Renault, *op. cit.*, n° 881 *bis*). — A cette solution, on a fait une objection qui paraît invincible. On a dit : l'action rentrée dans les caisses de la société n'a plus d'existence, puisque la société a éteint ainsi sa dette par confusion ; l'opération ne peut donc être postérieurement régularisée par la revente du titre (Charpentier, *op. cit.*, p. 47). Il y a là, à notre sens, une erreur : on ne saurait parler ici de confusion, puisque l'opération de la société est entachée primitivement d'une nullité : l'opération qui entraîne la confusion entre deux obligations ne peut produire cet effet que si elle est valable ; or, précisément ici elle est nulle. Il s'agit bien d'une opération nulle dont la nullité disparaît rétroactivement, parce qu'en fait elle n'offre plus d'intérêt et ne saurait donc ouvrir un droit à action.

En réalité, il n'y aura atteinte portée à la fixité du capital et par suite nullité de l'opération que quand l'action rachetée sera amortie, annulée : l'actionnaire aura repris sa mise, sans se préoccuper des formalités légales : l'opération est nulle, car elle n'apparaîtrait pas au bilan, dont le *passif* mentionnerait toujours le même capital social. Nous allons d'ailleurs retrouver la difficulté tout à l'heure, avec l'étude de la question de l'amortissement du capital.

La seconde conséquence est, avons-nous dit, relative à la distribution des dividendes : le principe de la fixité du capital tolère-t-il des distributions de dividendes, même lorsque le capital est entamé et n'a pas encore été reconstitué ? C'est là un question fondamentale que nous retrouverons plus loin dans l'étude du bénéfice distribuable.

3361. — *Amortissement du capital.* — L'amortissement du capital doit être soigneusement distingué de la réduction, car tandis que celle-ci, comme nous venons de le voir, porte atteinte à l'intégralité du capital social qui ne saurait varier sans causer préjudice aux tiers, l'amortissement au contraire laisse intact le capital social et ne peut donc être critiqué par les créanciers de la société, puisqu'elle ne touche pas à leur gage : bien mieux, c'est une mesure qui s'impose même dans un certain nombre de sociétés, dans celles qui, en leur qualité de concessionnaires d'un objet destiné à disparaître au bout d'un nombre d'années limité (mines, concessions de chemins de fer), sont exposées à voir leur actif perdre toute valeur à l'expiration de ce délai.

L'amortissement du capital peut être décidé valablement par l'assemblée générale extraordinaire, qui peut modifier les règles statutaires relatives à ce sujet, soit en décidant, dans le cas où les statuts ne l'auraient pas prévu, que l'amortissement s'effectuera néanmoins par voie de prélèvement sur les bénéfices, soit au contraire, en ordonnant, dans le cas où les statuts s'en seraient occupés, qu'il aura lieu désormais sur des bases différentes, en le rendant, par exemple, simplement facultatif alors qu'il était autrefois obligatoire, ou encore en diminuant la portion des bénéfices qui y était affectée. Ces solutions qui faisaient doute autrefois (V. notamment en sens contraire Paris, 30 nov. 1899, D. 01.2.235, S. 03.2.313) sont aujourd'hui incontestables depuis la loi du 16 novembre 1903 sur les actions de priorité, qui a fait disparaître les objections que l'on élevait contre elles en faisant remarquer que ces dispositions étaient de nature soit à changer la répartition des bénéfices, soit à rompre l'égalité entre les associés (Percerou, *J. S.*, 1907.68 et suiv.).

L'amortissement du capital peut se faire de deux façons différentes, dont chacune présente ses avantages particuliers et qui peuvent être employées suivant les cas et les circonstances : ou bien la société rembourse directement ses actionnaires, ou bien elle rachète ses actions ; elle usera du premier procédé lorsque ses actions sont au-dessus du pair et qu'elle veut laisser à ses actionnaires remboursés la possibilité de continuer à participer aux dividendes au moyen de leurs actions de jouissance ; elle usera au contraire du second lorsque les actions seront au-dessous du pair, et qu'elle ne voudra pas continuer à les rémunérer en tant qu'actions de jouissance, le nombre des actionnaires se trouvant ainsi réduit et les actions rachetées étant destinées à disparaître complètement, à la condition, bien entendu, que la société ne les remette pas en circulation (Caen, 19 juin 1877, sous Cass., 2 juill. 1878, S. 81.1.411).

3362. — *Amortissement par rachat.* — L'amortissement par voie de rachat des actions ne nous retiendra pas, précisément à cause des explications que nous avons fournies déjà sur ce point ; nous devons retenir seulement que la société ne peut faire ce rachat qu'au moyen de ses bénéfices et non avec son capital, car sinon il y aurait atteinte au principe de la fixité du capital ; elle sera donc obligée de le suspendre pendant les années mauvaises, puisqu'il n'y aura pas de bénéfices.

Certaines sociétés rachètent leurs actions non dans le but de les annuler, mais de les conserver pour les revendre le cas échéant : ces actions sont mises en réserve et leurs coupons sont encaissés au profit de ce compte qui forme ainsi un actif du fonds de réserve. Sans vouloir revenir sur les controverses juridiques que cette pratique a soulevées, nous retiendrons seulement qu'elle présente des inconvénients pratiques et des dangers qui doivent la faire abandonner : c'est en réalité un moyen pour la société de soutenir le cours de ses actions dans les temps difficiles, au risque d'être acculée ensuite à une chute d'autant plus retentissante et irréparable qu'elle a été retardée par des moyens fictifs.

L'opération est encore plus dangereuse lorsqu'elle se présente non plus sous la forme du rachat, mais sous la forme du report, quoique toujours licite en soi (Lyon-Caen et Renault, *Sociétés*, n° 885) : la spéculation apparaît ici encore plus nette que dans le cas précédent.

Mais une société peut valablement, alors qu'aucune clause de ses statuts ne le lui interdit, racheter un certain nombre de ses actions, dans le but non de les conserver, mais de les remettre en paiement à l'un de ses créanciers, une pareille opération ne pouvant entraîner aucune diminution du capital. D'ailleurs, lorsque la société s'est purement et simplement réservé, dans le traité passé avec le créancier, la faculté de le payer en actions, sans faire de ce mode de paiement une obligation pour elle, le paiement ne devant avoir lieu en actions qu'autant que les actions seraient cotées à leur valeur nominale ou au-dessus de cette valeur, il ne saurait résulter de cette stipulation aucun préjudice pour la société (Paris, 13 mai 1898, S. 98.2.304, D. 99.2.104).

De même, la société pourra valablement prêter et consentir des avances sur ses propres actions, quoique parfois ce prêt pourra équivaloir à un véritable rachat, puisqu'elle se fera parfois attribuer par justice, en qualité de créancier gagiste, les actions qui lui ont été constituées en gage. Mais ce cas, qui est assez rare en pratique, n'est pas de nature à rendre illicite cette opération.

3363. — *Amortissement par remboursement.* — Quant à l'amortissement par remboursement des actions, il doit être fait également à l'aide des bénéfices ; il ne saurait être effectué, pas plus que le rachat des actions, au moyen du capital, car ce serait réduire ce capital. Le seul moyen de rendre licite cet amortissement au moyen du capital serait de publier le montant de chacun des amortissements annuels et d'abaisser de la même quantité le chiffre du capital (Charpentier, *op. cit.*, p. 70).

Reste donc l'amortissement du capital fait par le remboursement des actions effectué à l'aide des bénéfices, provenant soit directement des bénéfices, soit de réserves supplémentaires. De même que pour le rachat à l'aide des bénéfices, un pareil amortissement laisse intact le capital social et pour les mêmes raisons. En outre, l'actionnaire remboursé qui a reçu une action de jouissance conserve son droit d'entrée aux assemblées générales, sauf clause contraire des statuts, puisqu'il continue à être co-propriétaire du fonds social.

Une difficulté spéciale se présente toutefois pour les sociétés dont l'objet est une concession, de nature temporaire. Comme on l'a très heureusement fait remarquer, « à l'expiration de la concession, au bout de 25 ans par exemple, l'État ou la commune va reprendre le droit à l'exploitation. Jusqu'à ce terme, la valeur de cette partie de l'actif va décroître de 1/25 par an pour tomber à 0 le jour où l'État, le département ou la commune s'en empare et, pour que le bilan soit exact, le chiffre qui le représente doit être abaissé dans la même proportion. Si la société se contente d'amortir son capital sans amortir la concession, le bilan reste équilibré sans doute, mais seulement par une réduction du capital proportionnelle au nombre des titres amortis. L'actif, en effet, se trouve diminué exactement du prix employé au remboursement des mises, ce qui revient à dire que la société amortit ses titres au moyen de son capital » (Charpentier, *op. cit.*, p. 66). La société doit donc procéder à un double amortissement : celui des immobilisations, d'une part, au moyen d'un fonds de réserve créé par des prélèvements antérieurs à tout partage de bénéfice et pris sur les frais généraux, et celui du capital, d'autre part, à l'aide des bénéfices nets : le fonds de réserve pour les immobilisations aura précisément pour objet de recréer le capital qui s'amoindrit chaque année.

Or, ce n'est pas ainsi que procèdent notamment les grandes compagnies de chemins de fer et, comme on l'a fait observer, elles arrivent en réalité à amortir leurs actions par une réduction de leur capital. Ces compagnies, on le sait, remboursent leurs actions, comme leurs obligations, annuellement, par voie de tirage au sort et sans prime de remboursement : elles délivrent à leurs actionnaires remboursés des actions de jouissance. Ce remboursement est fait à l'aide de sommes prélevées sur les recettes d'exploitation et même sur les recettes minima que la garantie d'intérêt de l'Etat permet de rendre suffisantes pour assurer ce remboursement ; mais ces compagnies ne procèdent pas à l'amortissement de leurs immobilisations, ainsi que nous venons de l'indiquer, de telle sorte qu'en réalité, elles remboursent leurs actions avec leur capital.

M. Thaller (*Traité*, 2e éd., no 594, p. 323), tout en reconnaissant que cette pratique est vicieuse, dit néanmoins qu'on « peut à la rigueur la justifier », en faisant remarquer que le capital n'est point réduit, les versements faits primitivement par les actionnaires leur étant rendus, sous la réserve d'en exercer le rappel, le cas échéant (on est obligé, dans cette thèse et pour la soutenir, de supposer que l'obligation de la loi relative au versement du quart est obéie quand ce versement a été effectué au début de la société, mais que rien n'empêche ensuite la société de le restituer : tout cela est au moins contestable) : somme toute, le capital se trouve constitué, non plus par le versement de numéraire qui a été fait par les actionnaires, mais par une série d'actions en restitution du capital versé contre les actionnaires. Il en résulte que la Compagnie n'est pas tenue de publier annuellement le montant de ses amortissements et que d'autre part les actionnaires munis de leurs actions de jouissance gardent leur entrée aux assemblées générales, même en l'absence de disposition formelle des statuts sur ce point, car ils restent des porteurs d'actions de numéraire sous condition suspensive.

On voit à quelles subtilités juridiques on est obligé de recourir pour justifier une pareille pratique : en fait elle est condamnable, et doit être condamnée, car l'amortissement est fait ici en réalité avec le capital. D'autre part, elle aboutit à deux résultats qu'on peut trouver mauvais : d'abord elle substitue au capital versé un capital constitué en créances à longue échéance dont beaucoup pourront être d'un recouvrement difficile, sinon impossible ; en second lieu, elle laisse les actionnaires exposés à la possibilité d'un rappel que rien, dans les statuts de la société, ne permet de prévoir ; ils peuvent de très bonne foi, être trompés sur l'étendue des obligations qu'ils contractent en achetant des actions qu'ils croient de véritables actions de jouissance.

2° Les réserves.

3364. — Les réserves sont également inscrites au passif, pour les raisons que nous avons déjà énoncées en étudiant l'inscription au passif du capital, dont elles forment une annexe. C'est la dette de la société *entrepreneur* à la société *capitaliste*, les réserves constituant une part des bénéfices nets que garde la société *entrepreneur* (Cpr. Faragi, *op. cit.*, p. 104). Toute société par actions doit veiller particulièrement à maintenir la confiance des capitalistes dans sa situation économique ; le meilleur moyen pour elle consiste à éviter, par une sage administration, les variations considérables du prix des actions en bourse, et ce but est le plus pratiquement atteint par la répartition d'un dividende continuellement égal. Cette possibilité de répartir un dividende continuellement égal est atteinte, d'une part, nous l'avons vu, par l'amortissement des immobilisations, d'autre part par la création des réserves destinées à couvrir les pertes extraordinaires dépassant le fonds de réserve légal. Des statuts sagement rédigés doivent donc, soit prescrire la formation, en dehors de la réserve légale, de fonds de réserves supplémentaires constitués à l'aide des bénéfices nets, soit ne pas omettre de laisser expressément ce soin aux assemblées générales (Pour la détermination mathématique du montant des réserves, V. Laurent, *op. cit.*, p. 86 et suiv.).

L'art. 262 C. com. allemand prévoit également la création de réserves et il énumère ainsi les fonds qui peuvent constituer la réserve légale : « Ce fonds doit se composer : 1° du vingtième au moins du bénéfice net annuel aussi longtemps que le fonds de réserve n'a pas atteint le dixième du capital social où une proportion plus forte de ce capital, déterminée par l'acte de société ; 2° du bénéfice réalisé au moment de la constitution de la société ou d'une émission nouvelle quand cette émission s'est faite à un taux supérieur à la valeur nominale et résultant de l'excédent entre ce taux et la valeur nominale augmentée des frais d'émission ; 3° du montant des versements supplémentaires effectués par des actionnaires, sans augmentation du capital social, en échange des droits privilégiés en faveur de leurs actions, à moins que l'emploi de ces versements n'ait été affecté à des amortissements extraordinaires ou à parer à des pertes extraordinaires. »

Ces prescriptions se retrouvent dans l'art. 37 de la loi allemande du 12 mai 1901 sur les entreprises d'assurances, qui décide que « les statuts ont à spécifier la formation d'une réserve destinée à servir à la couverture des pertes exceptionnelles pouvant résulter de l'exploitation et à indiquer en particulier les sommes qui doivent être mises de côté chaque année dans ce but, ainsi que le chiffre minimum à atteindre avant de cesser la formation de cette réserve ». L'art. 38 de la même loi prescrit aussi la création de fonds de réserve facultatifs et le procédé du *report à nouveau* que nous étudions plus loin.

On est à peu près d'accord pour décider que les réserves jouent, au point de vue économique et financier, le rôle d'une institution de prévoyance à l'égard de la société : elles sont à la fois une épargne et une assurance pour la société. Celle-ci profite des années prospères pour mettre de côté sur ses bénéfices des fonds qui lui permettent, d'une part, de se prémunir contre les éventualités des années mauvaises, d'autre part, d'augmenter ses moyens de production ou de capitalisation. « Lorsque l'emploi des réserves correspond à un actif totalement disponible, on peut dire qu'elles sont bien de véritables économies ; en tant qu'elles se trouvent fondues dans les valeurs engagées, immobilisées ou réalisables à long terme, elles représentent l'épargne investie sous une forme de capitalisation donnée (Faragi, *op. cit.*, p. 105). » La société conserve ses réserves en mains, prête à les *faire donner*, quand besoin sera (Verley, *op. cit.*, p. 213). La réserve, c'est de la *fortune* retirée de l'emploi des besoins courants et réservée aux besoins futurs.

Mais elles ne doivent pas servir, comme le font parfois les sociétés, soit à lutter contre des concurrents que l'on veut ruiner, en bouchant les trous que pourra faire au bilan l'avilissement voulu du prix de vente des produits de la société, soit à spéculer sur les actions de la société, en les faisant tout d'un coup hausser par l'annonce d'un dividende qui sera fourni par les réserves que l'on aura habilement dissimulées.

3365. — Les réserves ne sont pas toutefois toujours constituées à l'aide des bénéfices ; elles peuvent avoir une autre origine et constituer ce qu'un auteur allemand appelle le fonds de réserve-bénéfices (*dividenden gewinnreservefonds*), par opposition au fonds de réserve-capital (*Kapitalreservefonds*) (Simon, *op. cit.*, p. 82 et suiv. ; Rehm, *op. cit.*) ; elles peuvent être formées par le versement de la prime que la société recueille de ses actions lorsqu'elle les émet au-dessus du pair, soit au moment de la constitution de la société, soit, le plus souvent, au cours de la société (V. Thaller, *Emissions d'actions à primes, Rev. crit.*, 1881, p. 519). C'est un *élément de fortune* nouveau dont la société va bénéficier. Cette prime qui ne fait pas partie du capital, comme nous l'avons déjà vu, et représente une sorte de droit d'entrée payé par les actionnaires pour devenir associés, est le plus souvent versée à la réserve ; elle servira souvent même à constituer l'augmentation de la réserve légale au cas d'augmentation du capital. En droit allemand, ce versement à la réserve constitue une obligation pour la société ; l'art. 262 C. com. allemand dispose en effet que le fonds de réserve « se compose :... 2º du bénéfice réalisé au moment de la constitution de la société ou d'une émission nouvelle quand cette émission s'est faite à un taux supérieur à la valeur nominale augmentée des frais d'émission ». La loi française ne contient sur ce point aucune disposition impérative et, dans le silence des statuts, l'affectation de la prime reste libre entre les mains de la société : celle-ci peut la verser à la réserve ; mais elle peut également la distribuer aux premiers actionnaires, car il n'est pas absolument juste que les nouveaux actionnaires, qui n'ont pas couru les risques qu'ont encourus les anciens, aient de suite des droits égaux à ceux-ci (Wahl, *Ann. dr. com.*, 1894, p. 196 ; Thaller, *ibid.*, 1895, p. 256) ; elle peut encore être affectée au rachat des parts de fondateur (Lyon-Caen et Renault, p. 534), ou encore à la rémunération du banquier chargé de l'émission (*Rép. gén. dr. franç.*, Vº *Soc. com.*, nº 5460).

Dans l'affaire de l'Union Générale, le Tribunal de commerce de la Seine, par jugement du 15 mai 1882 et, sur appel, la Cour de Paris, par arrêt du 2 mars 1883 (*R. S.*, 1883.231), ont admis que les sommes versées par les souscripteurs, à titre de primes, pour être portées à une réserve extraordinaire, sont acquises aux tiers malgré la nullité de la société (Dans le même sens, Wahl, *Ann. dr. com.*, 1894, p. 196).

Comme nous le verrons plus en détails à l'occasion de la réserve légale, les réserves légale et extraordinaires sont la propriété des actionnaires et par suite le gage commun des créanciers sociaux ; elles forment une annexe, une augmentation du capital ; elles ont perdu leur caractère de produits pour devenir partie intégrante de ce capital. Elles sont donc en principe soustraites à ceux qui avaient droit aux bénéfices et, comme on le verra, c'est là une des plus graves difficultés de la matière que de régler les droits des associés et ceux des titulaires de droits aux bénéfices sur les réserves de la société.

3366. — Une difficulté spéciale s'était élevée autrefois, relative aux fonds de prévoyance (caisses patronales de retraites, de secours, ou d'assurances) constitués au profit des employés ou des ouvriers de la société. Malgré tout l'intérêt qui s'attachait à la créance des ouvriers ou des employés sur ce fonds constitué uniquement à leur profit, par une sorte de participation aux bénéfices de l'entreprise, il était difficile, en l'absence d'un texte formel, de considérer ces fonds comme n'étant pas restés la propriété de la société et par suite le gage commun de ses créanciers et de reconnaître aux ouvriers ou employés un droit de préférence spéciale sur ces sommes. Aussi la jurisprudence les avait-elle admis, en cas de faillite ou de déconfiture du patron, comme simples créanciers chirographaires des fonds versés à la caisse ou des sommes que le patron avait négligé d'y verser (Paris, 14 fév. 1892, D. 93.2.62. — V. cep. Lyon, 4 mai 1887, *Mon. jud. Lyon*, n° du 27 juill. 1887). La loi du 27 décembre 1895, pour empêcher le retour d'abus qui avaient soulevé d'assez vives émotions dans le monde ouvrier, a organisé en faveur des employés et ouvriers des mesures de faveur consistant notamment dans l'obligation de verser à la Caisse nationale des retraites pour la vieillesse ou à la Caisse des dépôts et consignations les sommes destinées à constituer les retraites des ouvriers ou employés et la faculté de déposer aux mêmes caisses les sommes destinées aux autres institutions de prévoyance, dans la création d'un droit de gage sur ces sommes déposées au profit des ouvriers et employés et enfin dans l'exigibilité immédiate de ces sommes au cas de faillite, de liquidation judiciaire ou de déconfiture du patron avec privilège général sur les biens du patron prenant rang concurremment avec le privilège des gens de service de l'art. 2101 C. civ. Cette législation qui confirme bien théoriquement la notion de propriété de ce fonds au profit de la société, le soustrait en fait au gage général des autres créanciers sociaux et ne permet plus de considérer les réserves de ce genre comme une dette de la société *entrepreneur* à l'égard de la société *capitaliste*, mais bien comme une dette à l'égard des employés et ouvriers. Ce n'est pas en réalité un fonds de réserve au sens légal et technique du mot.

3367. — Une règle commune encore à tous les fonds de réserve, c'est que la loi générale des sociétés, la loi de 1867, n'impose pas l'emploi de ces fonds de réserve. La réserve ne constitue pas un fonds indépendant, distinct des autres fonds de la société ; elle ne s'applique pas comme les amortissements, nous l'avons déjà vu, à une catégorie spéciale de valeurs : c'est purement et simplement une expression comptable, la société se trouvant dans l'obligation d'inscrire à son passif le chiffre de ses réserves et par suite de surélever d'une somme égale le montant de son actif, pour rétablir l'équilibre. Mais les valeurs actives qui constituent ce fonds restent confondues avec les autres valeurs et peuvent être laissées par la société dans ses affaires. Il y a là une véritable lacune dans notre loi générale, lacune qu'il serait urgent de combler, car, envisagées de cette façon, les réserves peuvent très souvent n'être qu'un leurre ; les mauvaises spéculations de la société peuvent les faire disparaître avec le restant de l'actif, précisément à un moment où elles seraient particulièrement précieuses.

Dans une matière spéciale, celle des assurances sur la vie et des sociétés de capitalisation, il n'en est pas de même. Déjà le décret du 22 janvier 1868 relatif aux sociétés d'assurances, autres que les sociétés d'assurances sur la vie, imposait aux sociétés d'assurances, dans son art. 5, modifié par le décret du 10 juillet 1901, une liste limitative des valeurs de placement des fonds de la société. Mais il convient de remarquer que ces prescriptions concernent aussi bien les fonds de réserve que les autres fonds de la société. La loi du 17 mars 1905 sur le contrôle et la surveillance des sociétés d'assurances sur la vie remplace, dans son art. 5, la réserve légale de la loi de 1867 par une réserve de garantie qui n'est d'ailleurs pas obligatoire pour les sociétés tontinières ; l'alimentation de la réserve de garantie est déterminée par le décret du 23 juin 1906. Elle doit être placée en valeurs indiquées par le règlement d'administration publique du 9 juin 1906 ; mais ici, comme pour le décret de 1868, ces prescriptions de placement ne concernent pas spécialement le fonds de garantie et sont générales à tout l'actif de la société. Des prescriptions identiques se rencontrent dans l'art. 5 de la loi du 19 décembre 1907 relatives aux sociétés de capitalisation, complétées à cet égard par le décret du 1er avril 1908 et le règlement d'administration publique du 17 juillet 1908.

3368. — *La réserve légale*. — Les différentes réserves légales que connaît la loi française sont fixées de la façon suivante. Tout d'abord, le droit commun des sociétés est contenu dans l'art. 36 de la loi du 24 juillet 1867, ainsi conçu : « Il est fait annuellement, sur les bénéfices nets, un prélèvement d'un vingtième au moins, affecté à la formation d'un fonds de réserve. Ce prélèvement cesse d'être obligatoire lorsque le fonds de réserve a atteint le dixième du capital social. » En ce qui concerne les sociétés anonymes d'assurances à primes fixes, autres que les sociétés sur la vie, l'art. 4 du décret du 22 janvier 1868 dit : « La société est tenue de faire annuellement un prélèvement d'au moins 20 0/0 sur les bénéfices nets pour former un fonds de réserve. Ce prélèvement devient facultatif lorsque le fonds de réserve est égal au cinquième du capital. » Pour les entreprises d'assurance sur la vie, le décret du 22 juin 1906 détermine en ces termes le montant de la réserve de garantie, substituée par la loi du 17 mars 1905 à la réserve légale : « La réserve de garantie que les entreprises sont tenues de constituer, en exécution du 3e alinéa de l'art. 5 de la loi du 17 mars 1905, est alimentée : 1° pour les sociétés françaises, anonymes ou en commandite (Il convient de remarquer que la législation spéciale des sociétés d'assurances sur la vie impose la constitution d'une réserve de garantie aux sociétés en commandite, obligation que la loi de 1867 n'impose pas, en droit général, aux sociétés en commandite, l'art. 36 étant spécial aux sociétés anonymes : il y a là une divergence regrettable entre les deux genres de sociétés), par le prélèvement annuel sur leurs encaissements d'une somme au moins égale à 3 0/00 du montant global des primes uniques et périodiques encaissées au cours de l'exercice. Ce prélèvement est réduit de moitié lorsque la réserve de garantie atteint un chiffre égal à 5 0/0 des réserves mathématiques ; il cesse d'être obligatoire lorsque cette réserve atteint un chiffre égal à 10 0/0 des réserves mathématiques ; 2° pour les entreprises françaises autres que celles visées au paragraphe précédent, à l'exception des entreprises à forme tontinière, ainsi que pour les entreprises étrangères, en ce qui concerne les contrats souscrits ou exécutés en France, en Algérie ou dans les colonies visées par l'art. 23 de la loi du 17 mars 1905, par le prélèvement annuel sur leurs encaissements d'une somme au moins égale à 3 0/0 du montant des primes ou cotisations encaissées au cours de l'exercice. Ce prélèvement est réduit de moitié lorsque la réserve de garantie atteint un chiffre égal à 6 0/0 des réserves mathématiques. » Ces dispositions sont répétées, en ce qui concerne les sociétés de capitalisation, par le décret du 1er avril 1908.

Il est assez difficile de déterminer d'une façon exacte les motifs qui ont guidé le législateur lorsqu'il a voulu créer le fonds de réserve légale. La réserve légale a pris naissance dans la circulaire du sous-secrétaire d'État de l'intérieur aux préfets, en date du 11 juillet 1818

(*Rec. min. int.*, 1818, p. 197 et suiv. ; Dalloz, *Répert.*, Vº *Sociétés*,
nº 1459 en note), qui paraît bien rattacher la réserve légale au principe de la fixité du capital et ne l'imposait que pour les sociétés anonymes, particulièrement pour les sociétés d'assurances. Le ministre
avait posé au Conseil d'Etat la question suivante : « Faut-il exiger
que les sociétés anonymes fassent chaque année une réserve sur le
montant des bénéfices, pour prévenir la réduction de leur capital primitif, ou même pour l'accroître ? » Le Conseil d'Etat fut d'avis qu'« une
réserve annuelle sur les bénéfices doit être exigée dans les sociétés
anonymes qui ont pour objet des opérations de commerce », et il en
donnait les motifs suivants :

« La conséquence de la réduction éventuelle du capital à un certain
minimum étant la dissolution de la société, suivant l'article précédent, il convient à l'association de prévenir cet accident, en formant
sur ses bénéfices éventuels une réserve pour éloigner toute décrois-
sance de son fonds primitif.

« En particulier, les compagnies d'assurances maritimes peuvent,
suivant les circonstances, faire de très grands bénéfices, ou être exposées à de très grandes pertes. Il est convenable qu'une partie des
avantages obtenus dans le premier cas vienne au secours des désas-
tres qui peuvent leur succéder. En imposant la nécessité d'une réserve, le gouvernement ne fait aucun tort aux associés ; il ne fait que
donner plus de valeur et une valeur plus constante aux actions, et
ménager au public une garantie plus certaine des engagements pris
par la compagnie.

« La réserve doit être proportionnée, soit à la grandeur des bénéfices, soit à celle des chances que court la société. Une compagnie
d'assurances doit l'établir plus forte qu'une société occupée d'une
exploitation régulière.

« Les sociétés d'assurances mutuelles n'ont pas besoin d'y être
astreintes, puisqu'elles n'ont pas de bénéfices, et qu'au surplus elles ne
sont pas formées pour gérer des opérations commerciales ; mais, par
une disposition relative, il doit être fixé un *minimum* des valeurs
engagées dans l'assurance mutuelle, et au-dessous duquel la masse
de ces valeurs venant à tomber, la société ne peut être maintenue. »

La disposition relative à la réserve passa dans l'art. 19 de la loi de
1863 que l'art. 36 de la loi de 1867 a purement et simplement reproduit. Les discussions qui eurent lieu à l'occasion des deux textes ne
fournissent pas de raisons bien explicites de cette disposition.

3369. — Quoi qu'il en soit, depuis la magistrale étude de M. Thaller (*Ann. dr. com.*, 1895, p. 241 et suiv.), on est aujourd'hui d'accord pour reconnaître que la réserve légale n'est qu'une annexe du capital social, qu'un complément de celui-ci, qu'elle doit obéir aux mêmes règles que lui et qu'elle est prescrite non pas dans l'intérêt des actionnaires, mais dans celui des tiers, des créanciers sociaux : sans doute, elle est la propriété de la société, mais elle est grevée, comme le capital, du droit de gage général que la loi confère sur les biens de la société aux créanciers sociaux. La doctrine est aujourd'hui en ce sens, et MM. Lyon-Caen et Renault, qui avaient précédemment adopté l'opinion contraire, se sont ralliés à cette thèse dans la 4e édition de leur traité des *Sociétés* (*Sociétés*, n° 898, p. 298, note 2 ; — *Contrà* : Vavasseur, I, n° 366 et II, n° 910).

La réserve légale, comme la réserve de garantie pour les sociétés d'assurances, est d'ailleurs une institution obligatoire ; elle doit être prélevée de plein droit, même dans le silence des statuts. Le prélèvement est alors celui de la retenue minima fixée par la loi : s'il n'était pas effectué ou s'il n'était effectué que d'une façon incomplète, la société ne serait pas nulle, mais il y aurait distribution de dividendes fictifs (Lyon-Caen et Renault, t. II, n° 899 ; — Lyon, 6 mars 1888, *R. S.*, 1889.15).

En cas d'augmentation du capital social, la réserve légale doit subir une augmentation corrélative. Cette augmentation se fera ou bien au moyen de la prime perçue sur les actions nouvelles émises au-dessus du pair, comme nous l'avons déjà dit ; ou bien progressivement, chaque année, par la retenue légale ou statutaire : c'est le procédé le plus employé, car l'émission d'actions avec primes n'est pas toujours facile à réaliser.

De la nature juridique que nous avons assignée à la réserve légale découle une conséquence fort importante. Pas plus que le capital, la réserve légale ne peut être diminuée sous forme de restitution aux actionnaires ; elle doit rester fixe, du moins en principe, comme le capital. Il en résulte qu'elle ne peut pas servir à distribuer des bénéfices, à régulariser le revenu des actions, au cas de mauvaise année. Les auteurs sont d'accord sur ce point et, comme nous l'avons vu, MM. Lyon-Caen et Renault, qui avaient précédemment adopté l'opinion contraire, se sont rangés récemment à cette solution. Notamment, si le dernier excédent se soldait par un bénéfice minime, la société ne pourrait pas prendre sur sa réserve légale une somme pour compléter le dividende destiné aux actionnaires.

Toutefois, lorsque les statuts prescrivent qu'après déduction de toutes les charges, il sera payé aux actionnaires un intérêt de leur capital par prélèvement sur les bénéfices annuels, l'assemblée générale n'a pas le pouvoir de supprimer cette distribution d'intérêts en décidant que la totalité des bénéfices de l'année sera versée à la réserve et la délibération prise à cet effet doit être annulée. Il est licite de stipuler dans les statuts que le prélèvement sur les bénéfices d'un intérêt à payer sur le capital aura lieu avant celui destiné au fonds de réserve (Lyon, 6 mars 1888, *R. S.*, 1889.15).

Il en résulte encore que la réserve légale, pas plus que le capital, ne peut être employée à l'amortissement des actions, par voie de remboursement ou par voie de rachat ; les mêmes raisons qui ne le permettent pas au regard du capital social le défendent également au regard de la réserve légale qui n'est qu'un prolongement du capital (Charpentier, *op. cit.*, p. 88).

3370. — Toutefois, pour la réserve légale, comme pour le capital, le principe de la fixité n'est pas absolu et doit être entendu de façon raisonnable : il comporte une restriction plus grande encore à l'égard de la réserve légale qu'à l'égard du capital. Qu'on suppose la réserve légale entamée à la suite des pertes de la société ; elle doit évidemment être reconstituée. Mais doit-elle l'être uniquement par le prélèvement fixé soit par les statuts, soit par la loi, dans le silence des statuts, et des bénéfices peuvent-ils être distribués, si ce prélèvement en laisse ; au contraire tous les bénéfices doivent-ils être employés à la reconstitution de la réserve légale, de telle sorte qu'aucune distribution de dividendes ne puisse avoir lieu tant que la réserve n'aura pas été intégralement reconstituée ? Cette dernière solution qui est la seule exacte lorsque le capital est entamé, ne doit pas être suivie lorsqu'il s'agit de la réserve légale. Ainsi qu'on l'a fait remarquer, le capital constitue la garantie du présent qui doit toujours être intacte, tandis que la réserve constitue la garantie de l'avenir dont l'intégralité actuelle ne peut être aussi rigoureusement exigée ; sinon, il n'y aurait absolument aucune différence entre le capital et la réserve légale, ce qui serait contraire au fait ; certes, la réserve est un prolongement du capital, elle n'est pas cependant le capital lui-même, et le principe de sa fixité ne peut se comprendre d'une façon aussi rigoureuse que celui de la fixité du capital. Des dividendes peuvent donc être mis en distribution lorsque le prélèvement destiné à reconstituer annuellement la réserve est fait et qu'il laisse subsister des bénéfices. C'est d'ailleurs la pratique française.

Bien mieux, la loi dit que le prélèvement doit être effectué sur les *bénéfices nets* et nous admettrons avec les auteurs que ce prélèvement ne sera possible qu'autant que le service des intérêts prévu pour les actions dans les statuts aura été effectué, lorsque ce service entre dans les frais généraux de la société et constitue une charge sociale. La circulaire du 11 juillet 1818 que nous avons citée plus haut disait expressément que *la réserve ne préjudicie en rien au paiement des intérêts ordinaires* et dans la discussion de l'art. 36 de la loi du 24 juillet 1867, on a déclaré qu'on ne voulait en rien innover à la pratique suivie (Thaller, *op. et loc. cit.* ; Charpentier, *op. cit.*, p. 91 ; Lyon-Caen et Renault, *Sociétés*, n° 900 ; Lyon, 6 mars 1888, *R. S.*, 1889.15).

3371. — *Les réserves extraordinaires ou facultatives* ; *les réserves occultes* ; *le report à nouveau.* — Les réserves extraordinaires ou facultatives doivent être distinguées soigneusement de la réserve légale. Toutes deux constituent la propriété des actionnaires et sont soumises à ce titre au droit de gage général des créanciers sociaux, mais des différences profondes les séparent. — Les réserves extraordinaires, à la différence de la réserve légale, ne sont pas obligatoires : certes, les statuts peuvent en prescrire la constitution, ou l'autoriser seulement dans un but de prévoyance ; mais, dans le silence des statuts, l'assemblée générale pourra-t-elle les établir : c'est une question que nous allons retrouver.

En second lieu et surtout, les réserves extraordinaires ne sont pas, du moins dans l'opinion généralement admise, un prolongement du capital ; ce sont des fruits que les associés laissent dans la société, à titre permanent, au lieu de procéder au partage entre eux (Thaller, *op. et loc. cit.*). Ils sont donc toujours libres de décider qu'ils reprendront ces fruits pour opérer un partage qu'ils n'ont pas fait au premier moment. Une assemblée générale, ordinaire si la réserve facultative n'était pas imposée par les statuts, extraordinaire si cette réserve était prévue par les statuts, peut donc valablement décider de répartir les réserves extraordinaires pour distribuer des dividendes, pour racheter des actions (Thaller, *Rev. crit.*, 1883, p. 344) ; si même la société entrait en liquidation avant l'épuisement de ces réserves, les actionnaires seraient recevables à produire avec les créanciers sociaux pour le montant des sommes qu'elles contiendraient encore à ce moment (Thaller, *Ann. dr. com.*, 1895, p. 256). Il résulte du caractère de fruits attribué au fonds de réserves extraordinaires que, en cas de partage de la propriété de l'action entre un usufruitier et un nu-propriétaire, l'usufruitier acquiert sur eux un droit immédiat et en devient créancier comme de dividendes échus qu'il aurait négligé de percevoir à leur échéance (Vavasseur, n° 609. — *Contrà*, Cass., 14 mars 1877, S. 78.1.5 et la note de M. Labbé). Les réserves extraordinaires pourraient encore, qu'elles aient été créées en vertu d'une clause statutaire ou par un vote de l'assemblée générale, être transformées en actions à titre d'augmentation du capital social (Charpentier, *op. cit.*, p. 103 et 104).

D'autre part, c'est par leur caractère permanent que les réserves extraordinaires se différencient du *Report à nouveau* que les sociétés inscrivent accidentellement à leur passif dans une année prospère pour régulariser le dividende, en reportant à l'exercice suivant un excédent de bénéfices produit par l'exercice qui vient d'être clos. Le report à nouveau consiste en effet à mettre en réserve, par une inscription spéciale au passif, une partie des produits pour les inscrire à nouveau au compte de l'exercice suivant ; ce n'est qu'une distribution de dividendes différée (Charpentier, *op. cit.*, p. 93 et suiv.). Le report à nouveau ne fait pas perdre aux sommes qu'il indique le caractère de bénéfices, précisément parce que ces sommes ne font que perdre passagèrement leur qualité essentielle qui est d'être répartissables ; dans l'exercice suivant, elles seront de suite et à nouveau répartissables ; elles restent donc bien un bénéfice et ne deviennent pas un fonds *de fortune*, avec un caractère permanent. Il y a *report* de bénéfices et non *retenue* de bénéfices, comme dans les réserves. — Il en résulte : 1° que le report à nouveau est décidé dans la pratique par simple décision de l'assemblée générale ordinaire à la majorité des voix (Paris, 15 déc. 1892, *J. S.*, 1894. 301. — *Contrà* : Trib. com. Seine, 21 nov. 1892, *J. S.*, 1893.128), tandis que les réserves facultatives, nous le verrons, ne peuvent être créées que par un vote de l'assemblée générale extraordinaire ; 2° qu'il a toujours été regardé comme opposable aux porteurs de parts de fondateur, tandis que c'est une grave difficulté que de savoir si l'assemblée générale extraordinaire peut, en créant des réserves facultatives, porter atteinte aux droits aux dividendes de ces porteurs de parts : une seule restriction devrait être faite pour le cas où le report à nouveau dissimulerait en réalité une réserve cachée, occulte comme celles que nous allons étudier.

Les réserves spéciales doivent, dans le bilan, être distinctes de la réserve légale : ce point ne peut faire de doute. Mais parmi les réserves extraordinaires, chacune peut avoir été créée en vue d'un besoin particulier ou provenir de ressources différentes : on pourrait, dans un but de clarté, les spécialiser afin d'arriver à un résultat à peu près équivalent à celui que donnerait l'obligation, si elle existait dans la loi, de placer les réserves en valeurs déterminées. C'est une pratique qui est suivie par nombre de grandes compagnies d'assurances : leur bilan y gagne en clarté et en sincérité (Ainsi le bilan de la *Compagnie des assurances générales*, établi au 31 décembre 1907, distingue : la réserve statutaire, la réserve de garantie, la réserve de prévoyance, la réserve de bénéfices, la réserve immobilière et une dotation au fonds spécial d'assurance en cas de guerre).

D'ailleurs les réserves sont ce que l'on peut appeler des réserves apparentes ; on peut les lire au bilan. A côté d'elles il existe, trop souvent, des réserves occultes, cachées, c'est-à-dire des réserves qui ne ressortent pas du bilan comme des postes indépendants, qui ne sont pas extérieurement reconnaissables comme des retenues permanentes. Ce sont celles qui résultent implicitement, par exemple, de la minoration des actifs, ou de la majoration des passifs, ou de l'omission complète d'un passif dans le bilan ; c'est celle que dissimule parfois, nous l'avons dit, le *report à nouveau*. Cette pratique est d'autant plus condamnable qu'on arrive ainsi à constituer ces réserves non pas sur les bénéfices nets, mais en réalité sur le bénéfice brut, le revenu brut.

3372. — Mais la véritable difficulté que fait naître la création de réserves extraordinaires est celle de savoir si ces réserves peuvent, dans le silence des statuts, être créées par un vote de l'assemblée générale extraordinaire prise à la majorité ou s'il faut, pour constituer ces réserves qui apportent, c'est indéniable, une modification dans la répartition des bénéfices, l'adhésion, impossible en fait à obtenir, de l'unanimité des actionnaires. La question est depuis longtemps agitée ; elle a donné lieu à une nombreuse littérature et à de non moins nombreux procès ; la jurisprudence n'est pas absolument fixée à cet égard (V. notamment, en dehors des traités généraux sur les sociétés, Charpentier, *op. cit.*, p. 96 et suiv. ; Wahl, *J. S.*, 1900, p. 56 ; Thaller, note D. 93.1.112 ; Lecouturier, *J. S.*, 1902, p. 289 ; Percerou, *J. S.*, 1907, p. 4 et suiv. ; Morin, *Ann. dr. com.*, 1908, p. 345 et suiv.).

Les systèmes étaient très nombreux en doctrine. Les uns tranchaient la difficulté en distinguant suivant que la délibération était de nature à porter atteinte aux seuls droits des actionnaires, ou qu'au contraire elle lésait des tiers intéressés dans la société tels que les administrateurs, les participants aux bénéfices et surtout les porteurs de parts de fondateur, car c'étaient eux principalement qui soulevaient la question la plupart du temps (*Sic*, Charpentier, Morin, *op. cit.*). D'autres, au contraire, distinguaient suivant que la réserve était constituée à titre permanent ou à titre purement accidentel et temporaire (Vavasseur, n° 637).

3373. — La jurisprudence, sur cette matière, n'était pas très nette. — Elle paraissait faire une distinction entre les actionnaires et les porteurs de parts bénéficiaires. En ce qui concerne la validité de la délibération de l'assemblée générale à l'égard des actionnaires, elle semblait bien l'admettre, du moins avec certaines restrictions de fait, ainsi que le montrent les décisions suivantes :

L'assemblée générale peut, après avoir opéré sur les bénéfices le prélèvement prescrit par les statuts pour le fonds de réserves, former une nouvelle réserve prélevée soit sur tous les bénéfices à distribuer, soit sur la seule part des actionnaires, sans y faire participer le directeur et les administrateurs (Aix, 18 août 1878, S. 80.2.315).

Lorsque les statuts sociaux attribuent aux administrateurs délégués une quote-part des bénéfices nets, il appartient à l'assemblée générale des actionnaires d'apprécier le caractère des bénéfices ressortant des écritures et de décider s'ils constituent ou non des bénéfices nets, c'est-à-dire définitivement acquis et distribuables. En conséquence, lorsque l'assemblée générale a décidé, par mesure de prudence, de porter une partie des bénéfices à une réserve facultative, l'administrateur qui se retire n'est pas fondé à demander une quote-part dans cette réserve (Paris, 9 mars 1888, *R. S.*, 1888.248).

La Cour de cassation (Ch. civ.) a décidé, par arrêt du 3 février 1890 (*R. S.*, 1890.198), qu'il appartient au juge du fait d'apprécier souverainement si les statuts d'une société anonyme donnent le droit à l'assemblée générale de fixer le chiffre des bénéfices nets sur lequel doivent être faits divers prélèvements prévus aux statuts et spécialement de porter une partie des bénéfices à une réserve facultative et de rejeter, par conséquent, la demande de l'ancien administrateur délégué qui prétend avoir droit à une quote-part de ces bénéfices réservés.

L'assemblée générale des actionnaires, chargée par les statuts de fixer les dividendes à répartir, a la faculté de ne pas comprendre dans ses dividendes telle ou telle portion des bénéfices. Si les actionnaires, qui sont les meilleurs juges de leur intérêt, estiment avoir avantage à donner à cette partie des bénéfices une autre affectation, par suite l'assemblée générale extraordinaire peut, par voie de modification aux statuts, décider la création d'une réserve spéciale, alimentée par les prélèvements que l'assemblée générale ordinaire pourra exercer sur les bénéfices annuels, réserve destinée à pourvoir à des prévisions de dépenses, notamment au développement des affaires sociales. Il en est ainsi du moins si la constitution de cette réserve a été motivée chaque année par des nécessités particulières, et si, en fait, les fonds prélevés sur les bénéfices ont été affectés au paiement d'acquisitions reconnues indispensables au développement des affaires sociales, qui ont augmenté du double sans emprunt en quinze ans, grâce aux sacrifices momentanés que se sont volontairement imposés les actionnaires (Paris, 13 juin 1900, S. 03.2.313).

Le dernier arrêt de la Cour de cassation a une portée assez large en ce qu'il paraît s'appliquer même aux porteurs de parts de fondateur, que la jurisprudence protégeait spécialement jusqu'à ce jour. Il décide que l'assemblée générale extraordinaire d'une société ayant pour objet l'exploitation de domaines comprenant des forêts de pins, des distilleries de résine, des tuileries, etc..., qui a été investie par un article statutaire du droit d'apporter aux statuts toutes les modifications qui seraient reconnues utiles, peut décider que le rendement des coupes de bois de pins sera retranché des bénéfices à distribuer annuellement aux actionnaires, lorsque ce rendement n'est pas l'unique élément des produits dont les statuts prévoient et règlent l'emploi. Une telle décision ne porte pas atteinte aux bases essentielles du pacte social et donne aux bénéfices ainsi retranchés des distributions une affectation dont les porteurs de titres, ayant tous les mêmes droits, sont appelés à profiter dans d'égales proportions (Req., 6 janv. 1906, D. 06.1.145).

3374. — Au contraire, en ce qui concerne les porteurs de parts de fondateur, la jurisprudence avait une tendance à les protéger contre la création de toutes réserves extraordinaires qui auraient pu frustrer leurs droits aux bénéfices (V. également l'arrêt de la Cour de Paris du 30 nov. 1899, rapporté dans notre troisième édition, nº 2553). — Les statuts d'une société anonyme, dit la Cour de Paris, qui créent des parts de fondateur, constituent entre cette société et les porteurs de ces parts un contrat qui fait la loi des parties. Par suite et spécialement, les porteurs de parts de fondateur auxquels les statuts confèrent un droit à une portion déterminée des bénéfices nets que leur assure le bilan de fin d'année, sont recevables à réclamer l'intégralité des bénéfices nets que leur assure le bilan de fin d'année et à poursuivre la nullité d'une résolution de l'assemblée générale prescrivant la mise à une réserve spéciale, en violation des statuts, d'une partie de ces bénéfices, pour améliorer, par voie de rachat de leurs parts, le sort du capital social, sur lequel, exclus par les statuts de toute propriété de l'actif social, ils n'ont aucun droit à faire valoir, pas plus pendant l'existence de la société que lors de sa dissolution où liquidation, une telle résolution ayant pour résultat de violer le pacte social, en les privant des avantages consentis par ledit pacte. En vain la société prétendrait-elle qu'ayant par ses statuts interdit aux porteurs de parts l'accès des assemblées générales et toute immixtion dans les opérations sociales, elle a le droit de s'opposer à toute action en nullité qui équivaudrait à un contrôle exercé par eux sur la gestion et leur permettrait de critiquer les délibérations prises par les actionnaires dans la plénitude de leurs droits et rendues indispensables par la situation de la société, une telle prétention n'étant admissible que dans le cas où lesdits porteurs contesteraient la régularité des comptes sociaux, l'utilité de certains amortissements, l'extinction des dettes sociales, l'opportunité d'une dissolution anticipée dont l'exercice, quoique inscrit dans les statuts, ne pourrait donner ouverture qu'à une action en dommages-intérêts, si d'impérieuses circonstances ne justifiaient pas la mesure ordonnée (Paris, 8 juin 1901, affaire du Bi-Métal, rendu sur notre plaidoirie, *Gaz. Trib.*, 1901, 2e semestre, 2, 159. Le pourvoi formé contre cet arrêt a été rejeté par la Cour de cassation, le 8 décembre 1902, *R. S.*, 1903.105).

3375. — Lorsque les porteurs de parts de fondateur ont droit à 30 0/0 des bénéfices annuels de la société après le prélèvement de l'intérêt du montant des actions et de la réserve légale, dit un important arrêt de Cassation, l'assemblée générale ne peut pas, encore bien que les statuts lui permettraient de constituer des réserves spéciales en y affectant les bénéfices dans une proportion non limitée par les statuts si ce n'est pour les six premiers exercices, décider la création d'une réserve spéciale, si cette réserve à laquelle doivent contribuer les porteurs de parts n'a point un but d'utilité commune entre eux et les actionnaires, c'est-à-dire si elle ne tend point à soutenir et à développer l'industrie en vue d'en tirer des produits sur lesquels actionnaires et porteurs de parts seront appelés à exercer leurs droits respectifs. Du moins, l'interprétation des statuts donnée en ce sens par les juges du fond est souveraine. Par suite, la création d'un fonds au moyen duquel la société se propose de racheter les parts de fondateur, à la vérité de gré à gré, mais en les obtenant à des prix d'autant plus modiques que ces titres seraient privés de leur revenu, n'est point permise. La société prétendrait d'ailleurs vainement avoir été obligée de procéder ainsi pour satisfaire aux exigences des banquiers dont le concours était nécessaire à l'émission de ses actions nouvelles, si en s'adressant à ces financiers, elle a enfreint la disposition de ses statuts d'après laquelle les porteurs de parts avaient droit à la préférence pour l'offre de la souscription de ses nouvelles actions. Lorsqu'aux termes des statuts, l'assemblée générale ordinaire annuelle règle l'emploi des bénéfices de l'exercice précédent, s'il vient à être reconnu au profit des porteurs de parts bénéficiaires que c'est à tort qu'une part des bénéfices a été distraite pour la constitution d'une réserve spéciale, les bénéfices retenus pour cette destination deviennent *ipso facto* disponibles et, par conséquent, sujets à distribution entre les ayants droit sans qu'il y ait à consulter une assemblée ultérieure sur l'emploi qui pourrait en être fait ; en conséquence, le juge peut, sans entreprendre sur les droits des assemblées de ladite société, condamner celle-ci à verser à chacun des porteurs de parts sa quote-part des bénéfices dont la mise en réserve a été déclarée non avenue (Cass., 8 déc. 1902, *Gaz. Pal.*, 1903.1.126, D. 1908.1.43, *J. S.*, 1903.295).

A son tour, le tribunal de commerce de la Seine a décidé que lorsque les statuts d'une société anonyme stipulent qu'après les prélèvements pour la réserve légale et l'intérêt des actions, une part de 15 0 /0 sur les bénéfices sera attribuée au conseil d'administration et que le surplus, soit 85 0 /0, formera le dividende distribuable, sauf les prélèvements pour allocation à la direction et au personnel, il en ressort que les actionnaires ont eu l'intention très légitime d'assurer la rémunération de leurs administrateurs par une fraction irréductible des bénéfices que ces derniers devaient, plus que tous autres, contribuer à réaliser ; dès lors, la délibération qui admet une répartition différente en faisant participer les administrateurs à la constitution de réserves supplémentaires, est prise en violation des prescriptions des statuts et doit être annulée. Viole également les statuts et doit être annulée la résolution qui a décidé la mise en réserve d'une somme en vue de constructions et agrandissements, alors qu'aux termes des statuts la réserve supplémentaire doit toujours rester disponible ou appartenir aux actionnaires, et alors que ce prélèvement, ne figurant pas dans la comptabilité du bilan tel qu'établi avant toute fixation du dividende, ne se trouve correspondre à aucune augmentation d'actif et constitue, en réalité, une augmentation du capital social, réalisée au moyen d'un prélèvement effectué sur des bénéfices acquis et distribuables, et ce, en contravention des obligations statutaires

(Trib. com. Seine, 10 déc. 1902, *J. S.*, 1903.264, *Gaz. Trib.*, 2ᵉ partie, 1903.1.297).

A nos yeux, la question ne se pose plus aujourd'hui de la même façon. Depuis la magistrale étude de M. Percerou que nous avons déjà citée et l'influence qu'elle a exercée tant en doctrine qu'en jurisprudence sur la délimitation des pouvoirs des assemblées générales extraordinaires pour modifier le pacte social, nous croyons que le pouvoir de l'assemblée générale extraordinaire de constituer, à la majorité des voix, des réserves non prévues par les statuts doit être reconnu sans distinction.

Un auteur a même soutenu qu'une simple assemblée générale ordinaire pourrait décider la création de réserves extraordinaires, car l'assemblée générale ordinaire a pour mission essentielle, d'une part de statuer sur les comptes de l'exercice qui lui sont présentés par les administrateurs et fixer en conséquence le chiffre des bénéfices, d'autre part de déterminer l'emploi et l'affectation des bénéfices distribuables. Il entre donc tout naturellement dans ses attributions de distraire une portion des bénéfices pour les affecter à l'intérêt social, par un prélèvement sur eux, c'est-à-dire précisément par l'ouverture d'un compte de réserves (Morin, *op.* et *loc. cit.*).

Bien entendu, si l'on admet que l'assemblée générale extraordinaire peut créer une réserve spéciale, *a fortiori* doit-on décider qu'elle peut changer la destination d'une réserve facultative, la destiner à une opération qui n'était pas prévue au jour où elle a été créée, mais dont l'urgence s'est révélée tout à coup.

3376. — Les prélèvements destinés à former le fonds de réserve sont opérés sur les bénéfices nets, c'est-à-dire sur les produits de l'entreprise, déduction faite des frais généraux. Dans ces frais généraux doivent être compris les dépenses d'exploitation, les intérêts des sommes empruntées, et même, suivant l'opinion la plus générale, les intérêts annuels qui auraient été stipulés au profit des actionnaires par les statuts sociaux (Lyon, 6 mars 1888, précité. — *Sic* : Houpin, t. 2, n. 297 ; Lyon-Caen et Renault, t. 2, n. 900 ; Mathieu et Bourguignat, n. 224 ; Pont, t. 2, n. 1594 ; Rivière, n. 244 *bis*. — V. sur la validité de la clause du paiement des intérêts, n. 1432 et suiv.).

Les sommes constituant le fonds de réserve sont employées suivant les dispositions des statuts, ou en cas de silence du pacte social, d'après décision du conseil d'administration. Il n'est pas indispensable que le fonds de réserve soit représenté par des valeurs immédiatement réalisables ou par des sommes liquides (Thaller, *Ann. dr. com.*, 1895, p. 252).

D'après M. Lyon-Caen (note S. 82.2.121), MM. Lyon-Caen et Renault (n. 883), le fonds de réserve légal pourrait être employé à acheter et à amortir une partie des actions de la société en vertu d'une clause des statuts ou d'une délibération de l'assemblée générale. Cet emploi ne diminue en rien le capital social qui forme le gage des créanciers, puisque le fonds de réserve ne fait pas partie de celui-ci. Bien entendu l'amortissement sous forme de rachat d'actions ne peut être opéré au moyen d'un emploi des bénéfices ou du fonds de réserve sans une clause formelle des statuts ou d'une délibération de l'assemblée générale. Si les statuts sont muets, l'unanimité des actionnaires serait exigée, car la répartition des bénéfices est une des bases essentielles de toutes sociétés (V. n. 3258 et s.). Cette opinion relative à l'emploi de fonds de réserve est également celle de M. Thaller (2e édit., n. 633). Nous nous rangeons à cette manière de voir.

3377. — Indépendamment du fonds de réserve obligatoire, il peut être stipulé par les statuts, à titre impératif ou facultatif, qu'il sera créé des réserves supplémentaires destinées à parer à certaines éventualités, ou à constituer un fonds de prévoyance en vue de faire face à des risques ou à des besoins individuels, de constituer des secours au personnel ouvrier, ou de faciliter la distribution d'un dividende dans les années qui ne donneraient point de bénéfices. Ces mesures sont inspirées par la sagesse au moment de la constitution de la société.

Dans le silence des statuts, nous estimons aujourd'hui que, depuis la loi du 16 novembre 1903, et bien plus depuis la loi du 22 novembre 1913 sur les actions de priorité, l'assemblée générale extraordinaire peut, à la majorité, décider la création d'une réserve extraordinaire, sous réserve des droits des porteurs de part bénéficiaires.

3378. — Une société anonyme, après avoir constitué son fonds de réserve au moyen de prélèvements annuels sur les bénéfices, subit des pertes ; ces pertes peuvent-elles être comblées par un prélèvement sur le fonds de réserve ?

Dans une chronique financière, le *Moniteur des intérêts matériels* a considéré que la réserve doit rester toujours intacte pendant l'existence de la société, et qu'on n'y peut toucher que lors de la liquidation.

Dans la *Revue pratique des sociétés de Belgique*, M, Nyssens a critiqué cette solution ; il s'exprime ainsi :

« Le fonds de réserve est un accroissement du capital, voulu, à concurrence d'un dixième, par le législateur, en vue de parer à des éventualités, à des pertes, et de maintenir aussi intact que possible, dans les sociétés à responsabilité limitée, le capital social qui est le seul gage des créanciers. La réserve, c'est donc le fonds de prévoyance obligatoire imposé par la loi. Survient une perte, c'est-à-dire un exercice social se clôturant par une diminution de capital : quoi de plus naturel, de plus logique, dans ce cas, que de recourir au fonds de réserve constitué précisément en vue de sauvegarder en toute éventualité l'intégralité du capital social, et d'y puiser en vue de combler la perte et de refaire le capital ? En réalité, quand une société qui possède une réserve de 120.000 francs a perdu 70.000 francs de son capital de 1 million, la société a encore un compte de réserve de 120.000 francs, mais de réserve réelle, elle n'en possède plus qu'à concurrence de 50.000 francs. Et entre ces deux formules : « capital social 1 million, moins perte 70.000 francs, plus réserve 120.000 francs, soit au total, capital et réserve, 1.050.000 francs », et : « capital 1 million, plus réserve 50.000 francs, soit au total, capital et réserve, 1.050.000 francs », la seconde formule nous paraît incontestablement la plus rationnelle et la plus logique. »

M. Thaller (*Ann. de dr. comm.*, 1895, p. 233) a défendu la même thèse.

Après avoir supposé qu'un exercice social se solde par une perte de 100.000 francs, et avoir fait observer que les bénéfices survenant dans les exercices ultérieurs ne peuvent pas être mis en distribution et doivent être appliqués d'abord à refaire, à combler le déficit, le savant professeur ajoute :

« Mais admettons qu'au moment où cet exercice se solde en dette, la réserve légale soit, du chef de bénéfices antérieurs, alimentée de 100.000 francs ; il paraît bien que la société puisse balancer son capital par la réserve, virer la somme d'un compte à l'autre, et se mettre ainsi en mesure, dès l'année suivante, de rentrer dans l'ère des dividendes, sauf à rouvrir le robinet de la réserve. Les valeurs de réserve ne sortent pas pour autant de la société, elles ne sont pas l'objet d'une reprise par les actionnaires ; elles servent seulement à équilibrer les comptes, ce qui semble tout à fait licite. Le fonds de réserve a pour but « de couvrir les pertes résultant du bilan », dit la nouvelle loi allemande de 1884, art. 45 *b*. C'est une conception qui paraît absolument juste. Et l'utilité pratique de ce fonds est rendue plus manifeste dans cette fonction que dans aucune autre. »

3379. — Nous croyons avec M. Thaller et M. Houpin (*J. S.*, 1901, p. 195) que les pertes résultant d'un exercice social peuvent être comblées au moyen d'un prélèvement sur le fonds de réserve. Suivant nous, le fonds de réserve n'a pas d'autre destination. Il doit servir à couvrir les pertes qui viennent à se produire et à maintenir l'intégrité du capital dans l'intérêt des actionnaires et des créanciers. Pourquoi maintiendrait-on le fonds de réserve intact jusqu'à la dissolution de la société ? La réponse nous échappe. Au contraire, le fonds de réserve joue un rôle important, s'il est utilisé à établir l'équilibre entre les bonnes et les mauvaises années.

3380. — Mais cette première question donne naissance à une seconde. Si, après avoir employé le fonds de réserve à reconstituer le capital, la société réalise dans les années suivantes des bénéfices, versera-t-on 5 0/0 de ces bénéfices à la réserve, ou bien rétablira-t-on dans le fonds de réserve ce qui lui a été pris ?

Le *Moniteur des intérêts matériels*, dans l'article précité, remarque que dans le premier système les actionnaires toucheront un dividende qui ne leur aurait pas été distribué si la perte des années stériles n'avait pas été comblée au moyen du fonds de réserve, ce qui rend l'opération délicate, puisqu'on aboutit ainsi à une distribution de bénéfices contestable dans une stricte légalité.

M. Nyssens, au contraire, recommande le second système, c'est-à-dire la reconstitution de la réserve, comme un acte de prudente sagesse.

Nous croyons, quant à nous, que la reconstitution du fonds de réserve n'est obligatoire que si elle a été décidée par les actionnaires. Si cette reconstitution au moment du prélèvement n'a pas fait l'objet d'une délibération de l'assemblée générale, elle n'est pas obligatoire. Il suffit de verser à la réserve 5 0/0 des bénéfices, conformément à l'art. 37 de la loi (*Sic* : Thaller, *loc. cit.* ; Houpin, *J. S.*, 1901.195).

3° *Créanciers ordinaires.*

3381. — Les dettes ordinaires de la société sont d'ordres très divers et nous ne voulons pas tenter même une simple énumération des causes multiples qui ont pu rendre des tiers créanciers sociaux : fournisseurs, ouvriers et employés, comptes-courants, comptes de dépôt si importants dans les établissements de crédit, effets à payer, etc..., ce ne sont là que des exemples. La plupart des sociétés classent au bilan ces dettes en deux postes : d'abord le compte des *effets à payer*, qui comprend les effets en circulation, c'est-à-dire les billets souscrits par la société, les traites par elle acceptées et même celles dont elle est seulement avisée ; ensuite le compte *Créanciers*, ou *Créanciers divers*, ou *Comptes créditeurs*, qui comprend tous les autres créanciers.

Il est préférable de ne pas s'en tenir à ce classement un peu trop simple et d'introduire parmi ces valeurs d'autres distinctions. La plus importante, à notre sens, est de distinguer les dettes en dettes chirographaires et en dettes garanties par un gage ou un privilège ou hypothèque, et surtout en dettes à court terme et à long terme, en prenant pour critérium de distinction soit un délai de douze mois, soit un délai de 90 jours. C'est là, croyons-nous, la distinction qui doit être, de toute nécessité, faite au bilan, si l'on veut qu'il soit vraiment sincère : les tiers ont le plus haut intérêt à connaître quelle est la valeur exacte des disponibilités de la société et pour cela de savoir si elle est tenue de payer dans un délai très bref ou si elle jouit au contraire d'un terme prolongé. La société, en cachant ce détail essentiel, peut arriver à fausser son bilan et à inspirer aux tiers une confiance qu'elle ne mérite pas.

Il ne peut pas y avoir par contre de bien graves difficultés sur le point de savoir comment doivent être évaluées les dettes de la société envers les tiers : elles ne comportent pas d'évaluation en réalité et doivent figurer au bilan pour leur montant nominal, augmenté des intérêts échus au jour où l'inventaire est dressé. Tout au plus, y a-t-il lieu de les diminuer du montant de l'escompte commercial prévu en constituant à l'Actif un compte spécial *Prévision pour escompte sur dettes.* Cette déduction ne doit pas être faite pour les effets à payer qui, sauf les traites documentaires contenant souvent cette faculté, ne comportent pas la faculté d'escompte pour leurs signataires.

L'inscription des dettes sociales au passif soulève cependant une question intéressante, celle de savoir si la société doit également inscrire les *dettes éventuelles*, les *dettes latentes* (Didier, *op. cit.*, p. 151 et suiv. ; Verley, *op. cit.*, p. 244 et suiv.). Ce sont toutes celles dont la société pourra éventuellement être tenue à la suite d'événements qui sont susceptibles de se réaliser ou non : par exemple, une société ayant pour objet la construction des immeubles reste tenue pendant dix ans, aux termes de l'art. 1792 C. civ., de la bonne exécution du travail entrepris, de la solidité des matériaux employés ; si un immeuble périt par vice de la construction et même par vice du sol, la société sera tenue de payer des dommages-intérêts. La société peut être encore tenue contractuellement, dans les mêmes conditions, pour la garantie de travaux qu'elle a effectués, d'ouvrages ou de matériel (wagons, locomotives, rails, machines, etc.) qu'elle a fournis ; c'est une dette qui peut devenir très lourde dans une société qui fait de grands travaux, des travaux publics. Encore et dans un autre ordre d'idées, la société a avalisé un tiers ; elle peut être obligée de payer pour lui ; sans doute elle aura son recours contre celui-ci, mais il peut être insolvable.

La société peut-elle faire abstraction de ces risques qui, à un moment donné, pèseront peut-être lourdement sur elle ? La prudence la plus élémentaire, ainsi que la loyauté et la sincérité du bilan, imposent à la société l'obligation étroite de ne pas se désintéresser de cette éventualité et de la prévoir à son bilan, sous un poste spécial. Beaucoup de sociétés le font, en créant à cet usage un fonds spécial qu'elles dénomment *fonds de garantie* ; à notre sens, c'est un tort que d'appeler ainsi ce fonds, car la pratique a été ainsi amenée à le considérer comme une réserve. C'est méconnaître sa nature juridique : cet article représente une dette et non une partie des bénéfices réservée avant le partage (Verley, *op. cit.*, p. 248). Mais, sous la réserve d'une dénomination plus exacte, c'est là une sage pratique qu'on ne saurait trop recommander.

4° *Créanciers obligataires.*

3382. — A la différence du compte *Capital* qui, on l'a vu, représente un passif fictif, le compte *Obligations* est bien un passif réel, exactement comme le compte *Créanciers* ou *Effets à payer*, dont il ne constitue qu'une variété soumise, en principe, aux mêmes règles générales que les autres dettes sociales. Cependant le compte *Obligations* présente certains caractères particuliers, ce qui explique qu'il soit mis à part, sous une rubrique spéciale.

A. — Tout d'abord, ce compte, à la différence du capital, n'est pas destiné à rester fixe ; il est amorti annuellement et progressivement et comporte un compte spécial dit *Annuité d'amortissement* : c'est là une mesure sage que prennent toutes les sociétés, car son remboursement en une seule fois, sur un seul exercice, serait de nature à jeter la société dans de graves embarras et dans des difficultés pécuniaires inextricables. Mais le capital-obligations constitue, à la différence du capital-actions, une véritable dette extérieure de la société, dont l'amortissement représente une charge sociale, assimilable à l'amortissement des immobilisations, avec toutefois cette différence que l'amortissement consiste ici en un remboursement qui sort de l'actif et va à des tiers, tandis que celui des valeurs immobilisées représente leur dépréciation et en même temps leur reconstitution dans l'actif social sous une autre forme. Cet amortissement est donc obligatoire, à la différence de l'amortissement du capital-actions qui reste facultatif ; il doit être fait avant tout partage de bénéfices, sur les frais généraux, et ne peut être prélevé, comme l'amortissement du capital-actions, sur les bénéfices nets. Enfin les intérêts à payer aux obligataires constituent une charge sociale, payable également sur les frais généraux et avant toute distribution de dividendes.

La mention figurant sur les livres d'une société, aux termes de laquelle « la présente obligation est remboursable par voie de tirage au sort annuel, en 45 années... », n'autorise pas la société à prétendre qu'elle n'est tenue au remboursement des obligations par elle émises que dans un délai de 45 ans, et que, par suite, elle a toute faculté pour fixer ce remboursement à la date que bon lui semble ; au contraire, cette mention établit formellement pour elle l'obligation de rembourser annuellement un certain nombre d'obligations, et s'il y a lieu d'admettre, tant à raison des usages que pour la simplification des opérations, qu'on puisse faire coïncider l'époque du remboursement avec celle de l'échéance des coupons, ce doit être en général avec celle de la plus prochaine échéance qui suit le tirage (Trib. com. Seine, 3 sept. 1902, *Gaz. Pal.*, 1902.2.439, *Pand. franç.*, 1904.2.270, *J. S.*, 1903.355).

Aussi, le capital nominal d'une obligation remboursable au bout d'un certain temps par tirages au sort ne peut être considéré comme la valeur exacte et à toute époque du droit que possède l'obligataire. Celui-ci, à défaut d'accords, trouve sa situation définitivement et irrévocablement réglée par le tableau d'amortissement annexé à son titre (Paris, 5 déc. 1901, *Gaz. Trib.*, 2e partie, 1902.1.167).

En réalité, les annuités que les sociétés affectent au paiement des charges des obligations comprennent à la fois l'amortissement de ces obligations et les intérêts. Cela étant, il semblerait logique de faire une distinction dans ces fonds et de constituer ceux qui servent à l'amortissement au moyen de l'aliénation de valeurs actives, et non par un prélèvement sur les produits annuels, tandis que ceux-ci devraient servir à payer les seuls intérêts dus aux obligataires (Charpentier, *op. cit.*, p. 75). La pratique ne fait pas cette distinction ; elle comprend en une seule annuité l'intérêt et l'amortissement des obligations qu'elle paie exclusivement sur les produits annuels de la société.

Il a été jugé en ce sens que la clause des statuts d'une société anonyme stipulant qu'on doit déduire des produits nets du bilan toutes les charges sociales, y compris les emprunts (intérêts et amortissements), doit être entendue en ce sens que les prélèvements nécessaires au service des emprunts seront effectués sur les produits bruts, et non sur les produits nets, alors qu'il est stipulé en outre par les mêmes statuts que les bénéfices sont constitués par les produits nets, après qu'on a déduit de ceux-ci toutes les charges, y compris le service des emprunts (intérêts et amortissements). Procéder autrement serait non seulement contraire aux statuts, mais aux principes de bon fonctionnement qui doivent être observés dans l'administration des sociétés par actions. On objecterait en vain que l'amortissement des emprunts ne doit se faire que dans les années productives, les emprunts d'une société constituant une charge sociale et devant, comme toutes les charges sociales, entrer en ligne de compte à chaque exercice, quel que soit le résultat qu'il donne. C'est à tort aussi que l'on prétendrait que les dettes sociales auraient dû être payées par des prélèvements opérés sur les fonds de roulement et non sur les produits : si le montant total des fonds de roulement est considérable, il peut être en rapport avec les nécessités de bon fonctionnement d'une industrie importante (Lyon, 20 fév. 1903, D. 1904.2.17).

B. — En second lieu, la dette résultant de l'émission par une société d'obligations, présente une seconde particularité. En fait, la plupart du temps, pour ne pas dire toujours, les obligations sont émises par la société à un taux inférieur au taux nominal de remboursement : la différence constitue la prime. Le passif doit néanmoins mentionner le capital-obligations pour le montant nominal de l'émission ; mais il faut évidemment compenser d'une autre manière le déficit résultant du montant des primes. On le fait au moyen d'un compte spécial à l'actif *Perte à l'émission* ou *Prime de remboursement*. On ne pouvait songer évidemment à faire porter ce déficit sur un seul exercice ; aussi en pratique, et par analogie avec ce qui se fait pour les frais de premier établissement, considère-t-on le montant des primes comme un actif fictif à amortir, en répartissant la charge de ce remboursement sur les exercices postérieurs (Trib. com. Seine, 23 juill. 1894, *le Droit*, nᵒ des 27-28 août 1894 ; Charpentier, *op. cit.*, p. 76). Cet amortissement s'opère également au fur et à mesure du remboursement des obligations et, comme lui, il est considéré comme une charge sociale qui doit être prélevée sur les frais généraux ; de sorte que, en réalité, l'annuité de chaque exercice comprend : 1ᵒ le paiement des intérêts ; 2ᵒ le remboursement des obligations à leur taux nominal ; 3ᵒ l'amortissement de la prime. « Cette pratique, dit M. Charpentier, se justifie de la manière suivante : on conçoit généralement la prime comme formée par l'accumulation des retenues opérées par la société sur l'intérêt qu'elle sert annuellement. Ce sont des intérêts capitalisés. Ce que la société met chaque année en réserve, sous le nom d'amortissement de la prime, ce sont simplement ces intérêts supplémentaires. »

Ces opérations figurent au passif sous la forme d'un compte dénommé *Obligations remboursées, Reconstitution ou amortissement du capital de l'emprunt, Réserve concernant l'emprunt*, qui croît d'une somme égale et corrélative à la diminution du compte *Obligations*. Ce compte ne saurait imposer deux fois à l'actionnaire le remboursement de l'emprunt contracté sous forme d'obligations, une première fois par le paiement effectif, une seconde fois par la création de ce fonds spécial. « Comme la société ne peut opérer le remboursement que par le compte Caisse, elle appauvrit d'autant son fonds de roulement ; aussi lui restitue-t-elle ce qu'elle lui a avancé, par le compte de Profits et pertes, sous la forme d'un compte de Réserves » (Verley, *op.cit.*, p. 239 et 240).

Lorsqu'une société se met en liquidation, les obligataires ne sauraient exiger que l'amortissement de leurs titres soit opéré conformément à leur contrat. La société doit alors payer aux obligataires non pas le montant nominal de leurs titres, mais une somme composée : 1° du prix d'émission des obligations ; 2° des coupons échus ; 3° des dommages-intérêts comprenant notamment une fraction de la prime de remboursement, calculée d'après les chances de gain dont l'obligataire se trouve privé et l'importance des intérêts mis en réserve jusqu'au jour de la rupture du contrat (Trib. civ. Seine, 13 août 1903, *Gaz. Trib.*, 2° partie, 1904.1.158).

Mais s'il y a liquidation judiciaire de la société, le propriétaire d'obligations remboursables par voie de tirages au sort doit être admis au passif de la liquidation judiciaire, pour le montant de la valeur nominale du titre et non pour le montant du taux de l'émission (Trib. com. Seine, 11 juin 1903, *Journ. trib. com.*, 1906, p. 124).

5° Parts de fondateur.

3383. — Nous ne parlons ici des porteurs de parts de fondateur que pour les écarter de toute inscription au passif. Quelle que soit, en effet, l'opinion qu'on professe sur la nature juridique des parts de fondateur qu'on les considère comme des actions ou des droits de créances, ou des droits *sui generis*, il est certain qu'elles ne sont que des droits aux dividendes, des droits portant sur les bénéfices ; on ne saurait donc les assimiler à des créances actuelles de la société, dont le montant serait dès à présent fixé, et comme telles susceptibles d'inscription au passif. La pratique française n'a jamais cherché à les faire figurer au *passif*.

6° *L'impôt.*

3384. — Le fisc est un créancier de la société d'une nature particulière qui peut être intéressé particulièrement parfois à critiquer la façon dont la société aura dressé son bilan et estimé son actif et son passif. Il n'entre pas dans notre cadre d'exposer ici le régime fiscal si complexe des sociétés (Sur le régime fiscal des sociétés, V. Wahl, *Régime fiscal des sociétés et des valeurs mobilières*), nous voulons nous borner à montrer les répercussions que peut avoir à l'égard du fisc la façon dont le bilan d'une société a été dressé.

Nous avons montré qu'à côté des réserves légales et extraordinaires avouées par la société, que nous avons appelées des réserves réelles, il en peut exister d'autres soigneusement dissimulées, pour des raisons fort diverses, que nous avons appelées réserves cachées ou occultes : elles consistent dans la majoration de certains passifs ou dans la minoration de certains actifs, dans l'omission complète d'un passif, ou peuvent être dissimulées à l'aide du procédé du *Report à nouveau*, de façon à ne pas faire apparaître le bénéfice total effectif de la société. Ces réserves, quoique dissimulées, n'en constituent pas moins des valeurs qui viennent accroître la propriété des actionnaires et que la société retrouvera le jour où elle en aura besoin, en redonnant leur valeur véritable à ses actifs ou à ses passifs dont elle avait dissimulé l'importance. Ces réserves cachées, le fisc a le droit et le devoir de les considérer comme telles, exactement comme les réserves avouées, car elles ont les unes et les autres la même nature.

La question n'est pas susceptible de se poser en France, — nous verrons qu'il en est autrement dans certains pays étrangers, — à l'égard de l'impôt de 4 0/0 sur le revenu des valeurs mobilières organisé par la loi du 29 juin 1872, modifiée par celles du 26 décembre 1890, du 25 février 1901, du 30 décembre 1916 et du 25 juin 1920 ; la taxe sur le revenu ne frappe en effet que le revenu, c'est-à-dire que les produits que les associés perçoivent comme fruits des capitaux par eux engagés dans la société, et c'est la *distribution*, l'appropriation individuelle de ces produits, sous une forme directe ou indirecte, qui donne lieu à la perception du droit. La mise en réserve des bénéfices n'étant pas une distribution ne fait pas percevoir la taxe.

Mais lorsqu'une société se proroge, les lois du 28 février 1872, art. 1er, et du 28 avril 1893, art. 19, assujettissent l'acte de prorogation de la société à un droit de 0 fr. 20 0/0 en principal, porté à 1 0/0 sans décimes par la loi du 29 juin 1918, art. 15, sur la totalité de l'actif social. La Cour de cassation considère aujourd'hui que cet actif social comprend, sous la déduction du passif dont il est grevé, outre la somme des apports primitifs, les réserves statutaires, extraordinaires et autres, qui sont venues s'y ajouter depuis et sont destinées à parer à certaines éventualités (Cass., 24 janv. 1876, *Journ. Not.*, art. 21.429 ; — 17 mars 1903, D. 1904.1.61. La portion non versée du capital social au moment de la prorogation d'une société constitue un élément de l'actif net soumis comme tel à l'impôt. Cass., 22 oct. 1907, D. 1908.1.361). Parmi ces réserves, il y a lieu de faire entrer ces réserves même cachées et dissimulées sous la forme de majoration de passifs ou de minoration d'actifs.

C'est en ce sens que s'est formée la pratique allemande. D'après la loi prussienne relative à l'impôt sur le revenu du 21 juin 1891, art. 14, le revenu provenant du commerce et de l'industrie « doit se calculer d'après les règles établies par le Code de commerce sur les inventaires et bilans » et Rehm (*Op. cit.*) établit que le fisc tient compte dans l'évaluation de ce revenu des réserves cachées provenant de minoration des actifs.

B) Vérification des comptes.

1° *Établissement du bilan.*

3385. — L'inventaire et le bilan sont établis par le conseil d'administration, auquel la loi française a laissé sur ce point toute latitude, tant quant à ses pouvoirs qu'en ce qui concerne le délai dans lequel ils doivent être établis. Une seule obligation est imposée au conseil d'administration : l'inventaire et le bilan doivent être établis par lui personnellement ; c'est un soin qu'il ne peut déléguer à d'autres personnes, à des experts notamment : s'il l'a fait, il doit faire sienne leur œuvre. Il est banal de dire que les administrateurs doivent apporter à l'établissement du bilan un soin particulier et qu'ils doivent s'inspirer dans ce travail des mesures de prudence extrême que nous avons indiquées en étudiant l'*actif* et le *passif* de tout le bilan. Nous verrons plus loin quelle responsabilité peut leur incomber de ce chef. Au bilan, le conseil d'administration joint toujours en fait, quoique la loi ne lui en fasse pas une obligation expresse, un rapport qui a pour but de l'expliquer et de le commenter, en indiquant notamment les causes générales ou particulières qui ont influé sur la prospérité de la société et déterminé les résultats bons ou mauvais de l'exercice. Ainsi que nous le verrons plus loin, les actionnaires ne peuvent pas requérir la communication préalable de ce rapport ; en pratique, on le leur distribue imprimé, avec le bilan, avant l'assemblée générale. Il y aurait lieu, à notre sens, d'ordonner le dépôt de ce rapport quelques jours avant l'assemblée générale, afin que les actionnaires puissent en prendre connaissance suffisante pour en discuter les éléments et en saisir toute la portée (V. notre *Rapport* au nom de la Commission extraparlementaire de 1902).

2° *Contrôle des commissaires de surveillance.*

3386. — D'après l'art. 32 de la loi de 1867, les commissaires de surveillance dans les sociétés anonymes sont « chargés de faire un rapport, à l'assemblée générale de l'année suivante, sur la situation de la société, sur le bilan et sur le compte présenté par les administrateurs » (V. *suprà*, n. 3131 et s.).

3° *Contrôle individuel des actionnaires.*

3387. — Aux termes de l'art. 35 de la loi de 1867, « quinze jours au moins avant la réunion de l'assemblée générale, tout actionnaire peut prendre, au siège social, communication de l'inventaire et de la liste des actionnaires et se faire délivrer copie du bilan résumant l'inventaire et du rapport des commissaires » (V. *suprà*, n. 3202 et s.).

4° *Contrôle de l'assemblée générale des actionnaires.*

3388. — L'assemblée générale a pour mission, après avoir entendu la lecture des rapports des administrateurs et des commissaires et pris connaissance des comptes, d'approuver ceux-ci ou de refuser son approbation. Le pouvoir de l'assemblée ne consiste pas d'ailleurs, dans cette alternative, à accorder ou refuser son approbation : l'assemblée peut modifier les articles des comptes, changer la valeur donnée aux actifs, ordonner un prélèvement pour opérer un amortissement de valeurs immobilisées que les circonstances lui paraissent rendre nécessaire, etc. Son pouvoir est très large (Trib. com. Seine, 10 oct. 1892, *J. S.*, 1893.121 ; — 14 janv. 1893, *ibid.*, 1893. 303). Il va même jusqu'à lui permettre de rectifier les bilans antérieurs alors même que ces comptes auraient été reconnus par jugement, l'exception de chose jugée n'étant pas opposable en ce qui concerne les articles sur lesquels le conflit ne s'était pas produit antérieurement (Paris, 20 janv. 1888, *Journ. trib. com.*, 1888, p. 318 ;— Trib. com. Seine, 9 avr. 1888, *J. S.*, 1888.635).

C'est à la suite de cette vérification que l'assemblée générale arrêtera le chiffre des dividendes à distribuer, créant ainsi contre elle au profit de ses actionnaires un véritable droit : c'est elle seule qui peut fixer le dividende et les tribunaux ne sauraient à cet égard se substituer à elle (Paris, 7 janv. 1904, *Mon. jud. Lyon*, 12 fév. 1904).

Le pouvoir de l'assemblée générale est donc des plus importants et les conséquences en sont fort graves, ainsi que nous allons le voir en étudiant les responsabilités qui peuvent découler des fautes commises par les différents intéressés soit dans l'établissement, soit dans la vérification du bilan. On sait qu'en pratique les assemblées générales n'exercent que rarement dans sa plénitude leur prérogative ; elles se contentent d'être le plus souvent une assemblée d'enregistrement des résolutions du conseil d'administration. Mais ici comme pour les communications aux actionnaires, il suffit que ce droit soit inscrit dans la loi : il peut reprendre, le cas échéant, toute sa puissance.

5° Les sanctions.

3389. — Dans l'établissement comme dans la vérification du bilan, des fautes ont pu être commises par les administrateurs ou par les commissaires : les uns et les autres ont pu faillir au devoir étroit qui leur incombe, celui de présenter et de laisser présenter aux actionnaires et à tous autres intéressés un bilan exact et sérieux : ce fait a pu porter atteinte au crédit de la société et à des tiers et il est de nature à ouvrir tant contre les administrateurs que contre les commissaires de surveillance une action en responsabilité civile et même, dans certaines circonstances et sous certaines conditions, à établir contre eux une responsabilité pénale.

§ 5. — Etablissement du bénéfice par le compte de profits et pertes.

3390. — Les gains et les pertes de la société sont annuellement constatés dans un compte auxiliaire du capital, prescrit par l'article 34 de la loi du 24 juillet 1867, celui que l'on appelle compte des *Profits et pertes*. Il a une importance extrême, car, par sa simple lecture, il permet de voir tout de suite si la société est en pertes ou en gains : si le solde de ce compte présente un bénéfice net, celui-ci est porté au passif de ce compte, exactement pour les mêmes raisons qui font inscrire au passif le capital, qu'il augmente ; si, au contraire, le solde se traduit par une perte, il est porté à l'actif de ce compte, dont il constitue d'ailleurs un actif fictif, car il vient diminuer le capital.

Le compte des profits et pertes, qui est destiné à renseigner les actionnaires et les tiers intéressés sur les opérations de la société, ne doit pas être succinct ; sans contenir des indications trop circonstanciées sur le détail des opérations de la société, ce qui pourrait nuire à celle-ci en fournissant des indications utiles pour ses concurrents (Simon, *op. cit.*, p. 287), il doit néanmoins contenir les précisions nécessaires pour permettre d'apprécier les dépenses du conseil d'administration et éviter ainsi les malversations possibles de la part des administrateurs. A cet effet, il comporte souvent lui-même des comptes auxiliaires, variables suivant la nature des entreprises, groupant dans un tableau d'ensemble les écritures de même nature relatives, par exemple, aux frais généraux, aux marchandises générales, aux intérêts et agios, etc. (Verley, *op. cit.*, p. 253).

C'est en faisant au compte des profits et pertes la balance des soldes des différents comptes auxiliaires que l'on obtient ce qui constitue pour l'actionnaire la fonction normale de la société, le résultat net de l'exercice, le bénéfice, qu'il nous reste à étudier. Nulle part autant qu'ici l'actionnaire n'a besoin d'être prévenu et armé contre lui-même : sa tendance toute naturelle n'est-elle pas de toucher le bénéfice le plus fort possible, de faire rapporter aux éléments de fortune de la société leur maximum de rendement ? Mais on doit le prémunir contre cette tendance, car elle peut avoir pour lui des résultats fâcheux et le fait de toucher une année un dividende trop fort peut-être l'exposera-t-il à voir diminuer ce dividende pendant plusieurs années dans des proportions appréciables. Il convient donc d'abord d'examiner sévèrement ce qu'il faut entendre par *bénéfice*, pour savoir ensuite comment doit être faite sa distribution.

) Ce qu'il faut entendre par bénéfice.

1° *Notion du bénéfice distribuable.*

.3391. — L'actionnaire est toujours tenté de faire fixer par l'assemblée générale un dividende aussi élevé que possible : d'abord, son profit matériel réalisé est immédiat ; en second lieu, l'élévation du dividende facilite l'aliénation de l'action. On peut dire que, dans ce cas, les intérêts de la société et des créanciers sociaux d'une part, et de l'actionnaire, d'autre part, sont presque en conflit, d'autant qu'il importe souvent peu à l'actionnaire d'envisager l'intérêt éloigné de la société, qui s'oppose à la distribution d'un dividende aussi élevé, puisqu'il peut s'en désintéresser en vendant son action d'autant plus facilement que le dividende sera plus fort. L'intérêt à dégager la notion exacte du bénéfice distribuable est d'autant plus grand.

De toutes nos explications antérieures, notamment de l'étude que nous avons faite sur la fixité du capital, une constatation essentielle se dégage, dont nous devons maintenant faire état : on ne peut considérer comme *bénéfice*, c'est-à-dire comme le fruit du capital, que ce qui est pris sur les gains commerciaux réalisés par la société ; si un dividende est payé, sous une forme directe ou indirecte, par un moyen détourné, à l'aide du capital augmenté de la réserve légale, si la société entame ce capital pour rémunérer des actionnaires, il n'y a plus bénéfice au sens légal du mot, mais bien atteinte portée au principe de la fixité du capital : le dividende distribué est fictif.

L'actionnaire a un droit fondamental à la distribution *annuelle* du bénéfice, sans que, en principe, des pertes sociales postérieures ou des versements sur bénéfices antérieurs puissent lui être imputés. S'il est exact qu'aucun bénéfice ne peut être payé au moyen du capital, cela n'est vrai que pour le bilan annuel, le bilan de répartition de bénéfices : pour le bilan de liquidation, il n'en peut être ainsi, puisqu'il n'est pas dressé pour fixer un bénéfice à répartir, mais bien pour établir la fortune à distribuer. Ce droit fondamental à un dividende annuel est une nécessité pratique ; rejeter toute distribution de dividendes au jour de la liquidation, seul moment où l'on saura vraiment et avec certitude si la société a réalisé des bénéfices ou subi des pertes (Cpr. Orléans, 19 janv. 1898, *Pand. franç.*, 1901.2.55 et la note), serait empêcher le développement des sociétés par actions : la distribution annuelle du dividende est une nécessité. Contrairement à ce que fait le commerçant, pour lequel le bénéfice ne peut être que l'excédent des produits d'une année sur l'autre, la société par actions doit chaque année, sans se préoccuper des résultats des années précédentes et des éventualités des années futures (dont elle tient compte d'ailleurs par l'établissement des réserves), rechercher d'une façon absolue s'il existe un excédent certain de l'actif sur le passif, au jour de la clôture de l'exercice écoulé. Si la situation réelle et actuelle de la société établit cet excédent pour l'exercice, la distribution du dividende est licite et régulière.

Il importe toutefois de bien dégager la portée pratique de cette règle générale. Un exercice écoulé peut révéler des bénéfices certains réalisés, pendant sa durée, par la société ; mais des pertes antérieures qui n'ont pu être comblées par les réserves avaient entamé le capital. La société peut-elle distribuer un dividende avant d'avoir reconstitué le capital, puisqu'il y a bénéfice certain réalisé dans l'année ? L'application pure et simple de la règle de l'*annalité* du bénéfice que nous venons de dégager semblerait permettre la distribution, dans ce cas, d'un dividende, si cette règle n'était elle-même commandée par le principe plus haut de l'intangibilité du capital, dont elle n'est d'ailleurs que le développement. Avant de partager les bénéfices, il convient toujours d'examiner si le capital est intact ; s'il est entamé, il devra être reconstitué, avant toute distribution de dividendes, à l'aide des bénéfices des années ultérieures (Circulaire précitée du ministre de l'intérieur du 11 juill. 1818 ; — Douai, 1er août 1894, *J. S.*, 1898.21 ; — Trib. com. Seine, 14 janv. 1893, *J. S.*, 1898.21 ; — Cass., 21 juill. 1898, S. 1900. 1.537, et la note de M. Wahl), à moins que la société ne le reconstitue par le moyen détourné d'une diminution de capital social, votée par l'assemblée générale extraordinaire, dans les formes et avec la publicité légales.

Ce système qui est celui que l'on suit ordinairement en pratique et qui est dicté à la fois par la rigueur des principes et une prudence élémentaire dans l'administration de la société, a été cependant contesté. La doctrine adverse, présentée d'abord par M. Vavasseur (*Sociétés*, éd. 1897, n. 646 et suiv.), depuis a été reprise et développée avec beaucoup de vigueur par M. Edouard Mack (*R. S.*, 1905.99 et suiv.). Cette thèse, qui prétend s'inspirer surtout de cette considération pratique, qu'il est toujours nuisible à une société de ne pas distribuer de dividende, arrive en définitive à nier la notion essentielle de la fixité du capital. Elle argumente par analogie avec ce qui se passe au regard des frais de premier établissement : la jurisprudence, nous l'avons vu, permet à la société de distribuer des bénéfices, alors même que ses frais de premier établissement ne sont pas complètement amortis ; il doit en être de même du capital, qui ne peut d'ailleurs rester invariable, puisque la société, comme tout particulier, est susceptible de devenir insolvable et de rendre ainsi illusoire le gage de ses créanciers.

C'est là, croyons-nous, déplacer la question. Certes, la société peut devenir insolvable et aucune règle de droit ne peut prévaloir contre ce fait ; certes le gage des créanciers sociaux peut de ce fait disparaître. Mais ce n'est pas une raison pour permettre aux associés de *reprendre* leurs mises au détriment de leurs créanciers, ce qu'ils font en touchant des dividendes tant que le capital social n'est pas reconstitué. L'intérêt véritable de la société, dont on fait si grand état dans la thèse de M. Mack, est, en réalité, que le capital reste fixe ; c'est peut-être, nous l'avons déjà dit, l'intérêt immédiat de l'actionnaire de toucher un dividendc aussi élevé que possible : ce n'est pas l'intérêt bien entendu de la société : les événements ne tarderaient pas à le lui démontrer. Qu'on ne dise pas au surplus que, si on admet que la société peut arriver à cette distribution de dividendes par le moyen détourné de la réduction de son capital, il n'y a plus alors qu'une pure question de formes : il ne faut pas oublier que la publicité avertit alors les tiers de la situation exacte et sincère de la société ; la distribution d'un dividende, dans les conditions où la société se trouve, sera destinée au contraire à tromper les intéressés sur cette situation (Dans ce sens, Charpentier, *op. cit.*, p. 49 et suiv.).

Pour qu'il y ait donc bénéfice distribuable, il faut, de toute nécessité, que le capital social soit intact : telle est la première constatation à laquelle conduisent nécessairement les principes généraux que nous avons plus haut dégagés. Mais un point reste encore obscur dans la détermination de la nature juridique du bénéfice : à quel moment ce bénéfice peut-il être considéré comme acquis ; est-il nécessaire qu'il soit effectivement entré dans les caisses de la société ; suffit-il au contraire qu'il soit constaté par la comparaison de l'actif et du passif ?

La jurisprudence se trouvait entre deux systèmes extrêmes. L'un, extrêmement libéral, considère qu'il y a bénéfice attribuable dès que la balance de l'inventaire révèle une plus-value de l'actif sur le passif, sans qu'il y ait lieu de se préoccuper si cette plus-value est ou non réalisée : il suffit que le bilan la constate et que les écritures la justifient (Bordeaux, 21 janv. 1857, D. 57.2.130 ; — 30 juill. 1901, *R. S.*, 1903.14. — C'est aussi la solution qu'avait adoptée la Cour de Doua dans la fameuse affaire Mirès, par son arrêt du 21 avr. 1862 qui fut cassé par la Cour suprême le 28 juin 1862, D. 62.1.305, S. 62.1.625). C'est ainsi qu'on peut considérer comme un bénéfice la plus-value résultant de la comparaison du prix actuel des marchandises et de leur prix d'achat (Bordeaux, 21 janv. 1857 précité), alors surtout que l'inventaire paraît avoir donné aux marchandises une estimation modérée représentant seulement le prix de revient et ne portant aucune atteinte aux bénéfices à réaliser ultérieurement sur les reventes (Bordeaux, 30 juill. 1901, précité).

A l'opposé, un système extrêmement sévère ne voulait admettre comme bénéfice distribuable que celui qui avait été effectivement encaissé par la société, entré réellement dans ses caisses à la suite d'une opération accomplie, car « on ne partage pas une clause, mais des écus ». C'est celui qu'adopta la Cour de cassation, dans son célèbre arrêt du 28 juin 1862, rendu sur les conclusions conformes de l'avocat général

Dupin, à l'occasion de l'affaire Mirès (D. 62.1.305, S. 62.1.625. — Cette thèse a été reprise, sous une forme atténuée, plus récemment, par M. le substitut Brouchot dans ses conclusions devant le tribunal civil de la Seine, dans l'affaire de *La Traction* en janv. 1904. Elle n'a pas eu plus de succès. V. les critiques qu'elle a soulevées dans *L'Economiste européen*, n° du 29 janv. 1904, p. 137 ; *Le Figaro*, n° du 1er fév. 1904 ; *La Revue financière*, n°s des 30 janv., 6 et 10 fév. 1904) ; c'est une solution qui s'explique tant par une réaction contre la thèse contraire adoptée par l'arrêt de la Cour de Douai déféré à la Cour suprême, que surtout par les faits particuliers de la cause.

La jurisprudence n'a adopté ni l'une ni l'autre de ces deux théories, la première comme trop imprudente, l'autre comme trop sévère et aussi parce que la présence des deniers dans la caisse de la société est, au point de vue juridique, un fait sans valeur, car le bénéfice peut être représenté autrement que par des espèces et avec autant de certitude. Elle a donc suivi un système mixte, celui de la réalisation prochaine et certaine, et admis que le bénéfice est acquis et devient distribuable s'il peut être converti en argent, facilement et sans délai.

Les bénéfices susceptibles d'être mis en distribution, disaient en 1870-1872 la Cour de Paris et, après elle, la Cour de cassation, se composent uniquement de l'excédent certain des produits annuels sur les dépenses, provenant d'opérations accomplies et encaissées ou d'un encaissement prochain et pouvant être jugées équivaloir à des espèces en caisse (Paris, 16 ou 22 avr. 1870, D. 70.2.123, S. 71.2.169 et sur pourvoi, Req., 7 mai 1872, D. 72.1.233, S. 72.1.123. — Dans le même sens : Paris, 27 déc. 1883, *J. S.*, 1885.1).

Plus récemment, la Cour suprême développait encore cette idée en précisant qu'on ne peut considérer comme bénéfices distribuables que ceux qui se composent de l'excédent de l'actif sur le passif, provenant d'opérations accomplies au jour de la clôture de l'exercice et comprenant des espèces en caisse, ou des valeurs d'un encaissement prochain équivalant à des espèces en caisse, ou encore des créances d'un recouvrement immédiat et non susceptible de discussion (Riom, 27 avr. 1898 et sur pourvoi, Cass. crim., 21 juill. 1898, S. 01.1.537 et la note de M. Wahl).

Ainsi, on ne saurait voir des bénéfices à distribuer dans un excédent d'actif consistant en marchandises dont la vente ne pourrait être promptement réalisée et dont le produit serait incertain ; il en serait de même des améliorations ou des économies sur le matériel et sur l'outillage, qui ne peuvent être considérées comme une recette et

comme un bénéfice (Riom, 27 avr. 1898 et Cass., 21 juill. 1898, précités).

De même, ne peuvent être inscrits à titre de bénéfices, au crédit du
compte des profits et pertes, une simple majoration ou plus-value des
immeubles sociaux ; ni, au cas d'achat de terrains par une société,
avec imputation, sur le prix d'acquisition, d'une somme fixe pour l'exécution des travaux de viabilité, le profit résultant de la diminution
obtenue sur cette dernière somme dans un traité passé avec le sous-
entrepreneur de ces travaux ; non plus que l'excédent sur le prix de
revient des terrains acquis par la société, des prix de revente, lorsque
ces prix, payables par annuités, n'ont pas été encaissés durant l'exercice, et ne sont même pas échus ; ni surtout l'excédent provenant
d'aliénations non encore réalisées et constituant seulement de simples
locations de terrains avec promesse d'en consentir l'aliénation moyennant un prix fixé d'avance (Paris, 16 ou 22 avr. 1870, D. 70.2.123,
S. 71.2.169, et sur pourvoi, Cass., 7 mai 1872, D. 72.1.233, S. 72.1.123).

De même encore, les matières premières de fabrication qui ne sont
pas destinées à être vendues, ainsi que les machines à coudre appartenant à une société de machines à coudre, lesquelles ne sont pas susceptibles d'une vente immédiate, comme se composant pour la presque totalité d'anciennes machines dont les acheteurs ne veulent plus
et dont la société s'est débarrassée ultérieurement en les vendant à
prix réduits, ne constituent pas des bénéfices à distribuer, si la société
n'a pu se procurer avec la vente de ces marchandises la somme qu'elle
a distribuée à ses actionnaires ; il n'est pas possible de trouver là un
excédent d'actif promptement réalisable permettant la distribution
d'un bénéfice quelconque (Riom, 27 avr. 1898, et sur pourvoi, Cass.
crim., 21 juill. 1898, S. 01.1.537, et la note de M. Wahl).

Le système de la jurisprudence concilie heureusement, comme on
le voit, la rigueur des principes avec les nécessités de la pratique ; en
fait, il se justifie d'autant plus aisément que le système de la plus-
value simplement escomptée placerait souvent les sociétés dans une
situation assez délicate pour faire les fonds nécessaires au paiement du
dividende si cette plus-value se traduisait uniquement par une augmentation des éléments de fortune de la société que celle-ci ne peut
pas aliéner ; les administrateurs seraient obligés de recourir à un emprunt et les conditions de celui-ci leur apprendraient tout de suite
peut-être que leur estimation a été trop optimiste. Avec la pratique
jurisprudentielle, la société ne connaîtra pas ces inconvénients,
puisque le bénéfice doit consister ou en argent ou en valeurs d'une
réalisation prochaine et certaine.

Ce sont encore des considérations pratiques qui ont amené la jurisprudence à admettre deux dérogations importantes à la notion assez stricte du bénéfice distribuable que nous venons de dégager, en reconnaissant la légitimité de la clause d'intérêts fixes et des acomptes en cours d'exercice.

2° *Clause d'intérêts fixes.*

3392. — La légitimité de la clause d'intérêts fixes payables aux actionnaires, sur les frais généraux, est aujourd'hui consacrée par une jurisprudence constante (V. n° 1442).

3° *Acomptes en cours d'exercice.*

3393. — Les statuts de certaines sociétés permettent au conseil d'administration de verser aux actionnaires un acompte sur le dividende au cours de l'exercice. Au point de vue théorique, pareille clause est critiquable, car elle peut constituer, si le bilan en fin d'exercice révèle une perte, une véritable reprise, par les actionnaires, du capital social. La jurisprudence admet cependant la validité d'une pareille convention, mais elle l'a fait avec une certaine défiance qui s'explique très bien et, aujourd'hui encore, les décisions judiciaires imposent à cette distribution certaines conditions, notamment que le bilan de fin d'année révèle que la situation de la société permettait cet acompte au jour où il a été fait.

Des résistances se sont produites. — Un dividende, dit un jugement du tribunal correctionnel de la Seine, n'est qu'un bénéfice soumis aux conditions ordinaires du bénéfice commercial ; il doit résulter de l'inventaire arrêté en fin d'exercice et non d'un état rédigé au cours de l'exercice. Si un intérêt peut être stipulé par les statuts sociaux, même en l'absence de tout bénéfice, il ne saurait être question, entre le dividende et l'intérêt, d'un revenu d'une nature mixte qui ne serait, sous la dénomination d'acompte, ni un dividende, ni un intérêt. Toutefois, la distribution d'un dividende sous cette forme, en l'absence de tout inventaire, ne constitue pas à elle seule le délit de distribution de dividendes fictifs : il faut qu'en fin d'exercice vienne s'ajouter la fictivité des bénéfices distribués (Trib. com. Seine, 29 avr. 1885, *R. S.*, 1885. 422).

Mais bientôt, en présence de certains besoins de la pratique, apparaît le désir de valider cette clause, du moins quand les résultats définitifs de l'exercice justifient l'acompte. C'est ce que fait la Cour de Lyon en décidant que la répartition d'un dividende, représentant l'intérêt à 5 0/0 pendant les six premiers mois de l'exercice des sommes versées sur les actions d'une société anonyme, constitue, à la charge des administrateurs, le délit de distribution de dividendes fictifs, si la répartition a été autorisée par l'assemblée générale en l'absence d'inventaire régulier et sur l'assertion des administrateurs, reconnue mensongère, que la somme mise en distribution représentait les bénéfices acquis à la société. Mais il n'y a pas distribution de dividendes fictifs encore bien que l'inventaire ait été irrégulièrement dressé et présente des erreurs matérielles, si, d'une part, après redressement opéré, les bénéfices s'élèvent à un chiffre supérieur au dividende distribué et si, d'autre part, l'intention frauduleuse des administrateurs et directeurs n'est pas démontrée (Lyon, 12 mars 1885, S. 86.2.241).

La formule est bientôt généralisée : la distribution d'un dividende en cours d'exercice n'est pas irrégulière si elle est autorisée par les statuts et justifiée par un inventaire ultérieur exempt de fraude (Trib. com. Seine, 21 avr. 1886, R. S., 1886.338).

La Cour de Paris y donne son adhésion : la distribution d'un acompte sur le dividende en cours d'exercice ne saurait, quels que soient les événements postérieurs, donner lieu à une poursuite pénale, lorsque les statuts de la société permettent cette anticipation dans la répartition des bénéfices et que cette distribution a eu pour base l'état réel des affaires de la société au moment où elle a été opérée, sauf la responsabilité civile qui pourrait résulter des imprudences commises (Paris, 18 mars 1887, D. 88.2.132).

Enfin, la Cour de cassation s'associe, timidement il est vrai, à la solution nouvelle en décidant que lorsque les statuts d'une société permettent la distribution de dividendes sous forme d'intérêts du capital versé, à la condition que des états semestriels dressés résulte la preuve que l'état de la société est assez prospère pour autoriser la distribution, l'administrateur nommé après le 1er janvier d'une année déterminée qui vote la distribution d'un dividende pour l'exercice en cours, sans vérifier si l'inventaire du 31 décembre précédent n'est pas exagéré ou frauduleux, s'associe par là même à la fraude et commet le délit de distribution de dividendes fictifs (Cass. crim., 19 nov. 1887, R. S., 1888.126).

Toutefois, même en présence d'une semblable jurisprudence, il paraît difficile d'admettre, sans clause formelle dans les statuts, la validité d'une semblable distribution : il importe que les tiers soient prévenus d'un pareil prélèvement vraiment en soi exorbitant. La publicité de l'acte de société est indispensable pour pouvoir le justifier.

B) Distribution du bénéfice.

3394. — Le bénéfice est distribué d'après les statuts et conformément aux proportions fixées par eux ; il est réparti aux réserves et aux amortissements, aux actionnaires, aux parts de fondateur, aux administrateurs et commissaires de surveillance, aux employés et ouvriers. C'est le conseil d'administration qui fixe la répartition, en conformité des statuts ; cette répartition est soumise au contrôle des commissaires de surveillance, puis présentée à l'assemblée générale et devient définitive après son approbation par elle, qui seule a qualité pour ordonner la distribution (Paris, 7 janv. 1904, D. 05.2.319, S. 06.2.89).

La proportion de la répartition, fixée par les statuts, ne peut pas être modifiée par l'assemblée générale ordinaire ; nous avons déjà rencontré la question en étudiant la création des réserves extraordinaires et nous avons vu les difficultés que cette création par l'assemblée générale extraordinaire soulève, notamment à l'égard des porteurs de parts de fondateur. C'était autrefois une question controversée que celle de savoir si l'assemblée générale extraordinaire pouvait, à la majorité des voix, modifier la répartition du bénéfice telle qu'elle était fixée par les statuts ; aujourd'hui, depuis la loi du 16 novembre 1903 sur les actions de priorité, et à plus forte raison depuis la loi du 22 novembre 1913, on reconnaît sans difficulté, dans le silence des statuts, ce pouvoir à l'assemblée générale extraordinaire délibérant valablement (Lyon-Caen et Renault, 4e édition, n. 866 et suiv. ; Percerou, *op.* et *loc. cit.*)

1° *Dividende distribué aux actionnaires.*

3395. — La part de dividende qui ne va pas aux autres postes ou aux autres personnes que nous venons d'indiquer est distribuée entièrement aux actionnaires, dans la proportion indiquée aux statuts ; cette part peut être très élevée, la loi n'ayant pas fixé de maximum au dividende ; le jeu de la garantie d'intérêts apporte cependant un maximum au dividende dans les compagnies de chemins de fer. Nous savons d'ailleurs qu'il n'est peut-être pas très prudent de distribuer un dividende exagéré et nous avons vu que certains comptes du passif, comptes d'ordre exclusivement comptable, comme le *Report à nouveau*, par exemple, viennent jouer ici l'office de régulateur. En principe, la distribution des dividendes entre tous les actionnaires doit être égale ; mais rien n'empêche la société d'insérer dans ses statuts une clause impliquant une distribution inégale : la validité d'une pareille clause ne peut plus faire de difficultés depuis la loi du 16 novembre 1903 sur les actions de priorité.

Nous avons vu que l'absence de tout bénéfice n'empêche pas la distribution aux actionnaires d'intérêts fixes sur le montant de leurs actions. Un tiers, notamment le syndicat des banquiers émetteurs, peut très valablement garantir aux actionnaires un certain intérêt de leurs actions à défaut de bénéfices réalisés par la société, pendant une certaine période. Pareille clause n'a en soi rien d'illicite : c'est une sorte d'assurance contre le risque de défaut de dividendes, que les Allemands appellent la *Rentengarantie* (Simon, *op. cit.*, p. 283 et 284. — V. aussi un arrêt de Douai, 26 avr. 1888, *R. S.*, 1888.425, qui a validé une clause de ce genre).

On sait qu'en général, les actionnaires touchent en deux fois leur dividende : la société paie à l'actionnaire d'abord une somme représentant un intérêt fixe de 4 ou 5 0/0 par exemple ; quelques mois plus tard, la société met en distribution un second coupon qui est le dividende au sens strict du mot : les actions de jouissance ne touchent que ce second coupon.

Le dividende est, en général, mis en distribution à partir du vote de l'assemblée générale ordinaire, à moins que celle-ci n'ait autorisé une distribution préalable en autorisant le conseil d'administration à en fixer la date. Les actionnaires peuvent ne pas toucher leur dividende et le laisser dans les caisses de la société ; ils sont à ce titre des créanciers sociaux soumis à la distribution au marc le franc au cas de faillite de la société, et dont le droit se prescrit par 5 ans, conformément à l'art. 2277 C. civ.

2° *Parts de fondateur.*

3396. — Le bénéfice va également aux porteurs de parts de fondateur, dans la proportion fixée aux statuts ; ceux-ci sont spécialement intéressés, nous l'avons déjà vu, à ce que la société ne diminue pas ses bénéfices par la création de réserves facultatives, apparentes ou cachées.

Une difficulté particulière se présente pour eux au cas d'augmentation du capital social. Dans le silence des statuts ou des titres constitutifs de parts à cet égard, la portion afférente aux porteurs de parts de fondateur doit-elle se calculer sur l'intégralité du nouveau bénéfice produit par l'augmentation du capital social où doit-elle rester proportionnelle au capital initial seulement ? La question est assez délicate : il nous paraît que les porteurs de parts gardent leurs droits proportionnels sur la totalité du bénéfice, quels que soient les événements de fait ou de droit qui en modifient le montant. En général, le titre qui est délivré aux porteurs de parts renferme une clause permettant au titulaire de n'exercer ses droits sur les bénéfices que dans la proportion du capital initial par rapport au capital augmenté (Trib. com. Seine, 21 nov. 1892, *J. S.*, 1893.129 et la note ; Charpentier, *op. cit.*, p. 229 et 230). On doit veiller avec soin à prévoir ce règlement, lors de la constitution de la société : bien des ennuis seront ainsi évités.

3° *Administrateurs et commissaires de surveillance.*

3397. — Dans la plupart des sociétés anonymes, sinon dans toutes les administrateurs et commissaires de surveillance sont rémunérés sous des formes diverses : traitement fixe, jetons de présence, tantième sur les bénéfices ; ces divers modes se trouvent aussi combinés.

Lorsque la rémunération des administrateurs est prise sur les bénéfices sous forme d'un tantième, ils ne peuvent rien recevoir que si le bilan fait apparaître un bénéfice net et après déduction des amortissements et de la réserve légale : telle est la pratique française (Trib. com. Seine, 10 déc. 1902, *J. S.*, 1903.264). Elle est une prescription légale en Allemagne, où l'art. 237 C. com. dispose formellement : « Lorsqu'une portion du bénéfice de l'année est attribuée aux membres du comité de direction, cette portion se calcule sur le bénéfice net restant après déduction des fonds d'amortissement et de réserve. »

Lorsque les statuts ont fixé la part des bénéfices attribuable aux administrateurs, cette part ne peut être formée des bénéfices réalisés par la société après leur départ et doit être arrêtée au jour de la cessation de leurs fonctions, mais calculée au prorata du temps pendant lequel ils sont restés en fonctions, dans la somme de bénéfices acquis pour l'année entière après l'approbation des comptes par l'assemblée générale ; aussi, si celle-ci arrêtait le bilan de la société au jour où les administrateurs ont cessé leurs fonctions et fixé sur cette base la part leur revenant, sa délibération serait-elle nulle (Trib. com. Seine, 1er sept. 1891, *Gaz. Trib.*, n° du 16 sept. 1891, *R. S.*, 1891.560 ; — Cass., 1er juin 1875, S. 76.1.29 ; — Douai, 29 nov. 1909, *R. S.*, 1910.153).

Notamment, les administrateurs ont droit, au cas de recouvrement, à leur part sur les créances évaluées comme perdues, si ces créances sont nées pendant la durée de leurs fonctions (Cass., 1er juin 1875, précité).

Lorsqu'au contraire, les administrateurs reçoivent un traitement fixe, ce traitement n'est pas pris sur les bénéfices, mais inscrit aux frais généraux. C'est une disposition plus favorable pour les administrateurs qui reçoivent toujours et dans tous les cas leur traitement, même lorsque la société ne réalise pas des bénéfices ; par contre, leur responsabilité sera de ce fait appréciée plus lourdement. Il nous semble qu'il en résulte encore une différence avec l'hypothèse précédente : il nous paraît que, dans ce cas, une clause des statuts peut valablement déléguer au conseil d'administration le soin de fixer ce traitement et le montant de la rémunération sera soumis à l'assemblée générale ordinaire qui pourra l'approuver, exactement comme elle approuve les comptes de la société et notamment celui des frais généraux ; cette rémunération pourra donc être modifiée sans recourir à une assemblée générale extraordinaire. On voit que la clause, sous cette seconde forme, est plus dangereuse à l'égard des actionnaires, puisque les administrateurs sont payés, même en l'absence de bénéfices de la société et sur simple délibération de l'assemblée générale ordinaire.

Quel que soit d'ailleurs le mode de rémunération des administrateurs, l'assemblée générale extraordinaire peut valablement leur accorder, à titre exceptionnel, une part plus grande dans les bénéfices, en rémunération d'un travail assidu dont s'étaientac quittés jusquelà des employés salariés (Cass., 9 fév. 1903, S. 04.1.329, *J. S.*, 1906. 200).

4º *Participation ouvrière.*

3398. — Très souvent, les statuts de la société déclarent qu'une quote-part des bénéfices, plus ou moins forte, sera attribuée aux ouvriers et employés : c'est la participation aux bénéfices qui, dans le système généralement adopté, et sauf intention contraire des parties, ne fait pas des ouvriers des associés, mais seulement des créanciers, qui peuvent d'ailleurs exercer certain droit de contrôle à l'égard de la société (Lyon-Caen et Renault, *Sociétés*, 4º éd., n. 38 et suiv.). Cette participation aux bénéfices peut prendre des formes très variées : la plus simple est celle qui consiste à répartir immédiatement entre tous les intéressés la portion de bénéfices qui leur est acquise ; une autre est la participation différée, la société capitalisant la part des ouvriers et employés pour la leur verser plus tard, grossie des intérêts ; quelquefois ces bénéfices sont versés à un fonds de réserve spécial qui sert ensuite à commanditer la société elle-même et se grossit des intérêts qui lui sont ainsi dus. Le plus souvent la participation prend un caractère mixte : une part des bénéfices est distribuée aux intéressés, et l'autre part constitue pour eux une caisse de prévoyance et de retraites qui est alimentée d'ailleurs par des versements patronaux : nous avons déjà étudié ce fonds spécial de prévoyance qui est soumis aujourd'hui à un régime spécial par la loi du 5 avril 1910 sur les retraites ouvrières et paysannes (Titre II, art. 17 et suiv.).

Mentionnons à cet égard, en terminant, quoique ce soit encore le droit de l'avenir, la proposition déposée à la Chambre des députés le 17 mai 1909 par M. Justin Godart, tendant à créer les actions de jouissance du travail (Chambre, *Doc. parl.*, Sess. ord., 1909, ann. n° 2487, p. 1114 ; *R. S.*, 1910.131). Toute action de capital amortie serait de droit remplacée par deux actions de jouissance, l'une dite action de jouissance du capital remise au titulaire de l'action, l'autre dite action de jouissance du travail délivrée à la Caisse nationale de crédit du travail, au nom de laquelle elle serait immatriculée. Ces deux actions de jouissance seraient d'égale valeur et conféreraient les mêmes droits.

5° *Action privée en répétition de dividendes fictifs.*

3399. — A côté de l'action pénale exercée par le ministère public représentant l'intérêt général, il existe trois espèces d'actions privées appartenant aux personnes lésées. Et d'abord, les tiers créanciers peuvent répéter les dividendes fictifs contre les actionnaires qui les ont reçus. Mais si le principe est aujourd'hui universellement admis, il donne lieu à d'assez grandes difficultés dans l'application. C'est qu'en effet, on peut se demander si la poursuite est ouverte aussi bien contre les associés de bonne foi que contre ceux de mauvaise foi. Longtemps des dissentiments régnèrent dans la doctrine et la jurisprudence. Ils ont disparu pour les sociétés par actions.

3400. — La loi du 24 juillet 1867 n'admet la répétition, dans les commandites par actions et les sociétés anonymes, qu'en cas de mauvaise foi des actionnaires (art. 1er, al. 3 ; art. 45, dern. al.). C'est l'extension aux dividendes du principe posé par l'art. 549 C. civ., relativement aux revenus. Le possesseur de bonne foi fait les fruits siens, et n'est pas obligé de les rendre au propriétaire. De même, l'actionnaire qui croyait avoir le droit de toucher les dividendes distribués les conservera ; en tout cas, il serait injuste de le priver de la somme d'argent dont il peut se considérer comme possesseur légitime, et à ce titre disposer sous forme de dépenses de consommation.

3401. — Mais à quels signes reconnaître la bonne foi des actionnaires ? L'art. 10, § 3, a prévenu toute difficulté sur ce point, en subordonnant l'exercice de l'action en répétition à l'absence d'inventaire ou à la preuve que la distribution a eu lieu en dehors des résultats constatés par celui-ci.

Le législateur, qui jusque-là s'inspirait des principes ordinaires, déroge ensuite au droit commun dans la réglementation de l'action en répétition. D'abord, il décide qu'elle se prescrit non par trente ans, mais par cinq ans. Ensuite, il place le point de départ de la prescription quinquennale non au jour où, par suite de la répétition des dividendes fictifs, chaque actionnaire est obligé de les restituer, mais au jour où l'assemblée décide la distribution des dividendes, jour qui peut pas se confondre avec le premier.

Ainsi, l'art. 10, § 4, consacre une double exception aux principes généraux : à l'art. 2262 sur la prescription trentenaire, et à la règle qu'un droit ne peut se prescrire qu'à partir du moment où il s'ouvre. La première dérogation s'explique par l'intérêt des actionnaires, par le souci de leur assurer le plus tôt possible la tranquillité, et la seconde par le désir de donner à la prescription le même point de départ pour tous les actionnaires.

3492. — Voilà les principes applicables dans les sociétés par actions. Les commandites simples ne sont pas visées par les dispositions que nous venons de commenter. Faut-il les appliquer cependant et ne donner l'action en répétition que contre les associés de mauvaise foi ? Des auteurs l'ont soutenu (Lyon-Caen et Renault, *Tr. de dr. comm.*, t. 2, n. 346). — Les principes généraux dispensent, dit-on, les commanditaires de bonne foi de restituer les dividendes fictifs. Ne sont-ils pas de véritables possesseurs de bonne foi, soumis comme tels aux art. 549 et 550 C. civ.? Deux raisons semblent prouver cette similitude. La première raison est tirée de l'esprit de la loi. Si les bailleurs de fonds devaient restituer les sommes qu'ils ont considérées et reçues comme de vrais dividendes, ils seraient peut-être ruinés, les ayant déjà employées *lautius vivendo*.

Ensuite les dividendes, quoique constituant une partie du capital social, sont des revenus, des fruits civils pour ceux à qui ils sont distribués.

La jurisprudence ne s'est pas ralliée à cette doctrine. Elle admet la répétition même contre les associés de bonne foi. On applique ainsi aux commandites simples une solution généralement reçue en pratique, avant la loi de 1867, pour toutes les sociétés. Il est interdit, fait-on remarquer, de rendre aux commanditaires les sommes versées à

titre d'apport. Cette règle serait violée si on leur permettait de garder
à titre de dividendes fictifs des portions de capital social. Ce serait
autoriser la restitution au moins partielle de leur mise. Il ne saurait
être question, dès lors, d'appliquer ici l'art. 549. Les dividendes ne
sont pas des fruits, mais une fraction de capital (V. *suprà*, n. 1994
et suiv.).

3403. — Les commanditaires, même de bonne foi, ne se trouvent
pas, du reste, dans une situation aussi favorable que les tiers créanciers sociaux agissant en répétition. Ces derniers n'ont pas de repro-
ches à se faire. Les bailleurs de fonds ont, au contraire, commis la
faute de choisir un gérant assez peu scrupuleux pour distribuer les
dividendes en l'absence de bénéfices.

3404. — L'action en répétition de dividendes fictifs est donc donnée d'une manière plus large en cas de commandite simple. Ajoutons
qu'elle est soumise à la prescription de trente ans, et que ce délai court
du jour de la réception du dividende par chaque actionnaire (Limoges, 2 juill. 1897, sous Cass., 7 nov. 1899, S. 01.1.513, note Wahl). La
dérogation au droit commun, consacrée par le paragraphe 4 de l'art. 10
de la loi de 1867, est relative seulement aux sociétés par actions. Elle
ne s'applique pas en dehors de ces hypothèses. Toute exception est de
droit étroit.

3405. — Tels sont les cas dans lesquels l'action en répétition de
dividendes fictifs peut être intentée.

Quelle en est la nature ?

Au premier abord, cette action paraît se confondre avec l'action en
répétition de l'indû (art. 1376 et s. C. civ.). Ne s'agit-il pas, en effet,
d'obtenir la restitution de valeurs données et reçues sans droit ? On
aurait tort néanmoins de croire à une vraie identité. Il y a analogie,
il n'y a pas de similitude entre les deux actions.

Il n'est pas sans intérêt de faire cette remarque, car si l'action en
répétition de dividende était une action en répétition de l'indû, les
intérêts courraient du jour où le payement des dividendes a été fait
aux actionnaires (art. 1378 C. civ.), et l'action devrait être portée devant le tribunal civil.

Nous pensons que ces deux conséquences doivent être écartées.
Il s'agit ici d'une action en complément d'apports. Une mise a été à
tort restituée partiellement, il faut la compléter. Dès lors, les intérêts
moratoires ne peuvent, conformément au droit commun, courir que
du jour de la demande en justice (art. 1153 C. civ.).

6º *Action sociale et action individuelle en responsabilité contre les administrateurs des sociétés anonymes ou les gérants des commandites.*

V. *Actions en justice,* n. 3485 et suiv.

CHAPITRE XVI

DE LA DISSOLUTION DE LA LIQUIDATION ET DU PARTAGE
DES SOCIÉTÉS PAR ACTIONS

3406. — Les sociétés par actions se dissolvent, comme les sociétés
en général : 1° par l'expiration du temps pour lequel elles sont contractées ; 2° par l'extinction de la chose ou la consommation de la
négociation (art. 1865 C. civ.). — Voir sur les causes de dissolution, *suprà*, n. 624 et suivants.

3407. — Les autres causes de dissolution indiquées par l'art. 1865,
telles que la mort, l'interdiction, la déconfiture d'actionnaires ou
d'administrateurs des sociétés par actions, ne sont pas des causes
de dissolution. Nous avons examiné (*suprà*, n. 2049 et suiv.) si le
décès ou la révocation du gérant d'une société en commandite par
actions entraîne la dissolution.

3408. — La faillite de la société par actions n'entraîne pas de
plein droit sa dissolution (Cass., 3 mai 1854, S. 54.6.673 ; — Paris,
12 juill. 1869, S. 71.2.233). Mais en cas de faillite de la société, on
nomme souvent un liquidateur pour représenter les intérêts des
actionnaires dans les opérations de la faillite (V. *infrà*, le chapitre
De la Faillite).

3409. — D'après l'art. 1865, 5°, C. civ., la société dont la durée
est illimitée se dissout par la volonté qu'un seul ou plusieurs expriment de n'être plus en société. Cette clause de dissolution doit-elle
être admise dans les sociétés anonymes ? La jurisprudence et les
auteurs se prononcent généralement pour la négative (V. Cass.,
6 déc. 1843, S. 44.1.22 ; — 1er juin 1859, S. 61.1.113 ; — 29 avr. 1897,
S. 99.1.481 ; — Alauzet, n. 489 ; Bravard-Veyrières, n. 420 ; Boistel,
n. 376 ; Lyon-Caen et Renault, n. 997 *ter*. — *Contrà* : Pont, note
sous Cass., 1er juin 1859, précité et *Tr. des Soc.*, n. 1913).

« Le droit individuel de dissolution, dit l'arrêt du 29 avril 1897,
conféré par l'art. 1869 aux membres des sociétés dont la durée
n'est pas limitée, est remplacé dans les sociétés d'actionnaires par

la faculté qu'ont ces derniers de liquider leur situation en négociant leurs titres, lorsque les statuts ne mettent pas d'entrave à la liberté de les aliéner. Sans doute, l'exercice par un actionnaire du droit de céder son action ne le place pas dans la même situation pécuniaire que celle qu'il obtiendrait par le droit de dissolution. La société étant dissoute, il y aurait lieu à un partage, par suite duquel l'actionnaire obtiendrait une part de l'actif social. L'actionnaire qui vend son action n'obtient qu'un prix de vente variable suivant l'état des affaires sociales, mais qui ne représente pas exactement ce que l'actionnaire toucherait en cas de dissolution ; néanmoins, il est impossible d'admettre une autre solution, si grands seraient les inconvénients d'une application aux sociétés par actions du droit de dissolution de l'art. 1869. »

3410. — L'arrêt du 29 avril 1897 vise le cas où les statuts ne mettent aucune entrave à la liberté d'aliénation des actions ; mais nous savons (V. n. 1769) que des restrictions peuvent être apportées par les statuts à la liberté pour les associés de céder leurs titres, sans que ces restrictions fassent perdre à ces titres le caractère d'actions. Ainsi, il peut être stipulé que le conseil d'administration aura un droit d'option au transfert, ou même que le consentement du conseil sera nécessaire pour la validité de ce transfert. Ces restrictions ne peuvent pas modifier, quels que soient les termes de l'arrêt du 29 avril 1897, le principe par lui consacré (V. Cass., 14 mai 1895, S. 99.1.397).

Cependant, nous ne pouvons admettre que si le droit de céder l'action est entravé d'une façon quelconque, le droit de dissolution d'une société à durée illimitée soit refusé aux actionnaires (V. Lyon-Caen, note au Sirey sous l'arrêt de 1897, précité).

3411. — Une société anonyme, dissoute par une délibération de l'assemblée générale régulièrement publiée, peut-elle reprendre son existence primitive, en vertu du vote d'une assemblée générale ultérieure ? Un arrêt de la Cour de cassation, du 7 mai 1890 (J. S., 1890.353), se prononce pour l'affirmative.

La question est des plus délicates. La dissolution, croyons-nous, une fois publiée, est définitive. Faire revivre après cette dissolution la société défunte, c'est en réalité constituer une société nouvelle, ce qui implique la nécessité du consentement unanime des actionnaires et l'accomplissement des formalités de constitution ; en outre, ce n'est pas là un acte de liquidation ; or la société dissoute ne se survit que pour les besoins de sa liquidation (Boistel, note D. 91.

1.289 ; Houpin, *J. S.*, 1896.137. — *Contrà* : Vavasseur, *R. S.*, 1896.26).

Nous raisonnons, bien entendu, dans l'hypothèse où la délibération qui a prononcé la dissolution a été publiée ; car si elle n'avait pas été portée à la connaissance des tiers, la dissolution serait restée à l'état de projet, et elle pourrait être utilement rapportée (Besançon, 28 mai 1890, sous Cass., 8 juill. 1891, D. 94.1.173).

3412. — Lorsque les statuts autorisent l'assemblée générale à voter la dissolution avant terme, cette dissolution peut être soumise à une condition suspensive, notamment celle de l'apport à réaliser par le liquidateur de l'actif de la société dissoute à une société nouvelle (Trib. Seine, 1er oct. et 12 nov. 1883, *R. S.*, 1884.38 et 43 ; — Paris, 16 juill. 1878, *J. S.*, 1890.375 ; — Paris, 5 juill. 1900, *J. S.* 1900.428).

3413. — S'il existe dans les statuts une stipulation portant qu'aucune action en justice ne pourra être introduite par un actionnaire contre la société ou son conseil d'administration, sans avoir été au préalable soumise à l'assemblée générale des actionnaires, dont l'avis devra être soumis aux tribunaux en même temps que la demande elle-même, cette stipulation empêche-t-elle l'actionnaire de former en justice une demande en dissolution sans obéir à la prescription statutaire ? La jurisprudence s'est prononcée pour la négative, consacrant ce principe que la disposition de l'art. 1871 a un caractère d'ordre public auquel il n'est pas permis de déroger (Trib. Seine, 4 fév. 1889, D. 90.2.233 ; — Paris, 6 fév. 1894, cité n. 3416 ; — Lyon-Caen, S. 99.1.481. — V. cependant en sens contraire : Toulouse, 18 janv. 1887, *R. S.*, 1887.257 ; — Douai, 27 déc. 1906, *J. S.*, 1910. 115. — V. aussi Thaller, *Ann. dr. comm.*, 1894, p. 177 et suiv.).

3414. — La loi de 1867 prévoit plusieurs cas spéciaux dans lesquels la dissolution de la société peut être demandée. « En cas de perte des trois quarts du capital social, dit l'art. 37, les administrateurs sont tenus de réunir l'assemblée générale de tous les actionnaires, à l'effet de décider s'il y a lieu de prononcer la dissolution de la société. » La résolution de l'assemblée doit être, dans tous les cas, rendue publique, afin que les tiers sachent bien que l'assemblée a admis que la société pourrait continuer à fonctionner, malgré la perte d'une partie notable du capital social.

Et si l'assemblée vote la continuation de la société, les associés ne peuvent agir en dissolution (Seine, 18 nov. 1903, *Gaz. Pal.*, 26 janv. 1904).

Si les statuts prévoient la dissolution pour perte du tiers du capital social, ce pouvoir est facultatif (Lyon, 23 nov. 1903, *Gaz. Lyon*, 4 fév. 1904).

3415. — A défaut des administrateurs, la convocation de l'assemblée générale pourrait être faite par les commissaires de surveillance (art. 30 L. de 1867). Tous les actionnaires sans exception, même ceux ne possédant qu'une action, doivent être convoqués à cette assemblée spéciale.

3416. — Si l'assemblée générale n'est pas convoquée, ou si elle n'a pas pu se constituer régulièrement, tout intéressé a le droit de s'adresser aux tribunaux et de leur demander la dissolution de la société (Seine, 18 nov. 1903, *Gaz. Pal.*, 26 janv. 1904). Ce droit appartient non seulement aux actionnaires, mais aussi aux créanciers sociaux, et il constitue à leur profit un droit individuel que les statuts ne pourraient ni supprimer, ni même subordonner à des conditions restrictives. Notamment, l'action en dissolution ne pourrait être écartée par une fin de non-recevoir tirée d'un article des statuts stipulant que toutes contestations entre associés touchant l'intérêt général et collectif de la société doivent être soumises à l'assemblée générale et peuvent être repoussées par elle, sans qu'aucun actionnaire puisse les reprendre dans un intérêt particulier (Paris, 6 fév. 1894, D. 94.2.545 et la note de M. Boistel ; — Rouen, 10 mars 1909, *J. S.*, 1910.208).

3417. — Mais si l'assemblée générale a été régulièrement convoquée et si elle a refusé de prononcer la dissolution de la société, les intéressés ne peuvent plus agir en justice, en dissolution de la société, et il n'appartient pas aux tribunaux de réformer la décision de l'assemblée générale. On ne saurait objecter la disposition de l'art. 1871 C. civ. , aux termes duquel la dissolution peut toujours être demandée en justice pour justes motifs ; l'art. 37 a précisément pour objet de déroger au droit commun (Douai, 20 déc. 1891, S. 92.2.317, et sur pourvoi, Cass., 29 janv. 1894, S. 94.1.169 et la note, D. 94.1. 313 et la note de M. Lacour. — *Sic* : Boistel, n. 326 ; Mathieu et Bourguignat, n. 228 ; Rivière, n. 113 ; Vavasseur, t. 2, n. 915. — *Contrà* : Pont, t. 2, n. 1919, et les conclusions de M. l'avocat général Desjardins, sous Cass., 29 janv. 1894, précité ; — Rouen, 10 mars 1909, *J. S.*, 1910.208).

3418. — Les associés ne peuvent renoncer au droit de demander la dissolution en vertu des dispositions de l'art. 37.

3419. — Quel est le capital dont la loi suppose que les trois quarts sont perdus ? On peut se demander si, pour décider s'il y a perte des trois quarts, on doit s'attacher au capital nominal, ou au capital dont le versement est obligatoire. D'après les travaux préparatoires de la loi de 1867, il faut décider que la perte des trois quarts doit s'appliquer au capital nominal (Mathieu et Bourguignat, n. 226 ; Pont, n. 1918 ; Lyon-Caen et Renault, n. 906.— Comp. Com. Seine, 10 fév. 1908, *R. S.*, 1909.113).

Jugé que, lorsqu'il s'agit d'examiner si la dissolution d'une société anonyme doit être prononcée à raison de la perte prétendue des trois quarts du capital social, l'actif restant doit être estimé en tenant compte, non de sa valeur de réalisation, mais de sa valeur d'exploitation (Rouen, 10 mars 1909, *J. S.*, 1910.208).

3420. — L'assemblée générale doit être réunie en conformité du nouvel art. 31 de la loi de 1867 (V. *suprà*, n. 3241).

3421. — Aux causes de dissolution ordinaire des sociétés, il y a lieu d'ajouter, pour la société anonyme, la réduction au-dessous de sept du nombre des actionnaires. Dès que le nombre des actionnaires tombe au-dessous de sept, après constitution régulière de la société, toute personne peut demander la dissolution ; mais cette dissolution est facultative pour les tribunaux. D'ailleurs, elle ne doit être prononcée que lorsqu'il s'est écoulé un an depuis que les actionnaires sont moins de sept ; on laisse ainsi le temps aux actionnaires de s'adjoindre de nouveaux associés.

3422. — La réunion de toutes les actions en une seule main entraîne de plein droit la dissolution. Il n'y a pas de société quand il n'y a qu'un seul actionnaire.

La constatation de ce fait de la concentration de toutes les actions par un seul actionnaire, doit être constatée Comment ? Faut-il nécessairement dresser un acte notarié ? Aucune disposition de loi ne l'impose. Le propriétaire unique peut donc faire une déclaration par acte sous seing privé ; un acte est nécessaire pour la publication de la dissolution conformément à l'art. 61 de la loi de 1867. Nous devons ajouter que si l'acte notarié n'est pas indispensable, il sera plus commode d'y recourir. Les actions devront être détruites.

Nous n'attachons aucune importance au fait que des actions nominatives ne pourraient faire l'objet d'un transfert régulier au profit de l'actionnaire unique. La loi prévoit la réunion de la totalité des actions en une seule main. C'est là un fait matériel indépendant de toute forme de transmission. C'est ce fait qui entraîne la dissolution. La loi n'impose pas à l'actionnaire unique de faire en telle ou telle forme la *preuve* qu'il est propriétaire de tous les titres. Car il ne paraît pas utile d'envisager l'hypothèse d'une déclaration frauduleuse, puisque l'actionnaire unique encourt la responsabilité du passif dans la limite de l'actif envers les créanciers sociaux non payés (Bruxelles, 16 mars 1889, *J. S.*, 1889.461). La dissolution, dans le cas qui nous occupe, éteint-elle l'être moral ?

La dissolution par réunion des actions en une seule main entraîne au point de vue fiscal des divergences d'appréciation. Les uns prétendent que l'opération constitue, non pas une cession d'actions, mais une mutation des parts d'actif au profit de l'actionnaire unique, d'où perception du droit proportionnel suivant la nature des biens composant l'actif social (Dalloz, V° *Enreg.*, n. 179 et 1696 ; — Garnier, *Rép. gén. de l'enreg.*, V° *Société*, n. 337 ; — Maguéro, *Traité alph. des droits d'enreg.*, V° *Société*, 2° édit., n. 429. — Charleroi, 3 août 1882, *R. S.*, 1889.484 ; — Cass., 17 nov. 1890, *J. S.*, 1891.278). D'autres estiment qu'il y a lieu seulement à la perception du droit de cession de droits sociaux (Rouen, 19 mai 1892, *R. Enreg.*, art. 201 ; — Seine, 4 nov. 1893, *Rev. Enr.*, art. 623. — Wahl, *Rev. fiscale des valeurs mobilières*, p. 767 et suiv.).

Il n'y a pas lieu de transcrire l'acte constatant la dissolution lorsque l'actif social comprend des immeubles. Cet acte est déclaratif, et non attributif de droits (Sol. Enreg., 12 juill. 1901, D. 1903.5.329. — Houpin et Bosvieux, n. 1088). Cela est vrai seulement quand le cessionnaire des actions est un associé ; mais si un tiers acquérait toutes les actions en *bloc* on pourrait considérer qu'il y a là une vente de biens sociaux sujette à transcription (Maguéro, *loc. cit.*, n. 334).

3423. — Dans les commandites par actions, le conseil de surveillance peut convoquer l'assemblée générale, et conformément à son avis, provoquer la dissolution. Ce droit est absolu et ne peut être restreint par les statuts. L'assemblée générale n'est pas non plus enfermée dans les cas de dissolution prévus par les statuts ou la loi : elle décide souverainement dans l'intérêt de la société.

3424. — Le conseil de surveillance ne peut pas saisir directement les tribunaux de la question de dissolution : il doit, au préalable, saisir l'assemblée générale (Pont, n. 1513).

3425. — Dans les commandites par actions, l'assemblée générale n'aurait le droit de prononcer la dissolution anticipée que si les statuts le lui conféraient expressément (Paris, 20 mai 1869, D. 72.2.12). Dans le silence des statuts, la dissolution devrait être prononcée par jugement.

La loi n'indique pas, comme pour les sociétés anonymes, le cas où la perte du capital social est assez importante pour que la convocation de l'assemblée générale soit obligatoire.

3426. — Lorsque, en l'absence de stipulations dans les statuts, l'assemblée générale est d'avis de provoquer une dissolution judiciaire, l'action est introduite par le conseil de surveillance, ou par des commissaires spéciaux désignés à cet effet (Pont, n. 1921). Si l'assemblée générale se prononce contre la mesure de la dissolution, les actionnaires conservent néanmoins le droit d'exercer eux-mêmes individuellement l'action en dissolution, par application de l'art. 1871 C. civ. (Lyon-Caen et Renault, n. 446 ; Pont, n. 1924).

§ 2. — Liquidation

3427. — Les sociétés par actions dissoutes sont pourvues d'un liquidateur (V. n. 710 et suiv., les principes généraux sur la liquidation des sociétés en général, applicables aux sociétés par actions).

Nous n'avons à indiquer ici que les règles spéciales aux sociétés par actions.

3428. — Le liquidateur doit, en principe, être nommé par les actionnaires, réunis en assemblée générale, à la majorité, même si les statuts ne confèrent pas à l'assemblée le droit de nomination (Seine, 30 mai 1894, *R. S.*, 1905.395). L'assemblée peut désigner un ancien administrateur (Cass., 29 mars 1904, *J. S.*, 1905.395).

L'assemblée générale qui statue *uniquement* sur la nomination d'un liquidateur, ou son remplacement, est une assemblée *ordinaire* et non *extraordinaire* (Wahl, note S. 1913.2.1. — *Contrà*, Dolbeau, p. 50).

Lorsque les statuts sociaux ont désigné à l'avance le liquidateur, il n'appartient pas aux tribunaux de substituer un liquidateur judiciaire au liquidateur nommé régulièrement par la majorité des actionnaires ; cette substitution ne pourrait avoir lieu que si la société était nulle, si la délibération de l'assemblée générale n'était pas régulière, ou si elle avait été annulée pour dol, fraude, violence, etc., ou encore, postérieurement, pour cause de malversations ou d'infraction grave aux devoirs de tout mandataire (Paris, 3 avr. 1884, *J. S.*, 1885.273 ; — Paris, 28 mai 1884, *J. S.*, 1884.428 ; — Paris, 1er août 1885, *J. S.*, 1886.319 ; — Trib. Seine, 5 mars 1887, *R. S.*, 1887.439). On peut donc dire, d'une façon générale, que les stipulations des statuts qui règlent le mode de liquidation et le choix du liquidateur font la loi des parties et doivent être observées.

3429. — Les juges du fait sont souverains pour décider qu'il n'y a pas lieu de confier la liquidation d'une société à un associé désigné par les statuts, lorsqu'il y a de justes causes qui peuvent faire craindre que cet associé compromette les intérêts communs (Cass., 20 avr. 1873, S. 73.1.123).

3430. — Lorsque le liquidateur est nommé par décision de justice, il tient ses pouvoirs non du pacte social, mais du juge, et c'est au juge d'en préciser les limites.

Le juge peut, sans méconnaître ni les statuts ni les règles du mandat, décider que l'exécution d'un traité conclu entre un tiers et une société anonyme, avant la dissolution de celle-ci, constitue un mode de liquidation rentrant dans les limites des pouvoirs du liquidateur de cette société et qu'en conséquence, ce mode de liquidation doit être maintenu (Cass., 23 déc. 1889 et 19 fév. 1890, S. 91.1.321).

3431. — Le mandat du liquidateur dure jusqu'à l'achèvement des opérations de la liquidation. Le jugement qui prononce la nullité de la société n'a pas pour effet de mettre fin aux pouvoirs du liquidateur (Paris, 10 juill. 1885, *J. S.*, 1886.169 ; — Paris, 28 avr. 1887, *R. S.*, 1887.322 ; — Douai, 11 août 1887, *J. S.*, 1888.314).

3432. — Le liquidateur désigné par les statuts ou par les parties conformément aux statuts, ne peut être révoqué que par les tribunaux et pour motifs légitimes. Quant au liquidateur associé ou étranger nommé après la dissolution de la société, il est considéré comme un mandataire ordinaire, et révocable *ad nutum* soit par tous les associés, soit par l'assemblée générale, si elle a pouvoir à cet effet (Cass., 7 janv. 1868, S. 68.1.172 ; — 30 avr. 1873, S. 73.1.123).

Le liquidateur représente, avons-nous dit, la société ; mais s'il en est ainsi dans les rapports des associés, les tiers ne conservent pas moins le droit, après la dissolution, d'exercer leurs poursuites à leur choix contre le liquidateur ou contre la société (Cass., 30 janv. et 26 fév. 1872, D. 72.1.10 ; — Cass., 16 août 1880, D. 82.1.80).

3433. — Lorsqu'au cours de la liquidation, la société est déclarée en faillite, quels sont les droits respectifs du liquidateur et du syndic ? (V. *infrà*, n. 3783 et suiv. l'examen de cette question.)

3434. — Par l'effet de la dissolution, la société cesse d'exister comme être moral ; cependant, pour le règlement de ses affaires, pour sa liquidation, la jurisprudence admet une fiction qui se formule dans les termes suivants : « La société se survit pour les besoins de sa liquidation. » Bien que l'être moral disparaisse, il est censé subsister jusqu'au partage entre les associés (V. *suprà*, n. 278, 775).

3435. — Pendant la durée de la liquidation, les pouvoirs de l'assemblée générale continuent (V. *suprà*, n. 3217), mais ceux du conseil d'administration et de l'administrateur délégué prennent fin (Nîmes, 8 mai 1908, *J. S.*, 1910.63 ; *R. S.*, 1909.201).

3436 — L'assemblée est convoquée par le liquidateur. Elle est présidée par le liquidateur (Paris, 8 juin 1912, S. 1913.2.1), à moins que l'assemblée ne désigne un président dans le cas où la gestion du liquidateur serait attaquée (Wahl, S. 1913.2.1). L'assemblée est ordinaire si elle a pour objet le remplacement ou la révocation du liquidateur, ou la modification des pouvoirs, ou la réception des comptes ; extraordinaire si elle a pour objet des changements au mode de liquidation organisé par les statuts (Lyon-Caen et Renault, n.909 ; — Voy. anal. Cass. 11 nov. 1885, *J. S.*, 1886.145).

3437. — Les actionnaires ont-ils encore le droit, après la dissolution, d'exiger les communications de l'art. 35 de la loi de 1867 ? Nous ne le pensons pas (*Sic*, Houpin et Bosvieux, n. 1090).

3438. — Mais il a été justement jugé qu'après la dissolution d'une société, l'approbation des comptes présentés par le liquidateur, mandataire direct des actionnaires, n'a pas besoin d'être précédée d'un rapport des commissaires censeurs, dans les termes de l'art. 32 de la loi du 24 juillet 1867, cette disposition régissant seulement le contrôle de l'exploitation sociale (Trib. com. Seine, 19 mars 1894, *Le Droit*, 16 mai).

3439. — Les pouvoirs du liquidateur d'une société par actions sont les mêmes que ceux des liquidateurs des autres sociétés (V. *suprà*, n. 733 et suiv.).

3440. — Le liquidateur ne puise pas dans ses pouvoirs le droit de faire apport à une nouvelle société de l'actif et du passif de la société dissoute, moyennant la stipulation, comme prix de cet apport, de la remise d'actions libérées de la nouvelle société, actions à distribuer aux actionnaires de l'ancienne (Cass., 20 mars 1860, S. 61.1.61 ; — Riom, 7 fév. 1888, D. 89.2.67).

Si le liquidateur ne puise pas ce droit dans ses pouvoirs, peut-il l'obtenir de l'assemblée générale des actionnaires ? Sans aucun doute, si les statuts ont prévu que l'assemblée générale réglerait le mode de liquidation et pourrait autoriser le liquidateur à faire le transport ou l'apport de l'actif à une autre société, ou à toute autre personne (Cass., 17 août 1875, D. 76.1.359, S. 76.1.451).

Mais la loi du 22 nov. 1913 autorisant les assemblées générales à apporter toutes modifications aux statuts, une assemblée délibérant en conformité de cette loi pourrait modifier les statuts pour accorder aux liquidateurs le droit qu'ils ne tiennent pas des statuts originaux.

3441. — L'apport par le liquidateur autorisé peut être effectué contre rémunération pécuniaire, ou contre remise d'actions de la société à laquelle l'apport est consenti. On a soutenu qu'il est illégal d'imposer à des actionnaires des actions d'une autre société. Rien n'est illégal en principe. Tout dépend de stipulations statutaires originaires ou modifiées. MM. Houpin et Bosvieux écrivent, n.1095, qu'il serait préférable pour donner satisfaction aux actionnaires rebelles à l'attribution des actions, de leur donner le choix entre des titres et le prix de réalisation qu'obtiendrait le liquidateur en vendant les actions représentatives de l'apport. Cela est un conseil. Mais ce conseil ne modifie pas le principe juridique. La solution de la difficulté, comme nous l'avons dit plus haut, réside dans le pouvoir conféré par l'assemblée générale au liquidateur.

3442. — Pourrait-on obtenir des tribunaux qui prononcent la dissolution judiciaire d'une société, de donner par le jugement de dissolution, au liquidateur nommé, le pouvoir de faire apport à une société nouvelle de tout ou partie de l'actif de la société dissoute contre l'attribution d'actions de la nouvelle société ? Dans des circonstances exceptionnelles, des décisions judiciaires ont autorisé le liquidateur à faire apport à une société nouvelle de l'actif d'une société dissoute contre l'attribution d'actions.C'est ce qui a été décidé pour la société du *Petit Journal* et pour la *Société Immobilière* (Trib. Seine,4 fév. 1889, *J. S.*, 1889.99 ; — V. aussi Cass., 12 nov. 1896, *J. S.*, 1896.392).

Ces solutions, rendues nécessaires par des circonstances exceptionnellement graves, peuvent présenter un grand intérêt pour les actionnaires, mais il est difficile de les justifier en droit.

Ce que nous avons dit plus haut du pouvoir des assemblées générales, dans le cas de silence des statuts, doit s'appliquer pour la détermination des pouvoirs des tribunaux en semblable occurrence.

3443.— Cependant M. Houpin (n. 1095), après avoir professé sur la matière l'opinion que nous venons d'indiquer, a changé d'avis, et pense pouvoir justifier juridiquement le pouvoir des tribunaux.. Il raisonne ainsi : Lorsque la liquidation d'une société se fait amiablement et que le liquidateur est tenu soit par les statuts, soit par l'assemblée générale, ses pouvoirs ne peuvent être que ceux déterminés par le pacte social ou par l'assemblée, et en cas de silence des statuts sur l'apport à une société nouvelle, l'assemblée ne peut pas modifier le pacte originaire. Mais lorsque la liquidation est ordonnée par justice, le juge peut étendre les pouvoirs du mandataire qu'il choisit et qu'il nomme. Le tribunal a un pouvoir discrétionnaire absolu à cet égard. Il est le seul juge du mode de liquidation à adopter et même à imposer au liquidateur. Lorsque celui-ci tient ainsi ses pouvoirs des décisions du tribunal, il n'est pas obligé de recourir aux assemblées générales des actionnaires, comme devrait le faire un mandataire de liquidation amiable (V. sur ce dernier point : Trib. Seine, 8 avr. 1886, *J. S.*, 1890.389 ;— 31 août 1887, *J. S.*, 1887.594 ; — Cass., 23 déc. 1889, S. 91.1.321 ; — 19 fév. 1890, S. 91.1.321).

Nous ne pensons pas que cette opinion puisse être adoptée. Le pouvoir discrétionnaire des tribunaux a toujours une limite, et il ne peut aller jusqu'à anéantir les contrats qu'ils sont chargés d'appliquer. Les jugements rendus dans l'affaire du *Petit Journal* et de la *Société Immobilière* doivent donc demeurer des exceptions et suivant nous, ils ne peuvent pas devenir une règle juridique contraire à tous les principes. Les tribunaux font exécuter les contrats et ne les forment pas. Telle est la formule qui nous paraît résumer exactement la difficulté soulevée.

3444. — Il a été jugé que les liquidateurs d'une société anonyme peuvent valablement apporter à une autre société l'actif et le passif de la société en liquidation *à forfait*, contre remise d'actions, cet actif et ce passif ne pouvant pas être évalués autrement, en raison des chances de gain ou de perte que comporte la suite de l'entreprise (Cass., 3 janv. 1900, S. 01.1.321). Il s'agissait, dans l'espèce jugée, d'une société d'assurances (*La Nation*). La société cessionnaire prétendait avoir éprouvé des mécomptes avec les polices cédées. La Cour a répondu que dans le cas de cession à forfait, il n'y a pas lieu à garantie contre les apporteurs, si la nouvelle société n'a éprouvé dans la jouissance des choses apportées aucun trouble constituant une éviction totale ou partielle de ce dont elle s'était rendue cessionnaire, et si en ce qui touche les défauts cachés, les juges du fait ont apprécié les conventions dans ce sens, qu'en se reconnaissant garants de la réalité des polices d'assurances dont ils faisaient la remise, les apporteurs avaient implicitement décliné la responsabilité de tous autres mécomptes que ceux qui proviennent de l'inexistence des deux contrats. L'approbation régulière des apports, en conformité de l'art. 4, est définitive et sans recours, sauf le cas de dol ou de fraude (V. note de M. Wahl au S. 1909.1.321).

3445. — Les droits des créanciers doivent être respectés. Ils ne peuvent être contraints de subir l'apport de l'actif à une autre société. La réalisation de l'apport dépend donc ou de l'acquiescement des créanciers ou du paiement de leurs créances.

Il a été jugé que les liquidateurs d'une société anonyme qui se trouve en état de cessation de payements commettent une faute qui engage leur responsabilité en prolongeant par des expédients l'existence de la société anonyme et en reculant sa déclaration de faillite (Paris, 17 mai 1888, *R. S.*, 1889. 124).

3446. — Quand les opérations de la liquidation sont terminées, le liquidateur dresse son compte et le soumet à l'assemblée générale des actionnaires ; il prélève sur l'actif le traitement qui lui a été alloué. On considère généralement que les frais et honoraires du liquidateur sont privilégiés, comme ayant été faits pour la conservation de la chose (Aix, 11 nov. 1871, D. 73.1.78 ; — Lyon, 11 juill. 1873, S. 74.2. 73). Jugé cependant, en sens contraire, que les créanciers sociaux ne doivent pas apporter les honoraires du liquidateur (Paris, 20 janv. 1842, D. 42.2.131 ; — Lyon, 27 mai 1859, S. 60.2.16 ; — 24 déc. 1860, S. 61.2.557).

Lorsque le passif est éteint, il y a lieu d'ajouter à l'actif déjà réalisé les sommes encore dues par les actionnaires qui n'ont libéré leurs titres que partiellement, alors que les autres les ont libérés intégralement et c'est l'ensemble de cet actif qui doit être réparti, non pas au prorata des sommes versées par chacun des actionnaires, mais bien au prorata du nombre d'actions, les droits dans les bénéfices de la société comme dans la répartition de l'actif étant attachés aux titres eux-mêmes et non au capital versé sur le montant de ces titres (Trib. com. Seine, 29 juin 1906, *J. S.*, 1906.129).

3447. — L'assemblée générale a le droit d'approuver les comptes du liquidateur et de lui donner quitus. Si le liquidateur a été nommé par justice, il peut également faire approuver ses comptes par l'assemblée générale ; mais si, pour une raison ou pour une autre, l'assemblée générale ne peut recevoir ces comptes et voter le quitus du liquidateur, celui-ci doit présenter son compte au tribunal et le faire homologuer contradictoirement avec la société, représentée, pour ce dernier acte de la vie sociale, par son conseil d'administration.

Après quitus régulièrement donné aux administrateurs et aux liquidateurs par une assemblée générale extraordinaire, un tribunal ne serait plus fondé, ni à prononcer la dissolution d'une société déjà dissoute et liquidée, ni à lui nommer de nouveaux liquidateurs (Trib. com. Lyon, 15 janv. 1907, *J. S.*, 1908.21).

§ . — **Partage**

3448. — L'actif ne doit être réparti entre les actionnaires qu'après le payement intégral des dettes sociales. Si la répartition se faisait antérieurement, les créanciers auraient une action en restitution, tout à la fois contre les liquidateurs et contre les actionnaires (Cass., 2 déc.1891, *Le Droit*, 16 déc. 1891).

3449. — Après le règlement du passif, le produit net de la liquidation doit être réparti entre les actionnaires, conformément aux statuts, proportionnellement au nombre de leurs actions. Si toutes les actions ne sont pas également libérées, on rembourse les sommes versées sur les actions, et le surplus est partagé entre les actionnaires : l'égalité doit être parfaite entre les actionnaires. Ainsi, il a été jugé que pour arriver à l'application de ce principe d'égalité, le liquidateur avait le droit de réclamer des actionnaires, en numéraire, la libération des actions, lorsque le capital est partiellement représenté par des actions d'apport entièrement libérées ; la répartition s'opère ensuite également entre tous les actionnaires (Paris, 3 fév. 1887, *Gaz. Trib.*, 15 mars 1887. — V. n. 1731).

CHAPITRE XVII

DE LA FUSION ET DE LA TRANSFORMATION

§ 1ᵉʳ. — Fusion

3450. — On entend par le mot *fusion*, la réunion de deux ou de plusieurs sociétés ayant eu jusqu'alors une existence distincte, de façon à ce qu'elles n'en forment plus qu'une seule. Cet événement juridique peut intervenir dans des buts divers, soit qu'il s'agisse de diminuer les frais généraux de l'exploitation, de lutter contre la concurrence, ou de combiner les efforts pour développer des affaires qui ne pourraient réussir si elles étaient poursuivies isolément.

Il n'y aurait pas fusion, mais véritable vente, au cas où, une société ayant été dissoute, le liquidateur apporterait l'actif social à une autre société moyennant un prix payable en espèces ou en obligations (Houpin, *J. S.*, 1910.290).

3451. — La fusion résulte d'une convention qui met fin à une société avant le terme fixé pour sa durée ; aussi exige-t-elle le concours des volontés de tous les associés de chacune d'elles. Les associés de chaque société doivent donc délibérer séparément, avant qu'une entente définitive intervenant entre elles arrive à constituer un être moral nouveau. Lorsque les deux sociétés sont d'accord, la fusion est opérée sans que les tiers puissent y former opposition ; mais la fusion ne produit pas toujours les mêmes effets. Suivant la volonté des parties, les deux sociétés qui fusionnent étant considérées comme dissoutes, une société nouvelle est créée, ou bien l'une des deux sociétés seulement prend fin, parce qu'elle est absorbée par l'autre qui continue son existence, existence modifiée généralement par l'augmentation du capital social. Il est donc important, au point de vue juridique, de chercher si l'on se trouve en présence de la première ou de la seconde des hypothèses. Quand une société nouvelle est créée, il faut, de toute nécessité, accomplir toutes les conditions et formalités prescrites pour la constitution et la publicité d'une société ; mais s'il y a simplement absorption d'une société par une autre, il ne se produit pas création d'un être moral nouveau, et il suffit de remplir les formalités de publicité pour porter à la connaissance des tiers les modifications que la société subsistante a adoptées (Sur les pouvoirs de l'assemblée générale pour voter la fusion, V. le chapitre des Assemblées extraordinaires).

3452. — Généralement, les sociétés qui fusionnent sont similaires, c'est-à-dire qu'elles ont la même forme et le même objet. Mais cette double condition ne nous paraît pas absolument indispensable, malgré l'avis de M. Beudant (note D. 79.1.5). Deux sociétés constituées sous des formes différentes, une société en commandite, par exemple, et une société anonyme, peuvent fusionner entre elles (Lyon-Caen et Renault, n. 912. — V. toutefois Cass., 10 déc. 1878, D. 79.1.5). Il en serait de même de deux sociétés n'ayant pas le même objet (Nîmes, 15 janv. 1878, D. 79.1.5).

3453. — Le contrat de fusion n'est assujetti à aucune forme ; il peut être passé conformément aux principes qui régissent tous les contrats.

On peut adopter pour la fusion l'un ou l'autre des procédés suivants : 1° la société absorbée décide de faire apport à la société absorbante de tout son actif, moyennant attribution d'actions ; — 2° ou bien chacune des sociétés dans une assemblée extraordinaire vote la fusion qui se trouve réalisée par une assemblée plénière des deux sociétés. C'est le premier des procédés indiqués qui est le plus suivi en pratique.

3454. — La question de savoir si la fusion de plusieurs sociétés, prévue par leurs statuts, entraîne ou non la création d'une société nouvelle, est une question de fait laissée à l'appréciation des tribunaux (V. Paris, 21 août 1860 et Cass., 8 fév. 1861, *Gaz. Pal.*, 1862.864 ; — Cass., 16 avr. 1872, S. 72.1.229, D. 73.1.73).

3455. — Lorsque la fusion engendre la création d'une société nouvelle à laquelle chacune des sociétés fait apport de son actif, il est de toute nécessité que les apports soient vérifiés conformément à l'art. 4 de la loi de 1867 ; mais s'il y a simple fusion, autrement dit absorption d'une société par une autre, faut-il observer les dispositions de l'article 4 ? La Cour de cassation a décidé, le 26 avril 1880 (S. 81.1.5, D. 80.1.267), que les formalités de l'art. 4 ne sauraient s'appliquer à cette espèce (*Sic* : Paris, 20 mars 1891, *T. C.*, 1892.340). Mais tout dépend de la forme adoptée pour la fusion.

3456. — Les sociétés qui fusionnent peuvent avoir des créanciers qui, lors de la fusion, ne sont pas désintéressés : quel effet produit la fusion à leur égard ? Il faut distinguer. Si les deux sociétés s'absorbent dans une société nouvelle, la fusion ne peut avoir d'effet à l'égard des créanciers. Un créancier ne peut pas être contraint de changer de débiteur ou de renoncer aux garanties de sa créance. Comme conséquence, les créanciers de chaque société fusionnée ne peuvent pas être considérés comme ayant dorénavant pour débitrice la société résultant de la fusion ; ils conservent leurs droits sur tous les biens de la société antérieure, leur débitrice. On ne peut leur imposer une novation par changement de débiteur (Lyon-Caen et Renault, n. 340). Il y a donc là une source de difficultés auxquelles les sociétés qui opèrent entre elles une fusion ne peuvent échapper qu'en acquittant leur passif.Mais lorsqu'une société vient s'absorber dans une autre, les créanciers de la première ne sont pas tenus d'accepter la seconde comme débitrice. Mais les créanciers de la société qui subsiste ne peuvent se plaindre de la création des dettes nouvelles, résultant de la fusion, à la charge de cette société.

Par application de ces principes, il a été jugé qu'une société anonyme nouvelle absorbant une ancienne société ne peut prendre l'actif sans assumer le charge des engagements auxquels cet actif servait de gage (Paris, 9 nov. 1883, *J. S.*, 1884.14. — *Sic.*, Cass., 21 nov. 1848, S. 49.1.263 ; — Cass., 2 juin 1865, D. 65.1.360 ; — Wahl, *J. S.*, 1910, 193 et suiv., S. 1912.2.297). Jugé également qu'une société dissoute et en liquidation ne peut distraire quoi que ce soit de son actif avant la libération de son passif, et qu'en conséquence, alors même que les statuts ont autorisé la fusion, est nulle la fusion partielle de la société qui conserve une partie de son actif pour éteindre son passif (Paris, 24 juin 1884, *R. S.*, 1884.496). Jugé encore que si une assemblée générale extraordinaire a autorisé les liquidateurs à apporter l'actif net de la liquidation à une autre société, ces liquidateurs ne peuvent faire l'apport à forfait de l'actif net à provenir de la liquidation, avant d'avoir préalablement acquitté le passif (Trib. Seine, 15 janv. 1885, *R. S.*, 1885.360). Cette jurisprudence permet de formuler cette règle : Lorsque les statuts d'une société dissoute et en liquidation autorisent la fusion,les liquidateurs ne peuvent,même en vertu d'une délibération de l'assemblée générale,faire l'apport à une autre société de tout ou partie de son actif avant l'extinction de son passif ; il faut ou que le passif soit préalablement acquitté, et que l'apport ait pour objet les biens restant après son extinction, ou que la société en liquidation apporte l'universalité de ses biens, à charge par la société nouvelle d'acquitter le passif. La cession de l'actif d'une société à une autre société n'implique pas la nécessité d'une signification de la cession aux créanciers conformément à l'art. 1690 (Autun, 8 mai 1904). En pareille matière, l'observation des formalités de publicité prescrites par les lois de 1856 et 1867 dispense de l'application de l'art. 1690.

3457. — La dissolution de la société qui fusionne peut être subordonnée à la condition suspensive que l'apport de son actif sera réalisé au profit d'une société en formation qui paiera le passif. La dissolution devient définitive lorsque cette condition s'accomplit (Trib. Seine, 12 nov. 1883, *R. S.*, 1884.48. — V. aussi : Paris, 15 fév. 1887, *R. S.*, 1887.186 ; — 24 avr. 1884, *R. S.*, 1884.483. — V. *suprà*, n. 3412).

3458. — Les auteurs ont examiné un autre mode de fusion de sociétés, appelé l'*alliance*. Des sociétés distinctes se réunissent pour vivre parallèlement sous une forme nouvelle, et établir un centre commun d'opérations avec une seule administration, sans se confondre ni cesser d'exister. Dalloz considère ce mode particulier de fusion comme licite (V° *Sociétés*, 1187 et 1423 ; *Rec. pér.*, 1873.1.73) ; M. Pont (n. 1093) l'admet également comme valable, tout en subordonnant aux circonstances de fait l'appréciation du caractère et des effets de la fusion avec ce mode particulier de fusion sans création d'une société nouvelle. M. Vavasseur estime qu'il y a lieu de remplir des formalités, qui consistent à mettre en harmonie les statuts des sociétés, à soumettre ces statuts à l'approbation de l'assemblée générale de chacune des deux sociétés délibérant en la forme voulue pour les modifications aux statuts. Tout cela est un peu confus, et nous ne pensons pas qu'on puisse adopter ce mode de fusion sans risquer de grosses difficultés.

3459. — En résumé, lorsqu'une société qui a des créanciers veut fusionner avec une autre société, on peut recourir à trois combinaisons : 1° la société qui disparaît acquitte son passif et apporte le résultat net de son actif à la société nouvelle ; 2° l'ancienne société apporte tous ses biens à la nouvelle et reste personnellement obligée au payement du passif ; elle reçoit en représentation de son apport des actions ; l'ancienne société acquitte son passif avec des fonds qui lui appartiennent ou ceux qu'elle se procure par la vente des actions qui lui sont attribuées ; 3° l'ancienne société fait apport de son actif à la nouvelle en chargeant cette dernière d'acquitter son passif ; cette combinaison présente un caractère mixte ; elle renferme une vente à concurrence du passif à payer par la nouvelle société (Orléans, 11 mai 1882, *J. S.*, 1883.437 ; — Douai, 26 juill. 1886, *R. S.*, 1887.129), et pour le surplus, un apport en représentation duquel des actions doivent être attribuées (Trib. Seine, 28 juill. 1887, *J. S.*, 1888.445).

3460. — Lorsqu'une fusion a lieu, les sociétés fusionnées, prises soit séparément, soit ensemble, doivent être publiées dans les formes légales, car la fusion implique toujours dissolution d'une société au moins, et modification des statuts de celle des sociétés qui n'est point dissoute.

3461. — Aucune disposition de loi ne prohibe qu'une société devienne membre d'une autre société. Si rare que soit cette combinaison, elle est néanmoins licite (Cass., 10 déc. 1878, D. 79.4.5). Dans cette hypothèse, il n'y a dissolution d'aucune société : on se trouve en présence de plusieurs sociétés qui existent.

3462. — *Des actions d'apport en cas de fusion (loi du 16 novembre 1903, art. 2).* — On sait que l'art. 2 de la loi de 1867 défend la négociation des actions d'apports pendant deux ans à partir de la constitution de la société. Avant la loi du 9 juillet 1902 relative aux actions de priorité, on se demandait si cette prohibition s'appliquait encore au cas de fusion de deux sociétés et s'il était nécessaire de prolonger de deux ans encore, à dater de la fusion, la non-négociabilité des actions d'apports émises par une des sociétés ayant elle-même fonctionné pendant plus de deux ans. Pareille prohibition paraissait excessive dans ce cas, car les motifs qui expliquent la prohibition de la négociation des actions d'apport ne se rencontraient plus dans cette hypothèse. Quoi qu'il en soit, pour éviter toute difficulté, la loi du 9 juillet 1902 vint déclarer expressément que cette interdiction n'existerait plus, lorsque la société ayant fusionné aurait elle-même plus de deux années d'existence. Ce principe a été repris par la loi du 16 novembre 1903, dans son art. 2 ; elle l'a précisé et éclairé : « En cas de fusion de sociétés par voie d'absorption ou de création d'une société nouvelle, englobant une ou plusieurs sociétés préexistantes, l'interdiction de détacher les actions de la souche et de les négocier ne s'applique pas aux actions d'apport attribuées à une société par actions ayant, lors de la fusion, plus de deux ans d'existence. » Ce texte nouveau est plus compréhensif que l'ancien sur deux points. — Tout d'abord, tandis que le premier ne parlait que des sociétés anonymes, celui-ci parle des sociétés *par actions*, ce qui implique qu'il est applicable tant aux sociétés anonymes qu'aux sociétés en commandite par actions. — En second lieu, avec le texte nouveau, il ne peut plus y avoir de difficulté sur ce point : si l'une des sociétés qui fusionnent a plus de deux années d'existence, les actions d'apport qu'elle reçoit de l'autre deviennent immédiatement négociables. Ce point faisait autrefois difficulté, car on se demandait s'il ne fallait pas que les deux sociétés fusionnant aient chacune deux années d'existence.

Les actions sont d'ailleurs immédiatement négociables, quoique l'apport n'ait pas compris la totalité de l'actif de la société apporteuse, alors qu'il est justifié que cette dernière s'est trouvée, en réalité, englobée et a été effectivement dissoute au moment de la fusion (Trib. com. Seine, 1er oct. 1907, *J. S.*, 1908.183).

3463. — Bien entendu, l'exception de la loi de 1903 doit, comme toutes les exceptions, être interprétée strictement, elle ne saurait notamment être étendue au cas d'augmentation du capital résultant tant d'apports faits par des particuliers et qui doivent être soumis aux épreuves légales, que de l'absorption d'une autre société (Trib. com. Montpellier, 27 juin 1905, *R. S.*, 1906.258). La fusion avec une société étrangère nous paraît impossible, puisque ce serait changer la nationalité de la société. Cette solution s'impose encore plus depuis la loi de 1913.

3464. — Jugé, au cas de fusion d'une société anglaise ayant plus de deux ans d'existence avec une société française, que la société anglaise a le droit d'exiger la remise des actions entièrement libérées, à elle attribuées en représentation de ses apports, détachées de la souche et négociables, par application de la loi du 16 novembre 1903 et de la convention franco-anglaise de 1862 actuellement en vigueur (Trib. com. Seine, 19 oct. 1906, *R. S.*, 1908.254).

§ 2. — Transformation

3465. — La loi de 1867 a réglementé trois espèces de transformation en sociétés anonymes des sociétés antérieures à sa promulgation : 1º transformation des sociétés en commandite par actions dont les statuts permettent la transformation en sociétés anonymes autorisées ; 2º transformation des sociétés anonymes qui étaient soumises à l'autorisation du gouvernement ; 3º transformation des sociétés à responsabilité limitée. Il faut ajouter la transformation prévue, par la loi du 1er août 1893, des sociétés civiles en sociétés commerciales. — V. sur la transformation des sociétés, l'article de M. Wahl, *J. S.*, 1910. 97 et suiv.

3466. — L'art. 19 règle la transformation des sociétés en commandite par actions antérieures à la loi en sociétés anonymes ; il subordonne cette possibilité de transformation à l'autorisation des statuts. Cet article est applicable aux sociétés en commandite par actions fondées depuis la promulgation de la loi de 1867 (Seine, 2 août 1902, *J. S.*, 1903.32).

3467. — L'art. 19, subordonnant la transformation à l'autorisation écrite dans les statuts, ne fait qu'appliquer ce principe, qu'une société en commandite ne peut se transformer en société anonyme sans le consentement unanime des associés, et ce consentement des associés résulte de l'autorisation des statuts. La transformation peut, dans ce cas, être votée par une délibération de l'assemblée générale extraordinaire, votant à la majorité dans les conditions établies pour les modifications statutaires. Il ne suffirait pas que les statuts eussent prévu une modification sans spécifier expressément la conversion (Paris, 16 août 1879, *J. S.*, 1880.118 ; — Marseille, 4 août 1903, *J. S.*, 1904.44).

3468. — La question de savoir si la transformation en société anonyme d'une société en commandite antérieure ou postérieure à la loi de 1867 opère création d'une société nouvelle est controversée. Elle présente un très grand intérêt. M. Pont enseigne que la transformation anéantissant la société primitivement formée constitue une société nouvelle (n. 1130 ; il invoque un arrêt de Lyon du 6 février 1868 (S. 68.2.165) ; mais un autre arrêt a décidé qu'une telle transformation ne change pas la société primitive (Besançon, 15 juin 1869, S. 70.2.105). D'autre part, on décide que la question ne peut être résolue que par une distinction. Il est permis de formuler avec la jurisprudence une règle très nette :

Si la transformation est prévue par les statuts de la société en commandite, et que l'opération de transformation n'emporte ni changement d'actionnaires, du fonds social, de l'objet de la société, il n'y a pas société nouvelle. Consultez : Lyon-Caen et Renault, n. 866 ; Lacour, *J. S.*, 1913.154 ; Lyon-Caen et Houpin, *J. S.*, 1899. 5. — Amiens, 6 août 1885, *R. S.*, 1886.216, *J. S.*, 1887.454 ; — Paris, 7 avr. 1887, *J. S.*, 1891.557 ; — Cass., 15 fév. 1888, D. 88.1. 421 ; — 12 mars 1888, S. 89.1.304, D. 88.1.407 ; — 29 juill. 1890, *R. S.*, 1891.169 ; — 24 janv 1893, S. 93.1.360, D. 93.1.455.— *Contrà* : Wahl, *J. S.*, 1910.105, S. 1906.1.362. D'après cet auteur, la transformation entraîne toujours création d'une société nouvelle.

3469. — Jugé que, dans le cas de *non-autorisation de transformation* par les statuts, il y a société nouvelle dans les opérations suivantes :

Transformation d'une société en nom collectif en société en commandite simple (Sol. enreg., 3 oct. 1888 ; 19 mars 1892 ; — Douai, 19 fév. 1892, *R. S.*, 1892.248. — Lacour, *J. S.*, 1913.154), à moins que les associés en nom collectif restent tous les mêmes, en même qualité, et que la transformation ne s'opère que par l'adjonction de commanditaires (Sol. enreg., 6 avr. 1897, *J. S.*, 1898.185 ; — Lacour, *loc. cit.*) ;

Transformation d'une société en commandite simple en société en nom collectif (Wahl, *J. S.*, 1900.98) ;

Transformation d'une société en nom collectif en société anonyme ou en commandite par actions ou réciproquement (Wahl, *loc. cit.* ; Lacour, *loc. cit.*) ;

Transformation d'une société en commandite simple en société anonyme ou réciproquement (Cass., 11 avr. 1905, *J. S.*, 1906.11. — Wahl, *loc. cit.* ; Lacour, *loc. cit.*) ;

Transformation d'une société en commandite par actions en société anonyme (Lyon, 6 fév. 1868, S. 68.2 165 ; — Paris, 16 août 1879, *J. S.*, 1880.118 ; — Cass., 12 mars 1888, précité) ;

Transformation d'une société française en société étrangère (Cass., 7 juin 1880, *J. S.*, 1880.311 ; — 26 nov. 1894, S. 95.1.133, D. 95.1.57 ; — Amiens, 29 juin 1895, *J. S.*, 1896.176).

3470. — La transformation d'une société en commandite par actions en société anonyme comporte l'accomplissement des formalités suivantes :

1° La transformation doit être décidée en conformité des statuts de la commandite par une assemblée générale extraordinaire. Ici se rencontre la difficulté de l'application aux sociétés en commandite du nouvel art. 31 de la loi du 24 juillet 1867 (Loi de 1913 ; — V. n. 3241).

2° Le principe de transformation voté, il faut faire approuver les nouveaux statuts qui doivent s'adapter à la forme anonyme, tout en respectant les bases essentielles pour que la société ne devienne pas *nouvelle*. Il y a lieu de nommer des administrateurs, des commissaires organes de la société anonyme. Cette assemblée peut-elle être celle qui vote la transformation, ou doit-elle être réunie en conformité de l'art. 27, § 3, de la loi de 1867, c'est-à-dire se composer de tous les actionnaires avec limitation du vote à dix voix ?

La question est résolue par un arrêt de Cassation du 26 oct. 1910 (*J. S.*, 1911.110), qui décide que l'art. 27 n'a pas d'application en l'espèce, l'assemblée n'ayant aucun caractère constitutif. Il s'agit d'une transformation (*Sic* : Wahl, *J. S.*, 1910.145 ; Houpin et Bosvieux, n. 795).

Il résulte de cette jurisprudence que, quand la transformation n'entraîne pas création d'une société nouvelle, aucune des formalités prévues par la loi pour la constitution, notamment la vérification des apports ou des avantages particuliers, ne s'impose (Wahl, *loc. cit.*).

3471. — Si le capital originaire n'est plus intact, doit-on réduire le capital nominal au capital réel ? La Cour de Besançon, à la date du 15 juin 1869 (S. 70.2.105), s'est prononcée pour la négative en se fondant sur ce que les formalités exigées par les art. 1er et suivants de la loi de 1867, se référant uniquement à une société en formation, ne peuvent pas être exigées lorsque, la société légalement établie, son capital a subi des modifications. Le fonds social, d'après cet arrêt, doit être apprécié eu égard à l'époque où la société se fonde, et non à celle où elle se transforme. La Cour d'Amiens s'est prononcée dans le même sens le 6 août 1885 (*R. S.*, 1886.216, *J. S.*, 1887.454), et le pourvoi formé contre cet arrêt a été rejeté le 11 mars 1888 (*R. S.*, 1888.243). Bien que ce dernier arrêt se soit fondé sur le défaut d'intérêt du demandeur en cassation, il n'en a pas moins été édicté par la Cour suprême que si le capital originaire de la société en commandite n'existait plus intégralement lors de sa transformation en société anonyme, il y avait là une cause de nullité de cette dernière société.

3472. — Avant la loi de 1867, les sociétés anonymes étaient soumises à l'autorisation du gouvernement ; cette dernière loi a autorisé les sociétés anonymes anciennes à se placer sous le régime de la loi de 1867, mais elles ne peuvent le faire qu'en vertu d'une délibération de l'assemblée générale des actionnaires, prise en la forme prescrite pour les modifications aux statuts et en vertu d'une autorisation du gouvernement ; cette autorisation doit être demandée au ministre du commerce.

Les sociétés à responsabilité limitée, régies par la loi du 23 mai 1863, abrogée par l'art. 57 de la loi du 24 juillet 1867, peuvent également se transformer en sociétés anonymes, en se conformant aux conditions stipulées pour la modification de leurs statuts. Nous croyons que ces dispositions ne peuvent, à l'heure présente, offrir qu'un intérêt historique.

En ce qui concerne la transformation des sociétés civiles en sociétés commerciales, prévue par l'art. 7 de la loi du 1er août 1893, voir *supra*, n. 1113 et suivants.

§ 3. — Transformation d'une commandite simple en société anonyme ou réciproquement

3473. — La transformation pure et simple, conformément aux statuts, d'une société en commandite simple en société anonyme entraîne-t-elle création d'une société nouvelle ? La question présente de l'intérêt, car si la transformation entraîne la création d'une société nouvelle, il faut observer toutes les formalités des lois de 1867 et de 1893 relatives à la constitution ; notamment il faudrait décider que les actions représentant les apports en nature sont frappées pendant deux années de la prohibition de négociation édictée par l'art. 3 de la loi de 1893.

Nous pensons que si la transformation a été prévue par les statuts, cette opération ne constitue pas création d'une société nouvelle. Si au contraire elle n'a pas été prévue par les statuts, c'est une société nouvelle qui se trouve créée, et ce n'est pas une simple transformation qui sera réalisée.

La Cour de Besançon, par arrêt du 15 juin 1869 (S. 70.2.105), a décidé que par une simple transformation, la société ne changeait pas au fond et ne se modifiait que dans sa forme.

Un arrêt de la Cour de Lyon, du 6 février 1868 (S. 68.2.165), a jugé au contraire que la transformation implique la constitution d'une société nouvelle, qui ne peut être réalisée que par l'accord unanime des actionnaires.

Ces deux formules nous paraissent excessives, et nous pensons qu'il faut en revenir à la distinction ci-dessus : autorisation ou non de la transformation par les statuts originaires.

3474. — Si la transformation autorisée par les statuts s'opère, la société conservant le même capital, les mêmes associés, le même fonds social, il n'y a pas société nouvelle, la société anonyme continue la société en commandite préexistante ; en d'autres termes, la forme seule se trouve modifiée.

C'est ce qu'ont jugé les arrêts suivants : Amiens, 6 août 1885, *J. S.*, 1887.454, *R. S.*, 1886.216 ; — Paris, 5 déc. 1881, S. 90.2.239.

Si, au contraire, les statuts originaires sont muets sur la transformation, on ne peut pas dire qu'il y a continuation de la société préexistante ; il faut décider qu'il y a création d'un être moral nouveau et que ce n'est pas la forme seule qui s'est trouvée transformée.

C'est bien ainsi que l'administration de l'enregistrement apprécie la situation juridique, par une solution du 5 avril 1897, rapportée au *Journal des Sociétés* (1898.140). Elle a décidé que lorsque la transformation était prévue par les statuts, et que, d'autre part, elle n'apporte aucun changement dans l'origine, la durée, le personnel et le capital social, la transformation d'une commandite simple en société anonyme ne donne pas naissance à une société nouvelle, et n'est, en conséquence, passible que du droit fixe d'enregistrement.

3475. — Nous donnerons les mêmes solutions dans l'hypothèse inverse, c'est-à-dire dans la transformation d'une société anonyme en commandite simple. Si la transformation est prévue par les statuts, il n'y aura pas une société nouvelle ; si, au contraire, les statuts sont muets sur ce point, cette transformation a pour conséquence la création d'un être moral nouveau (Cass., 11 avr. 1905, *R. S.*, 1906.67).

CHAPITRE XVIII

**DES ACTIONS EN JUSTICE. — PROCÉDURE. — ACTION SO-
CIALE. — ACTION INDIVIDUELLE. — ACTION PAR MANDA-
TAIRE. — ACTION EN RESPONSABILITÉ. — RÈGLES DE
COMPÉTENCE.**

§ 1er. — Procédure

3476. — On refusait autrefois aux sociétés civiles la personnalité
morale ; aussi ne pouvaient-elles agir, devant les tribunaux, aux poursuites et diligences de leur gérant ou directeur. Il était nécessaire, à
peine de nullité, de désigner individuellement dans l'exploit d'assignation tous les associés, en indiquant leurs nom, profession et domicile (Cass., 8 mai 1836, S. 36.1.811 ; — 21 juill. 1854, S. 54.1.489. — V.
cependant : Douai, 17 déc. 1842, S. 43.2.81, Dalloz, n. 491 ; — Paris,
6 mars 1849, S. 49.2.427). Aujourd'hui, depuis deux arrêts célèbres de
la Cour de cassation (23 fév. 1891 et 2 mars 1892, D. 91.1.337, S. 92.
1.73, note Meynial et S. 92.1.497), on reconnaît aux sociétés civiles la
personnalité morale, avec toutes les conséquences qu'elle comporte
(Cass., 22 juin 1848, *J. S.*, 1898.250).

3477. — En matière de société commerciale, le gérant a qualité pour
représenter la société, être moral, dans toutes les instances sans distinction où les intérêts de la société sont engagés, et sans qu'il soit
nécessaire que ses coassociés lui donnent des pouvoirs spéciaux.

3478. — Le gérant n'est pas dans l'obligation de désigner dans la
procédure tous les associés. Il suffit d'indiquer la raison sociale et le
siège de la société (Troplong, n. 692 et 693 ; Delangle, n. 18 et suiv. ;
Duvergier, n. 317. — *Contrà* : Boncenne, *Théorie de la procédure civile*,
t. 2, p. 134).

3479. — La société anonyme qui n'a pas de raison sociale agit sous
sa dénomination, aux poursuites et diligences de ceux de ses administrateurs ou directeurs qui ont d'après les statuts le droit de la représenter en justice.

3480. — Mais la société en participation ne constituant pas un être
moral, et n'ayant pas de personnalité juridique (V. *infrà*, n. 3743), il
est donc nécessaire de mettre en cause tous les participants.

3481. — Jugé qu'au cas d'actions formées pour le compte de sociétés auxquelles la loi reconnaît la personnalité juridique, les exploits peuvent désigner la société par sa raison sociale. — Ainsi, les sociétés de commerce peuvent valablement agir sous une raison sociale dans laquelle figure le nom d'un associé décédé, lorsqu'il a été convenu que la société continuerait nonobstant le décès de cet associé, et que les faits qui donnent lieu à l'action remontent à une époque antérieure à ce décès (Cass., 7 juill. 1852, S. 52.1.713, D. 52.1.204. — *Sic* : Boncenne, t. 2, p. 130 et suiv. ; Garsonnet, 2ᵉ édit., t. 2, p. 307, § 577 ; Carré, *Quest.* 287 *bis*).

3482. — Les sociétés anonymes commerciales à capital variable ont une personnalité propre ; si, en vertu de l'art. 53 de la loi du 24 juillet 1867, elles sont représentées en justice par leurs administrateurs, il ne s'ensuit pas que les noms de tous les administrateurs doivent être reproduits, à peine de nullité, avec la délibération leur conférant pouvoir d'agir, en tête des exploits signifiés à leur requête ; aucune disposition de la loi ne l'exige, et il suffit, pour la régularité de l'ajournement, qu'il soit indiqué comme donné à la requête des administrateurs de la société, avec mention du nom de cette société et de son siège social (Cass., 15 janv. 1896, S. 96.1.77, D. 96.1.523).

3483. — Lorsqu'on assigne une société de commerce, il n'est pas nécessaire que l'exploit contienne les noms des membres de la société. L'exploit est délivré à la raison sociale (Dalloz, *Rép.*, *Exploit*, n. 435 ; — Carré, *Quest.* 307 ; — Berriat Saint-Prix, p. 200, note 23 ; Bioche, Vᵒ *Exploit*, n. 143 et 144 ; Garsonnet, 2ᵉ édit., t. 2, p. 130, § 578).

Les assignations adressées à une société doivent être remises sous enveloppe fermée lorsque l'exploit n'est pas fait à un représentant légal de la société : notamment, l'appel signifié à une société est nul lorsque la copie de l'exploit est remise à découvert à un employé du contentieux qui n'est pas le représentant légal de la société (Cass., 8 mars 1904, *J. S.*, 1905.158).

3484. — L'assignation donnée à une société anonyme, au siège social, en la personne de son directeur, et remise à l'un de ses employés, est valable ; il n'est pas nécessaire que l'exploit contienne les noms des représentants que la société a pu se donner pour ester en justice (Cass., 23 nov. 1880, S. 81.1.408, D. 81.1.136 ; — Toulouse, 4 mars 1909, *J. S.*, 1909.266).

Si au contraire l'assignation était donnée à chaque actionnaire pris tant personnellement que comme membre de la société, mais qu'elle n'ait pas été délivrée à la société elle-même, au siège social, elle serait nulle (Paris, 29 mai 1909, *J. S.*, 1910.28).

§ 2. — Des actions en justice

A. — *Actions sociales. — Actions individuelles.*

3485. — Les actions judiciaires auxquelles peuvent donner lieu la fondation et le fonctionnement des sociétés par actions se divisent en deux catégories : les unes constituent l'exercice de l'action dite sociale ; les autres, l'exercice de l'action dite individuelle.

La distinction entre l'action individuelle et l'action sociale présente un grand intérêt en ce qui concerne les procès en responsabilité contre les gérants ou administrateurs, membres du conseil de surveillance, etc.

L'action en responsabilité exercée au nom et dans l'intérêt de la société contre les administrateurs pour fautes commises dans l'exécution de leur mandat est une action sociale (*actio mandati*) ; elle appartient à la société qui est libre d'en disposer (V. *infrà*). L'action individuelle, au contraire, dérive des art. 1382 et 1383 C. civ., n'appartient pas à l'être moral, mais aux tiers qui ont été lésés individuellement. Cependant on trouvera plus loin une jurisprudence relative au cumul des deux actions.

3486. — D'après un premier système, le critérium de la distinction entre l'action sociale et l'action individuelle repose sur la nature de l'acte reproché aux administrateurs. Ces derniers sont-ils coupables d'une faute de gestion accomplie dans l'exercice de leurs pouvoirs statutaires ou légaux, l'action dirigée contre eux a le caractère d'une action sociale. C'est en d'autres termes l'*actio mandati* qui appartient à la société. — Au contraire, la faute imputée aux administrateurs constitue-t-elle un délit ou un quasi-délit (violation de la loi ou des statuts), c'est l'action individuelle qui sera dirigée contre eux, alors même que le préjudice résultant de cette faute soit le même pour tous les actionnaires.

Mais la faute des administrateurs peut constituer tout à la fois une faute de gestion à l'égard de la société et une faute envers des actionnaires personnellement. Cette faute peut donc donner lieu en même temps à l'action sociale et à des actions individuelles. Ce système est celui de MM. Pic et Levillain. Il est admis par plusieurs auteurs (V. Pic, sous Paris, 31 mars 1892, D. 93.2.249 ; Levillain, note D. 1904. 2.121 ; Valéry, note D. 93.1.449 ; Villemin, *Des actions sociales et individuelles*, p.51 et suiv.; Mouret, *Responsabilité des fondateurs et administrateurs de sociétés pas actions*, n. 351 et 376 ; Decugis, note, *J. S.*,

1908.397, 1912.181 ; Chéron, note D. 1912.1.521. — Voyez aussi :
Labbé, note S. 1885.1.97 et 337). Quelques décisions de jurisprudence
se sont prononcées dans le même sens (V. Seine, 19 juill. 1894, *J. S.*,
1895.177 ; — 3 fév. 1904, *J. S.*, 1904.428 ; — Rennes, 18 fév. 1907, *J.
S.*, 1909.171 ; — Nancy, 3 août 1907, *J. S.*, 1908.396, et sur le pourvoi
Cass., 26 janv. 1910, S. 1911.1.105 ; — Seine, 18 janv. 1913, *Gaz. Soc.*,
1913.109 ; — Lyon, 14 fév. 1913, S. 1913.2.209 et note Perroud). Quelques autres décisions peuvent être considérées comme conformes à
cette doctrine sans qu'on rencontre très nettement l'affirmation du
principe, les faits dominant souvent les solutions, même celles de la
Cour de cassation (V. Cass., 7 mai 1872, S. 72.1.123 ; — 18 mai 1885,
S. 85.1.472 ; — 19 mars 1894, S. 96.1.260). D'après ces auteurs l'action en responsabilité pour faute de gestion prend naissance en la personne de la société tandis que l'action en responsabilité pour violation
de la loi et des statuts a sa source dans le patrimoine individuel de
l'actionnaire. Cette théorie est critiquée très justement par M. Sauva-
ge (*Les actions en responsabilité contre les administrateurs des sociétés
anonymes*, n. 3).

D'après un deuxième système, l'action en responsabilité est sociale
lorsque la faute des administrateurs a causé préjudice à la société elle-
même, et par conséquent à tous les actionnaires indistinctement dans
la proportion de leur intérêt social. Elle est au contraire individuelle
lorsque le préjudice a été subi par un actionnaire isolément ou par
quelques actionnaires victimes des mêmes fautes. C'est ce système qui
prévaut dans la jurisprudence (V. Cass., 21 déc. 1875, S. 79.1.97, D.
77.1.17 ; — Paris, 20 mai 1879, S. 79.2.209 ; — Cass., 3 déc. 1883, S.
85.1.97, D. 84.1.39 ; — 23 fév. 1885, S. 85.1.335, D. 85.1.413 ; — 12
août 1889, S. 92.1.348, D. 90.1.457 ; — Lyon, 28 janv. 1890, S. 93.2.52 ;
— Paris, 5 août 1890, *R. S.*, 1891.50 ; — 31 mai 1892, D. 93.2.249 ;
— 23 juill. 1894, S. 95.2.105 ; — 20 mars 1901, D. 1904.2.121 ; — Cass.,
7 janv. 1902, *J.S.*, 1902.343 ; — 6 juill.1905, *J.S.*, 1906.306 ; — Nancy,
23 juin 1906, S. 1908.2.132 ; — Cass., 13 fév. 1907, *J. S.*, 1908.114 ; —
Cass., 30 mars 1909, *J. S.*, 1909.495 ; — Douai, 13 juin 1907, *J. S.*,
1909.440 ; — Cass., 3 avr. 1912, D. 1912.1.522 et note M. Chéron ; —
Cass.,22 oct.1912, *R. S.*, 1913.64 ; — Cass.,20 nov.1912,D.1913.1.377).

C'est l'opinion que nous avons émise dans notre dernière édition et
dans laquelle nous persistons. Elle a le mérite très réel de la simplicité quant au principe, de la clarté et d'une stricte justice.

3487. — La jurisprudence considère comme actions sociales :

1° L'action en dommages-intérêts formée par des actionnaires, des créanciers ou, au nom de ces actionnaires ou créanciers, contre les gérants, fondateurs ou administrateurs, basée sur la nullité de la société à son origine (Lyon, 18 mars 1884, D. 84.2.211 ; — 12 mars 1885, D. 86.2.136 ; — Seine, 14 juin 1888, *J. S.*, 1889.526 ; — Bourges, 2 mai 1889, *R. S.*, 1890.15 ; — Cass., 29 juill. 1889, *J. S.*, 1890.258 ; — 30 oct. 1894, S. 97.1.186 ; — Paris. 2 août 1890, *J. S.*, 1891.367 ; — 24 juin 1893, *J. S.*, 1894.269 ; — 19 juin 1895, *J. S.*, 1895.421 ; — 13 janv. 1899, *J. S.*, 1899.173 ; — Seine, 3 juin 1903, *Gaz. Trib.*, 26 juill. 1903 ; — 3 fév. 1904, *J. S.*, 1904.428 ; — Aix, 21 fév. 1907, *J. S.*, 1909.440 ; — Cass., 14 juin 1910, *Gaz. Pal.*, n° du 1er juill. 1910 ; — Lyon, 4 mars 1911, *J. S.*, 1911.502. En ce sens Wahl, S. 1911.2.193 ; — Paris, 8 juill. 1913, *Gaz. Soc.*, 1913.465 ; — Thaller, *Ann. dr. com.*, 1913.228 et D. 1913.1.377. — V. cependant Thaller, dissertation D. 86.2.138, et Lyon, 19 mars 1908, *J. S.*, 1909.512) ;

2° L'action en nullité d'une augmentation de capital, formée par le syndic dans l'intérêt des créanciers (Paris, 19 janv . 1897, *J. S.*, 1897. 264 et 19 juin 1900, *J. S.*, 1901.26) ;

3° L'action en dommages-intérêts intentée contre les gérants, administrateurs ou liquidateurs, pour fautes commises dans l'accomplissement de leur mandat (Cass., 20 fév. 1877, S. 77.1.445, D. 81.1.485 ; — 21 juin 1881, S. 81.1.107, D. 81.1.465 ; — 9 juill. 1888, S. 89.1.361, D. 88.1.321 ; — 12 août 1889, S. 92.1.348 ; — Cass., 6 août 1894, S. 94.1.496 ; — Paris, 2 fév. 1900, *J. S.*, 1901.154 et 16 mars 1900, *id.*, 1901.56 ; — Cass., 6 juill. 1905, *J.S.*, 1906.306 ; — Cass., 30 mars 1909, D.1913.1.174 ; — 16 fév.1909, *J. S.*, 1909.404 ; — Paris,22 mars 1911, S. 1912.2.65 ; — Rouen, 2 avr. 1912, *Gaz. Soc.*, 1913.63. — Lyon-Caen et Renault, n. 827 ; Wahl, S. 1911.2.193 et 1912.2.65) ;

4° L'action contre les administrateurs, pour manœuvres ou dissimulations coupables (Cass., 3 déc. 1883, S. 85.1.97. — V. au Sirey la note de M. Labbé) ;

5° L'action en révocation du gérant ou des administrateurs (Cass., 12 août 1889, S. 92.1.348 ; — Rouen, 19 janv. 1910, *J. S.*, 1911.411) ;

6° L'action en dissolution et en nomination d'un liquidateur (Toulouse, 18 janv. 1887, *J. S.*, 1890.322) ;

7° L'action en dommages-intérêts formée par des actionnaires contre les administrateurs, gérants, membres du conseil de surveillance, pour avoir commis ou laissé commettre des inexactitudes dans les bilans et autorisé la distribution de dividendes fictifs (Paris, 28 mars 1888, *R. S.*, 1888.378 ; — 13 juill. 1892, *R. S.*, 1893.223 ; — Cass., 16 fév. 1909, *J. S.*, 1909.404) ;

8° L'action formulée par des actionnaires contre des administrateurs, en réparation du préjudice causé à la société par un marché passé contrairement aux dispositions de l'art. 40 de la loi de 1867 (Seine, 25 juin 1888, *J. S.*, 1889.525 ; — Paris, 19 janv. 1897, *J. S.*, 1897.264) ;

9° L'action en nullité de la délibération d'une assemblée générale qui a voté la réduction du capital social (Paris, 19 janv. 1897, *J. S.*, 1897.264. — V. aussi Cass., 26 nov. 1912, *Gaz. Soc.*, 1913.32) ;

10° L'actionnaire d'une société anonyme qui réclame des dommages-intérêts aux anciens administrateurs pour avoir négligé, contrairement aux dispositions de la loi et des statuts, de convoquer une assemblée générale quand le quart du capital social était perdu, assemblée devant, soit prononcer la dissolution, soit décider la continuation des opérations sociales, exerce une action individuelle qui n'est pas éteinte par le quitus voté par les administrateurs à l'assemblée générale (Cass., 3 avr. 1912, *Gaz. Soc.*, 1912.461).

Lorsque la société est *in bonis*, l'initiative des poursuites appartient à l'assemblée générale, qui dispose à son gré de l'action sociale. La demande sera introduite suivant les prescriptions statutaires, soit par le conseil d'administration, soit par un administrateur ou un directeur. Si les personnes contre lesquelles l'action doit être dirigée sont des administrateurs en exercice, l'assemblée générale les révoquera et nommera de nouveaux administrateurs avec mission d'intenter l'action contre leurs prédécesseurs (V. Lyon, 24 déc. 1881, D. 83.2.241 ; — Paris, 12 juill. 1894, *R. S.*, 1894.532 ; — Rouen, 19 janv. 1910, *J. S.*, 1911.411).

3488. — L'exercice de l'action sociale appartient aux représentants de la société. Cela se comprend, puisque l'action sociale est une action de mandat et que cette action n'existe que dans le patrimoine du mandant. Le mandat conféré par un actionnaire aux administrateurs est un mandat social, dont les fautes sont à régler avec la collectivité des sociétaires ou la société dont il émane, et qui ne peut dès lors engendrer contre les administrateurs qu'une action sociale. L'actionnaire personnellement ne peut exercer l'action de mandat *ut singuli*, bien que par son vote il ait concouru à conférer ce mandat (Paris, 22 avr. 1870, D. 70.2.121. — V. cependant *infrà*, n. 3491).

Pour apprécier qui est recevable à exercer l'action sociale il faut distinguer si la société est *in bonis*, en liquidation ou en faillite.

3489. — Il a été jugé que la majorité du conseil d'administration en exercice ne saurait prendre sur elle le droit de poursuivre la minorité (Rouen, 30 mars 1885, S. 85.2.209). Mais si l'assemblée générale refuse ou néglige d'exercer l'action sociale, les actionnaires peuvent l'intenter, ainsi que nous le verrons, dans la mesure de leur intérêt (Cass., 9 juin 1874, S. 74.1.296, D. 76.1.387 ; — Paris, 19 avr. 1875, D. 75.2.161 ; — Lyon, 12 août 1884, *R. S.*, 1885.166 ; — Bordeaux, 24 mai 1886, *R. S.*, 1886.462 ; — Cass., 3 mai 1893, S. 93.1.246).

3490. — Si la société est dissoute, c'est au liquidateur qu'appartient l'action sociale ; il n'y a que lui qui ait qualité pour ester en justice au nom de l'être moral et pour exercer ses droits (Cass., 7 janv. 1873, D. 74.1.470 ; — Paris, 6 mai 1885, *R. S.*, 1886.16 ; — Bordeaux, 24 mai 1885, *R. S.*, 1886.462 ; — Cass., 24 juill.1890, D. 91.1.270 ; — 15 juin 1910, *Gaz. Soc.*, 1913.171 ; — Paris, 12 avr. 1892, *R. S.*, 1892.256 ; — Orléans, 24 fév. 1904, *Gaz. Trib.*, 25 mars 1904).

3491. — Si, en principe, l'actionnaire est irrecevable à exercer l'action sociale dans l'intérêt et au bénéfice de la société, la jurisprudence reconnaît au contraire le droit pour l'actionnaire d'exercer l'action sociale à son profit exclusif et personnel, mais à une double condition : 1º que cette action ne sera pas déjà mise en mouvement par le représentant de la société, et 2º qu'elle n'aura pas été éteinte par une renonciation émanant de l'assemblée générale (Cass., 3 déc. 1883, S. 85.1.97, D. 84.1.39 ; — 23 fév. 1885, S. 85.1.337, D. 85.1.413. — V. au Sirey note de M. Labbé, Cass., 6 août 1894, S. 94.1.496, D. 95.1.114. — V. aussi dans le même sens : Boistel, n.312 *bis*, et note sous Angers, 19 mai 1891, D. 92.2.81 ; Pont, t. 2, n. 1563 et 1706 ; Thaller, et note sous Paris, 6 mai 1885, D. 86.2.25. — V. aussi Lyon, 28 janv. 1890, S. 93.2.52, D. 92.2.33 ; — Seine, 19 fév.1903, *J. S.*, 1903.516 ; — Cass., 30 mars 1909, *J. S.*, 1909.495 ; — Alger, 1er juill. 1908, *J. S.*, 1910.19 ; — Le Havre, 23 juill. 1912, *Gaz. Soc.*, 1912.487).

Il faut en outre que l'actionnaire ne conclue pas au nom de la société, mais en son nom privé et dans la mesure du préjudice dont il a pu personnellement souffrir (Cass., 9 juin 1874, S. 74.1.296, D. 76.1. 387 ; — 12 août 1889, S. 92.1.348, D. 90.1.457 ; — 3 mai 1893, S. 93. 1.246, D. 93.1.449 ; — 6 août 1894, S. 94.1.496, D. 95.1.114 ; — 30 oct. 1894, S. 97.1.186 ; —Lyon, 28 janv. 1890, S. 93.2.52, D. 95.2.33 et la note de M. Boistel ; — Seine, 28 mai 1903, *Gaz. Pal.*, 1er sept. 1903 ; — Cass., 30 mars 1909, précité).

3492. — Lorsque la société est en faillite, c'est au syndic qu'appartient l'exercice de l'action sociale, car il représente tout à la fois la société et la masse des créanciers (Trib. civ. Lyon, 24 juill. 1907. *J. S.*, 1909.183 ; — Paris, 19 mai 1908, *J. S.*, 1909.211 ; — Lyon, 15 déc. 1909, *J. S.*, 1910.310 ; — Douai, 10 déc. 1908, *J. S.*, 1910.68). Mais en ce qui concerne la faillite, une difficulté surgit qui naît de la situation spéciale résultant du dessaisissement dont la société est frappée. Si le syndic néglige ou refuse d'intenter l'action sociale, un actionnaire ou un créancier peut-il l'exercer dans la mesure de son intérêt ? Il résulte d'un arrêt de la Cour de cassation du 21 décembre 1875 (S. 79.1.97), et d'un autre arrêt de la Cour de cassation du 11 novembre 1885 (*R. S.*, 1886.11), que l'action sociale, en cas de faillite, est réservée exclusivement au syndic et que les actionnaires ne peuvent jamais la mettre en mouvement (Paris, 19 janv. 1897, S. 1901.2.295 ; — Bordeaux, 4 fév. 1901, *R. S.*, 1902.478). La Cour se fonde sur les règles spéciales de la faillite. En ce qui concerne les créanciers, la jurisprudence est unanime à leur refuser l'exercice de l'action sociale, en vertu du principe de dessaisissement de l'art. 443 C. com., qui attribue l'exercice de toutes les actions de la faillite au syndic seul (V. sur cette question : note *R. S.*, 1894.224 ; — Paris, 19 avr. 1899, *J. S.*, 1900.71. — *Contrà* : Rau, concl. sous Cass., 19 mars 1894, D. 94.1.468 ; — Rouen, 15 janv. 1897, *J. S.*, 1898.14. — Mesnil, *J. S.*, 1900.71 ; Lyon-Caen et Renault, t. 8, n. 1183).

Il a même été décidé que les actionnaires n'ont pas le droit d'intervenir, même à leurs frais, dans l'instance engagée par le liquidateur (Paris, 9 fév. 1887, *J. S.*, 1887.765 ; — 20 juill. 1888, *J. S.*, 1890.237 ; — 21 déc. 1896, *J. S.*, 1898.331 ; — Seine, 3 juin 1903, *Gaz. Trib.*, 1er août 1903. — *Contrà* : Toulouse, 14 juin 1887, *J. S.*, 1888.107). De même, les premiers ne peuvent intervenir dans l'instance engagée par le syndic (Paris, 22 fév. 1888, *J. S.*, 1889.356 ;— 5 juill. et 8 août 1889, *J. S.*, 1890.263, *R. S.*, 1889.581. — *Contrà* : Paris, 24 juin 1893, *J. S.*, 1894.269).

Mais quoique, aux termes de l'art. 443 C. com., le syndic de la faillite d'une société anonyme en soit le seul représentant légal, et ait seul l'exercice des actions appartenant à la collectivité, néanmoins les créanciers de la société et les actionnaires peuvent, à défaut de l'action sociale, exercer, s'il échet, l'action personnelle fondée sur les art. 1382 et 1383 C. civ., laquelle reste toujours ouverte à chacun (Paris, 30 juin 1883, D. 85.2.18, S. 85.1.337 et la note de M. Labbé, sous Cass., 23 fév. 1885 ; — Paris, 24 janv. 1902, *Gaz. Trib.*, 15 fév. 1902).

Bien que, sur l'action du syndic, les administrateurs d'une société tombée en faillite aient été condamnés solidairement à la réparation du préjudice causé à la société et à la masse créancière par leur mauvaise gestion, un actionnaire est fondé à poursuivre individuellement en dommages-intérêts l'un de ces administrateurs, à raison d'un préjudice personnel, distinct de celui de la collectivité, qui lui a été causé par la mauvaise gestion de ces administrateurs, et résultant, d'une part, de ce qu'il a obtenu contre la société un jugement condamnant celle-ci au paiement d'une somme d'argent par lui remise pour achat de titres non livrés, et d'autre part, de ce qu'il a versé à la société une certaine somme représentant des versements effectués sur les actions par lui souscrites lors d'une augmentation de capital, augmentation qui a été ensuite annulée judiciairement, alors d'ailleurs que l'action est basée non sur une faute contractuelle commise dans l'exercice de son mandat d'administrateur par le défendeur individuellement poursuivi, mais sur des manœuvres dolosives constituant des infractions aux lois et aux statuts sociaux, et qu'elle tend à la réparation d'un dommage personnel causé au demandeur, abstraction faite du préjudice que, parallèlement, les autres associés ont pu ou non ressentir (Cass., 26 nov. 1912, *Gaz. Soc.*, 1913.32).

3492 *bis*. — Lorsqu'un même fait constitue à la fois une infraction à la loi de 1867, pouvant entraîner la nullité de la société, et un délit ou quasi-délit, permettant d'exercer l'action de l'art. 1382 C. civ., les intéressés (actionnaires ou créanciers sociaux) ne sont pas tenus de faire prononcer au préalable la nullité de la société, dans les termes de l'art. 42 de la loi du 24 juillet 1867 (question tranchée par le jugement).

Malgré la faillite de la société, un actionnaire, personnellement lésé, peut agir en réparation du préjudice que lui a causé le délit commis, et cela malgré la présence au procès du syndic, lequel représente, en principe, seulement les créanciers sociaux (et non les actionnaires) (question tranchée par le jugement).

Les délits prévus et punis par les art. 13 et 14 de la loi de 1867 (émission et négociation d'actions d'une société irrégulièrement constituée) sont des délits conventionnels, c'est-à-dire punissables même en l'absence de toute mauvaise foi. Sont solidairement responsables des conséquences de ces délits, les fondateurs, apporteurs et premiers administrateurs de la société (question tranchée par l'arrêt).

Les poursuites engagées contre l'un des fondateurs ou premiers administrateurs d'une société anonyme, en raison d'un délit relatif à la constitution de cette société, ont pour effet d'interrompre la prescription contre tous les auteurs ou complices, non seulement de ce délit, mais encore de tous les délits se rattachant à la constitution de la même société, à l'émission ou à la négociation de ses titres (question tranchée par l'arrêt). — Paris, 13 déc. 1912, *Gaz. Soc.*, 1913.36.

3493. — A l'encontre de l'action sociale qui suppose un dommage causé à l'universalité des actionnaires, autrement dit à la société, l'action individuelle, avons-nous dit, suppose un dommage spécial à une certaine catégorie d'intéressés. Les procès les plus nombreux qui se sont élevés à cet égard ont eu pour base des souscriptions d'actions ou d'obligations obtenues au moyen de prospectus ou de rapports mensongers. Pour réussir dans de semblables actions, le demandeur doit établir qu'il a subi personnellement un préjudice résultant des manœuvres dont il a été l'objet (Orléans, 27 fév. 1904, *Gaz. Pal.*, 10 juin 1904 ; — Douai, 13 juin 1907, *J. S.*, 1908.180).

Par sa nature même, l'action individuelle ne peut être exercée que par celui qui a subi le préjudice spécial servant de base au procès. Le représentant de la société n'a aucune qualité pour l'introduire (V. Cass., 6 août 1894, précité ; — 16 janv. 1878, D. 79.1.209 ; — Paris, 7 avr. 1887, *R. S.*, 1888.7).

3494. — Cependant l'exercice de l'action en responsabilité n'existe pas dans les mêmes conditions au profit des actionnaires et des créanciers. Ces derniers en effet ont pour débitrice la société tant qu'elle est *in bonis* et fonctionne régulièrement ; c'est à elle seule qu'ils doivent s'adresser pour obtenir payement ; ce n'est que lorsque la faillite est survenue qu'ils peuvent rechercher les responsabilités et demander aux actionnaires la réparation du préjudice (Paris, 28 mai 1869, D. 69.2.145 ; — Cass., 27 janv. 1873, D. 73. 1.331). Mais les actionnaires, au contraire, n'ont pas de débiteur, et ils peuvent agir contre les administrateurs s'ils sont en faute (Le Havre, 24 juin 1903, *J. S.*, 1904.515).

3495. — Les actionnaires pourraient d'ailleurs former une société civile pour exercer l'action judiciaire (V. Paris, 22 avr. 1870, D. 70.2.121 ; — Cass., 26 mars 1878, D. 78.1.303) ; ils peuvent aussi se constituer le mandataire spécial dont il sera ultérieurement parlé. La loi du 1er juillet 1893, relative à la liquidation de Panama, a organisé un mode spécial d'exercice des actions en responsabilité dirigées contre les administrateurs par les obligataires ou les autres créanciers ; elle a institué un mandataire de justice, et ce n'est qu'à défaut par lui ou sur son refus d'intenter l'action dans le mois qui suivra une mise en demeure à lui adressée, qu'un obligataire ou un créancier serait autorisé à agir en son nom et à ses risques et périls. Cette loi a supprimé toutes les actions individuelles en cours d'instance, et toutes les procédures, soit d'exécution, soit même de conservation, engagées avant la loi de 1893, sont devenues sans objet.

3496. — Faut-il classer parmi les actions sociales celles basées sur la violation de la loi et des statuts ? La majorité de la jurisprudence considère que ces actions présentent le caractère d'action sociale car elles intéressent l'universalité des actionnaires (Cass., 21 juin 1881, S. 81.1.107, D. 81.1.465 ; — 3 déc. 1883, S. 85.1.97 ;— Lyon, 12 mars 1885, D. 86.2.136 ; — Cass., 30 avril 1891, D. 91.1. 491 ; — Lyon, 2 déc. 1910, *J. S.*, 1912.181. — V. dans le même sens : Thaller et Percerou, *Faillite*, n. 1651). Certains auteurs, en acceptant le principe qui vient d'être formulé, estiment que cette action sociale est éteinte par un vote de l'assemblée générale, mais que, s'il y a eu violation de la loi dans un principe d'ordre public, les actionnaires agissant *ut singuli* auraient le droit d'agir isolément malgré tout quitus ou transaction (Labbé, note S. 85.1.99 ; Boistel, note D. 94.1.465 ; Décugis, *J. S.*, 1902.337. V. la critique de cette opinion, Thaller, note D. 98.1.99). Enfin dans une autre opinion, on soutient que toute violation de la loi ou des statuts donne naissance à une double action sociale et individuelle, sociale parce que la faute constitue la violation du pacte social et lèse tous les actionnaires ; individuelle à condition que l'actionnaire demandeur justifie d'un préjudice personnel distinct du préjudice collectif (Cass., 20 fév. 1877, S. 77.1.445, D. 77.1.221 ; — Cass., 19 mars 1894, S. 96.1.260 ; — Paris, 6 fév. 1896, *J. S.*, 1896.343 ; — Cass., 1er juill. 1897, D. 98.1.569. — Lyon-Caen et Renault, n. 827 *bis* ; Arthuys, *Revue critique*, 1899.209 ; Pic, note D. 93.2.249 ; Lacour, note D. 98.2.153 ; Perroud, note S. 1911.1.106).

3497. — Voici quelques exemples d'actions individuelles :

1° L'action intentée en réparation d'un dommage personnel et particulier éprouvé par le demandeur, par suite de faits frauduleux ou illégaux, dommage distinct de celui souffert par la société (Toulouse, 26 déc. 1876, D. 79.1.209 ; — Seine, 21 déc. 1880, *J. S.*, 1881. 89 ; — Cass., 14 janv., 23 fév. 1885, *J. S.*, 1885.167 et 379 ;— Paris, 7 juill. 1888, *R. S.*, 1889.65 ; — 28 juin 1894; *R. S.*, 1894.412 ; — 19 juin 1895, *J. S.*, 1895.421 ; — 6 fév. 1896, *J. S.*, 1896.343 ; — Lyon, 30 juin 1900, *R. S.*, 1901.83 ; — Le Havre, 8 juin 1901, *J. S.*, 1902.362 ; — Seine, 17 nov. 1904, *Gaz. Pal.*, 18 fév. 1905) ;

2º L'action intentée par les actionnaires qui ont été amenés à souscrire des titres par des faits illicites, notamment sous la foi de dividendes fictifs distribués aux anciens actionnaires, ou qui ont acheté leurs actions après une hausse provoquée par des manœuvres frauduleuses ou des rapports mensongers (Cass., 16 janv. 1878, S. 78.1.441, D. 79.1.209 ; — 3 déc. 1883, D. 84. 1. 339 ; — Paris, 10 mai 1883, D. 84.2.1 ; — Lyon, 12 mars 1882, R. S. 1885.408 ; — 15 mai 1885, R. S., 1885.710 ; — Paris, 7 avr. 1887, D. 89.2.41 ; — 20 déc. 1891, J. S., 1892.114 ; — 13 juill. 1892, R. S., 1893.223 ; — Orléans, 4 juill. 1893, J. S., 1894.9 ; — 2 juill. 1898, J. S., 1899. 346 ; — Lyon, 1er mars 1904, J. S., 1905.159 ; — Paris, 21 déc. 1906, J. S., 1907.430 ; — Rennes, 23 mars 1909, J. S., 1910.220 ; — Trib. com. Seine, 9 déc. 1909, J. S., 1910.264 ; — Cass., 26 janv. 1910, J. S., 1910.511).

Mais les actionnaires ne peuvent intenter contre les administrateurs une action en responsabilité de cette nature, qu'à la charge de prouver le dol et la fraude personnelle des administrateurs (Cass , 21 janv. 1890, S. 90.1.404) ;

3º L'action intentée par des actionnaires amenés à vendre leurs actions avec perte, par l'effet de manœuvres dolosives (Cass., 3 déc. 1882, D. 84.1.339) ;

4º L'action basée sur le préjudice causé par l'immobilisation frauduleuse des titres anciens à la suite d'une augmentation de capital (Paris, 10 juin 1887, J. S., 1890.76) ;

5º L'action intentée contre la société elle-même par des actionnaires qui ont souscrit des actions lors d'une augmentation de capital, sur la foi d'annonces mensongères faites par les administrateurs, mais approuvées par la société (Cass., 17 juin 1895, J. S., 1895 493) ;

6º L'action en garantie exercée par les fondateurs et administrateurs assignés en responsabilité contre un fondateur (Cass., 23 janv. 1895, J.S., 1895.57.— V. aussi: Cass., 27 juin 1899, J. S., 1900.113) ;

7º La demande en dissolution de la société basée sur de justes motifs, conformément à l'art. 1781 C. civ. (Paris, 20 mai 1869, D. 70.2.12 ; — Lyon, 16 fév. 1881, D. 82.2.108 ; — Cass., 27 avr. 1898, S. 1902.1.492) ;

8º La demande en nullité des délibérations prises par une assemblée générale et fondée sur le refus de communication et de délivrance de copie des documents visés par l'art. 35 de la loi de 1867 (Trib. com. Seine, 5 nov. 1906, J. S., 1907.281) ; — Paris, 28 déc.

1899, *J. S.*, 1900.355. V. cependant Paris, 19 fév. 1897, *J. S.*, 1897.
167 et Cass., 29 juin 1899, *J. S.*, 1899.535) ;

9° L'action intentée par le porteur de parts de fondateur à raison
d'une décision frauduleuse qui prononce la dissolution anticipée.
Chacun d'eux doit agir pour son propre compte (Paris, 13 nov.
1901, D. 02.2.1, note Percerou, *suprà*, n° 1300).

3498. — Doit être considérée comme une action individuelle que
les actionnaires peuvent exercer contre les membres du conseil
d'administration ou du conseil de surveillance d'une société, malgré
l'approbation ou le quitus qui leur a été donné par l'assemblée générale des actionnaires, l'action en responsabilité fondée sur ce que
les membres du conseil d'administration ou de surveillance d'une
société d'assurances mutuelles ont violé les statuts et les dispositions de l'art. 16 du décret du 22 janvier 1868, en s'abstenant,
pendant toute une année, de convoquer l'assemblée générale, et ont
contrevenu aux prescriptions de l'art. 33 du même décret, en tolérant que les fonds appartenant à la société fussent représentés par
des titres au porteur, au lieu de l'être par des valeurs immatriculées au nom de la société (Cass., 1er juill. 1897, D. 98.1.569 et la
note de M. Thaller).

B. — *Fins de non-recevoir opposables à l'exercice de l'action sociale et de l'action individuelle.*

3499. — Une action individuelle appartient aussi aux créanciers
qui ont subi un préjudice du fait de fautes commises par les administrateurs. Cette action ne peut être paralysée par aucune clause
statutaire (Cass., 19 mars 1894, D. 94.1.465). Mais il faut pour la
recevabilité de cette action que le préjudice soit strictement personnel, et par exemple en cas de faillite, c'est au syndic à exercer
les droits de la masse (Cass., 16 janv. 1878, D. 79.1.209 ; — 28 mai
1889, S. 92.1.397 ; — 20 juill. 1898, D. 98.1.421 ; — Cass., 22 oct.
1912, D. 1913.1.177 et note Chéron).

3500. — L'action individuelle et l'action sociale sont entravées
de fins de non-recevoir absolument opposées. Celui qui exerce l'action individuelle met en mouvement un droit exclusivement personnel qui ne peut être éteint que par sa volonté. Ainsi, l'approbation des actes incriminés, votée par une assemblée générale, ne
constitue aucun obstacle à l'exercice d'une action individuelle (Orléans, 20 déc. 1860, D. 61.2.1. — Comp. : Cass., 29 juill. 1859, D.
59.1.60 ; — Paris, 28 juin 1870, affaire du Crédit mobilier ; — Lyon,

15 mai 1885, *R. S.*, 1885.710 ; — Paris, 17 juill. 1888, *R. S.*, 1888.
486 ; — Nancy, 3 août 1907, *R. S.*, 1908.290).

Jugé, à cet égard, que l'abandon par une société anonyme de l'action en responsabilité dérivant contre les administrateurs des faits d'exécution du mandat à eux confié, laisse subsister au profit de ceux des associés à l'égard desquels les mêmes faits présentent le caractère d'un *quasi-délit*, le droit d'en poursuivre la réparation, une demande de cette dernière sorte constituant l'action individuelle fondée sur l'art. 1389 C. civ., et non l'action sociale *mandati* (Cass., 7 mai 1872, S. 72.1.123, D. 72. 1.233 ; — Paris, 22 avr. 1870, S. 71. 2. 169, D. 70.2.121 ; — Rennes, 18 fév. 1907, *J. S.*, 1909.171).

3501. — L'exercice de l'action sociale, au contraire, bien qu'elle puisse être, dans certains cas déterminés, introduite par un actionnaire ou un créancier agissant dans son intérêt personnel, ne continue pas moins à résider dans le patrimoine de l'être moral qui peut en disposer à son gré. L'action sera donc irrecevable s'il y a chose jugée avec le représentant de la société, ou si l'assemblée a donné quitus aux administrateurs (Cass., 23 fév. 1885, S. 85.1.33 et la note de M. Labbé, D. 85.1.413), a approuvé leurs comptes (Cass., 22 fév. 1885, D. 85.1.18; — 8 mars 1892, D. 93.1.252 ; — Paris, 20 mars 1901, D. 04.2.121 ; — Seine, 7 janv. 1901, *J. S.*, 1901.214 ; — 30 oct. 1902, *J. S.*, 1903.357 ; — 19 fév. 1903, *J. S.*, 1903.516, *Gaz. Pal.*, 29 avr. 1903 ; — 10 avr. 1903, *Gaz. Pal.*, 11 sept. 1903 ; — 28 mai 1903, *Gaz. Pal.*, 1er sept. 1903 ; — Lyon, 9 avr. 1903, *R. S.*, 1904.24 ; — Seine, 4 août 1904, *Gaz. Trib.*, 26 août 1904 ; — Bordeaux, 26 mars 1906, *J. S.*, 1907.361; — Cass., 30 mars 1908, *R. S.*, 1908.324 ; — Paris, 3 fév. 1910, *Gaz. Trib.*, 4 sept. 1910), a transigé avec eux ou renoncé à les poursuivre (Cass., 20 fév. 1877, D. 77.1.201 ; — 21 juin 1881, S. 85.1.107, D. 81. 1.465 ; — 3 déc. 1883, précité ; — 21 déc. 1892, D. 93.1.361 ; — Paris, 22 avr. 1870, S. 71.2.169, D. 70.2.121 ; — 30 juin 1883, D. 85.2.18, S. 85.1.337, sous Cass., 23 fév. 1885 ; — 6 mai 1885, D. 86.2.25 et la note de M. Thaller ; — Rouen, 13 juin 1887, sous Cass., 8 juill. 1888, S. 89.1.361 ; — Paris, 2 fév. 1900, *J. S.*, 1901.154 ; — 16 mars 1900, *J. S.*, 1901.56), ou enfin a ratifié les actes critiqués (Cass., 21 juin 1881, précité ; — Paris, 11 juill. 1882, *R.S.*, 1883.181 ; — Cass., 16 juin 1891, *R. S.*, 1891.429 ; — Cass., 13 nov. 1893, *J. S.*, 1894.133 ; — Trib. com. Seine, 9 janv. 1901, *J. S.*, 1901.214). Contrairement à l'un des motifs donnés par l'arrêt de la 8e chambre de la Cour de Paris rapporté plus haut, il a été jugé que l'action sociale intentée par un actionnaire dans la limite de son intérêt personnel ne peut être paralysée par l'effet rétroactif d'un quitus général voté au profit des administrateurs par une assemblée générale, postérieurement à l'introduction de l'instance (Cass., 1er juill. 1897, *J. S.*, 1898.110).

3502. — La ratification peut même avoir été donnée tacitement (Cass., 20 fév. 1877, D. 77.1.201) ; mais pour qu'elle puisse produire effet, la ratification ne doit pas être intervenue à la suite de manœuvres frauduleuses ; elle doit avoir été donnée en pleine connaissance de cause (V. aussi : Cass., 13 nov. 1893, *J. S.*, 1894.133).

3503. — De même, si la société est en faillite, la transaction intervenue entre le syndic et les créanciers éteint l'action sociale à l'égard des actionnaires comme à l'égard des créanciers (Paris, 24 juin 1893, *R. S.*, 1894.62). Et il a été jugé qu'une action sociale peut être déclarée recevable lorsqu'elle est exercée par des actionnaires d'une société en liquidation, alors que la Cour d'appel n'a admis la recevabilité qu'en droit pour le cas où l'action sociale n'aurait pas été légalement épuisée, réservant expressément la solution définitive jusqu'au jugement du fond (Cass., 28 juin 1892, *R. S.*, 1892.447).

3504. — Les statuts peuvent contenir des clauses qui modifient le droit que les actionnaires ont en principe d'exercer l'action sociale dans leur intérêt personnel ou l'action individuelle. Il y est souvent stipulé que les demandes en justice touchant l'intérêt général de la société devront être formées au nom de la masse des actionnaires et en vertu d'une autorisation de l'assemblée générale. C'est ce qu'on appelle la clause *prohibitive*. Une autre clause, dite *clause d'avis*, stipule que s'impose la consultation de l'assemblée générale.

La jurisprudence a reconnu la validité d'une clause de cette nature et décidé qu'elle fait obstacle à l'exercice de l'action judiciaire en dehors des conditions statutaires (Paris, 19 fév. 1875, D. 75.2.161 ; — 12 fév. 1881, *La Loi*, 13 avr. 1881 ; — 11 juill. 1882, *R.S.*, 1883.73 ; — Cass., 3 déc. 1883, S. 85.1.97, D. 84.1.339 ; — Paris, 9 fév. 1887, *R. S.*, 1887.428 ; — Seine, 16 oct. 1901, *R. S.*, 1902.33 ; — 3 oct. 1902, *R. S.*, 1903.24 ; — 6 nov. 1902, *J. S.*, 1904.351 ; — Lyon, 31 déc. 1903, *J. S.*, 1905.229 ; — Trib. com. Seine, 26 juin 1905, *R. S.*, 1906.246 ; — Paris, 18 déc. 1907, *J. S.*, 1908.310 ; — Trib. com. Seine, 9 fév. et 7 mars 1910, *J. S.*, 1910.325.361). Mais la jurisprudence n'a point poussé trop loin l'application de cette règle, et d'après diverses décisions, la clause des statuts stipulant que toute action judiciaire touchant l'intérêt général de la société ne pourra être intentée qu'au nom de la masse des actionnaires et avec l'autorisation de l'assemblée générale, n'est pas opposable : 1º à la demande formée contre un ou plusieurs actionnaires par la société elle-même, représentée par le conseil d'administration (Paris, 19 fév. 1875, D. 75.1.161) ; 2º à l'action intentée par un actionnaire, ayant pour objet la dissolution de la société (Trib. civ. Seine, 4 fév. 1889, *R. S.*, 1889.139) ; 3º à la demande en nullité de la société (Agen, 19 mars 1886, S. 88.2.191 ; — Trib. com. Seine, 24 juin 1887, *R. S.*, 1887.589 ; — Concl. de M. l'avocat général Hémar, Paris, 19 avr. 1875, S. 76.2.112 ; — Douai, 9 oct. 1901, *R. S.*, 1902.382 ; — Paris, 16 fév. 1911 et 8 avr. 1911, S. 1912.2.233. — Percerou, *J. S.*, 1908.205 ; Bosvieux, *J. S.*, 1909.51 ; Thaller, *Ann. dr. com.*, 1913.231) ; — 4º à l'action en nullité des délibérations de l'assemblée générale, celle-ci ne pouvant pas être constituée juge et partie en une même cause (Trib. com. Seine, 6 août 1879, *Le Droit*, 7 août 1879 ; — Paris, 24 juill. 1895, *R.S.*, 1895.59 ; — 16 fév. 1911 précité) ; — 5º à l'action en responsabilité intentée contre les administrateurs au cours de la liquidation (Bourges, 15 avr. 1891, *La Loi*, 23 avr. 1891) ; — 6º à l'action en communication de pièces destinées à baser une action en responsabilité de la nullité (Paris, 28 déc. 1899, *J. S.*, 1900.355. — Percerou, *loc. cit.*, 207).

La clause d'avis est dépourvue de tout intérêt, lorsque l'ordre public est en jeu (Paris, 24 juill. 1895, *J. S.*, 1896.23 ; — 19 fév. 1897, S. 99.2.185 ; — Lyon, 19 mars 1908, *J. S.*, 1909.512. — Mais voy. en sens contraire, Paris, 9 fév. 1887, *J. S.*, 1887.765 ; — 18 déc. 1907, *J. S.*, 1908.310).

La Cour de cassation, par un arrêt du 29 juin 1899 (Ch. crim., S.99. 1.409), a décidé que la clause d'avis doit être respectée en toute matière, même en celles touchant à l'ordre public, mais par un second arrêt du 20 décembre 1911, la même chambre s'est prononcée en sens absolument opposé (S. 1914.1.81).

La clause d'avis doit être interprétée restrictivement (Percerou, *loc. cit.*, p. 204 ; Bosvieux, p. 57 ; — Paris, 18 déc. 1907, *J. S.*, 1908.310 ; — mais voy. Lyon, 31 déc. 1903, *J. S.*, 1905.228 ; — Seine, 3 avr. 1911, *J. S.*, 1911.431 ; Cass., 3 mai 1893, *J. S.*, 1893.467). Elle ne s'applique pas en cas de demande reconventionnelle (Paris, 19 avr. 1875, S. 76.2.113). Elle s'applique pendant la liquidation.

Quant aux actions individuelles, elles ne peuvent être entravées par la clause d'avis. C'est ainsi qu'il a été jugé que cette clause ne peut apporter obstacle à une demande en nullité de la société ou d'une assemblée générale (V. *suprà*), à une action en dissolution basée sur l'art. 1871, C. civ. (Paris, 6 fév. 1894, D. 94.2.545) ou sur la perte des 3/4 du capital (Cass., 2 janv. 1912, S. 1912.1.489.— *Contrà* : Douai, 27 déc. 1906, *J. S.*, 1910.115 ; — Lyon-Caen, note S. 1912.1.489).

3505. — L'assemblée générale des actionnaires peut, sans renoncer à l'action sociale, en subordonner l'exercice par le liquidateur à une condition spéciale, par exemple, au versement par les actionnaires favorables aux poursuites d'une somme déterminée pour faire face aux frais du procès. Il appartient aux actionnaires, avant d'exercer en leur nom l'action sociale, de mettre le liquidateur en mesure d'exécuter la décision de l'assemblée générale (Paris, 2 fév. 1900, *J. S.*, 1901.154).

3506. — La majorité d'une assemblée générale peut-elle éteindre l'action sociale, lorsque les administrateurs ont commis une violation de la loi ou des statuts ? La négative est généralement admise, par la raison que l'unanimité des actionnaires peut seule couvrir des infractions de cette nature, chacun n'ayant consenti à aliéner sa liberté au profit de la majorité d'une assemblée générale qu'en raison des garanties légales et statutaires (Douai, 13 mai 1844, D. 45.2.10 ; — Cass., 14 fév. 1853, D. 53.1.44 ; — 27 déc. 1853, D. 54.1.143 ; — 20 fév. 1877, D. 77.1.201 ; — Paris, 6 fév. 1896, *R. S.*, 1896.462. — M. Labbé, note au Sirey, 85.1.97).

3507. — Le bénéfice des condamnations prononcées à la suite de l'exercice d'une action individuelle appartient incontestablement au demandeur qui a subi le préjudice personnel. De même dans le cas d'exercice de l'action sociale par un actionnaire ou un tiers dans son intérêt particulier (Amiens, 19 mai 1891, D. 92.2.81).

Spécialement, la demande en indemnité des actionnaires, imputant la perte de leurs versements au conseil de surveillance, qui notamment ne les a pas appelés à délibérer sur la dissolution de la société dès le jour où le premier quart du capital a été perdu, comme le prescrivaient les statuts, et qui, par ces rapports inexacts, a entretenu les actionnaires dans la plus dangereuse sécurité jusqu'à la catastrophe finale, est fondée sur un dommage distinct personnellement subi par ces actionnaires, et l'indemnité allouée, indépendante de celle allouée en même temps à la masse sur la poursuite des liquidateurs, doit être attribuée personnellement auxdits actionnaires (Cass., 19 mars 1894, S. 96.1.260, D. 94.1.465 et la note de M. Boistel).

3508. — Si l'action sociale est exercée par le représentant de la société, le syndic ou le liquidateur, les dommages et intérêts obtenus augmentent le fonds social et doivent être répartis conformément aux principes du droit commun entre tous les actionnaires, après le paiement du passif (Paris, 5 mai 1891, *R. S.*, 1891.433).

Si l'action sociale et l'action individuelle sont exercées concurremment, le bénéfice de ces deux actions appartient à chacun des demandeurs, suivant les distinctions qui précèdent.

3509. — Faut-il, pour l'exercice de l'action individuelle ou de l'action sociale, être au moment où l'action est introduite par le porteur des titres d'actions ou d'obligations ? La jurisprudence s'est prononcée pour la négative en ce qui concerne l'action individuelle (Cass., 11 nov. 1873, S.74.1.97, D.76.1.425 ; — Paris, 23 juin 1870, trois arrêts, et 28 juin 1870, sous Cass., 11 nov. 1873, S., *ibid.* ; — Nantes, 3 janv. 1903, *J. S.*, 1904.516).

Par suite, les tiers qui ont acheté en Bourse au prix du cours les actions déjà souscrites et dépréciées, et qui n'ayant éprouvé aucun préjudice des manœuvres des administrateurs, n'ont contre eux de leur propre chef aucune action en indemnité ; ils ne peuvent donc plus agir comme cessionnaires des droits de leurs vendeurs, les associés souscripteurs (Cass., 11 nov. 1873, précité).

3510. — Décidé de même, que l'actionnaire qui, au moment où la mauvaise situation d'une société est notoire, cède ses actions à un tiers, peut être présumé renoncer au droit de se plaindre du dol dont il a pu être victime de la part des fondateurs de la société, et dès lors, il ne transmet point ce droit à son cessionnaire. En conséquence, celui-ci n'est pas recevable à poursuivre de ce chef la nullité de la société (Cass., 25 janv. 1881, S. 81.1.451, D. 81.1.252).

Jugé cependant en sens contraire que celui qui, postérieurement à la constitution de la société, a acheté des actions, est substitué aux droits de son cédant, et a en conséquence qualité pour invoquer toutes les nullités qui vicient le pacte social (Paris, 14 avr. 1892, S. 93.2.140, D. 92.2.347 ; — Paris, 14 janv. 1902, *J. S.*, 1902.297).

3511. — D'autre part, l'action individuelle des actionnaires ne saurait être entravée ou paralysée : ni par le fait que les représentants légaux de la société auraient antérieurement exercé l'action sociale contre les mêmes administrateurs, et épuisé ainsi le droit de la société (Cass., 16 janv. 1878, D. 79.1.209 ; — Paris, 28 juin 1894, D. 95.2.523).

... ni par une disposition des statuts soumettant à l'examen de l'assemblée générale les demandes dirigées contre les administrateurs touchant les intérêts généraux de la société (Trib. com. Seine, 5 nov. 1906, *J. S.*, 1907.281).

... ni par une délibération de l'assemblée générale. — Ainsi un actionnaire d'une société anonyme ou en commandite par actions peut exercer contre les membres du conseil d'administration ou du conseil de surveillance de cette société une action individuelle en responsabilité, malgré l'approbation ou le quitus qui leur a été donné par l'assemblée générale des actionnaires si les faits sur lesquels se fonde l'action en responsabilité consistent dans la violation des statuts ou de la loi, et par conséquent du mandat que la société et chacun de ses membres avaient conféré aux membres du conseil d'administration ou de surveillance (Paris, 6 fév. 1896, S. 97.2.132, D. 96.2.518 ; — Douai, 27 janv. 1906, *J. S.*, 1907.63. — *Sic* : Houpin, t. 2, n. 1074 ; Labbé, note sous Cass., 3 déc. 1883, S. 85.1.97 ; Lyon-Caen et Renault, t. 2, n. 827, p. 617 ; Vavasseur, t. 1, n. 746 ; Villard, p. 75, *in fine*, et 76).

3512. — En ce qui concerne l'action sociale, la question ne peut se poser que pour le cas où l'actionnaire l'exerce dans son intérêt personnel, à défaut du représentant légal de la société. L'actionnaire, dans cette hypothèse, invoque un préjudice causé à la société ; il faut donc être associé ou créancier de la société pour en demander la réparation. Si le titre de l'actionnaire ou de l'obligataire a été cédé, le vendeur a transmis à l'acquéreur tous ses droits, parmi lesquels figure celui d'exercer l'action sociale (Paris, 11 juill. 1882 ; — Cass., 3 déc. 1883, *R. S.*, 1883 73 et 1884.478).

3513. — La prescription de l'action en responsabilité doit être envisagée suivant les diverses hypothèses. Si l'action est fondée sur un délit, la prescription des art. 637 et 638 C. instr. crim., c'est-à-dire la prescription triennale, met obstacle à l'exercice de l'action même civile. Cependant un arrêt de la Cour de Paris, du 13 juillet 1892, fait exception à ce principe en matière de distribution de dividendes fictifs (*R. S.*, 1893.223), jugeant que l'action en responsabilité dans ce cas dérive tout à la fois d'un délit et du contrat dont la violation entraîne la responsabilité des administrateurs. Ainsi, pour que la prescription triennale soit applicable, il faut que l'action soit exclusivement basée sur un délit.

3514. — Pour l'action sociale qui a pour fondement la violation du contrat de société, nous pensons que les administrateurs ne peuvent pas invoquer la prescription de l'art. 64 C. com. (En ce sens : Lyon-Caen et Renault, n. 883 ; — Cass., 26 déc. 1910, *Gaz. Pal.*, 8 fév. 1911. — *Contrà* : Vavasseur, n. 703). Cette prescription, ainsi que nous l'avons vu (n. 801 et suiv.), s'applique exclusivement aux actions dirigées par les tiers contre les associés ; l'action sociale ne rentre pas dans cette catégorie. La loi de 1893 a édicté des délais spéciaux dont nous avons parlé au n. 2034.

C. — *Actions par mandataire.*

15. — Aux termes de l'art. 17 de la loi du 24 juillet 1867, des actionnaires représentant le vingtième au moins du capital social peuvent, dans un intérêt commun, charger à leurs frais un ou plusieurs mandataires de soutenir, tant en demandant qu'en défendant, une action contre les gérants et contre les membres du conseil de surveillance, et de les représenter en ce cas en justice, sans préjudice de l'action que chaque actionnaire peut intenter individuellement dans son intérêt personnel. Cet art. 17, qui figure au titre des sociétés en commandite par actions, a été rendu applicable aux sociétés anonymes par l'art. 39 de la même loi.

Cette disposition constitue une dérogation à la règle que nul en France ne plaide par procureur. En voici l'origine et la raison d'être, expliquées dans le rapport de la loi de 1867 :

« L'art. 17 est la reproduction, sous une forme différente, de l'art. 14 de la loi du 27 juillet 1856. Il organise au profit des minorités d'actionnaires, agissant dans un intérêt commun, un mode d'action en justice qui en facilite l'accès par la simplification et l'économie. Contrairement à la maxime bien connue « *Nul en France ne plaide par procureur* », il permet à ces minorités de se choisir un ou plusieurs mandataires. Seulement l'art. 14 de la loi de 1856, que le projet du gouvernement laissait subsister, accorde indistinctement cette faveur à des fractions d'actionnaires, quel que soit leur nombre, tandis que l'art. 35 du projet lui-même (titre *des Sociétés anonymes*) le limite aux groupes d'associés représentant le vingtième au moins du capital social.

« Il a semblé nécessaire à votre commission de ramener à l'unité ces dispositions divergentes, et elle vous propose, d'accord avec le gouvernement, de placer sous l'empire de la même règle les sociétés en commandite et les sociétés anonymes. Plaider par des mandataires, c'est une exception au droit commun qu'il importe de restreindre au lieu de l'étendre. En faire bénéficier les minorités, sans se préoccuper de la part qu'elles représentent dans la capital social, c'est exposer la société à des attaques indiscrètes, encourager l'esprit processif en abaissant l'obstacle qui seul l'arrête : la responsabilité des frais engagés dans la contestation. Cette restriction, apportée au droit des minorités, ne gêne en rien l'action individuelle, et chaque actionnaire peut, isolément et à ses risques et périls, intenter une action en son nom personnel. »

3516. — Dans quels cas les actionnaires peuvent-ils constituer des mandataires *ad litem* ?

Par cela seul que cette faculté déroge au droit commun, il faut dire qu'elle ne pourra être exercée que dans les cas expressément prévus par la loi (Cass., 3 mai 1893, D. 94.1.449). Il faut qu'il s'agisse d'un différend soulevé entre un certain nombre d'actionnaires et les mandataires administrant la société, ceux qui ont les pouvoirs ordinaires pour agir dans leurs intérêts, c'est-à-dire les gérants ou les membres d'un conseil de surveillance dans une société en commandite, les administrateurs ou les commissaires de surveillance dans la société anonyme. Il faut aussi qu'il y ait un groupe d'actionnaires se proposant d'agir dans un intérêt commun ; peu importe leur nombre : deux actionnaires pourraient user de la faculté légale ; un seul ne le pourrait pas, représentât-il le vingtième du capital social à lui seul (Angers, 26 avr. 1866, S. 67.2.103, D. 66.2.198). Il importe peu que les actionnaires aient dans l'instance le rôle de demandeurs ou de défendeurs ; mais il faut, pour plaider par mandataire, qu'ils agissent contre ceux-là mêmes qui ont les pouvoirs ordinaires pour agir dans leur intérêt. S'il s'agit d'une action contre d'anciens gérants ou administrateurs qui ne sont plus en exercice, le droit d'actionner appartient au gérant actuel, et non pas à un groupe dissident d'actionnaires (Paris, 21 fév. 1874, S. 74.2.143, D. 76.2.215 ; — Lyon, 20 juill. 1903, *R. S.*, 1904.26 ; — Saint-Etienne, 27 oct. 1903, *J. S.*, 1904.330 ; — Orléans, 27 fév. 1904, *R. S.*, 1904.502 ; — Cass , 6 janv. 1903, D. 04.1.145). Le même principe serait applicable à l'action dirigée contre des tiers obligés envers la société, ou contre la société elle-même (Paris, 4 fév. 1873, D. 77.2.142 ; — 8 mai 1895, *R. S.*, 1895.419).

3517. — Le mandataire *ad litem*, régulièrement institué, peut agir même contre les liquidateurs de la société dissoute (Cass., 6 fév. 1891, *La Loi*, 17 mars 1891 ; — 12 juill. 1894, *R. S.*, 1894.532).

3518. — On s'est demandé si la disposition de l'art. 17 est applicable en cas de contestation entre deux groupes d'actionnaires, par exemple, au sujet d'une demande en répétition de dividendes, formée par des actionnaires entrés dans la société postérieurement à la distribution, contre ceux qui ont reçu ces dividendes. La négative est admise d'après les termes de l'art. 17 (Vavasseur, n. 734 ; Dalloz, V° *Sociétés*, n. 1409). Mais certains auteurs se prononcent pour l'affirmative, en soutenant que tous les motifs qui ont fait adopter la disposition exceptionnelle de l'art. 17 peuvent être invoqués dans l'hypothèse spéciale que nous venons de formuler (Mathieu et Bourguignat, n.160 ; Bédarride, n. 312 ; Lyon-Caen et Renault, n. 829 ; Pont, n. 1567).

3519. — Enfin, pour que l'art. 17 reçoive son application, il est indispensable qu'il s'agisse d'une contestation touchant aux intérêts sociaux, et non à des intérêts individuels d'actionnaires. L'art. 17 dit expressément que les actionnaires agissant seuls dans un intérêt *commun* peuvent constituer des mandataires (Dalloz, n. 1408 ; Pont, n. 1871). Ces solutions ne sont pas accueillies par la jurisprudence, qui reconnaît aux actionnaires le droit de constituer des mandataires conformément à l'art. 17, pour l'exercice non seulement de l'action sociale, mais de leur action individuelle. Ces arrêts se fondent sur les termes de l'article : « dans un intérêt commun », qui signifient : « intérêt commun aux actionnaires syndiqués » (Angers, 19 mai 1891, *Gaz. Trib.*, 31 mai 1891 ; — Paris, 6 fév. 1891, *R. S.*, 1891.219 ; — 12 juill. 1894, *R. S.*, 1894.532 ; — Cass., 19 mars 1894, D. 94.1.465, et la note de M. Boistel au Dalloz, sous cet arrêt).

3520. — Avant la loi du 1er août 1893, la question de savoir si la faculté accordée par l'art. 17 existait au profit des actionnaires d'une société civile était controversée ; aujourd'hui, la question ne se pose plus, du moins pour les sociétés postérieures à la loi de 1893, puisque, aux termes de l'art. 68 nouveau de la loi de 1867, « quel que soit leur objet, les sociétés en commandite ou anonymes qui seront constituées dans les formes du Code de commerce ou de la présente loi seront commerciales et soumises aux lois et usages du commerce ».

3521. — Pour bénéficier des dispositions de l'art. 17, la loi exige que les actionnaires agissant dans un intérêt commun représentent au moins le vingtième du capital social. Ils seront donc toujours une minorité par rapport au nombre total des actionnaires, ils seraient les maîtres en assemblée générale de l'action sociale qui pourrait être exercée, suivant leur volonté, par les mandataires ordinaires de la société. La loi n'a pas voulu qu'une minorité infime d'actionnaires ayant un intérêt peu important dans la société, trouve la facilité d'exercer des recours dont elle pourrait abuser au détriment des intérêts sociaux ; aussi a-t-on fixé comme juste mesure le vingtième du capital social comme chiffre nécessaire pour la constitution du syndicat. Mais il a été jugé que si des actionnaires représentant le vingtième au moins du capital social ont constitué un mandataire, conformément à l'art. 17, d'autres actionnaires peuvent ultérieurement se joindre aux premiers pour donner des pouvoirs au même mandataire, bien que le montant total de leurs actions soit inférieur au vingtième du capital (Bourges, 21 août 1871, S. 71.2.257, D. 73.2.34 ; — Orléans, 27 fév. 1904, *J. S.*, 1905.310 ; — Pont, n. 1568).

3522. — Malgré les dispositions impératives de la loi, il existe un moyen pour un groupe d'actionnaires ne représentant pas le vingtième du capital de se réunir pour intenter à frais communs une action en justice ; ils n'ont qu'à créer entre eux une société civile ayant pour objet la défense collective de leurs droits.

3523. — La loi ne prescrit rien de spécial quant au mode de procéder pour la nomination des mandataires institués en conformité de l'art. 17. Dans la pratique, les actionnaires désireux de bénéficier de la faveur de l'art. 17 se réunissent entre eux ; en cas de désaccord sur le choix du mandataire, ils le désignent à la majorité (Pont, n. 1571). Ils peuvent nommer un ou plusieurs mandataires et les choisir soit parmi eux, soit parmi des personnes étrangères à la société (Pont, n. 1572). Il a même été jugé que la faculté de constituer des mandataires *ad litem* peut être exercée après la dissolution de la société et pendant la liquidation, la société se survivant à elle-même comme personne morale jusqu'à la fin de la liquidation (Lyon, 24 déc. 1881, *Gaz. Pal.*, 1882.1.483 ; — Paris, 6 fév. 1889, *R. S.*, 1891.219).

3524. — L'acte de nomination détermine les pouvoirs des mandataires. S'il ne les précise pas, il faut se référer aux principes généraux du mandat. Le mandat peut être général et donné pour intenter toute action contre les gérants ou administrateurs (Lyon, 24 déc. 1881, précité. — *Contrà* : Pont, n. 1574).

3525. — On s'est demandé si les mandataires désignés pour représenter un groupe d'actionnaires dans un procès spécial ont mandat de suivre l'instance à tous les degrés de juridiction. La question est controversée (V. dans le sens de l'affirmative : Pont, n. 1574 ; Bédarride, n. 308). Suivant d'autres auteurs, les mandataires devraient se faire autoriser spécialement pour interjeter appel du jugement ou pour se pourvoir en cassation, et aussi pour transiger, compromettre, se désister, acquiescer (Dalloz, V° *Sociétés*, n. 1414 ; Vavasseur, n. 738).

3526. — Le mandat des commissaires leur donne droit de requérir inscription de l'hypothèque judiciaire, qui est l'accessoire du jugement par eux obtenu ; mais ils ne peuvent en donner mainlevée (Rennes, 14 mars 1893, D. 93.2.397). Ils ont pouvoir pour recevoir et pour faire toute signification se rapportant à l'instance (Cass., 28 déc. 1886, S. 90.1.157, D. 87.1.497). Il a cependant été décidé que la signification qui ne serait pas faite au mandataire, mais adressée aux actionnaires personnellement, ne serait pas nulle (Lyon, 10 nov. 1871, D. 72.2.188). Mais ces significations devraient être considérées comme frustratoires (Cass., 28 déc. 1886, précité).

3527. — Le jugement rendu dans l'instance où les mandataires sont partie est en premier ressort à l'égard de tous les actionnaires représentés, si l'intérêt collectif est supérieur à 1.500 francs, quand même l'intérêt de l'un d'eux serait inférieur à ce chiffre (Angers, 18 janv. 1865, S. 66.2.33, D. 65.2.67 ; — Pau, 18 déc. 1865, S. 66.1.178 ; — Pont, n. 1575).

3528. — Les actionnaires mandants sont responsables, suivant les règles du droit commun, des fautes commises par leurs mandataires. Ainsi, ils seraient responsables du préjudice causé par les imputations diffamatoires dirigées par le mandataire contre les gérants de la société (Cass., 15 janv. 1889, *R. S.*, 1889.122).

3529. — L'art. 17 créant au profit des actionnaires agissant collectivement une simple faculté de se faire représenter par des mandataires, il faut ajouter qu'ils peuvent figurer dans les instances en leur nom personnel. Ils peuvent également agir individuellement, l'un d'eux introduisant la demande en son nom personnel et dans la mesure de son intérêt, contre le mandataire de la société, sans qu'il y ait lieu de distinguer suivant que la demande intéresserait la société tout entière ou seulement quelques-uns des associés (Paris, 19 avr. 1875, D. 75.2.161 ; — Pont, n. 1563. — V. également sur la question : D. 93.1.449).

3530. — L'art. 17 *in fine* réserve expressément le droit individuel des actionnaires. La loi ne pouvait, en vérité, tout en dérogeant au droit commun en faveur des actionnaires, les priver du droit qui appartient à chacun d'exercer en justice pour son propre compte la réparation du préjudice qu'il a éprouvé (Cass., 3 mai 1893, D. 93.1.449).

3531. — De même que les actionnaires peuvent former une demande contre les représentants de la société, ils peuvent intervenir dans l'instance introduite par d'autres actionnaires agissant isolément ou collectivement par mandataires (Cass., 5 janv. 1880, D. 80.1.112). Mais il a été jugé que les actionnaires ne peuvent pas intervenir en appel dans une instance engagée entre les administrateurs et des tiers parce qu'ils ont été représentés en première instance par les mandataires réguliers de la société et se trouvent par suite privés du droit de former tierce opposition (Cass., 7 mai 1872, S. 72.1.123, D. 72.1.233 ; — Paris, 12 nov. 1902, *R. S.*, 1903.58, et sur opposition : Paris, 11 mars 1903, *R. S.*, 1903.322).

§ 3. — Compétence.

3532. — L'art. 59, § 5, C. proc. civ., établit en matière de société des règles de compétence spéciales.

Le tribunal du lieu où la société est établie est compétent pour statuer sur toutes les demandes dirigées contre la société. Cette règle est même applicable à une société nulle, car une société nulle est susceptible d'avoir un établissement (Caen, 23 juin 1844, S. 45.2.6, D. 45.4. 483 ; — Carré et Chauveau, *Quest.* 261 ; Boitard, Colmet-Daage et Glasson, t. 1, § 137).

Mais cette règle de compétence ne s'applique ni en matière réelle immobilière, ni dans les procès où la société joue le rôle de demanderesse (Rousseau et Laisney, *Dict. de proc.*, V° *Compétence*, n. 68).

3533. — La règle de compétence ci-dessus vise les sociétés de commerce qui constituent des personnes morales. Les associations en participation, au contraire, qui ne sont pas des personnalités morales et qui n'ont pas de siège social, ne sont pas soumises à la règle précitée ; les contestations qui les concernent doivent être portées devant le tribunal du domicile du défendeur, conformément aux principes généraux (Rousseau et Laisney, *Dict. de proc.*, V° *Compétence*, n. 61. — V. *infrà*, n. 3555).

Mais rien n'empêcherait les associés en participation de constituer un domicile attributif de juridiction pour les contestations auxquelles donne lieu leur association (V. Rousseau et Laisney, V° *Compétence*, n. 62 ; — Cass., 16 août 1865, S. 66.1.116).

3534. — Le plus souvent, c'est au siège social que se trouve le principal établissement des sociétés, mais il n'en est pas nécessairement ainsi, tout au moins au regard des tiers ; il appartient d'ailleurs aux juges du fond de déterminer souverainement en quel endroit est situé ce principal établissement. Jugé, à cet égard, qu'une société commerciale qui a son siège social dans un lieu déterminé peut avoir son principal établissement, c'est-à-dire son domicile social, dans un autre endroit, et que le lieu du principal établissement est déterminé d'après les circonstances (Cass., 16 avr. 1883, S. 83.1.271, D. 84.1.87. — V. aussi : Cass., 17 avr. 1866, S. 66.1.191, D.66.1.280 ; — Rennes, 24 juill. 1903, *R. S.*, 1904.287 ; — Seine, 4 août 1904, *R. S.*, 1905.327 ; — Nîmes, 4 nov. 1904, S. 05.2.32 ; — Cass., 1er mars 1904, *R. S.*, 1904.492).

La même solution résulte d'un autre arrêt, qui décide qu'une société ne peut être valablement assignée que devant le tribunal du lieu où elle a son principal établissement, c'est-à-dire où se font ses principales affaires et se traitent ses principaux intérêts, et non devant le tribunal d'un autre lieu où se réunit son conseil d'administration, ce dernier lieu ne pouvant être considéré à lui seul comme celui du siège social (Cass., 10 fév. 1863, S. 63.1.199, D. 63.1.238 ; — Lyon, 8 mars 1902, *R. S.*, 1903.26).

2535. — Jugé que l'assignation, donnée au préposé du principal établissement, à comparaître devant le tribunal du lieu, est valable contre la société, et que ledit tribunal est compétent pour statuer sur l'action, alors d'ailleurs que le préposé est chargé par la société de se mettre en rapport avec les tiers pour les effets relatifs à l'exploitation de l'établissement, et les faits ayant donné lieu à l'action se sont passés au lieu de ce principal établissement (Cass., 16 avr. 1883, S. 83.1.271, P. 84.1.644, D. 83.1.87). Une société qui a son siège à Bruxelles et son siège administratif à Paris peut être valablement assignée en ce dernier lieu (Seine, 8 nov. 1902, *R. S.*, 1903.171 ; — Amiens, 9 nov. 1901, *J. S.*, 1903.20).

3536. — Ainsi que nous l'avons dit plus haut, il arrive assez souvent que le principal établissement se trouve au siège social lui-même.

Décidé, à cet égard, que le principal établissement de la société est au lieu du siège social, d'où émanent la direction et le contrôle, où les assemblées des actionnaires et le conseil d'administration se réunissent, et non pas au lieu où cette société a son usine unique, sous la direction d'un agent révocable au gré du conseil d'administration et recevant ses ordres (Cass., 30 janv. 1882, S. 82.1.150, D. 83.1.223).

3537. — De même, le principal établissement d'une société sucrière se confond avec le siège social, lorsque c'est à ce siège qu'on trouve la direction des affaires de la société ; spécialement, lorsque c'est du siège social que partent les instructions et les ordres au personnel, les conventions passées avec les fournisseurs, les marchés conclus pour la vente des sucres, les avis d'expédition aux acheteurs, la création et le mouvement des effets de commerce destinés à régler les affaires de la société, et enfin, lorsque c'est en ce même lieu que se réunissent les assemblées générales et le conseil de surveillance.

Et cette situation n'est pas modifiée par l'existence, dans un arrondissement différent, de l'usine pour l'exploitation de laquelle la société a été constituée (Cass., 9 août 1881, S. 82.1.150, D. 82.1.408).

3538. — Ainsi qu'on vient de le voir, l'indication d'un siège social dans les statuts n'est pas de nature à attribuer nécessairement compétence au tribunal du lieu. De même, le déplacement du siège social n'a pas pour conséquence nécessaire le déplacement de la compétence (Bordeaux, 27 juin 1902, *R. S.*, 1903.186).

Il a été jugé à cet égard que le fait, par les associés d'une société anonyme, de décider que le conseil d'administration de cette société se réunira dans un autre lieu que celui précédemment choisi ne saurait suffire pour déplacer le siège de la société, lequel doit demeurer au lieu où se font les principales affaires et où se traitent les principaux intérêts (Cass., 30 juill.1888, S. 89.1.414, D. 89.1.280. — *Sic* : Garsonnet, 2e édit., t. 2, p. 124, § 470, note 2).

3539. — En résumé, les sociétés doivent être assignées devant le tribunal de leur principal établissement. Dès lors, il semble bien que, rigoureusement, une société ne peut être assignée, abstraction faite des dispositions de l'art. 420 C. proc. civ., que devant un seul tribunal, en quelque endroit d'ailleurs que se soient passés les faits à raison desquels la demande est formée (Glasson, note sous Aix, 15 janv. 1884, D. 85.2.49 ; Garsonnet, 2e édit., t. 2, p. 136, § 470).

3540. — Mais on admet généralement qu'une société est régulièrement assignée devant le tribunal du lieu où elle a un de ses principaux établissements (Amiens, 26 avr. 1893, D. 94.2.8. — *Sic* : Rousseau et Laisney, V° *Compét. des trib. civ.*, n. 64 et suiv. ; Chauveau sur Carré, *Supp.*, *Quest.* 370-1-2° ; Rodière, t. 1, p. 117 ; Boitard, Colmet-Daage et Glasson, t. 1, n. 137 ; Lyon-Caen et Renault, t. 2, n. 3199 ; Fuzier-Herman, n. 10104 et suiv.).

3541. — Une société qui a plusieurs maisons ou succursales en divers lieux est donc valablement assignée, d'après la jurisprudence, devant le tribunal du lieu où ces succursales sont établies, pour l'exécution des opérations qui y ont été traitées (Cass., 30 mai 1876, S. 76.1. 358, D. 76.1.372 ; — Besançon, 31 déc. 1901, D. 03.2.65 ; — Lyon, 2 oct. 1903, *R. S.*, 1904.246 ; — Rennes, 21 mars 1907, *J. S.*, 1909.68).

3542. — Le système de la pluralité des domiciles a reçu une application plus particulièrement fréquente à l'égard des compagnies d'assurances.

Il a été décidé que les compagnies d'assurances qui ont des succursales dans plusieurs lieux sont présumées, relativement à ceux avec qui elles contractent, avoir le siège de leur établissement dans la succursale où le traité a été fait. Il en est ainsi lorsque surtout la police attribue juridiction, pour les contestations auxquelles elle peut donner lieu, au tribunal dans le ressort duquel est établie la succursale (Cass., 15 mai 1844, S. 44.1.394, D. 44.1.271. — *Sic* : Orillard, *Compét. des trib. de comm.*, n. 601).

3543. — Ce système est ordinairement désigné sous le nom de système « des gares principales » : c'est dire qu'il reçoit une fréquente application en matière de transports par chemin de fer.

Décidé qu'une compagnie de chemins de fer est valablement assignée devant le tribunal dans le ressort duquel se trouve une gare pouvant, à raison de son importance et du personnel qui s'y trouve réuni, être considérée comme un centre principal ou une succursale de cette compagnie (Cass., 16 janv. 1861, S. 61.1.451, D. 61.1.126 ; — 17 avr. 1866, S. 66.1.191, D. 66.1.279 ; — 17 avr. 1866, S. *Ibid.*, D. *Ibid.* ; — 15 déc. 1869, S. 70.1.111, D. 71.1.48 ; — 2 juill. 1872, S. 72.1.297, D. 74.5.122 ; — 19 juin 1876, S. 76.1.383, D. 77.1.134 ; — Colmar, 26 août 1857, S. 58.2.257, D. 58.2.128 ; — Paris, 12 mars 1858, S. 58.2.257, D. 58.2.131 ; — 15 déc. 1896, S. 97.2.279, D. 97.2.126 ; — Chambéry, 1er déc. 1866, S. 67.2.182, D. 66.2.346 ; — Orléans, 20 nov. 1868, S. 69.2.103, D. 69.2.21 ; — 7 août 1886, S. 87.2.244, D. 87.2.107 ; — Poitiers, 28 déc. 1868, S. 71.2.103, P. 69.465 ; — Rennes, 3 mai 1871, S. 71.2.93 ; — Lyon, 4 nov. 1896, S. 97.2.279, D. 97.2.327).

3544. — Mais pour qu'une société commerciale puisse être assignée devant le tribunal d'un autre lieu que celui de son siège social, il faut qu'elle y ait formé un établissement principal (Aix, 4 avr. 1862, S. 62.2.54 ; — 18 fév. 1863, S. *Ibid.*). Une société étrangère peut être assignée en France si elle y a une agence ou succursale, présentant le caractère de résidence légale (Paris, 16 juin 1902, *R. S.*, 1902.475 ; — Seine, 26 nov. 1901, *R. S.*, 1902.345).

3545. — Mais la compétence reconnue par la jurisprudence aux tribunaux de chacun des établissements principaux existant en dehors du siège social ou de l'établissement principal par excellence est loin d'être absolue. Tout d'abord, elle n'existe qu'à raison de certains faits ou de certains contrats qui se rattachent d'une manière particulièrement intime à tel ou tel des établissements principaux.

Il appartient d'ailleurs aux juges du fond d'apprécier souverainement si les opérations qui ont donné lieu au litige concernent la succursale située dans le ressort du tribunal saisi (Cass., 30 juin 1891, S. 91.1.479, D. 94.1.539 ; — Nantes, 18 juill. 1900, *R. S.*, 1902.38).

Ainsi, une compagnie de chemins de fer ne peut être assignée à l'une des gares de son réseau, prise à titre de succursale, qu'à la condition essentielle que ce soit à raison des opérations de cette succursale (Cass., 22 mai 1848, S. 48.1.328, D. 51.5.104 ; — Dalloz, *Rép.*, V° *Voirie par chemin de fer*, n. 303 ; — 4 mars 1857, S. 58.1.264, D. 57.1.135 ; — Dalloz, *Rép.*, V° *cit.*, n. 500 ; — 3 fév. 1885, S. 85.1.269, D. 86.1.304 ; — Orléans, 7 août 1886, S. 87.2.244, D. 87.2.107 ; — 21 fév. 1889, D. 90.2.164 ; — Chambéry, 16 fév. 1891, S. 92.2.130 ; — Rouen, 14 fév. 1894, S. 95.2.216 ; — Lyon, 3 nov. 1896, S. 97.2.279).

3546. — Spécialement, à raison d'un accident dont un voyageur a été victime, par suite de l'écroulement d'un hangar établi dans des conditions défectueuses dans une station du réseau, l'action en res-

ponsabilité contre une compagnie de chemins de fer est compétemment portée devant le tribunal dans l'arrondissement duquel se trouve
située cette station, lorsque la compagnie possède, au chef-lieu de ce
tribunal, une gare que son importance permet de considérer comme
une succursale et dont les agents eux-mêmes sont chargés de la surveillance des bâtiments de la station où l'accident est arrivé (Cass.,
15 avr. 1893, S. 93.1.319, et le rapport de M. le conseiller Demangeat,
D. 94.1.539).

3547. — Les juridictions des principaux établissements ne sont pas
compétentes, même s'il s'agit de faits relatifs à la succursale, lorsque
l'action est précisément formée par les directeurs ou chefs de la succursale.

3548. — Ainsi, l'agent d'une société de commerce ne peut assigner
la société pour l'exécution du contrat formé entre eux que devant le
tribunal du lieu où elle a son principal établissement ; le droit de citer
la société devant les tribunaux des lieux où elle a des représentants
n'appartient qu'aux tiers (Cass., 3 janv. 1870, S. 73.1.60, D. 72.1.251 ;
— Alger, 2 mars 1896, S. 96.2.249. — V. Garsonnet, 2e édit., t. 2,
p. 126, § 370, note 5).

3549. — L'agent d'une compagnie d'assurances ne peut assigner la
compagnie pour l'exécution du contrat formé entre eux devant le tribunal de son propre domicile ; il doit l'assigner devant le tribunal du
domicile de la compagnie, c'est-à-dire devant le tribunal du lieu où
se trouve son principal établissement. Il n'en est pas de même des
demandes formées par les agents d'une compagnie contre la compa
gnie, comme des demandes formées par les tiers contre l'agent représentant la compagnie (Cass., 22 mai 1854, S. 54.1.696, D. 54.1.262 ;
— 18 fév. 1862, S. 62.1.427, D. 62.1.238 ; — Lyon, 23 fév. 1882, D.
83.2.99).

3550. — Il est essentiel de remarquer que les divers domiciles d'une
compagnie de chemins de fer n'entraînent juridiction que relativement aux intérêts et aux affaires qui y sont traités, sans absorber
ni détruire le domicile social eu égard aux questions et aux différends
affectant la société tout entière (Chambéry, 1er déc. 1866, S. 67.2.
182, D. 66.2.146. — Sic : Pic, *Tr. de la faillite des soc. comm.*, p. 61).

3551. — Ainsi, d'une part, c'est le tribunal du lieu où une société
commerciale a sa raison sociale et où se trouve le siège de la société
déterminé par les statuts, qui doit prononcer sur la mise en faillite de
cette société, quelle que soit d'ailleurs l'importance des établissements
qu'elle possède dans un autre lieu (Cass., 4 mai 1857, S. 57.1.461,

D. 57.1.401 ; — 16 mars 1874, Dalloz, *Rép. Supp.*, V° *Comp. civ. des trib. d'arr.*, n. 72 ; — Nancy, 8 mai 1875, Dalloz, *Rép. Supp.*, V° *cit.*, n. 72).

3552. — Cette règle est applicable aux contestations relatives aux transferts de titres, lorsque la compagnie a établi dans une gare un bureau où sont reçus soit les titres en dépôt, soit ceux qui doivent être l'objet d'un transfert ou d'une conversion (Lyon, 29 juill. 1869, S. 70.2.15, D. 70.3.72).

3553. — Après la dissolution de la société, et pendant tout le temps que dure la liquidation, la société est considérée comme encore existante (V. *suprà*, n. 715 et suiv.). Les actions que les tiers ou les associés ont à diriger contre les liquidateurs doivent être portées devant le tribunal de l'ancien domicile de la société (Malepeyre et Jourdain, p. 346 ; Troplong, n. 522, et 1004 et suiv. ; Nouguier, *Trib. de com.*, t. 2, p. 383 ; — Paris, 13 fév. 1808, S. chr. ; Dalloz, n. 1724 ; — Rousseau et Laisney, V° *Compétence*, n. 73 ; — 27 fév. 1838, Dalloz, n. 1721; — Cass., 16 nov. 1815, S. chr. ; — 18 août 1840, S. 40.1.836 ; — Douai, 18 juill. 1833, S. 33.2.565 ; — Aix, 30 nov. 1837, S. 38.2.130 ; — Liège, 4 fév. 1842, Dalloz, *loc. cit.* ; — Lyon, 22 juill. 1858, D. 59.2.80 ; — Pau, 2 fév. 1870, S. 70.2.139). Cela est vrai même si le siège de la liquidation a été postérieurement transféré dans un autre ressort par délibération de l'assemblée générale (Cass., 3 janv. 1900, *Gaz. Trib.*, 10 mars 1900).

3554. — Mais la compétence qui s'attache au tribunal du lieu où la société a son domicile social cesse du jour où la société est liquidée (Cass., 21 janv. 1873, S. 73.1.160. — Conf. Pau, 2 fév. 1870, S. 70.2. 139).

Quelques auteurs restreignent la compétence des juges du domicile social aux actions se rattachant au partage (Duvergier, n. 479 ; Chauveau, *Lois de la procédure*, *Quest.* 260 ; Boitard, *Procédure*, t. 1, n. 137 ; Duvergier, n. 479).

3555. — Les associations en participation n'ayant pas de siège social, les contestations qui les concernent doivent être portées devant le tribunal du domicile du défendeur, conformément à la règle générale (Cass., 28 mai 1819, S. chr. ; — Nancy, 5 déc. 1828, S. 29.2.124 ; Dalloz, n. 1716 ; — Cass., 4 juin 1860, S. 61.1.75, D. 60.1.671 ; — Bordeaux, 29 mars 1887, S. 89.2.33 ; — Favard de Langlade, *Rép.*, V° *Ajournement*, § 1, n.4 ; Thomine-Desmazures, *Comment. Cod. proc.*, t. 1, n. 82 ; Pardessus, *Dr. comm.*, n. 976 et 1357, *in fine* ; Vincens, *Législ. C. com.*, t. 1, p. 378 ; — Chauveau sur Carré, *Quest.* 261 ; Nouguier, *des Trib. de comm.*, t. 2, p. 384 ; Orillard, *Compét. comm.*, n. 601 ; Malepeyre et Jourdain, *Soc. de comm.*, p. 263 et 264 ; Cadrès, *Cod. proc. comm.*, p. 29 ; Bédarride, n. 408 ; Rousseau et Laisney, V° *Compétence*, n. 61).

3556. — Une société en participation n'ayant pas de siège social dans le sens de l'art. 59, § 5, C. proc. civ., il s'ensuit que la demande en dissolution de la société, formée par certains associés contre les autres, doit être portée non devant les juges du lieu de l'exécution de l'entreprise, objet de la participation, mais devant les juges du lieu où les associés défendeurs ont leur domicile (Cass., 16 août 1865, S. 66.1.200 ; — 16 juill. 1901, *J. S.*, 1902.205).

Il en est ainsi du moins dans le cas où les associés ne se sont pas, par une convention formelle, constitué un domicile social distinct du domicile réel de chacun d'eux et attributif de juridiction pour les difficultés pouvant surgir entre les associés (Même arrêt).

Il a été jugé dans le même sens que si les associations en participation n'ont pas, en règle générale, de siège social dans le sens de l'art. 59, § 5, C. proc. civ., il n'est pas interdit aux associés de se constituer un domicile social distinct du domicile réel de chacun d'eux et attributif de juridiction pour les difficultés qui pourront surgir entre eux (Cass., 6 mars 1877, S. 77.1.253).

3557. — Quand le litige existe entre un associé participant et un tiers avec lequel il a contracté, il y a lieu d'appliquer l'art. 420 C. proc. civ., qui donne au demandeur la faculté d'assigner soit devant le tribunal du domicile du défendeur, soit devant celui dans l'arrondissement duquel le payement devait être effectué.

3558. — C'est le tribunal du lieu où une société en nom collectif a son principal établissement qui doit prononcer sur sa mise en faillite, alors même que le siège social déterminé par les statuts se trouve dans un autre lieu (Cass., 13 mars 1865, S. 65.1.115 ; — 9 août 1881, S. 82.1.150, D. 98.1.408 ; — 2 juill. 1902, *J. S.*, 1902.253. — *Contrà*, en faveur de la compétence du siège social : Toulouse, 13 mai 1903, *R. S.*, 1904. 283.— V. en ce sens : *infrà*, « Faillite des sociétés, compétence ». — *Adde* : Alauzet, *Com. du C. comm.*, t. 6, n. 2430 et suiv. ; Boulay-Paty et Boileux, *Tr. des faill.*, t. 1, n. 43 ; Laroque-Sayssinel, *id.* sur l'art.438, n. 5 ; Demangeat sur Bravard, *Tr. de dr. commm.*, t. 5, p. 676).

3559. — L'art. 631 C. com. contient une disposition ajoutée par la loi du 17 juillet 1856, portant que les tribunaux de commerce connaissent des contestations entre associés à raison d'une société commerciale.

3560. — La première difficulté qui se présente, lorsqu'on étudie les règles de compétence, est celle de savoir si la souscription d'actions dans une société commerciale constitue ou non un acte de commerce, qui puisse assujettir le souscripteur à la juridiction consulaire.

La question est vivement controversée.

De nombreuses décisions admettent l'affirmative, sans même distinguer si le souscripteur est ou n'est pas négociant (Cass., 13 août 1856, S. 56.1.759, D. 56.1.343 ; — Grenoble, 25 fév. 1857, S. 58.2.693, D. 58.2.343 ; — Metz, 25 août 1857, S. 58.2.196 ; — Paris, 8 août 1866, S. 67.2.101 ; — Bourges, 26 déc. 1870, S. 70.2.318, D. 70.2.222 ; — Paris, 21 mai 1884, S. 85.2.97 ; — 8 déc. 1885, *R. S.*, 1886.201 ; — 7 déc. 1893, *J. S.*, 1894.125 ; — Cass., 25 oct. 1899, S. 1900.1.65, et la note de M. Lyon-Caen ; — Vincens, t. 1, p. 322, n. 8 ; Malepeyre et Jourdain, p. 138 ; Molinier, n. 491 et 546 ; Coin-Delisle, *R. crit.*, t. 10, p. 289 ; Bédarride, n. 241 ; Demangeat sur Bravard, t. 1, p. 246, note ; Lyon-Caen et Renault, 470 et 686 *bis*). Il a été décidé au contraire que la souscription d'actions dans une société commerciale ne constitue pas un acte de commerce (Dijon, 4 août 1857, S. 58.2.195, D. 58.2.117 ; — Angers, 18 janv. 1865, S. 65.2.211, D. 65.2.67 ; — 12 mars 1873, S. 74.2.214 ; — Paris, 26 janv. 1874, S. 76.2.3 ; — Lyon, 31 juill. 1889, *J. S.*, 1891.39 ; — Bordeaux, 11 déc. 1893, *J. S.*, 1894.257. — *Sic* : Nouguier, t. 1, p. 374 ; Fourcix, p. 180 ; Alauzet, n. 2967 ; Massé, t. 2, n. 1390 ; Pont, *R. de législ.*, 1844, t. 20, p. 361 ; Ballot, *R. de dr. franç.*, 1847, t. 4, p. 425 ; Buchère, *Tr. des val. mobil.*, n. 352 et suiv. ; Boistel, p. 146 et 157 ; Thaller, n. 334 et 508).

M. Ruben de Couder (*Dict. de dr. comm.*, V° *Acte de comm.*, n. 96) fait une distinction extrêmement juridique, selon nous. Il applique à cette question la jurisprudence relative aux achats et ventes. Si l'achat a lieu en vue d'une revente, il est évidemment commercial (Cass., 24 janv. 1856, D. 56.1.110 ; — 3 juin 1867, S. 67.1.322, D. 68.1.31). Mais il est civil, au contraire, si l'on achète avec intention de conserver (Rouen, 6 août 1841, S. 41.2.636, D. 42.2.96 ; — Paris, 28 févr. 1842, P. 42.2.223).

« Il est bien vrai, ajoute le savant magistrat, que les opérations de la société seront commerciales, et que par suite l'être moral appelé société aura une nature commerciale ; mais il n'en résulte en aucune façon que l'obligation de verser des fonds dans la société ne constitue pas un acte purement civil : cet acte n'est pas rangé spécialement par la loi au nombre des opérations commerciales, et il nous semblerait difficile de le faire rentrer dans une des catégories établies par l'article 632 C. com. Le commanditaire reste en effet étranger à la société ; il est simple bailleur de fonds, et dès lors ce sont ses capitaux, et non lui, qui figurent dans la société ; les actes de commerce que fait la société le regardent si peu qu'il lui est interdit d'y prendre part.

« L'esprit de la loi vient encore confirmer le système que nous soutenons. Le but du législateur, en instituant la société en commandite, a été d'appeler dans les opérations commerciales les capitaux des personnes qui veulent rester étrangères au commerce, et qui souvent même sont obligées de s'en abstenir par les convenances et les règles particulières de leur profession ; or, ce but serait complètement manqué si ceux qui souscrivent l'engagement de verser des fonds dans une société en commandite étaient réputés faire acte de commerce. Ce serait éloigner de toute société une classe nombreuse de citoyens, et nuire ainsi à l'association qu'il est au contraire si utile d'encourager dans l'intérêt de la prospérité publique et que le législateur entoure constamment d'une faveur toute spéciale. »

3561. — L'obligation du commanditaire de restituer les dividendes qui lui ont été indûment distribués présente-t-elle un caractère commercial ? Voir dans le sens de la négative : Angers, 18 janv. 1865, S. 65.2.211, D. 65.2.267 ; — Cass., 8 mai 1867, S. 67.1.253. — Mais pour l'affirmative : Cass., 3 mars 1863, S.63.1.137, D. 63.1.15 ; — Caen, 16 août 1864, S. 65.2.33, D. 65.2.194 ; — Pau, 18 déc. 1865, S. 66.2.178 ; — Bourges, 21 août 1871, S. 71.2.257).

3562. — La société à capital variable a le caractère civil ou commercial, et se trouve dès lors soumise ou non à la juridiction consulaire, suivant la nature de ses opérations (Rivière, n. 325). Cependant il a été jugé que les sociétés coopératives de consommation ont un caractère purement civil, lorsqu'elles se bornent à acheter des denrées pour les livrer aux associés soit en nature, soit en produits fabriqués, une pareille livraison ne pouvant être assimilée à une revente. En conséquence, ces sociétés ne sont pas soumises à une juridiction commerciale quant aux achats par elles faits (Bourges, 19 janv. 1869, S. 69.2.323). Peu importe d'ailleurs que les objets soient livrés à un prix supérieur au prix de revient, la différence profitant à la société, et par conséquent aux acquéreurs eux-mêmes en leur qualité d'associés. Peu importe même que les statuts permettent de livrer des objets de consommation à des tiers, en échange des marchandises qu'ils auraient fournies à la société ou des travaux qu'ils auraient faits pour elle, si d'ailleurs ces tiers n'ont aucun droit aux bénéfices (Même arrêt). Et la société ne perd pas le caractère civil par cela seul que des ventes d'objets provenant de ses magasins auraient été faites à des personnes qui lui sont étrangères, si ces ventes n'ont pas été faites par ordre de ses représentants légaux, mais bien à leur insu, au préjudice et en fraude des intérêts sociaux (Même arrêt).

3563. — En ce qui concerne les règles de compétence propres aux sociétés étrangères, voir le chapitre réservé à ces sociétés, VII⁰ partie, chap. 1.

§ 4. — Compétence quant aux actions en responsabilité.

3564. — La doctrine et la jurisprudence demeurent très confuses sur cette question. D'après certains auteurs, il faudrait distinguer suivant que la demande est introduite par la société, par les actionnaires, ou par des tiers. Dans le premier cas, la compétence appartiendrait incontestablement à la juridiction commerciale, en vertu de l'art. 631 C. com., qui vise les contestations entre associés. Au contraire, l'action intentée par des tiers serait de la compétence des tribunaux civils, parce qu'elle est basée sur un délit ou un quasi-délit (Lyon-Caen et Renault, n. 834 et 1013).

3565. — La jurisprudence ne s'est pas rangée à cette distinction. Elle n'a pas cependant consacré un principe absolu ; certaines décisions reconnaissent la compétence du tribunal de commerce pour statuer sur les poursuites dirigées tant par les actionnaires que par les tiers, en raison de délits ou de quasi-délits commis par les administrateurs, ou de fautes dans l'accomplissement de leur mandat. Ces arrêts appliquent la règle en vertu de laquelle les tribunaux de commerce connaissent des délits ou des quasi-délits commis à l'occasion d'actes de commerce intervenus entre les parties (V. Cass., 4 déc. 1871, S. 71. 1.195 ; --- 11 nov. 1873, D. 76.1.425. — *Adde* : Cass., 22 mai 1869, D. 69.1.361 ; — Paris, 2 août 1870, S. 74.1.97 ; — Cass., 3 janv. 1872, D. 72.1.304 ; — Paris, 22 déc. 1873, D. 74.2.147).

3566. — Il a été ainsi jugé, en ce qui concerne l'action introduite par le syndic, « parce que, dit l'arrêt, la masse d'une faillite représentée constitue une collectivité commerciale, dans laquelle se confondent tous les droits individuels des créanciers, quelles que puissent être d'ailleurs leur nature et leur origine » (Cass., 23 juill. 1877, D. 78. 1.455 ; — Cass., 22 oct. 1912, *Gaz. Soc.*, 1913.330 ; — Pont, n. 1537. — En sens contraire : Angers, 3 juin 1875, D. 76.2.166 ; arrêt cassé par celui du 23 juill. 1877).

3567. — Une autre jurisprudence décide que le demandeur exer-

çant une action individuelle peut, à son choix, la porter devant le tribunal civil ou devant le tribunal de commerce (Paris, 24 janv. 1874,
D. 76.2.216 ; — Angers, 12 mars 1873, S. 74.2.214). C'est l'application
du principe que tout demandeur non commerçant a le droit d'option
en ce qui concerne la juridiction (Cass., 25 juin 1867, S. 67.1.290 ; —
21 juill. 1873, S. 73.1.446).

3568. — Suivant nous, la seule distinction juridique est entre l'action sociale et l'action individuelle. L'action sociale doit être nécessairement, à notre avis, portée devant le tribunal de commerce, quels
que soient la qualité du demandeur, la base de l'action ou le but poursuivi. Cette action constitue bien une contestation entre associés,
dont la connaissance appartient exclusivement au tribunal de commerce, aux termes de l'art. 631 C. com. Mais le demandeur exerçant
une action individuelle n'est plus lié par les mêmes principes de
droit, et il peut, à son choix, conformément à la jurisprudence rappelée ci-dessus, saisir de son procès la juridiction commerciale ou la
juridiction civile. Si d'ailleurs on se reporte à toutes les décisions citées
plus haut en ce qui concerne le responsabilité, on verra qu'elles émanent tantôt de la juridiction commerciale, tantôt de la juridiction
civile.

TROISIÈME PARTIE

DES TONTINES. — DES SOCIÉTÉS D'ASSURANCES SUR LA VIE ET AUTRES SOCIÉTÉS D'ASSURANCES. — DES SOCIÉTÉS ANONYMES A PARTICIPATION OUVRIÈRE. — DES SOCIÉTÉS DE CRÉDIT AGRICOLE. — DES SOCIÉTÉS DE CRÉDIT MARITIME. — DES SOCIÉTÉS DE CAPITALISATION ET SOCIÉTÉS D'ÉPARGNE. — DES SOCIÉTÉS D'ASSURANCES CONTRE LES ACCIDENTS DU TRAVAIL ET DES SYNDICATS DE GARANTIE. — DES SYNDICATS DE PRODUCTEURS (Corners. Pools. Trusts. Cartells). — DES SOCIÉTÉS A CAPITAL VARIABLE ET SOCIÉTÉS COOPÉRATIVES. — DES SOCIÉTÉS COOPÉRATIVES DE CONSOMMATION. — DES SOCIÉTÉS DE CRÉDIT AU PETIT ET AU MOYEN COMMERCE ET A LA PETITE ET A LA MOYENNE INDUSTRIE. — DES SOCIÉTÉS COOPÉRATIVES DE RECONSTITUTION.

CHAPITRE PREMIER

DES TONTINES ET DES SOCIÉTÉS D'ASSURANCES SUR LA VIE

3569. — Les sociétés d'assurances sur la vie et les tontines sont régies actuellement par la loi du 17 mars 1905 qui les a soumises à une législation spéciale comportant notamment un contrôle et une surveillance qui n'existaient pas autrefois et qu'imposent leurs opérations aléatoires et à long terme. — V. sur cette législation, Sumien, *Sociétés d'assurances* (*Répertoire de droit administratif*), et les deux rapports publiés au *Journal officiel* par le ministre du travail en 1909 et en 1910, sur le fonctionnement du contrôle des sociétés d'assurances sur la vie (*J. off.*, 17 oct. 1909 et 7 janv. 1911).

3570. — Avant la loi de 1905, les sociétés d'assurances sur la vie avaient été laissées, par l'art. 66 de la loi de 1867, sous le régime de l'autorisation et de la surveillance qui était, avant cette loi, le droit des sociétés anonymes en France. — Les tontines ne pouvaient se fonder, d'après un avis du Conseil d'Etat du 25 mars 1809, approuvé par l'Empereur le 1er avril suivant (Sirey, *Lois annotées*, 1er vol., p. 792), qu'en vertu d'un décret d'autorisation, donné par le gouvernement dans la forme des règlements d'administration publique ; quant à leur surveillance, elle était réglée par une ordonnance royale du 12 juill. 1842 (Sirey, *Lois annotées*, 2e vol., p. 722) qui les plaçait sous le contrôle d'une commission de surveillance spéciale, *La commission des tontines*, fonctionnant au ministère du commerce. — En fait, la surveillance de ces compagnies n'était que nominale ; le gouvernement n'avait aucun organe chargé de l'appliquer, il ne disposait pas des sanctions administratives ; la décision ministérielle du 15 mai 1877, qui avait voulu assujettir les sociétés existantes à un certain mode de surveillance, avait été annulée par arrêt du Conseil d'Etat du 14 mai 1880 (S. 81.3.75). — Quant aux sociétés étrangères, elles n'étaient soumises à aucune réglementation et à aucune surveillance, l'administration ayant toujours considéré que l'art. 66 de la loi de 1867 n'avait apporté, à leur égard, aucune dérogation à la loi du 30 mai 1857. — Toute cette législation se trouve profondément modifiée par la loi de 1905, en ce qui concerne les sociétés anonymes (il n'y a pas de sociétés d'assurances sur la vie en commandite), les sociétés d'assurances mutuelles et les tontines, les sociétés étrangères. La loi du 17 mars 1905 n'a d'ailleurs pas d'effet rétroactif (Civ. Seine, 18 mars 1910, *Gaz. Pal.*, 12-13 juin 1910 ; — Cons. d'Etat, 28 mai 1910, l'*Equitable*).

3571. — *Règles communes à toutes les sociétés d'assurances sur la vie et aux tontines.* — La loi de 1905, dans le but de « donner la sécurité aux opérations viagères...., régler le mécanisme financier des entreprises d'assurances sur la vie et prévoir pour leur fonctionnement toutes les garanties voulues pour mettre leur actif à l'abri des témérités de gestion », impose à ces sociétés un enregistrement préalable pour pouvoir fonctionner et les soumet, pendant leur fonctionnement, au contrôle et à la surveillance de l'administration.

Toute société qui veut fonctionner doit demander son enregistrement au ministère du travail ; il n'y a pas d'enregistrement d'office, la demande doit nécessairement émaner de la société (Cons. d'Etat, 20 mars 1908, Lebourgeois). Les formes de la demande d'enregistrement, ainsi que les pièces et documents à fournir, sont indiqués par le décret du 22 juin 1906 et l'instruction ministérielle publiée au *Journal officiel* du 29 juin 1906.— L'enregistrement n'est pas une approbation, une autorisation, comme autrefois ; c'est la simple permission d'exploiter l'assurance sur la vie donnée à une société qui justifie qu'elle est constituée en conformité des lois et règlements sur la matière. L'enregistrement rappelle le brevet délivré sans garantie du gouvernement. — Un décret du 20 janvier 1906 organise la déchéance de l'enregistrement à l'égard des sociétés qui restent un an sans fonctionner.

3572. — Par le refus d'enregistrement, la société n'a pu fonctionner, n'ayant pas d'objet. Toutes ses opérations sont résolues rétroactivement, puisqu'elles étaient subordonnées à la condition suspensive de l'enregistrement. La société doit se liquider comme une société de fait (Toulouse, 6 mars 1911, *Le Droit*, 12 avr. 1911).

3573. — Dans l'intérêt des assurés, la loi a pris un certain nombre de garanties qu'elle exige de la société dès sa demande d'enregistrement. Ces garanties sont relatives aux énonciations que doivent contenir les statuts (art. 4 de la loi de 1905) ; aux tarifs de primes et cotisations des sociétés et au calcul de leurs réserves mathématiques dont les bases ne peuvent être inférieures à celles d'un tarif dit *tarif minimum* établi par le décret du 20 janvier 1906 ; au capital social (art. 5 de la loi de 1905) ; à la réserve de garantie (art. 5 de la loi de 1905 et D. 22 juin 1906), et enfin aux frais de premier établissement (art. 5, § 2, de la loi de 1905 et D. 20 janv. 1906). V. Décret sur les placements du 9 juin 1906, modifié par les décrets des 19 mars 1915 et 26 avril 1916.

3574. — Les sociétés sont soumises au contrôle du ministère du travail ; la loi de 1905 a institué plusieurs organes de contrôle et de surveillance (V. Sumien, *op. cit.*, n. 24 et suiv.).

En outre de ces organes, la loi de 1905 a exigé des sociétés en cours de fonctionnement de multiples garanties. — Ces garanties consistent dans la production ou la délivrance d'états soit au ministère du travail, soit à leurs assurés (art. 11 et 12 de la loi de 1905) ; — dans la publicité de certains documents énumérés par l'art. 11 de la loi ; les formes et modèles de ces publications ont été déterminés par l'arrêté ministériel du 29 juillet 1907 (*J. off.*, 1er août 1907), modifié par l'arrêté du 24 novembre 1909 (*J. off.*, 2 déc. 1909). Ces publications sont faites d'ailleurs indépendamment de celle qui est imposée aux sociétés par l'art. 3 de la loi de finances du 30 janvier 1907 au *Bulletin annexe du Journal officiel* ; — dans l'inscription de leurs contrats conformément au décret du 20 janvier 1906 ; — dans les placements réglés minutieusement par le décret du 9 juin 1906 ; — dans la création d'un privilège au profit des assurés (art.7 de la loi de 1905 ; D. 25 juin 1906); — enfin dans l'établissement de réserves mathématiques sur les bases déterminées par le décret du 20 janvier 1906 (V. en outre sur ce point art. 6 et 21 de la loi de 1905 ; arrêté ministériel du 29 juill. 1907, *J. off.*, 1er août.— Hans, Théorie juridique de la réserve mathématique, *Ann. dr. com.*, 1906, 213 et suiv.). — Sur la réglementation de la participation aux bénéfices faite par l'art. 7 de la loi de 1905, V. Sumien, *op. cit.*, n. 48, et Cons. d'État, 28 mai 1910, Cie *L'Equitable.*

3575. — La loi, pour faire respecter ses dispositions, a établi toute une série de pénalités, tant répressives qu'administratives. La plus importante parmi ces dernières consiste dans le retrait de l'enregistrement qui oblige la société à se liquider, n'ayant plus le droit de fonctionner. — Sumien, *op. cit.*, n. 54 et suiv.

La loi de 1905 comprend, dans la formule très large de son art. 1er, toutes les *entreprises* qui pratiquent des opérations dans la réalisation desquelles intervient, *à un degré quelconque*, la durée de la vie humaine (Paris, 9e Ch., 29 juin 1911). Dès que des conditions de survie ou de décès se rencontrent dans les opérations d'une société ou d'une entreprise quelconque, celle-ci est assujettie aux dispositions de la loi de 1905. L'art. 1er de la loi apporte cependant des exceptions à cette règle générale en faveur « des sociétés définies par la loi du 1er avril 1898 sur les sociétés de secours mutuels et des institutions de prévoyance publiques ou privées régies par les lois spéciales ».

3576. — D'autre part, en ce qui concerne les opérations permises aux sociétés tombant sous l'application de la loi de 1905, l'art. 1er de cette loi déclare que les entreprises ne peuvent prendre que « des engagements dont l'exécution dépend de la durée de la vie humaine » et seulement ceux-là ; « elles doivent, dit l'art. 2, limiter leurs opérations à une ou plusieurs de celles qui font l'objet de la présente ». Les sociétés ne peuvent donc faire des opérations qui impliquent une exécution dépendant de la durée de la vie humaine, sans s'exposer à tomber sous l'application de la loi de 1905 et à être obligées de ramener leur objet à ces seules opérations. La question est particulièrement délicate en ce qui concerne les sociétés qui ont pour objet d'acheter les immeubles en viager. — V. Sumien, *op. cit.*, n. 80 et suiv.

3577. — Les art. 19 et suiv. de la loi de 1905 contiennent des dispositions transitoires qui ne présentent plus actuellement d'intérêt.

3578. — *Dispositions particulières aux sociétés d'assurances mutuelles* *et aux tontines*. — La loi de 1905 déclare abrogées, dans son art. 22, toutes les dispositions antérieures relatives aux tontines et aux sociétés d'assurances mutuelles sur la vie. Les unes et les autres sont aujourd'hui régies par les dispositions d'un important règlement d'administration publique du 12 mai 1906, dont nous allons faire connaître les dispositions. Les tontines ont aujourd'hui un regain très marqué ; elles ont d'ailleurs modifié leur forme primitive telle que l'avait conçue Tonti, l'inventeur de la tontine, et tendent de plus en plus, au moins en apparence, à se rapprocher de l'assurance mutuelle, notamment par l'institution de la contre-assurance qui permet aux héritiers du tontinier décédé de récupérer pour partie les cotisations versées par celui-ci.— V. sur les tontines l'ouvrage de M. Moulin. *Adde* Cardot, *Le nouveau régime légal des tontines.*

3579. — Voici les dispositions du décret du 12 mai 1906, déterminant les conditions dans lesquelles pourront être constituées les sociétés d'assurances sur la vie à forme mutuelle ou tontinière.

TITRE PREMIER

Dispositions générales.

ART. 1er. — Les sociétés à forme mutuelle ou tontinière contractant des engagements dont l'exécution dépend de la durée de la vie humaine peuvent se former soit par un acte authentique, soit par un acte sous seing privé, fait en double original quel que soit le nombre des signataires à l'acte.

ART. 2. — Les projets de statuts doivent : 1º indiquer l'objet, la durée, le siège, la dénomination de la société ; 2º déterminer le montant du fonds de premier établissement ; 3º fixer le nombre d'adhérents et le minimum de valeurs de contrats au-dessous desquels la société ne peut être valablement constituée, ainsi que la quote-part des premières cotisations qui devra être versée avant la constitution de la société.

ART. 3. — Le texte entier des projets de statuts doit être inscrit sur toute liste destinée à recevoir les adhésions.

ART. 4. — Lorsque le nombre des adhérents et le minimum de valeurs de contrats fixés par les projets de statuts auront été réunis, les fondateurs de la société ou leurs fondés de pouvoirs le constatent par une déclaration devant notaire. A cette déclaration sont annexés : 1º la liste nominative dûment certifiée des adhérents, contenant leurs noms, prénoms, qualités et domiciles, et le montant des contrats souscrits par chacun d'eux ; 2º l'un des doubles de l'acte de société, s'il est sous seing privé, ou une expédition s'il est notarié, s'il a été passé devant un notaire autre que celui qui reçoit la déclaration ; 3º l'état des versements effectués.

ART. 5. — La première assemblée générale, qui est convoquée à la diligence des fondateurs, vérifie la sincérité de la déclaration mentionnée à l'article précédent ; elle nomme les membres du conseil d'administration. Elle nomme également pour la première année les commissaires institués par l'article 20 ci-après.

Les membres du conseil d'administration ne peuvent être nommés pour plus de six ans ; ils sont rééligibles, sauf stipulation contraire. Toutefois, ils peuvent être désignés par les statuts, avec stipulation formelle que leur nomination ne sera pas soumise à l'assemblée générale ; dans ce cas, ils ne peuvent être nommés pour plus de trois ans.

La société n'est définitivement constituée qu'après l'acceptation des membres du conseil d'administration et des commissaires.

ART. 6. — Le compte des frais de premier établissement est apuré par le conseil d'administration et soumis à l'assemblée générale, qui l'arrête définitivement.

ART. 7. — Dans le mois de la constitution de la société, une expédition de la déclaration faite devant notaire et de ses annexes est déposée au greffe du tribunal civil de l'arrondissement dans lequel se trouve le siège de la société. A cette expédition est annexée une copie certifiée des délibérations prises par l'assemblée générale constitutive.

ART. 8. — Dans le même délai d'un mois, un extrait de l'acte constitutif et des pièces annexées est publié dans l'un des journaux qui se publient dans le lieu où siège le tribunal ou, s'il n'y en a pas, dans l'un de ceux publiés dans le département.

ART. 9. — L'extrait doit contenir la dénomination adoptée par la société, l'indication du siège social et la désignation des personnes autorisées à gérer, administrer et signer pour la société ; il indique le nombre d'adhérents et la valeur de contrats souscrits au-dessous desquels la société ne pouvait être valablement constituée, l'époque où la société a commencé, celle où elle doit finir et la date du dépôt fait en exécution de l'art. 7 ci-dessus. Il indique également si la société doit ou non constituer un fonds temporaire de garantie.

L'extrait des actes et pièces déposés est signé, pour les actes publics, par le notaire, et, pour les actes sous seing privé, par les membres du conseil d'administration.

ART. 10. — Tous actes et délibérations ayant pour objet la modification des statuts, la continuation de la société au delà du terme fixé par les statuts, la dissolution avant ce terme et tout changement à la dénomination de la société sont soumis aux mêmes formalités que les actes et délibérations relatifs à la formation de la société.

ART. 11. — Toute personne a le droit de prendre communication des pièces déposées au greffe du tribunal et de s'en faire délivrer à ses frais expédition ou extrait par le greffier ou par le notaire détenteur de la minute.

Toute personne peut également exiger qu'il lui soit délivré, au siège de la société, une copie certifiée des statuts, moyennant le payement d'une somme qui ne pourra excéder 1 franc.

ART. 12. — Les sociétés ne peuvent traiter avec une entreprise de gestion que si les statuts l'ont explicitement prévu. Dans ce cas, les statuts doivent stipuler que les traités de gestion seront soumis à l'approbation préalable de l'assemblée générale, et que tous les documents destinés au public devront porter, immédiatement après la dénomination de la société, celle de l'entreprise chargée de sa gestion.

Art. 13. — Les statuts déterminent les pouvoirs du conseil d'administration, qui devra être composé de cinq membres au moins. Le conseil pourra, si les statuts l'y autorisent, déléguer une partie de ses pouvoirs à l'un de ses membres, ou à un directeur pris en dehors de son sein.

Art. 14. — Les membres du conseil d'administration doivent être pris parmi les adhérents remplissant les conditions exigées par les statuts et, notamment, ayant souscrit des contrats pour une valeur déterminée par ces statuts.

Pendant la durée de leurs fonctions, ils ne pourront ni résilier leurs contrats, ni en toucher les capitaux, ni en opérer la cession, à moins de les remplacer immédiatement par des contrats équivalents.

Art. 15. — Le conseil d'administration élit parmi ses membres un président, un vice-président et un secrétaire dont les fonctions durent un an. Ils sont rééligibles.

Le conseil d'administration se réunit au moins une fois par mois. La présence de la moitié plus un des membres est nécessaire pour la validité des délibérations. Celles-ci sont prises à la majorité absolue des voix des membres du conseil. Le vote par procuration est interdit.

Art. 16. — Il est tenu chaque année au moins une assemblée générale, à l'époque fixée par les statuts. Les statuts déterminent le minimum de valeur des contrats qu'il est nécessaire d'avoir souscrit pour être admis à l'assemblée.

Les adhérents peuvent se faire représenter par un mandataire, membre lui-même de l'assemblée générale, sans que, toutefois, un même mandataire puisse disposer de plus de cinq voix.

Art. 17. — Les statuts indiquent les conditions dans lesquelles sont faites les convocations à l'assemblée générale ; ces convocations doivent être individuelles et précéder de vingt jours au moins la date fixée pour la tenue de l'assemblée.

Dans toutes les assemblées générales, il est tenu une feuille de présence. Elle contient les noms et domiciles des membres présents.

Cette feuille, certifiée par le bureau de l'assemblée et déposée au siège social, doit être communiquée à tout requérant.

Art. 18. — L'assemblée générale ne peut délibérer valablement que si elle réunit le quart au moins des membres ayant le droit d'y assister ; si elle ne réunit pas ce nombre, une nouvelle assemblée est convoquée dans les formes et avec les délais prescrits par les statuts, et elle délibère valablement, quel que soit le nombre des membres présents ou représentés.

Art. 19. — L'assemblée générale qui doit délibérer sur la nomination des membres du premier conseil d'administration et sur la sincérité de la déclaration faite, aux termes de l'art. 4, par les fondateurs, doit être composée de la moitié au moins des membres ayant le droit d'y assister.

Si l'assemblée générale ne réunit pas le nombre ci-dessus, elle ne peut prendre qu'une délibération provisoire ; dans ce cas, une nouvelle assemblée générale est convoquée. Deux avis, publiés à huit jours d'intervalle, au moins un mois à l'avance, dans l'un des journaux mentionnés à l'art. 8, font connaître aux adhérents les résolutions provisoires adoptées par la première assemblée, et ces résolutions deviennent définitives si elles sont approuvées par la nouvelle assemblée, composée du cinquième au moins des adhérents ayant le droit d'y assister.

Il sera procédé de même pour les assemblées qui ont à délibérer sur des modifications aux statuts ou sur des propositions de continuation de la société au delà du terme fixé pour sa durée, ou de dissolution avant ce terme.

Toute modification de statuts est portée à la connaissance des adhérents dans le premier récépissé de cotisation qui leur est délivré.

Art. 20. — L'assemblée générale annuelle désigne un ou plusieurs commissaires, adhérents ou non, chargés de faire un rapport à l'assemblée générale de l'année suivante sur la situation de la société, sur le bilan et sur les comptes présentés par l'administration.

La délibération contenant approbation du bilan et des comptes est nulle si elle n'a été précédée du rapport des commissaires.

A défaut de nomination des commissaires par l'assemblée générale, ou en cas d'empêchement ou de refus d'un ou de plusieurs d'entre eux, il est procédé à leur nomination ou à leur remplacement par ordonnance du président du tribunal de première instance du siège de la société, à la requête de tout intéressé, les membres du conseil d'administration dûment appelés.

Art. 21. — Pendant le trimestre qui précède l'époque fixée par les statuts pour la réunion de l'assemblée générale, les commissaires ont droit, toutes les fois qu'ils le jugent convenable dans l'intérêt de la société, de prendre communication des livres et d'examiner les opérations de la société. Ils peuvent toujours, en cas d'urgence, convoquer l'assemblée générale.

Art. 22. — Quinze jours au moins avant la réunion de l'assemblée générale, tout adhérent peut prendre ou faire prendre par un fondé de pouvoirs, au siège social, communication de l'inventaire et de la liste des membres composant l'assemblée générale, et se faire délivrer copie de ces documents.

Art. 23. — Les statuts déterminent le mode et les conditions générales suivant lesquels sont contractés les engagements entre la société et les adhérents.

TITRE II

Dispositions spéciales aux sociétés à forme mutuelle.

Art. 24. — Pour qu'une société à forme mutuelle puisse être valablement constituée, un nombre minimum de 500 contrats doit être souscrit sur des têtes distinctes pour un minimum de 500.000 francs de capitaux assurés ou de 50.000 francs de rentes viagères assurées.

Art. 25. — Les statuts déterminent le maximum du chargement à ajouter aux primes pures pour faire face : 1° aux frais d'administration de la société ; 2° à la constitution de la réserve de garantie ; 3° à l'amortissement du fonds de premier établissement et, s'il y a lieu, du fonds temporaire de garantie prévu à l'article suivant.

Art. 26. — Indépendamment du fonds de premier établissement, les statuts peuvent prévoir la constitution d'un fonds temporaire de garantie qui ne peut dépasser 1.500.000 francs et qui doit être intégralement amorti lorsque la réserve de garantie atteint ce chiffre. La portion amortie doit être chaque année au moins égale au chiffre atteint par la réserve de garantie lors de l'inventaire de l'exercice précédent.

ART. 27. — Les excédents réalisés au cours de chaque exercice, après acquittement intégral des charges sociales, appartiennent à l'ensemble des adhérents et leur profitent exclusivement.

Les statuts doivent spécifier le mode et les bases de répartition de ces excédents.

Les statuts doivent également prévoir le cas où l'actif de la société deviendrait insuffisant pour faire face à ses engagements et indiquer comment il serait procédé pour y pourvoir.

TITRE III

Dispositions spéciales aux sociétés à forme tontinière.

ART. 28. — Les associations en cas de survie ou en cas de décès que forment les sociétés à forme tontinière ne peuvent être valablement constituées que si elles comprennent au moins 100 membres.

ART. 29. — Aucune association en cas de survie ne peut avoir une durée inférieure à dix ans, ni supérieure à vingt-cinq ans, comptés à partir du 1er janvier de l'année au cours de laquelle elle a été ouverte.

La durée pendant laquelle une association en cas de survie demeure ouverte doit être inférieure d'au moins cinq ans à sa durée totale.

ART. 30. — Il est interdit aux sociétés à forme tontinière de garantir à leurs adhérents que la liquidation des associations dont ils font partie leur procurera une somme déterminée à l'avance.

ART. 31. — Leurs statuts doivent spécifier :

1o La cessation en cas de décès du sociétaire, du versement des annuités que le souscripteur aurait encore à faire aux associations en cas de survie ;

2o La réduction des droits acquis au bénéficiaire, s'il y a eu cessation des versements du souscripteur aux associations en cas de survie, sous la condition de justifier de l'existence du sociétaire et du payement d'une fraction de la souscription totale, sans que les statuts puissent fixer cette fraction à plus de trois dixièmes ;

3o Les bases de répartition pour les contrats ainsi réduits, avec exclusion ou non du partage des intérêts et bénéfices ;

4o Les délais et les formes dans lesquels la société est tenue d'aviser les intéressés de l'expiration des associations en cas de survie ;

5o Les délais pour la production des pièces et justifications réglementaires à l'appui des liquidations d'associations, ainsi que l'affectation des sommes non retirées par les ayants droit, dans un délai déterminé, à partir du 31 décembre de l'année pendant laquelle a eu lieu la répartition ;

6o L'affectation des fonds des associations en cas de survie, qui ne pourraient être liquidées par suite du décès ou de la forclusion de tous leurs membres, ainsi que des associations en cas de décès qui ne pourraient être liquidées par suite de l'absence de décès ;

7o Le mode de payement des cotisations aux associations en cas de décès,

11

qui devront être exigibles d'avance au début de chaque année, sauf la première, qui pourra être payée à l'échéance choisie par le souscripteur et qui devra alors être réduite d'un quart, de la moitié ou des trois quarts, selon que le versement de la cotisation aura lieu dans le deuxième, le troisième ou le quatrième trimestre de l'année ;

8° La quotité des prélèvements qui pourraient être affectés à la constitution d'une réserve en faveur des survivants des associations en cas de décès :

9° Les conditions dans lesquelles le fonds du premier établissement sera versé, rémunéré et amorti, sans, d'autre part, pouvoir être augmenté ;

10° Les conditions dans lesquelles la société, en cas de dissolution ou de retrait d'enregistrement, pourra procéder à la liquidation par anticipation des associations en cours, en vertu d'une délibération spéciale de l'assemblée générale des souscripteurs et sous réserve du visa du ministre du commerce.

3580. — Un décret du 22 juin 1906 détermine les conditions dans lesquelles doivent être gérées les entreprises à forme tontinière, en ce qui concerne les associations en cas de survie et les associations en cas de décès ; un autre décret de la même date est relatif aux conditions de fonctionnement des entreprises de gestion d'assurances sur la vie. — V. Sumien et Midy, Les entreprises de gestion (*Ann. dr. comm.*, 1905, n. 3).

3581. — *Dispositions spéciales aux sociétés étrangères d'assurances sur la vie.* — Ces sociétés sont soumises au même contrôle et à la même surveillance que les sociétés françaises d'assurances sur la vie ; elles sont également soumises, sous réserve de certaines modifications de détail, aux mêmes obligations et aux mêmes garanties que celles-ci. La loi de 1905 n'a d'ailleurs pas abrogé la loi de 1857 sur les sociétés étrangères qui continue à s'appliquer aux sociétés d'assurances sur la vie. Mentionnons toutefois, pour les compagnies étrangères, la disposition spéciale de l'art. 12 de la loi : « Les entreprises étrangères doivent, *en ce qui concerne les opérations régies par la présente loi*, avoir en France et en Algérie un siège spécial et une comptabilité spéciale pour tous les contrats souscrits ou exécutés en France et en Algérie et accréditer auprès du ministre du commerce un agent préposé à la direction de toutes ces opérations. Cet agent doit être domicilié en France ; il représente seul l'entreprise auprès du ministre, vis-à-vis des titulaires de contrats souscrits en France et en Algérie et devant les tribunaux. Il doit justifier au préalable de pouvoirs statutaires suffisants pour la gestion directe de l'entreprise en France et en Algérie, notamment, pour la signature des polices, avenants, quittances et autres pièces relatives aux opérations réalisées. — Toute entreprise est tenue de produire au ministre du commerce, dans le délai qu'il détermine, la traduction en langue française, certifiée conforme, des documents en langue étrangère se rapportant à ses opérations et pour lesquels cette traduction est requise. — Les conditions générales et particulières des polices, les avenants et autres documents se rapportant à l'exécution des contrats doivent être rédigés ou traduits en langue française. Dans ce dernier cas, le texte français fait seul foi à l'égard des assurés français. » — V. sur la situation spéciale des sociétés étrangères d'assurances sur la vie en France, l'article de la *Rev. dr. intern. privé*, 1907, p. 88.

3581 *bis.* — *Des sociétés de prévoyance à partage et à durée illimitée.* — Ces sociétés sont, aux termes mêmes de l'art. 1er de la loi du 3 février 1902, celles « qui ont pour objet de partager entre leurs adhérents, à partir d'une certaine durée de sociétariat, une part des intérêts du capital social et dont la durée est illimitée ». — Ces sociétés, appelées couramment *Les Chatelusiennes*, très peu nombreuses, nous allons le voir, mais très importantes, sont régies actuellement par la loi du 3 février 1902 votée pour mettre fin aux difficultés qui s'étaient fait jour au sein d'une importante société d'épargne, *Les Prévoyants de l'Avenir*, fondée par Chatelus. Les adhérents de cette société reprochaient à la société l'inégalité de répartition résultant des statuts de la société, la disproportion des avantages accordés aux sociétaires dont la part dans les revenus du capital social variait avec les années de sociétariat, de telle sorte que les fondateurs recevaient une part tout à fait en disproportion avec leurs versements, et enfin l'incommutabilité absolue du régime statutaire qui empêchait toute modification aux statuts. — Après des incidents très vifs qui émurent le Parlement, fut enfin votée la loi de 1902 qui reconnaît aux sociétés Chatelusiennes existantes à cette époque une existence légale et les soumet à un régime spécial, dans lequel il est tenu compte des deux *desiderata* formulés par les adhérents.

Aux termes de l'art. 3 de la loi, en effet, au cours des dix premières années du partage, aucun sociétaire ne pourra recevoir, à titre de part annuelle, une somme supérieure à une fois et demie le capital versé par lui au jour de la première répartition. — D'autre part, aux termes de l'art. 5, les statuts, même dans leurs clauses fondamentales, pourront toujours être révisés, soit sur la proposition du conseil d'administration ou du comité directeur, soit d'un vingtième des membres inscrits ; le même article règle les formes et les conditions de validité de cette délibération, qui doivent être observées à peine de nullité (Paris, 10 juill. 1907, *J. S.*, 1908.16 ; — Cass., 20 oct. 1908, *J. S.*, 1909.264).

Bien entendu, nous estimons que, malgré ce texte si large qui admet des modifications même touchant les bases essentielles de la société, celle-ci ne pourrait pas faire subir à ses statuts des transformations telles qu'elle perdrait son caractère de société de prévoyance : la loi de 1902 est une loi spéciale qui ne s'applique qu'aux sociétés de ce genre ; si celles-ci changent leur objet, elles échappent *ipso facto* aux dispositions de faveur de ce texte. Enfin, l'art. 3 déclare incessibles et insaisissables les rentes viagères constituées en vertu de la présente loi.

Il est à remarquer que ce régime spécial ne s'applique qu'à un nombre très restreint de sociétés de prévoyance ; il ne concerne d'abord que celles qui existaient au jour de la promulgation de la loi de 1902 et ne peut pas être invoqué par les sociées de prévoyance fondées ultérieurement, lesquelles relèvent de la loi sur les sociétés de secours mutuels ou de la loi de 1905 sur les sociétés d'assurances. En second lieu, la loi de 1902 ne s'applique qu'aux sociétés qui ont fait la déclaration prévue à son art. 1er En fait, trois sociétés seulement ont bénéficié de ce texte : les Prévoyants de l'Avenir, les Rentiers de l'Avenir et les Vétérans des Armées de terre et de mer ; encore cette dernière société s'est-elle transformée en société pure et simple de secours mutuels. C'est peu, mais il faut songer cependant que les Prévoyants de l'Avenir comptent actuellement plus de 600.000 adhérents.

CHAPITRE II

DES SOCIÉTÉS ANONYMES D'ASSURANCES AUTRES QUE LES SOCIÉTÉS D'ASSURANCES SUR LA VIE

3582. — Les sociétés d'assurances à primes ou mutuelles dont les opérations ne reposent pas sur l'incertitude de la vie humaine peuvent se constituer sans autorisation préalable. Cela s'applique notamment aux sociétés d'assurances maritimes, contre l'incendie, contre la grêle, contre les maladies des bestiaux, et même aux sociétés d'assurances contre les accidents. Toutefois, les sociétés d'assurances contre les accidents du travail sont soumises à un régime spécial du fait de la loi du 9 avril 1898 et du décret du 28 février 1899. Nous étudions plus loin en détail ces prescriptions (V. *infrà*, chap. VII). Les règles qui régissent ces sociétés diffèrent suivant qu'elles sont à primes ou mutuelles. Elles sont renfermées dans le décret du 22 janvier 1868, portant règlement d'administration publique pour la constitution des sociétés d'assurances, dont nous donnons les dispositions. Ces dispositions doivent être observées à peine de nullité de la société qui ne saurait échapper à cette nullité en prenant une autre forme que la société d'assurances mutuelles qu'elle est en réalité (Trib. Toulouse, 27 oct. 1910, *Gaz. Trib.*, 3 déc. 1910).

TITRE PREMIER

Des sociétés anonymes d'assurances à primes.

Art. 1er. — Les sociétés anonymes d'assurances à primes sont soumises aux dispositions des lois relatives à cette forme de sociétés et, en outre, aux conditions ci-après déterminées. — Elles ne peuvent user des dispositions du titre III de la loi du 24 juillet 1867, particulières aux sociétés à capital variable.

Art. 2. — La société n'est valablement constituée qu'après le versement d'un capital de garantie qui ne pourra, en aucun cas et alors même que le capital social est moindre de 200.000 francs, être inférieur à 50.000 francs.

Art. 3. — L'art. 3 de la loi du 24 juillet 1867, relatif à la conversion des actions en actions au porteur, n'est applicable aux sociétés d'assurances à primes que si le fonds de réserve est égal au moins à la partie du capital social non encore versée, et s'il a été intégralement constitué.

ART. 4. — La société est tenue de faire annuellement un prélèvement d'au moins 20 p. 100 sur les bénéfices nets pour former un fonds de réserve. Ce prélèvement devient facultatif lorsque le fonds de réserve est égal au cinquième du capital.

ART. 5. — Les fonds de la société, à l'exception des sommes nécessaires aux besoins du service courant, doivent être employés en acquisitions d'immeubles, en rentes sur l'État, bons du Trésor ou autres valeurs créées ou garanties par l'État, en actions de la Banque de France, en obligations des départements et des communes, du Crédit foncier de France ou des compagnies françaises de chemins de fer qui ont un minimum d'intérêt garanti par l'État. (Cet article a été modifié par un décret du 10 juillet 1901, rapporté *infrà*, n. 3585.)

ART. 6. — Toute police doit faire connaître : — 1º Le montant du capital social ; — 2º La portion de ce capital déjà versée ou appelée, et s'il y a lieu, la délibération par laquelle les actions auraient été converties en actions au porteur ; — 3º Le maximum que la compagnie peut, aux termes de ses statuts, assurer sur un seul risque, sans réassurance ; — 4º Et dans le cas où un même capital couvrirait, aux termes des statuts, des risques de nature différente, le montant de ce capital et l'énumération de tous risques.

ART. 7. — Tout assuré peut, par lui ou par un fondé de pouvoir, prendre à toute époque, soit au siège social, soit dans les agences établies par la société, communication du dernier inventaire. Il peut également exiger qu'il lui en soit délivré une copie certifiée, moyennant le payement d'une somme qui ne peut excéder 1 franc.

TITRE II

Des sociétés d'assurances mutuelles.

SECTION Ire. — DE LA CONSTITUTION DES SOCIÉTÉS ET DE LEUR OBJET.

ART. 8. — Les sociétés d'assurances mutuelles peuvent se former soit par un acte authentique, soit par un acte sous seing privé fait en double original, quel que soit le nombre des signataires de l'acte.

ART. 9. — Les projets de statuts doivent : — 1º Indiquer l'objet, la durée, le siège, la dénomination de la société et la circonscription territoriale de ses opérations ; — 2º Comprendre le tableau de classification des risques, les tarifs applicables à chacun d'eux, et déterminer les formes suivant lesquelles ce tableau et ces tarifs peuvent être modifiés ; — 3º Fixer le nombre d'adhérents et le minimum des valeurs assurées au-dessous desquels la société ne peut être valablement constituée, ainsi que la somme à valoir sur la contribution de la première année, qui devra être versée avant la constitution de la société.

ART. 10. — Le texte entier des projets de statuts doit être inscrit sur toute liste destinée à recevoir les adhésions.

ART. 11. — Lorsque les conditions ci-dessus ont été remplies, les signataires de l'acte primitif ou leurs fondés de pouvoir le constatent par une déclaration devant notaire. — A cette déclaration sont annexés : — 1º La liste nominative dûment certifiée des adhérents contenant leurs nom, prénoms, qualité et domicile, et le montant des valeurs assurées par chacun d'eux ; — 2º L'un des doubles de l'acte de société, s'il est sous seing privé, ou une expédition, s'il est notarié et s'il a été passé devant un notaire autre que celui qui reçoit la déclaration ; — 3º L'état des versements effectués.

Art. 12. — La première assemblée générale, qui est convoquée à la diligence des signataires de l'acte primitif, vérifie la sincérité de la déclaration mentionnée aux articles précédents ; elle nomme les membres du premier conseil d'administration ; elle nomme également, pour la première année, les commissaires institués par l'art. 21 ci-après. — Les membres du conseil d'administration ne peuvent être nommés pour plus de six ans ; ils sont rééligibles, sauf stipulation contraire. Toutefois, ils peuvent être désignés par les statuts, avec stipulation formelle que leur nomination ne sera pas soumise à l'assemblée générale ; en ce cas, ils ne peuvent être nommés pour plus de trois ans. — Le procès-verbal de la séance constate l'acceptation des membres du conseil d'administration et des commissaires présents à la réunion. La société n'est définitivement constituée qu'à partir de cette acceptation.

Art. 13. — Le compte des frais de premier établissement est apuré par le conseil d'administration et soumis à l'assemblée générale, qui l'arrête définitivement et détermine le mode et l'époque du remboursement.

SECTION II. — Administration des sociétés.

Art. 14. — L'administration peut être confiée à un conseil d'administration dont les statuts déterminent les pouvoirs. Les membres de ce conseil peuvent choisir parmi eux un directeur, ou si les statuts le permettent, se substituer un mandataire étranger à la société et dont ils sont responsables envers elle. — L'administration peut également être confiée par les statuts à un directeur nommé par l'assemblée générale et assisté d'un conseil d'administration. Les statuts déterminent, dans ce cas, les attributions respectives du directeur et du conseil.

Art. 15. — Les membres du conseil d'administration doivent être pris parmi les sociétaires ayant la somme de valeurs assurées déterminée par les statuts.

Art. 16. — Il est tenu chaque année au moins une assemblée générale, à l'époque fixée par les statuts. — Les statuts déterminent soit le minimum de valeurs assurées nécessaires pour être admis à l'assemblée, soit le nombre des plus forts assurés qui doivent la composer ; ils règlent également le mode suivant lequel les sociétaires peuvent s'y faire représenter.

Art. 17. — Dans toutes les assemblées générales, il est tenu une feuille de présence. Elle contient les noms et domiciles des membres présents. — Cette feuille, certifiée par le bureau de l'assemblée et déposée au siège social, doit être communiquée à tout requérant.

Art. 18. — L'assemblée générale ne peut délibérer valablement que si elle réunit le quart au moins des membres ayant le droit d'y assister ; si elle ne réunit pas ce nombre, une nouvelle assemblée est convoquée dans les formes et avec les délais prescrits par les statuts, et elle délibère valablement, quel que soit le nombre des membres présents ou représentés.

Art. 19. — L'assemblée générale qui doit délibérer sur la nomination des membres du premier conseil d'administration et sur la sincérité de la déclaration faite, aux termes de l'art. 11, par les signataires de l'acte primitif, doit être composée de la moitié au moins des membres ayant le droit d'y assister. — Si l'assemblée générale ne réunit pas le nombre ci-dessus, elle ne peut prendre qu'une délibération provisoire ; dans ce cas, une nouvelle assemblée générale est convoquée. Deux avis, publiés à huit jours d'intervalle, au moins un mois à l'avance, dans l'un des journaux désignés pour recevoir les annonces légales, font connaître aux sociétaires les résolutions provisoires adoptées par la première assemblée, et ces résolutions deviennent définitives si elles sont approuvées par la nouvelle assemblée, composée du cinquième au moins des sociétaires ayant le droit d'y assister.

Art. 20. — Les assemblées qui ont à délibérer sur des modifications aux statuts ou sur des propositions de continuation de la société au delà du terme fixé pour sa durée, ou de dissolution avant ce terme, ne sont régulièrement constituées et ne délibèrent valablement qu'autant qu'elles sont composées de la moitié au moins des sociétaires ayant le droit d'y assister. — Toute modification de statuts est portée à la connaissance des sociétaires dans le premier récépissé de cotisation qui leur est délivré.

Art. 21. — L'assemblée générale annuelle désigne un ou plusieurs commissaires, sociétaires ou non, chargés de faire un rapport à l'assemblée générale de l'année suivante sur la situation de la société, sur le bilan et sur les comptes présentés par l'administration. — La délibération contenant approbation du bilan et des comptes est nulle si elle n'a été précédée du rapport des commissaires. — A défaut de nomination des commissaires par l'assemblée générale, ou en cas d'empêchement ou de refus d'un ou plusieurs d'entre eux, il est procédé à leur nomination ou à leur remplacement par ordonnance du président du tribunal de première instance du siège de la société à la requête de tout intéressé, les membres du conseil d'administration dûment appelés.

Art. 22. — Pendant le trimestre qui précède l'époque fixée par les statuts pour la réunion de l'assemblée générale, les commissaires ont droit, toutes les fois qu'ils le jugent convenable dans l'intérêt de la société, de prendre communication des livres et d'examiner les opérations de la société. Ils peuvent toujours, en cas d'urgence, convoquer l'assemblée générale.

Art. 23. — Toute société doit dresser chaque semestre un état sommaire de sa situation active et passive. — Cet état est mis à la disposition des commissaires. — Il est, en outre, établi chaque année un inventaire, ainsi qu'un compte détaillé des recettes et dépenses de l'année précédente et du montant des sinistres. — Ces divers documents sont mis à la disposition des commissaires le quarantième jour au plus tard avant l'assemblée générale. Ils sont représentés à cette assemblée. — L'inventaire et le compte détaillé sont également adressés au ministre de l'agriculture, du commerce et des travaux publics.

Art. 24. — Quinze jours au moins avant la réunion de l'assemblée générale, tout sociétaire peut prendre, par lui ou par un fondé de pouvoir, au siège social, communication de l'inventaire et de la liste des membres composant l'assemblée générale, et se faire délivrer copie de ces documents.

SECTION III. — DE LA FORMATION DE L'ENGAGEMENT SOCIAL.

ART. 25. — Les statuts déterminent le mode et les conditions générales suivant lesquels sont contractés les engagements entre la société et les sociétaires. Toutefois, les sociétaires auront, indépendamment de toute disposition statutaire, le droit de se retirer tous les cinq ans, en prévenant la société six mois d'avance dans la forme indiquée ci-après. Ce droit sera réciproque au profit de la société. — Dans tous les cas où un sociétaire a le droit de demander la résiliation, il peut le faire soit par une déclaration au siège social ou chez l'agent local, dont il lui sera donné récépissé, soit par acte extrajudiciaire, soit par tout autre moyen indiqué dans les statuts. — Les statuts indiquent spécialement le mode suivant lequel se fait l'estimation des valeurs assurées, les conditions réciproques de prorogation ou de résiliation des contrats et les circonstances qui font cesser les effets desdits contrats.

ART. 26. — Toute modification des statuts relative à la nature des risques garantis et au périmètre de la circonscription territoriale donne de plein droit à chaque sociétaire la faculté de résilier son engagement. — Cette faculté doit être exercée par lui dans un délai de trois mois, à dater de la notification qui lui aura été faite, conformément à l'art. 20.

ART. 27. — Les statuts ne peuvent défendre aux sociétaires de se faire réassurer ou assurer à une autre compagnie. Ils peuvent seulement stipuler que la société sera immédiatement informée et aura le droit de notifier la résiliation du contrat.

ART. 28. — Les polices remises aux assurés doivent contenir les conditions spéciales de l'engagement, sa durée, ainsi que les clauses de résiliation et de tacite reconduction, s'il en existe dans les statuts. — La police constate en outre la remise d'un exemplaire contenant le texte entier des statuts.

SECTION IV. — DES CHARGES SOCIALES.

ART. 29. — Les tarifs annexés aux statuts fixent, par degrés de risques, le maximum de la contribution annuelle dont chaque sociétaire est passible pour le payement des sinistres. Ce maximum constitue le fonds de garantie. — Les statuts peuvent décider que chaque sociétaire sera tenu de verser d'avance une portion de la contribution sociale pour former un fonds de prévoyance. Le montant de ce versement, dont le maximum est fixé dans les statuts, sera déterminé chaque année par l'assemblée générale.

ART. 30. — Si les statuts le stipulent ainsi, les indications du tableau de classification ne font pas obstacle à ce que le conseil d'administration demeure juge soit dans l'application de la classification à tout risque proposé à l'assurance, soit même de l'admissibilité de ce risque.

ART. 31. — Les statuts déterminent également le maximum de la contribution annuelle qui peut être exigée de chaque sociétaire pour frais de gestion de la société. — La quotité de cette contribution est fixée tous les cinq ans au moins par l'assemblée générale. — Il peut être décidé, soit par les statuts, soit par l'assemblée générale, qu'une somme fixe ou proportionnelle est allouée par traité à forfait à la direction. Ce traité est révisé tous les cinq ans au moins. — L'acte qui l'autorise ou l'approuve détermine en même temps, d'une manière précise, quels sont les frais auxquels la somme allouée a pour objet de pourvoir.

Art. 32. — Il peut être formé, dans chaque société d'assurances mutuelles, un fonds de réserve ayant pour objet de donner à la société les moyens de suppléer à l'insuffisance de la cotisation annuelle pour le payement des sinistres. — Le montant du fonds de réserve est fixé tous les cinq ans par l'assemblée générale, nonobstant toute stipulation contraire insérée dans les statuts. — Le mode de formation et l'emploi de ce fonds sont déterminés par les statuts, sauf application des dispositions suivantes : — Dans aucun cas, le prélèvement sur le fonds de réserve ne peut excéder la moitié de ce fonds pour un seul exercice. — En cas de dissolution de la société, l'emploi du reliquat du fonds de réserve est réglé par l'assemblée générale, sur la proposition des membres du conseil d'administration, et soumis à l'approbation du ministre de l'agriculture, du commerce et des travaux publics.

Art. 33. — Les fonds de la société doivent être placés en rentes sur l'État, bons du Trésor ou autres valeurs créées ou garanties par l'État, en actions de la Banque de France, en obligations des départements et des communes, du Crédit foncier de France ou des compagnies françaises de chemins de fer qui ont un minimum d'intérêt garanti par l'État. — Ces valeurs sont immatriculées au nom de la société.

SECTION V. — Déclaration, estimation et payement des sinistres.

Art. 34. — Les statuts déterminent le mode et les conditions de la déclaration à faire en cas de sinistre par les sociétaires pour le règlement des indemnités qui peuvent leur être dues.

Art. 35. — L'estimation des sinistres est faite par un agent de la société ou tout autre expert désigné par elle contradictoirement avec le sociétaire ou avec un expert choisi par lui ; en cas de dissidence, il en est référé à un tiers expert désigné, à défaut d'accord entre les parties, par le président du tribunal de première instance de l'arrondissement, ou si les statuts l'ont ainsi décidé, par le juge de paix du canton où le sinistre a eu lieu.

Art. 36. — Dans les trois mois qui suivent l'expiration de chaque année, il est fait un règlement général des sinistres à la charge de l'année, et chaque ayant droit reçoit, s'il y a lieu, le solde de l'indemnité réglée à son profit.

Art. 37. — En cas d'insuffisance du fonds de garantie et de la part du fonds de réserve déterminée par les statuts, l'indemnité de chaque ayant droit est diminuée au centime le franc.

SECTION VI. — Dispositions relatives a la publication des actes de société.

Art. 38. — Dans le mois de la constitution de toute société d'assurances mutuelles, une expédition de l'acte notarié et de ses annexes est déposée au greffe de la justice de paix, et s'il en existe, du tribunal civil du lieu où est établie la société. — A cette expédition est annexée une copie certifiée des délibérations prises par l'assemblée générale, dans les cas prévus par l'art. 12.

Art. 39. — Dans le même délai d'un mois un extrait de l'acte constitutif et des pièces annexées est publié dans l'un des journaux désignés pour recevoir les annonces légales. Il sera justifié de l'insertion par un exemplaire du journal certifié par l'imprimeur, légalisé par le maire et enregistré dans les trois mois de sa date.

Art. 40. — L'extrait doit contenir la dénomination adoptée par la société et l'indication du siège social, la désignation des personnes autorisées à gérer, administrer et signer pour la société, le nombre d'adhérents et le minimum de valeurs assurées au-dessous desquels la société ne pouvait être valablement constituée, l'époque où la société a commencé, celle où elle doit finir, et la date du dépôt fait au greffe de la justice de paix et du tribunal de première instance. Il indique également si la société doit ou non constituer un fonds de réserve. — L'extrait des actes et pièces déposé est signé, pour les actes publics, par le notaire, et pour les actes sous seing privé, par les membres du conseil d'administration.

Art. 41. — Sont soumis aux formalités ci-dessus prescrites tous actes et délibérations ayant pour objet la modification des statuts, la continuation de la société au delà du terme fixé par les statuts, la dissolution avant ce terme, et tout changement à la dénomination, ainsi que la transformation de la société dans les conditions indiquées par l'art. 67 de la loi du 24 juillet 1867.

Art. 42. — Toute personne a le droit de prendre communication des pièces déposées aux greffes de la justice de paix et du tribunal, ou même de s'en faire délivrer à ses frais expédition ou extrait par le greffier ou par le notaire détenteur de la minute. — Toute personne peut également exiger qu'il lui soit délivré au siège de la société une copie certifiée des statuts moyennant payement d'une somme qui ne pourra excéder 1 franc. — Enfin les pièces déposées doivent être affichées d'une manière apparente dans les bureaux de la société.

INSTRUCTION DU MINISTRE DE L'INTÉRIEUR DU 22 OCTOBRE 1817.

Forme et direction de la demande. — 1º Les individus qui veulent former une société anonyme adressent leur pétition au préfet de leur département, et à Paris, au préfet de police.

2º La pétition est signée de tous les actionnaires, à moins que l'acte social par eux souscrit ne contienne une délégation et un pouvoir à cet effet, à un ou plusieurs d'entre eux.

3º Lorsque la société a pour objet une exploitation placée dans un autre département que le siège de son administration, la pétition adressée au préfet du domicile où elle s'établit est communiquée, par les parties, au préfet du lieu de l'exploitation.

4º La pétition n'est pas admise si elle n'est pas accompagnée de l'acte public constituant la société, et contenant l'engagement des associés en telle forme que leur mise sociale, ou leur promesse de la fournir, soit ferme et irrévocable, sous la seule condition que l'approbation de Sa Majesté sera accordée.

5º Les statuts pour l'administration sociale sont produits en même temps que l'acte constitutif, et peuvent en faire partie. S'ils sont séparés et qu'ils ne soient remis d'abord que sous seing privé, ils doivent être signés de tous les intéressés, et contenir soumission de rédiger le tout en acte public, lorsque le ministre de l'intérieur le requerra. L'ordonnance d'approbation n'est présentée à la signature du roi que sur le vu de l'acte public. — Une copie simple des actes publics doit être remise en même temps, pour rester déposée dans les bureaux du ministère.

6° Les actes sociaux doivent énoncer : l'affaire ou les affaires que la société se propose d'entreprendre, et la désignation de celui de leurs objets qui lui servira de dénomination ; le domicile social ; le temps de sa durée ; le montant du capital que la société devra posséder ; la manière dont il sera formé, soit par des souscriptions personnelles fixes ou transmissibles, soit en actions à ordre ou au porteur ; les délais dans lesquels le capital devra être réalisé, et le mode d'administration.

Conditions nécessaires ou facultatives sur le mode d'administration sociale. — 1° Les premiers administrateurs temporaires peuvent être désignés dans les actes sociaux ; mais, conformément à l'art. 31 du Code, les gérants des sociétés anonymes n'étant que des mandataires nécessairement à temps et révocables, et tous les sociétaires devant avoir des droits égaux ou proportionnés à leur mise, les actes sociaux ne peuvent réserver à aucun individu, sous le nom d'auteur du projet d'association, de fondateur ou autre, aucune propriété spéciale sur l'entreprise, aucun droit à la gestion perpétuelle ou irrévocable, ni aucun prélèvement sur les profits, autre que le salaire à attribuer aux soins qu'il peut donner à l'administration.

2° Néanmoins, la valeur de l'acquisition ou de la jouissance d'un brevet d'invention ou d'un secret sur l'exploitation duquel la société serait fondée, ainsi que le salaire de l'artiste dont elle aurait le talent pour objet, peuvent être appréciés en argent, et le montant converti en actions au profit desdits artistes et propriétaires du secret ou brevet.

Sur les mises de fonds. — 3° Si les souscripteurs de l'acte social joint à la pétition ne complètent pas à eux seuls la société qui doit être formée, et s'ils déclarent avoir l'intention de la compléter lorsque seulement ils auront reçu l'approbation du roi, ils doivent composer au moins le *quart* en somme du capital réel, non compris les actions dont il vient d'être parlé au n° 2. En ce cas, si Sa Majesté juge à propos d'autoriser la société, l'ordonnance règle le détail dans lequel le surplus des souscriptions doit être complété. — On doit bien remarquer que faute d'avoir rempli cette condition au temps prescrit, l'autorisation devient comme non avenue, à moins que Sa Majesté ne permette à la société, s'il y a lieu, et du consentement des intéressés, de réduire son plan au capital qu'elle a réuni.

Après avoir justifié de l'existence du quart en somme du capital convenu, on peut demander autorisation pour la mise provisoire en activité, avant que le capital ait été complété. Cette demande est jugée suivant les circonstances de l'affaire.

Transmission de la pétition et avis des préfets. — 1° Les préfets des départements, et le préfet de police, à Paris, transmettent la pétition à eux adressée, et les pièces précédemment indiquées, au ministre secrétaire d'État de l'intérieur. Ils y joignent leur avis, informations prises sur les points ci-après : en premier lieu, si l'entreprise n'est pas contraire aux lois, aux mœurs, à la bonne foi du commerce et au bon ordre des affaires en général ; ou si elle ne présente pas quelque vice qui en rende le succès improbable, et la proposition à des actionnaires inconvenante ; en second lieu, sur les qualités et la moralité des souscripteurs, particulièrement dans le cas prévu au n° 3, paragraphe précédent, où des intéressés pour le quart du capital à réunir sont seuls reconnus et doivent rechercher des coassociés, et spécialement sur le personnel des administrateurs, s'ils sont désignés ; en troisième lieu, sur la suffisance des moyens des souscripteurs, de manière à s'assurer qu'ils sont en état de réaliser, soit à l'ouverture de la société, soit aux termes prescrits, la mise pour laquelle ils entendent s'intéresser.

2° Les pièces produites et les avis des préfets doivent mettre le ministre de l'intérieur en état de reconnaître : en premier lieu, si les conditions de l'acte social et les statuts sont conformes aux lois, particulièrement aux art. 21 et 22 et suiv. jusqu'à 40 du Code de commerce et si les règles indiquées par la présente instruction ont été suivies ; en second lieu, si l'objet de la société est licite ; en troisième lieu, si le capital est suffisant, s'il est assuré, principalement quand une partie ne doit être fournie que successivement, et si, en ce cas, la portion réellement versée offre assez de garantie ; en quatrième lieu, si, dans les statuts relatifs à la gestion, à la reddition des comptes, au partage des bénéfices ou pertes, les intérêts et les droits de tous les membres de la société sont garantis convenablement, et dans toute l'étendue que comporte une société sans responsabilité personnelle ; enfin, si l'administration de la société offre les garanties morales qui importent aux intéressés et au public.

§ 1er. — Sociétés anonymes d'assurances à primes.

3583. — Ces sociétés sont soumises aux dispositions de lois générales sur les sociétés anonymes ; elles sont, en outre, assujetties aux règles spéciales contenues dans le titre 1er du règlement d'administration publique du 22 janvier 1868.

Versements. — La première condition exigée pour la constitution d'une société anonyme est le versement d'un quart du montant de chaque action. Cette condition est exigée pour les sociétés d'assurances ; mais la somme versée ne peut être inférieure à 50.000 francs, quand même le capital social n'atteindrait pas 200.000 francs (Décret de 1868, art. 2). Les tribunaux pourraient prononcer la nullité de la société à défaut de constitution du capital de garantie prescrit par l'art. 2 (Paris, 4 avr. 1881, *J. des Assur.*, 1881.284).

Conversion des actions nominatives en actions au porteur. — Les statuts des sociétés anonymes d'assurances peuvent, conformément à l'art. 3 de la loi de 1867, stipuler que les actions pourront être converties en actions au porteur quand elles seront libérées de moitié ; mais il ne faut pas oublier que la loi de 1er août 1893 a apporté à cet égard une modification (V. *suprà*, n. 1513).

Sous l'empire de la loi de 1867, la conversion ne peut avoir lieu si le fonds de réserve effectivement constitué n'est pas égal au moins à la partie du capital non encore versée (art. 31, décret de 1868). Il y aurait donc nullité de la délibération d'une assemblée générale votant la conversion des actions nominatives en actions au porteur, alors que la réserve est inférieure à la portion non versée des actions (Paris, 26 nov. 1884, *R. S.*, 1885.331).

3584. — *Fonds de réserve.* — Le prélèvement à faire sur les bénéfices nets pour la constitution d'un fonds de réserve, qui est d'un vingtième dans les sociétés anonymes ordinaires (art. 36, L. 1867), est d'un cinquième ou 20 0/0 dans les sociétés d'assurances.

Dans les sociétés anonymes, en général, le prélèvement n'est plus obligatoire à partir du jour où le fonds de réserve a atteint le dixième du capital social ; tandis que dans les sociétés anonymes d'assurances, le prélèvement ne devient facultatif que lorsque le fonds de réserve est égal au cinquième du capital.

3585. — L'art. 5 du décret de 1868 a été remplacé par le décret suivant du 10 juillet 1901 dans les termes suivants :

« Les fonds de la société, à l'exception des sommes nécessaires aux besoins du service courant, sont placés de la manière suivante :

« 1° Jusqu'à concurrence des trois quarts au moins :

« En immeubles ou en prêts hypothécaires sur des immeubles situés en France ou en Algérie ;

« En valeurs de l'Etat ou en valeurs ayant une garantie de l'Etat portant sur le capital ou sur le revenu ;

« En actions de la Banque de France ;

« En prêts aux départements, aux communes, aux chambres de commerce de France ou d'Algérie, ou en obligations émises par ces divers emprunteurs ;

« En valeurs jouissant d'une grande garantie portant sur le capital ou le revenu de la part desdits départements, communes ou chambres de commerce régulièrement autorisés ;

« En obligations foncières et communales émises par le Crédit foncier de France ;

« En prêts ou avances sur les effets publics ci-dessus désignés ;

« 2° Pour le surplus :

« En immeubles ou en prêts hypothécaires sur les immeubles situés dans les colonies françaises, les pays de protectorat ou à l'étranger ;

« En prêts aux colonies françaises ou en valeurs garanties par ces colonies ;

« En effets publics de toute nature, français ou étrangers, portés à la cote officielle de la Bourse de Paris et dont la liste sera arrêtée, chaque année, par l'assemblée générale des actionnaires ;

« En prêts ou avances sur les effets publics ci-dessus désignés ;

« En valeurs étrangères exigées pour dépôt de cautionnement dans chaque Etat étranger où la société réalise des opérations, pourvu que ces valeurs soient cotées à la Bourse de la capitale dudit Etat et comprises dans la liste annuellement arrêtée par l'assemblée générale. »

3586. — *Formalités de publicité.* — Les statuts des sociétés anonymes d'assurances doivent être publiés comme ceux des sociétés anonymes ordinaires. Ce n'est pas tout. Les associés ayant le plus grand intérêt à connaître la situation de la société, l'art. 7 du décret de 1868 dispose que tout assuré peut, par lui ou par un fondé de pouvoirs, prendre à toute époque, soit au siège social, soit dans les agences établies par la société, communication du dernier inventaire ; il peut également exiger qu'il lui en soit délivré une copie certifiée, moyennant le payement d'une somme qui ne peut excéder 1 franc.

3587. — *Enonciations des polices.* — Le législateur a prescrit aussi une autre formalité de publicité dans l'intérêt des assurés. Toute police doit faire connaître : 1º le montant du capital social ; 2º la portion de ce capital déjà versée ou appelée, et s'il y a lieu, la délibération par laquelle les actions auraient été converties en actions au porteur ; 3º le maximum que la compagnie peut, aux termes des statuts, assurer sur un seul risque sans réassurance ; 4º et dans le cas où un même capital couvrirait, aux termes des statuts, des risques de nature différente, le montant de ce capital et l'énumération de tous ces risques (art. 6 du décret).

3588. — L'art. 67 de la loi de 1867 dispose que les sociétés d'assurances désignées dans le paragraphe 2 de l'art. 66 (c'est-à-dire les sociétés d'assurances autres que les tontines et les sociétés sur la vie) qui existaient avant la loi de 1867, pourront se placer sous le régime établi par le décret du 22 janvier 1868 sans l'autorisation du gouvernement, en observant les formes et conditions prescrites pour la modification de leurs statuts.

3589. — Un avis du Conseil d'Etat du 8 avril 1880 (D. 80.3.43) a décidé que les sociétés d'assurances autres que les sociétés d'assurances sur la vie et les tontines, constituées antérieurement à 1867 avec l'autorisation du gouvernement, peuvent se placer sous le régime établi par le décret de 1868 sans autorisation, sans qu'il y ait lieu de distinguer entre les sociétés d'assurances mutuelles et les sociétés à primes fixes constituées comme sociétés anonymes.

3590. — Il a été décidé par le tribunal de la Seine, le 25 juin 1888 (*R.S.*, 1889.25), que lorsqu'une société d'assurances mutuelles se transforme en société anonyme d'assurances à primes fixes, le versement du premier quart peut être effectué à l'aide des fonds revenant aux mutualistes dans l'actif de la société mutuelle, soit dans le fonds de réserve, soit dans le fonds de garantie.

3591. — Les dispositions du décret du 22 janvier 1868, comme l'indique expressément l'art. 1er, ne sont applicables qu'aux *sociétés anonymes* d'assurances ; en conséquence, le titre 1er de la loi de 1867 (art. 1er à 21) régit seul les sociétés d'assurances qui revêtent la forme de la commandite par actions. Ce système irrationnel ne peut en quoi que ce soit s'expliquer ; mais nous ne connaissons qu'une seule société d'assurances en commandite par actions, *l'Africaine*.

§ 2. — Sociétés d'assurances mutuelles.

3592. — La société d'assurances mutuelles est un contrat par lequel des personnes, courant toutes certains risques, les mettent en commun et s'engagent à s'indemniser les unes les autres par des cotisations, si un sinistre a lieu. Chaque sociétaire joue le rôle d'assureur et d'assuré (Trib.civ. Laon, 4 mai 1909, *J.S.*, 1910.525). Ainsi, dans l'assurance à primes, la cotisation à payer par l'assuré est fixe, et il a droit à la réparation du dommage causé, quelles que soient les recettes de la société ; dans l'assurance mutuelle, au contraire, la prime d'assurance est variable, et l'assuré n'a droit qu'à un dividende déterminé par la répartition des pertes entre tous les assurés ; ce dividende peut, dans certains cas, être inférieur au préjudice éprouvé.

C'est encore une assurance mutuelle même si la cotisation est fixe et si les statuts ne déterminent pas un maximum pour le fonds de réserve (Cass., 14 janv. 1902, D. 03.1.278).

3593. — Il a été jugé qu'une société d'assurances est une société mutuelle, même s'il a été stipulé dans les statuts que les assurés payeraient d'avance le montant intégral du maximum de la prime, s'il est en même temps stipulé que la société tient compte annuellement aux sociétaires de la bonification résultant du montant de ses opérations (Paris, 1er mars 1889, *Gaz. Trib.*, 15 mars 1889 ; — Seine, 8 oct. 1889, *J. S.*, 1891.218 ; — Seine, 8 août 1895, *J. S.*, 1896.278).

3594. — *Caractères de l'association*. — Bien que toute société doive être constituée en vue d'un bénéfice à réaliser et que, dans une société d'assurances mutuelles, on n'ait pas pour but de réaliser des bénéfices, mais seulement de réparer des pertes, on appelle les assurances mutuelles des *sociétés*, et le décret de 1868 se sert lui-même de cette expression.

3595. — Les sociétés d'assurances mutuelles sont des associations civiles, sauf les sociétés d'assurances mutuelles maritimes, lesquelles sont commerciales. Lorsqu'elles sont régulièrement constituées, ces associations constituent des personnes morales capables de contracter et d'ester en justice par leurs représentants (Comp. Cass., 23 fév. 1891, D. 91.1.337 ; — Cass., 21 déc. 1903, D. 04.1.305 ; — Bordeaux, 28 mai 1901, D. 02.2.449 ; — Chambéry, 5 nov. 1901, D. 02.2.433 ; — Bordeaux, 8 fév. 1909, *J. S.*, 1909.220. — V. *suprà*, n. 325).

Les sociétés d'assurances mutuelles conservent leur personnalité pendant leur liquidation pour les besoins de cette liquidation (Trib. civ. Seine, 28 janv. 1908, *J. S.*, 1910.371).

3596. — Le décret du 22 janvier 1868 contient, dans son art. 2, la réglementation des associations d'assurances mutuelles, mais plusieurs questions importantes n'ont pas été résolues par ce décret. Doit-on, pour les résoudre, se référer à la loi de 1867 ? On estime généralement que le décret de 1868 constitue le seul règlement légal applicable aux sociétés d'assurances mutuelles. Ce décret n'indique pas pour ces sociétés, comme il le fait pour les sociétés d'assurances à primes, que la loi de 1867 les régit avec les dispositions spéciales du décret ; s'il en était autrement, on ne comprendrait pas que le décret eût reproduit souvent textuellement, pour les mutuelles, les dispositions de la loi de 1867 pour les sociétés anonymes (Lyon-Caen et Renault, n. 935 ; — Trib. civ. Seine, 18 août 1883, *J. S.*, 1884.74 ; — Cass., 20 fév. 1888, S. 88.1.401 et la note de M. Labbé, D.89.1.351 ; — Douai, 20 mai 1897, *J. S.*, 1897.428.— *Contrà* : Trib. civ. Seine, 30 déc. 1908, *J. S.*, 1909. 331, *R. S.*, 1910.81).

Un important arrêt de cassation a décidé que les sociétés d'assurances mutuelles peuvent, comme les sociétés par actions, émettre des parts de fondateur, le droit attribué à ces titres consistant à recevoir une fraction aliquote des primes à encaisser pendant un nombre d'années déterminé (Cass., 29 mars 1909, *J. S.*, 1909.342 ; *R. S.*, 1909. 243).

3597. — Examinons les dispositions du décret de 1868.

Constitution de l'association d'assurances mutuelles. — Pour la constitution d'une société d'assurances mutuelles, il faut : 1º que le nombre d'adhérents fixé par les statuts ait été réuni ; 2º que le minimum de valeurs assurées, déterminé aussi par les statuts, ait été obtenu ; 3º que les adhérents aient versé, sur la contribution de la première année, la somme à valoir qu'ont fixée les statuts ; 4º que la réunion des trois précédentes conditions ait été constatée par une déclaration des fondateurs faite devant notaire ; 5º qu'une première assemblée générale des mutualistes ait été convoquée pour vérifier l'accomplissement de ces conditions ; 6º que les organes de l'association aient été nommés par cette assemblée.

3598. — *Statuts.* — *Forme.* — L'acte qui contient les statuts peut être authentique ou sous seing privé ; dans ce dernier cas, deux exemplaires suffisent, quel que soit le nombre des associés (art. 8 du décret).

3599. — *Enonciations.* — Les projets de statuts doivent, d'après l'art. 9 du décret : 1º indiquer l'objet, la durée, le siège, la dénomination de la société et la circonscription territoriale de ses opérations ; 2º comprendre le tableau de classification des risques, les tarifs applicables à chacun d'eux et déterminer les formes suivant lesquelles ce tableau et ces tarifs peuvent être modifiés ; 3º fixer le nombre d'adhérents et le minimum des valeurs assurées au-dessous desquels la société ne peut être valablement constituée, ainsi que la somme à valoir sur la contribution de la première année qui devra être versée avant la constitution de la société. Quand les conditions relatives au nombre des adhérents, au minimum des valeurs assurées, aux sommes à verser, etc., ont été remplies, les signataires de l'acte primitif, ou leurs fondés de pouvoirs, doivent le constater par une déclaration notariée (art. 11 du décret). A cette déclaration sont annexés : 1º la liste nominative dûment certifiée des adhérents, contenant leurs nom, prénoms, qualité et domicile, et le montant des valeurs assurées par chacun d'eux ; l'un des doubles de l'acte de société, s'il est sous seing privé, ou une expédition, s'il est notarié, et s'il a été passé devant un notaire autre que celui qui reçoit la déclaration ; 2º l'état des versements effectués (Chambéry, 5 nov. 1901, D. 02.2.433). Cet arrêt proclame la nullité si la déclaration n'a pas été faite devant notaire, alors même que les statuts auraient été faits par acte notarié.

3600. — Une première assemblée générale des adhérents doit être convoquée à la diligence des signataires de l'acte primitif. Cette assemblée doit vérifier ce qui a été fait dans le but d'arriver à la fondation de la société et pourvoir celle-ci des organes nécessaires. Elle vérifie la sincérité de la déclaration notariée faite par les fondateurs (art. 12). L'assemblée nomme ensuite les membres du premier conseil d'administration, s'ils n'ont pas été nommés par les statuts, ainsi que les commissaires de surveillance de la première année. Le procès-verbal de la réunion constate l'acceptation des administrateurs et des commissaires de surveillance présents.La société n'est constituée qu'à partir de cette acceptation.

3601. — Le décret de 1868 ne parle pas des formalités à remplir dans les cas où il y a soit des apports en nature, soit des avantages particuliers. Certes, en raison même de l'objet de ces sociétés, on ne conçoit guère qu'il puisse être fait des apports en nature ; mais il est possible que des avantages particuliers soient stipulés au profit de certains fondateurs ; ces avantages doivent-ils être approuvés, comme dans les sociétés anonymes ordinaires ? La négative a été décidée par le tribunal civil de la Seine, le 18 août 1883 (*J. S.*, 1884.74). Cette décision se fonde sur le silence du décret du 22 janvier 1868. — Sur les parts de fondateurs et les avantages particuliers dans les sociétés d'assurances mutuelles, V. Cass., 29 mars 1909, *J. S.*, 1909.342 ; *R. S.*, 1909.243.Louis Gallié, *Gaz. Soc.*, 1920, p. 9.

3602. — On doit décider, par application du même principe, que le minimum de sept associés, exigé dans les sociétés anonymes, ne l'est pas dans les associations d'assurances mutuelles.

3603. — Le décret de 1868 ne contient pas de sanction pour les formalités de constitution ; cependant il faut décider que l'inaccomplissement des formalités aurait pour sanction la nullité ; mais on ne pourrait appliquer aux fondateurs et administrateurs les dispositions pénales de la loi du 24 juillet 1867 ; leur responsabilité seule serait engagée.

3604. — *Publicité.* — La constitution des sociétés d'assurances mutuelles est soumise à des formalités de publicité analogues à celles qui régissent les sociétés anonymes. Le texte entier du projet de statuts doit être inscrit sur toute liste destinée à recevoir les adhésions (Décret de 1868, art. 10).

3605. — Dans le mois de la constitution, une expédition de l'acte notarié et de ses annexes est déposée au greffe de la justice de paix, et s'il en existe, du tribunal civil du lieu où est établie la société. A cette expédition est annexée une copie certifiée des délibérations prises par l'assemblée générale dans les cas prévus par l'art. 12.

3606. — En raison du caractère civil des sociétés d'assurances mutuelles, ce n'est pas au greffe du tribunal de commerce qu'est fait le dépôt, mais au greffe du tribunal civil, même dans les cas exceptionnels où l'association constituerait une société commerciale.

3607. — Un extrait de l'acte constitutif doit être, dans le même délai d'un mois, avec les pièces annexes, publié dans les journaux (art. 39). L'extrait doit contenir la dénomination adoptée par la société et la désignation du siège social, la désignation des personnes autorisées à gérer, administrer et signer pour la société, le nombre d'adhérents et le minimum des valeurs assurées au-dessous desquels la société ne pourrait être valablement constituée, l'époque où la société commence, celle où elle doit finir, et la date du dépôt fait aux greffes de la justice de paix et du tribunal civil. Il indique également si la société doit ou non constituer un fonds de réserve.

3608. — L'extrait des actes et pièces déposés est signé, pour les actes publics, par le notaire, et pour les actes sous seing privé, par les membres du conseil d'administration (art. 39).

3609. — Les formalités de publicité permanente sont les mêmes pour les associations d'assurances mutuelles que pour les sociétés anonymes. Les mêmes formalités s'appliquent aux modifications aux statuts.

Bien que le décret n'indique pas de sanction pour les formalités de publicité, il faut admettre la sanction ordinaire, c'est-à-dire la nullité de l'association (Trib. Seine, 18 août 1883, *J. S.*, 1884.74 ; — Paris, 30 juin 1891 et Cass., 28 novembre 1892, S. 94.1.505 ; — Douai, 16 mars 1896, S. 01.2.97).

3610. — La loi du 1er août 1893 n'est pas applicable à ces sociétés (Cass., 28 nov. 1892 précité). La responsabilité des fondateurs et administrateurs en cas de nullité se prouve d'après les règles du droit commun (Lyon-Caen et Renault, n° 942).

A. — *Fonctionnement des associations.*

3611. — Les associations d'assurances mutuelles doivent être pourvues d'organes semblables à ceux des sociétés anonymes. Il faut donc qu'elles aient : 1° des administrateurs ou un directeur ; 2° des commissaires de surveillance ; 3° une assemblée générale d'actionnaires.

3612. — L'administration peut être confiée soit à des administrateurs dont les statuts déterminent les pouvoirs, soit à un directeur nommé par l'assemblée générale et assisté d'un conseil d'administration. La nomination du directeur doit, à peine de nullité, émaner d'une assemblée générale et non des statuts (Trib. civ. Nantes, 18 déc. 1905, *R. S.*, 1906.162). Les administrateurs doivent être choisis, à peine de nullité de la société (Paris, 6 janv. 1910, *R. S,.* 1910.293), parmi les sociétaires ayant la somme de valeurs assurées déterminée par les statuts (art. 15 du décret). Ces administrateurs sont nommés pour six ans et rééligibles, sauf convention contraire ; ils ne peuvent rester en fonctions plus de trois ans, quand ils sont nommés par les statuts avec stipulation que leur nomination ne sera pas soumise à l'assemblée générale. S'ils sont nommés par l'assemblée, ils peuvent être nommés pour six ans et rééligibles sauf convention contraire (art. 12). Ils doivent être parmi les sociétaires (art. 15) (Cass., 15 nov. 1900, D. 01.1.193).

3613. — Le directeur doit être également sociétaire, s'il est nommé par l'assemblée générale. Mais cette condition n'est plus requise, s'il est nommé par le conseil d'administration : l'art. 14 dispose en effet que les administrateurs peuvent se substituer un mandataire étranger à la société et dont ils sont responsables.

3614. — Le directeur non administrateur d'une société d'assurances mutuelles est révocable *ad nutum*, qu'il soit nommé par l'assemblée générale ou par le conseil d'administration (Cass., 2 juill. 1888, *R. S.*, 1888.416. — V. pour le directeur de la société anonyme, *suprà*, n. 3121).— Il en est de même des administrateurs, révocables sans indemnité (Trib. civ. Seine, 30 déc. 1908, *J. S.*, 1909.331).

3615. — Quand l'administration est confiée à un conseil, c'est à ce conseil qu'il appartient d'administrer ; mais les administrateurs peuvent choisir un directeur, ou se substituer un mandataire dont ils sont responsables : c'est alors un entrepreneur de gestion et cette entreprise peut elle-même être faite soit par un particulier, soit par une société. — V. Midy et Sumien, *Les entreprises de gestion.*

3616. — Les pouvoirs des administrateurs et du directeur sont déterminés par les statuts sociaux et par les règles ordinaires du mandat. Jugé, à cet égard, que le pouvoir accordé au directeur par les statuts de la société d'exercer les actions appartenant à celle-ci ne doit pas être présumé limité aux actions qui intéressent les opérations sociales proprement dites ; il est présumé embrasser les actions qui ont pour objet la réparation d'un préjudice moral, tel qu'une action en diffamation (Orléans, 21 déc. 1854, S. 55.2.661, D. 57.3.30 ; — 7 mars 1882, S. 84.2.31).

3617. — Les commissaires de surveillance de la première année sont nommés par la première assemblée générale, et ceux des années suivantes par chaque assemblée annuelle (art. 12 et 21). A défaut de nomination par l'assemblée générale, ou en cas d'empêchement ou de refus d'un ou plusieurs commissaires, il est procédé à leur nomination ou à leur remplacement par ordonnance du tribunal civil du siège de l'association, à la requête de tout intéressé, les membres du conseil d'administration dûment appelés.

3618. — Les administrateurs sont responsables de leurs fautes de gestion, conformément aux règles du droit commun (V. la note sous Cass., 10 janv. 1898, S. 98.1.217 ; — Paris, 28 juin 1901, D. 02.1.245 ; — Cass., 7 fév. 1902, *R. S.*, 1902.267).

3619. — L'action en responsabilité sera tantôt une action sociale et tantôt une action individuelle, conformément aux règles du droit commun (Lyon, 22 juin 1900, *J. S.*, 1901.189). — Jugé, à cet égard, qu'il y a lieu de considérer comme une action individuelle pouvant être exercée par chaque actionnaire, malgré l'approbation ou le quitus donné par l'assemblée générale, l'action en responsabilité fondée sur ce que les membres du conseil d'administration ou de surveillance d'une société d'assurances mutuelles ont violé les statuts et les dispositions de l'art. 16 du décret du 22 janvier 1868, en s'abstenant, pendant toute une année, de convoquer l'assemblée générale, et ont contrevenu aux prescriptions de l'art. 33 du même décret, en tolérant que les fonds appartenant à la société fussent représentés par des titres au porteur, au lieu de l'être par des valeurs immatriculées au nom de la société (Cass., 1er juill. 1897, D. 98.1.569 et la note de M. Thaller ; — Paris, 6 fév. 1896, S. 97.2.132, D. 96.2.518).

3620. — Les commissaires de surveillance ont pour mission de faire à l'assemblée générale qui se tient durant l'année postérieure à leur nomination, un rapport sur la situation de la société, sur le bilan et sur les comptes présentés par l'administration. La délibération de l'assemblée générale contenant approbation du bilan et des comptes est nulle si elle n'a pas été précédée du rapport des commissaires (Décret de 1868, art. 21 ; — Limoges, 23 déc. 1910, *Gaz. Pal.*, 11 mars 1911). Ils ont, pour rédiger leur rapport, les mêmes droits que les commissaires de surveillance des sociétés anonymes (Comp.Décret de 1868, art. 22 et 23). L'inventaire et le compte détaillé des recettes et dépenses, mis à leur disposition quarante jours au plus tard avant l'assemblée générale, sont aussi adressés au ministre du travail (Décret de 1868, art. 27, dern. alinéa).

3621. — *Assemblées générales*. — Comme dans toutes les sociétés anonymes, les assemblées générales sont soumises à des règles différentes suivant qu'il s'agit d'assemblées ordinaires, constitutives ou extraordinaires. Les assemblées prennent leurs décisions à la majorité.

3622. — Dans toute assemblée, il est tenu une feuille de présence qui contient les nom et domicile des membres présents. Cette feuille de présence, certifiée par le bureau de l'assemblée, est déposée au siège social et doit être communiquée à tout requérant (Décret de 1868, art. 17).

3623. — *Assemblées générales ordinaires.* — Il est tenu chaque année au moins une assemblée générale, à époque fixée par les statuts. Le suffrage universel et égalitaire est la règle, mais les statuts peuvent déterminer le minimum de valeurs nécessaire pour être admis à l'assemblée ou le nombre des plus forts assurés qui doivent la composer. Cette détermination doit être faite par les statuts et ne saurait être laissée au bon plaisir du directeur, à peine de nullité de la procédure (Paris, 6 janv. 1910, *R. S.*, 1910.293).

Les statuts règlent également le mode suivant lequel les sociétaires peuvent s'y faire représenter (Décret de 1868, art. 16).

3624. — L'assemblée annuelle ne peut délibérer valablement que si elle réunit le quart au moins des membres ayant le droit d'y assister ; si elle ne réunit pas ce nombre, une nouvelle assemblée est convoquée dans la forme et avec les délais prescrits par les statuts, et elle délibère valablement quel que soit le nombre des membres présents ou représentés (Décret de 1868, art. 18).

3625. — L'assemblée générale annuelle examine le bilan, les comptes, l'inventaire et le compte détaillé des recettes et dépenses de l'année précédente et du montant des sinistres ; elle entend le rapport des commissaires de surveillance ; elle nomme et révoque les administrateurs et désigne les commissaires de l'année suivante ; elle fixe le montant des versements à faire pour la formation du fonds de prévoyance dans les limites du maximum déterminé par les statuts (Décret de 1868, art. 29).

3626. — *Assemblées constitutives.* — Ces assemblées ne doivent pas, comme dans les sociétés anonymes, comprendre tous les associés ; les statuts déterminent ceux qui ont le droit d'y assister (art. 10 du décret). Pour délibérer valablement, l'assemblée doit réunir au moins la moitié de ceux-ci ; sinon elle ne prend qu'une délibération provisoire. Une nouvelle assemblée est alors convoquée. Deux avis, publiés à huit jours d'intervalle, au moins un mois à l'avance, dans l'un des journaux désignés pour recevoir les annonces légales, font connaître aux sociétaires les résolutions provisoires adoptées par la première assemblée, et ces résolutions deviennent définitives si elles sont approuvées par la nouvelle assemblée composée du cinquième au moins des sociétaires ayant le droit d'y assister (art. 19. — Comp. art. 30, L. 1867).

3627. — *Assemblées générales extraordinaires.* — Comme dans les assemblées constitutives, les assemblées extraordinaires ne peuvent délibérer si elles ne sont pas composées de la moitié des sociétaires ayant le droit d'y assister (Décret de 1868, art. 20) ; mais le décret ne contient pas de disposition permettant de prendre une délibération valable dans une seconde assemblée dont le quorum serait inférieur.

3628. — Le décret ne fixe pas les pouvoirs des assemblées extraordinaires ; il faut donc s'en référer aux solutions admises pour les sociétés anonymes en général. Par respect pour la minorité, le décret de 1868 confère aux opposants un droit spécial quand il s'agit de modifications graves. D'après l'art. 26 du décret, toute modification des statuts relative à la nature des risques garantis et au périmètre de la circonscription territoriale donne, de plein droit, à chaque sociétaire, la faculté de résilier son engagement. Cette faculté doit être exercée dans un délai de trois mois à partir de la notification faite au sociétaire de la modification.Cette notification doit être faite d'après une formalité indiquée ci-après. Cette faculté accordée aux sociétaires de résilier leur engagement, faisant exception au droit commun, doit être restreinte aux cas visés par l'art. 26 du décret.

3629. — Les modifications aux statuts doivent être publiées dans les mêmes formes que l'acte constitutif (art. 11).

3630. — Toute modification des statuts est portée à la connaissance des sociétaires par la mention qui en est faite dans le premier récépissé de cotisation qui leur est délivré (Décret de 1868, art. 20, 2e alinéa).

3631. — L'assemblée générale des actionnaires d'une société d'assurances mutuelles, n'ayant pas le droit d'altérer les bases constitutives de la société, ne peut autoriser l'adjonction d'assurés à primes fixes à la société mutuelle ; il faudrait l'unanimité des sociétaires pour transformer ainsi les statuts (Rouen, 4 avr. 1881, S. 83.2.19, D. 85.1.61 ; — Paris, 7 juin 1883, *J. des Assur.*, 1883.845. — V. Cass., 18 nov. 1885, S. 86.1.111, D. 86.1.131. — *Sic* : Clément, p. 112 ; Lyon-Caen et Renault, t. 2, n. 959).

B. — *Des fonds de l'association.*

3632. — Les sociétés d'assurances mutuelles peuvent réunir, d'après les cotisations annuelles des sociétaires, différents fonds dont il importe de déterminer la formation et l'utilité.

Fonds de prévoyance. — Fonds de garantie. — Tout sociétaire est tenu, chaque année, d'une contribution destinée à payer les sinistres dont les statuts fixent le maximum. Le montant total maximum de toutes les contributions forme le fonds de garantie (Décret de 1868, art. 29, 1er et 2e al.) ; mais comme le fonctionnement de la société pourrait être entravé s'il fallait attendre la fin de chaque exercice pour réclamer au sociétaire le montant de sa contribution, les statuts peuvent décider que chaque sociétaire versera d'avance, au début de chaque exercice, une portion de la contribution sociale. L'ensemble de ces versements constitue le fonds de prévoyance. Le maximum du versement à faire pour la constitution de ce fonds est fixé par les statuts, et le montant des versements annuels est déterminé par l'assemblée générale (Bordeaux, 28 mai 1901, D. 02.2.449 ; — Cass., 19 nov. 1900, D. 01.1.193 ; — Cass., 14 janv. 1902, *J. S.*, 1902.206 ; — Cass., 21 déc. 1903, D. 04.1.305).

Par ce moyen, la cotisation de l'adhérent prend une fixité qui rapproche singulièrement la cotisation des mutuelles de la prime fixe des compagnies anonymes. Mais cette fixité a le grand avantage de ne pas décourager les adhérents que peut effrayer la variabilité de la prime et le rappel, toujours possible, de cotisations (V. Trib. civ. Laon, 4 mai 1909, *J. S.*, 1910.525) ; aussi les sociétés d'assurances tendent-elles de plus en plus à cette fixité. La jurisprudence estime qu'elle n'est pas incompatible avec leur caractère de sociétés mutuelles, aucune disposition du décret de 1868 ne l'interdisant et ne faisant de la variabilité une condition essentielle en cette matière (Trib. civ. Seine, 19 déc. 1907, *J. S.*, 1910.523).

3633. — Il est possible que le fonds de garantie ne soit pas suffisant durant certaines années malheureuses pour acquitter les indemnités ; pour éviter cet inconvénient, les statuts peuvent stipuler qu'il sera constitué un fonds de réserve. Ce fonds de réserve ne supplée pas seulement à l'insuffisance du fonds de garantie ; il peut aussi servir à égaliser la contribution à fournir chaque année.

3634. — Le fonds de réserve est formé à l'aide des économies faites chaque année sur le fonds de prévoyance et sur la somme destinée à servir aux frais de gestion. Le montant du fonds de réserve est fixé tous les cinq ans par l'assemblée générale, nonobstant toute stipulation contraire (Décret de 1868, art. 32). Le prélèvement à faire sur ce fonds ne peut, en aucun cas, excéder la moitié de ce fonds pour un même exercice (Art. 32, 4º al. — Cass., 14 janv. 1902 précité).

3635. — Les fonds de la société doivent, d'après l'art. 33, être placés en rentes sur l'État, bons du Trésor ou autres valeurs garanties par l'État, actions de la Banque de France, obligations de départements et de communes, du Crédit foncier de France ou des compagnies de chemins de fer françaises qui ont un minimum d'intérêt garanti par l'État. Ces valeurs sont immatriculées au nom de la société.

3636. — Malgré l'énumération limitative de l'art. 33, il a été jugé que le placement pourrait être fait en immeubles (Cass., 28 fév. 1888, S. 88.1.401 et la note de M. Labbé, D. 89.1.361).

3637. — Ces sociétés peuvent-elles organiser des pensions au profit des veuves de sociétaires ? La Cour de cassation (8 janv. 1900, S. 01.1.417) l'a admis, la loi du 15 juillet 1850 et le décret du 26 mars 1852 ne s'y opposant pas. M. Wahl, en note sous cet arrêt, critique cette solution, car les sociétés de secours mutuels ne doivent pas jouer, sans autorisation du gouvernement, le rôle de sociétés d'assurances mutuelles.

3638. — *Frais de gestion.* — Les mutualistes n'ont pas seulement à contribuer au payement des indemnités en proportion des risques qu'ils ont fait assurer ; ils doivent pourvoir en outre aux frais de gestion de la société, loyers, bureaux, etc. La contribution de chaque sociétaire pour les frais de gestion s'appelle en pratique cotisation. Le maximum en est fixé par les statuts et la quotité est déterminée chaque année par l'assemblée générale (Décret de 1868, art. 34).

3639. — Les économies faites sur les fonds provenant de cotisations sont versées au fonds de réserve. Si les cotisations sont insuffisantes, on réclame des suppléments aux sociétaires. Le décret permet de recourir à un forfait pour les frais de gestion, forfait établi avec la direction ; dans ce cas, le directeur subvient, moyennant les cotisations qui lui sont remises, à tous les frais de gestion ; il n'a pas alors à rendre compte des cotisations ; il ne peut demander de cotisations supplémentaires en cas d'insuffisance, et il n'est pas tenu de restituer les sommes reçues quand elles ne sont pas employées à la gestion (Décret de 1868, art. 4).

3640. — *Formation de l'engagement social.* — Toute personne devient sociétaire quand elle en a manifesté la volonté et qu'elle a été admise par le conseil d'administration ou par le directeur. Les statuts déterminent le mode et les conditions générales selon lesquels sont contractés les engagements entre les sociétaires et la société (Décret de 1868, art. 25). Si ces conditions générales ne sont pas remplies par l'acte d'adhésion, celle-ci est nulle (Cass., 19 janv. 1910, *J. S.*, 1910.356, *R. S.*, 1910.327).

3641. — L'estimation des sinistres est faite par un agent de la société ou tout autre expert désigné par elle contradictoirement avec le sociétaire ou avec un expert choisi par lui. En cas de différend, il en est référé à un tiers expert désigné, à défaut d'accord entre les parties, par le président du tribunal de première instance de l'arrondissement, ou si les statuts l'ont ainsi décidé, par le juge de paix du canton où le sinistre a eu lieu (Art. 35 du décret).

3642. — En matière d'assurances maritimes, il est nécessaire de recourir à un écrit soumis à la formalité des doubles (Art. 332 C. com. et 1325 C. civ.). Sur la validité de la clause compromissoire dans cette espèce de société, Cass., 23 avr. 1902, S. 03.1.29.

3643. — Un écrit est également exigé pour les assurances maritimes si la cotisation ou la somme assurée dépasse 150 francs. Cet écrit, qui s'appelle police, doit contenir les conditions spéciales de l'engagement, sa durée, les clauses de tacite reconduction et de résiliation, s'il en existe dans les statuts. La police doit constater la remise d'un exemplaire contenant le texte entier des statuts.

3644. — *Droits et obligations des mutualistes.* — Chaque mutualiste doit une contribution ou cotisation dont la police fixe le maximum, et qui sert à former le fonds de prévoyance, le fonds de garantie, le fonds de réserve et à subvenir aux frais de gestion (Seine, 25 mai 1901, *R. S.*, 1902.120). Chaque mutualiste a droit, en échange, à une indemnité en cas de sinistre. Cette indemnité n'est payable qu'à la fin de l'exercice, quand il n'y a pas de fonds de prévoyance. Si les fonds sont suffisants, l'indemnité est versée intégralement ; en cas d'insuffisance du fonds de garantie et de la part du fonds de réserve affectée, en vertu des statuts, aux sinistres annuels, l'indemnité de chaque ayant droit est proportionnellement réduite (Décret de 1868, art. 37. — Seine, 25 mai 1901 précité).

3645. — Les statuts déterminent le mode de déclaration du sinistre que le mutualiste doit faire à la société (Décret de 1868, art. 34).

3646. — *Cessation du contrat.* — Le contrat d'assurance cesse : 1° par l'expiration de la durée de l'engagement ; 2° par la déclaration de cessation par l'assuré ou la société tous les cinq ans ; c'est une disposition d'ordre public à laquelle on ne peut renoncer (Paris, 22 juin 1902, D. 03.5.52. Cpr. Orléans, 13 déc. 1883, D. 84.2.163) ; 3° par l'anéantissement du risque garanti ; 4° par la vente de l'objet assuré ; 5° par la modification des statuts sur la nature du risque garanti ou sur le périmètre de la circonscription territoriale (V. Caen, 4 nov. 1909, *J. S.*, 1910.320) ; 6° par l'assurance par le mutualiste à une autre compagnie ; 7° par l'inexécution des conditions du contrat par une des parties, notamment à défaut de payement de la prime ou de l'indemnité du sinistre, et en cas de diminution par la société des garanties promises aux assurés ; 8° par l'expiration ou la dissolution de la société (V. art. 28, décret de 1868 ; art. 26 et 27 du même décret), à condition qu'il s'agisse d'une dissolution véritable, faisant disparaître la société, et non pas seulement d'une réassurance ou d'une coassurance (Trib. com. Seine, 26 avr. 1906, *R. S.*, 67).

Dans le cas de liquidation de la société, bien que résiliés, les engagements des associés n'en conservent pas moins certains effets dans le présent, notamment celui d'empêcher les sociétaires de s'affranchir des charges et contributions nées au temps où la police qui les liait était en pleine vigueur (Trib.civ. Seine, 28 janv.1908, *J. S.*, 1910.371).

3647. — Les modes de résiliation sont déterminés par l'art. 25, 2e al., d'après lequel le sociétaire peut résilier son engagement « soit par une déclaration au siège social ou chez l'agent local, dont il lui sera donné récépissé, soit par un acte extrajudiciaire, soit par tout autre moyen indiqué dans les statuts ». Il résulte de cette disposition que le sociétaire peut toujours procéder par voie de déclaration ou d'acte extrajudiciaire, malgré toute stipulation contraire des statuts sociaux (Ruben de Couder, V° *cit.*, n. 18. — Angers, 30 oct. 1901, *R. S.*, 1902.339, cassé le 13 fév. 1905, *R. S.*, 1905.253 ; — Paris, 10 fév. 1904, *R. S.*, 1905.302).

3648. — Jugé en ce sens que les statuts d'une société mutuelle ne peuvent priver l'assuré de la faculté d'employer, pour donner l'avertissement de résiliation, les modes indiqués dans l'art. 25 du décret du 22 janvier 1868, lesquels appartiennent à l'assuré, indépendamment de toutes dispositions statutaires, et sans égard à ces dispositions (Paris, 16 mars 1882, S. 83.2.89, D. 84.2.163 ; — Bordeaux, 5 mars 1901, *R. S.*, 1903.65).

Par suite, est valable l'avertissement de résiliation donné à la société par acte extrajudiciaire, bien que les statuts de celle-ci prescrivent une déclaration de l'assuré lui-même, ou de son fondé de pouvoir, au siège social ou aux bureaux des représentants de la société dans les départements, déclaration dont il doit être délivré récépissé au déclarant (Même arrêt. — V. aussi dans ce sens Paris, 11 janv. 1862, *J. des Assur.*, t. 14, n. 78 et 455).

3649. — Mais, d'autre part, si le sociétaire ne recourt pas aux modes de résiliation déterminés par le décret de 1868, il doit nécessairement se conformer à ceux qui sont déterminés par les statuts sociaux. Jugé, en conséquence, que l'envoi par l'assuré d'une lettre chargée ne peut avoir pour effet de rompre le contrat ; les statuts, en disposant que le sociétaire doit faire lui-même sa déclaration au siège social, ou par un mandataire spécial, n'autorisent pas le mode de résiliation par l'envoi d'une lettre chargée, et ce mode n'est pas davantage autorisé par le décret de 1868 (Paris, 16 mars 1882, précité ; — Orléans, 18 déc. 1883, S. 84.2.154, P. 84.1.866 ; — Nancy, 30 juill. 1886, solut. implic., S. 87.2.111 ; — Trib. Seine, 2 déc. 1883, *Rec. pér. des assur.*, 84.612 ; — Paris, 29 déc. 1900, *R. S.*, 1901.262 ; — Bordeaux, 5 mars 1901, *J. S.*, 1901.374, et, sur pourvoi, Cass., 14 janv. 1904, *J. S.*, 1904.302, *R. S.*, 1904.389 admet la validité de la déclaration faite par lettre rec ommandée).

3650. — *Dissolution.* — La dissolution d'une société d'assurances mutuelles intervient : 1° par l'expiration de la durée assignée par les statuts à l'association ; 2° par une délibération d'une assemblée générale extraordinaire prononçant la dissolution avant le terme fixé ; 3° par l'expiration de toutes les assurances.

3651. — Après la dissolution de la société, l'emploi du reliquat du fonds de réserve est réglé par l'assemblée générale, sur la proposition du conseil d'administration, et soumis à l'approbation du ministre du commerce (Décret de 1868, art. 32, dern. al.).

Pendant toute sa dissolution, la société conserve sa personnalité civile, pour les besoins de sa liquidation (Trib. civ. Seine, 23 janv. 1908, *J. S.*, 1910.371).

CHAPITRE III

DES SOCIÉTÉS ANONYMES A PARTICIPATION OUVRIÈRE.
LOI DU 26 AVRIL 1917.

3652. — La création d'actions de travail destinées à être remises aux ouvriers ou employés pour constituer une part dans l'entreprise, part portant non pas seulement sur une portion de bénéfices, mais sur une portion du capital constituée par l'alliance de l'élément capitaliste et de l'élément main-d'œuvre, a préoccupé depuis de longues années.

On trouvera dans le rapport de M. Charles Deloncle, reproduit dans la *Gazette des Sociétés*, 1917, p. 104, l'historique des efforts multipliés depuis longtemps pour parvenir à la solution de ce difficile problème.

MM Etienne Antonelli et Jean Granier ont publié des travaux très importants et ont proposé des solutions que le législateur s'est partiellement appropriées. Le Parlement a été saisi d'une proposition due à l'initiative de M. Henry Chéron, sénateur. Cette proposition a été examinée par une commission dont le rapporteur au Sénat a été M. Charles Deloncle.

La Commission a modifié, dans certaines de ses dispositions de détail, le texte de la proposition de M. Henry Chéron. M. Deloncle a déposé un rapport des plus complets, des plus savants, dans lequel il a résumé toutes les controverses antérieures, les propositions déjà formulées, et proposé les solutions que le Sénat s'est appropriées.

Le texte de la Commission a été adopté sans modification dans la séance du Sénat du 22 février 1917. Il n'y eut pas à proprement parler de discussion ; M. Charles Deloncle prit la parole pour développer les idées de son rapport écrit, mais il n'eut pas de contradicteur.

A la Chambre des députés, la Commission nommée pour l'examen de la proposition par la Chambre en confia le rapport à M. Louis Deschamps, député. Ce rapport est reproduit dans la *Gazette des Sociétés, loc. cit.*

La proposition, votée par le Sénat, fut acceptée par la Chambre des Députés sans aucune modification, et même sans discussion, dans la séance du 4 avril 1917.

3653. — **Sociétés auxquelles s'applique la loi.** — Le projet déposé par M. Henry Chéron visait les sociétés par actions *à participation ouvrière*. Mais ce titre s'est trouvé modifié à la suite des observations du rapporteur Deloncle.

Il a été, en effet, reconnu que les sociétés à participation ouvrière ne pouvaient s'adapter qu'aux sociétés anonymes. Le rapporteur l'a formellement reconnu dans son rapport. Le projet, a-t-il dit, ne peut viser les sociétés en commandite par actions. Aussi le titre de la loi s'est-il trouvé modifié. La loi s'appelle : Loi sur les sociétés anonymes à participation ouvrière.

3654. — **Les actions de travail.** — La création d'actions de travail étant aujourd'hui résolue par un texte de loi, il n'y a plus grande utilité à rechercher si, au point de vue juridique, il était possible de créer de tels titres. On a beaucoup discuté sur ce point. L'action de travail est-elle une véritable action ? On a dit que l'action ne pouvait être que la représentation d'un apport, soit en argent, soit en nature. Telles sont les bases fixées par la loi de 1867. Mais il peut y avoir également un apport en industrie ; cela ressemble à l'apport en nature. Les prestations personnelles promises pour l'avenir peuvent-elles faire l'objet d'un apport ? La jurisprudence le conteste. Aussi, quand mû par le désir de remettre à la collectivité ouvrière un titre représentant une portion, non seulement des bénéfices, mais du capital créé par le travail commun, a-t-on recherché si ce droit ne devait pas être uniquement représenté par des parts de fondateur ou certains autres titres *sui generis* ?

On trouvera dans l'ouvrage de M. Etienne Antonelli une très savante discussion sur tous ces principes. L'auteur concluait que, sans porter atteinte aux assises de notre droit, il était possible de créer de véritables actions à remettre à la collectivité ouvrière, actions donnant droit tout à la fois à une part de bénéfices et à une part du capital permettant à cette collectivité de participer à l'administration de la société, de concourir aux assemblées générales, en un mot d'exercer tous les droits qui appartiennent aux actionnaires.

Toute cette discussion évidemment intéressante perd, comme nous l'avons dit, à l'heure présente, de son intérêt, puisque le législateur souverain a créé les actions de travail et ce qu'il importe maintenant, c'est d'examiner dans quelles conditions cette création doit se comprendre et comment ce régime nouveau doit fonctionner.

Nous ne pouvons mieux faire que de commenter les uns après les autres les articles de la loi qui créent un droit nouveau, de l'avis de tous, encore bien qu'ils soient comm e une annexe de la loi du 24 juillet 1867. La loi sur les actions de travail du 26 avril 1917 est donc un complément à la loi du 24 juillet 1867. Telle est la formule de l'art. 1er. Elle ajoute à la loi de 1867 des articles qui portent les nos 72 à 80, puis dans son art. 2, la loi du 26 avril 1917 complète l'art. 64 de la loi du 24 juillet 1867, relative à la publicité, pour imposer l'addition des mots « à participation ouvrière » dans toute la publicité prescrite par l'art. 64.

Nous allons donc prendre successivement les nouveaux articles ajoutés à la loi du 24 juillet 1867 et en présenter le commantaire.

3655.— Art. 72.— « Il peut être stipulé dans les statuts de toute société anonyme que la société sera « à participation ouvrière ».

« Les sociétés dont les statuts ne contiendraient pas cette stipulation pourront se transformer en sociétés à participation ouvrière, en procédant conformément aux paragraphes 2, 3, 4 de l'article 31 de la loi du 24 juillet 1867, modifié par la loi du 22 novembre 1913.

« Les sociétés à participation ouvri ère seront soumises, indépendamment des règles générales applicables aux sociétés anonymes, aux dispositions des articles suivants. »

Du texte de cet article résulte, comme nous l'avons dit plus haut, que les sociétés du nouveau type ne peuvent être que des sociétés anonymes.

Il en résulte également que la loi est facultative. Liberté est donc entière pour les fondateurs des sociétés anonymes d'adopter la forme de société à participation ouvrière. Le texte prévoit également qu'une société anonyme constituée suivant les règles de la loi du 24 juillet 1867 peut adopter au cours de son existence la forme de la société nouvelle,et se transformer par application des paragraphes 2, 3 et 4 de l'art. 31 de la loi du 24 juillet 1867, modifié par la loi du 22 novembre 1913. Voir *suprà,* loi du 22 nov. 1913, n. 3241 et suiv.

3656. — Art. 73. — « Les actions de la société se composent :

« 1° D'actions ou coupures d'actions de capital ;

« 2° D'actions dites « actions de travail ».

L'art. 73 constitue la base même de la législation nouvelle. C'est par ce texte que les actions de travail entrent dans la législation. Le législateur met ainsi fin à toute controverse antérieure et quelle que soit l'opinion que l'on professe sur la légitimité ou l'utilité des actions de travail, il n'y a plus qu'à s'incliner devant la loi.

Les actions de travail donnent des droits identiques à ceux des actions de capital, sous la réserve des dispositions que nous examinerons ci-après ; elles sont donc entièrement assimilées aux autres actions.

Le projet de M. Henry Chéron portait que les actions de travail devaient être d'un nombre qui ne pouvait être inférieur au quart des actions de capital. La Commission du Sénat ne s'est point rangée à cet avis. Elle a estimé que cette disposition pouvait détourner beaucoup de fondateurs de sociétés à accepter la forme de société à participation ouvrière. « Dans l'incertitude, dit le rapport de M. Deloncle, où ils pourraient être de la réussite de l'affaire, avec une charge aussi importante, alors qu'ils n'hésiteraient peut-être plus, s'ils pouvaient se contenter de créer un nombre d'actions de travail inférieur au quart des actions de capital. »

Et plus loin, le rapporteur s'exprime ainsi : « D'ailleurs, dans bien des cas, à la fondation d'une société anonyme, on ne fait appel qu'à une partie de la main-d'œuvre et du personnel administratif — du capital-travail — dont on aura besoin dans la suite, comme on ne fait appel qu'à une partie du capital-argent, les actionnaires n'étant invités à se libérer du montant total de leurs souscriptions qu'au fur et à mesure des besoins de l'exploitation. Voici, par exemple, une société dont le capital a été fixé à 800.000 francs, les actionnaires ne sont appelés à verser au début que le quart du capital, soit 200.000 fr. Si la société était obligée de prévoir un nombre d'actions-travail égal au moins au quart des actions-capital pour pouvoir prendre la forme d'une société à participation ouvrière, elle devrait prévoir un nombre d'actions de travail représentant précisément une somme égale à ce quart du capital-argent, soit 200.000 francs. Qu'arriverait-il alors, si l'entreprise n'embauchait au début que le dixième des ouvriers ou employés qu'elle viendrait à embaucher dans la suite, sans avoir besoin d'augmenter son capital social primitif et en faisant simplement appel au versement des trois quarts du capital prévu ? La petite collectivité ouvrière du début profiterait d'un nombre d'actions considérable par rapport au nombre de ses membres ; ceux-ci pourraient profiter de dividendes élevés qu'ils admettraient difficilement de voir réduire dans la suite, parce que l'accroissement des bénéfices ne serait pas proportionnel à l'accroissement du personnel. Il nous paraît donc préférable de permettre à la société anonyme à participation ouvrière de commencer par ne prévoir au début qu'un nombre d'actions de travail représentant une fraction du capital inférieure au quart, celle-ci pouvant toujours augmenter ultérieurement le nombre d'actions-travail.

Nous avons bien cherché à établir un système qui permît l'attribution proportionnelle des actions de travail eu égard à l'importance numérique des participants, l'intégralité du montant de ces

11   13

actions de travail n'étant acquise au personnel que lorsque la collectivité qui le représenterait légalement compterait un nombre déterminé de membres, mais l'organisation d'un tel système, qu'il est du reste impossible de faire cadrer avec le statut général des sociétés anonymes, soulève des difficultés qu'il nous est impossible de résoudre. »

3657. — ART. 74. — « **Les actions de travail sont la propriété collective du personnel salarié (ouvriers et employés des deux sexes) constitué en société commerciale coopérative de main-d'œuvre, en conformité de l'article 68 de la loi du 24 juillet 1867, modifié par la loi du 1er août 1893. Cette société de main-d'œuvre comprendra, obligatoirement et exclusivement, tous les salariés attachés à l'entreprise depuis au moins un an et âgés de plus de 21 ans. La perte de l'emploi salarié fait perdre au participant et sans indemnité tous ses droits dans la coopérative de main-d'œuvre sous la réserve de l'article 79 de la présente loi.**

« **Lorsqu'une société se constituera dès son début sous le régime de la présente loi, c'est-à-dire sous la forme de société anonyme à participation ouvrière, les statuts de la société anonyme devront prévoir la mise en réserve, jusqu'à l'expiration de l'année, des actions de travail attribuées à la collectivité des salariés. A l'expiration de ce délai, les actions seront remises à la coopérative de main-d'œuvre légalement constituée.**

« **Les dividendes attribués aux ouvriers ou employés faisant partie de la coopérative ouvrière sont répartis entre eux conformément aux règles fixées par les statuts de la société ouvrière et aux décisions de ses assemblées générales. Toutefois, les statuts de la société anonyme devront disposer que, préalablement à toute distribution de dividende, il sera prélevé sur les bénéfices, au profit des porteurs d'actions de capital, une somme correspondant à celle que produirait à l'intérêt qu'ils fixeront le capital versé.**

« **En aucun cas les actions de travail ne pourront être attribuées individuellement aux salariés de la société, membres de la coopérative de main-d'œuvre. »**

La rédaction de notre article suggère une observation importante, encore bien qu'elle constitue plutôt une critique qu'un commentaire de la loi.

D'après notre texte, la répartition des sommes constitutives des bénéfices de la société anonyme ne revient pas à chaque action de travail, mais à l'entité juridique nouvelle. Il est dit, en effet, que « les dividendes attribués aux ouvriers et employés faisant partie de la coopérative ouvrière sont répartis entre eux conformément aux règles fixées par les statuts de la société ouvrière et aux décisions des assemblées générales ».

Ce sont donc les statuts de la société ouvrière qui doivent déterminer ou bien les assemblées générales de cette société ouvrière qui fixeront la répartition des bénéfices. Aucune règle n'est tracée à cet égard ; c'est la volonté des membres de la société ouvrière qui fera la loi, sous la seule condition de l'observation du quorum. Qui donc peut affirmer que sous l'influence de directions occultes faciles à prévoir, les bénéfices revenant à la nouvelle société n'iront pas à des œuvres qui ne seront pas toutes de paix sociale au lieu d'être distribués au personnel, en proportion des résultats de ses efforts, au fruit de l'esprit d'économie et d'ordre que l'on voudrait voir sauvegarder ?

C'est là un vice de la loi qui n'a pu être corrigé, par aucune observation, puisqu'il n'y a pas eu de débats devant la Chambre.

Après avoir créé les actions de travail, le législateur s'est trouvé en présence de la seconde grosse difficulté du problème. Comment constituer l'existence légale des propriétaires de ces actions de travail ? En d'autres termes, ces actions qui doivent appartenir à la collectivité des ouvriers et leur conférer les droits d'actionnaires, par qui seront-elles possédées, par qui les droits exercés ?

Il fallait d'abord proclamer le principe que ces actions ne pouvaient point appartenir individuellement aux ouvriers ou employés. En effet, le personnel se modifie, et on ne pouvait concevoir l'attribution d'actions aux ouvriers ou employés individuellement. D'après le rapport de M. Deloncle, c'est à M. Antonelli que revient l'honneur d'avoir trouvé la solution adoptée par le législateur.

Cette solution consiste à constituer entre tous les salariés de l'entreprise une société à personnel variable, ayant sa personnalité juridique, véritable coopérative de main-d'œuvre, laquelle société sera seule propriétaire des actions de travail. Cette société autonome doit se constituer, en conformité de l'art. 68 de la loi de 1867, modifié par la loi du 1er août 1893, société commerciale, quel que soit son objet, d'après cette dernière loi.

Ce principe de la loi est donc dominant, et la société anonyme à participation ouvrière ne peut se constituer sans qu'en même temps la société coopérative de main-d'œuvre soit également fondée.

Le législateur nouveau crée donc, comme le dit le rapport, une entité juridique, propriétaire des actions de travail.

Le texte porte que cette société de main-d'œuvre comprendra obligatoirement et exclusivement tous les salariés attachés à l'entreprise depuis au moins un an, et âgés de plus de 21 ans.

Ce délai de un an a paru suffisant pour permettre à la société anonyme de connaître son personnel et d'apprécier la valeur de chacun de ses employés et ouvriers. De même, un minimum d'âge s'imposait.

Bien entendu, la perte de l'emploi salarié fait perdre au participant et sans indemnité tous ses droits dans la coopérative de main-d'œuvre, sous la réserve formulée par l'art. 78. Il y a lieu ici de remarquer que l'art. 78 a remplacé dans le texte définitif l'ancien art. 79.

L'article vise ensuite la répartition des dividendes. Ces dividendes sont attribués à la société coopérative, entité juridique.

C'est cette coopérative de main-d'œuvre qui est propriétaire des actions de travail. C'est elle qui doit avoir la libre disposition des revenus de sa propriété, comme tout autre actionnaire.

Conformément à ses statuts, la collectivité ouvrière répartira ainsi les dividendes entre tous ses membres, en appréciant les services de chacun et en rémunérant proportionnellement ces services.

Cependant, il était une autre disposition que le législateur devait adopter. C'est celle relative au prélèvement par la société anonyme de l'intérêt du capital versé. C'est ce que prévoit le texte.

Ce prélèvement est juste, puisque l'action de capital a été payée alors que l'action de travail a été obtenue gratuitement, logique, puisque le travail ayant reçu avant tout dividende une rémunération sous forme de salaire, l'action de travail doit, avant tout dividende, recevoir la rémunération nécessaire, parce que les capitaux n'iraient point à l'industrie, s'ils ne recevaient pas une juste rémunération.

3658. — Art. 75. — « **Les actions de travail sont nominatives, inscrites au nom de la société coopérative de main-d'œuvre, inaliénables pendant toute la durée de la société à participation ouvrière et frappées d'un timbre indiquant l'inaliénabilité et l'incessibilité de ces actions.** »

Cet article ne comporte d'autres observations que celles-ci qu'il faut retenir : c'est que les actions de travail nominatives sont inaliénables pendant toute la durée de la société à participation ouvrière, incessibles et frappées d'un timbre rappelant ces deux servitudes.

On verra sous l'art. 78 quelle conséquence grave résulte de cette disposition absolue.

3659. — ART. 76. — « **Les participants à la société coopérative de main-d'œuvre sont représentés aux assemblées générales par des mandataires élus par ces participants, chacun de ceux-ci disposant pour cette élection d'autant de voix que son salaire annuel, établi sur les comptes arrêtés quinze jours avant l'assemblée générale, comprend de fois le chiffre du salaire le plus faible attribué par la société aux salariés âgés de plus de 21 ans. Ces élections ne sont valables que si les deux tiers des participants au moins ont assisté à la réunion où il y a été procédé.**

« **Les mandataires élus doivent être choisis parmi les participants. Leur nombre est fixé par les statuts de la société anonyme.**

« **Le nombre des voix dont disposent ces mandataires à chaque assemblée générale est au nombre des voix attribuées au capital qui y est représenté dans la même proportion que le nombre des actions de travail est à celui des actions de capital. Il est déterminé au début de chaque assemblée d'après les indications de la feuille de présence.**

« **Les mandataires présents partagent également entre eux les voix qui leur sont ainsi attribuées, les plus âgés bénéficiant des voix restantes.**

En cas d'action judiciaire, les mandataires élus à la dernière assemblée générale désignent un ou plusieurs d'entre eux pour représenter les participants. Si aucune élection n'avait encore été faite, ou si aucun des mandataires élus ne faisait plus partie de la coopérative de main-d'œuvre, il serait procédé à l'élection de mandataires spéciaux dans les formes et conditions prévues au paragraphe premier du présent article. Toutes les décisions des assemblées générales coopératives de main-d'œuvre devront d'ailleurs être prises dans ces mêmes formes et conditions. »

Cet article règle la participation de la société coopérative de main-d'œuvre aux assemblées générales de la société anonyme. Il détermine les conditions dans lesquelles seront élus les représentants de la société coopérative pour représenter cette entité juridique aux assemblées générales de la société anonyme.

Il faut prêter attention à la base fixée par notre article pour établir le nombre de voix de chacun des membres de la coopérative, à l'élection de ses représentants aux assemblées générales de la société anonyme. Le projet primitif et amendé par le texte de la loi et qu'on retrouvera aux annexes était plus compliqué.

Notre texte prend pour base le salaire le plus faible, le participant au salaire le plus faible ayant une voix. Chacun des autres participants aura autant de voix que son salaire comprend de fois le chiffre de ce salaire minimum. Les mandataires de la société coopérative ne pourront être choisis que parmi les membres de cette société ; le nombre de ces mandataires sera fixé par les statuts de la société anonyme. Il doit être supérieur ou au moins égal au nombre des administrateurs représentant la coopérative ouvrière au sein du conseil d'administration de la société anonyme.

La loi a prévu pour l'exercice des actions judiciaires qu'un seul ou un nombre restreint de mandataires serait chargé de représenter la collectivité.

Les mandataires ainsi élus voteront à l'assemblée des actionnaires en conformité des statuts de la société anonyme.

3660. — Art. 77. — « Toutefois les assemblées générales ordinaires ou extraordinaires des sociétés anonymes à participation ouvrière délibérant sur des modifications à apporter aux statuts ou sur des propositions de continuation de la société au delà du terme fixé pour sa sa durée ou de dissolution avant ce terme, ne sont régulièrement constituées et ne peuvent valablement délibérer qu'autant qu'elles comprendront un nombre d'actionnaires représentant les trois quarts des actions de capital.

« Dans le cas où une décision de l'assemblée générale comporterait une modification dans les droits attachés aux actions de travail, cette décision ne sera définitive qu'après avoir été ratifiée par une assemblée générale de la coopérative de main-d'œuvre. »

Cet article est l'adaptation à la loi nouvelle des dispositions de la loi du 22 novembre 1913.

3661. — Art. 78. — « Le conseil d'administration de la société anonyme à participation ouvrière comprend des représentants de la société coopérative de main-d'œuvre ; ces représentants sont élus par l'assemblée générale des actionnaires et choisis parmi les mandataires qui représentent la coopérative à cette assemblée générale. Le nombre en est fixé par le rapport qui existe entre les actions de travail et les actions de capital. Ils sont nommés pour le même temps que les autres administrateurs et sont comme eux rééligibles ; toutefois, leur mandat prend fin s'ils cessent d'être salariés de la société et par suite membres de la coopérative. Si le conseil d'administration ne se compose que de trois membres, il devra comprendre tout au moins un représentant de la société ouvrière. »

Cet article réglemente la coopération de la société ouvrière à l'administration de la société anonyme.

Le conseil d'administration de la société anonyme doit comprendre des administrateurs élus par l'assemblée générale de la coopérative et choisis parmi les mandataires qui représentent la coopérative à cette assemblée.

Le nombre des administrateurs est fixé par le rapport existant entre les actions de travail et les actions de capital. Nous avons vu, par l'art. 76, comment se trouve déterminé le nombre de voix accordé aux mandataires de la coopérative de main-d'œuvre, à l'assemblée générale des actionnaires. Cette règle servira à déterminer le nombre de représentants du personnel au sein du conseil d'administration. Si le conseil d'administration ne se compose que de trois membres, il devra comprendre au moins un représentant des ouvriers. Les représentants du personnel au conseil d'administration de la société anonyme sont élus par l'assemblée générale des actionnaires, comme les autres administrateurs. Mais ils sont nécessairement choisis parmi les mandataires de la coopérative ouvrière à l'assemblée générale des actionnaires.

Ici se pose une grave question que la loi n'a pas prévue et dont on cherche vainement la solution.

Aux termes de l'art. 22 de la loi du 24 juillet 1867, les administrateurs doivent être pris parmi les associés.

La jurisprudence est très sévère sur ce point, et elle n'admet pas que l'administrateur ne soit pas personnellement actionnaire (Voy. *suprà*, n. 3035).

Or les représentants de la coopérative ouvrière ne sont pas personnellement actionnaires, puisque la loi prend très grand soin de préciser que les actions de travail appartiennent à l'entité juridique et ne sont la propriété d'aucun des membres personnels de cette entité.

D'après notre texte, il faut donc choisir l'administrateur représentant la coopérative ouvrière alors qu'il n'a pas d'actions. Il n'est pas personnellement actionnaire ; il ne peut donc être administrateur, et le fonctionnement de la loi paraît singulièrement entravé tant qu'on n'aura pas apporté sur ce point une modification.

Cette observation est d'autant plus nécessaire qu'elle a été prévue par le rapporteur qui a mentionné dans son rapport qu'il avait été nécessaire en Angleterre de modifier la législation.

Le projet de M. Henri Chéron a été soumis à l'appréciation de la Chambre de commerce de Paris. M. Pascalis a été chargé du rapport. Nous trouvons dans ce rapport l'exposé des idées que nous venons d'indiquer. Voici la réponse de M. Deloncle :

« M. Pascalis se demande aussi comment on fera la représentation des ouvriers au sein du conseil d'administration, tout administrateur devant être possesseur d'un certain nombre d'actions d'après la loi de 1867.

Nous pensons que nous avons suffisamment traité cette question ; nous n'y reviendrons que pour ajouter que les statuts des sociétés anonymes constituées en vertu de la loi que nous soumettons à l'examen et à l'approbation du Sénat, pourront adapter leurs statuts à la fois aux principes généraux du Code de commerce et à ceux de la loi nouvelle pour éviter toutes les difficultés. Pour la difficulté à laquelle M. Pascalis a songé, il suffirait d'introduire dans les statuts de la société anonyme une clause autorisant les administrateurs à se substituer des mandataires (art. 22 de la loi de 1867). « La société ouvrière désignée comme administrateur par l'assemblée générale des actionnaires de la société anonyme se ferait alors représenter par un ou plusieurs ouvriers (ou employés) au conseil d'administration. »

La réponse du rapporteur n'est pas péremptoire et l'objection subsiste dans toute sa force. Sans doute, il n'y a pas impossibilité absolue à ce que l'entité juridique, société ouvrière, soit administrateur. Elle pourra, conformément à l'art. 22 de la loi de 1867, se substituer un mandataire, mais ce mandataire ne pourra agir que sous la responsabilité de la société ouvrière et ne sera pas administrateur. Comment la société ouvrière qui n'est propriétaire que d'actions incessibles et inaliénables pourra-t-elle opérer le dépôt des titres imposé à tout administrateur par l'art. 26 de la loi de 1867 ? Comment ces titres incessibles et inaliénables pourront-ils garantir la gestion de l'administrateur ?

L'objection que nous avons formulée et que M. Pascalis avait déjà développée subsiste donc dans toute sa force. Ce qui est vrai, c'est qu'on marche à l'irresponsabilité absolue d'une catégorie d'administrateurs et cette catégorie d'administrateurs a, d'après la loi, les mêmes pouvoirs, les mêmes droits que les administrateurs représentant la portion capital ; voilà donc une modification à la loi, modification grave bouleversant toutes les idées juridiques.

3662.— Art. 79.— « **En cas de dissolution, l'actif social n'est réparti entre les actionnaires qu'après l'amortissement intégral des actions de capital.**

« **La part représentative des actions de travail, conformément aux décisions prises par l'assemblée générale de la coopérative ouvrière convoquée à cet effet, est alors répartie entre les participants et anciens** participants comptant au moins dix ans de services consécutifs dans les établissements de la société, ou tout au moins une durée de services sans interruption égale à la moitié de la durée de la société.

« Toutefois, les anciens participants ayant quitté la société pour cause de maladie ou de vieillesse, et après y avoir travaillé pendant plus de dix années consécutives ou tout au moins sans interruption pendant une durée égale à la moitié de la durée de la société, ne figureront à la répartition que pour 9/10, 8/10, 7/10, etc., d'une part correspondant à la durée de leurs services, suivant qu'ils auront cessé leurs services depuis un an, deux ans, trois ans, etc...

« La dissolution de la société anonyme amène la dissolution de la coopérative de main-d'œuvre. »

Cet article règle le partage du fonds social au moment de la dissolution de la société. Le texte tient compte des droits des anciens participants ayant travaillé dans la société pendant dix années ou pendant une durée de service égale à la moitié de la durée de la société, et qu'ils n'ont quitté leur poste que pour cause de maladie ou de dissolution.

Il eût été souverainement cruel que ces anciens travailleurs n'eussent aucune part dans la répartition d'un actif qu'ils ont contribué à créer. C'est à cela qu'a pourvu le texte.

La dissolution de la société anonyme entraîne nécessairement la dissolution de la société ouvrière.

3663.— Art. 80.— « Les sociétés qui se conformeront aux dispositions précédentes seront affranchies de tous les droits de timbre et d'enregistrement, tant pour leurs statuts eux-mêmes que pour la part des augmentations de capital constituées en actions de travail.

« Celles dans lesquelles le nombre des actions de travail sera égal au moins au quart du nombre des actions de capital bénéficieront, en outre, pour leurs actions de travail des avantages accordés par l'article 21 de la loi du 30 décembre 1903, complété par l'article 25 de la loi de finances du 8 avril 1910, aux parts d'intérêts ou actions dans les sociétés de toute nature dites de coopération, formées exclusivement entre ouvriers et artisans. Ces mêmes titres seront, de plus, affranchis du droit proportionnel de timbre édicté par la loi du 5 juin 1850 et du droit de transmission établi par la loi du 23 juin 1857. Indépendamment des immunités fiscales ci-dessus prévues au paragraphe précédent, les sociétés à participation ouvrière bénéficieront des avantages accordés par les lois et décrets en vigueur aux sociétés coopératives en ce qui concerne les adjudications et soumissions de travaux publics. »

Cet article crée au profit des sociétés à participation ouvrière des immunités fiscales fort intéressantes.

3664. — Art. 2 de la loi du 26 avril 1917.— Le 2e alinéa de l'art. 64 de la loi du 24 juillet 1867 est complété par la disposition suivante :

« Si la société use de la faculté d'émettre des actions de travail, cette circonstance doit être mentionnée par l'addition de ces mots : « à participation ouvrière. »

Cet article a pour but, ainsi que nous l'avons dit au début, de faire mentionner dans toute la publicité relative aux sociétés la formule « à participation ouvrière » ; cela est de toute nécessité.

CHAPITRE IV

DES SOCIÉTÉS DE CRÉDIT AGRICOLE

3665. — **Historique de la loi**. — La question du crédit agricole a été posée en France depuis longtemps. Sa solution a été retardée par bien des tâtonnements et des fausses manœuvres. En 1860, une tentative malheureuse fut faite par la création d'une grande société anonyme qui reçut de l'Etat une garantie d'intérêt de 400.000 francs pendant cinq ans. Cette société liquida en 1876, à la suite de pertes subies dans des opérations de spéculation qui n'avaient rien de commun avec les avances aux agriculteurs.

3666. — Les économistes ont donc recherché depuis fort longtemps les meilleurs moyens de procurer à l'agriculture les crédits dont elle avait grand besoin. C'est dans ce but qu'a été votée la loi du 5 novembre 1894. Le législateur de 1894 s'est inspiré des travaux poursuivis en Allemagne et en Italie par les illustres Schulze-Delitsch et Raiffeisen, Luzzatti et Wollemborg. Ces hommes de bien ont trouvé la vraie formule du crédit populaire en le faisant reposer sur la mutualité.

3667. — Nous ne pouvons entreprendre, dans cet ouvrage, l'étude même incomplète de tous les principes d'économie politique ou sociale qui ont inspiré, soit en France, soit à l'étranger, la création d'associations de crédit agricole. On en trouvera l'énumération intéressante dans les volumes spéciaux, tels que ceux de M. Rayneri, *Le Crédit agricole par l'association coopérative*, et le *Manuel pratique de crédit agricole* de MM. Morin et Brouilhet. Nous devons nous borner à commenter les dispositions de la loi de 1894, modifiée successivement par les lois du 21 juillet 1901, du 14 janvier 1908, du 18 février et du 19 mars 1910. — Sur l'application de la loi, il convient de consulter les brochures publiées par le ministère de l'agriculture (service du crédit mutuel et de la coopération agricoles) sur le crédit agricole, ainsi que l'importante circulaire du ministre de l'agriculture du 15 décembre 1907.

3668. — **Caractères et constitution de la société.** — Les sociétés de crédit agricole organisées par la loi de 1894 ne se présentent pas avec les caractères juridiques de la société en général, tels qu'on en trouve les principes écrits dans l'art. 1832 C. civ. On ne rencontre pas, dans les dispositions qui vont suivre, une réunion de personnes s'unissant pour exploiter un capital dans le but de partager les bénéfices résultant de cette exploitation. Le véritable profit que les associés retirent de leur union, en dehors de l'intérêt de leur souscription, est le crédit qu'ils obtiennent. Si l'assemblée réalise des bénéfices, ils ne sont pas, ainsi qu'on le verra plus loin, distribués aux associés sous forme de dividende (Cass., 4 avr. 1909, *R. S.*, 1910.161). Cependant la loi de 1894 qualifie expressément les sociétés de crédit agricole de sociétés commerciales, et cette disposition formelle de la loi conduit à reconnaître à ces sociétés la personnalité d'être moral. C'est pour cela que l'étude en devait être entreprise dans cet ouvrage (L. 1894, art. 4).

3669. — Du principe de commercialité édicté par l'art. 4, il résulte, d'après le texte lui-même, que les livres doivent être tenus conformément aux prescriptions du Code de commerce.

Il faut également en déduire que ces sociétés, présentant le caractère de personnalité morale (Cass., 3 août 1909, *J. S.*, 1909.497), peuvent être déclarées en faillite ou en liquidation judiciaire, et que les procès qui s'élèveront entre les sociétaires, bien qu'ils soient agriculteurs et non commerçants, seront de la compétence des tribunaux de commerce (Arthuys, *R. crit.*, 1895, p. 341 et suiv.).

3670. — L'art. 1er de la loi de 1894, avec les modifications apportées à ce texte en 1908 et en 1910, est ainsi conçu :

« Des sociétés de crédit agricole peuvent être constituées, soit par la totalité ou par une partie des membres d'un ou plusieurs syndicats professionnels agricoles, *soit par la totalité ou par une partie des membres d'une ou plusieurs sociétés d'assurances mutuelles agricoles régies par la loi du 4 juillet* 1900 (1) ; elles ont exclusivement pour objet de faciliter et même de garantir les opérations concernant *la production* (2) agricole et effectuées par ces syndicats *et ces sociétés d'assurances* (1) ou par des membres de ces syndicats *ou de ces sociétés d'assurances* (1), *ainsi que par les sociétés coopératives agricoles constituées d'après les dispositions de la loi du 29 décembre* 1906 (2).

« *Les sociétés de crédit agricole peuvent également consentir des prêts*

---

(1) Modifications résultant de la loi du 14 janvier 1908.
(2) Modifications résultant de la loi du 18 février 1910.

individuels à long terme, destinés à faciliter l'acquisition, l'aménagement, la transformation et la reconstitution des petites exploitations rurales (1).

« Ces sociétés peuvent recevoir des dépôts de fonds en compte courant, avec ou sans intérêts, se charger, relativeme nt aux opérations concernant l'industrie agricole, des recouvrements et des payements à faire pour les syndicats ou pour les membres de ces syndicats. Elles peuvent, notamment, contracter les emprunts nécessaires pour constituer ou augmenter leur fonds de roulement.

« Le capital social ne peut être formé par des souscriptions d'actions. Il pourra être constitué à l'aide de souscriptions des membres de la société. Ces souscriptions formeront des parts qui pourront être de valeur inégale ; elles seront nominatives et ne seront transmissibles que par voie de cession aux membres des syndicats, et avec l'agrément de la société.

« La société ne pourra être constituée qu'après versement du quart du capital souscrit.

« Dans le cas où la société serait constituée sous la forme de société à capital variable, le capital ne pourra être réduit par les reprises des apports des sociétaires sortants, au-dessous du montant du capital de fondation. »

3671. — Le premier alinéa de l'art. 1er spécifie que les sociétés de crédit agricole ne peuvent comprendre que des agriculteurs faisant partie d'un syndicat agricole ou de sociétés d'assurances mutuelles agricoles instituées par la loi du 4 juillet 1900. Mais cette condition remplie, ces sociétés peuvent être constituées soit par tous les membres d'un même syndicat ou d'une mutuelle agricole, soit par quelques membres d'un syndicat ou d'une mutuelle agricole, soit par des agriculteurs appartenant à des syndicats différents, soit enfin par deux ou trois syndicats ou mutuelles qui auront réuni l'adhésion unanime de leurs membres.

3672. — On s'est posé la question de savoir si les sociétés de crédit agricole doivent être en tous points assimilées aux sociétés commerciales ordinaires, et si les fondateurs de la société créée en vertu de la loi de 1894 peuvent indifféremment choisir entre tous les types de sociétés commerciales. On verra plus loin que le législateur de 1894 a modifié dans beaucoup de ses dispositions la loi commerciale sur les sociétés ; on en a conclu, non sans raison, qu'il avait voulu créer un type nouveau de société. C'est ce qui résulte, notamment, d'une décla-

---

(1) Texte nouveau résultant de la loi du 19 mars 1910.

ration faite à la Chambre par M. Méline, président de la commission (séance du 20 juin 1892).

3673. — Ainsi, les sociétés de crédit agricole se trouvent réglementées exclusivement par les dispositions de la loi de 1894, et non par d'autres. La loi de 1894 a voulu simplifier les formalités qui régissent toutes les sociétés, en faveur du type nouveau par elle créé. Elle attribue aux sociétés de crédit agricole le caractère de sociétés de personnes en proscrivant les actions et en restreignant le droit de cession. Il est donc impossible d'appliquer à ces sociétés la réglementation rigoureuse imposée par la loi de 1867 aux sociétés par actions.

3674. — Autre conséquence : les sociétés de crédit agricole ne peuvent se constituer sous la forme anonyme, car les sociétés anonymes sont des sociétés de capitaux, et le législateur de 1894 a voulu que les sociétés de crédit agricole fussent des sociétés de personnes.

3675. — Si des particuliers veulent créer une société de crédit agricole sous la forme anonyme dans les termes de la loi de 1867, ils ont pleine liberté ; mais ce sera une société de droit commun, qui ne pourra point bénéficier des dispositions de la loi de 1894 (V. discours de M. Méline à la Chambre, séance du 20 juin 1892, *J. off.*, 21 juin 1892, p. 860).

3676. — Les sociétés de crédit agricole peuvent se constituer sous la forme de société en nom collectif ou de société en commandite simple. Mais on adoptera le plus souvent la forme d'association coopérative, basée sur le principe de mutualité.

Voici le texte de la loi du 31 mars 1899 sur les caisses régionales de crédit agricole mutuel, modifiée par la loi du 25 décembre 1900.

Art. 1er. — L'avance de quarante millions de francs, et la redevance annuelle à verser au Trésor par la Banque de France, en vertu de la convention du 31 octobre 1896, approuvée par la loi du 17 novembre 1897, sont mises à la disposition du gouvernement pour être attribuées à titre d'avances sans intérêts aux caisses régionales de crédit agricol mutuel qui seront constituées d'après les dispositions de la loi du 5 novembre 1894.

Art. 2. — Les caisses régionales ont pour but de faciliter les opérations concernant l'industrie agricole effectuées par les membres des sociétés locales de crédit agricole mutuel de leur circonscription et garanties par ces sociétés. — A cet effet, elles escomptent les effets souscrits par les membres des sociétés locales et endossés par ces sociétés. — Elles peuvent faire à ces sociétés les avances nécessaires pour la constitution de leur fonds de roulement. Toutes autres opérations leur sont interdites.

Art. 3. — Le montant des avances faites aux caisses régionales ne pourra excéder le quadruple du montant du capital versé en espèces. — Ces avances ne pourront être faites pour une durée de plus de cinq ans. Elles pourront être renouvelées. — Elles deviendront immédiatement remboursables en cas de violation des statuts ou de modifications à ces statuts qui diminueraient les garanties de remboursement.

ART. 4. — La répartition des avances sera faite par le ministre de l'agriculture, sur l'avis d'une commission spéciale nommée par décret, qui sera ainsi composée : le ministre de l'agriculture, président ; deux sénateurs ; trois députés ; un membre du Conseil d'Etat ; un membre de la Cour des comptes ; le gouverneur de la Banque de France ou son délégué ; deux fonctionnaires du ministère des finances ; trois fonctionnaires du ministère de l'agriculture ; six représentants des sociétés de crédit agricole mutuel, régionales ou locales, choisis parmi les membres de ces sociétés ; trois membres du conseil supérieur de l'agriculture.

ART. 5. — Un décret, rendu sur l'avis de la commission, fixera les moyens de contrôle et de surveillance à exercer sur les caisses régionales. — Les statuts de ces caisses devront être déposés au ministère de l'agriculture. — Ces statuts indiqueront la circonscription territoriale des sociétés, la nature et l'étendue de leurs opérations et leur mode d'administration. Ils détermineront la composition du capital social, la proportion dans laquelle chaque sociétaire pourra contribuer à sa constitution, ainsi que les conditions de retrait, s'il y a lieu, le nombre des parts dont les deux tiers au moins seront réservés de préférence aux sociétés locales, l'intérêt à allouer aux parts, lequel ne pourra dépasser 5 p. 100 du capital versé, le maximum des dépôts à recevoir en comptes courants et le maximum des bons à émettre, lesquels réunis ne pourront excéder les trois quarts du montant des effets en portefeuille, les conditions et les règles applicables à la modification des statuts et à la liquidation de la société.

ART. 6. — Le ministre de l'agriculture adressera, chaque année, au Président de la République, un compte rendu des opérations faites en exécution de la présente loi, lequel sera publié au *Journal officiel*.

3677. — Ainsi que nous l'avons vu plus haut, le législateur de 1894 reconnaît expressément aux sociétés de crédit agricole la nature de sociétés de commerce. Elles sont donc astreintes à toutes les obligations des commerçants : elles peuvent être mises en faillite ; les règles de compétence commerciale leur sont applicables, et l'art. 64 C. com. peut également être invoqué contre les actions dirigées contre les associés non liquidateurs.

3678. — Constitution du capital. — L'art. 1er, 4e alinéa, interdit expressément de constituer le capital social au moyen d'une souscription d'actions ; il permet de le diviser en un certain nombre de parts qui seront souscrites par les associés. Ces parts doivent rester nominatives jusqu'à leur entière libération. Elles ne peuvent être transmises qu'à des membres d'un syndicat agricole, et cette cession n'est valable qu'autant qu'elle est agréée par la société. Elles peuvent être de valeur inégale, alors qu'en principe les actions, aux termes de l'art. 34 C. com., doivent être de valeur égale.

Il n'y a pas lieu en cette matière d'appliquer les principes qui limitent le montant minimum des actions dans les sociétés ordinaires. Les parts émises pour constituer le capital social peuvent être inférieures à 25 francs, quel que soit le montant du capital.

De ce que l'art. 1er stipule que les sociétés de crédit agricole possèdent un capital social, il n'en faut pas conclure que ces sociétés ne puissent se constituer sans capital. Il résulte, au contraire, des travaux préparatoires et des déclarations de M. Mir, dans la séance de la Chambre des députés du 20 juin 1892, que le capital social peut être remplacé par des cotisations annuelles, des dons, des subventions, ou même par la responsabilité solidaire et illimitée des associés. Dans ce cas, la société de crédit agricole constitue une sorte de société en nom collectif.

Les ressources nécessaires à la société peuvent être obtenues au moyen de fonds de dépôt ou d'emprunts garantis par la responsabilité solidaire et illimitée des associés. Bien qu'on puisse contester que de semblables combinaisons constituent en réalité des sociétés, puisqu'il n'y a pas d'apports, on ne peut que s'en référer aux dispositions du législateur, qui a incontestablement voulu que la société du type de la loi de 1894 puisse se constituer ainsi.

Les parts ne sont transmissibles que par voie de cession aux membres des syndicats et avec l'agrément de la société. Elles peuvent être cédées également aux membres du ou des syndicats dont les associés font partie ; les cessions ne sont valables qu'à la condition d'être agréées par la société suivant les stipulations statutaires.

Le rapporteur de la loi à la Chambre des députés, dans la séance du 2 juin 1892, a exprimé l'opinion que les parts ne pouvaient être cédées qu'en se conformant aux prescriptions de l'art. 1690 C. civ. Nous pensons que cette opinion est trop absolue.

3679. — **Versement du quart.** — La loi de 1894 est moins rigoureuse que les lois de 1867 et de 1893. Elle ne fait aucune différence entre les parts n'excédant pas 25 francs et les parts de 100 francs et au-dessus. Quel que soit le montant de la part, il suffit que le quart ait été versé.

Chaque associé n'est pas obligé de verser personnellement le quart de sa part. Il suffit pour que la société soit valablement constituée que le quart de l'ensemble des souscriptions ait été réellement versé. Mais il faut que le capital social fixé par les statuts ait été entièrement souscrit.

Bien entendu, ce qui précède ne s'applique pas aux sociétés qui se forment sans capital.

Les trois autres quarts doivent être versés conformément aux prescriptions des statuts, lesquels peuvent autoriser des libérations par fractions très modiques, soit à des époques originairement déterminées, soit d'après des appels faits par le conseil d'administration.

La loi du 24 juillet 1867 exige (art. 1er et 24) que la souscription intégrale du capital social et les versements qui doivent être opérés sur les actions soient constatés par une déclaration du gérant ou des fondateurs dans un acte notarié. On a soutenu que cette prescription devait également être appliquée aux sociétés qui nous occupent. Mais l'opinion contraire a prévalu, en présence des dispositions de l'art. 5 de la loi de 1894.

Cet article, visant la publicité des sociétés de crédit agricole, prescrit le dépôt de la copie des statuts aux greffes de la justice de paix et du tribunal de commerce du siège social. Il reproduit, à quelques différences près dans le détail, les règles édictées par l'art. 55 de la loi de 1867 ; mais il ne reproduit pas la partie de l'art. 55 relative au dépôt de l'expédition de l'acte notarié constatant la souscription du capital social et le versement du quart. On en conclut donc très logiquement que la loi de 1894 ne prescrit pas cette déclaration (Godde, *Le Créd. personn. de l'agric. et les soc. de créd. agric.*, p. 116).

3680. — **Sociétés à capital variable.** — La loi de 1894 a, comme nous l'avons dit, pour base le principe de la mutualité. Les sociétés de crédit agricole se rapprochent donc des sociétés coopératives et la forme des sociétés à capital variable est celle qui répond le mieux au but de ces sociétés. Elle sera donc la plus employée en pratique. Les sociétés de crédit agricole qui se constituent à capital variable sont soumises aux mêmes règles et bénéficient des mêmes faveurs que celles établies par les art. 48 et suiv. de la loi de 1867, à l'exception de celles qui seraient incompatibles avec les prescriptions de la loi de 1894. Nous ne pouvons que renvoyer à l'examen de ces dispositions (n. 3712 et suiv.). Précisons seulement que pour qu'une société de crédit agricole soit à capital variable, il faut qu'il y ait à cet égard une stipulation formelle dans les statuts sociaux et que le capital social n'excède pas 200.000 francs. De même, le capital originaire ne pourra être augmenté que dans les conditions déterminées par l'art. 49 de la loi de 1867. Les variations du capital, soit qu'il s'augmente par des versements nouveaux des sociétaires ou l'adjonction de sociétaires nouveaux, soit qu'il décroisse par des retraits de fonds ou des démissions de sociétaires, ne modifieront pas la société et seront opposables aux tiers, sans qu'il soit besoin de les publier.

Il faudra enfin appliquer aux sociétés de crédit agricole à capital variable les dispositions de l'art. 54 de la loi de 1857, aux termes duquel la mort, la retraite, l'interdiction, la faillite ou la déconfiture de l'un des associés n'entraîne pas la dissolution de la société.

Il est certaines différences entre les sociétés de crédit agricole à capital variable et les sociétés ordinaires de ce nom qu'il convient aussi de préciser.

Le versement du dixième du capital social, par exemple, est suffisant pour la constitution des sociétés ordinaires, tandis que les sociétés de la loi de 1894 ne peuvent être constituées, même si elles adoptent la forme de sociétés à capital variable, qu'après le versement du quart du capital souscrit. La loi est formelle.

Nous savons aussi que le capital social ne pourra être formé par voie de souscription d'actions, mais uniquement par voie de souscription de parts.

Enfin, aux termes du dernier alinéa de l'art. 1er, le capital qui, d'après la loi de 1867, peut être réduit au dixième par les reprises des apports des associés sortants, ne peut être réduit dans les sociétés de crédit agricole au-dessous du montant du capital de fondation.

Il faut entendre par capital de fondation, non pas le capital souscrit lors de la constitution de la société, mais le quart de ce capital dont le versement est nécessaire pour que la société soit valablement formée (Arthuys, p. 363 ; Godde, 141. — *Contrà* : Houpin, n. 1407).

L'art. 52 de la loi de 1867 dispose que l'associé qui cessera de faire partie de la société, soit volontairement, soit par suite de décision de l'assemblée générale, restera tenu pendant cinq ans envers la société et envers les tiers de toutes les obligations existantes au moment de sa retraite.

Cette disposition n'est pas applicable aux sociétés de la loi de 1894, car l'art. 2, § 4, de cette loi déclare que les sociétaires ne pourront être libérés de leurs engagements qu'après la liquidation des opérations contractées par la société antérieurement à leur sortie.

3681. — **Statuts.** — **Forme et énonciations.** — Les statuts peuvent être rédigés par acte notarié ou par acte sous seing privé. S'ils sont rédigés sous seing privé, il faut autant d'originaux qu'il y a d'associés, en ajoutant deux originaux pour la publicité.

Il nous paraît certain, bien qu'à cet égard des doutes puissent résulter de la discussion de la loi, qu'un écrit est nécessaire pour constituer la société ; sans écrit, en effet, pas de société possible. Les statuts doivent déterminer le siège et le mode d'administration de la société de crédit, les conditions nécessaires à la modification des statuts, à la dissolution de la société, à la composition du capital et la proportion dans laquelle chacun de ses membres contribuera à sa constitution ; ils détermineront le maximum des dépôts à recevoir en compte courant ; ils régleront l'étendue et les conditions de la responsabilité qui incombera à chacun des sociétaires dans les engagements pris par la société (art. 2).

Nous avons vu plus haut quelles étaient les règles de constitution du capital de la société de crédit agricole ; nous savons aussi que ces sociétés peuvent se constituer sans capital. Mais lorsqu'il existe un capital, il doit être constitué à l'aide des souscriptions des membres de la société. La loi déclare que les statuts doivent déterminer la composition du capital et la proportion dans laquelle chacun des membres contribuera à sa constitution. Cette disposition suppose que le capital est souscrit avant la rédaction des statuts ; si les souscriptions étaient recueillies postérieurement, il suffirait que la somme souscrite par chacun des sociétaires fût indiquée dans l'acte d'adhésion ou le bulletin de souscription, et dans la liste à déposer au greffe de la justice de paix en exécution de l'art. 5 de la loi.

Lorsque tous les membres devant composer la société signent les statuts, la société peut être constituée par l'acte contenant les statuts. Si, au contraire, les statuts sont signés par quelques sociétaires seulement, et qu'il s'agisse de recueillir ultérieurement des souscriptions, il y aura lieu de dresser une liste de souscription et de versement, et de réunir une assemblée générale constitutive dans laquelle on reconnaîtra la sincérité de la liste et on nommera les représentants légaux de la société.

3682. — **Administration.** — Les statuts doivent déterminer, dit l'art. 2, le siège et les règles d'administration de la société. Le mode d'administration dépendra incontestablement de la forme de société qui sera adoptée. Ainsi, on nommera un ou plusieurs administrateurs ou un directeur ; on organisera des assemblées générales. La liberté des conventions est ici entière.

De même, les statuts détermineront librement les pouvoirs des administrateurs, la composition et les pouvoirs des assemblées générales, le mode de surveillance, etc.

La loi de 1894 est muette sur tous ces points, et comme il est incontestable que la loi de 1867 n'est pas applicable en cette matière, les intéressés sont absolument libres d'arrêter à cet égard les conventions que bon leur semble.

3683. — **Responsabilité.** — Le paragraphe 3 de l'art. 2 ajoute que les statuts régleront l'étendue et les conditions de la responsabilité qui incombera à chacun des sociétaires dans les engagements pris par la société. Tout dépendra donc à cet égard de la forme de société que les intéressés auront adoptée. S'ils ont constitué une société en nom collectif, ils seront tous solidaires. La même solidarité pourra être stipulée si la nature de la société est tout autre. C'est aux statuts à faire connaître si la responsabilité des associés est limitée ou non au montant des parts souscrites. Dans le silence des statuts, les associés ne seraient tenus que jusqu'à concurrence de leurs apports (Arthuys, p. 327).

Aux termes du paragraphe final de l'art. 2, les sociétaires ne pourront être libérés de leurs engagements qu'après la liquidation des opérations contractées par la société antérieurement à leur sortie.

La sortie d'un membre d'une société de crédit agricole résulte soit de sa retraite, soit de son exclusion, si la société est à capital variable, ou de la cession de ses parts, ou de son décès.

Le sociétaire qui cesse de faire partie de la société pour une cause quelconque reste tenu des engagements contractés par la société pendant qu'il était associé jusqu'à la liquidation des opérations sociales faites avant sa sortie, et de toutes les obligations contractées par la société.

Aux termes du même alinéa, les associés ne peuvent jamais invoquer la prescription de cinq ans établie par l'art. 52 de la loi de 1867 en faveur des associés qui se retirent d'une société à capital variable ; leurs obligations ne cessent que par l'extinction des obligations de la société.

Cette disposition ne s'applique pas à tous les types de sociétés qui peuvent entrer dans le cadre de la loi de 1894. En effet, si la société de crédit est une société à responsabilité limitée, chaque sociétaire qui se retirera de la société sera libéré par le fait qu'il aura payé le montant des apports promis. De même, dans le cas où les statuts auraient limité la responsabilité à la souscription annuelle, chaque associé pourra se retirer en abandonnant ses cotisations déjà versées et se décharger ainsi de toute responsabilité. L'art. 2 *in fine* ne s'applique qu'aux hypothèses dans lesquelles il est impossible de déterminer, lors de la retraite d'un sociétaire, sa situation pécuniaire exacte à l'égard de la société. C'est ce qui se produira si la société est : 1º une société à responsabilité solidaire illimitée ; 2º une société à responsabilité proportionnelle au montant de la souscription ; 3º une société dans laquelle la responsabilité de chaque associé a été portée par les statuts à une part multiple de souscription (Godde, p. 133).

« Les membres chargés de l'administration de la société, dit le nouvel art. 6 de la loi de 1894, seront personnellement responsables, en cas de violation des statuts ou des dispositions de la présente loi, du préjudice résultant de cette violation.

« En outre, au cas de fausse déclaration relative aux statuts ou aux noms et qualités des administrateurs, des directeurs ou des sociétaires, ils pourront être poursuivis et punis d'une amende de 16 fr. à 500 fr. »

L'art. 6 doit être complété par les dispositions des lois de 1867 et de 1893 auxquelles il n'a pas expressément dérogé. Il est vrai que la loi de 1894 se suffit en général à elle-même. Mais cette formule n'est exacte qu'en ce qui concerne les conditions constitutives des sociétés et lorsqu'il s'agit de les simplifier en faveur des sociétés de crédit agricole. Lorsqu'il s'agit, au contraire, de la sanction des prescriptions de la loi nouvelle, il n'y a plus de motif pour écarter l'application du droit commun.

Il faut appliquer aux sociétés de crédit agricole irrégulièrement constituées la théorie de la nullité, telle qu'elle est réglementée par les art. 8 et 42 de la loi de 1867, modifiés par la loi de 1893.

Il en est de même pour la responsabilité civile des administrateurs ; cette responsabilité sera couverte conformément aux règles posées par les textes précités.

Quant à la responsabilité pénale, elle ne consiste que dans une amende plus ou moins élevée suivant les distinctions de l'art. 6. La loi du 25 mars 1891 sur l'atténuation et l'aggravation des peines est ici applicable : le sursis peut être accordé pour les amendes encourues par les administrateurs.

3684. — **Publicité.** — La publicité, en ce qui concerne les sociétés de crédit agricole, est l'objet de dispositions spéciales dans la loi de 1894 :

« Art. 5. — Les conditions de publicité prescrites pour les sociétés commerciales ordinaires sont remplacées par les dispositions suivantes :

« Avant toute opération, les statuts, avec la liste complète des administrateurs ou directeurs et des sociétaires, indiquant leurs nom, profession, domicile, et le montant de chaque souscription, seront déposés, en double exemplaire, au greffe de la justice de paix du canton où la société a son siège principal. Il en sera donné récépissé.

« Un des exemplaires des statuts et de la liste des membres de la société sera, par les soins du juge de paix, déposé au greffe du tribunal de commerce de l'arrondissement.

« Chaque année, dans la première quinzaine de février, le directeur ou un administrateur de la société déposera en double exemplaire, au greffe de la justice de paix du canton, avec la liste des membres faisant partie de la société à cette date, le tableau sommaire des recettes et des dépenses, ainsi que des opérations effectuées dans l'année précédente. Un des exemplaires sera déposé, par les soins du juge de paix, au greffe du tribunal de commerce.

« Les documents déposés aux greffes de la justice de paix et du tribunal de commerce seront communiqués à tout requérant. »

La publicité prescrite par cet article diffère donc essentiellement de la publicité établie pour les sociétés ordinaires par les art. 55 et suivants de la loi de 1867. Tout d'abord, l'insertion d'un extrait de l'acte constitutif dans un journal d'annonces légales n'est plus nécessaire.

Puis la loi de 1894 ne prescrit que le dépôt, en double exemplaire, des statuts et de la liste des administrateurs et des sociétaires, et cela seulement au greffe de la justice de paix ; c'est au juge de paix lui-même à déposer un des exemplaires au greffe du tribunal de commerce, ou à défaut de tribunal de commerce, au greffe du tribunal civil de l'arrondissement.

Les formalités de publicité sont donc très simplifiées. Mais à d'autres points de vue, la loi de 1894 est plus rigoureuse que la loi de 1867. Ainsi, le dépôt au greffe de la justice de paix doit être opéré non pas seulement dans le mois de la constitution de la société, mais bien avant que la société puisse commencer ses opérations.

Enfin le quatrième alinéa de l'art. 5 ajoute à la publicité originaire une publicité annuelle : la comptabilité des sociétés de crédit agricole devient une comptabilité publique.

Les modifications qui seraient apportées aux statuts sociaux dans le cours de la société doivent être publiées, au même titre que les statuts sociaux eux-mêmes, bien que la loi de 1894 n'ait pas prescrit cette publicité. Mais dans le silence de la loi, le défaut de dépôt des modifications statutaires ne saurait entraîner les sanctions pénales édictées par l'art. 6.

3685. — **Prélèvements et répartitions.** — L'art. 3 est ainsi conçu :

« Les statuts détermineront les prélèvements qui seront opérés au profit de la société sur opérations faites par elle.

« Les sommes résultant de ces prélèvements, après acquittement des frais généraux et payement des intérêts des emprunts et du capital social, seront d'abord affectées, jusqu'à concurrence des trois quarts au moins, à la constitution d'un fonds de réserve, jusqu'à ce qu'il ait atteint au moins la moitié de ce capital.

« Le surplus pourra être réparti, à la fin de chaque exercice, entre les syndicats et entre les membres des syndicats au prorata des prélèvements faits sur leurs opérations. Il ne pourra, en aucun cas, être partagé, sous forme de dividende, entre les membres de la société.

« A la dissolution de la société, ce fonds de réserve et le reste de l'actif seront partagés entre les sociétaires, proportionnellement à leur souscription, à moins que les statuts n'en aient affecté l'emploi à une œuvre d'intérêt agricole. »

Ainsi, les bénéfices réalisés par les sociétés de crédit agricole doivent être affectés à l'acquittement des frais généraux de la société et au payement des intérêts des emprunts et du capital social, tels qu'ils ont été déterminés par les statuts sociaux.

Puis, ces prélèvements opérés, le surplus des bénéfices, jusqu'à concurrence des trois quarts au moins, doit être affecté, d'après le deuxième alinéa de l'art. 3, à la constitution d'un fonds de réserve, jusqu'à ce que ce fonds de réserve ait atteint la moitié au moins du capital social.

Peu importe que la société soit à capital variable et que son capital ait été plus ou moins diminué par suite de retraites d'associés. Le fonds de réserve ne suit pas les oscillations de ce capital ; il est fixé d'après le montant du capital social originaire.

Mais il n'y aurait plus de réserve obligatoire, si la société était constituée sans capital social et sur la base unique de la responsabilité personnelle et solidaire des associés. Dans ce cas, les statuts déterminent librement la constitution du fonds de réserve et le quantum de ce fonds.

Le dernier quart des bénéfices peut alors être réparti entre les syndicats et les membres des syndicats qui ont fait des opérations avec la société, au prorata des prélèvements effectués sur ces opérations ; cette répartition est d'ailleurs facultative. Dans aucun cas, ces bénéfices ne peuvent être partagés, sous forme de dividende, entre les associés.

Cependant, à la dissolution de la société, l'actif social, y compris le fonds de réserve, sera partagé entre les associés proportionnellement à leurs souscriptions, sauf si les statuts sociaux l'ont affecté à une œuvre d'intérêt agricole.

3686. — **Dissolution.** — Les statuts doivent déterminer les conditions de la dissolution de la société. Les parties ont ici encore une liberté absolue. En cas de silence des statuts, la société, étant une société de personnes, cesse en conformité des principes de l'art. 1865 C. civ.

Toutes les stipulations relatives à la continuation de la société, en cas de décès d'un associé, avec ses héritiers, etc., peuvent être énoncées, mais à la condition que les héritiers fassent partie du syndicat agricole qui a fourni les éléments de la société. Si la société est à capital variable, la société n'est pas dissoute par la mort, la retraite, l'interdiction, la faillite ou la déconfiture des associés.

La société peut être dissoute par la justice pour motifs légitimes, conformément à l'art. 1871 C. civ., ou encore, aux termes de l'art. 6 de la loi, à la diligence du procureur de la République, en cas de violation des statuts ou des dispositions de la loi.

3687. — **Impôts.** — Les sociétés de crédit agricole sont exemptes du droit de patente et de l'impôt des valeurs mobilières (art. 4, dern. al.).

Ainsi, la loi exempte formellement les sociétés de crédit agricole de l'impôt des patentes et de l'impôt de 4 0/0 sur le revenu des valeurs mobilières. Les intérêts payés aux associés pendant le cours de la société ne supportent donc pas cet impôt de 4 0/0, et il en est de même pour les réserves qui seront réparties entre les associés à la dissolution de la société (Arthuys, *loc. cit.*, p. 346 et suiv.).

Les sociétés de crédit agricole sont également exemptes du droit d'enregistrement de 0,20 0/0 établi par la loi du 28 avril 1893 sur les actes de société. Il est vrai que l'art. 4 ne parle pas de cette exemption. Mais elle résulte des travaux préparatoires de la loi de 1894 : un amendement ayant pour objet d'établir ce droit fut en effet retiré à la Chambre des députés, sur l'observation, plusieurs fois répétée au cours des débats, qu'il n'y avait ici à proprement parler d'acte constitutif de société, mais simplement des statuts sociaux (*J. off.*, Chambre, *Déb. parl.*, juin 1892, p. 371.— *Sic* : Godde, p. 161 à 163 ; Arthuys, *loc. cit.*, p. 344 et suiv. — *Contrà* : Benoît-Lévy, *Lois nouvelles*, 15 avr. 1895).

Mais les sociétés de crédit agricole sont soumises aux autres impôts qui grèvent les sociétés, notamment à l'impôt du timbre (Sol. Régie, 30 août 1900, *J. S.*, 1902.282), et au droit de transmission en cas de cession de parts de sociétaires (Godde, p. 614).

La loi du 5 novembre 1894 est applicable à l'Algérie et aux colonies (art. 7).

CHAPITRE V

DES SOCIÉTÉS DE CRÉDIT MARITIME

3688. — Loi du 4 décembre 1913 réorganisant le crédit maritime mutuel (1) :

TITRE PREMIER

Définitions.

Art. 1er. — L'institution du crédit maritime mutuel a exclusivement pour objet de faciliter aux personnes désignées à l'art. 2 les opérations se rattachant à la capture, à l'élevage, au parcage, à la conservation et à la vente des produits des eaux maritimes ou du domaine maritime.

Ces opérations sont notamment les suivantes : construction et achat de bateaux de pêche ; achat d'instruments nautiques, de matériel d'armement, d'engins de pêche, d'appâts, de combustibles et de matières grasses ; exécution de travaux pour l'exploitation du domaine maritime ; achat de crustacés, d'huîtres et d'autres mollusques pour le peuplement des parcs et réservoirs ; achat d'objets d'équipement individuel spécial à la pêche ou à l'exploitation de concessions et objets destinés directement à l'approvisionnement des bateaux de pêche ; transport des produits de la pêche aux stations de chemins de fer.

Art. 2. — Peuvent participer à l'institution du crédit maritime mutuel les personnes appartenant à l'une des quatre catégories ci-après :

1º Les marins pêcheurs pratiquant la pêche maritime comme moyen d'existence, les femmes exerçant la même profession ;

2º Les anciens marins pêcheurs pensionnés de la caisse des invalides de la marine ou de la caisse nationale de prévoyance des marins français, ou devenus physiquement hors d'état de naviguer, s'ils sont propriétaires de tout ou partie d'une embarcation de pêche ;

3º Les concessionnaires d'établissements de pêche sur le domaine maritime exploitant eux-mêmes ces établissements ou ayant cessé de les exploiter pour cause d'incapacité physique.

4º Les veuves des personnes visées aux trois paragraphes précédents et leurs orphelins jusqu'à la majorité du plus jeune.

(1) V. décrets du 12 avr. 1914, D. 1915.4.134 ; du 22 janvier 1915, D. 1915.4.136.

TITRE II

Sociétés de crédit maritime mutuel. — Dispositions générales.

ART. 3. — Le crédit maritime mutuel s'exerce par la constitution de caisses régionales et de caisses locales.

Ces caisses peuvent être formées par un ou plusieurs des groupements ci-après énumérés, ainsi que par les personnes visées à l'art. 2 de la présente loi, à la condition qu'elles soient affiliées à l'un de ces mêmes groupements :

Syndicats professionnels maritimes ;

Sociétés coopératives maritimes ;

Sociétés d'assurances mutuelles contre les risques du matériel de pêche ;

Prud'homies de pêche.

Peuvent également faire partie des sociétés de crédit maritime mutuel, à titre de membres honoraires, les personnes ne figurant pas dans les quatre catégories de l'art. 2, mais disposées à leur prêter un appui tant moral que financier.

Toutefois ces personnes ne peuvent participer à aucun des avantages du crédit maritime mutuel, elles ne peuvent entrer dans le conseil d'administration des sociétés que dans la limite d'un tiers des membres dudit conseil, sans que la présidence puisse leur en être confiée. Elles ne peuvent prétendre à aucune rémunération autre que celle leur revenant à titre d'intérêt de leurs parts.

ART. 4. — Le capital social des sociétés de crédit maritime mutuel est constitué à l'aide de souscriptions réalisées par les membres actifs et honoraires des sociétés.

Ces souscriptions forment des parts qui peuvent être inégales ; elles sont nominatives et ne sont transmissibles que par voie de cession et avec l'agrément de la société.

Toutefois les parts souscrites par les membres honoraires ne peuvent dépasser le tiers du capital social.

ART. 5. — Une société de crédit maritime mutuel ne peut être constituée qu'après versement du quart du capital souscrit.

Dans le cas où la société est constituée sous la forme de société à capital variable, le capital ne peut être réduit, par les reprises des apports des sociétaires sortants, au-dessous du montant du capital de fondation.

ART. 6. — Les statuts déterminent le siège et la circonscription de la société de crédit, son mode d'administration, les conditions nécessaires à la modification de ses statuts et à la dissolution de la société, la composition du capital, la proportion dans laquelle chacun de ses membres contribue à sa constitution, et, s'il y a lieu, les conditions de retrait de ces parts.

Ils déterminent le maximum des dépôts à recevoir en comptes courants.

Ils rappellent l'étendue et les conditions de la responsabilité incombant à chacun des sociétaires dans les engagements pris par la société.

Les sociétaires ne peuvent être libérés de leurs engagements qu'après la liquidation des opérations contractées par la société antérieurement à leur sortie.

ART. 7. — Les statuts déterminent les prélèvements opérés au profit de la société sur les opérations faites par elle.

Les sommes résultant de ces prélèvements, après acquittement des frais généraux et paiement des intérêts des emprunts et du capital social sont d'abord affectés à la constitution d'un fonds de réserve jusqu'à ce qu'il ait atteint la moitié de ce capital. Le fonds de réserve est affecté à la garantie des engagements sociaux et notamment au remboursement des avances consenties par l'État.

L'excédent, s'il y a lieu, peut être réparti en fin d'exercice entre les sociétaires au prorata des prélèvements faits sur leurs opérations.

Il ne peut être réparti de dividende.

Lors de la dissolution de toute société ayant bénéficié, d'une manière directe ou indirecte, des avances de l'État, le fonds de réserve et le reste de l'actif, après remboursement des parts, ne pourront être partagés entre les membres. Ils seront affectés, après agrément du ministre de la Marine, sur l'avis de la commission prévue à l'art. 13 ci-après, à des sociétés similaires de crédit maritime mutuel, ou, à leur défaut, à des œuvres d'intérêt ou de bienfaisance maritimes désignées par le conseil d'administration.

Art. 8. — Les sociétés de crédit instituées par la présente loi sont des sociétés commerciales dont les livres doivent être tenus conformément aux prescriptions du Code de commerce.

Art. 9. — Les conditions de publicité prescrites pour les sociétés commerciales ordinaires sont remplacées par les dispositions suivantes :

Avant toute opération, les statuts, avec la liste complète des administrateurs ou directeurs et des sociétaires, indiquant leurs nom, profession, domicile et le montant de chaque souscription sont déposés, en double exemplaire, au greffe de la justice de paix du canton où la société a son siège principal. Il en est donné récépissé.

Un des exemplaires des statuts et de la liste des membres de la société est, par les soins du juge de paix, déposé au greffe du tribunal de commerce de l'arrondissement.

Chaque année, dans la première quinzaine de février, le directeur ou administrateur de la société dépose, en double exemplaire, au greffe de la justice de paix du canton, avec la liste des membres faisant partie de la société à cette date, le tableau sommaire des recettes et dépenses, ainsi que des opérations effectuées dans l'année précédente. Un des exemplaires est déposé par les soins du juge de paix au greffe du tribunal de commerce.

Les documents déposés au greffe de la justice de paix du tribunal de commerce sont communiqués à tout requérant.

Art. 10. — Les membres chargés de l'administration de la société sont personnellement responsables, en cas de violation des statuts ou des dispositions de la présente loi, du préjudice résultant de cette violation.

En outre, en cas de fausse déclaration relative aux statuts et aux noms et qualités des administrateurs, des directeurs ou des sociétaires, ils peuvent être poursuivis et punis d'une amende de 16 à 500 francs.

TITRE III

Caisses locales et régionales de crédit maritime mutuel.

Art. 11. — Les caisses locales de crédit maritime, constituées d'après les dispositions du titre II de la présente loi, ont pour but de faciliter à leurs adhérents, avec l'aide des caisses régionales, les opérations qui ont trait à l'exercice de leur profession.

Elles peuvent recevoir des fonds de dépôts en comptes courants avec ou sans intérêts, se charger relativement aux opérations visées à l'art. 1er des recouvrements et des paiements à faire à leurs adhérents. Elles peuvent notamment contracter les emprunts nécessaires pour constituer ou augmenter leurs fonds de roulement.

Pour les opérations spécifiées à l'art. 1er, elles peuvent négocier, à leur caisse régionale, des effets souscrits par leurs membres et endossés par elles.

Enfin, elles peuvent consentir, avec l'agrément de la caisse régionale, des prêts individuels à long terme en vue des opérations prévues à l'art. 1er.

Le taux de l'intérêt applicable aux prêts consentis par elles ne peut dépasser un maximum fixé par le ministre de la marine, après avis de la commission prévue à l'art. 13 ci-après.

Art. 12. — Les caisses régionales instituées d'après les dispositions du titre II de la présente loi ont pour but :

1º D'escompter les effets souscrits par les membres des caisses locales et endossés par ces caisses ;

2º De mettre à la disposition des caisses locales les sommes nécessaires aux prêts individuels à long terme ;

3º De mettre à la disposition des sociétés coopératives maritimes les sommes nécessaires au fonctionnement de ces sociétés dans les conditions fixées par les art. 17 et suivants. Le taux de l'intérêt applicable aux opérations effectuées par les caisses régionales ne peut dépasser un maximum fixé par le ministre de la Marine après avis de la commission visée à l'art. 13.

Art. 13. — Les caisses régionales de crédit maritime mutuel constituées au capital minimum de 10.000 francs peuvent recevoir de l'Etat des avances sans intérêts prélevées sur un fonds constitué de la manière suivante :

1º A l'aide de subventions renouvelables accordées sur la retenue de 15 0/0 effectuée sur le produit des jeux dans les cercles et casinos en vertu de la loi du 15 juin 1907 ;

2º A l'aide de subventions renouvelables accordées sur les retenues affectées aux institutions utiles aux gens de mer par le paragraphe 3 de l'art. 21 de la loi du 7 avril 1902, modifié par l'art. 7 de la loi du 19 avril 1906 ;

3º Au cas où la portion disponible du fonds constitué au moyen de deux ressources indiquées ci-dessus reviendrait au-dessous du chiffre de 500.000 francs, à l'aide de prélèvements sur les avances prévues à l'art. 3 de la loi du 29 décembre 1911.

Toutefois ces prélèvements ne dépasseront pas un maximum de 2 millions de francs et devront être affectés spécialement au service des avances à court terme, tant aux caisses locales qu'aux sociétés coopératives.

Les avances consenties aux caisses régionales sont allouées par arrêté du ministre de la marine après avis d'une commission supérieure de crédit maritime mutuel, composée comme suit :

Trois sénateurs ;

Cinq députés ;

Un membre du Conseil d'Etat ;

Un membre de la Cour des comptes ;

Le gouverneur de la Banque de France ou son délégué ;

Trois représentants du ministère des finances, dont le directeur général des douanes et un inspecteur général des finances ;

Le directeur du service de crédit agricole au ministère de l'agriculture ;

Quatre représentants du ministère de la marine dont le directeur central de la navigation et des pêches maritimes et l'administrateur de l'établissement des invalides de la marine ;

Six personnes désignées pour trois ans, par le ministre de la marine, en raison de leur compétence particulière ;

Quatre représentants des caisses régionales de crédit maritime désignés par le ministre de la marine parmi les membres de ces sociétés ;

Quatre membres du Conseil supérieur de la navigation maritime ou du Conseil supérieur des pêches maritimes.

Tous les membres de la commission supérieure sont nommés par le ministre de la marine qui désigne, parmi eux, le président et le vice-président.

Art. 14. — Le montant des avances faites aux caisses régionales pour l'escompte des effets souscrits par les membres des caisses locales et endossés par ces caisses, ainsi que pour les prêts à faire aux sociétés coopératives, ne peut excéder le quintuple du montant de leur capital versé. Ces avances ne peuvent être faites pour une durée de plus de cinq ans.

Art. 15. — Le montant des avances faites aux caisses régionales, en vue des prêts individuels à long terme, ne peut excéder le quintuple du montant de leur capital versé, à la condition que les avances consenties en vertu des dispositions de l'art. 14 n'excèdent pas le triple du capital versé.

Un même bénéficiaire de prêt individuel à long terme ne peut recevoir plus de 40.000 francs, s'il s'agit d'un prêt consenti en vue de l'industrie de la pêche, ou plus de 5.000 francs s'il s'agit d'un prêt consenti en vue de l'exploitation du domaine maritime, le montant du prêt consenti ne pouvant excéder dans tous les cas les trois quarts de la valeur du gage constitué par l'emprunteur.

Ces avances ne peuvent être faites pour une durée de plus de dix ans.

TITRE IV

Coopératives maritimes.

Art. 16. — Les sociétés coopératives maritimes sont des sociétés qui, quel que soit leur régime juridique, sont constituées par des personnes, sociétés, syndicats ou associations de personnes appartenant aux catégories définies à l'art. 2 de la présente loi, en vue exclusivement des opérations prévues à l'art. 1er.

Art. 17. — Les sociétés coopératives maritimes peuvent se concerter entre elles, de manière à permettre aux membres de l'une de s'approvisionner dans les magasins de l'autre.

Art. 18. — Les caisses régionales peuvent accorder aux sociétés coopératives maritimes des prêts à long terme pour les opérations générales spécifiées à l'art. 1er et des prêts à court terme, uniquement pour l'achat des appâts.

Le montant de ces prêts ne peut excéder :

1o Pour les prêts à long terme, le triple du capital versé de la société coopérative bénéficiaire ;

2o Pour les prêts à court terme, le quintuple de ce même capital.

Art. 19. — Les avances et prêts prévus aux art. 14, 15 et 18 qui précèdent deviennent immédiatement remboursables en cas de violation des statuts des sociétés de crédit intéressées ou de modifications à ces statuts qui diminueraient la garantie de remboursement.

TITRE V

Garantie de remboursement des prêts individuels à long terme.

Art. 20. — Les sociétés de crédit maritime qui consentent des prêts individuels à long terme, en vue spécialement de l'exercice de l'industrie de la pêche, doivent exiger, en temps utile, des emprunteurs des garanties de remboursement constituées :

1o Par l'inscription au profit de la caisse locale intéressée d'une hypothèque maritime ;

2o Par un contrat d'assurance maritime passé par le titulaire du prêt soit avec une société d'assurances maritimes mutuelles, soit avec toute autre société d'assurances française et stipulant qu'en cas de sinistre, le bénéfice de l'assurance sera transféré à la caisse locale intéressée jusqu'à concurrence des sommes prêtées et non encore remboursées ;

3o Par un contrat d'assurance en cas de décès passé par le titulaire du prêt, soit avec la caisse nationale d'assurances autorisée à fonctionner en France et garantissant à la caisse locale, soit par le contrat lui-même, soit par un avenant, le paiement des sommes restant dues à ladite caisse au moment du décès de l'assuré.

En outre des garanties peuvent être constituées par tous les autres gages que peut offrir l'emprunteur ou par les cautions solidaires qu'il présentera.

Si les gages sont des gages réels, cette garantie peut être substituée jusqu'à concurrence des sommes qu'ils représentent aux garanties envisagées aux paragraphes 1, 2, 3 ci-dessus.

Art. 21. — L'art. 36 de la loi du 10 juillet 1885 est complété par un paragraphe 2 ainsi conçu :

« Les navires à voiles ou à vapeur de 5 à 20 tonnes de jauge brute, ou les navires munis d'un autre moyen de propulsion mécanique de 3 à 20 tonneaux de jauge brute totale, sont toutefois susceptibles d'hypothèques au cours de leur construction ou pendant les trois mois suivant leur mise en service ou la transformation de leur mode de propulsion, mais exclusivement au profit soit du constructeur pour la garantie du paiement du prix de vente, soit des sociétés de crédit maritime et de l'État, pour la garantie du remboursement de leurs prêts et avances. »

Art. 22. — Dans le cas où le titulaire d'un prêt individuel à long terme assure le gage de son prêt à une société d'assurances maritimes mutuelles, cette dernière doit, au préalable, avoir reçu l'agrément de la caisse régionale de crédit maritime intéressée.

Art. 23. — Les sociétés de crédit maritime qui consentent des prêts individuels à long terme, en vue des opérations visées à l'art. 1er et autres que l'industrie de la pêche proprement dite, doivent exiger en temps voulu, des emprunteurs, des garanties de remboursement constituées :

1º Par un warrant sur les produits de l'exploitation consenti au profit de la caisse locale jusqu'à concurrence de la somme due ;

2º Par un contrat d'assurance passé par le titulaire du prêt,soit avec une société d'assurances maritimes mutuelles dans les conditions prévues à l'art. 20, soit avec toute autre société d'assurances autorisée à fonctionner en France et stipulant qu'en cas de sinistre le bénéfice de l'assurance sera transféré à la caisse locale intéressée jusqu'à concurrence des sommes prêtées et non encore remboursées.

Dans le cas où, à raison des conditions de l'exploitation, une assurance ne peut être consentie, la caisse locale exige de l'emprunteur, en sus de l'intérêt du prêt, une contribution dont le taux sera fixé par le ministre de la marine après avis de la commission supérieure. Le produit de ce prélèvement supplémentaire sert à la constitution d'un fonds de réserve spécial commun à toutes les caisses de crédit maritime et administré dans les conditions à déterminer par le décret prévu à l'art. 25 ci-après ;

3º Par un contrat d'assurance en cas de décès passé par le titulaire du prêt, soit avec la caisse nationale d'assurance en cas de décès, soit avec toute autre société d'assurance autorisée à fonctionner en France et garantissant à la caisse régionale, soit par le contrat lui-même, soit par un avenant, le paiement des sommes restant dues à ladite caisse au moment du décès de l'assuré.

En outre des garanties peuvent être constituées par tous autres gages que peut offrir l'emprunteur ou par les cautions solidaires qu'il présentera. Si les gages présentés sont des gages réels, cette garantie peut être substituée à tout ou partie des garanties envisagées aux paragraphes 1, 2, 3 ci-dessus.

Art. 24. — Les détenteurs d'établissements de pêche destinés exclusivement à la capture, à l'élevage, au parcage, à la conservation et à la vente des crustacés et des mollusques autres que l'huître sont admis à bénéficier au même titre que les ostréiculteurs, du warrantage des produits de leur exploitation dans les conditions prévues par la loi du 30 avril 1906.

TITRE VI

Contrôle et surveillance des sociétés de crédit maritime.

Art. 25. — Un décret rendu sur la proposition des ministres de la marine et des finances, après avis de la commission supérieure, détermine les délais d'application de la présente loi et notamment les moyens de contrôle et de surveillance à exercer par le ministre de la Marine sur les sociétés de crédit maritime

TITRE VII

Dispositions transitoires.

Aʀᴛ. 26. — Les sociétés de crédit maritime mutuel, les coopératives maritimes, les sociétés d'assurances maritimes mutuelles existantes au moment de la promulgation de la présente loi sont tenues, dans un délai d'un an à partir de cette date, de mettre leurs statuts en harmonie avec les dispositions qui précèdent.

Aʀᴛ. 27. — La présente loi est applicable à la France et à l'Algérie. Elle n'entrera en vigueur qu'à partir de la date de la publication du décret prévu à l'art. 25.

Aʀᴛ. 28. — Sont abrogées les lois des 28 avril 1906, 18 juin 1909 et 25 mars 1910.

CHAPITRE VI

DES SOCIÉTÉS DE CAPITALISATION ET SOCIÉTÉS D'ÉPARGNE

3689. — Depuis plusieurs années, de très nombreuses sociétés s'étaient constituées sous la dénomination de « sociétés d'épargne et de capitalisation », ou encore de « sociétés pour la reconstitution des capitaux », qui avaient pour but, apparent tout au moins, de faire bénéficier la petite épargne individuelle des avantages de la capitalisation.

Les opérations auxquelles se livraient ces sociétés étaient infiniment variées, de même que leurs tarifs de capitalisation, les contrats qu'elles proposaient au public, les règles qui présidaient soit aux versements des sociétaires, soit au remboursement de leurs capitaux. Pourtant certains caractères communs se rencontraient chez toutes : ces sociétés étaient toujours constituées à long terme, en général pour une durée de quatre-vingt-dix-neuf ans, avec faculté de prorogation. Le placement de leurs fonds par les sociétaires s'effectuait sous forme de cotisation, parfois unique, le plus souvent périodique ; et dans ce dernier cas, les cotisations, toujours minimes, s'échelonnaient sur une série plus ou moins longue d'années ou de mois. Le remboursement aux sociétaires se faisait tantôt sous forme de capital fixe, tantôt sous forme de pension ; il avait lieu soit à une époque déterminée d'avance, mais toujours éloignée (vingt-cinq, cinquante, quatre-vingt-dix-neuf ans), soit à une date indéterminée et par voie de tirage au sort : le montant du remboursement promis était toujours supérieur (souvent décuple) à la somme des versements de cotisations exigés.

Quant à la forme que revêtaient ces sociétés, elle était double : elles se présentaient soit comme des mutualités, soit comme des sociétés anonymes.

3690. — Ces sociétés prenaient de plus en plus de développement lorsqu'une jurisprudence vint mettre en question la validité de leurs opérations. Cette jurisprudence ressort d'un jugement du tribunal civil de Lyon du 1er avril 1898 (*Monit. jud. Lyon*, 4 mai 1898), rendu dans l'affaire de « l'Avenir des familles » et dé « l'Epargne lyonnaise », qui a été confirmé par la Cour de Lyon, le 19 juillet 1898 (*J. S.*, 1899. 257) ; la Cour de cassation a rejeté le pourvoi le 18 décembre 1899 (*J. S.*, 1900.152. — V. aussi Paris, 25 mars 1870, S. 70.2.313). Les deux sociétés dont l'existence était en cause ont été annulées principalement en raison de leur objet illicite, comme s'adonnant à des opérations de loterie prohibées par la loi du 21 mai 1836 (art. 20). La jurisprudence, en effet, a assimilé à une loterie, et condamné comme telle, l'obligation prise par les associations susdites de rembourser leurs sociétaires à des dates successives et très diverses, fixées par voie de tirage au sort, et avec une prime très élevée et cela, bien que la somme promise à tous fût la même, parce que le tour de remboursement, déterminé par le sort, crée un gain au profit des uns et au préjudice des autres, — celui qui reçoit 100 francs au bout d'un an, percevant une somme en réalité beaucoup plus élevée que celui qui reçoit les mêmes 100 francs au bout de cinquante ans seulement. — La Cour de cassation, ch. crim., revint cependant en partie sur sa jurisprudence : par arrêt du 24 avril 1902, S. 1903.1.156, D. 1903.1.373, elle déclara que la loi de 1836 n'interdit que les opérations où la voie du sort est la condition de l'acquisition du gain et non celles où, le gain étant déjà acquis, le sort ne fait que fixer l'*époque* du paiement.

3691. — A la suite de ces décisions et pour faire cesser certains scandales dont s'était émue l'opinion publique, les Chambres ont voté la loi relative à l'enregistrement, au contrôle et à la surveillance des sociétés de capitalisation, du 19 décembre 1907, complétée par huit décrets du 1er avril 1908 et par un autre décret du 17 juillet 1908.

3692. — Il convient de remarquer que la loi de 1907 assujettit à ses dispositions les entreprises françaises ou étrangères *de toute nature*, qui, sous le titre de sociétés de capitalisation, de reconstitution de capitaux ou *sous toute autre dénomination* font appel à l'épargne. — Les éléments essentiels que l'on doit retrouver pour déclarer assujettie à la loi de 1907 une entreprise quelconque sont les suivants : 1° la société doit faire appel à l'épargne, — 2° cet appel doit être fait en vue *de la capitalisation*, — 3° et surtout, la société doit contracter, en échange des versements qu'elle exige de ses adhérents, des *engagements déterminés*. C'est là le point essentiel : pour qu'il y ait société de capitalisation, il faut que celle-ci prenne des engagements *déterminés* ; peu importe la forme qu'ils revêtent : du moment qu'il y aura engagement déterminé, il y aura société de capitalisation. Peu importe également la forme sous laquelle seront faits les versements des adhérents :

uniques ou périodiques, directs ou indirects (Trib. corr. Seine, 19 nov. 1909, *J. S.*, 1910.423, confirmé par Paris, 24 fév. 1911, *L'Information*, numéro du 16 avril 1911 ; — Trib. civ. Seine, 26 juin 1911).

En résumé, les sociétés de capitalisation se distinguent des sociétés d'assurances sur la vie, en ce que, dans leurs combinaisons, la durée de la vie humaine n'intervient pas ; elles se distinguent de sociétés dites d'épargne qui, comme elles, font appel à l'épargne en vue de la capitalisation, en ce qu'elles prennent des *engagements déterminés*, tandis que les sociétés d'épargne n'en prennent aucun vis-à-vis de leurs adhérents.

3693. — Ainsi, doit être considérée comme une entreprise de capitalisation la société qui comporte l'engagement de remettre à ses sous-cripteurs,en échange de versements uniques ou périodiques, un capital ou certains titres déterminés, indépendamment du produit de leur participation aux tirages et à la jouissance de valeurs à lots (Trib. corr. Seine, 19 nov. 1909, *J. S.*, 1910.423, confirmé par Paris, 24 fév. 1911, *L'Information*, numéro du 16 avril 1911 ; — Trib. civ. Seine, 26 juin 1911).— Cette décision est fort importante,car elle fait tomber sous l'application de la loi de 1907 toute une série de sociétés qui pratiquent les ventes à tempérament de valeurs à lots, du moins lorsque les conditions que nous avons ci-dessus dégagées se trouvent réunies.

3694. — Ne constitue pas une société de capitalisation soumise au contrôle et à la surveillance de l'Etat, organisés par la loi du 19 décembre 1907, dit un jugement du tribunal correctionnel de la Seine, la société fondée pour la constitution d'associations d'adhérents, aux-quels elle promet qu'au bout d'un certain temps, les adhérents de chaque série se partageront la valeur qu'aurait à cette époque un certain nombre de titres déterminés ; il n'y a pas, en effet, dans cette combinaison, les engagements déterminés, constitutifs de la société de capitalisation, aux termes de l'art. 1er de ladite loi, le nombre des adhérents devant profiter de ce partage étant doublement indéterminé, puisque, d'une part, les statuts ne fixent pas le nombre des adhérents de chaque série et que, d'autre part, le nombre que la direction avait arbitrairement admis au début diminue d'année en année, par suite des déchéances résultant du non-paiement des cotisations.

Constitue une loterie non autorisée et non une véritable société d'épargne, la société ayant pour objet la participation entre ses adhérents pendant un certain temps au partage de lots pouvant échoir à des valeurs affectées aux porteurs de bons, alors que les adhérents ne cherchent pas à faire un placement et à recevoir des avantages équivalents à leurs déboursés, mais acceptent l'attribution de valeurs à lots, dont le prix est inférieur à leur versement, la différence constituant un enjeu qu'ils exposent, afin de profiter des chances de gain de l'opération.

N'entrent pas dans la catégorie des fonds ou objets qui seront trouvés exposés au jeu ou mis à la loterie et qui doivent être confisqués aux termes de l'art. 410 du Code pénal, les titres de ladite société, lorsqu'ils forment la propriété indivise des adhérents dès le premier versement de leur souscription, qu'ils n'avaient pas à être acquis ultérieurement par la voie du sort et que la direction de l'entreprise les détenait seulement à titre de dépôt.

En ce qui concerne les fonds provenant de versements effectués par les adhérents de ladite société, le tribunal ne saurait non plus en ordonner la confiscation, les adhérents ne pouvant être réputés avoir pris part à une opération de loterie, lorsqu'ils ont été attirés par des manœuvres frauduleuses et sont, en réalité, des victimes dignes de protection et non des joueurs méritant une peine (Trib. corr. Seine, 24 juin 1912, *Gaz. Soc.*, 1912.537).

3695. — Doit être considérée, dit un autre jugement, comme société de capitalisation l'entreprise ayant pour objet de proposer des obligations d'épargne garantissant un capital-espèces, contre des versements périodiques.

Encourt, en conséquence, les pénalités de la loi du 19 décembre 1907 le directeur de ladite société, qui fait des opérations sans avoir obtenu l'enregistrement du ministère du travail (Paris, 24 fév. 1911, *Gaz. Soc.*, 1912.223).

3696. — La loi du 19 décembre 1907 soumet à l'enregistrement préalable par le ministre du travail les entreprises françaises ou étrangères de toute nature qui, sous le titre de sociétés de capitalisation, de reconstitution de capitaux, ou sous toute autre dénomination, font appel à l'épargne en vue de la capitalisation et contractent, en échange de versements uniques ou périodiques, des engagements déterminés.

L'entreprise de capitalisation comporte 3 éléments essentiels : 1° L'appel à l'épargne ; 2° La capitalisation des sommes versées ; 3° Un engagement déterminé, en échange de versements.

Il est illicite de créer et d'émettre des titres d'obligations qui représentent des fractions de valeurs à lots régulièrement autorisées. Les valeurs à lots autorisées par le législateur ne peuvent être ni dénaturées, ni transformées dans une de leurs conditions essentielles, et la création de titres dénaturant les valeurs autorisées constitue une infraction à la loi du 21 mai 1836 sur les loteries.

Lorsque les juges rencontrent, dans une société, en fait l'existence de ces éléments, ils relèvent régulièrement les délits prévus et réprimés par les art. 1, 2 et 16 de la loi du 19 décembre 1907 (Trib. corr. Lyon, 5 juin 1913, *Gaz. Soc.*, 1913.467).

3697. — La loi du 19 décembre 1907 assujettit les sociétés de capitalisation au même enregistrement, au même contrôle et à la même surveillance que les sociétés d'assurances sur la vie : la loi de 1907 est calquée, presque textuellement, sur la loi du 17 mars 1905. — Elle a été mise en application par une série de décrets qui sont également calqués sur les décrets que nous avons cités relatifs au contrôle et à la surveillance des sociétés d'assurances sur la vie. Huit décrets, tous du 1er avril 1908, règlent, exactement dans les mêmes formes que pour les sociétés d'assurances sur la vie, les formes de l'enregistrement des entreprises de capitalisation, la déchéance de l'enregistrement, les dépenses de premier établissement, la réserve de garantie, le taux d'intérêt maximum et le chargement minimum d'après lequel doivent être calculés les tarifs de versements ou cotisations des opérations à réaliser par elles, les dépôts de valeurs à la Caisse des dépôts et consignations par les entreprises étrangères, l'inscription des contrats et les conditions de fonctionnement de leurs entreprises de gestion.

3698. — Enfin le décret du 17 juillet 1908 déclare que leur actif doit être employé et évalué dans les conditions fixées par le décret du 9 juin 1906 pour les entreprises d'assurances sur la vie, mais avec l'adjonction suivante : « Toutefois, dans la proportion du quart visée au paragraphe 3 de l'art. 1er dudit décret, peuvent figurer, jusqu'à concurrence de 15 0/0 de l'actif total, les prêts effectués dans les conditions prévues par la loi du 6 ventôse an XIII », c'est-à-dire les prêts sur cautionnements. — Deux arrêtés du 25 juillet 1910 (*J. off.* du 4 août 1910) ont déterminé le modèle de l'état des modifications survenues dans l'actif des sociétés, ainsi que celui des états qu'elles doivent annexer à leur compte rendu et produire au ministère du travail.

3699. — La loi de 1907 n'est pas cependant une copie textuelle de la loi de 1905 ; la nature différente des opérations d'assurance et de capitalisation s'opposait à une assimilation absolue ; d'autre part, la loi a voulu éviter un certain nombre d'abus que la pratique avait révélés dans les sociétés de capitalisation et elle a pris des précautions tant à l'égard des sociétés de capitalisation à fonder que de celles qui existaient au jour de sa promulgation.

L'art. 4 de la loi de 1907, qui pose à cet égard le principe général, est ainsi conçu : — « Les entreprises doivent spécifier, dans leurs contrats et leurs statuts : — 1° Leur objet, leur titre et leur siège ; — 2° L'interdiction de percevoir, sous quelque forme que ce soit, des droits d'entrée ; — 3° La limitation des sommes à prélever pour frais de gestion, en proportion des versements ; — 4° Les conditions de déchéance opposables aux souscripteurs pour retards dans les versements, sans que ces déchéances puissent avoir effet avant un délai d'un mois à dater du jour de l'échéance. Ce délai ne court, si le contrat est nominatif, qu'à partir d'une mise en demeure par lettre recommandée ; — 5° La quotité maximum que peuvent atteindre, le cas échéant, les retenues en cas de déchéance eu égard au montant et à la durée des versements effectués ; — 6° La substitution de plein droit de tous les héritiers des titulaires de contrats nominatifs auxdits titulaires, ainsi que l'interdiction pour l'entreprise de stipuler à leur décès aucun versement supplémentaire ou aucune retenue spéciale ; — 7° La durée maxima de la capitalisation pour les diverses catégories de contrats, sans que cette durée, à compter du premier versement effectué, puisse jamais excéder cinquante ans ; — 8° En cas de remboursements anticipés par voie de tirage au sort, les conditions de publicité dans lesquelles devront avoir lieu les opérations. — Les sociétés françaises, anonymes ou en commandite, doivent, en outre, stipuler dans leurs statuts leur dissolution obligatoire en cas de perte de la moitié du capital social ; les sociétés françaises à forme mutuelle doivent y déterminer le mode de règlement et l'emploi des sommes perçues. Si les contrats de l'entreprise prévoient la faculté d'opérer des remboursements directs ou indirects à époque indéterminée, par voie de tirage ou autrement, la durée de capitalisation ne peut jamais excéder trente-trois ans et toute combinaison de remboursement doit être au préalable enregistrée dans les formes prévues à l'art. 1er au vu des conditions et tableaux d'amortissement qui devront comporter, pour tous les souscripteurs d'une même série, le remboursement, soit de sommes égales, soit de sommes croissant avec les tirages successifs, sans que le dernier remboursement puisse excéder le double du premier. — Tout contrat doit reproduire le tableau d'amortissement le concernant et tout souscripteur, ou porteur, après chaque tirage, a droit, sur sa demande, à la délivrance gratuite de la liste intégrale des titres sortis dans les séries qui l'intéressent et non encore remboursés. »

3700. — Mais comme ces prescriptions, ainsi que celles sur les placements, étaient de nature à apporter un trouble profond dans le fonctionnement des sociétés de capitalisation si elles avaient été appliquée tout de suite, la loi de 1907, dans un titre consacré aux *dispositions transitoires*, a établi les dérogations suivantes :

« ART. 20. — Par dérogation à l'art. 5 ci-dessus, elles (les entreprises) ne seront pas tenues d'élever leur capital social au minimum spécifié audit article, à charge de justifier de l'existence d'une réserve de garantie égale à cinq pour cent (5 0 /0) au moins du montant des réserves mathématiques afférentes aux contrats réalisés avant la mise en vigueur du décret prévu à l'art. 9, § 5. — Elles pourront, d'autre part, si elles obtiennent l'enregistrement prévu à l'article précédent, conserver les placements antérieurement effectués par elles en conformité de leurs statuts, sans tenir compte des limitations imposées par le règlement d'administration publique prévu à l'art. 8, sous réserve de n'effectuer, à compter de sa promulgation, aucun placement dans les catégories pour lesquelles les limites fixées seront atteintes ou dépassées, et ce, jusqu'à ce que la proportion réglementaire soit rétablie. — Toutefois, l'emploi en placement sur première hypothèque pour la moitié au plus de la valeur estimative pourra, pendant une période maxima de vingt-cinq ans, être renouvelé pour une somme égale à celle que lesdites entreprises consacraient à cet emploi antérieurement au 1er juillet 1904.

« ART. 22. — Les limitations de durée de capitalisation spécifiées à l'art. 4 ne s'appliqueront pas aux contrats en cours au moment de la mise en vigueur de la présente loi. — Toutefois, à l'expiration d'un délai de cinquante ans à compter de la promulgation de la présente loi, ou d'un délai de vingt-cinq ans si les titres étaient stipulés remboursables à époque aléatoire, tout souscripteur ou porteur aura droit au remboursement immédiat du montant de la réserve mathématique de son contrat. Il devra exercer ce droit dans l'année qui suivra l'expiration desdits délais.

« ART. 23. — Les tableaux ou conditions d'amortissement correspondant aux contrats souscrits avant la production prescrite par le dernier alinéa de l'art. 4 devront être gratuitement délivrés à tout souscripteur ou porteur qui en fera la demande. — Le passif et l'actif correspondant à l'exécution des contrats souscrits avant l'entrée en vigueur de la présente loi font l'objet d'une comptabilité spéciale.

« ART. 24. — Seront de plein droit réduits à une durée de vingt ans à partir du 1er janvier de l'année qui suivra celle de la promulgation de la présente loi les traités des sociétés de gestion des entreprises de capitalisation, s'ils comportent une durée plus longue. »

3701. — Les sociétés d'épargne sont soumises, pour leur constitution et leur fonctionnement, aux dispositions réglementaires de la loi du 3 juillet 1913. `

Aux termes de l'art. 1er, la loi de 1913 soumet à son régime les sociétés ou entreprises de toute nature, françaises ou étrangères, qui, sous quelque dénomination que ce soit, ont pour objet de réunir ou de capitaliser en commun les épargnes de leurs adhérents, sans prendre à leur égard d'engagements déterminés.

La loi s'applique également aux sociétés qui font appel à l'épargne, en vue de l'acquisition ou de la construction d'immeubles, à moins que leurs statuts ne soient approuvés en conformité de la loi du 12 avril 1906 sur les habitations à bon marché.

Il est interdit à ces sociétés de stipuler ou de réaliser aucune espèce de répartition par voie de tirage au sort, à moins que le tirage ait exclusivement pour objet de déterminer entre les ayants droit des attributions ou des priorités d'attribution ne réalisant au profit des attributaires aucun avantage particulier.

3702. — Ces sociétés doivent, préalablement à toute opération, déposer en triple exemplaire, à la préfecture du département ou à la sous-préfecture de l'arrondissement où elles ont leur siège social, leurs statuts et les noms, domiciles et professions de ceux qui, à un titre quelconque, sont chargés de leur administration et de leur direction. Il leur en sera donné récépissé.

Tout changement dans les statuts ou dans la direction sera notifié de même (art. 3).

Ces sociétés, ainsi rendues publiques, peuvent ester en justice, acquérir et aliéner à titre onéreux, et effectuer tous les actes de gestion prévus par leurs statuts en conformité de l'art. 1er (art. 4).

Ces sociétés doivent spécifier dans leurs contrats et leurs statuts :

1° Leur objet, leur titre et leur siège ;

2° La composition et les pouvoirs du conseil d'administration ;

3° La limitation, en proportion des versements, des sommes à prélever quelle qu'en soit la dénomination, pour le fonctionnement de la société ;

4° Les conditions de déchéance opposables aux souscripteurs pour retards dans les versements sans que ces déchéances puissent avoir effet avant un délai d'un mois à dater du jour de l'échéance ; ce délai ne court, si le contrat est nominatif, qu'à partir d'une mise en demeure par lettre recommandée ;

5° La quotité maximum que peuvent atteindre, le cas échéant, les retenues en cas de déchéance eu égard aux versements effectués ;

6° La substitution de plein droit de tous les héritiers de titulaires de contrats nominatifs auxdits titulaires, ainsi que l'interdiction pour la société de stipuler à leur décès aucun versement supplémentaire ou aucune retenue spéciale ;

7° La durée de capitalisation de chaque contrat sans que cette durée puisse excéder vingt-cinq ans du premier versement effectué jusqu'à l'achèvement de la répartition ;

8° L'emploi obligatoire du produit intégral des amendes et, s'il en existe, des droits d'entrée à la capitalisation en commun ;

9° La quotité ou la proportion maximum des disponibilités à conserver en caisse avant placement (art. 5).

Dans la huitaine du dépôt des statuts ou des modifications statutaires prévu à l'art. 3, un exemplaire de chacun de ces documents est transmis au ministre du travail et un autre au procureur de la République (art. 6).

Avant l'assemblée générale annuelle et obligatoire, un compte rendu sommaire de la situation de la société et de l'emploi des fonds devra être adressé à chaque adhérent au moins cinq jours avant la réunion de l'assemblée (art. 7).

Les sociétés comptant moins de cent adhérents sont dispensées de cette notification si les statuts le spécifient.

Dans les sociétés non enregistrées, tous les adhérents sont convoqués aux assemblées générales.

Dans les sociétés enregistrées, les statuts déterminent le minimum de valeur des contrats qu'il est nécessaire d'avoir souscrit pour être admis aux assemblées. Tous souscripteurs de contrats d'une valeur inférieure à ce minimum pourront se réunir pour former le chiffre nécessaire et se faire représenter par l'un d'eux.

Toute infraction commise sciemment aux dispositions qui précèdent sera punie d'une amende de seize à cent francs (16 à 100 fr.), soit d'office, soit sur la plainte du ministre du travail ou de toute partie intéressée.

L'article 463 du Code pénal et la loi du 28 mars 1891 sont applicables (art. 8).

3703. — *Des sociétés d'épargne enregistrées.* — Sans préjudice de l'application des dispositions du titre 1er, sont assujetties à l'enregistrement préalable et au contrôle du ministre du travail, dans les conditions prévues par les art. 2 et 3 de la loi du 19 décembre 1907 :

1° Les entreprises qui ne sont point administrées et dirigées gratuitement ou qui comportent, sous une forme quelconque, une rémunération relative à la constitution ou à la gestion de la société ;

2° Celles qui ne répartissent le produit intégral de la capitalisation que dans un délai supérieur à quinze années à compter du premier versement (art. 9).

Le comité consultatif des assurances sur la vie et des entreprises de capitalisation comprendra, outre les membres prévus aux art. 10 de la loi du 17 mars 1905 et de la loi du 19 décembre 1907, un membre pris parmi les directeurs ou administrateurs de sociétés d'épargne (art. 10).

Sous déduction des frais de gestion statutaires, l'actif des entreprises françaises est affecté à la répartition aux adhérents, par un privilège qui prend rang après le paragraphe 6 de l'art. 2101 C. civ.

Pour les entreprises étrangères, les valeurs représentant la portion d'actif correspondante doivent, à l'exception des immeubles, faire l'objet d'un dépôt à la Caisse des dépôts et consignations. Le seul fait de ce dépôt confère privilège aux intéressés sur lesdites valeurs (art. 11).

Un règlement d'administration publique rendu sur la proposition des ministres du travail et des finances détermine les biens mobiliers en lesquels devra être effectué le placement de l'actif des entreprises françaises et étrangères visées au présent titre.

Cet actif pourra être employé, dans la proportion fixée aux statuts, en immeubles situés en France ou en Algérie.

Sont étendues aux entreprises visées par le présent titre, en tant qu'elles sont susceptibles de leur être applicables, les dispositions des art. 11, 12, 13, 14, 15, 16, 17 et 18 de la loi du 19 décembre 1907.

Des décrets rendus après avis du comité consultatif des assurances sur la vie régleront les dispositions prévues aux paragraphes 1, 2, 3, 7 et 8 de l'art. 9 de la loi du 19 décembre 1907. Ce dernier paragraphe est applicable aux sociétés de gestion des sociétés d'épargne (art. 12).

3704. — *Dispositions transitoires.* — Sont assujetties à la présente loi celles seulement des sociétés visées à l'art. 1er qui se constitueront, ou modifieront leurs fonctions, ou émettront des séries nouvelles d'épargne postérieurement à sa promulgation.

Toutefois, si elles rentrent dans les conditions spécifiées à l'art. 9, les entreprises françaises ou étrangères opérant en France ou en Algérie à l'époque de la promulgation de la présente loi sont tenues de se conformer immédiatement à ces dispositions et notamment de demander l'enregistrement dans les deux mois à compter de la publication des décrets prévus par les articles ci-dessus.

Sont applicables aux dites entreprises les trois derniers alinéas de l'art. 19 et l'art. 24 de la loi du 19 décembre 1907.

Elles pourront, si elles obtiennent l'enregistrement, conserver les placements effectués par elles, en conformité de leurs statuts, antérieurement à la promulgation de la présente loi (art. 13).

La limitation de durée prévue à l'art. 5 ne s'appliquera pas aux contrats d'épargne en cours au moment de la promulgation de la présente loi (art. 14).

La loi est applicable à l'Algérie (art. 15).

3705. — Des décrets multiples ont réglé les dépôts de valeurs, les dépenses de premier établissement, l'enregistrement des contrats : L. 18 fév. 1914, et particulièrement le décret suivant :

Le Président de la République française,

Sur le rapport du ministre du travail et de la prévoyance sociale ;

Vu la loi du 3 juillet 1913, relative aux sociétés d'épargne ;

Vu spécialement l'art. 12, 4e alinéa, de ladite loi, ainsi conçu :

« Des décrets rendus après avis du comité consultatif des assurances sur la vie régleront les dispositions prévues aux paragraphes 1er, 2, 3, 6, 7 et 8 de l'art. 9 de la loi du 19 décembre 1907. Ce dernier paragraphe est applicable aux sociétés de gestion des sociétés d'épargne » ;

Vu le paragraphe 7 de l'art. 9 de la loi du 19 décembre 1907 ;

Vu l'avis du comité consultatif des assurances sur la vie et des entreprises de capitalisation ;

Décrète :

ART. 1er. — Les entreprises sont tenues d'inscrire immédiatement après leur souscription les contrats qu'elles délivrent sur des registres spéciaux dans les conditions ci-après.

ART. 2. — Il doit être tenu un registre pour toute catégorie distincte de contrats d'épargne ou pour toute série ou association distincte d'épargne.

ART. 3. — L'inscription de chaque contrat doit comporter un numéro d'ordre, ainsi que le numéro général du contrat. Elle doit indiquer :

1o La date de souscription ;

2o Les nom, prénoms et adresse du souscripteur ;

3o Les nom, prénoms et adresse du bénéficiaire ;

4o Le montant brut des versements spécifiés au contrat ;

5º Le mode de paiement et l'échéance du premier de ces versements ;

6º Le nombre desdits versements ;

7º Le montant du droit d'entrée, s'il y lieu ;

8º La date d'échéance du contrat ;

9º Le montant des amendes, s'il y a lieu.

Art. 4. — Lorsque le souscripteur d'un contrat peut se libérer par anticipation de la totalité ou de partie des versements qui restent à effectuer, les versements faits par anticipation doivent être mentionnés à leur date, en regard du numéro du bon ou de la police.

Art. 5. — Toutes les annulations par suite d'échéance du contrat, de liquidation de séries ou associations, de déchéance, de remboursement anticipé ou pour toute autre cause, doivent être immédiatement mentionnées sur le registre, en regard de l'inscription. Il en est de même de toutes les modifications pouvant survenir dans le contrat primitif.

Art. 6. — Les prescriptions ci-dessus, en ce qui concerne les contrats souscrits antérieurement à l'enregistrement, ne seront pas obligatoires pour les entreprises qui justifieront que les indications portées sur leurs livres, relativement à ces contrats, correspondent d'une manière suffisante aux objets visés par lesdites prescriptions.

CHAPITRE VII

DES SOCIÉTÉS D'ASSURANCES CONTRE LES ACCIDENTS DU TRAVAIL ET DES SYNDICATS DE GARANTIE

3706. — Les organes privés d'assurances qui pratiquent l'assurance des risques contre les accidents du travail sont des sociétés anonymes, des sociétés d'assurances mutuelles ou des syndicats de garantie. Ils sont les uns et les autres soumis à des règles communes, mais ont chacun des dispositions spéciales les concernant (V. l'ouvrage précité de M. Sumien, dans *Rép. dr. administratif*, V° *Sociétés d'assurances*).

3707. — *Règles communes.* — Tous ces organes français ou étrangers sans distinction doivent, pour pouvoir exercer les assurances contre les accidents du travail, obtenir l'approbation du gouvernement qui consiste, pour les sociétés anonymes et mutuelles, dans une affirmation administrative publiée au *Journal officiel* constatant qu'elles ont versé le cautionnement réglementaire ; pour les syndicats de garantie, dans une autorisation donnée suivant les cas par un décret ou un arrêté ministériel. Tous sont en outre soumis à une surveillance et à un contrôle administratif dont le principe est déposé dans l'art. 27 de la loi du 9 avril 1898 et dont l'application est faite par un règlement d'administration publique du 28 février 1899 modifié le 27 décembre 1906 et un grand nombre d'arrêtés dont on trouvera le texte dans le *Recueil* publié par le ministère du travail, Contrôle des assurances privées, n° 1, Lois, règlements et circulaires. — Aux termes de l'art. 27 de la loi du 9 avril 1898 modifiée le 31 mars 1905, à toute époque, un arrêté du ministre du travail peut mettre fin aux opérations de l'assureur qui ne remplit pas les conditions prévues par la présente loi, ou dont la situation financière ne donne pas des garanties suffisantes pour lui permettre de remplir ses engagements. Cet arrêté est pris après avis conforme du Comité consultatif des accidents du travail, l'assureur ayant été mis en demeure de fournir ses observations par écrit dans un délai de quinzaine. Le Comité doit émettre son avis dans la quinzaine suivante. Le dixième jour, à midi, à compter de la publication de l'arrêté au *Journal officiel*, tous les contrats contre les risques régis par la loi de 1898 cessent de plein droit d'avoir effet, les primes restant à payer ou les primes payées d'avance n'étant acquises à l'assureur que dans la proportion de la période d'assurance réalisée, sauf stipulation contraire dans les polices.

Toutes les sociétés doivent constituer des réserves mathématiques, qu'elles peuvent ou gérer elles-mêmes ou déposer à la Caisse des dépôts et consignations ; dans ce dernier cas, le montant du cautionnement qu'elles doivent déposer est réduit de moitié (arrêtés ministériels des 29 mars et 5 mai 1899).

3708. — *Sociétés anonymes et mutuelles.* — Les unes et les autres, françaises ou étrangères, sont astreintes, par l'art. 27 précité, à constituer des réserves mathématiques ou des cautionnements dans les conditions déterminées par le règlement d'administration publique précité du 28 février 1899. Le montant des réserves mathématiques et des cautionnements est affecté par privilège au paiement des pensions et indemnités. Le montant du cautionnement, qui varie suivant que la société est française ou étrangère, ou encore, comme nous venons de le dire, suivant qu'elle a versé ou non à la Caisse des dépôts les capitaux constitutifs de ses rentes, est déterminé par les arrêtés des 29 mars et 5 mai 1899 ; comme nous le verrons, cette obligation du cautionnement n'est pas imposée aux syndicats de garantie.

Les sociétés anonymes ou mutuelles, à la différence encore des syndicats de garantie et aussi des sociétés d'assurances sur la vie, peuvent pratiquer l'assurance d'autres risques que ceux contre la responsabilité des accidents du travail. Mais elles sont alors astreintes à individualiser la comptabilité de ces risques et, aux termes de l'art. 10 du décret du 28 février 1899 précité, elles doivent « établir, pour les opérations se rattachant à ce risque en France, une gestion et une comptabilité absolument distinctes ».

3709. — *Syndicats de garantie.* — Les syndicats de garantie constituent un organisme nouveau dans notre législation des sociétés créée par la loi du 9 avril 1898 à laquelle une loi du 12 avril 1906 a apporté sur ce point de profondes modifications, dans le but de favoriser la création de ces syndicats. Leur constitution et leur organisation sont réglées également par le titre II du décret du 28 février 1899, modifié le 27 décembre 1906.

Ce qui caractérise le syndicat de garantie, c'est que tous ses membres sont responsables *solidairement* du paiement des indemnités mises à la charge du syndicat à la suite des assurances que les patrons adhérents ont contractées avec lui. C'est cette solidarité qui explique, d'une part, qu'aucun cautionnement n'est requis du syndicat, la solidarité paraissant constituer une garantie suffisante ; d'autre part, que le syndicat ne peut pratiquer que l'assurance des risques contre les accidents du travail.

Il y a deux sortes de syndicats de garantie : ceux, et ce sont les plus nombreux, qui ont adopté les statuts-types arrêtés par le décret du 27 décembre 1906 ; et ceux qui ont élaboré des statuts spéciaux. Les premiers sont autorisés par simple arrêté ministériel ; les seconds, par décret. — Mais le retrait d'autorisation des uns et des autres ne peut avoir lieu que par décret.

Une jurisprudence assez nombreuse considère les syndicats de garantie comme des sociétés civiles ; quelques décisions les assimilent à des sociétés d'assurances mutuelles, à tort, croyons-nous, car le syndicat de garantie a, par suite de la solidarité qui lie ses membres, une physionnomie tout à fait spéciale (V. Trib. Toulouse, 17 déc. 1903 ; — J. de p. Ivry, 13 juill. 1909 ; — trib. Grenoble, 14 janv. 1910 ;— trib. Pont-Audemer, 1er fév. 1911).

3710. — Sur l'ensemble des sociétés pratiquant les assurances contre les accidents du travail, on peut consulter les rapports publiés annuellement au *Journal officiel* par le ministère du travail.

Il a été décidé par la Cour de cassation (14 avr. 1902, *R. S.*, 1902. 422) qu'une société d'assurances mutuelles garantissant les risques relatifs aux accidents du travail d'après les règles du droit commun, avait besoin du vote unanime des actionnaires pour assumer les risques tels qu'ils résultent des accidents du travail d'après la loi de 1898. C'est un changement dans l'objet de la société (Cf. Seine,. 8 fév. 1904, *Gaz. Trib.*, 22 avr. 1904, *Gaz. Pal.*, 10 mai 1904).

CHAPITRE VIII

SYNDICATS DE PRODUCTEURS. — CORNERS. POOLS. TRUSTS. KARTELLS

3711. — Les syndicats, coalitions ou accords groupant des producteurs peuvent se diviser en deux classes distinctes suivant les buts poursuivis :

1º Ces coalitions sont formées dans un but de pure spéculation. Elles se proposent de provoquer une hausse rapide et factice des prix. C'est une opération à évolution essentiellement rapide. Les corners participent à cette catégorie et certains pools. Ces derniers entrent plutôt en général dans le deuxième groupe.

Le but de pareils agissements est certainement condamnable et leur existence porte une atteinte évidente aux libres lois économiques. La collectivité, bien que l'histoire démontre qu'elle ne reste jamais bien longtemps à la merci de la spéculation, n'en souffre pas moins un préjudice certain.

2º Le but poursuivi par la coalition est un but de défense. Les producteurs s'allient pour pallier à la dépréciation croissante du produit par des mesures appropriées, telles que la limitation de la production. Le but poursuivi est de maintenir le prix à un taux modéré et raisonnable, mais rémunérateur. L'opération se caractérise par une évolution lente. Dans bien des cas ces coalitions paraissent acceptables. Elles ne nuisent en rien à la collectivité. Bien plus, on a pu dire que le trust des Pétroles américains a été un bien réel parce qu'il a limité l'exploitation d'une richesse du sol menacée d'épuisement par la rapidité trop grande de l'extraction opérée jusqu'alors. Il convient de rattacher à cette seconde catégorie les pools et les trusts également appelés kartells.

Cette division est d'ailleurs celle adoptée par M. Henry Babled dans son ouvrage *Les Syndicats de producteurs et détenteurs de marchandises au double point économique et pénal* (Arthur Rousseau, éditeur, Paris, 1893).

L'auteur admet deux classifications :

1º Les syndicats de défense et les syndicats de coalition avec une subdivision : les syndicats de limitation et les syndicats de groupement ;

2º Les coalitions à évolution lente (pools, trusts) et les coalitions à évolution rapide (corners).

****

En résumé :

Corner. — On appelle « corner » la coalition, le syndicat ou l'accord conclu entre producteurs pour se rendre maîtres du marché dans le but de créer une hausse rapide et factice du prix. La caractéristique en est l'évolution rapide. C'est une spéculation condamnable parce qu'elle nuit, au moins temporairement, à la collectivité qu'elle tient à sa merci.

Pool. — On appelle « pool » la combinaison aux termes de laquelle les coalisés constituent une caisse commune dans laquelle est versée soit la totalité des bénéfices, soit une part de ceux-ci excédant un minimum déterminé. Cette opération agit comme un régulateur des prix.

Trust ou Kartell. — On appelle « trust » ou « kartell » la coalition opérée pour obtenir le monopole d'un produit ou tout au moins le « contrôle » du marché de ce produit, de façon à rester maître du prix du produit en réglant le débit de la production sur le marché.

L'opération, comme le « pool », est caractérisée par une évolution lente. Elle est admissible tant qu'elle se borne à défendre un prix raisonnable et modéré et qu'elle s'oppose seulement à un avilissement exagéré du prix de la marchandise.

En France, les kartells sont désignés sous le nom de cartels ou comptoirs. Le nombre des comptoirs est considérable en Allemagne, important dans les autres pays d'Europe. En France, les comptoirs de vente tendent à se multiplier.

Nous n'avons pas à entrer ici dans l'examen de la valeur économique ou des dangers que peuvent présenter ces coalitions, pas plus qu'à étudier si l'art. 419 C. pén. atteint ces coalitions. Nous en parlons uniquement au point de vue des lois sur les sociétés commerciales.

Les comptoirs se constituent le plus souvent sous la forme de l'anonymat. Ils peuvent cependant se former par société en nom collectif, tels le *Corsortium des mines du Bassin de Briey*, constitué en 1913 par sept sociétés minières de l'Est, le Comptoir métallurgique de Longwy. La forme de la société anonyme à capital variable est particulièrement en faveur.

CHAPITRE IX

DES SOCIÉTÉS A CAPITAL VARIABLE.
SOCIÉTÉS COOPÉRATIVES.

3712. — Avant d'entreprendre l'examen des art. 48 et suivants de la loi de 1867, nous emprunterons à l'exposé des motifs et au rapport de la commission la partie qui touche à l'historique de ces sociétés et au côté économique de la matière.

Le titre III actuel de la loi de 1867 formait le titre IV du projet et était intitulé *Des Sociétés de coopération*. Le rapport indique les raisons qui ont fait modifier cet intitulé.

Voici ce que nous lisons dans l'exposé des motifs :

« En Angleterre, en Suisse, en Allemagne, et plus récemment en France, les sociétés coopératives se sont multipliées et ont pris un accroissement très rapide.

« Leur histoire se trouve dans un grand nombre de publications (1). Les détails qu'elles contiennent sont confirmés, du moins en partie, par les renseignements qu'a recueillis le gouvernement.

« Toutes les versions s'accordent sur ce point, qu'en Angleterre, c'est vers la fin de l'hiver 1844 que, dans une petite ville, à *Rochdale*, quelques pauvres ouvriers tisserands en flanelle formèrent la première association de consommation.

« Ils étaient vingt-huit associés ; la mise sociale n'était que de deux pences par semaine pour chacun ; ils se nommèrent les *Équitables pionniers de Rochdale*.

« Les commencements furent difficiles ; mais grâce à une louable persévérance, la société s'est élevée à un degré de prospérité auquel ses fondateurs ne songeaient pas au début. En 1864, le nombre des associés dépassait 4.000, le capital s'élevait à 4 millions de francs, et le chiffre des opérations à 6.500.000 francs.

« Cet exemple a été imité. L'on affirme qu'indépendamment de

(1) V. notamment l'ouvrage de M. Émile Lorent, couronné par l'Institut, et intitulé *Le Paupérisme et les Associations de Prévoyance*. Dans la seconde édition, l'auteur a ajouté une étude remarquable sur les *Sociétés coopératives*. — V. t. II, 7º part., p. 481 et suiv.

la société de Rochdale, il existait en Angleterre, au 31 décembre 1863, 464 sociétés enregistrées d'après le *Provident Societies act.* — 381 ont envoyé leur rapport. Il en résulte qu'elles se composent de 102.198 membres, que leurs capitaux et leurs bénéfices ont augmenté dans les mêmes proportions.

« En Suisse, le mouvement a été moins prononcé ; cependant il s'est formé un assez grand nombre de sociétés coopératives. La plupart ont adopté la forme anonyme ; par conséquent, elles ont sollicité et obtenu l'autorisation du gouvernement. Leurs résultats sont en général satisfaisants ; elles rendent de véritables services au petit commerce et aux ouvriers honnêtes.

« L'Allemagne, spécialement la Prusse, marche d'un pas extrêmement rapide dans la voie nouvelle. Depuis 1850, les sociétés, surtout les sociétés de crédit, y sont devenues très nombreuses.

« En 1862 elles s'élevaient à 700, selon quelques renseignements, et d'après d'autres documents, à 900 ; elles comptaient près de 70.000 associés, avaient un capital de 38 millions, et l'on n'évaluait pas à moins de 120 millions l'ensemble des sommes qu'elles avaient mises en circulation.

« Il paraît qu'au milieu de l'année 1864 le nombre des sociétés s'était accru, qu'il s'élevait au chiffre de 900, composé de 662 banques de crédit, 172 sociétés pour la production en commun et pour l'achat des matières premières et 66 sociétés de consommation. Les associés et les capitaux ont suivi la même progression.

« Depuis longtemps, en France, il existe aussi des associations coopératives. Il y en a dont la date remonte à 1831. La Société de consommation de Grenoble, formée d'abord avec le concours de l'autorité municipale, après avoir remboursé le capital qui lui avait été prêté, se soutient par ses propres forces.

« Mulhouse, Lyon, Limoges, Nantes, Bordeaux et plusieurs autres villes ont aussi des institutions de crédit, de consommation et de production.

« A Paris, on en compte un assez grand nombre, dont quelques-unes sont parvenues à réaliser des bénéfices et ont acquis une véritable importance. »

Voici maintenant comment s'exprimait le rapport de la commission :

« Nous assistons à une véritable transformation sociale, et c'est par excellence l'œuvre du politique et du législateur d'en rechercher et d'en saisir les éléments plus ou moins obscurs, afin d'en assurer la marche, d'en prévenir les déviations et d'en faciliter les progrès en ce qu'ils ont de moral, d'utile et de compatible avec les principes d'ordre et de sécurité générale qu'il ne faut laisser compromettre à aucun prix.

« Mais déjà, le double exposé des motifs du gouvernement, l'enquête solennelle ouverte par lui, et sous l'influence directe du projet soumis au Corps législatif, des publications nombreuses ont mis en lumière les faits qui, soit en France, soit en Angleterre, soit en Allemagne, constituent l'histoire de ce qu'on appelle le mouvement coopératif (1). On nous pardonnera donc de ne pas la refaire, et de borner nos efforts à dégager de ces faits l'enseignement philosophique et économique qu'ils renferment.

« Personne n'a oublié le travail obscur et souterrain qui, de 1830 à 1848, agita les classes laborieuses, et dont la manifestation la plus remarquée fut un livre dont le titre était : *Organisation du travail*, acte d'accusation véritable contre la société, destiné surtout à dénoncer l'anarchie industrielle et l'antagonisme tyrannique du capital et du travail. La révolution de Février, les prédications du Luxembourg, et bientôt les journées de Juin vinrent éclairer ces problèmes de lueurs sinistres, et en révéler aux plus indifférents et aux plus aveugles les profondeurs redoutables. Leur formule fut : *le droit au travail*, qui essaya, comme on sait, de trouver sa place et sa consécration dans la Constitution de 1848.

« Ces luttes, toutefois, ne furent pas stériles, et des vérités, comme toujours, se dégagèrent des erreurs passionnées qui mettaient la haine au cœur et les armes à la main des populations laborieuses. L'effort des publicistes tendit à démontrer les bienfaits de la prévoyance et de l'épargne, et surtout la puissance de *l'association*.

« En 1834 s'était fondée, sous l'inspiration de M. Buchez, *l'Association chrétienne* des ouvriers bijoutiers en doré, et avant lui, en 1831, les rédacteurs du journal *l'Européen* avaient rédigé des statuts pour une association ouvrière de menuisiers qui ne fonctionna pas. Après

---

(1) Parmi ces publications que les auteurs ont envoyées à la commission, nous croyons devoir signaler en particulier celles qui suivent :

De l'Amélioration populaire, par M. de Paixhans, maître des requêtes au Conseil d'État ;

Études sur les sociétés coopératives, par M. Rozy, professeur agrégé à la Faculté de droit de Toulouse ;

Les Sociétés coopératives, par M. F. Ducuing ;

De l'Organisation financière et de la Constitution légale des Associations populaires, par M. Léon Walras ;

Projet de loi sur les Sociétés civiles et commerciales, par MM. Vavasseur et Émile Jay, avocats à la Cour de Paris.

l'ébranlement de Février, ce mouvement interrompu reprit son cours, et en 1849, l'Assemblée constituante vota un crédit de 3 millions pour faciliter les associations ouvrières. Mais ce secours était plutôt une concession aux nécessités du moment qu'une adhésion réfléchie aux tentatives qu'il avait pour but d'encourager. On put en juger bientôt. Le 14 septembre 1849, une commission, nommée par l'Assemblée constituante, concluait au rejet de différentes propositions émanées de dix-huit représentants de la gauche, et qui tendaient notamment à réduire les frais de publication et à faire tomber quelques entraves légales qui gênaient la création et le développement des sociétés ouvrières. Le 22 janvier 1850, l'Assemblée adoptait les conclusions de ce rapport, sans discussion. Faut-il s'en étonner, quand on se rappelle les paroles suivantes d'un rapport présenté à la Chambre au nom de la commission de l'assistance et de la prévoyance publiques (le rapporteur de cette commission était M. Thiers) : « *Les associations ouvrières ne sont autre chose que l'anarchie dans l'industrie. Les faits qui se passent en seront bientôt la démonstration la plus palpable. Votre commission déclare qu'elle ne croit pas à des collections d'individus les propriétés nécessaires pour l'exploitation d'une industrie quelconque.* » Chose curieuse, et bien faite pour inspirer plus de réserve en face d'idées nouvelles, dont le seul tort, souvent, est de n'avoir pu subir encore la sanction de l'expérience ! En 1863 une brochure était publiée sur les *Coopératives et leur constitution légale*, et cette brochure portait les signatures de *MM. Paul Andral, le duc d'Audiffret-Pasquier, Odilon Barrot, Batbie, le prince A. de Broglie, A. Cochin, le comte Napoléon Daru, le comte d'Haussonville, Horn, le vicomte de Lanjuinais, le comte de Melun, Henri Moreau, Casimir Périer, Léon Say, Jules Simon.*

« Que s'est-il donc passé entre ces deux dates, 1850-1863 ?

« Non seulement le mouvement coopératif avait grandi en Angleterre, en Allemagne, en Belgique et en Suisse, mais la France s'y était mêlée sans avoir conscience de ce qui s'accomplissait autour d'elle et sans être provoquée par l'exemple (Enquête sur les sociétés de coopération, déposition de M. Engelmann, p. 47). Des sociétés nombreuses fondées à la suite de la révolution de Février, le plus grand nombre avait emprunté à son origine, plus qu'à sa nature propre, des germes de destruction et de mort, et avait rapidement disparu ; mais quelques-unes survivaient pour attester de l'énergie de leur principe, et d'autres s'étaient élevées, en dépit des obstacles qu'elles rencontraient dans la législation en vigueur, protestant ainsi contre la condamnation solennelle qu'avait prononcée le rapporteur de l'Assemblée constituante.

« *Les associations ne sont-elles autre chose*, comme on le disait alors, *que l'anarchie dans l'industrie ?* Le sentiment qui pousse les ouvriers vers l'association n'est-il pas, au contraire, légitime en soi, utile à leurs intérêts, salutaire pour la société ? Ce sont là des questions que posent le projet de loi soumis aux délibérations du Corps législatif, et qu'il importe, ce nous semble, d'examiner et de résoudre.

« Les ouvriers éclairés, et il en est en grand nombre, ont cessé de considérer le capital comme un ennemi. Ils en connaissent la nature et la fonction économique ; ils savent qu'il a pour origine le travail et l'épargne ; qu'il est indispensable à l'achat des matières premières, des outils, aux avances sans lesquelles il n'y a pas d'industrie. Au lieu de le maudire, ils aspirent à le posséder. Dans cette œuvre collective de la production, ils sont les bras ; ils voudraient être en même temps l'intelligence et le capital, afin de réaliser, pour eux seuls et par eux eus seuls, les profits du travail. Qu'y a-t-il là de contraire aux lois de la morale et au bon ordre des sociétés.

« Ils ne croient pas que partout et dans toutes les directions où est engagée l'activité commerciale et industrielle du pays, les ouvriers groupés en sociétés réussiront à concentrer et à absorber en eux tous les éléments du travail et de la production ; ils espèrent seulement, là où ils pourront y parvenir, accroître les bénéfices du travail et réaliser au profit du consommateur une économie utile et désirable. Que sont autre chose, dans un ordre d'idées différent, ces vastes magasins qui, résumant en eux vingt maisons de détail dont ils suppriment les frais généraux, offrent au public, à prix réduits, au moins en apparence, les objets nécessaires à la vie quotidienne ?

« Mais pour supprimer l'intermédiaire, l'entrepreneur d'industrie, il faut un capital, et l'ouvrier ne le possède pas. S'il le demande au crédit, il subira, en supposant qu'il l'obtienne, la loi d'autant plus dure qu'en dehors de sa personne même il n'a aucun gage, aucune sécurité à offrir, et toute son énergie sera impuissante à soulever ce fardeau. Mais ce capital qui manque à l'individu, que l'épargne isolée forme avec trop de lenteur, l'épargne collective et l'association peuvent le constituer. L'ouvrier, alors, mettra ses bras et son intelligence au service de ce capital collectif dont il sera le copropriétaire ; il en percevra les intérêts en même temps que le salaire de son travail, et il en prendra, comme intéressé, sa part dans les bénéfices réalisés par l'action combinée du capital et du travail.

« Qu'y a-t-il là de menaçant et d'anarchique? La capacité manquera dit-on, à ces collections d'individus pour l'exploitation d'une industrie quelconque. Déjà les faits ont répondu. A des tentatives malheureuses sans doute parce qu'elles manquaient des éléments essentiels, l'intelligence, l'ordre, la persévérance, on peut opposer des succès remarquables. Les échecs eux-mêmes, regrettables comme toute force perdue, portent en eux leur enseignement et leur utilité. Rien ne désabuse des utopies, des rêves, comme l'expérience ; et le malheur est une école où se retrempent les âmes viriles. Mieux que les plus brillantes théories, il montre de quels écueils est semée, pour le capital, la route de l'industrie et du commerce ; et si le capital et le travail ont besoin de se mieux connaître encore pour s'unir dans une fraternelle réconciliation, rien n'est plus propre à amener ce résultat que les épreuves inévitables réservées à l'association ouvrière. Là n'est pas, d'ailleurs, sa seule vertu. Fondée sur l'épargne, destinée à se développer et à se fortifier par l'économie, elle groupera, parmi les populations ouvrières, les éléments les meilleurs, elle agira par la contagion du bon exemple, et tout ce qu'elle entraînera dans sa sphère d'attraction, elle l'enlèvera à la dissipation et au désordre. Comment ne pas saluer de telles perspectives et ne pas venir en aide, au risque de les voir échouer, à d'aussi généreuses tentatives ?

« Il ne s'agit pas aujourd'hui, comme en 1849, de leur prêter le concours matériel de l'État. Loin de le solliciter, les ouvriers le repoussent en principe. Par un sentiment de légitime fierté, ils veulent devoir à leur libre initiative, à leur seul effort, l'émancipation à laquelle ils prétendent. Mais ils disent à la société : « Il ne suffit pas que la liberté soit décrétée pour que ses bienfaits nous soient accessibles ; il faut que l'exercice n'en soit gêné par aucune entrave inutile. Notre travail, pour être fécondé, a besoin du capital, et l'association est l'instrument nécessaire pour le créer. Mais la loi qui la régit est une barrière à la hauteur de laquelle notre faiblesse ne peut s'élever. Nous ne parlons pas de la loi civile, hérissée d'obstacles pour nous et inapplicable d'ailleurs à presque tous les buts que nous poursuivons. Quant à la loi commerciale, véritable droit commun des sociétés que nous aspirons à fonder, elle prohibe la division du capital en actions de moins de 500 francs ou 100 francs. Elle est faite pour les capitaux puissants, accumulés par l'épargne ou par l'hérédité : elle ressemble à un privilège, car, en fait, l'usage nous en est interdit. Nous demandons qu'elle s'abaisse jusqu'à nous, qu'elle se fasse humble pour les faibles, qu'elle supprime les formalités onéreuses, où l'intérêt des tiers ne les commandera pas impérieusement, et qu'enfin, à nos risques et périls, obéissant à la loi et protégés par elle, nous puissions tenter les épreuves que l'on voulait, à une autre époque, nous interdire, au nom de notre éternelle incapacité. »

« Ces plaintes étaient légitimes, et il était digne d'un gouvernement préoccupé, comme celui de l'empereur, de l'intérêt des populations laborieuses, de les entendre et d'y mettre un terme. Seconder le mouvement qui se produisait, en mettant la législation en harmonie avec lui, n'était-ce pas compléter l'œuvre commencée par tant de mesures prévoyantes et libérales, dont le souvenir est dans la mémoire de tous.

« Vous savez, messieurs, comment le premier et le second projet qui vous ont été successivement soumis ont tenté de résoudre le problème.

« On peut les résumer en quelques mots :

« Faire une loi spéciale, en limitant son application à des objets strictement déterminés ; à côté de ce principe restrictif, placer des dispositions bienveillantes ; abaisser les barrières qui, *dans la législation générale, pourraient faire obstacle à l'établissement ou à la marche des sociétés de coopération, et leur permettre ainsi de choisir la forme qui leur conviendrait le mieux.* Telle est la pensée fondamentale (Premier exposé des motifs, p. 68).

« On aurait pu chercher les garanties nécessaires à l'ordre public, aux tiers et aux intéressés eux-mêmes, dans un maintien plus sévère des principes de la législation générale, ou dans une réglementation étroite et minutieuse des stipulations qui seraient permises ou interdites aux sociétés de coopération ; on a jugé plus favorable à leur développement, plus conforme dès lors au but à atteindre, de laisser à la liberté des conventions une latitude plus grande, en n'y mettant d'autre entrave que le respect de la loi générale, adoucie, et d'autre garantie que la limitation même des objets auxquels la loi serait applicable.

« Où était, dans les lois générales, l'obstacle à la création des associations ouvrières ? Dans la fixité du capital et du personnel, dans l'impossibilité de modifier ces deux éléments sans une liquidation, sans une publicité ruineuse pour des intérêts modestes.

« Il fallait, sous peine de méconnaître les habitudes et les besoins des ouvriers, appelés surtout à profiter des dispositions nouvelles, une loi qui leur permît, sans porter atteinte aux garanties dues aux tiers, d'entrer dans la société et d'en sortir, d'y apporter leurs épargnes et de les en retirer le jour où ils voudraient chercher fortune ailleurs.

« L'obstacle était surtout, quand les associés voulaient adopter la forme de la société en commandite ou de la société à responsabilité limitée, dans l'élévation du chiffre de l'action ou du coupon d'action et l'obligation d'en verser le quart pour constituer régulièrement la société.

« Sur tous ces points, il est juste de le reconnaître, le projet donnait libéralement, trop libéralement peut-être, satisfaction aux associations coopératives.

« La valeur du capital social pouvait (art. 52), pendant la durée de la société, être augmentée par des apports successifs faits par les associés ou par l'admission d'associés nouveaux. Il pouvait être diminué par la reprise totale ou partielle des apports effectués.

« A cette mobilité des personnes et des choses, il y avait une seule limite, *la détermination, par les statuts, d'une somme au-dessous de laquelle le capital social ne pouvait être réduit*. Mais ce *minimum*, rien n'en fixait au moins la base et la proportion relativement au capital de la société. Tout était livré à l'arbitraire de la convention.

« Lorsque les parties adoptaient la forme de la société en commandite par actions ou de la société anonyme, quel que fût le montant du capital social, les actions ou coupons d'actions pouvaient être inférieurs à 100 francs ; rien ne déterminait la somme à laquelle la coupure pouvait descendre (art. 53).

« Chaque associé pouvait se retirer de la société lorsqu'il le jugeait convenable. Il restait seulement tenu, envers ses coassociés et envers les tiers, *dans les termes des statuts*, des engagements contractés à l'époque où il faisait partie de la société (art. 54).

« La société, quelle que fût sa forme, était valablement représentée en justice par ses administrateurs (art. 55). Elle constituait, dans tous les cas, une personne civile affranchie, pour plaider, de l'obligation onéreuse de comparaître en la personne de tous les associés.

« A côté de cette simplification s'en plaçaient d'autres, relatives soit à la forme des actes, soit aux publications dont étaient affranchies les augmentations ou diminutions du capital opérées dans les termes de l'art. 52, ou les retraites d'associés qui auraient lieu conformément à l'art. 54 (art. 53 et 58).

« Cet ensemble de dispositions était, ainsi que nous venons de le dire, empreint d'un esprit éminemment libéral ; mais il était dominé par un principe restrictif qui se révélait dans le titre seul des *Sociétés de coopération*, et surtout dans l'art. 51 qui, pour les définir, déterminait et limitait leur objet.

« Les sociétés de coopération, disait-il, sont celles qui ont pour objet:

« Soit d'acheter, pour les vendre aux associés, des choses nécessaires aux besoins de la vie ou aux travaux de leur industrie ;

« Soit d'ouvrir aux associés des crédits et de leur faire des prêts ;

« Soit d'établir pour les asssociés des ateliers de travail en commun et d'en vendre les produits, soit collectivement, soit individuellement.

« C'est-à-dire qu'en dehors des *sociétés* dites de *commandite*, vendant exclusivement aux associés, des sociétés de crédit mutuel et des *sociétés de production*, telles que le projet les définissait, la loi nouvelle était sans application possible.

« Ainsi que nous l'exposions au début de ce rapport, la commission, tout en rendant hommage à la pensée bienveillante du projet, a regretté le caractère restrictif que lui imprimait l'art. 51 ; elle s'est proposé pour but de l'effacer et de chercher ailleurs des garanties dont elle ne méconnaissait pas la nécessité. L'enquête a fortifié chez elle ce désir, auquel le nouveau projet, selon elle, ne donnait pas une satisfaction suffisante.

« Tenant compte des réclamations unanimes qui s'étaient produites au cours de l'enquête, le nouveau projet élargit le cercle dans lequel pourront se mouvoir les sociétés coopératives. Elles pourront « *construire des maisons pour les associés, faire en commun des travaux en exécution de traités ou de marchés, acheter pour revendre* non seulement aux seuls associés, *mais aux associés et aux tiers* ». Sans cette dernière faculté, en effet, chacun s'accordait à dire qu'en France les *sociétés* dites de *consommation* étaient pour ainsi dire impossibles. Mais alors, quelle concurrence ne feraient-elles pas au commerce ordinaire, à la vente au détail, et comment, sans injustice et sans privilège, refuser les facilités qu'on leur accorde à des sociétés créées uniquement pour acheter et revendre à des tiers ? Enfin, comme toute nomenclature, l'art. 51, malgré les modifications qu'il avait reçues, était loin d'être complet. A supposer qu'il énonçât tous les objets auxquels, dans l'état actuel des faits économiques, avaient tenté de s'appliquer les associations ouvrières, qui pouvait affirmer qu'au lendemain de la promulgation de la loi leur activité ne serait pas attirée vers un autre but ? Sans doute, le projet comme le dit le nouvel exposé des motifs, « *n'a d'autre prétention que celle de poser des bases que l'avenir rectifiera et complétera ; le législateur marche avec le temps* », et il sera toujours prêt à saisir, par des dispositions nouvelles, les faits nouveaux qui se produiront. Mais cette mobilité de la loi n'est-elle pas un principe d'affaiblissement de son autorité, et n'est-il pas préférable de poser des règles auxquelles puissent se plier les faits de demain, aussi bien que ceux d'aujourd'hui, les règles générales qui, n'excluant aucun des objets possibles de l'activité civile, commerciale, industrielle, constitueront une loi de *droit commun*, c'est-à-dire un instrument dont tous les citoyens indistinctement pourront se servir ?

« Ce mot de *droit commun* a pu, sans doute, être mal compris par ceux qui demandaient à vivre sous son empire. Sans doute, la loi commerciale, et en particulier celle qui règle les sociétés en nom collectif, les sociétés en commandite par actions et les sociétés anonymes, n'est pas le *droit commun*, si par là on entend la loi civile. Mais c'est le *droit commun* en ce sens que ses dispositions spéciales sont faites non en vue de personnes ou d'objets limités, mais en vue de la généralité des personnes et des choses. Tel est le sentiment instinctif chez quelques-uns, raisonné chez d'autres, qui se dégage de l'enquête, auquel la commission s'est unanimement ralliée, qu'elle a voulu faire prévaloir, et dont le premier résultat était d'effacer du projet le mot même de *société de coopération*. »

3713. — Les sociétés coopératives peuvent rentrer dans les types suivants : 1° sociétés de consommation ; 2° sociétés de crédit ; 3° sociétés de production ; 4° sociétés de constructions.

Mais cette classification n'est pas limitative, et il est admis que la législation s'applique à toutes les sociétés quels que soient l'objet de l'entreprise et la condition sociale des associés (Lyon-Caen et Renault, n. 1035 et 1036).

1° *Sociétés de consommation.* — Elles ont pour objet d'acheter en gros les marchandises d'une consommation journalière, et de les vendre aux associés en les faisant profiter du bénéfice perçu par les détaillants. En pratique, la société vend aux sociétaires au même prix que les marchands au détail ; à la fin de l'année ou chaque semestre, on répartit le bénéfice réalisé. La société peut ainsi faire face à la dépréciation inévitable des marchandises ; de plus, le sociétaire n'éprouve pas la tentation de consommer davantage, ce qui résulterait, à n'en pas douter, de l'abaissement du prix au moment de la vente.

La société vend aussi au public ; les sociétaires profitent des bénéfices réalisés sur ces opérations. Cette forme d'association coopérative est très répandue en Angleterre. Il en existe aussi beaucoup en France. Les compagnies de chemins de fer en ont formé entre leurs ouvriers.

2° *Sociétés de crédit.* — Ces sociétés se présentent sous deux aspects différents : 1° société *de crédit mutuel*, lorsque plusieurs associés mettent leurs épargnes en commun, par de faibles cotisations périodiques, et font des avances à ceux qui en ont besoin, moyennant un intérêt modique ; 2° société qui obtient du crédit d'un tiers, pour former un fonds commun, moyennant un engagement solidaire de tous les associés.

« Ces deux formes, dit M. Boitel (p. 229), sont très avantageuses pour les ouvriers, non seulement pour leur offrir une aide en cas de détresse momentanée, mais surtout pour leur permettre de travailler d'une manière plus indépendante et plus fructueuse, en devenant propriétaires de leurs instruments de travail, ou en achetant eux-mêmes leurs matières premières.

« Elles se sont développées surtout en Allemagne sous l'influence de M. Schulze-Delitsch.

« Mais il faut, pour les établir, des ouvriers qui se connaissent pour avoir confiance les uns dans les autres, et se constituer solidaires. Comme il faut, d'autre part, prendre les associés dans des professions différentes, cette condition est très difficile à remplir, surtout en France, où la population ouvrière est très nomade.

« Sans cela, il y a beaucoup de risques à courir qui ramènent le taux élevé du crédit. »

3° *Sociétés de production.* — Elles ont pour but de donner à l'ouvrier une part de bénéfices, au lieu d'un salaire. Les ouvriers associés deviennent ainsi patrons et travaillent pour leur propre compte.

Les sociétés de crédit agricole peuvent se constituer sous la forme de sociétés à capital variable. Mais régies par la loi du 5 novembre 1894, elles ne bénéficient pas des faveurs de la loi de 1894 lorsqu'elles empruntent les formes de la loi de 1867 (V. *suprà* le chapitre réservé aux sociétés de crédit agricole).

4° *Sociétés de construction* ayant pour objet d'édifier des immeubles pour les louer ou les revendre, soit avec des capitaux fournis par les associés, soit avec des deniers d'emprunt.

3714. — Les sociétés coopératives constituent-elles des sociétés au sens légal ? La question, vivement controversée, ne présente pas grand intérêt puisque d'après les travaux préparatoires analysés ci-dessus, toutes les sociétés coopératives fonctionnant avec un capital même si elles ne présentent pas le caractère de sociétés tel qu'il est défini par l'art. 1832 C. civ., bénéficient des dispositions de la loi de 1867. Voici cependant quelques mots sur la question (1). On reconnaît le caractère de société aux coopératives qui ne se bornent pas à répartir entre associés les bénéfices de leurs ventes, mais vendent au public ou à des

(1) Consulter Jacques-Rodolphe Rousseau, *Les Coopératives de Reconstruction dans les Régions dévastées.* Rousseau et Cⁱᵉ, éditeurs, pages 24 et suiv.

adhérents, ou bien mettent en réserve leurs bénéfices pour les répartir ensuite au prorata des parts sociales (Baudry et Wahl, *Sociétés*, n. 121; Lyon-Caen et Renault, n.1003-3; — Paris, 17 nov. 1887, *R. S.*, 1888.184).Quant aux sociétés qui se bornent à vendre à leurs membres au prix coûtant et distribuent en fin d'exercice les bénéfices réalisés proportionnellement aux achats et aux opérations de chacun, elles ne constituent pas de véritables sociétés. V. les auteurs cités — *adde* Cass., 4 août 1909, S. 1910.1.393).Les sociétés fromagères coopératives de variété spéciale, ont soulevé des discussions au point de vue de leur caractère civil (V. Houpin et Bosvieux, n. 1170).

3715. — Nous allons examiner quelles sont les conditions de constitution et de fonctionnement de ces sociétés.

L'art. 48, § 1er, nous indique avant tout quelles sont les sociétés soumises aux prescriptions du titre III de la loi de 1867.

« Il peut être stipulé, dit cet article, dans les statuts de toute société, que le capital social sera susceptible d'augmentation par des versements successifs faits par les associés, ou l'admission d'associés nouveaux, et de diminution par la reprise totale ou partielle des apports effectués. »

Il est important de bien saisir la différence que crée cette disposition entre les sociétés qu'elle réglemente et les sociétés ordinaires. L'organisation des sociétés ordinaires est faite en vue d'un capital social *fixe*; les sociétés dont parlent les art. 48 et suivants ont un capital toujours en *voie de formation* ; le but de ces dernières est de favoriser, de préparer l'accumulation, l'agglomération du capital. Dans la société ordinaire, les associés ne peuvent retirer à leur gré leur mise sociale ; dans les sociétés à capital variable, au contraire, les sociétaires peuvent retirer leur mise quand ils le veulent, aux conditions déterminées par la loi. C'est pour cela qu'on dit que le capital est *variable*.

3716. — D'après l'art. 48, la clause d'augmentation ou de diminution facultative du capital social peut être stipulée dans toute société.

« Nous avons voulu, disait l'éminent rapporteur de la loi dans la séance du Corps législatif du 7 juin 1867, donner à la loi un caractère général, en faire en un mot une loi de droit commun, applicable non seulement aux sociétés de production, aux sociétés de crédit mutuel, aux sociétés de consommation, aux sociétés de construction, aux marchés ou entreprises, mais bien à tout ce qui pourrait être la matière de l'activité commerciale et industrielle. Nous avons voulu faire une loi qui ne s'appliquerait pas à telle ou telle classe de citoyens aujourd'hui que les classes ont disparu, mais à tous ceux, quelles que fussent leur condition ou leur fortune, qui voudraient se servir de cet instrument nouveau, quand il aurait pris place dans nos Codes. »

3717. — Mais *quid juris* si les statuts, prévoyant la faculté d'augmentation du capital social, stipulent au contraire que ce capital ne pourra jamais être diminué par le retrait des apports des associés ? La Cour de Lyon, par arrêt du 12 janvier 1872 (S. 73.2.65), a décidé « qu'il n'y a de sociétés à capital variable, autorisées comme telles à émettre des actions de 50 francs, que les sociétés dont le capital est susceptible non seulement d'augmentation, mais encore de diminution par la reprise totale ou partielle des apports effectués ».

Cet arrêt est en contradiction avec l'opinion de MM. Mathieu et Bourguignat (n. 269), Alauzet (n. 582), qui soutiennent que les clauses exceptionnellement autorisées par l'art. 48 sont indépendantes l'une de l'autre ; que les statuts peuvent admettre l'augmentation du capital et non la diminution ; que les parties peuvent choisir entre les facultés que la loi leur ouvre ; que la société est à capital variable par cela seul que le capital est susceptible ou d'accroissement ou de décroissement. L'arrêt de Lyon est également critiqué dans une note qui l'accompagne (S. 73.2.65).

3718. — Si toutes les sociétés peuvent stipuler un capital variable, celles-là seules tomberont sous l'application des dispositions de la loi de 1867 qui se seront constituées par actions. « Le titre III, disait M. Jules Simon dans la séance du 7 juin, que la commission intitule « Dispositions particulières aux sociétés à capital variable », ne réglementera que celles de ces sociétés qui acceptent la division de leur capital en actions ; il laisse en dehors les autres sociétés à capital variable, c'est-à-dire qu'il laisse subsister à leur égard les dispositions actuelles de nos Codes. »

Plus tard, M. Ollivier, se faisant l'organe de la commission et répondant à M. Garnier-Pagès qui avait émis quelques doutes sur ce point, disait :

« Accordez-nous, a dit l'honorable M. Garnier-Pagès, que la loi actuelle n'atteindra pas les sociétés qui n'auront pas recours au système des actions et qui resteront soit en nom collectif, soit en commandite par intérêt. Sans cela, la loi actuelle, au lieu d'être un adoucissement, serait une aggravation ; au lieu d'accorder une faveur, elle créerait un obstacle de plus.

« Je réponds que ceci est accordé, et il ne saurait à cet égard exister aucun doute pour personne.

« Dans la commission, nos investigations ont toujours été limitées et dirigées par cette idée qu'il s'agissait de sociétés en commandite par actions ou de sociétés anonymes ; c'est même exprimé en termes explicites, sinon formels, dans l'exposé des motifs. Je ne l'ai pas sous les yeux, mais je suis sûr que l'honorable M. Duvergier y indique fort bien qu'il ne s'agit ni des sociétés en nom collectif, ni des sociétés en commandite par intérêt, mais des sociétés par actions, soit anonymes, soit en commandite.

« Donc, sur cette question, il est inutile d'insérer quoi que ce soit dans la loi : elle est claire, et il n'y a pas lieu de redouter aucune controverse. Il va de soi que tout ce qui est décidé dans une loi sur les sociétés anonymes ou sur les sociétés en commandite par actions ne saurait s'appliquer à la commandite simple ou par voie d'intérêt. Ainsi, toutes les fois qu'à l'avenir les sociétés coopératives se constitueront sans diviser leur capital en actions, elles ne seront pas plus atteintes par la loi actuelle qu'elles ne l'étaient dans le passé par la loi de 1856. A une condition, toutefois, c'est qu'elles réalisent toutes les prescriptions du droit commun, et notamment qu'elles satisfassent aux prescriptions de publicité qu'il impose.

« Si je me trompe, je demande à être relevé par le gouvernement, ou par nos honorables collègues de la commisssion ; mais je crois exprimer ce qui est, et avoir le droit de conclure sur la première demande de l'honorable M. Garnier-Pagès en disant qu'elle a obtenu satisfaction.

« *M. Darimon.* — Votre exposé est très exact.

« *M. Marie.* — L'art. 48 exprime ce que vous dites. »

Et comme M. Garnier-Pagès insistait à la séance du lendemain 8 juin 1867, M. le rapporteur lui répondait :

« Je voudrais ramener M. Garnier-Pagès à cette croyance que la loi, malgré l'obscurité qu'elle présente à son esprit, est une loi parfaitement claire. Il me semblait que les observations présentées hier, à la fin de la séance, par l'honorable M. Emile Ollivier, avaient mis en pleine lumière l'esprit de la loi. Je vais, puisque ce résultat n'a pas été atteint, contrairement à mes prévisions, essayer de l'atteindre.

« Le projet de loi primitif, auquel se rattachait tout à l'heure l'argumentation de l'honorable M. Garnier-Pagès, s'appliquait manifestement, avec la limitation que l'art. 51 donnait à son application aux sociétés par actions. L'art. 53 le disait de la manière la plus expresse :

« Lorsque les parties auront adopté la forme de la société en commandite par actions ou de la société anonyme, la société ne pourra être définitivement constituée, et les actions ou coupons d'actions ne seront négociables qu'après le versement du dixième du capital, qui consiste en numéraire. Les actions ou coupons d'actions, quel que soit le montant du capital social, pourront être inférieurs à 100 francs

« Dans les mêmes cas, la souscription de la totalité du capital social et le versement du dixième pourront être valablement constatés par une déclaration sous signature privée du gérant ou des fondateurs.

« Il était bien clair que les dispositions favorables de l'art. 53 et de l'ensemble de la loi ne s'appliquaient qu'à l'hypothèse prévue, celle où les sociétés appelées coopératives se constitueraient en sociétés en commandite par actions ou en sociétés anonymes, par actions c'est-à-dire dans l'une de ces deux formes énoncées dans les titres I et II du projet de loi.

« Qu'a fait le projet définitif ? Il a sans doute modifié gravement, comme on l'a expliqué hier et aujourd'hui, l'art. 51 en généralisant l'application de la loi, en n'excluant aucun des modes de l'activité industrielle et commerciale ; mais il a respecté le principe que je viens d'indiquer.

« Le titre des sociétés à capital variable appartient à une loi qui s'appelle une loi sur les sociétés par actions ; donc ces faveurs, ces facilités pour mieux dire, que les articles qui suivent accordent, facilités qu'on trouve de ce côté (*L'orateur indique les bancs à sa gauche*) insuffisantes et de ce côté (*L'orateur indique la droite*) peut-être exagérées, ne s'appliquent manifestement qu'aux sociétés par actions, qu'elles soient anonymes ou en commandite.

« Donc, le nouveau projet reste dans les principes du premier, et je crois avoir réussi à démontrer que le premier s'appliquait aux cas où les sociétés cooopératives prendraient la forme de sociétés par actions. Dans l'hypothèse inverse, reste la liberté, reste l'ensemble de cette organisation : les sociétés civiles, quand l'objet de la coopération pourra être civil, les sociétés en nom collectif, les sociétés en commandite simple, et même les sociétés, si on peut leur donner ce nom, en participation. »

Il n'est donc pas douteux que les sociétés à capital variable pourront toujours, aujourd'hui comme par le passé, se constituer d'après les règles du droit commun ; pour cela, elles devront s'abstenir de diviser leur capital en actions. Elles pourront donc se former sous la forme d'une société *en nom collectif*, soit sous la forme *de la commandite simple*, soit encore sous la forme *d'une association en participation*. Elles pourront même se constituer sous la forme de sociétés civiles.

« Comme on le voit, disent MM. Mathieu et Bourguignat (n. 275), les sociétés à capital variable sont bien moins une espèce particulière qu'une *modalité* des sociétés telles que les a établies le droit commun. En réalité, toute association coopérative est avant tout une société en nom collectif, en participation, en commandite, ou anonyme, suivant la forme qu'elle a spécialement adoptée. C'est ce que notre article fait bien comprendre en disant que les associations de cette sorte sont d'abord soumises « aux règles générales qui leur sont propres, suivant leur forme spéciale ».

« Seulement, lorsque, aux stipulations que cette forme comporte, elles ajoutent la clause d'augmentation ou de diminution facultative de leur capital, prévue en l'art. 48, comme immédiatement la sécurité des tiers qui ont à traiter avec elles s'en trouve atteinte, la loi y pourvoit par des dispositions spéciales auxquelles ce même article renvoie.»

3719. — Cependant il faut se garder d'exagérer la portée de ce principe défendu par M. Ollivier et le rapporteur de la loi, et qui consiste à admettre que les sociétés à capital variable constituées par actions sont les seules auxquelles s'applique le titre III de la loi de 1867. Il est certain que les art. 49 et 50 et le dernier paragraphe de l'art. 51 sont spéciaux aux sociétés par actions, mais les art. 51,§§ 1 et 2, 52, 53 et 54 sont d'une application générale. Cette distinction est faite par tous les auteurs (Mathieu et Bourguignat, n. 276 et suiv.).

3720. — Les sociétés à capital variable sont civiles ou commerciales suivant la nature de leurs opérations. Ainsi, sont civiles : 1º les sociétés de production, quand elles ont pour objet l'exploitation d'une industrie agricole ou l'extraction de mines ou carrières ; 2º les sociétés de consommation, quand elles ne vendent pas au public, mais seulement aux associés (Bourges, 19 janv. 1869, S. 69.2.323, D. 69.2.323 ; — Paris, 20 mars 1888, *J. S.*, 1891.161 ; — Trib. com. Nantes, 6 juin 1886, *Ibid.*, 1889.93 ; — Trib.Périgueux, 3 août 1887, *R. S.*, 1887.580 ; — Trib. com. Marseille, 17 déc. 1896, *J. de Marseille*, 1897.1.79.— *Sic* : Baudry-Lacantinerie et Wahl, *Tr. de la soc.*, etc., n. 121 ; Guillouard, *Tr. de la soc.*, n. 96 ; Hauriou, note sous Cons. d'État, 24 déc. 1897, S. 99.3.17 ; Lyon-Caen et Renault, t. I, n. 115, et t. II, n. 1037 ; Thaller, *Étude sur les actes de commerce*, *Ann. de dr. com.*, t. 9, 1895, *Doctrine*, p.186). Sont commerciales, au contraire : 1º les sociétés de production, quand elles se rattachent à l'industrie commerciale ou manufacturière ; 2º les sociétés de consommation qui vendent au public (Marseille, 17 déc. 1896, précité).

Les sociétés à capital variable, quelle que soit leur nature, ont la personnalité civile (Cass., 3 août 1909, *J. S.*, 1909.497).

3721. — Rappelons que depuis la loi du 1ᵉʳ août 1893, les sociétés à capital variable, constituées sous la forme commerciale de la commandite ou de l'anonymat, quel que soit leur objet, sont considérées comme commerciales (Douai, 11 janv. 1910, *J. S.*, 1910.259).

MM.Lyon-Caen et Renault (n. 1037), Arthuys (*R. crit.*, 1895, p. 337) considèrent comme commerciales les sociétés de crédit mutuel, parce que ces sociétés font des opérations de banque et que ces opérations figurent parmi les actes de commerce. MM.Vavasseur (n. 1004) et Hubert Valleroux (*R. S.*, 1884, p. 251) les considèrent, au contraire, comme civiles, parce que ces sociétés sont exemptes de tout esprit de spéculation.

3722. — Toute société peut, quel que soit son objet, se constituer à capital variable, à l'exception des sociétés d'assurances anonymes à primes (Décret du 22 janv. 1868).

Examinons donc d'abord les dispositions qui concernent spécialement les sociétés à capital variable par actions ; nous étudierons ensuite celles qui régissent toutes les sociétés à capital variable, quelle qu'en soit la forme.

§ 1ᵉʳ. — Règles spéciales aux sociétés à capital variable par actions.

3723. — Voici d'abord le texte des art. 49 et 50 et de l'art. 51, § 3 :

« ART. 49. — Le capital social ne pourra être porté par les statuts constitutifs de la société au-dessus de la somme de 200.000 francs.

« Il pourra être augmenté par des délibérations de l'assemblée générale prises d'année en année ; chacune des augmentations ne pourra être supérieure à 200.000 francs.

« ART. 50. — Les actions ou coupons d'actions seront nominatifs, même après leur entière libération ; ils ne pourront être inférieurs à 50 francs.

« Ils ne seront négociables qu'après la constitution définitive de la société.

« La négociation ne pourra avoir lieu que par voie de transfert sur les registres de la société, et les statuts pourront donner soit au conseil d'administration, soit à l'assemblée générale, le droit de s'opposer au transfert.

« ART. 51, § 3. — La société ne sera définitivement constituée qu'après le versement du dixième. »

Ainsi, dès qu'une société par actions veut insérer dans ses statuts la clause de variabilité du capital, il lui est interdit de porter, pour la première année de son exercice, le capital social à une somme supérieure à 200.000 francs.

« Pourquoi cette limite ? Pourquoi cette restriction ? disait M. le Ministre du Commerce au cours de la discussion (séance du 8 juin 1867). Il eût été à désirer qu'on n'en mît aucune, je le reconnais ; mais quel est le danger qu'on a voulu éviter et qu'ont voulu éviter toutes les législations sur la matière ? Le voici : si toutes les sociétés en commandite ou anonymes, quelle que soit l'importance de leur capital, peuvent être constituées avec la faculté de s'en retirer, toutes les garanties stipulées dans les titres Ier et II de la loi disparaissent en même temps. Ainsi, l'actionnaire ne sera plus tenu de verser soit la moitié de son action, soit la totalité de son action.

« La faculté de retrait de la société à capital variable crée, pour toutes les sociétés à responsabilité limitée et pour toutes les sociétés en commandite, un danger considérable. Or, si cette faculté de retrait est utile dans les sociétés coopératives, si elle est essentielle dans ce genre de société, elle serait funeste dans les autres ; il y aurait les plus grands inconvénients, dans une société anonyme et dans une société en commandite, qui s'appliquent à des capitaux considérables, de consacrer une faculté de retrait, de la consacrer dans les proportions où elle existe pour les sociétés à capital variable. Il y aurait là un danger très grave ; c'est pour éviter ce danger qu'on a posé la restriction que les sociétés coopératives, à leur origine et dans la première année de leur établissement, ne pourraient avoir qu'un capital de 200.000 francs. »

Le capital social ne peut être augmenté, d'une part, que chaque année au plus, et d'autre part, que jusqu'à concurrence de la même somme de 200.000 francs pour chaque augmentation.

La loi ne fixe pas le minimum du capital. Ce minimum dépend donc des règles propres à la société par actions que les fondateurs ont adoptées.

« Par exemple, en ce qui touche les sociétés anonymes, disent MM. Mathieu et Bourguignat (n. 282), nous savons déjà que le nombre de sept associés est indispensable à leur constitution. D'autre part, nous allons voir que pour toute association coopérative par actions, les coupures ne sauraient être inférieures à 50 francs, et que la société n'est constituée que si un dixième au moins sur le montant des actions a été versé. Il résulte donc, et c'est une observation qui a été faite au cours de la discussion, qu'une société coopérative, sous forme anonyme, est légalement constituée dès qu'elle a un capital souscrit de 350 francs et un capital versé de 35 francs.

« Sous forme de commandite, elle comporterait même un capital inférieur, s'il est vrai, comme nous l'avons enseigné, que la commandite par actions soit possible dès que les titres d'une société de cette sorte ont été souscrits par quatre personnes, y compris le gérant. »

L'art. 50 de la loi de 1867 fixait le taux des actions à un minimum de 50 francs. Cette disposition a été supprimée par l'art. 6 de la loi du 1er août 1893. Il en résulte que le taux minimum des actions, dans les sociétés à capital variable, est réduit à 25 francs, comme dans les sociétés par actions dont le capital n'excède pas 200.000 francs (Lyon-Caen et Renault, t. 3, Appendice, n. 55).

Si le capital social venait à dépasser 300.000 francs par suite des augmentations annuelles, il semble conforme à l'intention du législateur d'admettre, pour les actions nouvelles, le même taux de 25 francs. Cependant dans le sens de la loi, la solution opposée paraît plus juridique : le capital social étant supérieur à 200.000 fr., le taux des actions, à défaut de texte contraire, doit être au minimum de 100 francs, conformément à l'art. 1er de la loi de 1867, modifié par la loi de 1893 (*Sic* : Lyon-Caen et Renault, *loc. cit.* ; Thaller, n. 657, p. 377, note 1).

Les actions ou coupons d'actions ne cessent jamais d'être nominatifs, même après leur libération, et la négociation ne peut en être faite que par voie de transfert sur les registres de la société.

« Quant à la forme *nominative* et à la cession par voie de transfert sur les registres de la société, nécessaires afin de prévenir la fraude et l'agiotage, dit le rapport, loin d'être une entrave pour des associations entre ouvriers, elles répondent à leur sentiment et consacrent ce que l'expérience leur a enseigné. Le plus grand nombre de ces associations s'est imposé spontanément et l'action nominative, et la forme du transfert. Quelques statuts ont été plus loin en exigeant, pour la cession de la part d'intérêt, l'autorisation de la société réunie en assemblée générale. Elles ont compris, avec une intelligence remarquable de leurs véritables intérêts, qu'elles devaient être des sociétés de personnes plus que des sociétés de capitaux. Leur avenir dépend, en grande partie, de leur union, et celle-ci naîtra surtout de l'harmonie des éléments qui en constitueront le personnel. Ce qu'il faut souhaiter de voir réunis sous le même drapeau, ce sont des ouvriers qui se connaissent, liés par la pratique des mêmes devoirs, laborieux, économes, intelligents, quoique à des degrés divers, et mettant en commun ce capital moral, supérieur de beaucoup, au point de vue du succès même, aux faibles ressources matérielles sur lesquelles reposera l'association. Que dans ces conditions, ils veuillent surveiller de près la transmission des parts, et même se réserver le droit d'y opposer leur veto, cela est rationnel, sage et légitime ; c'est l'application, d'ailleurs, de la règle de droit commun écrite dans l'art. 1861 C. Napoléon » (Boistel, n. 339 ; Pont, t. 2, n. 1751 ; Ruben de Couder, V° *Sociétés à capital variable*, n. 44. — *Contrà* : Rivière, n. 335).

Mais cette disposition ne s'applique pas au transfert qu'il y aurait lieu d'opérer, en cas de décès de l'un des associés, au profit de ses héritiers (Lyon-Caen et Renault, t. 2, n. 1046 ; — Cass., 6 août 1907, *R. S.*, 1908.161).

Le droit d'opposition étant dérogatoire au droit commun ne saurait être admis que dans les conditions de l'art. 50 ; en conséquence, il ne peut être conféré par les statuts sociaux ni aux gérants, ni au conseil de surveillance (Mathieu et Bourguignat, n. 290 ; Pont, t. 2, n. 1752 ; Ruben de Couder, V° *cit.*, n. 45).

La négociation ne peut être faite qu'après la constitution définitive de la société. L'art. 51, § 3, stipule que la société n'est constituée que par le versement du dixième du capital social.

Nous avons dit que la société à capital variable par actions n'était constituée que par le versement d'un dixième du capital social ; nous devons ajouter qu'il n'est pas nécessaire que ce versement soit effectué en une seule fois. Les statuts peuvent stipuler un délai de formation, pendant lequel les associés réuniront, par leurs épargnes, le capital nécessaire à la constitution de la société. M. le Ministre du Commerce reconnaissait formellement ce principe au cours de la discussion (séance du 8 juin 1867).

« Une société coopérative, disait-il, peut exister entre les associés avant d'exister à l'égard des tiers ; elle constitue alors une sorte de société *sui generis*, ayant pour objet de recueillir les épargnes de chacun pendant quelques mois, de constituer au moyen de versements de 10, de 15 et de 20 centimes, la somme de 5 francs nécessaire pour la constitution à l'égard des tiers.

« Vous pouvez prendre tout le temps que vous voudrez, des semaines, des mois, des années, et former une société qui n'existe pas encore à l'égard des tiers, mais qui existe entre les associés. Une convention est parfaitement licite entre 30, 40, 50 personnes, qui a pour objet de recueillir des souscriptions volontaires et de constituer entre ces personnes une sorte de caisse d'épargne ; chacun y met ses économies de la semaine : 20 centimes, 50 centimes, le salaire le plus modeste ; les sommes varient, les unes étant très minimes, les autres étant plus fortes, jusqu'au moment où on a constitué un petit capital. Nous ne demandons que 35 francs : alors la société commence à exister à l'égard des tiers et peut engager des opérations au dehors. »

§ 2. — Dispositions générales.

3724. — Les art. 51, §§ 1 et 2, 52, 53 et 54 régissent toutes les sociétés à capital variable. Voici le texte de ces articles :

« Art. 51. — Les statuts détermineront une somme au-dessous de laquelle le capital ne pourra être réduit par les reprises des apports autorisés par l'art. 48.

« Cette somme ne pourra être inférieure au dixième du capital social.

« Art. 52. — Chaque associé pourra la retirer de la société lorsqu'il le jugera convenable, à moins de conventions contraires et sauf l'application du paragraphe 1er de l'article précédent.

« Il pourra être stipulé que l'assemblée générale aura le droit de décider, à la majorité fixée pour la modification des statuts, que l'un ou plusieurs des associés cesseront de faire partie de la société.

« L'associé qui cessera de faire partie de la société, soit par l'effet de sa volonté, soit par suite de la décision de l'assemblée générale, restera tenu pendant cinq ans, envers les associés et envers les tiers, de toutes les obligations existant au moment de sa retraite.

« Art. 53. — La société, quelle que soit sa forme, sera valablement représentée en justice par ses administrateurs.

« Art. 54. — La société ne sera point dissoute par la mort, la retraite, l'interdiction, la faillite ou la déconfiture de l'un des associés ; elle continuera de plein droit entre les autres associés. »

Ainsi, les statuts doivent fixer la somme au-dessous de laquelle le capital social ne pourra être réduit par la reprise des apports, et en cas de silence des statuts, ce minimum est fixé au dixième du capital, chiffre équivalent à celui du versement nécessaire pour la constitution de la société.

Dès que le capital social se trouve réduit dans les limites que nous venons de rappeler, toute reprise quelconque d'apports devient impossible.

3725. — L'art. 52 autorise la retraite des associés, sauf, dit-il, l'application du paragraphe 1er de l'article précédent, c'est-à-dire le cas où le capital social se trouve réduit au minimum légal. Dans cette hypothèse encore, la faculté accordée à l'assemblée générale de prononcer l'exclusion de tel ou tel associé ne pourra recevoir aucune exécution ; à moins que les statuts n'aient stipulé qu'au cas de réduction du capital au minimum, l'assemblée générale conserverait son droit d'exclusion si la part de l'associé exclu est reprise immédiatement par un autre sociétaire (Mathieu et Bourguignat, n. 295).

L'art. 52, § 3, détermine les obligations de l'associé qui se retire, soit volontairement, soit forcément (V. Paris, 22 déc. 1897, *J. S.*, 1898.172); — Bordeaux, 7 avr. 1897, *J. S.*, 1897.508). — Ses dispositions doivent être combinées avec celles des art. 1869 et 1870 C. civ. qui subordonnent la renonciation à une société à la double condition qu'elle soit de bonne foi et n'ait pas lieu à contre-temps (Douai, 2 août 1906, *J. S.*, 1907.267).

Si plusieurs associés se coalisaient pour se retirer de la société dans des conditions inopportunes, et pour nuire à la société, ils seraient passibles de dommages-intérêts (Rivière, n. 345. — Réponse de M. Mathieu à M. Picard, séance du 11 juin 1867). Mais selon M. Rivière, il n'en serait pas de même si plusieurs associés se coalisaient pour exclure un des membres de l'association, car l'assemblée générale, en prononçant cette exclusion, qu'elle n'a besoin de justifier par aucun motif, use d'un droit écrit dans la loi (*Op. cit.*, n. 346).

Jugé que lorsque, dans une société en nom collectif à capital variable, trois associés sur sept donnent le même jour leur démission, par trois lettres recommandées, les associés non démissionnaires refusent à bon droit la démission qui porte le dernier numéro de recommandation, et qui est considérée comme la dernière, par le motif que son acceptation empiéterait sur la somme constituant le minimum irréductible du capital social (Poitiers, 29 nov. 1909, *La Loi*, 1er févr. 1910).

Comme corollaire du droit que possède chaque associé de se retirer de la société quand il le juge convenable, la société a de son côté le droit de se réserver la faculté d'imposer le retrait de l'associé. « Il pourra être stipulé, dit l'art. 52, § 2, que l'assemblée générale aura le droit de décider, à la majorité fixée pour la modification des statuts, que l'un ou plusieurs des associés cesseront de faire partie de la société. » Il faut donc, pour que la société puisse user de son droit : 1º qu'il ait été réservé ou stipulé par les statuts (Seine, 15 avr. 1897, *J. S.*, 1897. 326) ; 2º que la retraite soit prononcée par une délibération de l'assemblée générale des associés, ce qui implique que le conseil d'administration n'a pas qualité pour exclure l'associé (Lyon, 19 mars 1897, *J. S.*, 1898.60 ; — Poitiers, 12 juill. 1894, S. 96.1.413 ; — Trib. com. Seine, 16 mai 1906, *R. S.*, 1907.69).

La majorité de l'assemblée générale doit être celle prescrite par les statuts, ou à défaut de stipulation, elle est la même que pour la modification des statuts (Paris, 30 juin 1898, *J. S.*, 1898.495. — V. Wahl, *Ann. de droit com.*, 1899.28 ; — Rennes, 14 avr. 1904, *J. S.*, 1907.321).

Le droit d'exclusion cesse, et en même temps la faculté de retraite, quand le capital est réduit au minimum déterminé par la loi ou la convention. Cependant la société peut user de son droit d'exclusion si un tiers veut se substituer à l'associé à exclure en le désintéressant, ou si les associés consentent à le désintéresser au moyen d'une cotisation personnelle (Lyon-Caen et Renault, n. 1041). L'associé exclu a droit à la part qui lui revient de l'actif social liquide à la date de son exclusion, à moins de stipulation dans les statuts fixant à forfait le mode d'évaluation de cette part (Pont, n. 1761).

3726. — L'art. 36 de la loi de 1867 prescrit aux sociétés anonymes de prélever annuellement sur les bénéfices nets un vingtième au moins affecté à la formation d'un fonds de réserve, jusqu'à ce que ce fonds ait atteint le dixième du capital social. Cette disposition est applicable aux sociétés à capital variable constituées sous forme anonyme. Le prélèvement cesse d'être obligatoire lorsque le fonds de réserve a atteint le dixième du capital social, tel qu'il existe à la fin de chaque exercice annuel.

3727. — Aux termes de l'art. 53, la société à capital variable, quelle que soit sa forme, a qualité pour ester en justice par son gérant ou ses administrateurs. Cette disposition est applicable même aux sociétés civiles à capital variable. Elle permet d'échapper à la jurisprudence qui exigeait la mise en cause de tous les membres de l'association (Cass., 8 nov. 1836, S. 36.1.811 ; — 26 mai 1841, S. 41.1.483 ; — 15 janv. 1896, S. 96.1.77).

3728. — L'art. 54 stipule que la société ne sera pas dissoute, selon les principes du droit commun, par la mort (Lyon, 27 fév. 1902, *J. S.*, 1902.437), la retraite, l'interdiction, la faillite ou la déconfiture des associés, mais qu'elle continuera de plein droit entre les autres associés. L'objet de cet article est clairement indiqué dans l'exposé des motifs :

« L'art. 1865 C. Napoléon, y lisons-nous, place au nombre des causes qui mettent fin à la société, la mort, l'interdiction ou la déconfiture de l'un des associés.

« On peut déroger à cette disposition : l'art. 1868 le reconnaît, et fréquemment on rencontre dans les statuts des stipulations de ce genre. Quelquefois même la dérogation résulte de la nature des sociétés.

« L'art. 56 ne fait donc qu'ériger en règle générale ce que la volonté des parties peut exceptionnellement établir. Il est fondé sur le motif que les sociétés de coopération ne peuvent avoir la pensée de rester sous l'empire de l'art. 1865 C. Napoléon, dont l'application mettrait chaque jour en question leur existence. Si par hasard telle était leur volonté, il leur suffirait de l'exprimer ; car de même que des stipulations formelles peuvent déroger à l'art. 1865 C. Napoléon, de même elles pourront s'écarter de la règle écrite dans l'art. 56 du projet. »

Les anciens membres d'une société à capital variable sont recevables et ont intérêt à en demander la dissolution et la liquidation, puisque, par l'art. 52, ils restent responsables pendant cinq ans envers les tiers de toutes obligations existant au moment de leur retraite (Lyon, 8 juin 1900, *J. S.*, 1901.71).

Par cette disposition, l'art. 52 a entendu que les créanciers ayant traité avec la société au moment où l'associé en faisait encore partie conservent contre celui-ci, en cas d'insuffisance de l'actif social et jusqu'à l'expiration des cinq ans du jour de sa retraite, un recours dont les seules limites sont, d'une part, leur remboursement intégral et, d'autre part, le montant de l'apport dudit associé qui est tenu de faire rapport à la masse de la faillite de la société du montant intégral de ses actions qu'il avait encaissées (Dijon, 8 août 1906, *J. S.*, 1908.313).

3729. — Il a été jugé, mais cette décision me paraît comporter des réserves, que l'associé qui se retire a le droit de reprendre son apport, mais qu'il ne peut rien exiger de plus, sauf stipulation contraire dans les statuts, et qu'il ne peut réclamer notamment une part de la réserve légale (Trib. Douai, 25 mai 1910, *J. S.*, 1911.234. — En sens contraire, Thaller, n. 813 ; Lyon-Caen et Renault, n. 1041 *bis*).

3730. — Voir lois relatives aux coopératives spéciales, à la partie Législation, en tête du premier volume.

CHAPITRE X

SOCIÉTÉS DE CRÉDIT AU PETIT ET AU MOYEN COMMERCE, A LA PETITE ET A LA MOYENNE INDUSTRIE

(LOI DU 13 MARS 1917)

3731-3734. — Commentaire officiel de la loi publié par le ministère du commerce.

PREMIÈRE PARTIE

Utilité. — Principes directeurs.

CHAPITRE PREMIER. — *Les besoins de crédit du petit et du moyen commerce, de la petite et de la moyenne industrie.*

Il n'est pas besoin, quand on s'adresse à des commerçants, à des industriels, à des artisans, de s'étendre longuement sur les avantages qu'ils peuvent tirer du fait d'avoir à leur disposition des possibilités de crédit pour l'exercice de leur profession. Tout le monde sait que le crédit est un des éléments essentiels de la vie économique contemporaine et que le temps n'est plus où une modeste aisance suffisait à soutenir une entreprise moyenne et à en assurer la marche. Il en va autrement aujourd'hui.

L'intensification croissante de la production, les progrès techniques continus, la nécessité du rajeunissement rapide de l'outillage, le caprice changeant de la mode, le besoin de nouveauté, les exigences de la clientèle, le développement de la concurrence, ne permettent plus au petit commerce et à la petite industrie de vivre en végétant. Les entreprises moyennes — dont il est, à tant de titres, désirable, dans un état social bien ordonné, qu'elles soient prospères — doivent pouvoir participer aux transformations économiques et s'adapter aux conditions nouvelles. C'est là pour elles une nécessité qui s'impose, si elles ne veulent pas se laisser absorber par la grande industrie et le grand commerce. Rester en état de stagnation serait, de leur part, se vouer à une irrémédiable décadence.

Pour échapper à ce danger, pour se maintenir et progresser, il ne suffit pas qu'elles continuent à pratiquer leurs traditionnelles vertus d'amour du travail, de prudence avisée et d'honnêteté professionnelle. Il faut aussi qu'elles disposent de capitaux suffisants pour satisfaire les besoins multiples de leurs entreprises et pour en nourrir le développement. Ici comme ailleurs, le capital est, au même degré que l'intelligence et le travail, un facteur essentiel du succès ; et s'il fait défaut ou s'il est insuffisant, c'est dans le crédit que les vertus traditionnelles dont nous venons de parler doivent, pour s'exercer, pouvoir trouver leur appui.

Or il est, en fait, constant que le petit et le moyen commerce, la petite et la moyenne industrie n'échappent pas plus que les entreprises plus importantes à cette nécessité. Nous verrons par la suite que leurs besoins sont même, à cet égard, plus grands encore et d'autant plus pressants qu'ils ont plus de peine à être satisfaits.

Malgré leur infinie variété, on peut les envisager sous les trois aspects suivants :

Complément du fonds d'installation ;

Complément du fonds de roulement ;

Mobilisation des créances.

Tantôt c'est un débutant que sa valeur morale et technique rend digne qu'on lui vienne en aide, et qui, grâce au crédit qu'il obtient, fonde une maison devenue par la suite une des principales de la place. L'histoire des banques populaires de France et de l'étranger témoigne du rôle utile de ces institutions pour répondre à ces besoins de crédit.

Tantôt c'est un commerçant dont les frais d'installation ont absorbé toutes les disponibilités, et dont le fonds de roulement est insuffisant pour le courant des affaires. Il compte, il est vrai, sur la vente. Mais, avant de vendre ou en attendant d'être payé du prix des objets vendus, il faut s'approvisionner, et pour cela le crédit peut être nécessaire au petit ou moyen commerçant. Or deux moyens s'offrent à celui-ci de s'en procurer : soit en en obtenant de ses propres fournisseurs, mais c'est un crédit parfois onéreux et qui, en tout cas, le met dans leur dépendance ; soit en s'adressant à une institution de crédit populaire qui lui fournit aux meilleures conditions le fonds de roulement temporaire dont il a besoin.

Enfin une des causes les plus fréquentes de la gêne où se trouvent parfois les petits commerçants et les petits industriels est l'habitude trop généralement répandue qu'ont les clients de tarder à payer leurs factures. De ce fait, des sommes souvent importantes sont, pour ainsi dire, immobilisées qui, si elles étaient versées rapidement par ceux qui les doivent, rentreraient tout de suite dans le mouvement des affaires et faciliteraient grandement la marche des petites et moyennes entreprises. Les bouchers, les boulangers, les couturières, les modistes, les tapissiers, les entrepreneurs du bâtiment, pour ne citer que ces professions, peuvent dire quels crédits souvent prolongés ils doivent accorder à certains de leurs clients. Les grandes maisons supportent cette charge plus ou moins aisément ; les petites plient parfois sous le poids. Cette habitude de crédit à la clientèle est déplorable ; mais il faut bien reconnaître que certains commerçants, même parmi les petits et les moyens, en ont, eux aussi, leur part de responsabilité par la négligence qu'ils apportent à établir leurs relevés de factures.

Quoi qu'il en soit, le fait est là, et les intéressés en souffrent. En pareil cas encore, c'est au crédit qu'ils devront recourir, en attendant la rentrée de leurs créances, par la mobilisation de celles-ci, soit au moyen de traites tirées sur le client et escomptées par une banque populaire, soit en obtenant de cette dernière des avances sur factures ou mémoires.

Telles sont, très succinctement exposées, les différentes applications dont est susceptible le crédit aux petites et moyennes entreprises. Les besoins auxquels elles répondent en montrent l'utilité (1). Le Parlement, en votant

(1) Les institutions de crédit populaire peuvent également intervenir utilement pour faci-

la loi du 13 mars 1917 sur les sociétés de caution mutuelle et les banques populaires, a eu en vue de faciliter et de favoriser l'organisation du crédit indispensable au fonctionnement normal et au développement du petit et du moyen commerce, de la petite et de la moyenne industrie.

CHAPITRE II. — *La loi du* 13 *mars* 1917.

La loi du 13 mars 1917, qui a pour objet l'organisation du crédit au petit et au moyen commerce, ainsi qu'à la petite et à la moyenne industrie, prévoit pour atteindre ce but deux sortes d'organismes : la société de caution mutuelle et la banque populaire. Nous exposerons, dans une seconde partie de cette étude, comment se constituent et s'organisent ces institutions. Pour le moment nous nous bornerons à en indiquer les traits généraux.

Les banques populaires sont appelées à jouer le rôle principal dans l'organisation du crédit au petit et au moyen commerce, à la petite et à la moyenne industrie. Ce sont elles qui feront avec les commerçants, les industriels, les fabricants, les artisans et les sociétés commerciales les opérations de crédit nécessaires à cette clientèle pour l'exercice normal de leur industrie, de leur commerce et de leur métier. Ce sont elles, en d'autres termes, qui, sous forme de capital social, de réception de dépôts, de réescompte de leur portefeuille, d'emprunts, recueilleront les fonds destinés à satisfaire les besoins de crédit de leurs membres, et qui mettront ces fonds à la disposition de ceux-ci à titre d'avances directes ou contre escompte d'effets.

Les sociétés de caution mutuelle, au contraire, ne font pas d'opérations de crédit. Elles ont uniquement pour objet d'avaliser ou d'endosser les effets de commerce et billets créés, souscrits ou endossés par leurs membres à raison de leurs opérations professionnelles. Elles ne fournissent pas le crédit. Elles se bornent à renforcer, par la garantie de leur signature sociale, la capacité de crédit de chacun de leurs sociétaires. Leur rôle est donc beaucoup plus limité que celui des banques populaires, et de ce qu'elles ne constituent en quelque sorte que des syndicats de garantie au profit de leurs membres, il résulte, notamment, qu'elles n'ont pas à se préoccuper de recueillir de capitaux externes — dépôts ou emprunts — qui ne leur serviraient à rien, mais qu'elles ont seulement à se constituer un capital social destiné à représenter la garantie de leurs endos et avals.

Il convient, d'ailleurs, d'ajouter que la société de caution mutuelle n'est nullement l'antichambre obligatoire, si l'on peut dire, de la banque populaire. Celle-ci peut très bien escompter des effets qui ne portent pas l'aval ou l'endos d'une société de caution mutuelle ; et, à l'inverse, les effets endossés ou avalisés par une société de caution mutuelle peuvent être négociés dans toute banque ordinaire et pas seulement dans une banque populaire. Les deux institutions peuvent être liées l'une à l'autre, elles ne le sont pas nécessairement.

---

liter le règlement des effets en souffrance par suite des divers décrets moratoires rendus au cours de la guerre. En obtenant, par exemple, d'une banque populaire, et sous la garantie d'une société de caution mutuelle, un prêt à remboursements échelonnés, le souscripteur d'effets moratoriés pourra liquider le passé et retrouver une situation nette vis-à-vis de ses correspondants et fournisseurs, en même temps que, pour se libérer au regard de la banque populaire, il bénéficiera des délais d'amortissements successifs qui lui auront été consentis.

Les sociétés de caution mutuelle seront utiles surtout aux plus modestes parmi les petits commerçants et artisans, qui trouveraient peut-être difficilement accès par eux-mêmes non seulement auprès des banques ordinaires, mais même auprès des banques populaires.

Mais encore faut-il que la société de caution mutuelle, si elle veut rendre les services qu'on en attend et mériter la confiance que lui fait le législateur, s'entoure de la plus extrême prudence dans le recrutement de ses membres. Elle ne doit pas ouvrir sa porte sans discernement à tout venant. Les insolvables et les indignes doivent être, au contraire, rigoureusement écartés. A cette condition seulement, la signature sociale aura une valeur réelle dépassant celle du petit capital de garantie réuni.

On ne doit pas oublier, en effet, que la valeur de la signature sociale ne sera que la somme des valeurs morales individuelles des associés. Si quelques-unes de celles-ci laissaient à désirer, c'en serait fait du crédit de la société de caution mutuelle. La défaillance de tel ou tel de ses membres rejaillirait nécessairement sur la société elle-même, dont le capital social pourrait être compris et dont, en tout cas, le discrédit atteindrait l'ensemble de ses sociétaires.

Ici, comme dans toute autre organisation coopérative, il importe donc qu'à la modicité du capital-argent de chacun il soit suppléé par un capital moral supérieur, fait d'honnêteté, d'amour du travail, d'habitudes d'économie et de scrupuleuse exactitude à tenir ses engagements (1). La société de caution mutuelle véritablement digne de ce nom sera celle à la garantie de laquelle les banques prêteuses n'auront pas à recourir pour avoir payement de leurs créances.

La forme juridique qui permettra le mieux aux banques populaires et aux sociétés de caution mutuelle de répondre à leur objet est celle de la société à personnel et à capital variables. C'est même la seule forme autorisée par la loi du 13 mars 1917 (art. 2, § 3) pour les sociétés de caution mutuelle.

Nous aurons à rechercher, dans la seconde partie de ce travail, comment se doivent combiner les dispositions de la loi du 24 juillet 1867 avec celles de la loi de 1917. Mais il convient d'indiquer dès maintenant une des innovations les plus importantes de celle-ci pour le développement des institutions de crédit populaire.

On sait combien sont complexes et coûteuses les formalités prescrites pour la publicité des sociétés commerciales ordinaires. Ces exigences du droit commun ont certainement découragé bien des initiatives jusqu'à ce jour. La loi du 13 mars 1917 les a supprimées et a ramené les conditions de publicité imposées aux sociétés de caution mutuelle et aux banques populaires à la formalité très simple et peu onéreuse d'un dépôt initial et de

---

1) Les sociétés de caution mutuelle (et pareillement les banques populaires) qui accepteront comme sociétaires des souscripteurs d'effets moratoriés, avec la pensée de les aider à liquider leur situation, comme il est dit ci-dessus, devront avoir soin d'examiner au préalable si ces candidats au sociétariat présentent les mêmes garanties de probité et d'honorabilité qu'on exige de tout sociétaire. Le bénéfice des décrets moratoires ne saurait créer un droit au crédit, ni au sociétariat. Il y aura donc lieu, pour accepter ou rejeter la demande d'admission, de voir si l'usage qui a été fait des décrets moratoires se justifie par les circonstances et la nécessité, ou s'il est au contraire le fait d'une négligence ou même d'une mauvaise volonté à tenir ses engagements.

dépôts périodiques à effectuer au greff e de la justice de paix du canton où la société a son siège (art. 7).

Sous l'empire du même souci de ne pas grever les institutions de crédit populaire de charges fiscales trop lourdes, l'article 8 de la loi du 13 mars 1917 les exempte de la patente et de l'impôt sur le revenu des valeurs mobilières et ne soumet les certificats de parts qu'au simple timbre de dimension, quand ils sont non-négociables.

Quelque appréciables que soient ces encouragements, le législateur n'a pas cru pourtant qu'ils fussent suffisants pour aider au développement en France des institutions de crédit populaire. Il a pensé que, de même que le crédit agricole avait reçu de l'État une dotation, le crédit au petit et moyen commerce, à la petite et moyenne industrie, devait, lui aussi, bénéficier d'un concours financier officiel. La convention passée avec la Banque de France le 2 novembre 1911, et approuvée par la loi du 29 décembre 1911, lui fournit les moyens de doter le crédit au petit commerce et à la petite industrie.

Par cette convention, la Banque de France a consenti au Trésor une avance de 20 millions, sur lesquels l'article 11 de la loi du 13 mars 1917 a mis 12 millions à la disposition du gouvernement pour être attribués sous forme d'avances temporaires (art. 12) et sans intérêts aux banques populaires constituées conformément à la loi du 13 mars 1917.

Telle est dans ses traits caractéristiques l'économie générale de la loi de 1917. On peut espérer que, par les facilités et les encouragements qu'elle donne aux banques populaires et aux sociétés de caution mutuelle, cette loi aidera à la multiplication et au développement des unes et des autres.

CHAPITRE III. — *Principes directeurs en matière de crédit au petit et au moyen commerce, à la petite et à la moyenne industrie.*

La coopération de crédit n'est pas une nouveauté. A l'étranger et en France fonctionnent des institutions de l'espèce déjà anciennes. De leurs expériences éprouvées par la pratique et consacrées par les résolutions de leurs congrès se dégagent certains principes essentiels que l'on peut considérer comme dominant la matière et dont l'observation s'impose pour le bon fonctionnement de cette sorte de crédit. Nous allons les indiquer rapidement :

1o *Il est avant tout un crédit personnel.* — Le « crédit personnel » est, dans le langage économique, opposé au « crédit réel ». Ce dernier est celui que l'on accorde contre la remise d'une sûreté matérielle : constitution d'hypothèque ou de gage. Le crédit personnel est, au contraire, celui qui est consenti en considération des qualités morales personnelles de l'emprunteur.

Le crédit personnel est de l'essence du crédit commercial ou industriel à court terme, dont la brièveté même des échéances et la fréquence sont incompatibles avec la constitution d'une sûreté réelle, et plus encore de l'essence du crédit aux petites et aux moyennes entreprises dont la plupart des clients sont généralement dans l'impossibilité de fournir une sûreté réelle.

Cela ne veut pas dire que ces institutions de crédit ne doivent jamais demander à leurs emprunteurs d'autre garantie que leur signature. Il est légitime, dans certains cas, d'exiger une sûreté accessoire telle que la remise en gage de valeurs ou d'objets mobiliers ou le nantissement du fonds de commerce. Mais ces sûretés doivent être prises surtout pour parer à des risques extérieurs à la personne de l'emprunteur, indépendants de sa volonté et dépassant les prévisions normales. Même en pareil cas, la préoccupation dominante de la banque populaire dans l'examen des demandes qui lui sont adressées doit être de savoir si l'emprunteur possède l'ensemble des vertus morales qui sont la condition primordiale du prêt.

On exprime cette idée en disant que le crédit doit être accordé non pas seulement à celui qui est « capable de crédit », mais avant tout à celui qui est « digne de crédit ».

2° *Sélection des sociétaires. Rayon d'action de la société. Mélange des professions.* — Du principe que nous venons de poser en découle un autre qui consiste dans la nécessité de faire un choix rigoureux entre les personnes qui demandent à faire partie de la société. Les sociétaires pouvant devenir à un moment donné des emprunteurs, il importe qu'ils offrent, dès leur admission en qualité de membres de la société, les mêmes garanties qu'on exigera d'eux en qualité d'emprunteurs.

D'ailleurs, c'est parmi les sociétaires que sont choisis les membres du conseil d'administration, c'est-à-dire les personnes chargées d'assurer la marche de la société et son fonctionnement ; or, si celles-ci ne présentaient pas toutes les garanties de sérieux, d'honorabilité et de vigilance qu'exigent ces fonctions, elles pourraient entraîner la société dans des voies dangereuses. A ce point de vue encore, par conséquent, une sélection sévère s'impose — et cela de la constitution même de la banque populaire ou de la société de caution mutuelle — dans l'admission des associés.

La société aura d'autant plus de chances de bien recruter ses membres qu'elle n'acceptera comme tels que des personnes connues et appréciées des uns ou des autres, et il n'en pourra être ainsi que si son rayon d'action, sa circonscription territoriale ne sont pas trop étendus. Il est admissible que, dans les petites localités, chefs-lieux de canton et chefs-lieux d'arrondissement moyens, une banque populaire étende son action sur la localité entière : les commerçants et les industriels s'y connaissent et savent réciproquement ce qu'ils valent. Dans les grandes villes, au contraire, où chacun est davantage noyé dans la masse, il est préférable de limiter la circonscription de l'institution à un quartier, de manière à faciliter l'obtention des renseignements.

Une base recommandable d'organisation se trouve également dans les groupements professionnels ou mutualistes. Ceux-ci constituent déjà par eux-mêmes une certaine sélection. Leurs membres y ont, d'autre part, pris des habitudes de discipline sociale dont la société de crédit populaire ne pourra que tirer avantage. Mais on doit, cependant, éviter en pareil cas de tomber dans un excès inverse en limitant aux membres du groupement l'accès de la banque populaire ou de la société de caution mutuelle. Il importe, en effet, en matière de crédit, que les risques soient aussi divisés que possible et se compensent les uns les autres. Or il n'en serait pas ainsi si les emprunteurs appartenaient tous à la même branche professionnelle, car les crises affectant la profession les atteindraient tous ensemble et en même temps et pèseraient en bloc sur la société, qu'elles paralyseraient, sans que celle-ci trouvât des compensations avantageuses dans d'autres opérations faites avec d'autres branches professionnelles.

Dans le choix de leurs sociétaires comme dans celui de leurs clients, et quel que soit leur rayon territorial d'action, les institutions de crédit prévues par la loi de 1917 doivent donc rechercher aussi complètement que possible la diversité des professions.

3° *Il doit être un crédit de production et être appliqué selon les principes d'affaires.* — Les besoins de crédit sont, dans leur infinie variété, de deux sortes. Les uns ont pour objet le travail, la profession ; les autres, des satisfactions ou des nécessités non professionnelles. Dans le premier cas, le crédit procuré est dit « de production » ; dans le second cas, il est dit « de consommation ».

Le crédit de production est seul du ressort des banques populaires et des sociétés de caution mutuelle. Seul, en effet, il crée une richesse économique qui représente, et au delà, la valeur du prêt et en permet le remboursement. Lorsque, par exemple, l'ébéniste emprunte pour acheter le bois qu'il transformera en meubles, on sait qu'il retrouvera dans le produit qu'il aura fabriqué la valeur de son emprunt et qu'il sera à même de rembourser celui-ci, une fois le produit vendu. Le crédit, en pareille hypothèse, est chose utile puisqu'il aide le producteur à s'enrichir ; il est également chose sûre, puisque son équivalence se retrouve dans le produit qu'il a contribué à créer.

Rien de semblable lorsqu'il s'agit du crédit de consommation, c'est-à-dire de celui qui sert à satisfaire les besoins courants ou accidentels de la vie, tels que le payement du boulanger, du boucher ou du médecin. Une fois la dette payée, que restera-t-il comme équivalent de l'emprunt qui aura servi à l'acquitter ? Rien. Le prêt aura été purement et simplement consommé et son bénéficiaire n'aura fait que se substituer un créancier à un autre. Le crédit de consommation est du ressort des caisses de prêts d'honneur, mais ne rentre pas dans la fonction du crédit populaire.

La loi du 13 mars 1917 consacre elle-même nettement la distinction que nous venons d'établir, lorsqu'elle dispose dans ses articles 1er et 10 que les opérations qu'elle autorise doivent avoir trait à l'exercice normal de l'industrie, du commerce ou du métier de l'emprunteur.

Crédit de production, le crédit au petit et au moyen commerce, à la petite et à la moyenne industrie ne doit jamais non plus constituer une œuvre d'assistance ni de philanthropie. Sans doute, les banques populaires seront animées d'un esprit différent de celui des banques ordinaires. Les relations avec les emprunteurs y seront plus familiales, plus intimes, la recherche du lucre y cèdera place au sentiment coopératif. Mais cela n'empêche pas que les opérations devront s'y faire selon les principes d'affaires, avec la méthode et la ponctualité qu'exigent les règles commerciales en la matière. C'est à cette condition seulement que nos institutions pourront prospérer, qu'elles entretiendront en elles et chez leurs clients le sens de la responsabilité qui est le gage de l'effort et du succès, et aideront les classes moyennes à améliorer leur situation tout en rehaussant leur dignité.

4° *Le concours de l'État ne constitue qu'une aide initiale et temporaire et ne doit pas fausser les conditions normales du crédit.* — Nous avons vu que la loi du 13 mars 1917 met à la disposition du crédit populaire une somme de 12 millions. Les avances que les banques populaires peuvent obtenir de l'État sur cette dotation sont uniquement destinées à leur procurer une aide initiale, en vue de faciliter leurs débuts. Elles ne leur sont consenties que pour une période de cinq ans (art. 12). Sans doute, elles peuvent être renouvelées ; mais ce serait une grave erreur de croire qu'elles le puissent être indéfiniment ni sans amortissements successifs.

Il ne faut pas oublier, en effet, que cette dotation provient elle-même d'une avance temporaire faite par la Banque de France au Trésor, et que l'État devant rembourser la Banque, devra, lui aussi, exiger le remboursement dû par les banques populaires.

En réalité, c'est en elles-mêmes, dans leur capital social et autour d'elles, dans les dépôts que feront affluer vers elles la confiance qu'elles inspireront, ainsi que dans les facilités de réescompte qu'elles rencontreront auprès de la Banque de France, que les banques populaires trouveront les éléments essentiels et permanents de leur activité. L'État n'entend intervenir en leur faveur que pour encourager et soutenir leurs premiers pas, et compte qu'elles deviendront majeures assez rapidement pour pouvoir se passer de son concours.

Les banques populaires devront enfin se pénétrer de cette idée que le concours que leur donne l'État sous forme d'avances gratuites ne doit pas les inciter à fausser les conditions normales du crédit dans les prêts et escomptes qu'elles consentiront elles-mêmes. Elles ne doivent pas faire de crédit au-dessous du loyer normal de l'argent, c'est-à-dire à un taux inférieur au taux de l'escompte de la Banque de France, sous prétexte que la gratuité des avances de l'État leur permet cette générosité. Agir ainsi serait fausser l'éducation des coopérateurs, en les habituant à compter sur l'État plus que sur eux-mêmes, et leur préparer d'amères désillusions pour le jour où, les avances officielles ayant pris fin, la banque populaire se verrait obligée de relever son taux d'escompte.

L'avantage essentiel que le petit commerce et la petite industrie doivent tirer de la création de banques populaires réside moins dans le bon marché du crédit — encore que celui qu'ils y trouveront les changera singulièrement des crédits usuraires dont ils étaient, dans certains cas, victimes — que dans le fait même de s'y pouvoir procurer un crédit loyal et honnête, qu'ils ont tant de peine à obtenir autrement.

Régler leur taux d'escompte sur celui de la Banque de France, voilà donc la règle fondamentale d'affaires à laquelle les banques populaires doivent obéir. Ce faisant, non seulement elles s'assoient sur une base solide pour l'avenir, mais encore elles sauvegardent le présent, car si elles étaient amenées à réescompter leur portefeuille à la Banque à un taux supérieur au taux de leur propre compte, elles se mettraient en perte et compromettraient leur existence même.

DEUXIÈME PARTIE

Comment constituer des sociétés de caution mutuelle et des banques populaires.

CHAPITRE PREMIER. — *Phase préliminaire à la constitution.*

§ 1. — *Recrutement des premiers actionnaires.*

Nous avons dit précédemment que, pour faire partie d'une société de caution mutuelle ou d'une banque populaire et pour bénéficier de leurs services, il fallait être reconnu non seulement comme étant « capable de crédit », mais encore comme étant « digne de crédit ». De là, la nécessité qu'il soit fait un choix rigoureux des personnes appelées dans la société.

Cette nécessité s'impose dès le début aux promoteurs dans la recherche de ceux qui vont être avec eux-mêmes les fondateurs et les premiers sociétaires de l'institution projetée. C'est, en effet, ce groupe initial qui constituera le noyau de la future société. C'est lui qui donnera à celle-ci son impulsion et son orientation, qui en élaborera les statuts, qui lui fournira les cadres chargés d'assurer son fonctionnement. A ces divers points de vue, il importera donc que ces sociétaires-fondateurs offrent toutes les garanties voulues pour asseoir l'entreprise sur des bases solides, qu'ils jouissent notamment d'une réputation de parfaite honorabilité et qu'ils soient suffisamment pénétrés du caractère de l'œuvre à créer. En un mot, les promoteurs devront s'entourer de concours choisis avec soin et se garder de recruter sans discernement les premiers sociétaires.

Or cette sélection se fera d'autant mieux qu'on ne cherchera pas à faire les choses trop en grand. Les meilleures banques populaires ont commencé avec des débuts modestes, un nombre restreint de sociétaires et un capital initial assez faible (1). Il n'est donc pas nécessaire de se livrer à une propagande trop active dans les milieux intéressés, pour y recueillir des adhésions nombreuses à la société en formation. En agissant ainsi, on risquerait au contraire d'ouvrir la porte à des éléments indésirables qu'on ne pourrait plus écarter après les avoir sollicités.

Une propagande discrète et avisée sera de nature à donner de meilleurs résultats. C'est surtout parmi les commerçants, artisans et industriels connus et estimés d'eux-mêmes que les promoteurs pourront la faire utilement. Sans doute, les concours ainsi obtenus seront restreints en nombre ; mais la future société y gagnera d'être constituée par un groupe de choix qui saura l'organiser d'après les principes exacts, et qui, cela fait, pourra entreprendre sans danger une propagande élargie en vue d'y amener de nouveaux adhérents.

§ 2. — *Détermination du régime légal de la société.*

L'idée de la création d'une banque populaire ou d'une société de caution mutuelle une fois admise, il s'agit de procéder à l'élaboration du projet des statuts et, avant tout, de déterminer le régime légal sous lequel on entend placer la société.

---

(1) La banque populaire de Menton, par exemple, s'est fondée en 1883 au capital de 20.000 francs, qui s'élève aujourd'hui à 897.300 francs.

Evidemment, la banque populaire ou la société de caution mutuelle qui voudra bénéficier des avantages et des faveurs de la loi du 13 mars 1917 devra satisfaire aux prescriptions de cette loi et établir ses statuts en conformité des règles édictées par elle.

Mais la loi du 13 mars 1917 ne s'est expliquée que sur un certain nombre de points intéressant l'organisation et le fonctionnement de l'une et de l'autre sortes d'intitutions, et l'on est amené à se demander si, sur les points sur lesquels la loi de 1917 est muette, on doit se référer aux dispositions de la loi du 24 juillet 1867 et à celles du Code de commerce relatives aux sociétés.

Il semble — sans entrer ici dans le détail d'une discussion juridique — que la pensée du législateur ait été de créer en faveur du petit commerce et de la petite industrie des types spéciaux, simplifiés et nouveaux de sociétés : banque populaire et société de caution mutuelle, à l'imitation de ce qu'avait fait antérieurement, quoique dans un cadre différent, la loi du 5 novembre 1894 pour le crédit agricole. Il ne paraît pas contestable, en effet, que l'organisation légale de ces deux branches du crédit populaire ne procède de la même pensée, qui a été de favoriser leur développement en instituant à leur usage des organismes plus souples que ceux du droit commun, plus faciles à constituer et d'un fonctionnement plus simple. Aussi bien, des traces de ces préoccupations communes au législateur de 1917 et à celui de 1894 se rencontrent-elles dans la loi du 13 mars 1917, dont certaines dispositions sont visiblement inspirées de celles qu'a consacrées la loi du 5 novembre 1894 ou qui en sont même la reproduction à peu près textuelle.

Il semble donc permis d'assimiler, au point de vue de leur caractère légal, les sociétés visées par la loi du 13 mars 1917 aux sociétés de crédit agricole ; et du moment qu'on admet que celles-ci constituent un type de société nouveau, on est amené à considérer que les sociétés de caution mutuelle et les banques populaires de la loi de 1917 sont, elles aussi, en marge des dispositions du Code de commerce sur les sociétés et de la loi du 24 juillet 1867.

De ce principe il résulte que la loi du 13 mars 1917 se suffit à elle-même, qu'en dehors des prescriptions qu'elle impose aux sociétés visées par elle, une très grande liberté est laissée à celles-ci, et que ses lacunes doivent être comblées non pas par des recours *obligés* au Code de commerce ou à la loi de 1867, mais par les dispositions statutaires et les principes généraux du droit.

Rien ne s'oppose, d'ailleurs, à ce que ces sociétés se placent, de par leurs statuts, sous un régime mixte combinant la loi du 13 mars 1917 et celle du 24 juillet 1867. Ce sera aux fondateurs à voir quelle solution convient le mieux à l'œuvre qu'ils veulent créer. Mais il va de soi que, s'ils entendent se placer sous le régime de l'une et l'autre lois, celle du 24 juillet 1867 ne pourra recevoir d'application que dans la mesure où elle n'est pas en contradiction avec les dispositions de la loi du 13 mars 1917.

En fait, il semble que ce régime mixte doive être recommandé surtout pour les banques populaires. Celles-ci étant des organismes d'affaires (quoique n'obéissant pas à un esprit de lucre) auront intérêt à se soumettre aux règles établies par le législateur pour ces sortes de sociétés. Elles y trouveront — par exemple dans l'article 49 de la loi du 24 juillet 1867 qui fixe à

200.000 francs le maximum du capital de fondation et les augmentations annuelles du capital social — des garanties utiles contre leurs propres entraînements à se développer trop hâtivement. C'est d'après ce type mixte qu'ont été établis les statuts-modèles dont on retrouvera le texte à l'annexe IV *(Voir nos formules en fin de ce volume).*

En ce qui concerne, au contraire, les sociétés de caution mutuelle, il semble préférable qu'elles se constituent simplement sous le régime de la loi du 13 mars 1917. C'est un régime plus souple qui convient mieux à ces sociétés, dont le rôle est très limité, qui ne font pas à proprement parler d'affaires et qui, le plus souvent, seront assez modestes. Les placer sous le régime combiné des lois de 1917 et de 1867 serait leur imposer inutilement une complexité d'organisation peu en rapport avec leur objet et leur caractère. La loi du 13 mars 1917 complétée d'après les principes généraux du droit leur suffit, et c'est en s'inspirant de cette idée qu'ont été rédigés à leur intention les statuts-modèles figurant aux annexes V et VI *(Idem).*

Un correctif doit être apporté cependant au principe que la loi de 1917 se suffit à elle-même, quand il s'agit de sociétés de caution mutuelle ou de banques populaires *à capital variable.* En droit, l'adoption de cette modalité par une société a pour conséquence de lui rendre applicables les dispositions du titre III de la loi de 1867, particulières aux sociétés à capital variable. Les banques populaires et les sociétés de caution mutuelle régies par la loi de 1917 ne sauraient échapper à cette règle, du moment qu'elles ont inscrit la variabilité du capital dans leurs statuts. Mais il va de soi, d'autre part, que les dispositions spéciales du titre III de la loi de 1867 ne leur seront applicables que dans la mesure où elles ne sont pas en opposition avec la lettre ou l'esprit de la loi de 1917. Il a été fait plus loin (lettre c) application de cette idée aux sociétés de caution mutuelle à capital variable, placées sous le régime de 1917.

§ 3. — *Conséquences du choix du régime légal de la société.*

L'adoption de tel ou tel régime légal entraînera pour la constitution et l'organisation des sociétés des conséquences différentes dont il est bon d'indiquer les principales, en envisageant successivement les sociétés de caution mutuelle et les banques populaires. Les explications qui suivent ne viseront, d'ailleurs, que les types consacrés par les statuts-modèles, c'est-à-dire les sociétés de caution mutuelle régies par la loi du 13 mars 1917, et les banques populaires régies par les lois combinées du 13 mars 1917 et du 24 juillet 1867, les unes et les autres étant, au surplus, conçues comme sociétés à capital variable, ce qui est la forme leur convenant le mieux (1).

1° *Société de caution mutuelle à capital variable régie simplement par la loi du 13 mars 1917.* — Nous sommes ici en présence d'un type de société *sui generis* auquel demeurent étrangères, en règle générale, les dispositions de la loi du 24 juillet 1867. De là les conséquences suivantes :

a. D'après la loi de 1917 comme d'après celle de 1867, toute société n'est définitivement constituée qu'après la souscription intégrale du capital de

---

(1) Cette forme est, d'ailleurs, la seule autorisée par la loi du 13 mars 1917 (org. art. 2, § 3) pour les sociétés de caution mutuelle.

fondation et le versement d'une portion déterminée du capital souscrit. Mais tandis que la loi de 1867 exige la constatation de l'accomplissement de cette double condition par une déclaration faite par-devant notaire, la loi de 1917 n'impose rien de semblable. Ce sera donc, sous le régime de cette dernière loi, à l'assemblée constitutive à faire cette double vérification, ce qui représentera pour la société de caution mutuelle une simplification et une économie appréciables.

Par voie de conséquence, les articles 27, § 2, et 30 de la loi du 24 juillet 1867 ne seront pas applicables à la tenue de l'assemblée générale constitutive. Celle-ci n'aura, sur ce point, qu'à se conformer à ses propres statuts.

b. Les sociétés de caution mutuelle ne sont pas des sociétés par actions. L'article 1er, § 3, de la loi du 13 mars 1917 dit que « leur capital est formé de *parts* nominatives », et, dans toutes ses dispositions relatives à cette sorte de sociétés, la loi a soigneusement évité d'employer le mot « action ». Il s'ensuit que les sociétés de caution mutuelle ne sont pas soumises aux dispositions de la loi du 22 novembre 1913 concernant les modifications aux statuts des sociétés par actions. Ici encore, le régime de la loi de 1917 accorde aux sociétés de caution mutuelle de grandes simplifications et leur assure une sérieuse économie de frais. Conformément à l'article 2 de la loi du 13 mars 1917, ce sera aux statuts à déterminer les conditions nécessaires à leur propre modification.

c. En principe, comme nous l'avons dit plus haut, les dispositions de la loi du 24 juillet 1867 relatives aux sociétés à capital variable sont applicables à toutes les sociétés, quels qu'en soient l'objet ou la forme, qui ont adopté cette modalité. La loi du 13 mars 1917 fait toutefois échec à ce principe en ce que seront seules applicables aux sociétés de caution mutuelle à capital variable les prescriptions des articles 48 à 54 de la loi de 1867 ne se trouvant pas en contradiction avec le texte ou l'esprit de la loi de 1917.

De là il résulte :

Que l'article 49 de la loi de 1867 limitant à 200.000 francs le maximum du capital de fondation et le chiffre des augmentations annuelles du capital social ne s'appliquera pas aux sociétés de caution mutuelle, cette restriction ne concernant que les sociétés par actions, et les sociétés de caution mutuelle n'ayant pas — nous venons de le voir — ce caractère ;

Que les dispositions des articles 51 et 52 de la loi de 1867 qui limitent la faculté de retraite des associés ne sont pas non plus applicables aux sociétés de caution mutuelle, dont la loi du 13 mars 1917 (art. 2, § 3) exige que les statuts réservent aux sociétaires le droit de se retirer, sans limiter l'exercice de ce droit au maintien du capital social à un certain niveau ;

Que la règle de l'article 52 de la loi de 1867, d'après laquelle le sociétaire sortant reste tenu pendant cinq années des obligations sociales antérieures à sa sortie, doit céder le pas aux dispositions spéciales des paragraphes 2 et 4 de l'article 2 de la loi de 1917 ;

Qu'enfin la société de caution mutuelle ne sera constituée qu'après le versement du quart du capital social (art. 1er, § 4, de la loi du 13 mars 1917), et non après le versement du dixième comme le prescrit l'article 51, § 3, de la loi de 1867.

Par contre, il semble bien que les dispositions de l'article 52, § 2 (exclusion de sociétaires), de l'article 53 (représentation de la société en justice) et de l'article 54 (cas exclusifs de causes de dissolution de la société) de la loi du 24 juillet 1867 soient applicables aux sociétés de caution mutuelle à capital variable. Il sera prudent, en tout cas, de reproduire ces dispositions dans le pacte social et de leur donner ainsi une consécration statutaire.

2° *Banque populaire à capital variable régie par les lois combinées du 13 mars 1917 et du 24 juillet 1867.* — Il s'agit ici d'une société anonyme à capital variable soumise aux dispositions de la loi du 24 juillet 1867, à l'exception de celles qui sont contraires à la lettre ou à l'esprit manifeste de la loi du 13 mars 1917. En cas de conflit entre les deux lois, cette dernière doit l'emporter. Mais, en cas de silence de la loi de 1917, ce sera à celle de 1867 à la compléter.

De ce principe général découlent les conséquences suivantes :

a. La loi du 13 mars 1917 n'ayant rien dit de la façon dont les banques populaires doivent être formées, il y a lieu de décider avec les articles 1er, 21 et 24 de la loi de 1867 que les sociétés visées par nous pourront être constituées soit par acte notarié, soit par acte sous seing privé fait en double original, et que les fondateurs auront à faire par-devant notaire une déclaration constatant la souscription de la totalité du capital social et le versement du dixième (art. 51 de la loi de 1867) ou plus, selon les statuts, du capital souscrit.

b. De même, dans le silence de la loi de 1917, les articles 27 (§ 2) et 30 de la loi de 1867 relatifs à la tenue de l'assemblée constitutive trouveront également ici leur application.

c. De même encore, les dispositions des articles 48 à 54 de la loi du 24 juillet 1867 particulières aux sociétés à capital variable seront toutes applicables aux banques populaires soumises à un régime combiné de la loi de 1867 et de la loi de 1917, celle-ci n'ayant, dans son titre II spécial aux banques populaires, statué sur aucun des points visés par les articles en question de la loi de 1867.

On peut se demander enfin si nos banques populaires sont soumises aux dispositions de la loi du 22 novembre 1913 (nouvel article 31 de la loi de 1867) relatives aux modifications des statuts. Le titre II de la loi de 1917 est muet sur ce point. Mais l'article 1er du règlement d'administration publique du 31 janvier 1918 rend applicable aux banques populaires les dispositions du premier paragraphe de l'article 2 de la loi du 13 mars 1917, d'après lequel « les statuts des sociétés de caution mutuelle déterminent..... les conditions nécessaires à la modification de ses statuts », et l'on pourrait être tenté de conclure de ce texte que le législateur a entendu laisser aux statuts la faculté de tracer sur ce point des règles différentes de celles établies par la loi du 22 novembre 1913.

Cette interprétation de l'article 1er du décret ne paraît pas cependant devoir être adoptée. La loi du 22 novembre 1913 vise, en effet, d'une façon générale toutes les sociétés par actions régies par la loi de 1867. Or les banques populaires que nous avons ici en vue sont non seulement des sociétés par actions (art. 13 *in fine* de la loi de 1917), mais aussi, dans l'espèce, des sociétés auxquelles est applicable la loi de 1867. Il semble dès lors qu'elles doivent être atteintes par la loi du 22 novembre 1913. Ce que le décret du 31 janvier 1918 a voulu, c'est que les statuts s'expliquent expressément sur la question des modifications à y apporter éventuellement ; et là-dessus les statuts ont une certaine liberté pour décider des cas et des conditions dans lesquels des modifications seront possibles. Mais il n'en résulte pas que cette liberté soit entière ni absolue ; elle a pour limites celles mêmes que lui a tracées la loi du 22 novembre 1913 (1).

§ 4. — *Détermination de l'étendue de la responsabilité des sociétaires.*

Une des questions essentielles préjudicielles à la constitution d'une société de caution mutuelle ou d'une banque populaire est, pour les promoteurs et fondateurs, de se mettre d'accord sur l'étendue de la responsabilité que les statuts devront imposer aux sociétaires à raison des engagements pris par la société. La loi du 13 mars 1917 (art. 2, § 2, et art. 10) exige, d'ailleurs, que les statuts s'expliquent expressément sur ce point, mais leur laisse à cet égard toute liberté.

Trois modalités s'offrent au choix des intéressés. Ou bien les sociétaires ne seront tenus des dettes sociales que jusqu'à concurrence pour chacun d'eux du montant des parts souscrites par lui : c'est le système de la responsabilité limitée. Ou bien chaque sociétaire sera tenu soit pour un certain nombre de fois le montant des parts souscrites par lui, soit pour une somme fixe en plus du montant de ses parts : c'est le système dit de la responsabilité mixte (voir art. 4, n. 11, du décret du 31 janvier 1918). Ou bien les sociétaires sont tous tenus indéfiniment sur tous leurs biens, soit solidairement entre eux, soit sans solidarité, des dettes sociales : c'est le système de la responsabilité illimitée.

Les deux premières modalités conviendront surtout aux banques populaires, encore que la pratique ait montré que le système de la responsabilité illimitée peut être utilement adopté par des sociétés de crédit urbain.

La troisième modalité est, au contraire, à recommander aux sociétés de caution mutuelle. Celles-ci seront, en effet, le plus souvent de petites sociétés, groupant un nombre restreint de sociétaires et ne réunissant qu'un capital modeste. Leur surface de garantie sera donc faible. L'adoption du

(1) *Observation de l'auteur.* Il nous apparaît au contraire qu'il y a là une question, et même fort délicate. Il est certain en effet que lorsque le décret d'administration publique du 31 janvier 1918, qui a déterminé les conditions d'application de la loi du 13 mars 1917, a enjoint aux constituants de sociétés de caution mutuelle de « *spécifier expressément* (dans les statuts) *le nombre de voix dont dispose chaque sociétaire dans les assemblées générales et le nombre maximum de voix qu'il peut avoir, quel que soit le nombre de parts* », il se met en opposition absolue avec l'art. 1er de la loi du 22 novembre 1913 (art. 31 modifié de la loi de 1867) qui prescrit au contraire que « *nonobstant toute clause contraire de l'acte de société, dans les assemblées générales qui ont à délibérer sur les modifications aux statuts, tout actionnaire, quel que soit le nombre des actions dont il est porteur, peut prendre part aux délibérations avec un nombre de voix égal aux actions qu'il possède sans limitation* ».

(Sur la portée de l'application de l'art. 1er de la loi du 22 nov. 1913, voir A. Dolbeau, *Gazette des Sociétés*, 1920, p. 50-51 ; sur l'opposition entre les deux textes, voir l'excellent opuscule de MM. G. Piot et Dufourmantelle, *Sociétés de caution mutuelle et banques populaires*, 1919, p. 17, § 20.)

principe de la responsabilité illimitée sera de nature à l'augmenter considérablement et permettra à la société de remplir efficacement et largement sa mission.

Au premier abord, il est vrai, ce système peut effrayer ; on hésitera à engager tout son avoir en garantie de la signature sociale. Mais quand on va au fond des choses, on s'aperçoit vite que ces craintes et ces hésitations n'ont pas de raison d'être. En fait, en effet, les statuts prendront soin d'exiger que, chaque année, l'assemblée générale fixe le maximum global des engagements que la société pourra contracter (voir art. 44 des statuts-modèles pour sociétés de caution mutuelle), d'où il résultera qu'en définitive la responsabilité des sociétaires sera *limitée* à la mesure qu'ils fixeront eux-mêmes des engagements sociaux, ce qui atténuera singulièrement les conséquences théoriques du principe.

Il ne faut pas oublier, au surplus, que le capital social et les réserves serviront à couvrir les pertes, s'il s'en produit, avant que les sociétaires aient à en supporter personnellement le contre-coup, et que, s'il en reste quelqu'une à leur charge, elle se répartira entre eux par parts viriles ; de sorte qu'en définitive la contribution de chaque sociétaire à la perte sera faible et, en tout cas, infiniment moindre que les avantages qu'il aura lui-même retirés de la société.

A analyser de près le système de la responsabilité illimitée, on voit donc qu'il ne présente pas de risques graves pour les sociétaires, qu'il décuple au contraire la capacité de crédit de la société vis-à-vis des tiers, et qu'enfin, par son principe même, il incite plus que tout autre à une administration rigoureuse et prudente. Pour les sociétés d'importance moyenne, où tous les sociétaires se connaissent et savent ce que vaut chacun d'eux, il représente le type le meilleur et le mieux approprié.

§ 5. — *Clauses essentielles à introduire dans les statuts.*

La rédaction des statuts d'une société de caution mutuelle ou d'une banque populaire sera souvent, pour les promoteurs, une chose assez délicate. Les statuts-modèles donnés ci-après en annexes les y aideront, sans représenter cependant pour eux des formules intangibles. Toutefois des dispositions que contiennent ces statuts-modèles, certaines sont obligatoires aux termes de la loi ; d'autres sont recommandées par l'expérience ou la prudence.

Quelques indications à ce sujet ne sont pas inutiles.

1º *Sociétés de caution mutuelle.* — Les dispositions que les statuts doivent obligatoirement contenir sont énumérées dans les articles 2, 3 et 5 de la loi du 13 mars 1917. Elles ont trait :

A la détermination du siège et du mode d'administration de la société, aux conditions nécessaires pour la modification des statuts et la dissolution de la société, à la composition du capital (art. 2, § 1er) ;

A la détermination de l'étendue et de la durée de la responsabilité des associés dans les engagements sociaux (art. 2, § 2) ;

A la faculté pour les sociétaires de se retirer et de réclamer le remboursement de leurs parts (art. 2, § 3 et 4), sous certaines conditions ;

A la détermination des prélèvements et commissions qui seront perçus au profit de la société sur les opérations faites par elle (art. 5) ;

Enfin, à l'obligation pour le conseil d'administration de fixer pour chaque sociétaire le montant maximum des avals et endos pouvant lui être accordés (avec faculté expressément réservée au conseil de refuser la signature demandée ou de ne l'accorder qu'en échange de telles garanties qu'il jugerait utiles), et à la limitation par les statuts mêmes de la durée maxima des avals et endos (art. 3).

Cet article 3 de la loi de 1917 appelle une observation. On y voit que si le législateur a confié aux statuts, c'est-à-dire en définitive à la volonté de l'assemblée générale, le soin de limiter la durée maxima des avals et endos pouvant être accordés aux sociétaires, il laisse, au contraire, au conseil d'administration celui de déterminer pour chaque sociétaire le maximum individuel des avals et endos susceptibles de lui être consentis. L'article 3 garantit donc la société contre les entraînements auxquels le conseil pourrait se laisser aller de consentir des avals et endos de trop longue durée ; mais il ne la garantit qu'imparfaitement contre le danger d'avoir à supporter des risques trop lourds du fait d'avals ou d'endos dont le maximum individuel aurait été trop généreusement fixé par le conseil.

Pour remédier à cet inconvénient, tout en respectant la loi, les statuts-modèles décident (art. 44) que l'assemblée générale annuelle déterminera le maximum *global* des engagements que le conseil pourra prendre pour le compte de la société, tant par avals que par endos, au cours de l'exercice, et exigent d'autre part (art. 29) du conseil d'administration qu'il fixe dans les limites de ce maximum global les maxima *individuels* d'avals et d'endos pouvant être accordés aux sociétaires. Le même système est consacré par ce même article 29, en ce qui concerne la durée des avals et endos : les statuts en doivent préciser la durée maxima *générale*, dans les limites de laquelle le conseil fixera pour chaque sociétaire la durée *particulière* maxima dont il pourra bénéficier.

Une autre question se pose à propos des avals et endos que la loi du 13 mars 1917 (art.1er, § 2) autorise les sociétés de caution mutuelle à donner. Comment concevoir ces opérations ?

En ce qui concerne l'aval, l'opération est simple. Il s'agit simplement pour la société de donner sa caution, sa garantie à la signature du sociétaire. Celui-ci, voulant faire escompter par une banque populaire ou par tout établissement de crédit un billet ou un effet de commerce souscrit, créé ou endossé par lui, présentera ce billet ou cet effet à la société de caution mutuelle pour qu'elle le revête de sa signature pour aval. C'est à cela qu'en pareil cas se limitera le rôle de la société qui, pour prix du service rendu, percevra le courtage (le prélèvement, dit la loi) fixé par les statuts (voir art. 30 des statuts-modèles). Quant à la négociation même de l'effet avalisé, ce sera au sociétaire à en faire lui-même son affaire auprès de la banque de son choix.

L'opération de l'endos par la société de caution mutuelle sera plus exceptionnelle.

Strictement, pour que la société pût endosser un effet, c'est-à-dire le négocier à une banque, il faudrait que cet effet lui eût été d'abord négocié à elle-même par le sociétaire. Cela suppose qu'elle est en état de payer à celui-ci le prix de sa cession. Or cela ne lui est pas possible, car elle ne dispose à cette fin d'aucuns fonds : son capital et ses réserves sont immobilisés (art. 4 de la loi de 1917), et elle ne peut ni emprunter, ni recevoir de dépôts (arg. art. 1, § 2).

Faudra-t-il dès lors considérer que l'endossement par la société de caution mutuelle à l'ordre de la banque réescompteuse n'a d'autre objet que d'ajouter aux signatures dont est déjà revêtu l'effet la signature complémentaire, nécessaire pour le rendre bancable, et de faire jouer ainsi à la société le rôle d'un simple intermédiaire transmettant de la banque au sociétaire le montant du réescompte ? Mais une telle conception semble peu juridique, car, en droit, il est difficile de tenir pour valables et réguliers des endos de pure forme.

En réalité, ce qui importe au sociétaire, — et c'est cela surtout qu'a voulu la loi, — c'est que les effets souscrits par lui ou dont il est porteur puissent devenir bancables par l'apposition de la signature de la société de caution mutuelle. Or, pour arriver à ce résultat, il n'est pas besoin de passer par l'opération de l'endos : l'opération plus simple et plus sûre de l'aval suffit.

Outre les stipulations statutaires imposées par la loi du 13 mars 1917, il en est d'autres qui sont prescrites par l'article 1er, § 2, du décret du 31 janvier 1918. Elles ont trait à la durée de la société, à l'étendue de sa circonscription territoriale et au nombre des voix dont disposera chaque sociétaire dans les assemblées générales.

En dehors de ces stipulations expressément visées par la loi de 1917 et le décret subséquent, il sera bon également, comme nous l'avons précédemment indiqué, que les statuts réservent à l'assemblée générale décidant à la majorité fixée pour la modification des statuts le droit d'exclure les sociétaires, — qu'ils disent expressément que la société sera valablement représentée en justice par ses administrateurs, — et qu'ils stipulent qu'elle ne sera pas dissoute par la mort, la retraite, l'interdiction, la faillite ou la déconfiture de l'un des associés ; le tout, par application des articles 52, § 2, 53 et 54 de la loi du 24 juillet 1867. Il a été fait état de ces dispositions par les articles 19, 28 et 52 des statuts-modèles.

2° *Banques populaires.* — La loi du 13 mars 1917 est plus brève dans l'indication des énonciations que doivent obligatoirement contenir les statuts en ce qui concerne les banques populaires, que pour les sociétés de caution mutuelle.

Aux termes de l'article 10, les statuts des banques populaires doivent régler l'étendue et les conditions de la responsabilité incombant à chacun des sociétaires dans les engagements de la société, — exiger que le conseil d'administration détermine pour chaque client le maximum des escomptes et avances qui peuvent lui être consentis, — et limiter la durée maxima des avances et celle des effets admis à l'escompte.

Le décret du 31 janvier 1918, complétant la loi, déclare en outre applicables aux banques populaires les dispositions de l'article 2, § 1er, de la loi du 13 mars 1917, en vertu desquels les statuts des sociétés de caution mutuelle doivent déterminer le siège et le mode d'administration de la société, les conditions nécessaires à la modification de ses statuts et à la dissolution de la société, la composition du capital et la proportion dans laquelle chacun des membres contribue à sa constitution.

Le même décret exige, en outre, que les statuts des banques populaires spécifient expressément la durée de la société, sa circonscription territoriale, le nombre de voix dont disposera chaque sociétaire dans les assemblées générales, — qu'ils déterminent les opérations à faire conformément à l'article 10, § 3, de la loi,— qu'ils indiquent si le bénéfice en sera réservé aux seuls sociétaires, c'est-à-dire si elle sera ou non mutuelle (1), — (et au cas où la banque est à capital variable) qu'ils fixent à quelles conditions les sociétaires pourront se retirer de la société, obtenir le remboursement de leurs parts et être libérés de leurs engagements. Sur ces derniers points, les statuts auront à tenir compte également des articles 51 et 52 de la loi du 24 juillet 1867, la loi de 1917 ne renfermant, en ce qui concerne les banques populaires, aucune disposition analogue à celles que contiennent les paragraphes 2, 3 et 4 de son article 2 relatifs au droit de retraite des sociétaires, au remboursement des parts des sociétaires sortis et à la libération de leurs engagements dans les sociétés de caution mutuelle.

Sous le bénéfice des observations qui précèdent, les banques populaires ont une très grande liberté pour la rédaction de leurs statuts, à la condition, bien entendu, que soient respectées les prescriptions de la loi du 24 juillet 1867 sur les sociétés anonymes à capital variable non contredites par la loi du 13 mars 1917, si elles ont adopté cette forme.

Parmi les clauses insérées dans les statuts-modèles, quelques-unes demandent de courtes explications.

L'article 2 des statuts-modèles interdit aux banques populaires certaines opérations. On comprend aisément pourquoi. Il s'agit, en l'espèce, d'opérations pouvant prêter à la spéculation ou à des aléas, qu'il n'est dans le rôle d'une banque populaire ni d'entreprendre pour elle-même, ni de risquer pour ses clients.

L'article 23, § 9, oblige à fixer le taux du crédit accordé aux non-sociétaires à un chiffre supérieur au taux du crédit consenti aux sociétaires. Cela est de toute justice. Le non-sociétaire n'a ni la charge de prendre des actions en souscription, ni le risque de mettre des fonds dans la banque. Il est naturel qu'il paye plus cher, en compensation de ces avantages, le crédit qui lui est consenti.

L'article 33 n'exige, pour les convocations aux assemblées générales, que l'insertion d'un avis dans un journal d'annonces légales du siège social. Le conseil d'administration fera bien, néanmoins, d'envoyer à titre officieux aux sociétaires des convocations par lettres individuelles.

Le dernier paragraphe de l'article 38 des statuts-modèles contient une clause qui peut, au premier abord, paraître rigoureuse. Il décide qu'au cas

______

(1) C'est une différence avec les sociétés de caution mutuelle qui, comme leur qualificatif l'indique, doivent ne faire d'opérations qu'avec leurs membres. Les banques populaires peuvent, au contraire, faire des opérations de prêt et d'escompte aussi bien avec leurs sociétaires qu'avec des tiers non sociétaires. Elles ne sont pas, en ce cas, des sociétés mutuelles ; mais elles n'en ont pas moins le caractère coopératif, en vertu du principe de la ristourne que consacre l'article 10 de la loi de 1917, et d'après lequel le profit doit revenir à ceux qui ont contribué à le créer, qu'ils aient ou non un lien social avec la société.

où la banque populaire a reçu des avances de l'Etat, ses statuts ne pourront faire l'objet d'aucune modification pendant dix ans à dater du jour où a été obtenue la dernière avance, même si ces avances ont été remboursées avant l'expiration de ce délai. Cette disposition est dictée par le souci d'empêcher la coopération de crédit de dévier de son but. Il ne faut pas que les avances de l'Etat servent aux sociétés, qui en bénéficieront, uniquement à franchir les difficultés des premières années, pour ensuite, le succès venu, abandonner l'idée coopérative et se transformer en banques capitalistes. Les banques populaires doivent être des institutions de durée, pénétrées de leur rôle, et disposées à rendre de façon constante aux besoins de crédit toujours renaissants du petit commerce et de la petite industrie les services qu'ils en attendent. Il est donc sage qu'elles s'imposent à elles-mêmes une stabilité qui contribuera à fortifier l'éducation et les habitudes coopératives de leurs membres. L'article 38, § 1er, des statuts-modèles tend d'ailleurs au même résultat, en excluant la possibilité de certains modifications aux statuts.

L'article 44, enfin, prévoit la création d'une réserve spéciale destinée à compenser, à un moment donné, la cessation des avances de l'Etat. Cette réserve est alimentée par une partie des bénéfices annuels. Mais elle pourrait être encore renforcée par l'insertion dans cet article d'un paragraphe aux termes duquel serait inscrite, chaque année, au crédit de cette réserve spéciale une somme représentant à un taux modéré (1 0/0 ou 2 0/0 par exemple) l'intérêt que la banque populaire aurait eu à payer à l'Etat, si les avances qu'elle en reçoit n'avaient pas été gratuites. Rien dans la loi ne s'oppose à l'adoption d'une telle disposition qui donnerait complètement à cette réserve spéciale son caractère de « fonds compensateur ». Le capital collectif ainsi constitué et alimenté compenserait en effet, dans une certaine mesure, non seulement la cessation de l'appui fourni par les capitaux de l'Etat, mais aussi celle du bénéfice que tirait de leur gratuité la banque populaire, et permettrait à celle-ci (précisément parce que le fonds compensateur ne demande pas de rémunération comme le capital social) de maintenir son crédit à un taux appréciable de bon marché aux époques où le loyer de l'argent sera élevé. Diverses caisses régionales de crédit agricole sont entrées dans cette voie. Il n'y a pas de motifs, pour les banques populaires, de ne pas suivre leur exemple.

CHAPITRE II. — *Formalités de constitution.*

§ 1. — *Société de caution mutuelle régie par la loi du 13 mars 1917.*

Une fois que les promoteurs et les futurs premiers sociétaires de la société à constituer se seront mis d'accord sur les principes fondamentaux et sur les clauses essentielles à introduire dans les statuts, ils chargeront une commission choisie parmi eux d'établir la rédaction définitive du pacte social. Lorsque cette commission aura achevé son travail, il sera procédé à l'adoption des statuts.

Ceux-ci peuvent être dressés par acte authentique ou par acte sous seing privé. Cette dernière façon de procéder, plus économique, sera celle qui vraisemblablement sera la plus communément suivie.

En ce cas, il appartiendra à la Commission préparatoire de réunir les promoteurs et les premiers sociétaires à l'effet de leur donner lecture des statuts par elle élaborés et de les leur faire signer.

Ces statuts seront établis sur papier timbré en autant d'originaux qu'il y aura de sociétaires fondateurs, conformément aux principes généraux du droit (art. 1325 C. civ.). Chacun des fondateurs apposera sa signature avec la mention « lu et approuvé » sur chacun des originaux. Les statuts seront datés. On les fera ensuite enregistrer sans délai, pour leur donner date certaine.

Afin d'éviter qu'il n'y ait une trop grande multiplicité de signatures à donner, il suffira que les statuts soient signés par quelques-unes seulement des personnes disposées à constituer la société : une vingtaine, par exemple. Les autres entreront postérieurement dans la société au même titre que tous sociétaires admis ultérieurement conformément aux statuts. Il s'ensuivra que le capital de fondation qui sera indiqué dans les statuts sera égal à la somme des souscriptions faites par les seuls signataires des statuts. Les adhésions et souscriptions qui seront reçues par la suite constitueront des augmentations de capital qu'il y aura lieu d'autoriser conformément aux statuts (voir art. 7 des statuts-modèles).

En même temps qu'il signera les statuts, chaque sociétaire fondateur remplira, datera et signera un bulletin indiquant le nombre de parts qu'il souscrit et le montant de sa souscription. Il en versera, séance tenante, au moins le quart en même temps que la taxe d'entrée, s'il en est stipulé une par les statuts. Un reçu lui en sera remis.

Il est ensuite procédé à la convocation de l'assemblée constitutive par les soins de l'un des fondateurs-sociétaires, dans les formes et délais fixés par les statuts (voir art. 55 des statuts-modèles).

A l'ouverture de la réunion, les sociétaires présents seront invités à signer une feuille de présence (sur papier timbré) indiquant les nom et domicile des sociétaires présents ou représentés et le nombre des parts possédées par chacun d'eux. Cette feuille de présence permettra de constater si le *quorum* exigé par les statuts pour que l'assemblée puisse valablement délibérer est atteint.

Dès que le *quorum* est atteint, la séance peut s'ouvrir, et l'assemblée, après avoir nommé son bureau, c'est-à-dire le président de la séance, les deux scrutateurs qui l'assisteront et le secrétaire, délibérera conformément aux statuts sur les points suivants :

a. Elle se fera présenter la liste des souscriptions et versements (établie sur papier timbré), vérifiera l'exactitude des mentions de souscriptions à l'aide des bulletins de souscription des sociétaires signataires des statuts, et constatera la souscription intégrale du capital de fondation ;

b. Elle se fera présenter les sommes versées par les souscripteurs (ou le reçu du dépôt qui en aura été fait dans une banque), vérifiera la conformité de leur total avec celui indiqué sur la liste des souscriptions et versements, et constatera que leur montant global représente le quart au moins du capital de fondation ;

c. Elle constatera l'adhésion des souscripteurs aux statuts, au moyen de l'un des originaux des statuts ;

d. Elle procédera enfin à la nomination des premiers administrateurs et des commissaires de surveillance, dont l'acceptation donnée en séance ou préalablement sera constatée au procès-verbal.

La feuille de présence ainsi que la liste des souscriptions seront certifiées, et le procès-verbal de la séance sera signé par les membres composant le bureau de l'assemblée constitutive.

Par l'accomplissement de ces formalités très simples, pour lequel on trouvera des formules sous l'Annexe VII, la société de caution mutuelle se trouvera définitivement constituée. Le conseil pourra dès lors s'occuper d'organiser son fonctionnement, et notamment une assemblée générale ordinaire déterminera ultérieurement le maximum global des engagements que le conseil sera autorisé à prendre par endos et par avals au cours de l'exercice.

A l'issue de l'assemblée constitutive, les membres du conseil pourront, s'ils sont tous présents, se réunir tout de suite à l'effet de nommer leur président, leur vice-président et le secrétaire.

§ 2. — *Banque populaire régie par les lois du* 13 *mars* 1917 *et du* 24 *juillet* 1867.

Les statuts d'une banque populaire placée sous le régime combiné des lois du 13 mars 1917 et du 24 juillet 1867 peuvent être dressés soit par acte authentique, soit par acte sous seing privé. Il semble que le premier procédé soit à recommander plus particulièrement, à cause des garanties qu'il offre que des irrégularités ne seront pas commises ; il n'est d'ailleurs pas plus coûteux que le second procédé qui exige, lui aussi, comme nous le dirons, l'intervention d'un notaire.

Au cas où les statuts sont dressés par acte sous seing privé, il n'est pas nécessaire de les rédiger en autant d'originaux qu'il y a de souscripteurs. Aux termes de l'article 21 de la loi du 24 juillet 1867, il suffit qu'ils soient faits en double original. Ces deux originaux seront établis sur papier timbré. Ils seront datés et signés non par tous les souscripteurs, mais seulement par les fondateurs, c'est-à-dire par les promoteurs devenus eux-mêmes souscripteurs.

D'autre part, les souscripteurs — qui devront être au moins sept à constituer le capital de fondation (art. 10 de la loi du 13 mars 1917) — seront invités à remplir, dater et signer chacun un bulletin de souscription et d'adhésion aux statuts (desquels il sera bon de leur remettre une copie) mentionnant le nombre de parts souscrites par l'adhérent et le montant de sa souscription, ainsi qu'à faire le premier versement exigé par les statuts (le quart, d'après l'art. 9 des statuts-modèles) (1).

Une fois le capital de fondation, tel qu'il est fixé dans les statuts, entièrement souscrit et les versements statutaires effectués, déclaration en sera faite par les fondateurs dans un acte notarié (art. 1er et 24 de la loi de 1867). A cette déclaration seront annexés la liste des souscriptions, l'état des versements effectués et l'un des deux originaux des statuts, l'autre original restant déposé au siège social (art. 1er de la loi du 24 juillet 1867) (2).

______

(1) La taxe d'entrée, si les statuts en fixent une, sera payée en même temps que se fera le premier versement.

(2) On peut se demander si les banques populaires sont tenues de remplir les formalités de

L'assemblée générale constitutive est ensuite convoquée par les soins des fondateurs dans les formes et délais fixés par les statuts (voir art. 54 des statuts-modèles).

Avant qu'elle aborde son ordre du jour, l'assemblée remplira les mêmes formalités préliminaires qui sont énumérées dans le paragraphe précédent pour les sociétés de caution mutuelle : signature de la feuille de présence, constitution du bureau de l'assemblée, constatation de la régularité des convocations et du *quorum* pour pouvoir délibérer valablement.

Abordant alors son ordre du jour, l'assemblée procédera successivement à la vérification de la sincérité de la déclaration de souscription et de versement faite par les fondateurs (art. 24, § 2, de la loi de 1867), à l'adoption définitive des statuts (1) et à la nomination des premiers administrateurs et des commissaires des comptes. Dans cette assemblée, chaque actionnaire, quel que soit le nombre des actions dont il est porteur, prendra part aux délibérations avec le nombre de voix déterminé par les statuts, sans qu'il puisse être supérieur à dix (art. 27, § 2, de la loi de 1867). Mais l'assemblée devra, pour délibérer valablement, être composée d'un nombre d'actionnaires représentant la moitié au moins du capital social (art. 30 de la loi de 1867) : ce *quorum* de présence atteint, le vote se fera à la majorité des voix (art. 28 de la loi de 1867) (2).

L'acceptation des premiers administrateurs et des commissaires aux comptes sera constatée au procès-verbal de la réunion. C'est à partir de cette acceptation que la banque populaire sera définitivement constituée.

Ce procès-verbal sera signé et la feuille de présence sera certifiée par les membres du bureau de l'assemblée constitutive (3).

publicité prescrites par l'article 3 de la loi du 30 janvier 1907, pour faire connaître les statuts aux souscripteurs. Nous répondrons négativement. La loi du 13 mars 1917 déclare en effet (art. 7 et 10) que les conditions de publicité prescrites pour les sociétés commerciales ordinaires ne s'appliquent pas aux banques populaires, et cela sans distinguer entre les formalités qui précèdent et celles qui suivent la constitution de la société. D'ailleurs une instruction de la direction générale de l'enregistrement (n° 3228), rendue en matière d'habitations à bon marché, déclare que les dispositions de l'article 3 de la loi du 30 janvier 1907 ne visent que les actions susceptibles d'être négociées en Bourse, et non les titres dont la cession ne peut s'effectuer que sous réserve d'acceptation de la part de la société. Ce même motif commande la même interprétation pour les banques populaires.

(1) Il sera prudent que l'assemblée n'apporte pas de modifications ou, tout au moins, pas de modifications substantielles à la rédaction des statuts, tels qu'ils auront été dressés par acte notarié ou sous seing privé, sinon un vote unanime de tous les souscripteurs serait nécessaire pour approuver ces changements.

(2) Il n'est pas nécessaire que cette majorité représente, en outre, conformément à l'article 4 de la loi de 1867, le quart des actionnaires et le quart du capital social. L'article 4, en effet, n'exige cette double condition que pour les assemblées appelées à estimer et à approuver des apports en nature ou la stipulation d'avantages particuliers pour certains sociétaires. Or ce ne sera pas le cas des banques populaires, dont le caractère n'autorise ni des apports en nature, ni la stipulation d'avantages particuliers, et dans lesquelles les souscriptions se font en numéraire et les versements en espèces. L'attribution de jetons de présence aux administrateurs et aux commissaires des comptes, telle qu'elle est prévue par les articles 27, 29 et 37 des statuts modèles, constitue une rémunération impersonnelle faite non à une ou plusieurs personnes désignées nommément dans les statuts, mais à la fonction, et, comme telle, ne rentre pas dans les avantages particuliers visés par l'article 4 de la loi de 1867.

(3) Nous croyons inutile de donner en annexe des formules pour l'accomplissement des diverses formalités de constitution que doivent remplir les banques populaires, comme nous l'avons

CHAPITRE III. — *Formalités de publicité.*

La loi du 13 mars 1917 a, par son article 7 applicable aux sociétés de caution mutuelle et aux banques populaires, remplacé les conditions de publicité prescrites pour les sociétés commerciales ordinaires par des dispositions spéciales qui organisent une publicité beaucoup plus simple et beaucoup moins onéreuse.

Aux termes de cet article, « avant toute opération, les statuts avec la liste complète des administrateurs ou directeurs et des sociétaires, indiquant leurs nom, profession, domicile et le montant de chaque souscription, sont déposés en quatre exemplaires au greffe de la justice de paix du canton où la société a son siège. Il en est donné récépissé ».

Cette disposition est inspirée de ce qui est édicté en matière de crédit agricole par la loi du 5 novembre 1894. Mais, tandis qu'il est admis que les pièces déposées par les caisses de crédit agricole peuvent être établies sur papier libre, rien de semblable n'existe pour les sociétés de caution mutuelle ni pour les banques populaires. Une disposition de faveur en ce sens, qui figurait dans le texte du projet de loi adopté par la commission sénatoriale, n'a pas été maintenue par celle-ci, sur l'intervention du ministre des finances, et ne figure pas dans le texte définitif. Il y a donc lieu d'en conclure que les pièces à déposer, par application de l'article 7, devront être établies sur papier timbré.

Il en sera de même de la déclaration qu'aux termes de l'article 4 de la loi de 1917, les administrateurs d'une société de caution mutuelle doivent déposer en double exemplaire au greffe de la justice de paix avant de commencer à donner aucun aval ou endos, de l'emploi qu'ils ont fait du capital social.

---

fait pour les sociétés de caution mutuelle. Le notaire qui interviendra pour dresser l'acte de déclaration de souscription et des versements fournira à cet égard les indications nécessaires pour éviter à la société naissante toute erreur de forme ou de fond.

QUATRIÈME PARTIE

DES ASSOCIATIONS EN PARTICIPATION

3735. — Nous avons traité des sociétés de personnes et de crédit, c'est-à-dire des sociétés en nom collectif ; puis des sociétés de crédit et de capitaux, commandite simple ou commandite par actions ; enfin des sociétés de capitaux dont l'élément personnel est complètement exclu, sociétés anonymes. Nous arrivons maintenant à une combinaison spéciale, sans laquelle plusieurs opérations commerciales ne pourraient pas se faire en société. Nous voulons parler d'opérations qui demandent à être traitées rapidement, et dont la conclusion ne peut attendre l'accomplissement des formalités longues et minutieuses exigées par la loi pour la constitution des sociétés.

L'*association en participation*, que le Code de commerce *reconnaît* après les trois espèces de sociétés que nous avons déjà étudiées, est donc un puissant auxiliaire pour le commerce. Suppléant aux sociétés ordinaires, quand la nature et l'urgence de l'opération empêchent de recourir à celles-ci, « elle permet de mener à bonne fin des entreprises qu'un commerçant réduit à ses seules forces n'eût pas même osé entreprendre » (Bédarride, n. 422).

3736. — Il est essentiel d'étudier les véritables caractères de l'association en participation. Il importe en effet aux participants qu'on ne puisse les confondre avec des associés en nom collectif. Il importe aussi aux tiers qu'on ne puisse, à leur détriment, convertir en participation une société en nom collectif.

§ 1. — Caractères de l'association. — Preuve.

3737. — Le Code de commerce ne nous donne aucune définition de l'association en participation. Il se borne à dire (art. 47) que, « indépendamment des trois espèces de sociétés ci-dessus, la loi reconnaît les associations commerciales en participation », et (art. 48) « que les associations relatives *à une ou plusieurs opérations* de commerce ont lieu pour les objets, dans les formes, avec les propositions d'intérêt et aux conditions convenues entre les participants ». Ainsi, le Code n'a rien voulu innover ; il a voulu simplement donner une consécration légale au contrat que l'usage avait introduit dans la pratique commerciale. Recherchons donc dans les origines de la participation quel est son caractère et à quels signes on la peut reconnaître.

Sous l'empire de l'ordonnance de 1673, la participation était qualifiée de société anonyme, parce que, disait Savary, « *elle était sans nom ; qu'elle n'était connue de personne, comme n'important en façon quelconque au public* ». Tous les jurisconsultes enseignaient de même. « Tout ce qui se fait en la négociation, ajoute Savary (*Parfait négociant*, t. I, liv. I, ch. I, *des Sociétés*, p. 25), tant en l'achat qu'en la vente de la marchandise, ne regarde que les sociétés chacun en droit soi ; de sorte que celui des associés qui achète est celui qui s'oblige et qui paye au vendeur ; celui qui vend reçoit de l'acheteur. Ils ne s'obligent point tous deux ensemble envers une tierce personne ; il n'y a que celui qui agit qui est le seul obligé ; ils le sont seulement l'un envers l'autre en ce qui regarde la société. Il y en a qui sont verbales, d'autres par écrit, et la plupart se font par lettres missives que les marchands s'écrivent respectivement l'un à l'autre. Les conditions en sont souvent brèves, n'y ayant qu'un seul et unique article, et elles finissent quelquefois le même jour qu'elles sont faites. »

Telle était, d'après l'ordonnance de 1673, l'association en participation. Entre associés, il existe une véritable société. Mais à l'égard des tiers, rien de semblable : celui qui traite est seul obligé ; contre lui seul peuvent être dirigées les actions des tiers ; ces derniers, sous aucun prétexte, n'ont le droit de rechercher quel en était, dans ce pays, le caractère dominant.

« *Maxima est differentia*, disait Casarégis (Disc. 39, n. 30, 31, 32), *inter socium et participem, et sic diversi in jure producantur effectus, quorum præcipui sunt ut participes non teneantur, nisi ad ratam capitalis, pro quo participant in negotio. Neque ipsi agere possunt contra debitores societatis, neque conveniri valent a creditoribus.* » (V. Ansaldus, *de Commercio*, disc. 73, n° 8.)

Ce dernier effet est surtout celui sur lequel insiste le cardinal de Luca : « *Contra participem nulla datur actio, neque intret regula ut obligatio contracta per socium officiat consocium. Creditori alia non datur actio, nisi obliqua ex persona propria ac directi debitoris, cujus dicitur legalis procurator, ejusque jura exercere potest, et pro ut ipsi debitori competunt ; secus autem si non competat.* » (*De Credito*, disc. 88, n. 4 et 11. — V. Disc. 27, *de Locato*, n. 4 et 5.)

Voici maintenant comment s'exprimait Pothier : « La société anonyme ou inconnue, qu'on appelle aussi *compte en participation*, est celle par laquelle deux ou plusieurs personnes conviennent d'être de part dans une certaine négociation qui sera faite par l'une d'entre elles en son nom seul. Par exemple, je trouve une certaine partie de marchandises à acheter pour revendre. N'ayant pas les fonds nécessaires pour faire seul cette négociation, je vous propose par lettre missive si vous voulez en être de part avec moi. Vous me faites réponse que vous le voulez bien, et que vous me ferez tenir les fonds nécessaires pour votre part. En conséquence, je fais la négociation seul en mon nom. C'est une société anonyme qui est contractée entre nous, dans laquelle je suis le seul associé connu et vous l'associé inconnu. » (*Contr. de soc.*, n. 61.)

Telle était la participation sous l'ancien droit. Le Code de commerce n'a rien innové à cet égard, puisqu'il n'a fait que consacrer l'usage antérieur. Ainsi, ce qu'on entend aujourd'hui par association en participation, c'est bien ce que, dans l'ancien droit, on désignait déjà sous ce nom : c'est la convention dont parle Savary.

Mais il s'agit de déterminer ce qui est de l'essence de ce contrat, quels sont les caractères propres de ces associations, permettant de les distinguer des sociétés ordinaires.

Plusieurs auteurs ont vu le caractère dominant de la participation dans le fait qu'elle est contractée en vue d'une seule opération ou de quelques opérations déterminées qui doivent être exécutées dans un bref délai. Telle est l'opinion de M. Locré (*Esp. com. — Sur l'art. 47*). « Le caractère distinctif de la société en participation, dit-il, celui qui ne permet de la confondre ni avec la société collective ni avec la société en commandite, c'est de n'être formée que pour une ou plusieurs opérations momentanées et passagères, en sorte qu'elle finisse avec ces opérations. »

M. Pardessus (n. 1046) s'exprime en ces termes : « Le caractère propre d'une association en participation, c'est qu'elle soit relative à une ou plusieurs opérations de commerce dont l'objet est né au moment où les parties font leur convention, et qu'elle ne se prolonge pas au delà du temps nécessaire pour les achever ; tandis qu'une société est formée pour se livrer à des opérations successives, et telles que les amèneront pendant sa durée le cours des choses et la suite des affaires qui se présenteront dans la branche de commerce pour l'exercice de

laquelle les parties se sont unies. Les juges peuvent donc s'arrêter à
ce point, chaque fois qu'ils verront que des parties sont convenues de
faire ensemble une ou plusieurs affaires déterminées, dont l'objet existe au moment de leur convention ; encore bien que le développement
de ces affaires et la mise à fin de l'entreprise puissent et doivent créer
une succession de négociations et d'opérations futures, ils pourront
y voir une simple association en participation et repousseront les pré-
tentions des tiers qui voudraient faire considérer les participants
comme associés en nom collectif. Lorsqu'au contraire ils verront que
ce n'est point telle ou telle opération isolée ou déterminée qui a été le
but de la réunion, mais une série d'affaires qui n'étaient point nées
ou ne pouvaient pas être prévues alors, en un mot, qu'au lieu d'opérations certaines et envisagées par les parties, elles ont projeté de se
livrer, soit pendant un temps déterminé, soit jusqu'à ce qu'il plaise
à l'une de se retirer, aux opérations qui se présenteraient pendant le
temps de leur réunion, ils peuvent en conclure qu'une *société* a été
contractée. »

MM. Malepeyre et Jourdain (p. 260) et Persil, sur l'art. 17, s'expriment dans le même sens. Ces opinions ont exercé sur la jurisprudence
ancienne une influence considérable, et amené des divergences regrettables d'appréciation sur des faits identiques (V. *C. ann. de Sirey*,
sous l'art. 47 C. com.).

3738. — Contrat occulte, — pas de raison sociale, — pas de capital
social distinct des biens particuliers des associés,— pas de siège social :
tels sont les caractères principaux des associations en participation.
Mais peu importe que les parties se proposent de se livrer à une ou
plusieurs opérations déterminées. Lorsqu'une association se présente
avec les caractères ci-dessus, il importe peu qu'elle soit limitée à une
ou à plusieurs opérations, ou qu'elle embrasse un ensemble d'opérations déterminées, ou n'ait pour objet que l'exploitation d'une branche de commerce seulement, c'est une association en participation
(Alauzet, t. 1, n. 407 ; Bédarride, t. 2, n. 431 ; Boistel, n. 367 ; Delamarre et Lepoitvin, t. 3, n. 30 et 32 ; Deloison, t. 2, n. 552 et s. ; Demangeat, sur Bravard-Veyrières, t. 1, p. 387, note 1 ; Lyon-Caen et
Renault, t. 2, n. 1053 ; Massé, t. 3, n. 1891 et s. ; Pont, t. 2, n. 1803 et
1827 ; Poulle, *Des Assoc. en particip.*, n. 54 et s. ; Rivière, p. 49 ; Vavasseur, t. 2, n. 315. — Cass., 7 août 1838, 11 mai 1857, 4 déc. 1860,
D. 61.1.302 ; — 10 nov. 1861, 29 juill. 1863,18 fév. 1868, 21 mars 1876,
S. 79.1.454 ; — 30 juill. 1877, S. 77.1.473 ; — 26 août 1879, S. 79.1.454 ;
— 9 fév. 1887, D. 87.1.489 ; — Paris, 27 janv. 1876, D. 79.2.74, et

9 fév. 1884, *R. S.*, 1885.9 ; — Chambéry, 11 fév. 1880, S. 81.2.237 ; — Nancy, 13 juill. 1886, *R. S.*, 1888.502 ; — Rennes, 20 juin 1887, *R. S.*, 1889.24 ; — Poitiers, 22 déc. 1887, *R. S.*, 1888.216 ; — Douai, 15 juill. 1892, *R. S.*, 1893.20 ; — Cass., 16 mai 1896, *J. S.*, 1896.399 ; — Lyon, 26 juin 1901, *R. S.*, 1902.124 ; — Hazebrouck, 23 nov. 1901, *Gaz. Pal.*, 1er fév. 1902, *J. S.*, 1902.524 ; — Vervins, 31 juill. 1902, D. 03.2.425 ; — Cass., 28 avr. 1903, D. 03.1.272 ; — Lyon, 7 déc. 1903, *R. S.*, 1904. 466).

3739. — Jugé qu'il faut considérer comme une association en participation :

L'association formée pour l'exploitation d'un genre particulier d'industrie, telle que la fabrique de coiffures et équipements militaires (Cass., 7 oct. 1836, S. 37.1.650) ;

L'association contractée pour l'acquisition d'un bateau à vapeur, dans le but soit de le revendre, soit de l'exploiter en l'employant au transport des passagers (Bordeaux, 14 mai 1841, Dalloz, *Rép.*, n. 122-1°) ;

L'association qui a pour objet l'exploitation d'un brevet d'invention relatif au mode de triturer les bois de teinture et l'achat des matières nécessaires à cette exploitation, alors qu'il n'y a ni nom, ni raison, ni signature sociale (Rouen, 19 juin 1844, S. 44.2.393, D. 44.2.204 ; — Paris, 27 janv. 1876, S. 80.2.11, D. 79.2.74) ;

L'association fondée pour l'exploitation d'un journal, alors qu'elle n'a pas de raison sociale ; les lois sur la presse ne s'y opposent pas (Cass., 8 juill. 1879, S. 81.1.377).

Peu importe que l'un des associés ait surabondamment publié la dissolution de cette société dans les mêmes formes que pour les sociétés en nom collectif ; ce fait ne saurait changer la nature de l'association, alors surtout qu'il a été dit dans l'extrait que nonobstant cette publication, la société était purement en participation (Paris, 9 mars 1843, S. 43.2.273, Dalloz, *Rép.*, n. 1618-10°) ;

La convention formée pour l'exploitation d'un champ de courses, lorsque l'un des associés se borne à fournir le terrain et à établir les constructions, et que le deuxième pourvoit seul et à ses frais à tous les détails de l'exploitation, moyennant une somme fixée à forfait, sans que l'autre puisse s'immiscer jamais dans l'exploitation, et avec stipulation que le produit net de chaque réunion sera partagé dans une proportion déterminée (Paris, 1er juill. 1852, P. 52.2.211, Dalloz, *Rép.*, n. 1618-12°) ;

L'association formée entre plusieurs personnes pour le commerce des grains, bien qu'elle ait été qualifiée dans l'acte qui l'a constituée de société en commandite, si elle n'a pas de raison sociale, et si les parties sont convenues de supporter les pertes et de partager les profits par portions égales (Agen, 23 nov. 1852, S. 54.2.23, D. 57.1.303) ;

L'association formée entre deux personnes, sans apport social, sans caisse sociale, ayant pour objet des opérations particulières, effectuées tantôt par l'une, tantôt par l'autre, et pour lesquelles elles se donnaient respectivement leur procuration (Cass., 11 mai 1857, S. 57.1.843, D. 57.1.303) ;

La convention aux termes de laquelle deux négociants conviennent que l'un d'eux fera dans une localité des achats de marchandises, et que l'autre à qui elles seront expédiées les revendra dans la localité où il réside, avec partage entre eux des bénéfices et des pertes (Cass., 4 juin 1860, S. 61.1.75, D. 60.1.267 ; — 13 avr. 1864, S. 64.1.173, D. 64.1.305) ;

La société formée pour un temps déterminé entre agents de publicité, dont l'industrie consiste dans la publication de correspondances politiques ou autres, de dépêches télégraphiques, d'annonces publiques ou privées, alors que chacun des associés conserve l'exploitation de ses affaires et de sa clientèle particulière, à la charge de rendre compte à la société des opérations par lui faites, les profits et pertes étant mis en commun, de sorte que chacun d'eux continue à agir en son propre nom, et non sous une signature sociale (Cass., 4 déc. 1860, S. 62.1.575, D. 61.1.302) ;

La convention formée entre plusieurs personnes, par laquelle chacune s'engage à n'entreprendre aucune opération commerciale pour son commerce particulier sans avoir proposé aux autres d'y prendre part, mais demeurant libre si ces derniers refusaient de faire cette opération pour son propre compte. Cette convention a pour objet de créer une série d'associations en participation, dont la formation et la dissolution ne sont pas soumises aux formalités de publicité légale (Cass., 21 juin 1864, S. 64.1.317, D. 64.1.389) ;

La société formée pour l'exploitation d'une usine, avec engagement de conserver à la société un caractère occulte, d'en cacher l'existence, de confier l'administration à un seul des associés (Douai, 13 juill. 1877, S. 77.2.199 ; — Poitiers, 22 déc. 1887, S. 88.2.1) ;

L'association formée pour la confection de travaux d'une section de chemin de fer dont les associés se sont rendus adjudicataires, alors qu'il n'y a ni siège social, ni fonds social distinct des avoirs des associés, ni raison sociale (Cass., 30 juill. 1877, S. 77.1.473, D. 78.1.290 ;

— Chambéry, 11 fév. 1880, S. 81.2.237, Dalloz, *Rép.*, *Supp.*, V° *cit.*, n. 1969-5°).

Jugé, au contraire, qu'une société, bien qu'elle ait été qualifiée d'association en participation dans l'acte par lequel elle a été constituée, n'en est pas moins une société en nom collectif, si elle a un siège et une raison sociale, signes caractéristiques d'un corps moral distinct de la personne même des associés (Cass., 29 juill. 1863, S. 63.1.447, D. 64.1.27 ; — Bordeaux, 6 fév. 1849, S. 49.2.535, D. 51.2.229 ; — Nancy, 25 avr. 1853, S. 55.2.535, D. 55.2.349 ; — Colmar, 23 juin 1857, D. 58.2.44).

Jugé que n'est pas une participation, la société dont les statuts indiquent une raison sociale, un siège social, un gérant responsable indéfiniment, un conseil de surveillance des assemblées générales, etc. Une telle société est une commandite par actions, encore bien que le montant du capital social ne soit pas énoncé aux statuts, si, d'après ces derniers, tous les associés sont porteurs de parts conférant à chacun des avantages égaux soit dans les bénéfices sociaux, soit dans la répartition de l'action sociale (Seine, 10 mars 1904, *Gaz. Pal.*, 29 avril 1904).

D'après un autre jugement, si à une convention qualifiée par les parties d'association en participation, et formée pour l'exploitation d'une entreprise adjugée à une personne seule, laquelle agissait en réalité pour le compte de divers, a été substitué un acte de société réglant sur des bases nouvelles la situation de l'entreprise, fixant le capital social en le divisant en actions négociables en Bourse par le ministère d'agent de change et organisant tout le fonctionnement de l'entreprise par la création d'un conseil d'administration et d'un personnel salarié, avec des pouvoirs et des responsabilités minutieusement déterminés, les tribunaux peuvent décider que cet acte a eu pour but et pour effet de substituer à une participation une société proprement dite, une personne morale qui ne laisse plus subsister sur la tête des intéressés que des droits incorporels (Cass., 23 déc. 1895, S. 96.1.533).

3740. — Jugé que le caractère de société en nom collectif peut être attribué à une association qualifiée de participation, si ce caractère résulte des circonstances de la cause, et alors même que cette association aurait été formée sans raison sociale et par un acte secret (Cass., 8 mai 1867, S. 67.1.313, D. 67.1.225. — *Contrà* : Em. Moreau, note sous cet arrêt, S. *Ibid.* — Comp. Cass., 13 avr. 1886, S. 87.1.181, D. 86.1.185).

3741. — Jugé qu'une société formée entre des entrepreneurs de constructions, dans le but d'acheter des terrains et d'y élever des maisons pour les revendre, doit être considérée comme une société en nom collectif, et non comme une simple association en participation, bien que l'acte constitutif n'indique aucune raison sociale, lorsque les associés, réunis pour un même objet et sous une même direction, se sont déclarés solidaires (Trib. com. Marseille, 17 déc. 1866, joint à Cass., 3 fév. 1868, S. 68.1.217).

3742. — Disons en terminant que la question de savoir si une association commerciale constitue ou non une participation est une question de fait, exclusivement réservée aux juges de fond, et leur décision à cet égard échappe à la censure de la Cour de cassation (Cass., 5 juill. 1825, Dalloz, *Rép.*, n. 1607-1º ; — 30 avr. 1828, Dalloz, *Rép.*, Vº *Acte de commerce*, n. 280 ; — 7 déc. 1836, S. 37.1.650, Dalloz, *Rép.*, n. 421 ; — 8 janv. 1840, S. 40.1.19, Dalloz, *Rép.*, Vº *cit.*, n. 1608-1º ; — 8 mai 1867, S. 67.1.313, D. 67.1.226 ; — 21 mars 1876, S. 79.1.459, D. 76.1. 198 ; — 8 juill. 1879, S. 81.1.317 ; — 26 août 1879, S. 79.1.454, D. 80. 1.120 ; — 20 juin 1881, S. 84.1.30, D. 83.1.262 ; — 31 juill. 1893, S. 96.1.284, D. 94.1.261).

Les tribunaux d'après les éléments de fait ont considéré tantôt que des associations qualifiées de participation constituaient de véritables sociétés anonymes en raison de la division du capital en parts ou en actions (V. chapitre *Pénalités*) tantôt de sociétés en nom collectif (V. Cass., 12 juill. 1842, S. 42.1.595 ; — Paris, 24 déc. 1898, *J. S.*, 1899.363 ; — Seine, 13 mars 1906, *J. S.*, 1907.78 ; — Lyon, 30 mai 1906 et 16 déc. 1910, *J. S.*, 1911.516 ; — Cass., 20 juill. 1907, *J. S.*, 1908.380 ; — Cass., 20 juill. 1863, S. 63.1.447 ; — 8 mai 1867, S. 67.1.313).

3743-3744. — Les caractères de la participation étant ainsi déterminés, il paraît facile de résoudre la question qui a longtemps divisé les auteurs : celle de savoir si la participation constitue un être moral. La question est généralement résolue aujourd'hui par la négative.

« En droit, en effet, dit M. Bédarride (n. 433), un être moral ne peut exister sans qu'il ait des droits donnant naissance à des obligations et à des actions, sans une propriété déterminée dont il a l'unique direction, la pleine et entière administration ; enfin, sans un nom qui le personnifie et manifeste publiquement son existence. Ainsi, dans les sociétés commerciales ordinaires, nous rencontrons un capital social qui, formé de mises réalisées par les associés, n'appartient plus à aucun d'entre eux, est devenu la propriété exclusive de la société, personne distincte s'appelant telle compagnie ou telle chose. Dès lors, ceux qui traitent avec ce nom ou avec cette chose font évidemment confiance à ceux dont la société se compose, les ont directement pour obligés, bien qu'un seul d'entre eux ait contracté.

« Est-ce que rien de tout cela se réalise dans la participation ? Où est le fonds commun, le capital social ? S'il existait, nous venons de le voir, il n'y aurait plus de participation.

« Est-ce que les coparticipants ont jamais établi une communauté indivise, un droit de copropriété quelconque ? Mais leur but n'a été que le partage des bénéfices, et ceux-ci ne pouvant résulter que de la liquidation de la société, faut-il bien reconnaître que l'indivision ne naîtra réellement qu'après que l'association aura été rompue.

« Il importe peu que l'achat de l'objet ayant fait la matière de l'opération ait été contracté et payé au moyen de sommes versées par chacun des coparticipants. La réception de ces sommes de la part de l'associé le constitue débiteur jusqu'à due concurrence, avec obligation de restituer, sauf la portion des bénéfices à ajouter, ou celle dans les pertes à retrancher ; mais après comme avant cette réception, le participant n'agira-t-il pas sous son propre et privé nom ? Est-ce qu'il est tenu d'indiquer en rien qu'il contracte également dans l'intérêt et pour le compte d'autrui ? Donc, clandestinité de l'association, absence de tout nom social, de tout capital commun ; dès lors, impossibilité de rencontrer dans la participation cet être moral que nous offrent les autres sociétés commerciales. »

3745. — Cependant le 21 avril 1810, la Cour de Rouen s'est prononcée en faveur de la personnalité. Le 26 juin 1824, la Cour de Paris, 1re Chambre (Dalloz, n. 1655-1°), se prononça dans le même sens. En 1831 (Dalloz, n. 1655-2°), la question était pendante devant la 3e Chambre de la Cour de Paris. MM. Pardessus et Merlin signèrent une consultation dans le sens de la personnalité. Leur système reposait sur le texte de l'art. 47, qui implique la reconnaissance d'une *autre espèce de société* ; en outre, sur l'art. 50, qui dispense la participation des formalités de publicité prescrites *pour les autres sociétés*. Or, si les associations en participation sont des sociétés, elles constituent des personnes morales (En ce sens, Pardessus, dans son *Cours de droit commercial*, n. 1045, 1066, 1889 ; Malepeyre et Jourdain, p. 264 et suiv. ; Bravard, p. 88 ; Persil fils, p. 239).

Cette opinion ne prévalut pas devant la Cour, et à la date du 9 avril 1831 (Dalloz, n. 1656), fut rendu un arrêt dans le sens de la non-personnalité. Le 2 août 1831, la 1re Chambre de la même Cour, persistant dans la jurisprudence inaugurée en 1824, reconnaissait aux associations en participation le caractère de personnes morales. La Cour suprême, saisie à son tour, statua à la date du 2 juin 1834 (Dalloz, n. 1656), en cassant le second arrêt de la Cour de Paris, et se prononça ainsi pour la non personnalité. Depuis lors, la jurisprudence de la Cour de cassation n'a jamais varié sur cette question (Cass., 5 mai 1858, S. 59.1.223, D. 58.1.222 ; — 17 juill. 1861, S. 62.1.374, D. 62.1.118 ; — 18 mai 1864, S. 65.1.103 ; — 19 fév. 1868, S. 68.1.297 ; — 22 mars 1874, S. 75.1.214 ; — 6 mars 1877, S. 77. 1.253 ; — 9 mars 1877, D. 77.1.103 ; — 26 août 1879, S. 79.1. 454, D. 80.1.120 ; — 27 juin 1893, S. 94.1.25, D. 93.1.488 ; — Paris, 19 avr. 1831, S. 31.2.202, Dalloz, *Rép.*, n. 1656 ; — 17 nov. 1848, S. 49.2.20, Dalloz, *Rép.*, n. 1656, *in fine* ; — 25 nov. 1863, *J. des Trib. de com.*, t. 13, p. 27 ; — 25 mars 1866, *Ibid.*, t. 16, p. 92 ; — Bastia, 25 avr. 1855, S. 55.2.422, P. 55.2.346, Dall., *Rép.*, n. 1672 ; — Rouen, 19 janv. 1844, S. 44.2.393, Dalloz, *Rép.*, n. 1619, *in fine* ; — Aix, 2 mai 1871, S. 71.2.261, D. 72.2.165 ; — Rennes, 4 mars 1880, trois arrêts, S. 81.2.265, D. 81.2.210 ; — 4 janv. 1894, D. 94.2.120 ; — Dijon, 23 fév. 1855, *R. S.*, 1885.699 ; — Nancy, 13 juill. 1886, *Ibid.*, 1886.502 ; — Bordeaux, 29 mars 1887, S. 89.2.33, D. 88.2.228 ; — Poitiers, 22 déc. 1887, S. 88.2.1, et la note de M. Lyon-Caen ; — 8 déc. 1892, D. 93.2.111 ; — Seine, 11 déc. 1901, *J. S.*, 1902.170 ; — Cass., 2 fév. 1901, *J. S.*, 1902.114. — *Sic* : Alauzet, t. 1, n. 408 ; Boistel, n. 366 ; Deloison, t. 2, n. 552 ; Demangeat, sur Bravard, t. 1, p. 392, note 1 ; Guillery, *S. com. en Belgique*, t. 1, n. 240, et t. 3, n. 1045 et s. ; Laurin, n. 532 ; Lyon-Caen et Renault, t. 2, n. 1057 ; Pont, t. 2, n. 1801 ; Poulle, n. 73 et suiv. ; Rivière, n. 150 ; Vavasseur, t. 1, n. 315).

3746. — Voyons maintenant comment s'établit la preuve de l'association en participation. Les art. 49 et 50 répondent à cette question :

« Art. 49. — Les associations en participation peuvent être constatées par la représentation des livres, de la correspondance, ou par la preuve testimoniale, si le tribunal juge qu'elle peut être admise.

« Art. 50. — Les associations commerciales en participation ne sont pas sujettes aux formalités prescrites pour les autres sociétés. »

L'association en participation s'établit d'abord par *la représentation des registres*. L'association en participation se forme généralement entre commerçants. Les livres que la loi les oblige à tenir doivent porter la trace de toutes les opérations auxquelles ils se livrent, avec indication de leur nature. Le plus souvent, l'exécution de l'opération donnera lieu à l'ouverture d'un compte courant.

3747. — On a agité la question de savoir si les livres qui peuvent servir à prouver une participation sont seulement ceux qui seraient tenus dans la forme légale, ou si, au contraire, les livres irrégulièrement tenus, ou des livres auxiliaires, pourraient faire foi. M. Bédarride (n. 458) résout cette question par l'affirmative, avec raison, selon nous. L'art. 49 autorise en effet sans restriction la preuve des associations en participation par tous les moyens susceptibles de faire découvrir la vérité. Ainsi, il a été jugé : 1° qu'il n'est pas nécessaire pour prouver l'existence d'une société en participation de représenter des livres tenus dans la forme prescrite pour les livres de commerce (Aix, 1er mai 1818, Dalloz, n. 1631) ; 2° que des livres de commerce irréguliers, bien que ne pouvant faire foi en justice, peuvent cependant être pris en considération par le juge pour établir l'existence d'une association en participation (Cass., 11 mai 1859, Dalloz, n. 1631. — Conf. Cass., 3 janv. 1860, S. 60.1. 380 ; Toullier, t. 8, n. 387 ; Pardessus, t. 1, n. 258 ; Paris, n. 558 ; Bédarride, n. 458 ; Massé, *Dr. comm.*, n. 2499 et suiv.).

Les parties ne sauraient se refuser à représenter leurs livres. Celle qui ferait ce refus s'exposerait à être condamnée sur la production de ceux de la partie adverse (Bédarride, n. 459 ; Dalloz, n. 1632).

Un commerçant ne pourrait pas se prévaloir des énonciations contenues dans ses livres, pour établir l'existence d'une association en participation avec un non commerçant (Cass., 18 mars 1874, D. 76.1.279).

3748. — Les associations en participation se forment très fréquemment par lettres missives. L'art. 49 permet donc de recourir à la correspondance comme mode de preuve (Consultez sur cette question notre *Traité de la correspondance par lettres missives et télégrammes*, n. 50 et suiv.).

3749. — A défaut de livres et de correspondance, la participation peut être établie par la preuve testimoniale. Sous l'ordonnance de 1673, la preuve testimoniale, qui n'était pas admissible en matière de sociétés ordinaires, était reçue cependant pour les associations en participation, s'il existait un commencement de preuve par écrit. Mais bientôt les prescriptions de l'ordonnance sur la preuve des sociétés tombèrent en désuétude ; la preuve testimoniale fut admise pour toutes les sociétés. Lors de la rédaction du Code de commerce, l'obligation d'une preuve littérale pour les sociétés fut rééditée. M. Treilhard proposait, pour la participation, de subordonner la preuve testimoniale à un commencement de preuve par écrit. « On objecta que les sociétés en participation ne se formaient pas toujours entre des négociants ayant des livres, ni par correspondance. Souvent la convention n'est que verbale ; c'est ainsi, par exemple, qu'on en use communément dans les foires, pour l'approvisionnement de la capitale ; dans les marchés des départements et dans ceux de Poissy et de Sceaux, on a vu des conventions du plus grand intérêt entre personnes dont aucune ne savait écrire. Comment alors décider si ce n'est *ex æquo et bono*, à moins qu'on ne prenne le parti de sacrifier l'un des contractants, ce qui serait d'une injustice criante. » (*Esprit du Code de commerce*, art. 49.) Sur ces observations, l'art. 49 fut rédigé tel qu'il se trouve dans le Code.

Jugé qu'en cette matière la preuve testimoniale peut être admise non seulement pour établir l'existence de la société, mais encore pour prouver que tels ou tels contrats faits par un associé ont eu lieu pour le compte de la société, et non pour son compte personnel (Paris, 15 mai 1811, Dalloz, n. 36-2º, S. chr. ; — 19 avr. 1833, S. 33.2.290, Dalloz, n. 1638. — Comp. Cass., 30 juill. 1877, S. 77.1.473, D. 78.1.290 ; — 29 avr. 1890, S. 93.1.511, D. 92.4.10 ; — 28 avr. 1903, *R. S.*, 1904.6 ; — Paris, 9 janv. 1907, *R. S.*, 1907.424 ; — Orléans, 3 juill. 1908, *J. S.*, 1909.30. — Poulle, n. 115).

Les tribunaux ne sont pas obligés d'admettre la preuve testimoniale toutes les fois qu'elle est invoquée devant eux. Ils peuvent se décider, d'après des présomptions graves, précises et concordantes, dans un sens ou dans un autre (Cass., 30 juill. 1877, S. 77.4. 473). Il a été jugé que les tribunaux peuvent, sans violer la loi, rejeter la preuve testimoniale invoquée pour prouver une association en participation (Liège, 3 juin 1823, Dalloz, n. 1637). — D'après un autre jugement, le tribunal qui reconnaît qu'une association n'est pas commerciale ne peut, par analogie des art. 49 et 50 C. com., admettre à prouver par titres et témoins l'époque à laquelle cette association a commencé (Nancy, 9 janv. 1826, Dalloz, *eod. loc.*).

3750. — Il a été décidé que les tiers étaient recevables à prouver par témoins l'existence d'une association en participation (Cass., 28 germ. an XII, Dalloz, n. 1633 ; — Paris, 19 avr. 1833, Dalloz, n. 1638. — En ce sens : Alauzet, n. 418 ; Poulle, n. 117 et suiv.). Nous croyons, avec M. Bédarride (n. 462), que cette opinion ne peut être admise. Que les tiers soient autorisés à prouver par témoins l'existence d'une société ordinaire, rien de plus juste ; car dans la société ordinaire, les tiers, en traitant avec la raison sociale, contractent de plein droit avec tous ceux qui font partie de la société. Il faut donc leur accorder la preuve testimoniale lorsqu'ils ont été dans l'impossibilité de se procurer une preuve écrite de l'existence de la société. « La participation, au contraire, dit M. Bédarride (n. 462), est occulte, essentiellement occulte, nous l'avons dit ; l'associé la dirigeant traite en son seul et privé nom, n'engage que sa propre responsabilité, sans que les tiers aient pu se douter de l'existence de la société, qui, même par rapport à eux, est censée ne pas exister. Sans action contre les coparticipants, quel intérêt ont-ils à les faire déclarer tels ? Ne doit-on pas en cet état, à la demande en preuve, opposer cette maxime : *Frustra probatur quod probatum non relevat ?* »

Mais il ne faut rien exagérer. Un arrêt de la Cour de Nancy, du 3 février 1848 (S. 48.2.519, D. 48.2.183), a jugé avec raison qu'en principe la participation étant essentiellement occulte, n'oblige vis-à-vis des tiers que celui qui est chargé d'agir dans l'intérêt de l'association ; mais il admet que si les coparticipants ont pris une part active dans les opérations, s'ils se sont immiscés dans les actes de gestion *de manière à induire les tiers en erreur et à les engager à traiter dans la confiance qui s'attache à plusieurs associés en nom collectif, ils doivent être solidairement tenus des engagements de la société.*

Cet arrêt ne méconnaît nullement le caractère de la participation ; s'il déclare le participant obligé, c'est parce qu'il s'est manifesté au public, qu'il s'est engagé, qu'il a inspiré confiance. Tout cela est très juste, et nous aurons l'occasion de signaler des décisions qui ont appliqué le même principe (*Infrà*, n. 3034 et suiv. — Paris, 15 déc. 1900, *J. S.*, 1901.260).

3751. — L'énumération faite par l'art. 49 des moyens de preuve applicables à l'association en participation n'est pas limitative. La loi n'a pas voulu restreindre le droit commun. Aussi, nul doute que l'existence d'une association en participation puisse être prouvée par acte écrit ; la rédaction de cet acte n'aurait pas pour effet de faire perdre à l'association les caractères qui la distinguent et de lui imprimer ceux des sociétés ordinaires (Bédarride, n. 464). Mais lorsque les parties rédigent par écrit les conventions de leur association, elles doivent se soumettre aux règles que la loi a tracées pour cette sorte de convention (Alauzet, n. 254).

3752. — MM. Delangle (n. 529, 530), Troplong (n. 913), Alauzet (n. 255) enseignent que les mêmes modes de preuve sont recevables pour établir les modifications, la dissolution et la liquidation de l'association (Dans ce sens : Cass., 10 janv. 1831, S. 32.1.287, Dalloz, n. 1643).

3753. — L'art. 50 porte que l'association en participation n'est pas assujettie aux formalités prescrites pour les autres sociétés. La loi, par cette disposition, a entendu affranchir la participation des formalités auxquelles sont soumises les sociétés ordinaires. C'est la conséquence nécessaire de la règle qui dispense l'association en participation d'une constatation par écrit, et du principe que cette association doit rester occulte.

3754. — Les principes qui viennent d'être développés permettent de résoudre la question de savoir si une société en participation peut être créée avec une division du capital en parts bénéficiaires.

Un arrêt de la Cour de Paris, 2ᵉ Chambre, du 8 janvier 1901 (S. 03.2.185, note Wahl, D. 02.2.105. — Cpr. Seine, 11 déc. 1901, *Gaz. Pal.*, 8 fév. 1902), a jugé que l'association en participation ayant pour caractères essentiels d'être occulte et sans intérêt pour les tiers qui traitent avec le gérant en son nom personnel et qui n'ont que lui pour obligé, on doit considérer comme nulle la création de parts bénéficiaires au porteur, transmissibles par simple tradition, émanant d'une participation qui, en tant que société, n'a pas de personnalité juridique et n'est pas capable d'agir et de contracter. — Cette jurisprudence s'est encore affirmée dans un autre arrêt de la Cour de Paris du 27 juin 1905 (*R. S.*, 1906.101).

Un arrêt de la 7ᵉ Chambre de la Cour de Paris, du 28 décembre 1898, reconnaît aux participations le droit de créer de semblables parts, à la condition qu'aucune valeur nominale ne leur soit attribuée (*Rec. Gaz. Trib.*, 1899, 1ᵉʳ sem., 2.317 avec note).

Il avait déjà été jugé cependant que le capital d'une association en participation ne pouvait pas être divisé en actions (Cass., 12 juill. 1842, S. 42.1.595, Dalloz, *Rép.*, Vᵒ *Enregistrement*, n. 1788 ; — Trib. civ. Bordeaux, 11 juin 1845, D. 45.2.239 ; — Poitiers, 18 janv. 1860, P. 60.771 ; — Seine, 11 déc. 1901, *Gaz. Pal.*, 8 fév. 1902 ; — Lyon, 26 juin 1901, *R. S.*, 1902.124, Dalloz, *Rép.*, *Supp.*, Vᵒ *Société*, n. 2005. — *Sic* : Delangle, n. 115 ; de Folleville, n. 199. — *Contrà* : Poulle, n. 313 et suiv. ; Vavasseur, t. 1, n. 355).

**§ 2. — Propriété des choses comprises dans l'association.
Droits et obligations des associés entre eux.**

3755. — Nous avons dit que l'association en participation ne constituait pas une personne morale (n. 3745 et suiv.). Il résulte de ce principe que les choses apportées en société demeurent la propriété exclusive de l'associé qui a fait l'apport. C'est ce qu'a for-

mellement jugé un arrêt de la Cour de cassation du 13 novembre
1872 (S. 73.1.41), dans lequel nous lisons qu'en droit l'association
en participation ne constitue pas, vis-à-vis des tiers, une personne
morale distincte de la personne des associés ; « que les choses mises
en commun, loin d'y être mises en société, restent la propriété de
celui qui les a apportées ou qui les a acquises en son nom personnel
durant l'association ; qu'ainsi Teisserenc, dont l'apport consistait
en argent, n'avait, en l'absence d'une stipulation formelle, acquis
aucune portion indivise de l'actif dont Lazard s'était rendu propriétaire en son nom personnel ; que dès lors, la transmission de cet
actif n'avait pu s'effectuer à son profit sans opérer une mutation »
(V. dans le même sens : Cass., 7 août 1838, S. 38.1.1691, Dalloz,
Rép., V° *cit.*, n. 1618-1° ; — 17 juill. 1861, S. 62.1.374, D. 62.1.118 ;
— 13 avr. 1864, S. 64.1.173, D. 64.1.305 ; — 13 nov. 1872, S. 73.1.41,
D. 73.1.126 ; — 22 déc. 1874, S. 75.1.214 et la note, D. 76.1.72 ; —
8 juill. 1879, S. 81.1.317 ; — 27 juin 1894, S. 98.1.460 ; — Aix, 2 mai
1871, S. 71.2.261, D. 72.1.165 ; — Paris, 5 juill. 1892, *R. S.*, 1892.
510 ; — Rennes, 4 janv. 1894, D. 94.2.130 ; — Seine, 23 juin 1897,
J. S., 1898.41 ; — Cass., 7 mai 1902, *J. S.*, 1902.426 ; — Alauzet,
n. 408 ; Rivière, *Répét. écr. sur le C. comm.*, p. 150 et s. ; Hœschster,
Sacré et Oudin, *Man. de dr. comm. franç. et étrang.*, p. 144 et s. ;
Boistel, p. 250 ; Vavasseur, *Formul. des soc. civ. et comm.*, n. 479 ;
Bédarride, n. 434 ; Massé, *Dr. comm.*, t. 3, n. 1781 et 1782 ; Pont,
n. 1777 et s. ; Lyon-Caen et Renault, n. 1059. — V. toutefois les
réserves faites par MM. Pardessus, *Dr. comm.*, t. 1, p. 378 et s. ; et
Man. de dr. comm., p. 107 et s.).

3756. — Par application du principe que l'association en participation ne constitue pas un être moral, il a été jugé que dans les
associations en participation ayant pour objet l'exploitation d'une
chose commune, chacun des associés conserve, vis-à-vis de ses coassociés, la part qui lui appartenait à l'origine, et il y a seulement
lieu à un compte de profits et pertes, en sorte que malgré la faillite survenue de l'associé gérant, les autres associés sont fondés, à
l'encontre des créanciers du failli, à reprendre leurs parts dans la
chose commune, ou dans son prix, si elle a été vendue, sauf déduction toutefois des sommes dont ils peuvent être débiteurs par suite
des opérations sociales (Bordeaux, 22 août 1860, S. 61.2.49. — *Sic* :
Cass., 15 juill. 1846, S. 49.1.289, D. 56.1.273 ; — 27 juin 1893,
S. 94.1.25, D. 93.1.488 ; — Troplong, n. 501. — V. dans le même
sens : Paris, 9 août 1831, S. 31.2.259 ; Dalloz, n. 1655 ; — Bordeaux,

2 avr. 1832, S. 32.2.327, Dalloz, n. 1655-4° ; — Cass., 5 août 1858, S. 59.1.223 ; — Malepeyre et Jourdain, p. 264).

3757. — Une autre conséquence du principe que l'association en participation ne constitue pas une personne morale est que l'associé en retard de verser sa mise n'en doit pas les intérêts de plein droit. L'art. 1846 C. civ., qui édicte cette prescription pour les sociétés ordinaires, ne peut recevoir ici son application, puisque l'association en participation ne possède pas de fonds social. La sanction des engagements des participants consistera dans les dommages-intérêts dus par le participant qui violera ses engagements (Dalloz, n. 1645. — *Contrà* : Delangle, n. 617).

Si l'associé a effectué son apport ou fourni des fonds nécessaires à l'opération, a-t-il droit à l'intérêt de ses avances du jour où il les a faites ?

La Cour de cassation admet que l'art. 2001 C. civ., aux termes duquel l'intérêt des avances faites par le mandataire lui est dû par le mandant à dater du jour des avances, est applicable à la société (Cass., 21 juill. 1884, S. 86.1.291, D. 85.1.471 ; — 26 mars 1901, S. 01.1.216, D. 01.1.384).

3758. — L'art. 1846, qui porte que l'associé doit de plein droit les intérêts des sommes qu'il a prises dans la caisse sociale pour son usage particulier, à partir du jour où il les en a tirées, est-il applicable à l'association en participation ? La Cour de Rennes l'a décidé affirmativement par arrêt du 7 mai 1835 (Dalloz, n. 1647) contre un armateur qui avait touché une certaine somme sur le produit d'une pacotille vendue pour le compte d'une association contractée avec un négociant. La Cour de Paris s'est prononcée dans le même sens, par arrêt du 15 mai 1868 (T. C. 18.175). La Cour de cassation, par arrêt du 11 mai 1857 (S. 57.1.843, Dalloz, n. 1647), a décidé avec raison en sens contraire, car il n'y a pas dans la participation, de caisse sociale ; toute l'obligation à laquelle est astreint le participant est de rendre compte, et tant que ce compte n'est pas rendu, il ne doit pas d'intérêts (Dalloz, n. 1647).

3759. — Chaque associé étant propriétaire de son apport ou des choses qu'il a acquises, il en résulte encore que si la chose apportée ou acquise vient à périr par cas fortuit, c'est en principe cet associé propriétaire qui en supporte seul la perte. Il en serait autrement cependant, si cette perte procédait d'événements ou de risques attachés aux opérations mêmes pour lesquelles l'association a eu lieu : ici, en effet, l'intention des associés est que la perte entre dans le

passif commun et se répartisse entre eux tous (Poitiers, 8 déc. 1892,
S. 93.1.460, sous Cass., 27 juin 1894, D. 95.2.111. — *Sic* : Alauzet,
t. 1, n. 409 ; Lyon-Caen et Renault, t. 2, n. 1061 ; Molinier, n. 608 ;
Pont, t. 2, n. 1831 ; Poulle, n. 161 et s. — *Contrà* : Delamarre et
Lepoitvin, t. 5, n. 94 et s.).

D'autre part, chaque associé peut disposer des choses dont il est
propriétaire, et les coparticipants sont obligés de subir ces actes
de disposition, sauf à réclamer des dommages-intérêts à l'associé
qui les a accomplis, dans le cas où ils leur auraient causé préjudice
(*Sic* : Poulle, n. 175 et s.). Les associés ne doivent pas faire concurrence à la participation par l'exercice, pour leur compte, d'affaires
analogues (Cass., 2 janv. 1901, D. 02.1.222).

3760. — Les principes que nous venons d'examiner ne sont pas
absolus. Rien ne s'oppose à ce que les participants établissent entre
eux la copropriété indivise des objets apportés ou acquis, soit au
moment où la participation est constituée, soit par des conventions
postérieures (Cass., 27 juin 1894, S. 98.1.460, D. 95.1.166 ; — Trib. com.
Seine, 16 juin 1906, *R. S.*, 1907.70. — *Sic* : Lyon-Caen et Renault,
t. 2, n. 1060 ; Pont, t. 2, n. 1776 ; Poulle, n. 61 et s. et 142 et s. ;
Vavasseur, t. 1, n. 315).

Mais cette copropriété qui déroge au droit commun doit être
prouvée, sans qu'il soit besoin d'ailleurs d'une stipulation formelle
à cet égard (Cass., 22 déc. 1874, S. 75.1.214, D. 76.1.72. — *Sic* :
Lyon-Caen et Renault, *loc. cit.*).

Les biens indivis ne deviennent pas un fonds social qu'on puisse
considérer comme la propriété de la participation : chaque participant en reste propriétaire dans la mesure de ses droits (Bordeaux,
22 août 1860, S. 61.2.49, D. 63.1.289).

Le participant peut céder ses droits, sauf opposition de ses co-
intéressés (Cass., 20 mars 1900, S. 02.1.321, D. 01.1.477. — Comp.
Lyon, 29 juin 1903, *R. S.*, 1904.245).

§ 3. — Engagements envers les tiers.

3761. — « La société proprement dite, étant un être moral, dit
M. Dalloz (n.1654), qui a ses biens propres, ses droits et obligations
distincts de ceux des associés, il s'ensuit naturellement que les
créanciers sociaux ont sur les biens de la société un droit de préférence, vis-à-vis des créanciers des associés. La société est leur débitrice directe, tandis qu'elle n'est pas la débitrice des créanciers des
associés, lesquels peuvent seulement exercer, du chef de leurs débi-

teurs, les droits qui appartiennent à ces derniers sur l'actif de la société, après que les créanciers sociaux ont été payés. D'un autre côté, lorsque le gérant d'une société proprement dite traite *nomine sociali* avec les tiers, il engage personnellement ses coassociés, dont il est le représentant et l'organe. D'où il résulte que le tiers acquiert, par l'effet du contrat, une action personnelle contre chacun des associés (il ne s'agit ici ni de la société en commandite, ni de la société anonyme). Ainsi, droit de préférence sur les biens sociaux, action personnelle contre chacun des associés : telles sont les deux règles qui dominent les relations des sociétés proprement dites avec les tiers. Ces deux règles sont-elles applicables à l'association en participation ? Après ce que nous avons dit plus haut sur les caractères de cette association, sur ce qui la différencie des sociétés véritables, il semble qu'il suffise de poser une pareille question pour la résoudre. En effet, si l'association en participation n'est pas un être moral ayant sa personnalité distincte, si elle ne possède pas un patrimoine spécial originairement formé de la réunion des mises et qui s'accroisse ou diminue selon les résultats bons ou mauvais des opérations, si, en un mot, l'association en participation est réputée inexistante à l'égard des tiers, comment pourrait-il y avoir des créanciers sociaux ? Et sur quoi le droit de préférence pourrait-il s'exercer ? D'un autre côté, si dans l'association en participation chacun opère en son nom privé, et non pas comme le représentant de la société, si les effets de l'association sont limités au compte des profits et pertes que les associés doivent se rendre mutuellement, quel serait le principe de l'action que les tiers voudraient exercer contre le participant qui ne s'est pas personnellement engagé envers eux ? » (Cass., 15 mars 1834, S. 38.1.243, Dalloz, *Rép.*, n. 1656 ; — 2 juin 1834, S. 34.1.602, Dalloz, *Rép.* ; — 15 juill. 1846, S. 49.1.289, D. 46.1.275 ; — Paris, 19 avr. 1831, S. 31.2.202, Dalloz, *Rép.* ; — Rouen, 10 janv. 1844, S. 44.2.393, Dalloz, *Rép.*, n. 1619 *in fine* ; — Orléans, 11 août 1885, *R. S.*, 1886.20 ; — Dijon, 23 fév. 1885, *Ibid.*, 1885.699. — *Sic* : Alauzet, t. 1, n. 408 ; Delangle, t. 2, n. 593 et s. ; Houpin, *loc. cit.* ; Lyon-Caen et Renault, t. 2, n. 1058 ; Pont, t. 1, n. 1853 ; Poulle, n. 226 et s. ; Ruben de Couder, V° *cit.*, n. 91. — *Contrà* : Metz, 7 fév. 1822, S. chr., Dalloz, *Rép.*, n. 1655-3° ; — Caen, 9 fév. 1824, S. chr. ; — Bordeaux, 2 avr. 1832, S. 32.2.327, D., *Ibid.*, n° 1555-4° ; — Paris, 26 juin 1824, S. chr., D., *Ibid.*, n° 1555-1° ; 9 août 1831, S. 31.2.259, Dalloz, *Rép.*, V° *Acte de commerce*, n. 210 ; — 22 nov. 1834, S. 35.2.69, Dalloz, *Rép.*, V° *Société*, n. 1663-1°).

Cela est contesté, bien entendu, par les auteurs qui se sont montrés partisans du caractère de personnalité de la société en participation (*Suprà*, n. 3745 et suiv.). Ces auteurs admettent donc, comme conséquence de leur opinion, que la participation constitue un être moral, ayant ses biens propres, ses droits et actions distincts de ceux des associés, que les créanciers de l'association ont sur les biens sociaux un droit de préférence vis-à-vis des créanciers personnels des associés.

3762. — Par application de la doctrine rapportée au n. 3761, il a été jugé que l'association en participation ne formant pas, comme les autres sociétés, un corps moral distinct, la propriété des objets mis en société résidant sur la tête de l'associé gérant ou administrateur, les créanciers de la société et les associés eux-mêmes n'ont aucun droit de privilège ou préférence sur les créanciers personnels de l'associé gérant, quant aux objets par lui apportés dans la société ; les uns et les autres viennent par contribution sur tout l'avoir de cet associé, sur celui qui existe dans la société comme sur ses autres biens (Cass., 2 juin 1834, S. 34.1.603, D. 34.1.202 ; — 19 mars 1838, S. 38.1.343, Dalloz, n. 1655-2º ; — Rouen, 19 janv. 1844, S. 44.2.393, D. 44.1.204 ; — Cass., 15 juill. 1846, S. 46.1.289, D. 46.1.273 ; — Paris, 17 nov. 1848, S. 49.2.200 ; — Cass., 22 déc. 1874, D. 75.1.214 ; — Dijon, 23 fév. 1885, *R. S.*, 1885.699 ; — Orléans, 11 août 1885, *R. S.*, 1886.20 ; — Poitiers, 22 déc. 1887, S. 88.2.1 et la note de M. Lyon-Caen ; — Cass., 27 juin 1893, S. 94.1.25, D. 93.1.488. — *Sic* : Duvergier, *Sociétés*, n. 407 ; Troplong, *cod.*, n. 494 et s. et 864 ; Delangle, t. 2, n. 593 et s. ; Delamarre et Lepoitvin, *Contr. de comm.*, t. 2, n. 243 et suiv. ; Massé, *Dr. comm.*, t. 5, n. 75 et s. ; Molinier, *Dr. comm.*, t. I, n. 595 ; Lyon-Caen et Renault, n. 226 et s.).

3763. — Examinons maintenant les principes qui régissent les actions à intenter par les tiers contre les participants. Il faut décider, en thèse générale, que les tiers n'ont d'action que contre le participant avec lequel ils ont traité. Les participants ne sauraient être tenus solidairement des engagements souscrits par l'un d'eux, même dans l'intérêt commun ; de même, ils ne jouissent d'aucune solidarité active qui permette à l'un ou à quelques-uns d'entre eux de réclamer l'exécution des engagements pris dans le même intérêt envers les autres (Bruxelles, 18 nov. 1815, S. chr., Dalloz, n. 1672 ; — 12 janv. 1822, *J. de Bruxelles*, 1822.1.132, et 28 juill. 1830, *Ibid.*, 1830.2.243 ; — Cass., 9 janv. 1821, S. chr., Dalloz, n. 1663 ; — 7 mars 1827, Dalloz, n. 1658 et 8 janv. 1840, S. 40.1.20, Dalloz,

n. 1663-1° ; — Paris, 9 août 1831, S. 31.2.259, Dalloz, n. 1655-2° ; — 22 nov. 1834, S. 35.2.69, Dalloz, n. 1655-2° ; — Bordeaux, 13 avr. 1848, S. 48.2.397, D. 48.2.162 ; — 23 juin 1853, S. 54.2.23, D. 55.5. 422 ; — Lyon, 26 janv. 1849, S. 51.2.399, D. 51.5.499 ; — Agen, 23 nov. 1853, S. 54.2.23, D. 55.5.422 ; — Aix, 16 mai 1868, S. 70.2. 332, D. 70.2.48 ; — Cass., 21 mars 1876, D. 76.1.198 ; — 18 août 1875, S. 76.1.121 ; — 26 août 1879, S. 79.1.454 ; — Orléans, 11 août 1885, précité ; — Hazebrouck, 23 nov. 1901, *Gaz. Trib.*, 1er fév. 1902 ; — Marseille, 3 juin 1903, *Journ. Marseille*, 1903.304 ; — Douai, 14 avr. 1904, *R. S.*, 1904.508 ; — Cass., 24 mars 1903, D. 04.1.110 ; — Delangle, n. 603 ; Troplong, n. 780 et suiv. ; Duvergier, n. 399 ; Molinier, n. 597 ; Massé, n. 1893 ; — Paris, 23 mars 1861, T. C., 10.357 ; — Bédarride, n. 433 et suiv. ; Delamarre et Lepoitvin, t. 3, n. 37 et suiv. ; Alauzet, n. 414 ; Pont, n. 1792 ; Lyon-Caen et Renault, n. 1062 ; Poulle, n. 232 et suiv.).

Mais celui qui a fait au gérant d'une société en participation des avances pour les travaux formant l'objet de l'association, avances qui ont profité à cette association, doit être préféré, sur les bénéfices réalisés, aux autres associés, qui ne peuvent avoir droit aux bénéfices que déduction faite des charges (Cass., 17 août 1864, S. 65.1.183, D. 95.1.302. — V. aussi Cass., 22 fév. 1886, D. 86.1.404).

Il a été jugé par la Cour d'Alger, le 10 juin 1871 (D. 72.2.207), que les achats faits par un associé en participation engageaient les autres associés dans la mesure du profit qu'ils ont tiré de l'opération (Dans le même sens : Bruxelles, 15 avr. 1848, D. 49.2.227).

3764. — L'association en participation n'ayant pas de siège social proprement dit, les contestations relatives à cette association sont régies par la règle générale de l'art. 59 C. proc. civ. et non par le paragraphe 5 de cet article (Cass., 8 août 1910, *R. S.*, 1910.286).

3765. — Si l'associé gérant a traité *nomine sociali*, c'est-à-dire tant en son nom qu'au nom de ses coassociés, quel est le droit des tiers contre les participants ? « Nous croyons, dit Dalloz (n. 1666), qu'il y aurait lieu d'appliquer ici par analogie ce qui a été dit pour le cas où un associé a contracté au nom de la société un engagement qui excédait ses pouvoirs. Ainsi, nous admettons que, dans ce cas, le créancier aurait une action directe contre les coparticipants, s'il était établi que l'obligation leur a profité ; mais d'un autre côté, nous pensons que cette action, au lieu d'être solidaire, comme le veulent Merlin et M. Pardessus, serait restreinte, à l'égard de chacun, à la part qu'il aurait eue dans le profit de l'opération (V. Lyon-Caen et Renault, n. 1007).

3766. — Mais les participants seraient obligés solidairement à l'égard des tiers, s'il y avait à cet égard une convention expresse (Paris, 22 nov. 1834, S. 35.2.69, Dalloz, n. 1663 ; — Cass., 30 mars 1885, S. 86.1.167, D. 86.1.110), ou s'il s'agissait de dettes contractées conjointement par eux tous dans l'intérêt de la société (Paris, 3 fév. 1809, Dalloz, n. 1667 ; — Bordeaux, 19 août 1830, S. 31.2.75 ; — Colmar, 29 avr. 1850, S. 55.2.126, P. 52.2.154, D. 52.5.512 ; — Metz, 2 nov. 1854, S. 55.2.126, P. 54.2.124, D. 55.2. 135 ; — Poitiers, 13 juill. 1894, Dalloz, *Supp.*, n. 2069. — *Sic* : Pardessus, *Dr. comm.*, t. 4, n. 1049 ; Delangle, n. 603 ; Troplong, n. 855 ; Molinier, t. 1, n. 580 ; Rodière, *De la Solidarité*, n. 360 ; Bédarride, n. 442 ; Bravard, p. 89 ; Alauzet, n. 414).

Il en serait de même si les associés qui n'ont pas concouru à l'engagement avaient induit les tiers, par leurs agissements, à les considérer comme solidaires (Limoges, 19 juill. 1839 ; — Nancy, 3 fév. 1848, S. 48.2.519, D. 48.2.183 ; — Riom, 1er mai 1852, Dalloz, n. 1668 ; — Bédarride, n. 468 ; — Cass., 23 juill. 1877, S. 77.1.405 ; — Poitiers, 6 avr. 1870, D. 70.2.190 ; — Cass., 8 juill. 1887, *R. S.*, 1887.466 ; — Bordeaux, 24 mars 1897, *J. S.*, 1897.409 ; — Alger, 10 nov. 1908, *J. S.*, 1909.65).

3767. — Les créanciers d'un associé en participation peuvent sans doute agir contre les associés en faisant valoir les droits de leur débiteur (C. civ., art. 1166 ; — Cass., 11 avr. 1849, S. 49.1.749, D. 54.4.719 ; — Pardessus, *loc. cit.* ; Fourcix, n. 214 ; Bédarride, n. 443 ; Dalloz, n. 1071) ; mais il ne résulte pas de là qu'ils aient en pareil cas une action solidaire, comme un arrêt l'a admis à tort (Metz, 21 juill. 1821, S. chr., Dalloz, n. 1671) ; car il est certain que la solidarité n'existe pas d'associé à associé (Dalloz, n. 1671. — V. également : Cass., 7 mars 1827, S. chr., Dalloz, n. 1658).

3768. — Il est cependant des cas exceptionnels où les tiers ont une action directe contre les participants, par exemple si le gérant a reçu un mandat régulier de ses coparticipants et s'est présenté aux tiers investi de ce mandat (Cass., 10 août 1875, S. 76.1.121, D. 77.1.110 ; — 3 déc. 1890, S. 94.1.389, D. 91.1.117). En principe cette action ne sera pas solidaire, mais par application des règles du mandat, la solidarité peut être prononcée (V. Cass., 19 avr. 1875 précité ; — Cass., 3 déc. 1890 précité).

Il en est ainsi également si les associés se sont révélés aux tiers par immixtion dans la gérance (Montpellier, 20 avr. 1891, S. 92.2.76, D. 93.2.533 ; — Cass., 3 déc. 1890, cité *suprà*).

Enfin de même quand les associés ont ratifié les actes du gérant (Cass., 30 mars 1885, S. 86.1.167).

3769. — Le principe que la participation ne constitue pas un être moral a encore donné lieu à certaines applications en jurisprudence que nous devons relater. Il a été jugé :

Que si l'associé gérant fait faillite, les créanciers de l'association ne sont pas fondés à demander la séparation du patrimoine de l'association d'avec le patrimoine personnel de cet associé pour être payés sur le premier, à l'exclusion de tous autres créanciers de la faillite, surtout lorsque, d'abord seul propriétaire des biens de l'association, l'associé gérant en a ainsi conservé ostensiblement la propriété (Paris, 19 mars 1831, S. 31.2.202. — *Contrà* : Metz, 7 fév. 1822, S. chr., Dalloz, n. 1655 ; — Caen, 9 fév. 1824, S. *Ibid.*, Dalloz, n. 1660) ;

Que les faillites de divers participants ne doivent pas être confondues (Caen, 18 mai 1864, S. 65.2.102) ;

Que le tiers qui a fait à l'associé gérant, pour les travaux formant l'objet de l'association, des avances qui ont profité à celle-ci, doit être préféré, sur les bénéfices réalisés, aux autres associés, qui ne peuvent avoir droit à un bénéfice que déduction faite des charges. Et il importe peu que les associés se soient déjà partagé les bénéfices, si ce partage a eu lieu sans la présence du créancier, et au préjudice de l'opposition par lui formée sur la somme représentant ces bénéfices (Cass., 17 août 1864, S. 65.1.183, D. 65.1.302. — V. aussi : Alauzet, n. 414).

§ 4. — Administration.

3770. — Nous avons vu que la participation est une association occulte et secrète. Les associés agissent donc comme ils l'entendent au point de vue de l'administration, chaque participant contractant en réalité pour lui-même et pour lui seul (Poulle, n. 183). Mais le plus souvent les participants n'agissent pas eux-mêmes et donnent pouvoir à l'un d'eux. Cet associé est le gérant de l'association et en administre les intérêts. Les tiers ne connaissent que lui et ne traitent qu'avec lui. Il est responsable vis-à-vis des tiers (V. n. 3037). Il a donc les pouvoirs les plus étendus. Il n'est pas un mandataire ordinaire : il n'est pas révocable ; l'affaire qu'il dirige, les opérations commerciales auxquelles il participe sont les siennes. Il agit en son nom.

Le participant administrateur n'est pas davantage un gérant d'affaires (Poulle, n. 185), puisque les gains que l'association en participation peut obtenir par son intermédiaire ne se réalisent pour elle qu'indirectement. Cependant il est possible que le gérant soit un véritable mandataire, si telle a été la convention sociale ; cela arrive fréquemment (Poulle, n. 187) dans les participations qui ont pour objet des opérations maritimes. Mais généralement le gérant agit pour son propre compte, en son propre nom, et l'association reste complètement dans l'ombre.

Le gérant, en vertu des principes qui précèdent, a donc un pouvoir absolu pour administrer comme il le veut. N'étant pas révocable, son administration ne peut prendre fin qu'avec la dissolution de la société. Ayant toute liberté d'agir, le gérant peut aliéner, échanger, hypothéquer, donner en gage les objets, céder les créances. Ses actes sont valables, sauf, en cas de fraude ou de faute, à subir une action en dommages-intérêts de la part de ses coparticipants (V. sur ces questions : Poulle, n. 193 et suiv.).

Cependant lorsqu'aux termes d'un contrat de participation, les gérants ne doivent réaliser les marchandises, objet de la participation, sans avoir consulté les autres participants sur l'opportunité de la vente et le prix, si les gérants ont contrevenu à ces règles, la vente peut ne pas être déclarée valable *entre associés* et on peut en exclure les résultats du compte de la participation (Cass., 24 mars 1903, S. 03.1.456. — V. aussi sur une question de vente au-dessous du cours, Cass., 20 mars 1900, S. 02.1.321 et note Wahl, D. 02.1.477).

§ 5. — Répartition des bénéfices et des pertes.

3771. — Lorsque l'opération qui a donné naissance à la participation est terminée, les bénéfices doivent se partager dans la proportion prévue par le contrat ; de même en ce qui concerne les pertes. Les associés sont libres d'adopter toutes les stipulations qu'ils jugent convenables et utiles, pourvu qu'ils respectent le principe primordial de ne pas donner à l'un tout le bénéfice et à l'autre toutes les pertes. A défaut de stipulation, la proportion dans les pertes doit se calculer d'après la proportion dans les bénéfices.

3772. — Mais une question qui a fait difficulté est celle de savoir si, en cas de perte, le participant inactif peut être poursuivi par le participant actif, seulement jusqu'à concurrence de son apport, ou indéfiniment. La question, qui a divisé les auteurs depuis les temps les plus anciens, est examinée complètement par M. Poulle (n. 209 et suiv.). D'après l'opinion dominante actuellement, chaque associé doit être tenu indéfiniment (V. Cass., 11 avr. 1849, D. 54.1.719. — V. aussi : Cass., 29 mai 1845, S. 45.1.519).

Le participant n'est pas recevable à demander la faillite du gérant quand son intérêt dans l'association, dont les comptes restaient à régler, ne le faisait pas ressortir actuellement créancier du gérant (Cass., 9 fév. 1903, *R. S.*, 1903.215).

Le gérant, seul responsable vis-à-vis des tiers, commet une faute en laissant exercer ses attributions par un participant, et celui qui s'immisce ainsi commet aussi une faute lourde, le rendant responsable au regard du gérant (Lyon, 11 nov. 1902, *R. S.*, 1903.434 ; — Vervins, 31 juill. 1902, D. 03.2.425).

§ 6. — Dissolution.

3773. — Les règles de dissolution applicables à la participation sont en principe celles qui s'appliquent à toutes les sociétés en général. Il en est cependant quelques-unes de particulières. La dissolution de la participation peut s'opérer de plein droit, soit par l'expiration du temps pour lequel elle a été contractée, soit par l'extinction de la chose. Elle peut également résulter de ce que la négociation formant l'objet de l'association est terminée (art. 1865, § 2, C. civ. ; — Aix, 6 avr. 1903, *Gaz. Lyon*, 1er oct. 1903.824).

3774. — On s'est demandé si la mort naturelle de l'un des associés dissout la participation. Oui, en principe, parce que la participation est une association qui se forme *intuitu personæ*. Mais il en serait différemment si l'associé n'avait pas un rôle actif, ou en cas de convention contraire (Vavasseur, t. 1, n. 325 ; Dutruc, n. 1486 ; Deloison, II, n. 560 ; Bédarride, I, n. 67 *bis*. — Bordeaux, 29 juill. 1862, Dalloz, *Supp.*, n. 2078. — V. aussi Montpellier, 23 juin 1884, D. 87.1.65 et la note. — V. cependant en sens contraire : Pont, n. 1898 ; Poulle, n. 301 et suiv.).

3775. — L'interdiction et la déconfiture de l'un des associés sont-elles, à défaut de clause contraire, des causes de dissolution ? Il faut encore ici distinguer entre les gérants ou un associé dépourvu de rôle actif. Si l'interdiction ou la déconfiture frappe l'associé non gérant, et que cet associé ait déjà versé ce qu'il avait promis d'apporter, sa déconfiture ou son interdiction n'empêche pas la participation de suivre son cours (Poulle, n. 325 ; Bédarride, I, p. 146 et suiv. — Cass., 18 janv. 1881, D. 81.1.244 ; — Trib. com. Marseille, 10 sept. 1861).

3776. — Il faut admettre la même solution en cas de faillite, la participation ne constituant pas une personne morale. La faillite de l'un des participants ne peut entraîner de plein droit la dissolution de la société, tout au moins si cette faillite intervient alors que la participation est en cours de fonctionnement. Si la faillite, au cours de la participation, frappe un associé gérant, celui-ci devient inhabile à toute gestion, même pour les opérations en cours, et la participation doit être considérée comme dissoute. Si la faillite atteint l'associé non gérant, la participation cessera d'exister pour l'avenir, sauf l'achèvement des opérations commencées (V. Poulle, n. 321 et suiv. ; — Cass., 18 avr. 1893, D. 93.1.423 ; — Cass., 5 fév. 1901, S. 02.1.405, D. 02.1.4). L'un des participants ne peut demander la mise en faillite du gérant, dès lors que son intérêt dans l'association, dont les comptes restent à régler, ne le fait pas démontrer actuellement créancier dudit gérant (Cass., 9 fév. 1903, S. 03.1.115).

3777. — La dissolution de la participation peut également intervenir par la volonté des associés, par exemple, s'ils sont tous d'accord pour y mettre fin, ou si la participation étant à durée illimitée, l'un des associés use du bénéfice de l'art. 1869 C. civ., en notifiant sa renonciation aux autres participants, de bonne foi et non à contre-temps. Mais il a été jugé que la faculté de dénoncer l'association doit être refusée aux participants quand la convention admet la cessibilité de leur part et leur permet ainsi de sortir de la participation à leur gré (Rennes, 26 mai 1867, et sur pourvoi : Cass., 13 juill. 1868, D. 69.1.137. — V. aussi : Cass., 1er juin 1859, D. 59. 1.244 ; — Rennes, 4 janv. 1894, D. 94.2.120).

3778. — Les associés peuvent enfin demander la dissolution en justice, même lorsque la participation a une durée limitée, et les tribunaux doivent apprécier si la demande a une cause légitime (C. civ., art. 1871). Les causes légitimes, dans cette espèce, sont les mêmes que celles qui peuvent faire l'objet d'une dissolution anticipée en matière de société en nom collectif (Douai, 28 juill. 1906, *J. S.*, 1907.434).

3779. — La société en participation, n'ayant pas une personnalité distincte de celle des parties entre lesquelles elle a existé, n'est pas susceptible d'être l'objet d'une liquidation proprement dite. Mais rien ne s'oppose à ce qu'un tiers soit nommé par justice en qualité d'expert, pour procéder à un règlement de comptes entre les participants ; ce tiers, d'ailleurs, ne peut agir en justice qu'en son nom, et non pas au nom de la société, laquelle ne saurait jouir, après sa dissolution, de la personnalité civile qui lui était refusée pendant sa durée (Cass., 27 juin 1894, S. 98.1.460, D. 95.1.166 ; — 10 déc. 1895, D. 96.1.20 ; — Paris, 8 août 1870, D. 71.2.7 ; — 22 nov. 1888, *R. S.*, 1889.188 ; — 15 déc. 1889, *Ibid.*, 1890.135 ; — 6 mars 1890,

D. 91.2.219 ; — Aix, 2 mai 1871, S. 71.2.261, D. 75.2.165 ; — Bordeaux, 8 juill. 1889, S. 90.2.208 ; — Poitiers, 8 déc. 1892, D. 92.2.111 ; — Cass., 7 mai 1902, S. 02.1.504, D. 02.1.255. — *Sic* : Lyon-Caen et Renault, t. 2, n. 1070 ; Pont, t. 2, n. 1933, 1938, 1968, 1988 ; Poulle, n. 343 et s.).

§ 7. — Partage.

3780. — La liquidation prépare le partage comme en matière de société en nom collectif. Les règles admises pour la liquidation des sociétés proprement dites peuvent s'appliquer à la liquidation des associations en participation, du moins en ce qui concerne les associés.

3781. — Mais quand il s'agit des tiers, la règle n'est plus la même, car il ne faut jamais perdre de vue que l'association en participation ne constitue pas un être moral, et sa dissolution ne peut modifier les relations des associés avec les tiers, ni celles des tiers à l'égard des associés. Il n'y a donc pas de participation au regard des tiers (Paris, 8 août 1870, D. 71.2.7 ; — Cass., 5 fév. 1901, S. 02.1.405, D. 02.1.4).

Donc, la liquidation en cette matière n'a lieu qu'au regard des participants. Mais entre les participants, la liquidation ressemble à celle des autres sociétés. A défaut de convention, il faut dire que les principes admis pour la nomination des liquidateurs dans les sociétés commerciales proprement dites ne s'imposent pas en ce qui concerne les participations. En vertu des caractères particuliers de l'association, s'il y a lieu à nomination d'un liquidateur, il est choisi par l'unanimité des participants, ou en cas de désaccord, par le tribunal de commerce.

3782. — Ce que nous avons dit du liquidateur en général s'applique en matière de participation. Les pouvoirs du liquidateur sont d'abord ceux qui lui ont été imposés par son acte de nomination. Mais à défaut de précision sur ce point, c'est aux usages du commerce et à la volonté présumée des participants qu'il faut se reporter pour préciser ces pouvoirs. Les liquidateurs de l'association doivent avoir sans aucun doute les pouvoirs qui appartiennent aux liquidateurs de sociétés commerciales en général, mais en s'inspirant toujours de cette idée qu'ils représentent une société qui n'est point un être moral et qui n'a pas d'existence personnelle à l'égard des tiers. Ce n'est pas parce que la société en participation est en liquidation que le liquidateur qui représente les associés pour le règlement de leurs droits pourra posséder plus de pouvoirs que les associés eux-mêmes lorsque l'association fonctionnait.

En pratique, le plus souvent, la dissolution de la participation donne lieu seulement à la nomination d'un arbitre pour établir la situation respective des parties en conformité de leurs conventions (Paris, 9 fév. 1884, *R. S.*, 1885.9 ; — 22 nov. 1888, *J. Trib. com.*, t. 38, p. 495 ; — Paris, 6 mars 1890, D. P. 91.2.219).

Il a été décidé encore (Bordeaux, 8 juill. 1889, *Recueil des arrêts de la Cour de Bordeaux*, 1889.1.516) que le liquidateur d'une participation n'a d'autre rôle que de déterminer la situation des associés et de mettre ceux qui seront ainsi établis créanciers à même de poursuivre contre leurs coparticipants l'exécution du contrat de participation.— Jugé dans le même sens par la Cour de Paris, le 15 déc. 1889. — V. encore Paris, 11 juin 1885, *R. S.*, 1885.683 ; — Poitiers, 22 déc. 1887, *Ibid.*, 1888.216.

Il ne faut donner à la dénomination de liquidateur de la participation qu'*un sens restreint* ; toutefois la liquidation ne modifie en rien les rapports des tiers avec ceux des associés qui ont traité avec eux.

La personne chargée de liquider une participation n'est qu'une sorte d'arbitre ayant pour mission d'établir le compte entre les participants en vertu d'un mandat conféré par eux judiciairement.

Simple mandataire, le liquidateur dressera et réglera les comptes entre les associés en effectuant le partage des bénéfices ou des pertes.

Il ne pourra ester en justice pour représenter ou soutenir les droits de l'association, car nul en France ne plaide par procureur, et ce serait lui reconnaître des pouvoirs que le gérant n'aurait pas eus au cours des opérations en constituant en personne morale une société dont le caractère avant d'être dissoute était de ne point avoir de personnalité. — V. les autorités citées, *suprà*, n° 3776. — *Adde*, Dutruc, n° 1490 ; Ruben de Couder, n° 74 ; Vavasseur, t. 1, n° 325.

On doit admettre que le liquidateur de la participation sera le plus souvent le gérant qui liquidera les opérations et en rendra compte à ses co-associés en vertu d'un mandat tacite.

La liquidation ne devra être confiée à une autre personne désignée par les coparticipants et à leur défaut par justice que si l'association est rompue par le décès du gérant. — Poulle, n. 349 et suiv. ; Pont, t. 2, n. 1938.

Le mandat tacite du gérant de liquider la participation se trouve révoqué de plein droit si l'autre participant devient incapable ou tombe en faillite et si c'est par cette circonstance que la dissolution s'est opérée (Req., 18 avr. 1893, D. P. 93.1.423).

C'est seulement après l'établissement des comptes de la liquidation que chaque associé peut reprendre les choses qui, mises dans la participation, n'avaient pas cessé d'être sa propriété (Vavasseur, t. 1, n. 325 ; Poulle, n. 386. — Paris, 15 mars 1870, *Bulletin de la Cour de Paris*, n. 2110).

L'art. 1872 C. civ. applique aux partages entre associés les règles, formes et obligations qui régissent les partages de succession. Il y aura lieu d'appliquer dans le partage de l'association le rapport des dettes établi par l'art. 829 C. civ. — V. en ce sens, à l'égard d'une société de fait, Orléans, 14 mars 1883, D. P. 85.2.25 et la note de M. Poncet.

/

CINQUIÈME PARTIE

FAILLITE DES SOCIÉTÉS

---

§ 1er. — Comment la faillite est déclarée.

3783. — Les sociétés peuvent être déclarées en faillite. Le Code de commerce s'explique nettement à cet égard en ce qui concerne les sociétés en nom collectif (art. 438 et 458). La même solution s'impose pour les sociétés en commandite, et même pour les sociétés anonymes ; on ne peut comprendre quelle raison il y aurait de faire des distinctions entre les sociétés commerciales (Lyon-Caen, et Renault, t. 8, 1135, 1136 ; Thaller, *Traité*, n. 1479 ; Lyon-Caen, note P. 1871.791 ; — Paris, 27 nov. 1852, D. 53.2.182 ; — Cass., 14 juill. 1862, D. 62.1.518 ; — Paris, 12 juill. 1869, D. 70.2.7 ; — 5 fév. 1872, S. 73.2.75, D. 74.2.235).

La faillite peut atteindre également les sociétés civiles à forme commerciale (Loi du 1er août 1893), les sociétés à capital variable ayant un caractère commercial, les sociétés de crédit agricole commerciales, d'après l'art. 4 de la loi du 5 novembre 1894, les sociétés de crédit maritime (Loi du 4 déc. 1913), les sociétés d'assurances à primes et les sociétés d'assurances mutuelles maritimes.

Les sociétés qui peuvent être déclarées en faillite peuvent obtenir le bénéfice de la liquidation judiciaire. La loi du 4 mars 1889 le déclare expressément dans plusieurs de ses dispositions (*Contrà*, pour les sociétés anonymes : Renouard, t. 1, p. 260 à 262 ; Massé, 3, n. 216, 217 et 1169. — Bordeaux, 30 avr. 1911, S. 1913.2.265 ; — Thaller et Percerou, n. 344 et 1625).

Les sociétés dissoutes peuvent être déclarées en faillite, alors même que la cessation de paiements serait postérieure à la dissolution (Cass., 2 janv. 1874, D. 74.1.362 ; — Cass., 12 fév. 1890, S. 91.1.230 ; — 24 mai 1892, S. 92.1.469 ; — Orléans, 9 mars 1894, S. 95.2.310 ; — Paris, 9 déc. 1908, D. 1912.2.33).

3784. — Les règles générales de la faillite sont applicables. La société peut être déclarée en faillite d'office. L'intervention du tribunal, en matière de faillite d'office d'une société, sauvegarde les intérêts considérables engagés dans les sociétés par actions particulièrement. Toutefois, les juges n'ont pas à se préoccuper de l'intérêt que peuvent avoir les créanciers à ce que la faillite ne soit pas prononcée (Cass., 21 juin 1899, D. 99.1.503).

3785. — Les créanciers de la société peuvent seuls demander la faillite. Ce droit n'appartient pas aux créanciers personnels des associés agissant en cette qualité (Paris, 23 janv. 1858, T. C. 58.79 ; — Trib. com. Seine, 7 mars 1862, T. C. 62.525 ; — Cass., 25 avr. 1883, T. C. 83.694).

3786. — Les porteurs d'obligations d'une société, étant de véritables créanciers, ont le droit de demander la mise en faillite de la société, à défaut de paiement des intérêts dus auxdites obligations (Cass., 14 juill. 1862, S. 62.1.849, D. 62.1.427).

3787. — Mais que décider en ce qui concerne les actionnaires et les simples commanditaires ? Peuvent-ils requérir la mise en faillite de la société ? Aucun doute pour l'affirmative si, en dehors de leur qualité d'associés, ces personnes possèdent une créance dérivant d'une opération qu'un tiers aurait pu comme elles faire avec la société (Lyon-Caen et Renault, t. 8, n. 1161).

Mais si l'actionnaire ou le commanditaire n'a aucune créance et n'agit qu'en qualité d'associé, la question est controversée.

M. Thaller (*R. crit.*, 1885, p. 294) enseigne que l'action ou l'intérêt dans une partie constituant sinon exclusivement, du moins pour partie, un droit de créance, l'actionnaire peut demander la faillite sociale.

Mais la plupart des auteurs estiment que la qualité de créancier de l'associé s'efface complètement, dans ses rapports avec les créanciers sociaux, devant la qualité d'associé tenu du passif et au moins jusqu'à concurrence de son apport, et que s'il croit de son intérêt d'arrêter les opérations sociales, il peut provoquer la dissolution et la liquidation, mais non pas demander la faillite (Bédarride, *Faillite*, t. 1, n. 44, 45 et 86 ; Renouard, *Faillite*, t. 1, p. 273 ; Lyon-Caen et Renault, t. 8, n. 1161. — *Sic* : Paris, 22 janv. 1875, sous Cass., 5 mars 1879, D. 79.1.250 ; — Rouen, 26 mai 1884, *J. faill.*, 1884.1.407, S. 85.2.143).

3788. — Ainsi que nous l'avons dit plus haut, la faillite peut être déclarée à la demande des représentants légaux de la société.

En principe, ces représentants ont seuls le droit de déposer le bilan. Le bilan sera déposé s'il s'agit de sociétés en nom collectif ou en commandite, par les gérants, et s'il s'agit de sociétés anonymes, par les administrateurs ou le directeur. Ni les actionnaires ni les commanditaires n'ont le droit de déposer le bilan de la société, qu'ils ne représentent à aucun titre (Cass., 25 avr. 1883, *J. faill.*, 1883.243 ; — Rouen, 26 mai 1884, précité ; — Cass., 9 fév. 03, S. 03.1.115 ; — 3 mars 1903, *J. S.*, 1904.408 ; — Agen, 9 mai 1904, *R. S.*, 1905.115).

Dans les sociétés anonymes le bilan peut être déposé par les administrateurs sans avis préalable de l'assemblée générale (Paris, 7 août 1894, S. 95.2.309. — Lyon-Caen et Renault, n. 1161 ; Thaller et Percerou, n. 1633 *bis*).

3789. — Les associés non gérants, qui sont tenus sur tous leurs biens des dettes sociales, tels que les associés en nom collectif et les commandités dans les sociétés en commandite, peuvent déposer le bilan de la société ; ils en ont même le devoir, et ils pourraient être considérés comme banqueroutiers simples (art. 586, 4°) s'ils ne le faisaient pas (Lyon-Caen et Renault, t. 8, n. 1161 ; Pic, p. 63).

3790. — Les administrateurs de sociétés anonymes, au contraire, n'étant pas commerçants, ne sont pas passibles des peines de la banqueroute, et ils ne pourraient être poursuivis comme coupables de banqueroute simple, faute par eux d'avoir déposé le bilan de la société en état de cessation de payements (Lyon-Caen et Renault, n. 1161).

3791. — L'art. 3 de la loi du 4 mars 1889 détermine quelles personnes ont qualité pour présenter la requête à fin de liquidation judiciaire. En cas de cessation de payements d'une société en nom collectif ou en commandite, dit cet article, la requête contient le nom et l'indication du domicile de chacun des associés solidaires et est signée par celui ou ceux des associés ayant la signature sociale ; en cas de cessation de payements d'une société anonyme, la requête est signée par le directeur ou l'administrateur qui en remplit les fonctions (Lyon, 27 mai 1903, *R. S.*, 1904.161).

3792. — Lorsque, aux termes de l'acte de société, la signature sociale appartient à plusieurs, est-il indispensable que la requête soit signée par tous les associés ? La négative ne fait pas de doute, et la signature d'un seul suffit (Paris, 1er mai 1890, S. 90.2.111 ; — 25 juin 1899, *J. faill.*, 1899.486 ; — 9 déc. 1908, S. 1913.2.89 ; — Trib. com. Seine, 12 janv. 1895, *J. faill.*, 1896.236. — Boistel, note D. 91.1.329).

3793. — On admet même que la requête pourrait être déposée par l'un des associés ayant la signature sociale, même en cas de refus manifesté par un autre associé de se joindre au dépôt de la requête (Coulon, *Légis. nouv. des faill.*, p. 67 ; Boistel, *Liquid. judic.*, p. 27).

3794. — La requête doit contenir le nom et l'indication du domicile de chacun des associés solidaires, c'est-à-dire de tous les associés en nom collectif et des commandités dans les sociétés en commandite.

3795. — Nous avons vu qu'en matière de société anonyme, la requête est signée par le directeur ou l'administrateur qui en remplit les fonctions. Il n'est donc pas nécessaire, s'il y a un directeur, que tous les administrateurs signent la requête ; mais s'il y a un directeur ou un administrateur qui en remplit les fonctions, la requête doit être nécessairement signée par lui.

3796. — S'il s'agit d'une société dissoute ou annulée, c'est au liquidateur qu'il appartient de signer la requête (Billy, *Ann. de dr. comm.*, 1889, t. 2, p. 53, note 4 ; Lyon-Caen et Renault, t. 8, n. 1163 ; Pic, p. 65 ; Cass., 11 mai 1891, S. 91.1.390).

3797. — Il a été jugé que l'opposition faite par un associé au dépôt du bilan effectué par le liquidateur de la société dissoute ne saurait lui faire perdre personnellement le bénéfice de la liquidation judiciaire (Alger, 29 nov. 1897, D. 99.2.78).

3798. — L'existence d'un liquidateur n'empêche d'ailleurs aucunement la société d'être déclarée en faillite, soit d'office par le tribunal, soit à la demande des créanciers (Lyon-Caen et Renault, t. 8, n. 1163 ; — Douai, 26 juill. 1897, D. 98.2.123).

3799. — Il faut également noter que les personnes qui ont le droit, en leur qualité de représentants de la société, de provoquer la mise en faillite ou la liquidation judiciaire, n'ont pas besoin pour l'exercer d'une autorisation quelconque. Ainsi, le directeur ou les administrateurs d'une société anonyme ne sont point obligés, pour déposer le bilan, d'obtenir l'autorisation ou même l'avis préalable des actionnaires (Paris, 7 août 1894, S. 95.2.309, D. 95.2.266 ; — Lyon-Caen et Renault, t. 8, n. 1162).

3800. — Mais il faut ajouter que les représentants de la société engageraient gravement leur responsabilité s'ils abusaient du droit de provoquer la faillite ou la liquidation judiciaire (Lyon-Caen et Renault, t. 8, n. 1162. — En ce sens : Cass., 4 fév. 1896, D. 97.1.217).

3801. — Le jugement qui déclare une société en état de faillite ou de liquidation judiciaire doit être publié, conformément aux prescriptions de l'art. 442 C. com. et de la loi du 4 mars 1889, art. 4, § 2 ; il doit être publié notamment dans tous les lieux où la société a des établissements commerciaux.

3802. — Le jugement qui prononce la faillite ou la liquidation judiciaire doit être, au point de vue des voies de recours, apprécié comme celui qui ordonne une semblable mesure à l'égard d'un particulier (V. art. 580 C. com.). Ainsi, tous les associés, quels qu'ils soient, rentrant dans la catégorie des parties intéressées visées par l'art. 580, peuvent former opposition au jugement déclaratif de faillite ; car ils peuvent avoir intérêt à ce que la société ne soit pas mise en faillite (Rouen, 25 juin 1887, S. 90.2.53).

3803. — L'opposition ne peut être d'ailleurs formée par les associés, comme par tous les intéressés autres que le failli, que pendant le délai d'un mois (Lyon, 21 déc. 1883, D. 86.2.113).

3804. — La jurisprudence, en matière de faillite de droit commun, admet que c'est au moment où statuent les juges saisis de l'opposition ou de l'appel que doit être constaté l'état de cessation de payements, de telle sorte que si cet état de cessation de payements n'existe plus au jour où il est statué sur l'opposition ou l'appel, ils peuvent rapporter la faillite. La même jurisprudence est applicable en matière de société (V. notamment : Amiens, 23 fév. 1883, *J. faill.*, 1883.257 et les renvois ; — Alger, 29 nov. 1897, D. 99.2.78).

3805. — En matière de liquidation judiciaire, l'art. 4 de la loi du 4 mars 1889 porte que le jugement qui prononce la liquidation judiciaire n'est susceptible d'aucun recours et ne peut même pas être attaqué par la voie de la tierce opposition (V. une application de ce principe : Cass., 4 fév. 1896, D. 97.1.217).

§ 2. — Sociétés en nom collectif.

3806. — Le Code de commerce contient un très petit nombre de dispositions relatives à la faillite des sociétés ; ce sont les art. 438, 458, 531, dont voici le texte :

« Art. 438. — Tout failli sera tenu, dans les trois jours de la cessation de ses payements, d'en faire la déclaration au greffe du tribunal de commerce de son domicile. Le jour de la cessation de payements sera compris dans les trois jours.

« En cas de faillite d'une société en nom collectif, la déclaration contiendra le nom et l'indication du domicile de chacun des associés solidaires. Elle sera faite au greffe du tribunal dans le ressort duquel se trouve le siège du principal établissement de la société.

« Art. 458. — Les scellés seront apposés sur les magasins, comptoirs, caisses, portefeuilles, livres, papiers, meubles et effets du failli.

« En cas de faillite d'une société en nom collectif, les scellés seront apposés non seulement dans le siège principal de la société, mais encore dans le domicile séparé de chacun des associés solidaires.

« Dans tous les cas, le juge de paix donnera sans délai, au président du tribunal de commerce, avis de l'apposition des scellés.

« ART. 531. — Lorsqu'une société de commerce sera en faillite, les créanciers pourront ne consentir de concordat qu'en faveur d'un ou de plusieurs des associés.

« En ce cas, tout l'actif social demeurera sous le régime de l'union. Les biens personnels de ceux avec lesquels le concordat aura été consenti en seront exclus, et le traité particulier passé avec eux ne pourra contenir l'engagement de payer un dividende que sur des valeurs étrangères à l'actif social.

« L'associé qui aura obtenu un concordat particulier sera déchargé de toute solidarité. »

3807. — Ces dispositions ne concernent, on le voit, que les sociétés en nom collectif, ou celles dans lesquelles il y a tout au moins un certain élément personnel, les sociétés en commandite. Mais sur la faillite des sociétés anonymes, le Code est absolument muet. La jurisprudence a dû suppléer à l'insuffisance des dispositions de la loi en ce qui concerne toutes les sociétés, et à son silence, quant aux sociétés anonymes. Lorsqu'il est établi, en fait, qu'une société de commandite est la continuation d'une société en nom collectif, c'est à bon droit que la faillite sera déclarée et suivie contre celle-ci (Cass., 30 juin 1902, D. 02.1.395).

3808. — Nous avons expliqué déjà quel était l'effet produit par la faillite de l'un des associés sur l'existence de la société. Nous avons dit que la faillite de l'un des associés entraînait la dissolution de la société dont il faisait partie.

Mais la faillite de l'un des associés n'entraîne pas de plein droit la faillite de la société. Il est évident qu'une société peut être très florissante malgré l'état de déconfiture de l'un de ses membres (Cass., 5 mars 1879, D. 79.1.251 ; — 25 août 1883, *J. faill.*, 1883, p. 243 ; — 21 juin 1899, D. 99.1.503).

3809. — En étudiant les règles propres à la société en nom collectif, nous avons appris que tous les associés étaient solidairement engagés à l'égard des tiers, pour toutes les dettes de la société. Il en découle nécessairement que la cessation de paiements par la société est aussi la cessation de paiements par les associés, car la société ne cesse ses paiements que parce que les associés cessent les leurs. Peu importe que les associés continuent, après la cessation de paiements par la société, de payer leurs dettes personnelles. Il n'est pas nécessaire, en effet, que la cessation de paiements soit générale pour constituer l'état de faillite. « Celui qui sans raison particulière, dit M. Massé (*Droit commercial*, t. 2, n. 1149), cesse de payer les uns tandis qu'il paye les autres, n'en doit pas moins être déclaré en faillite ; s'il en était autrement, un débiteur pourrait favoriser les uns aux dépens des autres, ce que la loi des faillites a précisément pour but d'empêcher. Cesser de payer quelques dettes, c'est faire présumer qu'on est dans l'impossibilité de les payer toutes intégralement, ce qui équivaut dès lors à une cessation de payements générale. »

3810. — Ces principes posés, il est facile d'arriver à résoudre la question de savoir si la faillite d'une société commerciale entraîne la faillite personnelle des associés en nom collectif ou solidaires. Il est certain, en effet, que tous les associés étant tenus solidairement de dettes sociales *in infinitum*, sont sous le coup de la faillite, par cela seul que la société est en état de cessation de payements. — La jurisprudence et les auteurs sont aujourd'hui d'accord sur ce point (Cass., 23 août 1853, S. 55.1.829 ; — 17 avr. 1861, S. 61.1.609 ; — Paris, 3 janv. 1866, S. 66.2.48 ; — Cass., 7 janv. 1873, S. 73.4.123 ; — 13 mai 1879, S. 80.1.163 ; — 3 avr. 1895, S. 97.1.118 ; — 5 juill. 1900, S. 1904.1.190 ; — Trib. com. Seine, 4 août 1856, T. C. 6.84 ; — Paris, 25 fév. 1860, T. C. 9.270 ; — Paris, 5 mars 1860, T. C. 9.284 ; — Amiens, 5 fév. 1875, S. 75.2.57, D. 76.2.221 ; — Paris, 19 déc. 1889, R. S., 1890.363 ; — Paris, 27 fév. 1905, *Gaz. Trib.*, 1er avr. 1905. — Renouard, *Des faillites*, t. 2, p. 134 ; Lainé, *id.*, p. 24 ; Esnault, *id.*, t. 2, n. 385 ; Bédarride, *Faillites*, n. 194 ; Alauzet, n. 2436 ; Massé, t. 2, n. 1170 ; Geoffroy, *Faillites*, p. 285 ; Laroque-Sayssinel, *Faillites*, t. 1, p. 23 ; Demangeat sur Bravard, t. 5, p. 677 et suiv. ; Thaller et Percerou, n. 1640).

Les scellés doivent donc être apposés au domicile de chacun d'eux (Trib. com. Seine, 16 mai 1861, T. C. 18.397. — En sens contraire : Paris, 26 mars 1840, S. 40.2.247 ; — Orléans, 27 nov. 1850, S. 51. 2.33. — Pardessus, n. 976 ; Malepeyre et Jourdain, n. 29).

3811. — Pour éviter la faillite, il faut donc que l'associé solidaire paye l'intégralité des dettes sociales aussitôt qu'il a connaissance de leur non-payement par la caisse sociale (Troplong, n. 75 ; Massé, *loc. cit.*).

On a soutenu dans les débats qui ont précédé l'arrêt d'Amiens du 5 février 1875, précité, que l'associé en nom collectif d'une société commerciale n'est pas personnellement un commerçant, et on en concluait d'abord qu'il ne pouvait pas être déclaré en faillite personnellement ; en outre, qu'après la dissolution de la société, les associés n'ont entre eux, pour le règlement de leurs comptes, que l'action civile *pro socio*. Mais, comme l'observe avec raison M. Delangle (*Des sociétés commerciales*, t. 1, n. 407), quand l'objet de la société est de faire le commerce, uniquement, exclusivement, comment les associés en nom collectif, c'est-à-dire les agents directs de ce commerce, ne seraient-ils pas commerçants ? (*Sic* : Pardessus, *Dr. comm.*, 6e édit., t. 4, n. 1500 ; Renouard, *Des faillites et banqueroutes*, t. 2, sur l'art. 531 C. com., p. 134 ; et Bédarride, *Des faillites*, t. 1, n. 35 *bis*). Et c'est également ce que la jurisprudence a maintes fois consacré sous l'empire de la loi sur la contrainte par corps, en décidant que les associés en nom collectif étaient sujets à cette contrainte. Dès lors, il est bien évident qu'un associé collectif d'une société commerciale peut être directement et personnellement déclaré en faillite (V. les décisions rapportées *suprà*, n. 3810), et que cette faillite pourra être provoquée par celui des associés qui, ayant payé de ses deniers la totalité des dettes sociales, poursuit contre ses coassociés, après la dissolution de la société, le remboursement de leur part contributive. La créance de cet associé est, en effet, d'une nature essentiellement commerciale, et de même que l'on décidait autrefois, et pour cette raison, que la contrainte par corps lui était inhérente, malgré la nature des rapports existant entre les associés (V. Delangle, *loc. cit.*, et *Table gén.* de Devilleneuve et Gilbert, V^o *Contrainte par corps*, n. 196-198 ; *Rép. gén. Pal.*, eod. verb., n. 344 et suiv.), de même il faut bien dire aussi que cette créance peut être invoquée par l'associé qui a tout payé, comme une cause de faillite personnelle de ses coassociés insolvables (V. conf. Renouard, t. 2, p. 135 ; Bédarride, n. 35 *bis*. — En ce sens : Amiens, 5 fév. 1875, S. 75.2.57).

3812. — La déclaration de faillite de l'associé peut être prononcée par un jugement postérieur à celui qui a déclaré la faillite de la société, cette seconde déclaration de faillite ne modifiant pas au fond le premier jugement, mais ne faisant que l'expliquer et le développer (Toulouse, 15 déc. 1865, S. 66.2.47. — Conf. Cass., 23 août 1853, S. 55.1.829 ; — Cass., 14 mars 1904, D. 04.1.200).

3813. — Le même arrêt a décidé que, s'il est vrai que la faillite d'une société en nom collectif entraîne la faillite personnelle de chacun des associés solidaires, il ne suit pas de là que ces diverses faillites soient indivisibles et ne doivent être soumises qu'à une organisation unique ; à moins d'accord entre les créanciers, la faillite sociale et celles personnelles des associés doivent être administrées séparément par des agents et des opérations propres à chacune d'elles (Toulouse, 15 déc. 1865, S. 66.2.47). Et vis-à-vis des créanciers personnels des associés, l'état de faillite, conséquence de la faillite sociale, ne peut produire ses effets et motiver la gestion organisée par la loi qu'en vertu de déclarations judiciaires spéciales.

Dès lors, si ces déclarations spéciales n'ont pas eu lieu, et si la faillite personnelle des associés n'a pas été organisée, leurs créanciers personnels conservent contre eux la plénitude de leurs droits, sans qu'on puisse leur opposer ni l'état de la faillite, ni les opérations relatives à la faillite sociale.

Un des associés peut être déclaré en faillite, tandis que l'autre aura le bénéfice de la liquidation judiciaire. (Bordeaux 3 avr. 1911, *Gaz. Trib.*, 29 sept. 1911).

3814. — La déclaration de faillite d'une société en nom collectif entraînant la faillite personnelle des associés, il suit de là que la cessation de payements des associés remonte, même à l'égard de leurs créanciers personnels, au jour fixé pour la cessation de payements de la société, encore bien que ces associés aient personnellement continué leurs payements jusqu'à une époque antérieure (Cass., 17 avr. 1861, S. 61.1.609). — Il en est ainsi alors surtout que la faillite de l'associé a été déclarée par un jugement distinct de celui qui déclare la faillite de la société, et qu'un jugement passé en force de chose jugée a fixé la même date pour la cessation des payements de la société, et pour la cessation des payements de l'associé (Même arrêt).

3815. — Au cas de faillite d'une société en nom collectif entraînant la faillite individuelle de l'un des associés, cette dernière faillite peut être déclarée ouverte au siège de la société et par le tribunal du lieu où il est situé, bien que l'associé dont il s'agit ait son domicile personnel dans un autre lieu et dans le ressort d'un autre tribunal (Cass., 23 août 1853, S. 55.1.829, D. 55.1.59), et le syndic de la faillite a qualité pour provoquer ce nouveau jugement (Paris, 22 juin 1891, *J. faill.*, 1891.351. — Comp. Cass., 5 juin 1882, *J. faill.*, 1882.256 ; — Cass., 22 janv. 1902, *R. S.*, 1902.161 ; — Cass., 14 mai 1904, *R. S.*, 1904.277).

3816. — Par application des mêmes principes il a été jugé :

1° Que les payements faits par un associé, postérieurement à l'époque à laquelle a été fixée la cessation de payements de la société, sont annulables et rapportables, si de la part de ceux qui les ont reçus, ils ont eu lieu avec connaissance de la cessation des payements de la société, laquelle équivaut à la cessation des payements de leur débiteur (Cass., 17 avr. 1861, S. 61.1.609) ;

2° Que lorsque l'époque à laquelle la faillite sociale est reportée précède celle où a été prise une inscription hypothécaire contre un associé par l'un de ses créanciers personnels, cette inscription devient nulle et de nul effet (Paris, 3 janv. 1886, S. 66.2.48).

Il a encore été jugé que le syndic d'une faillite est recevable, quand le jugement déclaratif de la faillite n'est plus susceptible d'opposition ni d'appel, à demander par voie principale non pas la réformation de ce jugement, en tant qu'il a déclaré l'existence de la faillite, mais une rectification commandée par des circonstances découvertes postérieurement à l'entrée en fonctions du syndic.

Spécialement, il est recevable, si c'est une société qui a été déclarée en faillite, à demander que la nullité de la société soit prononcée, et que les opérations de la faillite ne soient continuées qu'à l'égard de celui des prétendus associés qui aurait fait le commerce sous la raison sociale.

Aucune fin de non-recevoir ne saurait être tirée de ce que le syndic aurait exécuté le jugement en remplissant ses fonctions, si leur accomplissement seul a pu lui révéler les causes de nullité de la société (Paris, 24 mars 1870, S. 71.2.71).

3817. — On ne peut comprendre dans la faillite un associé solidaire qui s'était retiré de la société alors qu'elle n'était pas en état de cessation de payements (Paris, 31 août 1866, T. C. 16.515), mais à la condition que la retraite soit sérieuse (Cass., 11 avr. 1849, D. 49.1. 172. — V. aussi Paris, 30 oct. 1896, *J. S.*, 1897.113). Jugé également que si après le décès d'un associé en nom collectif, la société a continué entre ses héritiers et les associés survivants et que cette société tombe en état de cessation de payements, les héritiers doivent être compris dans la faillite (Cass., 26 juill. 1843, S. 43.1.882, D. 44.1.134 ; — Douai, 9 mai 1883, *J. faill.*, 1883.409).

3818. — *Concordat.* — L'art. 531 C. com. est clair, si l'on a présents à l'esprit les principes qui régissent les biens des associés en nom collectif, et que nous avons déjà expliqués. Il prévoit deux hypothèses : ou bien les créanciers voteront un concordat au profit de la société, être moral ; ou bien, refusant le concordat à la société, ils pourront le consentir seulement en faveur d'un ou de plusieurs des associés.

Si le concordat est voté au profit de la société, il profite à tous les associés ; mais si les créanciers votent le concordat au profit de un ou de plusieurs des associés, les biens personnels de l'associé concordataire forment une masse spéciale, qui ne peut plus être confondue à aucun égard avec l'actif social. L'actif social demeure sous le régime de l'union. « L'actif personnel de l'associé concordataire, dit M. Alauzet (n. 1827), lui est laissé, avec liberté entière d'administration, sous la seule condition de remplir les conditions de son concordat ; et pour obtenir qu'il soit libéré à ce titre de toute poursuite, il est bien certain qu'il fallait que la loi le déchargeât en même temps de toute obligation solidaire aux dettes sociales, sous peine de rester, tout au moins comme caution solidaire, sous le coup de ces mêmes poursuites dont elle venait de l'exempter comme débiteur direct. »

Presque tous les auteurs s'accordent pour entendre dans ce sens le dernier paragraphe de l'art. 531 (Renouard, t. 2, p. 489 ; Duvergier, *Coll. des lois*, t. 1838, p. 490 ; Devilleneuve et Massé, V° *Faillite*, n. 663 ; Dalloz, *Rép.*, n. 911 ; Saint-Nexent, n. 476 ; Boileux sur Boulay-Paty, n. 708), et non pour lui faire produire cet effet exorbitant, ainsi que l'ont enseigné quelques auteurs, que les créanciers peuvent délier le débiteur de ses obligations envers ses associés, si plus tard ils viennent à régler entre eux leurs droits respectifs (*Sic* : Bédarride, t. 2, n. 746 et 747) : l'article laisse à cet égard toutes les parties sous l'empire du droit commun, et le rapporteur l'a proclamé en termes formels à la Chambre des députés (Séance du 20 février 1835), il n'a entendu régler que les rapports de la société et de chacun des associés avec les créanciers sociaux. « Ainsi donc, dit M. Renouard, le traité particulier passé avec l'associé concordataire ne pourra contenir l'engagement par cet associé de payer un dividende que sur des valeurs étrangères à l'actif social, c'est-à-dire à l'actif social dégagé de toute la portion des biens personnels de l'associé concordataire, qui y eût accédé en l'absence du concordat. » (*Faillites*, t. 2, n. 146.)

Mais comment les choses se passeront-elles pour le vote du concordat ? A quels moments les concordats individuels devront-ils être votés ? Pour résoudre cette question délicate, il faut savoir par qui ces concordats doivent être votés. A cet égard il existe dans la doctrine des divergences.

M. Geoffroy (*C. prat. faill.*, p. 296) soutient que l'associé qui a des dettes personnelles ne peut être remis à la tête de ses affaires qu'après avoir obtenu deux concordats individuels, votés le premier par les créanciers de la société, le second par ses créanciers personnels. « Si l'art. 531 C. com., dit cet auteur, n'a eu en vue que les créanciers de la société, comme cela est indubitable, les créanciers sociaux seuls ont le droit de voter le concordat particulier. Du moment qu'ils ont voté ce concordat, les créanciers sociaux n'ont pas besoin de concourir avec les créanciers personnels au concordat que le failli veut obtenir de ces derniers, par la raison que les créanciers sociaux ont épuisé leur droit en votant un concordat particulier. »

Ce système conduit à cette conséquence bizarre que l'associé pourrait obtenir un concordat des créanciers sociaux, et se le voir refuser par ses créanciers personnels, de telle sorte qu'il se trouverait *in bonis* à l'égard des uns, en contrat d'union à l'égard des autres : ce qui est impossible (Paris, 19 août 1844, S. 44.2.616). — D'après ce système, les créanciers sociaux étant appelés à voter seuls d'abord sur le concordat social, et ensuite avec les créanciers personnels sur le concordat personnel, les diverses propositions doivent leur être soumises dans la même séance, conformément à l'art. 509 C. com.

M. Renouard (*Faillites*, t. 2, p. 139 et 140) écrit : « Pour que l'associé obtienne un concordat particulier, il faudra d'abord le consentement de la majorité en nombre et des trois quarts en somme des créanciers sociaux. Ce consentement une fois obtenu, il faudra, en outre, que les créanciers de la société réunis aux créanciers personnels de l'associé, — car c'est de ces deux éléments que la masse de ses créanciers se compose, — consentent au concordat à la double majorité exigée par la loi... L'art. 531 n'est exceptionnel qu'en ce qu'il permet d'isoler l'associé de la société dont il fait partie. A la masse des créanciers sociaux appartient le droit de refuser cette séparation ou de la déclarer possible ; à la masse entière des créanciers de l'associé, c'est-à-dire à ses créanciers personnels formant un tout avec les créanciers sociaux, appartient de voter son concordat. » (V. dans le même sens : Alauzet, *Comment. C. com.*, t. 4, n. 1828.)

Dans ce système, il est d'abord hors de doute que les créanciers sociaux et les créanciers personnels doivent être appelés à délibérer dans la même séance sur les deux propositions faites tant par la société que par les associés. Ainsi le veut l'art. 509 C. com. (Paris, 19 juill. 1870, T. C. 20.137). L'associé qui n'aurait pas demandé dans cette séance l'admissibilité à un concordat particulier serait déchu définitivement du droit d'obtenir ce concordat personnel. Mais quand les créanciers de la société, après avoir refusé le concordat à la société, ont admis un associé ou plusieurs d'entre eux à proposer un concordat personnel, les propositions doivent-elles être faites séance tenante, à peine de déchéance ? « Oui, lisons-nous dans une note au Sirey sous Cass., 26 avril 1869 (S. 70.1.113), si les créanciers de la société et ceux des associés ont été, comme dans l'espèce actuelle, réunis dans une seule assemblée. Mais s'il est vrai qu'aucune disposition de loi ne prohibe formellement une pareille manière de procéder, il faut reconnaître du moins qu'il y a quelque chose d'insolite et d'anormal à faire délibérer ainsi, en présence les unes des autres, différentes catégories de créanciers qui peuvent avoir des intérêts opposés, et que cela peut nuire à la liberté des délibérations et des votes. Quel que soit le lien qui peut exister entre la faillite de la société et celle de chacun des associés, elles n'en forment pas moins autant de faillites distinctes, et comme les créanciers de chacune de ces faillites ont seuls le droit de voter sur l'acceptation ou le rejet des propositions faites par le débiteur, la raison veut qu'il y ait autant d'assemblées différentes qu'il y a de concordats demandés. Il n'est même pas possible qu'il en soit autrement, lorsque les différentes faillites n'auront ni le même juge-commissaire ni les mêmes syndics. A plus forte raison, cela ne sera pas possible lorsque les faillites seront ouvertes devant des tribunaux différents, c'est-à-dire lorsque l'un ou plusieurs des associés seront domiciliés hors du ressort dans lequel se trouve le siège social ; car, ainsi que le dit M. Renouard (t. 2, p. 134), « la faillite s'ouvre au siège de la société, la faillite de chaque associé au domicile de chacun d'eux. Chacune de ces faillites a son bilan, son syndic, son juge-commissaire, son tribunal ». — Or, dans tous les cas, il est bien évident que ce n'est pas dans l'assemblée convoquée pour délibérer sur le concordat social, mais bien dans celle convoquée pour délibérer sur son propre concordat, que l'associé devra présenter ses propositions, sous peine d'être déclaré en état d'union. »

Enfin, un troisième système, généralement suivi dans la pratique, diffère du second uniquement en ce qu'il supprime le vote distinct des créanciers de la société sur l'admissibilité des associés au bénéfice de concordats particuliers. C'est dans l'assemblée même où le concordat est refusé à la société que le vote sur les concordats individuels doit être provoqué de la masse de tous les créanciers, sociaux et personnels (Demangeat, *App. au Tr. de Dr. comm.* de Bravard, t. 5, p. 681 ; Laroque-Sayssinel, *Faillites*, sur l'art. 531, formule n. 233). — C'est en ce sens que se prononce la jurisprudence (Alger, 20 oct. 1867, S. 68.2.19, D. 67.2.75 ; — Amiens, 20 nov.

1868, joint à Cass., 26 avr. 1869, S. 70.2.113, D. 71.1.5. — V. en sens contraire : Trib. com. Seine, 15 juin 1869, T. C. 19.9).

En tout cas, lorsque la faillite d'une société en nom collectif et celles des gérants ont le même juge-commissaire et les mêmes syndics, que les opérations ont toujours été communes, et que les créanciers personnels des gérants ont été convoqués en même temps que ceux de la société pour entendre les propositions de concordat, cette convocation entraîne la nécessité de délibérer dans la même séance sur le concordat de la société et sur ceux des gérants. En conséquence, le gérant qui, après le rejet de concordat présenté au nom de la société, refuse d'en présenter un en son nom personnel, est déchu du droit de l'obtenir ultérieurement, malgré les réserves qu'il a pu faire (Cass., 26 avr. 1869, S. 70.1.113, D. 71.1.5).

3819. — Les créanciers d'une société étant en même temps créanciers de chacun des associés en nom collectif, peuvent prendre part non seulement aux décisions relatives à la faillite de la société, mais encore à celles concernant la faillite personnelle des associés. Ces créanciers peuvent, dès lors, après le vote du concordat accordé à la société, concourir avec les créanciers personnels des associés au vote du concordat sollicité par ceux-ci (Paris, 18 juill. 1870, S. 70.2.243, D. 71.2.25. — *Sic* : Esnault, *Faill. et banq.*, t. 2, n. 590. — *Contrà* : Geoffroy, *C. prat. des faill.*, p. 293).

3820. — Bien que la faillite d'une société entraîne la faillite personnelle de chaque associé solidaire, il n'en résulte pas que le concordat social puisse être opposé aux créanciers personnels de chaque associé, si ceux-ci n'ont pas été admis au passif de la faillite sociale, et par suite n'ont pu être appelés à prendre part au concordat (Cass., 7 janv. 1873, S. 73.1.123, D. 73.1.257. — V. en ce sens : Cass., 10 nov. 1845, S. 45.1.789. — *Adde* : Esnault, *Faill. et banq.*, t. 2, n. 486 ; Bédarride, *id.*, t. 2, n. 250 *bis* ; Demangeat sur Bravard, *Tr. de dr. com.*, t. V, p. 680, notes 1 et 2 ; Alauzet, *Comment. C. com.*, t. 6, 1re part., n. 2729).

§ 3. — Sociétés en commandite.

3821. — Dans toute société qui admet dans son sein des commanditaires ou actionnaires, les droits et les obligations de ces derniers sont les mêmes. Il n'y a donc aucune distinction à faire, sous le rapport de la faillite, entre les associés d'une commandite simple et les associés d'une commandite par actions.

La déclaration de faillite d'une société en commandite doit être faite par les gérants ; on ne doit y énoncer que la demeure des associés solidaires. Quant aux commanditaires ou actionnaires qui ne sont engagés que jusqu'à concurrence de leur mise, il n'est pas nécessiare de les signaler dans la déclaration (Boulay-Paty, t. 1, n. 32 ; Pardessus, n. 1096).

3822. — La déclaration de faillite n'atteint pas *ipso facto* le commanditaire, dont les engagements ne sont pas étendus par l'événement de la faillite.

En cas d'immixtion, voir *suprà*, n. 1043 et suivants.

§ 4. — Sociétés anonymes.

3823. — Le Code de commerce, avons-nous dit déjà, est complètement muet sur la faillite des sociétés anonymes. Quelques auteurs en ont conclu que les sociétés anonymes commerciales ne pouvaient pas être déclarées en faillite. Selon eux, lorsqu'une société anonyme fait de mauvaises affaires, il n'y a jamais lieu qu'à une liquidation forcée. Ces auteurs fondent leur doctrine sur l'impossibilité où l'on serait d'appliquer aux sociétés anonymes plusieurs dispositions du titre *De la Faillite*. Notamment, une société anonyme faillie ne pourrait pas être privée de l'exercice de ses droits politiques (V. Renouard, *Tr. des faill.*, t. 1, p. 226 et suiv. ; Massé, *Dr. comm.*, t. 2, n. 1169).

Cette opinion est rejetée en général. « Les incapacités personnelles que la faillite entraîne ne sont nullement de son essence, dit M. Lyon-Caen dans une note sous un arrêt de Paris du 12 juillet 1869 (S. 71.2.233). Ce qui le prouve, c'est qu'il y a des personnes qui peuvent être déclarées certainement en faillite et que ces incapacités ne sauraient atteindre. C'est ainsi qu'une femme commerçante peut tomber en faillite, et que la loi (art. 437 C. com.) permet de la façon la plus formelle de déclarer un commerçant en faillite après son décès. Le but principal de la faillite est de protéger les créanciers, en établissant des formalités qui leur garantissent que l'actif du failli sera réparti équitablement entre eux, en frappant le failli de dessaisissement de ses biens, en en transportant l'administration à des syndics nommés sur leur avis et soumis à la surveillance d'un juge-commissaire. Or, les créanciers d'une société anonyme ne sont pas moins dignes de la protection de la loi que ceux de toute autre société ou d'un commerçant ordinaire. » (V. Paris, 27 nov. 1852, S. 52.2.662 ; — Cass., 14 juill. 1862, S. 62.1.938 ; — Paris, 12 juill. 1869, S. 71.5.233, D. 70.2.7 ; — Paris, 5 fév. 1872, D. 74.2.235. —

En ce sens : Laroque-Sayssinel, *Faillites*, t. 1, p. 24, n. 10 ; Lainé, *Des faillites*, p. 25 ; Esnault, *id.*, t. 1, n. 95 ; de Saint-Nexent, *id.*, t. 2, n. 168 ; Pardessus, n. 1146 ; Alauzet, *Comment. C. com.*, 2e édit., t. 6, n. 2434 ; cet auteur avait adopté l'opinion contraire dans sa première édition).

3324. — Mais ce principe admis, surgit immédiatement une difficulté grave. La faillite d'une société anonyme peut-elle recevoir les mêmes solutions que celle des autres commerçants ? La société anonyme peut-elle obtenir un concordat, soit simple, soit par abandon d'actif ?

Pour ce qui est du concordat ordinaire, il n'est pas sérieusement contesté que la société anonyme puisse l'obtenir. On a fait, il est vrai, quelques objections. Tout d'abord, a-t-on dit, comment une société anonyme, constituée avec l'autorisation du gouvernement, pourra-t-elle obtenir un concordat ? Cela équivaudrait à une reconstitution sur des bases nouvelles, et il faudrait l'autorisation du gouvernement pour cette modification aux statuts. On ajoute : Laissons de côté le cas exceptionnel d'une société anonyme autorisée, puisque la loi de 1867 a supprimé en principe l'autorisation : mais toute société n'est-elle pas dissoute, aux termes de l'art. 1865, par sa mise en faillite et par la perte de son actif ?

A ces objections M. Lyon-Caen répond (*loc. cit.*) :

« Le concordat n'a pas pour effet de permettre au failli de *commencer un commerce nouveau*, distinct de celui qu'il exerçait avant le jugement déclaratif, mais bien de *continuer* à exploiter l'établissement commercial à la tête duquel il était placé avant la faillite ; le jugement déclaratif avait en quelque sorte suspendu les affaires du failli, et c'est cette sorte de suspension que le concordat fait cesser. On ne peut donc pas argumenter des effets du concordat pour dire que, s'il s'agit de sociétés anonymes constituées avec l'autorisation du gouvernement (cette autorisation est encore exigée pour les sociétés d'assurances sur la vie, art. 56, L. 24 juill. 1867, et pour les modifications à apporter aux statuts des sociétés anonymes constituées avant la loi de 1867), une autorisation spéciale pour la conclusion du concordat est nécessaire. Cette idée aurait cette conséquence, pour les sociétés anonymes non soumises au régime de l'autorisation, qu'il faudrait qu'au moment du concordat les conditions spéciales exigées par la loi du 24 juillet 1867 pour la formation des sociétés anonymes se trouvassent coexister (art. 1er et suiv.). Quant à l'art. 1865 C. civ., on ne peut pas l'invoquer ici pour prouver que la société anonyme étant dissoute par la faillite, ne peut obtenir de concordat. La faillite est une cause de dissolution quand elle frappe un associé, d'après l'art. 1865 C. civ., mais non pas quand elle frappe une société en tant que personne morale. L'associé failli est présumé ne pouvoir plus exécuter les engagements qu'il avait pris envers ses coassociés. Mais lorsque c'est la société qui fait faillite, il s'agit là d'un fait que chaque associé devait prévoir en la formant ; aucun d'eux ne doit pouvoir se prévaloir d'une situation qui, loin d'être personnelle à l'un d'entre eux, leur est commune à tous (V. en ce sens : Cass., 9 mai 1854, S. 54.1.573. — *Junge*, en sens contraire : Alauzet, *op. cit.*, t. 1, n. 248, 2e édit.). Il n'est pas plus exact de dire que la faillite impliquant extinction de la chose, selon les expressions de l'art. 1865, doit entraîner la dissolution de la société anonyme. Car chacun sait qu'une faillite peut provenir d'embarras momentanés et n'implique pas toujours que le passif soit supérieur à l'actif. Du reste ces arguments, s'ils étaient justes, conduiraient logiquement ceux qui les invoquent à des conséquences que tout le monde repousse. Ils mèneraient à dire que la faillite d'une société même en nom collectif en entraîne la dissolution, et que par suite une telle société ne peut obtenir de concordat ! »

Mais le savant professeur n'admet pas qu'une société anonyme puisse obtenir un concordat par abandon d'actif, et il faut avouer que son raisonnement est de nature à produire une vive impression. « La liquidation de l'actif de la société, dit-il, ayant lieu en cas de concordat par l'abandon dans les mêmes formes qu'en cas d'union, la seule différence qui existe habituellement entre ces deux issues de la faillite, c'est qu'en cas de concordat par abandon, le failli est remis à la tête de ses affaires, ce qui ne pourrait avoir lieu à l'égard d'une société anonyme. Car l'existence de la société anonyme étant liée à celle de son capital, dès l'instant que ce capital a été abandonné à des créanciers, la société n'existe plus, et ne saurait dès lors continuer ses affaires. »

Cependant la Cour de Paris a décidé, par un arrêt du 12 juillet 1869 (S. 71.2.233, D. 70.2.7), qu'une société anonyme pouvait obtenir un concordat, même par abandon d'actif. Le même arrêt décide que les administrateurs en exercice représentent dans les opérations de la faillite la société et ont capacité pour proposer un concordat.

Voici le texte de cet important arrêt :

« La Cour,

« Sur le motif d'opposition déduit de ce qu'une société anonyme ne peut faire un concordat ;

« Considérant que la procédure de la faillite, telle que le Code de commerce l'a organisée, se termine par l'une des deux voies du concordat ou du contrat d'union, et que celle-ci ne doit avoir lieu, d'après l'art. 529 même Code, qu'à défaut de la première ;

« Que la voie du concordat faisant partie intégrante de la procédure de faillite est propre à la faillite de toutes les sociétés commerciales, quelle que soit leur nature, la loi n'ayant introduit à cet égard aucune exception ;

« Qu'il n'y a pas de raison pour que la société anonyme mise en faillite soit privée du bénéfice de cette mesure, dont les règles ont été posées par la loi, tout à la fois dans l'intérêt du failli et dans l'intérêt de ses créanciers ;

« Que l'on objecte vainement que la société anonyme en état de faillite ne peut avoir de représentants légaux pour pactiser dans un concordat ;

« Considérant que ses représentants légaux, vis-à-vis desquels peuvent se suivre les formalités de la faillite, ont titre pour la représenter de même et prendre en son nom des engagements dans un concordat ;

« Que la faillite n'entraîne point, par elle-même, la dissolution de la société faillie ; que la société anonyme, continuant de subsister malgré la faillite, continue aussi d'avoir pour représentants ses administrateurs en exercice ; que le mandat de ceux-ci ne doit point être considéré comme ayant pris fin, suivant l'art. 2003 C. Napoléon, par la faillite du mandant, le mandant se composant de la réunion de tous les bailleurs de fonds et se distinguant de la personne morale de la société, qui est seule en faillite... »

3825. — La question est plus délicate lorsqu'il s'agit d'une société dissoute ou frappée de nullité. En ce qui concerne le concordat pur et simple, l'impossibilité pour une société dissoute ou frappée de nullité de l'obtenir est de toute évidence ; l'objet de ce concordat serait, en effet, de rétablir le failli à la tête de ses affaires, de mettre fin au dessaisissement, de lui restituer son patrimoine en retour de l'obligation de payer un dividende : un tel traité ne peut intervenir au profit d'une société qui n'a plus, ou même qui n'a jamais eu d'existence légale (V. en ce sens : Lyon-Caen et Renault, *Pr. de dr. comm.*, t. 2, p. 925, et *R. crit.*, 25.297 ; Pic, dissertation citée *suprà*, p. 137, et *Tr. de la faill. des soc.*, p. 184 ; Duvivier, *Tr. de la faill. des soc.*, p. 197).

Une société qui n'existe plus ne peut reprendre la direction de ses affaires, et le principe de la survie de la personnalité morale pour les besoins de la liquidation, qui n'a pour but que de simplifier la procédure et de faciliter la liquidation, ne peut porter atteinte à ce que nous venons de dire.

Cependant des jugements ou des arrêts ont homologué le concordat de la Banque de Lyon et de la Loire (V. Lyon, 18 mars 1884, *J. faill.*, 1884.195, D. 84.2.211), ce qui est reconnaître implicitement aux sociétés dissoutes ou annulées le droit d'obtenir un concordat. La Banque de Lyon et de la Loire avait, en effet, été successivement mise en faillite, dissoute et annulée ; on réunit les assemblées de créanciers et on vota, au profit de la société, représentée par son liquidateur et ses administrateurs, ce que l'on a appelé un concordat. S'il s'agissait d'un véritable concordat, on ne pourrait trop sévèrement critiquer l'arrêt qui a homologué cette convention ; mais en réalité il s'agissait, dans l'affaire de la Banque de Lyon et de la Loire, d'une véritable transaction, et c'est par une confusion regrettable commise dans la procédure de faillite, que l'on a considéré comme nécessaire pour l'approbation de cette transaction dans l'assemblée des créanciers, la réunion de la double majorité prescrite par l'art. 507 C. com. et l'accomplissement des autres dispositions du chapitre 6, section 1, du titre *Des Faillites*, alors qu'il suffisait au syndic, sans même convoquer les créanciers, de se munir de l'homologation du tribunal civil, suivant les distinctions établies par l'art. 487 C. com. (V. Pic, dissertation précitée).

3826. — Lorsqu'une société commerciale se dissout, un liquidateur est nommé, soit par les associés, soit par le tribunal de commerce qui prononce la dissolution. Lorsqu'au cours de la liquidation, la société est déclarée en faillite, elle se trouve représentée par une nouvelle personnalité, qui est le syndic. Quels sont, dans ce cas, les droits respectifs du liquidateur et du syndic ?

Le syndic représente avant tout la masse des créanciers, mais il représente également le failli, c'est-à-dire la société. Il est donc intéressant d'examiner dans quelles conditions les deux agents pourront coexister, ou si l'un doit absorber l'autre.

Ce n'est pas seulement lorsque la dissolution de la société a précédé la faillite que la question se pose. Si la faillite de la société a été prononcée avant la dissolution, il y a lieu d'examiner s'il faut nommer un liquidateur pour représenter la société à l'égard du syndic.

Lorsqu'un commerçant est déclaré en faillite, le principe du dessaisissement n'a pas pour effet d'anéantir complètement le commerçant failli ; il ne peut diriger la liquidation de son passif, mais il a cependant le droit d'y assister et de la contrôler : c'est un pouvoir que la loi lui accorde contre le syndic ; il peut l'exercer en personne ou par mandataire.

Nous ne pouvons ici entrer dans des explications détaillées à ce sujet ; tous ceux qui nous lisent comprendront sans autres développements la vérité de ce principe. Les sociétés, êtres purement moraux, ne peuvent agir que par des représentants ; c'est assez dire qu'elles doivent avoir un autre mandataire propre, dont la fonction consistera à contrôler les actes du syndic, et qui dans la procédure jouera le rôle qui appartient au failli. De même que le syndic d'un commerçant failli a en face de lui son failli, de même toute société en faillite doit avoir en face du syndic un représentant spécial, appelé à jouer le rôle du failli, et chargé par conséquent d'assister le syndic dans tous les cas où la loi enjoint au failli de le faire, et d'assister à tous les actes de procédure auxquels le failli a le droit d'être présent, soit à titre consultatif, soit même pour opposer son veto.

Mais le concours du syndic et du liquidateur dans une faillite de société est-il légal ? En pratique, il a toujours été procédé ainsi ; cependant cette thèse est contredite par la Cour de cassation. L'opinion de la Cour régulatrice se trouve formulée dans le rapport de la commission par elle nommée pour examiner le projet de loi relatif à la réforme des faillites dont les Chambres sont actuellement saisies (V. le rapport de M. le président Larombière, *J. faill.*, 1885.381 et suiv.).

D'après ce rapport, la pratique actuelle qui assigne au syndic et au liquidateur, dans la faillite d'une société dissoute, des attributions distinctes, serait illégale, et constituerait un véritable empiétement sur les pouvoirs légaux du syndic. La commission propose d'ajouter à l'art. 462 C. com. une disposition interdisant formellement tout concours d'un liquidateur et d'un syndic à une même faillite.

Cette solution est vivement critiquée par M. Paul Pic, dans une dissertation publiée dans les *Annales de droit commercial* (1887. 130). Voici, à cet égard, comment s'exprime l'auteur :

« Malgré l'esprit judicieux dont témoignent tous les avis de la Cour de cassation, nous ne croyons pouvoir nous rallier à ce système. Qu'il n'y ait pas lieu à la nomination d'un liquidateur dans tous les cas, nous le reconnaissons parfaitement, et sur ce point nous nous écartons de l'opinion professée par quelques auteurs, d'après laquelle toute faillite de société serait utilement complétée par la nomination d'un liquidateur. Ainsi, par exemple, il ne sera pas nommé de liquidateur en cas de faillite pure et simple d'une société ; les intérêts de celle-ci seront en effet défendus par ses gérants ou administrateurs, dont la faillite, n'étant point en elle-même une dissolution, n'a pu révoquer le mandat. Ce mandat est seulement modifié, en ce sens que l'administration passe au syndic, mais ils restent les représentants de l'être social, au point de vue de l'exercice des droits dont tout failli conserve l'exercice. Mais dans le cas où la faillite se complique d'un jugement de dissolution, nous croyons, contrairement à l'opinion de la Cour, que les associés ont le droit *strict* de demander au tribunal de commerce la nomination d'un liquidateur destiné à remplacer les administrateurs dont le mandat cesse par la dissolution. A *fortiori*, si la dissolution a précédé la faillite, le liquidateur antérieurement nommé devra-t-il être maintenu en fonctions ?

« En un mot, et tel est le point précis de la controverse, d'après la Cour de cassation, le syndic de la faillite concentre entre ses mains tous les pouvoirs ; il est ou devrait être le représentant unique de l'être social aussi bien que des créanciers. Dans le système que nous défendons, au contraire, et qui est celui de la pratique, les pouvoirs du syndic sont limités par la présence d'agents représentant exclusivement la société, administrateurs ou liquidateurs, suivant que celle-ci est ou non en état de dissolution.

« Le système que nous combattons paraît s'appuyer principalement sur l'absence de textes législatifs concernant le liquidateur ; le silence de la loi prouverait qu'aux yeux du législateur, le syndic doit être le seul agent de la procédure. Mais l'insuffisance de cet argument apparaît visiblement, pour peu que l'on veuille remarquer la rareté des articles du Code de commerce relatifs à la faillite des sociétés, et par suite la nécessité pour la jurisprudence de suppléer aux lacunes de la loi écrite. C'est dans l'esprit de la loi des faillites, et non dans un texte incomplet, qu'il convient de chercher la solution du problème, et sur ce terrain, la supériorité de notre système semble manifeste.

« Cette concentration absolue de tous les pouvoirs aux mains du syndic, réclamée par la Cour de cassation, aboutit en effet à l'anéantissement absolu de la société par le fait seul de la faillite, et par voie de conséquence, à la suppression de toute garantie pour les associés, dont les intérêts ne sauraient trouver un défenseur dans le syndic, agent de la masse. Or, si nous consultons les articles de la loi des faillites qui règlent les attributions des syndics, nous constatons au contraire que dans l'intention du législateur, ces agents ne représentent le failli que dans la mesure exigée par les intérêts de la masse. C'est au syndic qu'il appartient de recouvrer l'actif, de l'administrer, de le liquider même, c'est-à-dire de le transformer en argent (sauf le cas de concordat), et d'en répartir le produit entre les ayants droit sous le contrôle du juge-commissaire et du tribunal de commerce. Mais si le failli, dessaisi, n'a pas le droit de diriger cette liquidation, il a du moins celui d'y assister et de la contrôler ; c'est là un pouvoir propre que la loi lui accorde contre le syndic, qu'il exerce par lui-même en principe, par procuration s'il est dans l'impossibilité de l'exercer en personne. Les sociétés, personnes morales, ne peuvent exercer ce droit par représentant ; ce mandat incombera, suivant les distinctions proposées plus haut, aux administrateurs ou au liquidateur ; mais on ne concevrait pas qu'il fût exercé par le syndic, puisqu'il est organisé contre lui. C'est également à un liquidateur que cette mission serait dévolue, si la déclaration de faillite était suivie non d'un simple jugement de dissolution, mais d'un jugement de nullité, pour défaut de publicité par exemple, ou pour inobservation des règles prescrites par la loi de 1867 pour la constitution des sociétés par actions. »

3827. — Quelles seront, maintenant, les attributions du liquidateur en concours avec le syndic ? M. Pic, dans la dissertation précitée, et dans son *Traité de la faillite des sociétés commerciales* (p. 151 et s.), a dressé un intéressant tableau des différentes hypothèses qui peuvent surgir ; nous allons le résumer de notre mieux.

Du jour de la déclaration de faillite, le syndic est l'agent principal ; le liquidateur, dont le nom devient impropre, a simplement pour pouvoir de représenter la société dans les opérations où le failli a le droit et parfois l'obligation d'intervenir. Aussi, pour délimiter la sphère d'action de chacun, il faut consulter les textes législatifs qui déterminent la situation du failli au point de vue de ses droits et de ses obligations.

La première obligation est le dépôt de bilan. Si le débiteur est une société en liquidation, le liquidateur a incontestablement le droit d'accomplir cette formalité. Lorsque la faillite est déclarée, le dessaisissement ne fait pas disparaître le failli complètement : il doit se présenter devant le syndic ou le tribunal chaque fois qu'il en est requis, pour fournir les renseignements nécessaires ou assister le syndic dans les opérations de vérification des livres, d'examen du bilan, de confection de ce bilan, etc. Le failli a le droit d'être présent à l'inventaire (art. 479), d'assister à l'ouverture de ses lettres, de réclamer contre les actes du syndic auprès du juge-commissaire (art. 466 et 467) ; il peut contester les créances produites (art. 474), donner son avis sur la vente des marchandises (art. 486), sur la continuation du bail ou la résiliation (art. 450) ; il peut s'opposer, dans certains cas, aux transactions (art. 487), et enfin, au moment du concordat, le failli reprend un pouvoir propre et personnel.

En cas de refus de concordat, et pendant la liquidation de l'union, le failli ne perd pas tous ses droits, et il doit être convoqué pour la vente des marchandises, les transactions, etc. Si la société est une société par actions, le liquidateur sera le représentant des intérêts des actionnaires, et il pourra intervenir dans la procédure de faillite, comme le ferait un individu failli ou les administrateurs d'une société avant sa dissolution.

On voit donc que contrairement à l'avis de la Cour de cassation, la présence d'un liquidateur en face du syndic offre une réelle utilité. Faut-il ajouter que le liquidateur sera souvent un utile auxiliaire pour le syndic ? En pratique, c'est une vérité qui n'a pas besoin de démonstration.

§ 5. — Associations en participation.

3828. — Nous avons vu (n. 3740 et suiv.) que les associations en participation ne constituent pas des personnes morales ; il en résulte que les faillites des divers associés ne doivent pas être confondues (Caen, 18 mai 1864, S. 65.2.103).

3829. — En cas de faillite du gérant d'une société en participation, les coparticipants ne peuvent être considérés que comme étant ses créanciers, et il y a lieu de comprendre dans l'actif de la faillite tous les biens qui se trouvent sous le nom du gérant, même ceux dépendant de la participation, qui n'a pas, quant à elle, d'existence légale, et ne peut être mise en liquidation (Trib. com. Seine, 12 nov. 1858, T. C. 8.63).

3830. — Celui qui fournit les fonds dans une société en participation demeure propriétaire des marchandises ou matières fabriquées faisant l'objet de la participation, sauf partage dans les bénéfices, et peut les revendiquer dans la faillite de son coparticipant (Cass., 23 fév. et 13 avr. 1864, S. 64.1.63. — V. *suprà*, n. 3755 et suiv.).

3831. — Lorsque, dans une société en participation, l'un des coparticipants est déclaré en faillite, son coparticipant peut retenir les objets dépendant de la participation qu'il a payés de ses deniers et se présenter à la faillite comme créancier pour la part qu'il a versée dans la participation (Trib. com. Seine, 5 janv. 1865 ; — Paris, 22 déc. 1865, T. C. 15.5).

3832. — Lorsqu'un des coparticipants a été admis à se retirer de la participation, parce qu'il n'avait pu réaliser sa mise, s'il est déclaré ultérieurement en faillite, on ne peut annuler l'acte par lequel il a été admis à se retirer, bien que l'ouverture de sa faillite soit reportée à une époque antérieure ; et dès lors, sa femme ne peut prétendre à une hypothèque légale sur les immeubles dépendants de la participation (Cass., 17 juill. 1861, T. C. 11.374).

§ 6. — Faillite des sociétés de fait.

3833. — Nous savons que les sociétés annulées pour défaut de publication, ou pour irrégularités de constitution, forment des sociétés de fait qui doivent être liquidées comme les sociétés ordinaires, et nous avons présenté dans notre tome 1er, no 248[1] et suiv., la théorie générale des sociétés de fait. Il n'y a d'exception à cette règle que pour les sociétés dont l'objet était illicite et qui ont été annulées pour cette cause.

A appliquer rigoureusement les principes, on devrait décider que les sociétés nulles ne peuvent être déclarées en faillite. La société dissoute n'existe plus ; elle se survit uniquement pour les besoins de sa liquidation. La société nulle n'a jamais eu d'existence légale ; elle a constitué une société de fait, et la société de fait n'étant pas un être moral, ne devrait pas pouvoir être déclarée en faillite. La doctrine contraire a cependant prévalu.

La doctrine et la jurisprudence admettent aujourd'hui unanimement qu'une société dissoute peut être déclarée en faillite, — et comme conséquence, qu'un jugement de dissolution intervenant au cours d'une faillite ne doit pas empêcher la procédure de faillite de suivre son cours. La faillite est une garantie pour les tiers (Paris, 23 août 1864, T. C. 65.241 ; — Douai, 17 mars 1869, *Jurisp. Douai*, 69.55 ; — Orléans, 9 mars 1894, S. 95.2.310, D. 95.2.265 ; — Paris, 13 janv. 1900, *R. S.*, 1900.215. — Thaller, *R. crit.*, 1885, p. 208 ; Lyon-Caen et Renault, n. 366, et t. 8, n. 1140).

Il ne faut pas cependant exagérer le principe. Si la faillite précède la dissolution de la société, il est bien certain que la dissolution n'apporte aucun obstacle à la procédure de faillite. Mais, si la dissolution est antérieure à la faillite, il est des circonstances dans lesquelles la faillite ne pourra pas être prononcée. Il en est ainsi, notamment, si la liquidation est achevée et l'actif réparti entre les ayants droit. La raison de décider est que si la société se survit pour les besoins de sa liquidation, la fiction de survie cesse avec la liquidation elle-même, et d'autre part, que la faillite, qui est également une liquidation, n'aurait plus d'objet (Lyon-Caen et Renault, t. 8, n. 1140 ; — Paris, 7 nov. 1894, *Gaz. Trib.*, 9 déc. 1894 ; — Trib. com. Seine, 10 nov. 1893, T. C. 95.88. — V. aussi : Cass., 29 juin 1875, S. 75.1.358 ; — Paris, 2 mars 1889, T. C. 90.329).

3834. — Il faut que la cessation de paiements existe au moment où la dissolution a été prononcée. L'état de cessation de payements postérieur à l'époque de la dissolution ne saurait motiver la déclaration de faillite de la société (Paris, 23 août 1864 ; — Douai, 17 mars 1869 ; — Paris, 13 janv. 1900, précités).

3835. — Que décider en ce qui concerne les sociétés annulées pour des causes qui ne tiennent ni à l'objet de la société, ni à l'incapacité des associés, mais seulement à la violation des règles prescrites par la loi de 1867, relatives soit à la constitution des sociétés par actions, soit aux formes de publicité prescrites par la loi ?

La solution est controversée. On dit, dans un premier système, que la déclaration de faillite ne peut être prononcée, car tout jugement de nullité anéantit rétroactivement l'être moral qui est réputé n'avoir jamais existé. Un simple société de fait peut être liquidée, mais non pas mise en faillite ; seuls, les associés personnellement tenus, s'il en existe, peuvent être déclarés en faillite. On ajoute qu'il doit en être ainsi surtout lorsque la nullité de la société est provoquée par les créanciers et prononcée à leur requête. Sans doute, les associés ne peuvent opposer aux tiers la nullité de la société. Mais comment admettre que les créanciers, après avoir invoqué la nullité de la société, puissent invoquer par la suite que cette nullité ne leur est pas opposable ? (V. en ce sens, Cass., 24 août 1863, D. 63.1. 353 ; — Paris, 3 mars 1876, D. 76.2.203 ; — Trib. com. Nantes, 14 juin 1882, *J. faill.*, 1883.165 ; — Vavasseur et Rodolphe Rousseau, *Consultation dans l'affaire de la Banque de Lyon et de la Loire*).

Cette doctrine n'a cependant point prévalu en jurisprudence, et il est aujourd'hui admis par tous les arrêts que les sociétés annulées pour infractions à la loi de 1867 peuvent être déclarées en faillite. Ce système se formule dans les termes suivants : Il résulte des art. 7, 41 et 54 de la loi de 1867 que l'inexistence des sociétés est toute relative ; la nullité peut être invoquée par les tiers ; elle peut être demandée par les associés entre eux, mais elle ne peut jamais être opposée par les associés aux tiers. Ce principe absolu conserve toute sa force, même dans le cas où les créanciers auraient intenté l'action en nullité. Il n'y a pas contradiction, pour les créanciers, à solliciter la nullité dans le but de faire peser sur les administrateurs la responsabilité du passif social, et à poursuivre la mise en faillite pour assurer la réalisation prompte, d'après les lois commerciales, du gage de l'être moral annulé. La déclaration de faillite est le complément de la nullité ; admettre qu'on ne peut déclarer la faillite d'une société annulée ou qu'on doit rapporter la faillite précédemment déclarée de cette société, ce serait aboutir à retourner contre les tiers une nullité établie dans leur intérêt (En ce sens : Paris, 5 fév. 1872, S. 73.2.75 ; — Cass., 15 mars 1875, D. 76.1.312 ; — Lyon, 18 mars 1884, D. 84.2.211 ; — Lyon, 8 mai 1884, S. 84.2.107, D. 84.2.219 ; — Cass., 15 nov. 1892, S. 93.1.145, D. 93.1.37 ; — Lyon-Caen et Renault, t. 2, n. 3313 *bis* ; Thaller, *R. crit.*, 1885, p. 298 ; Deloison, *Sociétés commerciales*, n. 95).

Dans le même sens, pour les sociétés nulles pour défaut de publicité : Paris, 3 mars 1870, S. 70.2.137, D. 70.2.103 ; — Cass., 15 mars 1875, S. 76.1.260 ; — 21 juill. 1875, S. 75.1.358 ; — Lyon, 18 mars 1884, D. 84.2.211 ; — 8 mai 1884, S. 84.2.107. — En sens contraire, on peut consulter : Paris, 15 janv. 1858, T. C. 8.107 ; — 5 fév. 1872, S. 73.2.75. — V. aussi dans Sirey la note sous l'arrêt de Paris, du 3 mars 1870, précité.

3836. — Il a été décidé qu'une société entre époux étant d'une nullité qui peut être opposée aux tiers, ne peut être déclarée en faillite (Paris, 24 mars 1870, S. 72.2.71, D. 72.2.43 ; — Agen, 22 mars 1899, D. 99.2.474).

3837. — La faillite d'une société nulle peut être demandée par les créanciers qui demandent en même temps la nullité de la société (Floucaud-Pénardille, t. 2, n. 1040. — Comp. Lyon, 8 mai 1884, S. 84.2.107, D. 84.2.219 ; — Lyon-Caen et Renault, t. 8, n. 1141).

§ 7. — Règles de compétence.

3838. — Souvent le siège social est le même que celui du principal établissement de la société. Cependant il peut arriver que la société ait son principal établissement dans un lieu et son siège statutaire dans un lieu différent (V. ce que nous avons dit *suprà*, n. 3534 et suiv. à l'égard de la compétence judiciaire, quant aux actions dirigées contre la société). Quel est dans ce dernier cas le tribunal compétent pour prononcer la déclaration de faillite ? Est-ce celui indiqué par les statuts, ou celui du principal établissement ? Cette question présente de l'intérêt non seulement pour les sociétés qui ont leur siège social et leur principal établissement en France, mais aussi pour celles qui ont leur siège statutaire dans un pays et leur principal établissement dans un autre. La jurisprudence résout formellement la difficulté dans le sens de la compétence du tribunal du lieu du principal établissement. Il résulte, dit très bien un arrêt de la Cour de Nancy, du 8 mai 1875 (S. 76.2.137), de la combinaison des art. 102 C. civ. et 438 C. com., que la faillite d'une société commerciale doit être déclarée par le tribunal dans l'arrondissement duquel cette société a son principal établissement, c'est-à-dire là où elle est connue, où les intéressés et le ministère public ont pu suivre la marche de ses affaires, surveiller tous ses actes, apprécier sa situation, ses embarras, leur nature et leur cause (Dans le même sens : Cass., 4 mai 1857, T. C. 6.314 ; — 13 mars 1865, T. C. 14.334 et S. 65.1.115 ; — 16 mars 1874, S. 75.1.51 ; — 15 mars 1875, S. 75. 1.260 ; — 29 juin et 21 juillet 1875, S. 75.1.358 ; — 9 août 1881, D. 82.1.408).

D'après deux arrêts de Cassation, l'un du 1er décembre 1884 (S. 83. 1.276), l'autre du 15 avril 1885 (S. 86.1.304), la connaissance de la faillite appartient au tribunal du lieu où la société a effectivement (ce qui est une question de fait) son siège social (V. encore en ce sens : Cass., 20 janv. 1897, D. 97.1.69 ; — 26 nov. 1906, *R. S.*, 1907. 198 ; — 25 fév. 1907, *R. S.*, 1908.233 ; — 25 mai 1909, *R. S.*, 1910. 194, *J. S.*, 1910.395 ; — Cass., 19 juin 1911, *Gaz. Soc.*, 1912.84. — Thaller, n. 1499).

« La compétence du tribunal du lieu de l'exploitation principale, dit M. Paul Pic (*Traité de la faillite des sociétés commerciales*, p. 61), exclut également celle des tribunaux dans lesquels la société ne possède qu'une succursale (Cass., 26 déc. 1871, D. 72.1.200 ; — 16 mars 1874, S. 75.1.51 ; — Req., 13 fév. 1884, *J. faill.*, 84.561).

« Les opérations de la succursale sont en effet le complément de celles de la maison principale et ne peuvent en être séparées ; une faillite unique sera seule possible.

« L'unité de la faillite est d'ailleurs pour nous une règle absolue et ne comporte aucune exception, pas même dans le cas où la société posséderait dans plusieurs ressorts différents des établissements distincts et indépendants, ayant chacun leur vie propre.

« Nous ne pouvons nous rallier, ajoute M. Pic, même pour cette hypothèse, au système de la pluralité des faillites, généralement admis en jurisprudence (Req., 23 août 1853, D. 55.1.59). — En l'espèce, il s'agissait d'un associé en nom collectif, qui faisait en même temps le commerce pour son compte personnel dans un autre ressort. D'après nous, au contraire, cet associé ne pourrait être personnellement déclaré en faillite que par le tribunal de commerce de son domicile (lieu où il fait le commerce pour son compte). Un tel système est d'abord en contradiction avec l'unité du domicile, la faillite devant être une, comme le domicile qui détermine la juridiction compétente ; de plus il aboutit à des complications de procédure vraiment insolubles.

« Admettre qu'une même personne juridique, individu ou société, puisse être déclarée en faillite par plusieurs tribunaux du même état, et qu'à chaque faillite ainsi déclarée corresponde une procédure distincte, c'est violer manifestement le principe de l'art. 2092 sur l'unité du patrimoine, gage général de tous les créanciers ; c'est, en tout cas, méconnaître le but essentiel de la faillite, qui est précisément de substituer une procédure unique aux actions multiples qui appartenaient antérieurement aux créanciers. (Nous pourrions au besoin argumenter *à fortiori* de l'art. 64 de la loi allemande des faillites : en effet, bien que le Code de procédure allemand, à l'inverse du droit français, admette la pluralité des domiciles, l'art. 64 précité affirme le principe de l'unité de la faillite, et décide que de deux ou plusieurs tribunaux compétents à raison de cette pluralité de domiciles pour déclarer la faillite, le premier saisi devra seul retenir l'affaire.)

« Conclusion : toutes les fois qu'une société aura non pas un établissement et plusieurs succursales, mais plusieurs établissements commerciaux distincts, il faudra rechercher quel est le principal, et attribuer compétence au tribunal dans lequel est situé ce dernier établissement ; que si, en fait, plusieurs tribunaux ont déclaré la faillite de la société, il y aura lieu de procéder par voie de règlement de juges, conformément à l'art. 363 C. proc. civ.

« On pourrait également faire réformer pour incompétence le jugement émané du tribunal dans le ressort duquel la société n'avait pas son principal établissement : les parties auront le choix entre ces deux voies. »(Douai, 7 juin 1859, S. 60.2.84 ; — Rouen, 11 juill. 1874, S. 75.2.236. — *Sic* : Lyon-Caen et Renault, t. 2, p. 603.)

3839. — La solution de la jurisprudence d'après laquelle le tribunal du siège social est seul compétent, si ce siège n'est pas purement nominal, pour déclarer la faillite de la société, à l'exclusion du lieu du principal établissement, concorde avec la disposition de la loi du 4 mars 1889, concernant le tribunal compétent pour prononcer la liquidation judiciaire.

Mais à propos des sociétés étrangères, l'art. 3 de la loi du 4 mars 1889 oppose expressément le siège social au principal établissement. Cette opposition démontre que dans l'esprit des auteurs de l'article les deux expressions avaient un sens différent (Lyon-Caen et Renault, n. 1133 ; Thaller, n. 1499).

Il en résulte donc que la question de compétence doit être tranchée différemment, s'il s'agit d'une faillite ou d'une liquidation judiciaire. En matière de faillite, la compétence appartient au tribunal du lieu de l'exploitation principale ; en matière de liquidation, au contraire, c'est toujours le tribunal du siège social.

Cette anomalie entre les deux dispositions est incontestablement regrettable ; elle peut produire des inconvénients réels, mais c'est la loi, et il faut l'appliquer (Lyon-Caen et Renault, n. 1154).

§ 3. — Conséquences de la faillite à l'égard des tiers.

3840. — La faillite d'une société ou la liquidation judiciaire produit à l'égard des tiers les mêmes effets que la faillite de tout commerçant. Ces effets peuvent se ramener à trois points : 1° annulation de certains actes passés antérieurement à la mise en faillite ou à la liquidation judiciaire ; 2° modifications pour l'avenir des droits des créanciers chirographaires ; 3° modifications des droits des créanciers privilégiés et hypothécaires.

Remarquons, avant d'entrer dans l'étude de ces différents points, que lorsque c'est une société anonyme qui intervient comme créancière de la faillite d'une autre société, notamment pour voter le concordat de la société mise en faillite, en pratique les propositions dudit concordat sont discutées préalablement dans une assemblée générale des actionnaires ; mais cette procédure, toute de pratique, ne résulte d'aucun texte et en droit n'est pas obligatoire, à moins qu'il ne s'agisse d'un concordat par abandon actif. Ce sont les administrateurs, en leur qualité de représentants légaux de la société, qui ont qualité pour la représenter dans toutes les phases de la liquidation judiciaire et pour prendre des engagements au concordat, dans la limite toutefois où leurs pouvoirs statutaires les y autorisent. Au surplus, le concordat n'étant ni un marché, ni une entreprise dans le sens de l'art. 40 de la loi de 1867, il n'est pas interdit à un administrateur de le proposer ou d'y participer au nom de la société, alors même qu'il y aurait un intérêt personnel, en qualité de créancier vérifié et affirmé (Rouen, 10 mars 1909, *J. S.*, 1910, 208).

3841. — a) *Annulation des actes antérieurs.* — Le jugement prononçant la faillite ou la liquidation judiciaire a les mêmes effets dans le passé, qu'il s'agisse d'une société ou d'un commerçant ordinaire (Lyon-Caen et Renault, t. 8, n. 1164).

Il y a donc lieu d'appliquer aux sociétés en faillite les art. 446 et 447 C. com. Ainsi, il a été jugé que le syndic de la faillite d'une société est fondé à réclamer à un créancier le remboursement des sommes payées par la société faillie postérieurement à la date fixée pour la cessation de ses payements ; ce créancier ne peut non plus être admis à prétendre que le passif devant être couvert par les appels de fonds, il doit être sursis à la demande en rapport jusqu'à ce qu'il ait été statué sur la libération des actions (Trib. com. Seine, 1er avr. 1886, *R. S.*, 1886.398).

De même, lorsque les liquidateurs ont continué la gestion sociale, malgré l'état notoire de cessation de payements de la société, le syndic est fondé à demander la nullité, par application de l'art. 447, des payements faits à un créancier au cours de cette gestion (Paris, 16 mai 1888, T. C. 89.382 ; — Nancy, 24 déc. 1889, *Rec. de Nancy*, 1889.382).

3842. — b) *Modifications aux droits des créanciers chirographaires.* — Les modifications apportées par la faillite ou la liquidation judiciaire aux droits des créanciers chirographaires sont identiques, qu'il s'agisse de la faillite d'une société ou de celle d'un commerçant. La faillite ou la liquidation judiciaire d'une société ont certainement pour effet, en vertu de l'art. 443, de suspendre les poursuites individuelles des créanciers contre la société elle-même (Cass., 23 juill. 1889, *J. faill.*, 1889.457 ; — 25 mai 1891, *J. faill.*, 1891.385. — Lyon-Caen et Renault, t. 8, n. 1179).

3843. — Mais dans quelle mesure la faillite modifie-t-elle l'exercice des actions que les créanciers peuvent avoir contre d'autres que la société elle-même ?

La jurisprudence ici distingue entre les actions qui ont un intérêt collectif et les actions qui ont un intérêt individuel. Les premières, c'est-à-dire les actions collectives, appartiennent au syndic, qui seul en a l'exercice, à l'exclusion des créanciers, et qui seul représente la masse aux termes de l'art. 332 C. com. — Voir à cet égard, n. 3566 et suiv., ce que nous avons dit de l'exercice des actions judiciaires en matière de responsabilité. Ce sont les mêmes principes qui sont applicables (Cass., 7 janv. 1902, D. 03.1.320).

Ajoutons que si le syndic néglige ou refuse d'exercer l'action collective dont il a seul la disposition, les créanciers ne peuvent exercer cette action en leur nom personnel et dans la mesure de leurs intérêts ; ils n'ont qu'un droit, celui de se plaindre de l'inaction du syndic et de porter leurs réclamations devant le juge-commissaire ou devant le tribunal (Lyon-Caen et Renault, t. 8, n. 1178 ; Pic, p. 87. — *Contrà* : Labbé, note S. 79.1.97).

3844. — Quant aux actions individuelles, c'est-à-dire celles qui appartiennent à certains créanciers, ils conservent le droit de les exercer malgré la faillite, et le failli est absolument irrecevable. — Nous renvoyons également, en ce qui concerne les effets, à ce que nous avons dit au n. 3492 (Cass., 13 fév. 1869, S. 69.1.109, D .70.1.67).

3845. — En ce qui concerne la définition des actions collectives et individuelles, nous renvoyons également à ce que nous avons dit au chapitre *des Actions en justice*. Mais les développements que nous avons fournis à cet endroit visant uniquement les actions en responsabilité, nous devons ajouter ici que d'une façon générale les syndics ont seuls le droit d'exercer les actions qui ont pour objet la reconstitution de tout ou partie de l'actif de la société, et particulièrement les actions dirigées contre les associés, quels qu'ils soient, en versement de la mise sociale (V. *suprà*, n. 1724).

3846. — Un autre effet du jugement déclaratif de faillite ou de liquidation judiciaire est de rendre exigibles des dettes à terme de la société, par application de l'art. 444 C. com. (Lyon-Caen et Renault, t. 8, n. 1170), et cela quelle que soit la nature du terme dont sont affectées ces dettes, c'est-à-dire qu'il s'agisse d'un terme certain ou d'un terme incertain ; la loi n'établit aucune distinction. Il en résulte que toutes les obligations à terme émises par une société deviennent exigibles par suite de sa faillite ou de sa liquidation judiciaire, quand même il s'agirait d'obligations remboursables au moyen d'un tirage au sort.

3847. — La faillite ou la liquidation judiciaire d'une société comme celles d'un individu emportent la cession du cours des intérêts des dettes chirographaires à la charge de cette société (Cass., 25 mai 1891, D. 91.1.371. — Lyon-Caen et Renault, t. 8, n. 1043).

3848. — La faillite ou la liquidation judiciaire engendrent l'hypothèque légale au profit de la masse des créanciers.

3849. — c) *Modifications aux droits des créanciers privilégiés et hypothécaires.* — Les droits des créanciers privilégiés et hypothécaires sont les mêmes en cas de faillite d'une société qu'en cas de faillite ou de liquidation judiciaire d'un commerçant (Lyon-Caen et Renault, t. 8, n. 1219).

3850. — Il nous suffit de rappeler ici que le privilège établi par l'art. 2101, § 1er, C. civ., pour les frais de justice, s'étend à tous les frais faits dans l'intérêt commun des créanciers pour la conservation de la liquidation et la réalisation des biens du débiteur. Il s'étend notamment aux avances faites par un banquier au liquidateur d'une société, après la dissolution ou la mise en liquidation de cette société, pour les besoins de cette liquidation (Cass., 1er avr. 1890, *R. S.*, 1890. 291. — V. également : Paris, 4 fév. 1880, T. C. 80.356 ; — Trib. com. Seine, 18 déc. 1860, T. C. 61.102).

3851. — Mais lorsque le liquidateur d'une société s'est livré non pas seulement aux opérations nécessitées par la liquidation, mais à de nouvelles opérations commerciales, les créances résultant de ces dernières opérations ne sauraient être considérées comme représentant des dépenses faites pour la conservation du gage social engagées dans l'intérêt de la masse des actionnaires et des créanciers, et à ce titre privilégiées (Paris, 20 nov. 1894, *R. S.*, 1895.101).

§ 9. — Personnel de la faillite ou de la liquidation judiciaire.

3852. — Les autorités ou les personnes qui figurent dans la faillite et dans la liquidation judiciaire d'un individu figurent également dans celles d'une société. Mais malgré le dessaisissement qui le frappe, le failli ordinaire a un rôle personnel à jouer dans sa faillite. Qui remplira ce rôle dans une société en faillite ?

Il faut distinguer, pour résoudre cette question, entre les sociétés valables et non dissoutes et les sociétés annulées ou dissoutes.

S'il s'agit d'une société valable et non dissoute, la société ne peut être représentée que par des gérants, si elle est en nom collectif ou en commandite, ou par des administrateurs, si elle est anonyme. Il faudrait donc procéder, après la faillite, à la nomination de nouveaux gérants ou administrateurs, et ils seront choisis, s'il s'agit d'une société par actions, par l'assemblée générale des actionnaires, s'il s'agit d'une autre société, par l'universalité des associés (Lyon-Caen et Renault, t. 8, n. 1192). Rien ne s'oppose d'ailleurs à ce que les nouveaux représentants de la société soient les anciens gérants ou administrateurs.

Contrairement à cette opinion, on soutient que malgré la faillite, les pouvoirs des gérants ou administrateurs en exercice continuent, et qu'il n'y a pas lieu de les remplacer (Trib. com. Seine, 25 fév. 1852, T. C. 52.48 ; — Lyon, 3 juill. 1862, S. 63.2.139, D. 63.2.95 ; — Paris, 12 juill. 1869, D. 70.2.7 ; — Paris, 19 juin 1900, *J. S.*, 1901.26 ; — Cass., 8 juin 1902, D. 02.1.785. Conclusions de M. le procureur général Baudouin et note Lacour ; — Pic, p. 97 ; Duvivier, p. 198).

Cette opinion nous paraît la plus raisonnable, car nous ne pouvons comprendre comment la faillite de la société pourrait mettre fin au mandat dont les gérants ont été investis par l'acte social. Il n'y aurait lieu de remplacer les mandataires sociaux que dans le cas où ils tomberaient, par suite de la faillite sociale, personnellement en faillite.

3853. — La société subsistant malgré la faillite, les associés, et en particulier les actionnaires dans les sociétés anonymes et en commandite par actions, ont le droit de se réunir, et ils doivent même le faire lorsqu'ils ont à prendre parti sur certaines mesures dans l'intérêt soit la société, soit de ses créanciers (Lyon-Caen et Renault, t. 8, n. 1194), notamment s'il s'agit d'arrêter des propositions de concordat, de transaction, etc., etc.

Si, au contraire, la société est dissoute ou annulée, il est certain qu'elle est représentée par son liquidateur. Nous avons examiné plus haut (n. 3826 et suiv.) quels étaient les droits réciproques du liquidateur et du syndic dans ce cas. Nous n'avons pas à y revenir.

Il faut étendre à la représentation des sociétés en matière de liquidation judiciaire les règles qui viennent d'être développées sur la représentation des sociétés en matière de faillite (Lyon-Caen et Renault, t. 8, n. 1193 ; — Paris, 9 avr. 1902, *R. S.*, 1902.261). L'art. 2, § 4, de la loi du 4 mars 1889 a prévu expressément l'hypothèse où la société déclarée en état de liquidation judiciaire est une société dissoute. Dans ce cas, la société doit être représentée auprès du liquidateur judiciaire par un liquidateur social (V. Bailly, *Ann. dr. comm.*, 1889, p. 62, note 1).

Cet article de la loi de 1889 n'a été adopté qu'après de vifs débats, dont on trouvera le résumé aux *Pandectes françaises* (V° *Sociétés*, n. 5539).

3854. — Les règles concernant la nomination des syndics et des liquidateurs judiciaires sont les mêmes, qu'il s'agisse de sociétés ou de commerçants ordinaires. Les fonctions, les pouvoirs, les attributions des syndics et des liquidateurs sont les mêmes dans les deux cas.

3855. — Le syndic est le seul représentant de la masse, et ainsi qu'il a été dit plus haut, il a seul l'exercice des actions appartenant à cette masse (Paris, 19 juin 1900, D. 1902.2.385 ; — Bordeaux, 4 janv. 1901, *R. S.*, 1902.479 ; — Marseille, 14 fév. 1902, *R. S.*, 1902.292, et *J. S.*, 1902.513). Il peut agir en responsabilité contre les administrateurs pour fautes de gestion, au nom de la masse créancière (Cass., 19 mai 1903, *R. S.*, 1903.476, *J. S.*, 1904.486), ou en nullité de la société contre les membres du conseil de surveillance (Limoges, 14 déc. 1900, D. 1901.2.377 ; — Aix, 23 juin 1904, *J. S.*, 1905.316).

Il a été jugé par la Cour de Paris, le 30 décembre 1905 (*Gaz. Pal.*, 21-22 janv. 1906), que le syndic d'une faillite représente les créanciers et non les actionnaires. Cette décision nous paraît un peu trop absolue dans les termes où elle est conçue. Le syndic d'une société par actions en faillite représente à la fois la masse des créanciers et la société elle-même, c'est-à-dire le failli. Et si, en principe, il ne représente pas les actionnaires, il semble plus exact de dire qu'il ne les représente pas en tant qu'ils peuvent avoir des intérêts distincts de ceux de la société. Au contraire, il les représente dans la mesure où leurs intérêts se confondent avec l'intérêt social (Bordeaux, 4 fév. 1901, précité). Il est donc naturel que les actionnaires ne peuvent exercer l'action sociale *ut universi*, mais ils peuvent, comme le déclare avec raison l'arrêt rapporté, l'exercer *ut singuli*, en leur propre et privé nom et dans la mesure seulement où le fait générateur de la responsabilité reprochée aux administrateurs leur a causé un préjudice personnel. On voit dès lors que l'appréciation de cette question doit être déterminée par l'examen des faits et circonstances de la cause (V. la note dans *Gazette du Palais, loc. cit.*).

Ainsi, il est certain que les vices dont est affectée la constitution d'une société ne peuvent être opposés au syndic par les associés, et ceux-ci ne sauraient par suite se prétendre libérés de leurs engagements dont le syndic demande l'exécution, sous le prétexte de la découverte de souscriptions fictives (Cass., 18 juill. 1906, *R. S.*, 1906.431). — De même les associés ne peuvent opposer au syndic aucune des exceptions qu'ils auraient pu opposer à la société avant sa mise en faillite (Trib. com. Bordeaux, 6 avr. 1906, *R. S.*, 1907.73).

3856. — La composition de la masse est facile à établir en cas de faillite ou de liquidation judiciaire d'une société anonyme ; car en ce cas il n'y a qu'une seule masse possible, celle des créanciers sociaux, puisque la faillite de la société n'entraîne pas celle des associés. Il en est autrement en cas de faillite d'une société en nom collectif ou en commandite, puisque la faillite ou la liquidation judiciaire entraînent celle de tous les associés tenus personnellement au payement du passif. Il doit y avoir, outre la masse sociale, autant de masses distinctes qu'il y a d'associés tenus personnellement (Cass., 7 janv. 1873, D. 74. 1.470 ; — 9 juin 1882, T. C. 82.649 ; — Caen, 3 mai 1893, *Rec. de Caen*, 1893.1.160 ; — Lyon-Caen et Renault, t. 8, n. 1138).

3857. — La masse de la société se compose exclusivement des créanciers sociaux, à l'exclusion des créanciers personnels.

3858. — La distinction entre la masse des créanciers sociaux et la masse des créanciers personnels a une importance considérable, puisque les créanciers sociaux ont le droit de se faire payer sur l'actif social à l'exclusion des créanciers personnels (V. *suprà*, n. 3812. — Paris, 20 déc. 1852, T. C. 53.1.110 ; — Cass., 24 janv. 1853, S. 53.1.241, D. 53.1.12 ; — 14 déc. 1886, S. 87.1.310, D. 90.1.385).

3859. — Les créanciers sociaux, qui peuvent exclure sur l'actif social les créanciers personnels de la société, ont, au contraire, le droit de concourir avec ces derniers sur l'actif spécial à chacun des associés, car ils sont créanciers directs desdits associés (Amiens, 11 avr. 1895, *Rec. d'Amiens*, 1895.137 ; — Douai, 14 mars 1898, *R. S.*, 1898.426 ; — Lyon-Caen et Renault, t. 8, n. 1190).

§ 10. — Du concordat.

3860. — La faillite ou la liquidation judiciaire d'une société reçoit les mêmes solutions que celles de la faillite ou de la liquidation judiciaire d'un individu commerçant.

Les sociétés en nom collectif ou en commandite ou anonymes peuvent donc obtenir un concordat. L'art. 531 C. com. le décide tout au moins implicitement (V. *suprà*, n. 3818-3824).

Les propositions de concordat, pour les sociétés anonymes, doivent être discutées préalablement dans une assemblée générale des actionnaires, mais l'inobservation de cette formalité, qui n'est prescrite par aucun texte de loi, ne peut être une cause de nullité (C. com., 507).

Les représentants légaux de la société peuvent faire seuls ces propositions de concordat, alors que les statuts les investissent des pouvoirs les plus étendus, et que le concordat ne contient aucun engagement de la part de la société et ne constitue qu'un simple traité d'atermoiement avec remise partielle des dettes.

Il suffit que le concordat, tel qu'il a été négocié par les représentants de la société, soit ratifié par l'assemblée générale des actionnaires en pleine connaissance de cause.

Un concordat n'est ni un marché ni une entreprise, au sens de l'art. 40 de la loi du 24 juillet 1867 ; en conséquence, un administrateur peut, sans autorisation préalable, le proposer ou y participer au nom de la société, bien qu'il y ait un intérêt personnel, en qualité de créancier vérifié et affirmé (Cass., 13 juill. 1910, *Gaz. Soc.*, 1912.353).

3861. — Les conditions du concordat simple ou du concordat par abandon d'actif sont les mêmes que pour les individus, avec cette remarque cependant que des deux conditions imposées aux débiteurs ordinaires, il y en a une qui ne se conçoit pas textuellement pour les sociétés ; c'est celle indiquée par l'art. 510, § 1er, suivant laquelle si le failli a été condamné comme banqueroutier frauduleux, le concordat ne pourra être formé. Une société ne peut, en effet, être condamnée pour banqueroute frauduleuse. Mais les membres de la société, tenus personnellement des dettes sociales, peuvent être condamnés pour banqueroute frauduleuse. Cette condamnation créera-t-elle un obstacle à l'admission d'un concordat pour la société elle-même ? MM. Lyon-Caen et Renault répondent par une distinction (t. 8, n. 1205). Si, disent-ils, tous les associés sont condamnés, il est difficile de concevoir comment un concordat pourrait être admis ; mais dans le cas contraire, on ne voit pas pourquoi la société, qui est une personne distincte, ne pourrait pas obtenir un concordat.

Il faut ajouter que les tribunaux ont un pouvoir souverain d'appréciation pour accorder ou refuser, suivant les circonstances, l'homologation du concordat.

3862. — Les effets du concordat sont les mêmes pour une société que pour le commerçant individuel.

3863. — Quand il s'agit d'une société anonyme, il ne peut y avoir de concordat que pour la société, et non pas pour les actionnaires, puisque la faillite ou la liquidation judiciaire de la société n'entraîne pas la leur. Même solution en ce qui concerne la société en commandite à l'égard du commanditaire.

Mais la faillite et la liquidation judiciaire étant applicables dans les sociétés en nom collectif à tous les associés responsables, et dans les commandites aux commandités, il y a lieu de rechercher si la même solution doit être donnée nécessairement à la faillite ou à la liquidation judiciaire de la société, et à celle des associés et des commandités.

3864. — Le Code de commerce (art. 531) dit que les associés peuvent obtenir un concordat personnel, alors qu'à l'égard de la société les créanciers sont en état d'union. Mais le Code ne dit pas si, un concordat étant accordé à la société, il peut y avoir union à l'égard d'un ou de plusieurs associés. Puis, en supposant qu'un concordat soit consenti à la société et à chacun des associés, il faut rechercher si les conditions du concordat social et du concordat personnel de chacun des associés doivent être nécessairement identiques. La solution est assez simple à donner quand il n'existe que des créanciers sociaux ; elle est, au contraire, plus difficile à résoudre quand viennent en concours des créanciers de la société et des créanciers personnels de chaque associé.

3865. — Examinons d'abord quelles doivent être la composition des assemblées de créanciers et la détermination des créanciers ayant le droit de prendre part aux opérations du concordat.

Quand il s'agit de sociétés en nom collectif et en commandite, l'assemblée des créanciers sociaux se compose des créanciers de la société, à l'exclusion des créanciers personnels des associés, obligés personnellement, — tandis que pour chaque associé, l'assemblée comprend les créanciers personnels de la société dont il s'agit et les créanciers sociaux.

Ainsi, le concordat social ne peut être voté que par les créanciers sociaux, tandis que le concordat individuel est voté par les créanciers personnels de chaque associé en même temps que par les créanciers sociaux, puisque ces derniers ont également une action directe contre les associés tenus *in infinitum*, et qu'ils ont tout à la fois pour gage de leur créance les biens de la société et les biens personnels des associés (Paris, 18 juill. 1870, D. 71.1.25. — Laisné, *Rev. dr. franç. et étr.*, t. 2, p. 805 ; Cazalens, note D. 71.1.5 ; Buchère, note D. 98.2.289).

3866. — Mais il faut examiner la question de savoir de quelle façon les créanciers sociaux et les créanciers personnels doivent procéder pour voter le concordat individuel. Trois opinions sont ici en présence.

D'après la première, un concordat particulier ne peut être consenti à l'associé, failli comme gérant ou comme responsable *in infinitum* des dettes de la société, que par deux votes distincts : 1° vote des créanciers sociaux représentant la majorité en nombre et en sommes prescrite par la loi ; 2° vote des créanciers personnels de l'associé formant également la majorité exigée par la loi pour la validité d'un concordat. A la masse des créanciers sociaux appartient le droit de refuser ou de permettre la séparation prévue par l'art. 531 de l'associé et de la société (Renouard, t. 2, p. 139 ; Alauzet, t. 4, n. 1828).

La seconde opinion enseigne que l'associé ne peut être remis à la tête de ses affaires que par deux concordats distincts, l'un voté par les créanciers de la société, l'autre par ses créanciers personnels. L'art. 531, dit-on, n'a eu en vue que les créanciers de la société ; par conséquent, les créanciers sociaux ont seuls le droit de voter le concordat. Les créanciers sociaux n'ont plus besoin de concourir avec les créanciers personnels au concordat que le failli veut obtenir de ces derniers ; ils ont épuisé leur droit en votant un concordat particulier (Geoffroy, *C. prat. faill.*, p. 296 ; *R. dr. franç. et étr.*, t. 2, p. 652. — Comp. Colmar, 2 mai 1855, D. 87.2.64).

D'après la troisième opinion, le concordat particulier, qui peut être accordé à l'associé conformément à l'art. 531, n'exige qu'un seul vote, comprenant au même titre le consentement des créanciers sociaux et des créanciers personnels de l'associé et réunissant les conditions de majorité exigées par la loi. L'art. 531, dit-on pour défendre cette opinion, ne présente aucune difficulté d'interprétation ; il permet aux créanciers qui ont refusé de consentir le concordat présenté au nom de la société faillie, d'accorder un concordat particulier à l'associé responsable *in infinitum*. Si cet associé a des créanciers personnels, aucune disposition de loi ne place ces derniers dans une situation différente de celle des créanciers sociaux ; tous doivent être placés sur le même pied d'égalité ; leur concours est indispensable au vote du concordat, et il n'existe aucun motif juridique de les exclure de ce vote par la volonté des créanciers sociaux. On ne peut s'attacher au texte de l'art. 531, qui ne parle en réalité que des créanciers sociaux, car l'égalité doit régner entre tous les créanciers du failli. Le vote de tous les créanciers est donc nécessaire pour la validité du concordat sollicité par la société ; tous doivent être appelés à délibérer sur la proposition de concordat, sans aucune distinction ; ce concordat ne peut être consenti que par la majorité de tous les créanciers réunis, créanciers sociaux et créanciers personnels (Bravard-Veyrières et Demangeat, t. 5, p. 612 ; Cazalens, note D. 71.1.5 ; Buchère, note dans *Pand. fr. pér.*, 1898.2. 289 ; Lyon-Caen et Renault, t. 8, n. 1212. — Paris, 10 nov. 1897, *R. S.*, 1898.299).

3867. — La double majorité nécessaire pour la confirmation du concordat, majorité en nombre et en somme, exigée par l'art. 507 C. com. et l'art. 15 de la loi du 4 mars 1889, se calcule donc en tenant compte seulement des créanciers sociaux et du montant de leurs créances, s'il s'agit du concordat à consentir à la société, et en tenant compte à la fois des créanciers personnels de chaque associé, des créanciers sociaux et du montant de leurs créances, s'il s'agit du concordat à consentir à un associé (Lyon-Caen et Renault, t. 8, n. 1189).

Si l'on adopte le troisième système, il faut résoudre la question de savoir si le concordat doit, à peine de déchéance, être voté dans la séance où ont été examinées les propositions de concordat faites au nom de la société. Là encore, les avis sont partagés. Les uns soutiennent que dans le silence de la loi, l'affirmative s'impose ; la loi exige que les propositions de concordat soient faites et délibérées dans un délai limité, dans un but d'intérêt général et pour éviter des combinaisons fallacieuses entre les débiteurs et les créanciers. Ces règles sont applicables dans le cas de faillite d'une société commerciale. Si le législateur, ajoute-t-on, eût voulu créer, au profit de l'associé qui sollicite un concordat particulier, une règle différente de celle prononcée par l'art. 509 C. com., il n'eût pas manqué de l'édicter expressément, et en l'absence de toute disposition spéciale, il faut appliquer la conclusion de l'art. 509 C. com. à l'associé qui réclame tardivement un concordat individuel (Alger, 2 oct. 1867, S. 68.2.19 ; — Amiens, 27 nov. 1868, sous Cass., 26 avr. 1869, D. 71.1.5 ; — Dutruc, t. 1, n. 961 ; Geoffroy, p. 207).

Cette opinion est combattue par MM. Lyon-Caen et Renault (t. 8, n. 1212), Cazalens (note D. 71.1.5) et Buchère (*loc. cit.*).

D'après ces auteurs, le concordat que les créanciers d'une société en faillite peuvent accorder à l'associé personnellement responsable est absolument distinct de celui sollicité par la société. Les créanciers sociaux ont pu seuls être convoqués par le syndic à délibérer sur les propositions faites par la société ; si elles sont acceptées, elles profiteront à l'associé, au moins en ce qui touche les obligations dont il est responsable vis-à-vis des créanciers de la société ; en cas de refus, au contraire, l'associé peut, en vertu de l'art. 531, proposer un concordat particulier, mais il ne le peut qu'à la condition que la société soit préalablement en état d'union. Si les créanciers sociaux ont seuls été convoqués, il faudra pour le concordat spécial de l'associé le concours de ses créanciers personnels, et une nouvelle convocation est indispensable pour délibérer sur les propositions du concordat particulier. Il est donc impossible d'admettre que l'associé puisse être déclaré déchu des droits que consacre à son profit l'art. 531, par cette seule circonstance que les propositions en son nom personnel n'ont pas été votées et acceptées le jour où il a été délibéré sur les propositions de la société (V. dans ce sens : Paris, 10 nov. 1897, *R. S.*, 1898.299 ; — Bordeaux, 13 nov. 1895, *R. S.*, 1896.210).

3868. — Quelque opinion qu'on se fasse sur les difficultés qui viennent d'être résumées, il est certain que les créanciers personnels des associés, ne participant pas au vote du concordat social, ne peuvent se voir opposer ce concordat (Cass., 10 nov. 1844, S. 45.1.789 ; — 7 janv. 1873, D. 74.1.470. — Lyon-Caen et Renault, t. 8, n. 1214).

3869. — Les observations qui précèdent démontrent encore qu'il est fort utile pour les associés d'obtenir un concordat individuel, lorsque la société a également obtenu un concordat, puisqu'à défaut de concordat individuel, ils restent tenus *in infinitum* des dettes à l'égard de leurs créanciers personnels (Lyon-Caen et Renault, t. 8, n. 1215).

3870. — Le concordat social est opposable aux créanciers sociaux par chaque associé pris individuellement. Ces derniers ne sont donc tenus après le concordat vis-à-vis des créanciers, soit sur l'actif social, soit sur leurs biens personnels, que dans les limites du concordat (Cass., 7 janv. 1873, précité. — V. aussi Cass., 5 déc. 1864, S. 65.1.29).

3871. — Mais l'associé ne peut, par le fait du concordat social, être libéré plus largement que ne le serait la société en la supposant placée dans les mêmes conditions (Cass., 28 mars 1898, S. 98.1.185, D. 99.1.49, et la note de M. Thaller).

3872. — Une société peut valablement, à la suite du concordat qui lui est accordé, créer, pour désintéresser ses créanciers, des obligations dites concordataires ; elle peut également et valablement établir dans son concordat que ces obligations seront productrices d'un revenu variable, suivant certaines règles établies lors du concordat (Trib. com. Seine, 10 juin 1911, *Gaz. Trib.*, 14-17 août 1911). — Nous irons même plus loin et nous dirons qu'il nous paraît que des obligations peuvent être créées par une société à revenu variable, suivant certaines règles établies lors de l'émission de ces obligations : rien dans le droit commun ni dans la matière spéciale des sociétés ne nous paraît s'opposer à cette forme, pourvu que les obligataires soient prévenus par l'insertion, au dos de leurs titres, des conditions spéciales faites à ces obligations. Il reste entendu, d'autre part, que ce revenu, quoique variable, conserve le caractère d'intérêt et n'est pas un bénéfice soumis aux aléas de la société, car alors l'obligation deviendrait une action.

3873. — Relativement aux obligations concordataires, il a été jugé que le propriétaire d'obligations concordataires qui aliène ses titres vend en même temps sa créance, et cette aliénation ne porte pas seulement sur les titres constatant son droit de créancier, mais sur ce droit lui-même, la créance ainsi aliénée comprenant non seulement le capital, mais aussi les intérêts, courus mais non encore échus, ainsi que tous les accessoires et sûretés garantissant son droit de créancier, accessoires au nombre desquels se trouve le droit de critiquer, dans les limites prévues par la loi et par les conventions obligataires, le quantum des intérêts variables antérieurement versés par la société débitrice. — Et lorsque, à la suite de l'exercice de ce droit, la société a reconnu s'être trompée sur le montant des intérêts dus aux obligations pour une année écoulée et s'est déclarée prête à verser un supplément d'intérêt, la somme ainsi obtenue au moyen de l'exercice d'une action faisant partie de la créance aliénée par l'obligataire qui a vendu des titres, n'appartient pas à ce dernier. — D'ailleurs, la circulation des valeurs mobilières et leurs modes d'aliénation impliquent nécessairement que l'acheteur devienne, à l'encontre de tous, propriétaire de tous les droits et actions attachés à la créance que constate le titre. — Par suite, lorsqu'après paiement des intérêts afférents à un coupon d'obligation pour un exercice déterminé, il est reconnu que la somme allouée a été insuffisante et que le coupon a droit à un supplément d'intérêts, ce n'est pas à l'obligataire qui était propriétaire du titre au moment de l'échéance du coupon et qui en a touché le montant que ce supplément est dû, c'est au porteur actuel du titre, sans qu'il y ait lieu de rechercher si, au moment de son acquisition, son titre avait, ou non, le coupon attaché, son vendeur lui ayant, en aliénant son titre, cédé en même temps le droit éventuel à ce complément d'intérêts (Trib. com. Seine, 10 juin 1911, *Gaz. Trib.*, 14-17 août 1911).

3874. — Lorsque, par suite de refus du concordat, la société se trouve placée sous le régime de l'union, il y a lieu d'appliquer les règles du droit commun. Cependant il faut observer, en ce qui concerne les sociétés en nom collectif ou en commandite, qu'en cas d'union de la société, les associés en nom collectif ou les commandités ne sont plus nécessairement en état d'union depuis la loi de 1838, à condition que la société ait été régulièrement constituée.

3875. — Les créanciers personnels d'un associé, ainsi qu'il a été dit plus haut, réunis aux créanciers sociaux, peuvent lui accorder un concordat individuel, malgré l'état d'union de la société (Lyon-Caen et Renault, t. 8, n. 1211 ; — Bordeaux, 5 août 1896, *R. S.*, 1897.468).

3876. — Lorsque tous les associés obligés solidaires sont en état d'union, comme la société elle-même, les créanciers sociaux conservent l'intégralité de leurs droits contre la société et contre les associés, et ils peuvent, en conséquence, se prévaloir de la solidarité contre ces derniers (Lyon-Caen et Renault, t. 8, n. 1210).

3877. — Si même les associés n'ont pas de créanciers personnels, les choses se passent comme s'il n'y avait qu'un seul actif, comprenant les biens sociaux et les biens propres des associés (Lyon-Caen et Renault, *loc. cit.*).

Dans le cas contraire, il faut distinguer la masse sociale des masses de chaque associé, puisque les créanciers sociaux ont seuls droit sur la masse sociale, à l'exclusion des créanciers personnels (Seine, 28 avr. 1904, *Gaz. Trib.*, 22 juin 1904).

3878. — Lorsque la faillite de la société se clôture par l'état d'union et qu'un concordat est consenti à un ou plusieurs associés, l'art. 531 dispose en ces termes :

« Lorsqu'une société de commerce sera en faillite, les créanciers pourront ne consentir de concordat qu'en faveur d'un ou de plusieurs des associés. — En ce cas, tout l'actif social demeurera sous le régime de l'union ; les biens personnels de ceux avec lesquels le concordat aura été consenti en seront exclus, et le traité particulier passé avec eux ne pourra contenir l'engagement de payer un individu que sur des valeurs étrangères à l'actif social. — L'associé qui aura obtenu un concordat particulier sera déchargé de toute solidarité. »

Ainsi, distinction importante : l'actif social et les biens des associés qui n'ont pas obtenu de concordat sont soumis au régime de l'union. Les créanciers sociaux conservent tous leurs droits à l'égard de ces biens ; au contraire, les biens personnels de l'associé qui a obtenu un concordat sont exclus du régime de l'union, à la charge par lui, bien entendu, de prendre sur ses biens le dividende qu'il a promis de payer, et il est déchargé de toute solidarité à l'égard des créanciers : de telle sorte qu'une fois ce dividende payé, il ne peut plus être poursuivi par eux, bien qu'ils ne soient pas entièrement désintéressés du montant de leurs créances (Lyon-Caen et Renault, t. 8, n. 1213. — Comp. Cass., 5 mars 1860, T. C. 60.274).

3879. — Il est admis que l'art. 531 ne décharge l'associé qui a obtenu un concordat particulier que de la solidarité envers les créanciers sociaux, et non de celle qui lie les associés entre eux. Dès lors, l'associé concordataire reste soumis à l'égard de ses coassociés au recours que ceux-ci ont contre lui, pour le cas où il ne se serait pas libéré envers la société de sa part d'intérêt (Bordeaux, 21 janv. 1876, *Jurispr. Bordeaux*, 1876.1.25 ; — Renouard, t. 2, p. 147 ; Lyon-Caen et Renault, t. 8, n. 1213).

3880. — Le concordat individuel obtenu par un associé reste étranger aux autres associés, et il y a lieu à règlement de compte entre eux et l'associé concordataire, si celui-ci a payé un dividende plus ou moins fort que sa part contributive (Lyon-Caen et Renault, *loc. cit.*).

3881. — Lorsque, la société étant en état d'union, les créanciers ont accordé un concordat particulier à tous les associés, il y a encore lieu à l'application du second paragraphe de l'art. 531, lequel réserve l'actif social sous le régime de l'union (Paris, 25 mars 1858, S. 59.2.248).

3882. — Le tribunal doit toujours se prononcer sur la déclaration d'excusabilité conformément au Code de commerce.

3883. — Les opérations de la faillite ou de la liquidation judiciaire d'une société peuvent être clôturées pour insuffisance d'actif, comme celles de la faillite ou de la liquidation judiciaire d'un individu. La clôture pour insuffisance d'actif a pour effet de placer la société et son liquidateur dans la même situation que si, au jour de la dissolution ou de la mise en liquidation, l'état de faillite n'eût pas existé (Trib. com. Seine, 17 mars 1891, *R. S.*, 1891.447. — Comp. Paris, 13 mai 1859, T. C. 59.431. — *Contrà* : Paris, 4 mars 1887, *J. S.*, 1887.634).

3884. — Il a été décidé que le liquidateur d'une société anonyme, nommé à ces fonctions après que la faillite de la société a été clôturée par le payement intégral du passif, est en droit de reprendre en cette qualité l'instance en cours d'appel précédemment engagée par le syndic contre un actionnaire à fin de libération de ses actions. Le liquidateur a le droit de demander que les condamnations précédemment prononcées au profit du syndic soient maintenues à concurrence de la somme nécessaire pour établir l'égalité entre tous les actionnaires et terminer la liquidation (Paris, 19 mars 1885, *J. faill.*, 1885.281).

3885. — Il faut remarquer que lorsqu'il s'agit d'une société en nom collectif ou en commandite, la clôture pour insuffisance d'actif ne peut être prononcée pour la société sans l'être également pour chacun des associés tenus personnellement, puisque ces associés sont en effet obligés *in infinitum* du passif social ; il y a des ressources pour la faillite de la société, du moment qu'il y en a pour les faillites individuelles.

3886. — Mais la réciproque n'est pas exacte. La clôture pour insuffisance d'actif peut être prononcée pour les associés tenus personnellement, sans l'être également pour la faillite ; car il peut exister des ressources pour cette dernière, alors qu'il n'y en a pas pour les associés individuellement (Lyon-Caen et Renault, t. 8, n. 1217).

3887. — Les causes de conversion de la liquidation judiciaire en faillite sont les mêmes pour une société que pour un individu. Il y a lieu seulement de remarquer que les faits qui donnent lieu à la conversion, imputables au débiteur et motivant contre lui le retrait du bénéfice de la liquidation judiciaire, doivent avoir été commis, lorsqu'il s'agit d'une société, par ses représentants (Lyon-Caen et Renault, t. 8, n. 1218).

3888. — Il faut ajouter que si une société en nom collectif ou en commandite peut être déclarée en faillite à raison de la banqueroute simple ou frauduleuse de ses gérants, il n'en est pas de même d'une société anonyme, dont les administrateurs ne peuvent être condamnés comme banqueroutiers (Lyon-Caen et Renault, t. 8, n. 1218).

3889. — Rien ne s'oppose d'ailleurs, en cas de société en nom collectif ou en commandite, à ce que le bénéfice de la liquidation judiciaire soit maintenu au profit de l'un des associés, alors qu'il est enlevé à la société ou aux autres associés.

Appendice au Titre de LA FAILLITE

3839 *bis*. — **LOI temporaire du 2 juillet 1919 relative à l'institution d'un règlement transactionnel pour cause générale de guerre entre les commerçants et leurs créanciers** (*J. off.*, 4 juillet 1919).

TITRE PREMIER
Du règlement transactionnel entre les commerçants et leurs créanciers pour cause générale de guerre.

ART. 1er. — A dater de la promulgation de la présente loi et jusqu'à l'expiration des trois années qui suivront la ratification du traité de paix, tout commerçant qui ne peut faire face à ses engagements peut demander à ses créanciers le bénéfice d'un règlement transactionnel dans les formes et conditions prescrites ci-après.

Art. 2. — Le débiteur adresse une requête à cet effet au président du tribunal de commerce de son domicile ; cette requête contient l'exposé sommaire des faits qui motivent sa demande et est accompagnée :

1º Du bilan du débiteur ; 2º de la liste nominative de ses créanciers, avec l'indication de leur domicile et du montant de leurs créances échues ou non échues ; 3º de propositions éventuelles de règlement, le tout sur papier libre.

La requête est déposée au greffe sur récépissé du greffier.

Le greffier inscrit la requête sur un répertoire spécial qui mentionnera, en plus de toutes les décisions à intervenir, avec indication de leurs dates :

1º Les nom, prénoms et domicile du débiteur ;

2º La date de la requête ;

3º Le total, en nombre et en sommes, des dettes figurant au bilan et de celles qui auront été admises ;

4º Les offres présentées par le débiteur ;

5º Les acceptations et les refus en nombre et en sommes.

Ce répertoire est communiqué sans déplacement et sans frais à quiconque justifie d'un intérêt pour obtenir cette communication.

Les mentions relatives au répertoire ne peuvent être l'objet d'aucune publicité, à peine d'une amende de cent francs (100 fr.) contre les contrevenants et de dommages-intérêts, s'il y a lieu.

Art. 3. — Le président du tribunal saisit le tribunal de la requête dans un délai qui ne doit pas excéder cinq jours. Il communique en même temps au tribunal les documents qui lui ont été soumis et tous les renseignements qu'il a pu recueillir.

Art. 4. — Le tribunal, réuni en chambre du conseil, statue dans les trois jours, le débiteur entendu.

Si la requête est admise, le jugement nomme un des membres du tribunal juge délégué et désigne un administrateur. Ce jugement entraîne de plein droit un sursis provisoire à tous actes d'exécution, tant sur les meubles que sur les immeubles.

Le sursis provisoire ne profite point aux codébiteurs ni aux cautions qui ont renoncé au bénéfice de discussion.

Aucune inscription d'hypothèque ou de privilège ne peut être valablement prise à partir de ce jugement sur les biens du débiteur.

Le jugement d'admission de la requête arrête le cours des intérêts de toute créance non garantie par un privilège, par un nantissement ou par une hypothèque. Il rend exigibles à l'égard du requérant les dettes passives non échues.

Le jugement admettant la requête n'est l'objet d'aucune autre publicité que celle prévue par l'alinéa 4 de l'article 2 ci-dessus. Il n'est susceptible d'aucun recours et ne peut être attaqué par la voie de tierce opposition.

Art. 5. — L'administrateur, immédiatement prévenu par le greffier au moyen d'une lettre qui lui sert provisoirement de titre, arrête, dans les vingt-quatre heures de sa nomination, les livres du débiteur, et procède avec celui-ci à l'inventaire détaillé de tous les éléments d'actif. Le débiteur est tenu de déclarer à cet inventaire tous ses droits de propriété foncière, mobilière ou de créances quelconques, et de signer ses déclarations ; il doit tenir à la disposition de l'administrateur tous ses titres, baux, polices d'assurances ainsi que toutes les pièces dont l'administrateur pourrait avoir besoin pour contrôler les déclarations du débiteur, pour vérifier les créances et accomplir sa mission de surveillance.

ART. 6. — Avec l'autorisation du juge délégué et sous la surveillance et le contrôle de l'administrateur, le débiteur continue l'exploitation de son commerce ou de son industrie et conserve l'administration de ses biens. Toutefois, il ne peut contracter de nouvelles dettes, ni aliéner tout ou partie de son actif, ni intenter ou suivre aucune action mobilière ou immobilière sans l'autorisation et l'assistance de l'administrateur.

ART. 7. — Dans la huitaine du jugement admettant la requête initiale, chacun des créanciers portés sur la liste déposée par le débiteur ou révélés ultérieurement est avisé par lettre recommandée avec avis de réception, par les soins du greffier, du jugement obtenu par son débiteur, et est invité à produire ses titres de créance entre les mains de l'administrateur ou du greffier dans le délai de quinze jours à dater dudit avis. Ce délai peut être prorogé par ordonnance du juge délégué.

L'avis du greffier contient la copie du bilan et la liste des créanciers. Il informe chaque créancier qu'il lui est loisible de contester, dans ce même délai de quinze jours, s'il y a lieu, les créances produites.

Les productions et les contestations sont faites par déclarations écrites, affirmées sincères, signées du créancier ou de son mandataire, elles sont déposées au greffe ou entre les mains de l'administrateur, sinon transmises par lettre recommandée avec avis de réception. Au cas de dépôt au greffe ou entre les mains de l'administrateur, il doit en être donné récépissé au déposant. Les déclarations faites par mandataire doivent être accompagnées du pouvoir du créancier, enregistré.

Lorsqu'un mandataire régulier a été constitué par un créancier, les communications et avis prescrits par les articles ci-après sont adressés au mandataire et au créancier.

Lorsqu'un même mandataire représente plusieurs créanciers, un seul avis lui est transmis, quel que soit le nombre de ses mandants.

ART. 8. — La vérification des créances est faite par l'administrateur, contradictoirement avec le débiteur. Dans les huit jours qui suivent l'expiration du délai imparti pour la production des créances, l'état des créances admises est déposé au greffe par l'administrateur ; mention des contestations y est portée ; il en est dressé un acte de dépôt par le greffier.

ART. 9. — Les créances litigieuses, quel que soit l'état de la procédure et à quelque degré de juridiction qu'elles soient soumises, sont portées sur requête de la partie la plus diligente ou de l'administrateur devant le juge délégué qui convoque les parties.

Le juge délégué, les parties entendues ou elles dûment convoquées, sans motiver son ordonnance, fixe, s'il y a lieu, la somme pour laquelle la créance litigieuse figurera dans les opérations ultérieures du règlement. Les mêmes dispositions sont applicables lorsque l'admission d'une créance produite est contestée.

La décision du juge délégué est rendue à titre provisionnel, en toutes matières, et ce, sans qu'il y ait lieu à sursis, dans le cas où la créance litigieuse est portée soit devant le tribunal de commerce, soit devant le tribunal civil, ou fait l'objet d'une instruction criminelle ou correctionnelle, tous les droits des parties expressément réservés sur le fond et sans que le fait ou le montant de l'admission puisse être opposé par l'une des parties à l'autre devant les juridictions appelées à connaître du litige.

Art. 10. — Lorsqu'il n'existe pas de contestations ou lorsque la dernière admission provisionnelle est ordonnée, le juge délégué déclare le procès-verbal d'admission des créances définitivement clos. Dans le délai de cinq jours à partir de cette clôture, dont le débiteur et l'administrateur sont avisés par lettre du greffier, le débiteur est tenu de déposer au greffe, s'il ne l'a déjà fait, ses propositions de règlement signées par lui.

Dans le même délai, l'administrateur doit déposer son rapport sur les opérations, contenant notamment la situation active et passive du débiteur.

Le délai établi par les deux paragraphes précédents peut être, à titre exceptionnel, lorsque les circonstances le requièrent, prorogé par ordonnances du juge délégué.

Art. 11. — Le greffier, sur ordonnance du juge délégué requise par l'administrateur, transmet à chaque créancier, par lettre recommandée avec avis de réception, les propositions de règlement du débiteur, l'extrait du rapport de l'administrateur et l'invite à faire connaître, en personne ou par mandataire, s'il adhère ou non à ces propositions, en lui faisant connaître que son silence sera interprété comme une adhésion. La déclaration écrite du créancier doit être adressée par lettre recommandée avec avis de réception au greffier, dans un délai fixé par le juge délégué. La date d'expiration dudit délai est mentionnée explicitement dans la lettre d'avis du greffier.

Les créanciers qui n'ont pas fait connaître leur réponse dans ce délai sont considérés comme acceptant les propositions du débiteur. Toutefois, les créanciers hypothécaires inscrits ou dispensés d'inscription et les créanciers privilégiés ou nantis d'un gage n'ont pas voix dans les opérations relatives au règlement pour lesdites créances et il n'est tenu compte de leur avis que s'ils renoncent à leurs hypothèques, gages ou privilèges.

Si un créancier du débiteur a cédé sa créance postérieurement à la date du dépôt de la requête, le cessionnaire ne prendra pas part aux opérations autres que la vérification.

Toute tractation ayant pour objet de faire intervenir aux opérations, en violation de la disposition précédente, un cessionnaire de créances sous le couvert d'un mandat, est nulle et de nul effet entre les parties.

Les créanciers opposants sont tenus de formuler explicitement, par écrit, les motifs de leur refus et de joindre à l'appui toutes pièces utiles, dont il leur est donné récépissé par le greffier.

Pendant la huitaine qui suivra l'expiration du délai imparti aux créanciers, le débiteur ou son mandataire peut se faire délivrer copie par le greffier des motifs allégués par les créanciers opposants.

Art. 12. — A l'expiration de ce délai de huitaine, le projet de règlement, avec toutes pièces à l'appui et réponses des créanciers, est soumis à l'examen du tribunal en la chambre du conseil.

Si le règlement sollicité par le débiteur n'implique que la concession de délais pour sa libération, sans réduction du chiffre des créances, ou si la réduction par lui demandée sur le chiffre des créances a obtenu l'assentiment des deux majorités, en nombre ou en sommes, prévues par l'alinéa 1er de l'article 15 de la loi du 4 mars 1889, le règlement est soumis à l'homologation du tribunal, sur requête déposée au greffe par l'administrateur.

Dans le cas où il existe des oppositions, les opposants et le débiteur sont convoqués à s'expliquer contradictoirement en la chambre du conseil. Ils comparaissent en personne, mais ont la faculté de se faire assister ou représenter, conformément aux lois en vigueur. Il est loisible au débiteur de modifier ses propositions primitives pour en augmenter le montant ou les garanties. Ces propositions ne doivent aucunement constituer un avantage particulier pour un ou plusieurs des créanciers.

Si l'accord n'a pu s'établir ou si de nouvelles propositions sont formulées, le tribunal, en chambre du conseil, ordonne que les créanciers seront convoqués en assemblée générale par les soins du juge délégué et sous sa présidence.

Si, à la suite de cette délibération, le règlement proposé par le débiteur a réuni les acceptations des créanciers représentant en nombre ou en sommes l'une des majorités requises par l'article 15 de la loi du 4 mars 1889, le projet de règlement est soumis au tribunal par le juge délégué, avec son avis motivé, l'état des adhésions explicites ou tacites ou des refus, et toutes les pièces produites par les créanciers opposants.

Le tribunal statue en chambre du conseil sur les oppositions qui doivent être motivées. Si les oppositions ne lui paraissent pas fondées, le règlement peut être homologué.

Les opposants qui n'auront point comparu devant le tribunal en chambre du conseil, conformément aux alinéas 3 et 4 du présent article, seront présumés faire abandon de leur opposition et considérés comme acceptant les propositions du débiteur.

ART. 13. — Le jugement d'homologation n'est l'objet d'aucune autre publicité que celle qui est prévue par l'alinéa 4 de l'article 2 ci-dessus. Un avis dudit jugement, contenant un extrait sommaire des conditions du règlement, est adressé dans la huitaine, par les soins du greffier, sous pli recommandé, avec avis de réception, à chaque créancier.

Après entière exécution des obligations résultant du règlement transactionnel, le débiteur pourra introduire requête à l'effet d'obtenir un jugement de décharge, lequel sera transcrit au répertoire et spécialement mentionné au regard du jugement d'homologation.

ART. 14. — Les opposants ont le droit de former appel par déclaration au greffe dans les dix jours de l'avis énoncé à l'article précédent. Cet appel est signifié dans le même délai au débiteur ainsi qu'à l'administrateur, par lettre recommandée, avec avis de réception. L'appel formé par les opposants qui ne se seront pas présentés devant le tribunal, bien que dûment appelés, n'aura pas pour effet de les restituer contre la présomption légale d'adhésion résultant du dernier alinéa de l'article 12 ci-dessus.

Dans le cas où, malgré l'avis favorable de l'une ou l'autre des majorités prévues à l'article 12, le tribunal a refusé d'homologuer le règlement, le débiteur peut également former appel dans les dix jours du jugement. Dans le même délai, l'appel doit être signifié à l'administrateur et aux créanciers par lettre recommandée.

La Cour, saisie par une requête adressée au premier président, statue dans le mois, en la chambre du conseil, après audition de l'administrateur et des parties convoquées par lettre recommandée adressée par le greffier. Les intéressés comparaissent en personne, mais ont la faculté de se faire assister ou représenter, soit par un avoué de la Cour, soit par un avocat régulièrement inscrit, lesquels sont dispensés de présenter une procuration. L'arrêt de la Cour n'est l'objet d'aucune autre publicité que celle prévue par l'alinéa 4 de l'article 2 ci-dessus. Un avis de l'arrêt est adressé dans la huitaine par les soins du greffier, sous pli recommandé, à l'administrateur, aux créanciers, ainsi qu'aux débiteurs.

Sont nulles de plein droit et de nul effet les obligations contractées pour rémunération de leurs services envers les agents d'affaires et autres intermédiaires qui se chargent, moyennant émoluments convenus à l'avance, de représenter dans la procédure, soit le débiteur, soit l'un des créanciers.

Art. 15. — En cas de refus d'homologation, après expiration du délai d'appel prévu en faveur du débiteur à l'article précédent, ou en cas de non-présentation de règlement, le tribunal déclare d'office le débiteur en état de liquidation judiciaire ou de faillite.

Par ce jugement, le tribunal ordonne la réouverture du procès-verbal de vérification des créances.

Les admissions de créances portées au procès-verbal de la procédure du règlement restent acquises.

Le juge commissaire convoque à bref délai l'assemblée prévue par l'article 13 de la loi du 4 mars 1889 ou, en cas de faillite, l'assemblée de clôture du procès-verbal des affirmations.

Art. 16. — Si, au cours des opérations, il apparaît au juge délégué que le débiteur a sciemment omis de faire connaître un de ses créanciers, dissimulé ou détourné une partie de son actif, induit en erreur le tribunal ou l'administrateur sur sa situation active ou passive, refusé systématiquement son concours pour l'administration de ses biens, et ce, en contravention aux règles posées à cet effet par les articles 5 et 6 ci-dessus, commis enfin tout autre acte de fraude ou de mauvaise foi, qui le rende indigne du bénéfice de la présente loi, le juge délégué propose au tribunal de déclarer la faillite ou de provoquer des poursuites pour banqueroute. Le débiteur sera entendu en la chambre du conseil. Il pourra être assisté d'un avocat ou d'un avoué.

Art. 17. — L'administrateur rend compte de sa gestion au débiteur devant le juge délégué.

Les honoraires et frais nécessités par les opérations sont taxés par le juge délégué ; le débiteur peut y faire opposition dans la huitaine du jour où il a été invité à examiner les comptes présentés.

Le tribunal statue sur l'opposition en chambre du conseil, le juge délégué entendu.

Art. 18. — L'annulation du règlement peut être poursuivie par tout intéressé pour cause de dol ou de fraude. La nullité prononcée entraîne la déclaration de faillite. Elle libère de plein droit les cautions.

Sont applicables à la présente loi les articles 597 et 598 du Code de commerce.

Sera puni, en outre, des peines prévues par l'article 405 du Code pénal, tout commerçant qui, par des manœuvres frauduleuses, aura obtenu ou tenté d'obtenir le règlement transactionnel prévu par la présente loi.

Les dispositions de l'article 463 du Code pénal sont applicables aux pénalités prévues par le présent article.

Art. 19. — En cas d'inexécution du règlement, la résolution peut être poursuivie en présence des cautions qui y seront intervenues pour en garantir l'exécution totale ou partielle, ou elles dûment appelées.

La résolution du règlement transactionnel ne libère pas ces cautions.

Art. 20. — Les ordonnances du juge délégué rendues au cours de la procédure ne sont susceptibles d'aucun recours.

Art. 21. — Tous actes de procédure relatifs au règlement ne peuvent être délivrés sur copie qu'aux parties intéressées.

Sont affranchis de la formalité du timbre et de l'enregistrement les actes faits en exécution de la présente loi et dont l'énumération suit : requêtes initiales et pièces dont elles sont accompagnées, inventaires, bilans, affiches et certificats d'insertion, déclarations des créanciers portant production, contestation ou opposition, et leurs récépissés, listes d'obligataires, états des créances admises, actes de dépôt au greffe, procès-verbaux d'admission des créances, propositions de règlement, état des adhésions ou des refus, rapports et comptes des administrateurs et commissaires, requêtes au juge délégué et ordonnances de ce magistrat, règlements transactionnels, déclarations d'appel. Toutefois, ces différents actes continueront à être soumis à la formalité du répertoire, en conformité de la loi du 22 frimaire an VII.

Les quittances données par les créanciers restent soumises au droit du timbre spécial créé par l'article 18 de la loi du 23 août 1871, modifié par l'article 28 de la loi du 15 juillet 1914 et par les articles 19 et 23 de la loi du 31 décembre 1917.

TITRE II
Dispositions spéciales aux sociétés.

Art. 22. — Les sociétés qui entendent obtenir de leurs créanciers, autres que les obligataires ou porteurs de part, le règlement transactionnel prévu par les articles 1er et 2 ci-dessus, sont tenues de procéder en la forme déterminée ci-après.

Pour les sociétés en nom collectif ou en commandite, la requête est signée par celui ou par ceux des associés qui disposent de la signature sociale.

Pour les sociétés anonymes ou en commandite par actions, l'assemblée générale décidera, dans la forme et à la majorité requise par les statuts pour la dissolution anticipée de la société, s'il y a lieu de présenter la requête en vue d'obtenir un règlement transactionnel.

Jusqu'à la date à laquelle le jugement d'homologation devient définitif, toutes les dispositions, notamment celles des articles 4, 5, 6 et 7 du titre 1er de la présente loi, reçoivent leur application dans la mesure où il n'y est pas expressément dérogé par le titre II.

Art. 23. — Si le règlement transactionnel est réclamé par une société ayant émis des obligations nominatives ou au porteur, des parts de fondateur ou autres titres analogues, le jugement admettant la requête est publié conformément à l'article 442 du Code de commerce. Cette publication porte avis aux créanciers intéressés autres que les obligataires de produire leurs titres dans le délai de quarante jours, soit au greffe du tribunal de commerce, soit entre les mains de l'administrateur, ainsi qu'il est dit à l'article 7 ci-dessus.

En désignant un administrateur et un juge délégué dans les conditions prévues à l'article 4, le jugement ordonne que les obligataires seront convoqués séparément des autres créanciers en assemblée générale.

ART. 24. — L'assemblée générale des obligataires est convoquée par deux avis insérés à huit jours d'intervalle dans le *Bulletin des annonces légales obligatoires* publié par le *Journal officiel* et dans les journaux désignés, soit par les statuts, soit par l'acte d'emprunt, pour recevoir les publications relatives à la société, soit enfin par le jugement admettant la requête.

Le tribunal, par le même jugement, règle, s'il y a lieu, la publication qui devra être faite et désigne les établissements où le dépôt des titres pourra être effectué à l'étranger. Les dits avis sont, en outre, affichés dans la salle des audiences du tribunal de commerce saisi de la requête, au siège social et dans ses succursales, ainsi que dans les établissements de crédit ou banques ayant émis les titres ou accepté d'en effectuer le service financier.

La convocation indique le lieu, le jour et l'heure de la réunion, ainsi que l'objet de la délibération. Elle fixe les caisses où les titres devront être déposés sur récépissé. Les récépissés seront accompagnés d'une déclaration signée et certifiée sincère précisant en quelle qualité (propriétaire, mandataire, créancier gagiste, etc.) le détenteur desdites obligations entend participer au vote de l'assemblée générale.

La déclaration précisera, en outre, la date de l'acquisition de ces obligations, si elle est postérieure au 2 août 1914.

Le récépissé et la déclaration seront remis ou déposés au greffe du tribunal de commerce au plus tard dans les quinze jours précédant la tenue de l'assemblée générale.

Par les soins du greffier, une liste générale de tous les obligataires qui se seront fait connaître sera dressée et mise à la disposition des obligataires, avec les pièces justificatives, le tout déposé au greffe, cinq jours au moins avant la tenue de l'assemblée générale.

Seront déposés dans le même délai, au greffe du tribunal de commerce, le rapport de l'administrateur désigné en vertu de l'article 5 du titre 1er, ainsi que le dernier bilan de la société, les propositions de règlement faites par elle et un état des obligations émises et non éteintes restant à la disposition de la société, certifié par le président du conseil d'administration ou par le gérant délégué à cet effet.

ART. 25. — L'assemblée générale des obligataires a lieu sous la présidence du juge délégué, assisté du greffier.

Il est établi, à la diligence du greffier, une feuille de présence des obligataires présents ou représentés, avec indication des noms, prénoms et domiciles des porteurs et du nombre d'obligations avec leurs numéros, déposées par chacun des obligataires, sous la forme de titres ou de récépissés de titres. La liste certifiée par le juge délégué, président de l'assemblée, est mise à la disposition des membres de la réunion dès la constitution de celle-ci et avant le vote sur les propositions du règlement.

Art. 26. — L'assemblée ne peut délibérer valablement que si elle est composée d'un nombre d'obligataires représentant les deux tiers au moins des obligations émises et non éteintes, déduction faite des obligations qui sont en possession de la société, provenant de rachat, amortissement, non attribution, quoique créées matériellement, ou de toutes autres opérations.

Chaque obligataire dispose d'autant de voix qu'il possède d'obligations.

Le règlement transactionnel ne peut être voté qu'à la majorité représentant plus de la moitié des obligations émises et non éteintes.

La société n'a pas le droit de voter avec les titres restés en sa possession.

Toute infraction à cette dernière disposition rend les administrateurs ou directeurs passibles d'un emprisonnement d'un mois au moins et de six mois au plus et d'une amende de cinquante francs (50 fr.) au moins et de trois mille francs (3.000 fr.) au plus.

Les dispositions de l'article 463 du Code pénal sont applicables aux pénalités prévues par le présent article.

Art. 27. — Le juge délégué pourra, avant toute délibération, proroger l'assemblée et fixer une nouvelle date pour une convocation ultérieure qui aura lieu dans les conditions de publicité fixées pour la réunion précédente.

Si les propositions de la société débitrice, sans réunir la majorité prévue à l'article précédent, ont cependant recueilli l'adhésion de la majorité des obligataires présents ou représentés à la première réunion, le juge ordonnera une seconde convocation.

Les votes émis à la première assemblée resteront acquis pour le calcul de la majorité.

Quel que soit le nombre des obligataires présents ou représentés à la deuxième assemblée, le règlement transactionnel sera déclaré acquis, s'il a obtenu l'adhésion d'obligataires représentant la majorité absolue des obligations émises et non éteintes.

Art. 28. — Le règlement transactionnel pourra proroger une ou plusieurs échéances d'intérêt, prolonger la durée de l'amortissement ou la suspendre, décider la réduction du capital ou du taux de l'intérêt, ou modifier les conditions de payement du coupon, faire abandon des garanties antérieures ou en stipuler de nouvelles.

Il comportera la nomination d'un ou plusieurs commissaires choisis par l'assemblée générale, ou, à son défaut, par le tribunal de commerce, soit sur la liste des administrateurs judiciaires, soit parmi les obligataires ayant acquis leurs titres un an au moins avant la date de la requête visée par l'article 22.

Ces commissaires auront le mandat de surveiller l'exécution des clauses et obligations du règlement transactionnel, de prendre à cet effet des inscriptions hypothécaires ou autres, d'accomplir tous actes conservatoires et d'en poursuivre, au besoin, l'exécution devant le tribunal dans les conditions indiquées pour le règlement transactionnel, lequel définira, au surplus, l'objet et l'étendue de leurs pouvoirs.

Les commissaires présenteront annuellement au tribunal de commerce un rapport sur les conditions dans lesquelles le règlement transactionnel aura été exécuté. Ils pourront prendre l'initiative de convoquer une assemblée générale des obligataires en vue de rendre compte de leur gestion et de s'en faire donner décharge.

Art. 29. — Les sociétés civiles d'obligataires exercent la plénitude des pouvoirs qu'elles tiennent des statuts, dans les formes prévues par lesdits statuts, en tant qu'ils ne sont pas contraires à la présente loi ; elles sont, notamment, soumises aux conditions de majorité exigées en ce qui concerne le règlement transactionnel.

Art. 30. — Le règlement transactionnel voté par les obligataires est soumis, en même temps que le règlement transactionnel obtenu des autres créanciers, au tribunal de commerce qui statuera sur leur homologation par un seul et même jugement, le juge délégué entendu. Le règlement transactionnel peut être attaqué.

Celle-ci doit être formée par déclaration au greffe du tribunal de commerce dans les dix jours suivant la clôture de l'assemblée générale des obligataires.

Si le règlement transactionnel homologué par le tribunal n'a pas réuni l'adhésion d'un nombre d'obligataires représentant plus des deux tiers des obligations en circulation, le jugement d'homologation peut être frappé d'appel.

La déclaration d'appel est faite au greffe du tribunal de commerce dans le délai de dix jours à compter de l'insertion du jugement d'homologation au *Bulletin des annonces obligatoires* publié par le *Journal officiel.*

La signification de l'appel et la procédure d'appel ont lieu dans les conditions prévues à l'article 14 de la présente loi.

La présente loi, délibérée et adoptée par le Sénat et par la Chambre des députés, sera exécutée comme loi de l'Etat.

Fait à Paris, le 2 juillet 1919.

SIXIÈME PARTIE

PÉNALITÉS. — DES DÉLITS RELATIFS AUX SOCIÉTÉS PAR ACTIONS. — DIVIDENDES FICTIFS

3890. — Les actes coupables qui peuvent se produire à la naissance et au cours des sociétés par actions sont réprimés par le Code pénal ou des dispositions spéciales édictées par le législateur de 1867.

3891. — Le Code pénal constitue le droit commun. Toutes infractions commises, par une société ou ses administrateurs, aux règles du droit commun peuvent être poursuivies. Mais le législateur des sociétés a toujours pensé qu'il devait édicter des règles pénales spéciales ; c'est ainsi que dès la loi du 17 juillet 1856, on rencontre, dans la législation sur les sociétés, des dispositions pénales ; la loi du 23 mai 1863 les étendait aux sociétés à responsabilité limitée, et enfin, la loi du 24 juillet 1867 a reproduit les infractions prévues par la loi de 1856 et par la loi de 1863 (V. Grandjean, *Étude pratique du délit d'escroquerie dans la société par actions*).

3892. — La loi de 1867, spéciale aux sociétés, n'a pu édicter que des pénalités atteignant les sociétés par actions ; mais on s'est demandé si ces pénalités atteignaient toutes les sociétés par actions sans exception, et notamment les sociétés anonymes antérieures à 1867, les sociétés civiles et les sociétés étrangères. On décide généralement que les dispositions pénales de la loi s'appliquent même aux sociétés fondées antérieurement à sa promulgation : l'art. 45 le dit en propres termes ; mais cette règle, qui doit se concilier avec le principe de la non-rétroactivité des lois, nous conduit à décider que les dispositions pénales, en ce qui concerne les sociétés antérieures à la loi de 1867, ne peuvent être appliquées que pour des actes postérieurs à cette loi, c'est-à-dire pour le cas, par exemple, d'augmentation du capital à l'occasion de laquelle les dispositions légales n'auraient pas été observées (V. Cass., 19 mars 1864, D. 65. 1.59 ; — 9 janv. 1878, D. 79.1.10 ; — 12 fév. 1879, D. 79.1.281).

Quant aux sociétés civiles et aux sociétés étrangères, on décide généralement que les dispositions pénales de la loi de 1867 ne peuvent leur être appliquées (V. Cass., 28 nov. 1873, S. 75.1.281 ; — 9 mai 1879, D. 79.1.315 ; — Paris, 22 fév. 1886, *Gaz. Trib.*, 9 mars 1886. — V. quant aux sociétés étrangères n. 3988).

Les dispositions pénales de la loi de 1867 s'appliquent aux sociétés civiles qui revêtent la forme d'une société anonyme ou d'une société en commandite par actions. Aussi elles ont frappé les fondateurs d'une société qualifiée à tort commandite simple et qui, par les combinaisons adoptées de cessibilité des titres, constituaient une véritable commandite par actions (Trib. Seine, 14 nov. 1904, *J. S.*, 1905, p. 516. — Tchernoff, *Délits et sanctions pénales*, n. 7, citant un jugement de la Seine du 25 mai 1903).

Ainsi il a été jugé par arrêt de la Chambre criminelle de la Cour de cassation du 14 janvier 1905 qu'une société ayant pour objet des opérations civiles, dont le fonds social a été divisé en parts d'une valeur égale, nominatives ou au porteur, au gré des titulaires, cessibles dans le premier cas par transfert, dans le second par la simple tradition, chaque associé n'étant statutairement tenu des dettes et engagements que jusqu'à concurrence de sa part, — s'est ainsi constituée dans une forme qui n'est admise que par le Code de commerce et la loi du 24 juillet 1867, modifiée par la loi du 1er août 1893, et elle doit, par suite, être considérée comme commerciale.

Bien que des parts sociales présentant tous les caractères juridiques essentiels à l'action soient émises sans valeur nominale, cette violation de la loi ne modifie pas la nature du titre et l'existence de ces actions, jointe à la constatation qu'il existe un capital social, permet de voir dans la société ainsi constituée le caractère de société anonyme (1).

(1) Voici le texte de cet arrêt :
La Cour,
Sur la première branche du moyen unique pris de la violation des art. 1er et suiv., 13, 21 et suiv., 45 de la loi du 1er août 1893, en ce que l'arrêt attaqué aurait décidé qu'une société civile dont le capital était divisé en actions, mais qui n'avait pas été constituée dans les formes établies par la loi de 1867, était néanmoins soumise aux prescriptions de cette loi :
Attendu que, par l'art. 6 de la loi du 1er août 1893, la disposition suivante a été ajoutée à la loi du 24 juillet 1867 : « Art. 68. — Quel que soit leur objet, les sociétés en commandite ou anonymes qui seront constituées dans les formes du Code de commerce ou de la présente loi seront commerciales et soumises aux lois et usages du commerce » ;
Attendu qu'il résulte de l'arrêt attaqué que la société du Gaz Otto, qui a pour objet des opérations civiles, s'est constituée en 1902 par la division du fonds social en six mille parts d'une valeur égale, nominatives ou au porteur, au gré des titulaires, cessibles dans le premier cas par transfert, et dans le second par la simple tradition, chaque associé n'étant statutairement tenu des dettes et engagements de la société que jusqu'à concurrence de sa part ;
Attendu que, par cette division du fonds social avec la limitation susindiquée de la res-

3893. — Les mêmes solutions ont été adoptées pour les sociétés dites en participation qui, juridiquement analysées, constituaient de véritables sociétés par actions. Pendant un temps cette forme de sociétés eut les faveurs des gens qui croyaient échapper aux rigueurs de la loi de 1867 (Cass., 14 janv. 1905, D. 1906.1.129 ; Cass., 28 mars 1908, *Bull. crim.*, 1908. — Tchernoff, *loc. cit.* — V. sur la question également : Paris, 27 juin 1905, D. 08.2.393 ; et la note de M. Wahl dans S. 03.2.185).

ponsabilité des associés, la société du Gaz Otto s'est constituée dans une forme qui n'est admise que par le Code de commerce et la loi du 24 juillet 1867 ; qu'elle doit donc être considérée comme commerciale aux termes de l'art. 68 de cette loi ; d'où il suit que l'inobservation des prescriptions des art. 1er, 2 et 3 tombe sous les sanctions pénales de ladite loi ;

Sur la deuxième branche du moyen prise de la violation des mêmes dispositions, en ce que l'arrêt aurait considéré la société du Gaz Otto comme une société anonyme malgré l'absence du capital et d'actions :

Attendu qu'il est établi par l'arrêt attaqué que la société française du Gaz Otto avait pour objet le perfectionnement de procédés et appareils brevetés pour la production du gaz, ainsi que la cession des licences ou de la propriété de certains brevets y relatifs ; que l'apport de Blanc consistait dans les brevets dont il s'était rendu acquéreur, celui de Dussaux dans ses travaux et études ; que le fonds social était divisé en 6.000 parts d'une valeur égale, dont 1.500 devaient être vendues pour procurer à la société le numéraire dont elle avait besoin que si les parts sociales, présentant tous les caractères juridiques essentiels de l'action, étaient émises sans valeur nominale, cette violation de la loi ne modifiait pas la nature du titre ; qu'il existait donc un capital social, constitué au moyen des apports respectivement faits par chaque associé, et que ce capital était divisé en actions ; que le délit imputé aux prévenus était précisément d'avoir émis ces actions sans observer les prescriptions légales, et qu'il a été à bon droit retenu par l'arrêt attaqué qui condamne, de ce chef, Blanc et Dussaux à 25 fr. d'amende ;

Et attendu d'ailleurs que ledit arrêt est régulier en la forme ;

Par ces motifs,

Rejette.

CHAPITRE PREMIER

CARACTÈRES GÉNÉRAUX DES INFRACTIONS PRÉVUES PAR LA LOI DE 1867

3894. — La principale difficulté qui s'élève au point de vue des caractères généraux des infractions à la loi de 1867 est celle de savoir si ces infractions constituent des délits ou des contraventions. Pour résoudre cette question, certains auteurs distinguent suivant que le bénéfice des circonstances atténuantes peut être ou non accordé au délinquant ; d'autres s'appuient sur le point de savoir si l'intention frauduleuse est exigée ou non par la loi pour l'existence de l'infraction.

3895. — Les peines prononcées par la loi sont des peines d'amende ou d'emprisonnement ; elles peuvent être diminuées, aux termes de l'art. 16 de la loi de 1867, par l'admission de circonstances atté-nuantes, et descendre à des peines de simple police.

3896. — Quant à l'intention frauduleuse, c'est-à-dire la question de savoir si la bonne foi est suffisante pour amener l'absolution d'un prévenu à la charge duquel la matérialité de l'infraction est établie, la solution de la loi de 1867 est plus délicate. Pour plusieurs des délits retenus par la loi et que nous examinerons, aucune diffi-culté n'est possible ; par exemple, pour les délits prévus par les art. 13, §§ 1 et 2, par l'art. 14 et par l'art. 64. Des travaux préparatoires, il résulte que l'intention frauduleuse n'est pas prise en considé-ration pour ces divers délits, et que la simple matérialité du fait donne lieu à l'application de la peine. Cela dit, les infractions pré-vues par la loi de 1867 constituent-elles des délits ou des contra-ventions ?

D'après un premier système, la possibilité d'appliquer les cir-constances atténuantes fournit un véritable critérium. L'art. 16 de la loi ne permet aucune hésitation : tous les faits auxquels il au-torise l'application des circonstances atténuantes sont des délits, puisque les magistrats pourront faire à la bonne foi sa part et n'at-teindre que la fraude (Mathieu et Bourguignat, p. 122). Ce système est généralement rejeté par les auteurs et par les arrêts.

M. Pont (p. 378) fait observer que les circonstances atténuantes n'appartiennent en propre à aucune catégorie d'infractions.

Un système s'attache à l'intention frauduleuse ; c'est le système enseigné par l'unanimité des auteurs. Il se formule ainsi : Les infractions pour l'existence desquelles la mauvaise foi est requise sont des délits ; les autres sont des contraventions. Le délit suppose nécessairement, de la part de l'agent coupable, l'intention frauduleuse ; la contravention existe par le seul fait de la constatation matérielle du fait incriminé, quelle que soit la bonne ou la mauvaise foi de l'agent ; c'est donc la nature intrinsèque de l'infraction qui détermine si elle est ou non un délit (Pont, t. 2, p. 377 ; Bédarride, t. 1, p. 347 ; Ledebt, *R. S.*, 1883, p. 189 ; article dans la *Loi*, 8 et 9 avr. 1885).

Le troisième système s'en tient aux principes généraux, ne tenant aucun compte ni des circonstances atténuantes, ni de l'intention frauduleuse. Il dit, appliquant l'art. 1er C. pén. : L'infraction que les lois punissent de peines correctionnelles est un délit ; toutes les peines prononcées par la loi de 1867 étant au-dessus de 15 francs d'amende et de cinq jours d'emprisonnement, maximum des peines de simple police, sont des peines correctionnelles ; par suite, les infractions dont elles sont le châtiment constituent des délits (Rubat de Mérac, *Délits des sociétés par actions*, n. 58. — Cass.,11 août 1859,S. 59.1.971,D. 59.1. 472 ; — 28 fév. 1885, S. 87.1.41, D. 85.1.329 ; — 17 juill. 1885, S. 87.1. 286, D. P. 86.1.273 ; — Paris, 2 déc. 1884, S. 86.2.240 ; — 28 déc. 1886, S. 88.2.37 ; — Grenoble, 15 juill. 1886, S. 86.2.241. — *Sic* : Bédarride, t. 1, n. 259 ; Boistel, n. 274, *in fine* ; Furcy-Larue, *Resp. des fond., admin., etc., dans les soc. anon.*, p. 178, n. 216 ; Lyon-Caen et Renault, t. 2, n. 801 ; Normand, p. 259 ; Pont, t. 2, n. 1312 et 1317, *in fine* ; Vavasseur, t. 1, n. 727 ; Villard, *Des administr. des soc. anon.*, p. 187 et s. ; Villey, note sous Grenoble, 15 juill. 1886, précité. — *Contrà* : Mathieu et Bourguignat, n. 154).

L'intérêt de cette discussion réside dans l'application différente des règles de compétence et de prescription, suivant qu'il s'agit d'un délit ou d'une contravention. La jurisprudence étant nettement fixée à cet égard, il paraît difficile d'échapper aujourd'hui à ses solutions. Il faut donc dire que les délits de la loi de 1867 sont déférés aux tribunaux correctionnels, que les règles de la complicité sont applicables à ces délits (Cass., 28 fév. 1885, précité ; — 20 avr. 1888, S. 89.1.425; — Paris, 2 déc. 1884, précité. — *Sic* : Lyon-Caen, *loc. cit.* ; Ruben de Couder, *loc. cit.*, n. 267 ; Vavasseur, t. 1, n. 730 ; Villey, note sous Cass., 28 fév. 1885, S. 87.1.41. — *Contrà* : Villard, *op. cit.*, n. 88), et que la durée de

la prescription est de trois années comme pour tous délits (Art. 638
C. inst. crim. — V. Paris, 2 déc. 1884, précité ; — 28 déc. 1886, précité ; — 28 avr. 1887, S. 91.1.121, P. 91.1.775, sous Cass., 23 déc. 1889,
D. 89.2.105 ; — Grenoble, 15 juill. 1886, précité. — *Sic* : Furcy-Larue,
op. cit., p. 218, n. 216 ; Lyon-Caen et Renault, *loc. cit.* ; Vavasseur,
t. 1, n. 732 ; Villard, *op. cit.*, n. 92). Une autre conséquence est relative
au cumul des peines. Le principe est qu'en cas de conviction de plusieurs délits, la peine la plus forte est seule appliquée (Art. 365 C. inst.
crim.). Le même principe n'existe pas en matière de contravention ;
aujourd'hui, la jurisprudence, fidèle aux principes que nous avons
analysés, applique l'art. 365 C. inst. crim. aux délits de la loi de 1867
(Paris, 18 mars 1885, *R. S.*, 1885.335).

CHAPITRE II

PÉNALITÉS EN MATIÈRE DE PLACEMENTS DE TITRES

3897. — Ces pénalités consistent, dit l'art. 3 de la loi du 30 janvier 1907, en une amende de 10.000 à 20.000 francs, constatée par les agents de l'enregistrement et à laquelle on peut appliquer l'art. 463 C. pén. — Cette pénalité frappe toutes les infractions, même les plus insignifiantes ; mais elle n'est pas due en cas d'inexactitude dans les énonciations et notamment de discordance entre les énonciations et les statuts. — Les amendes doivent être égales au nombre des contraventions, en ce sens que lorsque plusieurs personnes ont commis successivement une contravention, chacune d'elles est passible d'une amende ; que lorsqu'une notice ou une affiche contient diverses irrégularités, il est dû autant d'amendes qu'il y a d'irrégularités ; enfin qu'il y a autant d'amendes que de catégories de documents ne contenant pas les énonciations prescrites. Mais par contre il ne sera dû qu'une seule amende pour une contravention unique contenue dans une même série de documents, par exemple une irrégularité se reproduisant dans toutes les affiches ; de même, il n'est dû qu'une seule amende lorsqu'une personne émet ou introduit plusieurs titres à la fois, mais en commettant une infraction unique pour ces titres : notamment, lors d'une émission *au robinet* effectuée sans publication de notice, il n'est dû qu'une amende, bien que les titres ne soient souscrits que dans un délai assez long ; enfin lorsque plusieurs personnes concourent à un même fait, il n'est pas dû un nombre d'amendes égal au nombre de ces personnes : elles ne doivent qu'une seule amende, mais solidairement entre elles (Wahl, *op. cit.*, n. 46 et suiv.).

3898. — Doivent être considérés comme émetteurs ou introducteurs en France de titres d'une société étrangère, le signataire de la notice publiée à l'*Officiel* et le banquier qui prête sa firme et ouvre ses guichets pour ladite émission.

La pénalité édictée par le paragraphe 10 de l'art. 3 de la loi du 31 janvier 1907 est encourue par la constatation de l'existence même de l'infraction, sans qu'il soit nécessaire d'établir la mauvaise foi de l'émetteur (Trib. corr. Seine, 24 fév. 1914, *Gaz. Soc.*, 1914.154).

3899. — Jugé encore que la loi du 30 janvier 1907 s'applique à toutes les sociétés et, par conséquent, aux sociétés étrangères qui procèdent en France à des émissions ou introductions de titres.

Les infractions à la loi de 1907 intéressent l'ordre public et le ministère public est qualifié pour poursuivre la répression des infractions prévues et punies par ladite loi, encore bien que le paragraphe 10 de l'art. 3 dispose que ces infractions seront constatées par les agents de l'enregistrement.

Constitue le délit prévu et puni par l'art. 3 de la loi du 30 janvier 1907 le fait, par le directeur d'une succursale en France d'une banque étrangère, d'avoir adressé des prospectus à la clientèle de cette succursale, d'avoir mis en œuvre des démarcheurs en vue d'obtenir des souscriptions aux obligations d'une société étrangère qui n'a pas, au préalable, fait insérer au *Bulletin annexe du Journal officiel* ni la note exigée par la loi, ni la traduction intégrale en langue française de ses statuts.

Pour se soustraire à l'application de la loi, on ne peut invoquer que les souscriptions ont été sollicitées non par un appel au public, mais par correspondances privées avec la clientèle, s'il résulte des faits que ces correspondances sont très multipliées au point de revêtir un caractère de publicité.

Si la loi du 24 juillet 1867 a distingué dans ses dispositions la souscription de l'émission et si, d'après cette loi, il est permis de dire que l'émission n'est accomplie que par la délivrance des titres aux souscripteurs, il en est tout autrement en ce qui concerne l'application de la loi de 1907.

En effet, tant des travaux préparatoires que du but poursuivi par le législateur, il appert que dans le sens de la loi de 1907, le mot émission a été adopté avec une acceptation nouvelle conforme au langage financier usuel et s'appliquant à l'invitation adressée au public par tous les moyens de publicité d'apporter des capitaux à une société contre la délivrance ultérieure des titres. Il faut donc faire tomber sous l'application de la loi de 1907 tous actes et moyens préparatoires de la création et de la mise en circulation des titres.

Le lieu du délit est celui où la publicité, en vue du placement du titre émis ou à émettre, a été faite, les souscriptions recueillies et le contrat formé.

L'infraction existe indépendamment de toute intention coupable ;

elle résulte nettement de la violation matérielle desdites formalités de la loi (Trib. corr. Seine, 4 juin 1913, *Gaz. Soc.*, 1913.338).

3899 *bis*. — Doivent être considérés comme émetteurs ou introducteurs en France de titres d'une société étrangère, le signataire de la notice publiée à l'*Officiel* et le banquier qui prête sa firme et ouvre ses guichets pour ladite émission.

La pénalité édictée par le § 10 de l'art. 3 de la loi du 31 janv. 1907 est encourue, par la constatation de l'existence même de l'infraction, sans qu'il soit nécessaire d'établir la mauvaise foi de l'émetteur (Trib. corr. Seine, 24 fév. 1914, *Gaz. Soc.*, 1914.154).

3900. — Les amendes ne peuvent être exigées que de l'émetteur, exposant, metteur en vente ou introducteur ; comme ils ne se confondent pas avec la société, l'amende ne peut être réclamée à celle-ci, à moins d'une disposition formelle de la loi, notamment en ce qui concerne les *sociétés étrangères*, pour la publication de leurs statuts (Wahl, *op. cit.*, n. 50 et suiv.).

3901. — Les amendes sont constatées par des agents de l'enregistrement, à l'aide de procès-verbaux. Mais la poursuite ne peut être exercée que par le ministère public. Elle est intentée devant le tribunal correctionnel, s'agissant d'un délit, auquel on appliquera toutes les règles générales concernant les délits. — Le juge peut accorder les circonstances atténuantes (Wahl, *op. cit.*, n. 53 et suiv.).

3902. — En dehors de l'amende, toute personne intéressée, à laquelle une inexactitude, une omission dans la publicité a causé préjudice, peut réclamer à l'auteur de la faute des dommages-intérêts. Comme l'amende, ces dommages-intérêts ne peuvent être demandés qu'à l'auteur du préjudice, c'est-à-dire à l'émetteur ou à l'introducteur et non pas à la société. — L'art. 3 ne sanctionne pas pour la nullité des opérations les obligations qu'il impose aux émetteurs et introducteurs. D'autre part, l'insertion au *Bulletin annexe* ne saurait être refusée par l'administration à une notice, sous le prétexte qu'elle est incomplète ou inexacte : l'art. 3 du décret du 25 février 1907 spécifie bien que les insertions seront « établies sous la responsabilité des signataires », ce qui enlève à l'administration tout droit de juger la validité de l'insertion (Wahl, n. 58 et suiv.).

CHAPITRE III

DÉLITS RELATIFS A LA CONSTITUTION DE LA SOCIÉTÉ

3903. — Les délits relatifs à la constitution de la société sont énumérés dans les art. 13, 14 et 15 ; ils se ramènent à cinq :

a) Simulation de souscriptions ou de versements (art. 15, § 1er) ;

b) Publication de faits faux (art. 15, §§ 1 et 2) ;

c) Émission irrégulière d'actions (art. 13, § 1er) ;

d) Négociation irrégulière d'actions (art. 14) ;

e) Commencement prématuré des opérations sociales (art. 13, § 2).

A) *Simulation de souscriptions ou de versements.*

3904. — Ce délit présente un caractère particulièrement grave. Il faut, au début d'une société, inspirer la confiance ; rien n'est donc plus propre à provoquer ce sentiment que le spectacle de fondateurs ou de personnes quelconques s'engageant dans l'affaire au moyen de souscriptions ou de versements ; le public est entraîné à penser que ces personnes n'engagent leurs capitaux qu'à bon escient, et il est ainsi poussé à imiter ce que d'autres ont fait avant lui. Cette manœuvre est donc grave, et le législateur l'a considérée comme constituant une espèce d'escroquerie. D'après la jurisprudence, il faut, pour que ce délit existe, trois éléments : 1° l'existence d'une simulation de souscription ou de versement ; 2° l'obtention ou la tentative d'obtention de souscriptions ou de versements ; 3° la mauvaise foi. Il y aura lieu également de rechercher s'il ne faut pas ajouter un autre élément, et si la simulation de souscription ou de versement doit nécessairement concerner des actionnaires.

3905. — La simulation est le fait de faire croire à l'existence de souscriptions ou de versements purement imaginaires. La simulation peut consister dans l'affirmation que telle personne a souscrit et versé, alors qu'il n'en est rien ; ou encore, la souscription et les versements ont été effectués, mais ils sont fictifs. Dans les deux hypothèses la jurisprudence reconnaît qu'il y a simulation (Trib. Coulommiers, 22 juill. 1882, *R. S.*, 1884.644 ; — Paris, 6 déc.

1886, *R. S.*, 1887.252 ; — 28 juill. 1887, *R. S.*, 1887.365 ; — Cass.,
10 avr. 1884, *R. S.*, 1885.6 ; — Paris, 19 mars 1883, S. 83.2.97,
D. 83.1.425 ; — Amiens, 15 mars 1888, *La Loi*, 9 et 10 août 1888 ; —
Cass., 26 fév. 1904, *J. S.*, 1904.489).

Jugé que le fait de présenter à une assemblée générale d'actionnaires un reçu de complaisance destiné à faire croire à l'existence
de souscriptions constitue un délit (Paris, 10 juill. 1902, *J. S.*,
1903.250).

Consultez sur le détail de manœuvres réprimées par la jurisprudence, Nîmes, 20 mars 1903, *J. S.*, 1903.495 ; — Amiens, 15 mars
1888, *La Loi* des 9 et 10 août ; — Trib. corr. Lyon, 19 août 1897,
Gaz. Trib., 13 octobre 1897. — Tchernoff, n. 183.

3906. — L'existence de simulation de souscription ou de versement ne suffit pas pour constituer le délit ; il faut un autre élément :
c'est-à-dire que l'auteur ait obtenu ou tenté d'obtenir d'autres
souscriptions ou d'autres versements ; c'est là une condition essentielle (Paris, 19 mars 1883, précité ; — Cass., 11 juin 1887, *R. S.*,
1887.505. — V. sur différentes espèces : Rubat de Mérac, n. 79 et
suiv. ; — Tchernoff, n. 184).

3907. — La Cour de cassation a fait de ce principe une sévère
application en décidant que l'art. 15 est applicable non pas seulement à ceux qui ont obtenu ou tenté d'obtenir des souscriptions
ou des versements au moment de la constitution de la société,
mais aussi à ceux qui, postérieurement, par les mêmes moyens, ont
obtenu ou tenté d'obtenir la remise de fonds destinés à compléter
le capital social (Cass., 26 fév. 1904, *Gaz. Trib.*, 13 août 1904). Ainsi,
les manœuvres relevées par l'arrêt n'avaient pas consisté à obtenir
de nouvelles souscriptions, elles avaient eu uniquement pour effet
de faire libérer des 3ᵉ et 4ᵉ quarts de quelques actions souscrites
(V. aussi Bordeaux, 2 août 1907, *R. S.*, 1908.342 ; — Cass., 11 déc.
1909, *R. S.*, 1910.107).

3908. — La mauvaise foi est également un élément essentiel du
délit, la rédaction de l'art. 15 en est la meilleure preuve. La mauvaise foi réside dans la conscience du caractère fictif des souscriptions, et dans les différentes circonstances qui entourent le fait incriminé (V. Paris, 19 mars 1883, précité ; — Lyon, 12 mars 1885,
précité. — V. note sous Paris, 19 mars 1883, S. 83.2.97).

3909. — La tentative d'obtention de souscriptions ou de versements à l'aide de simulation est punissable, alors même qu'elle
aurait échoué en partie. Peu importe donc que quelques actions

seulement aient pu être placées, et que mêmes elles aient été
remboursées : le fait délictueux n'en existe pas moins (Orléans,
28 avr. 1887, *R. S.*, 1888.34).

3910. — Enfin, la simulation doit-elle nécessairement être relative à des actions ? Cette question a été traitée au titre relatif aux
obligations (*Suprà*, n. 1384). Rappelons que l'art. 15 ne distingue pas
entre les différents titres que peut émettre la société ; il est aussi
nécessaire de protéger les obligataires que les actionnaires contre les
fraudes possibles des fondateurs ou des gérants (Cass., 30 avr. 1887,
S. 87.1.393, D. 88.1.334 ; — Paris, 18 fév. 1881, *J. S.*, 1881.654. —
Contrà : Lyon-Caen, note sous Cass.,»30 avr. 1887, S. *Ibid.* — *Adde* :
Lyon-Caen et Renault, t. 2, n. 805).

3911. — La simulation de souscription ou de versement est punie des peines portées par l'art. 405 C. pén., c'est-à-dire d'un emprisonnement d'un an au moins et de cinq ans au plus et d'une
amende de 50 francs au moins et de 3.000 francs au plus ; le coupable peut, en outre, à partir du jour où il a subi sa peine, être
privé, pendant cinq ans au moins et dix ans au plus, des droits mentionnés dans l'art. 42 C. pén.

B. — *Publication de faits faux.*

3912. — Sont punis des peines édictées par l'art. 405 C. pén. :
1º ceux qui, par publication faite de mauvaise foi de souscriptions
ou de versements qui n'existent pas, ou de tous autres faits faux,
ont obtenu ou tenté d'obtenir des souscriptions ou des versements ;
2º ceux qui, pour provoquer des souscriptions ou des versements,
ont, de mauvaise foi, publié les noms de personnes désignées contrairement à la vérité, comme étant ou devant être attachées à la
société à un titre quelconque. — Les éléments de ce délit sont donc
au nombre de cinq : *a*) existence d'une publication ; *b*) affirmation
de faits faux ; *c*) obtention ou tentative d'obtention de souscriptions ou de versements ; *d*) mauvaise foi ; *e*) publication relative à
des actions. La publication peut résulter de toutes les combinaisons adoptées par les auteurs de l'infraction, insertions dans les
journaux, ou prospectus, circulaires, affiches, placards, etc. (Paris,
18 fév. 1881, *J. S.*, 1881.662 ; — 9 juill. 1883, *J. S.*, 1886.311 ; —
Orléans, 28 avr. 1887, *R. S.*, 1888.34).

3913. — La publication doit énoncer des faits faux. A cet égard,
les combinaisons délictueuses peuvent apparaître sous une infinité
de formes : on publiera, par exemple, que les immeubles sont libres

quand ils sont grevés d'hypothèques ; on publiera des rapports d'experts en supprimant les passages défavorables ; on répandra dans le public des cotes de fantaisie pour assurer le succès d'une augmentation de capital, etc., etc. (V. Paris, 9 juill. 1883, précité ; — Cass., 6 juin 1886, S. 87.1.285 ; — Paris, 18 fév. 1881, *J. S.*, 1881.222 ; — Paris, 12 mai 1881, *J. S.*, 1882.265).

3914. — Commet le délit de publication de mauvaise foi prévu par l'art. 15 le directeur d'une société anonyme qui, dans le but de provoquer des souscriptions et des versements, fait imprimer et répandre dans le public un bilan frauduleux (Trib. Seine, 18 déc. 1888, *R. S.*, 1889.351).

Ou encore celui qui, pour assurer le succès d'une augmentation du capital social votée par l'assemblée générale et obtenir des souscriptions aux actions émises en conséquence de ce vote, a publié de mauvaise foi des comptes rendus inexacts, et renfermant notamment des exagérations sur le rendement des immeubles exploités par la société (Trib. Senlis, 11 août 1884, *R. S.*, 1884.630).

3915. — De même, commet le délit prévu par l'art. 15 de la loi de 1867, le fondateur qui a été envoyé dans une ville pour aider d'autres fondateurs dans la campagne entreprise pour l'organisation et le lancement d'une affaire, qui n'a rien ignoré de leurs agissements, qui s'est lui-même employé activement à réunir les éléments mensongers destinés à servir de base à la formation de la société et à faciliter l'émission des actions, qui, notamment, s'est entremis auprès d'un architecte pour obtenir de lui un rapport mensonger sur la valeur des terrains acquis par la société, et qui, après avoir employé tous les moyens de publicité à sa disposition pour porter des comptes rendus inexacts à la connaissance du public, a profité de cette opinion ainsi artificiellement créée pour vendre ou tenter de vendre autant d'actions qu'il a pu (Cass., 16 nov. 1888, D. 89.5.436).

Jugé, toutefois, que le fait, par les administrateurs de la société, de préconiser dans un journal, qui est la propriété de la société ainsi que l'indique expressément et en gros caractères le sous-titre de ce journal, la hausse des actions de la société, en passant sous silence les opérations de report faites par eux sur ces actions et en soutenant que le marché au comptant avait absorbé tous les titres, ne saurait être considéré que comme constituant de simples allégations mensongères, qui, quelque multiples qu'elles aient pu être, ne tombent pas sous le coup de l'art. 15 et ne renferment même pas les éléments du délit d'escroquerie (Paris, 18 mars 1887, D. 88.2.129).

3916. — La disposition de l'art. 15 est générale, et elle s'applique à tous ceux qui ont simulé des souscriptions ou versements, ou publié, de mauvaise foi, des souscriptions ou versements, ou tous autres faits faux, sans qu'il y ait lieu de faire exception pour les actions représentant un apport en nature (Cass., 6 juin 1885, S. 87.1.284. — V. aussi Orléans, 27 avr. 1887, *R. S.*, 1887.34 ; — Trib. corr. Seine, 16 avr. 1890, *R. S.*, 1890.315 ; — Trib. corr. Seine, 30 juill. 1890, *R. S.*, 1891. 37 ; — Paris, 11 août 1891, *R. S.*, 1891.484).

Comme pour le délit de simulation, l'obtention ou la tentative d'obtention de souscriptions ou de versements est une condition requise pour l'exercice du délit ; la mauvaise foi est nécessaire. — V. sur les éléments retenus par la jurisprudence comme constituant la mauvaise foi : Cass., crim., 2 mars 1888, *R. S.*, 1888.140 ; — 16 nov. 1888, *R. S.*, 1888.62. — Tchernoff, n. 207 et suiv.

Les peines sont celles ae l'art. 405 C. pén., c'est-à-dire celles de l'escroquerie que nous avons rappelées au n. 3911.

3917. — La publication de faits faux est une matière très parente de l'escroquerie. Voici les dernières décisions intéressantes à ce sujet : Cass., 26 juin 1885, *R. S.*, 1885.674 ; — Rouen, 26 fév. 1912, *J. S.*, 1913.268.

3918. — La jurisprudence ne distingue pas entre les actions et les obligations (Cass., 30 av. 1887, S. 87.1.393).

C. — *Emission irrégulière d'actions.*

3919. — L'émission d'actions d'une société constituée contrairement aux prescriptions des art. 1er, 2 et 3 de la loi de 1867 est punie d'une amende de 500 à 10.000 francs (art. 13). Les éléments du délit sont au nombre de deux : *a*) émission d'actions ou de coupons d'actions ; *b*) existence d'irrégularités dans l'organisation de la société. On s'est demandé s'il ne fallait pas ajouter la nécessité de constitution de la société et l'intention frauduleuse.

a) L'émission consiste à créer des titres définitifs et à les délivrer aux souscripteurs originaires (Paris, 19 mars 1883, S. 83.2.97, D. 83.1. 425 ; — Orléans, 28 avr. 1887, *R. S.*, 1888.34). Tant que la délivrance des titres n'est pas effectuée, il n'y a pas d'émission. L'appel au public, et même la remise aux souscripteurs d'un récépissé de versements n'ont pas le caractère d'émission (Cass., 8 fév. 1861, S. 61.1.688 ; — Paris, 19 mars 1883, *R. S.*, 1883.289. — Pont, n. 1315). Aux actions la loi assimile les coupons d'actions.

Jugé que le fait d'attribuer des actions libérées aux administrateurs constitue le délit lorsque ces actions ne représentent aucun apport sérieux, et n'ont pas été régulièrement approuvées (Trib. Seine, 9 juill. 1883, *R. S.*, 1883.592).

Le fait de détacher la souche des actions d'une société irrégulière et de les remettre à des tiers constitue le délit (Paris, 16 nov. 1905, *J. S.*, 1906.67).

Peu importe que le titre remis soit ou non négociable.

3920. — *b*) Le deuxième élément du délit consiste dans l'existence d'irrégularités dans l'organisation de la société. La loi punit donc la violation des règles relatives au taux des actions, à la souscription intégrale du capital social, au versement du quart, à la déclaration notariée constatant cette souscription et ce versement et à la forme des actions. Nous n'avons qu'à nous référer à tous les développements relatifs aux formalités de constitution de la société.

3921. — *c*) On s'est demandé si la constitution de la société est un élément essentiel du délit. L'art. 13 punit, en effet, l'émission d'actions d'une société *constituée* contrairement aux prescriptions des art. 1, 2 et 3 de la loi de 1867. M. Vavasseur (t. 1, p. 254) soutient que la constitution de la société doit se joindre aux deux conditions premières ; qu'en d'autres termes, pour rendre l'émission d'actions punissable, les irrégularités doivent être corrélatives à la constitution de la société et avoir eu pour conséquence de vicier cet acte. Cette opinion est combattue par M. Rubat de Mérac (n. 215). D'après cet auteur, le mot « constituée » dans l'art. 13 est synonyme du mot « organisée » ; la loi veut punir toute violation des règles posées dans les premiers articles de la loi. Il faut aller plus loin, dit l'auteur, et voir ce que décident les art. 1er, 2 et 3. L'art. 1er, § 1er, vise le taux, et l'art. 3 la forme des actions ; mais l'art. 1er, § 2, a une autre portée ; il défend de constituer la société avant la souscription du capital social et le versement du quart. Ici, il est impossible d'entendre l'expression « constituée » dans le sens large et général d' « organisée » ; la simple lecture du paragraphe montre qu'il s'agit de l'opération spéciale dont il est question dans les art. 5 et 25. L'absence de souscription intégrale du capital social, le défaut de versement du quart n'ont donc rien de délictueux par eux-mêmes et ne deviennent répréhensibles que par la constitution de la société.

3922. — A ces deux *irrégularités*, il faut assimiler l'omission de la déclaration notariée prescrite par le § 3, complément du § 2. De sorte qu'en définitive, nous répondrons de la manière suivante à la question de savoir si la constitution de la société est un élément du délit d'émission irrégulière d'actions : Non, en ce qui concerne le taux et la forme des titres ; oui, en ce qui concerne la souscription du capital social, le versement du quart et la déclaration notariée.

Appliquons ce principe. Une société qui n'est pas encore constituée émet des actions à un taux illégal, le capital social n'est pas versé, la déclaration notariée n'a pas été faite : l'émission est délictueuse en ce qui concerne le taux et la forme des titres ; car l'art. 1er, § 2, défend en termes absolus d'émettre des actions dont le taux est contraire à la loi. Même prohibition pour l'émission des titres au porteur (art. 3). Mais le défaut de souscription intégrale du capital social, du versement du quart, de déclaration notariée, ne suffirait pas pour établir le délit. L'art. 13 punit, en effet, l'émission d'actions effectuée en violation des règles posées par l'art. 1er ; l'art. 1er ne prescrit pas purement et simplement la souscription du capital social, le versement du quart, la déclaration notariée ; il se borne à interdire la constitution de la société tant que ces formalités ne seront pas remplies. En conséquence, si la société n'est pas constituée, aucune infraction n'est commise à l'art. 1er, § 2 (Orléans, 28 avr. 1887, *R. S.*, 1888.34. — Rubat de Mérac, n. 220).

3923. — Les dispositions de l'art. 13 sont-elles applicables à une société qui augmente son capital ? La solution de cette question dépend d'une règle qui a été rappelée au chapitre relatif à la constitution de la société, à savoir : que les prescriptions de l'art. 1er de la loi de 1867 doivent être observées, aussi bien lorsqu'il s'agit de l'augmentarion du capital d'une société qu'au moment de sa constitution (V. notamment : Cass., 27 janv. 1873, D. 73.1.331 ; — 5 nov. 1879, D. 80.1. 129 ; — 6 juin 1885, S. 87.1.285 ; — 17 juill. 1885, D. 86.1.274 ; — 19 oct. 1892, S. 93.1.89, D. 92.1.593. — Thaller, *Des actions souscrites et non encore émises, Annales de droit com.*, 1882.303 ; — Buchère, *J. S.*, 1883.471).

3924. — L'existence d'intention frauduleuse n'est pas nécessaire pour le délit d'émission irrégulière d'actions ; les travaux préparatoires de la loi ne laissent aucun doute à cet égard (V. *Rapport de la commission*, Tripier, t. 1er, p. 139).

3925. — La responsabilité de l'infraction incombe au gérant de la société ou aux fondateurs par les ordres de qui l'émission a été faite, ainsi qu'au banquier dans les bureaux duquel elle a été opérés (Paris, 19 mars 1883, S. 83.2.97 ; — 18 fév. 1881, *J. S.*, 1881.662. — Tchernoff, n. 164 et suiv.). La pénalité consiste dans une amende de 50 fr. à 1.000 francs.

3926. — D.— *Tableau de jurisprudence.*

**Emission et négociation d'actions. — Délit contraventionnel.
Forme des titres.**

La négociation d'actions d'une société anonyme irrégulièrement constituée tombe sous l'application de l'art. 14 de la loi de 1867 en dehors de toute intention frauduleuse du négociateur, et cela alors même que le titre négocié ne portait aucune mention de nature à révéler l'irrégularité de la société (Trib. corr. Seine, 14 fév, 1913, *Gaz. Soc.*, 1913.237).

Emission. — Partie civile demandant des dommages-intérêts. — Nécessité d'établir la relation de cause à effet entre la nullité et le préjudice.

La loi de 1867 exige, pour la constitution régulière de la société, que le quart de son capital reste à sa disposition jusqu'au moment de la constitution définitive. Il ne suffit pas, pour que cette prescription soit respectée, de justifier du dépôt dans une banque d'une somme égale au quart du montant total de la souscription. Il faut que le quart soit non seulement déposé dans les caisses d'une banque, mais affecté et destiné aux besoins exclusifs de la société.

L'art. 13 de la loi de 1867 punit les infractions par lui relevées de peines correctionnelles. Ces infractions constituent des délits contraventionnels, et la pénalité est encourue sans qu'il y ait à rechercher si les personnes responsables sont ou non de bonne foi.

Pour être exonéré de toute responsabilité, il faudrait établir que les irrégularités ont été tellement cachées que la prudence la plus avisée ne pouvait les découvrir.

Pour obtenir des dommages-intérêts sur une poursuite dirigée par le ministère public pour infraction à la loi de 1867, il ne suffit pas que les parties civiles invoquent les irrégularités. Il faut qu'elles établissent que ces irrégularités ont été la cause du préjudice qu'elles éprouvent.

En d'autres termes, il y a relation de cause à effet entre les dommages supportés et les irrégularités consommées (Paris, 2 fév. 1914, *Gaz. Soc.*, 1914.149).

Administrateur et directeur de société anonyme. — Abus de confiance. — Responsabilité pénale.

Le principe que nul n'est passible qu'à raison de son fait personnel a pour conséquence que l'administrateur délégué et le directeur général d'une société anonyme, à laquelle est imputé le détournement d'une somme remise à titre de mandat pour en faire un emploi déterminé, ne sauraient être condamnés en qualité de représentants de cette société, qu'autant qu'ils auraient participé consciemment aux actes constitutifs de l'abus de confiance.

Le délit n'est donc pas suffisamment caractérisé à leur égard s'il est seulement constaté, en ce qui concerne l'administrateur délégué : qu'il n'a donné sa démission d'administrateur qu'après la remise des fonds et les actes préparatoires à l'acte de détournement, alors que le délit n'est pas réalisé par la seule remise des fonds ni par des négociations antérieures à un commencement d'exécution ; et en ce qui touche le directeur : qu'il a apposé sa signature sur l'acte d'où le détournement résulterait, sans spécifier sa connaissance personnelle de la fraude (Cass. crim., 26 mai 1916, *Gaz. Soc.*, 1917.188).

Directeur de société inculpé d'abus de confiance. — Administrateurs cités par la société comme civilement responsables. — Allégation d'une négligence dans le choix du directeur et dans la surveillance de ses agissements. — Article 1384 du Code civil inapplicable. — Responsabilité contractuelle seule engagée. — Incompétence du tribunal correctionnel.

Au cours d'une poursuite correctionnelle dirigée contre le directeur d'une société pour abus de confiance résultant de détournements de sommes, la société ne saurait obtenir de la juridiction répressive une condamnation contre les administrateurs qu'elle poursuit comme civilement responsables, et à qui elle reproche d'avoir fait un mauvais choix en prenant le prévenu comme directeur, et de n'avoir pas surveillé ses agissements.

La responsabilité quasi-délictuelle basée sur l'art. 1384 C. civ. n'a d'application qu'entre personnes juridiquement étrangères l'une à l'autre. Les faits reprochés aux administrateurs ne peuvent constituer que des fautes commises dans l'exécution de leur mandat, et dès lors le tribunal correctionnel n'a pas qualité pour en connaître (Trib. corr. Seine, 22 janv. 1914, *Gaz. Soc.*, 1914.127).

Responsabilité pénale. — Industrie réglementée. — Arrêtés de police. — Contraventions. — Préposés. — Chef d'entreprise responsable. — Société anonyme. — Directeur. — Président du conseil.

Lorsqu'un arrêté a pour objet de réglementer, dans un intérêt de sûreté publique, les conditions et le mode d'exploitation d'une entreprise, ses prescriptions obligent d'une manière essentielle le chef ou le maître de cette entreprise, lequel est personnellement tenu de les faire exécuter.

Dans le cas même où l'infraction a été commise par le fait de ses préposés, il est passible de la pénalité encourue, parce qu'il lui incombait en personne d'assurer l'exécution des charges qui lui sont directement imposées.

Spécialement la relaxe du président du conseil d'administration d'une compagnie d'automobiles de place, poursuivi pour avoir mis en circulation des voitures dépourvues de l'estampille de la préfecture de police, n'est pas justifiée par le motif que le conseil d'administration de ladite société ayant délégué à un directeur la direction générale de la compagnie, le président du conseil ne pouvait être considéré comme pénalement responsable de l'inobservation de prescriptions dont le directeur général était chargé d'assurer l'exécution : en effet, il ne saurait appartenir aux administrateurs d'une société de s'exonérer d'une responsabilité qui découle de leur qualité, et alors même qu'un manquement serait également relevé à la charge du directeur ou d'un préposé, ce manquement ne ferait pas disparaître, dans une société ayant pour objet une industrie réglementée, la responsabilité pénale qui incombe au chef de l'entreprise (Cass. crim., 27 oct. 1916, *Gaz. Soc.*, 1917.190).

Emission d'actions d'une société irrégulièrement constituée. — Libération du premier quart. — Paiement par compensation. — Frais et dépens. — Solidarité.

L'arrêt qui constate que l'administrateur d'une société anonyme a participé à l'émission d'actions provenant d'une augmentation irrégulière de capital admet implicitement qu'il y a eu remise des titres aux souscripteurs.

Si, lorsqu'il s'agit, non de la constitution de la société, mais d'une augmentation de capital, on peut admettre que la libération du premier quart peut se faire par compensation avec une créance du souscripteur contre la société, encore faut-il que cette créance ne résulte pas du solde créditeur d'un bordereau de valeurs créées frauduleusement en vue de la souscription.

L'art. 55 C. pén. ne prononce la solidarité, pour les amendes et dépens, que pour les individus condamnés pour les mêmes crimes ou délits.

En conséquence, lorsque l'un des prévenus est condamné à la fois pour escroquerie et pour infraction à la loi sur les sociétés (art. 13 et 15), et l'autre pour l'un de ces délits seulement, la solidarité ne peut être prononcée (Cass., 25 janv. 1913, *Gaz. Soc.*, 1913.175).

Société irrégulièrement constituée. — Emission d'actions. — Délit de l'art. 13, § 1, de la loi du 24 juillet 1867. — Eléments caractéristiques.

Le délit prévu et puni par l'art. 13, § 1, de la loi du 24 juillet 1867 (émission d'actions d'une société irrégulièrement constituée) ne peut consister que dans la délivrance de titres qui présentent une société comme légalement constituée alors qu'elle ne l'est pas.

Le délit n'existe donc pas lorsque le public ayant été appelé à souscrire des actions privilégiées destinées à augmenter le capital social, les souscripteurs ont reçu, non un titre représentant la société comme constituée, mais un simple certificat de souscription avec récépissé de versement et cela, alors surtout que, lorsque les souscripteurs tardaient à verser le premier quart, les promoteurs de l'entreprise avaient soin de les avertir que la souscription serait close prochainement, que la constitution définitive de la société ne pourrait avoir lieu qu'après versement intégral du premier quart et qu'en conséquence ils eussent à s'exécuter sans plus attendre (Trib. corr. Seine, 4 juin 1912, *Gaz. Soc.*, 1912.436).

Infractions aux art. 13 et 14 de la loi de 1867. — Complicité. — Bulletins de souscriptions. — Abus de blanc-seing. — Rejet par la juridiction civile d'une demande en nullité de la société. — Influence de la chose jugée au civil sur l'action pénale. — Action sociale. — Action individuelle. — Constitution de partie civile recevable de la part d'actionnaires malgré la sentence civile.

Se rendent coupables du délit contraventionnel des art. 13 et 14 de la loi de 1867 tous ceux qui, de concert, participent à une constitution frauduleuse de société par actions, créent des titres irréguliers et, par des combinaisons illicites, émettent ces titres dans le public ou les négocient. Peu importe qu'ils soient ou non administrateurs ; les règles de la complicité existant en la matière.

Se rend coupable d'abus de blanc-seing, le fondateur recherchant des souscriptions à une société, qui remplit frauduleusement des bulletins de souscription remis en blanc d'engagements que le souscripteur n'a jamais entendu consentir, et se fait remettre ainsi un mandat contraire à la volonté du mandant, mandat qui a servi à la déclaration notariée.

La décision souveraine de la juridiction civile qui a rejeté les moyens de nullité fondés sur les art. 1, 2, 3, 4 de la loi de 1867, proposés à l'appui d'une demande en nullité d'une société, ne crée pas un obstacle à l'exercice ultérieur de l'action pénale par le ministère public.

Elle ne crée pas davantage un obstacle à la constitution comme partie civile, dans l'instance criminelle, d'un actionnaire agissant individuellement pour obtenir la nullité.

Il en est ainsi surtout lorsque la décision de laquelle on voudrait faire découler la chose jugée a été rendue sur la demande du conseil d'administration représentant la société ; une telle décision n'est pas opposable aux actionnaires, car il ne peut dépendre du conseil d'administration de priver l'actionnaire de son action individuelle.

Et la demande en nullité est une action individuelle.

Chaque actionnaire peut donc, après et malgré le jugement civil, conclure à l'existence d'infraction ayant pour conséquence la nullité (Trib. corr. Seine, 3 avr. 1914, *Gaz. Soc.*, 1914.193).

Versement du quart. — Fictivité.

S'il n'est pas interdit à un souscripteur d'actions de se libérer des versements à effectuer sur ses actions à l'aide de deniers d'emprunt, c'est à la condition que les fonds présentés au notaire, quelle qu'en soit l'origine, soient réellement mis à la disposition de la société, et le versement du quart ne saurait être considéré comme ayant été effectué lorsque les capitaux d'emprunt exhibés au notaire ont été, dès le lendemain, remboursés au prêteur.

Peu importe que les fonds aient été ultérieurement rétablis dans la caisse sociale, l'infraction existe s'ils n'ont pas été, dès le début, à la disposition de la société (Rouen, 26 juill. 1912, *Gaz. Soc.*, 1913.126).

Augmentation du capital. — Art. 1er de la loi de 1867. — Souscription par la société. — Fonds provenant des réserves. — Souscriptions fictives.

Les prescriptions de l'art. 1er de la loi de 1867 s'appliquent aux augmentations de capital, au même titre qu'aux constitutions originaires ; la sincérité des souscriptions est, dans l'un et l'autre cas, la base indispensable de la validité des sociétés, chaque action souscrite devant être, dans la pensée du législateur, un accroissement réel du capital de l'association ; par suite, si c'est la société qui souscrit pour elle-même et emploie pour opérer la libération du premier quart des fonds qui sont le produit de ses réserves ou de versements faits par d'autres souscripteurs, elle trompe le public et viole la loi ; et l'infraction de souscription fictive est dans ce cas nettement caractérisée (Rouen, 26 juill. 1912, *Gaz. Soc.*, 1913.126).

Emission d'actions non libérées du quart. — Action civile. Responsabilité.

Les tribunaux de répression sont compétents pour motiver sur les réparations civiles dès lors qu'elles dérivent du délit dont ils sont saisis, et il en est ainsi d'une demande formée par des actionnaires, souscripteurs d'actions d'une société irrégulièrement constituée, se portant partie civile contre les fondateurs et premiers administrateurs de ladite société, lorsqu'en fait il est constaté que le non versement du quart en espèces sur les actions, élément constitutif du délit d'émission d'actions, a été une des causes principales de ruine de la société.

Les fondateurs auxquels la nullité de la société est imputable et les premiers administrateurs, au moment où elle a été encourue, étant, aux termes de l'art. 42 de la loi du 24 juillet 1867 responsables solidairement envers les tiers et les actionnaires du dommage résultant de la nullité, le juge correctionnel ne viole pas ledit article lorsque, après les avoir déclarés coupables de délit d'émission, il les condamne conjointement et solidairement à rembourser aux parties civiles l'intégralité des versements effectués pour les actions souscrites (Cass. crim., 18 juill. 1914, *Gaz. Soc.*, 1915.103).

Emission d'actions d'une société irrégulièrement constituée. — Libération du premier quart. — Paiement par compensation. — Frais et dépens. — Solidarité.

1. — L'arrêt qui constate que l'administrateur d'une société anonyme a participé à l'émission d'actions provenant d'une augmentation irrégulière de capital admet implicitement qu'il y a eu remise des titres aux souscripteurs.

2. — Si, lorsqu'il s'agit, non de la constitution de la société, mais d'une augmentation de capital, on peut admettre que la libération du premier quart peut se faire par compensation avec une créance du souscripteur contre la société, encore faut-il que cette créance ne résulte pas du solde créditeur d'un bordereau de valeurs créées frauduleusement en vue de la souscription.

3. — L'art. 55 C. pén. ne prononce la solidarité pour les amendes et dépens que pour les individus condamnés pour les mêmes crimes ou délits.

En conséquence, lorsque l'un des prévenus est condamné, à la fois pour escroquerie et pour infraction à la loi sur les sociétés (art. 13 et 15), et l'autre pour l'un de ces délits seulement, la solidarité ne peut être prononcée (Cass. crim., 25 janv. 1913, *Gaz. Soc.*, 1913.175).

Création d'actions de numéraire au lieu d'actions d'apport. — Versement fictif du quart. — Art. 13 et 14 de la loi de 1867. — Négociation et émission.

Le délit contraventionnel de négociation d'actions dont la valeur ou la forme serait contraire aux dispositions de l'art. 13 de la loi du 24 juillet 1867, délit puni par l'art. 14 de la même loi, n'existe que si les prévenus ont eu connaissance de la négociation et y ont participé. Il n'y a pas lieu de rechercher si les plaignants sont souscripteurs d'origine ou sont devenus actionnaires à la suite d'une négociation.

Est passible de la pénalité de l'art. 13 de la loi de 1867 la combinaison imaginée par le fondateur d'une société anonyme et ses co-participants, ayant pour but, sous prétexte de procurer à la société les fonds nécessaires au paiement du prix de vente d'apports faits par ce fondateur, de créer des actions de numéraire, immédiatement négociables, actions souscrites pour la majeure partie par le fondateur et ses co-participants, puis libérées par compensation. Des actions ainsi créées sont des actions d'apport déguisées pour faire fraude à la loi qui prohibe la négociation pendant deux ans.

Tombe sous l'application de l'art. 13 la constitution d'une société dans laquelle le versement du premier quart des actions a été effectué par un jeu d'écritures.

N'est pas pénalement responsable l'administrateur demeuré étranger à la constitution de la société et à qui la comptabilité et les mentions fictives inscrites sur les livres pouvaient dérober les irrégularités commises par le fondateur, alors qu'il n'est pas établi qu'il ait connu ou pu connaître le caractère frauduleux d'une prétendue vente des apports et que, d'autre part, au cours de l'existence sociale, il a protesté contre la non libération intégrale de leurs actions par certains actionnaires (Trib. corr. Seine, 10 fév. 1911, *Gaz. Soc.*, 1912.190).

Augmentation de capital. — Emission d'actions d'une société constituée contrairement à l'art. 1er de la loi de 1867. — Administrateur en fonctions lors de l'émission. — Responsabilité. — Défaut de versement du quart. — Prospectus d'émission. — Réunion du conseil à l'étranger.

L'administrateur d'une société anonyme prévenu d'avoir participé à l'émission d'actions d'une société constituée contrairement aux prescriptions de l'art. 1er de la loi du 24 juillet 1867 ne peut se soustraire à la responsabilité pénale édictée par l'art. 13 de la même loi en soutenant qu'il n'est devenu administrateur qu'après la réalisation de l'augmentation de capital, si étant administrateur à l'époque de l'émission des actions nouvelles, il a pris part à cette émission.

Est coupable du délit d'émission l'administrateur qui a souscrit fictivement et comme prête-nom d'un tiers des actions émises à titre d'augmentation de capital et libéré les actions ainsi souscrites au moyen du dépôt provisoire précaire de fonds provenant d'un emprunt.

Echappe à tout contrôle la décision d'un tribunal français qui, usant de son pouvoir d'appréciation et établissant sa conviction sur les éléments de preuve retenus par elle, déclare frauduleux, en vertu des témoignages produits à l'audience, un prospectus d'émission soi-disant régulier au regard de la loi anglaise et de la haute Cour de justice anglaise.

L'administrateur d'une société dont le siège fictif est à Londres et le siège réel à Paris ne saurait exciper de sa bonne foi en alléguant qu'il a été absent de la plupart des réunions tenues à Londres, alors que renseigné sur la combinaison frauduleuse du conseil, il y a adhéré sciemment (Cass., 28 fév. 1913, *Gaz. Soc.*, 1915.203).

Loi de 1907. — Société étrangère. — Emission et placement en France d'obligations. — Publicité impérative. — Délit conventionnel. — Lieu d'émission.

La loi du 30 janvier 1907 s'applique à toutes les sociétés et par conséquent aux sociétés étrangères qui procèdent en France à des émissions ou introductions de titres.

Les infractions à la loi de 1907 intéressent l'ordre public et le ministère public est qualifié pour poursuivre la répression des infractions prévues et punies par ladite loi, encore bien que le paragraphe 10 de l'art. 3 dispose que ces infractions seront constatées par les agents de l'enregistrement.

Constitue le délit prévu et puni par l'art. 3 de la loi du 30 janvier 1907 le fait, par le directeur d'une succursale en France d'une banque étrangère, d'avoir adressé des prospectus à la clientèle de cette succursale, d'avoir mis en œuvre des démarcheurs en vue d'obtenir des souscriptions aux obligations d'une société étrangère qui n'a pas, au préalable, fait insérer au *Bulletin annexe du Journal officiel* ni la notice exigée par la loi, ni la traduction intégrale en langue française de ses statuts.

Pour se soustraire à l'application de la loi, on ne peut invoquer que les souscriptions ont été sollicitées non par un appel au public, mais par correspondances privées avec la clientèle, s'il résulte des faits que ces correspondances sont très multipliées au point de revêtir un caractère de publicité.

Si la loi du 24 juillet 1867 a distingué dans ses dispositions la souscription de l'émission et si, d'après cette loi, il est permis de dire que l'émission n'est accomplie que par la délivrance des titres aux souscripteurs, il en est tout autrement en ce qui concerne l'application de la loi de 1907.

En effet, tant des travaux préparatoires que du but poursuivi par le législateur, il appert que dans le sens de la loi de 1907, le mot émission a été adopté avec une acception nouvelle conforme au langage financier usuel et s'appliquant à l'invitation adressée au public par tous les moyens de publicité, d'apporter des capitaux à une société contre la délivrance ultérieure des titres. Il faut donc faire tomber sous l'application de la loi de 1907 tous actes et moyens préparatoires de la création et de la remise en circulation des titres.

Le lieu du délit est celui où la publicité, en vue du placement du titre émis ou à émettre, a été faite, les souscriptions recueillies et le contrat formé.

L'infraction existe indépendamment de toute intention coupable ; elle résulte nettement de la violation matérielle desdites formalités de la loi (Trib. corr. Seine, 4 juin 1913, *Gaz. Soc.*, 1913.338).

Loi de 1907. — Emission de titres étrangers. — Omission de l'indication des garanties dues aux obligations. — Responsabilité du signataire de la notice à l'Officiel. — Bonne foi inopérante.

Doivent être considérés comme émetteurs ou introducteurs en France de titres d'une société étrangère, le signataire de la notice publiée à l'*Officiel* et le banquier qui prête sa firme et ouvre ses guichets pour ladite émission.

La pénalité édictée par le paragraphe 10 de l'art. 3 de la loi du 31 janvier 1907 est encourue par la constatation de l'existence même de l'infraction, sans qu'il soit nécessaire d'établir la mauvaise foi de l'émetteur (Trib. corr. Seine, 24 fév. 1914, *Gaz. Soc.*, 1914.154).

Escroquerie. — Manœuvres frauduleuses (Combinaison de). — Intervention de tiers : démarcheurs, publicistes. — Mise en scène. — Profit personnel. — Complicité.

Le délit d'escroquerie doit être considéré comme établi à l'égard d'un banquier qui, par la combinaison de manœuvres frauduleuses — telles que celles consistant à présenter au public comme sérieuses et susceptibles de plus-values considérables des sociétés irrégulièrement constituées, dont le capital statutaire n'avait jamais entièrement existé par suite des prélèvements énormes qu'au moyen d'apports majorés ce banquier avait effectués sur presque toutes ; à publier des faits qu'il savait faux touchant la situation actuelle ou l'avenir de ces entreprises ; à renforcer ces manœuvres par l'intervention de tiers, les uns démarcheurs, les autres publicistes, qui par leurs concours donnaient à ces affirmations un plus grand crédit ; à fausser d'une façon illicite le marché des titres ; à distribuer des dividendes fictifs et à établir de faux bilans pour assurer la hausse de ses valeurs et inciter le public à les acheter — a organisé une véritable mise en scène ayant eu pour but de faire croire que la fortune était attachée à ces sociétés et comme résultat la remise de sommes considérables pour des souscriptions ou achats de titres, sommes qui n'ont pas seulement profité aux combinaisons financières du prévenu, mais dont il a tiré un profit personnel.

La loi de 1867 n'ayant apporté aucune dérogation aux art. 59 et 60 C. pén., les règles de la complicité sont applicables aux infractions commises dans la constitution des sociétés, alors surtout qu'en fait l'infraction a eu, dans la pensée de son auteur, un caractère intentionnel certain (Rouen, 26 juillet 1912, *Gaz. Soc.*, 1913.126).

Publication de faits faux. — Société étrangère. — Intervention d'un tiers. — Cotation à la Bourse.

L'art. 15 de la loi du 24 juillet 1867, qui punit des peines de l'escroquerie tous ceux qui, par publication, faite de mauvaise foi, ont obtenu ou tenté d'obtenir des souscriptions ou des versements, s'applique au banquier qui, à l'aide des moyens précités, a obtenu des souscriptions aux titres d'une société étrangère.

Le fait par un banquier d'insérer dans un journal dont il est le propriétaire des allégations mensongères constitue, non seulement le mensonge écrit, mais l'intervention d'un tiers, et dès lors le délit d'escroquerie peut être retenu contre lui.

...Alors du moins que le journal n'avait pas suffisamment informé ses lecteurs des liens étroits qui existaient entre lui et le banquier.

Constitue également la manœuvre frauduleuse, caractéristique de l'escroquerie, le fait d'insérer, dans une cote de journal, les titres d'une société non cotée à la cote officielle des agents de change, au milieu d'autres titres jouissant de cette cotation officielle.

La prévision de bénéfices considérables pour une affaire industrielle, alors qu'il n'est pas justifié que la société qui l'exploite soit en mesure de les réaliser, constitue à l'égard du rédacteur du prospectus la manœuvre visée par l'art. 405 C. pén. (Trib. corr. Seine, 7 fév. 1913, *Gaz. Soc.*, 1913.199).

Escroquerie. — Manœuvres frauduleuses. — Association en nom collectif. — Comptabilité fictive. — Inscription de sommes à son crédit. — Prélèvements frustratoires. — Condamnation.

Doit être considéré comme une manœuvre frauduleuse constitutive du délit d'escroquerie, le fait par un associé en nom collectif, ayant la signature sociale, la charge de la comptabilité et de la gestion financière, d'établir une comptabilité fictive et d'inscrire à son crédit diverses sommes et d'obtenir ainsi de ses associés leur adhésion à des prélèvements frustratoires équivalant à une remise de fonds (Paris, 20 janv. 1913, *Gaz. Soc.*, 1913.159).

Société en nom collectif. — Comptabilité frauduleuse. — Prélèvement par un associé. — Abus de confiance.

Les prélèvements opérés par un associé dans la caisse sociale à la suite de confection d'inventaires accusant de bénéfices fictifs ne constituent pas, même après manœuvres frauduleuses employées, la cession de fonds exigée par l'art. 405 pour constituer le délit d'escroquerie.

Mais il en peut résulter un délit d'abus de confiance (Cass. crim., 20 juin 1913, *Gaz. Soc.*, 1913.349).

Manœuvres employées pour faire acquérir des titres. — Bilan faux. — Estimation de valeurs de portefeuille.

Constitue une manœuvre frauduleuse tombant sous l'application de l'art. 405 C. pén. le fait par les gérants d'une maison de coulisse de présenter à un tiers pour l'entraîner à entrer comme commanditaire dans leur maison de banque, un bilan inexact, et dans lequel spécialement on a porté à des cours fantaisistes des titres non cotés, soit en bourse, soit en banque, et ne faisant l'objet d'aucun marché.

Constitue également une manœuvre, le fait d'avoir simulé le versement intégral du capital de la maison de banque, en laissant croire que les prescriptions du Syndicat des banquiers étaient observées (Trib. corr. Seine, 28 juin 1912, *Gaz. Soc.*, 1912.442).

Bilans frauduleux. — Souscriptions d'actions. — Journal financier.

Se rendent coupables du délit d'escroquerie, les directeurs et administrateurs d'une société, qui ont participé personnellement à la rédaction de bilans frauduleux, présentant faussement la situation sociale comme prospère, et combiné en vue d'obtenir les souscriptions d'actions émises par la société. Qui, en outre, ont organisé dans les chefs-lieux de cantons des agences ayant pour mission de provoquer les souscriptions à l'aide de ces bilans frauduleux et circulaires financières.

Se rend complice de ce délit le directeur d'un journal financier qui prête sciemment le concours de son journal pour publier des cours fictifs des actions et obligations de la société et pour donner ainsi force et crédit aux allégations mensongères des administrateurs (Cass. crim., 10 janv. 1913, *Gaz. Soc.*, 1913.149).

Société présentée comme une société de capitalisation. — Réticences frauduleuses dans les statuts et les prospectus.

Commet une escroquerie, le directeur d'une société qui l'a présentée au public sous l'apparence d'une société de capitalisation, avec tirages de lots, mais en ayant soin de ne prendre vis-à-vis de ses adhérents que des engagements d'une indétermination absolue, puisqu'il se réservait le pouvoir de fixer le nombre des adhérents de chacune des séries d'épargnistes qu'il formait au gré de sa fantaisie ou des besoins de son entreprise de spoliation ; — en majorant dans le détail le nombre et l'importance des lots ; — en omettant volontairement de faire connaître à ses adhérents que les bons qu'il s'engageait à rembourser n'étaient remboursables qu'en 99 ans ; — en dissimulant enfin aux yeux peu clairvoyants de la clientèle populaire des prélèvements exorbitants sur les sommes à lui confiées (Paris, 20 fév. 1913, *Gaz. Soc.*, 1913.193).

Publication de faits faux. — Intervention d'un tiers.
Cotation à la Bourse. — Escroquerie.

I. — L'art. 15 de la loi du 24 juillet 1867 qui punit des peines de l'escroquerie tous ceux qui, par publication faite de mauvaise foi, ont obtenu ou tenté d'obtenir des souscriptions ou des versements, s'applique-t-il au banquier qui, à l'aide des moyens précités, a obtenu des souscriptions avec titres d'une société étrangère ? (Non résolu par la Cour.)

II. — Des allégations mensongères publiées dans un journal, corroborées par l'installation dudit journal dans le même local que la banque, une cotation inexacte, l'affirmation même implicite d'une affaire non encore installée et en plein fonctionnement, constituent des manœuvres frauduleuses, justifiant l'application de l'art. 405 C. pén. (Paris, 19 mars 1914, *Gaz. Soc.*, 1914.308).

Création d'une société dans une intention frauduleuse pour obtenir de tiers le versement de sommes d'argent. — Apparence sérieuse. — Société en réalité fictive. — Fausse entreprise et crédit imaginaire. — Contre-lettre établissant la fictivité.

La création dans une intention frauduleuse, dans le but d'obtenir de tiers le versement de sommes d'argent, d'une société en apparence sérieuse et solvable, mais en réalité purement fictive, constitue une escroquerie par manœuvres frauduleuses, tendant à persuader l'existence d'une fausse entreprise et d'un crédit imaginaire (Cass. crim., 17 janv. 1913, *Gaz. Soc.*, 1914.100).

Escroquerie. — Fausse association en participation. — Promesse de gain considérable. — Prélèvement clandestin du gérant. — Publicité frauduleuse. — Statut ambigu.
Société de capitalisation. — Loi du 19 décembre 1907. — Partage des titres. — Opérations de reconstitution de capitaux — Défaut d'enregistrement.
Loterie. — Achat en commun des valeurs à lot. — Remboursement égal ou supérieur à la mise. — Loi du 21 mai 1836. — Epoque de remboursement fixée par tirage au sort.

Est constitutive du délit d'escroquerie la combinaison financière présentée au public sous la fausse apparence d'une association en participation, alors que les prélèvements clandestinement opérés par le gérant rendent impossible la réalisation de bénéfices pour les adhérents. Il en est surtout ainsi quand les statuts ont été rédigés dans des termes ambigus, pour laisser croire aux souscripteurs qu'ils conservent, même en cas de suspension du paiement de leur cotisation, un droit au partage des bénéfices et que le fonds commun, présenté comme leur appartenant indivisément, est diminué des titres remis à ceux des participants qui se libèrent par anticipation.

L'opération financière dénommée capitalisation consiste le plus souvent dans le placement à intérêts composés de sommes infimes destinées à se transformer, par le jeu même de ces intérêts, en sommes supérieures à celles versées, mais elle peut également consister, d'une façon générale, dans toute production de capital dont il est impossible de concevoir l'origine, d'expliquer la formation en dehors de l'accumulation des fruits ou retenues quelconques d'un versement ou de plusieurs versements initiaux.

Les tribunaux ont le droit d'interpréter l'art. 1er de la loi du 19 décembre 1907 qui parle « d'engagements déterminés ». Ces engagements peuvent ne pas consister exclusivement dans des remises en espèces, mais aussi s'étendre à des remises de titres.

En conséquence, une société qui prend l'engagement de remettre à ses adhérents des titres peut être considérée comme une société tombant sous l'application de l'art. 2 de la loi du 19 décembre 1907 et du décret du 22 juillet 1908.

Tombe sous l'application de la loi du 21 mai 1836 l'entreprise ayant pour unique objet la participation aux lots pouvant échoir à des valeurs affectées aux adhérents, quand ceux-ci ne recherchent pas un placement, mais bien poursuivent une attribution de valeurs d'un prix quelconque, même inférieur à leur versement Dans ce cas, ces valeurs sont par eux considérées comme des billets ou numéros, leur permettant de profiter des gains aléatoires de l'opération. Mais il y a œuvre de capitalisation et non loterie quand les adhérents stipulent d'abord des avantages au moins équivalents à leurs déboursés, que le gérant de l'entreprise leur promet un remboursement égal ou supérieur à leur mise et qu'il n'existe entre celle-ci et la valeur garantie des titres à eux remis aucune différence pouvant constituer un enjeu.

La loi du 21 mai 1836 n'interdit que les opérations où la voie du sort est la condition de l'acquisition du gain et non celles où le gain étant déjà acquis, le sort n'intervient que pour fixer l'époque du remboursement (Paris, 14 fév. 1914, *Gaz. Soc.*, 1914.185).

Actions. — Émission irrégulière — Prescription. — Plainte pour escroquerie. — Instruction. — Réquisitoire introductif. — Interruption de la prescription. — Étendue de l'effet interruptif.

I. — Un réquisitoire introductif est un acte d'instruction interruptif de la prescription.

II. — La prescription est interrompue, non seulement à l'égard de la personne signalée par ce réquisitoire comme l'auteur du délit, objet de l'information, mais contre tous autres co-auteurs et complices qui ne sont pas indiqués dans cet acte.

III. — Lorsqu'un réquisitoire, tendant à ce qu'il soit instruit pour escroquerie contre une personne déterminée, a pour base la plainte d'une partie lésée qui dénonce les agissements des fondateurs de diverses sociétés, il embrasse tous les faits qui se rattachent à ces agissements et, par conséquent, l'émission irrégulière des actions de l'une de ces sociétés.

IV. — La prescription est dès lors interrompue, relativement à ce délit d'émission irrégulière d'actions, à l'égard de tous auteurs ou complices (Cass. crim., 18 janv. 1913, *Gaz. Soc.*, 1913.232).

Placement de titres. — Loi de 1907 sur la publicité préalable à toute « émission en France ». — Obligation imposée aux intermédiaires. — Sanction (Trib. corr. Seine, 27 juin 1914, *Gaz. Soc.*, 1915.13).

Prescription criminelle. — Action publique. — Enquêtes officieuses. — Non interruption.

Les enquêtes officieuses ordonnées par le parquet de la Seine et confiées, soit à un expert, soit à un commissaire aux délégations judiciaires, n'interrompent pas la prescription fixée par les art. 637 et 368 C. inst. crim. (Paris, 22 fév. 1912, *Gaz. Soc.*, 1912.299).

Prescription. — Plainte pour escroquerie. — Instruction. — Réquisitoire introductif. — Interruption de la prescription. — Étendue de l'effet interruptif.

Un réquisitoire introductif est un acte d'instruction interruptif de la prescription.

La prescription est interrompue non seulement à l'égard de la personne signalée par ce réquisitoire comme l'auteur du délit, objet de l'information, mais contre tous autres co-auteurs et complices qui ne sont pas indiqués dans cet acte.

Lorsqu'un réquisitoire, tendant à ce qu'il soit instruit pour escroquerie contre une personne déterminée, a pour base la plainte d'une partie lésée qui dénonce les agissements des fondateurs de diverses sociétés, il embrasse tous les faits qui se rattachent à ces agissements et, par conséquent, l'émission irrégulière des actions de l'une de ces sociétés.

La prescription est dès lors interrompue, relativement à ce délit d'émission irrégulière d'actions, à l'égard de tous les auteurs ou complices (Cass. crim., 18 janv. 1913, *Gaz. Soc.*, 1913.232).

Prescription. — Simulation de souscription et de versement du premier quart. — Complément du capital social. — Point de départ de la prescription. — Art. 15, § 1er, de la loi du 24 juillet 1867. — Souscriptions et versements. — Délits distincts. — Action civile. — Maxime « una via electa ». — Inapplicabilité.

I. — L'art. 15 de la loi du 24 juillet 1867 est applicable non seulement à ceux qui, par les moyens prévus audit article, ont obtenu ou tenté d'obtenir des souscriptions et le versement du premier quart des actions, mais encore à ceux qui, par les mêmes moyens, ont obtenu ou tenté d'obtenir le versement des fonds destinés à compléter le capital social. Dans ce dernier cas la prescription court seulement à partir de la date du versement obtenu ou tenté.

II. — L'infraction réprimée par l'art. 15, § 1er, de la loi du 24 juillet 1867 est commise chaque fois que des souscriptions ou versements ont été obtenus par des moyens frauduleux énumérés audit article et chacune de ces infractions constitue un délit distinct, se prescrivant séparément.

III. — La maxime *una via electa datur recursus ad alteram* ne saurait être opposée à la partie qui, après avoir engagé devant la juridiction consulaire une action en nullité de société et en responsabilité, se constitue partie civile devant la juridiction correctionnelle, lors de poursuites exercées en vertu de l'art. 15 de la loi du 24 juillet 1867, et demande la restitution des versements qui ont été obtenus d'elle par des moyens frauduleux (Cass. crim., 15 février 1917, *Gaz. Soc.*, 1917. 187).

Diffamation. — Administrateurs. — Preuve des imputations.

En autorisant sans restriction la preuve de la vérité des imputations diffamatoires contre les directeurs ou administrateurs de toute entreprise industrielle, commerciale ou financière, faisant publiquement appel à l'épargne ou au crédit, le législateur a entendu placer sous le contrôle de l'opinion, non seulement les actes par lesquels ces administrateurs font appel à l'épargne ou au crédit public, au moment de la constitution de l'entreprise ou en cours d'exercice, mais encore tous les actes, sans exception, de la gestion desdites entreprises (Cass., 18 nov. 1911, *Gaz. Soc.*, 1912.291).

E. — *Négociation irrégulière d'actions.*

3927. — L'art. 14 punit la négociation d'actions ou de coupons d'actions dont la valeur ou le versement seraient contraires aux dispositions des art. 1er, 2 et 3 de la loi de 1867, ou pour lesquels le versement du quart n'aurait pas été effectué, conformément à l'art. 2. La peine est d'une amende de 500 à 10.000 francs. Sont punies de la même peine toute participation à ces négociations et toute publication de la valeur desdites actions.

3928. — Les éléments du délit consistent donc : 1° dans la négociation d'actions ou de coupons d'actions ; 2° dans l'existence d'irrégularités dans l'organisation de la société.

3929. — Au point de vue de la négociation d'actions, il faut se reporter à ce que nous avons dit en traitant des règles de la constitution de la société. La loi ne frappe pas les actions d'une indisponibilité absolue ; ce qu'elle interdit, c'est la transmission par la voie commerciale. C'est donc la négociation par la voie commerciale que l'art. 13 punit. Il veut atteindre la spéculation, l'agiotage qui marquent trop souvent le début des sociétés (Lyon, 2 mars 1883, *R. S.*, 1883.357. — V. aussi Paris, 18 août 1884, *R. S.*, 1885.100 ; — Cass., 6 juin 1885, *R. S.*, 1885. 519. — Note Whal dans *J. S.*, 1903.252).

3930. — L'art. 13 punit non pas la négociation des actions de toute société constituée contrairement aux art. 1er, 2 et 3 de la loi de 1867, mais seulement la négociation des actions dont la valeur ou la forme seraient contraires auxdits articles. Il doit suffire d'examiner le titre et les énonciations qui y sont contenues pour se rendre compte du caractère licite ou illicite de la négociation. Dès lors, aucun délit n'est encouru en raison de la négociation d'actions non libérées du quart d'une société qui en fait a été constituée, alors que la forme et la valeur nominale de ces actions étaient conformes aux prescriptions légales (Paris, 10 mai 1883, sous Cass., 15 fév. 1884, S. 84.1.199 et la note de M. Labbé, D. 84.1.21 ; — Lyon, 23 janv. 1884, S. 84.2.49 et la note de M. Lyon-Caen, D. 84.2.153 ; — Rouen, 10 mai 1884, S. 84. 2.167).

3931. — Mais quand ces conditions sont remplies, l'art. 13 doit recevoir son application, quelle que soit la nature des titres qui ont été négociés. Ainsi, il a été jugé que le délit de négociation d'actions d'une société non régulièrement constituée n'est pas subordonné à l'émission préalable de titres admissibles à la cote officielle, lorsqu'il est établi que des ventes à terme ont pu se conclure et se sont conclues dans la coulisse, sur des certificats ou promesses d'actions qui suffisaient, en fait, pour devenir la base et fournir la matière de ces marchés (Paris, 19 mars 1883, S. 83.2.97, D. 83.1.425. — *Sic* : Pont, t. 2, n. 1319 ; Rivière, *Loi de* 1867, p. 162, n. 119 ; Villard, *Des admin. des soc. anon.*, p. 185).

3932. — De même, le fait de participer à la négociation d'actions correspondant à un apport à la fois en nature et en numéraire, non libérées du quart pour cette dernière portion, ou à la négociation d'actions au porteur converties avant que toutes les actions aient été libérées de moitié, constitue une contravention punie par l'art. 14 de la loi du 24 juillet 1867 (Paris, 18 fév. 1881, S. 81.2.97, P. 81.1.561, D. 84.11).

3933. — En tout cas, si l'on peut admettre qu'un administrateur n'encourt pas les peines édictées par cet article, par cela seul qu'il a reçu et signé le transfert d'actions d'apport dont le quart n'aurait pas été réalisé, il en est autrement lorsque le caractère délictueux de la participation de cet administrateur résulte de l'ensemble des constatations des juges du fait, et notamment : de ce qu'il aurait dissimulé intentionnellement à l'assemblée générale des charges grevant l'apport ; de ce qu'il aurait commis la même dissimulation dans les publications et circulaires adressées au public, et de ce que pendant tout le cours d'une année, il aurait participé directement aux actes ayant constitué les contraventions dénoncées (Cass., 6 juin 1885, S. 87.1.284, P. 87.1.667 ; — Paris, 28 déc. 1886, S. 88.2.37, P. 88.1.221. — V. Furcy-Larue, *Resp. des fondat., admin., etc., dans les soc. anon.*, n. 214 ; Villard, *op. cit.*, p. 185).

3934. — D'autre part, l'art. 14 punissant la négociation d'actions dont la forme serait contraire à l'art. 3 est applicable à la négociation des actions d'apport qui ne rempliraient pas les conditions de forme prescrites par ledit art. 3, modifié par la loi de 1893, et qui auraient été illégalement négociées dans les deux ans de la constitution de la société (*Sic* : Faure, p. 67 ; Goirand, n. 460 ; Perrin, p. 12. — *Contrà* : Bouvier-Bangillon, p. 147 ; Genevois, n. 22).

3935. — Ce que nous avons dit plus haut de la constitution de la société et de l'intention frauduleuse en ce qui concerne l'émission d'actions s'applique pour la négociation (V. Lyon, 22 janv. 1884, D. 84.2.152 ; — Cass., 6 juin 1885, S. 87.1.285).

3936. — Les personnes punissables sont toutes celles qui ont participé à la négociation. La loi atteint ainsi à la fois le cédant, le cessionnaire et les intermédiaires, banquiers, agents de change, courtiers ou toutes autres personnes ayant facilité par leur ministère la négociation illégale des actions (Cass., 6 juin 1885, précité. — *Sic* : Pont, t. 2, n. 1319 ; Vavasseur, t. 1, n. 719 ; Villard, *op*. et *loc. cit*.).

3937. — L'infraction prévue par l'art. 14, comme celle qui est prévue par l'article précédent, est punissable en dehors de toute question d'intention frauduleuse (Cass., 11 mai 1859, S. 59.1.971, P. 60. 172, D. 59.1.472 ; — Paris, 28 déc. 1886, précité).

Et il n'y a pas lieu de distinguer à cet égard entre les fondateurs de la société et les intermédiaires qui ont participé à la négociation. Lors de la discussion de la loi de 1867, un amendement avait été proposé, qui permettait à ces intermédiaires d'exciper de leur bonne foi ; or, cet amendement fut repoussé (V. Sirey, *Lois annotées de* 1867, p. 216, 1re col., note 19).

L'infraction prévue par l'art. 14 n'en doit pas moins être considérée comme un délit et soumise comme telle aux règles de droit commun des délits, notamment en ce qui concerne la complicité et la prescription de l'action publique (Lyon-Caen et Renault, t. 2, n. 801).

F. — *Commencement prématuré des opérations sociales.*

3938. — L'art. 13 punit de la même peine d'amende le gérant qui commence les opérations sociales avant l'entrée en fonctions du conseil de surveillance. Cet article doit être rapproché de l'art. 5 de la loi, qui ordonne la nomination d'un conseil de surveillance par l'assemblée générale constitutive de la commandite par actions ; on n'a qu'à se reporter à ce que nous avons dit à ce sujet.

L'art. 45 édicte que les dispositions des art. 13, 14, 15 et 16 de la loi sont applicables en matière de sociétés anonymes. Faut-il en conclure que les administrateurs ne doivent pas commencer les opérations sociales avant l'entrée en fonctions des commissaires de surveillance ? Cela a été soutenu, mais cette opinion n'a pas prévalu, et la question ne fait plus doute actuellement (V. Rubat de Mérac, n. 273).

3939. — Les art. 13 et 14 sont inapplicables aux négociations d'obligations. La loi ne se préoccupe pas des émissions d'obligations. *Quid* des parts de fondateur ? On a soutenu que nos articles visaient l'émission des parts de fondateur (Paris, 19 juin 1885, sous Cass., 16 fév. 1887, S. 89.1.417). Mais cette solution ne peut pas être acceptée sans réserve. — V. la discussion sur la *nature juridique* des parts de fondateur, *suprà*, n. 1211 et suiv.

G. — *Des effets de la loi de* 1893.

3940. — Nous avons vu, *suprà*, n. 2009 et suiv., que la loi de 1893 permet de réparer les irrégularités commises et qu'après la réparation du vice la société est à l'abri de l'annulation. La responsabilité pénale continue de subsister. La jurisprudence est formelle actuellement sur ce point (V. C. Nîmes, 20 mars 1903, *Le Droit* du 4 juin 1903. — En ce sens, Trib. corr. Seine, 27 mars 1905 ; — Paris, 16 nov. 1905, confirmant un jugement du 5 juill. 1905 ; — Trib. corr. Seine, 19 juill. 1905) (1).

(1) Voici le texte de ces décisions :

TRIB. CORR. SEINE (9e CH.). — 27 mars 1905.

Attendu que les prévenus soutiennent que la compensation ayant fait disparaître le vice originaire de la société, a rendu irrecevables à la fois l'action civile et l'action publique aux termes du paragraphe 3 de l'art. 1er de la loi du 1er août 1893 ;

Attendu qu'en admettant que l'action civile soit devenue irrecevable (ce qu'il est sans intérêt de rechercher dans l'espèce), il ne saurait en être de même de l'action publique ; qu'en effet la disposition du paragraphe 3 de l'art. 1er de la loi du 1er août 1893 ne vise que les actions civiles en nullité et en responsabilité ; qu'elle est muette en ce qui touche l'action publique, qui continue à subsister ;

Qu'on s'explique du reste la différence établie entre ces deux catégories d'actions si l'on considère que la loi du 1er août 1893 a eu pour but, non pas d'amoindrir le pouvoir du ministère public, mais de mettre un terme aux procès auxquels donnait lieu la constitution vicieuse de certaines sociétés qui dans la suite s'étaient mises en règle avec la loi et avaient prospéré.

COUR D'APPEL DE PARIS (CH. CORR.). — 16 novembre 1905.

Les fondateurs et administrateurs de la Société d'exploitation des Eaux et Thermes de Néris-les-Bains ont été cités devant le Tribunal de la Seine, pour violation de l'art. 13 de la loi du 24 juillet 1867 (émission d'actions d'une société irrégulièrement constituée). Dès avant les poursuites, les nullités reconnues ont été réparées conformément aux dispositions de la loi du 1er août 1893, et les défendeurs ont soutenu à l'audience que l'action pénale ne pouvait survivre à l'action en nullité qui se trouvait éteinte.

La dixième Chambre correctionnelle a, le 5 juillet 1905, rejeté ce moyen, par le jugement suivant :

Le tribunal,

En la forme, sur l'exception tirée de l'application du paragraphe 3 nouveau de l'art. 8 de la loi du 24 juillet 1867 :

Attendu que si l'action en nullité n'est plus recevable dans les conditions précisées par cet article, c'est pour éviter de compromettre, sans motif légitime, l'existence de sociétés fonctionnant dans des conditions normales, après régularisation ; que cette disposition ne saurait s'appliquer à des infractions consommées et qu'un fait postérieur ne peut faire disparaître ;

Que la circonstance que le capital social a été souscrit ou versé après la déclaration prescrite par la loi et l'assemblée générale qui a prononcé à tort la régularité de la constitution n'a pas pour effet, en l'absence d'un texte formel, de faire obstacle à l'action pénale exercée dans l'intérêt de l'ordre public et des tiers, qui font confiance dans une société ;

Que l'exception n'est pas fondée ;

Sur la fin de non-recevoir opposée à la partie civile et tirée de son défaut d'intérêt :

Attendu qu'elle se confond avec la question de fond, qui est de savoir si elle justifie d'un préjudice ayant pour cause l'infraction relevée par le ministère public ;

Au fond :

Attendu qu'il résulte de l'instruction et des débats que Jacquemin a fondé en 1902 une société anonyme, dénommée : Société d'exploitation des Eaux et Thermes de Néris-les-Bains, puis Compagnie fermière de l'établissement thermal de Néris ; que suivant acte du 23 août 1902, déposé aux minutes de Bourgeois, notaire à Deuil, il a fait la déclaration de souscription et de versement intégral du capital social, fixé à 120.000 francs, représenté par 240 actions de 500 francs ; que la société ayant été déclarée constituée par assemblée générale postérieure, Jacquemin a été nommé président du conseil d'administration ;

Attendu que contrairement à la déclaration notariée précitée, il est constant qu'à la date indiquée, le capital social n'était pas intégralement souscrit ; que notamment, un sieur Carlevan, porté pour 40 actions, représentant un versement de 20.000 francs, n'a été en réalité qu'un souscripteur de complaisance, qui n'a fait aucun versement ;

Que cependant, Jacquemin a émis des actions dont un grand nombre ont été ensuite reprises par lui et dont une certaine quantité se trouve aux mains d'un banquier de Montluçon ; que Jacquemin a donc, du mois d'août 1902 au mois de janvier 1903, à Paris, ou tout autre lieu du territoire français, alors qu'il était fondateur et président du conseil d'administration de la société anonyme susdénommée, procédé à l'émission d'actions de cette société, constituée contrairement aux prescriptions des art. 1er, 2 et 3 de la loi de 1867, délit prévu et puni par les art. 13 et 45 de ladite loi ;

Faisant application de l'art. 13 précité ;

Vu l'art. 16 de ladite loi, ensemble l'art. 463 C. pén., modifiant la peine en raison des circonstances atténuantes ; condamne Jacquemin à 25 francs d'amende ; et statuant sur les conclusions de la partie civile ;

Attendu qu'il n'est pas actionnaire et ne justifie pas de sa qualité de créancier actuel de la société dont s'agit ; qu'il n'apparaît donc pas qu'il ait un intérêt et qu'il n'établit l'existence d'aucun préjudice résultant pour lui de l'infraction relevée ;

Le déclare mal fondé en ses demande, fins et conclusions, et le condamne aux dépens afférents à sa demande, les autres dépens devant être supportés par Jacquemin ; condamne Jacquemin auxdits dépens.

MM. Guétonny et Jacquemin ont, l'un et l'autre, interjeté appel de ce jugement.

La Cour a rendu l'arrêt suivant :

La Cour,

Sur l'intervention de la partie civile :

Considérant que la partie civile ne justifie ni d'un préjudice né et actuel, ni même d'un préjudice éventuel pouvant trouver sa source et son principe dans l'infraction relevée à la charge du prévenu ;

Au fond :

Adoptant les motifs des premiers juges ;

Considérant qu'il résulte des débats que les actions ont été détachées de la souche et remises à des tiers, faits qui, à eux seuls, suffisent à constituer l'émission ;

Considérant, en outre, qu'il y a lieu, en raison des bons renseignements fournis sur le compte de Jacquemin, de le faire bénéficier des dispositions de l'art. 1er de la loi du 26 mars 1891 ;

Par ces motifs,

Confirme le jugement dont est appel ; dit, toutefois, qu'il sera sursis à l'exécution de la peine d'amende prononcée contre Jacquemin ; condamne Guétonny et Jacquemin aux dépens de leurs appels.

Trib. corr. Seine (10e Ch.). — 19 juillet 1905.

Attendu qu'il est certain et n'est pas contesté que les prescriptions des art. 1er et 2 de la loi de 1867 sur la constitution des sociétés sont applicables au cas d'augmentation de capital social ;

Attendu cependant que le prévenu oppose que l'action publique comme l'action des parties civiles serait irrecevable par application de l'art. 8, § 3, de la loi du 24 juillet 1867, modifié par la loi du 1er août 1893 ;

Qu'en effet, au mois de mars 1902, c'est-à-dire avant l'ouverture de l'information, sur les 36.000 actions dont la souscription était nécessaire pour porter le capital à 10 millions, 26.000 avaient été effectivement souscrites et libérées ;

Que par délibération de l'assemblée générale du 15 mars 1902, les 10.000 actions libérées par la S. G. I. ont été annulées et que le capital a été ainsi ramené à 9 millions ;

Que dès lors la situation de la société était régularisée par la réparation du vice qui affectait l'augmentation du capital et qu'aucune base de nullité ne subsistant, toute action basée sur les faits d'où elle pouvait résulter n'était plus recevable ;

Mais attendu que le but de la disposition invoquée a été d'empêcher que le fonctionnement des sociétés et par suite les intérêts sociaux ne fussent compromis par une action en nullité exercée dans un but de vexation et sans motif légitime ;

Que cette préoccupation ne saurait s'appliquer à l'action publique dont l'objet est de réprimer dans un intérêt général une infraction consommée ; qu'en l'absence d'un texte formel qui ne se trouve pas dans la loi, l'action publique ne peut être paralysée par un fait postérieur à l'infraction

Attendu que l'action d'une partie civile basée également sur une infraction à la loi pénale et n'ayant pas le caractère d'une action en nullité n'est pas davantage irrecevable ;

Que l'art. 8 réserve au contraire expressément l'action en responsabilité pendant 3 ans à partir du jour où la nullité a été encourue, même si elle a été couverte antérieurement.

CHAPITRE IV

DES DÉLITS RELATIFS A L'ADMINISTRATION DE LA SOCIÉTÉ

3941. — Les délits relatifs à l'administration de la société sont au nombre de trois ; ce sont :

1º L'absence d'indication, sur les documents émanés de la société, de sa forme et de son capital (art. 64) ;

2º La création frauduleuse d'une majorité factice dans l'assemblée générale des actionnaires (art. 13, §§ 3, 4 et 5) ;

3º La distribution des dividendes fictifs.

SECTION I

ABSENCE D'INDICATION, SUR LES DOCUMENTS ÉMANÉS DE LA SOCIÉTÉ, DE SA FORME ET DE SON CAPITAL.

3942. — Dans tous les actes, dit l'art. 64, factures, annonces, publications et autres documents imprimés ou autographiés, émanés des sociétés anonymes ou des sociétés en commandite par actions, la dénomination sociale doit toujours être précédée ou suivie immédiatement de ces mots, écrits lisiblement en toutes lettres : *Société anonyme* ou *Société en commandite par actions*, et de l'énonciation du montant du capital social. Si la société a usé de la faculté accordée par l'art. 48, cette circonstance doit être mentionnée par l'addition de ces mots : *A capital variable.*

Toute contravention aux dispositions qui précèdent est punie d'une amende de 50 à 1.000 francs.

Le capital dont la loi exige la mention est le capital originaire, tel qu'il a été fixé par les statuts. Bien que cette disposition ait été insérée dans la loi pour renseigner les tiers sur l'étendue des garanties que présente l'être moral avec lequel ils traitent, il est certain que le législateur n'exige pas la mention du capital tel qu'il ressort des écritures.

Les indications requises par l'art. 64 doivent figurer sur tous les documents imprimés ou autographiés. Il en résulte que les documents manuscrits restent en dehors de l'obligation imposée par la loi. L'article 64 s'applique, d'ailleurs, à tous les documents, imprimés ou autographiés,quels qu'ils soient : actes, factures,publications, etc., etc.

Les personnes responsables de l'infraction sont les représentants de la société, c'est-à-dire le gérant ou les administrateurs. La poursuite ne pourrait pas être dirigée contre la société, être moral incapable de répondre pénalement d'un délit (Orléans, 8 nov. 1887, *R. S.*, 1888.50).

La peine consiste dans une amende de 50 à 1.000 francs.

SECTION II

CRÉATION FRAUDULEUSE D'UNE MAJORITÉ FACTICE DANS L'ASSEMBLÉE GÉNÉRALE DES ACTIONNAIRES.

3943. — Sont punis de la même peine, dit l'art. 13 (amende de 500 à 10.000 fr.), ceux qui, en se présentant comme propriétaires d'actions ou de coupons d'actions qui ne leur appartiennent pas, ont créé frauduleusement une majorité factice dans une assemblée générale, sans préjudice de tous dommages et intérêts, s'il y a lieu, envers la société ou envers les tiers ; — ceux qui ont remis les actions pour en faire l'usage frauduleux.

Dans le cas prévu par les deux paragraphes précédents, la peine de l'emprisonnement de quinze jours à six mois peut, en outre, être prononcée.

3944. — Les éléments du délit sont au nombre de trois :

1º Introduction de faux actionnaires dans l'assemblée générale ;

2º Etablissement de la majorité ;

3º Intention frauduleuse.

a) Nous savons que, pour figurer dans une assemblée générale, il faut être actionnaire, c'est-à-dire propriétaire d'actions. Pour savoir si telle ou telle personne est ou non propriétaire d'actions, il faut se référer aux principes généraux du droit civil ; cependant une hypothèse a donné naissance à des difficultés. Le reporteur a-t-il le droit de figurer dans l'assemblée générale de la société dont il détient les actions ? En d'autres termes, est-il propriétaire des titres ? Cette question a été examinée au chapitre relatif aux *Assemblées générales*

(V. n. 3161). D'après les solutions de la jurisprudence, le reporteur est considéré comme un véritable propriétaire des titres ; il a donc le droit d'assister aux assemblées générales et d'y voter comme tout propriétaire d'actions (V. Cass., 3 fév. 1862, S. 62.1.369 ; — Paris, 19 avr. 1875, S. 76.2.113).

3945. — Avant la loi de 1893, on avait prévu l'hypothèse d'une infraction consistant en ce qu'un certain nombre d'actionnaires qui, individuellement, ne possédaient par le chiffre d'actions exigé par les statuts pour assister à une assemblée générale, se réunissaient pour remettre leurs titres à un tiers. Nous savons que la loi du 1er août 1893 autorise aujourd'hui ce groupement (V. *suprà*, n. 3171).

3946. — Une autre combinaison tombe sous le coup de l'art. 13 : c'est celle qui consiste, lorsque les statuts accordent à chaque actionnaire un nombre de voix proportionnel au nombre de ses actions en déterminant un maximum, à permettre à la même personne d'avoir un nombre de voix supérieur à un certain chiffre, quelle que soit la quantité des titres qu'elle possède.

3947. — *b*) Le second élément consiste dans le déplacement de la majorité. Il faut, dit le texte, que les faux actionnaires aient créé une majorité factice. Il faut donc que la manœuvre ait été couronnée de succès.

c) Enfin, l'intention frauduleuse est un élément caractéristique du délit ; la loi est formelle à cet égard.

3948. — Les personnes punissables sont celles qui se sont présentées à tort dans l'assemblée générale, c'est-à-dire les faux actionnaires, puis celles qui ont remis leurs actions pour en faire un usage frauduleux.

La pénalité est une amende de 500 francs à 10.000 francs, mais la peine d'emprisonnement peut y être ajoutée.

SECTION III

DISTRIBUTION DE DIVIDENDES FICTIFS.

3949. — Parmi les délits prévus par la loi de 1867, la distribution de dividendes fictifs est le plus grave et le plus fréquent à la fois. La perspective des bénéfices à réaliser est l'attrait avec lequel on attire, à l'origine des sociétés, les souscripteurs. Il est certain en effet que sans cette perspective de bénéfices, les capitaux ne se placeraient pas dans les sociétés par actions ; mais cette perspective légitime, nécessaire, a ouvert la porte à une foule de spéculations. D'abord, des fondateurs qui ont reçu des actions d'apport cherchent à les écouler, et pour cela, sachant que le crédit de la société repose sur les bénéfices qu'elle réalise, ils enflent ces bénéfices pour faire monter le prix des actions. S'il s'agit d'augmenter le capital social et de donner aux actions nouvelles une valeur considérable, on enfle encore les bénéfices pour tromper le public sur l'état prospère de la société. D'autres raisons encore poussent des spéculateurs peu scrupuleux à faire croire à des bénéfices illicites : ils veulent entretenir sur les actions un cours élevé ; ils veulent réaliser des valeurs qui, sans l'état prospère apparent de la société, ne s'écouleraient que difficilement, etc., etc. Ces fraudes, si tentantes, sont encore accrues par les facilités que leur donne l'imperfection de nos lois sur la comptabilité et les bilans commerciaux (V. *suprà*, n. 3327 et suiv.).

3950. — *Eléments du délit.* — Les éléments du délit sont au nombre de quatre :

1º Absence d'inventaire ou existence d'un inventaire inexact ;

2º Mauvaise foi ;

3º Fictivité des dividendes ;

4º Répartition des dividendes.

3951. — A l'égard des sociétés en commandite, il a été jugé que, dans ces sociétés, la distribution de dividendes fictifs est, en réalité, un remboursement total ou partiel, fait aux commanditaires, de leur mise sociale, qui est le gage des créanciers — c'est-à-dire un paiement de l'indu, sujet à restitution. Et il importe peu qu'il s'agisse d'une société dont les statuts portent qu' « en aucun cas les dividendes ne pourront être répétés », cette clause ne pouvant, en effet, avoir en vue que les dividendes légitimement distribués. — Lorsqu'une société en commandite simple a inséré dans ses statuts une stipulation d'après laquelle les intérêts du fonds social sont compris dans les frais généraux et versés aux commanditaires sans pouvoir être répétés, même s'il n'existe pas de bénéfices sociaux, cette stipulation peut, selon les circonstances de la cause, être considérée comme constituant, non une diminution déguisée du montant du capital, mais une des charges sociales dont la loi n'exige pas la mention dans l'extrait prescrit par les art. 56 et suivants de la loi du 24 juillet 1867. Dès lors, en présence d'une clause statutaire souverainement interprétée par les juges comme impliquant attribution aux commanditaires des intérêts du capital social, compris dans les frais généraux, indépendamment de tous bénéfices, manque de base légale l'arrêt qui déclare une telle clause inopposable aux tiers par le seul motif qu'elle n'a pas été publiée, sans vérifier, en fait, les conditions dans lesquelles les intérêts litigieux ont été stipulés et payés (Cass., 15 nov. 1910, *Gaz. Trib.*, 1er avr. 1911, *Gaz. Pal.*, 29 nov. 1910).

A. — Absence d'inventaire.

3952. — La loi punit la distribution de dividendes fictifs opérée en l'absence d'inventaire ou à l'aide d'un inventaire inexact. On s'est demandé si la distribution d'un dividende contraire à un inventaire régulier tombait sous le coup de la loi. La négative doit être admise, car en matière pénale, on ne peut suppléer au silence d'un texte.

1. *Absence d'inventaire.* — A la clôture de chaque exercice, c'est-à-dire de chaque année sociale, la société doit faire un inventaire, comme l'exige l'art. 9 C. com. pour tout commerçant ; c'est d'après les résultats de cet inventaire, qui doit comprendre toutes les valeurs sociales et toutes les dettes, qu'on fixe le dividende à répartir. Il est rare de trouver une société qui ne fasse pas d'inventaire, et on peut se demander comment se réalisera la prévision de la loi : absence d'inventaire. Voici : Certaines sociétés, notamment pour augmenter leur capital social, distribuaient des dividendes au cours de l'année sociale sans attendre les résultats de l'inventaire annuel ; c'est ce qui s'est présenté dans les affaires de l'Union générale et de la Banque de Lyon et de la Loire (Paris, 19 mars 1883, S. 83.2.97, D. 83.1.425 ; — Lyon, 12 mars 1885, D. 85.2.136). D'autres sociétés ont pris l'habitude de payer des acomptes sur le dividende. En principe, la validité de cet usage est admise par un arrêt de la Cour de Paris du 18 mars 1887 (*R. S.*, 1887.195) ; le solde est réparti après la confection d'un inventaire et l'approbation de l'assemblée générale ; mais il n'en est pas de même de l'acompte : cela va de soi. Si les statuts ont prévu la distribution des acomptes, on se borne à consulter le compte de profits et pertes qui permet de voir exactement où en sont les affaires de la société (Trib. Seine, 29 avr. 1885, *R. S.*, 1885.422). S'il s'agit d'une distribution ordinaire, on réunit l'assemblée générale (Paris, 19 mars 1883 ; — Lyon, 12 mars 1885, précités). On dresse, dans l'un et dans l'autre cas, un état de situation sommaire indiquant en bloc « le chiffre total pour chaque exercice des charges et des produits » (Trib. com. Seine, 20 sept. 1884, *R. S.*, 1884.794).

3953. — Si aucun relevé n'a été dressé, si aucun exposé n'a été fait à l'assemblée générale, incontestablement la distribution a eu lieu

en l'absence d'inventaire ; mais si, au contraire, la répartition intervient après état sommaire présenté à l'assemblée générale ou aux
actionnaires, la question est plus douteuse. La Cour de Paris, par son
arrêt du 19 mars 1883, a décidé que l'expression « absence d'inventaire » ne désigne point un acte spécial d'une forme sacramentelle et
déterminée, mais bien tout compte rendu, tout état de situation écrit
ou verbal au moyen duquel on peut surprendre le vote d'une assemblée d'actionnaires, en lui présentant sous un faux jour les ressources
et les opérations de la société (V. la note au Dalloz, 1883.1.425).
M. Rubat de Mérac contredit cette interprétation (*Les délits dans les
sociétés par actions*, n. 323) ; il ne pense pas qu'on puisse élargir,
ainsi que le fait la Cour de Paris, le mot « inventaire » et qu'on puisse
englober sous cette dénomination un écrit ou même des paroles quelconques, et il s'appuie sur le jugement du tribunal de commerce du
20 septembre 1884, précité.

L'intérêt de la question est plus théorique que pratique, et quand
elle s'est présentée devant les tribunaux, il s'agissait moins de savoir,
pour les administrateurs, s'ils seraient frappés, qu'en vertu de quelle
formule ils seraient frappés. Les tribunaux, dans tous les cas, ont un
pouvoir d'appréciation pour rechercher si, toutes les fois que les gérants ou les administrateurs ont distribué des dividendes fictifs en
s'appuyant sur de simples récapitulations des opérations de la société, ils doivent être considérés comme ayant procédé à cette répartition en l'absence d'inventaire.

3954. — II. *Existence d'un inventaire inexact.* — L'inventaire est
une opération de comptabilité consistant à décrire et à estimer, d'une
part, ce que l'on possède, d'autre part, ce que l'on doit. C'est un tableau synoptique de l'actif et du passif. Si l'actif excède le passif, capital social compris, une distribution de dividende est possible ; s'il lui
est inférieur ou simplement égal, aucune répartition ne se comprend,
c ar il n'y a pas de bénéfices.

Le bilan n'est pas synonyme d'inventaire. Le bilan est une simple
balance qui ne renferme que le résumé de la situation financière du
commerçant ou de la société, tandis que l'inventaire est un relevé
complet et détaillé, article par article, de l'actif et du passif ; le bilan
est un bloc.

Le faux dans un bilan, c'est-à-dire l'altération d'une écriture, ne
peut en lui-même tomber sous l'application de la loi pénale : les évaluations portées au bilan ne constituent que des estimations ; elles ne
peuvent constituer aucun crime contre qui que ce soit, car il n'y a pas

de préjudice direct résultant de cette dissimulation ; cette omission ne peut donc constituer un faux (Cass., 14 juin 1873, S. 73.1.427).

Le bilan d'une société n'est d'ailleurs qu'une simple proposition faite à l'assemblée générale des actionnaires, qui peut l'accepter ou la refuser. Le bilan est donc l'œuvre de l'assemblée, et si elle est trompée, elle a un recours en responsabilité contre les administrateurs. Les faux bilans peuvent donner naissance à des poursuites criminelles d'une autre nature, soit une poursuite pour escroquerie, si le bilan a servi à faire placer des actions ou des obligations et par conséquent à faire croire à l'existence d'un crédit imaginaire, ou encore si le bilan a autorisé la distribution de dividendes fictifs, mais le faux bilan en lui-même, indépendamment des deux conséquences qui viennent d'être relevées et qui ne constituent que des délits, ne peut servir de base à une poursuite pour crime de faux.

La question a été agitée en Belgique et résolue dans ce sens par la Cour de cassation belge (Deux arrêts, 24 juin et 8 juillet 1875, *Pasicrisie*). C'est à la suite de la jurisprudence ainsi consacrée que le Parlement belge a été saisi d'une loi qui porte la date du 26 décembre 1881 qui a créé une pénalité spéciale contre les personnes qui ont commis un faux avec intention frauduleuse ou dessein de nuire, dans le bilan ou le compte de profits et pertes des sociétés. En France, cette loi n'existe pas ; il faut donc dire que le faux dans un bilan pris en lui-même ne peut être poursuivi pénalement (Paris, Ch. mises en accusation, 31 janv. 1905, *Gaz. Trib.*, 6 mars 1905 ; Pascaud, *R. S.*, 1873.245 ; Marck, *R. S.*, 1905.99 et suiv.) (1).

(1) La Chambre des mises en accusation de la Cour de Paris, ayant été saisie par une opposition du procureur de la République près le tribunal de la Seine d'une ordonnance d'un juge d'instruction qui renvoyait devant elle, sous la prévention de faux en écriture de commerce et d'usage de faux, MM. M... et consorts, anciens directeurs et administrateurs de la Compagnie d'assurances « L'Espérance », a statué sur les réquisitions suivantes, prises par M. Leloir, substitut du procureur général.

Le procureur général ;

Attendu qu'il semble bien résulter des documents de la cause que les états de situation dits bilans, produits de 1898 à 1901 aux assemblées générales d'actionnaires de la Compagnie d'assurances « L'Espérance », ne rendaient pas un compte exact de la situation active et passive de ladite société ;

Mais attendu qu'aux termes de l'art. 147 C. pén., les énonciations mensongères contenues dans un écrit ne donnent lieu à répression qu'autant que ces énonciations se rapportent à des faits que l'écrit en question avait pour objet de recevoir ou de contester ; qu'il n'y a crime, en conséquence, que dans le cas où l'acte frauduleusement altéré pourrait servir de base à une action contre un tiers, ou qu'on peut du moins puiser dans ses énonciations quelque preuve ou présomption susceptible de donner naissance à un droit quelconque ;

Attendu que les bilans ou les comptes de profits et pertes, présentés par les gérants ou administrateurs d'une société par actions à l'assemblée générale des actionnaires, ne sont que de simples exposés de situation faits à des associés, qui peuvent les approuver ou les désapprouver à leur gré, et n'ont pas, à l'égard d'autrui, les caractères de titres propres à créer

3955. — Puisque la répartition des dividendes dépend du résultat de l'inventaire, il est indispensable que cet inventaire soit exact ; il doit l'être d'abord au point de vue matériel : par exemple, on n'y pourrait faire figurer à l'actif une propriété qui n'existerait pas. Mais ce n'est point sur l'inexactitude matérielle de l'inventaire que l'on aura le plus souvent à discuter, c'est sur les fausses évaluations de cet inventaire. La loi n'a fixé aucune règle pour les évaluations qui doivent figurer dans les inventaires des commerçants ; la liberté la plus grande existe donc à cet égard, et c'est une question de bonne ou de mauvaise foi qu'il s'agit d'apprécier lorsqu'on recherche si les évaluations qui figurent dans l'inventaire sont réelles ou non. Les gérants ou admi-

ou à constater des droits ;

Qu'ainsi l'altération, même frauduleuse, de la vérité dans ces écrits ne tombe pas sous le coup des dispositions de la loi pénale relatives au faux ;

Vu l'art. 128 C. inst. crim. ;

Requiert qu'il plaise à la Cour dire n'y avoir lieu à suivre de ce chef, etc...

Conformément à ces réquisitions, la Cour a rendu l'arrêt suivant :

La Cour,

Vu l'ordonnance du juge d'instruction du tribunal de la Seine, en date du 14 décembre 1904, renvoyant devant la Chambre des mises en accusation M... pour faux en écriture de commerce et usage de faux, C... et de J... pour complicité du crime de faux ;

. . . .

Vu l'opposition formée régulièrement le même jour, à la requête du procureur de la République près le tribunal de la Seine ;

. . . .

Sur les inculpations de faux et complicité et usage de faux :

Considérant que le juge d'instruction a renvoyé devant la Chambre des mises en accusation M..., directeur de la Compagnie d'assurances « L'Espérance », sous la prévention de faux en écriture de commerce, comme ayant altéré sciemment, par majoration dans les inventaires de ladite société des 31 décembre 1898, 1899, 1900 et 1901, la valeur des frais de premier établissement et de l'apport de la société « L'Espérance belge », que ces inventaires avaient pour objet de constater ; qu'il l'a également renvoyé pour usage de faux ;

Qu'il a aussi renvoyé C... et de J..., anciens administrateurs de la Compagnie « L'Espérance », comme complices des faux commis par M... ;

Considérant qu'au regard du ministère public l'établissement desdits inventaires, dans les conditions susénoncées, ne saurait juridiquement constituer le crime de faux ;

Considérant qu'il résulte d'une façon certaine, et notamment de l'expertise à laquelle il a été procédé, que les états de situation, dits bilans, produits de 1898 à 1901 aux assemblées générales d'actionnaires de la Compagnie « L'Espérance », ne rendaient pas un compte exact de la situation active et passive de cette société ; qu'on y voyait figurer des éléments d'actif fictifs, qui permettaient de faire ressortir des bénéfices inexacts ; que c'est ainsi notamment que, sous le compte « frais de premier établissement », qui représente à la rigueur un actif réel, quoiqu'immobilisé, étaient comprises des commissions allouées à divers intermédiaires pour placement d'actions ou obligations de la société, commissions représentant en réalité des pertes ; que c'est ainsi qu'à l'actif de tous les bilans, l'apport de « L'Espérance belge », en admettant même son évaluation comme sérieuse, n'a cessé de figurer en son entier, sans être diminué, d'une part, des pertes constatées sur les réalisations déjà effectuées de la liquidation, et, d'autre part, de certains éléments d'actif qui avaient passé à la société française « L'Espérance » ;

Qu'il n'est pas douteux que ces inexactitudes de comptabilité ont été commises en connaissance de cause ; mais qu'il reste à chercher si les inexactitudes de ces bilans peuvent constituer le crime de faux ;

Considérant, à la vérité, qu'il a déjà été jugé que constituaient le crime de faux et devaient nistrateurs peu scrupuleux, ayant intérêt à faire ressortir des bénéfices, auront tendance à majorer les éléments d'actif de la société ; au contraire, les gérants ou administrateurs soucieux des intérêts qui leur sont confiés, comme tout commerçant soucieux de son propre honneur, non seulement ne chercheront pas à majorer un actif, mais ils penseront que cet actif a besoin d'être amorti, et que si on n'obéit pas à ces règles d'amortissement, la dissolution peut être proche, et la ruine la suivre de près. Il est donc indispensable de fixer quelques règles ; c'est ce qu'a fait la jurisprudence dans le silence de la loi.

3956. — V. sur la confection des bilans et l'établissement des bénéfices, *suprà*, n. 3327 et suiv.

SECTION IV

RESPONSABILITÉ PÉNALE D'UNE SOCIÉTÉ.

3957. — Dans l'ancien droit on admettait la responsabilité pénale des villes, bourgs, villages, universités, compagnies de juges, collèges, monastères, etc., etc... (Titre XXI de l'ordonnance de 1670).

Les peines prononcées étaient l'amende envers le roi, la privation de privilèges, la dissolution de l'association, etc.

être jugées comme telles les altérations volontaires de la vérité commises par un commerçant dans l'inventaire annuel qui lui est imposé par l'art. 9 C. com., c'est-à-dire dans l'inventaire qui a pour but le récolement de tous les effets mobiliers et immobiliers, existants, actifs ou passifs, se trouvant dans son patrimoine à un moment donné, et d'où peut découler le principe d'un droit quelconque au profit de ce commerçant ;

Mais que tel n'est point le caractère de l'inventaire, plus spécialement appelé *bilan*, dont il est parlé dans la loi, à propos des faillites et des sociétés ;

Que ce bilan a pour effet d'établir, non des existants actifs ou passifs, comme l'inventaire prescrit par l'art. 9 C com., mais bien une situation d'ensemble d'entreprise commerciale, par la combinaison des soldes des différents comptes d'une comptabilité en partie double ; qu'il n'est qu'un simple exposé de situation avec groupement de divers éléments de comptabilité, exposé qu'il est toujours loisible aux actionnaires de contrôler, en se reportant à la comptabilité, et d'approuver ou de désapprouver ; qu'il ne peut, à aucun point de vue, servir d'élément de preuve pour établir l'existence d'un droit quelconque ;

Que c'est à ce titre qu'il a été jugé que les déclarations mensongères inscrites par un failli dans son bilan, lequel n'est qu'un simple exposé de situation, non susceptible de servir de base à une action contre les tiers, ne pouvaient constituer le crime de faux ;

Considérant, d'ailleurs, que tel a été le point de vue du législateur, puisque les art. 15 et 45 de la loi sur les sociétés du 24 juillet 1867 punissent seulement des peines de l'art. 405 C. pén. les administrateurs qui, au moyen d'inventaires frauduleux, auront opéré entre les actionnaires la répartition de dividendes fictifs ;

Considérant, en conséquence de ce qui précède, qu'il y a lieu d'infirmer de ce chef l'ordonnance du juge d'instruction qui renvoie, sous prévention de faux, complicité et usage, les sieurs M..., C... et de J... ;

Par ces motifs,

Infirme, etc...

On ne trouve ni dans le Code pénal, ni dans le Code d'instruction criminelle, de dispositions sur la responsabilité des collectivités. La Révolution détruisit presque toutes les personnes morales, ne laissant subsister que celles surveillées directement par l'Etat. Puis les personnes morales se sont reconstituées, et on a repris la question de savoir si les personnes morales étaient capables de délinquer (V. notamment Achille Mestre : *Les personnes morales et le problème de la responsabilité pénale*, Fac. Paris, 1899).

Dans notre droit actuel certaines peines atteignent nécessairement la personne morale. Tels la confiscation d'objets contrefaits, l'affichage d'un jugement de condamnation. Mais la jurisprudence décide qu'aucune peine même d'amende ne peut être prononcée contre une personne morale. — Ainsi une société commerciale ne peut être pénalement responsable d'un délit de contrefaçon (Cass., 10 mars 1877, S. 77.1.336, D. 84.1.429 ; — Paris, 16 déc. 1885, S. 86.2.40). De même pour défaut d'indication dans les documents imprimés émanés d'une société anonyme du montant du capital social (Orléans, 8 nov. 1887, S. 89.1.172, D. 88.2.97), de même pour une contravention (Cass., 6 avr. 1894, S. 94.1.376, D. 96.1.50), ni pour une contravention à des lois ou règlements imposant une obligation légale à l'industrie exercée par la société (Cass., 8 mars 1883, S. 85.1.470 ; — 17 déc. 1891, S. 92.1.168 ; — Cass., 15 nov. 1894, D. 96.1.50).

La poursuite doit donc être dirigée et la peine prononcée contre l'auteur même du fait délictueux (V. Cass., 12 juin 1875, D. 76.1.137).

En matière de société commerciale exerçant une industrie réglementée, les chefs de l'entreprise sont personnellement responsables des contraventions aux règlements, bien qu'elles aient été commises par des préposés (Cass., 7 mai 1870, S. 70.1.439 ; — 12 mai 1893 ; — 19 avr. 1894, S. 94.1.201 ; — Cass., 27 oct. 1916, *Gaz. Soc.*, 1917.190). Lorsqu'il y a plusieurs associés ou gérants, la peine peut être prononcée contre chacun d'eux (Cass., 14 mai 1838, S. 39.1.332).

La nullité d'une condamnation contre une personne morale peut être relevée pour la première fois devant la Cour de cassation (Cass., 10 mars 1877, S. 77.1.336).

Si les associés ont été individuellement cités, la condamnation est valable, bien que chacun d'eux aurait été assigné au nom et comme membre de la société « X... et Cⁱᵉ » (Cass., 4 août 1876, *Bull.* 184 ; — V. aussi Cass., 21 juillet 1877, S. 77.1.436 ; — 22 mai 1885, S. 87.1.187).

Mais la personne morale peut être citée comme civilement responsable (Cass., 30 nov. 1878, *Bull.* 332).

Les amendes fiscales ayant un caractère mixte peuvent être appliquées à une société (Garçon, *Code pénal*, sous l'art. 8, n. 110).

C'est ainsi que la loi du 15 juillet 1845 édicte une responsabilité pénale des Compagnies de chemins de fer relativement aux amendes de grande voirie (art. 12, 14 et 21). Pour tous autres délits ou contraventions, le droit commun est applicable (Cass., 6 avr. 1894, S. 94.1. 376).

Le Conseil d'Etat en matière de grande voirie a rendu des personnes morales responsables des contraventions (V. Garçon, *Code pénal*, sous l'art. 8, n. 117).

La jurisprudence fait également exception aux règles ci-dessus concernant les pénalités à infliger aux personnes morales contre une personne membre d'une société commerciale en cette qualité. Ainsi l'amende prononcée par l'art. 5 du décret du 19 mars 1852 contre l'armateur est encourue par une société lorsque celle-ci a la qualité d'armateur (Cass., 4 nov. 1898, *Bull.* 338).

SEPTIÈME PARTIE

SOCIÉTÉS ÉTRANGÈRES

CHAPITRE PREMIER

NATIONALITÉ DES SOCIÉTÉS

3958. — Si nos lois civiles précisent avec exactitude quelles personnes sont Françaises, quelles sont étrangères, elles sont muettes, au contraire, sur les règles qui doivent présider à la détermination de la nationalité des sociétés par actions. Cette question présente cependant un grand intérêt. On ne peut accorder aux fondateurs d'une société le droit d'en faire, suivant leur fantaisie ou leur intérêt, une société étrangère ou française ; il est aussi dangereux de laisser aux tribunaux un pouvoir arbitraire d'appréciation à ce sujet. Il y a donc nécessité d'établir une règle précise qui détermine la nationalité des sociétés.

3959. — *Nécessité d'une nationalité.* — Mais avant tout est-il nécessaire de déterminer la nationalité d'une société ?

M. Landry, député, reprenant des idées déjà développées par MM. les professeurs Demogue et Pillet, a publié dans la *Revue politique et parlementaire* un article dont la conclusion est qu'il n'est point utile de s'attacher au principe d'une nationalité pour les sociétés et qu'il s'agit uniquement de déterminer quelle est la loi applicable à telle ou telle société.

Nous ne pouvons que mentionner ici les savantes théories développées par M. Demogue, dans la note au Sirey, 1908.2.177, et dans l'ouvrage de M. Pillet : *Des personnes morales en droit international privé.* Les principes enseignés par ces éminents professeurs sont incontestablement impressionnants, mais ils sont du domaine de la théoric pure. C'est au point de vue pratique seulement que nous voulons nous attacher.

De tout temps, il a paru nécessaire de déterminer la nationalité des sociétés. Ne serait-ce, comme l'a écrit M. Landry, que pour préciser la loi qui leur est applicable. Cela est si vrai qu'on ne pourrait pas renoncer à la détermination de la nationalité des sociétés sans bouleverser considérablement notre législation.

En effet, toutes nos lois, par de multiples dispositions, distinguent les sociétés françaises des sociétés étrangères. Nous ne les rappelons pas toutes, mais nous voulons signaler particulièrement la loi du 22 novembre 1913, qui interdit aux assemblées générales de modifier la *nationalité* d'une société par actions ; la loi du 30 janvier 1907, qui a édicté des formalités de publication pour les sociétés françaises et pour les sociétés étrangères ; les lois fiscales très nombreuses qui distinguent toutes les sociétés *françaises* des sociétés étrangères, etc., etc. Il faudrait donc bouleverser toute cette législation. M. Landry, dans l'étude précitée, ne le conteste pas ; il dit que les textes pourraient être modifiés dans leur rédaction et il ajoute : « Il n'est point besoin d'aller jusque-là. Il suffit de les interpréter désormais comme désignant dans une forme elliptique, sous le nom de sociétés françaises, les sociétés régies par les lois françaises et sous le nom de sociétés étrangères, les sociétés régies par des législations étrangères. »

Nous nous emparons de cette formule pour répondre à l'honorable député qu'il n'y a pas de meilleure justification de la nécessité de déterminer la *nationalité* d'une société, car la raison dominante qui rend indispensable la détermination de la nationalité est précisément la fixation de la législation applicable à une société *française* ou à une société *étrangère*.

Il faut donc toujours en revenir à la solution du même problème : quelles sont les sociétés françaises ? quelles sont les sociétés étrangères ? et cela s'appelle bien *déterminer* la nationalité d'une société. Il nous paraît indispensable de s'attacher plus que jamais à la détermination de la nationalité, ne serait-ce (et c'est là la raison la plus décisive) que pour savoir quelles lois s'appliquent à une société française ou à une société étrangère.

Règles de nationalité. — Ceci dit, il convient de rappeler les règles que la jurisprudence a établies.

Tout le monde est d'accord pour dire que la nationalité ne peut être fixée d'après celle des actionnaires ou des associés. Que l'on considère la majorité des associés ou simplement quelques-uns d'entre eux, au moment de la formation de la société, surtout s'il s'agit d'une société par actions, on peut ignorer la nationalité des associés, et la connaîtrait-on que, dans les sociétés en nom collectif, il serait plus que délicat de décider que la majorité des associés déterminerait la nationalité (V. en ce sens Trib. de Nancy, 16 avr. 1883, S. 88.2.89, et la note de M. Chavegrin ; — Paris, 23 janv. 1889, S. 91.2.123 ; — Seine, 8 fév. 1892, *J. S.*, 1892.241 ; — Le Havre, 24 fév. 1896, *J. S.*, 1899.131 ; — Lille, 21 mai 1908, *J. S.*, 1909.70 ; — Rouen, 19 janv. 1916, *Gaz. Soc.*, 1918.111. — Lyon-Caen, *De la nationalité des sociétés par actions, J. S.*, 1880, p. 35 ; Lyon-Caen et Renault, *Traité de droit commercial*, t. II, n° 1165 ; Thaller, *Traité élémentaire de droit commercial*, 3° éd., n° 764 ; Weiss, *Traité de droit international privé*, 1° éd., t. II, p. 415 et suiv., n° 1026 ; Pic, *De la faillite et de la liquidation des sociétés en droit international*, p. 7, et note au Dalloz, 1904. 1.225 ; Cohendy, note au Dalloz, 1890.2.1).

Nous examinons plus loin les différents critériums proposés, mais avant tout notons le système de M. Demogue qui s'écarte de tous ceux proposés.

M. Demogue, professeur à la faculté de droit de Paris, dans une savante dissertation publiée au Sirey (1908.2, p. 178), défend une théorie nouvelle qu'il appelle « la moins imparfaite ». Il la résume dans cette formule très simple : *Une société se constitue régulièrement en suivant les dispositions d'une loi déterminée, laquelle avait une raison sérieuse et avouable de faire ce choix.*

« Une société, écrit M. Demogue, est donc libre de se constituer suivant la loi qui lui plaît ; elle doit seulement exercer son choix en se fondant sur des raisons de grave utilité, en n'agissant pas par fraude pour éviter des droits fiscaux ou une législation trop sévère. Et cela est assez raisonnable : une société se fonde, un industriel a trouvé un groupe de capitalistes qui est disposé à le commanditer en formant une commandite par actions. Tout le monde trouvera sage que ces personnes exigent que la société soit organisée suivant la loi qu'ils connaissent, qui paraît leur offrir le plus de garanties, quand même la société devrait avoir ses établissements et son siège social dans un autre pays. Au contraire, cette société a de futurs actionnaires qui semblent indifférents à la loi qui réglera la constitution, mais les fondateurs pensent qu'ils feront des affaires dans tel ou tel pays où il faudra offrir des garanties, où l'on devra montrer patte blanche aux administrations locales. Ils choisiront alors la loi de ce pays. Ce sera le siège principal d'exploitation ou non, peu importe. Si une société composée de Belges veut à la fois avoir des établissements en France et en Russie, elle pourra raisonnablement se constituer suivant la loi russe, ce pays n'acceptant pas facilement les sociétés d'apparence étrangère. Cette théorie conduit même logiquement à dire qu'une société peut se former suivant la loi d'un pays où elle n'aurait ni siège social, ni siège d'exploitation, pourvu, bien entendu, que sa décision soit explicable autrement que par une pensée de fraude ; en fait, ce pourra être seulement parce que les actionnaires, étant originaires de ce pays, exigeront la garantie de leur loi nationale. Un banquier français se chargeant de l'émission dira : « Je ne puis recommander l'affaire à ma clientèle que si on observe les formalités de la loi française, particulièrement protectrice. »

Lorsqu'une société se fondera ainsi suivant les lois d'un pays, la constitution se fera-t-elle nécessairement dans ce pays ? La réponse exige quelques explications. Rappelons d'abord que la constitution des sociétés par actions, tout au moins, est une opération complexe, qui peut se passer en différents territoires à la fois. Les actions peuvent être offertes au public dans différents états. Mais les opérations essentielles se passeront probablement dans l'Etat d'où on suivra la loi. Là seulement, on trouvera facilement les hommes de loi compétents pour indiquer les formalités à remplir. Là seulement on pourra remplir certaines formalités, comme l'inscription au registre de commerce du droit allemand, ou toute autre de ce genre. En outre, si la loi exige un acte notarié, il faudrait faire l'acte dans un pays où il existe des notaires.

Nous affirmons ainsi que la société qui se prétend de tel pays doit suivre toutes les formes de constitution imposées dans cet Etat.

On fera sans doute une objection ; on invoquera la règle *Locus regit actum* (Sur la question de savoir si la règle *Locus regit actum* est impérative, V. Paris, 2 déc. 1898, S. et P. 1900.2.185, et la note de M. Audinet ; *Pand. pér.*, 1899.3.25, et la note de M. Naquet, sous Cass., 29 juill. 1901, S. et P., 1903.1.73). Nous croyons que l'on peut ici en tenir compte. On répondra aux fondateurs : Vous prétendez avoir un intérêt sérieux à vous soumettre à la loi allemande ; il doit être tel que vous puissiez vous soumettre sans inconvénient à cette loi dans toutes ses dispositions. Les intérêts les plus graves, d'après votre jugement, rattachent à l'Allemagne le contrat que vous avez fait, et vous prétendez qu'il vous serait trop difficile d'aller jusqu'au bord du Rhin pour remplir telle formalité. Cette exception à une règle fameuse est peut-être audacieuse en apparence. Mais, hors d'elle, on tombe dans la plus complète incohérence. Je prétends faire un contrat de société suivant telle loi ; mais, comme il n'y a où je me trouve ni notaire, ni registre de commerce, je me contenterai d'un sous seing privé, parce que cela est admis où je suis, et j'aurais ainsi une société bâtarde. Cela nous paraît impossible : la règle sur la forme des actes, étant fondée, en partie, sur l'impossibilité de connaître une autre loi que la *lex loci*, est sans application quand on connaît déjà cette autre loi, l'ayant délibérément choisie (V. dans le même sens Thaller, *Traité élémentaire de droit commercial*, 3e éd., n° 766). Pour conclure, disons donc que la loi étrangère ne pourra être suivie en France que s'il s'agit d'une constitution de société très simple, comme une commandite par intérêt, une société en nom collectif.

A côté des choix qui sont permis aux futurs associés, il y a ceux qui leur sont défendus. Il faut un motif plausible pour se soumettre à telle ou telle loi. Des Français faisant une société qui doit exploiter une usine en France n'ont aucune raison pour se constituer suivant la loi belge, ou allemande, ou anglaise. Cela est d'évidence ; il y a ici un esprit de fraude manifeste, un véritable abus du droit. Nous irons même plus loin. Une société de ce genre, n'ayant d'attache qu'avec la France et des Français, établit son siège social à Bruxelles, et prétend se constituer suivant la loi belge. Elle tient à Bruxelles ses assemblées, elle date de Bruxelles les réunions de son conseil d'administration, elle y a des bureaux sérieux, une comptabilité complète. Si ce siège social réel n'a pu avoir d'autre objet que de se soumettre à une législation plus douce, d'éviter des impôts français, s'il n'y a aucun intérêt belge dans l'affaire, cette société ne s'est pas valablement constituée.

Tel est, en résumé, l'état de la doctrine et de la jurisprudence sur cette grave question.

C'est surtout au point de vue de la détermination de la nationalité des sociétés constituées à l'étranger par des Français que les tribunaux ont été appelés à se prononcer sur la matière. Souvent, pour échapper aux rigueurs de la loi française, pour user au contraire des facilités d'une loi étrangère, des Français ont constitué des sociétés en pays étranger, et les tribunaux ont été appelés à rechercher si ces sociétés étaient bien de nationalité française déguisée sous l'apparence d'une nationalité étrangère. Mais nous devons retenir que la nationalité des associés n'a, d'une opinion presque unanime aujourd'hui, aucune influence sur la détermination de la nationalité de l'être moral « société ».

Jurisprudence de guerre. — Ce principe a été battu en brèche, pour des raisons que chacun comprend et que chacun approuve, par la législation de guerre.

Le décret du 27 septembre 1914 interdit tout commerce non seulement avec les ennemis, mais aussi avec leurs prête-noms. Frappé du nombre considérable de sociétés existant en France et dans lesquelles les intérêts allemands étaient prépondérants, le garde des sceaux, dans une circulaire en date du 29 février 1916, s'est exprimé dans les termes suivants :

« Il n'y a pas lieu de distinguer davantage suivant leur nationalité entre les sujets ennemis dont les biens, intérêts ou accords sont soumis à la déclaration. La loi est applicable à tout ressortissant de tout pays en guerre avec la France, qu'il réside ou non dans ledit pays.

Les personnes morales sont ici encore assimilées aux individus et je ne saurais trop rappeler, à ce point de vue, qu'il ne saurait être fait état, à l'égard des sociétés, de leur nationalité d'apparence. Les formes juridiques dont la société est revêtue, le lieu de son principal établissement, tous les indices auxquels s'attache le droit privé pour déterminer la nationalité d'une société, sont inopérants alors qu'il s'agit de fixer, au point de vue du droit public, le caractère réel de cette société.

Elle doit être assimilée aux sujets de nationalité ennemie, dès que, notoirement, sa direction ou ses capitaux sont, en totalité ou en majeure partie, entre les mains de sujets ennemis, car, en pareil cas, derrière la fiction du droit privé se dissimule, vivante et agissante, la personnalité ennemie elle-même.

Sans doute, dans bien des cas, la détermination de la nationalité de la société avec laquelle il a contracté pourra être pour le déclarant éventuel une source de difficultés. »

3960. — Jurisprudence conforme à l'opinion de M. Lyon-Caen d'après qui la nationalité est fixée par le pays dans lequel la société possède son principal établissement, c'est-à-dire le centre de son exploitation (Trib. com. Havre, 3 sept. 1874, en note sous Paris, 4 nov. 1886, S. 88.2.89 ; — Trib. civ. Nancy, 16 avr. 1883, S. 88.2.89 ; — Seine, 3 mai 1899, *J. S.*, 1901.187 ; — Dalloz, *Rép., Supp.*, V° *cit.*, n. 2255 ; — Asser et Rivier, *Elém. de dr. intern. privé*, p. 197, note 1 ; Bard, *Précis de dr. intern. priv.*, n. 208 ; Boistel, n. 396 *ter* ; Castier,

Cond. légale des soc. étrang., 129 ; Chavegrin, note sous Nancy, 16 avr.
1883 précité ; Deloison, t. 1, n. 164 ; Gerbaut, *Comp. des trib. franç.
à l'égard des étrang.*, n. 345 ; Lyon-Caen, note *in fine*, sous Cass.,
4 mars 1885, S. 85.1.179 ; Lyon-Caen et Renault, t. 2, n. 1165 ; Pic,
J. dr. intern. pr., 1892, p. 577 et s. ; Pont, t. 2, n. 1856 ; Ruben,
n. 14 ; Weiss, *J. S.*, 1885.429 ; Cohendy, note sous Paris, 23 janv. 1889,
D. 90.2.1 à 3 ; Pic, note au D. 04.1.225).

3961. — La jurisprudence décide que le domicile d'une société
est au lieu où elle a fixé son siège social, et que par suite ce lieu seul
détermine sa nationalité. C'est au siège social que se trouve le principal établissement de la société, puisque c'est là que la direction est
exercée et que se décident les opérations sociales (Cass., 20 juin 1870,
S. 70.1.373, D. 70.1.416 ; — 29 mars 1898, *J. dr. intern. pr.*, 1898.
750, S. 01.1.70 ; — Paris, 23 janv. 1889, S. 91.2.123, D. 90.2.1 ; —
Paris, 26 mai 1903, *J. S.*, 1904.494 ; — 23 janv. 1889, S. 91.1.123 ;
— 22 nov. 1896 et 29 mars 1898, S. 1901.1.70 ; — 19 juill. 1899,
S. 1900.1.339 ; — Paris, 25 avr. 1913, *J. S.*, 1914.456. — *Sic* : Deloison, *loc. cit.* ; Lefèvre, *J. dr. intern. pr.*, 1882, p. 403 ; Pipi, *Cond. lég.
des soc. étrang. en France*, p. 166 et suiv. ; Pont, *loc. cit.* ; Pic, *loc.
cit.* ; Thaller, n. 623, *R. crit.*, 1883, p. 340, et *Ann. dr. comm.*, 1890.
2.257 ; Vavasseur, *J. dr. intern. privé*, 1875, p. 345 et suiv. ; Vincent et Penaud, *Dict. de dr. intern. pr.*, Vº *Société*, n. 5 et suiv. ; Cohendy, note sous Paris, 23 janv. 1889, précité, D. 90.2.1. — V. aussi
Leven, *De la Nationalité des Sociétés*, p. 3 et suiv.).

3962. — Mais que décider si le siège de l'administration ne se trouve pas dans le même pays que le centre de l'exploitation de la société ?
D'après M. Lyon-Caen, il faut s'attacher de préférence au centre d'exploitation. Il ne faut pas, dit-il, que la nationalité d'une société se lie
à des circonstances ou à des faits qui dépendent exclusivement de
la volonté de l'homme, comme la fixation du centre de l'administration sociale ; autrement les fondateurs pourraient, à leur gré, se soumettre ou échapper aux dispositions restrictives de la loi de 1867,
dont le caractère impératif n'est pas douteux (*J. S.*, 1880, p. 26 ;
Lyon-Caen et Renault, *Précis de droit commercial*, p. 295 ; Asser et
Rivier, p. 197, note). D'après cette opinion, une société qui a pour
objet l'exploitation d'un chemin de fer à l'étranger est réputée étrangère, encore bien que l'acte de société ait été dressé en France et que
le siège de la direction soit en France (Lyon-Caen et Renault, *loc. cit.* ;
Weiss, p. 441. — Comp. Cass., 10 fév. 1863, S. 63.1.238 ; — 13 mars
1865, D. 65.1.228 ; — Trib. Leipzig, 25 nov. 1871, *J. dr. intern. pr.*,

1874.82). M. Vavasseur (*J. dr. intern. pr.*, 1875, p. 345) admet le système de M. Lyon-Caen : mais il y apporte un tempérament, en ce sens qu'il décide qu'une société faisant principalement ses opérations en France devrait être considérée comme étrangère si elle avait hors de France son administration tout entière, si elle y installait ses bureaux, sa caisse, sa comptabilité générale, si le conseil d'administration et les assemblées générales devaient s'y réunir, si un certain nombre d'actionnaires et d'administrateurs appartenaient à la nationalité étrangère. D'après ce système, une société peut valablement se constituer à l'étranger, suivant la loi étrangère, pour exploiter des établissements situés en France (Lefèvre, *J. dr. intern. pr.*, 1882, p. 403).

Par arrêt du 20 juin 1870 (D. 70.1.416), la Cour de cassation a jugé qu'on ne saurait considérer comme étrangère une société qui a pour objet la construction et l'exploitation d'un débarcadère maritime à l'étranger, alors que son siège social est en France, que son conseil d'administration se réunit en France, et que ses actions ont été émises en France (Comp. Cass., 21 juin 1880, S. 81.1.130).

3963. — Il a été décidé qu'une société étrangère peut posséder une succursale avec siège administratif en France, sans cesser pour cela d'être société étrangère, du moment qu'elle a un siège véritable à l'étranger (Trib. Seine, 10 fév. 1881, *J. dr. intern. privé*, 1881.158 ; — Paris, 12 mai 1881, *Ibid.*, 1882.317 ; — Paris, 29 juill. 1887, *Le Droit*, 23 oct. 1887 ; — Trib. com. Seine, 11 avr. 1910, *Gaz. Pal.*, 27 mai 1910). Si la société est fictivement constituée sous la forme étrangère, elle peut être déclarée nulle comme faite en fraude de la loi française (Seine, 13 nov. 1901, *J. S.*, 1902.181 ; — Cass., 4 août 1906, *R. S.*, 1906.382 ; — Paris, 27 mars 1907, *R. S.*, 1908.195 ; — 23 mars 1909, *R. S.*, 1909.441 ; — Seine, 26 mai 1909 et 27 juill. 1910, *R. S.*, 1910. 207 et 429).

3964. — On a agité la question de savoir si une société, après avoir fonctionné en France comme société française, devient étrangère par le fait qu'elle transporte ses opérations à l'étranger. Voici la distinction proposée : S'il y a transfert du principal établissement à l'étranger, la société perd sa nationalité : elle n'a plus d'existence légale, et pour en acquérir une nouvelle, elle doit se reconstituer suivant la loi du pays d'établissement ; mais si le principal établissement reste en France, il ne faut voir dans le transfert de l'administration qu'une modification intérieure qui n'affecte pas la nationalité de la société (Vavasseur, *J. dr. intern. pr.*, 1875, p. 350 ; — Pipi,

p. 174 ; Vincent et Penaud, *loc. cit.*, n. 14 ; — Aix, 14 juin 1889, *J. S.*, 1890.203).

3965. — Il a été jugé qu'une société française établie en Alsace-Lorraine avant 1870 était devenue société étrangère en conservant, après le traité de Francfort, son siège social dans les provinces annexées (Trib. Seine, 13 avr. 1877, *J. dr. intern. pr.*, 1878.160).

3966. — L'actionnaire d'une société étrangère qui se transforme en société française, avec siège social en France, peut refuser d'adhérer à cette transformation et se faire rembourser sa mise de fonds sur l'actif de la société étrangère que détient la société française, et après liquidation faite par celle-ci (Aix, 14 juin 1879, et Cass., 7 juin 1880, S. 80.1.348).

3967. — La société en nom collectif formée entre étrangers avec fixation du siège social à l'étranger, où se trouve son principal établissement, est une société étrangère, encore que l'acte de société ait été dressé en France.

Les associés ont pu valablement inscrire dans les statuts la convention que les gérants seraient jugés par des arbitres constitués soit en France, soit à l'étranger, en se référant pour la constitution de l'arbitrage, pour les délais et les formalités du dépôt de la sentence, aux dispositions de la loi étrangère.

Une semblable convention n'a rien de contraire à l'ordre public. La règle *Locus regit actum* ne s'oppose pas au respect des formes d'arbitrage empruntées à une loi étrangère (Cass., 17 juill. 1897, *Gaz. Trib.*, 31 oct. 1899).

3968. — La fraude vicie tout, aussi est-il de jurisprudence constante que les tribunaux apprécient souverainement si une société constituée dans un pays déterminé et sous la législation de ce pays n'a pas été frauduleusement constituée pour échapper à la rigueur des lois du pays du fondateur. Cela a été jugé particulièrement contre une société constituée frauduleusement en Belgique ou en Angleterre (Trib. corr. Seine, 17 nov. 1875, *J. dr. intern. privé*, 1875, p. 45 ; — Cass., 25 fév. 1879, D. 80.1.20 ; — Trib. Seine, 11 mars 1880, *Gaz. Trib.*, 13 mars 1880 ; — Gand, 21 avr. 1875, *Pas.*, 1876.2.251 ; — 20 oct. 1883, *Pas.*, 1884.2.64 ; — Trib. Gand, 25 janv. 1884, *Belgique judiciaire*, 1884.537 ; — Cass., 21 nov. 1889, en note sous Cass., 22 déc. 1896, S. 97.1.84, D. 97.1.159 ; — 22 déc. 1896, précité ; — Paris, 20 juin 1874, D. 76.5.222. — V. aussi Paris, 27 mars 1907, *R. S.*, 1908. 195 ; — Lille, 21 mai 1908, S. 1908.2.177, et Paris, 18 mars 1909, *J. S.*, 1910.23).

S'il est établi qu'une société n'a revêtu la forme étrangère (anglaise, en l'espèce), que pour faire fraude aux exigences de notre loi, la juridiction répressive peut faire application à ses fondateurs et premiers administrateurs des sanctions pénales de la loi de 1867.

Spécialement, s'il y a eu en France émission et négociation des actions d'une société frauduleusement constituée à Londres, les articles 13 et 14 de la loi précitée sont applicables, faute de souscription préalable du capital et de versement du premier quart (la loi anglaise n'exigeant pas ces formalités).

Le tribunal correctionnel est incompétent pour prononcer une nullité de société (Trib. corr. Seine, 25 juin 1912, *Gaz. Soc.*, 1912.440).

Une société par actions ne saurait être considérée comme anglaise, nonobstant la qualification que lui donnent les statuts et l'attribution d'un siège social à Londres, lorsqu'il est constant que tout le capital a été émis et négocié exclusivement en France, que cette société n'avait en Angleterre qu'un siège nominal et fictif et que le siège social effectif et sérieux se trouvait à Paris, et n'a été, pour la forme, fixé par les statuts à Londres que pour permettre aux fondateurs de se soustraire à l'application des règles d'ordre public édictées par la loi française, tant pour la constitution des sociétés par actions, la vérification et l'approbation des apports en nature, que pour l'émission et la négociation de leurs actions (Rouen, 26 juill. 1912, *Gaz. Soc.*, 1913.126).

Doit être considérée comme française et dès lors constituée en violation des prescriptions de la loi de 1867, lorsque celles-ci n'ont pas été respectées, une prétendue société anglaise formée avec des capitaux français, avec un conseil d'administration composé de Français pour la presque totalité, n'ayant traité d'affaires qu'en France et ne possédant en Angleterre qu'un siège social fictif.

Dès lors la négociation des actions de ladite société constitue le délit prévu et puni par l'art. 14 de la loi du 24 juillet 1867.

Mais la juridiction correctionnelle ne saurait prononcer la nullité de ladite société, cette annulation ne rentrant pas dans les pénalités prévues par la loi, ni dans les réparations civiles accessoires de la répression (Paris, 25 avr. 1913, *Gaz. Soc.*, 1913.369).

Lorsqu'il est constaté que les administrateurs et fondateurs d'une société anonyme ont commis au regard de la loi française des infractions à la loi du 24 juillet 1867, le tribunal a le pouvoir de rechercher la véritable nationalité de la société.

C'est une pure question de fait laissée à l'appréciation des juges.

Bien que le siège social soit à l'étranger et que la société ait été fondée à l'étranger dans les formes de la loi du pays, elle doit être considérée comme française dès lors qu'il est établi que le conseil d'administration se réunissait à Paris, que la correspondance commerciale y était adressée, que le principal établissement était en France, que l'émission a eu lieu en France par les soins d'une banque française et que la majorité des administrateurs étaient français.

Dès lors, l'application des peines prévues par la loi du 24 juillet 1867 doit être faite aux administrateurs coupables (Trib. com. Seine, 16 déc. 1911, *Gaz. Soc.*, 1912.146).

SECTION I

DE LA CONDITION DES SOCIÉTÉS ÉTRANGÈRES ANTÉRIEUREMENT A LA LOI DU 30 MAI 1857.

3969. — On n'a jamais mis en doute, même avant la loi du 30 mai 1857, le droit pour les sociétés en nom collectif ou en commandite étrangères d'opérer en France comme personnes morales (Lyon-Caen, *Condition légale des sociétés étrangères en France*, n. 6 ; Lyon-Caen et Renault, n. 1093, 1225). Elles avaient donc le droit d'exercer en France leur commerce, d'y plaider comme tout étranger soit en demandant, soit en défendant (art. 14 et 15 C. civ. ; Lyon-Caen, *op. cit.*, n. 7 et 8). Quant aux sociétés anonymes, il en fut autrement. Dès les premières années qui suivirent la promulgation du Code de commerce, on contesta aux sociétés anonymes le droit d'exercer en France leurs opérations et d'y plaider. Aucune société anonyme disait-on, ne peut exister, en France, sans l'autorisation du gouvernement (art. 37 C. com.). Un société anonyme étrangère ne peut donc passer la frontière sans solliciter du gouvernement français une autorisation : peu importe qu'elle ait été autorisée dans son pays d'origine ; c'est là un acte de gouvernement qui ne peut valoir que dans le ressort même de ce gouvernement. Telle a toujours été l'interprétation admise en France, par l'administration. M. Lyon-Caen (*op. cit.*, n. 10 et suiv.) justifie cette théorie par une savante argumentation (V. aussi le rapport de M. Bertrand au Corps législatif sur la loi de 1857, D. 57.4.76).

Mais alors que l'administration maintenait rigoureusement le principe de l'autorisation préalable, les tribunaux français admettaient les sociétés anonymes étrangères à plaider devant eux et consacraient par là même implicitement leur existence légale en France (Lyon-Caen, n. 14). Il en était ainsi, par exemple, des sociétés anonymes belges établies avec l'autorisation du gouvernement belge. Ces sociétés étaient admises à fonctionner en France et à ester devant les tribunaux français (Dalloz, n. 1588).

Pendant longtemps, la même règle fut adoptée en Belgique pour les sociétés anonymes françaises. Ainsi, il était jugé que les sociétés anonymes françaises, et spécialement les sociétés d'assurances, jouissaient en Belgique, sans avoir besoin d'être pourvues de l'autorisation du gouvernement belge, d'une entière capacité pour contracter et pour réclamer devant les tribunaux de ce pays l'exécution des engagements consentis à leur profit (Trib. Gand, 29 juill. 1846, D. 47. 3.68 ; — C. cass. belge, 22 juill. 1847, D. 47.2.171).

Mais en 1849, la Cour de cassation de Belgique se prononça en sens contraire ; elle décida que les sociétés anonymes étrangères, et spécialement les sociétés anonymes françaises ne jouiraient pas en Belgique d'une capacité et d'une existence légales, si elles n'avaient pas obtenu l'autorisation du roi. Ainsi, d'après cette jurisprudence, les sociétés d'assurances françaises non autorisées par le gouvernement belge étaient sans qualité pour réclamer en justice des nationaux belges le payement des primes d'assurances auquel ceux-ci étaient obligés (C. cass. belge, 8 fév. 1849, Dalloz, n. 1588). La jurisprudence française s'appropria la jurisprudence belge (Orléans, 10 mars et 19 mai 1860, D. 60.2.126 ; — Cass., 1er août 1860, S. 60.1.865, D. 60.1.444).

« Cet arrêt (l'arrêt du 8 fév. 1849), dit le rapport de la loi, fut un trait de lumière qui éclaira complètement la situation. Alors apparut dans tout son jour le danger de maintenir plus longtemps un principe demeuré presque toujours sans application, et susceptible de gêner la libre action des sociétés anonymes dans deux pays aussi voisins, unis par des liens aussi intimes et régis par les mêmes lois. On comprit la nécessité de les soustraire une fois pour toutes, et dans leur intérêt commun, aux embarras auxquels les exposait à chaque instant l'application rigoureuse qui pouvait leur être faite de l'art. 15 de notre Code civil. Les compagnies, jusqu'alors un peu aveuglées par l'esprit de rivalité, se trouvèrent bientôt d'accord pour demander chacune à leur gouvernement qu'un traité diplomatique vînt rétablir et assurer leur position respective.

« Les négociations furent donc entamées et suivies depuis 1850 ;

elles ont amené le traité du 27 février 1854, par lequel le gouvernement de S. M. le roi des Belges s'engage à présenter aux Chambres législatives, dans le délai d'un an, un projet de loi qui aura pour objet d'autoriser les sociétés anonymes et les autres associations soumises à l'autorisation du gouvernement français, et qui l'auront obtenue, à exercer tous leurs droits et à ester en Belgique, conformément aux lois du pays, moyennant la réciprocité de la part de la France. — Une loi, dont l'art. 1er reproduit textuellement les termes du traité, fut en effet promulguée en Belgique le 14 mars 1855. — Elle est, selon l'expression fort juste du ministre qui la présentait, un heureux retour aux principes de liberté réciproque précédemment en vigueur, et ne fait que reconnaître la réciprocité de ce qui existe en France. — Ainsi se trouve assurée maintenant la situation de nos sociétés anonymes en Belgique ; il ne manque plus, pour compléter l'exécution du traité, que d'assurer également les sociétés anonymes belges en France. »

Tel a été le but de la loi du 30 mai 1857, qui contient les dispositions suivantes :

« ART. 1er. — Les sociétés anonymes et les autres associations commerciales, industrielles ou financières qui sont soumises à l'autorisation du gouvernement belge, et qui l'ont obtenue, peuvent exercer tous leurs droits et ester en justice en France, en se conformant aux lois de l'empire.

« ART. 2. — Un décret impérial, rendu en Conseil d'Etat, peut appliquer à tout autre pays le bénéfice de l'art. 1er. »

SECTION II

DE LA CONDITION DES SOCIÉTÉS ÉTRANGÈRES EN FRANCE DEPUIS LA LOI DU 30 MAI 1857.

3970. — Le système de la loi du 30 mai 1857 dont nous venons de reproduire le texte est d'une extrême simplicité. L'art. 1er concède aux sociétés anonymes *belges* la faculté d'exercer leurs droits en France sans qu'il soit besoin de l'intervention du gouvernement sous la forme de *règlement d'administration publique* (art. 2 de la loi).

La loi de 1857 ne stipule aucune condition de réciprocité ni pour les sociétés anonymes belges, bien que cette condition soit écrite dans la loi belge du 27 février 1854 (V. *suprà*, n. 3969), ni pour les sociétés anonymes des autres pays en faveur desquels le bénéfice de cette loi serait étendu par le gouvernement, conformément à l'art. 2. C'est là incontestablement une dérogation à l'art. 11 C. civ., qui ne permet aux étrangers d'exercer en France que ceux des droits civils qui sont ou seront accordés par les traités de la nation de ces étrangers. Néanmoins le gouvernement conserve le droit d'exercer cette réciprocité ou celui d'user de représailles (V. Exposé des motifs et rapport, D. 57. 3.76 et 78 ; Lyon-Caen, n. 27 ; Lescœur, n. 157). En exécution de l'art. 2, différents décrets autorisent à exercer leurs droits en France les sociétés anonymes et autres sociétés commerciales, industrielles ou financières légalement constituées : en Turquie et en Egypte (7-8 mai 1859, D. 59.4.31) ; — dans le royaume de Sardaigne (8 sept. 1860, D. 60.4.150) ; — dans le Grand-Duché de Luxembourg (D. 27 fév. 1861) ; — dans le royaume de Portugal (27 fév. 1861, D. 61.4.38) ; — dans la Confédération suisse (11 mai 1861, D. 61.4.61) ; — en Espagne (5 août 1861, D. 61.4.116) ; — en Grèce (9 nov. 1861, D. 61.4. 131) ; — dans les Etats romains (5 fév. 1862, D. 62.4.21) ; — dans les Pays-Bas (22 juill. 1863, D. 63.4.130) ; — dans l'empire de Russie (25 fév. 1865, D. 65.4.17) ; — en Prusse (19 déc. 1866, D. 67.4.20) ; — dans le royaume de Saxe (23 mai 1868, D. 68.4.69) ; — dans l'empire d'Autriche (20 juin 1868, D. 68.1.419) ; — dans les royaumes de Suède et de Norvège (14 juin 1872, D. 72.4.119) ; — dans les Etats-Unis d'Amérique (D. 6 août 1882) ; — en Roumanie (D. 17 déc. 1908) ; — au Danemark (D. 16 mai 1914).— Pour la Grande-Bretagne, voir *infrà*, n. 3972.

3971. — Il a été jugé que les sociétés anonymes étrangères autres que les sociétés belges, même régulièrement constituées dans le pays où elles sont formées, n'ont d'existence légale en France que si le bénéfice de l'art. 1er de la loi du 30 mai 1857 leur a été accordé par décret rendu en Conseil d'Etat ; qu'en conséquence, une société anonyme étrangère à laquelle ce bénéfice n'a pas été ainsi conféré n'a pas qualité pour plaider devant les tribunaux de France (Orléans, 10 mars et 19 mai 1860, D. 60.2.126 et 127, S. 60.1.865 ; — Cass., 1er août 1860, D. 60.1.865 ; — Aix, 17 janv. 1861, D. 61.2.177, S. 61.2.335 ; — Paris, 15 mai 1863, D. 63.2.84, S. 83.1.353 ; — Rouen, 22 juill. 1896, D. 03. 1.233 et note de M. Pic ; — Cass., 28 avr. 1902, *Le Droit*, 2 mai 1902, *Gaz. Pal.*, 4 juin 1902, *Gaz. Trib.*, 21 mai 1902, D. 02.1.281 et réquisitoire de M. le procureur général Baudouin). Et d'après les arrêts précités des 10 mars, 19 mai et 1er août 1860, il en est ainsi même lorsque des traités internationaux autorisent les *sujets* des pays où ces sociétés ont été constituées à exercer leurs droits en France.

3972. — Les sociétés anglaises n'ont pas été autorisées par un décret spécial rendu en Conseil d'Etat comme ceux que nous avons énoncés (n. 3970).

Le traité de commerce conclu le 10 avril 1862 entre la France et la Grande-Bretagne accorde à toutes les sociétés légalement constituées en Angleterre l'exercice de tous leurs droits en France, notamment celui d'y plaider. Cependant, par arrêt du 26 juin 1862, la Cour de Rennes a décidé qu'aux termes de la loi du 30 mai 1857, les sociétés étrangères ne pouvaient être habilitées à exercer leurs droits en France que par décrets rendus en Conseil d'Etat ; le traité de commerce de 1862 ne pouvait, d'après cet arrêt, avoir pour effet de remplacer ce décret. La Cour de cassation, saisie de la question par un pourvoi formé dans l'intérêt de la loi, s'est prononcée en sens contraire et a décidé que le gouvernement peut à son gré autoriser les sociétés étrangères par la voie administrative, c'est-à-dire par décret, ou par la voie diplomatique, c'est-à-dire par traité (Cass., 19 mai 1863, S. 63.1.353, D. 63.1.218 ; — 18 nov. 1876, S. 78.1.89 ; — Cass. crim., 18 juin 1909, D. 1911.1.401 et note Pic ; — Nice, 29 nov. 1901, *J. S.*, 1903.94. — *Sic* : Lyon-Caen et Renault, n. 1101). Suivant les circonstances, dit M. Lyon-Caen (n. 20), il peut être préférable de choisir l'une ou l'autre de ces voies. Ainsi, notamment pour les sociétés anglaises, on a fait observer que le recours à un décret aurait pu susciter des difficultés qu'on évitait par un traité. En Angleterre, il y a un grand nombre de sociétés, appelées *joint stock companies limited*, dans lesquelles les associés ne sont tenus des dettes sociales que jusqu'à concurrence de leurs apports, et qui, cependant, ne sont pas soumises à l'autorisation préalable du gouvernement. La loi du 30 mai 1857 ne donnait pas textuellement au gouvernement français le droit d'habiliter par décret ces sociétés à agir en France. Car elle ne parle que des *sociétés anonymes et des autres sociétés soumises à l'autorisation des gouvernements étrangers*. Il aurait été à craindre, par suite, qu'on ne tînt le raisonnement suivant : Les sociétés anonymes étrangères soumises à l'autorisation de leur gouvernement peuvent exister en France en vertu d'un décret général qui s'applique à toutes les sociétés du même pays. C'est là une faveur que la loi de 1857 fait à ces sociétés. Car dans la rigueur des principes, une autorisation particulière serait nécessaire à chaque société anonyme étrangère. Cette faveur ne doit pas être étendue à des sociétés qui existent dans leur pays sans autorisation, bien que les obligations des associés soient restreintes à leurs apports. Donc, il faut que chacune des sociétés anglaises appelées *joint stock companies limited* obtienne une autorisation *spéciale* pour avoir en France l'exercice de ses droits. C'est pour obvier à cette difficulté qu'a été conclu avec l'Angleterre le traité du 30 avril 1862 (V. encore dans le même sens : Lescœur, n. 158). Il a été jugé que la règle applicable aux sociétés anglaises doit être étendue aux sociétés des colonies et possessions anglaises (Cass., 18 juin 1909 précité).

3973. — La question de savoir si l'autorisation résulterait implicitement des traités qui, comme le traité franco-suisse du 18 juillet 1828, accordent simplement aux sujets des Etats contractants le traitement de la nation la plus favorisée, est vivement controversée (V. pour l'affirmative : Cass., 14 mai 1895, précité, et sur renvoi, Rouen, 22 juill. 1896, précité ; — Lyon, 13 déc. 1889, *La Propr. industr. de Berne*, 1891. 104. — *Adde* : Despagnet, n. 69 ; Kaufmann, *J. dr. intern. pr.*, 1882, p. 219 et suiv., 260 et suiv. ; Kœler, note sous Cass., 14 mai 1895, D. 96.1.250-251 ; Pouillet, *La Propr. industr. de Berne*, 1891, p. 102 et s. ; Thaller, *loc. cit.* ; Weiss, p. 163 et suiv. — V. pour la négative : Cass., 1er août 1860, S. 60.1.865, D. 60.1.444 ; — Orléans, 10 mars et 19 mai 1860, S. *Ibid.*, *ad notam*, D. 60.2.126 ; — Paris, 22 déc. 1892, précité ; — 1er juill. 1893, sous Cass., 14 mai 1895, précité ; — Trib. d'appel de Colmar, 12 déc. 1881, précité. — *Adde* : Lyon-Caen et Renault, t. 2, n. 1102 ; Lyon-Caen, note sous Cass., 14 mai 1895, S. 96.1.161 ; Surville, *R. crit.*, 1896, p. 232).

3974. — L'autorisation gouvernementale a pour but de s'assurer non pas si une société étrangère déterminée est sérieuse, mais si les sociétés d'un pays étranger, telles qu'elles sont réglementées par les lois de ce pays, offrent des garanties à peu près équivalentes à celles qui sont établies par les lois françaises. D'où il résulte que cette autorisation n'est pas une autorisation individuelle à telle société anonyme étrangère, mais une autorisation collective pour toutes les sociétés anonymes de tel pays étranger (Lyon-Caen et Renault, t. 2, n. 1098).

Le gouvernement ne pourrait pas accorder à certaines sociétés étrangères déterminées une autorisation spéciale et individuelle (*Sic* : Lyon-Caen et Renault, t. 2, n. 1099 ; Pont, t. 2, n. 1863).

Le gouvernement peut exclure du bénéfice de l'autorisation certaines sociétés, en raison de leur objet, telles, par exemple, que les sociétés d'assurances sur la vie (Lyon-Caen et Renault, *loc. cit.*).

L'autorisation étant un acte unilatéral du gouvernement français, peut être révoquée dans la forme où elle a été accordée (Lyon-Caen et Renault, t. 2, n. 1100 ; Pont, t. 2, n. 1864).

Le gouvernement peut autoriser les sociétés d'un pays étranger en

France, alors même que les sociétés françaises similaires ne sont pas reconnues dans ce pays étranger : la loi de 1857 n'a pas subordonné la reconnaissance légale des sociétés étrangères en France à la condition de réciprocité (Lyon-Caen et Renault, t. 2, n. 1100 *bis*).

3975. — La loi de 1857 s'applique aux sociétés en commandite par actions lorsque la loi de leur pays les soumet à l'autorisation préalable. Mais *quid*, si ces sociétés peuvent se constituer sans autorisation d'après leur loi nationale ? On décide généralement que ces sociétés échappent à la loi de 1857 et jouissent librement de tous leurs droits en France (Pont, n. 1868 et 1869 ; Leven, p. 129 ; Buchère, *J. dr. intern. priv.*, 1882.28. — *Contrà* : Thaller, *J. S.*, 1881.317 ; — Weiss, *Traité élém.*, p. 166, et *Traité dr. int.*, t. 2, p. 510 ; Hémard, p. 366). D'après ces auteurs, les sociétés en commandite non autorisées doivent pour agir en France se soumettre à la loi de 1857.

CHAPITRE II

LA SUPPRESSION DE L'AUTORISATION POUR LES SOCIÉTÉS ANONYMES A-T-ELLE ABROGÉ LA LOI DE 1857 ?

3976. — L'autorisation exigée par la loi de 1857 ne doit pas être confondue avec celle exigée autrefois par l'art. 37 C. com. pour les sociétés anonymes, et qu'impose encore la loi du 24 juillet 1867 pour les sociétés d'assurances sur la vie. Nous savons que la loi du 24 juillet 1867 a supprimé la nécessité de l'autorisation gouvernementale pour toutes les sociétés anonymes, à l'exception des sociétés d'assurances sur la vie ; quelle est la conséquence de l'abrogation, par la loi du 24 juillet 1867, du principe de l'autorisation ? La loi de 1867 a-t-elle eu pour effet d'abroger la loi du 30 mai 1857, qui ne serait plus applicable qu'aux sociétés antérieures à la loi de 1867 et aux associations telles que les tontines ou sociétés d'assurances sur la vie ? On a soutenu l'affirmative ; on a dit que la loi de 1857 n'avait eu pour but que de mettre les sociétés étrangères sur le pied d'égalité avec les sociétés françaises et que la nécessité de l'autorisation disparaissant, la loi de 1857 doit disparaître en même temps (V. Paris, 8 juill. 1881, S. 81.2. 170, D. 82.2.201, Dalloz, *Supp.*, V° *cit.*, n. 2069 ; — Trib. civ. Seine, 11 mars 1880, *J. S.*, 1881.56. — *Sic* : Thaller, *J. S.*, 1881, p. 50 et suiv., 106 et suiv., 312 et suiv. ; Weiss, p. 162 et 163).

Nous avons émis une opinion différente dans notre première édition, et nous ne croyons pas pouvoir la modifier. L'abrogation d'une loi ne peut résulter du vote d'une loi nouvelle qu'autant qu'il y a inconciliabilité absolue entre les dispositions de la loi nouvelle et celles de la loi ancienne ; or, ce n'est point le cas : les deux autorisations prévues par les lois de 1857 et de 1867 ne répondent pas au même principe (*Sic* : Cass., 28 avr. 1902, S. 1904.1.97 ; Pont, t. 2, n. 1866 ; Rateau, *R. crit. de législ.*, 1882, p. 220 ; L. Renault, *J. S.*, 1880, p. 152 et suiv. ; Lyon-Caen et Renault, t. 2, n. 1105. — V. aussi pour la Belgique : Bruxelles, 14 janv. 1875, en note, S. 81.2.17, P. 81.941 ; et pour l'Italie : Gênes, 23 juill. 1886 et la note de M. Lainé, S. 87.4.1, pour les sociétés espagnoles formées depuis la loi du 28 nov. 1869).

Il faut d'ailleurs remarquer que cette interprétation est celle du gouvernement qui a rendu, depuis la loi de 1867, plusieurs décrets d'autorisation.

3977. — Une autre question, qui se rapproche de la précédente, a été soulevée. Des sociétés par actions constituées dans un pays dont la loi n'exige plus l'autorisation gouvernementale sont-elles soumises à la loi de 1857 ou aux décrets rendus en conformité de cette loi ? La loi de 1857 et les décrets visent en effet les sociétés constituées à l'étranger *avec autorisation* selon la loi étrangère. On a conclu de ce texte que toute société non autorisée ne peut agir en France. Cette opinion, soutenue par plusieurs auteurs, a été adoptée par un jugement du tribunal de commerce de la Seine du 14 octobre 1879 rapporté au *Journal des Sociétés* (1880.152) et au Sirey (1881.2.171) en note. Cette décision porte qu'une société anonyme belge fondée postérieurement à la promulgation de la loi belge du 18 mai 1883, qui a abrogé la nécessité de l'autorisation du gouvernement, ne pouvait se prévaloir de la loi du 30 mai 1857 pour assigner en France un de ses actionnaires (En ce sens : Lescœur, n. 158 ; Thaller, *J. S.*, 1881, p. 311 ; Weiss, p. 452 ; Coste, *Loi des 9 et 11 juin 1887*. — Comp. Cass. Turin, 7 mars 1884, *J. dr. intern. pr.*, 1885.471 ; — Casale, *eod.*, 1885, p. 472 ; — Colmar, 11 déc. 1881, et Leipzig, 14 avr. 1882, *eod.*, 1882.145 et 318). Cette jurisprudence n'a pas persisté, et les tribunaux admettent aujourd'hui les sociétés anonymes légalement constituées sans autorisation en pays étranger à exercer leurs droits en France, si elles appartiennent à un pays bénéficiant d'un décret (Paris, 8 juill. 1881, S. 81.2.179 ; — 15 fév. 1882, *J. dr. intern. pr.*, 1882.212 ; — 22 déc. 1892, D. 93.2.157 ; — 1er juill. 1893, sous Cass., 14 mai 1895, S. 96.2.161, D. 96.1.249 ; — Rouen, 22 juill. 1896, S. 97.2.115, D. 03.1.233 et note Pic. — *Sic :* Arthuys, *R. crit. de législ.*, 1889, p. 589 et suiv. ; Boistel, n. 303 ; Buchère, *J. dr. intern. pr.*, 1882, p. 43 et suiv. ; Despagnet, *Précis de dr. intern. pr.*, n. 69 ; Demangeat, sur Bravard-Veyrières, t. 1, p. 264 ; Lescœur, *Législ. des soc. comm.*, n. 146, 154 et 158 ; Lyon-Caen, *Cond. lég. des soc. étr.*, n. 25 ; Lyon-Caen, note sous Paris, 8 juill. 1881, S. 81.2.169, P. 81.937 ; Lyon-Caen et Renault, t. 2, n. 1184 ; Pont, t. 2, n. 1867 ; Pic, *Faill. des soc. comm.*, p. 211 ; Vavasseur, t. 2, n. 230 ; Weiss, p. 158 et suiv.).

3978. — La société étrangère qui veut exercer ses droits en France, et notamment y plaider, doit justifier de sa constitution régulière à l'étranger (Dijon, 19 mars 1868, S. 68.2.333 ; — Trib. Bruxelles, 17 mars 1879, *Pas.*, 1879.3.202 ; — Vincent et Penaud, n. 43).

3979. — Nous venons de parler des sociétés anonymes. Mais *quid* des sociétés en commandite par actions ? On admet sans conteste que celles de ces sociétés qui sont soumises dans leurs pays à une autorisation préalable du gouvernement peuvent être autorisées par décret à exercer leurs droits en France. Cette autorisation leur est nécessaire et leur suffit (Lyon-Caen et Renault, t. 2, n. 1106).

Mais il y a controverse lorsqu'il s'agit des commandites par actions qui peuvent se constituer à l'étranger sans autorisation de leur gouvernement. Les uns décident que ces sociétés ne peuvent avoir aucune existence légale en France. Ces auteurs se fondent sur ce que la loi de 1857 ne parle pas de ces sociétés, et que dès lors, le gouvernement français n'a pas le pouvoir de les autoriser. Les laisser fonctionner librement en France serait placer nos sociétés françaises similaires dans une véritable situation d'infériorité (Thaller, *J. S.*, 1881, p. 317 ; Weiss, p. 166 et 167).

D'autres auteurs enseignent que ces sociétés peuvent librement exercer leurs droits en France. Avant la loi de 1857, en effet, la jurisprudence reconnaissait de plein droit l'existence légale en France de toutes les sociétés étrangères en commandite par actions. La loi de 1857 n'a apporté de restriction à cette jurisprudence qu'au point de vue des commandites par actions qui sont soumises à l'étranger à l'autorisation de leur gouvernement. Les autres sociétés de ce genre doivent, comme par le passé, être reconnues en France (Lyon-Caen, *Cond. lég. des soc. étrang.*, n. 26, p. 47 à 51 ; Lyon-Caen et Renault, t. 2, n. 1106 ; Pont, t. 2, n. 1856 et suiv. ; Vavasseur, t. 2, n. 181).

CHAPITRE III

DROITS ET OBLIGATIONS DES SOCIÉTÉS
ÉTRANGÈRES EN FRANCE

§ 1er. — Droits des sociétés étrangères autorisées.

A. — *Lois applicables.*

3980. — Les sociétés étrangères qui peuvent exercer leurs droits en France sans autorisation de quelque nature que ce soit, ou celles dûment autorisées dans les conditions de la loi de 1857 peuvent, dit l'article 1er de cette loi, exercer tous leurs droits et ester en justice en France en se conformant aux lois françaises. Cette expression « exercer tous les droits », dit le rapport, doit s'entendre de tous les droits qu'exercent les sociétés anonymes et les individus non sujets à l'autorisation, droits pour l'exercice desquels les sociétés anonymes non autorisées se trouvaient frappées d'incapacité par l'art. 37 C. com. Ces sociétés peuvent donc acquérir, posséder, aliéner, contracter, exercer le droit de propriété industrielle sur leurs brevets d'inventions, sur leurs dessins et marques de fabrique, plaider, faire en un mot tout ce que la loi française ne défend pas expressément à l'étranger qui n'est pas admis à la jouissance de ses droits civils ; mais ces sociétés ne peuvent prétendre à l'exercice de droits qui n'appartiennent pas à l'étranger ordinaire (Lyon-Caen et Renault, n. 1107).

3981. — A quelle loi faudra-t-il se référer pour apprécier la question de savoir si la société étrangère constitue une personne morale ayant, par conséquent, le droit d'ester en justice ? Ce sera à la loi étrangère. Ainsi, les sociétés anglaises connues sous le nom de *partnership*, qui n'ont pas, d'après les lois anglaises, la personnalité civile, ne peuvent agir en France comme personnes morales (Lyon-Caen, n. 52 ; Asser et Rivier, p. 197 et 198 ; Pipi, p. 147.— Douai, 1er déc. 1880, *J. dr. intern. pr.*, 1882. 317).

C'est une grave question que celle de savoir si une personne morale étrangère possède une existence juridique en dehors des frontières du pays où elle a été organisée. « Nous croyons, dit M. Weiss (p. 356), que la personne fictive créée hors de France n'existe chez nous qu'en vertu de la reconnaissance expresse ou tacite qui lui est donnée par le législateur, et qu'en dehors de cette reconnaissance, elle n'a en principe aucun droit à faire valoir devant nos tribunaux ; la loi qui lui a donné la vie n'a aucune autorité au delà des limites du pays qu'elle régit : l'intérêt auquel cette loi s'est proposé de pourvoir par sa création est purement national ; il ne peut en être autrement, car elle n'a pas qualité pour parler au nom des intérêts du monde entier » (En ce sens : Aubry et Rau, t. 1er, p. 188 ; Laurent, *Principes de droit civil*, t. 1er, p. 199 et suiv. — V. aussi les auteurs cités par Vincent et Penaud, V° *Personne civile*, n. 2).

3982. — La Cour de cassation a jugé en ce sens qu'une personne morale ne peut exercer de droits en France qu'à la condition qu'elle existe ; il faut donc qu'elle ait rempli les conditions d'existence prescrites par la loi française (Cass., 1er août 1860, S. 60.1.265, D. 60.1.44 ; — Dijon, 19 mars 1868, S. 68.2.333, Dalloz, *Rép.*, *Supp.*, V° *cit.*, n. 2290. — *Sic* : Boistel, n. 396 *bis* ; Buchère, *Val. mobil.*, n. 510 et 532 ; Dutruc, V° *Société*, n. 1609 ; Lescœur, n. 159 ; Lyon-Caen, *Condit. lég. des soc. étrang.*, n. 39 et suiv., et note sous Lyon, 7 janv. 1881, S. 81. 2.25, P. 81.1.193 ; Lyon-Caen et Renault, t. 2, n. 1117 et suiv. ; Pont, t. 2, n. 1880 ; Vavasseur, t. 2, n. 930 et suiv.). D'après un autre système, la personne morale étrangère doit être régie uniquement par la loi étrangère (V. Vincent et Penaud, V° *Personne civile*, n. 11 et 15 ; Vavasseur, *J. dr. intern. privé*, 1875, p. 6. — V. aussi la jurisprudence citée au n. 15 par MM. Vincent et Penaud. — V. Paris, 8 juill. 1881 ; — Trib. Seine, 26 mai 1883, *J. dr. intern. pr.*, 1885.193 ; — Gand, 19 mai 1884, *Pas.*, 1884.3.309 ; — Trib. Courtrai, 26 fév. 1887, *La Loi*, 1er avr. 1887 ; — Gand, 23 juill. 1887, *Le Droit*, 19 sept. 1887).

3983. — La loi de 1857 n'admet les sociétés anonymes étrangères à exercer leurs droits en France que si elles se conforment *aux lois de l'Empire*. Cela signifie, d'après la doctrine et la jurisprudence, que les sociétés étrangères doivent se conformer aux lois de police et de sûreté, comme la disposition de l'art. 3 de la loi de finances du 30 janvier 1907 concernant les placements de titres dans le public, à celles qui régissent la propriété immobilière et les formes de procédure, aux lois fiscales, mais ne sont point assujetties aux lois particulières qui régissent dans chaque pays la constitution même des sociétés (Paris, 8 nov. 1865, S. 66.2.17 ; — 22 fév. 1866, *Gaz. Trib.*, 9 mars 1866 ; — Cass., 14 fév. 1872, S. 72.1.321, D. 72.1.244 ; — 13 juin 1872, S. 72.1. 96 ; — Lyon, 7 janv. 1881, S. 81.5.25 ; — Trib. corr. Seine, 10 fév.

1881, *J. dr. intern. pr.*, 1881.158 ; — Paris, 12 mai 1881, *eod.*, 1882.316 ; — Cass., 16 juin 1885, S. 85.1.251, D. 86.1.153 ; — 16 juin 1887, *J. dr. intern. pr.*, 1887.456 ; — Amiens, 1887, *eod.*, 1888.101. — Lyon-Caen, n. 47 et suiv. ; Lescœur, n. 162 ; Pont, n. 1880 ; Lyon-Caen et Renault, n. 544 ; Vincent et Penaud, V° *Société*, n. 62). Mais c'est la législation du pays d'origine qui doit être appliquée pour apprécier la régularité de la constitution, les pouvoirs des administrateurs ou gérants (Cass., 14 fév. 1872, S. 72.1.321 ; — Paris, 4 août 1893, *J. S.*, 1893.484 ; — Seine, 1er mars 1894 et 18 fév. 1895, *J. S.*, 1896.280 ; — Lille, 13 juin 1897, *J. S.*, 1899.78).

Une société étrangère dont l'objet est illicite en France, mais licite dans le pays de la constitution, peut-elle agir en justice en France pour l'exécution d'engagements contractés à l'étranger ? On décide généralement que l'action est recevable si elle tend à l'exécution d'engagements qui ne se rattachent pas à l'objet social ou qui s'y rattachant, ne violent pas l'ordre public français (V. Lyon-Caen, t. 2, n. 71 ; Weiss, p. 675 ; Pillet, *J. dr. intern. pr.*, 1896.9. — Paris, 22 fév. 1849, S. 49.2.144).

3984. — Ainsi, il a été jugé que les dispositions de la loi de 1867 relatives à la responsabilité des fondateurs et administrateurs, en cas de nullité de la société, ne sont pas applicables aux fondateurs et administrateurs d'une société étrangère. Les tribunaux français doivent, lorsque l'émission des titres a eu lieu en France, appliquer les principes de droit commun en matière de responsabilité (Paris, 22 mars et 2 juill. 1877, *J. T. C.*, 1878.20). Jugé également que les statuts de la société étrangère doivent être appliqués en France lorsqu'ils ne violent pas l'ordre public international. Ainsi, la clause de ses statuts qui autorise une société à vendre les titres des souscripteurs en retard de versements et à s'approprier l'intégralité du prix de vente, même si ce prix est supérieur à la dette des souscripteurs, n'est pas contraire à l'ordre public et doit recevoir son application en France (Paris, 7 juin 1870, S. 72.1.321 ; — Cass., 14 fév. 1872, S. 72.1.321, D. 72.1.244 ; — Paris, 23 janv. 1889, S. 95.2.123, D. 90.2.1).

Il faut décider de même pour les modifications apportées aux statuts sociaux, ces modifications n'étant valables qu'autant qu'elles sont adoptées dans les conditions prescrites par la loi étrangère. Ainsi les modifications apportées par l'assemblée générale des actionnaires aux statuts d'une société anonyme fondée et fonctionnant en Savoie sous l'empire de la loi sarde, ne sont valables qu'à la condition d'avoir été approuvées, comme les statuts, par le souverain, alors que ces modifications ont porté sur les bases essentielles de la société (Chambéry, 25 juill. 1889, D. 93.1.273).

3985. — Les tribunaux du pays auquel appartient une société étrangère sont seuls compétents pour en prononcer la nullité (Paris, 12 mai 1881, *J. dr. intern. pr.*, 1882.317 ; — Cass. Belg., 12 nov. 1888, *J. S.*, 1889.117 et suiv. ; — Seine, 29 juin 1910, *J. S.*, 1911.371 ; — *Sic* : Lyon-Caen et Renault, t. 2, n. 1118 *ter*).

C'est également la loi étrangère qui détermine les organes du fonctionnement des sociétés étrangères et les pouvoirs dont ils sont investis (Lyon-Caen et Renault, t. 2, n. 1121).

La même loi régit aussi les causes de dissolution de ces sociétés, et les tribunaux français sont incompétents pour en connaître (Chambéry, 1er déc. 1866, S. 67.2.182, D. 66.2.246).

3986. — La société étrangère paye patente, même si elle a son siège social à l'étranger, pourvu qu'elle ait en France des bureaux dans lesquels elle se livre aux opérations commerciales (Cons. d'Etat, 24 juill. 1874, S. 76.2.188. — Comp. Cons. d'Etat, 9 mai 1860, 19 juill. 1867, 22 fév. 1870, S. 71.2.288). Et l'on admet que la société étrangère qui a un établissement en France doit payer le droit fixe entier, alors que son principal établissement est à l'étranger (Lyon-Caen, n. 57, p. 108 ; Vincent et Penaud, n. 72).

3987. — Lorsqu'en 1867 le législateur français a remplacé, pour la société par actions, le régime de l'autorisation par le système de la liberté réglementée, il avait néanmoins établi une réserve pour les sociétés d'assurances (art. 66 et décret du 22 janv. 1868). — Ces dispositions n'ont plus d'objet aujourd'hui depuis la loi du 17 mars 1905 dont certaines dispositions, que nous avons déjà analysées (chap. III, 1er partie), sont spéciales aux sociétés étrangères.

B. — Lois pénales.

3988. — Les sanctions pénales édictées par les art. 13, 14 et 15 de la loi de 1867 sont-elles applicables aux sociétés étrangères ? On a soutenu l'affirmative, en se fondant sur ce que les sociétés étrangères étant soumises aux lois de police et de sûreté, devaient obéir aux prescriptions des art. 13 et 14, qui sont d'ordre public. D'après cette opinion, les sociétés étrangères peuvent bien se constituer conformément à la loi étrangère, mais lorsqu'elles veulent émettre ou négocier leurs actions en France, elles tombent sous le coup de la loi pénale française (Mathieu et Bourguignat, *Sociétés*, n. 128 ; Alauzet, n. 709 ; Ameline, *R. prat.*, t. 24, p. 458).

Cette opinion n'a pas été sanctionnée par la jurisprudence, et il est aujourd'hui admis que les sociétés étrangères régulièrement constituées dans leur pays ne sont point assujetties à l'observation des dispositions de la loi française pour l'émission et la négociation de leurs actions (Lyon, 7 janv. 1881, S. 81.2.15 ; — Paris, 13 juin 1872, S. 72. 2.96, D. 72.2.164 ; — Trib. corr. Seine, 10 fév. 1881, *J. dr. intern. pr.*, 1881.158 ; — Paris, 12 mai 1881, *eod.*, 1882.317 ; — Cass., 16 juin 1885, S. 85.1.251, D. 86.1.153 ; — 16 juin 1885, *J. dr. intern. pr.*, 1886. 456 ; — Trib. corr. Seine, 20 nov. 1888, *Gaz. Trib.*, 1er janv. 1889 ; — Paris, 14 déc. 1903, D. 04.2.172 ; — Paris, 4 août 1893, *J. S.*, 1893.484 ; — Seine, 28 mai 1896, *J. S.*, 1896.471. — En ce sens : Lyon-Caen, n. 47 et suiv. ; Bédarride, n. 267 ; Pont, n. 1880 ; Pipi, p. 142 ; Chervet, p. 241 ; Vincent et Penaud, n. 74 ; Houpin, n. 1237 ; Lyon-Caen et Renault, n. 1122). — Une exception formelle à cette règle a été apportée par l'art. 3 de la loi du 30 janv. 1907 sur le placement des titres.

Ainsi il a été jugé qu'une société anglaise peut émettre et négocier en France des actions constituées conformément à la loi anglaise, d'une valeur de 250 francs, sans versement du quart du capital, et que ses administrateurs ne peuvent être poursuivis correctionnellement en France (Trib. Seine, 20 juin 1883, *La Loi*, 21 juin 1883).

Mais s'il faut admettre cette solution pour les contraventions-délits des art. 13 et 14, faut-il décider de même en ce qui concerne l'infraction à l'art. 15 de la loi de 1867, punissant des peines de l'escroquerie ceux qui, par publications fausses faites de mauvaise foi, ont obtenu ou tenté d'obtenir des souscriptions ou des versements ? Un arrêt de la Cour de Paris du 13 juin 1872 (D. 72.2.164, S. 72.2.96) s'est prononcé dans le sens de l'affirmative, mais cette jurisprudence n'a pas été adoptée par la Cour de cassation, qui a décidé que l'art. 15 est une disposition générale n'admettant aucune distinction entre les compagnies françaises et les compagnies étrangères, puisque cette disposition de la loi sur les sociétés n'est que l'application à une matière spéciale des règles générales sur l'escroquerie (Cass., 16 août 1873, *Gaz. Trib.*, 30 août 1873 ; — Pont, n. 1880 ; Bédarride, n. 267. — V. aussi un article *Gaz. Trib.*, 7 oct. 1888).

C. — Règles de compétence et de procédure.

3989. — Les sociétés étrangères qui plaident devant les tribunaux français sont soumises aux règles ordinaires de procédure et de compétence qui s'appliquent aux contestations concernant des étrangers.

La société étrangère est donc obligée de fournir la caution *Judicatum solvi* (Paris, 27 juill. 1875, *J. dr. intern. pr.*, 1876.357 ; — Trib. Seine, 13 avr. 1887, *eod.*, 1888.160. — Weiss, p. 468 ; Lyon-Caen, n. 30 ; Vincent et Penaud, n. 79).

3990. — Lorsqu'une contestation est portée devant un tribunal français, par un Français, contre une société étrangère, la société étrangère ne peut se prévaloir de la règle de compétence des tribunaux du lieu du siège social. L'art. 59, § 3, C. proc. civ. n'étant applicable qu'aux sociétés françaises, cet article ne déroge pas aux dispositions de l'art. 14 C. civ. qui s'applique aux personnes étrangères physiques ou morales (Cass., 26 juill. 1853, S. 53.1.688, D. 53.1.233 ; — 19 mai 1863, S. 63.1.353, et les conclusions de M. Dupin, D. 63.1.219 ; — Rouen, 23 nov. 1863, S. 63.1.268, D. 63.5.355 ; — Cass., 14 nov. 1864, S. 65.1.135, D. 64.1.466 ; — Amiens, 2 mars 1865, S. 65.2.210, D. 65.2.105 ; — Paris, 9 mai 1865, S. 65.2.211, D. 65.2.106 ; — Cass., 23 fév. 1874, S. 74.1.145 ; — 9 déc. 1878, S. 79.1.269 ; — 4 mars 1885, D. 85.1.353 ; — Trib. Marseille, 17 juin 1885, *J. dr. intern. pr.*, 1886. 188 ; — Limoges, 29 juin 1885, *Gaz. Pal.*, 10 nov. 1885 ; — Nîmes, 21 juill. 1885, *Gaz. Pal.*, 12 août 1885 ; — Douai, 2 mars 1904, *Gaz. Trib.*, 1er oct. 1904 ; — Orléans, 29 déc. 1904, *R. S.*, 1905.324). Et la Cour de cassation, par son arrêt du 19 mai 1863, a décidé qu'une société, même non autorisée en France, vaut comme société de fait et peut être assignée comme défenderesse ; elle se prononce dans le même sens par arrêt du 8 novembre 1865 (S. 66.1.118, D. 67.1.23 ; — Paris, 18 mai 1909, *R. S.*, 1910.66). De ce que la société non autorisée doit être considérée comme une société de fait, il n'en résulte pas qu'il soit besoin de mettre en cause tous les actionnaires ; il suffit d'assigner les représentants de fait de la société (Lyon-Caen, n. 66 ; Clamageran, *R. prat.*, 1857.426).

3991. — Une société étrangère ne pourrait prétendre que la loi du 30 mai 1857, ou le décret qui l'a admise à exercer ses droits lui permet d'invoquer le bénéfice de la règle *Actor sequitur forum rei* (Weiss, p. 460 ; Lyon-Caen et Renault, t. 1, p. 293. — Comp. Colmar, 14 nov. 1884, *J. dr. intern. pr.*, 1887.347).

L'art. 59 C. proc. civ. ne déroge pas plus à l'art. 15 qu'à l'art. 14 C. civ. Un étranger demandeur peut donc assigner un Français devant les tribunaux français pour toutes contestations personnelles ou mobilières, quel que soit le pays où se trouve le siège de la société (Trib. Poitiers, 29 déc. 1874, *J. dr. intern. pr.*, 1875.441 ; — Poitiers, 28 janv. 1885, *eod.*, 1885.559).

Ainsi, le Français actionnaire d'une société étrangère peut être poursuivi devant les tribunaux français en libération de ses actions, sans qu'il puisse prétendre être renvoyé devant les tribunaux étrangers du siège social de la société (Paris, 28 janv. 1885, précité. — Comp. Trib. com. Seine, 14 août 1882, *Le Droit*, 7 sept. 1882 ; — 25 nov. 1886, *Le Droit*, 26 déc. 1886 ; — 29 juill. 1887, *R. S.*, 1888.21).

3992. — Mais est-il permis de renoncer au bénéfice des art. 14 et 15 C. civ. ? Incontestablement oui. Ces dispositions ne touchent pas à l'ordre public, et la jurisprudence et la doctrine sont unanimes pour reconnaître que la renonciation à ces dispositions peut être expresse ou tacite (V. les nombreux arrêts cités par MM. Vincent et Penaud, Vº *Compétence en matière civile*, n. 129 *bis*).

Par application de ce principe, on décide que lorsque les statuts d'une société étrangère disposent que les actionnaires se reconnaissent, pour toutes les contestations sociales, justiciables des tribunaux compétents du lieu où la société a son siège, cette disposition, prise dans son texte ou dans son esprit, est exclusive en ce qui concerne les contestations sociales de la faculté qu'aux termes de l'art. 14 tout actionnaire français aurait de citer la compagnie devant les tribunaux français ; elle emporte aussi renonciation à s'en prévaloir (Chambéry, 1ᵉʳ déc. 1866 ; — Paris, 18 mai 1867, et Cass., 24 août 1869, S. 70.1. 201, D. 69.1.500 ; — Cass., 22 mai 1883, *Le Droit*, 25 mai 1883, statuant sur un pourvoi contre deux arrêts de Rouen des 1ᵉʳ août 1881 et 13 juin 1882 ; — Trib. com. Seine, 17 juin 1907, *R. S.*, 1908.256. — Lyon-Caen, n. 31 et suiv.).

3993. — Entre étrangers, le droit commun doit être appliqué, et en principe, les tribunaux français sont incompétents pour connaître des contestations entre deux sociétés étrangères ou entre une société étrangère et un étranger (Paris, 8 avr. 1865, S. 65.2.210 ; — Cass., 17 juill. 1877, D. 78.1.966, S. 77.1.449).

3994. — L'art. 420 C. proc. civ. qui édicte, en matière commerciale, une règle spéciale de compétence, s'applique aux étrangers comme aux Français : la jurisprudence est formelle sur ce point (V. Vincent et Penaud, Vº *Compétence en matière civile*, n. 254).

3995. — Les règles qui précèdent, relatives à la compétence, sont modifiées, en ce qui concerne les sujets suisses, par le traité franco-suisse du 15 juin 1869, dont l'art. 1ᵉʳ stipule qu'en matière personnelle et mobilière, chacun des nationaux doit être assigné devant le tribunal de son domicile ; aussi a-t-il été jugé que les sociétés pouvant se prévaloir du traité franco-suisse échappaient à l'art. 14 C. civ. (Besançon, 29 juin 1885, S. 86.2.229 ; — Trib. Marseille, 21 août 1885, *R. intern. dr. marit.*, 1885-1886.231). Cependant il a été décidé qu'une société française peut assigner en France un Suisse, fût-il domicilié en Suisse, par application de l'art. 59, § 5, sans que ce Suisse puisse invoquer le traité de 1869. Un Suisse, par exemple, souscripteur d'actions d'une société ayant son siège à Paris, doit être assigné devant le tribunal de la Seine en payement du montant de sa souscription, alors surtout que les statuts auxquels l'actionnaire a adhéré contiennent une élection de domicile avec attribution de juridiction (Trib. Seine, 24 juill. 1878, et Paris, 13 déc. 1881, *J. dr. intern. pr.*, 1882.315 ; — Trib. com. Seine, 20 sept. 1887, *Le Droit*, 1er oct. 1887, pour la Belgique ; — Seine, 12 fév. 1904, *J. S.*, 1905.2.60).

Mais la convention franco-suisse n'est pas applicable à une société dont le siège social est encore en Belgique, bien qu'elle se prétende actuellement domiciliée en France (Genève, 24 nov. 1906, *R. S.*, 1907. 211).

3996. — La convention franco-anglaise du 30 avril 1862 n'a pas modifié les règles de compétence (Cass., 17 juill. 1877, D. 78.1.966, S. 77. 1.449).

Jugé, relativement à cette convention, qu'une société anglaise, pour user de la faculté de faire le commerce en France, doit nécessairement pouvoir faire connaître son objet par sa dénomination en langue française, sans qu'il y ait lieu de rechercher si la législation anglaise permettait à la société une semblable addition à sa firme (Req., 26 déc. 1905, *R. S.*, 1906.146).

Les sociétés constituées suivant les lois en vigueur dans les possessions anglaises du Canada peuvent se réclamer en France de la convention franco-anglaise de 1862 (Cass., 18 juin 1909, *R. S.*, 1910.8).

3997. — Les sociétés qui constituent des personnes morales ont, comme les personnes physiques, un statut personnel ; il en faut conclure que le juge compétent pour prononcer la nullité de la constitution d'une société est le juge du pays dont la société tient sa nationalité (Trib. Courtrai, 26 fév. 1887, *Le Droit*, 1er avr. 1887 ; — Gand, 23 juill. 1887, *Le Droit*, 19 sept. 1887 ; — Cass. Belg., 12 avr. 1888, *Le Droit*, 11 mai 1888).

3998. — Avant la convention du 8 juillet 1899 entre la France et la Belgique, il a été décidé, par application des mêmes principes, qu'un tribunal français ne pouvait pas examiner si une société belge était ou non constituée contrairement aux prescriptions de la loi belge, et que le demandeur devrait s'adresser dans ce but aux juges belges (Trib.

corr. Seine, 10 fév. 1881, *J. dr. intern. pr.*, 1881.158 ; — Paris, 12 mai 1881, *eod.*, 1882.317). Même décision lorsqu'il s'agit d'une demande de dissolution de société étrangère formée par un actionnaire français (Chambéry, 1er déc. 1866, S. 67.2.182). — Sur la convention franco-belge de 1899 : Lachaux, *Le Droit*, 2 mai 1902 ; — Nice, 13 mai 1902, et Seine, 21 juin 1902, *Le Droit*, 9 août 1902 (Ces jugements ne se réfèrent pas spécialement aux sociétés) ; — Liège, 9 déc. 1903, *Gaz. Pal.*, 12 janv. 1904 ; — Cass., 15 juin 1909, *R. S.*, 1909.431 ; — Paris, 30 nov. 1909, *R. S.*, 1910.68).

3999. — Lorsqu'une société étrangère possède en France une succursale dirigée par un représentant, elle est valablement assignée par exploit signifié et délivré à cette succursale en la personne du représentant, et les tribunaux français du lieu de la succursale seront compétents pour connaître des contestations (Cass., 20 mars 1875, S. 76.1. 121 ; — Trib. com. Seine, 26 mars 1887, *Gaz. Pal.*, 20 juill. 1887).

4000. — Les tribunaux français ont compétence pour ordonner des mesures provisoires à l'égard des sociétés étrangères. Ainsi, en cas de contestation sur la révocation d'un comité représentant en France une société étrangère, et sur la délibération nominative de nouveaux délégués, le juge des référés a compétence pour nommer un séquestre et le charger de prendre possession du siège du comité à Paris (Trib. Seine, 1er oct. 1884, *J. dr. intern. pr.*, 1885.191).

§ 2. — Droits des sociétés étrangères non autorisées.

4001. — La société étrangère non autorisée en France a-t-elle le droit d'agir en France comme une société en nom collectif ? La jurisprudence établit à ce sujet une distinction. Après avoir refusé toute existence légale, et par conséquent tout droit à la société non autorisée (*Sic* : Aubry et Rau, t. 1, § 54, p. 188, notes 23 et 25 ; Gerbault, p. 216 ; Kœhler, note sous Cass., 14 mai 1895, D. 96.1.249 ; Lyon-Caen et Renault, t. 2, n. 1132 ; Pic, *Faill. des soc.*, p. 222 ; Pont, t. 2, n. 1870. — *Contrà* : Alauzet, t. 1, n. 631 et 636 ; Maillard, *Ann. propr. ind.*, 1891, p. 231 ; Pouillet, *La Propr. ind. de Berne*, 1er août 1891), on décide aujourd'hui que si ces sociétés ne peuvent agir comme demanderesses, elles peuvent être actionnées devant les tribunaux français comme défenderesses en tant que sociétés de fait. Adopter une autre solution aurait pour résultat de décharger ces sociétés des obligations qu'elles peuvent avoir contractées en France (Cass., 19 mai 1863, S. 63.1.353, et les conclusions de M. Dupin, 14 nov. 1864, S. 65.1.136 ; — Amiens, 2 mars 1865, S. 65.2.210 ; — Trib. Seine, 11 mars 1880, *J.*

dr. intern. pr., 1880.185 ; — Trib. civ. Seine, 23 juill. 1910, *Gaz. Trib.*,
24 juill. 1910. — Lyon-Caen, p. 121 ; Lyon-Caen et Renault, n. 1135 ;
Buchère, *J. dr. intern. pr.*, 1182, p. 51 et suiv. ; Weiss, p. 460 et 461 ;
Clamageran, *R. crit.*, t. 37, p. 426).

Mais ce n'est pas à dire que les statuts de la société ne doivent point
être pris en considération pour l'exercice de l'action. Le Français qui
actionne une société étrangère, non autorisée en France, s'appuie sur
l'acte de société pour invoquer l'existence de fait; il serait donc tout
à fait illogique que ce même Français pût faire abstraction de cet acte
de société pour éviter les objections que la société pourrait formuler
contre lui.

Ainsi, le demandeur qui agit contre une société non autorisée n'est
point dans l'obligation d'actionner tous les membres de la société ; il
suffit qu'il mette en cause les administrateurs.

4002. — La société étrangère non autorisée, assignée comme défenderesse, pourra-t-elle former une demande reconventionnelle ou une
demande en garantie ? Nous croyons qu'il ne peut y avoir de doute à
cet égard, car la demande reconventionnelle n'est qu'une défense à la
demande principale, et la demande en garantie est une conséquence,
pour ainsi dire nécessaire, de la demande formée contre le garanti
(Pont, n. 1873 ; Vincent et Penaud, n. 49).

§ 3. — De la faillite des sociétés étrangères.

4003. — La faillite des sociétés étrangères soulève deux questions :
1º Les sociétés étrangères peuvent-elles être déclarées en faillite par
un tribunal français ? 2º Quel est l'effet, en France, du jugement
étranger déclarant la faillite d'une société étrangère ou française ?

A. — *Une société étrangère peut-elle être déclarée en faillite par un tribunal français ?*

4004. — La question de savoir si une société étrangère peut être déclarée en faillite par un tribunal français a fait l'objet, en doctrine, de
nombreuses controverses. Ces controverses sont plus théoriques que
pratiques ; elles viennent se heurter, en effet, à l'art. 14 C. civ. qui décide que l'étranger, même non résidant en France, peut être cité devant les tribunaux français pour l'exécution des obligations contractées soit en France, soit même en pays étranger. La jurisprudence en
a conclu que le créancier français a le droit de faire prononcer la faillite
par un tribunal français, d'un étranger, même non domicilié ni résidant en France, qui ne satisferait pas aux obligations commerciales

contractées par lui, et se trouverait ainsi en état de cessation de payements (Cass., 12 nov. 1873, S. 73.1.17 ; — Paris, 17 juill. 1877, S.
80.2.195 ; — 7 mars 1878, S. 79.2.164 ; — 17 nov. 1886, *J. dr. intern.
pr.*, 1889.711 ; — Lyon-Caen, n. 37 ; Aubry et Rau, t. 8, § 748 *bis*,
p. 138. — *Contrà* : Berthaud, *Questions pratiques*, t. 1er, n. 384 ; Glasson, *J. dr. intern. pr.*, 1881, p. 126 ; Renault, *R. crit.*, 1884, p. 715).

Les mêmes principes ont été appliqués aux sociétés commerciales,
et il est de jurisprudence que les tribunaux français sont compétents
pour déclarer la faillite d'une société qui, d'après ses statuts, aurait
son siège social à l'étranger, mais dont le principal établissement serait en France (Trib. com. Seine, 10 août 1872, *J. dr. intern. pr.*, 1874.
124 ; — Paris, 20 juin 1874, D. 76.5.232 ; — Nancy, 8 mai 1875, *J. dr.
intern. pr.*, 1877.144 ; — Paris, 26 mai 1903, *R. S.*, 1903.479). Et même
peuvent être déclarées en faillite en France les sociétés commerciales
étrangères, bien qu'elles n'aient en France qu'une succursale (Paris,
23 déc. 1847, S. 48.2.355 ; — Trib. com. Seine, 18 août 1874, *J. dr.
intern. pr.*, 1876.455 ; — Paris, 17 juill. 1877, S. 80.2.195 ; — 7 mars
1878, *J. dr. intern. pr.*, 1878.606 ; — Aix, 3 avr. 1884, *cod.*, 1885.81.
— V. pour la Belgique, la convention du 8 juill. 1899).

Le commerçant étranger, et par conséquent la société étrangère,
peut être déclaré en faillite à la requête de tout créancier, quelle que
soit sa nationalité ; peu importe que tous les créanciers soient des
étrangers ; il s'agit d'un fait qui intéresse l'ordre public (Cass., 21 janv.
1875, S. 75.1.124 ; — 17 juill. 1877, S. 77.1.449 ; — Paris, 20 mai 1878,
S. 80.2.190 ; — Cass., 4 fév. 1885, S. 86.1.200).

La jurisprudence a été plus loin : elle admet l'application de l'art. 14
même en matière de faillite ; de sorte que le Français peut faire déclarer en faillite, en France, un étranger comme il peut le faire condamner
à l'exécution d'une obligation, même lorsqu'il n'a aucun établissement
en France, et lorsqu'il s'agit d'opérations passées à l'étranger (Paris,
3 déc. 1847, S. 48.2.355 ; — Cass., 12 nov. 1872, S. 73.1.17, D. 74.1.
168 ; — Paris, 23 nov. 1874, *J. dr. intern. pr.*, 1875.434 ; — 17 juill.
1877, S. 77.2.295 ; — 7 mars 1878, S. 79.2.164. — En ce sens : Lyon-
Caen, n. 37 ; Vincent et Penaud, V° *Faillite*, n. 57).

Les arrêts du 12 nov. 1872 et du 17 juill. 1877, précités, appliquent
ces principes en matière de sociétés (*Adde* : Aix, 30 nov. 1880, *J. dr.
intern. pr.*, 1881.363).

B. — *Quel est l'effet, en France, du jugement étranger déclarant la
faillite d'une société étrangère ou française ?*

4005. — Quelle est l'autorité, en France, du jugement déclaratif
étranger rendu contre une société étrangère ou française, ainsi que des
autres jugements rendus au cours de la procédure de faillite, et spécialement du jugement homologuant un concordat ? La solution de cette
question dépend de celle que l'on adoptera sur le point de savoir s'il
faut admettre l'unité ou la pluralité des faillites en droit international
privé. Les auteurs qui défendent le système de l'unité et de l'indivisi-
bilité de la faillite enseignent que le jugement, pourvu qu'il émane
d'une juridiction compétente, doit avoir en France l'autorité de la
chose jugée, tout comme s'il émanait d'une juridiction française, et
qu'il n'est besoin d'une décision d'exequatur que pour procéder aux
actes d'exécution proprement dits. Les auteurs, au contraire, qui
admettent le système de la pluralité des faillites, décident que le jugement, même rendu par le tribunal du domicile de la société, n'a pas,
en France, l'autorité de la chose jugée. Le syndic institué par le jugement étranger est donc sans pouvoirs sur le territoire français (Nancy,
6 juill. 1877, S. 78.2.129 ; — Cass., 28 mai 1881, *J. dr. intern. pr.*, 1882.
170 ; — Lyon-Caen et Renault, t. 2, n. 3139 ; Demolombe, t. 1, n. 263 ;
Pic, *De la faill. des soc. étrang.*, p. 226).

Ce n'est point à dire qu'il y aura deux faillites, l'une en France, l'autre à l'étranger. Les créanciers pourront se borner à demander au tribunal français de rendre le jugement déclaratif de faillite étranger
exécutoire en France ; mais le tribunal français, saisi de la demande
d'exequatur, ne se bornera pas à examiner si la décision est régulière
en la forme et si les règles de la compétence n'ont pas été violées ; il
pourra apprécier si, au fond, la décision a été bien rendue.

En ce qui concerne le concordat, certains auteurs prétendent que
le concordat homologué à l'étranger ne peut produire aucun effet en
France, sauf à l'égard des créanciers qui l'ont voté et qui se trouvent
liés par le consentement qu'ils ont fourni ; d'autres enseignent qu'il
est opposable aux créanciers français dissidents, par cela seul que le
jugement déclaratif a été rendu exécutoire en France (Dans le sens de
la première opinion : V. Renouard, t. 2, p. 65 ; Massé, t. 2, n. 811.
— Dans le sens de la seconde opinion : Carle, *De la Faill. en dr. intern.
pr.*, p. 108). D'après une troisième opinion, le jugement d'homologation constitue une décision distincte, qui n'a d'effet qu'en vertu d'une
sentence d'exequatur distincte (Dubois sur Carle, note 119 ; Lyon-
Caen et Renault, t. 2, n. 3144).

APPENDICE

LÉGISLATION ÉTRANGÈRE

4006. — Le système de la loi du 30 mai 1857 sur la condition des sociétés françaises par actions n'est pas admis généralement dans les pays étrangers.

Le système français est admis généralement en Grèce (L. 10 août 1861) et dans le grand-duché de Luxembourg (L. 17 nov. 1860).

Le système de la loi du 30 mai 1857 a été abandonné en Italie et en Belgique.

En général, dans les pays étrangers, on admet qu'une société, même par actions, constituée conformément aux lois de son pays d'origine, a une existence légale dans les autres États. Aussi y admet-on les sociétés étrangères à ester en justice. Mais on rencontre dans les législations étrangères des dispositions spéciales pour les sociétés étrangères qui veulent faire des opérations ou établir des succursales. Il en est qui exigent une autorisation particulière à chaque société et pour toutes les sociétés, quel que soit leur objet, ou encore pour des sociétés ayant certains objets (Autriche, Russie, Turquie) ; d'autres lois plus libérales reconnaissent aux sociétés étrangères le droit de faire des opérations ou d'établir des succursales, par cela seul que ces sociétés sont constituées en conformité de leurs lois nationales ; elles ont seulement à remplir des formalités de publicité dans le pays où la succursale est fondée (Belgique, Italie, etc.).

Voici les règles admises dans les principaux États :

Allemagne.

Dans les États de l'Allemagne, l'existence légale des sociétés étrangères par actions, constituées régulièrement dans leur pays d'origine est reconnue sans qu'il y ait sur ce point un texte. Ces sociétés peuvent donc, sans aucune autorisation, ester en justice.

La question de savoir si les sociétés par actions étrangères peuvent faire des opérations sur le territoire allemand est considérée comme une question de police, dont la solution appartient aux lois de chaque État particulier.

L'art. 12 de la loi allemande sur l'industrie décide que les lois de chaque État s'appliquent à l'exercice d'une profession par des personnes juridiques étrangères. Il faut donc, lorsqu'on étudie la question de savoir si une société étrangère peut faire des opérations dans un des États allemands, consulter les lois spéciales de cet État (V. notamment Loi de Brême, du 6 juin 1864, art. 23 à 25 ; Loi de Hambourg, du 22 décembre 1865, art. 28 ; Loi de Wur-

temberg, du 13 août 1865, art. 38 ; Loi du 23 juin 1861 pour la Prusse ;
Loi du 30 janvier 1868 pour la Bavière).

Les sociétés par actions étrangères, qui veulent établir une succursale
dans un Etat allemand, sont astreintes aux formalités de publicité prescrites par le Code de commerce du 10 mai 1897 pour les sociétés nationales
(art. 179, 3e al.).

Aux termes de l'art. 22 C. proc. civ. allemand, « lorsqu'une personne a,
pour l'exploitation d'une fabrique, d'un commerce ou d'une autre profession, un établissement où les affaires se concluent directement, toutes les
actions qui ont trait aux opérations de cet établissement peuvent être intentées contre elle devant le tribunal du lieu où l'établissement se trouve ».

Cette disposition s'applique aux sociétés étrangères qui possèdent une
succursale en Allemagne.

Amérique.

La matière des sociétés rentre dans le pouvoir législatif et administratif
de chaque Etat. Mais un mouvement s'accentue dans la jurisprudence des
cours de l'Union dans le sens de l'admission de toute société constituée régulièrement dans un *Etat* à opérer dans les autres *Etats* (V. *J. de dr. intern.
pr.*, 1890.372).

Dans l'Etat de New-York, la société est un contrat consensuel. Il n'est
pas besoin d'acte, d'enregistrement, de publication. Les personnes s'asso-
cient sous une raison sociale (*Partnership*), cela suffit.

Les sociétés par actions dont la liberté est d'ailleurs très grande sont réglées par les lois des 17 février 1848 et 21 juin 1875, cette dernière modifiée
par la loi du 15 avril 1883. Le capital social ne peut pas dépasser 5 millions
de dollars ; il doit être divisé en actions d'une valeur nominale n'excédant
pas 100 dollars. Il faut aussi citer la loi du 18 mai 1892 sur les sociétés par
actions qui règle principalement les principes d'administration et la loi de
même date sur les sociétés commerciales en général.

Il faut noter que cette législation est très touffue, répond à des mœurs
spéciales, et en cas de besoin il est sage de consulter un sollicitor américain.

Sur la condition des sociétés étrangères en Argentine, V. l'article publié
J. S., 1907, p. 381 ; en Equateur, V. l'article publié *J. S.*, 1911, p. 236.

Angleterre.

La situation réciproque des sociétés françaises en Angleterre et des sociétés anglaises en France est réglée par la Convention internationale du
15 mai 1862, dont voici le texte :

Art. 1er. — Les hautes parties contractantes déclarent reconnaître mutuellement à toutes les compagnies et autres associations commerciales, industrielles ou financières constituées ou autorisées suivant les lois particulières à l'un de ces deux pays la faculté d'exercer tous leurs droits et d'ester
en justice devant les tribunaux soit pour intenter une action, soit pour y
défendre, dans toute l'étendue des Etats et possessions, sans autre condition
que de se conformer aux lois desdits Etats et puissances.

Art. 2. — Il est entendu que la disposition qui précède s'applique aussi

bien aux compagnies et associations constituées et autorisées antérieurement à la signature de la présente convention qu'à celles qui le seraient
ultérieurement.

Art. 3. — La présente convention est faite sans limitation de durée ; toutefois, il sera loisible à l'une des deux hautes puissances contractantes de la
faire cesser en la dénonçant un an d'avance. Les deux hautes puissances se
réservent d'ailleurs la faculté d'introduire, d'un commun accord, dans
cette convention, les modifications dont l'utilité serait démontrée par l'expérience.

Les sociétés françaises régulièrement constituées en France sont donc
habiles à contracter et à ester en justice en Angleterre, conformément à
leurs statuts constitutifs, sans autre condition que de se conformer aux lois
de l'Angleterre et de ses possessions, notamment en ce qui concerne la procédure.

La législation anglaise, par une loi récente du 28 août 1907, est entrée
dans la voie de l'assimilation des sociétés anglaises et des sociétés étrangères
fonctionnant en Angleterre. — V. le commentaire de cette loi dans *J. S.*,
1909, p. 337 et son texte, *ibid.*, p. 26.

Autriche.

Les sociétés par actions étrangères qui veulent opérer en Autriche sont
soumises à une autorisation spéciale. Les conditions de cette autorisation
sont réglées par une ordonnance du 29 novembre 1865 (V. *Ann. de lég. étr.*,
1874, p. 193 et suiv., Notice de M. Charles Lyon-Caen).

Ce système d'autorisation s'applique aux sociétés étrangères d'assurances
en vertu d'une ordonnance du 29 mars 1873.

La loi du 27 juin 1878, qui a autorisé le ministère autrichien à conclure un
traité de commerce avec la Hongrie, traité renouvelé en dernier lieu en 1899,
dispose que les sociétés par actions constituées dans une partie de la monarchie austro-hongroise auront le droit d'étendre leurs opérations sur le territoire de l'autre partie et d'y ériger des succursales ; elles sont assujetties en
ce cas aux mêmes règles que les sociétés du pays même.

Une loi spéciale du 27 juin 1878 exige que la société soit enregistrée dans
chaque partie de la monarchie où elle fait des opérations et qu'elle nomme
un représentant domicilié dans la partie de la monarchie où la succursale est
établie et muni du pouvoir d'obliger la société.

Belgique.

Le régime des sociétés est fixé par le Code de commerce successivement
modifié par les lois des 18 mai 1873, 22 mai 1886 et 25 mai 1913.

Il faut établir une distinction entre les sociétés auxquelles la loi belge
reconnaît la personnalité morale (art. 1er) :

1º Sociétés en nom collectif ;

2º Sociétés en commandite simple ;

3º Sociétés anonymes ;

4º Sociétés en commandite par actions ;

5º Sociétés coopératives ;

6º Unions de crédit

et les sociétés qui ne jouissent pas de la personnalité morale :

1º Associations commerciales momentanées ;

2º Associations en participation.

Enfin des lois spéciales régissent :

1º Les sociétés d'habitations ouvrières et les sociétés mutualistes (loi du 9 août 1889, modifiée le 30 juill. 1892) ;

2º Les sociétés mutualistes (loi du 23 juin 1894).

Aucune disposition légale ne fixe les règles de nationalité des sociétés. A défaut de règle établie par la loi, les tribunaux belges ont adopté une jurisprudence d'après laquelle c'est le lieu du siège social réel et effectif qui détermine la nationalité de la société (Trib. Liège, 1ᵉʳ fév. 1901, *J. de dr. intern. pr.*, 1901.387 ; — Trib. Bruxelles, 12 mars 1901, *ibid.*, 1902.883 ; — Liège, 9 déc. 1903, *R. de dr. intern. pr.*, 1905.378).

Le Code de commerce, en ses art. 128, 129 et 130, prévoit et réglemente la situation et le fonctionnement en Belgique de sociétés constituées en pays étranger en examinant trois cas distincts pouvant se présenter :

ART. 128. — Les sociétés anonymes et les autres associations commerciales, industrielles ou financières constituées et ayant leur siège en pays étranger, pourront faire leurs opérations et ester en justice en Belgique.

Cet article accorde aux sociétés étrangères le droit de passer des contrats et d'ester en justice en Belgique. Elles restent uniquement soumises au lois de leurs pays d'origine quant à leur constitution et à leur capacité, et la jurisprudence belge admet que les tribunaux belges sont tenus de reconnaître, même sans exequatur, comme chose jugée, les décisions rendues par les juridictions du pays d'origine des sociétés lorsque ces décisions ont trait à la régularité de leur constitution. Ils ont au contraire le pouvoir d'interpréter la loi nationale de ces sociétés étrangères quand la nullité en est demandée en Belgique en vertu de cette loi nationale.

ART. 129. — Toute société dont le principal établissement est en Belgique est soumise à la loi belge bien que l'acte constitutif ait été passé en pays étranger.

C'est la consécration du principe de jurisprudence ci-dessus énoncé. Une société qui a en Belgique son siège social réel, *effectif*, est belge. Il est donc logique et normal qu'elle soit soumise à la loi belge.

ART. 130. — Les articles relatifs à la publication des actes et des bilans et l'art. 66 sont applicables aux sociétés étrangères qui fonderont en Belgique une succursale ou un siège quelconque d'opérations. Les personnes préposées à la gestion de l'établissement belge sont soumises à la même responsabilité envers les tiers que si elles géraient une société belge.

Soumises d'abord aux lois de police et de sûreté, ces sociétés sont en outre tenues des publications légales imposées aux sociétés belges elles-mêmes, en ce qui concerne les actes et les bilans (art. 9 à 12, 65, 68, 104). Un jugement du tribunal de Bruxelles du 18 novembre 1896 (*R. S.*, 1897.408) décide que cet article n'est applicable qu'aux sociétés commerciales à l'exclusion des sociétés d'assurances mutuelles.

La société aura un délai de 15 jours à dater de la création de la succursale ou du siège d'opérations pour déposer entre les mains d'un fonctionnaire à ce préposé un extrait de ses actes constitutifs si elle est en nom collectif ou en commandite simple, l'intégralité de ces mêmes actes si sa forme est anonyme, en commandite par actions ou coopérative.

La publication doit être faite dans les six jours du dépôt. Le défaut de publication est sanctionné par l'interdiction faite en ce cas aux associés de se prévaloir à l'égard des tiers de l'acte ou des clauses de l'acte qui n'ont pas été publiés, mais ils ne peuvent, de leur côté, opposer aux tiers le défaut de publication. Une autre sanction consiste en l'impossibilité pour la société qui n'a pas publié d'intenter une action en justice.

L'art. 66 que l'art. 130 étend aux sociétés étrangères qu'il vise, ordonne sous peines portées à l'art. 67 que tous actes, factures, annonces, publications, etc., devront porter la dénomination sociale accompagnée de l'indication de la forme anonyme de la société et de son siège social.

Ces sociétés sont encore soumises aux peines portées aux art. 131, 132, 133, 134, pour sanctionner leurs manquements aux formalités imposées par la loi, tandis que les administrateurs convaincus de la rédaction de faux bilans se verront appliquer les dispositions de la loi du 26 décembre 1883.

Une loi de 1913 a annexé sous le n° 130 *bis* un nouvel article à l'art. 130. Cet article institue la procédure de publicité spéciale pour la vente ou la cote en bourse des valeurs de sociétés étrangères.

Comment faut-il interpréter d'autre part l'art. 130 *in fine*, qui assimile aux personnes chargées de l'administration des sociétés belges les personnes chargées de l'administration des établissements belges de sociétés étrangères? Il semble que le législateur belge ait exclu volontairement les administrateurs de la société. Il ne semble pas cependant qu'il faille faire retomber cette responsabilité sur un gérant qui peut n'être qu'un simple employé de la société. Une thèse émise (Houpin, t. 3, p. 85) pense trouver une solution à ce problème en rendant responsables dans les termes de l'article examiné les administrateurs de la société mère en ce qui concerne seulement les faits d'administration se rapportant à la succursale.

RÉGIME FISCAL.

Il existe en Belgique deux patentes à la charge des sociétés. L'une, créée par la loi du 28 décembre 1904, pèse sur les administrateurs. En l'absence de tout texte, elle n'est pas applicable aux sociétés étrangères.

L'autre, établie par la loi du 29 mars 1906, est proportionnelle aux bénéfices. Elle est à la charge des sociétés étrangères au même titre que pour les sociétés belges.

L'impôt sur le revenu des valeurs mobilières n'existe pas en Belgique.

Brésil.

Un décret du 4 juillet 1891 amalgamant deux décrets du 30 décembre 1882 et du 17 janvier 1890 réglemente les sociétés anonymes.

Toutes les sociétés étrangères y sont soumises pour leurs rapports avec leurs créanciers, leurs actionnaires et les tiers domiciliés au Brésil.

Tandis que la constitution des sociétés nationales est à peu près libre, l'art. 47 du décret précité soumet à l'autorisation gouvernementale la formation de sociétés étrangères.

Les statuts doivent fixer un délai maximum pour la réalisation des deux tiers du capital dans le pays. Ce délai court de la date de l'autorisation ; il ne peut en aucun cas être supérieur à deux ans. Cette dernière disposition ne s'appliquerait qu'aux sociétés se livrant aux opérations de Banque (*J. off.*, 6 juin 1890).

Dans un délai de six mois courant du jour de la publication du décret d'autorisation, les sociétés doivent déposer aux archives de la « junte » de commerce ou, à son défaut, à la conservation des hypothèques de l'arrondissement, les statuts de la société, la liste nominative des souscripteurs, avec le nombre d'actions souscrites et le versement opéré, un certificat attestant le versement de 1/10 du capital.

Une publication dans les journaux du district et le dépôt d'un exemplaire de ce journal sont également prescrits et rappellent nos publications aux journaux d'annonces légales. Cette même publication est requise pour des actes importants de la vie des sociétés (modification aux statuts, etc.). Le public a le droit de communication et de copie.

L'art. 41 règle les conditions dans lesquelles les sociétés peuvent contracter un emprunt en émettant des obligations.

Les actions ne sont négociables que lorsque la souscription est définitive et que 40 0/0 du capital ont été versés (art. 25-26).

Une loi spéciale du 12 décembre 1903 édicte des dispositions particulières aux sociétés d'assurance étrangères.

Bulgarie.

Le texte législatif en vigueur (Code de commerce entré en vigueur le 1er janv. 1898 et modifié le 5 janv. 1904) impose aux sociétés étrangères par actions qui veulent établir en ce pays une agence ou succursale pour s'y livrer à des opérations commerciales, l'enregistrement de leur raison sociale au tribunal d'arrondissement dans le ressort duquel doit s'ouvrir l'agence ou la succursale et la production de leurs statuts.

Il leur incombera en outre d'établir :

1º La régularité de leur constitution aux termes de leurs lois nationales ;

2º Le versement du cautionnement éventuellement exigé par le gouvernement bulgare ;

3º Le montant de leur capital ;

4º Le choix d'un représentant domicilié en Bulgarie, assisté d'un comité d'administration de trois membres.

Elles devront prendre l'engagement :

1º De se soumettre aux lois bulgares tant dans l'exercice de leurs opérations commerciales que pour le règlement de leurs contestations ;

2º De reconnaître les actes commerciaux de leurs gérants après avoir établi que ceux-ci étaient autorisés à user de la raison sociale.

Enfin elles doivent également établir que leur nation d'origine assure chez elle, aux sociétés bulgares, un traitement réciproque.

Le choix du représentant, les pouvoirs donnés à celui-ci, l'engagement pris de reconnaître ses opérations commerciales de même que la soumission aux lois bulgares pour ces opérations, émanent (aux termes de l'art. 227) de résolutions de l'assemblée générale. L'art. 166 prescrit la publication de la

date des statuts, de la raison sociale, du siège social, de l'objet et de la durée
de la société, du montant de son capital, du mode d'emploi de la signature
sociale, du mode de publication des résolutions. L'art. 227 y ajoute la publication obligatoire des noms des représentants indigènes. Les art. 229 et
230 ordonnent la tenue par l'agence de livres spéciaux, la publication et la
production au tribunal d'arrondissement dans le mois qui suit l'assemblée
générale du procès-verbal relatif au bilan général de la société et au bilan
particulier de l'agence.

L'art. 232 porte que pour être valable dans le royaume, toute modification aux statuts doit être enregistrée au registre du commerce.

Enfin, l'art. 233 énumère divers cas où toute personne intéressée peut
demander la radiation de la raison sociale.

Espagne.

La législation espagnole est empreinte surtout d'un grand esprit de liberté
laissée aux sociétés. Le Code de commerce du 1er janvier 1886 forme la législation en cette matière. Les associés sont pleinement maîtres de la rédaction
des statuts, sauf quelques restrictions imposées dans l'intérêt des tiers.
Mais ils sont astreints à publier tout ce qui peut intéresser ces tiers. Des
dispositions spéciales réglementent des sociétés d'espèce particulière.

Les sociétés étrangères établissent leur nationalité par leur domicile statutaire, ou, aux termes de l'art. 41 C. civ., s'il n'existe pas de domicile
fixé par les statuts, par le lieu où est établi leur représentant légal et où
s'exerce leur activité sociale.

Les sociétés étrangères ont pleine capacité juridique en Espagne. Cette
capacité est soumise à leur législation nationale. Elles ont toute leur liberté
commerciale en Espagne en se soumettant toutefois pour la création d'établissements comme dans toutes leurs opérations commerciales au Code de
commerce espagnol (art. 15 C. com.).

Il faut signaler toutefois une restriction apportée à cette liberté par la loi
du 23 décembre 1900 qui réserve aux seules sociétés espagnoles la concession des chemins de fer et tramways.

Hongrie.

L'existence légale des sociétés étrangères, même anonymes, est reconnue
en Hongrie. Le Code de commerce de 1875 (art. 210 à 217) règle avec détails
la situation des sociétés qui veulent établir dans ce pays des succursales. La
société, par exemple, si elle est anonyme, est obligée de faire enregistrer ses
statuts dans le lieu où la succursale doit être créée. Elle doit établir : 1° qu'elle
est constituée conformément à ses lois nationales et a commencé, en
fait, ses opérations ; 2° que le capital déterminé nécessaire à ses opérations
en Hongrie est placé en Hongrie ; 3° qu'elle a pour cette succursale choisi
un représentant domicilié en Hongrie ; 4° que la société s'est obligée à se
conformer aux lois hongroises pour les opérations à faire en Hongrie et à
considérer comme obligatoires pour elles les actes de son représentant ;
5° que le représentant possède la signature sociale ; 6° que la société se soumet aux tribunaux hongrois pour tous les actes faits par son représentant

en Hongrie ; 7º que l'Etat étranger du pays d'origine de la société admet la réciprocité pour les sociétés hongroises. Les publications doivent faire mention du nom du représentant et du montant du capital placé en Hongrie ; des livres spéciaux doivent être tenus pour les opérations faites en Hongrie ; le représentant de la société en Hongrie, dans les six mois après chaque assemblée générale, publie les procès-verbaux, le bilan général et le bilan spécial aux opérations faites en Hongrie.

La société étrangère dûment autorisée en Hongrie est néanmoins soumise dans ses opérations à certaines règles particulières dont le but est de protéger ceux qui traitent avec elle.

Les décisions des assemblées générales portant modification de l'objet de la société, dissolution ou fusion, ne peuvent avoir leur effet, en ce qui concerne la succursale hongroise, que du jour où elles ont été enregistrées par le tribunal compétent. Elle ne peut opposer aux tiers ces décisions que du jour où elles ont été publiées conformément à l'art. 9.

Italie.

La législation italienne reconnaît :

1º Des sociétés civiles qui sont régies par le Code civil (art. 1697 et suiv., du 25 juin 1865) ;

2º Des sociétés commerciales qui sont régies par le Code de commerce du 1er janvier 1883.

Aux termes de la législation actuelle les sociétés italiennes sont dispensées de l'autorisation gouvernementale. Il appartient aux tribunaux civils en chambre du conseil, depuis la suppression des tribunaux de commerce par la loi du 25 janvier 1888, de procéder à la vérification de la validité de la constitution des sociétés. La souscription du capital social doit être intégrale et son versement effectué jusqu'à concurrence des 3/10 (art. 132). Les directeurs sont astreints à la même responsabilité que les administrateurs. Ces derniers sont exclus des votes relatifs aux bilans, ainsi qu'à leur propre responsabilité (art. 162). Enfin en cas de fusion, d'augmentation de capital ou de reconstitution de ce capital, les actionnaires en minorité ont le droit de se retirer de la société moyennant remboursement de leurs droits actuels dans la société.

Le critérium de la nationalité des sociétés réside, aux termes de la loi italienne, dans le lieu du siège social ou du principal établissement. Si ce siège social ou principal établissement est en Italie, la société est réputée italienne et traitée comme telle, toutes les dispositions applicables aux sociétés italiennes s'appliquent à elle, en quelque lieu qu'aient été rédigés et signés les actes constitutifs.

Si au contraire la société dont le siège social ou principal établissement est en sa nation d'origine n'établit en Italie qu'une succursale ou une agence, elle garde sa nationalité d'origine et reste soumise en tout ce qui concerne la validité de sa constitution à la législation de son pays (Cons. d'Etat d'Italie, 12 janv. 1854 ; — Cass. Turin, 18 nov. 1882 ; — Cass. Rome, 15 avr. 1887, 10 juill. 1889, 2 juin 1892. — En sens contraire, un arrêt de Turin, 21 déc. 1897, mais qui ne vise que les personnes morales du droit privé et non les sociétés commerciales).

La société étrangère qui établit en Italie une succursale ou une agence est soumise à toutes les obligations de publicité imposées aux sociétés italiennes relativement aux statuts, modifications aux dispositions statutaires et bilans. Est également obligatoire la publication des noms des gérants de l'agence ou de la succursale. Ce sont ces gérants qui sont astreints à une responsabilité égale à celle des administrateurs des sociétés italiennes (art. 230 et suiv., 367 et suiv.). Des pénalités portées aux art. 98 et 99, 231 et 248 sanctionnent ces obligations.

Japon.

Toute société étrangère qui établit une succursale au Japon est assujettie à l'enregistrement et aux publications exigées des sociétés nationales ; en outre, elle doit y nommer un représentant résidant au Japon, qui représentera et engagera la société dans tous les actes de sa vie juridique ; le nom et le domicile de ce représentant, qui peut d'ailleurs être un étranger, doivent également être enregistrés. — V. l'article publié, *J. S.*, 1908, p. 75.

Luxembourg.

Dans le grand-duché de Luxembourg, les sociétés commerciales sont régies par le Code de commerce français de 1807. Les sociétés anonymes ont fait l'objet d'un arrêté grand-ducal du 18 novembre 1864.

Mexique.

Les sociétés anonymes sont régies par la loi du 10 avril 1888 (V. *Ann. législ. étrang.*, 1890, p. 942. — V. aussi loi du 29 nov. 1897 sur les émissions d'obligations, *J. S.*, 1900, p. 45.)

Monaco.

Le Code de commerce de la principauté de Monaco, qui date de 1877, s'est inspiré de la législation française. Il reconnaît une liberté absolue de constitution pour les sociétés en nom collectif et les sociétés en commandite simple. Les sociétés en commandite par actions et anonymes ne peuvent être constituées qu'avec l'autorisation du prince.

Les sociétés anonymes et en commandite par actions sont réglementées par une ordonnance du 5 mars 1895, dont le texte est reproduit au *Journal des Sociétés*, 1895, p. 331. Une légère modification du texte résulte de l'ordonnance du 23 mai 1896.

L'autorisation du prince est indispensable ; elle est donnée après avis du Conseil d'Etat. L'ordonnance détermine les pièces à produire au Conseil d'Etat pour parvenir à l'autorisation.

On ne trouve dans cette législation aucune disposition sur le taux des actions. La société ne peut être constituée qu'après la souscription de la totalité du capital social et une déclaration des fondateurs.

Le Code de commerce de 1877, pas plus que l'ordonnance de 1895, ne contient de dispositions particulières sur les sociétés étrangères.

Portugal.

Les sociétés sont régies par le Code de commerce portugais, entré en vigueur le 1er janvier 1889.

Tout étranger civilement capable de s'engager peut exercer le commerce dans le royaume ou ses colonies.

La capacité commerciale des Portugais qui contractent à l'étranger et celle des étrangers qui contractent en Portugal sont régies par leur loi nationale respective, sauf, en ce qui concerne les étrangers, le cas où ladite loi serait contraire au droit public portugais.

Les sociétés étrangères qui veulent établir en Portugal une succursale ou une agence sont tenues de présenter au registre du commerce, en plus des pièces exigées des nationaux, un certificat du consul portugais compétent, constatant qu'elles sont constituées conformément aux lois de leur pays ; elles sont astreintes aux mêmes formalités de publicité que les sociétés nationales.

Les sociétés légalement constituées et représentées peuvent faire dans le royaume de Portugal tous les actes de commerce licites, encore qu'elles n'y aient ni siège, ni succursale, ni agence.

Les sociétés qui, constituées à l'étranger, ont leur siège principal en Portugal, sont assimilées aux sociétés indigènes (V. l'article de M. Lehr, sur la situation légale des étrangers en Portugal d'après le droit commun et d'après le nouveau projet de Code de commerce de 1887, *Journ. de dr. intern. pr.*, 1888, p. 352. — V. aussi dans les *Ann. lég. étrang.*, 1895, p. 459, le décret du 12 juill. 1894 sur la création de banques et sur les sociétés anonymes ayant cet objet. — V. aussi le décret sur la constitution légale des sociétés étrangères, *J. S.*, 1899, p. 383).

Roumanie.

La situation des sociétés étrangères en Roumanie est réglée par les article 238 à 250 C. com., entré en vigueur le 13 septembre 1887 et modifié en 1900. Ce Code est muet sur la condition des sociétés étrangères, mais la Cour de cassation roumaine, par un arrêt du 8 juin 1892, a reconnu à ces sociétés la faculté de faire valoir leurs droits devant les tribunaux par un fondé de pouvoirs. — V. l'article publié *J. S.*, 1909.78.

Suisse.

Les sociétés, en Suisse, sont régies par les art. 524 à 719 du Code fédéral des obligations du 11 juin 1881.

Turquie.

Le gouvernement ottoman avait promulgué le 25 novembre 1887 un règlement précisant les conditions dans lesquelles les sociétés anonymes étrangères pourront établir des agences et des succursales en Turquie (V. *Ann. législ. étrang*, 1890, p. 870) ; cette législation a été remaniée entièrement par une loi du 25 avril 1906 concernant les sociétés anonymes et les sociétés d'assurances étrangères faisant des opérations en Turquie (V. le texte de cette loi, *J. S.*, 1908, p. 188).

LOIS ÉTRANGÈRES

Dans les précédentes éditions de cet ouvrage, nous avions inséré ici, avant les formules, les principales *lois étrangères* qui régissent les sociétés. M. Wauwermans, avocat à Bruxelles, a publié sous le titre : *Code des Sociétés anonymes étrangères*, un volume très étendu qui contient la législation complète des pays suivants : Allemagne, Autriche, Belgique, Bulgarie, Danemark, Espagne, France, Grande-Bretagne, Grèce, Hongrie, Italie, Luxembourg, Monaco, Monténégro, Norvège, Pays-Bas, Portugal, Roumanie, Russie, Saint-Marin, Serbie, Suède, Suisse, Turquie, Congo, Égypte.

Dès lors, il nous a semblé inutile de joindre à cette nouvelle édition de notre Traité des Sociétés la partie législative qui y figurait antérieurement, car on trouvera dans l'ouvrage précité des renseignements plus complets que nous n'eussions pu en insérer. Nous y renvoyons donc le lecteur.

HUITIÈME PARTIE

RÉGIME FISCAL

CHAPITRE PREMIER

CONSTITUTION DES SOCIÉTÉS

SECTION 1

DROIT DE TIMBRE.

4007. — Les actes de société et les actes contenant les statuts des sociétés dans le cas où ils sont distincts des premiers, peuvent être passés en la forme authentique ou sous signatures privées. Quand ils sont sous seing privé, ils doivent être rédigés, en principe, en autant d'originaux qu'il y a de parties en cause ; pour les sociétés par actions toutefois, et par application de la loi du 24 juillet 1867 (art. 1er et 24), il suffit qu'il soit fait un double original, quel que soit le nombre des associés. Mais, depuis la loi du 29 juin 1918, un exemplaire de l'acte soumis à la formalité de l'enregistrement doit rester déposé au bureau de l'enregistrement.

Dans la pratique, la rédaction de l'acte constitutif comporte en général plus de deux originaux. En effet, en dehors des deux doubles réglementaires, dont l'un est annexé à la déclaration de souscription et versement et l'autre reste déposé au siège social, d'autres exemplaires de l'acte social doivent être remis, à fin de publicité, aux greffes de la justice de paix et du tribunal de commerce du siège social et des succursales de la société (V. *suprà*, n. 374 et suiv.). Tous ces actes sont écrits sur timbre et assujettis à l'impôt du timbre de dimension.

L'acte constatant la souscription d'actions d'une société est aussi passible du timbre de dimension (L. 13 brum. an VII, art. 12, n. 1 ; L. 2 juill. 1862, art. 17 ; L. 23 août 1871, art. 2).

Il en est de même pour la déclaration de souscription et versement qui doit être faite dans un acte notarié.

Des titres définitifs ne peuvent être délivrés que sur papier timbré et doivent acquitter le timbre ordinaire de dimension.

La quotité du droit dû varie, comme son nom l'indique, avec la dimension du papier employé dans les actes. Il y a cinq dimensions de papier timbré ; les droits y afférents sont, avec les décimes, de 2 fr., 4 fr., 6 fr., 8 fr. et 12 fr. la feuille.

Le droit de timbre peut s'acquitter de diverses façons. Le plus souvent, on achète par avance le *papier timbré* que l'on compte employer dans les actes, auquel cas le prix d'acquisition représente exactement le payement de l'impôt. D'autres fois, on rédige les actes sur papier libre pour ne les présenter qu'ensuite à la formalité du timbre. En pareil cas, le timbrage se fait sous forme de *visa pour timbre* ou *d'apposition de timbres mobiles*, qui sont placés et oblitérés de suite par les préposés de l'administration ; le tout contre acquittement des droits dus. Ceux-ci, d'ailleurs, restent les mêmes, quel que soit le mode de perception de l'impôt.

La loi punit d'une amende toute contravention à ces prescriptions. L'amende est de 20 francs pour tout acte public ou expédition écrit sur papier non timbré ; de 50 francs pour tout acte ou écrit sous signatures privées, sujet au timbre de dimension et rédigé sur papier libre, plus les décimes dans les deux cas.

SECTION II

DROITS D'ENREGISTREMENT.

§ 1. — Principes généraux.

4008. — En principe, les actes de société civile ou commerciale qui ne portent ni obligation, ni libération, ni transmission de biens meubles et immeubles entre les associés et autres personnes sont soumis au droit fixe de 5 francs (Art. 45, L. 28 avr. 1816 ; 68, § 3, n. 4, L. 22 frim. an VII).

Le texte de la loi du 22 frimaire an VII a été reproduit par l'art. 1er n° 1 de la loi du 28 février 1872 qui a substitué au droit fixe de 5 francs un droit gradué sur le montant total des apports mobiliers et immobiliers, déduction faite du passif, droit réglé ainsi qu'il suit : 5 francs pour les sommes et valeurs de 5.000 francs et au-dessous et pour les actes ne contenant aucune énonciation de sommes et valeurs, ni dispositions susceptibles d'évaluation ; — 10 francs pour les sommes ou valeurs supérieures à 5.000 francs, mais n'excédant pas 10.000 francs ; — 20 francs pour les sommes ou valeurs supérieures à 10.000 francs, mais n'excédant pas 20.000 francs, — et ensuite à raison de 20 francs pour chaque somme ou valeur de 20.000 francs, ou fraction de 20.000 francs. Si les sommes ou valeurs ne sont pas déterminées dans l'acte, il y est suppléé conformément à l'art. 16 de la loi du 22 frimaire an VII.

Ce droit gradué a été remplacé par un droit proportionnel de 0,20 pour 100 francs (0,25 avec les décimes) (L. du 23 août 1893) ; ce droit a été porté à 1 0/0 sans décimes (L. 29 juin 1918, art. 15).

Toutes les stipulations et obligations dépendantes du contrat de société et contractées dans l'intérêt social n'engendrent aucun droit particulier. Mais les dispositions ayant pour objet des choses personnelles à un associé ou à des tiers étrangers donnent ouverture au droit proportionnel selon la nature et l'espèce de ces dispositions (L. 22 frimaire an VII, art. 11 et 68, § 3).

Les clauses de l'acte de société qui engendrent des droits particuliers peuvent consister soit dans des conventions entre la société et des associés, soit dans des conventions entre associés, soit dans des conventions entre la société et des tiers, soit dans des conventions entre les associés et des tiers, soit enfin dans des conventions antérieures visées dans l'acte de société.

Les actes de continuation ou prorogation de société sont assujettis aux droits qui viennent d'être indiqués.

Le partage de la société est entièrement assimilé au partage de succession, et comme tel assujetti au droit fixe quand il est fait sans soulte (Délib. du 26 janv. 1825).

Les actes d'adhésion à une société sont passibles de droits. Mais il faut distinguer entre ceux qui concourent à la constitution même de la société et ceux qui sont postérieurs à la constitution. Les premiers sont soumis au droit fixe de 6 francs, quel que soit d'ailleurs le nombre d'adhérents qui y sont mentionnés (Sol. 307, an. 1878). Le droit de constitution est ultérieurement perçu. Pour les adhésions postérieures il y a lieu d'examiner s'il y a ou non formation d'une société nouvelle. — V. *infrà*, ch. III.

Les extraits d'actes de société sous seing privé ou notariés qui sont

signés ou certifiés par les parties doivent être enregistrés au droit de
6 francs d'après la loi précitée avant la remise au greffe du tribunal
de commerce.

§ 2. — Droit proportionnel.

4009. — *Principes généraux.* — D'après les termes de la loi, les actes
de formation de société soumis au droit proportionnel réduit sont ceux
« qui ne contiennent *ni obligation, ni libération, ni transmission de
biens meubles ou immeubles entre les associés ou autres personnes.* Il
ressort de ce texte que la loi fiscale a mis virtuellement en opposition,
d'une part, les dispositions *essentielles* à la constitution de la société
et qui forment la convention soumise au droit proportionnel réduit ;
et d'autre part, celles qui, quoique constatées dans l'acte même de la
société, sont *indépendantes* de lui, en ce sens qu'il pourrait exister
sans elles ; ces dernières dispositions donnent lieu à la perception de
droits particuliers (droits d'obligation, de mutation, etc.).

Il y a donc un grand intérêt — au point de vue fiscal — à distinguer ce qui est et ce qui n'est pas de l'essence du contrat de société,
puisque les droits à acquitter au Trésor ne sont pas les mêmes dans
l'un et l'autre cas, que les dispositions inhérentes au contrat social
sont les seules qui bénéficient de l'application du droit proportionnel
réduit, tandis que les dispositions indépendantes, valant comme
conventions spéciales et distinctes, sont assujetties à des droits propres beaucoup plus élevés en général.

Le principe est aisé à poser ; malheureusement, son application
est beaucoup plus délicate.

Sont seules inhérentes au contrat de société — en raison de son
caractère essentiel et de sa nature — les dispositions relatives aux
apports des associés et à la répartition entre eux des bénéfices et des
pertes de l'entreprise. Tout le reste vaut donc comme dispositions
indépendantes.

Mais la formule est encore trop large et a besoin d'être précisée,
car souvent la clause relative à un apport ou à la répartition des
bénéfices et des pertes contient une transmission véritable de propriété ou l'attribution d'un avantage individuel à l'un des associés
à l'encontre des autres et de la société. Remarquons qu'aux termes
de la loi, l'égalité des apports, pas plus que l'égalité de répartition
des bénéfices et des pertes, ne sont nécessaires. Seulement pour qu'il
y ait clause d'apport ou de répartition ne donnant lieu qu'à la perception du droit proportionnel réduit, *il faut que l'apport soit fait pure-*

ment et simplement, sans équivalent à payer par la société, et moyennant l'acquisition exclusive par l'associé d'une part des droits sociaux.

Tel est le critérium qui permet de distinguer les dispositions dépendantes du contrat social de celles qui en sont réellement indépendantes, critérium théoriquement assez simple, mais fort difficile à appliquer dans la pratique. Aussi croyons-nous nécessaire, avant d'entrer dans l'exposé des espèces, de développer quelque peu la formule que nous avons donnée.

On peut dire que toutes les fois que l'apport fait par un associé est abandonné à la société d'une manière absolue, à titre de mise sociale, sans stipulation d'un retour ou d'un bénéfice indépendant du bénéfice commun auquel lui donne droit sa qualité d'associé, et qu'il ne lui confère *que des droits sociaux*, on reste dans les termes de la définition légale du contrat de société. Au contraire, toutes les fois qu'en faisant son apport l'associé stipule, en sa faveur ou en faveur de ses créanciers ou de tiers, quelque chose d'équivalent à sa mise, qui en est comme le prix, ou seulement qui ne rentre pas dans le caractère spécial des conventions relatives aux apports, il y a là une disposition d'intérêt individuel qui, dans l'esprit de la loi fiscale, constitue une convention particulière, indépendante, et sujette à ce titre à un droit particulier (Dalloz, *Rép.*, *Supp.*, V° *Enreg.*, n. 1890, 93 ; — V. aussi *Etude sur les apports à titre onéreux, J. S.*, 1896, art. 232, p. 385 à 392 ; Wahl, n. 100 et suiv.).

Il y aura donc lieu à perception du seul droit proportionnel réduit, afférent au contrat de société, lorsque l'apport de l'associé ne procurera à celui-ci qu'une part des droits sociaux. Cette part, d'ailleurs, peut être plus ou moins large et varier beaucoup. Elle peut consister dans l'attribution à l'apporteur d'actions ordinaires, d'actions d'apport, partiellement ou intégralement libérées, privilégiées, de parts de fondateur, etc. Dans tous ces cas, en effet, nous nous trouvons en présence de clauses relatives à la rémunération de l'apporteur, qui ne renferment qu'une attribution particulière des droits sociaux, qu'un mode spécial de répartir les bénéfices, toutes choses parfaitement licites et inhérentes au contrat de société.

Il en serait autrement, et un droit spécial serait dû au lieu du droit proportionnel réduit, si l'apport était fait contre attribution à l'apporteur d'obligations, ou encore de titres qualifiés actions privilégiées, mais rapportant un intérêt fixe et remboursables à échéance fixe ou par amortissement ; car, dans ces cas, l'apporteur reçoit un véritable prix de son apport, un équivalent extrasocial, qui se trouve par le fait soustrait aux risques de l'entreprise.

D'un autre côté, pour que l'apport, représenté entre les mains de l'apporteur par des actions, conserve sa qualité d'apport pur et simple, il faut que l'associé devienne réellement propriétaire de ces actions. Il y aurait vente déguisée, donnant lieu à perception d'un droit de mutation, si les actions attribuées à l'apporteur étaient aliénées directement par la société, pour le prix en être versé à l'actionnaire en échange de sa mise ; ou si celui-ci en cédait tout ou partie à des tiers avant la constitution définitive de la société.

Nous avons déjà rencontré une application de ces principes, à propos de la déduction du passif de la valeur des apports. Nous avons dit, en effet, que le droit réduit n'était pas applicable pour le tout, mais qu'il y avait lieu également à perception d'un droit proportionnel de mutation, lorsque l'apport étant grevé de passif, ce passif doit être acquitté par la société. Par contre, le droit de mutation n'est pas exigible, s'il est stipulé que l'apport comprend seulement ce qui restera des biens désignés après l'acquit du passif (Sol. 26 janv. 1856). On admet même généralement que si l'acte de société dans lequel un associé apporte un immeuble stipule qu'une somme représentant la valeur de cet immeuble sera payée à l'apporteur, non pas sur le capital social, mais au moyen des bénéfices de la société, ou que l'associé pourra prélever sur les bénéfices soit le prix d'acquisition encore dû, soit le montant de la dette dont l'apport est grevé, ces clauses ne donnent lieu à aucun droit proportionnel de mutation, parce qu'elles ne renferment qu'un mode de répartir les bénéfices (Liège, 1er août 1878 ; Garnier, n. 209 ; *J. Not.*, 26 sept. 1888, n. 4056).

D'autre part, si le prétendu apport fait à la société dissimule le simple versement d'une somme, productive ou non d'intérêts, mais qui doit échapper aux risques de l'entreprise, il y a encore là une convention indépendante qui échappe au bénéfice du droit réduit, et doit donner lieu à la perception d'un droit spécial (Seine, 31 mars 1841 ; — 22 janv. 1845 ; — Cass., 19 mars 1879, *J. Enreg.*, 21.010).

En dehors de la distinction que nous avons établie entre les dispositions inhérentes et les dispositions étrangères au contrat de société, il faut remarquer que certaines clauses sont considérées comme un accessoire de ce contrat, quoiqu'elles ne soient pas de son essence, et comme telles, ne donnent pas lieu à la perception d'un droit spécial.

Il a été décidé que la clause du contrat de société qui attribue à l'associé gérant un traitement à prélever avant tout partage des bénéfices et qui lui assure soit un logement, soit une indemnité de logement, forme une disposition dépendante du contrat, et n'est à ce titre passible d'aucun droit particulier d'enregistrement (Sol. adm. Enreg. 21 oct. 1869, S. 70.2.193, D. 71.3.45 ; — Cass., 29 nov. 1869, deux arrêts, S. 70.1.136, D. 70.1.270 ; — 28 juill. 1870, D. 71.1.150 ; — 17 août 1870, S. 70.1.435, D. 71.1.150 ; — Trib. Versailles, 19 déc. 1871, D. 73.5.226).

Cependant il a été jugé que la clause des statuts sociaux qui attribue à l'associé gérant un traitement fixe et annuel n'est pas de l'essence du contrat de société ; que c'est une disposition non dépendante, donnant lieu, soit comme constitutive d'un louage d'industrie, soit comme renfermant une obligation de somme, à la perception du droit proportionnel de 1 0/0 sur le montant cumulé des allocations annuelles que le gérant doit recevoir pendant la durée totale de la société (Trib. Sedan, 11 déc. 1867, D. 68.3.116 ; — Trib. Seine, 29 fév. 1868, D. 68.3.107 ; — 27 janv. 1872, D. 72.3.95).

Du droit proportionnel d'enregistrement sur le montant des apports.

4010. — Les actes de société sont passibles d'un droit proportionnel de 1 0/0, sans addition de décimes, sur la valeur nette des apports mobiliers et immobiliers, et sans distinguer entre les apports en nature et ceux en espèces (1 fr. 25 par 100 francs, avec les décimes).

La perception de ce droit suit les sommes et valeurs de 20 francs en 20 francs, inclusivement et sans fractions, ce qui signifie que le droit se calcule toujours sur le multiple de 20 francs égal ou immédiatement supérieur à la valeur imposable. Il ne peut être perçu moins de 0 fr. 25 pour l'enregistrement d'un acte.

Ce droit est appelé *droit proportionnel réduit*, un peu à cause de sa quotité et plus encore à cause des règles spéciales de liquidation auxquelles il est soumis, et qui sont moins rigoureuses qu'en ce qui concerne le droit proportionnel ordinaire.

Si la valeur des apports n'est pas déterminée dans l'acte de constitution de société, il y est suppléé par une déclaration estimative, certifiée et signée par les parties, au pied de l'acte, avant l'enregistrement (L. 22 frim. an VII, art. 16).

Sociétés assujetties.

4011. — Ce droit d'enregistrement est un droit *d'acte* ; de plus, il est destiné à frapper les actes *constitutifs de société*. Il faut donc, pour qu'il y ait lieu à perception du droit : 1° qu'un acte écrit ait été rédigé, sans distinguer d'ailleurs entre l'acte authentique ou sous signatures privées ; 2° que cet acte contienne les éléments essentiels du contrat de société, c'est-à-dire la mise de quelque chose en commun, et le partage entre les associés des bénéfices ou des pertes qui pourront en résulter (art. 1832 C. civ.).

Toutes les sociétés y sont assujetties, quelle qu'en soit la forme : sociétés civiles, sociétés en nom collectif, en commandite simple ou par actions, sociétés anonymes, sociétés à capital variable. Le droit proportionnel d'enregistrement est dû sur les apports consentis dans une société en participation, bien qu'elle ne constitue pas un être moral (Cass., 30 déc. 1884, S. 86.1.321 ; 13 mars 1895, S. 95.1.465 ; Trib. Seine, 23 mars 1907, *J. S.*, 1908.291).

Toutes les sociétés y sont donc assujetties, quelle qu'en soit la forme. Il a même été décidé qu'il est dû sur les apports consentis dans une association en participation, bien qu'elle ne constitue pas un être moral (Cass., 30 déc. 1884, D. 85.1.201 ; — 13 mars 1895, *R. Enreg.*, art. 918 ; Maguéro, V° *Société*, n. 109 et 339). Seront de même soumises à l'impôt les sous-sociétés formées entre un associé et un croupier ; toutefois, si l'acte de sous-société comporte une cession de part, il y a lieu à perception du droit de cession.

Le mot « Sociétés » exclut du droit proportionnel les associations, telles que les assurances mutuelles, les tontines, les caisses agricoles de crédit, qui ne poursuivent pas un but de réalisation de bénéfices (Sol., 27 mai 1874 ; Cass., 4 août 1909, S. 1910.1.393). Sont exemptes aussi les sociétés formées pour la construction ou pour favoriser la construction d'habitations à bon marché (L. 30 nov. 1894, 31 mars 1896, 12 avr. 1906) et les sociétés de crédit maritime.

En matière de participation constituée sous forme de *syndicat*, comme un syndicat pour la défense des droits des obligataires, l'acte n'est passible du droit proportionnel que si les termes de l'acte ne laissent aucun doute sur le *caractère* de la société. S'il n'y a pas société, l'enregistrement a lieu au droit fixe (Sol. 14 avril 1876 ; — Seine, 1er fév. 1881).

4012. — *Sociétés étrangères.* — Le droit proportionnel d'enregistrement est exigible lorsque les actes sont volontairement soumis à l'enregistrement ou qu'il en est fait usage en France soit par acte public ou en justice. Mais dans ce dernier cas, on admet les parties à ne produire qu'un extrait, et c'est sur les dispositions reproduites dans l'extrait que le droit est liquidé (Cass., 24 janv. 1874, *R. Enreg.*, art. 4283. — Sol. 28 mars 1893 ; — Cass., 15 mars 1899, *J. S.*, 1899.348).

Le droit proportionnel est exigible lorsque cet extrait contient les clauses relatives à la constitution de la société, à la division du capital en actions et à la constatation des apports. Mais il n'est dû que le droit fixe si l'extrait ne contient pas les éléments essentiels de la société, et notamment les apports et le capital social (Seine, 14 mars 1879 et 13 fév. 1880, *R. P.*, art. 5741 ; Sol. 25 avr. 1890 et 28 mars 1892).

4013. — *Calcul du droit.*— *Ce qui doit entrer en ligne de compte pour le calcul du droit, c'est l'ensemble des choses mises en commun par les associés.* — Les termes employés par le Code civil (art. 1832, 1833), auxquels il faut se référer dans le silence de la loi fiscale, sont aussi généraux que possible, et montrent qu'il faut faire rentrer dans les « apports » toutes les sortes de biens, meubles et immeubles (Seine, 14 fév. 1874, *R. Enreg.*, art. 2116), corporels ou incorporels, situés en France, à l'étranger ou dans les colonies (Seine, 27 déc. 1873, *J. Enreg.*, art. 19370 ; — 25 avr. 1874, *J. Enreg.*, 19446 ; — Cass., 17 mars 1903, *R. S.*, 1903.285). L'acte ou contrat social doit donc mentionner divisément tous ces objets, et c'est sur la valeur cumulée de tous que le droit sera liquidé.

a) Valeur vénale. — La valeur qui doit servir de base pour la fixation du montant de ces apports est la *valeur vénale*. Il en résulte que les immeubles doivent être évalués en capital ; que l'apport de jouissance doit l'être en tenant compte de la durée certaine, ou du moins probable de la société ; que l'apport de créance est fixé par l'énonciation du capital de cette créance.

Le passif à déduire pour la liquidation du droit proportionnel de société ne comprend pas les dettes qui grèvent les biens mis en société et qui doivent être payés par les associés de leurs deniers personnels.

Le droit de 1 fr. 25 0/0 ne peut être perçu sur une somme inférieure au montant des actions émises en représentation de ces apports (Bar-le-Duc, 22 fév. 1899, *J. S.*, 1899.472).

b) Valeur nette. — Le droit d'enregistrement est payable sur le montant net des apports payés en actions ou en parts bénéficiaires, c'est-à-dire que, si les apports sont grevés d'un passif mis à la charge de la société, ce passif doit être déduit de leur montant pour le calcul du droit. Par exemple, si un immeuble valant 100.000 francs est apporté à la société, à charge par celle-ci de rembourser une hypothèque de 50.000 francs, le droit d'apport n'est payable que sur 50.000 francs.

Par contre, un droit de vente, beaucoup plus élevé, est dû sur le montant de la somme mise à la charge de la société. Aussi évite-t-on, le plus souvent, la prise en charge du passif par la société.

c) Valeur estimative des apports. — Le droit proportionnel établi sur le montant des apports mobiliers ou immobiliers doit être calculé sur la valeur déclarée de tous les apports.

Lorsque l'acte de société ne contient pas l'évaluation complète des apports, il y est suppléé (L. 22 frim. an VII, art. 16), par une déclaration estimative des parties (art. 4022).

4014. — *Apport d'une créance.* — Si la créance, objet d'un apport social, est douteuse, sa valeur devient fort difficile à déterminer. La question s'est posée à diverses reprises, mais ne semble point définitivement tranchée en doctrine ni en jurisprudence. D'après les uns, la créance doit entrer en ligne de compte pour sa valeur *nominale*, sans qu'il y ait lieu de tenir compte de l'incertitude de son recouvrement ; mais ce système semble en opposition avec le vœu de la loi, qui n'entend faire porter le droit proportionnel que sur la valeur *réelle* des apports. Dans un autre système, on prétend que la créance douteuse n'a en réalité aucune valeur, réelle, du moins dans le présent, et que dès lors elle ne saurait donner lieu à la perception d'un droit. Il paraît plus juste d'admettre que la créance, même douteuse, a une valeur, puisqu'elle fait l'objet d'un apport, et que cette valeur doit être fixée par la déclaration estimative des parties, comme cela a lieu dans tous les cas où les sommes et valeurs ne sont pas déterminées dans l'acte.

Dans les sociétés par actions, les apports faits par les associés étant représentés par le montant des actions souscrites, c'est sur le montant de ces actions, c'est-à-dire sur l'intégralité du capital social, que le droit est dû et liquidé.

Il en résulte que le droit est exigible dès la constitution sur le capital social tout entier, tel qu'il a été fixé dans les statuts et sans qu'il y ait lieu de déduire les sommes qui peuvent rester à verser sur les actions non entièrement libérées (*J. Not.*, art. 20336 ; Maguéro, n. 122).

Quant aux actions qui ne sont pas encore émises, elles ne figurent évidemment pas parmi les apports (Sol. 12 fév. 1873, 5 juin 1874 ; — Maguéro, n. 130).

De même, si la société crée dès sa constitution des obligations, le capital-obligations, qui constitue une créance contre elle, ne supporte pas le droit proportionnel.

Enfin, si les statuts prévoient et autorisent l'augmentation du capital social, le montant de l'augmentation possible ne constitue pas un apport actuel et le droit y afférent ne deviendra exigible qu'après l'émission des actions qui en seront la représentation (Seine, 10 mars 1882, *J. Not.*, art. 20336 ; Marseille, 9 déc. 1914, *R. Enreg.*, art. 6370).

4015. — *Promesse d'apport.* — Le droit frappe aussi une *promesse d'apport en argent*, quoique la somme ne soit pas immédiatement versée (Trib. Seine, 25 juill. 1910, *J. S.*, 1911, p. 284 ; Cass., 1er juin 1908, *J. S.*, 1909.213).

Le droit est exigible sur les apports et non pas sur le capital social. Si donc les apporteurs sont rémunérés non seulement en actions de capital, mais encore en parts bénéficiaires, parts de fondateur, etc., la valeur des apports représentée par ces parts doit être assujettie au droit de 1 fr. 25 0/0 (Provins, 14 avr. 1910, *J. S.*, 1911.465).

Apports différents ou inégaux. — L'acte de constitution de la société à laquelle un des associés apporte des immeubles, et en outre des valeurs mobilières ou une somme d'argent, n'est pas passible du droit de mutation immobilière, car la transmission a lieu au profit de l'être moral et non des associés individuellement (Sol. Régie, 14 sept. et 13 nov. 1838 ; — Cass., 13 juill. 1840 ; — Instr. Régie, 10 mai 1841).

Jugé de même que dans le cas où des apports inégaux sont faits par les associés qui conviennent cependant de partager également les bénéfices et les pertes, il n'est pas dû de droit proportionnel sur les différences entre les apports (Epinal, 19 janv. 1898, *J. Not.*, 1898, art. 21987 ; — Saint-Etienne, 8 mai 1897, *J. S.*, 1898.318).

4016. — *Déduction du passif.* — Nous avons dit que le droit d'enregistrement est calculé sur le montant total des apports *nets*, c'est-à-dire après déduction du passif qui les grève. C'est là, d'ailleurs, une règle à peu près générale en matière de droit proportionnel *réduit*. Mais il faut préciser ce que la loi comprend par cette déduction du passif.

Le principe, en cette matière, est que la loi n'a voulu soumettre à l'impôt que la valeur *nette et réelle* des apports ; d'où la nécessité de déduire de cette valeur, en vue de la perception du droit, tout ce qui est de nature à la diminuer au regard de la société (V. Wahl, *op. cit.*, n. 100 et suiv.).

De là les conséquences suivantes :

1er *cas.* — Les dettes grevant les apports doivent, par convention, rester à la charge personnelle des associés apporteurs. Dans ce cas, les biens apportés sont acquis à la société sans charges, et dès lors la distraction de ces charges ne peut être admise pour la liquidation du droit proportionnel ; il n'y a pas lieu à déduction du passif qui, en réalité, est inexistant au regard de la société (Sol. 8 sept. 1891, *R. Enreg.*, art. 381).

2e *cas.* — Le passif grevant un apport est mis en totalité ou en partie à la charge de la société elle-même. Il en résulte qu'une certaine somme doit être prélevée sur le montant des apports et que le capital social sera diminué d'autant. C'est dans ce cas qu'il y a lieu à déduction du passif dans le calcul de la valeur des apports ; le droit réduit ne sera perçu que sur cette valeur diminuée des charges que l'apport impose à la société. Mais qu'on le remarque bien, c'est seulement pour le calcul du *droit proportionnel réduit* que la déduction est opérée. En effet, aux termes de la jurisprudence, le fait d'effectuer un apport moyennant une charge à acquitter par la société vaut *vente*, entre l'associé apporteur et la société, jusqu'à concurrence de la charge stipulée. Conséquemment, le droit ordinaire de mutation est dû par la société sur le montant du passif qu'elle prend à sa charge.

Quant à la fixation du passif à déduire des apports, elle est faite par les intéressés eux-mêmes, le plus souvent dans l'acte de société, à son défaut par une déclaration faite dans la forme prescrite par l'art. 16 de la loi du 22 frimaire an VII. Bien entendu, l'administration a toujours le droit de contrôler et au besoin de combattre cette déclaration.

Actes modificatifs de société.

4017. — 1º *Transformation d'une société.* — La transformation d'une société en une société d'une autre espèce, par exemple une société en nom collectif en société en commandite ou une commandite en société anonyme, ne donne pas lieu à perception du droit proportionnel s'il n'y a pas constitution d'une société nouvelle (V. *suprà*, n. 2637 et suiv.), par exemple, si la durée et le chiffre de capital sont les mêmes (V. sur cette question diverses espèces : Sol. 9-12 juin 1863 ; — Cass., 24 janv. 1893 et 10 déc. 1894, *R. Enreg.*, art. 376 et 853 ; — Sol. 20 fév. 1873 ; — 28 fév. 1895 ; — 25 nov. 1890 ; — 5 avr. 1897, *J. S.*, 1898. 140. — V. aussi : Sol. 7 avr. 1892, *R. Enreg.*, art. 105. — En cas de modification constituant une société nouvelle : V. Lille, 15 déc. 1876 ; — Rennes, 26 mai 1884, *R. P.*, art. 4590, 6522 ; — Cass., 29 juill. 1890, *R. P.*, art. 7450 et 7733-4º). S'il résulte de la transformation une société nouvelle et que l'ancienne société apporte son actif à la nouvelle à la charge de payer ses dettes, il y a apport onéreux passible du droit de mutation (Cass., 14 juin 1895, S. 96.1.149).

4018. — 2º *Prorogation d'une société.* — Les actes de prorogation de société sont assimilés aux actes de constitution et passibles du droit proportionnel sur l'actif *net* de la société prorogée.

Il a été jugé qu'il faut comprendre dans le *total* des apports pour la perception du droit, les réserves statutaires extraordinaires et autres qui, depuis la constitution, se sont ajoutées au capital primitif (Seine, 25 juin 1897, *J. S.*, 1898.36. — En ce sens : Cass., 24 janv. 1876, *J. Not.*, art. 21429 ; — Seine, 21 mai 1898, *J. S.*, 1898.509). — Mais à l'inverse, si le capital primitif a été diminué, le droit ne doit être perçu que sur le capital au jour de la prorogation (Seine, 25 juin 1897, précité ; Maguéro, n. 160).

L'acte modificatif des statuts réalisant tout à la fois augmentation du capital et prorogation de la société est passible du droit calculé sur le montant *total* du capital social, et non sur le chiffre de l'augmentation (Seine, 18 janv. 1884, *J. Not.*, art. 23916).

4019. — *Perception du droit d'enregistrement.* — Le droit est perçu lorsque la société est définitivement constituée, c'est-à-dire : s'il s'agit d'une société en nom collectif ou en commandite simple, sur l'acte même de formation de société ; et s'il s'agit d'une société anonyme ou en commandite par actions, à capital fixe ou à capital variable, après l'accomplissement des formalités prescrites par la loi du 24 juillet 1867 sur le procès-verbal de la délibération de l'assemblée ou de la seconde assemblée constitutive de la société.

Le droit est dû non seulement si l'acte est pur et simple, mais s'il est sous condition résolutoire (Cass., 30 janv. 1850, S. 50.1.291). Il l'est encore si l'apport est subordonné à une condition suspensive qui ne soit pas exprimée dans l'acte, mais qui est imposée par la loi. Il ne l'est pas, s'il est soumis à une condition suspensive exprimée (Cass., 16 janv. 1891, *R. S.*, 1894.191, et 7 mai 1906, *J. S.*, 1907.27).

Le prix perçu n'est pas restitué si la société est annulée (Cass., 14 déc. 1881, S. 83.1.33).

4020. — *Évaluation des apports. Vérifications. Sanctions.* — La valeur des apports est déterminée, en principe, par les intéressés. Le plus souvent, les apports sont énumérés, et la valeur de chacun d'eux déterminée dans l'acte même de constitution. Dans le silence de cet acte, les parties sont tenues de faire une *déclaration estimative*, qui a pour but de fixer le montant des apports et dès lors de fournir la base de la perception. Cette déclaration doit être faite avant l'enregistrement du contrat, certifiée et signée au pied de l'acte même (art. 16, L. 22 frim. an VII. — Cass., 2 juill. 1879, S. 80.1.39, D. 79.1.451).

Si les intéressés s'y refusaient, la régie est autorisée, aux termes de la jurisprudence, à faire l'estimation provisoire des apports et à percevoir le droit sur cette estimation, sauf rectification ultérieure d'après la déclaration à intervenir.

L'évaluation des apports étant laissée à la discrétion des intéressés, c'est-à-dire des associés, l'administration de l'enregistrement devait être armée d'un droit de contrôle et une sanction pénale devait frapper les inexactitudes des déclarations.

La loi du 27 février 1912, art. 4, dispose : 1° que si, dans un délai de deux ans à dater de l'enregistrement, il est reconnu une insuffisance dans l'évaluation des apports, il sera perçu des droits simples supplémentaires; 2° qu'en cas de dissimulation établie, la peine sera du double droit en sus du droit dû pour les objets dissimulés, avec minimum de 50 francs ; 3° que l'insuffisance et la dissimulation pourront être établies par tous modes de preuves.

§ 3. — Droits fixes d'enregistrement.

4021. — *Actes divers.* — *Actes d'adhésion.* — En dehors du droit proportionnel réduit qui frappe l'acte de société considéré dans son ensemble, certains droits fixes deviennent exigibles par le fait de la présentation à l'enregistrement de divers autres actes qui se rattachent plus ou moins étroitement au premier. Cette présentation à la formalité de l'enregistrement est tantôt obligatoire, et tantôt seulement facultative. Le droit fixe auquel elle donne lieu pour les actes dont l'énumération suit est de 6 francs :

1° L'acte qui contient les statuts d'une société, et spécialement d'une société par actions, qui n'est pas encore définitivement constituée ;

2° L'acte notarié contenant la déclaration de souscription et versement ;

3° L'acte contenant la souscription d'actions d'une société en formation ; toutefois l'enregistrement de cet acte n'est nécessaire que si l'on veut en faire usage en justice, ou le mentionner dans un acte public (*J. Not.*, art. 23916) ;

4° L'acte constatant le dépôt par le gérant d'un certain nombre d'actions en garantie de sa gestion (Seine, 26 déc. 1839) ;

5° L'acte constatant le versement effectif de la mise d'un associé (Sol. 5 mai 1844) ;

6° L'acte d'*adhésion* à une société (L. 28 fév. 1872), à condition qu'il ne constate pas un nouvel apport ou une augmentation du fonds social. Remarquons toutefois que l'acte d'adhésion d'un nouvel associé ne donne lieu à la perception d'un simple droit fixe que lorsque l'adhésion ne se produit qu'après la constitution définitive de la société, et en vertu d'une stipulation autorisant les tiers à s'y adjoindre dans un certain délai, les adhésions ne constituant en ce cas que des actes de complément et d'exécution. Il en serait autrement, s'il avait été convenu que la société serait constituée par l'adhésion d'un certain nombre de membres, les adhésions ayant alors pour effet de rendre parfaite la société qui n'était encore qu'en projet. Dans ce dernier cas, les actes d'adhésion donnent lieu à perception du droit proportionnel réduit.

Journal. — On sait que dans un délai d'un mois à dater de la constitution d'une société, un extrait de l'acte social doit être publié dans un journal d'annonces légales. Il est justifié de l'insertion par un exemplaire du journal, certifié par l'imprimeur, légalisé par le maire et *enregistré* dans les trois mois de sa date. Cet enregistrement, qui a pour but de fournir date certaine à l'insertion, donne lieu à l'acquittement d'un droit fixe de 6 francs en principal.

§ 4. — Droits proportionnels particuliers.

4022. — Les dispositions qui sont inhérentes au contrat de société et font corps avec lui bénéficient comme telles des avantages du droit proportionnel réduit qui leur est propre. Mais tout ce qui ne rentre pas dans cette catégorie vaut comme conventions spéciales et distinctes, « *portant obligation, libération, ou transmission entre les associés ou autres personnes* », et rend exigible la perception de droits proportionnels particuliers, c'est-à-dire des droits ordinaires d'enregistrement afférents à ces conventions d'après leur nature propre.

Les espèces les plus fréquentes sont les suivantes :

4023. — 1° *Droit d'obligation.* — La perception du droit proportionnel de 1 % (1.25 avec les décimes) est obligatoire dans les cas suivants. Le droit est liquidé sur le capital exprimé dans l'acte et qui fait l'objet de l'obligation :

Apport en société, à titre de commandite, d'une somme qui doit produire intérêt au profit de l'apporteur sans que celui-ci participe ni aux bénéfices ni aux pertes (Cass., 19 mars 1879, *R. P.*, 5211 ; — Bordeaux, 18 déc. 1887, *R. P.*, art. 7025) ;

Obligation prise par un associé, dans l'acte social, de fournir à la société comme fonds de roulement, une somme stipulée productive d'intérêts et remboursable, avant tout partage, sur le capital social (Cass., 25 nov. 1872, *J. Not.*, art. 10355) (1) ;

---

(1) Il n'y aurait qu'une simple ouverture de crédit, passible du droit de 0 fr. 50 p. 0/0, s'il y avait engagement de verser une somme déterminée en compte courant, dans le cas où les besoins de la société l'exigeraient (Orléans, 27 fév. 1901, *J. S.*, 1902.90).

Obligation par un associé de verser la mise d'un autre, en stipulant qu'il en fera le retrait au fur et à mesure des payements de ce coassocié à la masse (Cass., 3 avr. 1854, *R. P.*, art. 49 ; — Saint-Dié, 7 nov. 1890, *R. P.*, art. 7553) ;

Remise par un associé, à la société, d'une somme qui échappe aux risques de l'entreprise (Cass., 19 mars 1879, *J. Enreg.*, art. 21010) ;

Stipulation d'un traitement à payer au gérant par ses coassociés personnellement (Seine, 20 août 1858, *J. Not.*, art. 16380) ;

Obligation imposée à la société de payer une somme à l'un des associés pour remboursement d'avances ou à titre d'indemnité, à moins que ces avances aient créé au profit de l'associé une valeur corporelle ou incorporelle dont la cession à la société donnerait lieu au droit de vente (Cass., 23 mai 1859, S. 59.1.695 ; Trib. Seine, 25 juill. 1910, *J. S.*, 1911.284). Ainsi par exemple lorsque le fondateur d'une société constituée en vue de l'exploitation d'une ligne de tramways lui apporte la concession à lui faite par un département et stipule que la société le remboursera des avances et frais de toute nature exposés par lui jusqu'au jour de l'apport ainsi que du cautionnement qu'il a déposé (Pontarlier, 12 août 1909, *J. S.*, 1910.279 ; Cass., 30 nov. 1910, *J. S.*, 1911.394).

Reconnaissance de dette résultant de l'apport d'une créance sur un tiers et intervention de ce tiers pour fixer avec la société le mode de paiement de la dette (Trib. Seine, 12 mars 1898 et 5 déc. 1902, *J. S.*, 1899.44 ; 1903. 44 et 407).

Certificat, présenté à l'enregistrement ou annexé à la déclaration, notarié de souscription des actions, et constatant le dépôt dans une maison de banque des sommes versées par les actionnaires pour le premier quart sur leurs actions (Cass., 29 juin 1887, *R. S.*, 1888.222 ; 24 déc. 1894, *J. S.*, 1895.21 ; 8 déc. 1903, *J. S.*, 1904.300).

4024. — *Droit de nantissement. Cautionnement.* — Un droit de 0,50 % est exigible dans les cas suivants :

Versement, à titre de nantissement, d'une somme par un associé, pour garantir l'exécution d'un engagement personnel d'un autre associé (Cass., 26 déc. 1832) ;

Cautionnement par un associé ou par un tiers de l'engagement d'un associé (Seine, 20 nov. 1861, *R. P.*, art. 1554, 1912).

4025. — *Droit de bail.* — La question de savoir si l'apport du droit à un bail, fait à une société, rend exigible le droit proportionnel de cession de bail, et à quelles conditions, a été longtemps discutée. La jurisprudence semble s'être arrêtée à la distinction suivante :

S'il s'agit d'un apport en jouissance, fait purement et simplement, moyennant la seule attribution à l'apporteur de droits sociaux, il n'y a là qu'une clause inhérente au contrat de société, qui ne donne lieu à perception d'aucun droit spécial.

Si, au contraire, l'apporteur stipule à son profit le payement d'un loyer annuel, qui n'entre pas dans les riques de l'entreprise, il y a convention spéciale sujette au droit de cession de bail (Trib. Seine, 8 juill. 1871, *R. P.*, art. 3731 ; *Contrà*, 23 août 1873, *R. P.*, art. 3975).

La question est plus délicate si l'apport du droit au bail est fait par l'associé, à la charge par la société d'acquitter les loyers et d'exécuter toutes les conditions du contrat. La jurisprudence semble pourtant fixée, en ce sens qu'il y a là une disposition indépendante du contrat de société, une véritable cession de bail (Cass., 18 janv. 1871, D. 71.1.18 ; — Instr. Enreg., 25 sept. 1871, D. 74.5.222, n. 97, note).

Le droit de bail est encore exigible lorsque le bail est consenti par la société à un associé, par exemple en représentation d'un apport (Lille, 23 déc. 1892, *J. Enreg.*, art. 24407).

Les cessions de bail (par le locataire) bénéficient d'un tarif réduit (0 fr. 60 % avec les décimes) sur le montant des loyers restant à courir. Mais un droit de 5 % (décimes compris) est dû sur le prix de la cession, c'est-à-dire sur la somme dont le cédant stipule le paiement à son profit personnel, en sus des loyers payables au propriétaire.

Dans tous les cas où il y a lieu à perception du droit, la liquidation se fait sur la totalité du loyer et des charges, sans déduction de la part dont l'associé apporteur est tenu dans ce loyer, comme associé.

4026. — *Droit de marché.* — Constituent des marchés passibles du droit de 1,25 % :

L'engagement pris par un associé de faire des constructions pour le compte de la société, et ce moyennant un prix déterminé soustrait aux risques sociaux (Cass., 20 juin 1881 et 5 mai 1884, *R. P.*, art. 5749, 6342 ; 6 fév. 1911, *J. S.*, 1911.499) ;

La convention par laquelle le journal dont l'exploitation fait l'objet de la société doit être imprimé chez l'un des associés, moyennant un prix à fixer par les parties ou par experts (Pau, 11 mai 1877, *R. P.*, art. 4829) ;

L'attribution d'un traitement ou d'avantages particuliers à un gérant étranger à la société (Seine, 6 mars 1891, *R. S.*, 1892.84. — V. pour l'associé gérant, *suprà*).

Il en est de même de toutes les conventions du même genre passées entre la société et des tiers.

11   31

La loi du 11 juin 1859, art. 22, autorise à faire enregistrer au droit fixe (6 fr.), les marchés passés par acte sous seing privé, de nature commerciale. Le droit proportionnel (1,25 % sur les marchés-louages, 5 % sur les marchés-ventes) est perçu si les marchés sont constatés par acte public ou s'il en est fait usage par acte public ou en justice.

4027. — *Droit de donation.* — Le droit de donation est exigible sur l'acte de société lorsque l'apport est fait par un seul des associés et que les bénéfices sont partagés entre celui-ci et un autre associé dont l'apport est nul ou fictif, mais il n'y a pas donation si les bénéfices ne sont pas partagés proportionnellement aux apports (Saint-Etienne, 8 mai 1897, *R. Enreg.*, art. 1693).

4028. — *Droit de vente.* — Le droit proportionnel de mutation est exigible dans tous les cas où l'acte social contient une vente véritable consentie par un associé ou un tiers à la société ; ou lorsque l'apport de l'associé est fait à titre onéreux, c'est-à-dire, nous le savons, lorsque l'apporteur doit recevoir un équivalent extrasocial, un avantage particulier qui ne rentre pas dans la catégorie des droits sociaux.

Il en est de même encore lorsque l'apport fait à la société n'est pas net, mais se trouve grevé d'un passif à la charge de la société. En pareil cas, il y a vente, donnant lieu à perception du droit proportionnel ordinaire, jusqu'à concurrence du montant du passif ; le droit réduit de constitution ne s'appliquant qu'au surplus, qui seul vaut comme apport pur et simple.

Il n'y a pas lieu de distinguer si l'apport à titre onéreux ou grevé de passif est fait par un particulier, ou par une société préexistante à la société qui se forme ou qui, déjà formée, absorbe la première (*J. S.*, 1896, art. 235, p. 386).

La quotité du droit varie suivant qu'il s'agit d'une mutation de meubles, d'immeubles, de créances, de fonds de commerce.

Dans tous les cas, le droit est liquidé sur le prix exprimé dans l'acte, ou ce qui en tient lieu, et si la valeur est indéterminée, sur celle qui résulte de la déclaration estimative des parties (Demasure, *loc. cit.*, n. 60).

4029. — *Liquidation des droits.* — Le droit de vente est de 5 % sans décimes sur le prix d'un *fonds de commerce* (L. 25 juin 1920, art. 24). Il est perçu sur le prix de l'achalandage ou de la clientèle, du droit au bail et des objets mobiliers servant à l'exploitation du fonds, à l'exception des marchandises neuves en magasin (A Paris, on perçoit, en plus, une taxe additionnelle de 1,25 %, décimes compris).

La vente d'un *brevet d'invention* est assujettie au droit de 2 fr. 50 %.

Les *marchandises neuves* garnissant le fonds bénéficient du tarif réduit de 1 fr. 25 %, sans décimes, à condition qu'il soit stipulé pour elles un prix particulier et qu'elles soient désignées et estimées article par article, soit dans les statuts eux-mêmes, soit dans un état sur papier timbré, annexé aux statuts (A Paris, il est perçu une taxe additionnelle de 0 fr. 32 %, décimes compris).

Les amodiations de mines ou minières sont assimilées à des ventes mobilières portant sur le minerai extrait et sont assujetties au droit de 5 % sans décimes.

Les ventes d'immeubles (terrains, constructions et immeubles par destination) sont assujetties à un droit de 10 % pour les immeubles situés en France (L. 25 juin 1920, art. 25). Ce droit est payable lorsque la société verse le prix des immeubles directement à l'apporteur, ou à un précédent vendeur non payé, soit en argent, soit en obligations. Il est également exigible sur le montant des dettes hypothécaires ou autres dont les immeubles peuvent être grevés, lorsque la société prend ces dettes à sa charge.

Le droit d'enregistrement en France des actes de ventes d'immeubles situés en pays étrangers ou dans les colonies françaises où le droit d'enregistrrement n'est pas établi, est de 0,50 % (L. 29 juin 1918, art. 15).

Si la vente comprend simultanément des meubles et des immeubles, le droit de 10 % est perçu sur la totalité du prix, à moins qu'on n'ait stipulé un prix particulier pour les objets mobiliers et que ces derniers soient désignés et estimés, article par article, dans les statuts ou dans un état annexe.

Les *cessions de navires* de plus de 100 tonnes sont assujetties au droit de 5 % sans décimes (L. 25 juin 1920, art. 24).

Les *titres en portefeuille* donnent lieu au paiement du droit de transfert (2 %) s'ils sont nominatifs. La cession des titres au porteur abonnés au timbre ou des titres de rentes sur l'Etat n'entraîne la perception d'aucun droit spécial d'enregistrement, mais si l'apport des titres au porteur et des rentes sur l'Etat est rémunéré par une attribution d'actions, le droit d'apport de 10 0/0 est, bien entendu, exigible, comme s'il s'agissait d'un apport en numéraire.

4030. — *Vente mobilière.* — Le droit de mutation est exigible dans les cas suivants :

D'une façon générale, dans tous les cas où l'apport mobilier est fait moyennant un prix à payer, sous une forme quelconque, par la société à l'apporteur ou à ses créanciers.

Plus spécialement s'il s'agit de l'apport d'un fonds de commerce, avec stipulation que la valeur de ce fonds sera remboursée à l'apporteur en argent, avec intérêts, sur les premiers fonds provenant du placement des actions de la société (Cass., 30 janv. 1850, D. 50.1.60), ou sera remboursé sur les bénéfices de l'autre associé jusqu'à concurrence d'une somme déterminée (Grasse, 4 mai 1903, *J. S.*, 1904.34).

Au cas d'apport par un associé d'un fonds de commerce, à charge par l'autre associé de lui rembourser, pour sa mise sociale, la moitié de la valeur de cet apport (Seine, 1er avr. 1892, *R. P.*, art. 7824), ou le prix des brevets compris dans le fonds (Seine, 25 juill. 1902, *J. S.*, 1903.402), ou le prix d'un reliquat de matières premières et marchandises (Lille, 20 mars 1903, *J. S.*, 1903.527 ; — Joigny, 4 fév. 1903, *J. S.*, 1903.522 ; — Paris, 13 juin 1901, *J. S.*, 1902.128 ; — Seine, 18 sept. 1901, *R. S.*, 1902.278).

Si l'associé qui a apporté des objets mobiliers pour une valeur supérieure à l'apport des autres doit être remboursé de l'excédent par les autres associés personnellement (Cass., 8 juill. 1846, Instr. 1786, § 10), ou recevoir en compensation le produit des actions attribuées à ses coassociés (Seine, 28 avr. 1841 et 11 juin 1845).

Si l'apport mobilier est fait contre l'attribution d'obligations ou de titres qualifiés actions privilégiées, mais rapportant un intérêt fixe, et remboursables à échéance fixe ou par amortissement (Cass. belge, 28 fév. 1867, *R. P.*, art. 2514 ; — Bruxelles, 13 août 1868).

Si la condition de l'apport fait à la société est que celle-ci acquittera le passif dont il est grevé (Cass., 15 déc. 1868, 21 juill. 1884, 15 fév. 1880, 29 juill. 1890 et 24 avr. 1893, *R. P.*, art. 2514, 2519, 6266, 7939 et 7450 ; — Cass., 16 mai 1902, *R. S.*, 1903.84 ; — Cass., 6 mai 1903, *Gaz. Trib.*, 10 sept. 1903, *Gaz. Trib.*, 19 juin 1903). Si l'apport est déclaré pur et simple, le droit de mutation est dû s'il résulte d'une contre-lettre que l'apport a été en réalité fait à titre onéreux (Seine, 3 nov. 1900, *J. S.*, 1901.419).

Lorsqu'un apport de biens mobiliers a lieu pour partie à titre onéreux, le droit de vente est dû dans le silence de l'acte sur le prix réparti proportionnellement aux diverses natures de biens (Alger, 31 janv. 1879, *R., P.* art. 1186).

4031.—*Vente immobilière.*— En droit civil, l'apport en société opère bien une mutation. Aucune contestation n'est possible à cet égard. Mais en droit fiscal, il n'en est pas de même. Ainsi, il est admis aujourd'hui par la jurisprudence, après longues discussions, rapportées par Maguéro, n. 120, que la mise en société d'un immeuble (ou de tout autre bien) échappe à la perception immédiate du droit de mutation par une faveur spéciale de la loi fiscale. Le droit ne devient exigible que lorsque, par l'effet de la dissolution et du partage de la société, l'immeuble se trouve attribué à un associé autre que l'apporteur. Mais l'exemption du droit proportionnel de mutation profite seulement aux apports *purs et simples* d'immeubles (V. Cass., 6 juin 1842, S. 42.1.434, D. 42.1.291 ; — 14 avr. 1847, S. 47.1.378, D. 47.1.157 ; — 21 fév. 1853, S. 53.1.205, D. 53.1.52 ; — 8 nov. 1864, S. 65.1.137, D. 64.1.473 ; — 14 fév. 1866, D. 66.1.50 ; — 3 fév. 1868, S. 68.1.185, D. 68.1.225 ; — 24 déc. 1879, S. 80.1.225, D. 80.1.182 ; — 28 janv. 1895, *Gaz, Pal.*, 1895.1.216, D. 95.1.363 ; — Belley, 1er avr. 1904, *J. S.*, 1905.179 ; — Cass., 21 juin 1904, *J. S.*, 1905.111).

Mais l'apport d'immeubles appartenant aux apporteurs, à charge par la société d'en payer le prix aux précédents vendeurs ou à d'autres créanciers, emporte mutation définitive et, dès lors, perception du droit proportionnel (Jurisprudence constante. — V. notamment : Cass., 24 mai 1875, 28 fév. et 31 juill. 1876, 6 fév. 1878, *J. Not.*, art. 21434, 21530, 21843 ; — Cass., 16 juin 1902, *J. S.*, 1903.17 ; — Trib. Seine, 13 juill. 1908, S. 1910.2.94) ;

De même pour l'apport d'immeubles, moyennant promesse par la société d'en verser le prix à l'apporteur (Cass., 17 fév. 1869, *R. P.*, art. 2875, 2914 ; — Draguignan, 12 mars 1903, *J. S.*, 1903.381), ou si ce prix doit être prélevé sur les apports des associés en numéraire (Cass., 13 août 1877, *R. P.*, art. 4750), ou sur le produit des actions émises par la société (Amiens, 9 déc. 1852, *J. Not.*, art. 21753), ou payé par les associés personnellement (Cass., 5 janv. 1853, *J. Not.*, art. 14878) ;

De même encore pour l'apport immobilier fait en échange d'obligations (Cass. belge, 28 fév. 1867, *R. P.*, art. 2514) ;

Ou pour l'apport par un débiteur, à une société formée avec ses créanciers, d'immeubles en l'échange desquels il reçoit la libération de sa dette (Cass., 13 mai 1879, *R. P.*, art. 5241 ; — Sol. 31 mars 1886) ; l'apport de biens grevés d'annuités hypothécaires et fait moyennant une réserve par l'apporteur d'une partie des biens nécessaires pour produire à son profit chaque année un revenu net de tous frais égal au chiffre des annuités, laissant à la charge de la vente le déficit possible (Cass., 6 mai 1903, *J. S.*, 1904.18) ;

L'apport par le créancier de sa créance, en représentation de laquelle le débiteur lui attribue une valeur égale sur les immeubles mis par lui en société (Cass., 6 fév. 1878, *R. P.*, art. 4867) ;

L'apport d'immeubles, moyennant émission d'actions dont une partie est souscrite par des créanciers de l'apporteur, avec stipulation que le montant des souscriptions sera imputé sur les créances (Cass., 21 avr. 1879, *R. P.*, art. 5228) ;

L'apport par une société à une société nouvelle de tout son actif, à charge d'acquitter tout son passif (Cass., 5 fév. 1894, *R. P.*, art. 8244 ; 6 mai 1896, *J. S.*, 1896.396 et 6 mai 1903, *J. S.*, 1904.18).

4632. — *Vente à la fois mobilière et immobilière.* — Lorsque l'apport fait à une société à titre onéreux comporte tout ensemble des meubles et des immeubles, le droit de vente immobilière est dû sur la totalité, si un prix global et unique est stipulé pour tous les objets. Au contraire il y aura perception pour partie du droit de vente immobilière et du droit de vente mobilière s'il est fait des objets apportés une désignation et une estimation propres, article par article, avec détermination d'un prix particulier pour chacun (Cass., 25 juill. 1893, *J. Not.*, art. 25441 ; — Seine, 24 juin 1904, *J. S.*, 1905.211 ; — Lyon, 29 nov. 1904, *J. S.*, 1905. 224 ; — Cass., 25 nov. 1901, *J. S.*, 1901.245).

On comprend l'intérêt qu'il y a à faire cette désignation et cette estimation, étant donnée la différence de quotité des droits de mutation suivant qu'ils s'appliquent à des meubles (5 %) ou à des immeubles (10 %).

Il a d'ailleurs été jugé que la détermination séparative du prix des meubles et des immeubles doit être opérée dans l'acte même de société, et non par une déclaration postérieure (Lyon, 11 nov. 1892, *J. Enreg.*, 9399).

Si l'apport qui comporte à la fois des meubles et des immeubles n'est fait que *partiellement* à titre onéreux, ce qui ne donne lieu à perception d'un droit de mutation que sur une portion de sa valeur, le droit de mutation, en l'absence d'une volonté expresse des intéressés, doit être réparti proportionnellement sur chaque nature des biens, et non pas en faisant l'imputation seulement sur les valeurs les plus ou les moins imposées. Mais les intéressés ont toujours le droit d'indiquer dans l'acte quelle est la partie de l'apport pour laquelle un prix a été stipulé. Par exemple, si l'apport à la fois mobilier et immobilier est fait moyennant : 1° l'attribution d'actions ; et 2° une somme à payer à l'apporteur, les parties peuvent valablement faire porter l'attribution d'actions sur les immeubles, ce qui aura pour effet de n'autoriser que la perception d'un droit de vente mobilière sur la somme à payer par la société. — Sur la question des apports à titre onéreux donnant lieu à perception d'un droit de mutation, V. Dalloz, *Rép.*, *Supp.*, V° *Enregistrement*, n. 1895 à 1905.

4033. — *Transcription.* — La loi de finances du 13 juillet 1911, art. 8, stipule : « Lorsqu'un acte de société constatant un apport immobilier ne donnera pas ouverture, à raison de cet apport, au droit de mutation entre vifs à titre onéreux, le droit d'enregistrement exigible, sur la valeur en capital de cet apport, en vertu de l'art. 19 de la loi du 28 avril 1893, sera augmenté du droit de 1.50 % édicté par l'art. 25 de la loi du 21 ventôse an VII et de deux décimes et demi de ce droit ; la formalité de la transcription au bureau du conservateur des hypothèques ne donnera lieu à aucun droit proportionnel autre que la taxe établie par la loi du 27 juillet 1900.

Donc : α) en *cas d'apports immobiliers non assujettis au droit de mutation à titre onéreux*, le receveur de l'enregistrement perçoit un droit de transcription de 1,50 %, plus les décimes ; la formalité de la transcription au bureau des hypothèques donne lieu à une taxe de 0.25 %.

Seuls les actes de constitution de société sont assujettis au droit de transcription ; les actes de prorogation n'y sont pas assujettis.

D'autre part la perception du droit de transcription est dépendante du droit d'enregistrement. Par conséquent l'apport immobilier fait à une association sans but lucratif, qui échappe au droit de 0 fr. 25 %, échappe aussi au droit de transcription.

Le droit de transcription, étant créé à titre de supplément au droit proportionnel d'apport, est soumis aux mêmes règles de liquidation et de perception ; il est donc dû sur l'apport net.

β) *Les apports immobiliers effectués à titre onéreux* subissent un droit de vente de 10 % ; mais ce droit comprend aussi le droit de transcription. Il n'y a à ajouter que la taxe de transcription au bureau des hypothèques : 0,25 %.

CHAPITRE II

FONCTIONNEMENT DES SOCIÉTÉS

4034. — Dans ce second chapitre, nous traiterons de deux catégories de droits fiscaux très distinctes : d'une part, des impôts qui grèvent les titres divers que peuvent créer les sociétés (actions, obligations, parts de fondateur, etc.) ; — d'autre part, des droits particuliers afférents aux actes que les sociétés, en cette qualité, sont appelées à passer au cours de la vie sociale.

Chacune de ces catégories de droits fera l'objet d'une section spéciale.

Dans une première section nous étudierons les obligations imposées dès la constitution de la société aussi bien qu'au cours de la vie sociale aux administrateurs et gérants, pour faciliter le contrôle de l'administration et lui fournir les éléments nécessaires à la liquidation des droits dus.

Dans une deuxième section relative aux *Impôts sur les valeurs mobilières*, nous étudierons tout particulièrement l'économie des trois droits qui, aujourd'hui, frappent les titres des sociétés : *droit de timbre, droit de transmission, impôt sur le revenu* ; et d'autre part, les règles relatives à l'assiette, à la liquidation et à la perception de ces droits.

Dans une troisième section, relative aux *Actes ordinaires de la gestion sociale*, nous dirons quels impôts ces actes peuvent rendre exigibles.

SECTION I

OBLIGATIONS IMPOSÉES AUX SOCIÉTÉS.

4035. — Ces obligations constituent ce qu'on peut appeler, en se plaçant au point de vue des intérêts du Trésor public, les mesures préventives prises contre la dissimulation et la fraude. Nous les compléterons en indiquant les droits de contrôle que la loi fiscale accorde à l'administration sur les actes de sociétés.

a) Déclaration d'existence.

4036. — Cette obligation incombe à toutes les sociétés, compagnies et entreprises dont le capital est divisé en actions, ou qui émettent des obligations. Elle a trait surtout à la perception des droits de transmission, quoique la régie se serve de tous les éléments de cette déclaration pour contrôler la liquidation et la perception des autres impôts auxquels la constitution et le fonctionnement d'une société peuvent donner naissance.

En vertu de l'art. 1er du décret du 17 juillet 1857, les sociétés, compagnies et entreprises dont les actions et obligations sont assujetties au droit de transmission créé par la loi du 23 juin 1857 (V. plus loin) sont tenues de faire, au bureau de l'enregistrement du lieu où elles auront le siège de leur principal établissement (à Paris, rue de la Banque, 13), une *déclaration d'existence* constatant :

L'objet, le siège et la durée de la société ou de l'entreprise ;

La date des actes constitutifs et de leur enregistrement ;

Les noms des directeurs ou gérants ;

Le nombre et le montant des titres émis, en distinguant les actions des obligations, et les titres dont la transmission ne peut s'opérer que par un transfert sur les registres de la société de ceux qui sont cessibles sans transfert.

Les représentants des sociétés ou entreprises susdites doivent annexer à leur déclaration : 1º un exemplaire des statuts sociaux, imprimé ou manuscrit, certifié par eux ; 2º un exemplaire du journal dans lequel les publications légales ont été faites.

La « déclaration d'existence » doit avoir lieu dans le délai de *un mois* à dater de la constitution définitive de la société ou entreprise ou de l'émission des obligations.

La sanction du défaut de déclaration ou du retard dans la déclaration consiste dans une amende de 100 à 500 francs en principal.

La déclaration doit être signée pour les sociétés en commandite par actions par le gérant et pour les sociétés anonymes par un membre du conseil d'administration désigné à cet effet ou par toute autre personne ayant qualité pour représenter la société. Elle doit être accompagnée d'un exemplaire des statuts imprimé ou manuscrit, certifié par le représentant de la société, et d'un exemplaire du journal dans lequel les publications légales ont été faites.

Des déclarations doivent encore être faites par les sociétés au bureau d'enregistrement désigné pour le payement de leurs taxes, aux cas de modifications dans la constitution sociale, de changement de siège, de remplacement du directeur ou gérant, d'émission de titres nouveaux ; ces dernières déclarations sont dites *déclarations d'émission* (L. 23 juin 1857, art. 10 ; — Décr. 17 juill. 1857, art. 1er et 12).

Les déclarations en question doivent être effectuées dans le délai d'un mois à dater de l'événement qui les rend nécessaires, et ce, sous la même sanction que pour la déclaration d'existence.

Nous aurons l'occasion de revenir sur ces points, à propos des modifications subies par la société au cours de la vie sociale.

La formalité de la tenue des registres à souche est exigée en vue de la perception et du contrôle du droit de timbre applicable aux titres émis par les sociétés.

Tous les titres ou certificats d'actions et d'obligations doivent être tirés de registres à souche qui sont conservés au siège social (L. 5 juin 1850, art. 16, 18, 28 et 29).

La sanction de cette formalité consiste en une amende de 12 % en principal du montant de chaque action et d'une amende de 10 % du montant de chaque obligation.

4037. — *Paiement des coupons.* — Enfin, pour assurer le contrôle de la régie, quiconque fait profession ou commerce de recueillir, encaisser, payer ou acheter des coupons, chèques ou tous autres instruments de crédit créés pour le paiement de revenus de valeurs étrangères non abonnées doit en faire la déclaration au bureau de l'enregistrement de sa résidence avant toute opération (L. 29 mars 1914, art. 35).

b) Communication des pièces.

4038. — La loi fiscale n'impose aux sociétés, en vue d'arriver à la perception de la taxe de 10 %, pas d'autre obligation que celle des dépôts de pièces dont nous avons précédemment parlé. La « déclaration d'existence » exigée des sociétés qui sont passibles des droits de transmission n'est même pas obligatoire pour celles qui ne sont assujetties qu'à l'impôt sur le revenu. Ces dernières ne sont pas tenues non plus de faire à la régie une déclaration de l'emprunt ou de l'obligation qu'elles contractent, en dehors du dépôt des pièces exigées.

Mais, pour assurer l'exécution des lois sur le timbre et l'enregistrement (L. 21 juin 1875, art. 7) comme pour assurer le recouvrement de la taxe sur le revenu, les agents de l'administration ont le droit de se faire communiquer tous documents, livres, registres et toutes pièces composant la comptabilité des sociétés.

La loi impose aux sociétés de communiquer aux agents de l'enregistrement tous les livres et pièces susceptibles de favoriser leur contrôle sur les actes sociaux. Cette obligation naît dès l'apparition d'une société nouvelle, se poursuit pendant toute son existence, pour ne disparaître qu'avec elle. Elle a trait au recouvrement des divers impôts qui peuvent grever les sociétés lors de leur constitution ou au cours de la vie sociale.

4039. — *Textes fiscaux.* — Les principaux textes relatifs au droit de communication de l'administration de l'enregistrement sont : 1° la loi du 5 juin 1850 (art. 16 et 28); 2° la loi du 23 juin 1857 (art. 9 et 10); 3° le décret du 17 juillet 1857 (art. 9) ; 4° la loi du 23 août 1871 (art. 22). « Les sociétés, compagnies d'assurances et tous autres assujettis aux vérifications des agents de l'enregistrement par les lois en vigueur, sont tenus de représenter auxdits agents leurs *livres, registres, titres, pièces de recette, de dépense et de comptabilité*, afin qu'ils s'assurent de l'exécution des lois sur le timbre. »

5° *La loi du 21 juin 1875* (art. 7): «Les sociétés, etc... sont tenues de communiquer aux agents de l'enregistrement.... les polices et autres documents énumérés dans l'art. 22 de la loi du 23 août 1871, afin que ces agents *s'assurent de l'exécution des lois sur l'enregistrement et sur le timbre.* »

6° La loi du 29 mars 1914 prévoit la communication des registres ou bordereaux relatifs au paiement ou à la négociation de coupons de valeurs étrangères non abonnées ou de fonds d'Etat étrangers.

4040. — § 1. — *Sociétés assujetties à la communication.* — Ce sont celles qui ont émis des actions ou des obligations. Ainsi une société en nom collectif ou en commandite simple qui a émis des obligations est assujettie à la communication (Trib. Seine, 17 juill. 1912, *Gaz. Soc.*, 1912.534). De même, s'il s'agit de sociétés par actions d'habitations à bon marché (Trib. Boulogne-sur-Mer, 31 mars 1911, *J. S.*, 1914.135). Au contraire, une société, même par actions, y échappe, dès lors qu'elle n'a pas émis de titres négociables.

Les sociétés étrangères sont assujetties au droit de communication pour les succursales et établissements qu'elles possèdent en France (Cass., 10 fév. 1902, *J. S.*, 1902.421 ; 31 oct. 1905, *J. S.*, 1906.105 ; 19 juin 1908, *R. Enreg.*, art. 4647).

4041. — § 2.— *Forme et lieu de la communication.*— La communication doit avoir lieu, non seulement au siège social, mais encore dans les succursales et agences de la société. Elle doit être faite sans déplacement des pièces communiquées ; les préposés de la régie ont toutefois le droit de retenir les pièces établies en contravention aux lois sur le timbre pour les joindre à leurs procès-verbaux.

Les communications peuvent être exigées à toute époque, sauf les jours de repos, aux heures d'ouverture des bureaux.

Les sociétés doivent représenter aux agents du fisc les pièces comptables dont ils demandent communication (Cass., 4 mai 1885, S. 86.1.81).

Les agents du fisc peuvent prendre des copies ou des extraits des documents communiqués. Le nombre des communications n'est pas limité.

4042. — § 3. — *Documents sujets à communication.* — Les agents du fisc peuvent exiger des sociétés communication des documents suivants, nécessaires à l'exercice de leur contrôle :

4043. — 1° *Livres de comptabilité et autres.* — A cet égard, l'obligation imposée par la loi aux sociétés est aussi large que possible : « Tous les livres et registres », dit l'art. 22 de la loi du 23 août 1871. La jurisprudence a interprété rigoureusement ce texte, en appliquant le principe à tous les livres de comptabilité que les sociétés peuvent tenir, soit en vertu de règlements, soit en vertu de l'usage ; donc, non seulement aux livres dont le Code de commerce rend la tenue obligatoire, mais encore aux livres « facultatifs et accessoires, que les sociétés jugent à propos d'établir pour la clarté de leurs écritures » (V. en ce sens : Cass., 7 janv. 1878, *J. Enreg.*, art. 21450 ; — 4 mai 1885, D. 85.1.324. — *Sic : J. S.*, 1897, art. 426 ; — Cass., 14 janv. 1902, S. 1903.1.197).

Ce droit de communication existe aussi bien pour les sociétés étrangères que pour les françaises (Cass., 10 févr. 1902, *Gaz. Pal.*, 22 févr. 1903, *J. S.*, 1902.421 ; — Cass., 27 mars 1901, *R. S.*, 1901, 299).

L'administration peut exercer son droit sur les livres antérieurs à dix ans (Cass., 14 janv. 1902, *J. S.*, 1904.203. — En sens inverse : Boulogne-sur-Mer, 28 mars 1901, *J. S.*, 1901.445).

Jugé en ce sens pour le grand livre (Seine, 8 juill. 1887, *Rec. pér. Enreg.*, art. 6986). Il en est de même, bien entendu, pour le livre-journal, le livre des inventaires, le livre de caisse, etc. (V. *J. S.*, 1897, *loc. cit.*, p. 488). Jugé également pour le livre d'entrée et de sortie des effets (Vienne, 15 juin 1887, *J. Enreg.*, art. 20580) ; pour le livre des comptes courants de toute nature (Cass., 22 mars 1887, S. 88.1.177) ; pour le livre des bons à échéance (Cass., 7 janv. 1878, S. 78.1.203) ; pour le journal du mouvement des titres (Cass., 7 janv. 1878, précité).

La même obligation de communiquer s'étend aux registres d'ordre intérieur, que la loi prescrit aux sociétés de tenir : registre-copie de lettres ; registre à souches des actions et obligations (L. 5 juin 1850, art. 16 et 28) ; livre des transferts et concessions (Décr. 17 juill. 1857, art. 9), etc. — (V. *J. S.*, 1897, *loc. cit.*, p. 489).

Il n'y a d'ailleurs aucune distinction à faire entre les livres qui sont et qui ne sont pas soumis au timbre ou à l'enregistrement (Cass., 23 avr. 1877, *J. Enreg.*, art. 20364 ; — 22 mars 1887, *J. Enreg.*, art. 22818). Tous doivent également être produits. La même observation s'applique aux pièces de comptabilité dont nous allons maintenant parler.

4044. — 2° *Pièces de comptabilité.* — Ici encore le texte est très général ; il parle de « pièces de recette, de dépense et de comptabilité » ; et la jurisprudence a étendu le principe non seulement aux documents essentiels de la comptabilité, mais encore aux écritures accessoires (Cass., 3 arrêts, 7 janv. 1878, S. 78.1.133).

Ces sont les comptes rendus *in extenso* qu'il faut déposer (Cass., 20 avr. 1902, *R. S.*, 1903.81, *J. S.*, 1902.499).

Jugé en ce sens pour les documents relatifs au mouvement des fonds, aux factures, chèques, mémoires acquittés, effets en portefeuille, effets acquittés, bordereaux, etc. (Vienne, 15 juin 1877, précité) ; de même aussi pour les feuilles de transferts (*J. S.*, 1897, art. 426, p. 489).

4045. — 3° *Délibérations du conseil d'administration et de l'assemblée des actionnaires.* — La communication de ces pièces soulève plusieurs questions délicates.

La loi du 29 juin 1872 (art. 2) et le décret du 6 déc. 1872 (art. 2) stipulent que le revenu des valeurs mobilières, imposable à la taxe de 4 %, est déterminé par les délibérations des conseils d'administration ou des assemblées générales d'actionnaires. D'où l'obligation pour les sociétés de déposer, en vue de la liquidation de l'impôt et dans un délai déterminé, les extraits desdites délibérations. A l'occasion de ces dépôts d'extraits, la question s'est posée de savoir si la régie peut exiger dans tous les cas la production cumulative de tous les documents énumérés dans les textes précités. La jurisprudence semble aujourd'hui fixée en ce sens que les termes de l'énumération s'excluent les uns les autres ; c'est ainsi qu'il a été jugé à diverses reprises que la société qui a déposé au bureau d'enregistrement l'extrait de la délibération de l'assemblée générale fixant le dividende à distribuer ne peut être tenue de produire, en sus, le compte rendu de la séance du conseil d'administration proposant ce même dividende à l'agrément des actionnaires (Lyon, 18 juin 1895, *R. Enreg.*, art. 1020 ; — Trib. civ. Seine, 12 juill. 1895, *J. S.*, 1896, art. 156, p. 120 ; — Trib. civ. Béthune, 17 mars 1898, *J. S.*, 1898, art. 594, p. 461).

Pour contrôler l'exactitude des extraits des délibérations dont nous venons de parler, la régie est autorisée à se faire communiquer, au siège social, les *registres* des délibérations du conseil d'administration ou de l'assemblée des actionnaires. Mais ce droit de communication est-il absolu, existe-t-il dans tous les cas, et porte-t-il cumulativement sur les deux registres en question ? C'est là une question fort controversée, et qui présente un intérêt très grand, surtout en ce qui concerne le registre du conseil d'administration, à raison du caractère particulièrement confidentiel d'une partie des déclarations consignées aux procès-verbaux.

Voici, à cet égard, les renseignements assez contradictoires que nous fournit la jurisprudence. Par deux jugements, le premier du 17 novembre 1893 et le second du 31 mai 1894 (*J. S.*, 1896, art. 193, p. 269), les tribunaux de la Seine et de Rouen s'étaient prononcés dans le sens du refus de communication du registre des délibérations du conseil d'administration. Par plusieurs décisions plus récentes, les tribunaux de la Seine, de Lyon et de Béthune et la Cour de cassation (Trib. civ. Lyon, 18 juin 1895, *R. Enreg.*, art. 1020 ; — Cass., 28 fév. 1898, *J. S.*, 1898, art. 538, p. 304 ; — Trib. civ. Béthune, 17 mars 1898, *J. S.*, 1898, art. 594, p. 461 ; — Cass., 14 janv. 1902, *J. S.*, 1904.205 ; *R. S.* 1903.74 ; *Gaz. Pal.*, 27 fév. 1902, S. 03.1.197 ; — Seine, 18 nov. 1902, *Gaz. Trib.*, 3 mai 1903 ; — Seine, 22 fév. 1902, *J. S.*, 1903.398) ont ordonné en fait la communication du même registre. Signalons enfin les deux dernières décisions rendues en la matière : un jugement du tribunal civil de Saint-Étienne du 10 août 1899 (*J. S.*, 1900, art. 813, p. 91) et un jugement du tribunal de la Seine du 6 janvier 1900 (*J. S.*, 1900,373), aux termes desquels le caractère confidentiel des délibérations du conseil d'administration ne suffit pas à motiver le refus de communication ; mais qui jugent aussi que la communication doit être motivée par ce fait que le registre qui nous occupe « a trait aux opérations de la comptabilité des délibérations ».

Le principe que consacrent les deux derniers jugements que nous venons de citer nous semble se rapprocher beaucoup de la vérité juridique. Le droit pour la régie d'exiger la communication du registre du conseil d'administration nous paraît incontestable toutes les fois que ce document renferme des renseignements directs sur la consistance ou la quotité des valeurs soumises aux impôts dont l'administration de l'enregistrement doit effectuer la perception. Dans le cas contraire, la production dudit registre ne nous semble pouvoir être réclamée.

Aussi nous rallions-nous très volontiers à la distinction suivante, proposée par la doctrine, appuyée sur les textes (notamment art. 2, L. 29 juin 1872) et vers laquelle les tendances de la jurisprudence nous semblent s'orienter : si le dividende à distribuer aux actionnaires doit, aux termes des statuts, être fixé par le conseil d'administration, le registre des délibérations de ce conseil constitue un élément important de la comptabilité sociale, sur lequel la régie doit avoir un droit d'examen et de contrôle. Si, au contraire, le conseil d'administration n'a pas qualité pour déterminer le chiffre du dividende, mais seulement pour le proposer à l'assemblée générale des actionnaires, le registre des délibérations de ce conseil ne rentre plus que très accessoirement dans les documents de la comptabilité sociale et sa communication à la régie devient sans intérêt (*J. S.*, 1896, note sous l'art. 193, et 1897, art. 426). S'il en devait être autrement, et si un intérêt même très indirect suffisait à justifier le droit de communication de la régie, aucun document social, même absolument confidentiel, n'échapperait à ses investigations.

Quant au registre des délibérations de l'assemblée des actionnaires, sa communication ne saurait souffrir de difficultés, ce document ne pouvant avoir aucun caractère confidentiel. La jurisprudence a même étendu le droit de production de la régie aux annexes de ce document : rapports du conseil d'administration à l'assemblée des actionnaires (Seine, 28 déc. 1888, *Rép. pér.*, art. 7204) ; pouvoirs relatifs aux assemblées générales d'actionnaires (Cass., 18 mars 1893, *J. Enreg.*, art. 23187) ; feuilles de présence, rapports des commissaires et du conseil de surveillance, etc.

4046. — 4° *Correspondances.* — Nous avons déjà dit que l'administration de l'enregistrement ne saurait exiger la communication globale de toute la correspondance reçue par la société, et que les agents du Trésor devaient désigner individuellement les lettres dont ils requièrent la production.

Ajoutons que le droit de communication ne s'applique qu'aux correspondances dont l'existence est constatée dans la comptabilité (soit qu'elles soient endossées avec des pièces comptables, soit qu'elles soient mentionnées sur les registres) et qui présentent un intérêt au point de vue fiscal (Sol. Enreg., 15 nov. 1875, *Rép. pér.*, art. 5027). La jurisprudence a confirmé cette manière de voir en décidant que les seules correspondances soumises à la communication sont celles « qui contiennent reçu, décharge ou quittance, et qui sont devenues des documents de comptabilité » (Trib. Seine, 19 juin 1875, *J. Enreg.*, art. 19834).

4047. — 5º *Titres.* — Ce mot, compris dans l'énumération de l'article 22 de la loi du 23 août 1871, parmi les pièces dont la régie a le droit de requérir communication, a donné lieu à des difficultés d'interprétation qui ne sont pas encore résolues. Rapproché des mots « et pièces de comptabilité », il complète logiquement l'énumération susdite. Isolé, il acquiert un sens vague et imprécis, qui donne toute latitude aux investigations de la régie. Celle-ci en a profité, à diverses reprises, pour exiger la production de pièces n'ayant aucun rapport avec la comptabilité sociale, ni avec la liquidation des droits d'enregistrement ou de timbre auxquels les sociétés sont astreintes en cette qualité : par exemple, des traités ou actes sous seing privé passés par la société avec des tiers.

Cette manière de voir, contraire à l'unanime opinion de la doctrine (*J. S.*, 1897, art. 426), nous paraît inexacte. Nous devons cependant constater que plusieurs décisions de justice, qui sont, il est vrai, plutôt des décisions d'espèce que de principe, l'ont confirmé en jugeant que les sociétés doivent communiquer « tous écrits qui sont de nature à constater l'existence d'un droit » (Trib. Seine, 8 déc. 1876, *J. Enreg.*, 20255 ; — Lyon, 18 juin 1895, *J. S.*, 1896.269 ; — Cass., 28 fév. 1898, *J. S.*, 1898.304).

Quant aux *documents d'ordre intérieur* que les sociétés peuvent tenir pour leur usage privé, ils ne sont très certainement pas soumis au droit de production de la régie, dès lors qu'ils ne rentrent pas dans les pièces comptables.

Il en est ainsi, notamment, des documents concernant exclusivement les affaires industrielles ou commerciales de la société, comme les listes de clients, le livre des commandes, les dossiers individuels relatifs aux affaires sociales, etc.

De même aussi, les livres et pièces appartenant à des tiers, et détenus à un titre quelconque par la société, ne peuvent être l'objet d'aucune communication (Trib. Seine, 24 mai 1889, *R. J.*, art. 7275).

Les titres sous seing privé passés entre une société par actions et un tiers en vue de la cession d'immeubles industriels sont sujets au droit de communication (Rouen, 9 mai 1901, *J. S.*, 1902.91). Le droit de communication est inséparable du droit de faire des extraits et prendre des copies (Cass., 27 mars 1901, *J. S.*, 1901.398).

4048. — § 4. — *Refus de communication.* — Les sociétés ne peuvent se refuser à communiquer leurs pièces en se retranchant derrière le secret professionnel (Cass., 22 mars 1887, *J. Enreg.*, art. 22818). Constitue un véritable refus de communication : l'allégation d'inexistence de titres

(Trib. Seine, 22 déc. 1899, *J. S.*, 1900.441) ; la déclaration que les documents n'existent plus (Cass., 18 mars 1889, *J. Enreg.*, art. 23187 ; — Trib. Rouen, 16 juill. 1913, *J. S.*, 1916.52 ; cf. Cass., 28 fév. 1898, S. 98.1.465 ; 14 janv. 1902, S. 1903.1.197).

4049. — § 5. — *Pénalités.* — La loi du 17 avril 1906 (art. 5) édicte une amende de 1.000 fr. à 10.000 francs, plus les décimes, pour refus de communication ; il faut y ajouter, en cas de condamnation à représenter les pièces, une astreinte de 100 francs par jour de retard.

Le refus de communication des registres, bordereaux et affidavit créés pour l'application de la loi du 29 mars 1914, ne donne lieu qu'à une amende de 100 à 10.000 francs (L. 29 mars 1914, art. 38).

La loi du 25 juin 1920, art. 110, a ajouté deux décimes et demi au principal de toutes les pénalités fiscales.

c) Répression de la fraude.

4050. — Nous avons indiqué, au début de ce chapitre (V. *suprà*, n. 4035 et suiv.), quels sont les droits d'investigation donnés à la régie pour contrôler les actes des sociétés, et spécialement en ce qui touche le timbre proportionnel, les émissions d'actions et d'obligations. Ce sont là les moyens de découvrir la fraude. Celle-ci est réprimée par des pénalités, plus ou moins graves, qui peuvent atteindre tout à la fois les sociétés émettrices et les agents de change ou courtiers qui prêtent leur concours à la transmission des titres non timbrés.

L'émission par une société de titres non timbrés ou non extraits d'un registre à souche (la souche et le talon devant être timbrés), donne lieu à la perception d'une amende de 12 % du montant du titre s'il s'agit d'une action (L. 5 juin 1850, art. 18), et de 10 % s'il s'agit d'une obligation (Même loi, art. 29).

L'agent de change ou le courtier qui a prêté son concours à la cession ou au transfert d'une action ou obligation non timbrée est puni d'une amende qui est, dans tous les cas, de 10 % du montant du titre (L. 5 juin 1850, art. 19 et 32).

Un règlement d'administration publique du 27 juillet 1850 a déterminé les formalités à suivre pour l'application du timbre sur les actions ; chaque contravention à ses dispositions est passible d'une amende de 50 francs (L. 5 juin 1850, art. 23).

La prescription pour le payement du droit de timbre est de trente ans (Cass., 28 juill. 1875, 17 juill. 1895, *J. S.*, 1895.493). Mais aux termes de la loi du 22 frimaire an VII (art. 61, n. 1) et de la loi du 5 juin 1850 (art. 14), l'administration ne peut contester l'exactitude de la valeur déclarée soit pour des actions créées sans expression de capital, soit pour des parts de fondateur, qu'à la condition de le formuler dans un délai de deux ans (Corbeil, 17 déc. 1903, *R. S.*, 1904. 252).

Les contribuables jouissent d'un délai de cinq ans pour solliciter le remboursement des droits de timbre indûment payés, délai courant à partir du jour du payement (L. 29 janv. 1831, art. 9 ; décr. 31 mai 1852, art. 136 et 187). Il a été décidé que la déchéance quinquennale peut être interrompue et même anéantie par la compensation légale survenant entre un excédent de perception et les taxes trimestrielles de même nature échues postérieurement (Trib. Seine, 18 mars 1893, *R. Enreg.*, art. 577 ; — Sol. Rég., 28 oct. 1893).

La régie jouit, pour le recouvrement des droits et amendes de timbre, du privilège établi par l'art. 73 de la loi du 18 avril 1816. Ce privilège s'exerce avant tout autre sur tous les meubles et autres effets mobiliers appartenant aux redevables, en quelque lieu qu'ils se trouvent. La régie n'a le droit de l'invoquer que pour l'année échue et l'année courante (V. Paris, 12 juin 1874, S. 74.2.230 ; — Seine, 6 déc. 1890, *R. Enreg.*, art. 7606 ; — 19 mars 1897, *J. S.*, 1897.384 ; — Cass., 9 mai 1900, *J. S.*, 1900.487. — *Contrà* : Sol. Rég., 4 oct. 1895).

SECTION II

IMPÔTS SUR LES VALEURS MOBILIÈRES.

4051. — Ces impôts concernent plutôt les sociétés par actions, quoique l'un tout au moins puisse devenir exigible en dehors de la forme sociale à laquelle nous faisons allusion.

Ce sont les droits de timbre et de transmission sur les titres des sociétés, et l'impôt ou taxe de 10 % sur le revenu des valeurs mobilières.

Le recouvrement en est confié à l'administration de l'enregistrement et du timbre.

Leur acquittement tantôt a lieu une fois pour toutes, et tantôt se poursuit, de période en période, jusqu'au terme de la vie sociale. Il est toujours l'œuvre de la société elle-même, que la régie connaît seule, quoique, en général, la société ne fasse en payant qu'une avance plus ou moins prochainement recouvrable.

§ 1. — Droit de timbre.

4052. — *Dispositions générales.* — Doivent acquitter le droit de timbre dans les conditions qui seront ci-après exposées :

1° Tous *titres ou certificats d'actions* créés par une société, compagnie ou entreprise quelconque, financière, commerciale, industrielle ou civile « que l'action soit d'une somme fixe ou d'une quotité, qu'elle soit libérée ou non libérée » (Art. 14, L. 5 juin 1850) ;

2° Tous *titres d'obligations*, souscrits par les sociétés ou compagnies, sous quelque dénomination que ce soit (art. 27, même loi).

Les expressions employées par la loi sont aussi générales que possible. Aussi l'intention du législateur est-elle bien manifeste. M. Demasure (*Traité du régime fiscal des société*, § 119, p. 147) l'a formulée nettement en disant : « On a voulu imposer tout titre représentant un capital productif, quel qu'en soit le nom. »

Sont donc soumis au droit de timbre les titres dont l'énumération suit :

4053. — 1° *Les actions.* — Il faut ranger dans cette catégorie, d'une part, les divers types d'actions connus, et d'autre part, les valeurs qui, sous un nom quelconque, délégation ou autre (Cass., 10 juin 1874, *J. Enreg.*, n. 19523, à propos des « délégations » émises par la compagnie du canal de Suez), sont assimilables aux actions et en tiennent lieu entre les mains de leurs porteurs.

La loi s'applique encore à tous les genres d'actions usagés : actions de capital, d'apport, privilégiées ou non, de jouissance, etc. La seule difficulté qui peut se présenter a trait à la détermination du capital imposable ; nous l'examinerons ultérieurement.

Les *actions de jouissance* présentent un caractère très particulier. Ces actions, qui n'ont pas de valeur nominale, sont en général destinées à remplacer les actions de capital dûment amorties. Elles ne supportent alors aucun droit, car elles sont considérées comme de simples renouvellements. Cette règle a été maintes fois consacrée par les solutions de l'administration (Demasure, *loc. cit.*, § 120, p. 148. — *Contrà* : Houpin et Bosvieux, n. 1581).

Les actions d'apport doivent rester à la souche pendant deux ans et ne sont pas négociables pendant cette période. Si les titres ne sont pas créés matériellement, aucun droit de timbre n'est dû. C'est le cas le plus fréquent. Si la société crée des titres, signés par les administrateurs, elle doit le timbre de dimension, mais pas la taxe d'abonnement (Seine, 22 déc. 1899, *J. S.*, 1900.441 ; — Lille, 6 juill. 1905, *J. S.*,

1906.82 ; Sol. 10 avr. 1906, *J. S.*, 1907.179 ; — Seine, 4 fév. 1908, *J. S.*, 1909.187). L'obligation imposée par l'art. 2 de la loi de 1893 de frapper d'un timbre les actions d'apport ne se comprend que si on crée matériellement des titres.

4054. — 2º Les *bulletins de souscription* à une société en formation, les *récépissés de versements* sont assujettis au timbre-quittance.

Ce timbre-quittance est désormais fixé (L. 25 juin 1920, art. 54 et 55) : à 25 centimes quand les sommes n'excèdent pas 100 francs, à 50 centimes quand les sommes sont comprises entre 100 et 1.000 francs, à 1 franc quand les sommes excèdent 1.000 francs.

La loi du 25 juin 1920 soumet au timbre-quittance les titres de quelque nature qu'ils soient, signés ou non signés, faits sous signatures privées, qui constatent des payements ou des versements de sommes, quels que soient le caractère civil ou commercial du payement ou du versement et la qualité de celui qui le reçoit ou l'effectue. Ainsi le timbre doit être apposé sur les quittances des dividendes ou intérêts payés par la société (Sol. 24 janv. 1872, D. 73.5.452) ; sur les décharges de titres donnés à la société même sur un registre à souche (Sol. 6 mars 1896, *J. S.*, 1897.284 ; Décr. Min. Fin., 14 fév. 1902, *R. Enreg.*, 3077).

4055. — 3º Les *certificats provisoires d'actions* remis aux souscripteurs sont soumis au droit de timbre proportionnel comme les certificats définitifs (Cass., 10 déc. 1894, *J. S.*, 1895.101 ; Trib. Seine, 13 mai 1899, *J. S.*, 1900.28).

4056. — 4º Les *obligations*. — Il y a tout d'abord intérêt à distinguer si un titre donné constitue une action ou une obligation, la quotité du droit n'étant pas toujours identique pour les deux sortes de titres. La distinction est d'ailleurs en général aisée. Dans tous les cas, on ne peut guère que formuler le principe applicable à toutes les espèces : l'actionnaire est un véritable associé, jouissant d'un droit de copropriété sur le fonds social ; l'obligataire ne dispose que d'un droit de créance à l'encontre de la société.

Mais la distinction n'est pas suffisante ; car malgré les termes très généraux de la loi, on est aujourd'hui d'accord pour admettre que toute valeur émise par une société, qui ne rentre pas dans la catégorie des actions, ne vaut pas par là même comme « obligation » au regard du fisc. Ne sont imposables comme obligations que les titres négociables, réunissant les caractères d'uniformité des valeurs susceptibles d'être cotées en Bourse, c'est-à-dire les titres ou cotés à la Bourse, ou du moins susceptibles de l'être, émis en représentation d'emprunts d'une somme déterminée, offerts au public par fractions égales, et remboursables par voie de tirage au sort ou autrement (Demasure, *loc. cit.*, § 145, p. 177).

Les valeurs qui ne rentrent pas dans cette catégorie sont soumise s à un régime fiscal tout différent. C'est ainsi, notamment, que le s bons à court terme de coupures variables, qui peuvent être émis pa r certaines sociétés pour se procurer momentanément des sommes mi- nimes, les engagements au porteur ou à ordre payables à des échéances rapprochées, ne sont assujettis qu'au droit proportionnel spécial des effets de commerce (0 fr. 05 par 100 fr. ou fraction de 100 fr. sans décimes) (Trib. Seine, 10 avr. 1869, *Contrôl. Enreg.*, n. 14371 ; — Cass., 17 août 1869, *Contrôl. Enreg.*, n. 14421).

4057. — 5° *Les parts de fondateur.* — Ce titre particulier, dont la création tend aujourd'hui à se répandre de plus en plus, est aussi assujetti à l'impôt du timbre. Sans entrer ici dans la discussion qui s'est ouverte touchant la nature des parts, et sur le point de savoir si on doit les assimiler à des actions ou à des obligations, question précédemment traitée, nous nous contenterons de dire que la juris- prudence semble vouloir leur appliquer plutôt les règles édictées par la loi en matière d'actions (Sol. 24 mai 1873 ; Trib. Seine, 10 mai 1902, *J. S.*, 1903.120 ; — Cass., 16 nov. 1904, *J. S.*, 1905.114).

Les titres soumis au régime fiscal étant déterminés, reste à indiquer quelles restrictions sont apportées au principe de l'imposition de ces titres au droit de timbre.

Deux ne présentent plus guère qu'un intérêt historique :

1° Sont seules imposables au droit de timbre qui nous occupe les actions ou obligations qui ont été émises à compter du 1er janvier 1851 (L. 5 juin 1850, art. 14 et 27) ;

2° Ne tombent pas sous le coup de l'impôt, les titres dont la trans- mission n'est parfaite à l'égard des tiers que conformément aux con- ditions déterminées par l'art. 1690 C. civ., c'est-à-dire par voie de cession-transport (L. 1850, art. 25 et 27). La cession-transport s'appli- que surtout à la transmission des créances, tandis que la cession des actions et obligations s'opère normalement par endossement, déclara- tion de transfert, ou tradition pure et simple.

Point de départ de la taxation.

4058. — Des termes des art. 14 et 27 de la loi de 1850, il résult e que le fait générateur de l'impôt, c'est-à-dire le fait qui fixe le point d e départ de la taxe, consiste dans l'*émission* même de l'action ou de l'obli- gation de la société (Lyon, 16 nov. 1868 ; — Douai, 25 mai 1872, *J. Not.*,

22981 ; — Sol. 26 sept. 1882 ; — Cass., 6 déc. 1904, *Gaz. Trib.*, 21 fév. 1905). La question a une réelle importance lorsque le droit s'acquitte par voie d'abonnement.

4059. — Mais c'est un point très discuté de savoir ce qu'il faut entendre par « émission », et si la date de l'émission doit être placée dès l'instant de la création matérielle du titre, ou lors de son attribution, ou seulement lors de sa délivrance à celui qui l'a souscrit. Nous nous bornons ici à relater l'opinion qui semble la plus généralement admise à l'heure actuelle ; elle fixe l'émission d'une action ou d'une obligation, et dès lors le point de départ de la taxe, au jour où la société étant légalement constituée, le titre est *attribué* à un souscripteur donné, encore bien que la délivrance matérielle ne lui en ait pas été faite (*Dict. Not. et Supp.*, V^ls *Action, Actionnaire*, n. 73). Cependant, M. Demasure (*loc. cit.*, n. 123) ne place l'émission du titre qu'au moment de sa délivrance matérielle ; il y a plusieurs décisions en ce sens.

Matérialité des titres.

4060. — Le principe est que l'impôt n'est dû qu'une seule fois pour un même titre, mais il faut rechercher quel est l'*acte matériel* qui rend le droit exigible, lorsque successivement des titres, d'aspect différent et qualifiés diversement, représentent entre les mêmes mains des droits ou intérêts identiques.

4061. — *a) Certificats provisoires.* — Lorsqu'il est délivré aux souscripteurs en cours d'émission et au moment même du versement des fonds des bulletins de souscription, ces formules sont exemptes du droit de timbre proportionnel. Elles ne sont assujetties qu'au timbre de dimension, et le timbre proportionnel ne s'appliquera qu'aux titres définitifs, une fois l'échange opéré (Cass., 11 avr. 1876, *J. Enreg.*, n. 20053).

Il en est de même pour les certificats délivrés en représentation d'actions d'apport, celles-ci devant rester attachées à la souche pendant deux ans à compter de la constitution de la société (Sol. Enreg., 26 oct. 1896 ; — Seine, 22 déc. 1899, *J. S.*, 1900.441).

Toutefois l'exemption n'aurait plus de raison d'être, si les certificats délivrés au lieu des titres mêmes n'étaient provisoires qu'en la forme, mais si, en réalité, ils constataient dès leur création des droits existants et certains ; s'ils étaient numérotés et immédiatement susceptibles de négociation et de transfert (Demasure, *loc. cit.*, n. 124. — V. Cass., 10 déc. 1894, *J. S.*, 1895.161 et note).

Ajoutons que si la société avait déjà contracté un abonnement pour le payement du timbre proportionnel, elle bénéficierait de cet abonnement pour les certificats provisoires.

4062. — *b*) *Titres nouveaux délivrés à la suite de transfert, renouvellement ou conversion*. — Lorsque, au cours de la vie sociale, les titres primitivement émis doivent être remplacés par des nouveaux, d'une valeur nominale d'ailleurs identique, il n'y a pas lieu à perception d'un nouveau droit. C'est ce que décide formellement l'art. 17 de la loi du 5 juin 1850, pour les cas de *transfert* ou de *renouvellement*. Il faut y ajouter, par identité de motifs, le cas de *conversion*.

En conséquence, les titres ou certificats nouveaux, émis en remplacement d'anciennes coupures adirées, ou devenues inutilisables, à la suite du transfert ou de conversion, en raison de l'épuisement des coupons ou d'une modification à faire subir aux noms et qualités de l'ayant droit, sont expressément exempts de l'impôt. Ils demeurent toutefois assujettis à la formalité, c'est-à-dire soumis à l'application de l'empreinte du timbre, car la loi décide qu'ils seront timbrés à l'extraordinaire ou visés pour timbre *gratis*.

L'exemption, bien entendu, ne s'applique qu'au cas où le titre primitif avait été timbré.

4063. — De même, lorsque des titres au porteur, dûment timbrés, sont déposés dans les caisses sociales, et remplacés dans la circulation par des *certificats nominatifs*, ces certificats ne sont pas soumis à la perception d'un deuxième droit de timbre. Bien plus, on admet qu'ils sont dispensés de l'application, même gratuite, de l'empreinte du timbre (Déc. Min. Fin., 26 sept. 1857 ; — Inst. n. 2107).

L'exemption a encore été étendue par la jurisprudence aux titres délivrés en représentation d'*actions de jouissance* qui remplacent des actions de capital remboursées (Sol. 29 juill. 1858 et 11 juin 1867).

Lorsqu'à la suite de transfert, renouvellement ou conversion, des titres sont remis aux intéressés, sous le nom de *titres provisoires*, qui sont destinés à être échangés contre les nouveaux titres définitifs, une fois créés, ces *titres provisoires* sont exemptés non seulement du droit de timbre proportionnel, mais encore du timbre de dimension, auxquels les *certificats provisoires*, dont nous avons précédemment parlé, demeurent au contraire soumis (Cass., 11 avr. 1876, *J. Not.*, art. 21247).

4064. — Toutefois, en cas de renouvellement d'une société constituée primitivement pour une durée n'excédant pas dix années, les nouveaux titres délivrés seront soumis une deuxième fois à la formalité du timbre et au payement du droit ; à moins que la totalité desdits titres n'ait contracté un abonnement qui, dans ce cas, se trouvera prorogé pour la nouvelle durée de la société (art. 26, L. 1850).

Le droit de timbre doit être liquidé non seulement sur le capital des titres amortis, mais encore sur la valeur nominale des parts de propriété créées en remplacement de ces premiers titres (Seine, 18 mai 1901, *J. S.*, 1901.457).

4065. — *Nature et quotité du droit de timbre.* — Le droit de timbre des actions et obligations de sociétés est proportionnel à la valeur des titres qu'il frappe. Le paiement de ce droit peut être fait au comptant ou par abonnement au moyen de versements trimestriels.

4066. — *a) Paiement du droit au comptant* (L. 5 juin 1850, art. 1er). — On appelle ainsi le droit de timbre qui frappe chaque titre pris individuellement et est acquitté *une fois pour toutes.*

Sa quotité varie, d'une part, avec la durée de la société émettrice ; d'autre part, avec la nature du titre émis. Elle est de 1 franc par 100 francs, décimes compris, pour *les actions* émises par des sociétés dont la durée ne doit pas dépasser dix ans ; et de 2 francs par 100 fr., décimes compris, pour les actions de celles dont la durée dépasse dix ans.

Elle est toujours de deux francs par 100 francs, décimes compris, *pour les obligations*, que le terme de la société émettrice soit éloigné ou prochain.

La taxe est établie sur le *capital nominal* (L. 25 juin 1920, art. 48) des titres émis, c'est-à-dire sur le montant du capital indiqué comme devant être remboursé, quel que soit d'ailleurs le taux d'émission.

S'il n'y a pas de capital nominal, — par exemple s'il s'agit d'actions de jouissance — l'impôt est fixé par le capital réel déterminé : suivant le cours moyen pour les valeurs cotées à la Bourse et, pour les autres valeurs, par la déclaration estimative des parties.

Les droits de timbre sont acquittés au moment où les titres sont présentés à la formalité. La perception du droit suit les sommes et valeurs de 20 francs en 20 francs, inclusivement et sans fractions.

4067. — *b) Paiement du droit par abonnement.* — Les sociétés ont *la faculté* de s'affranchir du paiement du droit au comptant sur les titres qu'elles émettent, en contractant avec l'État un *abonnement.*

Le droit dû en vertu du contrat d'abonnement, et par remplacement du droit au comptant, est *annuel*, c'est-à-dire calculé sur et pour une période d'une année. Il doit d'ailleurs être versé tous les trois mois, à la suite de liquidations trimestrielles dont nous établirons les bases.

La société doit, à sa formation, opter pour l'un des deux procédés ; si elle émet des actions, c'est-à-dire si elle délivre les titres aux actionnaires sans avoir déclaré préalablement qu'elle veut s'abonner, elle doit payer au comptant ; si elle veut s'abonner, elle doit le déclarer avant l'émission au bureau d'enregistrement dans lequel elle a son siège social. Mais une fois qu'elle s'est arrêtée à ce parti, il est adopté irrévocablement, et l'abonnement est contracté pour toute la durée de la société.

Sa quotité a été fixée — pour les actions et les obligations sans distinction — et par année, à 0 fr. 10 par 100 francs, décimes compris, du capital nominal, quelle que soit l'époque à laquelle l'abonnement a été contracté (L. 25 juin 1920, art. 48).

Il doit être souscrit pour un temps qui varie avec la nature des titres : *pour toute la durée de la société*, s'il s'agit *d'actions* ; — *pour la durée des titres seulement*, s'il s'agit *d'obligations*.

4068. — La taxe d'abonnement est annuelle, mais sa liquidation et sa perception s'effectuent trimestriellement, à la fin de chaque période de trois mois, sans avis préalable, et au bureau d'enregistrement désigné par l'administration (V. plus loin : L. 5 juin 1850, art. 22 et 31, et 23 août 1871, art. 2 ; 30 mars 1872, art. 3).

Les bases de la liquidation du droit diffèrent — comme la forme et la durée de l'abonnement lui-même — selon la nature des titres abonnés.

4069. — S'il s'agit *d'actions*, la valeur imposable à l'expiration de chaque trimestre, c'est-à-dire la somme totale sur laquelle sera liquidé le droit dû, est déterminée en prenant la valeur nominale, ou à son défaut, la valeur réelle de chaque action (suivant les principes exposés pour le droit au comptant), et en multipliant le chiffre ainsi obtenu, sans qu'il y ait lieu de l'arrondir à 20 francs, par le nombre des actions émises, *lequel demeure invariable*. C'est l'application du principe que l'abonnement, en matière d'actions, est contracté pour toute la durée de la société. D'où il résulte que le nombre des actions émises et abonnées ne varie pas au regard du fisc, même au cas d'annulation d'une partie des titres, par exemple, en cas de réduction du capital social (Cass., 11 nov. 1879, *J. S.*, 1880.90 ; — Trib. civ. Lyon, 20 nov. 1895, *J. S.*, 1896.137 ; — Nancy, 20 juin 1900, *J. S.*, 1902.523).

4070. — Si, après avoir diminué son capital, une société émettait de nouvelles actions, celles-ci devraient payer l'impôt du timbre, quoique les actions qui ont disparu lors de la diminution n'en soient pas affranchies (Cass., 24 janv. 1893, S. 93.1.266). Une exception est faite pour les sociétés d'habitations à bon marché (L. 30 nov. 1894, art. 12).

4071. — S'il s'agit d'*obligations* pour lesquelles l'abonnement est restreint à la durée même du titre émis, le décompte trimestriel est établi sur les bases suivantes : Pour les obligations ayant subsisté pendant tout le trimestre, il faut multiplier la valeur de chacun des titres, déterminée, comme pour les actions, par le nombre de ces titres ; pour les obligations qui ont été créées ou amorties au cours du trimestre, on doit proportionner l'impôt au nombre de jours pendant lequel elles ont réellement existé. Dans ce cas encore, il n'y a pas lieu d'arrondir à 20 francs le chiffre obtenu.

Pour les unes et les autres, on arrive ainsi à établir trimestriellement la valeur totale imposable sur laquelle le droit exigible doit être appliqué.

Perception.

4072. — Qu'il s'agisse d'actions ou d'obligations, la loi du 5 juin 1850 a créé un droit de timbre et non un droit d'enregistrement. Il en résulte que la prescription est de 30 ans (C. civ., art. 2262).

Le privilège des contributions directes est étendu au droit de timbre (L. 28 avr. 1816, art. 76). Il est restreint en ce qui concerne l'abonnement à l'année échue et à l'année courante (Cass., 10 mars 1910, S. 1912.1.473).

Le droit de timbre proportionnel, qu'il soit acquitté au comptant ou par voie d'abonnement, est à la charge des sociétés et entreprises, qui en font l'avance, et n'ont même en principe aucun recours de ce chef contre les actionnaires et obligataires (Cass., ch. réun., 27 déc. 1877, S. 78.1.225 ; — 20 janv. 1892, S. 92.1.593 ; — Wahl, *J. S.*, 1896, p. 61).

Les titres doivent toujours être extraits de registres à souche, tenus et conservés par l'administration sociale, et l'apposition du timbre doit avoir lieu à la fois sur la souche et sur le talon.

4073. — *a) Droit au comptant.* — La perception du droit a lieu au moment même où les titres sont présentés à la formalité du timbre, et par conséquent avant la délivrance matérielle des titres, avant même qu'ils soient signés.

Le timbrage se fait « à l'extraordinaire ». Il ne peut avoir lieu qu'à l'atelier général du timbre à Paris, après acquittement des droits, lors du dépôt entre les mains du receveur du timbre extraordinaire, au chef-lieu de chaque département. Les pièces à timbrer (souches et coupons) doivent donc être déposées au chef-lieu du département dans lequel la société a son siège social ; elles sont alors transmises, par les soins de l'administration, à l'atelier du timbre, à Paris, qui les revêt de l'empreinte et les retourne au bureau de perception.

4074. — *b) Abonnement.* — Pour être admises à souscrire un abonnement au timbre, les sociétés doivent produire un extrait sur timbre de la délibération du conseil d'administration qui délègue un administrateur pour signer la *déclaration d'abonnement.*

La *déclaration d'abonnement* doit comprendre : la dénomination sociale, le siège, la date de l'acte de société ou d'emprunt, le nombre et la valeur des titres, etc. Elle doit être faite au bureau d'enregistrement du lieu où la société a son siège. Elle est reçue par l'administration et consignée sur le registre du droit de timbre. Elle constitue alors le contrat d'abonnement qui lie l'Etat et la société ou entreprise.

4075. — Nous avons examiné à partir de quel moment la taxe d'abonnement commence à courir (V. *suprà*, n. 4058). Nous avons dit aussi que le payement des droits se fait à la fin de chaque trimestre et pour le trimestre écoulé, dans les vingt premiers jours de janvier, avril, juillet et octobre, sans avis préalable ; qu'il s'effectue au bureau d'enregistrement qui a reçu la déclaration d'abonnement, et d'après les termes mêmes de cette déclaration, sans qu'il y ait lieu de la renouveler tant que les éléments du calcul de l'impôt demeurent les mêmes. Il n'est donc nécessaire de faire une déclaration nouvelle qu'au cas où le nombre des titres en circulation s'est modifié au cours du trimestre, par suite d'émission nouvelle ou d'amortissement, suivant les règles ci-dessus exposées.

Dispenses du droit.

4076. — 1° *Actions.* — L'art. 24 de la loi de 1850 dispose en ces termes : « Seront dispensées du droit les sociétés, compagnies ou entreprises abonnées qui, depuis leur abonnement, se seront mises ou auront été mises en liquidation ; celles qui, postérieurement à leur abonnement, n'auront, dans les deux dernières années, payé ni dividendes ni intérêts seront aussi dispensées du droit tant qu'il n'y aura pas de répartition de dividendes ou de payements d'intérêts.

Il serait souverainement injuste de soumettre à une taxe établie sur sa valeur nominale un titre qui, par suite de l'insolvabilité de la société, a perdu tout ou partie de sa valeur réelle. Tel est le sentiment qui a dicté la disposition susvisée.

4077. — Mais l'application ne va pas sans difficulté. Il faut déterminer en effet : 1° ce qu'il convient d'entendre par « une société improductive » ; 2° combien de temps doit avoir duré l'improductivité pour entraîner la suspension de l'abonnement.

Si l'on s'en tient au sens ordinaire des mots, on appelle improductive une société qui ne produit pas de bénéfices. Mais ce n'est pas le sens qu'il faut donner à ces termes pour l'application de la disposition qui nous occupe. Pour que l'abonnement soit suspendu, il suffit que la société n'ait pas *distribué* de bénéfices ; il n'est pas nécessaire qu'elle n'en ait pas *réalisé*. C'est en ce sens que se prononce aujourd'hui, après de vifs débats, la jurisprudence. Nous ne pouvons entrer ici dans tous les détails de la contestation ; on en trouvera l'exposé magistral dans une étude de M. Wahl (*J. S.*, 1896, p. 49 et s.). Qu'il suffise de rappeler ici que la jurisprudence se prononce dans le sens de la formule que nous avons résumée, à quelques divergences près.

4078. — Ainsi la Cour de cassation avait adopté le 27 décembre 1857 le système d'après lequel la société qui avait réalisé des bénéfices devrait la taxe d'abonnement, même si elle ne les avait pas distribués. Mais par arrêt de la Chambre civile du 13 juillet 1870 (S. 70.1.372, D. 70.1.416), elle a repoussé la première interprétation par des considérants très formels :

« Le législateur, dans un but favorable aux entreprises commerciales ou industrielles, pour exonérer du droit de timbre les sociétés infructueuses, a dû considérer comme telles celles qui, ne payant ni dividendes ni intérêts à leurs actionnaires, laissent sans fruits ni revenus les actions dont le capital sert d'assiette à ce droit. »

Par deux arrêts du 5 mai 1875 (D. 75.1.431) et du 29 février 1876 (S. 76.1.178, D. 76.1.276), la Chambre des requêtes a admis à nouveau le système d'après lequel une société qui conserve ses bénéfices sans les distribuer n'est pas réputée improductive. Au contraire, les tribunaux sont restés fidèles à l'interprétation de l'arrêt de 1870. La régie persiste d'ailleurs à soutenir l'opinion qui lui est le plus favorable (V. Trib. civ. Lyon, 25 juill. 1868, *R. P.*, n. 3144 ; — Trib. civ. Seine, 10 avr. 1869, *R. S.*, n. 3144 ; — Trib. civ. Lille, 22 juin 1877, *J. Enreg.*, n. 20433 ; — Trib. Saint-Etienne, 1er déc. 1880, *R. S.*, n. 5208).

4079. — L'arrêt de la Cour de cassation du 13 juillet 1870 précité impose à la régie la charge de démontrer que l'exercice pendant lequel il n'a pas été distribué de bénéfices n'était pas improductif. La distribution nécessaire, suivant la théorie ci-dessus, pour donner naissance à la perception du droit, doit s'entendre de la distribution aux actionnaires, c'est-à-dire de l'augmentation apportée au patrimoine de ces derniers. La loi est formelle ; l'exemption de l'impôt est attachée à cette circonstance que des dividendes ou des intérêts n'ont pas été distribués sous une forme quelconque (Cass., 21 fév. 1906, S. 1908.1.

545). Si la société met les bénéfices en réserve en prévision de l'avenir ou pour réparer des pertes, il y a exemption d'impôt (Trib. Seine, 26 mars 1886, S. 87.2.119). Mais si les bénéfices sont employés en acquisitions ou en améliorations faites aux immeubles, cette augmentation de l'actif prive la société du bénéfice accordé par la loi de 1850, art. 24.

4080. — *Quid* de la distribution de bénéfices fictifs ? Cette distribution empêche la société de se prévaloir de son improductivité (Cass., 4 janv. 1865, S. 65.1.193 ; 9 août 1875, S. 75.1.480. — En sens contraire: Trib. Seine, 20 juin 1910, S. 1913.2.126. — Sur la distribution d'intérêts en l'absence de bénéfices : Cass., 27 déc. 1909, S. 1912.1.529).

La distribution maintient l'abonnement pour tous les titres auxquels il s'appliquait à son origine, alors que certains seulement des porteurs de titres reçoivent une distribution (Cass., 24 nov. 1896, S. 70.1.135, D. 70.1.271).

La loi subordonne la dispense du droit à une épreuve de deux années. Les sociétés doivent, par conséquent, payer en tout cas la taxe pendant les deux premières années de leur exercice, alors même qu'elles n'auraient à aucune époque servi de dividendes à leurs actionnaires. Les deux années d'improductivité doivent être complètes et consécutives (Cass., 29 fév. 1876, S. 76.1.178, D. 76.1.276).

Elles ont leur point de départ du jour où le droit a commencé à être exigible, c'est-à-dire au jour de la création matérielle des titres et non à la date antérieure où l'abonnement a été contracté (Seine, 17 nov. 1900, *J. S.*, 1904.88) (*suprà*, n. 4058). Si la société a procédé à plusieurs émissions de titres, la période de deux ans se calcule isolément pour chaque série de titres (Lyon, 17 juill. 1903, *J. S.*, 1904.76).

4081. — 2° *Obligations.* — L'art. 24 de la loi de 1850 ne s'applique pas aux obligations comme aux actions (Cass., 27 déc. 1877, S. 78.1.225, D. 78.1.360 ; — Cass., 20 janv. 1892, S. 92.1.393. — V. Wahl, *J. S.*, 1896, p. 61).

Nous savons que le payement se continue, *pour les actions*, jusqu'à la dissolution de la société. Celle-ci est réputée exister même après l'expiration du terme fixé en ses statuts, et tant que sa liquidation n'est pas achevée. *Pour les obligations*, le paiement s'arrête avec le remboursement des porteurs ; aussi le droit n'est-il calculé, pour les obligations remboursées au cours d'un trimestre, qu'au prorata du nombre de jours pendant lesquels elles ont existé. Mais l'abonnement des obligations continue à courir pendant la période de liquidation (Cass., 27 déc. 1879, précité).

De même, le texte étant restrictif, la suspension de l'abonnement après deux années d'improductivité ne s'applique pas aux obligations (Cass., 20 janv. 1892, S. 92.1.593).

La formalité du timbre est donnée au chef-lieu du département dans lequel l'abonnement a été souscrit. Les pièces à timbrer (souches et talons) sont déposées au bureau d'enregistrement où la déclaration d'abonnement a été faite, et transmises par les soins de l'administration. Les titres sont timbrés à l'extraordinaire au moyen de l'apposition d'empreintes spéciales sur la souche et le talon.

§ 2. — Droit de tranmission.

4082. — *I. Dispositions générales.* — La loi du 23 juin 1857, art. 6, dispose : « Toute cession de titres ou promesse d'actions et d'obligations dans une société, compagnie ou entreprise quelconque, financière, industrielle, commerciale ou civile, est assujettie à un droit de transmission. »

Ce droit est indépendant du droit de timbre établi par la loi du 5 juin 1850.

Le droit de transmission établi par la loi de 1857 frappe seulement les titres négociables d'actions ou d'obligations frappés d'un droit de timbre par la loi de 1850. Elle est étrangère aux cessions d'actions et d'obligations non négociables et de parts d'intérêts, lesquelles restent régies par l'art. 69 de la loi du 22 frimaire an VII et ne sont assujetties à l'enregistrement obligatoire que quand il en est fait usage en justice (Cass., 10 fév. 1861, *J. Enreg.*, art. 1276. — V. au *J. S.*, notes 1895.206, 1896.450).

Toutefois la Cour de cassation a décidé (27 avr. 1906, *J. S.*, 1906. 396) « que l'article 6 de la loi du 23 juin 1857 englobe dans la généralité de ses termes toutes les cessions d'actions ou de parts d'intérêts dans les sociétés et s'applique d'une manière générale à toutes les divisions d'un capital social, quel que soit le mode employé pour leur transmission ».

Le droit créé par la loi du 23 juin 1857, et modifié successivement par les lois des 16 septembre 1871, 30 mars et 29 juin 1872, 26 décembre 1908, 29 mars 1914, 25 juin 1920 est à la fois un *droit de transmission* et un *droit de conversion.*

Comme droit de transmission, il ne frappe que les cessions *à titre onéreux* de valeurs mobilières. Les transmissions à titre gratuit restent en dehors de son application ; elles sont donc soumises aux règles ordinaires en matière d'enregistrement, et donnent lieu, suivant leur nature, à la perception des droits proportionnels ordinaires. S'il s'agit d'une mutation par décès, les valeurs mobilières qui en font l'objet doivent être comprises dans la déclaration de succession à intervenir.

S'il s'agit d'une mutation entre vifs, il y a lieu à rédaction d'un acte authentique soumis à la formalité de l'enregistrement. Dans tous les cas, ces valeurs sont imposables sur le cours moyen de la Bourse au jour de la transmission.

Comme droit de conversion, il porte sur toute conversion du porteur au nominatif, et réciproquement, des valeurs mobilières soumises au droit de transmission. En frappant les transformations de valeurs au même titre que leurs cessions, le législateur n'a d'autre but que d'enlever aux intéressés la possibilité d'éluder le payement du droit de transmission, ce qu'il eût été aisé de faire au moyen d'une double conversion.

4083. — *II. Valeurs soumises au droit de transmission.*— Aux termes de l'art. 6 de la loi de 1857, le droit de transmission est exigible sur « toute cession de titres ou promesses d'actions ou d'obligations dans une société, compagnie ou entreprise quelconque, financière, industrielle, commerciale ou civile ». Ce texte même, en visant les actions et les obligations et, dans la suite, le transfert des titres, exclut les *titres immobilisés* : les actions immobilisées de la Banque de France, qui ne sont pas négociables.

4084. — 1° *Rentes sur l'Etat.* — Les rentes sur l'Etat échappent au droit de mutation à titre onéreux, en vertu de la loi du 22 frimaire an VII (art. 70, § 3), qui déclare exempts de la formalité de l'enregistrement : « les inscriptions sur le grand-livre de la dette publique, leurs transferts et mutations, les quittances des intérêts qui en sont payés, et tous les effets de la dette publique inscrits ou à inscrire définitivement ». L'immunité s'étend à tous les titres négociables émis par l'Etat : bons du Trésor, obligations du Trésor à court terme ou à long terme, comme à toutes opérations de ventes sur les titres de rentes, transferts, mutations sur la propriété ou sur l'usufruit des rentes, dation d'une rente en payement d'une dette, cessions de coupons échus ou à échoir.

4085. — 2° Ne sont pas soumis au droit de transmission les titres émis par une indivision ou par un particulier.

4086. — 3° Les obligations des départements, communes, établissements publics et du Crédit foncier sont assujetties au droit de transmission (L. 16 sept. 1871, art. 11, § 2).

4087. — 4° Il n'y a pas lieu non plus de distinguer entre les diverses sociétés. Les sociétés françaises sont soumises à la taxe, même si leurs titres ne circulent pas et ne sont pas cotés en France ou sont émis à l'étranger, et si leur exploitation est à l'étranger (Cass., 20 juin 1870, S. 70.1.373).

4088. — La forme des sociétés importe peu. Ainsi les sociétés en commandite simple ou en nom collectif sont soumises à la taxe pour leurs obligations. Il en est de même des sociétés civiles. La taxe frappe notamment les titres d'une société civile — actions ou obligations — constituée pour recueillir les droits des porteurs de parts dans une autre société (Trib. Seine, 1er août 1902, *Rép. pér.*, art. 21985). D'autre part les sociétés dépourvues de la personnalité morale ne sont pas exemptes ; telles sont par exemple, les associations en participation (V. Wahl, n. 1247).

4089. — Toutefois, d'après l'interprétation de la Régie (Inst. 3190, *J. Enreg.*, art. 27104), les sociétés de crédit agricole ou de crédit maritime constituées conformément à l'art. 1er de la loi du 5 novembre 1904 ou à l'art. 1er de la loi du 23 avril 1906, constituent des sociétés de personnes et leurs titres ne sont pas soumis au droit de transmission (1).

Les valeurs mobilières soumises au droit spécial de transmission sont : les titres négociables d'actions — actions de capital ou actions de jouissance et d'obligations (2), les promesses d'actions ou d'obligations, et en général tous titres susceptibles d'être négociés en bourse ou en banque (3), émis par les collectivités assujetties, par exemple les parts de fondateur.

4090. — Le droit de transmission est applicable non seulement aux titres d'actions négociables, c'est-à-dire transmissibles dans les formes commerciales (transfert, endossement ou tradition manuelle), mais encore aux titres d'actions qui ne sont cessibles que dans les formes civiles (Cass., 4 fév. 1895, S. 95.1.363).

Si les statuts réservent l'option entre la forme nominative et au porteur, le droit de transmission est dû sur les titres qui ont fait l'objet d'une option pour la forme au porteur, à partir du moment de l'option, alors même que les titres nouveaux n'auraient pas été matériellement créés (Seine, 8 août 1902, *J. S.*, 1902.275). L'émission doit être considérée comme réalisée lorsque la société a acquitté la

---

(1) Aux sociétés, il faut assimiler les associations sans but lucratif : les sociétés de bienfaisance, les établissements d'utilité publique, les sociétés d'assurances mutuelles, les communautés d'officiers ministériels (V. Wahl, n° 1249).

(2) Certains titres sont exemptés en vertu de lois spéciales : bons émis par la Ville de Paris (L. 23 août 1873, art. 2) ; bons de l'exposition de 1889 (L. 4 avril 1889, art. 1er) et de 1900 (L. 13 juin 1896, art. 2).

(3) Les bons d'épargne et de capitalisation qui ne sont pas susceptibles d'être cotés en Bourse échappent au droit de transmission comme au droit de timbre.

taxe trimestrielle sur une déclaration du nombre des titres au porteur existants (même arrêt).

4091. — La taxe de transmission est due même par une société nulle, les actes nuls étant soumis aux mêmes droits d'enregistrement que les actes valables (Rennes, 3 mars 1874, *J. Enreg.*, art.19745). Ainsi, bien qu'une société commerciale doive être constatée par écrit, elle est soumise au droit de transmission sur ses titres dans le cas même où cet écrit n'existe pas (Cass., 23 fév. 1875, S. 76.1.473).

4092. — La taxe frappe les titres à leur émission. Elle ne court pas tant qu'ils n'existent pas matériellement (Cass., 16 mars 1904, D. 1904. 1.321), on peut imprimer les titres à l'avance et même les numéroter ; mais ils ne sont pas considérés comme émis tant qu'ils n'ont pas été signés. La signature leur donne l'existence juridique et les rend passibles du timbre. La taxe annuelle de transmission n'est exigible à raison spécialement des actions d'apport, même après le délai de non-négociabilité, que du jour où les titres ont été délivrés ou tout au moins mis à la disposition des intéressés (En ce sens : Trib. Seine, 1er avr. 1913, *J. S.*, 1918.123 ; Lille, 25 juin 1914, *R. Enreg.*, 6457. — *Contrà* : Lyon, 24 mai 1914, *R. Enreg.*, 6191 ; — Trib. Seine, 1er avr. 1913, *J. S.*, 1918.123).

La taxe cesse d'être due si la société déclare que ces titres n'ont aucune valeur, ou si la société est dissoute ou liquidée. Mais dans ce dernier cas, la taxe persiste tant que la liquidation n'est pas terminée.

4093. — *III. Montant des droits.* — Les droits de transmission sont actuellement :

a) *Droit de conversion d'un titre nominatif en titre au porteur* : 2 fr. % sans décimes, sur la valeur négociée (L. 25 juin 1920, art. 49) ;

b) *Droit de transfert, pour les titres nominatifs* : 0 fr. 50 %, sans décimes, sur la valeur négociée (L. 29 mars 1914, art. 41) ;

c) *Taxe annuelle des titres au porteur* : Les titres au porteur et tous titres, même nominatifs, dont la transmission peut s'opérer sans un transfert sur les registres (par exemple par un endos, par adjudication, ou de gré à gré, par acte sous seing privé, etc.), supportent une taxe annuelle et obligatoire de 0 fr. 50 par 100 francs du capital des actions et des obligations évalué par leur cours moyen pendant l'année précédente (L. 25 juin 1920, art. 49).

Toutefois, quand les titres ne sont pas entièrement libérés, le droit de transmission se perçoit sur la valeur négociée, déduction faite des versements restant à faire (L. 30 mars 1872).

Lorsque les titres n'ont pas été cotés dans le cours de l'année précédente, la valeur des titres est estimée par les parties (L. 23 juin 1857, art. 6). Il en résulte que si les titres sont dépréciés, le droit n'est dû que sur la valeur réduite. S'ils n'ont plus aucune valeur, ils échappent au droit.

4094. — *IV. Liquidation des droits.* — 1° Le droit de transfert est dû toutes les fois que, d'après les statuts, la cession s'opère par le seul moyen d'un transfert effectué sur les registres de la société (C. com., art. 36).

Il est donc dû sur les transferts de titres provisoires d'actions non libérées, alors même que ces transferts seraient rédigés sur feuilles séparées, si elles portent une déclaration signée du cédant et du cessionnaire (30 déc. 1884, *R. S.*, art. 6407. — *Contrà* : Lille, 25 fév. 1887, *R. P.*, art. 6898).

Jugé également que lorsqu'une société réduit son capital en remboursant un certain nombre d'actions au moyen d'obligations émises en remplacement, cette opération doit être assimilée à des cessions d'actions tarifées au droit de transmission de 2 % (Seine, 6 mars 1898, *J. S.*, 1898.425).

Les actions d'apport, n'étant pas négociables pendant deux années, ne peuvent être l'objet d'un transfert pendant ce temps ; mais elles peuvent être cédées suivant les formes civiles, par un acte enregistré, signifié à la société. Cet acte donne ouverture au droit de 2 % fixé pour les cessions d'actions non négociables. Mais lorsque survient l'époque du transfert régulier, c'est-à-dire à l'expiration du délai de deux ans, il n'y a pas lieu à perception d'un droit nouveau (Sol. Rég., 6 nov. 1897, *J. S.*, 1897.275).

4095. — 2° *Taxe annuelle.* — Tandis que le droit de 2 % ne devient exigible que si un transfert s'effectue réellement, et qu'il est calculé en principe sur le prix même de la cession , la taxe annuelle est toujours due, indépendamment des mutations que le fisc ne peut pas connaître (mutation par simple tradition), et en raison seulement du nombre de titres en circulation et de la valeur que la loi leur attribue fictivement.

La taxe de 0,50 % est dite *obligatoire*, parce qu'elle est toujours due, alors même qu'en fait aucune mutation ne s'est produite. Elle est *annuelle*, parce que sa quotité est fixée par année. Mais sa liquidation et son recouvrement s'effectuent à échéances trimestrielles.

La taxe court du jour où les titres au porteur ont été créés et sont mis à la disposition des souscripteurs (Rouen, 7 déc. 1886, *R. P.*, art. 7213).

Sa liquidation par trimestre comporte deux éléments distincts : nombre de titres à faire entrer en ligne de compte, et valeur à attribuer à chacun. L'application de la valeur au nombre de titres existants fournit la matière imposable sur laquelle le droit est calculé.

4096. — *a) Nombre de titres.* — On tient compte exactement du *nombre de titres existant au dernier jour de chaque trimestre.* D'où il résulte que les titres qui existaient au commencement d'un trimestre, mais qui ont disparu avant son expiration, par amortissement, conversion ou autrement, n'entrent pas dans le calcul de la masse imposable ; tandis qu'au contraire, les titres émis en fin de trimestre supportent le droit pour le trimestre entier.

Le décret du 17 juillet 1857 (art. 5) a cependant admis une exception à cette règle, pour les sociétés créées en cours de trimestre. Sur les titres qu'elles émettent, le droit n'est liquidé, pour le premier trimestre, que proportionnellement au nombre de jours écoulés depuis la constitution de la société, et la jurisprudence a étendu l'application de l'exception des actions ou obligations et des émissions faites par les sociétés qui se constituent, aux émissions nouvelles faites pendant la vie sociale et au cours d'un trimestre.

4097. — *b) Valeurs des titres.* — A défaut du prix réel de cession qui, comme la cession même, demeure ignoré du Trésor, c'est une valeur de négociation présumée que l'on attribue aux titres existants. Aux termes de la loi du 23 juin 1857 (art. 6), la valeur donnée aux actions et obligations est celle qui résulte du *cours moyen qu'elles ont obtenu pendant l'année précédente*, et à défaut de cours dans cette année, de la somme déclarée par les parties.

Le cours moyen, dont il vient d'être parlé, se détermine en divisant la somme des cours moyens de chacun des jours de l'année précédente par le nombre de ces cours.

Quant aux titres d'une société nouvellement créée, ils sont toujours imposables, pour chacun des trimestres de la première année, sur la valeur déclarée par les parties, alors même qu'ils auraient été cotés en Bourse dès le jour de leur émission (Décr. 17 juill. 1857, art. 8).

4098. — *Règles applicables au droit de 2 % et à la taxe annuelle.* — Pour les deux droits, la perception suit les sommes et valeurs de 20 francs en 20 francs sur chaque titre, le minimum de perception étant de 0 fr. 25.

Quand les titres ne sont pas entièrement libérés, il y a lieu à déduction sur la valeur imposable établie en vue de la liquidation des droits de la somme des versements restant à effectuer (L. 30 mars 1872, art. 1er).

L'impôt est dû même par les sociétés infructueuses, les sociétés dissoutes jusqu'à l'issue de la liquidation et les sociétés en état de faillite (Cass., 17 janv. 1892, *R. P.*, 7769. — Wahl, *J. S.*, 1897.97).

4099. — *Perception des droits.* — Le droit sur les titres nominatifs est perçu, pour le compte du Trésor, lors de chaque transfert, par les sociétés qui en sont par le fait constituées débitrices envers la régie. La taxe annuelle, payable par trimestre, est avancée par les sociétés, sauf leur recours contre les porteurs desdits titres (L. 23 juin 1857, art. 7).

Le droit de transfert est finalement à la charge du cessionnaire. Le droit de conversion et la taxe annuelle doivent être supportés par les propriétaires des titres.

Le versement des droits — soit retenus lors de chaque transfert, soit avancés par la société pour le compte des actionnaires et obligataires — doit se faire dans les vingt premiers jours qui suivent l'expiration d'un trimestre, c'est-à-dire dans les vingt premiers jours de janvier, avril, juillet et octobre, au bureau d'enregistrement du siège social.

A l'appui de ce versement, la société doit remettre au receveur de l'enregistrement, à titre d'éléments de liquidation et de moyens de contrôle (L. 23 juin 1857, art. 7) :

1° *Un relevé des transferts et conversions* passibles du droit de 0,50 % et accomplis dans le cours du trimestre expiré. Ce relevé, certifié conforme par le directeur et le gérant, énonce le nombre des titres transférés et convertis, le prix de chaque transfert ou la valeur des actions et obligations ;

2° *Un état des actions et obligations* passibles de la taxe annuelle, existant au dernier jour du trimestre expiré, avec indication du cours moyen de l'année précédente ou estimation de la valeur des titres.

Exemptions. — Les opérations de transfert ou de conversion sont exemptes de droit dans les cas suivants :

Transferts. — Il n'est dû aucun droit sur les transferts d'ordre par suite de mutation par décès ou de partage, à condition que l'acquit du droit de mutation soit justifié par un certificat de l'enregistrement ou par un extrait de l'acte (Sol. Enreg., 1er juin 1887, et Décis. min. fin., 14 juin 1887, *R. P.*, art. 6883).

S'il y a partage sur bordereau, le transfert ne donne pas lieu au droit de transmission si des copropriétaires indivis, des cohéritiers par exemple, demandent l'immatriculation divise au nom de chacun d'eux par parts égales indiquées, au verso du titre, sur un bordereau séparé, si la division est faite par parts égales. Si la division est faite par parts inégales, le droit de transmission est perçu, mais seulement sur ce qui excède la part virile de chacun.

Les transferts de garantie par suite de constitution de gage n'emportent pas transmission de propriété et ne donnent pas lieu à la perception du droit (Décr., 17 juill. 1857, art. 4).

4100. — *Transferts d'usufruits et de nue propriété.* — Le transfert réel d'usufruit ou de nue propriété doit être calculé sur le prix effectif de la cession qui doit être déclaré par le cédant et le cessionnaire au moyen d'une mention spéciale signée du cédant et du cessionnaire.

Si la cession d'usufruit ou de nue propriété est faite gratuitement, ou si les parties refusent d'indiquer le prix, le droit de transmission sera perçu sur l'intégralité de la valeur, s'il s'agit de la nue propriété, et sur la moitié de cette valeur, s'il s'agit de l'usufruit.

4101. — *Conversions.* — Les conversions du porteur au nominatif sont exemptes d'impôt (L. 26 déc. 1908, art. 5). Au contraire les convertions du nominatif au porteur supportent un droit de 2 0/0 sans décimes. Mais il n'y a lieu à perception du droit que si la conversion est facultative pour chaque actionnaire ou obligataire. Mais si elle est le résultat d'une mesure générale prise par la société, il n'est pas dû de droit de conversion sur la délivrance des titres au porteur (Sol. Enreg., 1er mars 1887, *J. Not.*, art. 23916).

De même, au cas d'échange des certificats provisoires nominatifs d'actions ou d'obligations contre des titres définitifs au porteur, effectué par voie générale et réglementaire (Seine, 19 fév. 1886 ; — Sol. 14 fév. 1887, *R. P.*, art. 6742 et 6931).

4102. — *Prime à la « nominalisation » des titres.* — Lorsque le titulaire d'un titre nominatif a dû le convertir au porteur en vue de le vendre et qu'il a acquitté de ce chef le droit de conversion, il peut obtenir le remboursement de ce droit si, dans le délai d'un mois à compter de la conversion, il remploie le prix de la vente intégralement en valeurs mises au même nom et dont la conversion au porteur est assujettie au droit proportionnel (L. 31 juill. 1920, art. 17). Le remploi doit être fait dans le délai d'un mois ; le remploi doit être intégral ; il doit être fait en titres inscrits au même nom.

4103. — *Répression de la fraude.* — Nous avons déjà indiqué les obligations qui incombent aux sociétés pour assurer le contrôle du droit de transmission : 1º dans le mois de leur formation, communiquer leurs statuts, indiquer le nombre de titres nominatifs ou au porteur ; de même notifier toutes modifications dans le délai d'un mois; 2º communiquer aux préposés de l'enregistrement tous leurs livres et pièces.

Des pénalités rigoureuses sanctionnent ces obligations : toutes contraventions aux dispositions des art. 6 et 9 de la loi du 23 juin 1857 et à celles des règlements faits pour leur exécution, — par exemple, un retard dans le dépôt des états trimestriels ou dans le paiement de droits, l'absence de déclaration d'existence, etc., — sont punies d'une amende de 100 à 5.000 francs. S'il y a eu omission quant au nombre de titres ou insuffisance d'évaluation du montant de ces titres dans les déclarations, la peine est d'un droit en sus (L. 23 juin 1857, art. 10 ; — Décr. 17 juill. 1857, art. 12).

La loi du 25 juin 1920 (art. 110) a ajouté deux décimes et demi aux pénalités fiscales. Les amendes pénales sont majorées de 20 décimes.

4104. — *Transferts ou conversions après décès.* — Les sociétés dépositaires, détentrices ou débitrices de titres, sommes ou valeurs dépendant d'une succession qu'elles savent ouverte doivent adresser, soit avant le payement, la remise ou le transfert, soit dans la quinzaine qui suivra ces opérations, au directeur de l'enregistrement du département de leur résidence, la liste de ces titres (L. 25 fév. 1901, art. 15). Le transfert ou la conversion de titres nominatifs provenant de titulaires décédés ou déclarés absents ne peut être effectué que sur la présentation d'un certificat délivré sans frais par le receveur de l'enregistrement et constatant l'acquittement des droits de mutation par décès (art. 15, 2e al.).

En cas de contravention, la société contrevenante est personnellement tenue des droits de mutation et pénalités exigibles, sauf recours contre le redevable, et passible en outre d'une amende de 500 francs en principal.

4105. — *Prescription.* — Dans le silence des textes, on admet en général que la prescription de deux ans est acquise : 1° au Trésor, contre les réclamations des redevables pour excès de perception provenant d'une liquidation erronée de la part du receveur (Trib. Seine, 4 août 1909, *J. S.*, 1911.40) ; 2° aux parties, pour les insuffisances de perception, et pour les amendes et droits en sus exigibles indépendamment des droits simples.

Pour les omissions de titres dans les déclarations, la prescription décennale a été déclarée opposable (L. 30 janv. 1907 et 31 janv. 1914). Mais la prescription de 30 ans est applicable si la société n'a pas fait de déclaration ou si elle a fait de fausses déclarations ayant induit la régie en erreur sur le montant des droits de transmission à percevoir.

La prescription ne court, pour les amendes, que du jour où les préposés de l'administration ont été mis à même de constater la contravention.

§ 3. — Impôt sur le revenu des valeurs mobilières.

4106. — *Textes* : *a*) L. 29 *juin* 1872, *art.* 1er : Il est établi une taxe annuelle et obligatoire sur :

1º Les intérêts, dividendes, revenus et tous autres produits des actions de toute nature des sociétés, compagnies ou autres entreprises quelconques, financières, industrielles, commerciales ou civiles, quelle que soit l'époque de leur création ; 2º les arrérages d'intérêts annuels des emprunts et obligations des départements, communes et établissements publics, ainsi que des sociétés, compagnies et entreprises ci-dessus désignées ; 3º les intérêts, produits et bénéfices annuels des parts d'intérêts et commandites dans les sociétés, compagnies et entreprises dont le capital n'est pas divisé en actions.

b) L. 13 *juillet* 1911, *art.* 12 : 4º Sur les bénéfices qui, par suite des dispositions statutaires, sont attribués aux membres des conseils d'administration des sociétés, compagnies et entreprises désignés au paragraphe précédent.

c) L. 29 *mars* 1914, *art.* 31 : Les prescriptions de la loi de 1872 ont été maintenues par la loi du 29 mars 1914, art. 31 : « L'impôt sur le revenu des capitaux mobiliers s'applique aux dividendes, intérêts, arrérages et tous autres produits : 1º des actions, parts de fondateur, parts d'intérêt, commandites, obligations et emprunts de toute nature des sociétés et collectivités françaises désignées dans l'article 1er de la loi du 29 juin 1872 et non affranchies de l'impôt sur le revenu des valeurs mobilières par les lois subséquentes ; ... 3º des rentes, obligations et autres effets publics des colonies françaises.

d) Le même impôt a été étendu par l'art. 38 et suiv. de la loi du 31 juillet 1917 aux revenus de créances, dépôts et cautionnements.

4107. — Le revenu est déterminé : 1º pour les actions, par le dividende fixé d'après les délibérations des assemblées générales d'actionnaires ou des conseils d'administration, les comptes rendus ou tous autres documents analogues ; 2º pour les obligations ou emprunts, par l'intérêt ou le revenu distribué dans l'année ; 3º pour les parts d'intérêts et commandites, soit par les délibérations du conseil d'administration, soit à défaut de délibération, par l'évaluation à raison de 5 % du montant du capital social ou de la commandite, ou du prix moyen des cessions de parts d'intérêts consenties pendant l'année précédente (Cass., 20 nov. 1901, *R. S.*, 1901.459). Les comptes rendus et les extraits des délibérations du conseil d'administration ou des actionnaires seront déposés, dans les vingt jours de leur date, au bureau de l'enregistrement du siège social (art. 2).

4108. — La quotité de la taxe établie par la loi du 29 juin 1872, fixée d'abord à 3 %, a été portée à 4 % par la loi de finances du 26 décembre 1890, à 5 % par la loi du 1er janvier 1917 (art. 11) et à 10 % par la loi du 25 juin 1920, art. 50.

4109. — L'impôt sur le revenu des valeurs mobilières frappe tous les revenus, sous quelque forme qu'ils se présentent (intérêts, dividendes, arrérages, produits, bénéfices, lots et primes de remboursement), des titres, négociables ou non, émis par les sociétés. Sa portée est donc beaucoup plus large que celle des deux impôts que nous avons examinés précédemment. Pour qu'il devienne exigible, il suffit qu'il existe un fonds social servant d'instrument aux opérations des associés, et qu'une distribution d'intérêts, dividendes ou produits de toute nature soit faite entre les associés et autres personnes .— Il se présente sous forme de *taxe annuelle et obligatoire* ; il est payable par provision, après liquidations provisoires trimestrielles et sauf règlement définitif après la clôture de l'exercice.

La taxe sur le revenu s'applique à toutes les sociétés indistinctement, qu'elles soient coopératives ou en nom collectif, à l'exception des sociétés formées uniquement entre ouvriers ou artisans, visées par la loi du 30 sept. 1903, art. 21.

La dite taxe est exigible sur tous les revenus et produits distribués sous quelque forme que ce soit, notamment sur la valeur d'obligations remises, en représentation de réserves accumulées par voie de prélèvement sur les bénéfices, aux membres d'une société en commandite simple à capital variable (Cass., 14 janv. 1903, *R. S.*, 1915.102).

4110. — *Sociétés soumises à la taxe.* — Le principe, on le voit, est aussi général que possible. Tous les « revenus » sont frappés, quelle que soit la forme sociale de l'établissement qui les distribue, société par actions, société dont le capital n'est pas divisé en actions, sociétés civiles, etc. ; quelle que soit aussi la nature du titre émis, sans condition de négociabilité, actions et obligations, emprunts de toute nature, parts d'intérêts et commandites, parts de fondateur, etc., sauf les quelques cas d'exemption que nous indiquerons ultérieurement.

Quelques détails sont nécessaires sur les actions, obligations et emprunts des sociétés.

4111. — *a) Actions.* — Toutes sont sujettes à la taxe, sans aucune distinction, par cela seul qu'elles produisent un revenu : actions de jouissance ou de capital, délégations représentatives de coupons d'actions (Cass., 24 juill. 1893, *J. S.*, 1893.584), parts de fondateur, etc.

4112. — L'existence d'un bénéfice et sa distribution étant les deux condition d'exigibilité de l'impôt de 4 % sur le revenu auquel sont assujetties les sociétés, les produits sociaux ne deviennent passibles de cette taxe qu'à partir du moment où ils sortent du patrimoine de la société pour rentrer dans celui des actionnaires ou associés ; et c'est cette appropriation individuelle par ceux-ci de leur part dans les bénéfices de la collectivité qui constitue le fait générateur de l'impôt établi par la loi du 29 juin 1872.

4113. — En thèse générale, toute opération qui a pour objet de remettre aux associés des biens et valeurs quelconques en représentation de l'excédent du fonds social sur le capital social constitue une distribution de bénéfices qui donne ouverture à la taxe de 4 %. Cette règle est consacrée par une jurisprudence constante (Cass., deux arrêts, 7 juin 1880, *J. Enreg.*, 21364 et 21365, Garnier, *Rép. pér.*, 5505 et 5532, *J. des not.*, 22358 et 22392, *Contrôl. Enreg.*, 16273 et 16274, *R. Not.*, 6178 ; — Instr. gén., 2643, § 1 et 2, S. 80.1.473, D. 80.1.467, *J. Pal.*, 1881.175 ; — *Idem*, 29 avr. 1884, *J. Enreg.*, 22313, Garnier, *Rép. pér.*, 22239, *Contrôl. Enreg.*, 16909 ; — Instr. gén., 5700, § 3, S. 85.1.225, D. 84.1.421, *J. Pal.*, 1885.535 ; — *Idem*, 9 fév. 1867, *J. Enreg.*, 22807, Garnier, *Rép. pér.*, 6829, *J. Not.*, 23819, *Contrôl. Enreg.*, 17299 ; — Inst. gén. 2750, § 1er, S. 88.1.177, D. 87.1.439, *J. Pal.*, 1888.407 ; — *Idem*, 8 janv. 1889, *J. Enreg.*, 23153, Garnier, *Rép. pér.*, 7206, *J. Not.*, 24285, *Contrôl. Enreg.*, 17565 ; — Instr. gén. 2768, § 3, D. 89.1.131 ; — Trib. civ. Lyon, 29 juill. 1881, *J. Enreg.*, 22175, Garnier, *Rép. pér.*, 6127, *J. Not.*, 22964, *Contrôl. Enreg.*, 16764 ; — Trib. civ. Bordeaux, 27 fév. 1884, *J. Enreg.*, 22420, *J. Not.*, 23653 ; — Trib. civ. Nancy, 19 août 1884, *J. Enreg.*, 22422, Garnier, *Rép. pér.*, 6424, *J. Not.*, 23653, *Contrôl. Enreg.*, 17278 ; — Trib. civ. Seine, 13 fév. 1885, *J. Enreg.*, 22421, *J. Not.*, 23653 ; — Trib. civ. Nice, 20 juill. 1885, *J. Enreg.*, 22558, Garnier, *Rép. pér.*, 6532, *J. Not.*, 23744, *Contrôl. Enreg.*, 17107 ; — Trib. civ. Seine, 18 déc. 1885, *J. Enreg.*, 22580, Garnier, *Rép. pér.*, 6623, *Contrôl. Enreg.*, 17119 ; — Instr. gén., 2750, § 1 ; — Trib. civ. Lyon, 16 avr. 1886, *J. Enreg.*, 22862, Garnier, *Rép. pér.*, 6731, S. 87.2.69, D. 87.1.347 ; — Trib. civ. Pont-Lévêque, 14 déc. 1886, *J. Enreg.*, 22884, Garnier, *Rép. pér.*, 6865 ; — Trib. civ. Seine, 22 avr. 1887, Garnier, *Rép. pér.*, 6873 ; — Trib. civ. Seine, 13 juill. 1888, *J. Enreg.*, 23067, Garnier, *Rép. pér.*, 7120, *Contrôl. Enreg.*, 17640 ; — Trib. civ. du Havre, 8 nov. 1888, Garnier, *Rép. pér.*, 7188 ; — Trib.

civ. Seine, 29 juin 1894 et Cass., 8 mars 1898, *J. Enreg.*, 25376, S. 98.1.532 ; — Cass., 20 mai 1901, *R. S.*, 1901.459 ; — Cass., 27 nov. 1901, D. 03.1.475 ; — Cass., 15 avr. 1902, *J. S.*, 1903.61, S. 03.1.289 ; — Seine, 22 fév. 1902, *J. S.*, 1903.169 ; — Bordeaux, 11 fév. 1902, *J. S.*, 1903.168 ; — Cass., 2 fév. 1904, *Gaz. Pal.*, 6 mars 1904 ; — Cass., 6 déc. 1904, *Gaz. Trib.*, 8 déc. 1904 ; — Cass., 22 fév. 1904, *J. S.*, 1905.304, *R. S.*, 1905.123 ; — Lyon, 12 janv. 1905, *Gaz. Pal.*, 31 mars 1905, *J. S.*, 1905.307).

4114. — Cette distribution de bénéfices peut donc avoir lieu de plusieurs manières, c'est-à-dire non seulement résulter d'un versement en nature, mais encore procéder de toute résolution ou opération par l'effet de laquelle les bénéfices sont l'objet d'une appropriation individuelle de la part des associés.

C'est en conformité de ces principes que la jurisprudence considère comme équivalant à une distribution, passible de la taxe de 10 %, l'emploi des bénéfices acquis, notamment : 1º à l'extinction du passif grevant les apports des associés ; 2º à la libération de leurs actions ; 3º au payement des impôts, et spécialement de la taxe de 10 % elle-même, effectué à la décharge des actionnaires ; 4º et à l'augmentation du capital social et à la création au profit des associés de nouvelles actions.

Ainsi, il a été jugé que lorsqu'une société, après avoir réduit le nombre des actions constituant son capital social, puis amorti et remplacé le surplus par des actions de jouissance, supprime enfin ces dernières pour créer de nouveaux titres, sous le nom de parts de propriété, donnant droit à une fraction de propriété de l'actif social et à une part dans les bénéfices, cette opération implique le reconstitution, au profit des associés du premier capital social entièrement amorti.

Et cette reconstitution ayant lieu sans que les actionnaires aient été soumis à aucun appel de fonds, il s'ensuit obligatoirement qu'elle a été effectuée au moyen des valeurs restant dans le fonds social après amortissement du capital primitif, c'est-à-dire au moyen des bénéfices accumulés et mis en réserve.

Une telle opération nécessitant donc d'abord l'attribution de ces bénéfices aux actionnaires, et ensuite leur affectation par ceux-ci à la libération des nouveaux titres représentatifs du capital reconstitué, constitue une distribution extraordinaire de bénéfices passible de l'impôt sur le revenu, par l'application des art. 1er et 2 de la loi du 29 juin 1872.

D'autre part, c'est la valeur de ces nouveaux titres, telle qu'elle résulte des déclarations, statuts et bilans, qui doit servir de base à la liquidation des droits de timbre et de transmission établis par les art. 14 et 22 de la loi du 5 juin 1850 et 6 de la loi du 23 juin 1857 (Trib. Seine, 18 mai 1901, *R. S.*, 1902.250 ; — V. dans le même sens deux arrêts, Cass., 7 juin 1880, cités *suprà*, et notamment, Trib. civ. Lunéville, 4 nov. 1886, *J. Enreg.*, 22880, Garnier, *Rép. pér.*, 7006 ; — Instr. gén. 2750, § 4, et sur pourvoi Cass., 26 déc. 1887, *J. Enreg.*, 22952, Garnier, *Rép. pér.*, 7006, *J. Not.*, 24027, *Contrôl. Enreg.*, 17439 ; — Instr. gén. 2750, § 4, S. 89.1.87, D. 88.1.265, *J. Pal.*, 1889.178 ; — Trib. civ. Seine, 1er déc. 1876, *J. Enreg.*, 20231, Garnier, *Rép. pér.*, 4870, *Contrôl. Enreg.*, 15704 ; — Sol. 14 mai 1891, *J. Enreg.*, 23664 ; — Trib. civ. Seine, 29 juin 1894, et Cass., 8 mars 1898, cité *suprà*, *J. Enreg.*, 25376, S. 98.1.532).

4115. — Si dans la constitution de la société il est attribué aux actionnaires des titres dits « délégation de bénéfice », l'impôt sur le revenu est exigible sur les sommes distribuées ultérieurement aux porteurs de ces délégations qui proviennent de recouvrement de créances mises en société, si ces créances n'ont pas contribué à former le capital social (Cass., 27 nov. 1901, *R. S.*, 1902.235).

Ainsi donc, tous les bénéfices et émoluments que les actions procurent à leurs porteurs sont passibles de l'impôt. Cela a été décidé notamment pour les bénéfices employés à la libération d'actions nouvelles (Cass., 8 juin 1880, *J. Not.*, art. 22358), ou anciennes (Cass., 5 juill. 1883, *R. P.*, art. 6257), ou à augmenter la valeur de chaque action (Cass., 7 juin 1880, *J. Not.*, art. 22392), — pour les bénéfices employés au paiement du passif grevant l'apport d'un associé (Cass., 21 avr. 1879, *J. Not.*, art. 22106), — pour tous les bénéfices distribués, alors même qu'ils seraient prélevés sur le capital (Cass., 2 juill. 1894, *R. Enreg.*, art. 756), ou proviendraient d'un don fait à la société par un tiers (Cass., 18 mars 1879, *J. Not.*, art. 22094), — pour la part de bénéfices attribuée à un associé en représentation de l'apport de jouissance d'un immeuble ou de son industrie (Cass., 26 avr. 1893, *R. P.*, art. 8084), — pour l'impôt sur le revenu et pour la taxe de transmission, si la société les a pris définitivement à sa charge, parce qu'ils constituent alors un supplément de revenu (Cass., 6 juill. 1880, *J. Not.*, art. 22379 ; — Belfort, 13 août 1889, *R. P.*, art. 7373 ; — Cass., 5 déc. 1899, *Gaz. Trib.*, 19 janv. 1900 ; — pour les bénéfices obtenus par une exploitation faite à l'étranger, aussi bien que par une exploitation faite en France (Cass. 21 juin 1880, S. 81.1.130).

Lorsqu'il est attribué à des associés en représentation d'un apport en nature des parts bénéficiaires sans fixation de valeurs nominales, donnant droit à une fraction des bénéfices, et que ces parts évaluées à 5 francs l'une pour le droit d'abonnement sont ultérieurement rachetées par la société à 300 francs, ce rachat constitue une distribution de bénéfices, jusqu'à concurrence de 295 francs passible de la taxe (Seine, 4 fév. 1901, *J. S.*, 1901.428). On ne saurait prétendre, pour soustraire à la taxe les bénéfices distribués, que ceux-ci auraient leur origine, non dans l'association, mais dans une vente dont ils constitueraient le prix ; en effet, les bénéfices pouvant être réduits à néant dans le cas où l'exercice se solderait en perte, l'hypothèse d'une vente réalisée avec cette prévision que le prix des objets vendus puisse ne jamais exister ne saurait être admise (Cass., 21 juin 1904, *Gaz. Trib.*, 29 juin 1904).

4116. — L'administration de l'enregistrement considère même comme «bénéfices», et frappe comme tels de la taxe de 10 %, la somme qui représente la différence existant entre les versements effectués par les actionnaires sur le montant de leurs titres et le prix de remboursement qui leur est attribué quand la société se dissout à la suite de la cession de son actif. De même aussi la portion de son fonds de réserve qu'une société se décide à désaffecter, et dont elle accroît le montant originaire de son capital social, parce que la valeur des actions existantes en représentation dudit capital se trouve augmentée d'autant, et cela sans que les actionnaires soient astreints à effectuer le même versement.

De tout ce qui précède, il résulte que la taxe de 10 % frappe les bénéfices *distribués* par les sociétés, et non les bénéfices *réalisés*. On ne doit pas se préoccuper de l'époque à laquelle la distribution des profits réalisés est faite aux associés, fût-ce après la dissolution et dans les opérations de partage (Cass., 8 janv. 1889, S. 90.1.540).

4117. — Les bénéfices mis en réserve sont exempts de la taxe sur le revenu ; ils ne sont pas distribués aux associés, ils restent exposés aux risques des opérations sociales (Cass., 11 janv. 1899, S. 99.1.373). Mais une société qui emploie ses réserves à augmenter son capital social, qui crée des actions nouvelles libérées par les réserves et par là répartit gratuitement entre les porteurs d'actions fait-elle une distribution soumise à l'impôt ? La Cour de cassation se prononce pour l'affirmative (V. Cass., 7 juin 1880, S. 80.1.473 ; Cass., 3 avr. 1911, *J. Enreg.*, 2828. — Comp. Cass., 24 juill. 1911, *R. Enreg.*, 12451). M. Albert Wahl professe une opinion contraire (V. *Gaz. des Sociétés*, 1912.379 ; et Trib. Saint-Quentin, 6 mai 1914, *J. S.*, 1916.37).

4118. — Sont seuls passibles de la taxe les bénéfices distribués aux commanditaires, à l'exclusion de ceux revenant aux gérants.

Lorsqu'en conformité des statuts d'une société en commandite simple, l'assemblée générale des commanditaires, sur la proposition des associés nommés à l'effet d'examiner les opérations sociales, fixe le chiffre des bénéfices à répartir, la taxe du revenu est exigible sur le montant des dits bénéfices distribués et non sur le forfait à 5 % de la commandite (Trib. civ. Châteauroux, 31 juill. 1918, *J. S.*, 1920.157 ; cf. Cass., 27 fév. 1900, *J. S.*, 1900.398 ; 21 avr. 1913, *J. S.*, 1914.310).

Des travaux préparatoires de la loi du 13 juillet 1911, il se dégage nettement que les administrateurs délégués d'une société anonyme sont, en principe, assimilés aux membres ordinaires du conseil d'administration pour l'application de l'article 12 de cette loi, et assujettis à l'impôt de 5 % sur les tantièmes qu'ils reçoivent statutairement en cette qualité.

Mais l'impôt de 5 % sur le revenu n'est pas exigible sur les tantièmes alloués statutairement à des administrateurs délégués s'il est établi en fait que ceux-ci exerçaient sous ce titre, et d'une manière effective, les fonctions de directeurs (Trib. civ. Lyon, 13 juill. 1915, *J. S.*, 1920, p. 151).

La Cour de cassation a eu à statuer à la date du 20 mai 1901 (*J. S.*, 1901.400) sur une espèce particulière que voici :

Les statuts d'une société, composée d'associés en nom collectif et d'associés commanditaires, portent que tous les associés en nom collectif administrent conjointement les affaires de la société ; que leurs décisions sont prises à la majorité des voix, et qu'en cas de partage, la voix de l'associé le plus ancien en exercice est prépondérante ; enfin, que ces associés déterminent l'importance des bénéfices reconnus disponibles et l'époque de leur répartition.

Il a été décidé qu'un conseil des associés ainsi composé devait être considéré comme le conseil d'administration de la société, et que c'était sur le revenu déterminé par les délibérations de ce conseil, et non sur l'évaluation à 5 % de la commandite, que la taxe de 4 % devait être assise ; et d'autre part, que le dépôt des délibérations prises à l'égard de la fixation des revenus à distribuer aurait dû être fait dans les vingt jours de leur date, conformément à l'art. 2, § 3, de la loi du 29 juin 1872.

D'après l'arrêt précité, il importe peu que les membres du conseil d'administration tiennent leurs pouvoirs d'une délibération de l'assemblée générale des associés ou des statuts de la société elle-même.

Il suffit qu'il y ait un conseil des intéressés pour que le revenu soit déterminé conformément à ses décisions.

Il importe peu également que la décision sur les bénéfices à distribuer soit prise annuellement ou d'une façon irrégulière ; la loi de 1872 doit recevoir son application dans tous les cas (Comp. Cass., 2 avr. 1883, S. 84.1.60 ; — 18 nov. 1878, D. 79.1.229). Est passible de la taxe sur le revenu la société civile par actions fondée pour le recouvrement d'une participation aux bénéfices d'une entreprise industrielle à laquelle les constituants ont fait apport de leurs droits dans cette participation (Cass., 15 avr. 1902, D. 03.1.441).

Lorsque la participation qui a fait l'objet de la mise en vente a été rachetée à forfait moyennant un prix supérieur au capital social fixé par les statuts, la répartition de ce prix entre les actionnaires constitue, jusqu'à concurrence de la somme excédant le capital, une distribution de bénéfices assujettie à l'impôt de 4 % (même arrêt).

4119. — *b) Obligations et emprunts.* — Nous avons déjà dit que la taxe de 10 % s'applique aux intérêts de tous les emprunts des sociétés, qu'ils soient représentés par des obligations ou par d'autres titres, que ces titres soient à court terme ou à longue échéance ; même si l'emprunt n'est représenté par aucun titre particulier, et qu'il soit seulement constaté dans des actes ordinaires, authentiques ou sous seing privé.

Il a été jugé, notamment, que l'impôt est dû sur l'intérêt des bons d'un à cinq ans émis par une société (Cass., 12 déc. 1877, *J. Not.*, art. 21780) ; — des emprunts contractés au moyen d'émissions de bons nominatifs, au porteur ou à ordre, et des emprunts hypothécaires (Cass., 9 avr. 1879, *R. P.*, art. 5212 ; — Cass., Ch. réunies, 27 mars 1901, *R. S.*, 1901.1.297 ; — Seine, 25 oct. 1902, *R. S.*, 1903.272 (prêt sur gage) ; — Bordeaux, 20 janv. 1902, *R. S.*, 1903.326 ; — Seine, 3 janv. 1903, *Gaz. Trib.*, 11 juin 1903) ; — des simples prêts, faits par un actionnaire, par exemple, en vue de pourvoir à des travaux extraordinaires, etc. (Cass., 24 juill. 1883, *R. P.*, art. 6222) ; — des ouvertures de crédit faites par un établissement sous forme de compte courant sans réciprocité de remises (Cass., 3 déc. 1901, D. 03.1.601 ; — Senlis, 25 mars 1903, *Gaz. Pal.*, 20 mai 1903) ; — des emprunts faits par une société auprès d'une société étrangère et payables à l'étranger (Wassy, 24 juin 1903, *J. Enreg.*, art. 26578).

Toutefois, il n'est pas dû sur la taxe des intérêts des obligations, lorsque la société la prend à sa charge, cette taxe ne constituant pas, à la différence de ce qui a lieu pour les actions, un supplément de revenu passible du droit (Décis. min. fin., 24 sept. 1883, *R. P.*, art. 6270).

Aux termes de l'art. 1er de la loi du 29 juin 1872, les arrérages et intérêts annuels des emprunts et obligations des départements, communes et établissements publics, ainsi que des sociétés, compagnies et entreprises quelconques, sont assujettis à une taxe annuelle de 3 %, taxe fixée actuellement à 10 %.

4120. — Des difficultés se sont élevées sur la signification des mots « emprunts et obligations ». Il avait paru que ces deux termes s'appliquaient à une seule et même catégorie de valeurs, c'est-à-dire aux emprunts réalisés par l'émission de titres négociables destinés à circuler dans le public ; d'où l'on concluait que la loi n'atteignait pas les emprunts purs et simples qui ne sont pas représentés par des obligations. Mais cette prétention a été repoussée par la jurisprudence. Un premier arrêt de la Chambre civile, du 6 août 1878, a décidé que le législateur avait voulu soumettre à l'impôt tous les emprunts, non seulement les obligations des départements ou des sociétés, mais encore les simples emprunts de même origine (S. 79.1.474). Un autre arrêt, du 9 avril 1879, a ainsi défini les emprunts visés par la loi : Ce sont toutes les opérations par lesquelles une commune, un département se procure par un moyen quelconque, par une souscription publique ou autrement, les fonds dont il a besoin (S. 79.1.477). Dès lors, les emprunts réalisés sans émission de titres négociables, au moyen d'une convention ordinaire intervenue entre la société et le prêteur, donnent ouverture à l'impôt de 10 %. Décidé aussi pour les bons émis par des sociétés (Cass., 12 déc. 1877, *J. Not.*, 21786 ; — Rouen, 11 janv. 1911, *J. S.*, 1913.320).

4121. — La jurisprudence a été appelée à statuer sur une autre difficulté, celle de savoir si on ne devait pas exempter de la nomenclature précédente les emprunts hypothécaires. Cette dispense paraissait découler de ce que, à la veille même du jour où fut votée la loi du 29 juin 1872 sur le revenu des obligations et emprunts en général, l'Assemblée nationale avait voté une autre loi portant qu'à partir du 1er janvier 1873, il serait prélevé une taxe de 2 % sur le revenu des créances hypothécaires.

Cette dernière loi ne crée d'exception qu'à l'égard des créances représentées par des titres d'obligations assujettis à l'impôt sur les valeurs mobilières. Il paraissait donc en résulter que les simples emprunts hypothécaires se trouvaient atteints par la disposition générale de la loi du 29 juin 1872 ; par une conséquence nécessaire, ils ne pouvaient avoir été frappés le lendemain d'un droit de même nature établi sur les autres emprunts. En résumé, on en concluait que la loi du 29 juin 1872, telle qu'elle avait été votée, ne comprenait pas les emprunts hypothécaires des sociétés.

Mais la Cour de cassation a tranché définitivement la question dans le sens de l'administration par un arrêt rendu toutes Chambres réunies (Cass., Chambres réunies, 14 mars 1901, *J. S.*, 1901. 297).

4122. — *Sociétés exemptes de la taxe sur le revenu.* — Des exceptions à la loi de 1872 ont été apportées par la loi du 1er déc. 1875. 1º La taxe sur le revenu n'est pas applicable aux parts d'intérêts dans les sociétés commerciales en nom collectif ; et elle n'est due, dans les sociétés en commandite simple, que sur le montant de la commandite (L. 1er déc. 1875, art. 1er).

Il a été jugé, toutefois, que si une société en nom collectif et en commandite est divisée en actions, l'impôt est dû sur les intérêts et dividendes distribués à toutes les actions, même à celles appartenant aux associés en nom collectif, quelles que soient les conditions auxquelles la cession est soumise (Cass., 13 mars 1882 et 2 août 1886, *J. Not.*, art. 22734 et 22915 ; — 5 nov. 1888 et 31 janv. 1893, *R. P.*, art. 7167).

Les sociétés civiles ne bénéficient pas de l'immunité qui est accordée aux sociétés en nom collectif (Cass., 28 janv. 1879, S. 80.1.85 ; — Trib. Soissons, 1er mars 1911, S. 1913.2.63).

2º Il y a encore exemption du droit, aux termes de la loi du 28 avril 1893, pour les intérêts des emprunts contractés par les sociétés commerciales en nom collectif.

3º Sont aussi soustraites à l'impôt les sociétés coopératives par intérêts formées entre ouvriers et artisans, dont le capital est formé par des cotisations périodiques, par exemple par des cotisations mensuelles. La loi du 30 déc. 1893, art. 21, exempte de la taxe sur le revenu non seulement les parts d'intérêts, mais les actions, emprunts ou obligations des sociétés de toute nature dites de coopération formées exclusivement entre ouvriers et artisans. La même exception s'applique aux associations de toute nature, quels qu'en soient l'objet et la dénomination, formées exclusivement par ces sociétés coopératives.

La société coopérative bénéficiera de l'exemption, qu'elle soit civile ou commerciale.

4º La loi du 5 novembre 1894 agit de même pour les parts d'intérêts, et aussi les emprunts des sociétés de crédit agricole.

5° La loi du 28 décembre 1895 déclare la taxe inapplicable aux avances faites aux sociétés au moyen d'endossements de warrants.

6° Les lois des 12 avril 1906 et 30 juillet 1913 exemptent les sociétés de crédit maritime.

7° La loi du 26 avril 1917 exempte les sociétés à participation ouvrière.

Les mêmes immunités ont été étendues :

Par la loi du 23 décembre 1912, art. 7, aux sociétés de bains-douches, aux sociétés de jardins ouvriers, aux sociétés relatives à la petite propriété et aux habitations à bon marché ;

Par la loi du 30 juillet 1913, art. 15, aux offices publics d'habitations à bon marché.

En outre, la taxe sur le revenu n'est pas due : 1° par les associations en participation (Trib. Châtellerault, 17 déc. 1906, *R. Enreg.*, art. 4266 ; — En sens contraire : Arthuys, *Traité des Soc.*, t. II, p. 577) ; les tontines, à moins que ces associations ne déguisent de véritables sociétés (Cass., 9 fév. 1887, *R. P.*, art. 6829 ; — Trib. Seine, 17 janv. 1890, *R. P.*, art. 7386) ; par les sociétés commerciales en nom collectif dont le capital n'est pas divisé en actions.

La loi du 25 septembre 1919 dispense de la taxe sur le revenu, en ce qui concerne la capitalisation de leurs réserves, lors de leur transformation, les sociétés civiles de mines dont l'exploitation est située dans les régions envahies ou dévastées et qui désirent se transformer en sociétés anonymes.

La loi du 31 juillet 1920 :

1° Exonère de la taxe sur le revenu les actions, obligations ou parts bénéficiaires nominatives attribuées à une société française par actions en représentation de versements ou d'apports par elle faits à une autre société française par actions, dans la mesure du produit de ces parts, obligations ou actions touché par elle au cours de l'exercice (art. 27) ;

2° Dispense de l'impôt sur le revenu des capitaux mobiliers les intérêts des prêts faits à des commerçants ou industriels français, ou résidant en France, par des sociétés françaises de banque ou de crédit constituées par actions qui émettent, en représentation de ces prêts, des obligations ou autres titres d'emprunt, soumis eux-mêmes à l'impôt sur le revenu des capitaux mobiliers (art. 29) ;

3° Dispense de la taxe sur le revenu des titres spéciaux émis par les sociétés françaises par actions en représentation d'actions ou d'obligations de sociétés étrangères (art. 30).

§ 4. — Dispositions particulières.

4123. — *Titres nominatifs d'obligations françaises* (Villes, départements, Crédit foncier, chemins de fer). — Les titulaires des titres nominatifs d'obligations émis par des villes ou départements français, le Crédit foncier de France et les sociétés ou compagnies concessionnaires de chemins de fer français ou coloniaux, ont droit au remboursement de la moitié de l'impôt sur le revenu des capitaux mobiliers, à condition : 1º qu'ils justifient avoir une résidence habituelle en France au 1er janvier de l'année pendant laquelle ils ont touché les dits arrérages ou intérêts ; 2º qu'ils certifient que le montant du revenu global net dont ils ont disposé durant cette année n'a pas dépassé 6.000 francs. Ce remboursement devra être demandé dans l'année qui suivra celle de la perception des arrérages ou intérêts.

4124. — *Emprunts des colonies françaises.* — La loi du 29 mars 1914 assujettit à l'impôt sur le revenu les rentes, obligations et autres effets publics des colonies françaises. Mais comme la loi n'a pas visé les emprunts des sociétés coloniales, ceux-ci ne doivent pas être imposés. Il en est de même des emprunts émis par les villes coloniales (Décr. min. fin. 7 juin 1915).

4125. — *Parts d'intérêts et commandites.* — La taxe sur le revenu n'est pas applicable aux parts d'intérêts dans les sociétés commerciales en nom collectif; et elle ne s'applique, dans les sociétés en commandite dont le capital n'est pas divisé en actions qu'au montant de la commandite.

Toutefois, si le capital d'une société en nom collectif et en commandite est divisé en actions, l'impôt est dû sur les intérêts et dividendes distribués à toutes les actions, même à celles appartenant aux associés en nom collectif, la cession des actions fût-elle soumise à des conditions spéciales de préemption ou de retrait (Cass., 31 janv. 1893, *J. S.*, 1893.158 et 13 fév. 1907, *J. S.*, 1907.494).

4126. — *Tantièmes de fondateurs.* — La loi du 29 juin 1872 (art. 1er et 2) assujettit à la taxe sur le revenu des valeurs mobilières la distribution de tous les produits et bénéfices réalisés par les sociétés. Si elle a exonéré les bénéfices qui peuvent être alloués aux fondateurs, directeurs ou gérants d'une société, en rémunération de leur travail ou de leurs services, ce n'est qu'au cas où cette allocation leur est fournie, abstraction faite de leur qualité de sociétaires.

En qualité, la part de revenus allouée aux fondateurs en raison de leur apport de clientèle et calculée sur les livraisons faites à leurs clients est passible de la taxe sur le revenu (Cass., 15 juin 1915, *Gaz. Soc.*, 1918.116).

4127. — *Tantièmes d'administrateurs.* — L'art. 112 de la loi de 1911 ne vise que les bénéfices qui, par suite de dispositions statutaires, sont distribués aux membres des conseils d'administration de sociétés. Aussi, lorsque l'allocation d'une somme déterminée aux administrateurs à prendre sur les bénéfices est autorisée dans son principe comme dans sa quotité par une délibération de l'assemblée générale, en dehors de toute clause du pacte social, la loi de 1911 n'est pas applicable. (Trib. civ. Seine, 21 janv. 1914, *Gaz. Soc.*, 1914.267 et la note).

Le mode de rémunération importe peu ; il peut avoir lieu par exemple au moyen de l'attribution de revenus d'actions de la société (Béthune, 1er juill. 1914, *J. S.*, 1915.306).

En conséquence ils sont soumis, à raison de leurs tantièmes sociaux, à l'impôt sur le revenu des valeurs mobilières ; et, pour leurs jetons de présence et leurs allocations, aux impôts sur les traitements et salaires.

4128. — *Lois et primes de remboursement.* — La loi du 21 juin 1875 applique aux primes et aux lots l'impôt sur le revenu. Mais, pour les lots, il a été élevé à 20 % par la loi du 25 juin 1920, art. 50.

La prime de remboursement est assujettie à la taxe sur le revenu, car elle doit être assimilée, vis-à-vis du fisc, à un supplément d'intérêts accumulés pendant toute la durée du titre et versés au porteur au moment du remboursement.

§ 5. — Quotité. — Assiette. — Liquidation de la taxe.

4129. — L'impôt est proportionnel au montant des intérêts, bénéfices et dividendes distribués. Sa quotité, fixée d'abord à 3 % par la loi du 29 juin 1872, a été portée à 10 % par la loi du 25 juin 1920, art. 50. La taxe n'est pas soumise aux décimes.

L'impôt est établi sur les « revenus » des titres que nous avons énumérés ; il ne devient exigible que par le fait même de la *distribution* de ces revenus, et qu'au moment où se produit cette distribution. Peu importe d'ailleurs dans quelles conditions, sous quelle forme et à quel instant s'effectue la répartition des bénéfices et intérêts ; peu importe même si ces bénéfices sont réels ou seulement fictifs. Les revenus deviennent imposables du moment où ils ont été distribués, c'est-à-dire du moment où les porteurs des titres ont acquis sur eux un droit privatif (Cass., 15 nov. 1899, *Gaz. Trib.*, 19 janv. 1900). Mais bien entendu, les sociétés qui ne répartissent aucun revenu n'ont à payer aucun impôt.

La taxe est *annuelle*, c'est-à-dire qu'elle est calculée à ce taux, pour chaque exercice, sur la somme totale des « revenus » distribués pendant

tout le cours de cet exercice. Mais elle s'acquitte par échéance trimestrielle ; aussi donne-t-elle lieu, d'une part, à des *liquidations trimestrielles*, qui ne sont que provisoires, et d'autre part, à un *règlement
définitif* qui intervient tous les ans après la clôture des écritures sociales.

4130. — *a) Liquidations provisoires.* — Les liquidations provision-
nelles s'effectuent trimestriellement sur les bases suivantes (Décr.
6 déc. 1872, art. 1er) :

1° Pour les obligations, emprunts et autres valeurs dont le revenu
est fixe et déterminé à l'avance, sur la base du quart des produits
annuels afférents à ces valeurs, d'après le nombre de titres ou de valeurs existant au dernier jour du trimestre ;

2° Pour les actions, parts d'intérêts, commandites et emprunts à
revenus variables, d'après les résultats du dernier exercice réglé, en
évaluant provisoirement les bénéfices de l'exercice en cours aux quatre
cinquièmes des revenus distribués pendant les dernier exercice réglé.

S'il s'agit d'une société nouvellement créée, la liquidation provisoire s'effectue, pour les trimestres de la première année, sur le produit évalué à 5 % du capital appelé ; et pour le premier trimestre,
l'impôt n'est calculé qu'au prorata du nombre de jours écoulés.

4131. — *b) Règlement définitif.* — C'est ce règlement définitif qui
seul donne les éléments exacts relatifs à la liquidation et à la perception
de la taxe, puisqu'il peut motiver, suivant les cas, le versement d'un
supplément de droits ou la restitution d'une portion de droits perçue en trop au cours de l'exercice. Il a lieu après la fin de l'année et
la clôture des écritures sociales.

La valeur imposable, c'est-à-dire la somme du revenu distribué
pour chaque exercice, est déterminée par la loi du 29 juin 1872 (art. 2)
de la manière suivante :

1° Pour les actions proprement dites, par le dividende fixé d'après
les délibérations des assemblées générales d'actionnaires ou des conseils d'administration, les comptes rendus ou tous autres documents
analogues ;

2° Pour les obligations et emprunts dont le revenu est fixé à un
chiffre précis par l'acte même qui règle les conditions du prêt, par
l'intérêt ou le revenu distribué dans l'année en exécution de ce contrat;

3° Pour les parts d'intérêts et commandites, dans les sociétés dont
le capital n'est pas divisé en actions, soit par le dividende arrêté par
délibération annuelle du conseil d'administration, si l'acte de société
rend obligatoire ce mode de répartition ; soit, dans le cas contraire,

par une somme fixée à forfait à 5 % du prix moyen des cessions de parts consenties pendant l'année précédente, ou à défaut de cessions, du montant du capital social ou de la commandite.

La taxe sera donc perçue sur l'évaluation à 5 % pour toutes les sociétés non pourvues d'un conseil d'administration, et cela même si l'intérêt des parts et commandites avait été formellement déterminée dans l'acte d'association ;

4º Pour les lots et primes de remboursement, sur les sommes que nous allons ci-après indiquer (L. 21 juin 1875, art. 5).

Il n'est pas besoin de définir les lots. Les primes résultent de la différence entre le taux d'émission et le taux de remboursement de l'emprunt.

La loi fiscale considère les uns et les autres comme un bénéfice supplémentaire indépendant de l'intérêt normalement servi aux prêteurs, et les frappe comme tels de l'impôt sur le revenu.

La taxe est liquidée :

a) Pour les lots, sur le montant même du lot en monnaie française, sauf déduction, s'il y a lieu, de la somme versée par le souscripteur du titre lorsque le lot comprend le remboursement du prix de la souscription ;

b) Pour les primes, sur la différence entre la somme remboursée et le taux d'émission de l'emprunt.

Les taux de remboursement est la valeur nominale inscrite sur chaque titre. Quant au taux d'émission, il varie avec le mode d'émission employé.

Si l'emprunt a été fait à un taux unique, c'est ce taux, c'est-à-dire la somme dont le payement a été exigé de chaque souscripteur pour obtenir la délivrance d'un titre, qui sert à déterminer la prime imposable.

Si le taux d'émission a varié, la prime est calculée en prenant pour taux d'émission une moyenne établie en divisant, par le nombre des titres émis, le montant brut de l'emprunt. Au cas où l'emprunt est encore en cours d'émission, la moyenne est établie d'après sa situation au 31 décembre de l'année précédente (Décr. 15 déc. 1875, art. 1er).

Enfin, si le taux d'émission est impossible sur les bases précédentes, il est représenté par un capital formé de vingt fois l'intérêt annuel stipulé au profit du porteur du titre. A défaut de stipulation d'intérêt, il est pourvu à la fixation du taux d'émission au moyen d'une déclaration estimative des parties (Décr. 15 déc. 1875, art. 2).

4132. — *Perception*. — L'avance des droits est faite au Trésor par les sociétés (Cass., 26 avr. 1893, *R. P.*, art. 8084), sauf leur recours contre les bénéficiaires du revenu, qui sont les débiteurs définitifs de l'impôt. Ce recours existe pour le principal de la taxe, mais non pour les amendes encourues par la société (Seine, 18 janv. 1895, *R. S.*, 1895.292).

Les payements provisionnels s'effectuent, pour chaque trimestre échu, sur les bases que nous avons indiquées précédemment, dans les vingt premiers jours du trimestre suivant, soit dans les vingt premiers jours des mois de janvier, avril, juillet et octobre (Décr. 6 déc. 1872, art. 2).

Le règlement définitif a lieu en fin d'exercice. S'il aboutit à déclarer le Trésor créancier d'un complément de taxe, celui-ci doit être acquitté immédiatement. Si, au contraire, il y a lieu à restitution, l'excédent versé par la société est imputé sur le montant des termes trimestriels à échoir sur l'exercice courant ; il n'est remboursé que si la société est arrivée à son terme, ou si elle cesse de donner des revenus (Décr. 6 déc. 1872, art. 1er, n. 2).

Le règlement définitif, quand il est établi sur les délibérations des conseils d'administration ou des assemblées d'actionnaires, doit s'effectuer dans les vingt jours de la date de ces délibérations et au moment même du dépôt des documents relatifs à la liquidation finale, dépôt dont nous parlerons ultérieurement.

Il a lieu dans les vingt premiers jours du mois de mai qui suit la clôture de l'exercice pour les sociétés auxquelles leurs statuts n'imposent pas l'obligation de prendre des délibérations sur la répartition des intérêts et dividendes.

Pour les sociétés de la première catégorie, la loi fiscale leur impose l'obligation de faire, dans le délai précité et au bureau de l'enregistrement désigné, le *dépôt* des comptes rendus et extraits des délibérations des conseils d'administration ou des assemblées générales d'actionnaires, ou de tous autres documents analogues fixant le dividende distribué. Ces pièces peuvent être rédigées sur papier non timbré (Instr. n. 2457).

En ce qui touche le droit relatif aux lots et primes de remboursement, le versement au Trésor doit se faire dans les vingt jours qui suivent le jour fixé pour le paiement des lots et primes à leurs bénéficiaires. L'acquit du droit se fait au moment même du dépôt, également obligatoire pour les sociétés, d'une copie certifiée du procès-verbal de tirage au sort, et d'un état présentant tous les éléments nécessaires pour la liquidation de l'impôt : nombre de titres amortis, taux d'émission, montant des lots et primes échus aux titres sortis, somme sur laquelle la taxe est exigible (Décr. 15 déc. 1875, art. 3).

En ce qui concerne les états relatifs aux tantièmes des administrateurs, les sociétés sont tenues de déposer au même bureau un état certifié par leurs représentants légaux et énonçant le montant des bénéfices distribués aux membres du conseil (Décr. 22 août 1914, art. 1er).

4133. — *Restitution.* — La taxe sur le revenu est restituable lorsqu'il est établi que les intérêts échus n'ont pas été payés réellement aux créanciers de la société (Seine, 22 juill. 1881, *R. P.*, art. 5884), ou lorsqu'une décision judiciaire déclare que les dividendes distribués étaient fictifs et en ordonne la restitution (Seine, 23 juill. 1889, *R. P.*, art. 6756).

4134. — *Prescription.* — Aux termes de l'art. 21 de la loi de finances du 26 juillet 1893, l'action du Trésor en recouvrement de l'impôt sur le revenu ou des amendes encourues se prescrit par cinq ans. Le délai court de la date même d'exigibilité des droits et amendes (La Rochelle, 8 mai 1907, *R. Enreg.*, art. 4421).

L'action du redevable contre le Trésor en restitution des sommes indûment perçues se prescrit, comme les créances sur l'État, par cinq ans à compter du jour de l'indue perception.

4135. — *Contraventions. Poursuites.* — Les contraventions aux prescriptions légales sont punies : du droit en sus pour omission ou insuffisance dans la déclaration (Alger, 28 nov. 1913 *R., Enreg.*, art. 5926) ; d'une amende de 100 à 5.000 francs, plus les décimes, pour retard dans la remise de la délibération fixant le dividende (Seine, 30 janv. 1897, *J. S.*, 1897.284) ; pour omission du dépôt des comptes rendus (Cass., 24 juill. 1891, *J. S.*, 1892.491 ; — Seine, 9 nov. 1906, *J. S.*, 1906.286 ; — 31 janv. 1910, *J. S.*, 1911.520).

4136. — *Taxe de mainmorte.* — La loi du 20 février 1849 soumettait à la taxe de mainmorte les départements, communes et établissements publics et les sociétés anonymes ; la loi du 31 mars 1903, art. 2, place sous ce régime « toutes les collectivités qui ont une existence propre et qui subsistent indépendamment des mutations qui peuvent se produire dans leur personnel, *à l'exception des sociétés en nom collectif et des sociétés en commandite simple.* Par conséquent cette taxe grève maintenant les sociétés en commandite par actions, les sociétés à capital variable par actions, les sociétés à responsabilité limitée, formées sous l'empire de la loi de 1863 (Circ. Rég., 25 mai 1903, *J. S.*, 1904.

49), les sociétés civiles qui ont rendu leurs parts librement cessibles (Cons. d'Et., 27 déc. 1905, S. 1907.3.158 ; — 23 fév. 1906, S. 1908. 3.102 ; — 12 fév. 1909, S. 1911.3.84 ; — 8 juill. 1910, S. 1913.3.14).

Sont également assujetties à la taxe les associations formées dans un intérêt pécuniaire, autre qu'un gain à réaliser, et qui jouissent de la personnalité civile : 1° les associations syndicales de travaux, les syndicats professionnels, les sociétés de secours mutuels ou d'assurances mutuelles, les tontines ; 2° les associations cultuelles.

Sont exemptes de la taxe les sociétés de personnes (sociétés en nom collectif ou en commandite simple), les sociétés ayant pour objet exclusif l'achat et la vente d'immeubles, ou la construction et la vente d'habitations à bon marché.

La taxe de mainmorte est destinée à remplacer les droits de mutation entre vifs et par décès ; elle frappe les immeubles passibles de la contribution foncière et s'élève à 260 centimes par franc du principal de la contribution foncière.

La taxe est due par la société propriétaire des biens imposables.

§ 6. — Parts de fondateur.

4137. — Les parts de fondateur supportent les trois impôts qui frappent, d'une façon générale, tous les titres créés par les sociétés : droit de timbre, droit de transmission et taxe sur le revenu (Seine, 13 mars 1902, *J. S.*, 1903.43 ; — Seine, 1er août 1902, *J. S.*,1903.170).

Toutefois diverses questions se posent. D'abord, quel caractère faut-il attribuer aux parts, étant donné que la loi fiscale n'a jamais eu l'occasion de s'en occuper spécialement ? Faut-il les assimiler à des actions ou à des obligations, ce qui peut avoir un intérêt réel, notamment quant à l'application des droits de timbre, et cela alors que de l'avis de la doctrine la plus autorisée, la part de fondateur n'est en réalité ni une action ni une obligation ? — D'un autre côté, quelle valeur faut-il lui donner en vue de la liquidation des droits ?

Droit de timbre. — Si on considère la part comme une action, elle est soumise à un droit au comptant de 2 % ou 1 %, suivant que la durée de la société dépasse ou non dix années. Ce droit peut, d'ailleurs, être converti en une taxe d'abonnement de 0 fr. 10 par 100 francs et par année. La taxe d'abonnement est suspendue lorsque les bénéfices ne sont pas distribués pendant deux ans consécutifs, ou que la société est mise en liquidation. Par contre, elle court pendant toute la durée de la société, et son montant reste intact même dans l'hypothèse d'une réduction du nombre de titres primitivement émis.

Si au contraire la part est traitée comme une obligation (V. Cass., 16 nov. 1904, S. 1906.1.51), sa condition fiscale est aggravée aux deux premiers points de vue et améliorée au troisième. Le droit au comptant est toujours de 2 % ; tandis que la quotité de la taxe d'abonnement est la même pour les obligations et les actions, les porteurs ne bénéficient pas de la suspension de la taxe d'abonnement ; mais en revanche, ils ne l'acquittent que pendant la durée de leurs titres.

La jurisprudence semble vouloir se fixer dans le sens d'une application aux parts de fondateur de toutes les règles édictées par la loi pour les actions (Seine, 10 mai 1902, *J. S.*, 1903.120). Le tribunal civil de la Seine, notamment, dans son jugement du 16 mars 1894, décide que les parts seront dispensées de payer la taxe d'abonnement dès que la société aura cessé de réaliser et de distribuer des bénéfices pendant deux ans.

Quant à la détermination de la valeur qui servira de base à la liquidation du droit, nous appliquerons le principe général établi en matière de droit de timbre : c'est-à-dire qu'à défaut de capital nominal inscrit sur le titre même, ce qui doit être la règle, puisque la part ne confère à son porteur qu'un droit de créance, c'est le capital réel du titre, déterminé par une déclaration estimative des parties, qui servira au calcul du droit. Cela répond bien d'ailleurs à l'habitude qu'on prend généralement dans les sociétés d'attribuer aux parts de fondateur une valeur conventionnelle, d'après leur prix de cession ou la capitalisation des bénéfices promis ou sur lesquels on croit pouvoir compter.

L'acte par lequel les porteurs de parts d'une société anonyme déclarent former entre eux une société civile pour surveiller leurs intérêts et assurer le paiement des bénéfices leur revenant constitue une véritable société soumise à l'impôt (Cass., 15 avr. 1902, *Gaz. Pal.*, 24 juin 1902).

4138. — *Droit de transmission.* — L'intérêt n'existe plus, quant à cet impôt, de savoir si la part doit être traitée comme une action ou comme une obligation, la base et le taux du droit étant les mêmes pour les deux catégories de titres (V. plus haut). Suivant qu'il s'agira du droit de 0,90 % ou de la taxe annuelle, c'est-à-dire suivant que la part sera nominative ou au porteur, la valeur à lui attribuer sera ou le prix de cession déclaré par les parties, ou le cours moyen du titre pendant l'année précédente.

4139. — *Taxe sur le revenu.* — Ici encore, la nature des parts n'a pas d'importance quant à la quotité du droit dû. L'impôt sera toujours calculé d'après les distributions faites dans le cours de l'année aux titulaires de parts. Les déclarations à faire dans ce but à la régie varieront suivant le mode de répartition adopté par les statuts sociaux (V. plus haut).

Jugé que les parts de fondateur, évaluées lors de la constitution d'une société à 1 franc pour l'abonnement au timbre et rachetées postérieurement par la société au prix de 6.000 francs, deviennent soumises à la taxe de 10 % relative à la distribution des bénéfices jusqu'à concurrence de la différence. Peu importe que la société ait acquis la part au moyen d'un émission de titres (Trib. de la Seine, 15 déc. 1904, *Gaz. Trib.*, 7 mai 1905).

Jugé encore que la taxe sur le revenu des valeurs mobilières établie par l'art. 1er de la loi du 29 juin 1872 frappe la distribution, sous quelque forme qu'elle ait lieu, de tous les produits et bénéfices réalisés par les sociétés, sans faire aucune distinction en raison, soit de l'origine, soit de la nature de ces produits. Elle n'est toutefois exigible qu'à la condition qu'il soit distribué entre les associés des bénéfices ou des produits sociaux, et, dès lors, si des parts de fondateur, évaluées, dans une déclaration à l'enregistrement, à une certaine somme, ont été postérieurement, en vertu d'une délibération de l'assemblée générale des actionnaires, rachetées à un prix supérieur à leur valeur initiale, cette opération ne saurait donner ouverture à l'impôt de 4 % sur le prix d'achat, alors que ce rachat a été effectué, non à l'aide de bénéfices sociaux, mais au moyen d'une augmentation du capital social par l'émission d'actions nouvelles (Cass., 7 nov. 1910, *Gaz. Trib.*, 7 déc. 1910).

A défaut d'estimation, soit dans les statuts, soit dans le rapport du commissaire aux apports, la valeur des parts de fondateur rachetées peut être fixée au chiffre de l'évaluation qui leur a été donnée à une époque contemporaine de la constitution de la société, pour le paiement de la taxe annuelle de transmission (Trib. Seine, 10 déc. 1915, *J. S.*, 1919.126).

La taxe sur le revenu n'est pas due lorsque le rachat des parts de fondateur n'a pas été opéré à l'aide de bénéfices réalisés par la société, mais avec les deniers provenant de l'émission d'actions nouvelles (Cass., 19 nov. 1906, *J. S.*, 1907.159 ; — 7 nov. 1910, *J. S.*, 1911.272).

4140. — *Rachat des parts.* — Le rachat de parts de fondateur, moyennant un prix supérieur à leur valeur initiale, donne ouverture à la taxe du revenu, s'il est effectué au moyen de bénéfices sociaux.

Dans le cas où le prix du rachat aurait été tout d'abord prélevé sur le fonds de roulement de la société, l'impôt ne devient exigible qu'au cours de l'exercice subséquent où l'amortissement de ce prix a été opéré, en fait, sur les bénéfices réalisés.

Le service de l'abonnement au timbre, suspendu pendant la période d'improductivité de la société, n'a pas à être repris s'il est procédé au rachat de parts de fondateur par prélèvement sur le fonds de roulement, mais il doit l'être dès que le prix de ce rachat se trouve amorti à l'aide de bénéfices (Trib. Lyon, 15 juin 1915, *J. S.*, 1919.116 ; — cf. Cass., 19 nov. 1906, *J. S.*, 1907.159 ; — 7 nov. 1910, *J. S.*, 1911.272).

§ 7. — Sociétés étrangères.

4141. — La préoccupation constante du législateur a été de frapper les titres des sociétés étrangères, lorsque ces titres circulent en France ou que ces sociétés y font des opérations, de droits analogues à ceux qui grèvent les valeurs mobilières émises par les sociétés françaises. Cela était nécessaire à divers points de vue, et notamment pour empêcher les fondateurs français d'aller constituer leurs sociétés en pays étranger, dans l'unique but de se soustraire aux exigences de la loi fiscale, puis aussi pour égaliser la situation des sociétés étrangères et françaises fonctionnant concurremment sur notre sol. Il était bien difficile cependant d'arriver en cette matière à une équivalence absolue, étant donnée la difficulté d'atteindre un redevable habitant hors de France. De là un régime différent pour les sociétés étrangères, suivant qu'elles tombent plus ou moins directement sous l'action du fisc ; de là aussi tout un ensemble de mesures spéciales prises pour saisir la matière imposable, et toute une catégorie de prérogatives réservées aux seules sociétés étrangères qui se soumettent volontairement au payement de l'impôt.

Ces sociétés peuvent être divisées en trois catégories, d'après leur situation au regard du Trésor :

1° Les sociétés qui acquittent des taxes annuelles : les sociétés abonnées ;

2° Les sociétés dont les titres ne supportent que le droit de timbre au comptant : les sociétés non abonnées ;

3° Les sociétés qui possèdent des biens en France ou qui y font des opérations sans que leurs titres y circulent.

Les textes législatifs qui établissent le régime fiscal des sociétés étrangères sont la loi du 23 juin 1857, le décret du 17 juillet 1857, les lois des 30 mars, 25 mai et 29 juin 1872, le décret du 6 décembre 1872, la loi du 28 décembre 1895, la loi de finances du 13 avril 1898 (art. 12), enfin la loi du 30 janvier 1907.

A. — *Sociétés abonnées.*

4142. — Ce sont :

1º Les sociétés dont les titres sont « cotés, négociés, exposés en vente ou émis en France » ;

2º Les sociétés qui ont pour objet des biens mobiliers ou immobiliers situés en France, même si leurs titres ne sont pas cotés et ne circulent pas sur notre marché (Cass., 10 fév. 1903, D. 03.1.417, *Gaz. Pal.,* 27 mars 1903, *R. S.,* 1903.283 ; — Cass., 11 nov. 1903, *R. S.,* 1904.75, *J. S.,* 1903.491 ; — Lille, 31 juill. 1902, *J. S.,* 1903.520 ; — Cass., 14 déc. 1904, *Gaz. Trib.,* 16 déc. 1904).

4143. — *Obligations qui leur sont imposées. — Sanction.* — Les sociétés étrangères qui procèdent en France à une émission publique, à une exposition, à une mise en vente ou à une introduction d'actions, d'obligations ou de titres de quelque nature qu'ils soient, doivent :

1º Faire connaître leurs statuts et faire enregistrer l'acte constitutif de la société ;

2º Assurer le paiement des impôts qui grèvent, en France, les sociétés étrangères.

4144. — *Publicité des statuts.* — Les sociétés étrangères doivent publier intégralement leurs statuts, en langue française, au Bulletin des annonces légales obligatoires ; et faire insérer à ce même bulletin une notice contenant certaines indications (L. 30 janv. 1907, art. 3).

4145. — *Enregistrement de l'acte constitutif.* — Les sociétés étrangères dont les titres sont cotés ou circulent en France ou qui y font des opérations doivent, préalablement à leur établissement, déposer à l'enregistrement un exemplaire certifié de leur acte d'association, et ce sous peine d'une amende de 100 à 5.000 francs (L. 13 avr. 1898, art. 12).

Cette formalité n'est pas exigée, toutefois, des sociétés qui ne sont pas obligées de rédiger un acte pour être régulièrement établies dans leur pays (Sol. Enreg., 16 mai 1899, S. 1900.2.256).

Le droit d'enregistrement peut n'atteindre qu'en partie la société étrangère. En effet, si elle fait usage en France, par acte notarié, d'un acte passé à l'étranger, elle peut ne produire à l'enregistrement qu'un simple extrait qui contiendra seulement les parties du contrat de société utilisées dans l'acte notarié (Sol. Rég., 19 oct. 1892). Et même si cet extrait ne mentionne pas les parties essentielles du contrat de société, les apports des associés, par exemple, mais seulement les parties accessoires, telles que celles relatives à l'administration, il n'est plus assujetti au droit proportionnel, mais seulement au droit fixe.

4146. — Les sociétés étrangères doivent encore — et c'est là l'obligation la plus importante au regard du Trésor, car la perception de l'impôt est subordonnée à sa réalisation, au moins pour toutes les sociétés étrangères qui ne possèdent pas de biens en France — faire agréer par le ministre des finances un *représentant responsable.* Ce représentant doit être Français et d'une solvabilité notoire ; il prend l'engagement vis-à-vis du fisc d'acquitter personnellement tous les droits et amendes dont la société pourra être redevable. Dans certains cas, le dépôt d'un *cautionnement* peut être substitué à la désignation d'un représentant responsable.

Quant à la responsabilité du représentant accrédité d'une société étrangère, elle procède des principes du droit commun ; mais elle résulte, en outre, en ce qui concerne le payement de l'impôt, de l'engagement personnel exigé par l'administration comme condition de son agrément.

Dans la pratique, cet engagement d'acquitter toutes les taxes auxquelles peut être tenue la société est souscrit par son représentant sous réserve de la faculté de résilier.

Ainsi, tandis qu'en droit l'engagement du représentant responsable n'a pas d'autres limites quant à son étendue que l'obligation de la société, débiteur principal, en fait, cette étendue est limitée par la stipulation particulière d'un terme quant à la durée ; mais cette réserve n'est qu'une tolérance destinée à permettre aux sociétés étrangères de trouver plus facilement une caution.

Il est d'ailleurs évident, comme le fait remarquer une solution du 15 août 1894, que malgré la réserve admise en ce qui concerne la durée de l'engagement du représentant responsable, la société étrangère n'est pas moins tenue d'acquitter les taxes aussi longtemps que subsiste le fait générateur de l'impôt, c'est-à-dire la circulation en France.

Deux décisions rendues par le ministre des finances, les 18 juillet 1879 et 18 février 1880, ont notamment confirmé le principe que le représentant responsable est redevable personnellement des taxes dues sur les titres d'une société étrangère pendant toute la période de leur exigibilité, si aucun terme n'a été stipulé quant à la durée de son engagement (*J. Enreg.*, 21684, Garnier, *Rép. pér.*, 5327, *Contrôl. Enreg.*, 16197, S. 80.2.87, D. 80.3.84, *J. Enreg.*, 21991, *Rép. pér.*, 5638, *Contrôl. Enreg.*, 16467, D. 81.5.366).

V. jurisprudence conforme : Trib. civ. Lille, 7 juill. 1876, *J. Enreg.*, 20102, *Rép. pér.*, 4422 ; — Cass., 22 avr. 1879, *J. Enreg.*, 21028, *Contrôl. Enreg.*, 16082, *Rép. pér.*, 5243, *J. Not.*, 22121, *R. Not.*, 5959,

Instr. gén., 2621, § 6, S. 79.1.325, D. 83.1.97 ; — 29 août 1881, *J. Enreg.*, 21727, *Rép. pér.*, 5854, *Contrôl. Enreg.*, 16521, *J. Not.*, 22622, *R. Not.*, 6392, Instr. gén., 2664, § 5, S. 82.1.181, D. 83.1.97 ; — Trib. civ. Lille, 1er avr. 1881, *J. Enreg.*, 12854, *Rép. pér.*, 5906 ; — Décr. 10 août 1896, *R. Enreg.*, 1236 ; — Décr. 17 juill. 1857, art. 10 ; — Décr. 24 mai 1872, art. 4 ; — Décr. 6 déc. 1872, art. 4, *Tr. alphab.*, V° *Valeurs mobilières étrangères*, n. 43 et s. ; — Sol. admin., 4 juill. 1892 et Sol., 7 sept. 1892, Instr. gén., 2801 ; — Trib. civ. Seine, 28 déc. 1867, *J. Enreg.*, 18351, *Rép. pér.*, 2680, *Contrôl. Enreg.*, 14097 ; — Cass., 17 janv. 1888, *J. Enreg.*, 22967 et 22968 ; — Instr. gén. 2750, § 5, *J. Not.*, 23985, *Contrôl. Enreg.*, 17428, *Rép. pér.*, 7021, D.88.1.409.

Cette disposition, étant primordiale, a été fortement sanctionnée par le législateur. D'une part, en effet, les chambres syndicales des agents de change, à Paris et en province, ne peuvent admettre à la cote et aux négociations officielles les titres des sociétés étrangères qui n'ont pas justifié de l'agrément d'un représentant ou du dépôt d'un cautionnement. D'autre part, la société étrangère qui émet en France, négocie ou expose en vente ses titres, ou qui y contracte un emprunt ou y exploite des biens, ainsi que l'individu quelconque qui participe à cette émission, à cette mise en souscription, à cette exposition en vente ou introduction sur le marché, ou qui annonce ou publie les opérations relatives à ces titres ou en fait le service financier, sont passibles d'une amende, s'il n'y a pas eu préalablement agrément d'un représentant responsable de la société. L'amende est de 100 à 5.000 francs pour la société. Elle est, pour l'entremetteur, de 5 % de la valeur nominale des titres annoncés ou émis, avec un minimum de 50 francs. Des insertions périodiques au *Journal officiel* doivent faire connaître la liste des valeurs pour lesquelles la formalité ci-dessus a été remplie.

4147. — *Nature et quotité des droits.* — Les sociétés étrangères dont nous nous occupons doivent acquitter au Trésor les trois droits de timbre, de transmission et de 10 % sur le revenu ; ceux-ci étant perçus sur une fraction de titres ou *quotité imposable*, déterminée par la loi.

La quotité des trois droits est la même que pour les valeurs françaises. Toutefois, l'impôt n'est jamais acquitté au comptant, mais *toujours par voie d'abonnement*.

Le droit de timbre, de même quotité que pour les titres français, sera donc toujours de 0,10 % du capital nominal des titres. Le timbrage est constaté, sans apposition d'une estampille, par l'insertion d'un avis au *Journal officiel*.

Le droit de transmission est toujours de 0,50 % (L. 25 juin 1920, art. 49), sans distinction entre les titres au porteur et les titres nominatifs, puisque le Trésor ne peut connaître les transferts, inscrits au siège social étranger (Cass., 29 juill. 1903, *Gaz. Pal.*, 16 nov. 1903).

Quant à la taxe de 10 %, elle est liquidée et perçue dans des conditions analogues à celles déterminées pour les titres français.

Le droit de communication appartient à l'administration de l'enregistrement comme pour les sociétés françaises (Cass., 12 fév. 1902, *R. S.*, 1902.190 ; — Seine, 25 oct. 1901, *R. S.*, 1902.232).

4148. — *Valeur imposable.* — La masse imposable sur laquelle doivent être calculés les droits dus est obtenue en multipliant par le chiffre des titres en circulation la valeur attribuable à chacun d'eux.

La valeur des titres étrangers est déterminée d'après les mêmes règles que pour les titres français.

Par contre, le nombre des titres étrangers circulant en France est établi d'une façon fictive, à défaut de données précises, de la manière que nous allons indiquer. A défaut du volume de la circulation réelle, que le fisc ne peut exactement connaître, on s'en tient à la circulation présumée, déterminée d'après les bases légales. Quant au fait même de la circulation d'une valeur, il résulte de son admission à la cote. La quotité imposable, une fois arrêtée, peut être revisée tous les ans ; mais dans la limite de chaque période annuelle, elle demeure invariable, indépendamment de toutes les circonstances de fait.

Cette quotité est fixée par le ministre des finances, sur avis d'une commission spéciale, dite *Commission des valeurs mobilières*, composée de hautes personnalités administratives et financières (Belley, 6 fév. 1901 ; — Avesnes, 27 fév. 1901 ; — Nantua, 15 mars 1901, *J. S.*, 1901. 377 ; — Cass., 14 déc. 1904, *Gaz. Pal.*, 10 janv. 1905 et *J. S.*, 1905.354).

Pour les sociétés dont les titres sont cotés ou circulent en France, elle est basée sur le nombre des titres présumés en circulation, avec un minimum égal pour les actions à un dixième, et pour les obligations à deux dixièmes du capital-actions ou du capital-obligations.

4149. — *Dispositions particulières. Impôt sur le revenu.* — 1º *Paiement des coupons.* — Lorsque les coupons sont payés en France, dans ce cas la retenue de l'impôt est opérée par le banquier changeur, que l'on appelle l'assujetti (L. 29 mars 1914, art. 35).

Si les coupons sont payés à l'étranger, le propriétaire ou l'usufruitier qui veut toucher des coupons à l'étranger doit apposer sur les titres un timbre spécial d'une valeur égale à l'impôt sur le revenu de l'année entière (L. 29 mars 1914, art. 37).

2º *Cours du change.* — Lorsque le revenu distribué par une société étrangère est exprimé en monnaie étrangère, la société doit indiquer au receveur le montant du revenu en valeur française, d'après le cours du change (Alger, 17 juin 1911, *R. Enreg.*, art. 5601) ;

3º *Tantièmes d'administrateurs.* — Les administrateurs, domiciliés ou résidant en France, de sociétés dont les titres sont cotés ou circulent en France, doivent la taxe de 10 % sur la quote-part des bénéfices à eux distribués en vertu de dispositions statutaires (L. 30 déc. 1916, art. 12).

4150. — *Droit de timbre.*— Si la société ne paie pas le droit de timbre à l'abonnement, le porteur doit payer la taxe au comptant. Par suite, pour savoir si la taxe au comptant est due, il faut rechercher si la taxe d'abonnement a été ou n'a pas été payée (Cass., 17 janv. 1890, S. 90.1.33).

D'autre part, tandis que les sociétés françaises sont dispensées du droit de timbre par le fait seul qu'elles n'ont pas payé de dividendes, les sociétés étrangères doivent justifier qu'elles n'ont pas pu payer de dividendes (Cass., 1er fév. 1911, *J. dr. int. priv.*, 1911.132).

Mais tandis que, pour les sociétés françaises, le montant de l'abonnement est invariable quels que soient les amortissements ou réductions dont le capital social est l'objet, au contraire le montant de l'abonnement varie, dans les sociétés étrangères, avec la quotité des titres imposables (Cass., 4 fév. 1914, *J. S.*, 1914.20).

4151. — *Recours contre les associés.* — Lorsqu'une société a payé les taxes annuelles, elle n'a pas de recours contre les associés à raison du droit de timbre ; mais elle en a pour les impôts de transmission et sur le revenu (Cass., 5 déc. 1899, S. 1900.1.465).

4152. — *Droit de communication.* — Les sociétés étrangères sont soumises à l'égard de l'administration de l'enregistrement à un droit de communication (L. 17 avr. 1906, art. 5 ; — Cass., 31 oct. 1905, S. 1905.1.465).

4153. — *Pénalités.* — Le retard dans l'acquittement des impôts, les déclarations à faire ou le dépôt des documents exigés par la loi est puni des mêmes amendes pour les sociétés étrangères et françaises.

B. — *Sociétés non abonnées.*

4154. — Malgré toutes les précautions prises par la loi fiscale, on conçoit que l'abonnement n'est obligatoire en fait que pour les sociétés étrangères qui veulent obtenir pour leurs valeurs l'admission à la cote en France. Cependant, depuis la loi de finances de 1898, la négociation en banque ou dans la coulisse, c'est-à-dire en dehors du marché légal, des titres étrangers non cotés, est devenue plus difficile, en raison des pénalités rigoureuses qui frappent désormais les intermédiaires complaisants. Elle n'est pourtant pas impossible. Aussi le législateur a-t-il essayé d'amener les sociétés étrangères à souscrire volontairement des abonnements, en rendant très lourd le droit de timbre au comptant qui s'applique à celles qui ne sont pas abonnées.

4155. — I. *Droit de timbre.* — On peut dire que le droit de timbre au comptant est exigible sur tous les titres des sociétés étrangères qui ne payent pas les taxes d'abonnement.

Impôt de remplacement et d'équivalence, sa quotité est très élevée : elle est de 2 %, sans décimes.

Le droit est liquidé sur la valeur nominale de chaque titre, ou de chaque coupure considérée isolément, et dans tous les cas, sur un minimum de 100 francs. — Cette fixation d'un minimum imposable de 100 francs par titre rend l'impôt particulièrement lourd pour toutes les petites coupures étrangères d'une valeur inférieure à ce chiffre (titres de 25 francs, de 50 francs, etc.) ; il en est de même pour toutes les valeurs dépréciées, puisque le droit est toujours calculé sur la valeur nominale du titre.

Les sociétés qui nous occupent n'ayant pas de représentants en France, le droit de timbre au comptant est acquitté par les intermédiaires, au cas d'émission ; par les porteurs, au cas de négociation.

La constatation de l'acquit du droit se fait au moyen du visa pour timbre ou du timbrage à l'extraordinaire (L. 28 déc. 1895, art. 5, et Décr. 2 janv. 1896, art. 1er).

4156. — *Point de départ et exigibilité du droit.* — L'existence des sociétés qui nous occupent étant ignorée du fisc, l'impôt devient exigible à raison de certains faits extérieurs qui révèlent la circulation de leurs titres en France.

Ceux-ci sont soumis à la formalité du timbre et à l'acquittement de la taxe :

1º Avant toute émission ou souscription en France ;

2º Avant toute négociation, exposition en vente ou énonciation dans un acte public ou sous seing privé.

Le droit n'est d'ailleurs exigible qu'une seule fois sur un même titre.

4157. — *Obligations imposées aux intermédiaires, aux tiers et aux porteurs, en vue du recouvrement de l'impôt. — Sanctions.* — Il doit être fait une déclaration préalable à toute émission ou mise en souscription en France de titres étrangers. La déclaration est reçue dix jours à l'avance, au bureau d'enregistrement dans la circonscription duquel l'émission ou la souscription a lieu.

L'énonciation dans un acte quelconque, authentique ou sous seing privé, de titres d'une société étrangère non abonnée, doit être accompagnée de la mention du timbrage de ces titres et de l'acquit du droit dû.

Il y a contravention aux prescriptions de la loi dans le fait d'émettre, de faire souscrire ou de souscrire des titres étrangers avant la déclaration préalable ; de remettre aux intéressés ou d'accepter ces titres non timbrés. L'amende est de 5 % de la valeur nominale desdits titres, avec un minimum de 50 francs. Elle est due, personnellement et sans recours, par l'intermédiaire qui annonce ou publie des émissions, procède à des émissions ou souscriptions, sans déclaration préalable, ou qui émet des titres non timbrés. Le souscripteur ou preneur qui reçoit les titres non timbrés est tenu solidairement de la même amende avec l'intermédiaire, sauf son recours contre ce dernier.

Il y a encore contravention dans le fait de négocier, d'exposer en vente ou d'énoncer des titres non timbrés, ou seulement d'omettre la mention du timbrage en énonçant les titres timbrés. L'amende est encore de 5 % de la valeur nominale desdits titres, mais avec un minimum de 100 francs (L. de finances 1895, art. 5, *in fine*). L'amende est due solidairement par toutes les personnes intéressées. De plus, l'officier public qui concourt à l'acte contraventionnel encourt personnellement une amende de 100 francs en principal.

La circulation en France des titres des sociétés étrangères constituant exclusivement le fait générateur des droits de timbre et de transmission établis par l'art. 9 de la loi du 23 juin 1857, une société étrangère ne peut être admise à obtenir la remise ou la décharge de ces impôts qu'en rapportant la preuve que tous ses titres ont disparu du marché français.

La portée de cette règle résulte des termes mêmes de la loi, puisque ledit article édicte que « les actions et obligations émises par les sociétés, compagnies ou entreprises étrangères sont soumises, en France, à des droits équivalents à ceux qui sont établis sur les valeurs françaises, et ne pourront être cotées et *négociées* en France qu'en se soumettant à l'acquittement de ces droits ».

La jurisprudence est constante : Trib. civ. Seine, 5 juin 1885, *J. Enreg.*, 22635, Garnier, *Rép. pér.*, 6519, *Contrôl. Enreg.*, 17082 ; — Cass., 17 janv. 1888, *J. Enreg.*, 22967 et 22968, *J. Not.*, 23985, *Contrôl. Enreg.*, 17482, Garnier, *Rép. pér.*, 7021 ; Instr. gén. 2750, § 5, D.

88.1.409. — V. aussi : Sol. Adm., 31 août 1872, *J. Enreg.*, 19243, Garnier, *Rép. pér.*, 3551, *Contrôl. Enreg.*, 15076, *J. Not.*, 21021 ; — Cass., 10 juin 1874, *J. Enreg.*, 19523, Garnier, *Rép. pér.*, 3858, *Contrôl. Enreg.*, 15324, *J. Not.*, 21021 ; Instr. gén. 2495, § 1er, S. 74.1.445, *J. Pal.*, 1874.1.118, D. 75.1.25 ; — Trib. civ. Rennes, 3 mars 1874, *J. Enreg.*, 19715, Garnier, *Rép. pér.*, 4066, Instr. gén. 516, § 2 ; — Cass., 23 fév. 1875, *J. Enreg.*, 19745, Garnier, *Rép. pér.*, 4066, *J. Not.*, 21187, *Contrôl. Enreg.*, 15390, Instr. gén. 2516, § 2, D. 75.1.370, S. 76.1.473, *J. Pal.*, 1876.1.190 ; — Sol .Adm., 16 août 1894, *R. Enreg.*, 905 ; — Trib. civ. Seine, 25 fév. 1893, *R. Enreg.*, 427 ; — Sol. Adm., 12 juin 1894, *R. Enreg.*, 864 ; — Cass., 29 juill. 1903, *R. S.*, 1904.72 ; — Cass., 14 déc. 1904, *J. S.*, 1905.254.

4158. — II. *Droit de transmission.* — Les titres des sociétés étrangères non abonnées ne sont pas assujettis à la taxe de transmission.

4159. — III. *Impôt sur le revenu.* — Mais, par contre, pour les sociétés étrangères non abonnées et pour les fonds d'Etats étrangers, l'impôt sur le revenu est fixé à 12 % (L. 25 juin 1920, art. 50).

C. — Sociétés qui possèdent des biens en France ou qui
y font des opérations.

4160. — Les sociétés dont les titres ne circulent pas en France, mais qui ont pour objet des biens soit mobiliers soit immobiliers situés en France, ou qui viennent y faire des opérations doivent seulement la taxe sur le revenu à raison des valeurs françaises qui en dépendent et acquittent cette taxe d'après une quotité du capital social fixée par le ministre des Finances (Décr. 6 déc. 1872, art. 3 ; — Cass., 10 fév. 1903, S. 1904.1.52 ; — 11 nov. 1903, S. 1904.1.368 ; — 14 déc. 1904, S. 1905.1. 471 ; — 29 juill. 1913, *J. S.*, 1914.340).

Mais la société ne doit la taxe sur le revenu que si elle a pour objet des biens situés en France, lorsque ces biens sont employés aux besoins de son commerce et de son industrie, et non si ces biens représentent uniquement un placement de fonds (Cass., 2 déc. 1908, *R. Enreg.*, art. 1145).

La société étrangère qui possède des biens en France doit la taxe sur le revenu même sur les emprunts qu'elle contracte à l'étranger et dont les titres ne circulent pas en France.

D'autre part les opérations d'une société étrangère qui ne possède pas de biens en France sont censées faites dans notre pays quand le lien de droit s'est formé en France (Seine, 7 mars 1902, *R. Enreg.* art. 3163 ; — Cass., 30 mars 1914, *J. S.*, 1916.215).

La taxe sur le revenu imposée aux sociétés étrangères qui possèdent des biens ou font des opérations en France (sans y avoir de titres) est payée au même tarif et dans les mêmes conditions que pour les sociétés étrangères dont les titres circulent en France.

Ces sociétés étrangères bénéficient par ailleurs des mêmes immunités d'impôts que les sociétés françaises, par exemple, s'il s'agit de sociétés commerciales en nom collectif.

4161. — *Obligations imposées à ces sociétés.* — Les sociétés étrangères qui se proposent d'acquérir des biens en France ou d'y faire des opérations doivent, préalablement à leur établissement en France :

1º Déposer au bureau de l'enregistrement de l'endroit où se manifeste pour la première fois leur existence, une copie légalisée, accompagnée d'une traduction certifiée de leur acte d'association en entier ;

2º Faire agréer un représentant responsable du paiement de la taxe sur le revenu et des amendes.

La quotité des biens passibles de la taxe sur le revenu est arrêtée par le ministre des Finances.

<h3 style="text-align:center">SECTION III</h3>

IMPÔTS RELATIFS AUX ACTES ORDINAIRES DE LA GESTION SOCIALE.

4162. — *Notions générales.* — Nous ne pouvons évidemment passer en revue tous les actes qu'une société peut être amenée à faire, au même titre qu'un simple particulier, pendant le cours de son existence. Le fait que l'être qui contracte est une collectivité ou un être de raison ne modifie pas, en principe, la nature ni les conditions du contrat ; et les droits qui deviennent exigibles à l'occasion des ventes, locations, constitutions d'hypothèques, etc., sont les mêmes, que l'un des intéressés soit une société ou un simple particulier. Nous n'avons donc pas à nous en occuper.

Nous traiterons seulement ici de certains actes particuliers aux sociétés, c'est-à-dire de ceux qu'on ne saurait rencontrer en dehors de la forme sociale, qui sont assez courants dans la pratique, et qui donnent lieu au profit du Trésor à la perception de certains droits.

4163. — *Transferts.* — Nous avons déjà parlé des transferts. Ils consistent dans la constatation officielle, sur les registres d'une société, des mutations de propriété que subissent certains des titres émis par cette société, et notamment les titres nominatifs. Il y a plus : le transfert est une condition essentielle à la validité de la cession.

Or, la régie considère que les registres des transferts tenus par les sociétés civiles et commerciales doivent être assujettis au timbre de dimension (Sol. Enreg., 27 avr. 1881).

4164. — *Cession de droits sociaux non représentés par des actions.* — Nous avons dit plus haut que le « droit de transmission » ne porte que sur les actions et obligations de société, et qu'il laisse en dehors de son application les parts sociales qui ne constituent pas de véritables titres d'actions, qui ne revêtent pas la forme d'un effet négociable, et parfois même ne sont représentées par aucun titre particulier. Celles-ci, qu'on les désigne sous le nom de « parts d'intérêt » ou autrement, peuvent cependant être cédées, et leur cession donne lieu à la perception d'un droit de mutation particulier. Ainsi jugé pour les sociétés de personnes (Cass., 27 avr. 1906, *J. S.*, 1906.392).

On a longtemps discuté pour savoir quel devait être ce droit. On hésitait surtout entre l'application de l'art. 69, § 5, n. 1, de la loi de frimaire an VII, ou de l'art. 69, § 2, n. 6, de cette même loi, c'est-à-dire entre la perception d'un droit de 2 % ou de 0,90 %. La jurisprudence s'est définitivement prononcée dans ce dernier sens (application du tarif à 0,90 %) (Cass., 29 déc. 1868, *J. Enreg.*, n. 18614. — *Sic* : 14 fév. 1870, 4 déc. 1871, 14 nov. 1877, etc.).

Ce droit porte sur toute cession qui a pour objet un droit incorporel mobilier, un droit social, par exemple, et sa quotité demeure invariable, quelle que soit la nature des biens, mobiliers ou immobiliers, qui composent l'actif de la société.

Il se liquide sur le prix de la cession, en y ajoutant les charges, mais sans qu'il y ait lieu d'y comprendre le passif de la société. Il n'a trait d'ailleurs qu'aux cessions à titre onéreux, le droit ordinaire de donation demeurant exigible sur les transmissions de droits sociaux consenties à titre gratuit.

Il suppose par essence l'existence d'une société, et ne pourrait devenir exigible ni avant sa constitution définitive, ni après sa dissolution puisqu'il ne s'applique qu'à la cession d'un droit incorporel qui en l'espèce est un droit social (droit sur une part de l'actif social, droit à une quotité des bénéfices, etc. Ruffec, 5 juin 1900, *J. S.*, 1902.357 ; — Reims, 24 juill. 1901, *J. S.*, 1902.267 ; — St-Etienne, 30 oct. 1901, *Gaz. Pal.*, 21 déc. 1901 ; — Cambrai, 25 juin 1903, *Gaz. Pal.*, 24 juill. 1903 ; — Grasse, 4 nov. 1903, *J. S.*, 1904.34 ; — Seine, 4 avr. 1903, *J. S.*, 1904.58). Mais il porte, pendant la durée entière de la société, sur toutes les cessions à titre onéreux de parts d'intérêts ou de droits sociaux, quelles qu'en soient la forme et la nature, qu'elles s'opèrent en vertu d'un événement prévu par les statuts (Cass., 14 nov. 1877) par suite de la retraite d'un associé et de son remplacement par un autre, ou par l'adjonction d'un associé nouveau qui aurait pour effet de diminuer la part des autres dans le capital social (Cass., 28 déc. 1886 ; — Rouen, 28 fév. 1889).

Par contre, le droit de cession au tarif de 0,90 % ne trouverait plus son application si la société, pour une raison quelconque (dissolution, clôture de la liquidation, retraite ou décès d'un associé entraînant la fin des opérations sociales), avait disparu au jour de la transmission. Dans ces cas, en effet, il ne peut plus s'agir d'une cession de droits sociaux, puisqu'il n'y a plus de société, mais seulement de la cession de biens devenus indivis à la suite de la dissolution, ou appartenant en propre à l'un des associés. C'est donc le droit ordinaire de mutation qui deviendrait exigible, avec sa quotité propre qui varie suivant la nature des biens transmis (V. sur ces points : Demasure, *loc. cit.*, n. 68 à 72). Il y a cession obligatoire, lorsqu'en vertu du pacte social, un événement prévu se réalise et transmet à un associé des droits appartenant à un autre. La réalisation de la condition rend exigible le droit proportionnel de cession (Cass., 25 juill. 1893, *R. P.*, 8156 ; — Seine. 4 août 1906, *J. S.*, 1907.396).

Il peut arriver qu'au cours de la société il y ait abandon par l'un des associés de sa part dans l'actif social, mais avec réserve du droit aux intérêts et bénéfices, la société subsistant par conséquent ; l'enregistrement perçoit à ce moment le droit de donation mobilière et de cession de parts d'associés. Lorsque plus tard arrivera la dissolution définitive de la société, le droit proportionnel de mutation pourra être réclamé alors (Cass., 28 janv. 1902, *Gaz. Pal.*, 7 mars 1902, *Gaz. Trib.*, 6 mai 1902).

4165. — *Nomination d'un directeur ou gérant.* — Nous avons précédemment examiné la question, pour le cas où la clause qui nomme un directeur ou gérant et détermine son traitement est annexée à l'acte de société. Les principes sont les mêmes lorsque la convention intervient au cours de la vie sociale.

Si le directeur ou gérant est un associé, aucun droit spécial ne devient exigible en principe. S'il n'est pas associé, ou si un gérant étranger est substitué à un gérant sociétaire, un droit doit être perçu sur la convention nouvelle, qui est de 1,25 % sur le traitement cumulé du gérant pendant toute la durée de la société.

4166. — *Adhésion d'associés nouveaux.* — L'intérêt de la question existe surtout relativement aux sociétés dites de personnes, par opposition aux sociétés de capitaux. La difficulté consiste dans le point de savoir si l'adhésion d'un ou plusieurs nouveaux membres a ou non pour effet de constituer une société nouvelle, donnant lieu comme telle à la perception des droits y afférents. La jurisprudence semble fixée en ce sens que l'acte d'adhésion ne vaut, comme acte de formation de société, que si l'entrée du nouvel associé donne lieu à mise de fonds et à des conventions nouvelles (Dalloz, *Rép. Suppl.*, V° *Enregistrement*, n. 1882, 1883). Dans le cas contraire, il n'y a lieu qu'à perception d'un droit fixe de 6 francs.

Dans les sociétés par actions, l'adhésion d'un nouveau membre, au cours de la vie sociale, se manifeste le plus souvent par la souscription des titres nouvellement émis à la suite ou en exécution d'une délibération décidant l'augmentation du capital social. Nous examinerons cette espèce dans le chapitre suivant.

4167. — *Retraite, décès ou remplacement d'un associé.* — L'associé qui se retire au cours de la société, en reprenant son apport, n'est débiteur d'aucun droit de mutation. L'acte constatant sa retraite et la reprise de son apport a les caractères d'un lotissement ou partage partiel, et à ce titre ne donne lieu qu'à la perception du droit de partage (Sol. Enreg., 10 oct. 1872) ; d'après la loi du 28 fév. 1872 (art. 1er, 5°, et art. 2), c'était un droit fixe gradué ; il a été remplacé par un droit proportionnel réduit, dont la quotité est de 1 % plus les décimes ; il est liquidé sur le montant de l'actif net partagé.

Il faut toutefois pour cela que la retraite de l'associé puisse se produire sans entraîner la dissolution de la société, et que l'associé soit loti, en remboursement de son apport, exclusivement en valeurs sociales (Demasure, *loc. cit.*, n. 914 ; — Reims, 24 juill. 1901, *R. S.*, 1902.281).

Mais si l'associé qui se retire fait abandon de son apport à la société et qu'il soit désintéressé en espèces ou par la remise de valeurs appartenant à ses coassociés, il y a lieu à perception d'un droit de mutation sur les sommes ou valeurs ainsi données en payement (Cass., 9 mai 1864, D. 64.1.232). Le droit est perçu, d'après la jurisprudence, au taux spécial de 0,90 %, établi pour toutes cessions de parts d'intérêts dans les sociétés, et dont l'application a été étendue « d'une manière générale, à toutes les divisions d'un capital social, quelle qu'en soit la détermination » (Cass., 28 déc. 1868, D. 69.1.73).

La solution est la même au cas d'attribution aux survivants, en vertu de l'acte de société, de la part de l'associé prédécédé, lorsque le décès d'un associé n'entraîne pas la dissolution de la société. Il n'y aura lieu qu'à perception du droit réduit de partage, si les héritiers du défunt sont désintéressés en valeurs sociales ; le droit de mutation, c'est-à-dire encore le droit de cession de parts sociales à 0,50 %, deviendrait exigible si le désintéressement s'effectuait en valeurs appartenant aux associés survivants (Dalloz, *Rép. Suppl.*, V° *Enregistrement*, n. 1928 et 1929 ; — Seine, 2 fév. 1902, *J. S.*, 1903.205).

Souvent la retraite, et même le décès d'un associé sont accompagnés de l'entrée d'un nouvel associé dans la société. Le remplacement d'un associé par un autre entraîne en général la cession, ostensible ou déguisée, des parts sociales appartenant au premier, consentie au profit du second. Un droit proportionnel devient alors exigible sur la cession et sa quotité est déterminée par la nature de la transmission qui s'opère. Nous avons examiné la question au cours du présent chapitre. La cession des parts qui n'affectent pas la forme d'actions proprement dites donne lieu à perception du droit de 0,90 % ; celle des actions à recouvrement du « droit de transmission ».

Ajoutons que la solution serait toute différente si la société se trouvait dissoute par la retraite ou le décès d'un des associés : la cession aurait alors pour objet la part indivise de l'associé dans les biens de la société, et donnerait lieu à perception des droits ordinaires de mutation d'après la nature des biens cédés.

On ne saurait voir une cession de parts dans le fait qu'un associé retire une partie de ses apports et qu'un associé nouveau effectue des apports personnels (Reims, 24 juill. 1901, *R. S.*, 1902.185).

4168. — *Documents divers des sociétés.* — Les livres des sociétés sont assimilés aux livres de commerce purs et simples et, comme tels, exempts du timbre.

Les listes de présence, les procès-verbaux des délibérations des conseils d'administration ou des assemblées générales, et les copies et extraits de ces pièces sont des documents d'ordre intérieur. Ils sont donc soumis aux règles communes à tous les actes privés ; ils sont exempts du timbre, même s'ils sont signés des actionnaires et certifiés par les membres du bureau (Sol. Enreg., 19 juin 1897), et n'en deviennent passibles que s'ils sont annexés à des actes authentiques ou produits en justice.

Les documents divers (extraits, copies, etc.), présentés à l'enregistrement en vue de la perception du triple impôt (droits de timbre, de transmission et sur le revenu), peuvent être rédigés sur papier libre.

SECTION IV

IMPÔT SUR LES OPÉRATIONS DE BOURSE.

4169. — Sont seules soumises à la taxe les opérations de bourse sur les valeurs mobilières proprement dites. Les opérations sur marchandises, lettres de change, les ventes et achats de matières d'or et d'argent ne sont pas visés par la loi.

L'impôt est perçu, non pas sur l'ensemble de la transaction, mais sur l'une et l'autre opération (vente et achat).

La quotité de l'impôt est de 0 fr. 30 par 1.000 francs ou fraction de 1.000 francs, sans décimes (L. 25 juin 1920, art. 46).

Toute opération de bourse ayant pour objet l'achat ou la vente, au comptant ou à terme, de valeurs mobilières donne lieu à la rédaction d'un bordereau ; ce bordereau doit être communiqué, à toute réquisition, aux agents de l'administration de l'Enregistrement (L. 28 avr. 1893, art. 30).

Ces bordereaux doivent faire ressortir distinctement le montant de l'impôt payé au Trésor et le montant des courtages ou commissions revenant au rédacteur du bordereau (L. 25 juin 1920, art. 47).

Sur les négociations à primes, le droit est calculé, en cas d'abandon de la prime, sur le montant de la prime abandonnée et non sur la valeur des titres. D'autre part, si la négociation porte sur des titres non entièrement libérés, l'impôt est calculé sur le pied réel et non sur le cours qui, dans la pratique, est établi comme si les titres étaient entièrement libérés.

Pour les opérations de report, le droit est de 0,10 par 1.000 francs (L. 25 juin 1920, art. 46).

Pour les opérations relatives aux rentes sur l'Etat français (L. 28 déc. 1895, art. 8), le droit est de 0 fr. 0125 par 1.000 francs pour les opérations au comptant ou à terme, et de 0 fr. 00625 pour les opérations de report.

CHAPITRE III

DROITS FISCAUX RELATIFS AUX MODIFICATIONS ET TRANSFORMATIONS ACCIDENTELLES QUE PEUVENT SUBIR LES SOCIÉTÉS

4170. — Nous réunissons dans ce chapitre toutes les questions relatives aux modifications importantes et accidentelles qui peuvent se produire au cours du fonctionnement des sociétés, changement d'objet, modifications du capital social, prorogation, transformation, fusion, etc. Nous indiquerons, à l'occasion de chacune, quelle situation en résulte pour la société au regard du fisc, quelles déclarations elle doit faire, et quels droits acquitter.

Une même question, d'ailleurs, prime la solution de toutes ces difficultés : celle de savoir si l'acte modificatif emporte ou non dissolution de la société ancienne, et constitution d'une société nouvelle. Dans le premier cas, il y aura lieu de percevoir le droit proportionnel réduit d'enregistrement, pour la constitution de la nouvelle société, sur la totalité des apports ou du capital social. Dans le deuxième cas, au contraire, la personnalité de la société n'étant pas modifiée, l'acte de transformation ne sera passible que d'un droit fixe d'enregistrement, du moins s'il ne constate aucune augmentation des apports.

C'est ainsi qu'il a été décidé que le changement de forme d'une société n'emporte pas substitution d'un nouvel être moral à l'ancien préalablement disparu, dans les cas suivants :

Transformation en société anonyme libre d'une société anonyme autorisée (Seine, 1er fév. 1892, *R. S.*, 1892.39) ;

Transformation d'une société en commandite par actions en société anonyme (Sol. Enreg., 12 sept. 1876 ; — Seine, 8 déc. 1900, *J. S.*, 1901.426 ; — Cambrai, 25 juin 1903, *J. S.*, 1904.66 ; — Cass., 26 oct. 1910, D. 1913.5.29) ;

Transformation d'une société en commandite simple en société en commandite par actions (Sol. Enreg., 9-12 juin 1863), ou en société anonyme (Sol. Enreg., 5 avr. 1897) ;

Transformation d'une société anonyme en société en commandite simple (Argument *a contrario* tiré du jugement du Trib. civ. de la Seine du 21 mai 1898, *J. S.*, 1898.509) ;

Transformation d'une société en nom collectif en société en commandite (Sol. Enreg., 15 mai 1869 et 3 oct. 1888. — V. aussi Sol. 6 avr. 1896, *J. Not.*, 1896.62 ; — Paris, 7 avr. 1887, S. 90.2.238) ;

Conversion d'une société civile en société commerciale (L. 1er août 1893, art. 7 ; — Sol. Enreg., 28 fév. 1895).

Mais que faut-il décider s'il s'agit de modifications concernant l'objet, le siège social, la nationalité de la société. Il faut distinguer suivant qu'il s'agit de sociétés créées postérieurement ou antérieurement à la loi du 22 novembre 1913, qui a édicté la disposition suivante : « Sauf dispositions contraires des statuts, l'assemblée générale peut modifier les *statuts dans toutes leurs dispositions*. Elle ne peut toutefois changer la nationalité de la société ni augmenter les engagements des actionnaires. »

Le nouveau critérium posé par la loi de 1913 en vue de délimiter les pouvoirs de l'assemblée générale — « l'assemblée peut modifier toutes les dispositions des statuts, sauf ce qui lui est interdit » — a exercé une influence profonde sur la solution de ce problème fiscal : dans quels cas les modifications apportées aux statuts entraînent-elles la création d'une société nouvelle ?

Parmi les modifications aux statuts qui emportent création de société nouvelle, on peut citer :

1º Le fait par une société de se placer sous l'empire d'une législation différente (Amiens, 29 juin 1895, *J. S.*, 1896.76 ; — Cass., 27 mars 1898, *J. S.*, 1898.368) ;

2º La résolution de l'assemblée générale des actionnaires qui modifierait celles des bases essentielles de l'entreprise expressément réservées et déclarées intangibles par le pacte social ;

3º Les modifications opérées avec l'intention nettement manifestée de constituer une nouvelle société ;

4º Les modifications apportées après la dissolution définitivement consommée de la société (Cass., 21 juill. 1884, D. 85.1.109 ; — St-Julien, 18 fév. 1913, *R. Enreg.*, 5896).

Suivant qu'il y a création d'une société nouvelle ou au contraire maintien de la société existante, les conséquences au point de vue des droits d'enregistrement et des divers droits sur les valeurs mobilières (droit de timbre, taxe de transmission, impôt sur le revenu) sont les suivantes :

4171. — *Droit d'enregistrement.* — Quand la société, malgré les changements apportés aux statuts, conserve sa personnalité, l'acte modificatif doit être considéré comme un simple acte de complément passible du droit fixe de 6 francs, à moins qu'il ne s'agisse d'un acte de prorogation de société, assujetti au droit proportionnel ou d'un acte d'augmentation d'apports qui, contenant des engagements sociaux nouveaux, doit être considéré, au regard du contrat de société, comme un acte primitif et originaire.

Quand, au contraire, par suite de modifications apportées aux statuts, l'ancienne société fait place à une nouvelle, le droit proportionnel de 0,25 % et le droit de transcription pour les immeubles sont exigibles à raison des apports purs et simples effectués à la société reconstituée, et cela quand même ces apports seraient réalisés au moyen des biens de l'ancienne entreprise.

Si les apports à la nouvelle société sont effectués à titre onéreux, le droit de vente est dû d'après la nature des biens transmis (Cass., 29 juill. 1890, *R. P.*, 7773-4°).

D'autre part, au cas où, parmi les associés de la nouvelle société, ne figurent plus celui ou ceux qui ont fait originairement l'apport des biens, le droit proportionnel de vente devient exigible puisqu'il y aura défaut de reprise par l'associé apporteur.

4172. — *Droit de timbre.* — Si la société continue d'exister juridiquement malgré les modifications apportées à ses statuts, elle n'a pas à acquitter de nouveaux droits de timbre, ni à souscrire de nouvelle déclaration, en cas d'abonnement.

Au contraire, si la société est nouvelle, elle doit acquitter un nouveau droit de timbre sur les titres d'actions qu'elle crée, ou, en cas d'abonnement, souscrire une nouvelle déclaration.

4173. — *Taxe de transmission.* — En cas de simple modification aux statuts, la taxe annuelle de transmission sur les titres qui y sont assujettis se liquide sur leur valeur d'après le cours moyen de l'année précédente, ou, à défaut de cours moyen, d'après une déclaration estimative des parties. A l'égard des actions d'apport, la taxe de transmission est due dès que deux années se sont écoulées depuis la formation de la société.

En cas de modifications emportant création d'une société nouvelle, la taxe annuelle de transmission doit, pour l'année qui suit ces modifications, être liquidée sur le capital des titres assujettis, capital qui est fixé par une déclaration estimative.

Si les titres de l'ancienne société étaient nominatifs et ceux de la nouvelle au porteur, il n'y aurait pas matière à la perception du droit de conversion, puisqu'il s'agit, par hypothèse, de valeurs dépendant de collectivités distinctes. Pour les actions d'apport, la période de non-négociabilité, pendant laquelle elles demeurent affranchies de la taxe annuelle, prend cours à compter du jour où, par le fait des modifications, un nouvel être moral a été créé.

4174. — *Impôt sur le revenu.* — Lorsque la même société continue à fonctionner avec ses statuts modifiés, l'impôt sur le revenu est établi, sauf règlement ultérieur, sur les 4/5 du revenu distribué pendant l'année précédente.

Quand il y a société nouvelle, l'impôt sur le revenu est, pour la première année, et sauf règlement ultérieur liquidé sur le produit à 5 % du capital social, et non à 4/5 de ce revenu présumé, sans qu'il y ait à se préoccuper des résultats financiers de la dernière année d'existence de l'ancienne société.

4175. — *Changement d'objet.* — Il y a une première distinction à faire entre le cas où le changement a été prévu et autorisé par les statuts sociaux et celui où il ne l'a pas été. Si la modification à l'objet social a été apportée en exécution des statuts, il n'y a pas création d'une société nouvelle, donnant lieu à perception d'un droit d'enregistrement nouveau sur la somme des apports. Si la modification n'avait pas été prévue, la solution varie suivant l'importance relative du changement apporté. On ne peut guère, d'ailleurs, que poser le principe. La société conserve sa personnalité si elle se borne à élargir la sphère de ses opérations. Il y aurait, au contraire, substitution d'une société nouvelle à l'ancienne, si l'objet social était complètement transformé ou si la nature et l'étendue de ses opérations étaient très réduites, ou si la société changeait de nationalité, de dénomination et de siège (Demasure, *loc. cit.*, n. 32).

4176. — *Augmentation du capital social.* — Cette augmentation est toujours possible, même quand elle n'a pas été prévue par les statuts. Il est définitivement jugé qu'elle n'emporte pas, par elle seule, création d'une société nouvelle (Cass., 27 janv. 1873, S. 73.1.163 ; — 13 nov. 1876, S. 78.1.203). Il n'y a donc pas lieu à perception du droit proportionnel réduit sur la totalité des apports ou du capital social ; et la seule question qui se pose est celle de savoir si ce même droit n'est pas dû tout au moins sur le montant des nouveaux apports faits ou de l'augmentation du capital. La jurisprudence a tranché la question dans le sens de l'affirmative (Seine, 17 avr. 1875, 10 mars 1882 ; — Cass., 19 janv. 1876, *R. P.*, art. 4137, 5943, 4294). L'impôt est donc dû sur la portion du capital ou des apports qui n'a pas encore acquitté de droit. Il devient exigible lorsque l'augmentation du capital est devenue définitive.

Ce sont les actes et procès-verbaux de délibérations relatifs aux modifications du capital social qui doivent être présentés à l'enregistrement.

Si des titres nouveaux sont créés en représentation de l'augmentation du capital, ils sont par le fait même soumis aux mêmes droits (timbre, transmission, taxe sur le revenu) que les titres émis lors de la constitution de la société, et dans les mêmes conditions. La *déclaration d'émission* doit être faite au bureau désigné, dans le délai d'un mois à dater de l'événement qui l'a rendue nécessaire, et ce, sous peine d'une amende de 100 à 5.000 francs, outre les décimes.

4177. — *Réduction du capital social.* — On admet aujourd'hui qu'elle est possible, même dans le silence des statuts. Elle ne vaut pas, au point de vue fiscal tout au moins, création d'une société nouvelle, et n'entraîne pas perception du droit proportionnel réduit sur le montant du capital social, tel qu'il a été établi par le fait de la réduction.

Il faut noter toutefois, au point de vue des actions émises dès le début de la société en représentation de l'intégralité de son capital, que la taxe d'abonnement au timbre continue à courir sur le nombre primitif des actions souscrites, sans tenir compte de l'annulation des titres correspondant au montant de la réduction (Trib. civ. Lyon, 20 nov. 1895, *J. S.*, 1896.137). C'est l'application du principe que l'abonnement est souscrit, en matière d'actions, pour la durée de la société elle-même, et non des titres en circulation (V. *suprà*). Pour les droits de transmission et sur le revenu, au contraire, on ne tient compte que des titres réellement en circulation ; d'où il résulte que l'impôt cesse d'être exigible sur ceux qui ont été annulés.

L'acte par lequel une société réduit son capital de moitié par le remboursement à chaque actionnaire de la moitié du capital nominal de son titre constitue un partage partiel ; la disposition principale, en effet, dans cette opération, est la répartition faite aux actionnaires, la réduction de capital n'en est que la conséquence (Seine, 29 janv. 1904, *R. E.*, 1904.297. Cpr. Seine, 2 mars 1900, *J. S.*, 1901.80).

4178. — *Obligations et déclarations imposées aux sociétés en cas de modifications aux statuts.* — Toutes modifications apportées à la constitution sociale, au siège, au nombre des titres émis, au personnel dirigeant, doivent faire l'objet d'une déclaration à l'enregistrement ; celle-ci doit être effectuée dans le mois de l'événement en question, et ce, à charge d'une amende de 100 à 5.000 francs.

Les titres nouvellement émis doivent être aussi tirés d'un registre à souche. L'acte constatant la souscription de ces titres est assujetti au timbre de dimension. La déclaration de souscription et de versement est constatée dans un acte notarié, soumis à un droit fixe d'enregistrement de 3 francs.

Un extrait des actes et délibérations contenant modifications aux statuts sociaux doit être publié dans un journal d'annonces légales, dont un exemplaire, certifié et légalisé, doit être enregistré dans les trois mois de sa date.

L'administration de l'enregistrement a, sur les actes et documents relatifs à la modification du capital social, l'émission de nouveaux titres, etc., les droits d'investigation et de communication que nous avons précédemment exposés (V. *suprà*).

4179. — *Prorogation de société.*— Depuis que la loi du 28 février 1872 (art. 1er) a assujetti au droit d'enregistrement (droit proportionnel réduit de 1 %) les actes « de formation *et de prorogation* de société », il n'y a plus d'intérêt, au point de vue fiscal, à rechercher si le fait de la prorogation entraîne ou non constitution d'une société nouvelle. Dans tous les cas, l'impôt est dû sur la totalité du capital social, dans les mêmes conditions qu'au jour de la constitution de la société.

Toutefois la question s'est posée de savoir si, pour fixer le montant des apports sur lequel le droit sera liquidé, il faut se référer à l'acte constitutif de la société, ou s'en tenir aux termes de l'acte de prorogation. C'est cette dernière opinion qui a prévalu (Demante, *Principes de l'Enregistrement*, t. I, n. 327-IV). Le droit se calcule sur les apports tels qu'ils sont constatés par la prorogation, sur l'actif net social existant à ce jour (Trib. civ. Seine, 25 juin 1897, *J. S.*, 1898.36 ; — Cass., 17 mars 1903, *J. S.*, 1903.249 ; — Lille, 4 juill. 1901, *J. S.*, 1902.123 ; — Belley, 1er avr. 1904, *R. S.*, 1905.130 ; — Sens, 19 janv. 1904, *R. Enreg.*, 1904.681) ; donc sur une somme d'apports inférieure à celle qui existait primitivement, si la société a subi des pertes, ou au contraire supérieure, si, par exemple, l'acte de prorogation contient en même temps augmentation du capital initial.

Il a été jugé encore qu'au cas de prorogation, l'actif social qui sert de base à la liquidation du droit comprendra, outre la somme des apports primitifs, les réserves statutaires, extraordinaires et autres, qui sont venues s'y ajouter depuis et sont destinées à parer à certaines éventualités (Cass., 24 janv. 1876, *J. Not.*, art. 21429).

Dans tous les cas, le capital de la société n'entre en ligne de compte que sous la déduction du passif dont il est grevé, selon les règles que nous avons précédemment exposées.

On admet que la preuve de la prorogation ne peut être faite au regard de la régie que par la production d'un acte écrit (Demasure, *loc. cit.*, § 45, p. 46).

Après la prorogation, les titres en circulation continuent à acquitter les taxes de transmission et de 4 % dans les mêmes conditions que précédemment.

Quant au droit de timbre, il faut distinguer. Si les titres anciens ne sont pas remplacés par de nouveaux, il n'est besoin ni de requérir à nouveau la formalité, ni d'acquitter un second droit, sauf à renouveler la déclaration d'abonnement, s'il y a lieu. S'il y a renouvellement des titres, il faut recourir à la formalité ; mais les titres nouveaux sont timbrés à l'extraordinaire ou visés pour timbre gratis (L. 5 juin 1850, art. 17). Mais si la société qui se proroge n'était constituée primitivement que pour une durée n'excédant pas dix années, les certificats d'actions seront de nouveau soumis à la formalité du timbre et au paiement du droit, à moins que la société n'ait contracté un abonnement, qui se trouve alors prorogé pour sa nouvelle durée (L. 5 juin 1850, art. 26). Cette disposition a pour but d'empêcher les sociétés d'éluder, au moyen d'une prorogation, la règle qui les soumet au droit de 2 % quand elles ont une durée de plus de dix ans (au lieu de 1 % quand leur durée ne doit pas excéder dix ans).

4180. — *Fusion de sociétés.* — La fusion entre deux ou plusieurs sociétés distinctes peut se produire de diverses façons, et entraîner des conséquences juridiques et fiscales très variées. Il peut y avoir dissolution de toutes les sociétés anciennes et constitution d'une société nouvelle distincte des autres. Il peut y avoir absorption d'une ou plusieurs sociétés par une autre, qui, elle, conserve sa personnalité. Il peut se faire enfin qu'aucune des sociétés préexistantes ne disparaisse, mais qu'il se forme entre elles une communauté plus ou moins large d'intérêts qui, suivant les cas, vaudra comme société distincte ou comme simple participation. Les règles que nous avons déjà posées s'appliqueront suivant les espèces.

Tout dépendra des circonstances, de l'intention des parties, des conditions et des formes de la fusion. La jurisprudence tient surtout compte de ce fait que les statuts sociaux ont ou non prévu la fusion. Si la fusion a été autorisée par les statuts, les tribunaux admettent plus facilement que la société conserve sa personnalité tout en absorbant une autre société.

Au point de vue fiscal, s'il y a dissolution de toutes les sociétés préexistantes et formation d'une société nouvelle, le droit proportionnel réduit de constitution est dû sur la totalité des apports faits par les sociétés dissoutes, déduction faite des charges.

Si l'une des sociétés qui fusionnent conserve sa personnalité, tout en absorbant les autres, le droit proportionnel réduit ne sera exigible que sur le montant des apports nouveaux.

Enfin, si aucune des sociétés entrant dans l'alliance ne disparaît ni ne se modifie, et qu'il s'établisse seulement entre elles une communauté d'intérêts, l'acte qui les unit ne donne lieu qu'à la perception d'un droit fixe. Il en serait de même s'il se formait entre elles une participation sans communication d'apports (Demasure, *loc. cit.*, n. 39 *in fine*). Mais, au contraire, le droit proportionnel réduit deviendrait exigible si la communauté d'intérêts supposait la création d'une société nouvelle et il devrait être liquidé sur le montant des apports faits à cette société.

Bien entendu, dans tous les cas où le prétendu apport de son actif, fait par la société qui se dissout à celle qui conserve sa personnalité ou qui se constitue, est effectué à titre onéreux, moyennant un prix déterminé ou l'obligation d'acquitter le passif correspondant, il y a lieu à la perception du droit proportionnel de vente, mobilière ou immobilière, suivant les principes que nous avons précédemment posés (En ce sens : Cass., 6 mai 1896, *J. S.*, 1896.396 ; — Seine, 13 nov. 1903, *Gaz. Trib.*, 28 janv. 1904).

Pour diminuer les frais fiscaux, la société absorbée n'apporte généralement pas la totalité de son actif et de son passif à la société absorbante.

Lorsque le passif de la société absorbée n'est pas très supérieur à la valeur de son stock de marchandises neuves, on stipule, dans l'acte de fusion, qu'elle cède ce stock (suivant état descriptif et estimatif), à charge par la société absorbante d'acquitter ce passif : le droit d'enregistrement exigible sur cette cession est de 1 fr. 25 % sans décimes. Si le stock de marchandises neuves n'est pas suffisant pour couvrir le passif, on peut compléter au moyen d'une cession de créances pour laquelle le droit est de 1 fr. 25 %, décimes compris.

Si, au contraire, la société absorbée liquide elle-même son passif, elle garde par devers elle une portion de son actif suffisante pour lui permettre de payer les dettes qu'elle conserve à sa charge ; et elle ne fait apport à la société absorbante que du surplus de son actif disponible, en échange d'un certain nombre d'actions ou de parts bénéficiaires. L'apport de ce surplus n'est alors grevé que du droit d'apport de 1 %.

Au point de vue du droit de timbre sur les titres en circulation, on admet qu'il y a renouvellement dans le sens de la loi (5 juin 1850, art. 17), donc ne donnant lieu qu'à réquisition de la formalité, mais non à payement d'un nouveau droit, lorsque l'une des sociétés qui fusionnent conserve sa personnalité, et qu'elle délivre en suite de la fusion des titres nouveaux à ses actionnaires et aux actionnaires des sociétés fusionnées. Mais il n'en sera ainsi que si tous les titres nouveaux ont le caractère d'actions proprement dites. Si quelques-uns étaient de véritables titres de remboursement, ils vaudraient, au regard du fisc, comme des obligations et seraient assujettis au régime propre à ces derniers titres (Demasure, *loc. cit.*, n. 128).

La question est plus délicate et donne lieu à vives discussions pour le cas où la fusion engendre une société nouvelle qui émet d'autres titres, à elle propres, en remplacement de ceux qui auraient été mis en circulation par les sociétés dissoutes.

4181. — *Sous-sociétés.* — L'acte par lequel un associé s'associe, en exécution de l'art. 1861 C. civ. et au cours de la société, une tierce personne qui partage ses chances de bénéfices et de pertes dans la société principale, est considéré comme un acte de sous-société, et non comme une cession partielle d'intérêts, lorsqu'il est sérieux. Il donne donc lieu seulement à perception du droit de constitution (droit proportionnel réduit) (Demasure, *loc. cit.*, n. 15).

Mais si l'acte renferme d'abord une cession par l'associé d'une fraction de sa part sociale, et ensuite constitution d'une sous-société entre les parties, il peut être perçu un droit de cession et un droit de constitution de société (V. Cass., 6 déc. 1895, S. 96.1.172).

CHAPITRE IV

DROITS FISCAUX RELATIFS A LA DISSOLUTION ET AU PARTAGE DES SOCIÉTÉS

4182. — § I. *Dissolution de la société.* — Ces actes ont toujours été assujettis à un simple *droit fixe* d'enregistrement (L. 22 frim. an VII, art. 68, § 3, n. 4 ; 28 avr. 1816 ; 28 fév. 1872, art. 4). Seulement sa quotité a varié ; fixée d'abord à 3 francs, elle a été portée à 5 francs, à 7 fr. 50 ; le montant du droit est actuellement de 14 francs. Les actes de dissolution de société ne bénéficient du droit fixe qu'à la condition qu'ils se trouvent dans les mêmes conditions que les actes de formation (L. 22 frim. an VII, art. précité), c'est-à-dire qu'ils ne contiennent ni obligation, ni libération, ni transmission de biens ou valeurs entre associés ou autres personnes.

La dissolution de la société peut être constatée dans un acte particulier, ou résulter d'une délibération spéciale. Elle peut ressortir incidemment d'un acte qui a un tout autre objet : par exemple, l'acte même de constitution, quand il fixe le terme de la société, et dès lors la date de sa dissolution ; ou l'acte qui constate la cession simultanée de toutes les actions au profit d'une même personne ; ou encore l'acte de liquidation ou de partage des biens sociaux. Dans ces cas, la doctrine admet qu'il n'y a pas lieu à perception du droit de dissolution, en outre du droit spécial afférent à l'acte, d'après sa nature propre. Toutefois la jurisprudence semble plutôt fixée en sens contraire ; du moins s'est-elle prononcée à plusieurs reprises pour le paiement simultané des deux droits (Dalloz, *Rép. Supp.*, V° *Enregistrement*, n. 1956).

Ajoutons que, dans tous les cas où l'acte de dissolution contient en même temps partage de l'actif social entre les associés, il donne lieu en plus à la perception du droit spécial de partage dans les conditions que nous allons indiquer au paragraphe suivant.

4183. — § II. *Actes de partage.* — Les attributions contenues dans les partages donnent lieu, suivant les cas :

a) au droit proportionnel de 0 fr. 50 %, pour droit de partage ;

b) au droit de mutation pour soulte ;

c) à un droit variable pour mutation de biens apportés.

4184. — *a*) *Partage soumis au droit proportionnel réduit.* — Aux termes de la loi, les partages soumis au droit proportionnel réduit sont «les partages de biens meubles et immeubles entre co-propriétaires, co-héritiers et *coassociés*, à quelque titre que ce soit ». Le droit est liquidé d'après le montant de l'*actif* net partagé (donc sous la déduction du passif y afférent), sans préjudice des droits de soulte et autres. C'est un droit d'acte qui n'est exigible dès lors que lorsque les partages font l'objet d'actes et que ces actes sont présentés à la formalité de l'enregistrement.

Un acte ne peut être soumis au droit de partage que s'il forme le titre du partage, c'est-à-dire lie les parties. La délibération d'une assemblée générale est soumise au droit de partage quand elle réalise le partage de fonds sociaux entre associés (Trib. Seine, 22 janv. 1904, *R. Enreg.*, n. 26692 ; 8 fév. 1907, *ibid.*, n. 27403), mais non pas quand elle fournit seulement les bases du partage futur.

Il faut d'autre part qu'il soit justifié du partage, c'est-à-dire de la copropriété indivise (L. 22 frim. an VII, art. 68, § 3).Par suite, ce n'est pas le droit de partage qui est dû, mais le droit de mutation quand, l'indivision n'existant pas, les prétendus biens indivis attribués à un associé appartenaient à une autre personne.

La réduction du capital social donne ouverture : au droit de partage lorsqu'elle s'opère au moyen de l'attribution d'une partie de l'actif à certains associés (Trib. Seine, 29 janv. 1904, *R. Enreg.*, 1904.297 ; Cpr. 2 mars 1900, *J. S.*, 1901.80) ; au droit de cession de part lorsqu'elle correspond à l'attribution de valeurs prises en dehors de l'actif (Trib. Seine, 6 mars 1896, *R. Enreg.*, art. 1139) ; au droit fixe lorsqu'elle ne comporte aucune attribution au profit des associés.

Dans la généralité des termes employés par la loi, il semblerait que le droit spécial du partage serait dû, à l'exclusion de tout autre, sur tout partage dans lequel on ne comprend que des biens sociaux, et où chaque associé est loti proportionnellement à son droit, sans qu'on doive distinguer si les biens qu'il reçoit proviennent de son apport ou des apports de ses coassociés. Tel était, en effet, l'avis de la doctrine (Wahl, *Tr. de dr. fisc.*, t. I, n. 443 et 457 ; Houpin, 5ᵉ éd., n. 1557).

Mais l'administration a soulevé une prétention différente et établi une distinction qui a été consacrée par la jurisprudence (Cass., chambres réunies, 6 juin 1842, *R. P.*, art. 3589. — *Sic* : Cass., 21 fév. 1853, 14 fév. 1866, 2 fév. 1868, 2 déc. 1883, 24 déc. 1879, 27 juin 1882, etc.).

Il n'y a partage, au regard du fisc, emportant attribution et non mutation de propriété au profit du copartageant, et donnant lieu comme tel à perception du droit réduit, que lorsque l'associé ne reprend, en remboursement de sa part sociale, que la chose même, mobilière ou immobilière, qui a fait l'objet de son apport à la société.

Il y a au contraire, toujours au regard du fisc, une mutation de propriété véritable lorsque la propriété d'un des objets faisant partie de l'actif social est attribuée dans le partage à un associé autre que son ancien propriétaire, et dès lors il y aura lieu à perception du droit proportionnel de mutation sur la valeur de cet objet (Sol. Enreg.., 4 janv. 1897 ; — Cass., 25 nov. 1901, S. 03.1.241 ; — Cass., 22 déc. 1904, *Gaz. Trib.*, 31 déc. 1904 ; — Cass., 28 avr. 1913, S. 1913.1.404). Et cela, alors même que l'associé auquel l'apport est attribué avait acquis, au cours de la société, les droits sociaux de l'apporteur (Cass., 13 nov. 1912, *R. Enreg.*, art. 6284).

Bien plus, si l'attribution d'un objet est faite au profit d'un associé autre que son apporteur, le droit de vente sera dû sur la totalité de l'objet attribué, sans qu'il y ait lieu de déduire une fraction de sa valeur correspondant à l'intérêt de l'attributaire dans la société ou au montant de son propre apport. Il en est de même lorsqu'un immeuble ayant été apporté indivisément par plusieurs associés, le partage en attribue la totalité à l'un d'eux.

Il y a mutation dans le cas même où l'apport a été fait indivisément par tous les associés ; l'attribution à un seul d'entre eux équivaut alors à une licitation (Cass., Ch. réunies, 22 déc. 1904, *Gaz. Pal.*, 12 janv. 1905, et conclusions de M. le procureur général Baudouin).

La théorie consacrée par la jurisprudence a donc pour effet de limiter l'application du droit spécial de partage au cas où l'associé reprend, dans l'indivision qui suit la disparition de l'être moral, l'objet même qu'il avait mis en commun dans la société (V. sur cette question, Dalloz, *Rép. Supp.*, V° *Enreg.*, n. 1965 et s., 1957 et s. ; Demante, *Principes de l'Enregistrement*, t. 2, n. 735 et s. ; Demasure, *loc. cit.*, n. 96 et s.).

On admet cependant qu'aucun droit de mutation n'est dû si l'objet repris par l'associé qui l'avait apporté a augmenté de valeur au cours de la société, au moins si l'augmentation est indépendante du fait de la société (Demasure, *loc. cit.*, n. 98).

Une opinion même prétend que le droit de partage est seul dû lorsque l'attribution à un associé, en rémunération de ses droits sociaux, est faite au moyen de biens acquis à titre onéreux, lors de la constitution ou au cours de la société (Houpin, *loc. cit.*, n. 1126, p. 195 *in fine*. — En ce sens : Epinal, 11 mai 1874, *R. P.*, art. 3933).

Ajoutons, au point de vue de la liquidation du droit réduit, que c'est la valeur des biens partagés, au jour du partage, qui seule doit entrer en ligne de compte. Lorsque dans un partage sont compris des biens sociaux et des biens de succession, c'est le droit de partage qui est exigible sur l'ensemble des valeurs ; l'enregistrement ne peut pas réclamer sur les biens sociaux les droits de mutation (Cambrai, 25 juin 1900, *Gaz. Pal.*, 16 déc. 1900 rendue sur renvoi de Cass., 3 juill. 1899, *R. S.*, 1899.548).

Quand, à la suite d'une dissolution, les associés ont procédé au partage de l'actif, pour le même jour constituer une société nouvelle à laquelle ils ont apporté la plus grande partie de l'actif de l'ancienne société et qui a pour but de continuer l'objet de cette dernière, il n'y a pas mise en liquidation alors, et la cession contenue dans l'acte de partage porte sur des biens vendus et donne naissance au droit de mutation d'après la nature des biens (Seine, 4 avr. 1903, *R. S.*, 1904.58 ; — Cass., 25 nov. 1901, *Gaz. Pal.*, 26 déc. 1901 et *Gaz. Trib.*, 8 fév. 1902).

La retraite de l'associé apporteur avant la dissolution ne donne pas ouverture au droit de mutation ; car l'attribution doit être définitive, et jusqu'à la dissolution il peut encore rentrer dans la socété (Cass., 4 fév. 1901, S. 1903.1.49 ; 28 fév. 1902, S. 1903.1.151). D'autre part, si la retraite a persisté jusqu'à la dissolution et la liquidation, le droit de mutation est dû à ce moment, même si l'associé a cédé ses droits à ses coassociés ; et si le droit de cession a été acquitté, il n'est pas imputable sur le droit de mutation (Cass., 28 janv. 1895, S. 96.1.417 ; — Trib. Sedan, 29 avr. 1910, *J. S.*, 1912.87).

4185. — *b) Partages avec soulte.* — Si le partage est affranchi du droit de mutation, c'est à la condition qu'il n'y ait pas de soulte. On appelle *soulte* ou *retour exprimé* le prix de vente que les copartageants sont présumés consentir à celui d'entre eux qui reçoit des valeurs excédant sa part ; c'est la somme que l'attributaire promet de remettre de ses deniers à ses copartageants, ou de payer en leur acquit. Le droit proportionnel de vente est exigible sur le montant de la soulte (L. 22 frim. an VII, art. 68 et 69).

Donc si l'associé qui reprend l'objet de son apport reçoit ainsi plus que sa part sociale, et qu'il promette une indemnité correspondant à l'excédent, le droit de partage est dû sur le montant de sa part et le droit de vente exprimé.

La soulte s'impute, pour la perception du droit de cession, et conformement à l'art. 1256 C. civ., de la façon la plus favorable aux contribuables.

La Régie considère la soulte d'abord comme le prix de valeurs ne payant pas de droit, telles que le numéraire, les rentes sur l'Etat, et ensuite comme le prix des valeurs payant le droit le moins élevé, en remontant ainsi jusqu'aux valeurs qui paient le plus (Compiègne, 30 janv. 1878, D. 78.3.48 ; — Wassy, 10 août 1898, *J. S.*, 1899.125 ; — Montauban, 12 août 1898, *J. S.*, 1899.218). Le mode d'imputation s'applique aux partages de sociétés comme aux partages de successions.

La règle a son importance lorsque l'attribution faite à un associé consiste en objets de nature diverse, le droit de cession variant avec chacun. Les droits les plus élevés sont ceux qui portent sur les immeubles, puis sur les meubles, puis sur les créances (V. Dalloz, *Rép. Supp.*, Vº *Enregistrement*, n. 1958. — V. Trib. civ. Lesparre, 30 déc. 1897, *J. S.*, 1898.433. — *Contrà* : Trib. civ. Saint-Quentin, *J. S.*, 1898.429).

4186. — *Licitation.* — Au partage avec soulte, il faut assimiler la licitation. Elle est soumise à un droit de mutation sur le montant « des parts et portions acquises », c'est-à-dire sur les portions du prix attribuées par le partage aux coassociés de l'adjudicataire (L. 22 frim. an VII, art. 69, § 5 et § 7), à moins que la licitation ne soit faite pendant la liquidation, alors que la société est toujours personne morale.

Toutefois si, quand la licitation est soumise à l'enregistrement ou avant qu'elle soit enregistrée, on présente à l'administration un acte d'après lequel on attribue à l'adjudicataire l'excédent de sa part dans le prix pour le remplir de ses droits, le droit de mutation n'est pas dû. La licitation est considérée comme une opération du partage (Cass., 7 mars 1893, S. 94.1.41).

4187. — *c) Partages emportant mutation de propriété.* — Nous avons dit qu'aux termes de la jurisprudence, si la mise en société d'un bien échappe à la perception immédiate du droit de mutation, ce droit devient exigible dès que, par l'effet de la dissolution et du partage de la société, le bien se trouve attribué à un autre que celui qui l'avait transmis à la société.

Jugé en conséquence que l'attribution dans le partage d'une société d'un meuble ou d'un immeuble à un associé autre que celui qui en a fait l'apport donne lieu à perception du droit proportionnel de vente mobilière ou immobilière (Cass., 24 déc. 1879 et 27 juin 1882, *R. P.*, art. 5422, 5975 ; — Perpignan, 12 déc. 1892, *R. P.*, art. 8167 ; — Cass., 23 fév. 1898 et 14 juin 1899, D. 1904.1.268 ; — Cass., 25 nov. 1901, S. 1903.1.241 ; — Avesnes, 30 avr. 1903, *J. S.*, 1904.72).

Jugé de même pour le cas où l'associé à qui l'apport est attribué avait acquis, au cours de la société, les droits de l'apporteur (Cass., 2 déc. 1873 ; — Vannes, 7 mars 1878, *R. P.*, art. 2000, 3788).

De même encore au cas d'attribution d'un fonds de commerce à un associé autre que celui qui en avait fait l'apport à l'association (Seine, 22 janv. 1886, D. 87.5.201-202 ; — Montauban, 11 juin 1905, *J. S.*, 1905.319 ; — Cusset, 24 juin 1904, *J. S.*, 1905.324).

Il a été décidé aussi que lorsqu'un immeuble apporté dans une société par plusieurs associés, auxquels il appartenait indivisément, est attribué à l'un d'eux lors de la liquidation, il s'opère à son profit une transmission des parts de ses copropriétaires, passible du droit proportionnel de mutation (Cass., 21 fév. 1853, D. 53.1.52 ; — 24 déc. 1879, D. 80.1.182 ; — 3 juill. 1899, *La Loi*, 30 sept. 1899 ; — Lille, 8 mai 1897, *J. S.*, 1898.33. — *Contrà* : Cambrai, 22 nov. 1900, *J. S.*, 1901.39 ; — Seine, 21 nov. 1903, *R. S.*, 1904.346).

A noter cependant l'espèce suivante : on sait que l'apport en société vaut une vente et donne lieu à perception d'un droit de mutation lors de l'enregistrement du contrat social, toutes les fois que l'apporteur reçoit l'équivalent de son apport, soit de la société même, soit de ses coassociés. L'objet apporté devient alors la propriété de la société. En conséquence, il a été jugé qu'il n'y a lieu qu'à perception du droit spécial de partage sur l'acte de liquidation dans lequel une part de l'immeuble apporté à la société à titre onéreux est attribuée à un coassocié autre que l'apporteur, la mutation ne s'opérant point alors, mais s'étant opérée lors de la formation de la société (Cass., 5 janv. 1853, D. 53.1.73).

La quotité du droit de mutation, dû à l'occasion d'un partage de société, varie suivant la nature des biens attribués, et notamment suivant qu'il s'agit de meubles ou d'immeubles. Il doit, selon nous, être liquidé sur la valeur des biens au moment du partage (V. *J. S.*, 1895, note sous arrêt, 28 janv. 1895, p. 166). La jurisprudence est d'avis contraire et décide qu'en cas d'attribution à l'un des associés d'un bien apporté par un autre, le droit de mutation doit être liquidé sur la valeur du bien à l'époque de la mise en société et non sur la valeur au jour du partage (Cass., 22 déc. 1904, *J. S.*, 1905.70 ; — Trib. Seine, 16 juill. 1908, *J. S.*, 1911.174).

4188. — *Droit de transcription.* — La conséquence du principe fiscal que l'attribution à l'associé non apporteur vaut vente est que le droit de transcription doit s'ajouter au droit de vente lorsque l'objet attribué est un immeuble.

On admet cependant que si l'acte de société a été transcrit, il n'y a pas lieu à perception d'un second droit de transcription lors du partage (Sol. Enreg., 23 janv. 1877 et 14 janv. 1878, *Dict. Enreg.*, n. 1099), « puisque, par l'effet déclaratif du partage, l'attributaire est réputé tenir ses droits directement du précédent propriétaire » (Demasure, *loc. cit.*, n. 101).

4189. — *Liquidation de société.* — Le principe admis en cette matière est que l'être moral survit juridiquement à la dissolution de la société et se continue pendant toute la durée des opérations de la liquidation. La conséquence est que les droits fiscaux qui sont à la charge des sociétés continuent à courir pendant toute cette période. Il en est ainsi, notamment, de la taxe de transmission, qui demeure exigible jusqu'à la fin de la liquidation, même en l'absence de circulation des titres. Il n'y a à cette règle qu'une exception, formellement établie par la loi du 5 juin 1850 et restreinte aux actions des sociétés qui payent le droit de timbre par abonnement. La taxe d'abonnement cesse de courir sur les actions du jour de l'ouverture de la liquidation.

4190. — *Cessions postérieures à la dissolution.* — Nous avons étudié précédemment dans quelles conditions s'effectuent les cessions de parts sociales au cours de la société, et à la perception de quels droits elles donnent lieu. Lorsqu'il s'agit d'actions, c'est le droit spécial dit « droit de transmission » qui devient exigible ; lorsqu'il s'agit de « parts d'intérêts », c'est le droit de cession. Dans les deux cas, le droit est perçu à un taux unique, abstraction faite de la nature des biens, mobiliers ou immobiliers, qui constituent l'actif de la société, quoiqu'ils soient au moins indirectement l'objet de la cession de parts.

Mais il ne peut plus en être ainsi alors que la société est dissoute. En effet, l'être moral ayant disparu, l'actif social devient la copropriété indivise des anciens associés. Dès lors, les cessions qui s'opèrent au profit de ces anciens associés, aussi bien que des tiers, emportent non plus transport d'un droit social, puisqu'il n'y a plus de société, mais bien transmission véritable d'une propriété donnée, ou du moins d'une quote-part de la masse indivise. Ces transmissions donnent lieu à perception des droits ordinaires de mutation, d'après la nature des beins transmis (V. Trib. civ. Seine, 5 avr. 1895, *J. S.*, 1896.86).

Jugé, en conformité de cette règle, que l'adjudication au profit d'un associé des droits de tous ses coassociés constitue non une cession de part sociale, mais une vente de l'actif de la société, et donne lieu par suite au droit de mutation mobilière et immobilière sur le prix d'adjudication (Trib. civ. Seine, 4 août 1865).

Jugé encore que le droit de mutation immobilière est dû sur l'acte portant cession par deux associés à un troisième de leurs droits et actions dans l'actif social composé d'immeubles, cet acte faisant cesser l'indivision, et le cessionnaire demeurant seul, à forfait et à ses risques et périls, investi de l'actif et chargé du passif (Trib. Béziers, 19 juin 1878, *R. P.*, art. 16316).

La même solution a été admise dans le cas où la dissolution de la société et la transmission de son actif résultent de la cession simultanée de toutes les actions de la société à une même personne. Il a été jugé qu'il y avait là une mutation réelle de tous les biens composant le fonds social (Cass., 11 janv. et 1er mars 1875, 7 fév. 1881 ; — Demasure, *loc. cit.*, n. 93).

De même enfin, au cas où la cession se produirait après la mort ou la retraite d'un associé, ayant entraîné *ipso jure* la dissolution de la société ; car ce n'est plus un droit social, mais une quote-part dans l'indivision qui fait l'objet de la cession.

L'intérêt de la question réside en ce que le droit de mutation comporte un tarif plus élevé que les droits de transmission et de cession de parts, et de plus un tarif qui varie avec la nature des biens transmis (meubles, immeubles, créances, fonds de commerce, etc.). En outre, la cession qui produit une mutation véritable donne lieu, si elle porte sur des immeubles ou des fonds de commerce, à une déclaration des intéressés à la Régie, qui doit être effectuée dans le délai de trois mois. Enfin, si la cession comporte à la fois des meubles et des immeubles, chaque nature de biens doit faire l'objet d'une désignation et d'une estimation propre, article par article, avec stipulation d'un droit particulier, si les intéressés veulent éviter d'acquitter le droit le plus élevé, c'est-à-dire le droit de mutation immobilière sur la totalité des biens transmis (L. 22 frim. an VII, art. 9 ; — Demasure, *loc. cit.*, n. 92).

ANNEXES

Note de l'administration concernant les droits à acquitter sur les actions et obligations des sociétés, compagnies et entreprises françaises. et sur les emprunts de toute nature des sociétés par actions, ainsi que certaines formalités imposées aux sociétés soit au sujet de la publicité des émissions financières, soit en matière de mutations par décès.

DISPOSITIONS GÉNÉRALES

Déclarations d'existence. — Les compagnies, sociétés et entreprises françaises dont le capital est divisé en actions, et toutes les sociétés qui émettent des obligations sont tenues de faire, à celui des bureaux de l'enregistrement de leur siège social désigné par l'administration (à Paris, dans les bureaux de sociétés établis rue de la Banque, n° 13), une déclaration constatant l'objet, le siège, la durée de la société, la date des actes constitutifs, les noms des directeurs ou gérants, le nombre et le montant des titres émis, en distinguant · 1° les actions des obligations ; 2° les titres nominatifs dont la transmission ne peut s'opérer que par un transfert sur les registres de la société, des titres au porteur et des titres nominatifs qui sont cessibles sans transfert.

Cette déclaration doit être faite dans le délai d'un mois à compter de la constitution définitive de la société ou de l'émission des obligations, sous peine d'une amende de 100 à 5.000 francs en principal. — Elle est accompagnée : 1° d'un exemplaire des statuts, imprimé ou manuscrit, certifié par le représentant de la société ; 2° d'un exemplaire du journal dans lequel les publications légales ont été faites.

Déclarations supplémentaires. — En cas de modifications dans la constitution sociale, de changement de siège, de remplacement du directeur ou gérant, d'émissions de titres nouveaux, lesdites sociétés, compagnies et entreprises doivent en faire la déclaration au bureau qui leur a été assigné pour le payement de leurs taxes, dans le délai d'un mois, sous peine d'une amende de 100 à 5.000 francs, outre les décimes (L. 23 juin 1857, art. 10. Décr. 17 juill. 1857, art. 1er et 12).

Registres à souche. — Tous les titres ou certificats d'actions et d'obligations doivent être tirés d'un registre à souche, sous peine d'une amende de 12 p. 100 en principal du montant de chaque action et d'une amende de 10 p. 100 du montant de chaque obligation (L. 5 juin 1850, art. 16, 18, 28 et 29).

Communications. — Les sociétés sont tenues de communiquer aux agents de l'enregistrement, à toute réquisition, les registres à souche des actions et obligations, les registres de transferts et conversions, toutes les pièces et documents relatifs aux transferts et conversions, les documents et écritures relatifs aux lots et primes de remboursement, leurs livres, registres, titres, pièces de recette, de dépense et de comptabilité, afin que ces agents s'assurent de l'exécution des lois concernant l'enregistrement, le timbre et l'impôt sur le revenu. Elles doivent en outre leur laisser prendre, sans frais, les renseignements, extraits et copies qui sont nécessaires dans l'intérêt du Trésor public. Le tout à peine d'une amende de 100 à 5.000 francs en principal, pour chaque refus de communication concernant les registres de transferts et conversions, ainsi que les pièces ou documents relatifs à ces transferts et conversions, et d'une amende de 1.000 à 10.000 francs en principal, indépendamment, le cas échéant, de l'astreinte, au minimum de 100 francs par chaque jour de retard prévu par la loi du 17 avril 1906, art.5, pour les autres refus (L. 5 juin 1850, art. 17 et 28 ; L. 23 juin 1857, art. 10 ; Décr. 17 juill. 1857, art. 9 ; L. 23 août 1871, art. 22 ; L. 21 juin 1875, art. 7 ; Décr. 15 déc. 1875, art. 4).

TIMBRE

Timbre au comptant. — Chaque titre ou certificat *d'action* est soumis au timbre proportionnel de 1 franc par 100 francs, décimes compris, pour les sociétés dont la durée n'excède pas dix ans, et de 2 francs par 100 francs pour celles dont la durée excède dix ans. — Le droit est perçu sur le capital nominal des actions ; à défaut de capital nominal, le droit se calcule sur le capital réel, dont la valeur est déterminée par une déclaration estimative des parties (L. 5 juin 1850, art. 14, et 23 août 1871, art. 2 ; L. 25 juin 1920, art. 48).

Les titres *d'obligations* des sociétés sont assujettis au timbre proportionnel de 2 francs, décimes compris, du montant des titres (L. 5 juin 1850, art. 27, et 23 août 1871, art. 2 ; L. 25 juin 1920, art. 48.)

L'avance des droits sur les actions et les obligations est faite par les sociétés, et la perception de ces droits est établie sur les sommes et valeurs de 20 francs en 20 francs, inclusivement et sans fraction (L. 5 juin 1850, art. 14 et 27).

Timbre par abonnement. — Les sociétés, compagnies et entreprises peuvent s'affranchir du payement des droits au comptant en contractant avec l'État un abonnement pour toute la durée de la société en ce qui concerne les actions, et pour toute la durée des titres en ce qui concerne les obligations.

Le droit d'abonnement est annuel et de 0 fr. 10 par 100 francs (décimes compris) du capital nominal de chaque action, et du montant du titre pour les obligations ; à défaut de capital nominal, le droit est perçu sur le capital réel dont la valeur est déterminée par une déclaration estimative des parties.

Le payement en est fait, à la fin de chaque trimestre, *sans avis préalable*, au bureau désigné par l'administration (L. 5 juin 1850, art. 22 et 31 : 23 août 1871, art. 2, et 30 mars 1872, art. 3).

Pour être admises à souscrire l'abonnement, les sociétés doivent produire un extrait sur timbre de la délibération du conseil d'administration déléguant un administrateur pour signer la déclaration d'abonnement.

Sociétés en liquidation. — Sont dispensées du droit d'abonnement, *sur les actions seulement*, les sociétés qui, depuis leur abonnement, se sont mises ou auront été mises en liquidation (L. 5 juin 1850, art. 24).

Sociétés improductives. — Les sociétés qui, postérieurement à leur abonnement, n'auront, dans les deux dernières années, payé ni dividendes ni intérêts aux actionnaires, seront aussi dispensées du droit *sur les actions*, tant qu'il n'y aura pas de répartition de dividendes ou de payement d'intérêts (L. 5 juin 1850, art. 24). Toutes les actions doivent d'ailleurs supporter l'impôt pendant deux années au moins, quelle que soit l'époque de leur création.

Transferts et conversions. Transmission. — Les *transferts* de titres d'actions et d'obligations sont assujettis au droit de 0,90 p. 100, sans décimes, de la valeur négociée, déduction faite des versements restant à faire (L. 23 juin 1857, art. 6 ; 30 mars 1872, art. 1er, et 29 juin 1872, art. 3 ; L. 29 mars 1914). Sont exempts du droit les transferts à titre de garantie, n'emportant pas mutation de propriété, et les transferts d'ordre (Décr. 17 juill. 1857, art. 4).

Les *conversions* de titres au porteur en titres nominatifs sont exemptes de tout droit.

Les *conversions* de titres nominatifs en titres au porteur sont assujetties au même droit de 2 p. 100 (L. 25 juin 1920, art. 49). Le droit est calculé, pour les titres cotés, d'après le dernier cours moyen de la Bourse, déduction faite des versements restant à faire, et pour les autres titres, d'après une évaluation (L. 23 juin 1857, art. 8 ; Décr. 17 juill. 1857, art. 3 et 8 ; L. 30 mars 1872, art. 1er).

Le *transfert* ou la *conversion* de titres nominatifs provenant de titulaires décédés ou déclarés absents ne peut être effectué que sur la présentation d'un certificat délivré sans frais par le receveur de l'enregistrement et constatant l'acquittement des droits de mutation par décès (L. 25 fév. 1901, art. 15, al. 1). Quiconque contrevient à cette disposition est personnellement tenu des droits et pénalités exigibles, sauf le recours contre le redevable, et passible en outre d'une amende de 500 francs en principal.

Taxe annuelle sur les titres au porteur. — Les titres au porteur et ceux dont la transmission peut s'opérer sans un transfert sur les registres de la société sont assujettis à une taxe annuelle et obligatoire de 0 fr. 50 par 100 francs, sans décimes. Le droit est calculé déduction faite des versements restant à faire, savoir : pour les titres non cotés, d'après l'estimation de la valeur moyenne pendant l'année précédente ; et pour les titres cotés à la Bourse, d'après le cours moyen de l'année précédente (L. 23 juin 1857, art. 6 ; 30 mars 1872, art. 1er, et 29 juin 1872, art. 3 ; 25 juin 1920, art. 49).

Payement des droits. — Le payement des droits de transfert et de conversion et de la taxe sur les titres au porteur doit être effectué par la société au bureau désigné par l'administration, dans les vingt premiers jours de janvier, avril, juillet et octobre, *sans avis préalable*, sous peine d'une amende de 100 à 5.000 francs en principal (L. 23 juin 1857, art. 7 et 10 ; Décr. 17 juill. 1857, art. 2 et 5). — Quand le dernier jour du délai est férié, les droits doivent être payés la veille.

Lors du payement des droits, les sociétés doivent déposer au bureau, sous (peine d'une amende de 100 à 5.000 francs en principal : 1° le relevé des transferts et conversions passibles du droit ; 2° le relevé des transferts d'ordre ou à titre de garantie, auxquels sont annexées les pièces justifiant l'exemption des droits ; 3° l'état des titres au porteur existant au dernier jour du trimestre. Cet état doit être déposé dans tous les cas, lors même que les titres sont *sans valeur* et qu'il n'y a pas de droits à payer.

Les états et relevés sont certifiés véritables par les directeurs ou gérants (L. 23 juin 1857, art. 7 et 10 ; Décr. 17 juill. 1857, art. 4 et 6).

REVENU

Actions, obligations, emprunts, lots et primes de remboursement, traitement des administrateurs. — Il est établi une taxe annuelle :

1° Sur les intérêts, dividendes, revenus et tous autres produits des *actions* de toute nature des sociétés (10 p. 100) ;

2° Sur les arrérages et intérêts annuels des *emprunts* et *obligations* des sociétés (10 p. 100) ;

3° Sur les *lots* (20 p. 100) et *primes de remboursement* (10 p. 100), payés aux créanciers et aux porteurs d'obligations, effets publics et tous autres titres d'emprunt (L. 29 juin 1872, art. 1er ; 21 juin 1875, art. 5, et 26 déc. 1890, art. 4 ; 25 juin 1920, art. 50) ;

4° Sur les bénéfices distribués en vertu de dispositions statutaires aux membres des conseils d'administration des sociétés (10 p. 100) (L. 13 juill. 1911, art. 12 ; 25 juin 1920, art. 50).

Assiette de l'impôt. — La valeur passible de la taxe est déterminée :

1° Pour les *actions*, par le dividende fixé d'après les délibérations des assemblées générales d'actionnaires ou des conseils d'administration, les comptes rendus ou tous autres documents analogues ;

2° Pour les *obligations ou emprunts*, par l'intérêt ou le revenu distribué dans l'année ;

3° Pour les *lots*, par le montant même du lot en valeurs françaises ;

4° Pour les *primes*, par la différence entre la somme remboursée et le taux d'émission des emprunts (L. 29 juin 1872, art. 2 ; 21 juin 1875, art. 5, et 26 déc. 1890, art. 4 ; Décr. 15 déc. 1875, art. 1er et 2) ;

5º Pour les *tantièmes* des administrateurs, par le montant des bénéfices distribués aux membres des conseils d'administration (L. 13 juill. 1911, art. 12).

Avance et payement de la taxe par les sociétés. — La taxe est avancée et payée par les sociétés au bureau chargé du recouvrement de la taxe d'abonnement au timbre et des droits de transmission, savoir :

1º Pour les obligations, emprunts et autres valeurs dont le revenu est fixé et déterminé à l'avance en quatre termes égaux, d'après les produits annuels de ces valeurs ;

2º Pour les actions et emprunts à revenu variable, en quatre termes égaux, déterminés provisoirement d'après le résultat du dernier exercice réglé, et calculé sur les quatre cinquièmes de revenu, s'il en a été distribué, et en ce qui concerne les sociétés nouvellement créées, sur le produit évalué à 5 p. 100 du capital appelé ;

3º Pour les lots et primes de remboursement, en une seule fois (Décr. 6 déc. 1872, art. 1ᵉʳ, et 15 déc. 1875, art. 3) ;

4º Pour les bénéfices distribués aux administrateurs en une seule fois (Décr. 12 août 1912, art. 1ᵉʳ).

Epoques du payement des taxes. — La taxe doit être payée, sous peine d'une amende de 100 à 5.000 francs en principal, et *sans avis préalable*, pour les actions, obligations et emprunts, dans les vingt premiers jours de janvier, avril, juillet et octobre, et pour les lots et primes, dans les vingt jours qui suivront la date fixée pour le payement de ces lots et primes, et, pour les tantièmes des administrateurs, dans les vingt jours qui suivent la distribution de ces bénéfices. Quand le dernier jour du délai est férié, la taxe doit être payée la veille.

Liquidation définitive. — En ce qui concerne les actions et emprunts à revenu variable, chaque année, après la clôture des écritures relatives à l'exercice, il est procédé à une liquidation définitive de la taxe due pour l'exercice entier. Si de cette liquidation il résulte un complément de taxe au profit du Trésor, il est immédiatement acquitté. Dans le cas contraire, l'excédent versé est imputé sur l'exercice courant, ou remboursé si la société est arrivée à son terme, ou si elle cesse de donner des revenus (Décr. 6 déc. 1872, art. 1ᵉʳ, nº 2).

La liquidation définitive de la taxe a lieu au moment du dépôt, indiqué ci-après, des comptes rendus et extraits des délibérations des assemblées générales d'actionnaires, ou des conseils d'administration, ou de tous autres documents analogues fixant le dividende distribué (Décr. 6 déc. 1872, art. 2).

Dépôt des comptes rendus et délibérations. — Les sociétés doivent déposer au bureau, *dans les vingt jours de leur date*, sous peine d'une amende de 100 à 5.000 francs en principal, les comptes rendus (copies entières) et les extraits des délibérations des conseils d'administration ou des assemblées générales des actionnaires fixant le dividende (L. 29 juin 1872, art. 2 et 5). Ces pièces peuvent être rédigées sur papier non timbré (Instr. nº 2457).

Dépôt des procès-verbaux de tirage. — Les sociétés doivent déposer au même bureau, et sous la même peine, dans les vingt jours qui suivent la date fixée pour le payement des lots et primes de remboursement, une copie certifiée du procès-verbal de tirage au sort avec un état indiquant pour chaque tirage : 1º le nombre des titres amortis ; 2º le taux d'émission de ces titres, s'il s'agit de primes de remboursement ; 3º le montant des lots et des primes échus aux titres sortis ; 4º la somme sur laquelle la taxe est exigible (L. 21 juin 1875, art. 5 ; Décr. 15 déc. 1875, art. 3).

Dépôt de l'état des tantièmes des administrateurs. — Les sociétés doivent déposer au même bureau et sous la même peine, dans les vingt jours qui suivent la mise en distribution, un état certifié par leurs représentants légaux et énonçant le montant des bénéfices distribués en vertu des dispositions statutaires, aux membres des conseils d'administration (Décr. 12 août 1912, art. 1er, § 2).

SOCIÉTÉS ÉTRANGÈRES

Note concernant les obligations envers le Trésor des sociétés, compagnies et entreprises publiques.

DISPOSITIONS GÉNÉRALES

1. *Sociétés dont les titres sont cotés ou circulent en France.* — Les sociétés, compagnies, entreprises, corporations, villes, provinces étrangères, ainsi que tout autre établissement public étranger dont les titres (actions, obligations, titres d'emprunt, quelle que soit d'ailleurs leur dénomination) sont cotés, émis, négociés ou exposés en vente en France, doivent le droit de timbre, le droit de transmission et la taxe sur le revenu, d'après une quotité de ces titres à fixer par le ministre des finances (L. 23 juin 1857, art. 9 ; Décr. 17 juill. 1857, art. 10, 11 et 12 ; L. 29 juin 1872, art. 4 ; Décr. 6 déc. 1872, art. 3 et 4).

2. *Sociétés dont les titres ne sont pas cotés ou ne circulent pas en France, mais qui y font des opérations.* — Les sociétés, compagnies, entreprises, corporations, villes, provinces étrangères, ainsi que tout autre établissement public étranger, dont les titres ne sont pas cotés ou ne circulent pas en France, mais qui ont pour objet des biens soit mobiliers, soit immobiliers, situés en France (fonds de commerce, agences, succursales, portefeuilles, etc.), doivent la taxe sur le revenu à raison des valeurs françaises qui en dépendent et acquittent cette taxe d'après une quotité du capital social fixée par le ministre des finances (Décr. 6 déc. 1872, art. 3 ; — Cass., 22 avr. 1879, 29 août 1881, 2 août 1886 et 4 mai 1887).

3. *Fixation de la quotité imposable.* — La quotité imposable est fixée, pour chaque société, par le ministre des finances, sur l'avis préalable de la commission des valeurs mobilières instituée par l'art. 1er du décret du 24 mai 1872. Pour les sociétés dont les titres sont cotés ou circulent en France, elle

est établie d'après le nombre des titres qui sont présumés circuler en France et elle ne peut être inférieure, pour les actions, à un dixième, et pour les obligations, à deux dixièmes du capital (Décr. 24 mai 1872, art. 2). Pour les sociétés faisant des opérations en France, elle se détermine, en exécution de l'art. 3 du décret du 6 décembre 1872, au moyen d'une proportion entres la valeur des biens français et la valeur de l'actif *total* de la société.

En ce qui concerne les sociétés dont les titres circulent en France et qui y font des opérations, la quotité passible de la taxe sur le revenu est la même que celle qui sert de base au payement des droits de timbre et de transmission, sauf le cas où la comparaison de la valeur des biens situés en France avec celle de l'actif total de la société fait ressortir une quotité supérieure. Dans cette hypothèse, l'impôt sur le revenu doit être acquitté d'après cette dernière quotité.

La quotité imposable est toujours fixée pour une période de trois ans et peut être revisée à l'expiration de chaque période triennale sur la demande de l'administration ou de la société. S'il y a lieu à revision, la nouvelle quotité est déterminée dans le trimestre qui précède l'échéance de la troisième année et sert de base à la perception de l'impôt pour une nouvelle période de trois ans (Décr. 24 mai 1872, art. 3, et 6 déc. 1872, art. 3).

La période initiale a pour point de départ le premier fait générateur de l'impôt en France.

4. *Soumissions des sociétés.* — Pour assurer l'exécution des dispositions qui précèdent, les sociétés, compagnies, entreprises, corporations, villes, provinces étrangères, ainsi que tous autres établissements publics étrangers, sont tenus, avant toute admission à la cote, toute émission, négociation ou exposition de titres, ou avant toute opération en France, de se soumettre à l'acquittement des droits et amendes qui pourront être exigibles et de faire agréer par le ministre des finances un représentant français personnellement responsable de ces droits et amendes (L. et décr. précités).

L'acte contenant l'engagement de la société étrangère et la désignation du représentant responsable doit être régulièrement souscrit par ses représentants légaux et conformément à ses statuts.

5. D'après les règles généralement tracées dans les statuts pour la validité des contrats passés par les sociétés, cet acte devra, dans la plupart des cas, être signé en vertu d'une délibération spéciale du conseil d'administration par la personne ou les personnes désignées à cet effet.

6. Les sociétés remettront à l'appui dudit acte :

1º Un exemplaire de leurs statuts en langue française et sur papier non timbré ;

2º Un extrait sur papier timbré et certifié conformément aux statuts, de la délibération spéciale du conseil d'administration, lorsqu'il en aura été pris une selon les prévisions du nº 5 ci-dessus ;

3º Toutes les autres pièces, rédigées sur un papier timbré, qui, d'après les conditions particulières requises par les statuts, seraient nécessaires pour justifier de la régularité de l'engagement.

Toutes les signatures devront être légalisées, savoir : celles qui seront données en France par le maire, ou à Paris, par le commissaire de police du quartier, et celles qui seront données à l'étranger par les agents diplomatiques ou consulaires français.

7. *Soumissions des représentants responsables.*— Les représentants responsables proposés devront, de leur côté, souscrire un engagement semblable à celui de la société étrangère.

Ils devront justifier de leur qualité de Français et de leur solvabilité.

Si le représentant proposé est une société française, l'engagement devra être contracté suivant les formes rappelées ci-dessus pour celui de la société étrangère et appuyé des mêmes justifications.

Les signatures devront également être légalisées.

8. *Pénalités.* — Toute société, compagnie, entreprise, corporation, ville ou province étrangère, ou tout autre établissement public étranger, qui a procédé en France à une émission, négociation ou exposition en vente de ses titres, qui y a contracté un emprunt ou qui y exploite des biens meubles ou immeubles, sans avoir au préalable fait agréer un représentant responsable, est passible d'une amende de 100 à 5.000 francs, indépendamment de celles qui peuvent être encourues pour retard dans le payement des taxes et dont il sera parlé ci-après (L. 23 juin 1857, art. 10, et 29 juin 1872, art. 5 ; arrêts précités, 22 avr. 1879 et 29 août 1881).

IMPÔTS EXIGIBLES

§ 1er. — Sociétés dont les titres sont cotés ou circulent en France.

9. *Généralités.* — Les droits de timbre et de transmission et la taxe sur le revenu exigibles sur les titres de sociétés étrangères sont soumis aux mêmes principes que les taxes de même nature perçues sur les titres français (L. 29 juin 1872, art. 4).

Les seules différences consistent en ce que :

1º Les trois taxes, au lieu d'être perçues *sur tous les titres* de la société, ne sont exigées que sur *la quotité* fixée par le ministre ;

2º Le droit de timbre est toujours perçu par abonnement (Décr. 17 juill. 1857, art. 11) ;

3º Le droit de transmission *est annuel et obligatoire*, sans distinction entre les titres nominatifs et les titres au porteur (Décr. 17 juill. 1857, art. 10).

10. *Timbre.* — Le droit de timbre est annuel et de 0 fr. 10 par 100 francs (décimes compris) du capital nominal de chaque action, et du montant du titre pour les obligations ; à défaut de capital nominal, le droit est perçu sur le capital réel dont la valeur est déterminée par une déclaration estimative des parties (L. 5 juin 1850, art. 22 et 31, et 23 juin 1857, art. 9 ; 25 juin 1920, art. 48).

Le payement doit en être effectué dans les vingt premiers jours de janvier, avril, juillet et octobre, *sans avis préalable*, sous peine d'une amende de 100 à 5.000 francs (L. 23 juin 1857, art. 10).

11. *Transmission.* — Le droit de transmission est annuel et de 0 fr. 50 par 100 francs sans décimes. Ce droit est calculé d'après le cours moyen de l'année précédente, déduction faite des versements restant à faire, et à défaut de cours pendant cette année, d'après une évaluation (L. 23 juin 1857, art. 6 et 9 ; 30 mars 1872, art. 1er, et 29 juin 1872, art. 3 ; 25 juin 1920, art. 49).

Le payement doit en être effectué dans les vingt premiers jours des mois de janvier, avril, juillet et octobre, *sans avis préalable*, sous peine d'une amende de 100 à 5.000 francs (L. 23 juin 1857, art. 10 ; Décr. 17 juill. 1857, art. 5).

12. *Revenu.* — La taxe annuelle sur le revenu, qui était primitivement de 3 p. 100 (L. 29 juin 1872, art. 3), a été portée à 10 p. 100 (L. 25 juin 1920, art. 50).

Elle est établie :

1º Sur les intérêts, dividendes, revenus et tous autres produits des actions de toute nature des sociétés ;

2º Sur les arrérages et intérêts annuels des emprunts et obligations des sociétés ;

3º Sur les lots et primes de remboursement payés aux créanciers et aux porteurs d'obligations, effets publics et tous autres titres d'emprunts (L. 29 juin 1872, art. 1er, et 21 juin 1875, art. 5).

13. *Assiette de l'impôt.* — La valeur passible de la taxe est déterminée :

1º Pour les actions, par le dividende fixé d'après les délibérations des assemblées générales d'actionnaires ou des conseils d'administration, les comptes rendus ou tous autres documents analogues ;

2º Pour les obligations ou emprunts, par l'intérêt ou le revenu distribué dans l'année ;

3º Pour les lots, par le montant même du lot en valeurs françaises ;

4º Pour les primes, par la différence entre la somme remboursée et le taux d'émission des emprunts (L. 29 juin 1872, art. 2, et 21 juin 1875, art. 5).

14. *Payement de la taxe par les sociétés.* — La taxe est payée par les sociétés, savoir :

1º Pour les obligations, emprunts et autres valeurs dont le revenu est fixé et déterminé à l'avance, en quatre termes égaux, d'après les produits annuels de ces valeurs ;

2º Pour les actions et emprunts à revenu variable, en quatre termes égaux, déterminés provisoirement d'après le résultat du dernier exercice réglé et calculé sur les quatre cinquièmes du revenu, s'il en a été distribué, et en ce qui concerne les sociétés nouvellement créées, sur le produit évalué à 5 p. 100 du capital appelé ; ·

3º Pour les lots et primes de remboursement, en une seule fois (Décr. 6 déc. 1872, art. 1ᵉʳ, et 15 déc. 1875, art. 3).

15. *Époques du payement des taxes.* — La taxe doit être payée, sous peine d'une amende de 100 à 5.000 francs et *sans avis préalable*, pour les actions, obligations et emprunts, dans les vingt premiers jours de janvier, avril, juillet et octobre, et pour les lots et primes, dans les vingt jours qui suivront la date fixée pour le payement de ces lots et primes (L. 29 juin 1872, art.5 ; Décr. 6 déc. 1872, art. 2, et 15 déc. 1875, art. 3).Quand le dernier jour du délai est férié, la taxe doit être payée la veille.

16. *Liquidation définitive.* — En ce qui concerne les actions et emprunts à revenu variable, chaque année, après la clôture des écritures relatives à l'exercice, il est procédé à une liquidation définitive de la taxe due pour l'exercice entier. Si de cette liquidation il résulte un complément de taxe au profit du Trésor, il est immédiatement acquitté. Dans le cas contraire, l'excédent versé est imputé sur l'exercice courant, ou remboursé si la société est arrivée à son terme, ou si elle cesse de donner des revenus (Décr. 6 déc. 1872, art. 1ᵉʳ, nº 2).

La liquidation définitive de la taxe a lieu au moment du dépôt, indiqué ci-après, des comptes rendus et extraits des délibérations des assemblées générales d'actionnaires ou des conseils d'administration, ou de tous autres documents analogues fixant le dividende distribué (Décr. 6 déc. 1872, art.2).

17. *Dépôts des comptes rendus et délibérations.* — Les sociétés doivent déposer au bureau, dans les vingt jours de leur date, sous peine d'une amende de 100 à 5.000 francs, les comptes rendus (copies entières) et les extraits des délibérations des conseils d'administration ou des assemblées générales des actionnaires fixant le dividende (L. 29 juin 1872, art. 2 et 5). Ces pièces peuvent être rédigées sur papier non timbré (Instr. nº 2457).

18. *Dépôt des procès-verbaux de tirage.* — Les sociétés doivent déposer au même bureau, et sous la même peine, dans les vingt jours qui suivent le jour fixé pour le payement des lots et primes de remboursement, une copie certifiée du procès-verbal de tirage au sort, avec un état indiquant pour chaque tirage : 1º le nombre des titres amortis ; 2º le taux d'émission de ces titres, s'il s'agit de primes de remboursement ; 3º le montant des lots et des primes échus aux titres sortis ; 4º la somme sur laquelle la taxe est exigible (L. 21 juin 1875, art. 5 ; Décr. 15 déc. 1875, art. 3). Ces documents doivent être vérifiés et certifiés par les agents diplomatiques français (Décr. précité, art. 5).

§ 2. — Sociétés dont les titres ne sont pas cotés ou ne circulent pas en France, mais qui y font des opérations.

19. *Revenu.* — Ces sociétés ne sont assujetties qu'à la taxe sur le revenu d'après la quotité fixée, et doivent l'acquitter dans les mêmes conditions que celle qui est perçue sur les titres d'actions étrangers cotés ou circulant en France (V. *suprà*, nᵒˢ 14 à 17).

Nota. — L'administration délivre sans frais aux sociétés et compagnies qui en font la demande au bureau compétent des formules imprimées des engagements à fournir et des états à déposer pour le payement des taxes.

***

Nouvelles obligations fiscales des sociétés ainsi que des compagnies d'assurances. — Elévation de la taxe sur les lots.

Loi de finances du 25 février 1901 (art. 15 et 20),
promulguée au Journal officiel *du 26.*

Les art. 15 et 20 de la loi sont ainsi conçus :

Art. 15. — L'art. 25 de la loi du 8 juillet 1852 est modifié ainsi qu'il suit :

« Le transfert ou la mutation au Grand-Livre de la dette publique d'une inscription de rente, provenant de titulaires décédés ou déclarés absents, ne pourra être effectué que sur la présentation d'un certificat délivré sans frais par le receveur de l'enregistrement, constatant l'acquittement du droit de mutation par décès.

« Il en sera de même pour les transferts ou conversions de titres nominatifs des sociétés, départements, communes et établissements publics.

« Les sociétés ou compagnies, agents de change, changeurs, banquiers, escompteurs, officiers publics ou ministériels ou agents d'affaires qui seraient dépositaires, détenteurs ou débiteurs de titres, sommes ou valeurs dépendant d'une succession qu'ils sauraient ouverte, devront adresser, soit avant le payement, la remise ou le transfert, soit dans la quinzaine qui suivra ces opérations, au directeur de l'enregistrement du département de leur résidence, la liste de ces titres, sommes ou valeurs, Il en sera donné récépissé.

« Ces listes seront établies sur des formules imprimées, délivrées sans frais par l'administration de l'enregistrement.

« Les compagnies françaises d'assurances sur la vie et les succursales établies en France des compagnies étrangères ne pourront se libérer des sommes, rentes ou émoluments quelconques dus par elles à raison du décès de l'assuré à des bénéficiaires autres que le conjoint survivant ou les successibles en ligne directe, si ce n'est sur la présentation d'un certificat délivré sans frais par le receveur de l'enregistrement, dans la forme indiquée au premier alinéa du présent article, et constatant soit l'acquittement, soit la non-exigibilité de l'impôt de mutation par décès, à moins qu'elles ne préfèrent retenir, pour la garantie du Trésor, et conserver jusqu'à la présentation du certificat du receveur, une somme égale au montant de l'impôt calculé sur les sommes, rentes ou émoluments par elles dus.

« L'art. 6 de la loi du 21 juin 1875 n'est pas applicable lorsque l'assurance a été contractée à l'étranger et que l'assuré n'avait en France, à l'époque de son décès, ni domicile de fait, ni domicile de droit.

« Quiconque aura contrevenu aux dispositions du présent article sera personnellement tenu des droits et pénalités exigibles, sauf recours contre le redevable, et passible en outre d'une amende de 500 francs en principal.»

Art. 20. — La taxe établie par l'art. 5 de la loi du 21 juin 1875 sur les lots payés aux créanciers et aux porteurs d'obligations, effets publics et tous autres titres d'emprunt, est fixée à 8 p. 100.

Il n'est pas innové en ce qui concerne les droits applicables aux primes de remboursement.

Nouvelles obligations fiscales des sociétés.

La Régie a adressé, le 30 mars 1901, à ses agents une instruction spéciale pour l'exécution de l'art. 15 de la loi du 25 février 1901, et le 27 avril 1901, une instruction complémentaire modifiant la première.

Nous publions ci-dessous le texte de ces instructions.

Instruction n° 3051

Relative à l'exécution des dispositions de l'art. 15 de la loi de finances du 25 février 1901, ayant pour objet d'assurer le recouvrement des droits de mutation par décès (obligations imposées aux départements, communes, établissements publics, sociétés, compagnies d'assurances, agents de change, changeurs, banquiers, escompteurs, officiers publics ou ministériels et agents d'affaires).

L'art. 15 de la loi de finances du 25 février 1901 contient un ensemble de dispositions tendant à mieux assurer le recouvrement des droits de mutation par décès.

Il modifie l'art. 25 de la loi du 8 juillet 1852, relatif au transfert ou à la mutation des inscriptions de rentes sur l'État provenant de titulaires décédés ou déclarés absents ; il impose, d'autre part, certaines obligations :

1° Aux sociétés, départements, communes et établissements publics, pour le transfert ou la conversion de leurs titres nominatifs ;

2° Aux sociétés, ou compagnies, agents de change, changeurs, banquiers, escompteurs, officiers publics ou ministériels, agents d'affaires, pour la remise, le payement ou le transfert des titres, sommes ou valeurs héréditaires dont ils seraient dépositaires, détenteurs ou débiteurs ;

3° Aux compagnies françaises d'assurances sur la vie, et aux succursales établies en France des compagnies étrangères, pour le payement des sommes, rentes ou émoluments quelconques dus par elles à raison du décès de l'assuré.

Ces obligations s'appliquent, ainsi que la remarque en a été faite dans l'instruction n° 3049, à toutes les opérations spécifiées par le texte et accomplies par les collectivités ou personnes y désignées à partir du jour où la loi du 25 février 1901 est devenue exécutoire, quelle que soit la date de l'ouverture de la succession à laquelle elles se rapportent.

I. — *Inscriptions nominatives de rentes sur l'Etat, de titres nominatifs des sociétés, départements, communes et établissements publics.*

Aux termes de la loi nouvelle :

« Le transfert ou la mutation au Grand-Livre de la dette publique d'une inscription de rente provenant de titulaires décédés ou déclarés absents ne pourra être effectué que sur la présentation d'un certificat délivré sans frais par le receveur de l'enregistrement constatant l'acquittement du droit de mutation par décès.

« Il en sera de même pour les transferts ou conversions de titres nominatifs des sociétés, départements, communes ou établissements publics. »

Ce texte étend aux transferts ou conversions de titres nominatifs des sociétés, départements, communes et établissements publics, une prescription qui résultait déjà de l'art. 25 de la loi du 8 juillet 1852 pour les transferts ou mutations de rentes sur l'État. Il ne reproduit pas toutefois les parties de cette disposition qui exigeaient que le certificat délivré par le receveur fût visé par le directeur, et que dans les départements autres que celui de la Seine la signature de ce chef de service fût légalisée par le préfet.

Cette double formalité cessera donc d'être remplie pour les certificats se rapportant à des inscriptions au Grand-Livre de la dette publique et n'aura pas à l'être pour les certificats relatifs aux titres des sociétés, départements, communes et établissements publics.

Sous cette réserve, les receveurs se conformeront, pour la rédaction et la délivrance des certificats dont il s'agit, aux dispositions des instructions nos 1933 et 2508, § 6. Ils auront soin d'apposer sur ces certificats, à côté de leur signature, l'empreinte de la griffe du bureau (Instr. 2260).

On remarquera que le texte est général et ne comprend pas seulement les transferts qui sont opérés au nom d'une personne désignée nominativement, mais encore ceux qui sont effectués au nom « des héritiers de », sans désignation individuelle.

II. — *Titres, sommes ou valeurs dont les sociétés ou compagnies, agents de change, changeurs, banquiers, escompteurs, officiers publics et ministériels et agents d'affaires sont dépositaires, détenteurs et débiteurs.*

Les paragraphes 3 et 4 de l'art. 15 de la loi du 25 février 1901 sont ainsi conçus :

« Les sociétés ou compagnies, agents de change, changeurs, banquiers, escompteurs, officiers publics et ministériels ou agents d'affaires qui seraient dépositaires, détenteurs ou débiteurs de titres, sommes ou valeurs dépendant d'une succession qu'ils sauraient ouverte, devront adresser, soit avant le payement, la remise ou le transfert, soit dans la quinzaine qui suivra ces opérations, au directeur de l'enregistrement du département de leur résidence, la liste de ces titres, sommes ou valeurs. Il en sera donné récépissé.

« Ces listes seront établies sur des formules imprimées, délivrées sans frais par l'administration de l'enregistrement. »

Toutes les sociétés sont soumises à ces dispositions, aussi bien les sociétés civiles que les sociétés commerciales, les personnes que les sociétés de capitaux, puisque la loi n'établit aucune exception.

Les coulissiers ne sont pas visés expressément par le texte ; ils n'en sont pas moins assujettis à la loi comme faisant partie de la catégorie des personnes désignées sous le nom de banquiers, ou sous celui d'agents d'affaires (Rapp. de M. Cordelet, sénateur, 9 juill. 1896, *J. off.*, *Doc. parl.*, Sénat, p. 183 et s.).

Tous les payements, remises ou transferts prévus par le paragraphe 3 de l'art. 15 de la loi doivent être portés à la connaissance de l'administration dans le délai imparti, sous peine de l'amende édictée par le dernier paragraphe du même article. Le transfert ne doit pas s'entendre ici, comme dans les paragraphes 1er et 2 de l'art. 15, du changement de matricule d'un titre nominatif ; il désigne l'opération par laquelle le compte ouvert au nom du défunt est porté au nom de l'héritier.

On a été amené par une interprétation bienveillante à décider que, au lieu de donner à l'administration un avis séparé de chaque payement effectué à des héritiers d'employés ou de retraités, à titre soit de prorata de salaires ou de traitements, soit d'arrérages de pensions, les sociétés, compagnies, etc., pourront, si elles le préfèrent, adresser dans les premiers quinze jours des mois de janvier, avril, juillet et octobre, une liste comprenant le détail des payements de l'espèce effectués au cours du trimestre précédent. Cette liste sera fournie pour la première fois au mois de juillet prochain et comprendra exceptionnellement tous les payements faits depuis l'entrée en vigueur de la loi du 25 février 1901.

La combinaison des diverses dispositions de l'art. 15 conduit à reconnaître que les sociétés ou compagnies n'auront pas à fournir l'avis prescrit par le paragraphe 3 pour les opérations qui sont subordonnées par les paragraphes 2 et 5 à la représentation d'un certificat constatant soit l'acquittement, soit la non-exigibilité de l'impôt de mutation par décès (transfert ou conversion de titres nominatifs, payement de sommes, rentes ou émoluments quelconques dus par les compagnies d'assurances sur la vie à des bénéficiaires autres que le conjoint survivant ou les successibles en ligne directe). Mais la dispense ne s'applique qu'à l'opération même pour laquelle le certificat est produit.

Enfin, il a été entendu, au cours de la discussion, que les établissements de crédit qui mettent en location des coffres-forts n'auront pas à aviser l'administration du décès du locataire, alors même que les héritiers de celui-ci auraient dû le leur notifier pour être autorisés à ouvrir eux-mêmes le coffre-fort (Chambre, séance du 16 nov. 1900, *J. off.*, Débats parl., p. 2105, col. 2 et 3).

L'avis à donner au directeur de l'enregistrement est, d'ailleurs, subordonné par la loi elle-même à la condition que les sociétés, compagnies, agents de change, etc., sachent que les titres, sommes ou valeurs faisant l'objet de la remise du payement ou du transfert dépendent d'une succession.

La connaissance que le législateur a voulu que ces sociétés ou personnes eussent de l'ouverture de la succession ne saurait résulter ni de la notoriété publique, ni d'une information indirecte, mais seulement du fait que pour obtenir la remise, le payement ou le transfert des titres, sommes ou valeurs, l'intéressé aura dû invoquer sa qualité d'héritier ou se prévaloir du décès.

Ainsi, les titres dépendant d'une communauté conjugale et que le mari aurait déposés à son propre nom dans une banque pourraient lui être remis, même après le décès de la femme, sans qu'il y ait lieu d'en informer l'administration, si cette remise lui était faite sur sa simple décharge et sur la seule justification de son identité, dans l'ignorance légale du décès de la femme et des droits qu'elle pouvait avoir sur les titres.

De même, si des valeurs ont été déposées au nom d'une société en nom collectif, l'établissement dépositaire n'aura pas à donner avis du retrait qui serait opéré postérieurement au décès de l'un des associés, si rien ne lui démontre que la société a cessé d'être propriétaire de ces valeurs.

Mais du moment où les conditions mêmes de la remise, du payement ou du transfert révéleront que les titres, sommes ou valeurs faisant l'objet de l'opération dépendent d'une succession, les sociétés et personnes énumérées au paragraphe 3 de l'art. 15 devront fournir la liste de ces titres, sommes ou valeurs, quels que soient le lieu du décès et la nationalité du défunt, ce qui ne saurait d'ailleurs préjuger la question de l'exigibilité du droit de mutation par décès.

Il est évidemment impossible d'imposer aux dépositaires, débiteurs ou détenteurs, l'obligation de trancher cette question à leurs risques et périls. Il appartiendra à l'administration de la résoudre d'après les principes généraux et les circonstances particulières de chaque affaire.

Les sociétés et personnes indiquées au texte n'ont pas à chercher si elles sont dépositaires, débitrices ou détentrices de titres, sommes ou valeurs autres que ceux faisant l'objet de la remise, du payement ou du transfert qui leur est actuellement demandé.

Chaque opération successive engendre pour elles une obligation nouvelle et doit faire l'objet d'un avis particulier.

La loi laisse les sociétés, compagnies, agents de change, etc., libres de fournir, soit avant la remise, le payement ou le transfert, soit dans la quinzaine qui suivra ces opérations, la liste des titres, sommes et valeurs qu'ils sauront dépendre d'une succession.

Pour que le but poursuivi soit atteint, il est indispensable que cette liste permette d'identifier les titres ou valeurs, et qu'elle détermine, avec toute la précision possible, la cause du payement ou de la remise des sommes.

En conséquence, elle devra mentionner non seulement la nature et le nombre, mais encore les numéros des titres.

Les listes sont dressées sur des formules imprimées qui sont tenues gratuitement à la disposition des intéressés dans les bureaux de l'enregistrement.

Les sociétés et compagnies peuvent les faire établir ,à leur gré, soit à leur siège social, soit à la succursale ou agence chargée de la remise, du payement ou du transfert, à la condition bien entendu qu'elles soient signées par un agent qualifié à cet effet.

Elles doivent être adressées par les sociétés ou compagnies au directeur de l'enregistrement du département de leur siège social, ou du siège de l'agence qui les a rédigées, et par les agents de change, changeurs, banquiers, etc., au directeur de l'enregistrement du département de leur résidence.

Ce chef de service leur en délivrera récépissé. La formule préparée à cet effet au bas de l'imprimé sera complétée par l'indication de la date de la liste.

Toutefois, dans les localités qui ne sont pas le siège d'une direction, il sera loisible aux intéressés de faire parvenir les listes au directeur départemental, par l'intermédiaire du receveur de leur canton ayant dans ses attributions la recette des droits de succession, à la condition de faire reprendre les récépissés au bureau de cet agent, auquel le directeur les renverra dans le plus bref délai.

Les listes fournies en exécution du paragraphe 3 de l'art. 15 seront comprises par le directeur dans le plus prochain envoi des renvois mensuels.

Elles feront, de la part des receveurs, l'objet des mêmes annotations et rapprochements que les autres renvois relatifs à des successions. Celles de ces listes qui ne pourraient être utilisées au bureau qui les aura reçues, notamment parce que le défunt était domicilié dans le ressort d'un autre bureau, seront extraites de la liasse et réexpédiées, conformément aux prescriptions de l'instruction n° 2320, § 2, après avoir été émargées des indications de nature à permettre de tirer parti des renseignements qu'elles contiennent.

Au cours de leurs opérations au siège des sociétés ou compagnies et chez les personnes assujetties aux vérifications de l'administration, les employés supérieurs utiliseront les récépissés qui leur seraient représentés pour s'assurer que les prescriptions du paragraphe 3 de l'art. 15 de la loi du 25 février 1901 ont été exactement remplies.

Il a été spécifié, d'ailleurs, au cours de la discussion et des travaux préparatoires (Chambre, séance du 19 nov. 1895, *J. off.*, p. 2428, 1re col. ; Rapp. de M. Cordelet, sénateur, du 9 juillet 1896, *J. off.*, Doc. parl., Sénat, p. 283 et s.) que cette disposition n'entraîne aucune extension du droit de communication accordé à l'administration par les lois en vigueur, ni quant aux personnes assujetties à l'exercice de ce droit, ni quant aux documents dont la représentation peut être requise.

III. — *Sommes, rentes ou émoluments dus par les compagnies
d'assurances sur la vie.*

Les paragraphes 5 et 6 de l'art. 15 de la loi du 25 février 1901 contiennent certaines dispositions spéciales aux compagnies d'assurances sur la vie.

Aux termes du paragraphe 5, « les compagnies françaises d'assurances sur la vie et les succursales établies en France des compagnies étrangères ne pourront se libérer des sommes, rentes ou émoluments quelconques dus par elles à raison du décès de l'assuré à des bénéficiaires autres que le conjoint survivant ou les successibles en ligne directe, si ce n'est sur la présentation d'un certificat délivré sans frais par le receveur de l'enregistrement, dans la forme indiquée au premier alinéa du présent article et constatant soit l'acquittement, soit la non-exigibilité de l'impôt de mutation par décès, à moins qu'elles ne préfèrent retenir pour la garantie du Trésor, et conserver jusqu'à la présentation du certificat du receveur une somme égale au montant de l'impôt calculé sur les sommes, rentes ou émoluments par elles dus ».

Le receveur compétent pour délivrer le certificat prescrit est le receveur du bureau auquel la succession doit être déclarée.

On rappelle à ce sujet qu'aux termes de l'art. 16 de la loi du 25 février 1901 : « Les mutations par décès seront enregistrées au domicile du décédé quelle que soit la situation des valeurs mobilières ou immobilières à déclarer. À défaut de domicile en France, la déclaration sera passée au bureau du lieu du décès, ou si le décès n'est pas survenu en France, à ceux des bureaux qui seront désignés par l'administration. »

Il avait été décidé provisoirement que ces dernières déclarations seraient reçues à Paris au 1er bureau des successions (Instr. n° 3049, p. 6). Elles pourront à l'avenir être souscrites, au choix du redevable, soit à ce bureau, soit indifféremment dans l'une des villes ci-après désignées, au bureau chargé de la recette des droits de mutation par décès : Lille (1er bureau des successions), Nancy, Annecy, Lyon (1er bureau des successions), Pau, Bordeaux (1er bureau des successions). »

Il est entendu que les valeurs dépendant d'une même succession devront être déclarées toutes au même bureau quelle que soit leur situation.

Il peut arriver que les sommes, rentes ou émoluments dus à raison du décès de l'assuré ne soient point passibles du droit de succession.

Le fait se produira, par exemple, lorsque l'assuré avait son domicile dans une colonie où l'enregistrement est établi, ou lorsque le bénéfice de l'assurance est affranchi d'impôt par application du paragraphe 6 de l'art. 15 de la loi du 25 février 1901, ou encore lorsqu'il n'est pas acquis à titre gratuit à celui qui le recueille.

En pareil cas, le certificat n'en devra pas moins être exigé : la disposition qui le prévoit exclut, en effet ,toute distinction. Actuellement, d'ailleurs, le certificat dont la production est prescrite par l'art. 25 de la loi du 8 juillet 1852, remplacé par l'art. 15 de la loi du 25 février 1901, doit être représenté pour le transfert ou la mutation des rentes sur l'État provenant de titulaires décédés même quand l'impôt n'est pas dû sur ces rentes. L'instruction nº 2508, § 6, porte à cet égard : « Toute délivrance de certificat, non précédée du payement des droits de mutation par décès, donnera lieu à une déclaration dressée en la forme usitée, et par laquelle les héritiers feront connaître les circonstances qui s'opposent à l'exigibilité des droits. »

Dans les cas exceptionnels où cette déclaration ne pourrait être légalement exigée par l'administration et serait refusée par les parties, le receveur devrait « inscrire et signer, sur le registre des successions à la date courante, une mention explicative et suffisamment détaillée, qui sera considérée, pour la rédaction du certificat, comme constituant une déclaration proprement dite ». Ces dispositions, de même que toutes celles relatives à la délivrance des certificats prescrits pour le transfert des rentes sur l'État, seront applicables aux certificats exigés pour le payement des sommes, rentes ou émoluments dus par les compagnies d'assurances en raison du décès de l'assuré.

Lorsqu'une déclaration de mutation par décès ne pourra être légalement exigée, le certificat sera délivré, au besoin, sur la déclaration souscrite par le représentant de la compagnie ou de l'agence, par le receveur du siège de la compagnie, ou par celui de l'agence chargée du payement.

IV. — *Pénalités.*

Toute contravention aux dispositions ci-dessus énoncées de l'art. 15 de la loi du 25 février 1901 est punie par le paragraphe 7 du même article d'une amende de 500 francs en principal.

En outre, le contrevenant sera personnellement tenu des droits et pénalités exigibles, sauf recours contre le redevable.

Il conviendra, toutefois, de ne réclamer le payement des droits et pénalités exigibles aux sociétés, compagnies et personnes visées par l'art. 15, qu'autant que le recouvrement de ces sommes n'aurait pu être amiablement obtenu des héritiers et que la solvabilité de ces derniers ne présenterait pas, en cas de poursuites, des garanties suffisantes pour le Trésor.

V. — *Assurances contractées à l'étranger.*

Le paragraphe 6 de l'art. 15 de la loi du 25 février 1901 renferme une disposition qui ne rentre pas dans l'objet de la présente instruction.

Ce paragraphe, qui tend à favoriser les opérations à l'étranger des compagnies françaises d'assurances sur la vie, porte que « l'art. 6 de la loi du 21 juin 1875 n'est pas applicable lorsque l'assurance a été contractée à l'étranger, dans le sens de la disposition précitée, encore bien que la compagnie n'ait pas donné sa signature à l'étranger, mais à son siège social, et n'ait été engagée que par cette signature ».

On ne perdra pas de vue que les pays soumis au protectorat de la France sont, au regard de la loi fiscale, assimilés à des pays étrangers et qu'il en est de même des colonies françaises dans lesquelles l'enregistrement n'est pas établi.

INSTRUCTION N° 3056.

En principe, chaque liste (des titres à adresser à l'enregistrement par les sociétés...) devrait mentionner les numéros des titres qui s'y trouvent compris (Instr. n° 3051, p. 441) ; mais afin d'alléger dans une large mesure la tâche imposée aux sociétés et personnes ci-dessus désignées, l'administration a décidé de leur accorder la faculté de ne pas porter les numéros des titres sur les listes dressées par elles. Il appartiendra aux agents de réclamer ultérieurement ces numéros dans le cas où ils le jugeront nécessaire.

ART. 20. — *Taxe de 4 p. 100 sur les lots élevée à 8 p. 100 (1).*

L'art. 20 de la loi du 25 février 1901 élève à 8 p. 100 la taxe établie par l'art. 5 de la loi du 21 juin 1875 (Instr. n° 2517) sur les lots payés aux créanciers et aux porteurs d'obligations, effets publics et tous autres titres d'emprunt. La Régie fait observer, dans son instruction n° 3049, qu'il n'est pas innové en ce qui concerne la taxe applicable aux primes de remboursement.

La disposition nouvelle, dit-elle, se résume en une simple modification du tarf.

La liquidation et le recouvrement de la taxe de 8 p. 100 auront lieu, dès lors, conformément aux dispositions législatives ou réglementaires intervenues au sujet de la taxe de 4 p. 100 qu'elle remplace (Instr. n°ˢ 2517, 2536 et 2801) et à la jurisprudence qui décide que la mise en payement constitue le fait générateur de l'impôt.

Il résulte de là que les lots dont le tirage est antérieur à la mise à exécution de la loi nouvelle seront passibles de la surtaxe, s'ils ne deviennent exigibles que postérieurement à cette date (Conf. *R. Enreg.*, art. 2522-50).

De ce que la surtaxe vise exclusivement les lots, on doit conclure que les primes de remboursement en sont affranchies, même si elles sont confondues avec le capital émis et le lot proprement dit, dans une somme unique payée au porteur de l'obligation sortie au tirage. Ce fait se produit, notamment, pour certains titres du Crédit foncier.

Dans cette hypothèse, il y aura lieu de faire une ventilation, afin de ne frapper de la surtaxe que la partie de la somme payée représentant le lot proprement dit, le surplus n'étant soumis qu'au droit ordinaire de 4 p. 100.

(1) La taxe sur les lots a été portée à 20 p. 100 et la taxe sur les primes de remboursement à 10 p. 100 (L. 25 juin 1920, art. 50).

Note de la Direction générale de l'enregistrement, des domaines et du timbre, concernant les obligations des sociétés, compagnies et entreprises étrangères envers le Trésor (1904).

DISPOSITIONS GÉNÉRALES

1. *Sociétés dont les titres sont cotés ou circulent en France, y font l'objet soit d'annonces ou publications, soit d'un service financier. — Opérations du fait des sociétés.* — Les sociétés, compagnies, entreprises, corporations, villes, provinces étrangères, ainsi que tout autre établissement public étranger dont les titres (actions, obligations, titres d'emprunt, quelle que soit d'ailleurs leur dénomination) sont cotés, émis, négociés, mis en souscription, exposés en vente ou introduits en France, y font l'objet soit d'annonces ou publications, soit d'un service financier, doivent prendre l'engagement d'acquitter le droit de timbre, le droit de transmission et la taxe sur le revenu, d'après une quotité de ces titres à fixer par le ministre des finances (L. du 23 juin 1857, art. 9 ; Décr. du 17 juill. 1857, art. 10, 11 et 12 ; L. du 29 juin 1872, art. 4 ; Décr. du 6 déc. 1872, art. 3 et 4 ; L. du 13 avr. 1898, art. 12).

2. *Représentant responsable.* — Ces sociétés ou collectivités sont tenues, en outre, de faire agréer par le ministre des finances ou, en vertu d'une délégation du ministre, par le directeur général de l'enregistrement, des domaines et du timbre, un représentant français personnellement responsable du paiement de ces droits et des amendes (Décr. du 17 juill. 1857, art. 10 ; du 24 mai 1872, art. 4 ; du 6 déc. 1872, art. 4, et du 10 août 1896 ; L. 13 avr. 1898, art. 12), ou de réaliser un cautionnement en numéraire (L. du 13 avr. 1898, art. 12 ; Décr. du 22 juin 1898).

3. *Opérations du fait des tiers.* — Tant qu'un représentant responsable n'a pas été agréé ou un cautionnement régulièrement constitué, il est interdit à toute personne, sans aucune exception, de procéder en France à une émission, mise en souscription, exposition en vente ou introduction sur le marché, de titres d'actions ou d'obligations étrangers, d'annoncer ou publier ces opérations, de faire le service financier de ces mêmes titres, soit en opérant leur remboursement ou leur transfert, soit en faisant le payement des coupons (L. du 13 avr. 1898, art. 12).

4. *Sociétés dont les titres ne circulent pas en France, mais qui y possèdent des biens ou y font des opérations.* — Les sociétés, compagnies, entreprises, corporations, villes, provinces étrangères, ainsi que tout autre établissement étranger, dont les titres ne circulent pas en France, mais qui ont pour objet des biens soit mobiliers, soit immobiliers, situés en France (fonds de commerce, agences, succursales, portefeuilles, etc.), doivent la taxe sur le revenu à raison des valeurs françaises qui en dépendent et acquittent cette taxe d'après une quotité du capital social fixée par le ministre des finances (Décr. du 6 déc. 1872, art. 3 ; arrêts de la Cour de cassation des 22 avr. 1879, 2 août 1881 et 4 mai 1887).

5. Ces sociétés, compagnies ou entreprises sont également tenues de faire

agréer un représentant français personnellement responsable du payement de cette taxe et des amendes (Décr. du 6 déc. 1872, art. 3) ou de réaliser un cautionnement en numéraire (Décr. du 22 juin 1898).

6. *Dépôt au bureau de l'enregistrement d'un exemplaire certifié de l'acte d'association.* — Ces mêmes sociétés, compagnies et entreprises étrangères, sans distinction ni exception, qui se proposent d'acquérir des biens en France ou d'y faire des opérations, doivent déposer, *préalablement à leur établissement en France*, au bureau de l'enregistrement dans le ressort duquel se manifeste pour la première fois leur existence, un exemplaire certifié de leur acte d'association (L. 13 avr. 1898, art. 12, § 5).

7. *Fixation de la quotité imposable.* — La quotité imposable est fixée, pour chaque société, par le ministre des finances, sur l'avis préalable de la commission des valeurs mobilières instituée par l'art. 1er du décret du 24 mai 1872. Pour les sociétés visées au no 1 ci-dessus, elle est établie d'après le nombre des titres qui sont présumés circuler en France, et elle ne peut être inférieure, pour les actions, à 1/10, et, pour les obligations, à 2/10 du capital (Décr. du 14 mai 1872, art. 2). Pour les sociétés possédant des biens ou faisant des opérations en France, elle se détermine, en exécution de l'art. 3 du décret du 6 décembre 1872, au moyen d'une proportion entre la valeur des biens français et la valeur de l'actif *total* de la société.

En ce qui concerne les sociétés dont les titres circulent en France et qui y possèdent des biens ou y font des opérations, la quotité passible de la taxe sur le revenu est la même que celle qui sert de base au payement des droits de timbre et de transmission, sauf le cas où la comparaison de la valeur des biens situés en France avec celle de l'actif total de la société fait ressortir une quotité supérieure. Dans cette hypothèse, l'impôt sur le revenu doit être acquitté d'après cette dernière quotité.

La quotité imposable est toujours fixée pour une période de trois ans et peut être revisée, à l'expiration de chaque période triennale, sur la demande de l'administration ou de la société. S'il y a lieu à revision, la nouvelle quotité est déterminée dans le trimestre qui précède l'échéance de la troisième année et sert de base à la perception de l'impôt pour une nouvelle période de trois ans (Décr. 24 mai 1872, art. 3, et du 6 déc. 1872, art. 3).

La période initiale a pour point de départ le premier fait générateur de l'impôt en France.

8. *Soumissions de sociétés.* — L'acte contenant l'engagement de la société étrangère et la désignation du représentant responsable doit être régulièrement souscrit par ses représentants légaux et conformément à ses statuts. Il doit être rédigé sur papier timbré.

9. D'après les règles généralement tracées dans les statuts pour la validité des contrats passés par les sociétés, cet acte devra dans la plupart des cas être signé en vertu d'une délibération spéciale du conseil d'administration par la personne ou les personnes désignées à cet effet.

10. Les sociétés remettront à l'appui dudit acte :

1º Un exemplaire, sur papier non timbré, de leurs statuts en langue française ;

2º Un extrait, sur papier timbré, de la délibération spéciale du conseil d'administration, lorsqu'il en aura été pris une selon les prévisions du nº 9 ci-dessus, certifié conformément aux statuts.

3º Toutes les autres pièces, rédigées sur papier timbré, qui d'après les conditions particulières, requises par leurs statuts, seraient nécessaires pour justifier de la régularité de l'engagement.

Toutes les signatures devront être légalisées, savoir : celles qui seront données en France, par le maire, ou, à Paris, par le commissaire de police du quartier, et celles qui seront données à l'étranger par les agents diplomatiques ou consulaires français.

11. *Soumission des représentants responsables.* — Les représentants responsables proposés devront, de leur côté, souscrire un engagement semblable à celui de la société étrangère.

Ils devront justifier de leur qualité de Français et de leur solvabilité.

Si le représentant proposé est une société française, l'engagement devra être contracté suivant les formes rappelées ci-dessus pour celui de la société étrangère et appuyé des mêmes justifications.

Les signatures devront également être légalisées.

12. *Cautionnement en numéraire.* — Les sociétés et autres collectivités étrangères énumérées dans les nᵒˢ 1 et 4 de la présente note pourront s'affranchir de l'obligation de faire agréer un représentant responsable en déposant un cautionnement en *numéraire* (L. du 13 avr. 1898, art. 12 ; Décr. du 22 juin 1898, art. 1ᵉʳ).

La demande tendant à la constitution des cautionnements devra être rédigée sur papier timbré et accompagnée d'un exemplaire, sur papier non timbré, des statuts de la société en langue française.

13. *Fixation du cautionnement.* — Le montant du cautionnement sera fixé par le ministre des finances ou, en vertu de la délégation du ministre, par le directeur général de l'enregistrement, des domaines et du timbre (Décr. préc., art. 1ᵉʳ) ; il ne pourra être inférieur à la somme représentant approximativement le total des taxes annuelles exigibles pour une période de trois années et calculées à raison des cinq dixièmes des titres pour lesquels l'abonnement aura été demandé (Décr. préc., art. 2).

14. *Versement du cautionnement.* — Le versement du cautionnement sera effectué à la Caisse des dépôts et consignations ; il sera accompagné :

1º D'une copie de la déclaration du ministre ou du directeur général de l'enregistrement, des domaines et du timbre, qui aura fixé le montant du cautionnement ;

2º D'une déclaration préalablement visée par l'administration de l'enregistrement indiquant l'affectation spéciale de la somme prélevée et contenant autorisation au profit de ladite administration de prélever sur ce cautionnement le montant des taxes annuelles du timbre, de transmission et du revenu, ainsi que les amendes, frais et accessoires qui pourront être dus au Trésor (Décr. préc., art. 3).

15. — Cette déclaration, rédigée sur papier timbré, devra être régulièrement souscrite par les représentants légaux de la société étrangère et conformément à ses statuts. Les sociétés remettront à l'appui de ces déclarations toutes les pièces nécessaires pour justifier de la validité de l'affectation (Comp. nos 9 et 10, *suprà*). Toutes les signatures devront être légalisées comme il est indiqué plus haut (V. no 10, *in fine*).

16. *Constitution définitive du cautionnement.* — Le versement des fonds une fois effectué, le récépissé délivré par la Caisse des dépôts et consignations devra être remis par le déposant au receveur du bureau où les taxes devront être acquittées et conservées par ce dernier pendant toute la durée du cautionnement. C'est seulement après cette remise, dûment constatée, que les sociétés ou autres collectivités étrangères pourront, par elles-mêmes ou par l'intermédiaire de tiers, effectuer en France, sans encourir d'amende, les diverses opérations énumérées aux nos 1, 3 et 4 de la présente note.

17. *Substitution d'un cautionnement en numéraire à un représentant responsable et réciproquement.* — Les sociétés et autres collectivités étrangères peuvent substituer au représentant responsable déjà agréé un cautionnement en numéraire et réciproquement (Décr. du 22 juin 1898, art. 5).

18. *Remboursement du cautionnement.* — Le cautionnement ne pourra être remboursé que sur une autorisation du directeur général de l'enregistrement, des domaines et du timbre. Ce remboursement sera, le cas échéant, effectué entre les mains de la personne qui aura signé la déclaration d'affectation et qui donnera décharge à la caisse (Décr. préc., art. 6).

19. *Pénalités.* — *Opérations du fait des sociétés.* — Toute société, compagnie, entreprise, corporation, ville ou province étrangère ou tout autre établissement public étranger, qui a procédé en France à une émission, négociation, mise en souscription, exposition en vente ou introduction de ses titres, qui y a contracté un emprunt ou qui exploite des biens meubles ou immeubles, sans avoir, au préalable, fait agréer un représentant responsable, ou fourni un cautionnement en numéraire, est passible d'une amende de 100 à 5.000 francs indépendamment de celles qui peuvent être encourues pour retard dans le payement des taxes et dont il sera parlé ci-après (L. du 23 juin 1857, art. 10, et 29 juin 1872, art. 5 ; arrêts préc. du 22 avr. 1879 et du 29 août 1881).

20. *Opérations du fait des tiers.* — Toute personne qui effectue l'une des opérations énumérées au no 3 *suprà* avant qu'un représentant responsable ait été agréé ou un cautionnement régulièrement constitué, est passible d'une amende de 5 % de la valeur nominale des titres ayant fait l'objet de l'opération, sans que cette amende puisse être inférieure à 50 francs en principal (L. du 25 mai 1872, art. 3, et 13 avr. 1898, art. 12).

21. *Dépôt d'un exemplaire des statuts.* — Toute société, compagnie ou entreprise étrangère qui, préalablement à son établissement en France, a

omis de déposer un exemplaire certifié de son acte d'association, est passible d'une amende de 100 à 5.000 francs en principal (L. 13 avr. 1898, art. 12, § 5 et 6).

21 *bis*. — Les sociétés étrangères sont tenues de subir, comme les sociétés françaises, l'exercice du droit de communication des agents de l'enregistrement dans leurs succursales établies en France (Cass. civ., 10 fév. 1902, *Instr. Régie*, n⁰ 3089, § 26).

Impôts exigibles.

§ 1ᵉʳ. — *Sociétés dont les titres sont cotés ou circulent en France, y font l'objet soit d'annonces ou publications, soit d'un service financier.*

22. *Généralités.* — Les droits de timbre et de transmission et la taxe sur le revenu exigibles sur les titres des sociétés étrangères sont soumis aux mêmes principes que les taxes de même nature perçues sur les titres français (L. du 29 juin 1872, art. 4).

Les seules différences consistent en ce que :

1⁰ Les trois taxes, au lieu d'être perçues *sur tous les titres* de la société, ne sont exigées que *sur la quotité* fixée par le ministre ;

2⁰ Le droit de timbre est toujours perçu par abonnement (Décr. 17 juill. 1857, art. 11) ;

3⁰ Le droit de transmission *est annuel et obligatoire*, sans distinction entre les titres nominatifs et les titres au porteur (Décr. 17 juill. 1857, art. 10).

23. *Timbre.* — Le droit de timbre est annuel et de 0 fr. 10 (décimes compris) par 100 francs du capital *nominal* de chaque action, et du montant du titre pour les obligations ; à défaut de capital nominal, le droit est perçu sur le capital réel dont la valeur est déterminée par une déclaration estimative des parties (L. 5 juin 1850, art. 22 et 31, et 23 juin 1857, art. 9).

Le payement doit en être effectué à la fin de chaque trimestre, *sans avis préalable* (L. 5 juin 1850, art. 22 et 31 ; L. 23 juin 1857, art. 9).

24. *Transmission.* — Le droit de transmission est annuel et de 0 fr. 50 par 100 francs, sans décimes. Ce droit est calculé d'après le cours moyen de l'année précédente, déduction faite des versements restant à faire, et, à défaut de cours pendant cette année, d'après une évaluation (L. 23 juin 1857, art. 6 et 9 ; L. 30 mars 1872, art. 1ᵉʳ ; L. 29 juin 1872, art. 3).

Le payement doit en être effectué dans les vingt premiers jours des mois de janvier, avril, juillet et octobre, *sans avis préalable*, sous peine d'une amende de 100 à 5.000 francs en principal (L. 23 juin 1857 ; Décr. 17 juill. 1857, art. 5).

25. *Revenu.* — La taxe annuelle sur le revenu est établie :

1⁰ Sur les intérêts, dividendes, revenus et tous autres produits des actions de toute nature des sociétés ;

2⁰ Sur les arrérages et intérêts annuels des emprunts et obligations des sociétés ;

3° Sur les primes de remboursement payées aux créanciers et aux porteurs d'obligations, effets publics et tous autres titres d'emprunts ;

4° Sur les lots payés aux créanciers et aux porteurs d'obligations, effets publics et tous autres titres d'emprunts (L. 29 juin 1872, art.1er ; L. 21 juin 1875, art. 5).

La quotité de la taxe qui était primitivement de 3 % (L. 29 juin 1872, art. 3) a été portée à 10 % (L. 25 juin 1920, art. 50 ; L. 26 déc. 1890, art. 4) pour les revenus visés sous les nos 1, 2, 3. Cette quotité fixée également à 3 %, puis à 4 % pour le n° 4 (lots), a été relevée à 10 % (L. 25 juin 1920, art. 50).

26. *Assiette de l'impôt.* — La valeur passible de la taxe est déterminée :

1° Pour les actions, par le dividende fixé d'après les délibérations des assemblées générales des actionnaires ou des conseils d'administration, les comptes rendus ou tous autres documents analogues ;

2° Pour les obligations ou emprunts, par l'intérêt ou le revenu distribué dans l'année ;

3° Pour les lots, par le montant même du lot en valeurs françaises ;

4° Pour les primes, par la différence entre la somme remboursée et le taux d'émission des emprunts (L. 29 juin 1872, art. 2 ; L. 21 juin 1875, art. 5).

27. *Payement de la taxe par les sociétés.* — La taxe est payée par les sociétés, savoir :

1° Pour les obligations, emprunts et autres valeurs dont le revenu est fixé et déterminé à l'avance, en quatre termes égaux, d'après les produits annuels de ces valeurs ;

2° Pour les actions et emprunts à revenu variable, en quatre termes égaux déterminés provisoirement d'après le résultat du dernier exercice réglé et calculé sur les 4/5 du revenu, s'il en a été distribué, et, en ce qui concerne les sociétés nouvellement créées, sur le produit évalué à 5 % du capital appelé ;

3° Pour les lots et primes de remboursement, en une seule fois (Décr. 6 déc. 1872, art. 1er ; Décr. 15 déc. 1875, art. 3).

28. *Epoques de paiement des taxes.* — La taxe doit être payée, sous peine d'une amende de 100 à 5.000 francs en principal et *sans avis préalable,* pour les actions, obligations et emprunts, dans les vingt premiers jours de janvier, avril, juillet et octobre et, pour les lots et primes, dans les vingt jours qui suivent la date fixée pour le paiement de ces lots et primes (L. 29 juin 1872, art. 5 ; Décr. 6 déc. 1872, art. 2 et 15 déc. 1875, art. 3). — Quand dernier jour du délai est férié, la taxe doit être payée la veille.

29. *Liquidation définitive.* — En ce qui concerne les actions et emprunts à revenu variable, chaque année après la clôture des écritures relatives à l'exercice, il est procédé à une liquidation définitive de la taxe due pour l'exercice entier. Si, de cette liquidation, il résulte un complément de taxe au profit du Trésor, il est immédiatement acquitté. Dans le cas contraire, l'excédent est versé et imputé sur l'exercice courant ou remboursé si la

société est arrivée à son terme ou si elle cesse de donner des revenus (Déc. 6 déc. 1872, art. 1er, no 2).

La liquidation définitive de la taxe a lieu au moment du dépôt, indiqué ci-après, des comptes rendus et extraits des délibérations des assemblées générales d'actionnaires ou des conseils d'administration, ou de tous autres documents analogues fixant le dividende distribué (Décr. 6 déc. 1872, art. 2).

30. *Dépôts des comptes rendus et délibérations.* — Les sociétés doivent déposer au bureau, dans les vingt jours de leur date, sous peine d'une amende de 100 à 5.000 francs en principal, les comptes rendus (copies entières) et les extraits des délibérations des conseils d'administration ou des assemblées générales des actionnaires fixant le dividende (L. 29 juin 1872, art. 2 et 5). Ces pièces peuvent être rédigées sur papier non timbré.

31. *Dépôt des procès-verbaux de tirage.* — Les sociétés doivent déposer au bureau et sous la même peine, dans les vingt jours qui suivent le jour fixé pour le payement des lots et primes de remboursement, une copie certifiée du procès-verbal de tirage au sort avec un état indiquant pour chaque tirage : 1o le nombre des titres amortis ; 2o le taux d'émission de ces titres, s'il s'agit de primes de remboursement ; 3o le montant des lots et des primes échus aux titres sortis ; 4o la taxe sur laquelle la taxe est exigible (L. 21 juin 1875, art. 5 ; Décr. 15 déc. 1875, art. 3). Ces documents doivent être vérifiés par les agents diplomatiques français (Décr. préc., art. 5).

§ 2. — *Sociétés dont les titres ne circulent pas en France, mais qui y possèdent des biens ou y font des opérations.*

32. *Revenu.* — Ces sociétés ne sont assujetties qu'à la taxe sur le revenu d'après la quotité fixée et doivent l'acquitter dans les mêmes conditions que celle qui est perçue sur les titres d'actions étrangers qui sont cotés ou circulent en France (Voir *suprà*, nos 27 à 30).

Nota. — L'administration délivre sans frais aux sociétés et compagnies qui en font la demande au bureau compétent, des formules imprimées des engagements à fournir et des états à déposer pour le payement des taxes.

FORMULES

A

ASSOCIATION EN PARTICIPATION

1. — Acte d'association.

Entre les soussignés :

M. . . . .

M. . . . .

Ont été arrêtées les conventions suivantes :

Art. 1er. — Il est formé, entre M. . . . . . et M . . . . . ., une association en participation, ayant pour objet. . . . .

Art. 2. — Cette association aura une durée de . . . . . années, à compter du. . . . .

M. . . . . aura la gestion de la participation. Il opérera en son nom seul et sera seul obligé envers les tiers, sauf règlement de comptes entre les participants.

MM. . . . . mettent en commun *(V. suprà, au texte, le chapitre de la participation)*.

Les bénéfices et les pertes, tels qu'ils résultent d'un inventaire annuel dressé conformément aux usages commerciaux, seront supportés dans la proportion suivante : . . . . .

Le décès de M. . . . . entraînera la dissolution de la participation.

Fait double à. . . . . ., le . . . . .

2. — Autre formule plus complète.

(Participation avec création d'une indivision entre les coparticipants.)

Entre les soussignés :

1° M. A. B . . . . ., industriel, demeurant à. . . . . ., d'une part,

Et : MM.

1° Jean L. . . . . . ., publiciste, demeurant à. . . . .

2° Jacques M. . . . ., industriel, demeurant à. . . . .

3° Joseph N. . . . . ., ingénieur, demeurant à . . . . .

4° Louis R. . . . . ., négociant, demeurant à. . . . .

5° Georges S. . . . . ., propriétaire, demeurant à . . . .

6° Ernest T. . . . . ., représentant de commerce à. . .

d'autre part,

Il a été, préliminairement aux conventions qui font l'objet des présentes, exposé ce qui suit :

Suivant acte sous seing privé en date à Paris du. . . . . .,intervenu entre M. X. . . . . et M. A. B. . . . . ., ce dernier est devenu cessionnaire de la licence exclusive avec promesse de vente des brevets demandés à ce jour ou pouvant l'être par la suite, dans tous pays, par M. X. . . . ., et relatifs à. . . . .

Cette concession a été faite à diverses charges, clauses et conditions portées audit acte, et notamment le droit, pour M. A. B., de constituer toute société, syndicat ou association qui conviendra pour l'exploitation de l'invention de M. X. . . . . .

Ceci exposé et les soussignés ayant projeté de constituer entre eux une association en participation ayant pour objet la mise en valeur par leurs moyens de ladite invention, il a été arrêté les conventions suivantes devant régir cette association.

Art. 1er. — Il est formé entre M. A. B. . . . . . d'une part, et MM. Jean L. . . . . ., Jacques M. . . . . ., Joseph N. . . . . ., etc... et toutes autres personnes qui deviendraient par la suite propriétaires de droits sociaux, une association en participation, conséquemment occulte, dans les conditions prévues aux articles 47 à 50 du Code de commerce.

Art. 2. — La présente association a pour objet :

1° La construction et l'exploitation, en France et à l'étranger, d'un appareil auquel sera appliqué le dispositif inventé par M. X. . . . . avec toutes les additions qui pourraient y être apportées par la suite, et faisant l'objet de l'apport ci-après désigné ;

2° La prise, en France, pour le compte de la présente association, de tous brevets concernant ledit appareil ;

3° La vente desdits brevets français et la concession de toutes licences y relatives ;

4° La négociation, mise en société ou en exploitation directe ou indirecte de tous brevets présents ou futurs pris en France et à l'étranger, se référant audit objet ;

5° La construction et la vente de tous appareils ou objets nécessaires à l'exploitation desdits brevets ; et en général, la mise en œuvre de tous moyens ou procédés qui paraîtront les plus conformes à son but et les plus profitables aux intérêts communs.

Art. 3. — L'association aura une durée de. . . . . années à compter du. . . . . pour finir le. . . . ., sauf les cas de dissolution anticipée ou de prorogation dont il sera parlé ci-après.

Art. 4. — M. . . . . . apporte dans la présente association :

1° Le bénéfice du contrat intervenu entre lui et M. X. . . . . . . le. . . . . ., contrat que les participants déclarent bien connaître relatif à la concession à eux faite des licences exclusives (avec promesse de vente) de tous brevets pris et à prendre en France et relatifs à un dispositif de . . . inventé par M. X. . . . . .

2º Le résultat des études, démarches et dépenses faites par M. A. B. . . .
ainsi que les concours financiers qu'il s'est procurés pour arriver à la
constitution de la présente association ;

3º La totalité des bénéfices nets lui revenant aux termes de son traité
avec M. X. . . . . ., du. . . . . ., sus-rappelé, à provenir de l'exploitation directe ou indirecte ou de la vente des licences de brevets ou brevets concernant l'invention dudit M. X. . . . pris dans tout autre
pays que la France.

Conditions des apports :

1º Ces apports sont faits par M. A. B. . . . . ., sans aucune autre
garantie que celle qui résulte de l'existence du contrat apporté.

L'association aura la libre disposition et jouissance des licences des
brevets pris et à prendre en France et à l'étranger.

2º Elle les exploitera comme bon lui semblera.

3º Elle aura le droit, à tout moment et en toute circonstance, de renoncer à l'exploitation de tout brevet, mais à charge de faire connaître à
M. X. . . . . . la décision prise à cet égard, sans toutefois avoir à obtenir
son assentiment.

4º Elle bénéficiera du droit d'exploitation de tous perfectionnements
apportés par MM. X. . . . . . (inventeur du dispositif breveté) et A.
B. . . . . (son cessionnaire) à l'invention sus-désignée et de la licence,
pendant toute leur durée, de tous certificats d'addition et brevets complémentaires additionnels au brevet ci-dessus désigné, ces certificats
d'additions et brevets complémentaires additionnels devant être pris
par la société après accord préalable avec MM. X. . . . . . et A. B. . . . .
et à leurs noms.

5º La présente association aura la charge de tout ce que peut entraîner
l'examen, la prise, la conservation de la validité de tous brevets français.

6º Elle devra faire, à ses frais, procéder dans tous pays à l'examen
et à la prise des brevets aux noms de MM. X. . . . . . et A. B. . . . . .,
et devra payer les frais d'annuités, de transfert et de prise desdits brevets
selon les usages ou lois des pays où ces derniers brevets seront pris, et
ce en compensation des apports énoncés au paragraphe 3 de l'article 4.

La valeur des apports de M. A. B. . . . . est fixée à la somme
de. . . . . 50.000 fr.
M. Jean L. . . . . apporte en espèces la somme de. . . 70.000 fr.
M. Jacques M. . . . »   »   »   50.000 fr.
M. Joseph N. . . . »   »   »   30.000 fr.
M. Louis R. . . . . »   »   »   20.000 fr.
M. Georges S. . . . »   »   »   20.000 fr.
M. Ernest T. . . . »   »   »   10.000 fr.

      Soit au total . . . . 250.000 .

La somme de deux cent cinquante mille francs, apportée par MM......, sera versée dans la caisse de l'association par les participants, chacun pour sa part, à la signature des présentes, et sur la quittance du gérant.

ART. 6. — L'association n'ayant pas de personnalité morale, il est entendu qu'une indivision est créée entre les participants, lesquels seront, à compter de ce jour, copropriétaires de l'apport sus-énoncé.

Ils auront en conséquence le bénéfice de la promesse de vente des brevets consentie à M. A. B. . . . . . et pourront en profiter. Ils pourront aussi rétrocéder à toute personne ou société telle licence, ou tel brevet, pour tel prix et sous telle forme qu'il appartiendra.

Si le fonds de roulement de l'association devenait insuffisant ou s'il devait faire face à des dépenses nouvelles ou imprévues, il pourrait être augmenté par une décision des participants prise comme il sera dit ci-après (art. 15) et au moyen d'un versement complémentaire de chacun, proportionnel au montant de son appoint primitif.

ART. 7. — Chaque participant a droit, sans distinction, à une part des bénéfices de l'exploitation, proportionnelle à l'importance de ses apports.

ART. 8. — Le titre de chaque participant résultera seulement des présentes, des actes ultérieurs qui constateront l'augmentation du fonds commun et des cessions qui seront régulièrement consenties. Un exemplaire de ces actes sera délivré à chacun des participants, contre un récipissé.

ART. 9. — La cession de tout ou partie des droits de chaque participant s'opérera suivant les prescriptions établies par les art. 1689 et suivants du Code civil.

Un associé ne pourra céder, sur les droits lui appartenant dans l'association, une part inférieure à mille francs ou à un multiple de mille francs ; chaque fraction de mille francs étant indivisible.

De convention expresse, les droits sociaux seront librement cessibles entre participants et pourront faire l'objet de mutations par succession, donation ou testament ; mais ils ne pourront être cédés à des tiers qu'avec l'approbation écrite du gérant.

ART. 10. — La possession d'une fraction du fonds commun, comme aussi l'acquisition de tout ou partie des droits d'un participant, comportent de plein droit adhésion aux présentes conventions.

Tout participant s'engage pour lui et ses cessionnaires successifs à ne pouvoir exercer contre quiconque aucune action ni revendication se rapportant à la présente association, les présentes conventions constituant et restant pout tous la seule loi des parties.

ART. 11. — Les participants ne sont pas responsables, vis-à-vis de la participation comme des tiers, et pour quelque cause que ce soit, au delà du montant de leurs engagements.

Aucun appel de fonds ne peut leur être adressé par le gérant en dehors des cas prévus au dernier paragraphe de l'article 6 et des autorisations exigées par l'article 15.

Art. 12. — Les héritiers, ayants cause ou créanciers d'un participant ne peuvent, pour quelque cause que ce soit, provoquer l'apposition des scellés sur les biens et valeurs dépendant de l'association, en demander le partage ou la licitation, ni s'immiscer en quoi que ce soit dans son administration. Ils devront, pour l'exercice de leurs droits, s'en rapporter aux inventaires et aux comptes approuvés par l'assemblée générale des participants. Ils seront tenus de se faire représenter par un mandataire collectif, par eux choisi, les maris représentant leurs femmes, les tuteurs leurs pupilles.

M. A. B. . . . . . sera seul gérant de l'association, pour toute sa durée, avec les pouvoirs les plus étendus.

Il ne pourra être révoqué que pour faute grave, et sa révocation ne pourra être prononcée que par une délibération de l'assemblée extraordinaire des participants, réunissant les trois quarts du fonds commun et prononcée à une majorité des trois quarts des voix des participants présents ou représentés.

Il aura la faculté de déléguer tout ou partie de ses pouvoirs, mais il ne pourra en aucun cas se substituer un tiers dans la gérance.

En qualité de gérant, il traitera seul avec les tiers et sera seul responsable, vis-à-vis d'eux, de tous les engagements, comme de tout le passif de la participation ; il signera seul toutes pièces ; il recevra et paiera toutes sommes, fera toutes avances et emprunts ; émettra, escomptera et encaissera toutes traites, chèques, mandats et valeurs.

En cas de démission ou de décès du gérant, l'association ne sera pas dissoute ; il sera pourvu à son remplacement par l'assemblée extraordinaire des participants convoqués à cet effet, par le plus diligent d'eux et dans le plus bref délai possible.

Pendant toute la durée de ses fonctions, le gérant devra être propriétaire d'au moins quinze mille francs dans le fonds commun.

En raison de ses fonctions et de la responsabilité attachée à sa gestion, et pour faire face à ses besoins personnels, le gérant aura droit à un prélèvement mensuel de 600 francs, qui sera payée aux frais généraux.

Art. 14. — En cas de décès d'un ou plusieurs participants, l'association ne sera pas dissoute ; elle continuera avec les héritiers ou représentants de l'associé décédé, lesquels devront se faire représenter par l'un d'eux pour l'exercice de leurs droits.

Art. 15. — Le gérant sera tenu de convoquer chaque année les participants en réunion générale, qui aura lieu au domicile ci-après élu.

Les convocations devront être faites par lettre recommandée dix jours au moins avant la réunion.

L'assemblée désignera un président et un secrétaire.

Elle entendra le rapport du gérant sur les affaires de la participation.

Elle discutera les comptes, les approuvera, fixera les bénéfices nets à répartir, s'il y a lieu.

Les délibérations seront constatées par des procès-verbaux, signés par le président et le secrétaire.

En outre, les participants pourront être réunis extraordinairement chaque fois que le gérant le jugera utile (ou sur mise en demeure de trois participants).

Les décisions seront prises à la majorité des voix des membres présents ; en cas de partage, la voix du président est prépondérante.

Chaque participant a autant de voix qu'il possède de fois mille francs dans le fonds commun.

Les délibérations régulièrement prises obligent tous les associés, même absents ou dissidents.

L'assemblée générale ordinaire est régulièrement constituée lorsque les participants présents ou régulièrement représentés représentent plus de la moitié du fonds commun.

L'assemblée générale extraordinaire n'est régulièrement constituée que si elle est composée de participants représentant les trois quarts du même fonds.

Art. 16. — (*Clause facultative.*) L'assemblée générale nomme, chaque année, un censeur, qu'elle peut prendre même en dehors des participants.

Ce censeur a pour mission de vérifier les comptes, l'inventaire et le bilan.

Art. 17. — L'exercice commencera le 1er janvier et finira le 31 décembre de chaque année.

Les écritures seront tenues, conformément aux lois et usages du commerce, sous la surveillance du gérant (et le contrôle du censeur).

Art. 18. — Chaque année en fin d'exercice et pour la première fois le 1er janvier. . . . . ., il sera fait, par le gérant, un inventaire général de l'actif et du passif du fonds commun pour clore l'exercice écoulé et en constater les résultats.

(Le censeur examinera cet inventaire et le soumettra à la réunion générale des participants, à laquelle il fera un rapport à ce sujet.)

Art. 19. — Les bénéfices seront comptés, déduction faite de toutes charges, sur les produits nets à provenir des opérations de la participation, sous quelque forme que ce soit, résultant de l'exploitation des brevets français ou étrangers, etc. . . . . .

Sur ces bénéfices il sera prélevé :

1° 10 % pour former un fonds de réserve et de prévoyance comme il va être dit ;

2° Somme suffisante pour payer à chacun des participants un intérêt annuel de 6 % sur le montant de son apport (en nature ou en argent).

Après ces prélèvements, l'excédent sera réparti entre chacun des participants dans la proportion de ses droits dans le fonds commun.

Les pertes, s'il en existe, seront supportées dans la même proportion sans que les participants puissent être tenus au delà de leur mise de fonds tant à l'égard des tiers que vis-à-vis du gérant.

Art. 20. — Les sommes portées au fonds de prévoyance et de réserve seront employées à parfaire l'intérêt à 6 % du capital attribué à la rémunération des apports (en nature ou en argent) quand le résultat de l'exercice ne le permettra pas, et à parer aux pertes que l'exploitation pourrait subir.

Art. 21. — En cas de réalisation totale ou partielle des brevets et avantages mis en commun, les sommes à en provenir seront réparties entre les participants au prorata de la part de chacun d'eux dans le fonds commun, après prélèvement des frais et dépenses, de toute nature, occasionnés par l'association.

Art. 22. — L'assemblée convoquée et délibérant extraordinairement, peut, sur la proposition du gérant, apporter aux présents statuts toutes les modifications reconnues utiles, et notamment décider :

L'augmentation ou la dissolution anticipée de l'association ;

L'apport du fonds commun à une société existante ou à constituer.

Art. 23. — En cas de dissolution, la liquidation sera faite par le gérant (sous la surveillance du censeur).

Elle comprendra la réalisation du fonds commun (s'il n'a pas été préalablement cédé ou apporté) et l'établissement des comptes des participants entre eux.

Toutefois l'apporteur en nature ou ses ayants-droit pourraient reprendre, s'ils le désirent, l'objet de cet apport (brevets, licences de brevets, etc.), dans l'état où ils se trouveront alors, contre versement au fonds commun de sa valeur à ce jour, suivant estimation qui en sera faite à dire d'expert, et qui ne pourra être inférieure à celle (50.000 fr.) qui lui a été attribuée à la constitution.

Art. 24. — Pour l'exécution des présentes, les parties conviennent qu'un domicile commun sera établi à. . . . . chez M. A. B. . . . ., gérant, où chacun fait élection de domicile et où seront valablement notifiés tous actes concernant les rapports des associés entre eux du chef de la présente association. Au cas de changement du domicile commun, l'élection du domicile qui précède sera reportée de plein droit au nouveau domicile.

Art. 25. — En cas de contestation sur ou à l'occasion des présentes, les tribunaux de. . . . . seront seuls compétents pour en connaître.

Fait à. . . . . ., le. . . . .

B

SOCIÉTÉS DE PERSONNES

I

SOCIÉTÉS EN NOM COLLECTIF

3. — Société de deux personnes.

Entre les soussignés. . . . . .

A été constituée la société dont les statuts ont été ainsi arrêtés :

Art. 1er. — Il est formé entre MM. . . . . . une société en nom collectif ayant pour objet. . . . .

Art. 2. — La durée de la société est de. . . . . années qui commenceront à courir le. . . . . et expireront le. . . . .

Art. 3. — Le siège de la société est à. . . . . .

Art. 4. — La raison et la signature sociales sont :. . . . .

Art. 5. — Les affaires de la société seront gérées et administrées par les associés, qui auront à cet effet les pouvoirs les plus étendus. Chacun d'eux pourra faire usage de la signature sociale, mais seulement pour les affaires de la société. Chacun des associés pourra, notamment, traiter, transiger, compromettre, donner tous désistements et mainlevées avec ou sans payement, exercer toutes actions judiciaires ou y défendre (ou bien tels engagements ne seront valables que s'ils sont revêtus de la signature des deux associés) au nom de la société, la représenter dans toutes faillites ou liquidations judiciaires, souscrire, accepter, endosser et acquitter tous effets de commerce.

Art. 6. — M. . . . . . apporte à la société : . . . . .

M. . . . . . apporte à la société :. . . . .

Art. 7. — Les associés doivent consacrer tout leur temps et donner tous leurs soins aux affaires sociales. Ils s'interdisent pendant la durée de la société de s'intéresser directement ou indirectement dans aucune autre entreprise commerciale ou industrielle ou dans tout autre commerce analogue à celui de la société.

(*Variante.* — Arrivant à fin de la société, soit par l'expiration de son terme, soit par anticipation, il est expressément convenu que M. . . . . . ne pourra ou se rétablir dans *tel* commerce, ou prendre un intérêt direct ou

indirect dans une société concurrente, et cela pendant une durée de. . . .
ou dans un rayon de. . . . .)

ART. 8. — Chacun des associés aura droit à un prélèvement de. . . . .
par mois, qui sera porté au compte des frais généraux.

ART. 9. — Chacun des associés pourra verser dans la société des sommes
en compte courant. Ces sommes porteront à son profit des intérêts à. . . .
p. 100 l'an. Le déposant ne pourra en opérer le retrait qu'après avoir prévenu son coassocié. . . . . mois à l'avance.

(Variante. — On peut mettre : Chacun des associés pourra, du consentement de son coassocié. *En ce cas, le consentement de l'associé est nécessaire
lors de chaque dépôt.)*

ART. 10. — Il sera tenu au siège social des écritures suivant les usages du
commerce.

Chaque année au. . . . . ., et pour la première fois le. . . . . ., il sera
dressé par les associés un inventaire social de l'actif et du passif de la société.
Les bénéfices sociaux constatés par l'inventaire, déduction faite de tous les
frais généraux, appartiendront aux associés *(proportion)*. Les pertes seront
supportées dans la même proportion.

*(Variante. — Il peut être convenu que les pertes ne seront supportées par
un associé que jusqu'à concurrence de son apport. Mais cette convention ne
peut avoir d'effet qu'entre associés et n'est pas opposable aux tiers.)*

ART. 11. — Aucun des associés ne pourra céder ses droits dans la présente
société sans le consentement de son coassocié.

ART. 12. — En cas de perte du. . . . . du capital social, constatée par
un inventaire, chaque associé aura le droit de demander la dissolution de
la société, dans le mois de la clôture de cet inventaire.

ART. 13. — En cas de décès de l'un et de l'autre des associés, la société
sera dissoute de plein droit.

ART. 14. — A l'expiration de la société, ou en cas de dissolution anticipée,
la liquidation sera faite par les deux associés, ou par l'associé survivant qui
aura à cet effet les pouvoirs les plus étendus, d'après les usages du commerce.

ART. 15. — Pour faire publier les présentes, conformément à la loi, tout
pouvoir est donné au porteur d'un des doubles du présent acte.

*Il faut autant de doubles, si la société est formée par acte sous seing privé,
d'expéditions, s'il s'agit d'acte notarié, qu'il y a d'associés, plus un pour
déposer au tribunal de commerce, un pour le dépôt à la justice de paix et
un pour l'enregistrement.*

4. — Sociétés de deux personnes. — Autre formule.

Entre les soussignés :

M. . . . . . ., demeurant à . . . .
d'une part ;

Et M. . . . . . ., demeurant à . . . .,
d'autre part ;

Il a été arrêté et convenu ce qui suit :

Art. 1er. — Il est formé entre Monsieur.. . . . . .et Monsieur. . . . .
une société en nom collectif ayant pour objet *l'exploitation d'un fonds de
commerce d'entreprise de transports par camions automobiles et éventuellement par tous autres véhicules, ensemble l'exécution de tous travaux se
rattachant directement ou indirectement à cette entreprise.*

Art. 2. — Cette société est formée pour une durée de *10* années consécutives, qui commencent à courir le. . . . . . pour finir à pareille époque
de l'année. . . . . ., sauf les cas de dissolution anticipée et de prorogation
prévus aux présents.

Il est expressément réservé à chacun des associés la faculté de mettre
fin à la présente société après une période de cinq années à charge pour
l'associé qui désire user de la présente clause de prévenir son co-associé, par
lettre recommandée, six mois au moins avant l'expiration de la première
période.

Art. 3. — Le siège social est fixé à. . . . .

Il pourra être transféré partout ailleurs du consentement des deux
associés.

Art. 4. — La raison et la signature sociales sont : « B. . . . . et
L. . . . . »

La signature sociale appartiendra indistinctement aux deux associés,
mais ces derniers ne pourront en faire usage que pour les besoins et affaires
de la société.

Toutefois, les engagements sociaux, pour être valables, devront être
revêtus de la signature des deux associés lorsqu'ils dépasseront une somme
de *2.000 francs.*

Cette disposition s'applique à la conclusion de tous marchés, à la souscription de tous effets de commerce ou traites, à l'émission de tous chèques,
etc...

Art. 5. — Le fonds social est fixé à la somme de 100.000 francs.

Il est constitué par les associés de la façon suivante :

1° M. L. . . . . apporte à la société : *la propriété de deux camions
automobiles marque «. . . . . », de 20 chevaux, type. . . . . .,* évalués
à la somme de. . . . . *50.000 fr.*

2° M. B. , . . . apporte à la société : une somme de 50.000 francs
qu'il versera dans la caisse sociale au fur et à mesure des besoins de l'entreprise, ci . . . . *50.000 fr.*

Ensemble du fonds social, cent mille francs, ci. . . . *100.000 fr.*

Art. 6. — Le fonds social pourra être augmenté par simple décision
des associés en nom collectif, au cas où celui présentement constitué
deviendrait insuffisant pour assurer la marche normale de l'entreprise.

Art. 7. — Les associés en nom collectif auront la faculté de se faire ouvrir un compte courant particulier, au crédit duquel ils pourront faire tous versements utiles à la bonne marche de l'entreprise. Les sommes ainsi versées en compte courant seront productives d'un intérêt annuel de 6 % au profit des associés créanciers.

Le montant des comptes courants ne pourra être retiré par les associés qu'après un préavis de six mois, sauf entente entre les deux associés pour réduire l'effet du dit délai.

Art. 8. — La société sera gérée et administrée par les deux associés qui se répartiront les attributions au mieux de l'intérêt social.

La société sera valablement engagée envers les tiers par la signature d'un seul associé, sauf ce qui est dit à l'article 4 pour les engagements excédant deux mille francs.

Les pouvoirs à conférer pour représenter la société en justice, tant en demandant qu'en défendant, pourront n'être revêtus que de la signature d'un seul associé, quelle que soit l'importance du litige.

Art. 9. — Messieurs B. . . . . . et L. . . . . devront consacrer leur temps, donner leurs soins et apporter toute leur activité aux affaires de la société. Ils ne pourront s'intéresser directement ou indirectement à aucune entreprise similaire, à peine de dommages-intérêts, et même de dissolution de la présente société.

Art. 10. — MM. B. . . . . et L. . . . . prélèveront chacun à titre d'émoluments la somme de 1.000 francs par mois ; les prélèvements ainsi effectués par les associés seront portés au compte des frais généraux.

Art. 11. — Les opérations et affaires de la société seront constatées par des livres et registres tenus dans les formes légales.

Les livres de commerce relatifs aux opérations de la société seront à la disposition de chacun des associés, et ceux-ci auront le droit d'en prendre communication, sans déplacement, au siège social.

Art. 12. — Les charges de la société à porter au compte des frais généraux seront notamment :

Les loyers des locaux où s'exploitera le fonds de commerce, les intérêts des capitaux en compte courant, les émoluments des associés en nom collectif, les appointements des employés, les frais de déplacement, les primes d'assurances, les contributions, l'entretien du matériel et généralement les dépenses faites dans l'intérêt et pour la société.

Art. 13. — Il sera procédé tous les ans, au 31 décembre, et pour la première fois le 31 décembre 19. ., à un inventaire général de l'actif et du passif de la société. Cet inventaire sera signé des deux associés qui pourront en retirer chacun une copie.

Art. 14. — Les bénéfices nets, après déduction des frais généraux, des prélèvements des associés, de l'acquit des charges sociales et des amortissements d'usage, seront répartis :

1° 50 p. 100 à M. B. . . . .
2° 50 p. 100 à M. L. . . . .

Le partage des bénéfices aura lieu un mois après la date fixée pour l'établissement de l'inventaire.

Les pertes, le cas échéant, seront supportées dans la même proportion par les associés.

Art. 15. — En cas de perte des 3/4 du capital social, constatée par deux inventaires successifs, chacun des associés aura le droit d'exiger la dissolution de la société.

Art. 16. — Chacun des associés ne pourra, sans le consentement exprès et par écrit de son co-associé, céder ou transporter ses droits dans la société à peine de nullité de la cession et même de dommages-intérêts.

Cette clause est applicable aux ayants-droits des associés.

Art. 17. — Si, au cours de l'association, l'un des associés, par suite de maladie grave ou autrement, se trouvait frappé d'incapacité de travail pendant une période de plus de six mois, la société ne serait pas dissoute, mais l'associé empêché devrait se faire suppléer, à ses frais, par une personne apte à le remplacer, si son co-associé l'exigeait.

Art. 18. — En cas de décès de l'un des associés, la société ne serait pas dissoute, elle se continuerait de la manière ci-après :

Les droits respectifs des parties seraient établis d'après un inventaire dressé contradictoirement dans les deux mois du décès, et à la diligence de l'associé survivant. La valeur du fonds de commerce, des marchandises, du matériel et du mobilier industriels serait estimée par deux experts choisis d'un commun accord.

De convention expresse, les héritiers ou représentants de l'un des associés ne pourraient faire apposer les scellés sur les biens sociaux. Cette clause est applicable au cas de changement d'état.

L'associé survivant aurait, pendant un délai de quatre mois à compter du décès, un droit d'option pour le rachat des droits du co-associé décédé, établis comme il vient d'être dit.

S'il usait de cette faculté, l'associé survivant pourrait se libérer envers les héritiers du défunt en trois années par tiers, pour le premier versement avoir lieu à un an du décès, et les autres d'année en année jusqu'à parfait paiement, le tout productif d'un intérêt au taux de 6 p. 100 l'an.

Si l'associé survivant n'usait pas du droit de rachat réservé à son profit, la société se continuerait entre lui et les héritiers ou ayants-droit de l'associé décédé qui toutefois deviendraient de simples commanditaires et comme tels n'auraient droit qu'à un intérêt de 6 p. 100 du montant des droits de leur auteur dans la société, plus 15 p. 100 sur les bénéfices nets réalisés.

L'associé survivant resterait seul gérant de la société et seul aurait la signature sociale.

Dans leurs rapports avec le gérant, les associés commanditaires seraient tenus de se faire représenter par un seul d'entre eux.

Art. 19. — A l'expiration du terme fixé pour la durée de la société, les associés s'entendront entre eux pour en décider la prorogation.

A défaut d'entente, il sera procédé à la liquidation par les soins des associés, qui auront la faculté de s'adjoindre un tiers liquidateur.

La liquidation se fera de la même manière en cas de dissolution anticipée de la société pour quelque cause que ce soit.

Art. 20. — Lors de la liquidation, les associés procéderont à la réalisation de tous les éléments de l'actif et à l'extinction du passif.

L'actif net servira à rembourser aux associés le montant de leurs apports en nature et en espèces.

L'excédent, s'il y en a, sera réparti entre les associés dans la même proportion que les bénéfices sociaux.

Art. 21. — Les contestations qui surviendraient, soit entre les associés, soit entre les héritiers ou représentants, seront jugées par le Tribunal de commerce de. . . . . ., auprès duquel attribution de juridiction est faite.

Art. 22. — Pour faire publier et déposer le présent acte de société, partout où besoin sera, tous pouvoirs sont donnés au porteur d'un exemplaire.

Pour l'exécution des présentes, les parties font élection de domicile en leur demeure respective.

Les frais du présent acte et tous ceux y relatifs seront portés au compte des frais généraux de la société.

Fait en cinq exemplaires à Paris, le trente mai mil neuf cent vingt, dont deux pour les dépôts et un pour l'enregistrement.

5. — Société de trois personnes ou plus.

Entre les soussignés a été convenu ce qui suit. . . . . .

Art. 1er. — Il est formé entre MM . . . . . . une société commerciale en nom collectif ayant pour objet : . . . . .

Art. 2. — La durée de la société est fixé à . . . . qui commenceront à courir le. . . . . Elle pourra être prorogée du consentement des trois associés.

Art. 3. — Le siège social est (provisoirement) fixé à. . . . .

Art. 4. — La raison sociale sera, de même que la signature sociale. . .

Art. 5. — Le fonds social est fixé à la somme de. . . . .

Il est fourni par les associés de la manière suivante :

I. — M . . . . . apporte à la société :

1º L'établissement. . . . . comprenant :

A. La clientèle et l'achalandage ;

B. Le matériel tel qu'il est décrit en un état dressé contradictoirement entre les parties et qui demeurera ci-annexé après avoir été certifié sincère et véritable par elles (ou bien : qui restera déposé au siège social après avoir été certifié véritable par elles) (*Voir la formule ci-après*).

C. Le droit au bail des lieux où s'exploite ledit établissement, consenti, etc.. . . . .

Ledit établissement évalué par les parties à la somme de. . .   fr.

2° Et la somme de. . . . . . en espèces que M. . . . . . a versée dans la caisse sociale, ci . . . .   fr.

Soit ensemble. . . . .   fr

II. — M . . . . . apporte à la société . . . .   fr.

III. — M. . . . . . apporte à la société . . . .   fr.

Total égal au fonds social . . . . . .   fr.

Nota. — *Il arrive quelquefois que pour égaliser les apports, l'un des associés s'oblige à laisser dans la société une part de ses bénéfices ; dans ce cas, il y a lieu d'employer la formule suivante :*

M.... s'oblige à laisser dans la société, à titre d'apport jusqu'à ce que cet apport ait atteint la somme de. . . . . ., représentant le X. . du fonds social, le montant de sa part de bénéfices sauf le prélèvement stipulé art. 11.

M. . . . . . pourra se dégager de cette obligation en complétant son apport de ses deniers personnels, même par anticipation.

Et M. . . . . sera tenu de retirer de la caisse sociale, à titre de réduction de son apport, et au fur et à mesure des versements effectués par M. ., une somme égale à celle laissée ou versée par ce dernier dans ladite caisse; le tout, de manière que le fonds social reste fixé à la somme de. . . . .

, Les apports produiront à leur profit respectif des intérêts aux taux de. . . . . p. 100 à partir . . . .payables trimestriellement ; ces intérêts seront portés aux frais généraux.

Art. 6. — Les affaires de la société seront gérées et administrées par les. . . . . associés.

Ils auront à cet effet les pouvoirs les plus étendus et pourront agir ensemble ou séparément, sauf ce qui sera dit ci-après.

En conséquence, chacun des associés a la signature sociale, mais à charge de n'en faire usage que pour les affaires de la société, à peine de nullité vis-à-vis des tiers, et sous peine de tous dommages et intérêts envers elle. Il pourra notamment traiter, transiger, compromettre, consentir tous désistements, faire mainlevée de toutes inscriptions, saisies, oppositions, avant comme après payement, suivre toutes actions judiciaires tant en demandant qu'en défendant, représenter la société dans toutes opérations de faillites ou de liquidations judiciaires, souscrire, accepter, endosser et acquitter tous effets de commerce.

Toutefois aucun marché excédant la somme de. . . . . . ni aucun emprunt au profit de la société ne pourra être contracté sans le concours des trois associés.

Art. 7. — Les associés devront consacrer tout leur temps et donner tous leurs soins aux affaires de la société. Ils s'interdisent de s'intéresser directement ou indirectement dans aucune autre entreprise commerciale ou industrielle ou dans tout autre commerce analogue à celui de la société.

Variante. — Les associés devront consacrer tout leur temps et donner tous leurs soins aux affaires de la société. Néanmoins M. . . . . pourra continuer comme par le passé l'exploitation de son fonds de commerce de. . . . . concurremment avec la gestion de la société.

On peut encore ajouter : Il est convenu entre les associés que MM. . . . . seront plus spécialement chargés de la partie technique et M. . . . . . de la comptabilité et de la caisse, sans que cette allocation constitue une délimitation de fonctions.

Art. 8. — Chacun des associés pourra, du consentement de ses coassociés, verser dans la caisse sociale des sommes en compte courant qui produiront à son profit des intérêts à. . . . . p. 100. Ces intérêts seront payables trimestriellement et portés aux frais généraux.

Les sommes ainsi versées ne pourront être retirées par l'associé qu'en prévenant ses coassociés au moins six mois à l'avance et par acomptes qui ne peuvent être supérieurs à. . . . .

Art. 9. — Les opérations de la société seront constatées par des écritures tenues au siège social, conformément aux lois et usages du commerce.

Chaque année au. . . . . et pour la première fois le. . . . . ., il sera dressé un inventaire de l'actif et du passif de la société ; cet inventaire sera signé par les trois associés et transcrit sur un registre déposé au siège social et destiné à contenir tous les inventaires annuels.

Dans chaque inventaire annuel, les créances douteuses ou mauvaises seront passées par profits et pertes, sauf en cas de recouvrement à être portées à l'actif aux inventaires ultérieurs.

Variante. — *On peut stipuler que dans chaque inventaire, et en raison de la dépréciation du matériel, la valeur de l'établissement commercial sera amortie de la somme de.* . . .

Ou bien au contraire, que l'établissement commercial ou tous autres éléments de l'actif social seront constamment portés pour une somme fixe de. . . . .

Art. 10. — Les frais généraux de la société consisteront dans les dépenses de toute nature qu'entraîne l'exploitation d'un établissement et principalement dans :

1º Les intérêts des mises sociales et des sommes versées en compte courant.

2º Les loyers des locaux occupés par la société. . . . .

3º Etc. . . . . .

4º Et généralement tous les frais généraux, d'après les lois et usages du commerce.

Art. 11. — Les bénéfices nets de la société, constatés par l'inventaire social, c'est-à-dire déduction faite des frais généraux, appartiendront aux associés proportionnellement à leurs mises sociales (*ou bien encore* : à M. . . . . pour. . . . ., à M. . . . . et à M. . . . pour. . . . .).

Les pertes s'il en existe seront supportées dans la même proportion.

La part de bénéfices revenant aux associés leur sera versée après l'acceptation du bilan.

Toutefois il demeure convenu que chaque associé prélèvera mensuellement, à valoir sur sa part de bénéfices, une somme de. . . . .

(Ainsi qu'on l'a vu dans la formule précédente, ces prélèvements peuvent être mis à la charge des frais généraux.)

Variante. — Il peut être stipulé que les bénéfices resteront dans la caisse sociale en vue d'augmenter tant les apports des associés, que le capital social jusqu'à concurrence d'une somme de. . . . . ou que les bénéfices revenant à un associé personnellement serviront, ainsi qu'il est dit plus haut, à compléter son apport ; ou bien encore que chaque associé devra laisser une quotité de sa part de bénéfice en vue de constituer un fonds de prévoyance.

ART. 12. — En cas de perte de moitié (ou de toute autre quotité) du capital social, révélée par un ou plusieurs inventaires successifs, la société sera dissoute de plein droit sur la demande de l'un des associés, dans le mois qui suivra la clôture d'inventaire.

ART. 13. — *Lorsque l'un des associés se réservera de faire entrer son fils dans la société, on emploiera la formule suivante* : M. . . . . . se réserve la faculté de faire entrer M. . . . . ., son fils, dans la société, comme associé en nom après le (*délai*). . . . . ., en lui cédant une partie de ses droits sociaux.

Dans ce cas M. . . . . . fils sera tenu aux mêmes obligations que les autres associés, mais il ne disposera pas de la signature sociale, et son adjonction ne pourra en aucun cas porter atteinte aux droits de MM. . . . . ., coassociés ; la raison et la signature sociales ne seront pas changées. (*Ou bien encore* : M. . . . . : se réserve la faculté, passé le. . . . ., de substituer M. . . . . ., son fils, dans la société, en lui cédant tous ses droits sociaux ; dans ce cas, M. . . . . . aura les mêmes droits et obligations que son père, et aucune modification ne sera apportée à la société.)

ART. 14. — En cas de décès de l'un des associés, la société ne sera pas dissoute, et il adviendra ce qui suit :

La société continuera d'exister entre les associés survivants comme seuls associés en nom collectif ayant la signature sociale, et les héritiers et représentants de l'associé décédé comme simples commanditaires pour le montant des droits de leur auteur dans la société, tels qu'ils résulteront du dernier inventaire social.

Variante. — La société continuera d'exister entre les associés survivants, lesquels resteront seuls propriétaires de l'actif social, à charge par eux de rembourser aux héritiers et représentants de l'associé décédé le montant net des droits de leur auteur dans la société, tels qu'ils résulteront du dernier inventaire social, augmentés d'une portion des bénéfices présumés de l'année en cours calculés d'après le temps écoulé au jour du décès et sur les résultats des deux années précédentes.

Ce remboursement s'effectuera dans le délai de. . . . .

(Prévoir ici les cas d'exigibilité avant terme.)

Dans le cas où, après le décès d'un premier associé, un des deux associés en nom collectif survivants viendrait à décéder, la société ne sera pas dissoute et continuera d'exister entre l'associé en nom survivant, comme seul gérant responsable, et : 1º les héritiers et représentants du premier associé décédé, comme commanditaires, ainsi qu'il est dit ci-dessus ; 2º et encore les héritiers et représentants du deuxième associé décédé, également comme commanditaires pour la part de leur auteur dans la société, déterminée de la même façon qu'en cas de décès ci-devant prévu d'un seul associé.

Toutefois l'associé en nom collectif survivant pourra s'opposer à la continuation de la société et en demander la dissolution ; mais dans ce cas il devra faire connaître son intention par acte extrajudiciaire signifié aux héritiers et représentants des associés décédés dans le mois du décès du deuxième associé, et cela, à peine de déchéance.

Les commanditaires n'auront aucun droit d'immixtion dans les affaires sociales, et pour l'exercice de leurs droits, comme aussi pour leurs rapports avec la gérance, ils devront se faire représenter par l'un d'eux.

Art. 15. — Pour faire publier les présentes, tous pouvoirs sont donnés au porteurs d'originaux.

Fait en autant d'originaux. . . . . que de parties. plus un original pour l'enregistrement, à. . . . . le. . . . .

6. — Société de 3 personnes ou plus (Autre formule).

Entre les soussignés. . . . .

Il a été convenu ce qui suit :

Art. 1er. — Il est formé entre MM. . . . . . une société en nom collectif ayant pour objet. . . . .

Art. 2. — Cette société aura une durée de. . . . . qui commencera à courir le. . . . . et expirera le. . . . .

Art. 3. — Le siège de la société est à. . . . . Il pourra être transféré dans tout autre lieu, du consentement unanime des associés.

Art. 4. — La raison et la signature sociales sont :. . . . .

Art. 5. — La société sera administrée par les associés, avec les pouvoirs les plus étendus à cet effet.

Chacun des associés aura la signature sociale, mais il ne pourra en faire usage que pour les affaires de la société.

(Voir la formule précédente.)

Art. 6. — M. . . . . . apporte à la société :. . . . . .

M. . . . . . apporte :. . . . . .

M. . . . . apporte : . . . . .

(*Variante.* — M. . . . . . s'oblige à laisser dans la société, à titre d'apport jusqu'à ce que cet apport ait atteint la somme de. . . . . ., le montant de sa part dans les bénéfices sociaux, sauf le prélèvement autorisé par l'article. . . .)

On peut encore ajouter :

M. . . . . aura le droit de retirer annuellement de la société, à titre de réduction de son apport, une somme égale à celle provenant des bénéfices, laissée par M. . . . . ., et au versement en espèces qui serait effectué par ce dernier à titre d'apport, de manière que le capital social reste toujours fixé à la somme de. . . . .

ART. 7. — Les associés devront consacrer tout leur temps et donner tous leurs soins aux affaires sociales.

Ils s'interdisent de s'intéresser directement ou indirectement dans aucune autre entreprise industrielle ou commerciale.

ART. 8. — Le capital social produira, au profit de chacun des associés, proportionnellement aux apports ci-dessus stipulés, des intérêts à. . . . . . p. 100 à partir du jour de la réalisation des apports (ou à partir du jour de la constitution de la société, s'il s'agit d'apports en nature).

Ces intérêts seront payables et portés au compte des frais généraux. . .

ART. 9. — Les associés auront la faculté de verser en compte courant les sommes que bon leur semblera, mais du consentement des autres associés. Ces versements en compte courant produiront des intérêts au taux de. . . ., payables. . . . . .

Ces sommes ne pourront être retirées au cours de la société que du consentement des autres associés (*à moins d'accord à intervenir entre les associés*).

(*Variante.* — Ces sommes ne pourront être retirées que six mois après un avertissement donné à la société.)

ART. 10. — Chacun des associés aura droit à un prélèvement mensuel de. . . . . . qui sera porté au compte des frais généraux.

(*Variante.* — Chacun des associés aura le droit de prélever mensuellement une somme de. . . . . imputable sur sa part dans les bénéfices, et cela indépendamment des intérêts de son apport. Dans le cas où ces prélèvements s'élèveraient à une somme supérieure aux bénéfices constatés par l'inventaire annuel, l'associé en devrait la restitution immédiate à la société.)

ART. 11. — Il sera tenu au siège social des écritures en partie double conformément aux lois et usages du commerce.

Chaque année, au. . . . . ., et pour la première fois le. . . . . ., il sera fait un inventaire commercial de l'actif et du passif. Cet inventaire sera signé par les trois associés.

(*Variante.* — *On peut stipuler que dans chaque inventaire la clientèle, le matériel, ou tels autres éléments de l'actif social seront constamment portés pour une somme fixe de. . . . .)*

ART. 12. — Les bénéfices nets de la société, tels qu'ils résulteront du compte des profits et pertes et déduction faite des frais généraux et des amortissements d'usage, seront attribués à M. . . . . pour. . . . . , à M. . . . . pour. . . . . , à M. . . . pour . . . .

Les pertes, s'il en existe, seront supportées dans la même proportion.

La part de bénéfices revenant aux associés leur sera versée après l'acceptation du bilan.

(Variante. — Il peut être stipulé soit que les bénéfices resteront dans la société à titre d'augmentation de capital, soit que les bénéfices revenant à un associé personnellement serviront, ainsi qu'il a été dit plus haut, à compléter son apport.)

ART. 13. — En cas de perte d'une somme de. . . . . résultant d'un ou de deux inventaires successifs, la dissolution de la société aura lieu de plein droit, si elle est demandée par l'un des associés, par lettre recommandée adressée à ses co-associés dans le mois qui suivra la clôture du deuxième inventaire. Passé ce délai il sera forclos.

ART. 14. — En cas de décès de l'un des associés au cours de la société, la société ne sera pas dissoute. Elle continuera d'exister entre les deux associés survivants seuls associés en nom collectif et les héritiers ou représentants de l'associé **décédé** qui deviendront simples commanditaires pour la part de leur auteur dans la société.

Cette part sera déterminée par le dernier inventaire social qui aura précédé le décès et ce, rétroactivement à partir du premier jour de l'exercice social en cours à l'époque du décès.

Variante. — En cas de décès de l'un des associés pendant le cours de la société, elle continuera entre sur les vivants, lesquels resteront seuls propriétaires de l'actif social, à la charge par eux d'éteindre le passif et de rembourser aux héritiers et représentants de l'associé décédé le montant des droits de leur auteur dans la société, tels qu'ils auront été fixés par le dernier inventaire, plus une portion des bénéfices présumés de l'année en cours, proportionnés au temps écoulé jusqu'au décès et calculés sur la moyenne des deux dernières années.

Ce remboursement s'effectuera avec les délais suivants : . . . . . .

Ou bien. . . Dans le cas où, après le décès d'un premier associé, un des deux associés en nom collectif survivants viendrait à décéder, la société continuerait entre le seul associé en nom collectif survivant, qui aura seul alors la signature sociale, et d'autre part : 1º les héritiers et représentants du premier associé décédé, comme commanditaires, ainsi qu'il est dit ci-dessus ; et 2º les héritiers et représentants du deuxième associé décédé, qui seront simples commanditaires pour la part de leur auteur dans la société, telle qu'elle aura été fixée dans le dernier inventaire qui aura précédé le décès, et ce, à partir rétroactivement du premier jour de l'exercice social courant lors du décès.

Mais il est formellement stipulé que dans le cas de décès de deux associés, l'associé en nom collectif survivant pourra s'opposer à la continuation de la société et en demander la dissolution, à la condition de manifester sa volonté expresse à cet égard, en la signifiant aux héritiers et représentants des associés décédés dans le mois du décès du deuxième associé, et cela à peine de déchéance.

Dans le cas où, par suite de décès, les représentants de l'associé décédé deviendraient commanditaires, ils devront se renfermer dans les obligations légales imposées aux commanditaires, et ils ne pourront notamment exercer le prélèvement autorisé par l'art. . . . . ci-dessus au profit de leur auteur. Les autres stipulations de l'acte de société, en ce qui concerne les intérêts du capital et les bénéfices, seront observées.

Les héritiers et représentants d'un associé décédé, devenus simples commanditaires, seront tenus de se faire représenter par un seul d'entre eux, ayant charge et pouvoir de tous, et qui seul exercera les droits des commanditaires.

Il sera dressé acte de la conversion de la société en nom collectif en commandite. Cet acte sera publié conformément à la loi.

Nota. — *En présence de commanditaires, il y aura lieu de stipuler qu'ils n'auront pas droit au prélèvement mensuel, si ce prélèvement est à la charge des frais généraux, et il sera nécessaire, si le prélèvement s'opère sur les bénéfices, de le faire supporter par les frais généraux.*

La conversion de la société sera constatée par acte authentique (ou par acte sous seing privé), qui sera publié conformément à la loi.

Enfin, en cas de décès du dernier associé en nom collectif au cours de la société, la société sera dissoute de plein droit.

Autre variante. — En cas de décès de deux associés en nom collectif, l'associé survivant aura la faculté, en signifiant son intention à cet égard dans le mois du décès du second associé, de demander la dissolution de la société et de conserver pour son compte personnel tels éléments de l'actif social, établissement commercial, droit aux baux, etc. . . . . . ; le tout pour la valeur qui leur aura été assignée dans le dernier inventaire social (ou bien : pour leur valeur déterminée à dire d'experts).

Cette faculté ne pourra s'exercer qu'autant que la situation de la société le permettra et sans préjudicier aux droits des tiers.

Autre variante. — En cas de décès de deux associés en nom collectif, l'associé survivant aura la faculté de conserver pour son compte personnel tout l'actif social, à charge par lui d'acquitter le passif de la société, et de rembourser aux héritiers et représentants des associés décédés, savoir : aux héritiers et représentants du premier associé décédé, le montant de leurs droits dans la commandite, et aux héritiers et représentants du deuxième associé décédé, le montant des droits de leur auteur dans la société, calculés comme il est établi ci-dessus.

Et pour effectuer ce remboursement, il aura terme et délai de. . . . . .

ART. 15. — A l'expiration de la durée de la présente société, si les associés ne s'entendent pas pour la proroger, ou en cas de dissolution anticipée par application de l'art. 12 ci-dessus, ou par suite de décès, la liquidation de la société sera faite immédiatement par les associés en nom collectif, ou les survivants, ou par celui d'entre eux qui serait choisi par les autres.

Les liquidateurs auront, à l'effet de poursuivre la réalisation de l'actif et d'éteindre le passif, les pouvoirs les plus étendus, notamment ceux de procéder à la vente soit à l'amiable, soit aux enchères, en bloc ou en détail, de l'actif social; recouvrer toutes les créances et recevoir toutes les sommes dues à la société, traiter, transiger, compromettre, donner tous désistements et mainlevées avec ou sans payement, exercer toutes actions en justice.

Après l'acquit du passif, de toutes les charges envers les tiers et les associés eux-mêmes (y compris les apports de ces derniers), l'excédent de l'actif sera réparti entre les associés dans les proportions fixées par les art. 11 et 14 ci-dessus.

ART. 16. — Dans aucun cas, même en présence de mineurs ou incapables, il ne pourra être apposé de scellés, ni être procédé à un inventaire judiciaire, ou à un acte quelconque qui aurait pour résultat d'entraver les affaires de la société ou les opérations de sa liquidation.

ART. 17. — Le présent acte sera publié conformément à la loi, et à cet effet, tous pouvoirs sont donnés au porteur d'un des originaux.

Fait à. . . . . .

7. — Acte de croupier.

Entre les soussignés :

M. A. . . . . . ., négociant, demeurant à. . . . . .

D'une part,

Et M. B. . . . . ., demeurant à. . . . . .

D'autre part,

Il a été, préliminairement aux conventions qui font l'objet des présentes, exposé ce qui suit :

Par acte sous seings privés, en date à. . . . . . du. . . . . ., enregistré, déposé et publié conformément à la loi, il a été formé entre M. A. . . . . . et M. X. . . . . . ., dénommé au dit acte, une société en nom collectif au regard de M. A. . . . . . et en commandite simple à l'égard de M. X. . . ., ayant pour objet :

1º —

2º —

3º —

Sous la raison sociale. . . . ., avec siège social à Paris. . . ,. .

La durée de cette société a été fixée à. . . . . années qui ont commencé à courir le. . . . .

, Le capital social a été fixé à la somme de. . . . . ., qui a été fournie par M. A. . . . . à concurrence de. . . . .

Aux termes du même acte, il a été stipulé que les bénéfices seraient partagés de la manière suivante :

Dix pour cent pour la constitution d'un fonds spécial de réserve ;

. . . . . % à M. A. . . . . en sa qualité de gérant ;

Et. . . . . % au capital, à partager au prorata des mises sociales.

En outre, les apports produisent intérêts à cinq pour cent, payables tous les six mois, et doivent être prélevés avant toute répartition de bénéfices.

Ceci exposé et M. B. . . . . reconnaissant que communication lui a été faite de l'acte sous seings privés en date du. . . . . établissant les conventions qui viennent d'être indiquées sommairement,

M. A. . . . . cède et transporte, par les présentes, avec les garanties de fait et de droit,

A M. B. . . . . qui accepte,

La somme de. . . . . francs représentant le. . . . . ième de la part de M. A. . . . . dans l'apport social et dans les bénéfices afférents à cette mise sociale, tels qu'ils sont établis et définis dans l'acte du. . . . ., soit par conséquent :

1° — Le. . . . . ième de la somme de. . . . . versés par M. A . . . . dans la dite société ;

2° — Le. . . . . ième des intérêts de cette somme de. . . . . francs au taux de cinq pour cent, à prélever tous les six mois ;

3° — Le. . . . . ième des bénéfices à partager entre les associés, après prélèvement des. . . . . % attribués à la gérance et des dix pour cent pour la constitution du fonds de réserve ;

Ensemble tous légitimes accessoires des droits cédés.

Etant bien entendu que M. A. . . . . se réserve, de la façon la plus expresse, la gérance de ladite société, à laquelle M. B. . . . . ne pourra jamais s'immiscer, à quelque titre que ce soit, de même que les. . . . . p. 100 des bénéfices, attribués à la gérance et qui restent sa chose personnelle.

En vertu des présentes, M. B. . . . . pourra faire et disposer des droits cédés comme de chose lui appartenant, à compter de ce jour, à quel effet M. A. . . . . le met et subroge dans tous ses droits et actions à cet égard, à concurrence, bien entendu, de la somme cédée, et à charge par M. B. . . . de se conformer à toutes les stipulations du pacte constitutif de la société dont il a pris ample connaissance.

M. A. . . . . s'engage à communiquer à M. B. . . . . une fois par. . . . . sans frais de déplacement la comptabilité de ladite société, sous forme de la balance mensuelle.

Le présent transport est fait et accepté à forfait moyennant le prix principal de. . . . . francs, que M. B. . . . . a versé à M. A. . . . . . qui le reconnaît et lui donne quittance.

M. B. . . . . accepte, bien entendu, avec les avantages y attachés, les risques de l'apport social de M. A. . . . ., à concurrence de la part dont il est devenu cessionnaire. En conséquence, avant la dissolution et la liquidation de la société, M. B. . . . . prélèvera, aux lieu et place de M. A. . . . ., le. . . . . ième de son apport avec toutes les augmentations résultant d'une bonne gestion, de même qu'il supportera, en déduction des droits cédés, le. . . . . ième des pertes qui pourraient exister, étant bien entendu que, en aucun cas, ce. . . . . ième ne pourra dépasser la somme de. . . . . francs.

Les frais de timbre et d'enregistrement des présentes seront supportés par M. A. . . . . qui s'y oblige.

Pour faire signifier, tous pouvoirs sont donnés au porteur d'un duplicata des présentes.

Fait double à. . . . ., le. . . . .

8. — Extrait pour la publication dans le journal.

Suivant acte sous seing privé, en date du. . . . .,

M. . . . ., demeurant à. . . . .

Et M. . . . ., demeurant à. . . . .,

Ont formé entre eux une société en nom collectif, ayant pour objet le . .

La durée de cette société est de. . . . . années, qui ont commencé à courir le. . . . . et expireront le. . . . .

Le siège de la société est à. . . . .

La raison et la signature sociales sont. . . . .

Les affaires de la société sont gérées et administrées par les associés qui ont à cet effet les pouvoirs les plus étendus. Chacun des associés possède la signature sociale, mais il ne peut en faire usage que pour les affaires de la société. (*S'il y a des restrictions à l'usage de la signature sociale, il faut les publier.*)

Les associés ont apporté à la société, savoir :

M. . . . .,

M. . . . .

Le capital ainsi formé s'élève à la somme totale de. . . . .

A l'expiration de la société, ou en cas de dissolution anticipée, la liquidation sera faite par les deux associés (ou par l'associé survivant), qui aura à cet effet les pouvoirs les plus étendus.

Deux expéditions (ou deux doubles) dudit acte de société ont été déposées le. . . . ., l'une au greffe de la justice de paix du canton de. . . . ., et l'autre au greffe du tribunal de commerce de. . . . .

9. — Dissolution de société.

Entre les soussignés. . . . . .

M. . . . .

M. . . . .

MM. . . . . déclarent par les présentes dissoudre purement et simplement, à compter de ce jour, la société en nom collectif, ayant son siège
à . . . . ., formée entre eux sous la raison. . . . . pour l'exploitation
de. . . . . et pour un temps qui devait expirer le. . . . . aux termes
d'un acte du. . . . ., et publié conformément à la loi.

M. . . . . est nommé liquidateur avec les pouvoirs les plus étendus
d'après les lois et usages du commerce.

Pour faire publier les présentes, conformément à la loi, tous pouvoirs sont
donnés au porteur d'une expédition ou d'un extrait.

Fait en. . . . . originaux à. . . . .

Variante. — M. . . . . (*nom, profession, domicile*) est nommé seul liquidateur de la société dissoute, avec les pouvoirs les plus étendus à l'effet
de réaliser tout l'actif social, d'acquitter le passif et de régler les comptes. Il
aura notamment le droit de vendre toutes marchandises et tous objets mobiliers, vendre aussi l'établissement industriel et commercial (clientèle, droit
au bail, matériel et marchandises), le tout à l'amiable ou aux enchères, aux
prix et conditions que le liquidateur jugera convenables ; toucher toutes
sommes dues à la société ; tirer, endosser et acquitter tous effets de commerce ; transporter et réaliser toutes créances ; régler et acquitter le passif ;
exercer toutes actions judiciaires, tant en demandant qu'en défendant ;
représenter la société dans toutes opérations de faillite et de liquidation judiciaire ; traiter, transiger, compromettre, donner tous désistements et
mainlevées, avec ou sans payement.

Variante. — M. . . . . est nommé liquidateur. . . . .

Il aura les pouvoirs les plus étendus ; il pourra notamment traiter, transiger, compromettre, donner toutes mainlevées d'oppositions ou d'inscriptions hypothécaires, ainsi que tous désistements avec ou sans payement, et
exercer toutes actions judiciaires, opérer tous retraits, transferts et aliénations de fonds, rentes et valeurs appartenant à la société, donner toutes
quittances et décharges, effectuer la vente de tous immeubles, étant bien
entendu que ces pouvoirs sont énonciatifs et non limitatifs.

Il est de plus autorisé à traiter dès à présent avec toutes personnes et
toutes nouvelles sociétés pour la cession sous une forme quelconque ou l'apport de tout ou partie de l'actif social, des valeurs et espèces autres que des
meubles et immeubles appartenant à la société, soit en échange d'espèces,
soit en échange d'actions de la nouvelle société.

En conséquence, il a les pouvoirs les plus généraux et les plus étendus
pour faire ces cessions, ventes ou rapports aux prix, charges et conditions

qu'il avisera, et pour représenter la liquidation dans toutes les assemblées générales de la société à laquelle il aurait fait apport de tout ou partie de l'actif social, jusqu'à la distribution des titres de la société.

Variante. — La formule peut servir aux sociétés par actions. — Les liquidateurs auront les pouvoirs les plus étendus à l'effet de procéder (conjointement ou séparément) à la liquidation. Ils auront notamment les pouvoirs suivants, qui ne sont qu'indicatifs et non limitatifs :

Réaliser tout l'actif ; acquitter tout le passif de la manière qu'ils aviseront ; vendre soit à l'amiable, soit par adjudication, aux personnes et aux prix, charges et conditions que les liquidateurs aviseront, tous les immeubles sociaux ; toucher le prix desdites ventes, le déléguer à tous créanciers inscrits ; emprunter toutes sommes utiles pour la liquidation ; à cet effet et en garantie des sommes empruntées, affecter et hypothéquer les immeubles sociaux ; faire tous transports d'indemnités d'assurance ; faire apport à toute société de l'actif net à provenir de la liquidation ; stipuler le prix, etc... ; recevoir toutes actions, etc... ; consentir toutes antériorités dans les droits, privilèges et hypothèques profitant à la société ; suivre toutes actions judiciaires tant en demandant qu'en défendant ; procéder à toutes saisies ou s'en désister ; donner toutes quittances, tous désistements de privilèges, hypothèques, actions résolutoires et autres droits réels quelconques avec ou sans payement ; faire mainlevée de toutes inscriptions, saisies, oppositions, etc., etc. Les liquidateurs pourront déléguer tout ou partie de leurs pouvoirs.

Variante. — M. . . . . . (*nom, prénoms, profession, domicile*) est nommé seul liquidateur de la société dissoute, et est en cette qualité investi des pouvoirs les plus étendus, à l'effet de :

Vendre, en bloc ou en détail, à l'amiable ou aux enchères, et aux prix, charges et conditions qu'il avisera, l'établissement commercial et industriel (clientèle, droit au bail, matériel, marchandises) et tous objets mobiliers .

Réaliser par voie d'adjudication, de transport ou autrement, toutes créances.

Tirer, endosser et accepter tous effets de commerce.

Toucher et recevoir toutes les sommes dues à la société, et d'une manière générale réaliser tout l'actif social au mieux des intérêts de la liquidation.

Régler et arrêter tous comptes avec les créanciers.

Acquitter le passif.

A défaut de payement, et en cas de difficultés quelconques, exercer toutes actions judiciaires, tant en demandant qu'en défendant, traiter, transiger, compromettre, représenter la société dissoute dans toutes faillites et liquidations judiciaires.

Donner et retirer toutes quittances et décharges, consentir mentions et subrogations avec ou sans garantie, faire mainlevée avec désistement de leurs droits réels et toutes inscriptions, saisies, oppositions et autres empêchements, avec ou sans payement.

Ces pouvoirs sont énonciatifs et non limitatifs.

(*Ou bien encore* : Faire l'apport de tout ou partie de l'actif social à toute société constituée ou en voie de constitution, à charge du passif, et en outre, moyennant le prix qu'il avisera, lequel prix pourra être des espèces, ou des actions de la société acquéreuse.)

Pour faire publier les présentes conformément à la loi, tous pouvoirs sont donnés au porteur d'un des originaux.

Fait en. . . . . originaux, à. . . . . ., le. . . . . .

10. — Extrait pour la publication de la dissolution anticipée.

Entre MM. . . . .

Il a été convenu que la société constituée le. . . . . . sous la raison sociale (*reproduire la formule de l'acte de dissolution*),

A été dissoute à partir du. . . . .

M. . . . . a été nommé liquidateur avec les pouvoirs les plus étendus d'après les lois et usages du commerce.

Ou bien délimiter les pouvoirs. (*Il est utile de publier tous les pouvoirs du liquidateur*).

Deux extraits (ou deux doubles) du présent acte ont été déposés, etc. (*V. la formule de publication de la constitution*).

II
SOCIÉTÉS EN COMMANDITE SIMPLE

11. — Statuts.

Entre les soussignés

A été convenu ce qui suit :

Art. 1er. — Il est constitué entre M. . . . . comme seul gérant responsable, et MM. . . . . comme simples commanditaires, une société commerciale en commandite simple ayant pour objet : . . . .

Art. 2. — Cette société aura une durée de. . . . . années qui commenceront à courir le. . . . . *ou bien* qui ont commencé à courir par effet rétroactif à compter du. . . . .

Art. 3. — Le siège de la société est établi à. . . . . , rue. . . . . , et pourra être transféré dans tout autre endroit de cette ville sans le consentement des commanditaires.

Art. 4. — La raison sociale sera, de même que la signature sociale : X. . . . . et Cie.

Art. 5. — Le fonds social est fixé à la somme de. . . . . et fourni par les associés de la manière et dans les proportions ci-après :

M. . . . . apporte à la société. . . . . (*voir les formules d'apport*), ci. . . . . fr.

M. . . . . ., commanditaire, fait apport à la société de la

somme de. . . . . . qu'il a versée dans la caisse sociale, ainsi que M. . . . . ., gérant, le reconnaît (*ou bien* qu'il s'oblige à verser dans la caisse sociale sous huitaine de ce jour), ci . . . . .   ⌢ fr.

M. . . . . ., commanditaire, fait apport à la société, etc., ci .   fr.

Total égal, ci . . . .   fr.

Art. 6. — La société est gérée et administrée par M. . . . . . qui aura seul la signature sociale, à charge de n'en faire usage que pour les affaires de la société.

Il a les pouvoirs les plus étendus à cet effet. Il peut traiter, transiger, compromettre, consentir tous désistements et mainlevées avant ou après payement, suivre toutes actions judiciaires tant en demandant qu'en défendant,

Art. 7. — L'associé gérant doit tout son temps et tous ses soins aux affaires de la société.

Il a droit à un prélèvement mensuel de. . . . . . qui sera passé par frais généraux.

Art. 9. — Les frais généraux de la société, etc. (*Voir formule n° 5*).

Art. 10. — Il sera tenu au siège social des écritures régulières constatant les opérations de la société.

MM. . . . . ., commanditaires, pourront prendre ou faire prendre par une personne de leur choix communication de la comptabilité et tous autres documents de nature à les éclaircir sur la situation de la société, quand bon leur semblera.

(*Variante.* — *Si les commanditaires sont nombreux, on pourra dire* : Les commanditaires devront désigner l'un d'eux pour les représenter vis-à-vis de la gérance ; l'associé ainsi délégué pourra prendre, etc. ; *le surplus comme ci-dessus.*)

Art. 11. — Chaque semestre, les 30 mars et 30 septembre, et pour la première fois le 30 mars prochain, il sera dressé contradictoirement un inventaire de l'actif et du passif de la société.

Nota. — *On peut insérer les stipulations contenues en la formule n° 5.*

Les bénéfices nets constatés par chaque inventaire, déduction faite des frais généraux, seront répartis entre les associés de la manière suivante :

. . . .

Les pertes s'il en existe incomberont auxdits associés dans la même proportion, toutefois MM. . . . . ., commanditaires, ne sauraient y être tenus au delà du montant de leur mise sociale.

Les bénéfices seront versés aux associés dans la quinzaine qui suivra la clôture de chaque inventaire.

Art. 12. — Chacun des associés aura le droit de demander la dissolution de la société, en cas de perte d'une somme de. . . . . . révélée par un ou plusieurs inventaires successifs, et ce, dans le mois de la clôture de chaque inventaire.

Art. 13. — Le décès de M. . . . . . (associé gérant) entraînera la dissolution de la société, et la liquidation sera faite par la personne désignée par les associés commanditaires et les héritiers et représentants de M. . .

En cas de décès d'un associé commanditaire, la société continuera d'exister dans les mêmes conditions avec ses héritiers et représentants, même mineurs ou incapables ; ceux-ci devront désigner l'un d'entre eux pour les représenter dans leurs rapports avec le gérant.

Art. 14. — A l'expiration de la société, ou en cas de dissolution anticipée (*indiquer ici comment on veut faire la liquidation, si le gérant reprendra le fonds de commerce, à quel prix, dans quelles conditions, etc.*).

Voici une autre formule :

A l'expiration de la société, ou en cas de dissolution anticipée, M. . . . (associé gérant) reprendra le fonds de commerce par lui apporté, comprenant la clientèle, l'achalandage, le droit au bail et le matériel (celui-ci considéré comme la représentation à forfait du matériel originaire) pour la somme de. . . . . Il pourra conserver les marchandises qui resteront alors pour le montant de l'estimation qui en sera faite amiablement entre eux ou à dire d'experts respectivement choisis, ou désignés d'office par le président du tribunal de commerce compétent.

La liquidation du surplus de l'actif social sera faite par M. . . . . ., associé gérant, avec les pouvoirs les plus étendus à cet effet. Il acquittera le passif.

A l'aide des premiers fonds provenus de la réalisation de l'actif social, le gérant sera tenu d'éteindre le passif dû aux tiers.

Et ensuite, au fur et à mesure des rentrées, il remboursera aux commanditaires le montant de leurs commandites. Il prélèvera la valeur de son apport, par voie d'imputation à cet effet des sommes dont il se trouvera débiteur pour le prix du fonds et accessoires par lui conservés.

S'il y a un excédent d'actif, cet excédent constituera les bénéfices, qui seront répartis de la manière indiquée en l'art. 11.

Si les opérations de la liquidation révèlent une perte, cette perte sera à la charge des associés ou leurs représentants, dans la proportion indiquée également à l'article 11. Dans ce cas les sommes faisant partie de la valeur du fonds de commerce conservé par M. . . . . et revenant aux commanditaires leur seront payées dans le délai. . . . . (prévoir les cas d'exigibilité avant terme).

Autre clause :

A l'expiration de la société ou en cas de dissolution anticipée, M. . . . . (associé gérant) conservera seul, pour son compte personnel exclusif, tout l'actif social, à charge d'acquitter le passif et de rembourser aux commanditaires ou à leurs héritiers ou représentants le montant de leurs droits, tels qu'ils auront été déterminés par l'inventaire, qui sera alors contradictoirement dressé.

Et pour rembourser les sommes dont il se trouvera débiteur envers ces derniers, M. . . . . . aura terme et délai de . . . . . .

Les créances douteuses resteront dans l'indivision, pour les sommes à en provenir en cas de recouvrement être partagées ultérieurement.

Art. 15. — Pour faire publier les présentes, tous pouvoirs sont donnés au porteur d'une expédition ou d'un extrait.

12. — Droits privilégiés accordés aux commanditaires dans la répartition des bénéfices.

Entre les soussignés. . . .

A été convenu ce qui suit :

Art. 1er. — Il est formé par ces présentes une société en commandite simple qui existera entre M. . . . . . comme seul gérant responsable, et MM. . . . . . comme commanditaires.

. . . .

Art. . . . . . — Chaque année au. . . . . ., et pour la première fois le. . . . . ., il sera dressé contradictoirement un inventaire de l'actif et du passif de la société.

Avant tout partage des bénéfices nets constatés par chaque inventaire, déduction faite des frais généraux, il sera prélevé sur lesdits bénéfices la somme nécessaire pour servir aux associés commanditaires, à titre de premier dividende, 5 p. 100 du montant de leur commandite.

En cas d'insuffisance, la répartition sera faite entre eux proportionnellement à leurs mises sociales.

Le surplus des bénéfices, s'il y a un excédent, sera réparti entre les associés de la manière suivante :

. . . .

Toutefois les associés ne pourront réclamer sur les résultats des inventaires ultérieurs les sommes qu'ils n'auraient pas reçues par suite d'insuffisance ou d'absence de bénéfices.

Les pertes, s'il en existe, seront supportées : deux tiers par le gérant, un tiers par les commanditaires, proportionnellement entre eux à leurs commandites, mais sans que dans aucun cas ces derniers puissent être engagés vis-à-vis du gérant ou des tiers au delà de leurs apports.

III

SOCIÉTÉS EN NOM COLLECTIF ET EN COMMANDITE AVEC PARTS D'INTÉRÊTS

13. — Société en nom collectif et en commandite avec parts d'intérêts.

Entre les soussignés :

M. . . . . .

d'une part

Et :

11   40

M. . . . .

M. . . . . .

M. . . . . .

d'autre part.

Lesquels ont établi ainsi qu'il suit les statuts de la société qu'ils entendent fonder :

Tɪᴛʀᴇ Iᵉʳ. — *Objet de la société.* — *Raison sociale.* — *Durée.* — *Siège.*

Aʀᴛ. 1ᵉʳ. — Il est formé par ces présentes une société commerciale entre : d'une part, MM. . . . . . comme seuls associés en nom collectif solidairement responsables, et d'autre part, tous les propriétaires autres que les susnommés des parts d'intérêts ci-après créées ou qui seraient créées par la suite, comme simples commanditaires, et quant à présent, MM. . . . . ., premiers associés commanditaires, pour le montant des parts qui leur seront ci-après attribuées en représentation de leur mise sociale.

Aʀᴛ. 2. — Cette société a pour objet : . . . . . .

Aʀᴛ. 3. — La raison et la signature sociales sont :

Aʀᴛ. 4. — La durée de la société est de. . . . . années, à compter du. . . Elle pourra être prorogée par simple décision des gérants, en faisant connaître leur intention au moins six mois avant l'expiration du terme, mais pour une nouvelle durée qui n'excédera pas dix ans.

Le siège social est à. . . . .

Tɪᴛʀᴇ II. — *Fonds social.* — *Parts d'intérêts.* — *Apports.*

Aʀᴛ. 5. — Le fonds social est fixé à la somme de. . . . . Il est divisé en. . . . . parts d'intérêts de. . . . . francs chacune, qui vont être attribuées aux associés en représentation de leurs apports.

Aʀᴛ. 6. — MM. . . . . ., associés en nom collectif, apportent conjointement à la société l'établissement de. . . . . leur appartenant, par moitié indivisément, pour sa valeur de. . . . . francs, ci. . . . . fr.

En représentation de leur apport, il est distribué à MM. . . . . . par moitié, (*nombre*) des parts d'intérêts ci-dessus créées.   parts

Les associés commanditaires apportent chacun une somme de. . . . . qu'ils ont versée dans la caisse sociale ainsi que MM. . . . . le reconnaissent, ensemble . . . . :   fr.

En représentation de leurs apports il est attribué à chacun d'eux. . . . . parts d'intérêts, soit ensemble . . . . . .   parts

    Total égal au fonds social. . . . .   fr.

    Total égal aux parts d'intérêts créées. . . . . .   parts

Aʀᴛ. 7. — Le fonds social pourra être augmenté par la création de nouvelles parts, en vertu d'une décision de l'assemblée générale des sociétaires.

Les sociétaires jouiront d'un droit de préférence à l'acquisition de ces parts, au prorata de celles par eux possédées.

ART. 8. — Chaque part donne droit sans distinction à une fraction du patrimoine social et des bénéfices égale à la quotité qu'elle représente dans le fonds social.

ART. 9. — Le titre de chaque sociétaire consiste en extraits des présents statuts, des actes qui constateront l'augmentation du fonds social et des cessions, ou de tous autres actes ou procès-verbaux de nature à établir leur propriété ; ces extraits sont délivrés aux associés sur leur demande et à leurs frais.

Variante. — Le capital social est divisé en. . . . . parts de. . . . . francs chacune.

Chaque part peut, sur la demande de celui qui la possède, être fractionnée en. . . . . coupures de chacune.

Les titres sont extraits de registres à souche ; ils sont numérotés et peuvent être représentés par des certificats nominatifs d'inscription revêtus de la signature sociale.

Les dividendes et intérêts sont valablement payés au porteur du titre ou du certificat nominatif d'inscription.

ART. 10. — Les cessions de parts seront faites suivant les formes établies par les art. 1689 et suiv. C. civ.

Elles ne pourront avoir lieu au profit d'étrangers à la société sans l'agrément des gérants et des commanditaires qui auront un droit de préemption.

Les parts attribuées aux gérants et même celles dont ils deviendraient propriétaires par suite d'augmentation du fonds social étant affectées à la garantie de leur responsabilité, ceux-ci ne pourront les céder.

Variante. — Les parts et leurs coupures sont nominatives et transmissibles par un transfert inscrit sur les registres de la société et signé du cédant, du cessionnaire et des gérants.

Toutefois les transmissions à des personnes étrangères à la société ne seront valables qu'autant qu'elles auront été agréées en assemblée générale ordinaire, par la majorité absolue des voix de cette assemblée, à l'exception de celles s'appliquant aux employés comptant deux ans et plus de présence dans la maison, qui pourront être agréées par la gérance après avis conforme du conseil de surveillance et sauf recours à l'assemblée générale ordinaire, si cet agrément n'était pas obtenu.

En cas de refus d'autorisation par l'assemblée, l'actionnaire qui veut vendre ses titres pourra en offrir la préemption aux membres de la société.

A cet effet, il déclarera par écrit à la gérance son intention de vendre et le prix qu'il désire. Cette déclaration sera transmise à tous les associés par les soins de la gérance.

Si, dans les deux mois de la notification ainsi faite, aucune offre n'a été formulée ou si les offres lui paraissent insuffisantes, cet associé aurait la faculté de mettre ses parts ou coupures en adjudication devant notaire, sur une mise à prix qu'il fixerait.

Dans ce cas, comme dans toute autre vente aux enchères, seraient seuls admis à se rendre adjudicataires, outre les membres de la société, tous les employés ayant deux ans au moins de présence à la maison.

La mutation, conséquence de l'adjudication, sera définitive, en sorte que l'adjudicataire, au cas où il ne ferait pas encore partie de la société, n'aura pas à recourir à l'agrément de l'assemblée.

Les transmissions faites à titre gratuit ou onéreux par un associé à ses parents en ligne directe ou à son conjoint sont également dispensées de l'agrément de l'assemblée générale.

ART. 11. — Chaque part est indivisible.

En cas de décès du commanditaire, les héritiers ou représentants doivent se faire représenter par l'un d'entre eux qui, vis-à-vis de la société, est considéré comme seul propriétaire.

Les maris représenteront leurs femmes et les tuteurs leurs pupilles.

ART. 12. — Les droits et obligations attachés aux parts suivent le titre, en quelques mains qu'il passe.

La possession d'une part emporte de plein droit adhésion aux statuts de la société et aux délibérations des assemblées générales.

TITRE III. — Administration de la société.

ART. 13. — La société est gérée et administrée par M. et M. . . . . .

Chacun d'eux a la signature sociale et les pouvoirs les plus étendus pour agir au nom de la société. Ils peuvent traiter, transiger, compromettre, ester en justice, donner tous désistements et mainlevées avant ou après jugement.

Toutefois les emprunts autorisés par l'assemblée générale des sociétaires devront être réalisés par les deux gérants conjointement.

ART. 14. — Les gérants doivent consacrer tout leur temps et donner tous leurs soins aux affaires de la société.

Ils ont droit chacun, indépendamment de leur part de bénéfices, à un traitement mensuel de. . . . . . qui est porté aux frais généraux.

ART. 15. — Les associés commanditaires auront le droit de surveiller conformément à la loi les opérations de la gérance ; ils désigneront l'un d'eux pour faire un rapport à l'assemblée générale s'ils le jugent utile.

ART. 16. — Le décès de l'un des associés en nom collectif n'entraînera pas la dissolution de la société ; elle continuera d'exister. L'associé survivant sera seul gérant, et les héritiers et représentants de l'associé décédé deviendront simples commanditaires.

Variante. — S'il n'existe qu'un seul gérant, il peut être stipulé qu'en cas de décès de celui-ci, la gérance passera à l'associé en nom collectif survivant.

En cas de décès du survivant des associés en nom collectif, l'assemblée générale sera appelée à statuer sur le sort de la société ; elle pourra décider sa continuation et nommer à cet effet un ou plusieurs gérants, ou bien prononcer sa dissolution, et dans ce cas, nommer un ou plusieurs liquidateurs qui auront les pouvoirs indiqués à l'art. 26.

ART. 17. — Les gérants sont irrévocables. *(Il peut être stipulé au contraire qu'ils pourront être révoqués par décision de l'assemblée générale des sociétaires.)*

(Lorsque l'un des associés en nom collectif ayant fait apport à la société de ses connaissances spéciales, de son concours, etc., sera susceptible d'être révoqué, il sera bon, au point de vue surtout des attributions qui lui auront été faites, en représentation d'apports dont la société se trouvera privée par le fait de la révocation, de prévoir une sanction.)

TITRE IV. — *Assemblées générales.*

ART. 18. — Les associés se réunissent chaque année en assemblée générale sur la convocation des gérants, ou de l'un d'eux, faite par simples lettres (ou recommandées à la poste) adressées huit jours à l'avance.

Ils peuvent se réunir en assemblée extraordinaire s'il y a urgence, sur la convocation elle-même d'un commanditaire.

ART. 19. — L'assemblée est présidée par M. . . . . ., l'un des associés en nom collectif, et à son défaut par M. . . . . .

Elle choisit un secrétaire.

Une feuille de présence est signée par chaque membre de l'assemblée à son entrée en séance. Elle est certifiée par le bureau et demeure annexée au procès-verbal de la délibération.

Chaque associé a le droit de se faire représenter par un autre associé.

ART. 20. — Les délibérations sont prises à la majorité des voix des associés présents. En cas de partage, la voix du président est prépondérante.

Et chaque associé dispose d'autant de voix qu'il possède, ou représente comme mandataire, de fois quatre parts, sans pouvoir en aucun cas réunir plus de. . . . . . voix.

Les délibérations obligent tous les associés, même absents ou dissidents.

ART. 21. — L'assemblée générale ordinaire ou extraordinaire est régulièrement constituée et peut valablement délibérer, si le. . . . . du capital est représenté, sauf ce qui sera dit art. 22, § 2, ci-après (liberté absolue de convention).

Si cette condition n'est pas remplie, une nouvelle assemblée est convoquée et délibère valablement, quel que soit le capital représenté.

Dans ce cas, aucune autre question que celle à l'ordre du jour ne peut être résolue.

ART. 22. — L'assemblée générale entend le rapport de la gérance et du commanditaire délégué à cet effet par les associés au même titre ; elle discute les comptes, les approuve ou les rectifie, fixe les dividendes à répartir, autorise tous les achats, échanges, ventes des immeubles, tous emprunts avec ou sans garantie, et délibère sur toutes les affaires sociales.

Elle peut, sur la proposition des associés en nom collectif ou de l'un d'eux, apporter aux présents statuts toutes les modifications qu'elle croira nécessaires (augmentation ou réduction du capital social, prorogation ou dissolution anticipée de la société, transformation en société en commandite par actions ou en société anonyme, révocation des gérants). Dans ces divers cas, l'assemblée doit réunir au moins les. . . . . du capital social (liberté de stipulation).

Art. 23. — Les délibérations de l'assemblée sont constatées par des procès-verbaux signés des membres du bureau. Les extraits de ces procès-verbaux à produire en justice ou ailleurs sont délivrés et signés par l'un des gérants.

Titre V. — *Répartition des bénéfices.*

Art. 24. — L'année sociale commence le. . . et finit le. . .

Chaque année, les gérants dressent un inventaire de l'actif ou du passif de la société, qui est communiqué avec pièces à l'appui aux commanditaires (ou bien à leurs représentants) un mois avant l'assemblée générale.

Art. 25. — Les bénéfices nets, déduction faite des charges, constatés par chaque inventaire sont répartis comme suit (liberté de stipulation).

Les pertes, s'il en existe, seront supportées dans les mêmes proportions.... (ou bien : proportionnellement au nombre de parts possédées par chacun d'eux, sans que les commanditaires soient tenus au delà de leur mise sociale, tant à l'égard des tiers que vis-à-vis des associés en nom collectif).

Titre VI. — *Dissolution. — Liquidation.*

Art. 26. — A l'expiration de la société (après prorogation ou non) ou en cas de dissolution anticipée, la liquidation sera faite par les deux associés en nom collectif, ou le survivant d'eux. Les commanditaires pourront nommer un coliquidateur qui agira conjointement avec les gérants.

Les liquidateurs auront tous pouvoirs nécessaires à l'effet de réaliser l'actif sous telle forme que ce soit, même par voie de cession ou d'apport à une société nouvelle, comme aussi à l'effet d'acquitter le passif et les charges sociales.

L'assemblée générale des sociétaires continue de subsister pendant le cours des opérations de la liquidation ; c'est elle qui donne quitus aux liquidateurs.

Après l'acquit du passif et le remboursement des parts constituant dans leur ensemble le capital social, ce qui pourra rester disponible constituera des bénéfices qui seront répartis entre les sociétaires dans la proportion marquée à l'art. 25.

Art. 27. — Pour faire publier les présentes conformément à la loi, tous pouvoirs sont donnés au porteur d'une expédition ou d'un extrait.

14. — Publication de la société en nom collectif et en commandite avec parts d'intérêts.

Suivant acte sous signatures privées, en date: . . . ., il a été formé entre : M. . . . . . et M. . . . . . (noms, prénoms, qualités et domiciles) et diverses autres personnes dénommées audit acte,

Une société commerciale en nom collectif à l'égard de MM. . . . . . et en commandite à l'égard des autres personnes, ayant pour objet. . . . .

La raison et la signature sociales sont. . . . .

La durée de la société est de. . . . . qui commenceront à courir le. . .

Le siège social est à. . . . . ; il pourra être transporté partout ailleurs dans ladite ville, sans le consentement des commanditaires.

Le capital social a été fixé à. . . . . et fourni par les associés de la manière suivante :

M. . . . . . a apporté à la société . . . .   francs

M. . . . . . a apporté . . . .   francs

Et les commanditaires ont fait apport à la société, chacun pour la quotité indiquée audit acte, d'une somme de. . . . qu'ils ont versée dans la caisse sociale . . . .

       Total égal, ci . . . .   francs

(Reproduire ensuite les art. 13, 16, 22, 26 de la formule des statuts.)

L'un des originaux du dit acte de société a été déposé à chacun des greffes du tribunal de commerce de. . . . . et de la justice de paix du canton de. . . . . le . . . . . .

Pour extrait
Signé : . . . . . .

15. — Transformation d'une société en nom collectif en société en commandite simple après décès.

Entre les soussignés . . . . .

M. A. . . . . . et M. B. . . . . .

Seuls héritiers, chacun pour moitié indivisément, de M. Y. . . . . ., leur père, en son vivant domicilié à. . . . . où il est décédé le. . . . . .

Ainsi que le tout est constaté par. . . . . .

Lesquels ont d'abord exposé ce qui suit :

I. Aux termes d'un acte . . . . . il a été formé entre MM. X. . . . . et Y. . . . . sous la raison sociale . . . . . ., une société en nom collectif dont le siège est à . . . . . ., ayant pour objet . . . . . .

Cette société a été constituée pour une durée de . . . . . devant expirer le . . . . .

M. X. . . . . a apporté à la société . . . pour une valeur de . . . ci. . . . .   fr.

M. Y. . . . . . a apporté une somme de. . . . qu'il a versée dans la caisse sociale, ci. . . . .   fr.

       Total du fonds social. . . . .   fr.

Dans cet acte il a été stipulé sous l'art... qu'en cas de décès de l'un ou l'autre des associés, la société ne serait pas dissoute et continuerait d'exister entre l'associé survivant comme seul gérant responsable et les héritiers et représentants de l'associé décédé comme commanditaires pour le montant des droits de leur auteur déterminés d'après le dernier inventaire social.

II. M. Y . . . . . est décédé comme il est dit ci-dessus, laissant pour seuls héritiers MM. A . . . . . et B . . . . .

Ceci exposé,

Les soussignés reconnaissent par ces présentes que, par suite du décès le M. Y . . . . . et en exécution de l'art. . . . . des statuts ci-dessus rappelé, la société en nom collectif formée comme il est dit ci-dessus entre MM. X . . . . . et Y . . . . . se trouve transformée en société en commandite simple avec M. X . . . . . comme seul gérant responsable et MM. A . . . . . et B . . . . . comme commanditaires.

En conséquence :

1° A partir du jour susindiqué du décès de M. Y . . . . ., cette société existera entre M. V . . . . . comme seul gérant responsable et MM. A.... et B . . . . . comme associés commanditaires ;

2° La raison et la signature sociales sont : « X . . . . et Cie » ;

3° La société sera gérée et administrée par M. X . . . . . qui aura seul la signature sociale et est investi des pouvoirs les plus étendus. Il peut traiter, transiger, etc. . . . ;

4° Le capital social reste fixé à la somme de. . . . . .

Il appartient à M. X . . . à concurrence de la somme de . . . . ., valeur donnée à son apport.

Le surplus, soit la somme de. . . . ., égale à la mise sociale de M. Y... et aussi à ses droits d'après le dernier inventaire social, représente le montant de la commandite appartenant indivisément à MM. A . . . . . . et B . . . ., seuls héritiers dudit sieur Y . . . . . ;

5° Le prélèvement mensuel du gérant est porté à la somme de . . . . .

En ce qui concerne les commanditaires, ils ne pourront prétendre au prélèvement qui profitait à M. Y . . . . . . ;

6° Les commanditaires n'ont aucun droit d'immixtion dans les affaires de la société, ils n'ont que le droit de contrôle qu'ils exerceront de la façon prévue art . . . . . des statuts ;

7° Les bénéfices nets appartiendront savoir. . . . .

Les pertes s'il en existe seront supportées dans la même proportion.

Toutes dispositions de l'acte de société du. . . . . auxquelles il n'a pas été dérogé par ces présentes resteront en vigueur.

Pour faire publier, etc.

Fait en autant d'originaux que de parties à . . . . .

16. — Dissolution de société de personnes.

Entre les soussignés . . . . .

Ont arrêté ce qui suit :

Suivant acte en date du . . . . .enregistré et publié . . . . .,une société (en nom collectif ou en commandite simple) a été constituée entre les soussignés . . . . . la dite société ayant pour objet :

. . . . . .,

Avec siège social à. . . . .

Les soussignés ont déclaré dissoudre par anticipation ladite société en date du . . . . .

M. . . . . . est nommé liquidateur avec les pouvoirs les plus étendus d'après les lois et usages du commerce. Il aura notamment le droit. . . .

(On peut restreindre les pouvoirs du liquidateur et convenir notamment qu'il ne pourra réaliser l'actif qu'à des conditions déterminées.)

Fait en. . . . . originaux dont un pour l'enregistrement.

Pour faire publier les présentes, tous pouvoirs sont donnés au porteur d'un original.

IV

SOCIÉTÉS DE CRÉDIT AGRICOLE

17. — Statuts d'une société coopérative civile.
(Modèle arrêté par le ministère de l'agriculture.)

TITRE I. — *Constitution et objet de la société. — Admission. Démission. — Exclusion.*

ART. 1er. — Il est formé entre les soussignés, et ceux qui adhéreront aux présents statuts, une société coopérative civile particulière qui sera régie par les art. 1832 et suivants du Code civil sur le contrat de société, par la loi du 29 décembre 1906 et par les dispositions qui suivent.

ART. 2. — Cette société prend le nom de. . . . .

Sa circonscription territoriale comprend les communes de. . . . . et les communes limitrophes.

Son siège social est établi à . . . . . .Il pourra être transféré dans un autre lieu par une décision motivée du conseil d'administration.

Elle a pour but (1). . . . .

Elle se propose notamment d'obtenir des prix de vente plus rémunérateurs.

ART. 4. — La durée de la société est fixée . . . . . années à dater de l'assemblée générale constitutive, mais elle pourra être prorogée ou dissoute par anticipation par décision de l'assemblée générale des intéressés.

ART. 5. — Pour être sociétaire, il faut être agriculteur et membre du (ou des) syndicat agricole de . . . . .

Chaque associé s'engage à fournir à la société tous les produits de sa

(1) Voir l'art. 4 de la loi du 29 décembre 1906 et l'art. 1er du décret du 30 mai 1907.

récolte en. . . . . . à l'exception de ceux qui sont nécessaires à la consommation de sa famille et du personnel de son exploitation.

ART. 6. — L'accès de la société est ouvert aux femmes non mariées majeures et aux veuves majeures ; toutefois, elles ne pourront faire partie du bureau ni de la commission de contrôle.

ART. 7. — Le nombre des sociétaires est illimité. Un mois après la constitution de la société, les membres nouveaux devront être agréés par le conseil d'administration qui a qualité à cet effet. Ils payeront un droit d'entrée qui sera fixé tous les mois par le conseil d'administration. Le conseil pourra, lorsqu'il le jugera utile, clore la liste des sociétaires.

En cas de décès d'un adhérent, aucune apposition de scellés ne pourra être faite sur les biens de la société ; le décès, la retraite, l'interdiction ou la déconfiture de l'un de ses membres ne pourra entraîner la dissolution de la société ou sa liquidation. La société continuera de plein droit entre les autres associés. La veuve ou les héritiers d'un sociétaire pourront être admis en remplacement d'un sociétaire décédé.

ART. 8. — Tout membre aura la faculté de donner sa démission, mais le membre démissionnaire ne pourra prétendre au remboursement de sa part dans le fonds social et dans le fonds de réserve et il sera tenu de tous engagements pris par la société antérieurement à sa démission.

Si le sociétaire démissionnait pour une cause de force majeure (*cessation de bail, changement de domicile*), le conseil jugerait s'il y a lieu de lui accorder une indemnité et dans l'affirmative en fixerait le montant.

ART. 9. — Le conseil d'administration peut, pour des raisons graves, prononcer l'exclusion d'un membre, notamment si ce sociétaire a été condamné à une peine criminelle ou correctionnelle, ou s'il a cherché à nuire à la société par des actes ou des propos de nature à troubler son fonctionnement.

Cette décision est prise d'office contre tout sociétaire ayant fraudé les produits apportés à la coopérative.

L'exclusion est prononcée par le conseil, le sociétaire ayant été appelé devant lui, par lettre recommandée, contradictoirement entendu ou ayant fait défaut.

Tout employé convaincu de fraude au préjudice de la société sera frappé d'une amende et aussitôt révoqué.

En plus de l'exclusion dont il est passible, tout sociétaire qui sera reconnu coupable d'avoir livré des produits fraudés pourra être frappé d'une amende ou traduit devant les tribunaux, s'il en est ainsi décidé par le bureau.

ART. 10. — Les membres exclus perdent tous leurs droits au fonds social et au fonds de réserve, sans préjudice des recours qui peuvent être exercés contre eux.

ART. 11. — Dans le cas où le ramassage des produits dans quelques communes ou parties de communes serait trop onéreux par suite de la trop petite quantité de produits ou pour toute autre cause, le bureau se réserve le droit d'accepter ou de refuser les fournitures des sociétaires de ces communes ou parties de communes ; mais ces sociétaires auront le droit de livrer, à leurs frais, leurs produits aux ramasseurs à l'endroit le plus propice qui sera indiqué par le bureau.

Art. 12. — Tout sociétaire qui aura adhéré aux présents statuts et qui, dans le courant de la première année, n'aura pas fourni de produits, devra, le jour où il voudra profiter des avantages de la société, payer un droit d'entrée qui sera fixé par le conseil d'administration.

Art. 13. — Chaque sociétaire s'engage à souscrire une ou plusieurs parts de. . . . . pour lesquelles il recevra un intérêt de (1). . . . . ; ces parts seront toujours nominatives.

Art. 14. — Les parts sont remboursables par voie de tirage au sort. Elles ne donnent aucun autre droit dans l'actif social que celui d'être remboursées à un taux qui ne pourra être supérieur à leur prix initial. Le droit de chaque sociétaire dans l'actif social est proportionnel aux opérations faites par lui avec la société coopérative.

Art. 15. — Il sera prélevé, chaque année, sur le montant des produits vendus, une somme suffisante pour payer les frais généraux, constituer un fonds de réserve, servir les intérêts, amortir les parts souscrites par les sociétaires et les emprunts qui pourraient être contractés. Le reste sera réparti aux sociétaires au prorata de la valeur des produits fournis par eux à la société.

Le montant de ce prélèvement sera fixé par le conseil et soumis à l'approbation de l'assemblée générale.

Art. 16. — Les sociétaires s'engagent solidairement à rembourser l'avance qui pourrait être faite par l'État en application de la loi du 29 décembre 1906 (2).

Titre II. — Administration de la société.

Art. 17. — La société sera gérée par un conseil d'administration renouvelable par tiers tous les ans, mais dont les membres sortants sont rééligibles. Pour la première période, les membres sortants seront désignés par voie de tirage au sort. Ce conseil est composé de . . . . . membres. Ils sont nommés par l'assemblée générale.

Art. 18. — Le conseil d'administration nomme le bureau qui se compose d'un président, d'un vice-président, d'un trésorier et d'un secrétaire recrutés dans son sein et peut faire révoquer le directeur-comptable et tous les employés salariés. Toutes les fonctions des administrateurs sont gratuites.

Art. 19. — Le conseil d'administration est chargé de la direction générale de la société et de son fonctionnement. Il a les pouvoirs les plus étendus

(1) Au surplus p. 100 par an.
(2) V. art. 11 du décret du 26 août 1907.

à cet effet, il fera notamment tous les baux, locations, fera exécuter tous travaux utiles, fera tous payements et encaissements. Il pourra même transiger, compromettre, donner tous désistements et mainlevées avec ou sans payement. Il a pouvoir de rédiger et de modifier le règlement d'ordre intérieur. Il se réunit au moins une fois par trimestre, sur convocation du président, ou toutes les fois que cinq de ses membres en feront la demande.

Les délibérations ne seront valables que si le quart au moins des membres sont présents. Elles sont prises à la majorité des membres présents. Nul ne peut voter par procuration dans le sein du conseil. En cas de partage, la voix du président est prépondérante.

Art. 20. — Le bureau, par délégation du conseil d'administration, est chargé de la gestion de la société et de son bon fonctionnement; il doit veiller à l'exécution intégrale des statuts et approuver, après vérification, toutes les opérations qui auront été faites. Il se réunit une fois par mois, sur la convocation du président et toutes les fois que le président ou deux de ses membres le jugent nécessaire. Les membres du bureau et du conseil d'administration ont le droit de surveillance sur le personnel salarié.

Art. 21. — Le président fait exécuter toutes les décisions prises par le bureau et le conseil d'administration ; il représente la société dans ses rapports avec les tiers et avec l'autorité publique ; il ordonne, au nom de la société, tous les achats nécessaires. Il fournit des explications au conseil d'administration et lui communique toutes les pièces dont il a besoin pour s'éclairer. Il a la police des assemblées et veille à ce que les discussions ne s'écartent pas de leur but spécial.

Art. 22. — Le vice-président seconde le président et le remplace en cas d'absence ou d'empêchement. Si tous les deux sont absents ou empêchés, le bureau délègue les pouvoirs à l'un de ses membres.

Art. 23. — Le trésorier est chargé du dépôt des valeurs en caisse dont il est responsable ; il doit en rendre compte à toute réquisition et au moins une fois par an, en assemblée générale. Le secrétaire est chargé de rédiger tous les procès-verbaux de réunion de bureau, du conseil d'administration et des assemblées générales.

Art. 24. — Le directeur comptable, outre la comptabilité dont il est chargé, fait les recouvrements et en dépose immédiatement le montant au trésorier qui lui en délivre quittance. A la fin de chaque mois, le trésorier lui fait, d'après un mandat du président, remise des fonds nécessaires pour la répartition des sommes dues aux sociétaires.

Le directeur-comptable est en même temps chargé, par délégation du président et en se conformant à ses instructions, de la direction de tout le travail, de la correspondance et de tout ce qui est nécessaire à la bonne marche du service. Tous les autres employés sont sous ses ordres directs.

Art. 25. — La société sera valablement représentée en justice par ses administrateurs. Aucun procès ne pourra être engagé sans l'assentiment du conseil d'administration qui donnera pleins pouvoirs au président. Les membres de ce conseil ne contractent, en raison de leur gestion, aucune obligation personnelle ou solidaire ; ils ne répondent que de l'exécution de leur mandat.

Art. 26. — Une commission de contrôle, composée de trois sociétaires pris en dehors du conseil d'administration, est chargée de surveiller les comptes de gestion du directeur et du trésorier.

Art. 27. — En cas de décès, démission ou non-acceptation d'un membre du conseil d'administration, il sera pourvu à son remplacement par ledit conseil, sauf ratification par la plus prochaine assemblée générale.

Art. 28. — Sur la convocation du président, la société se réunit une fois par an, au moins, en assemblée générale.

L'assemblée générale régulièrement constituée représentera l'universalité des associés et ses décisions seront obligatoires pour tous, même pour les absents, dissidents ou incapables.

Une assemblée générale ordinaire aura lieu chaque année dans le courant du mois de. . . . . ., au siège social, ou en tout autre endroit fixé par le conseil d'administration.

En outre, l'assemblée générale pourra être réunie extraordinairement, à toute époque, par le conseil d'administration.

Les convocations pour l'assemblée seront faites par le conseil d'administration, par lettres recommandées à la poste, adressées, au moins dix jours d'avance, aux associés, au dernier domicile qu'ils auront fait connaître à la société.

Tous les associés auront le droit d'assister à l'assemblée générale.

L'assemblée ne sera régulièrement constituée que si le tiers des sociétaires y est représenté, sauf ce qui sera dit ci-après pour certains cas spéciaux.

Si l'assemblée générale ne réunissait pas le tiers des sociétaires, il en serait convoqué une seconde à dix jours d'intervalle au moins et, à cette seconde assemblée, la délibération serait régulièrement prise quel que soit le nombre des sociétaires représentés.

Les associés pourront donner mandat pour les représenter à l'assemblée, mais seulement à un autre associé.

L'assemblée générale sera présidée par le président du conseil d'administration ou, à son défaut, par un autre membre du conseil assisté d'un secrétaire nommé par l'assemblée.

Les décisions de l'assemblée seront prises à la majorité des voix des membres présents ; chaque associé n'a droit qu'à une voix.

Une feuille de présence sera signée par les associés, et il sera dressé procès-verbal ordinaire ou authentique des délibérations de l'assemblée. Les procès-verbaux seront signés par le président et le secrétaire.

Les copies ou extraits de ces délibérations seront certifiés et signés par le président du conseil d'administration ou par le président de l'assemblée.

Art. 29. — L'assemblée générale entendra le rapport du conseil d'administration sur la situation de la société ;

Elle approuvera ou rectifiera les comptes qui lui seront présentés ;

Elle décidera la distribution ou l'emploi des bénéfices de la société et elle déterminera le chiffre des réserves à constituer, s'il y a lieu ;

Elle nommera le conseil d'administration ;

Elle autorisera tous les travaux dont la dépense sera supérieure à......... francs pour une même opération et elle conférera au conseil d'administration toutes autres autorisations dans les cas d'administration pour lesquels ses pouvoirs seraient reconnus insuffisants ;

Enfin, l'assemblée générale pourra décider : l'achat ou l'apport de nouveaux immeubles et des échanges et ventes d'immeubles ; des emprunts avec hypothèque sur les immeubles sociaux, ou avec toutes autres garanties, ou sans garanties spéciales ; des modifications aux statuts, et notamment l'augmentation ou la réduction du fonds social, la prorogation ou la dissolution de la société, sa fusion avec d'autres sociétés, sa transformation en société anonyme. Mais, pour l'un ou l'autre des cas énoncés dans le présent alinéa, les décisions ne seront valablement prises que par une majorité représentant au moins les deux tiers des parts.

Si la société a reçu des avances de l'Etat, en exécution de la loi du 29 décembre 1906, le capital social ne peut, sous aucun prétexte, être réduit au-dessous du montant qui a servi de base auxdites avances.

Titre III. — *Dissolution, liquidation.*

Art. 30. — La dissolution de la société ne pourra être décidée avant la période pour laquelle elle a été constituée, à moins qu'en assemblée générale cette dissolution ne soit demandée par les trois quarts des sociétaires. Chaque sociétaire participerait alors à l'actif et au passif au prorata de la quantité des produits fournis par lui à la société, à moins que l'assemblée générale ne décide de transférer l'actif à une société analogue ou à une œuvre d'intérêt agricole.

L'assemblée générale nommera un ou plusieurs liquidateurs. Ses pouvoirs seront continués jusqu'à la fin de la liquidation, notamment pour donner décharge aux liquidateurs.

Titre IV. — *Dispositions généra....*

Art. 31. — Toutes les contestations qui pourront s'élever entre les associés, relativement aux affaires sociales, devront être soumises à l'examen du bureau qui s'efforcera de les régler à l'amiable ; il n'y réussit pas, il invitera les parties à recourir à l'arbitrage.

Art. 32. — En cas de contestations quelconques entre les associés, ou entre la société et des associés, au sujet des affaires sociales, elles seront soumises à la juridiction du tribunal de . . . .

Tout sociétaire sera tenu d'élire domicile dans l'arrondissement de . . . , faute de quoi toutes notifications, significations et assignations lui seront valablement faites au parquet par M. le procureur de la République près ledit tribunal.

ART. 33. — La comptabilité doit être tenue conformément aux prescriptions du Code de commerce et aux instructions du ministre de l'agriculture.

La société coopérative doit se soumettre aux opérations de contrôle et de surveillance ordonnées par le ministre de l'agriculture.

Les modifications aux statuts ou la dissolution de la société ne pourront être considérées comme acquises que lorsque le ministre de l'agriculture aura notifié qu'il n'y fait pas objection à raison des conditions dans lesquelles l'avance de l'État a été consentie.

18. — Statuts d'une société coopérative à capital variable
(Modèle arrêté par le ministère de l'agriculture).

(Voir ladite formule, ultérieurement, sous la rubrique : « Sociétés à capital variable ».)

19. — Prorogation de société.

Entre les soussignés . . . . .

MM. . . . . . ont, par ces présentes, déclaré proroger purement et simplement, pour . . . . . années, c'est-à-dire jusqu'au. . . . . ., la durée de la société en nom collectif formée entre eux, sous la raison « . . . . . . », ayant pour objet de . . . . . ., et pour un temps qui devait expirer le. . ., au capital de . . . . . ., avec siège à . . . . . ., aux termes d'un acte . . ledit acte de société publié conformément à la loi.

Cette prorogation est consentie sous les mêmes conditions que celles stipulées audit acte de société. *(Ajouter, s'il y a lieu : sauf les modifications suivantes. — Énoncer ces modifications.)*

Pour faire publier les présentes, tout pouvoir est donné au porteur d'un des doubles.

C

SOCIÉTÉS DE CAPITAUX

I

FORMULES GÉNÉRALES POUR LES SOCIÉTÉS ANONYMES ET LES SOCIÉTÉS EN COMMANDITE PAR ACTIONS

A. Apports.
B. Parts de fondateur.
C. Actions de priorité.
D. Libération des actions.
E. Droit de préemption lors de la cession des actions.
F. Amortissement.
G. Répartition des bénéfices.
H. Titres.

A

Apports.

20. — Apport d'un établissement industriel et commercial.

M. . . . . . apporte à la société. . . . . .

MM. . . . . . apportent conjointement à la présente société le fonds de commerce qu'ils exploitent à. . . . . ., rue . . . . . ., consistant dans la clientèle, l'achalandage y attaché, les objets mobiliers et ustensiles servant à son exploitation, les marchandises qui en dépendent et la jouissance des lieux où il est situé, ainsi que le tout se comporte, sans aucune exception ni réserve (ou bien : le droit au bail des lieux, tel qu'il résulte . . . . . .).

Cet apport a lieu, quant aux fonds et achalandage, aux objets mobiliers et ustensiles, à la jouissance des lieux, pour la somme de . . . . . ., amiablement fixée entre les parties.

Matières premières et marchandises.

Les matières premières et marchandises apportées seront constatées par un inventaire au. . . . . prochain, et le prix en sera fixé contradictoirement entre M. . . . . ., d'une part, et MM . . . ., d'autre part. Cet inventaire sera transcrit sur les registres de la présente société, et signé de toutes les parties.

Effets en portefeuille et créances actives.

Ces valeurs sont apportées à la société pour ce qu'elles produiront.

En conséquence, il sera ouvert à cet égard un compte spécial dans lequel la société de . . . . . sera débitée du montant de cette partie de l'apport, et créditée des recettes, au fur et à mesure qu'elles s'effectueront.

Le solde en sera ultérieurement balancé.

La présente société entrera en possession et jouissance des objets mobiliers et immobiliers composant les apports ci-dessus constatés, à partir du . . . . . prochain seulement, et à partir de la même époque, elle en supportera les loyers et toutes les charges.

21. — Apport d'un brevet.

M. . . . . . apporte à la présente société tous ses droits à la propriété et à l'exploitation en France d'un brevet d'invention qui lui a été accordé par arrêté ministériel en daté du. . . . . ., sous le nº. . . . ., pour un système . . . . . ., ainsi que tous certificats d'addition ou de perfectionnement qu'il a pu ou pourra obtenir.

La société sera propriétaire, jouira et disposera comme bon lui semblera du brevet apporté, à compter du jour de sa constitution définitive.

Elle supportera les charges et obligations inhérentes au brevet à partir du même jour, y compris les annuités à payer.

(*Variante.* — M . . . . apporte le droit exclusif d'exploiter le brevet. . avec engagement à première réquisition de régulariser le transfert du brevet, *Cela éviterait de libérer le brevet.*)

22. — Apport d'un journal.

MM. . . . . . apportent à la société :

La propriété du journal hebdomadaire « . . . . », comprenant le droit à ce titre, les abonnements en cours, les registres d'adresses, les traités verbaux conclus avec diverses maisons de commerce, relativement à la publicité, les numéros parus, en feuilles, brochés et reliés, les bois, les clichés, les dessins, etc., etc. ;

Enfin tous les droits généralement quelconques, inhérents à la publication dont il s'agit.

23. — Apport de valeurs mobilières et immobilières.
Apport-vente d'immeubles.

M. . . . . . apporte à la société les valeurs mobilières et immobilières, marchandises et propriété, le tout ci-après désigné dans les quatre paragraphes qui suivent.

§ 1. — *Valeurs immobilières.*

1º Une grande propriété située à. . . ., rue. . . ., comprenant l'établis-

11   41

sement . . . avec toutes ses circonstances et dépendances, le tout contenant environ . . . mètres, consistant en une grande maison d'habitation, occupée par M . . . . . ., en grandes caves, ateliers, forge, scierie et menuiserie mécanique, mues par la vapeur, magasins, laboratoires, bureaux, etc., le tout d'une valeur de. . . . . fr.

2º Un grand terrain, situé à. . . ., d'une contenance de. . . . mètres environ, d'une valeur de . . . . fr.

Total des valeurs immobilières . . . .   fr.

§ 2. — Valeurs mobilières.

1º L'installation complète de la distillerie, composée de machine à vapeur, chaudière à vapeur, alambics à vapeur, réfrigérant, pompes à air et à eau, transmissions, le matériel nécessaire à l'exploitation, la scierie mécanique, la serrurerie, les fûts, foudres, ustensiles, bacs, voitures, etc., le tout d'une valeur de . . . . fr.

2º Le mobilier des bureaux de. . . . . ., d'une valeur de. .   fr.

3º Le droit au bail de l'agence de . . . . . ., et mobilier, le tout d'une valeur de . . . . fr.

4º Le droit au bail de l'agence de . . . . . . et la valeur du mobilier, soit . . . . . /. . . . . fr.

Ensemble . . . .   fr.

Un état descriptif et estimatif de tous les objets compris sous les quatre numéros comprenant le § 2 desdits apports est demeuré annexé à chacun des doubles des présentes.

§ 3. — Marchandises.

Tous les approvisionnements en matières premières : eaux-de-vie, alcools, sucre ; marchandises en magasin ; combustibles et liqueurs fabriquées ou en fabrication ; imprimés divers, se trouvant tant à . . que dans les agences et maisons de consignation, tel que le tout existera le jour de la constitution définitive de la société et de la prise en possession desdits objets.

Un état du tout, tel qu'il existait au. . . . . ., est demeuré annexé à chacun des doubles des présentes, et il en porte la valeur à . . . . fr.

Il est entendu, à cet égard, qu'au jour de la constitution définitive de la société et de sa prise de possession, récolement du tout sera fait contradictoirement entre M . . . . . . et la société, et que les parties auront à se tenir compte respectivement de toutes différences survenues en plus ou en moins sur les bases dudit état.

§ 4. — *Propriété de brevets et marques.*

Le droit de propriété de tous brevets quelconques relatifs à la fabrication de la liqueur . . ., aux dépôts de marques de fabrique faits tant en France qu'à l'étranger, la clientèle, l'achalandage, la propriété des agences, des ventes et des marchés à exécuter sur marchandises et fournitures, le tout estimé à . . . . fr.

Conditions de l'apport.

1º M . . . . . sera tenu de la garantie de droit à raison de l'apport par lui fait, il devra, en conséquence, garantir la société de tous troubles et évictions quelconques. Toutefois, en ce qui concerne soit la consistance des immeubles, soit la contenance des terrains, soit l'état de constructions, la société prend les terrains et les immeubles dans leur état actuel.

2º La société entrera en jouissance des biens composant l'apport dans les huit jours de la constitution définitive de la société.

3º Elle supportera les servitudes grevant les immeubles et jouira de celles actives.

24. — Apport d'une concession.

M . . . . ., au nom de la Compagnie . . . . ., qu'il représente, cède et transporte à la société présentement formée, la concession qu'elle tient de la ville de Paris pour l'établissement et l'exploitation du chemin de fer Métropolitain, défini au cahier des charges ci-après visé, en vertu :

1º De la convention passée entre ladite Compagnie. . . . . et la ville de Paris, représentée par M. le préfet de la Seine, le. . . . . ;

2º Et de la loi déclarative d'utilité publique promulguée le 1er avril 1898, à laquelle est annexé le cahier des charges de la concession.

En sorte que la présente société se trouvera substituée purement et simplement à tous les droits et obligations résultant des stipulations des conventions, loi et cahier des charges précités.

Cette cession, prévue par l'art. 3 de la convention susvisée, est faite sans rémunération aucune et à charge seulement, pour la présente société, d'exécuter les conditions imposées au concessionnaire.

25. — Apport de l'actif d'une société à provenir d'une liquidation.

I. — La dissolution de la Compagnie . . . . . et sa mise en liquidation ont été prononcées par l'assemblée générale du. . . . . ., qui a nommé MM . . . . . liquidateurs.

II. — Les liquidateurs de la Compagnie . . . . ., en vertu des pouvoirs qui leur ont été conférés par l'assemblée générale, font apport . . . . .

à la Compagnie . . . . . des résultats éventuels actifs quels qu'ils soient, que donnera la liquidation de la société après l'extinction de son passif, étant entendu que la Compagnie cessionnaire profitera de toutes les plus-values que pourra donner la liquidation, sauf à ce que le résultat définitif soit diminué de toutes les moins-values de cette liquidation ; que cette liquidation sera menée à fin par les liquidateurs, et que le passif sera acquitté par eux sans confusion d'aucune sorte entre les deux Compagnies cédante et cessionnaire, et que ce n'est que le reliquat actif net de la liquidation qui fait l'objet du présent apport.

Contre cet apport, attribution d'actions.

26. — Apport-vente d'immeuble.

Variante. — Le transfert des actions s'opère exclusivement par une déclaration faite au siège social, inscrite sur le registre de transfert tenu à cet effet, signé du cédant, du cessionnaire ou de leurs mandataires spéciaux et de la gérance ; mais sans qu'il en puisse résulter aucune responsabilité pour la société, qui n'est en rien garante de l'indentité des personnes, de leurs qualités, ni de la validité des transferts, lesquels restent aux risques et périls des parties contractantes.

La qualité d'actionnaire est incompatible avec celle d'intéressé direct ou indirect dans une industrie similaire ou concurrente.

En conséquence, la gérance, quand elle aura connaissance du fait, refusera le transfert d'actions au nom de tout cessionnaire intéressé directement ou indirectement dans une industrie similaire ou concurrente.

Par suite, également, tout actionnaire qui deviendra intéressé dans une industrie similaire ou concurrente sera tenu d'opter entre sa qualité d'actionnaire de la société . . . . . ou d'intéressé dans une industrie concurrente.

B

Parts de fondateur.

27. — Création de parts. — Formules diverses à choisir.

I. — Pour rémunérer les concours qui ont été donnés à la fondation de la société, il est créé . . . . . parts de fondateur, qui seront remises à M. . . . . . pour la distribution en être faite ainsi qu'il avisera entre les diverses personnes qu'il jugera avoir contribué d'une manière utile à la fondation de la société.

Ces parts seront représentées par des titres nominatifs (ou au porteur), transmissibles comme les actions elles-mêmes et numérotées de . . . . . à . . . . .

Les parts de fondateur ne confèrent aucun droit de copropriété dans le capital social. Il leur est seulement attribué, conformément à l'article . . . des statuts. . . . . . p. 100 dans les bénéfices, après le prélèvement de la réserve légale (*ou tout autre prélèvement prévu par les statuts*).

A la liquidation, elles concourent au même titre que les actions elles-mêmes dans la répartition du capital social, mais seulement après que les actions auront été remboursées par leur valeur nominale.

II. — Il est créé des parts de fondateur, etc., etc., lesquelles seront attribuées aux souscripteurs des actions qui ont constitué la société dans la proportion de . . . . . parts pour. . . . . actions.

III. — Il est créé des parts de fondateur, etc., etc., lesquelles seront mises à la disposition du conseil d'administration pour être distribuées ainsi qu'il avisera.

IV. — Il pourra être créé, au cours de l'existence de la société et par la délibération qui statuera sur l'augmentation du capital social, des parts de fondateur, qui seront attribuées soit aux actionnaires anciens, soit aux actionnaires nouveaux, dans les proportions et dans les conditions qui seront fixées par la délibération statuant sur l'augmentation du capital.

V. — Il est créé . . . . . parts de fondateur, donnant droit à . . . . . p. 100 des bénéfices de la société, suivant la répartition stipulée sous l'article . . . . . des statuts.

Ces titres sont attribués à M . . . . . en représentation de partie du prix de son apport.

En cas d'augmentation du capital social, les. . . . . p. 100 des bénéfices attribués aux parts de fondateur seront réduits dans la proportion du capital intial de . . . . . par rapport au capital augmenté, et cette réduction accroîtra les droits des actions.

Les titres ainsi créés seront au porteur.

Leur forme sera déterminée par le conseil d'administration.

Ils ne donneront au porteur aucun droit de copropriété dans l'actif social, ni aucun droit d'immixtion dans les affaires de la société.

Les propriétaires de ces parts seront tenus de se conformer aux statuts de la société et aux décisions de l'assemblée générale.

L'assemblée générale pourra, à toute époque, imposer le rachat des parts de fondateur, moyennant pour chaque part un prix égal à . . . . . fois son dividende moyen des trois dernières années, mais qui ne pourra être inférieur à . . . . . francs par part de fondateur.

La décision de l'assemblée générale sera publiée dans un journal d'annonces légales, à . . . . . , ce qui rendra définitive à l'égard des propriétaires des parts de fondateur la transformation des droits desdites parts.

VI. — Il est créé et réparti entre les premiers actionnaires suivant (*statuts ou vote d'assemblée*). . . . . parts de fondateur divisibles par vingtièmes, à l'ensemble desquelles seront attribués, sans aucun droit d'immixtion dans la marche des affaires sociales, des bénéfices annuels :

1° Après prélèvement des intérêts à 5 p.100 du montant libéré des actions quelle qu'en soit l'importance ultérieure ;

2° Après prélèvement des sommes destinées à la réserve légale, étant entendu que les bénéfices mis à la réserve ne pourront préjudicier aux parts de fondateur dès que la réserve atteindra le dixième du capital social ;

3° Après prélèvement de 20 p. 100 sur les bénéfices excédant les intérêts à 5 p. 100 sur le montant libéré des actions de la réserve légale.

Les parts de fondateur auront droit à toucher 20 p. 100 du solde bénéficiaire tel qu'il vient d'être établi, pendant toute la durée de la société et de ses prorogations.

Le porteur de chaque part ou coupure de part de fondateur touchera le millième ou la fraction de millième à attribuer à chaque part ou coupure de part de fondateur, au siège social, chaque année, à partir du jour fixé par l'assemblée générale pour le payement du dividende aux actionnaires.

Aucune critique sur les comptes sociaux ne pourra être faite par les porteurs des parts de fondateur, qui devront accepter le dividende tel qu'il aura été voté par l'assemblée générale, se contentant, en tout cas et quelles que soient les évaluations de l'actif et du passif, d'exiger le payement de 25 % du solde bénéficiaire, tel qu'il ressortira des comptes approuvés.

Ces parts de fondateur n'auront droit non plus, en aucun cas, à aucune portion de l'actif social ni des réserves ; elles courent tous les risques d'une liquidation prématurée, et ne sont associées qu'aux répartitions bénéficiaires, telles qu'elles sont décidées par les actionnaires, et seulement après les attributions privilégiées aux actions, à la réserve et à diverses autres destinations spécifiées par l'article. . . . .

Il est de convention expresse qu'il ne pourra jamais, par la suite, être créé de nouvelles parts de fondateur.

VII. — Il est attribué en rémunération de l'apport à M. . . . . . :

500 titres de parts bénéficiaires au porteur sans valeur nominale, donnant droit à la portion de bénéfices déterminée à l'article. . . . .

Les 500 parts seront remises à M. . . . . ., tant pour l'indemniser de ses soins et travaux en vue de la constitution de la présente société, que pour rémunérer les concours qui lui ont été donnés en vue du même objet.

Les parts bénéficiaires seront extraites d'un livre à souche, numérotées de 1 à 500. . . revêtues du timbre de la société et de la signature de. . . . .

Ces parts ne confèrent aucun droit de propriété sur l'actif social, mais seulement un droit de partage dans les bénéfices, et en cas d'augmentation du capital, de souscrire de préférence à tous autres une partie des nouvelles actions à émettre, proportionnellement aux droits que les actions et parts bénéficiaires auront dans la répartition des bénéfices.

Les porteurs de parts n'ont aucun droit de s'immiscer dans les affaires sociales ni d'assister aux assemblées générales des actionnaires ; ils doivent, pour l'exercice de leurs droits, notamment pour la fixation du dividende, s'en rapporter aux inventaires sociaux et aux décisions de l'assemblée générale.

Ils ne peuvent s'opposer aux modifications qui seraient apportées aux statuts par l'assemblée générale, en tant qu'elles ne porteraient pas atteinte à leurs droits à ladite portion de bénéfices.

En cas d'augmentation du capital social, les porteurs de parts continueront à exercer leurs droits à une portion des bénéfices sociaux, mais seulement dans la proportion du capital initial par rapport au capital augmenté, c'est-à-dire que ladite portion de bénéfices subira une réduction proportionnelle à l'augmentation du capital nouveau par rapport à l'ancien.

En cas de vente de l'actif social ou d'apport à une nouvelle société après dissolution anticipée, les parts bénéficiaires participeront aux avantages en résultant selon leurs droits déterminés, mais sans pouvoir prétendre, dans ce cas, à aucune somme avant que les actions aient été entièrement amorties.

28. — Droits des porteurs.

I. — Les parts de fondateur jouiront, comme les actions, du droit de souscrire par préférence à toutes actions nouvelles émises pour réaliser une augmentation du capital social.

II. — Les porteurs de parts de fondateur n'ont aucun droit d'immixtion dans les affaires de la société. Ils seront tenus de se conformer à toutes les décisions de l'assemblée générale, qui sera souveraine pour statuer sur toutes les conditions de fixation des bénéfices, d'amortissement, etc.

III. — Les porteurs de parts de fondateur n'auront le droit, sous aucun prétexte, de demander la nullité des délibérations des assemblées générales statuant sur la répartition des bénéfices.

IV. — *Assistance aux assemblées.* — Les porteurs de parts de fondateur auront le droit d'assister aux assemblées générales avec voix consultative. Pour jouir de ce droit, le porteur devra réunir. . . . . parts, lesquelles seront déposées au siège social. . . . . jours avant la réunion de l'assemblée générale et il sera délivré au porteur de ces parts une carte d'entrée à ladite assemblée.

29. — Augmentation du capital.
Prorogation et dissolution de la société.

I. — En cas d'augmentation du capital social, les parts de fondateur conserveront leur même proportion dans la répartition des bénéfices.

II. — En cas d'augmentation du capital social, les parts de fondateur n'auront droit à la répartition des bénéfices que dans la même proportion qui leur était attribuée eu égard au capital primitif.

III. — En cas de prorogation de la durée de la société, les parts de fondateur jouiront, pendant la durée de la prorogation, des mêmes avantages qui leur étaient attribués pour la durée de la société fixée par les statuts.

IV. — En cas de prorogation de la durée de la société, les parts de fondateur ne jouiront des avantages qui leur seront attribués que pendant la durée primitive fixée à la société par les statuts.

V. — L'assemblée générale délibérant dans les conditions de l'article.. . aura toujours le droit de voter, pour des raisons dont elle sera souverain juge, la dissolution anticipée de la société. Dans ce cas, les porteurs de parts de fondateur n'auront aucun droit de critique à soulever contre les décisions de l'assemblée générale.

VI. — Survenant le cas de dissolution de la société, soit à l'expiration de son terme, soit par anticipation, le produit de la liquidation sera réparti entre les actions et les parts de fondateur.

VII. — Survenant le cas de dissolution de la société, le partage de l'actif social sera uniquement réalisé entre les actionnaires, sans aucun droit pour les parts de fondateur.

30. — Société civile de porteurs de parts (1).

ART. 1. — Pour la représentation des intérêts des porteurs de parts bénéficiaires, il est créé une société civile qui existera entre tous les propriétaires actuels et futurs des. . . . . parts bénéficiaires ci-dessus créées.

ART. 2.— Cette société a pour objet de mettre en commun, réunir et centraliser tous les droits et actions pouvant être attachés aux parts bénéficiaires, de telle sorte que la société civile pourra seule, et à l'exclusion des porteurs de parts individuellement, exercer tous les droits et actions attachés aux dites parts, et notamment :

Conclure avec la « Société. . . . . » tous traités et arrangements dans toutes les circonstances où il y aura lieu et plus spécialement en cas de :

Augmentation ou réduction du capital social de la « Société . . . . . », si ces augmentations ou réductions nécessitaient une modification de la quotité de la part des bénéfices attribués aux parts bénéficiaires ;

Rachat de tout ou partie des parts bénéficiaires existantes ;

Création d'actions de priorité et modification des statuts de la « Société . . . . . » si elles devaient porter atteinte aux droits des parts bénéficiaires ;

Et d'une manière générale, pour la solution de toutes les questions intéressant à un titre quelconque les parts bénéficiaires, sans toutefois que les présentes puissent donner à la société civile des porteurs de parts aucun

---

(1) Il est devenu d'usage d'insérer les statuts de la société civile dans les statuts de la société anonyme.

droit d'immixtion dans les affaires de la « Société. . . . . . », ni aucun droit d'accès à ses assemblées générales.

ART. 3. — Cette société civile prend la dénomination de « *Société civile des porteurs de parts bénéficiaires de la Société . . . . . .* ».

ART. 4. — Son siège est fixé à. . . ., rue. . . ., nᵒ. . .

Il pourra être transféré ailleurs qu'à. . ., par décision de l'assemblée générale des porteurs de parts.

ART. 5. — Cette société civile existera de plein droit et sans aucune formalité, à compter du jour de la constitution définitive de la « Société. . ».

Elle ne prendra fin qu'avec l'extinction des droits appartenant aux parts bénéficiaires.

Par dérogation à l'art. 1865 du Code civil, la mort, la déconfiture, l'interdiction, la faillite et même la volonté d'un ou plusieurs associés, ne peuvent entraîner la dissolution de la société avant l'expiration de sa durée.

ART. 6.— Cette société civile n'aura pas de titres particuliers, les titres de parts bénéficiaires énonceront qu'elles font partie de la dite société civile.

La propriété d'une part de fondateur emportera de plein droit adhésion aux dispositions des présents statuts et aux décisions des assemblées générales des porteurs de parts bénéficiaires.

Les droits et actions attachés à la part bénéficiaire suivent le titre dans quelques mains qu'il passe.

Il est bien entendu que, malgré la mise en commun des droits et actions attachés aux parts bénéficiaires dont s'agit, chacun des porteurs de parts conserve la propriété personnelle et exclusive de ses parts, peut les aliéner et traiter de gré à gré pour leur rachat avec la « Société . . . . . », mais sans pouvoir s'opposer au rachat obligatoire qui serait décidé par l'assemblée générale des actionnaires de la dite société et accepté par l'assemblée générale des porteurs de parts, à titre de mesure générale, concernant tout ou partie des parts de fondateur.

Le rachat d'une part par la « Société. . . . . » éteint son droit social.

ART. 7. — La société est administrée par un ou deux administrateurs nommés et révocables par l'assemblée générale des sociétaires.

S'il y a deux administrateurs, ils pourront agir conjointement ou séparément.

La durée des fonctions de chaque administrateur est illimitée.

Les deux premiers administrateurs seront :

1ᵒ. . . . .

2ᵒ. . . . .

Tous deux soussignés et acceptant.

ART. 8. — En cas de démission, révocation ou de décès de tout administrateur, il sera pourvu à son remplacement dans les trois mois de l'événement qui aura mis fin à son mandat, par l'assemblée générale des porteurs de parts bénéficiaires.

ART. 9. — Le ou les administrateurs en exercice sont investis des pouvoirs les plus étendus pour représenter la société civile vis-à-vis de la « Société . . . . . » et vis-à-vis des tiers.

Ils ont notamment tous pouvoirs nécessaires à l'effet de :

Recevoir les communications et propositions de la « Société . . . . . » et de son conseil d'administration ;

Convoquer les assemblées générales des porteurs de parts ;

Transmettre ses décisions à la « Société. . . . . » et les faire exécuter ;

Arrêter avec la « Société . . . . . » toutes conventions qu'ils jugeront utiles aux intérêts de la société civile et des parts bénéficiaires mises en commun, mais sous réserve de l'approbation de l'assemblée générale des porteurs de parts bénéficiaires dont il va être parlé.

Exécuter toutes conventions qui auraient été autorisées par cette assemblée.

Les administrateurs auront la faculté de déléguer et transmettre tout ou partie de leurs pouvoirs et de constituer tous mandataires spéciaux.

Art. 10. — Les convocations aux assemblées générales des porteurs de parts bénéficiaires seront, sous réserve des exceptions mentionnées au paragraphe 11 ci-après, faites par avis inséré dans un journal d'annonces légales du siège social, quinze jours francs avant la réunion.

Art. 11. — L'assemblée générale des porteurs de parts se compose de tous les porteurs de parts.

L'assemblée ne peut délibérer valablement que si les membres présents représentent par eux-mêmes ou comme mandataires les trois cinquièmes au moins des parts existantes.

Si, sur une première convocation, l'assemblée ne réunit pas les trois cinquièmes des parts bénéficiaires, il en sera convoqué une seconde à dix jours d'intervalle qui délibérera valablement, pourvu qu'elle réunisse la moitié au moins des parts bénéficiaires existantes, mais seulement sur les objets à l'ordre du jour de la première réunion.

Dans tous les cas, les résolutions, pour être valables, doivent être votées à la majorité des quatre cinquièmes au moins des voix des membres de l'assemblée, et le rachat des parts bénéficiaires ne pourra être décidé qu'à la majorité des cinq sixièmes des voix des membres de l'assemblée.

Il sera dressé procès-verbal de la séance dans les formes ordinaires ; ce procès-verbal et la feuille de présence émargée par tous les membres présents seront signés par les membres du bureau.

Les copies et extraits des procès-verbaux sont signés et certifiés conformes par l'un des deux administrateurs ou par l'administrateur unique.

Art. 12. — L'assemblée générale délibère et statue souverainement sur toutes questions quelconques, pouvant intéresser la société civile et indiquées dans les avis de convocation.

Elle nomme et révoque tous administrateurs, elle entend leurs rapports et leur donne décharge.

Elle examine, rejette ou autorise tous traités, transactions, compromis et modifications aux droits des parts bénéficiaires, et statue souverainement sur toutes les questions intéressant, à un degré quelconque, les porteurs de parts.

Elle confère aux administrateurs tous pouvoirs supplémentaires.

Elle peut modifier les présents statuts.

ART. 13. — L'assemblée générale représente l'universalité des porteurs de parts, ses décisions obligent tous les sociétaires, même absents, incapables ou dissidents.

ART. 14.—Les frais nécessités par le fonctionnement de la société civile sont avancés par la « Société. . . . . . » et prélevés par elle sur la portion des bénéfices revenant aux parts bénéficiaires.

ART. 15.— Les administrateurs de la société civile la représentent valablement, tant en demandant qu'en défendant, vis-à-vis de la « Société. . . » et des porteurs de parts individuellement qui ne pourront se prévaloir, vis-à-vis de la société civile, de la maxime « Nul ne peut plaider en France par procureur ».

Juridiction.

ART. 16. — Pour l'exécution du présent acte de société, les parties intéressées seront soumises à la juridiction du tribunal civil de . . . . ., quel que soit leur domicile.

A défaut d'élection de domicile spécial par chacun des associés dans le ressort du dit tribunal, tous actes ou exploits leur seront valablement signifiés au parquet de Monsieur le Procureur de la République près le même tribunal.

Intervention de la Société.

ART. 17. — Aux présentes est intervenu M. . . . . ., agissant comme administrateur de la société. . . . . ., débiteur en vertu de ses pouvoirs, lequel, après connaissance prise des statuts qui précèdent, a déclaré reconnaître l'existence de cette société et oblige dans tous les cas la société qu'il représente à s'adresser directement à la société civile, à traiter avec elle seule.

Fait en triple originaux à. . . . . .,le . . . . . .

31. — Société civile de porteurs de parts de fondateur (*Autre formule*).

Entre les soussignés :

1° M . . . . . .

2° M . . . . . .

3° M . . . . . .

4° M . . . . . .

A été exposé et convenu ce qui suit :

Suivant les statuts de la société . . . . . ., il a été créé . . . . . . parts bénéficiaires au porteur, lesquelles appartiennent toutes à chacune des parties soussignées dans des proportions différentes.

Les articles des statuts qui établissent les droits attribués à ces parts de fondateur sont ainsi conçus :

Art. 1er. — Il est formé par ces présentes une société civile particulière entre les propriétaires actuels et futurs des parts bénéficiaires sus-indiquées.

Cette société a pour dénomination : Société civile des porteurs de parts bénéficiaires de la société. . . . .

Art. 2. — La société a pour objet la centralisation de tous droits et actions attachés aux porteurs dont s'agit et l'exercice en commun de tous les droits des propriétaires de ces parts, de telle sorte que la société, à l'exclusion des dits propriétaires individuellement, pourra agir dans l'intérêt général et selon les pouvoirs qui seront conférés ci-après.

Art. 3. — La société commencera ce jour et prendra fin en même temps que l'extinction complète des droits représentés par les dites parts.

Art. 4. — Le domicile social est à Paris . . . . .

Art. 5. — La société sera gérée par deux administrateurs, lesquels conserveront leurs fonctions jusqu'à leur décès, leur démission ou leur révocation.

MM. . . . . . sont nommés administrateurs.

Les administrateurs ont les pouvoirs les plus étendus pour gérer, administrer et pour représenter la présente société vis-à-vis de la société débitrice et des tiers.

Ils ont notamment les pouvoirs suivants qui sont énonciatifs et non limitatifs :

Exercer tous les droits et actions attachés aux parts bénéficiaires.

Demander et accepter toutes garanties hypothécaires ou autres, prendre toutes mesures conservatoires, prendre toutes inscriptions au profit de la société civile sur les immeubles de la société en vertu de tous actes, titres et jugements, les renouveler au besoin et indéfiniment.

Recevoir le payement des coupons d'intérêts et le remboursement des parts bénéficiaires sorties au tirage, s'il y a lieu.

Faire exécuter tous les engagements pris par la société envers les propriétaires des parts de fondateur émises.

Exercer toutes poursuites, contraintes et diligences nécessaires depuis les préliminaires de la conciliation jusqu'à l'entière exécution de tous jugements et arrêts ; traiter, transiger, compromettre, obtenir tous jugements, les faire exécuter, produire à tous ordres et distributions, se faire délivrer tous bordereaux de collocation, en recevoir le montant. En cas de faillite ou liquidation judiciaire de la société débitrice, représenter la présente société, y produire tous titres de créance, adhérer à tous concordats ou les repousser, accepter ou contester les répartitions, toucher les dividendes de répartition. A défaut de payement, poursuivre la société débitrice mobilièrement et immobilièrement.

Donner quittances et décharges, faire mainlevée avec désistement de tous droits réels partiellement ou définitivement, de toutes inscriptions, saisies, oppositions et autres empêchements, avec ou sans payement. Consentir mentions et subrogations avec ou sans garantie, consentir toute antériorité, remettre ou obliger la société à la remise de tous titres et pièces.

Déléguer tout ou partie des pouvoirs ci-dessus à l'un des administrateurs ou à un tiers, mais dans ce dernier cas pour une opération déterminée.

Art. 6. — Nonobstant la présente société, chacun des propriétaires des parts bénéficiaires conserve la propriété personnelle et exclusive de ses parts et peut les transférer et vendre sans être tenu d'avoir recours à la société à cet effet ou de l'en informer.

Art. 7. — L'assemblée générale des porteurs de parts se réunira au siège social sur la convocation qui sera faite à la diligence des administrateurs ou de l'un d'eux au moyen d'un avis inséré dans un journal d'annonces légales du département de la Seine, au moins quinze jours à l'avance.

Elle sera présidée par l'un des administrateurs ou à son défaut par le plus fort propriétaire de titres présent et acceptant.

Un secrétaire sera désigné.

Et une feuille de présence sera dressée.

Les porteurs de parts(qui désireront prendre part à la délibération)seront tenus de déposer leurs titres au siège social au moins huit jours à l'avance et il sera délivré un récépissé de dépôt qui leur servira de carte d'entrée.

L'assemblée ne pourra délibérer qu'autant que les membres présents ou représentés réuniront le tiers des parts de fondateur. Dans le cas où cette condition ne serait pas remplie, une deuxième assemblée sera convoquée et pourra délibérer valablement quel que soit le nombre de parts de fondateur représentées.

Les délibérations seront prises à la majorité des voix et les porteurs de parts disposeront d'autant de voix qu'ils posséderont ou représenteront de parts de fondateur (1).

L'assemblée des porteurs de parts bénéficiaires statue sur toutes choses concernant la société ; elle nomme et révoque les administrateurs, leur confirme leurs pouvoirs ou leur en donne de plus étendus.

Ses délibérations sont constatées par des procès-verbaux inscrits sur un registre tenu au domicile de la société, ou par des procès-verbaux dressés en la forme notariée.

______

(1) Ces facilités de votation (quant aux présences ou au quorum), qui se trouvent — nous le savons — insérées aujourd'hui dans la plupart des statuts des sociétés civiles, et qui s'inspirent manifestement des dispositions de la loi du 22 novembre 1913, sur les assemblées à quorum décroissant dans les sociétés anonymes, nous paraissent discutables en raison du vieux principe de droit civil, longtemps respecté, de la nécessité de l'unanimité des associés pour modifier le pacte social dans ses clauses essentielles ; aussi estimons-nous dangereux,même par respect de la liberté des conventions, — principe dont on recule chaque jour les limites d'application, — que l'on autorise une minorité (qui peut aller jusqu'à l'unité) à imposer à la majorité une modification statutaire, si grave soit-elle ; et c'est pourquoi nous recommandons de préférence la formule précédente (n° 30, art. 11) qui exige du moins que la moitié plus 1 des parts existantes soient représentées.

Art. 8. — Pour l'exécution du présent acte de société, les parties intéressées seront soumises, quel que soit leur domicile respectif, à la juridiction du tribunal civil de la Seine.

Aux présentes sont intervenus :

MM. . . . . ., agissant au nom et comme administrateurs-directeurs de la société. . . . .

Lesquels, connaissance prise des statuts de la société civile des porteurs de parts qui précèdent, ont déclaré reconnaître l'existence de cette société et obliger dans tous les cas la société qu'ils représentent à s'adresser directement à la société civile des . . . . . ., à traiter avec elle sans discussion préalable des porteurs de parts considérés individuellement.

Fait en . . . . . originaux à Paris, le. . . . . Un original pour la société. . . . .

<h1 style="text-align:center">C</h1>

Actions de priorité.

32. — Création.

Il est créé sur le capital social. . . actions de priorité, lesquelles donneront droit au profit de M. . . à une distribution privilégiée de. . . sur les bénéfices de la société.

Après ce prélèvement privilégié, ces actions concourront à la distribution des bénéfices avec les actions ordinaires et au même titre qu'elles.

Lors de la liquidation, si le reliquat net est insuffisant pour amortir toutes ces actions, il ne sera procédé à la répartition entre les actions ordinaires qu'après le prélèvement de ce qui sera nécessaire pour rembourser les actions de priorité.

Autre formule. — Le capital actions se divise en actions ordinaires et actions de priorité.

Les actions dites de priorité jouissent des droits suivants :

Autre formule. — Si, au cours de l'existence de la société, une assemblée générale, délibérant conformément à l'art. 31 de la loi de 1867 et en conformité de l'article. . . des présents statuts, décide d'augmenter le capital social, la même assemblée aura le droit de créer des actions de priorité dans les conditions qu'elle déterminera.

(On peut aussi prévoir un prélèvement sur les bénéfices pour la constitution d'une réserve spéciale affectée à l'amortissement annuel des actions de priorité.)

33. — Droits préférentiels.

Sur les bénéfices il est prélevé . . . . (Réserve légale, intérêts, etc.)

— Somme nécessaire pour payer aux actions de priorité un premier dividende cumulatif de. . . . . sur le capital libéré et non amorti . . . .

— Somme nécessaire pour payer aux actions ordinaires.

Ou supprimer le mot cumulatif.

—*On peut écrire* : Le dividende ne sera pas cumulatif. Si les bénéfices d'un exercice ne permettent pas d'en assurer le payement, les porteurs de l'une ou l'autre catégorie d'actions ne pourront réclamer le dividende sur les bénéfices des années suivantes.

— *Ou en liquidation.* . . . . répartition du capital aux actions de priorité . . . . . tant; aux actions ordinaires. . . . . tant.

Variante. — Il est créé sur le capital social. . . . . . actions, qui conféreront à leurs porteurs le droit de souscrire à toutes les émissions d'actions ou d'obligations qui pourront être créées par la société, avant tous autres, y compris les porteurs d'actions ordinaires.

Le droit de préférence ainsi conféré s'exercera en proportion du nombre d'actions de priorité dont sera porteur chaque actionnaire et dans les conditions qui seront déterminées par le conseil d'administration.

— Il est créé sur le capital social . . . actions, qui conféreront à leurs porteurs —sous réserve de l'application du nouvel article 31 paragraphe 2 (modifié par la loi du 22 nov. 1913) de la loi du 24 juillet 1867 —le droit de voter avec 10 voix par chaque action de cette catégorie (contre 1 aux actions ordinaires).

Ou encore . . . . . qui limitent à 20 seulement le nombre maximum de voix pour chaque actionnaire de cette catégorie (contre 10, pour les porteurs d'actions ordinaires).

Etc. . . . .

D

Libération des actions.

34. — Formules diverses.

I. — Les actions souscrites en numéraire sont payables, savoir : . . francs en même temps que la souscription, et le surplus suivant les besoins de la société, aux époques fixées par le gérant ou par le conseil d'administration.

II. — Les actions sont payables savoir : (*tant*) le. . . ; le surplus. . . . etc., etc.

Faute du payement du premier quart à l'époque ci-dessus indiquée et huitaine après une mise en demeure par lettre recommandée au souscripteur, la souscription pourra, à la volonté des fondateurs, être considérée comme non avenue.

III. — Les appels de fonds sur les actions ne pourront être faits qu'autant qu'ils seront nécessités par des pertes éprouvées sur le capital social, et seulement jusqu'à concurrence de ces pertes.

E

Droit de préemption.

85. — Formule.

Toute cession d'action, soit à titre gratuit, soit à titre onéreux, toute mutation par décès donnera ouverture, au profit des actionnaires, à un droit de préemption. A cet effet, il sera tenu au siège social un registre où tout nouveau titulaire des actions devra déclarer ses nom, prénoms, domicile, profession, le nombre des titres par lui acquis et le prix d'acquisition, si elle a lieu à titre onéreux. La déclaration sera signée du cédant et du cessionnaire.

Si la mutation a lieu à la suite de décès, le nouveau titulaire devra mentionner le titre établissant ses droits et produire toutes pièces justificatives dans la huitaine de sa déclaration. Le conseil d'administration en envoie copie à tous les actionnaires, en les avisant qu'ils ont un délai de quinzaine pour exercer leur droit de préemption.

Chaque année l'assemblée fixera le prix auquel sera exercé ce droit de préemption.

(Ou bien les statuts peuvent déterminer d'avance, au moyen d'un taux de capitalisation calculé sur le dividende du précédent exercice, le prix du droit de préemption.)

Les mêmes règles sont applicables au cas où la cession a lieu par adjudication publique, soit volontaire, soit en vertu d'une décision de justice.

Si plusieurs actionnaires exercent le droit de préemption, chacun d'eux est avisé par lettre recommandée, à la diligence du conseil, que la préemption appartiendra définitivement à celui d'entre eux qui, dans la huitaine, aura fait l'offre la plus élevée.

Le transfert au profit de l'actionnaire qui devient ainsi acquéreur des titres est signé par. . . . . administrateurs, et avis est donné au précédent titulaire que le prix est à sa disposition dans la caisse sociale.

Si, dans le délai de quinzaine, aucun actionnaire n'a usé du droit de préemption, le transfert est régularisé au profit du cessionnaire originaire.

F

Amortissement du fonds social.

(Voir aussi les formules relatives à la répartition des bénéfices.)

36. — Formule.

Sur les bénéfices il est prélevé chaque année :

1° 5 p. 100 pour la constitution de la réserve légale ;

2° 15 p. 100 au moins qui seront affectés à un fonds d'amortissement des actions dont il est ci-après parlé ;

3º La somme nécessaire pour servir aux actions un premier dividende égal à 5 p. 100 des sommes versées ; les sommes afférentes de ce chef aux actions amorties seront versées au fonds d'amortissement des actions.

Le surplus sera réparti ainsi qu'il suit :

85 p. 100 à titre de deuxième dividende à toutes les actions amorties ou non ;

10 p. 100 au conseil d'administration ;

5 p. 100 à la disposition du conseil pour attributions diverses à la direction ou au personnel.

Le fonds d'amortissement se compose :

Du prélèvement stipulé sous le nº 2 en l'article qui précède ; des sommes afférentes aux actions amorties qui y seront versées comme il est dit au nº 3 dudit article, et de l'intérêt des sommes existant à ces fonds et non encore employées à l'amortissement.

Ce fonds est employé au remboursement ou au rachat d'actions, dans les conditions fixées à l'art. 44.

La désignation des actions à amortir a lieu au moyen d'un tirage au sort qui se fait en séance du conseil d'administration. Les numéros des actions désignées par le sort pour être remboursées sont publiés dans les journaux d'annonces légales.

(*Variante*) L'amortissement se fera sur l'ensemble des actions.

Les propriétaires des actions désignées par le tirage au sort pour le remboursement recevront :

1º Le capital effectivement versé de leurs actions ;

2º Les dividendes de l'exercice expiré le 31 décembre précédent ;

3º Et en échange de leurs actions primitives, des actions spéciales, actions de jouissance, qui ne donnent plus droit qu'à la part proportionnelle dans le surplus des produits annuels mentionnés à l'article. . .

Ces actions conservent, sauf le prélèvement de l'intérêt ou premier dividende de 5 p. 100 qui sera versé au fonds d'amortissement ainsi qu'il est dit ci-dessus, les mêmes droits que les autres non amorties.

Toutefois, chaque année, l'assemblée générale ordinaire pourra autoriser le conseil d'administration à remplacer ce mode d'amortissement par des achats d'actions au-dessous du pair, dans les conditions que l'assemblée générale déterminera.

La réduction du capital social correspondante aux actions ainsi rachetées sera décidée par les assemblées générales extraordinaires.

Le conseil d'administration détermine l'époque et le mode de tirage au sort des titres à amortir. Les numéros sortis sont publiés dans un des journaux d'annonces légales de l'arrondissement du siège social.

Les titres désignés pour l'amortissement recevront, outre le capital versé sur chacun d'eux, l'intérêt à 5 p. 100 calculé depuis le jour où il a commencé à courir.

G

Partage des bénéfices.

37. — Formule.

Art. . . — Sur les bénéfices nets, déduction faite de tous frais et charges, il est prélevé chaque année :

1° 5 p. 100 pour la constitution de la réserve légale, etc. ;

2° Une somme, nécessaire pour servir aux actions amorties ou non amorties un premier dividende de. . . . . . p. 100 ; une somme destinée à l'amortissement du capital social, dont l'importance sera fixée par l'assemblée générale annuelle ; laquelle somme ne pourra chaque année, quelle que soit la quantité des bénéfices, excéder le centième (*aucune autre quotité*) du fonds social actuel.

Le surplus est réparti de la manière suivante :

5 p. 100 aux administrateurs ;

25 p. 100 aux parts de fondateur, créées art. . . . . . des statuts ;

Et 70 p. 100 aux actions de capital non amorties et aux actions de jouissance qui auront été délivrées en remplacement des actions amorties, comme il va être indiqué.

Art. . . — Le fonds d'amortissement est composé :

1° Du prélèvement stipulé à l'art. . . ;

2° De l'intérêt des sommes non encore employées au remboursement des actions ;

3° Et encore de l'intérêt attribué à titre de premier dividende aux actions amorties.

Il est employé chaque année, à due concurrence, au remboursement (au pair si elles sont entièrement libérées) des actions que l'assemblée générale aura décidé d'amortir, eu égard à l'importance de ce fonds.

Art. . . — Les numéros des actions à amortir seront tirés au sort au cours de la première réunion du conseil d'administration qui suivra l'assemblée générale annuelle, et sous le contrôle et la surveillance du conseil.

Les numéros des actions sorties au tirage seront publiés dans un journal d'annonces légales du département de. . . . .

Le remboursement des actions aura lieu au siège social, à partir de l'époque qui sera fixée par le conseil d'administration.

Et il comprendra pour chaque action :

1° Le capital nominal (ou le capital effectivement versé) ;

2° L'intérêt de ce capital à 5 p. 100 jusqu'au jour du remboursement ;

3° Les dividendes échus depuis moins de cinq ans et non payés.

Et, en outre, en échange de chaque action amortie, il sera délivré une action de jouissance, qui participera au même titre que l'action de capital à la répartition des 80 p. 100 de bénéfices indiqués à l'art. . ., comme aussi, lors de la liquidation de la société, à la répartition de l'actif disponible, c'est-à-dire de l'actif qui restera après l'acquit des charges sociales et le remboursement de toutes les actions de capital.

Rédaction en cas d'actions de priorité. — Sur les bénéfices nets, etc. . . ; il est prélevé :

1º 5 p. 100 pour constituer la réserve légale ;

2º Une somme nécessaire pour servir aux actions de priorité par préférence aux actions ordinaires, puis à celles-ci (amorties ou non), 5 p. 100 à titre de premier dividende, sans que les actionnaires puissent en cas d'insuffisance de bénéfices réclamer le complément sur les résultats des années subséquentes.

<h1 style="text-align:center">H</h1>

Titres.

38. — Modèle d'action nominative.

TALON	DÉNOMINATION
Dénomination, etc.,	Société anonyme constituée suivant acte déposé le. en l'étude de Mᵉ. . . . . notaire, à. . . . .
Action de. . . .	Capital social :
Nominative . . .	Divisé en. . . . actions de. . . . francs chacune
Nº	entièrement libérées.
	(ou libérées de. . . . .)
	Siège social :
Délivré à M . . .	
Demeurant à . . .	ACTION DE . . . . . FRANCS NOMINATIVE
Paris, le	Nº
Un administrateur :	
Un administrateur :	Délivrée à M . . . . .
	Demeurant à . . . . .
	Paris, le . . . . .
	Un administrateur : Un administrateur :

Extraits des statuts.

On peut reproduire ici les articles intéressants des statuts, par exemple, ceux qui concernent le siège social, la durée de la société, les conditions de transmissibilité des actions, l'époque des assemblées générales, leur composition, le nombre nécessaire des actions pour y assister et voter, la fixation des dividendes, etc.

AU DOS

Transférée à M . .

Paris, le . . . . .

(Cases pour justifier du payement des dividendes.)

39. — Certificat nominatif d'actions.

DÉNOMINATION DE LA SOCIÉTÉ

Société anonyme constituée suivant acte déposé chez Me . . . . . .,
notaire, le . . . . . .

Capital social . . . . . francs. Divisé en actions de . . . . . .francs.

Siège social :

ACTION NOMINATIVE DE. . . FRANCS.

Libérée de . . . . .

No

Délivrée à M . . . . .

Ou : M . . . . . est inscrit sur les registres de la société pour . . . .
actions nominatives no . . . . . libérées de . . . . .

Paris, le . . . . .

Un administrateur :   Un administrateur :

AU BAS

Feuille de coupons.   *Case pour mentionner les versements*
ultérieurs.

AU VERSO

Cases réservées aux transferts.

Transféré par M . . . . .

à M . . . . .

Paris, le . . . . .

Le cédant :   Le cessionnaire :   Un administrateur :

40. — Certificat de propriété d'actions d'apport.

DÉNOMINATION DE LA SOCIÉTÉ.

Société anonyme au capital de. . . . . divisé en actions de. . . .
francs chacune.

Entièrement libérées.

Ou : Libérées de. . . . .

Statuts déposés chez Me. . . . ., notaire. . . . ., le. . . . .

Siège social :

CERTIFICAT DE PROPRIÉTÉ DE. . . . . ACTIONS DE. . . . LIBÉRÉES

M. . . . ., demeurant à. . . . ., est propriétaire de. . . . .
actions de. . . . libérées de la société susdénommée portant les
nos . . . . . .

Ces actions ne peuvent être détachées de la souche et ne sont négociables que deux ans après la constitution de la société, soit le. . . . .

Elles ont été déposées dans la caisse sociale après avoir été revêtues
de la mention prescrite par l'art. 2 de la loi du 1er août 1893.

Paris, le. . . . .

Un administrateur :   Un administrateur :

41. — Modèle d'action au porteur.

DÉNOMINATION DE LA SOCIÉTÉ

Société anonyme.

Statuts déposés en l'étude de M⁰. . . . . ., notaire à. . . . . ., le. . . .
Capital social :
Divisé en. . . . . actions de. . . . . .
Siège social :

ACTION DE. . . . .AU PORTEUR. . . . .ENTIÈREMENT LIBÉRÉE.

Nᵒ

Paris, le. . . . . .
Un administrateur :   Un administrateur :

AU BAS

Feuille de coupons.

AU VERSO

Extraits des statuts.

42. — Modèle d'action privilégiée.

DÉNOMINATION DE LA SOCIÉTÉ

Société anonyme constituée suivant statuts déposés chez M⁰. . . . .,
notaire à. . . . . ., le. . . . .
Capital social. . . . . divisé en. . . . . actions ordinaires,
                                et. . . . . actions privilégiées.

ACTION PRIVILÉGIÉE DE . . . . . FRANCS

AU PORTEUR.

Nᵒ

Paris, le. . . . .
Un administrateur :   Un administrateur :

AU BAS

Feuille de coupons.

AU VERSO

*Extraits des statuts sur la composition du capital, la répartition des bé-
néfices, les assemblées générales, etc., etc.*

43. — Modèle de part de fondateur.

DÉNOMINATION

Société anonyme au capital de. . . . .
Divisé en. . . . .
Statuts déposés en l'étude de M⁰. . . . ., notaire à. . . . ., le. . . .

PART DE FONDATEUR AU PORTEUR.

Nᵒ

Donnant droit à. . . . . après prélèvement de. . . . .

Paris, le. . . . .
Un administrateur :

AU BAS

Feuille de coupons.

AU VERSO

Extraits des statuts.

44. — Modèle d'obligation.

DÉNOMINATION.

Société anonyme (ou en commandite par actions).

Statuts déposés chez M⁰. . . . .etc.
Capital social :. . . . .Libéré de. . . . .
Emission de. . . . . obligations de. . . . . francs, remboursables
au pair en. . . . . ans à partir de. . . . . portant intérêt à. . . . .
l'an. . . . . payable. . . . .

OBLIGATION DE. . . . . FRANCS

Entièrement libérée.

Nᵒ

Délivrée à. . . . .
Ou :

Au porteur.

Paris, le. . . . .

AU BAS

Feuille de coupons.
Si les obligations sont nominatives :

AU VERSO

Cases de transferts.
Transférée à M. . . . .
Demeurant à. . . . .
Paris, le. . . . .
Le cédant :   Le cessionnaire :   Un administrateur :
Au verso également on peut imprimer un tableau d'amortissement.

45. — Modèle d'obligation hypothécaire.

DÉNOMINATION DE LA SOCIÉTÉ.

Statuts déposés chez M⁰. . . . . etc.
Capital social :. . . . . francs. Divisé en. . . . . actions de. . . . .
libérées de. . . . .
Emission de. . . . . obligations hypothécaires. . . . . Art. . . . .
des statuts.

OBLIGATION HYPOTHÉCAIRE DE. . . . .
Au porteur.

Le porteur de ce titre a droit :

1º A un intérêt annuel de. . . . .payable. . . . .

2º Au remboursement du capital de. . . . . selon des tirages annuels dans le cours de. . . . . années à partir de. . . . . conformément au tableau inscrit au verso du présent titre.

Les droits des porteurs de la présente obligation sont garantis par une hypothèque prise.

Paris, le. . . . .

Un administrateur : Un administrateur :

AU BAS

Feuille de coupons.

AU VERSO

Extraits des statuts.
Tableau d'amortissement.

II

SOCIÉTÉ EN COMMANDITE PAR ACTIONS SANS APPORTS EN NATURE AVEC ACTIONS TRANSMISSIBLES SOUS CERTAINES RESTRICTIONS (1)

46. — Statuts.

M. . . . . . a établi de la manière suivante les statuts de la société en commandite par actions qu'il se propose de fonder :

TITRE Iᵉʳ. — *Objet. — Raison sociale. — Durée. — Siège.*

ART. 1ᵉʳ. — Il est formé, par ces présentes, une société commerciale en commandite par actions entre M. . . . . . comme seul gérant responsable, et les propriétaires des actions ci-après désignées comme simples commanditaires.

ART. 2. — Cette société a pour objet :

ART. 3. — La raison et la signature sociales sont : X. . . . . et Cie.

Nota : La société peut, en outre, prendre une dénomination de fantaisie.

ART. 4. — La durée de la société est de. . . . . qui commenceront à courir du jour de sa constitution définitive.

ART. 5. — Le siège social est à. . . . .

Il ne pourra être transféré ailleurs sans l'assentiment de l'assemblée générale des actionnaires.

ART. 6. — Le capital social est fixé à un million.

Il est divisé en. . . . . actions de. . . . . francs chacune à souscrire en numéraire.

(1) Pour les actions au porteur, puiser dans la formule de la société anonyme.

Ces actions devront être entièrement souscrites avant la constitution de la société.

Elles sont payables intégralement au moment même de la souscription.

Variante. — Elles sont payables :

Un quart à la souscription,

Et le surplus aux époques et de la manière qui seront indiquées par le gérant.

Art. 7. — Le capital social pourra être augmenté ou diminué par délibération de l'assemblée générale extraordinaire des actionnaires.

En cas d'augmentation, les actionnaires auront un droit de préférence à la souscription des actions nouvelles au prorata de celles par eux possédées.

La diminution du capital social se fera soit par voie de rachat des actions au profit de la société, soit au moyen du remboursement d'une partie du capital nominatif de chaque action, au choix de l'assemblée générale. Le fonds de réserve pourra être employé à cet effet.

Art. 8. — Les actions sont nominatives.

La conversion des titres au porteur pourra être décidée par l'assemblée générale, laquelle apportera aux statuts les modifications qui alors deviendront nécessaires.

Les titres définitifs d'actions seront remis aux souscripteurs en échange du récépissé provisoire qui leur est délivré à la souscription, dans le mois de la constitution définitive de la société.

Ces titres seront nominatifs, détachés d'un registre à souches, revêtus du timbre de la société, des signatures du gérant et d'un des membres du conseil de surveillance.

La cession des actions est constatée par une déclaration de transfert faite sur un registre spécial tenu au siège de la société, et elle est signée du cédant et du cessionnaire.

Aucune cession ne pourra être faite à une personne étrangère à la société sans l'agrément du gérant.

Et dans le cas où l'agrément du gérant ne serait pas donné, celui-ci sera tenu de faire part aux actionnaires des actions à vendre et de leur indiquer le domicile du vendeur auquel les acquéreurs devront s'adresser.

A défaut de cession dans un délai d'un mois ci-dessus indiqué, le gérant devra désigner au vendeur un acquéreur, auquel ce dernier sera tenu de vendre ses actions pour un prix non inférieur au pair.

Toutefois, faute par le gérant d'indiquer un acquéreur dans un délai de quinze jours, le vendeur pourra choisir son acquéreur.

Art. 9. — La possession d'une ou de plusieurs actions entraîne de plein droit adhésion aux statuts de la société ; elle comporte également de plein droit cession de tous les avantages afférents à l'action, même des intérêts et dividendes échus et non payés.

Art. 10. — Chaque action donne droit :

1º A un intérêt de 5 p. 100 ;

2º A la partie du fonds social et des bénéfices attribués ci-après aux actions.

Titre II. — *Gérance.*

Art. 11. — La société est administrée par M. . . . . ., seul associé gérant responsable.

Il a la signature sociale, à charge de n'en faire usage que pour les affaires de la société.

Il s'occupe exclusivement de la direction et des affaires de la société, à laquelle il doit tout son temps, et a à cet effet les pouvoirs les plus étendus ; il peut traiter, transiger, compromettre, ester en justice, donner tous désistements et toutes mainlevées avec ou sans payement, se faire représenter par des mandataires dont il demeure responsable.

Variante. — S'il y a plusieurs gérants voici la formule à employer :

La société est administrée par un conseil de gérance composé de. . . . membres, qui sont MM. . . . . ., associés responsables.

M. . . . . . est désigné comme président du conseil de gérance.

Les gérants auront la signature sociale, mais ils ne pourront s'en servir que pour les besoins de la société, et l'usage de cette signature est réglé de la manière suivante dans leurs rapports entre eux.:

Pour toutes les affaires courantes rentrant d'une façon précise dans les attributions de directeur technique conférées à M. . . . . ., l'acte ou la signature de celui-ci suffira pour engager la société.

Mais pour toutes les autres opérations, l'intervention du conseil de gérance est nécessaire et la signature sociale devra être donnée par deux gérants au moins et précédée de cette mention : « Par délégation spéciale du conseil de gérance de la société ».

Le conseil de gérance pourra déléguer un de ses membres pour représenter la gérance dans ses relations avec des tiers pour des affaires déterminées, etc., etc., indépendamment des attributions permanentes de M. . . . ., directeur, et dans ce cas la signature du gérant délégué suffira pour engager la société.

Pour délibérer, les membres du conseil de gérance devront être présents au moins au nombre de trois ; les décisions seront prises à la majorité des voix ; en cas de partage, celle du président sera prépondérante.

En cas de décès d'un ou plusieurs gérants, la société continuera d'exister avec leurs représentants comme commanditaires, et elle sera administrée par le ou les gérants survivants. Le décès du dernier survivant d'eux entraînera, sauf ce qui va être dit, la dissolution de la société. Toutefois les actionnaires pourront se réunir en séance extraordinaire et pourvoir à la nomination d'un nouveau gérant et même de plusieurs, et en conséquence continuer la société ; mais cette réunion devra être provoquée par l'un des actionnaires dans le mois du décès du survivant des gérants sous peine de perdre le bénéfice de cette faculté.

Art. 12. — En garantie de sa gestion, le gérant doit laisser dans la caisse sociale la totalité de sés actions.

Art. 13. — Le gérant reçoit un traitement mensuel de. . . . . qui est porté aux frais généraux.

Art. 14. — Il peut convoquer aussi souvent qu'il le juge à propos l'assemblée générale des actionnaires.

Les convocations sont faites par lettres recommandées à la poste, adressées à chacun des actionnaires et contenant les propositions à soumettre à l'assemblée.

Art. 15. — En cas de décès ou de retraite du gérant, la société n'est pas dissoute, l'assemblée générale réunie en séance extraordinaire pourvoit à son remplacement.

TITRE III. — *Conseil de surveillance.*

Art. 16. — Les actes du gérant et les opérations de la société sont contrôlés par un conseil de surveillance, composé de trois actionnaires nommés par l'assemblée générale.

Le premier conseil est nommé par la deuxième assemblée générale constitutive. Il doit avant tout examiner si la société a été régulièrement constituée.

Le conseil de surveillance est ensuite nommé pour trois ans et renouvelé en entier à l'expiration de chaque période. Ses membres sont rééligibles.

Art. 17. — Les membres du conseil de surveillance doivent être titulaires de. . . . . actions de la société. Ces actions sont affectées à la garantie des fautes qu'ils peuvent commettre, et à ce titre, elles restent déposées, pendant qu'ils sont en exercice, dans la caisse sociale.

Les membres du conseil décédés ou démissionnaires sont remplacés provisoirement par ceux restés en exercice, et leur nomination est soumise à la ratification de l'assemblée générale annuelle.

Les membres remplaçants ne conservent leurs fonctions que pendant le temps restant à courir jusqu'à l'expiration des fonctions de ceux qu'ils remplacent.

Art. 18. — Les fonctions de membre du conseil de surveillance sont gratuites ; néanmoins, à titre d'indemnité de déplacement, il leur sera alloué un jeton de la valeur de. . . . .

Art. 19. — Le conseil de surveillance choisit parmi ses membres un président et désigne un secrétaire.

Art. 20. — Pour délibérer le conseil doit réunir au moins deux de ses membres.

Les décisions sont prises à la majorité des voix.

En cas de partage, la voix du président est prépondérante.

ART. 21. — Les membres du conseil de surveillance vérifient les livres, la caisse, le portefeuille et les valeurs de la société.

Ils font chaque année, à l'assemblée générale, un rapport dans lequel ils doivent signaler les irrégularités et inexactitudes qu'ils pourraient avoir reconnues dans les inventaires, et constater, s'il y a lieu, les motifs qui s'opposent aux distributions de dividendes proposées par le gérant.

ART. 22. — Le conseil de surveillance peut convoquer l'assemblée générale.

Les procès-verbaux du conseil de surveillance sont inscrits sur un registre spécial signé par tous les membres présents.

Le gérant a le droit d'assister aux réunions du conseil de surveillance et doit en conséquence y être invité. Le conseil peut même exiger sa présence et réclamer de lui un aperçu de l'état des affaires sociales.

ART. 23. — Le gérant tient à la disposition du conseil de surveillance toutes les pièces et tous les actes qui ont trait à sa gestion.

ART. 24. — Les membres du conseil de surveillance agissant en vertu d'un simple mandat pour la surveillance des intérêts de la société, par voie de contrôle, d'avis, ne contractent en raison de leurs fonctions aucune obligation personnelle ou solidaire des actes du gérant.

TITRE IV. — *Assemblées générales.*

ART. 25. — L'assemblée générale représente l'universalité des actionnaires ; ses décisions sont obligatoires, même pour les absents et dissidents.

ART. 26. — Pour siéger dans l'assemblée générale, il faut posséder au moins. . . . . . actions.

Chaque actionnaire a autant de voix qu'il possède ou qu'il représente de fois dix actions soit par lui-même, soit comme commanditaire.

Les absents peuvent se faire représenter par un fondé de pouvoirs, actionnaire ayant accès à l'assemblée (1).

ART. 27. — L'assemblée générale se réunit annuellement en séance ordinaire dans le courant d'avril, au siège de la société.

La convocation doit être faite quinze jours à l'avance par lettres recommandées, adressées à chaque actionnaire par le gérant.

ART. 28. — L'assemblée délibère valablement quel que soit le nombre des actions représentées.

Elle est présidée par le gérant ou à son défaut par le plus fort actionnaire présent et acceptant.

Elle complète son bureau par la nomination à la simple majorité de deux scrutateurs et d'un secrétaire.

Les délibérations sont prises à la majorité des voix ; en cas de partage, la voix du président est prépondérante.

(1) On peut limiter le nombre de voix.

Art. 29.— L'assemblée générale annuelle entend les rapports écrits du gérant et du conseil de surveillance sur la situation de la société.

Elle examine les comptes et inventaires qui lui sont présentés par le gérant, les approuve ou conteste, s'il y a lieu.

Elle fixe les dividendes à répartir et la quotité du fonds de réserve.

Elle délibère sur toutes les propositions qui lui sont régulièrement faites par le gérant ou par le conseil de surveillance, ou même par trois membres de l'assemblée générale.

Ne seront considérées comme faites régulièrement que les propositions qui auront été portées à la connaissance des actionnaires en même temps que l'avis de convocation.

Art. 30. — L'assemblée générale statue sur les ventes et achats d'immeubles, sur les emprunts, et sur l'entreprise d'opérations en dehors de l'objet de la société.

Art. 31. — Les changements aux statuts, et aussi l'augmentation ou la réduction du capital social, la dissolution anticipée de la société ou sa prorogation, la conversion de la société en société anonyme, ne pourront être apportés que si l'assemblée réunit en une première réunion les trois quarts au moins des actions ; les résolutions devant être votées à la majorité des deux tiers au moins des actionnaires présents ou représentés. (Si la première assemblée n'a pas réuni les quorums légaux une 2e et même une 3e peuvent être réunies dans les délais et conditions de présence et de vote déterminées par le nouvel art. 31 de la loi du 24 juillet 1867 modifié par la loi du 22 nov. 1913.)

Art. 32. — L'assemblée générale peut être convoquée en séance extraordinaire par le gérant ou le conseil de surveillance.

Art. 33. — Les procès-verbaux des délibérations de l'assemblée générale seront signés par les membres du bureau.

Une feuille destinée à constater non seulement le nombre des membres présents, mais encore le nombre de voix dont chacun des membres dispose, sera par eux signée avant toute délibération et demeurera annexée à l'original du procès-verbal après avoir été certifiée par les membres du bureau.

Art. 34. — Le gérant a voix délibérative dans l'assemblée, mais il ne pourra prendre part aux votes pour la vérification des comptes et les questions qui s'y rattachent.

Art. 35. — Les actionnaires, en aucun cas, sous aucun prétexte, même en assemblée générale, ne pourront s'immiscer dans la fabrication de. . . qui doit être tenue secrète.

Titre V. — Inventaire. — Bénéfices.

Art. 36. — Chaque année au 31 décembre, et pour la première fois le 31 décembre prochain, il sera dressé un inventaire de l'actif et du passif de la société.

Cet inventaire sera fait par les soins du gérant et en présence d'un délégué du conseil de surveillance, si ledit conseil juge utile de déléguer l'un de ses membres.

Cet inventaire sera transcrit sur un registre spécial à ce destiné.

A chaque inventaire, on fera figurer une dépréciation de . . . . . . p. 100 sur le matériel et de. . . . . . p. 100 sur les bâtiments.

Les bénéfices nets existeront sous déduction des frais généraux et seront répartis comme il va être indiqué.

ART. 37. — Sur les bénéfices nets, il sera prélevé, jusqu'à due concurrence, une somme équivalente à 5 p. 100 du capital social pour être répartie à titre d'intérêts aux actions.

Le surplus sera réparti :

10 p. 100 pour le fonds de réserve ;

90 p. 100 pour les actionnaires.

L'assemblée générale, en arrêtant le chiffre des bénéfices nets à répartir, fixera en même temps, les époques du payement.

ART. 38. — Le fonds de réserve est destiné à faire face aux dépenses imprévues, achat de matériel, création de nouveaux bâtiments, en un mot à toutes les dépenses sortant du budget ordinaire.

Il pourra encore être employé au rachat des actions, si l'assemblée générale, délibérant dans les termes de l'art. 31 des statuts, décidait la diminution du capital social.

TITRE VI. — *Dissolution. — Liquidation.*

ART. 39. — La dissolution de la société pourra être prononcée, en cas de perte de la moitié du capital social, par une assemblée générale des actionnaires convoquée à cet effet.

A l'expiration de la société ou au cas de dissolution anticipée, la liquidation est faite par le gérant.

Il a les pouvoirs les plus étendus à l'effet de réaliser l'actif et payer le passif social.

Il pourra faire sans restriction tous les actes quelconques pour la liquidation.

Le produit net de la liquidation, c'est-à-dire après payement du passif et remboursement des actions, sera réparti au marc le franc entre toutes les actions. (*Il peut être désigné un coliquidateur par l'assemblée générale des actionnaires.*)

Les pouvoirs de l'assemblée générale se continuent pendant la liquidation. C'est elle qui donne quitus au liquidateur.

TITRE VII. — *Contestations.*

ART. 40. — Dans les contestations, sans aucune exception, entre le gérant et les actionnaires, la masse des actionnaires sera représentée par les membres du conseil de surveillance, en la personne desquels toute procédure sera signifiée.

Les membres du conseil de surveillance pourront choisir l'un d'eux pour défendre ou soutenir la demande.

Aucune contestation ne pourra être intentée individuellement par un actionnaire ; il a seulement le droit d'en référer à l'assemblée générale, qui agit si elle le juge convenable.

Les contestations sont portées devant les tribunaux compétents du département de . . . . .

Titre VIII. — Constitution de la société.

Art. 41. — La présente société ne sera définitivement constituée qu'après :

1º Que toutes les actions auront été souscrites et que chaque souscripteur aura versé le quart du montant des actions par lui souscrites ;

2º Qu'une assemblée générale où tous les actionnaires auront le droit d'assister, et délibérant conformément à l'art. 4 de la loi de 1867, aura reconnu la sincérité de la déclaration notariée de souscription et de versement, nommé les membres du conseil de surveillance et constaté leur acceptation. Par exception, cette assemblée pourra être convoquée cinq jours à l'avance.

(*Lorsqu'il y a lieu d'apprécier des apports en nature et des avantages particuliers, une deuxième assemblée générale constitutive doit être tenue, dans les termes de la loi de 1867.*)

Art. 42. — La société sera publiée conformément à la loi, et à cet effet tous pouvoirs sont donnés au porteur d'un extrait ou d'une expédition des présentes, des actes et délibération constitutive de la société.

Fait en . . . . . originaux à . . . . . le . . . . .

47. — Procès-verbal de l'assemblée constitutive d'une société en commandite par actions à capital souscrit entièrement en espèces.

Le . . (mois et année), à . . . heures du . . . . ., les actionnaires de la société en commandite par actions en formation dite « . . . . . », au capital de . . . . . francs, souscrit entièrement en espèces, se sont réunis en assemblée générale constitutive à . . . . ., rue . . . . . ., nº . . . sur la convocation qui leur a été adressée par M . . . . . ., fondateur, suivant avis inséré dans le journal d'annonces légales « . . . . . », le . . . .

Une feuille de présence dressée par les soins de M . . . . ., fondateur, a été signée par tous les souscripteurs présents.

L'assemblée générale procède à la composition du bureau.

M . . . . . est nommé président, M . . . . . et M . . . . . ., les deux plus forts actionnaires présents et acceptants, sont nommés scrutateurs. M . . . . . est désigné comme secrétaire et prend place au bureau.

Le bureau étant composé, le président fait connaître que, d'après la feuille de présence . . . . (nombre) actionnaires, souscripteurs de . . . . actions, sont présents ou représentés par mandataires, et que l'assemblée est régulièrement constituée et peut délibérer valablement.

Le président dépose sur le bureau un exemplaire du journal contenant ladite convocation, ainsi que la lettre de convocation adressée à chacun des souscripteurs, un exemplaire des statuts de la société, annexés à l'acte de déclaration de souscription et de versement reçu par . . . . ., notaire à . . . . ., le . . . . . Il met ces documents à la disposition de l'assemblée. Il donne ensuite lecture de l'ordre du jour et invite l'assemblée à délibérer sur les questions qui y sont portées. Après l'échange de diverses observations, il met aux voix la résolution suivante :

Première résolution.

« Les actionnaires de la société « . . . . . », réunis en assemblée générale constitutive, après avoir entendu lecture des statuts, et de l'acte de déclaration de souscription et de versement reçu par Me . . . . ., notaire à . . . . ., le . . . . ., les approuvent définitivement ».

Cette résolution est votée à l'unanimité.

Le président rappelle à l'assemblée qu'elle doit nommer les membres du premier conseil de surveillance. Il met aux voix la résolution suivante :

Deuxième résolution.

« L'assemblée générale nomme membres du conseil de surveillance pour une année :

MM. . . . . (prénoms, noms et adresses).

Cette résolution est adoptée à l'unanimité.

MM. . . . . ., présents à la réunion, déclarent successivement accepter les fonctions de membre du conseil de surveillance. M . . . . . mandataire de M . . . . . déclare également accepter lesdites fonctions au nom de son mandant.

Troisième résolution.

« L'assemblée générale fixe à . . . . . francs par an la valeur globale des jetons de présence du conseil de surveillance ».

Personne ne demandant plus la parole, le président déclare la séance levée à . . . . . heures.

De tout ce que dessus, il a été dressé le présent procès-verbal, qui a été signé, ainsi que la feuille de présence, par le président, les scrutateurs et le secrétaire, et, en outre, en ce qui concerne le procès-verbal, par le gérant et les membres du conseil de surveillance (ou leurs mandataires) pour l'acceptation de leurs fonctions.

**48. — Publication au Bulletin des annonces légales obligatoires
en cas d'émission avec appel au public.**

Société . . . . .

Législation française :

Statuts déposé à . . . . . capital social . . . . . siège à . . .
objet. . . ., durée . . . . .

M. . . . . fait apport . . . . .

Rémunération de l'apport :

Assemblée annuelle (date).

Année sociale commencée le. . . . . finie le . . . . .

Répartition des bénéfices. . . . .

Liquidation . . . . .mode . . . . .

Le Fondateur.
(Signature.)

III

SOCIÉTÉ EN COMMANDITE PAR ACTIONS AVEC APPORTS

49. — Statuts.

*Il faudra prendre la formule 46 très complète, en la modifiant suivant les
indications qui seront marquées ci-après pour l'apport dans la société anonyme. — V. aussi les formules d'apport.*

50. — Bulletin de souscription (sur timbre).

Société . . . . . (dénomination).

En formation au capital de . . . . . divisé . . . . .

Je soussigné . . . . . (nom, prénoms, profession, domicile) ;

Connaissance prise des statuts de la société. . . . . déclare souscrire
. . . . actions de. . . . . chacune. . . . . A l'appui de ma souscription je verse à (banque ou fondateur) la somme de . . . . . pour libérer
du premier quart les actions que je souscris . . . . .

Fait à . . . . .

Bon pour souscription.

Signature.

Constitution et fonctionnement.

51. — Déclaration notariée de souscription et de versement.

Par devant. . . .

A comparu :

Agissant en sa qualité de fondateur de la société en commandite par actions . . . . ., dont il doit être le gérant aux termes des statuts dont il va
être parlé.

Lequel. . . . .

(*V. formule relative à la société anonyme.*)

. . . .

En conséquence, une assemblée générale . . . . .

. . . .

elle nommera les membres du conseil de surveillance pour la première année; la société sera définitivement constituée après leur acceptation.

Dont acte . . . . . .

52. — Première assemblée générale.

A. — *Avis de convocation.*

(*V. formule* 75, *relative à la société anonyme.* — *Ajouter, s'il y a lieu, après le mot fondateur, ceux : et futur gérant.*)

B. — *Pouvoir de représenter aux assemblées générales constitutives.*

C. — *Feuille de présence.*

D. — *Procès-verbal de la délibération.*

(*V. formule* 77, *relative à la société anonyme.*)

La loi impose au conseil de surveillance, et non à la première assemblée générale, le soin de vérifier la sincérité de la déclaration du gérant relative aux souscriptions et aux versements.

53. — Deuxième assemblée générale constitutive.

A. — *Avis de convocation.*

B. — *Rapport du commissaire chargé d'apprécier les apports en nature et avantages particuliers.*

C. — *Procès-verbal de la délibération.*

(*V. formule* 80, *relative à la société anonyme.*)

Au lieu d'administrateurs et de commissaires de surveillance, il y a lieu de nommer des membres du conseil de surveillance ; ils ne peuvent être nommés que pour une année. La loi n'exige pas, comme en matière de société anonyme, que l'assemblée soit composée d'un nombre d'actionnaires représentant la moitié au moins du capital social.

54. — Publication d'une société en commandite par actions.

I. — Suivant acte sous signature privée, en date. . . . . ., dont l'un des originaux est annexé à la minute d'un acte reçu par M^c . . . . . .,notaire à . . . . . ., le . . . . . . (Ou : Suivant acte reçu) . . . . .

M. . . . . ., demeurant à . . . . . ., a établi les statuts d'une société en commandite par actions.

De ces statuts il est extrait littéralement ce qui suit :

(*Reproduire les art.* 1, 2, 4, 5, 6, 11, 12, 15, 16, 25, 26, 28, 29, 30, 31, 32, 36, 37, 39 *et* 40 *des statuts de la formule* 46.)

Pour extrait :
Signé : . . . . .

II. — Par acte passé devant M^e. . . . . ., notaire à. . . . . ., le. . . .,
M. . . . . a déclaré que les actions représentant le capital de. . . . .
francs de la société « . . . . . » ont été souscrites par diverses personnes ;
qu'il a été versé par chacun des souscripteurs une somme égale au montant
intégral des actions par lui souscrites. A cet acte sont demeurés annexés,
conformément à la loi : un double de l'acte de société, et un état, certifié par
le gérant, contenant les noms, prénoms, qualités et domiciles des souscripteurs, le nombre d'actions souscrites et le montant des versements effectués
par chacun d'eux.

Pour extrait :
Signé : . . . . .

III. — Du procès-verbal de la délibération prise par l'assemblée générale des actionnaires de la société en commandite par actions. . . . .,
le. . . . . ., dont une copie a été déposée pour minute à M^e. . . . .,
notaire à. . . . ., suivant acte reçu par lui, le . . . . .

Il appert,

Que l'assemblée a :

1° Reconnu la sincérité de la déclaration faite par le gérant, de la souscription de toutes les actions et du versement par chaque souscripteur du
quart du montant des actions par lui souscrites, aux termes de l'acte reçu
par M^e. . . . ., notaire. . . . ., le. . . . .

2° Approuvé les statuts de la société ;

3° Nommé membres du premier conseil de surveillance, MM. . . . .
(noms, prénoms, domiciles), lesquels ont accepté ces fonctions.

III bis. — *(Variante)*. — Des procès-verbaux des délibérations prises
par l'assemblée générale des actionnaires de la société en commandite par
actions « . . . . . » les . . ., et. . . . . des. . . . ., déposées pour
minute à M^e . . . ., notaire à. . . . ., par acte du . . . . .

Il appert :

1° Que la première assemblée générale a reconnu la sincérité de la déclaration, faite par le gérant, de la souscription de toutes les actions et du versement du quart au moins du montant de ces actions, aux termes de l'acte
reçu par M^e. . . . ., notaire à. . . . ., le . . . . . ;

2° Qu'elle a désigné un commissaire pour apprécier les avantages particuliers stipulés par les statuts au profit du gérant, et faire un rapport sur ces
avantages (ou un commissaire pour vérifier l'apport) ;

3° Que la deuxième assemblée générale. . . . ., après avoir pris connaissance du rapport du commissaire, en a adopté les conclusions et approuvé les avantages particuliers stipulés par les statuts au profit de M . . . . .,
gérant ;

4° Qu'elle a approuvé les statuts de la société en commandite par actions
« . . . . . » tels qu'ils résultent de l'acte sous seing privé du . . . . .,
(ou de l'acte reçu par M^e . . . . . ., notaire à. . . . .) ;

5° Qu'elle a nommé membres du premier conseil de surveillance, pour une année, MM . . . . . ., etc., lesquels ont accepté ces fonctions.

Expéditions : 1° de l'acte de déclaration de souscription et de versement et des statuts, et état y annexé ; 2° de l'acte de dépôt et des deux délibérations y annexées, ont été déposées le . . . . . ., aux greffes de la justice de paix du canton de . . . . . ., et du tribunal de commerce de . . . . .

(Signé : . . . . . .*)*

Assemblée générale annuelle.

55. — Avis de convocation.

MM. les actionnaires de la société en commandite par actions « . . . . . » sont convoqués en assemblée générale ordinaire au siège social à . . . . . ., rue . . . . . ., le . . . . . ., à . . . . . heure.

Ordre du jour :

Rapport du conseil de surveillance sur les opérations de l'exercice 19. . .

Approbation, s'il y a lieu, des comptes et du bilan de l'exercice 19. . . . et fixation du dividende à répartir par chaque action.

Nomination des membres du conseil de surveillance pour . . . . . . ans.

Aux termes de l'art. . . . . . des statuts, ont seuls droit de prendre part à l'assemblée générale les actionnaires possédant au moins. . . . . actions. D'après l'art. . . . . ., les propriétaires d'actions au porteur doivent déposer leurs titres au siège social avant le . . . . . . à . . . . . .

56. — Pouvoir pour représenter à l'assemblée générale ordinaire ou extraordinaire.

(V. formule 91, pour la société anonyme.)

57. — Rapport du conseil de surveillance.

Messieurs,

En exécution des prescriptions de la loi et des statuts, nous avons l'honneur de vous présenter notre rapport sur les opérations de la société pendant le cours de l'exercice social qui a pris fin le . . . . . ainsi que sur les comptes et le bilan du même exercice établis par vos gérants, puis vérifiés et contrôlés par les membres du conseil de surveillance.

Le bilan résumant l'inventaire est le suivant :

. . . .

. . . .

Les comptes qui précèdent sont en concordance parfaite avec le journal, le grand-livre et les balances. La comptabilité est d'ailleurs tenue avec une méthode et une clarté qui en facilitent l'examen et la vérification.

Nous avons vérifié la caisse et le portefeuille. De ces comptes il résulte, comme vous venez de le voir, que les bénéfices nets de l'exploitation se sont élevés à la somme de. . . . . .

Il y a lieu pour vous de statuer sur l'emploi de cette somme, soit pour en décider le report à l'exercice prochain, soit pour en décider la distribution au compte de « dividendes ».

Paris, le . . . . .

58. — Procès-verbal de la délibération.

L'an. . . . ., le. . . . . ., à. . . . . heure, les actionnaires de la société en commandite par actions « . . . . . » se sont réunis en assemblée générale ordinaire au siège social, à. . . . . ., rue. . . . . ., sur la convocation faite par M. . . . . ., gérant, suivant avis inséré dans le « . . . . . », feuille du . . . . . ., ainsi que le constate un numéro enregistré et légalisé dudit journal.

Il est procédé à la composition du bureau. M. . . . . . est nommé président, M. . . . . secrétaire, et MM . . . . . sont désignés comme scrutateurs.

La feuille de présence, signée des actionnaires présents et certifiée véritable par les membres du bureau, établit que. . . . . actionnaires, possédant. . . . . actions, sont présents ou représentés. L'assemblée, composée d'actionnaires représentant plus du quart du capital social, est déclarée régulièrement constituée, conformément à l'art. . . . . des statuts.

M. le président expose que l'assemblée est réunie à l'effet de voter sur l'approbation des comptes et du bilan de l'exercice. . . . . ., l'acceptation du dividende proposé par le gérant, et la nomination du conseil de surveillance pour. . . . . ans.

M. le président présente à l'assemblée l'inventaire de l'actif et du passif de la société au. . . . . ., le bilan de la société au même jour et le compte des profits et pertes. Ces documents, ainsi que le rapport du conseil de surveillance, ont été mis à la disposition des actionnaires, au siège social, quinze jours avant la présente réunion.

M. . . . . ., gérant, donne quelques indications sur la marche des affaires sociales, et M. . . . . . ., président du conseil de surveillance, donne lecture du rapport du conseil, sur les opérations de l'exercice . . . . .

Après l'échange de diverses observations, il est procédé au vote sur les questions à l'ordre du jour, et l'assemblée adopte les résolutions suivantes :

Première résolution.

« L'assemblée générale, après avoir entendu le rapport du conseil de surveillance pour l'exercice. . . . . ., approuve les comptes et le bilan dudit exercice ; elle fixe à. . . . . . francs le dividende à répartir par chaque action. »

Cette résolution est adoptée à l'unanimité.

Deuxième résolution.

« L'assemblée générale nomme MM. . . . . . membres du conseil de surveillance pour. . . . . ans. »

Cette résolution est adoptée à l'unanimité.

MM. . . . . . déclarent accepter les fonctions qui leur sont confiées.

Le présent procès-verbal a été signé par les membres du bureau et les membres du conseil de surveillance.

59. — Appel de fonds.

(*V. formule 85, pour la société anonyme.*)

60. — Assemblée générale extraordinaire pour la modification des statuts.

(*V. formule 93, relative à la société anonyme.*)

61. — Diminution du capital social par la réduction du taux de l'action. Réduction du capital social par le rachat des actions.

(*V. formules 109 et suiv., relatives à la société anonyme.*)

62. — Assemblées générales décidant l'augmentation du capital.

A. — *Procès-verbal de la délibération.*

(*V. formules 100 et suiv., relatives à la société anonyme.— La déclaration de souscription et de versement est faite par le gérant, et la sincérité en est vérifiée par le conseil de surveillance.*)

B. — *Extrait à insérer dans un journal d'annonces légales.*

(*V. formule 106, relative à la société anonyme.*)

Prorogation de la société.

63. — Acte constatant la prorogation.

Entre les soussignés :

1º M . . . . . ., demeurant à . . . . . ., agissant en qualité de gérant de la société en commandite par actions « . . . . . » dont il sera ci-après parlé ;

2º M . . . . .

3º M . . . . .

Tous les susnommés, seuls membres composant la société en commandite par actions « . . . . . »

Il a été convenu ce qui suit :

La société en commandite par actions, constituée sous la raison sociale « . . . . . », suivant acte sous seing privé en date du . . . . . enregistré à . . . . ., le. . . . . . et dont l'expiration était fixée aux termes dudit acte au . . . . . est prorogée jusqu'au . . . . .

Les statuts établis par l'acte du . . . . . susénoncé continueront de régir la société, sauf toutefois les modifications ci-après :

. . . .

M . . . . .

La raison sociale sera comme par le passé : « . . . . . . »

Tous les pouvoirs sont donnés aux porteurs des présentes pour effectuer les dépôts et publications prescrits par la loi.

Fait à . . . . . ., en. . . . . . original, le . . . . . .

64. — Extrait à insérer dans un journal d'annonces légales.

D'un acte sous signatures privées en date du. . .   ., enregistré à . . . le. . . . . (*ou :* D'un acte reçu par M^e. . . . . ., notaire. . . . . ., le. . . . .)

Il appert :

Que la société en commandite par actions constituée sous la raison sociale « . . . . . . », suivant acte sous signatures privées en date du . . . . . ., enregistré à . . . . . ., le. . . . . ., et dont l'expiration était fixée aux termes dudit acte au. . . . . ., est prorogée jusqu'au. . . . . ., sous les conditions établies à l'acte du . . . . . susénoncé, sauf la modification ci-après :

. . . .

Deux doubles de l'acte du. . . . . ont été déposés aux greffes du tribunal de commerce de . . . . . et de la justice de paix de . . . . . conformément à la loi.

Pour extrait :

(*Signature du gérant ou notaire.*)

Dissolution anticipée de la société.

65. — Acte de dissolution.

Entre les soussignés :

1º M. . . . . ., demeurant à. . . . . ., agissant en qualité de gérant de la société en commandite par actions « . . . . . » dont il sera ci-après parlé ;

2º M. . . . .

3º M. . . . . .

Tous les susnommés seuls membres composant la société en commandite par actions « . . . . . . »,

Il a été convenu ce qui suit :

La société en commandite par actions constituée sous la raison sociale « . . . . », suivant acte sous seing privé en date du. . . . . ., enregistré à. . . . . ., le. . . . . et dont l'expiration était fixée, aux termes dudit acte, au. . . . . ., sera dissoute à partir du . . . . .

M. . . . . est nommé liquidateur et procédera aux opérations de la liquidation dans les termes des art. . . . . . des statuts.

Tous pouvoirs sont donnés au porteur des présentes pour effectuer les dépôts et publications prescrits par la loi.

Fait à . . . . . ., en. . . . . original, le. . . . . .

66. — Extrait à insérer dans un journal d'annonce légales.

D'un acte sous signatures privées en date du. . . . . ., enregistré à. . . le. . . . . . (*ou*: D'un acte reçu par M⁰. . . . . ., notaire. . . . . ., le. . . . .),

Il appert :

Que la société en commandite par actions constituée sous la raison sociale « . . . . . . », suivant acte sous signatures privées en date du . . . . . ., enregistré à . . . . . ., le . . . . , et dont l'expiration était fixée au . . ., est dissoute à partir du. . . . .

M. . . . . . a été nommé liquidateur et procédera aux opérations de la liquidation dans les termes des art . . . . . . des statuts.

Deux doubles de l'acte du. . . . . ont été déposés aux greffes du tribunal de commerce de . . . . . et de la justice de paix de . . . . . . conformément à la loi.

Pour extrait :

(Signature du gérant ou du notaire.)

67. — Transformation d'une société en commandite par actions en société anonyme.

L'an. . . . .

Première résolution.

« L'assemblée générale,

« Vu l'art. . . . . des statuts,

« Décide la transformation de la société en commandite . . . . . . en société anonyme dite. . . . . ., soumise aux lois des 24 juillet 1867 et 1ᵉʳ août 1893. »

. . . .

IV

SOCIÉTÉS ANONYMES SANS APPORTS

68. — Statuts.

Titre Iᵉʳ. — *Formation de la société. — Dénomination. — Objet. Siège. — Durée.*

Art. 1ᵉʳ. — Il est formé une société anonyme qui sera régie par les lois en vigueur sur les sociétés et par les présents statuts, sous la dénomination de : « . . . . . . »

Art. 2. — La société a pour objet : . . . . .

Art. 3. — Le siège de la société est à. . . . .

Il est établi. . . . . ; il pourra être transféré en tout autre endroit dans. . . . . ., par décision du conseil d'administration.

Art. 4. — La durée de la société est fixée à. . . . . années, qui commenceront à courir du jour de sa constitution, sauf dissolution anticipée ou prorogation, comme on le dira ci-après.

Titre II. — *Fonds social.* — *Actions.*

Art. 5. — Le fonds social est de . . . . . millions de francs et divisé en . . . . . actions de. . . . . francs chacune, entièrement libérées.

Art. 6. — Le fonds social pourra être augmenté, une ou plusieurs fois, par décision de l'assemblée générale, sur la proposition du conseil d'administration.

En cas d'augmentation par l'émission d'actions payables en numéraire, les porteurs des parts bénéficiaires, dont il sera parlé sous l'art. 41, auront un droit de préférence, dans la proportion de. . . . . . p. 100, à la souscription des actions nouvelles.

Art. 7. — Le montant des actions à souscrire est payable à. . . . . ., savoir :

Un quart lors de la souscription ;

Et le surplus en vertu de délibérations du conseil d'administration qui fixeront l'importance de la somme appelée, ainsi que les époques où les versements devront être effectués.

Les appels de versement auront lieu au moyen d'avis insérés dans deux journaux d'annonces légales de. . . . . ., au moins quinze jours à l'avance.

Art. 8. — Le premier versement sera constaté par un récépissé nominatif qui sera, après la constitution définitive de la société, échangé contre un titre d'actions également nominatif.

Tous versements ultérieurs seront mentionnés sur ce titre.

Art. 9. — Tout versement en retard porte intérêt de plein droit en faveur de la société à raison de 6 p. 100 l'an, à compter du jour de l'exigibilité et sans aucune mise en demeure.

Art. 10. — A défaut de payement des versements exigibles, la société poursuit les débiteurs et peut faire vendre les actions en retard.

A cet effet, les numéros en sont publiés dans les journaux désignés sous l'art. 7, et quinze jours après la publication, il est procédé à la vente des actions aux risques et périls des retardataires, soit à la Bourse par le ministère d'un agent de change, soit aux enchères publiques par le ministère d'un notaire, sans mise en demeure et sans autre formalité.

Les titres vendus deviennent nuls, et il en est délivré de nouveaux aux acquéreurs, sous les mêmes numéros.

Le prix de la vente est imputé dans les termes de droit sur ce qui reste dû à la société par l'actionnaire exproprié, lequel reste passible de la différence, ou profite de l'excédent.

Tout titre qui ne porte pas mention régulière des versements exigibles cesse d'être négociable.

Art. 11. — Les titres définitifs sont extraits de registres à souches, numérotés, frappés du timbre sec de la société et revêtus de la signature de **deux administrateurs.**

(Variante : ou d'un fondé de pouvoirs désigné spécialement par le conseil.)

Ils peuvent être déposés dans la caisse sociale en échange d'un récépissé nominatif. Le conseil d'administration indique la forme des récépissés et fixe le droit de dépôt.

Art. 12. — La cession des actions au porteur s'opère par la simple tradition du titre.

Celle des titres nominatifs a lieu par une déclaration de transfert par le cédant et le cessionnaire ou leurs mandataires.

Tous les frais résultant du transfert sont à la charge de l'acquéreur.

La société peut exiger que la signature des parties soit certifiée par un officier public, et à défaut, elle n'est pas responsable de la validité du transfert.

Les titres sur lesquels les versements échus ont été effectués sont seuls admis au transfert.

Art. 13. — Les actions sont indivisibles, et la société ne reconnaît qu'un seul propriétaire pour chaque action. Tous les copropriétaires indivis d'une action, ou tous les ayants droit à n'importe quel titre, même usufruitiers et nus propriétaires, sont tenus de se faire représenter auprès de la société par une seule et même personne, au nom de laquelle l'action doit être inscrite si le titre est nominatif.

Les représentants ou créanciers d'un actionnaire ne peuvent, sous aucun prétexte, provoquer l'apposition des scellés sur les biens et valeurs de la société, ni en demander le partage ou la licitation ; ils sont tenus de s'en rapporter aux inventaires sociaux et aux délibérations de l'assemblée générale.

Art. 14. — Les dividendes de toute action nominative ou au porteur sont valablement payés au porteur du titre ou du coupon.

Tout dividende qui n'est pas réclamé dans les cinq ans de son exigibilité est prescrit au profit de la société.

Art. 15. — Les droits et obligations attachés à l'action suivent le titre, dans quelques mains qu'il passe.

La propriété d'une action emporte de plein droit adhésion aux statuts de la société et aux décisions de l'assemblée générale.

Titre III. — *Administration de la société.*

Art. 16. — La société est administrée par un conseil composé de. . . . membres au moins et de. . . . . membres au plus, pris parmi les associés, et nommés et révocables par l'assemblée générale des actionnaires.

Dans le cas où le nombre des membres du conseil est au-dessous de. . . ., le conseil d'administration, à la majorité, peut se compléter jusqu'au nombre de. . . . . susindiqué, sauf confirmation pour les membres ainsi nommés par la plus prochaine assemblée générale.

Art. 17. — Les administrateurs doivent être propriétaires pendant toute la durée de leur mandat chacun de . . . . . actions.

Ces actions sont affectées à la garantie de tous les actes de leur gestion.

Les titres sont nominatifs, inaliénables, frappés d'un timbre indiquant l'inaliénabilité et déposés dans la caisse sociale.

ART. 18. — Les administrateurs sont nommés pour. . . . . ans, sauf l'effet de renouvellement.

Le premier conseil sera nommé par l'assemblée générale constitutive de la société.

Le conseil se renouvelle par. . . . . chaque année, en alternant pour le nombre annuel de sortie suivant le nombre total.

Les membres sortants sont désignés par le sort pour les. . . . . premières années, et ensuite par ordre d'ancienneté.

Les membres sortants peuvent toujours être réélus.

En cas de vacance par décès, démission ou autre cause, le conseil pourvoit provisoirement au remplacement jusqu'à la prochaine assemblée générale, qui procède à l'élection définitive.

Toutefois, le conseil ne sera tenu de pourvoir au remplacement que dans le cas où le nombre des administrateurs serait descendu au-dessous de. . . . .

L'administrateur nommé en remplacement d'un autre, dont le mandat n'était pas expiré, ne demeure en fonctions que pendant le temps restant à courir de l'exercice de son prédécesseur.

ART. 19. — Chaque année, après l'assemblée générale ordinaire, le conseil nomme parmi ses membres un président, et, s'il le juge utile, un vice-président.

En cas d'absence du président et du vice-président, le conseil désigne celui de ses membres qui doit remplir les fonctions de président.

ART. 20. — Le conseil d'administration se réunit au siège social aussi souvent que l'intérêt de la société l'exige et au moins une fois par mois.

Pour la validité des délibérations, la présence de la moitié au moins des membres du conseil en exercice est nécessaire.

Les délibérations sont prises à la majorité des voix des membres présents; en cas de partage, la voix du président est prépondérante. Toutefois si trois membres seulement sont présents à une réunion, ils ne peuvent prendre de décision que d'un accord unanime.

Nul ne peut voter par procuration dans le sein du conseil.

ART. 21. — Les délibérations du conseil d'administration sont constatées par des procès-verbaux qui sont portés sur un registre spécial, tenu au siège de la société, et signés par. . . . . au moins des administrateurs qui y ont pris part.

Les copies et extraits à produire en justice et ailleurs sont certifiés par le président du conseil, ou par deux administrateurs.

ART. 22. — Le conseil a les pouvoirs les plus étendus, sans limitation et sans réserve, pour agir au nom de la société et faire toutes opérations relatives à son objet.

Il touche toutes sommes dues à la société, effectue tous retraits de cautionnement, en espèces ou autrement, et en donne quittance et décharge.

Il autorise toutes mainlevées de saisie mobilière ou immobilière, d'opposition ou d'inscription hypothécaire, ainsi que tous désistements de privilège et autres droits, le tout avec ou sans payement.

Il consent toutes antériorités.

Il autorise toute instance judiciaire, soit en demandant, soit en défendant.

Il traite, transige et compromet sur tous les intérêts de la société.

Il fixe les dépenses générales d'administration et d'exploitation ; il fixe en outre l'importance des sommes à mettre chaque année à un compte spécial pour la réfection du matériel d'exploitation.

Il autorise tous achats d'immeubles ainsi que toutes ventes, échanges ou baux d'immeubles appartenant à la société.

Il passe et consent tous traités, marchés et entreprises à forfait ou autrement, demande et accepte toutes concessions ; contracte à l'occasion de toutes ces opérations tous engagements et obligations ; il accepte tous transferts de concessions ou marchés.

Il statue sur les études, projets, plans et devis proposés pour l'exécution des travaux.

Il consent et accepte tous baux, avec ou sans promesse de vente.

Il cède et achète tous biens et droits mobiliers ou immobiliers.

Il peut déléguer et transporter tous loyers et redevances échus et à échoir.

Il emprunte toutes sommes nécessaires aux besoins et affaires de la société, fait ces emprunts de la manière, aux taux, charges et conditions qu'il juge convenables, soit ferme, soit par voie d'ouverture de crédit, soit autrement.

Il est spécialement autorisé à emprunter par voie d'émission d'obligations jusqu'à concurrence d'une somme effective de. . . . . francs : il déterminera le type et le taux d'émission de ces obligations. Tous autres emprunts par voie d'émission d'obligations sont réservés à l'assemblée générale des actionnaires ainsi qu'il est dit à l'art. 36 ci-après.

Il peut réaliser toutes annuités, soit par voie de négociation ou d'emprunt, d'émission d'obligations ou de toute autre manière.

Il peut hypothéquer tous immeubles de la société, consentir toutes antichrèses et délégations, donner tous gages, nantissements et autres garanties mobilières ou immobilières, de quelque nature qu'elles soient.

Il signe et accepte tous billets, traites, lettres de change, endos et effets de commerce.

Il cautionne et avalise.

Il détermine le placement des fonds disponibles et règle l'emploi des réserves de toute nature.

Il autorise tous retraits, transferts, transports et aliénations de fonds, rentes, créances, biens et valeurs quelconques appartenant à la société, et ce avec ou sans garantie.

Il nomme et révoque tous employés ou agents, détermine leurs attributions, leurs traitements, salaires et gratifications, soit d'une manière fixe, soit autrement.

Il arrête les comptes qui doivent être soumis à l'assemblée générale, fait un rapport sur ces comptes et sur la situation des affaires sociales.

Il propose la fixation des dividendes à répartir.

Il élit domicile partout où besoin sera.

Il remplit toutes formalités et passe tous consentements pour soumettre la société aux lois des États sur les territoires desquels la société exploitera les. . . . .

Enfin, il statue sur tous les intérêts qui rentrent dans l'administration de la société.

Les pouvoirs qui viennent d'être conférés au conseil d'administration sont énonciatifs et non limitatifs de ses droits ; ces pouvoirs devant être aussi étendus que ceux du gérant le plus autorisé d'une société commerciale en nom collectif.

Le conseil d'administration représente la société en justice, tant en demandant qu'en défendant : en conséquence, c'est à sa requête ou contre lui que doivent être intentées toutes actions judiciaires.

Art. 23. — Le conseil peut déléguer tout ou partie de ses pouvoirs, pour l'expédition des affaires courantes, à un ou plusieurs des administrateurs, ou à un ou plusieurs directeurs pris en dehors de son sein.

Le conseil détermine et règle les attributions du ou des administrateurs délégués ou directeurs, et fixe, s'il y a lieu, le chiffre des actions nominatives que ces derniers devront posséder, et dont les titres resteront déposés dans la caisse sociale.

Il détermine le traitement, fixe ou proportionnel, à allouer aux administrateurs délégués ou au directeur.

Le conseil peut aussi conférer des pouvoirs à telle personne que bon lui semble, par mandat spécial et pour un objet déterminé.

Tous les actes de cession, vente, transferts, marchés, traités et autres, portant engagement de la part de la société, devront être signés par deux administrateurs ou par un administrateur et un directeur, à moins d'une délégation donnée à un seul ou à un mandataire spécial.

Art. 24. — Les administrateurs reçoivent des jetons de présence dont l'importance est fixée par l'assemblée générale.

Les administrateurs ont droit, en outre, à la part de bénéfices sociaux qui est fixée ci-après sous l'art. 41.

Le conseil répartit entre ses membres, de la façon qu'il juge convenable, les avantages fixes ou proportionnels ci-dessus indiqués.

Le conseil d'administration peut déléguer à un ou plusieurs membres les pouvoirs nécessaires pour gérer les affaires de la société. Il peut conférer à une ou plusieurs personnes, même étrangères au conseil d'administration et à la société, les pouvoirs qu'il juge convenables. Dans ces deux cas, le conseil d'administration fixe la forme et la quotité de la rémunération de ses délégués, dont le montant est passé au compte des frais généraux.

Le conseil peut aussi conférer à un ou plusieurs directeurs, membres du conseil d'administration ou non, les pouvoirs qu'il juge convenables, pour la direction technique des affaires de la société.

Il peut passer avec ce ou ces directeurs tous traités déterminant la durée, l'étendue de ses ou de leurs attributions et les rétributions fixes ou proportionnelles, les conditions de retraite ou de sa ou leur révocation. Il peut autoriser ce ou ces directeurs à déléguer tout ou partie de ses ou de leurs pouvoirs.

Art. 25. — Le conseil d'administration peut instituer un comité de direction composé de cinq administrateurs au plus, parmi lesquels le ou les administrateurs délégués, et de trois personnes au plus, même étrangères au conseil d'administration et à la société.

Le conseil fixe l'étendue et la durée des pouvoirs de ce comité ainsi que la forme et la quotité de sa rémunération, dont le montant est passé au compte des frais généraux.

Les administrateurs ni les membres du comité de direction ne contractent, à raison de leur gestion, aucune obligation personnelle ou solidaire relativement aux engagements de la société ; ils ne répondent respectivement que de l'exercice de leur mandat.

Les administrateurs de la société ne peuvent faire avec elle aucun marché ou entreprise, sans y avoir été autorisés par l'assemblée générale des actionnaires, conformément à l'art. 40 de la loi du 24 juillet 1867. Il est, chaque année, rendu compte à l'assemblée générale de l'exécution des marchés ou entreprises qu'elle aura ainsi autorisés.

Titre IV. — *Commissaires.*

Art. 26. — Il est nommé, chaque année, en assemblée générale, un ou plusieurs commissaires, associés ou non, chargés de remplir la mission de surveillance prescrite par la loi.

Si l'assemblée générale nomme plusieurs commissaires, un seul d'entre eux pourra opérer en cas d'empêchement ou de décès des autres.

A la fin de leur exercice annuel, le ou les commissaires font un rapport à l'assemblée générale sur la situation de la société, sur le bilan et sur les comptes présentés par le conseil d'administration.

Ils doivent remettre ce rapport au conseil d'administration de manière que celui-ci puisse, quinze jours avant la réunion de l'assemblée générale, fournir à chacun des actionnaires qui en feront la demande, une copie de ce rapport et du bilan résumant l'inventaire.

Le ou les commissaires reçoivent une rémunération dont l'importance est fixée par l'assemblée générale.

TITRE V. — *Assemblées générales* (1).

ART. 27. — L'assemblée générale régulièrement constituée représente l'universalité des actionnaires.

Les délibérations prises conformément aux statuts obligent tous les actionnaires, même absents, incapables ou dissidents.

ART. 28. — Avant le 30 juin qui suit la clôture de chaque exercice, il est tenu une assemblée générale.

La réunion a lieu au siège social, ou dans tout autre local qui est déterminé par le conseil d'administration.

L'assemblée peut, en outre, être convoquée extraordinairement, soit par le conseil d'administration, soit en cas d'urgence par le ou les commissaires, dans les cas prévus par la loi.

ART. 29. — L'assemblée générale se compose de tous les actionnaires possédant. . . . . actions ou un nombre supérieur.

Tous propriétaires d'un nombre d'actions inférieur à. . . . . . peuvent se réunir pour former le nombre nécessaire et se faire représenter aux assemblées générales par l'un d'eux.

L'assemblée générale ordinaire est régulièrement constituée lorsque les membres présents ou représentés représentent au moins le. . . . . . du fonds social.

Si les propriétaires de. . . . . actions au moins, seuls appelés, ne représentent pas le. . . . . du fonds social, il est convoqué une deuxième assemblée et elle délibère valablement quelle que soit la portion du capital représentée, mais seulement sur les objets à l'ordre du jour de la première réunion.

Cette deuxième assemblée doit avoir lieu à quinze jours d'intervalle

---

(1) *Convocation aux assemblées générales.* — Les statuts peuvent prévoir la convocation par lettres individuelles adressées aux actionnaires dont les titres sont nominatifs.

Il faudrait prescrire que chaque actionnaire sera convoqué, quel que soit le nombre de titres dont il est titulaire, pour lui permettre d'exercer le droit de réunion des actions accordé par la loi de 1893.

Convocation d'assemblées générales par les actionnaires. — Les statuts peuvent autoriser la convocation d'une assemblée générale par un certain nombre d'actionnaires représentant une fraction déterminée du capital social.

Nombre de voix dans les assemblées générales. — Les majorités fixées par la loi peuvent être modifiées par les statuts, qui, pour certaines décisions particulièrement importantes, peuvent imposer des majorités spéciales.

Assemblée générale. — *Jetons de présence.* — Il peut être stipulé dans les statuts que les actionnaires qui assisteront aux assemblées générales toucheront des jetons de présence.

Participation aux assemblées générales. — Il est permis de stipuler que pour assister aux assemblées générales l'actionnaire devra être propriétaire de ses actions depuis un délai fixé.

Il peut être également stipulé que ces actions seront déposées dans une banque spécialement déterminée dans l'avis de convocation.

au moins de la première assemblée, mais les convocations peuvent n'être faites que dix jours à l'avance, et le conseil d'administration détermine, pour le cas de cette deuxième convocation, le délai pendant lequel les actions au porteur pourront être déposées pour donner droit à faire partie de l'assemblée.

Le présent article n'est pas applicable aux assemblées extraordinaires qui auront à délibérer sur la constitution de la société, ou sur la dissolution anticipée de la société, dans le cas prévu sous l'art. 44 ci-après.

Nul ne peut se faire représenter aux assemblées générales que par un mandataire, membre lui-même des assemblées. (*Variante* : ou par une personne étrangère.) La forme des pouvoirs est déterminée par le conseil d'administration.

Art. 30. — Les convocations, sauf ce qui est dit à l'art. 29, pour le cas de deuxième assemblée, sont faites par avis insérés, vingt jours au moins avant la réunion, dans deux journaux d'annonces légales de. . . . .

Pour les assemblées extraordinaires, les avis doivent indiquer l'objet de la réunion.

Art. 31. — Les propriétaires d'actions au porteur et les titulaires d'actions nominatives qui usent de la faculté de réunion prévue au deuxième paragraphe de l'art. 29 doivent, pour avoir le droit d'assister à l'assemblée générale, déposer leurs titres dans les caisses désignées par le conseil d'administration dix jours au moins avant l'époque fixée pour la réunion (sauf pour le cas prévu à l'art. 29 ci-dessus, de deuxième assemblée).

Il est remis à chaque déposant une carte d'admission pour l'assemblée générale : cette carte est nominative et personnelle.

Les certificats de dépôt, mentionnés à l'art. 11, donnent droit, par le dépôt de. . . . . actions au moins, à la remise de cartes d'admission à l'assemblée générale, pourvu que le dépôt des titres ait lieu plus de dix jours avant l'époque fixée pour l'assemblée générale, sauf réduction de délai par le conseil d'administration, ainsi qu'il est dit à l'art. 29.

Les propriétaires d'actions nominatives doivent, pour avoir droit d'assister à l'assemblée générale, être inscrits sur les registres de la société dix jours au moins avant celui fixé pour la réunion. (*N'est pas obligatoire.*)

Art. 32. — Quinze jours au moins avant la réunion de l'assemblée générale, tout actionnaire peut prendre au siège social communication de l'inventaire et de la liste des actionnaires membres de l'assemblée, et se faire délivrer copie du bilan résumant l'inventaire, ainsi que du rapport du ou des commissaires.

Art. 33. — L'ordre du jour est arrêté par le conseil d'administration.

Il n'y est porté que des propositions émanant du conseil, ou qui ont été communiquées au conseil, un mois au moins avant la réunion, avec la signature de membres de l'assemblée représentant au moins un. . . . . du capital social.

Il ne peut être mis en délibération que les objets portés à l'ordre du jour.

Art. 34. — L'assemblée générale est présidée par le président du conseil d'administration, et en son absence, par un administrateur délégué par le conseil.

Les deux plus forts actionnaires présents et acceptants sont appelés à remplir les fonctions de scrutateurs.

Le bureau désigne le secrétaire.

Art. 35. — Les délibérations sont prises à la majorité des voix des membres présents.

Chacun d'eux a autant de voix qu'il possède de fois. . . . . . actions, soit comme propriétaire, soit comme mandataire.

Le scrutin secret a lieu lorsqu'il est réclamé par. . . . membres au moins, représentant le. . . . au moins du capital.

Art. 36. — L'assemblée générale annuelle entend le rapport du ou des commissaires sur la situation de la société, sur le bilan et sur les comptes présentés par les administrateurs.

Elle discute et, s'il y a lieu, approuve les comptes. La délibération approbative des comptes est nulle, si elle n'a pas été précédée du rapport du ou des commissaires.

Elle fixe les dividendes à répartir sur la proposition du conseil d'administration.

Elle nomme les administrateurs et le ou les commissaires.

Elle statue sur les emprunts par émission d'obligations, sauf en ce qui concerne l'emprunt que le conseil d'administration est spécialement autorisé à contracter par les présents statuts, ainsi qu'il est dit à l'art. 22 ci-dessus.

Elle délibère et statue souverainement sur tous les intérêts de la société.

L'assemblée générale annuelle peut être ordinaire et extraordinaire, si elle réunit les conditions nécessaires.

Art. 37. — Les délibérations de l'assemblée générale sont constatées par des procès-verbaux inscrits sur un registre spécial et signés des membres du bureau.

Une feuille de présence, contenant les noms et domiciles des actionnaires et le nombre d'actions dont chacun est propriétaire, est certifiée par le bureau et annexée au procès-verbal pour être communiquée à tout requérant.

Art. 38. — Les copies ou extraits à produire en justice ou ailleurs des délibérations de l'assemblée générale sont signés par le président du conseil d'administration ou par deux administrateurs.

Après la dissolution de la société et pendant la liquidation, ces copies ou extraits sont certifiés par les liquidateurs ou l'un d'eux.

Titre VI. — *Etats de situation. — Inventaire. — Bénéfice. — Fonds de réserve.*

Art. 39. — L'année sociale commence le 1er janvier et finit le 31 décembre.

Art. 40. — Le conseil d'administration dresse chaque semestre un état sommaire de la situation active et passive de la société.

Cet état est mis à la disposition des commissaires.

Il est en outre établi, à la fin de chaque année sociale, un inventaire contenant l'indication des valeurs mobilières et immobilières de la société, et en général, de tout l'actif et le passif de la société.

Cet inventaire est mis à la disposition des commissaires. . . . .jours au moins avant l'assemblée générale ; il est présenté à l'assemblée générale, et tout actionnaire peut en prendre communication à l'avance au siège social, ainsi que de la liste des actionnaires.

Titre VII. — *Modification des statuts. — Dissolution. — Liquidation. Assemblées générales extraordinaires.*

Art. 41. — L'assemblée générale peut, sur l'initiative du conseil d'administration, apporter aux présents statuts les modifications dont l'utilité sera reconnue.

Elle peut décider notamment :

L'augmentation ou la réduction du capital social ;

La prolongation de la durée, ou la dissolution anticipée de la société, ou la fusion avec une autre société ;

Le transport ou la vente à tous les tiers qu'il appartiendra, ainsi que l'apport à toute société de partie ou de l'ensemble des biens, droits et obligations, tant actifs que passifs de la société.

Les modifications peuvent même porter sur l'objet social.

Il lui est seulement interdit de changer la nationalité de la société ou d'augmenter les engagements des actionnaires.

Dans ces divers cas, l'assemblée générale n'est régulièrement constituée et ne délibère valablement qu'autant qu'elle est composée d'un nombre d'actionnaires représentant les trois quarts au moins du capital social.

Tout actionnaire, quel que soit le nombre des actions dont il est porteur, peut prendre part aux délibérations avec un nombre de voix égal aux actions qu'il possède sans limitation.

Les assemblées qui ont à délibérer sur des modifications touchant à l'objet ou à la forme de la société doivent toujours réunir le quorum des trois quarts ci-dessus déterminés.

En ce qui concerne toutes les autres modifications statutaires, si une première assemblée ne remplit pas cette condition, une nouvelle assemblée pourra être convoquée dans les formes statutaires et par deux insertions à quinze jours d'intervalle dans le *Bulletin des annonces légales obligatoires à la charge des sociétés financières* et dans un journal d'annonces légales du siège social.

Cette convocation reproduit l'ordre du jour en indiquant la date et le résultat de la précédente assemblée.

La seconde assemblée délibère valablement si elle se compose d'un nombre d'actionnaires représentant au moins la moitié du capital social.

Si cette seconde assemblée ne réunit pas la moitié du capital, il peut être convoqué, dans les formes ci-dessus, une troisième assemblée qui délibérera valablement si elle se compose d'un nombre d'actionnaires représentant le tiers du capital social.

Dans toutes les assemblées faisant l'objet du présent article les résolutions pour être valables devront réunir les deux tiers des voix des actionnaires présents ou représentés.

Les règles qui précèdent sont applicables aux assemblées de catégories spéciales d'actionnaires visées par l'article 34 du Code de commerce.

Art. 42. — En cas de perte des. . . . . du fonds social, les administrateurs doivent convoquer l'assemblée générale de tous les actionnaires à l'effet de statuer sur la question de savoir s'il y a lieu de prononcer la dissolution de la société.

L'assemblée est régulièrement constituée et vote comme il est dit à l'article précédent.

A défaut de convocation par le conseil d'administration, le ou les commissaires peuvent réunir l'assemblée générale.

Dans le même cas, tout actionnaire, sans attendre la convocation, peut demander en justice la dissolution.

La résolution de l'assemblée est, dans tous les cas, rendue publique.

Art. 43. — A l'expiration de la société, ou en cas de dissolution anticipée, l'assemblée générale, sur la proposition du conseil d'administration, règle le mode de liquidation, et nomme, s'il y a lieu, les liquidateurs, dont un au moins sera choisi parmi les membres du conseil d'administration en exercice au moment de la dissolution de la société.

Pendant la liquidation, les pouvoirs de l'assemblée continuent comme pendant l'existence de la société ; elle approuve les comptes de la liquidation et donne décharge aux liquidateurs.

Les liquidateurs ont mission et pouvoir de réaliser, même à l'amiable, tout l'actif mobilier et immobilier de la société et d'éteindre le passif ; et en outre, avec l'autorisation de l'assemblée générale, et aux conditions fixées ou acceptées par elle, ils peuvent faire le transport ou la cession à tous particuliers ou à toute autre société, soit par voie d'apport, soit autrement, de tout ou partie des droits, actions et obligations de la société dissoute.

Titre VIII. — *Contestations.*

Art. 44. — Toutes les contestations qui peuvent s'élever entre les associés sur l'exécution des présents statuts sont soumises à la juridiction des tribunaux compétents du département de la. . . . .

Les contestations touchant l'intérêt général et collectif de la société ne peuvent être dirigées contre le conseil d'administration ou l'un de ses membres, qu'au nom de la masse des actionnaires et en vertu d'une délibération de l'assemblée générale.

Tout actionnaire qui veut provoquer une contestation de cette nature doit en faire, un mois avant la prochaine assemblée générale, l'objet d'une communication au président du conseil d'administration, qui est tenu de mettre la proposition à l'ordre du jour de cette assemblée.

Si la proposition est repoussée par l'assemblée, aucun actionnaire ne peut la reproduire en justice dans un intérêt particulier ; si elle est accueillie, l'assemblée générale désigne un ou plusieurs commissaires pour suivre la contestation.

Les significations auxquelles donne lieu la procédure sont adressées uniquement aux commissaires.

Aucune signification individuelle ne peut être faite aux actionnaires.

En cas de procès, l'avis de l'assemblée devra être soumis aux tribunaux en même temps que la demande elle-même.

En cas de contestations, tout actionnaire sera tenu de faire élection de domicile à. . . . ., et toutes notifications et assignations seront valablement faites au domicile par lui élu, sans avoir égard au domicile réel.

A défaut d'élection de domicile, les notifications judiciaires et extrajudiciaires seront valablement faites au parquet du tribunal civil de. . . . . .

Le domicile élu formellement ou implicitement entraînera attribution de juridiction aux tribunaux compétents du département de. . . . ., tant en demandant qu'en défendant.

V

SOCIÉTÉS ANONYMES AVEC APPORTS SANS PARTS DE FONDATEUR

69. — Statuts.

Titre 1er. — *Dénomination. — Objet. — Siège. — Durée.*

Art. 1er. — Il est formé, entre les propriétaires des actions ci-après créées, une société anonyme sous la dénomination de : « . . . . . . » Cette société sera régie par les lois des 24 juillet 1867 et 1er août 1893.

Art. 2. — La société a pour objet l'exploitation. . . . .

La société pourra également s'intéresser, directement ou indirectement, dans toutes opérations commerciales ou industrielles pouvant se rattacher à l'objet ci-dessus, soit par voie de création de société nouvelle, d'apports, de fusion ou autrement.

ART. 3. — Le siège social est fixé à . . . . . Il ne pourra être transféré dans une autre ville que par décision de l'assemblée générale des actionnaires, mais il pourra être transféré dans tout autre endroit de la ville par décision du conseil d'administration.

ART. 4. — La durée de la société est fixée à . . . . . années, à compter du jour de sa constitution définitive, sauf dans les cas de dissolution anticipée ou de prorogation prévus par les présents statuts.

TITRE II. — *Apports.* — *Fonds social.* — *Actions.*

ART. 5. — MM. . . . . ., agissant au nom et comme liquidateurs de la société. . . . . ., fonction qui leur a été attribuée par l'acte de dissolution en date du. . . . . (ou bien : MM. . . . . apportent à la société et promettent de lui céder. . . . . .).

La société jouira et disposera des biens et droits ci-dessus énoncés, comme de choses lui appartenant en pleine propriété, à partir du jour de sa constitution définitive.

Elle prendra lesdits biens et droits, avec le tout s'y référant, lors de l'entrée en jouissance, sans recours. ni répétition contre MM. . . . . ., pour raison de mauvais état, vétusté, vice rédhibitoire ou toute autre cause.

Elle devra exécuter également, à partir du jour de sa constitution définitive, tous les traités, marchés, conventions et engagements faits par la société, et sera subrogée dans tous les droits et obligations pouvant en résulter.

Cet apport sera rémunéré de la façon suivante (*V ce qui concerne le Régime fiscal*) :

1.º Pour le fonds de commerce, la clientèle, l'achalandage, etc., par une somme de . . . . . . en argent, qui sera payée à MM. . . . . . dans les dix jours de la constitution définitive de la société ;

2.º Pour le matériel de toute nature, par une somme de . . . . . en argent, qui sera payée à MM . . . . . . dans le délai précité ;

3.º Pour les marchandises, par une somme de . . . . . francs en argent, qui sera payée à MM. . . . . . également dans le délai ci-dessus ; étant expliqué que pour les marchandises, il sera dressé un état détaillé, article par article, avec estimation, d'après les bases suivies par les inventaires de. . . . . ., lequel état sera annexé aux présents statuts et que dans le cas où cet état détaillé donnerait un résultat inférieur à la somme de. . . . . ., MM. . . . . . devraient en tenir compte, en réduisant le montant de leur créance ; de même que s'il résulte dudit état qu'il existe des marchandises pour une somme supérieure à. . . francs, la société devra tenir compte de la différence à MM. . . . . . ;

4.º Pour les immeubles, il est attribué à MM. . . . . ., en représentation de leurs apports en immeubles, ... actions de. . . . . francs, entièrement libérées, à prendre sur le capital social qui sera ci-après déterminé et qui seront réparties comme il suit :

A M. . . . . ., . . . actions, ci. . . . .

A M. . . . . ., même nombre, ci. . . . .

Et à M. . . . . .,. . . actions, ci. . . . .

        Total égal. . . . .

Conformément à la loi, les titres de ces actions ne pourront être détachés de la souche et ne seront négociables que deux ans après la constitution définitive de la société. Pendant ce temps, ils devront, à la diligence des administrateurs, être frappés d'un timbre indiquant leur nature et la date de cette constitution.

Art. 6. — Le fonds social est fixé à . . . . . francs divisés en . . . . . actions de . . . . . francs chacune. Sur ces. . . . . actions, ... entièrement libérées ont été attribuées, ainsi qu'il est dit ci-dessus, à MM. . . . .,en représentation de leur apport en immeubles. Les. . . . . actions de surplus seront souscrites et payables en numéraire.

Il pourra même être créé, en représentation totale ou partielle des augmentations futures du capital, des actions de priorité ou privilégiées donnant droit par préférence aux actions ordinaires à un premier dividende de. . . . p. 100 sur les bénéfices annuels et au remboursement de leur capital. Cette création d'actions privilégiées ne pourra résulter que d'une délibération de l'assemblée générale des actionnaires qui réunira au moins les trois quarts du capital social.

Les propriétaires des actions antérieurement émises auront, dans la proportion des titres par eux possédés, un droit de préférence à la souscription des actions nouvelles, qui seront émises contre espèces. L'assemblée générale, sur la proposition du conseil d'administration, fixera les conditions des émissions nouvelles, ainsi que le délai et la forme dans lesquels le bénéfice des dispositions qui précèdent pourra être réclamé.

Art. 7. — Le capital social pourra être augmenté en une ou plusieurs fois par la création d'actions nouvelles en représentation d'apports en nature, ou contre espèces, en vertu d'une décision de l'assemblée générale des actionnaires, prise dans les termes de l'art. 39 ci-après.

L'assemblée générale peut aussi, en vertu d'une délibération prise comme il vient d'être dit, décider la réduction du capital social, au moyen d'un rachat d'actions, d'un échange de nouveaux titres contre un nombre équivalant ou moindre, ayant ou non le même capital, ou de toute autre manière.

Art. 8. — Le montant des. . . . . actions à souscrire en numéraire est payable, savoir : un quart, ou cent vingt-cinq francs, lors de la souscription ; le surplus, dans les dix jours de la constitution de la société. Les actionnaires qui adhéreront aux présents statuts sont obligés à la libération de leurs actions, par le fait seul de la souscription, et il ne sera adressé aucune réclamation pour la libération des actions.

Art. 9. — Le premier versement est constaté par un récépissé nominatif. Sur le même récépissé sera indiquée, par mention spéciale, la libération totale du titre, et dans le mois qui suivra cette libération, il sera remis à chaque actionnaire un titre définitif, nominatif ou au porteur, au choix de l'actionnaire.

Art. 10. — Les titres d'actions sont extraits d'un livre à souche, revêtus d'un numéro d'ordre, du timbre de la société et de la signature de deux administrateurs.

Art. 11. — A défaut de versement sur les actions à l'époque déterminée à l'art. 8 qui précède, l'intérêt sera dû par chaque jour de retard, à raison de . . p. 100 l'an, sans qu'il soit besoin d'une demande en justice ni d'une mise en demeure.

Art. 12. — La société pourra faire vendre les titres dont les versements seraient en retard. A cet effet, les numéros des titres seront publiés dans un journal d'annonces légales à. . . . . . Cinq jours après cette publication, la société, sans mise en demeure et sans autre formalité ultérieure, aura droit de faire procéder, même successivement, sur duplicata, à la vente des actions dont il s'agit, à la Bourse de Paris par le ministère d'un agent de change, ou par le ministère d'un notaire, pour le compte et aux risques et périls des retardataires.

Par suite de la vente, les titres antérieurs seront annulés de plein droit, et il sera délivré aux acquéreurs de nouveaux titres portant les numéros des titres correspondants annulés.

Le prix de la vente s'imputera dans les termes de droit sur ce qui sera dû à la société par l'actionnaire exproprié, qui restera passible de la différence, ou profitera de l'excédent.

La société conservera, d'ailleurs, et pourra exercer, même après la vente des actions en retard et pour la somme restant due, l'action personnelle et de droit commun contre les retardataires et leurs garants.

Art. 13. — Aussitôt après leur libération intégrale, les titres seront négociables dans les termes de la loi. Ils seront mis au porteur ou nominatifs suivant la demande de chaque actionnaire. Cette demande devra être formulée par l'actionnaire en même temps qu'il opérera la libération du titre.

Art. 14. — La cession des titres nominatifs s'opérera conformément à l'art. 36 C. com. et aux dispositions d'ordre arrêtées par le conseil d'administration. La cession des actions au porteur résulte de la simple tradition du titre.

Art. 15. — Les actions sont indivisibles à l'égard de la société, qui ne reconnaît qu'un seul propriétaire pour chaque action, les copropriétaires devant se faire représenter par un mandataire unique qui, au regard de la société, sera seul propriétaire.

Art. 16. — La propriété d'une action impliquant adhésion aux présents statuts, les droits et obligations attachés au titre le suivent dans les mains des propriétaires successifs.

Les héritiers, représentants ou créanciers d'un actionnaire ne peuvent s'immiscer en aucune manière dans l'administration de la société, ou provoquer l'apposition des scellés sur les biens ou valeurs dépendant de l'actif social. Ils doivent, pour l'exercice de leurs droits, s'en rapporter exclusivement aux inventaires sociaux et aux délibérations de l'assemblée générale.

Art. 17. — Chaque action aura droit dans la propriété de l'actif social à une part proportionnelle au nombre des actions émises ; elle donne droit, en outre, à une part dans les bénéfices, ainsi qu'il sera stipulé dans l'art. 44 ci-après.

Le tout, sauf dans le cas de création d'actions privilégiées dont il est question sous l'art. 6.

Titre III. — *Administration de la société.*

Art. 18. — La société est administrée par un conseil composé de trois membres au moins, et de sept au plus, choisis parmi les actionnaires et nommés par l'assemblée générale. La durée des fonctions des administrateurs est de. . . . . années ; les administrateurs sont toujours rééligibles.

Art. 19. — A l'expiration de la durée de ces fonctions, le premier conseil d'administration sera soumis en entier à la réélection. Ensuite, le conseil se renouvellera à raison de un ou de deux membres chaque année, en alternant de manière que le renouvellement intégral ait lieu en . . . . . . ans et se fasse aussi également que possible, suivant le nombre de ses membres.

Les membres sortants sont désignés par le sort, les cinq premières années ; ensuite le renouvellement s'établit entre eux dans l'ordre indiqué par l'ancienneté de leurs fonctions.

Art. 20. — En cas de vacances par démission, décès ou autres causes, les administrateurs ont la faculté de se compléter. Les nominations auxquelles ils procèdent sont soumises à la ratification de la prochaine assemblée générale qui décide en même temps de la durée du mandat.

Le conseil peut continuer à fonctionner sans pourvoir aux vacances, tant que le nombre des membres n'est pas réduit à moins de trois.

Art. 21. — Les administrateurs doivent être propriétaires chacun de . . . . . actions de la société pendant toute la durée de leurs fonctions. Ces actions sont affectées en totalité à la garantie des actes de l'administration, même de ceux qui seraient exclusivement personnels à l'un des administrateurs. Elles sont nominatives, inaliénables, frappées d'un timbre indiquant l'inaliénabilité et déposées dans la caisse sociale.

Art. 22. — Chaque année, le conseil nomme parmi ses membres un président et un vice-président qui seront rééligibles. En l'absence du président et du vice-président, le conseil désigne celui de ses membres qui doit présider.

Le conseil nomme aussi son secrétaire, qui peut être choisi en dehors des membres du conseil et même des associés.

Art. 23. — Le conseil d'administration se réunit au siège de la société, sur la convocation du président ou de trois de ses membres, aussi souvent que l'exigent les affaires sociales, et de droit au moins une fois par mois. La présence de la moitié au moins des membres du conseil est nécessaire pour la validité des déibérations.

Les délibérations sont prises à la majorité des voix des membres présents. En cas de partage, la voix du président est prépondérante.

Nul ne peut voter par procuration dans le sein du conseil.

ART. 24. — Les décisions sont constatées par des procès-verbaux inscrits sur un registre spécial tenu au siège de la société et signé par le président et le secrétaire.

Les copies ou extraits de ces procès-verbaux dont la production pourrait être nécessaire sont certifiés par le président du conseil ou par un administrateur.

ART. 25. — Le conseil d'administration a les pouvoirs les plus étendus pour gérer les affaires de la société et la représenter aux regards des tiers. Il a notamment les pouvoirs suivants, lesquels sont énonciatifs et non limitatifs:

Il représente la société vis-à-vis des tiers ; il autorise tous actes relatifs aux opérations de la société ; il fait les règlements.

Il autorise tous retraits, transferts, aliénations de rentes, actions et valeurs de la société.

Il décide tous achats, échanges ou baux des biens meubles ou immeubles qui seraient jugés nécessaires à la société, ainsi que toute aliénation de ces biens, s'ils devenaient inutiles.

Il contracte tous marchés et entreprises rentrant dans l'objet de la société, fixe les dépenses générales d'administration, règle les approvisionnements de toutes sortes.

Il touche les sommes dues à la société ; accepte, acquitte, souscrit ou endosse tous effets de commerce.

Il représente la société devant tous tribunaux, tant en demandant qu'en défendant.

Il détermine le placement des fonds disponibles et règle l'emploi du fonds de réserve.

Il nomme, révoque et destitue tous les agents et employés de la société, fixe leurs traitements, remises, salaires, gratifications, ainsi que toutes les autres conditions de leur admission ou de leur départ.

Il décide la création de succursales.

Il nomme tout administrateur délégué et même tout directeur pris dans la société ou en dehors de la société.

Il arrête les comptes annuels et les soumet à l'assemblée générale des actionnaires.

Il délibère et statue sur toutes les propositions à lui faire et arrête l'ordre du jour.

Il convoque les assemblées générales aux époques fixées par les statuts et extraordinairement, s'il le juge utile.

Il peut traiter, transiger, compromettre sur toutes les affaires de la société, consentir tout désistement de droits, de privilèges et hypothèques, actions résolutoires et autres droits de toute nature, et toute mainlevée d'inscription, saisie, opposition et autre empêchement quelconque ; le tout avec ou sans payement.

ART. 26. — Les ventes, échanges, achats, baux, quittances, mainlevées, marchés, transferts de valeurs, et généralement tous actes concernant la société décidés par le conseil, ainsi que les mandats ou retraits de fonds sur les banquiers détenteurs et dépositaires, et les souscriptions, endos, acceptations ou acquits d'effets de commerce, sont signés par deux administrateurs, à moins d'une délégation spéciale du conseil à un administrateur ou à tout autre mandataire.

ART. 27. — Les administrateurs ne sont responsables que de l'exécution du mandat qu'ils ont reçu. Ils ne contractent, à raison de leur gestion, aucune obligation personnelle ni solidaire relativement aux engagements de la société.

ART. 28. — Les administrateurs reçoivent des jetons de présence dont l'importance est fixée par l'assemblée générale ; ils ont en outre droit à une participation dans les bénéfices nets, telle qu'elle est déterminée par les présents statuts.

TITRE IV. — *Direction* (1).

ART. 29. — Le conseil d'administration peut déléguer tout ou partie de ses pouvoirs à un ou plusieurs administrateurs.

Le conseil peut également choisir, soit dans son sein, soit parmi des membres étrangers à la société, un ou plusieurs directeurs, constituant un comité de direction chargé de veiller à l'exécution de ses décisions,

Il peut même déléguer à un étranger à la société tel de ses pouvoirs qu'il jugera convenable en vue d'un objet déterminé.

Les pouvoirs du directeur et du comité de direction sont déterminés par la délibération qui les nomme ou par une délibération ultérieure.

Les membres du conseil, indépendamment de la part qui leur est réservée par les statuts dans les bénéfices, et le ou les directeurs ont droit à une rémunération spéciale dont l'importance est déterminée par l'assemblée générale.

TITRE V. — *Des commissaires.*

ART. 30. — Chaque année, l'assemblée générale nomme un ou plusieurs commissaires, associés ou non, chargés de faire un rapport à l'assemblée générale de l'année suivante sur la situation de la société, sur le bilan, sur les comptes présentés par les administrateurs. Ils peuvent être pris en dehors des actionnaires et sont rééligibles à l'expiration de leurs fonctions.

Si l'assemblée a nommé deux commissaires et que l'un d'eux ne puisse,

(1) Voir la formule précédente.

au cours de l'année sociale, accomplir son mandat, le commissaire restant accomplira seul les fonctions définies par la loi.

Pendant le trimestre qui précède l'époque fixée pour la réunion de l'assemblée générale, les commissaires ont le droit, toutes les fois qu'ils le jugent convenable dans l'intérêt social, de prendre communication des livres et d'examiner les opérations de la société. Ils ont droit à une rémunération dont l'importance est fixée par l'assemblée générale.

Titre VI. — *Des assemblées générales.*

§ 1er. — Dispositions communes aux assemblées générales ordinaires et extraordinaires.

Art. 31. — Il est tenu chaque année, dans le courant du mois de . . . . . . ou avant, une assemblée générale des actionnaires, aux jour, lieu et heure fixés par le conseil. En outre, les actionnaires peuvent être convoqués en assemblée générale extraordinaire soit par le conseil d'administration, soit, en cas d'urgence, par les commissaires.

Les convocations sont faites à la diligence du conseil d'administration, et exceptionnellement, dans les cas prévus par la loi, par les commissaires, quinze jours francs au moins à l'avance, par un avis inséré dans un des journaux d'annonces légales. Elles doivent indiquer sommairement l'objet de la réunion.

Art. 32. — L'assemblée générale se compose de tous les actionnaires possédant, soit à titre de mandataires, soit à titre de propriétaires, au moins . . . . . actions libérées des versements appelés.

L'actionnaire qui veut assister à l'assemblée doit déposer ses titres au siège social dix jours au moins avant l'assemblée ; il lui est délivré une carte d'entrée indiquant le nombre de ses actions et le nombre de voix dont il dispose.

Si les actions appartiennent pour l'usufruit à une personne, et pour la nue propriété à une autre, l'usufruitier a le droit de prendre part aux assemblées générales ordinaires, et le nu propriétaire aux assemblées générales extraordinaires.

Les propriétaires de moins de . . . . actions peuvent se réunir pour former ce nombre et se faire représenter par l'un d'eux.

Nul ne peut représenter un actionnaire à l'assemblée générale s'il n'est lui-même membre de cette assemblée. On peut autoriser à se faire représenter par une personne étrangère. Cependant les femmes mariées peuvent être représentées par leur mari, s'ils ont l'administration de leurs biens ; de même les mineurs et interdits peuvent être représentés par leur tuteur. Les sociétés d'actionnaires pourront être représentées chacune par un administrateur délégué qui ne serait pas lui-même actionnaire.

Tous les propriétaires d'actions au porteur, et ceux titulaires d'actions nominatives qui, n'ayant pas le nombre nécessaire, veulent user du droit de réunion visé dans le présent article, doivent, pour avoir le droit d'assister à l'assemblée générale, déposer leurs titres et leurs pouvoirs au siège social ou dans la caisse désignée par le conseil d'administration dix jours au moins avant la réunion. Il est remis à chaque déposant une carte d'admission nominative.

Les titulaires de titres nominatifs ou de certificats de dépôt de . . . actions ou plus, depuis dix jours au moins avant la réunion, ont le droit d'assister à l'assemblée générale ou de s'y faire représenter par des mandataires. La forme des pouvoirs est déterminée par le conseil d'administration.

ART. 33. — L'assemblée générale, régulièrement convoquée et constituée, représente l'universalité des actionnaires.

L'ordre du jour est arrêté par le conseil d'administration. Aucun autre objet que ceux à l'ordre du jour ne peut être mis en délibération.

ART. 34. — Il est tenu une feuille de présence. Elle contient les noms et domiciles des actionnaires et le nombre d'actions possédées ou représentées par chacun d'eux ; cette feuille, certifiée par le bureau de l'assemblée, demeure annexée au procès-verbal.

ART. 35. — L'assemblée est présidée par le président du conseil d'administration ou, à son défaut, par un administrateur désigné par le conseil. Les deux plus forts actionnaires présents remplissent les fonctions de scrutateurs ; en cas de refus, ils sont remplacés par deux autres actionnaires désignés par l'assemblée. Le bureau désigne ses secrétaires.

ART. 36. — Les délibérations sont prises à la majorité des membres présents. En cas de partage, la voix du président est prépondérante. Chaque membre de l'assemblée a autant de voix qu'il possède de fois . . . actions. Le scrutin secret est de droit, s'il est réclamé par le quart des membres présents. Les délibérations sont constatées par des procès-verbaux inscrits sur un registre spécial, signé par les membres du bureau. Les copies ou extraits à produire en justice ou ailleurs sont signés par le président et par un autre membre du conseil.

§ 2. — Assemblées générales annuelles ou ordinaires.

ART. 37. — L'assemblée générale annuelle entend le rapport présenté par le conseil d'administration sur sa gestion pendant l'exercice écoulé et celui des commissaires sur la situation de la société, les bilans et les comptes présentés par les administrateurs ; elle discute, approuve ou rejette les comptes et fixe les dividendes à répartir.

Elle nomme, remplace, réélit ou révoque les administrateurs, désigne les commissaires.

Elle détermine les allocations du conseil d'administration en jetons de présence et celles des membres du comité de direction, des directeurs et des commissaires.

Elle statue sur toutes les questions portées à l'ordre du jour, et confère au conseil d'administration tous les pouvoirs nécessaires au fonctionnement de la société.

Elle autorise toutes opérations d'achat, d'emprunt, de vente amiable ou aux enchères, et tous actes qui ne rentrent pas dans les pouvoirs du conseil d'administration.

Elle peut : 1º donner une évaluation nouvelle aux éléments de l'actif social, pourvu que cette évaluation soit sincère et justifiée ; 2º rectifier les inexactitudes des bilans antérieurs ; 3º affecter, soit à la constitution des réserves spéciales, soit à des dépenses qu'elle juge utiles à l'intérêt de la société, une part quelconque des bénéfices sociaux ; 4º ratifier les actes que les administrateurs auraient faits en dehors de leurs pouvoirs pour le bien de la société, pourvu que ces actes ne soient pas contraires aux statuts.

Elle peut faire remise de toutes dettes et transiger sur tous procès, notamment sur toutes actions intentées aux administrateurs.

ART. 38. — Si les actions au porteur et les certificats d'actions nominatives déposés ne représentent pas le quart du capital exigé par l'art. 29 de la loi de 1867, l'assemblée générale est convoquée de nouveau, dans les formes et délais prévus par les présents statuts. Cette nouvelle assemblée délibérera quel que soit le nombre de titres représentés, mais seulement sur les objets portés à l'ordre du jour à la première tentative de réunion. Ces dispositions ne sont pas applicables aux assemblées qui délibèrent dans les cas prévus par les art. 30 et 31 de la loi de 1867.

§ 3. — Assemblées générales extraordinaires.

ART. 39. — L'assemblée générale réunie extraordinairement peut, à la demande du conseil d'administration, apporter aux statuts les modifications qui lui paraîtront utiles. Elle peut notamment décider :

Le changement de dénomination de la société.

L'extension ou la restriction des opérations sociales.

La prorogation ; la réduction de durée ou la dissolution anticipée de la société ; l'augmentation, en une ou plusieurs fois, du capital social soit par voie d'apports, soit par souscriptions en espèces.

L'amortissement et la réduction du capital social par tous moyens.

La division du capital social en actions d'un taux nominal autre que celui ci-dessus fixé.

La fusion ou l'annexion de la société avec toutes autres sociétés créées ou à créer, la cession à tous tiers ou l'apport à toute société de l'ensemble des biens, droits et engagements de la société.

La transformation de la société en société de toute autre forme.

Il lui est seulement interdit de changer la nationalité de la société et d'augmenter les engagements des actionnaires.

Pour ces assemblées, l'avis de convocation doit indiquer l'objet de la réunion.

Dans ces divers cas, l'assemblée générale n'est régulièrement constituée et ne délibère valablement qu'autant qu'elle est composée d'un nombre d'actionnaires représentant les trois quarts au moins du capital social.

Tout actionnaire, quel que soit le nombre des actions dont il est porteur, peut prendre part aux délibérations avec un nombre de voix égal aux actions qu'il possède sans limitation.

Les assemblées qui ont à délibérer sur des modifications touchant à l'objet ou à la forme de la société doivent toujours réunir le quorum des trois quarts ci-dessus déterminé.

En ce qui concerne toutes les autres modifications statutaires, si une première assemblée ne remplit pas cette condition, une nouvelle assemblée pourra être convoquée dans les formes statutaires et par deux insertions à quinze jours d'intervalle dans le *Bulletin des annonces légales obligatoires à la charge des sociétés financières* et dans un journal d'annonces légales du siège social.

Cette convocation reproduit l'ordre du jour en indiquant la date et le résultat de la précédente assemblée.

La seconde assemblée délibère valablement si elle se compose d'un nombre d'actionnaires représentant au moins la moitié du capital social.

Si cette seconde assemblée ne réunit pas la moitié du capital, il peut être convoqué dans les formes ci-dessus une troisième assemblée qui délibérera valablement si elle se compose d'un nombre d'actionnaires représentant le tiers du capital social.

Dans toutes les assemblées faisant l'objet du présent article les résolutions pour être valables devront réunir les deux tiers des voix des actionnaires présents ou représentés.

Les règles qui précèdent sont applicables aux assemblées de catégories spéciales d'actionnaires visées par l'article 34 C. com.

ART. 40. — Les délibérations prises conformément à la loi et aux statuts obligent tous les actionnaires, même absents ou dissidents.

TITRE VII. — *État de situation. — Inventaire.*

ART. 41. — L'année sociale commence le 1er juillet et finit le 30 juin de l'année suivante ; par exception, le premier exercice comprendra le temps écoulé depuis la constitution définitive de la société jusqu'au 30 juin 19. .

ART. 42. — Chaque semestre il est dressé un état sommaire actif et passif de la société qui est mis à la disposition des commissaires.

Il est en outre établi à la fin de chaque année sociale un inventaire contenant l'indication des valeurs mobilières et immobilières et de toutes les dettes actives et passives de la société. Les divers éléments de l'actif social subiront la diminution de valeur correspondante à leur dépréciation et les amortissements qui seront jugés convenables.

Cet inventaire est soumis à l'assemblée générale ; quinze jours avant cette assemblée, tout actionnaire peut en prendre communication au siège social, ainsi que de la liste des actionnaires et se faire délivrer à ses frais copie du bilan et du rapport des commissaires.

Titre VIII. — *Réserves.* — *Bénéfices.*

Art. 43. — Il est ouvert un compte spécial, lequel comprendra tous les frais faits pour parvenir à la constitution définitive de la société. Ce compte sera amorti dans les délais et proportions qui seront déterminés par le conseil d'administration.

Art. 44. — Sur les bénéfices nets, déduction faite de tous frais et charges, il est d'abord prélevé :

1º 5 p. 100 pour constituer la réserve légale ;

2º Et une somme suffisante pour payer aux actionnaires 5 p. 100 des sommes dont les actions seront libérées et non amorties, sans que, si les bénéfices d'une année ne permettaient pas ce payement, les actionnaires puissent le réclamer sur les bénéfices des années subséquentes.

Le solde est réparti comme suit :

1º . . . p. 100 aux membres du conseil d'administration faisant partie du comité de direction ou nommés administrateurs délégués ;

2º . . . p. 100 à chacun des autres administrateurs n'ayant aucune fonction spéciale ;

3º Et le surplus sera réparti aux actionnaires, après le prélèvement que l'assemblée, sur la proposition du conseil d'administration, jugera utile d'affecter à des amortissements, soit par voie de rachat d'actions, soit autrement, à la constitution d'un fonds de prévoyance et de toutes réserves extraordinaires ou supplémentaires aux actionnaires.

Le fonds de réserve se compose de l'accumulation des sommes produites par le prélèvement annuel opéré sur les bénéfices en exécution des paragraphes précédents.

Lorsque le fonds de réserve aura, au moyen de ce prélèvement, atteint une somme égale au vingtième du capital social, le prélèvement pourra cesser d'avoir lieu. Il reprendra son cours si la réserve vient à être entamée.

Art. 45. — Le payement des dividendes se fait annuellement à l'époque fixée par le conseil d'administration.

Le conseil d'administration pourra, néanmoins, dans le cours de chaque année, procéder à la répartition d'un acompte sur le dividende de l'année courante, si les bénéfices réalisés le permettent.

Art. 46. — Les dividendes de toute action, soit nominative, soit au porteur, sont valablement payés au porteur du titre ou du coupon.

Ceux non réclamés dans les cinq ans à partir de l'échéance sont prescrits au profit de la société.

Titre IX. — *Dissolution.* — *Liquidation.*

Art. 47. — En cas de perte des trois quarts du capital social, les administrateurs sont tenus de provoquer la réunion de l'assemblée générale de tous les actionnaires, à l'effet de statuer sur la question de savoir s'il y a lieu de continuer la société ou de prononcer sa dissolution. L'assemblée générale doit, pour pouvoir délibérer, être constituée et voter comme il est dit à l'art. 39. Sa résolution est, dans tous les cas, rendue publique.

Art. 48. — A l'expiration de la société ou en cas de dissolution anticipée, l'assemblée générale règle, sur la proposition des administrateurs, le mode de liquidation et nomme un ou plusieurs liquidateurs dont elle détermine les pouvoirs.

Les liquidateurs pourront, en vertu d'une délibération de l'assemblée générale, faire le transport ou l'apport à une autre société ou à toute autre personne des droits, actions et obligations de la société dissoute.

L'assemblée générale, régulièrement constituée, conservera, pendant la liquidation, les mêmes attributions que pendant le cours de la société ; elle a, notamment, le droit d'approuver les comptes de la liquidation et de donner quitus aux liquidateurs.

A l'expiration de la société et après le règlement de ses engagements, le produit net de la liquidation sera employé d'abord à l'amortissement complet des actions, s'il n'avait pas encore eu lieu ; le surplus sera réparti aux actionnaires.

Titre X. — *Contestations.*

Art. 49. — Toutes contestations qui pourront s'élever pendant le cours de la société ou de sa liquidation, soit entre les actionnaires et la société, soit entre les actionnaires eux-mêmes au sujet des affaires sociales, seront jugées conformément à la loi et soumises à la juridiction des tribunaux compétents de. . . . .

A cet effet, en cas de contestations, tout actionnaire doit faire élection de domicile à. . . . ., et toutes assignations et notifications sont valablement données à ce domicile.

A défaut d'élection de domicile, cette élection a lieu, de plein droit, au parquet du procureur de la République près le tribunal civil de. . . .

Art. 50. — Les contestations touchant l'intérêt général et collectif de la société ne peuvent être dirigées contre le conseil d'administration ou l'un de ses membres qu'au nom de la masse des actionnaires et en vertu d'une délibération de l'assemblée générale.

Tout actionnaire qui veut provoquer une contestation de cette nature doit en faire, quinze jours au moins avant la prochaine assemblée générale, l'objet d'une communication au président du conseil d'administration, qui est tenu de mettre la proposition à l'ordre du jour de cette assemblée.

Si la proposition est repoussée par l'assemblée, aucun actionnaire ne peut la reproduire en justice dans un intérêt particulier ; si elle est accueillie, l'assemblée désigne un ou plusieurs commissaires pour suivre la contestation.

Les significations auxquelles donne lieu la procédure sont adressées uniquement aux commissaires.

Titre XI. — *Constitution de la société.*

Art.51.— La présente société ne sera définitivement constituée qu'après :

1° Que toutes les actions de numéraire auront été souscrites et qu'il aura été versé un quart en espèces sur chacune d'elles ; ce qui sera constaté par une déclaration notariée, accompagnée d'une liste de souscriptions et de versements contenant les énonciations légales, et qui sera faite par les fondateurs de la société ;

2° Qu'une première assemblée générale, où tous les actionnaires auront le droit d'assister, aura reconnu la sincérité de la déclaration de souscription et de versement, et nommé un ou plusieurs commissaires à l'effet de faire un rapport à la deuxième assemblée générale sur l'appréciation de la valeur des apports en nature faits par MM. . . . . . . ;

3° Qu'une deuxième assemblée générale aura, après un rapport imprimé, émanant du ou des commissaires, et qui sera tenu à la disposition des actionnaires cinq jours au moins avant la réunion, statué sur les apports et les avantages stipulés, nommé les administrateurs et le ou les commissaires et constaté leur acceptation.

Les délibérations de ces deux assemblées devront être prises à la majorité des voix des actionnaires présents et dans les conditions prescrites par la loi du 24 juillet 1867.

Enfin chaque personne figurant à ces assemblées aura au moins une voix à ces assemblées et autant de voix qu'elle représentera de fois. . . . . actions, sans pouvoir cependant avoir plus de dix voix en tout.

Par exception, ces deux assemblées pourront être convoquées, savoir : la première au moins trois jours à l'avance, par des lettres adressées aux actionnaires, et par une insertion dans un journal d'annonces légales de. . .

Art. 52. — Par exception aussi, en cas d'augmentation du capital, les assemblées générales qui auraient à statuer sur la sincérité de la déclaration de souscription et de versement et sur la vérification et l'approbation des apports en nature et des avantages stipulés, pourront être convoquées : la première trois jour seulement à l'avance et la deuxième, s'il y a lieu, au moins huit jours à l'avance, par une insertion dans un journal d'annonces légales de. . . . .

Art. 53. — Pour faire publier les présents statuts et tous actes et procès-verbaux relatifs à la constitution de la société, tous pouvoirs sont donnés au porteur d'une expédition ou d'un extrait de ces actes et procès-verbaux.

VI
SOCIÉTÉ ANONYME (APPORTS INDIVIS)

70. — Statuts.

Avant l'établissement des statuts de la société dont il va être ci-après parlé, il a été expliqué ce qui suit :

Dans un exposé très clair et très précis, il convient d'indiquer l'origine de l'indivision qui existe entre les fondateurs — qui doivent être sept au moins, tous copropriétaires par indivis, — les conditions de cette indivision, la part de chacun dans le fonds commun, etc., etc.

Cet exposé fait, voici comment les statuts doivent être rédigés :

TITRE 1er. — *Dénomination.* — *Objet.* — *Siège.* — *Durée.*

ART. 1er. — Il existera entre les propriétaires des actions ci-après créées une société anonyme régie par les lois des 24 juillet 1867 et 1er août 1893, sous la dénomination de. . . . .

ART. 2. — La société a pour objet. . . . .

ART. 3. — Le siège. . . . . (*V. formules* 68, 69.)

TITRE II. — *Apports.* — *Fonds social.* — *Actions.*

ART. 4. — MM. . . . . ., fondateurs, copropriétaires indivis, ainsi qu'il a été exposé ci-dessus, de. . . . . .

Apportent chacun pour leur part et indivisément pour le tout. . . . .

Ils stipulent en représentation de cet apport la remise de. . . . . actions entièrement libérées de. . . . . francs, lesquelles reviendront à chacun des fondateurs dans la proportion suivante :

. . . .

Ces actions d'apport ne pourront être détachées de la souche, conformément à la loi, et ne seront négociables que deux ans après la constitution de la société. Elles seront pendant ce temps, à la diligence des administrateurs, frappées d'un timbre indiquant leur nature et la date de la constitution.

Pour la suite, V. les formules précédentes.

Mais pour la constitution on mettra :

La présente société ne sera définitivement constituée qu'après qu'une assemblée générale (*indiquer le mode de convocation, V. formules précédentes*) aura nommé les premiers administrateurs et le commissaire.

(*Pour la publication, V. formules précédentes.*)

Les formules qui suivent, relatives aux formalités de constitution et de fonctionnement, de dissolution et de liquidation, s'appliquent à toutes les formes de sociétés anonymes précitées.

VII

STIPULATIONS DIVÉRSES

71. — Clause statutaire relative à la transformation des réserves en actions.

Le capital social pourra être augmenté en une ou plusieurs fois, soit par voie de souscriptions, soit par voie d'apports ou par la transformation des réserves extraordinaires en actions, pourvu toutefois que cette transformation n'excède pas, chaque fois, une somme de. . . . . fr., en vertu d'une délibération de l'assemblée générale, prise ainsi qu'il est dit à l'article. . . . . (relatif aux assemblées extraordinaires).

72. — Clause statutaire relative à la nouvelle prescription (créée par la loi du 25 juin 1920), au profit de l'Etat, des dividendes et titres non réclamés.

Tout dividende qui n'est pas réclamé dans les cinq années de son exigibilité est acquis à l'Etat, dans les termes de la loi de finances du 15 juin 1920, art. 111. Il en est de même des actions, parts et obligations atteintes par la prescription trentenaire. La société est tenue, s'il y a lieu, d'en faire les déclarations et remises au bureau du Domaine, prévues par le décret réglementaire du 27 mai 1921.

(On trouvera les formules relatives à la réalisation de cette opération au chapitre IX : Réunions du conseil et assemblées générales.)

VIII

CONSTITUTION. — SOUSCRIPTION ET VERSEMENT

73. — Etat de souscription et de versement.

(Dénomination de la société.)

Société anonyme au capital de. . . francs, divisé en. . . actions de . . . francs chacune dont. . . . actions de numéraire étaient à souscrire.

Liste des souscripteurs de ces. . . . actions, et état des versements effectués par chacun d'eux.

NUMÉROS D'ORDRE	NOMS, PRÉNOMS, QUALITÉS ET DOMICILES DES SOUSCRIPTEURS	NOMBRE D'ACTIONS souscrites	MONTANT DES ACTIONS souscrites	VERSEMENTS EFFECTUÉS
1	. . . .	. . . .	. . . .	. . . .
2	. . . .	. . . .	. . . .	. . . .
3	. . . .	. . . .	. . . .	. . . .
4	. . . . . Total	. . . .		
	. . . .	. . . .		
	. . . .		. . . .	. . . .
	. . . .		. . . .	. . . .

Certifié exact et véritable par M. . . . . ., soussigné, fondateur de ladite société.

. . ., ce . . .

(Signature.)

74. — Déclaration notariée de souscription et de versement.

Par devant M°. . . . . ., notaire,

Ont comparu :

1° M. . . . .

2° M. . . . .

Agissant en qualité de fondateurs de la société anonyme (ou en commandite par actions), dite *(dénomination)*, dont il va être ci-après parlé ;

Lesquels ont exposé ce qui suit :

Suivant acte sous signatures privées, fait double à . . ., le . . ., lequel sera enregistré en même temps que les présentes (*Ou bien* : Suivant acte reçu par M°. . . . . ., notaire), il a été établi les statuts d'une société anonyme (ou en commandite par actions), sous la dénomination de. . . . . ., ayant pour objet . . . . . et devant avoir son siège à. . . . .

Le capital social a été fixé à. . . . . francs, divisé en. . . . . actions de. . . . . francs chacune, dont. . . . . ont été attribuées aux fondateurs en représentation de leurs apports et. . . . . devront être souscrites en numéraire et libérées de *(Fixer la quotité)* au moment de la constitution.

Les comparants déclarent que le capital en numéraire a été entièrement souscrit, qu'il a été versé par chaque souscripteur sur chacune des actions souscrites le . . . . . .(*Fixer la quotité, au moins le quart*) du montant de chacune des actions, et que les sommes représentatives des versements sont actuellement (*Indiquer la personne qui en est dépositaire*), et les comparants ont représenté au notaire désigné une pièce certifiée par eux sincère et véritable contenant :

1° La liste des souscripteurs, avec les nom, prénoms, profession et domicile de chacun d'eux, et le nombre d'actions souscrites par chacun ;

2° L'état des versements effectués sur chaque action.

Ladite pièce (*Si les statuts sont sous seing privé, il en est représenté un exemplaire au notaire ; de même si les statuts ont été rédigés par un autre notaire, il en est produit une expédition*) a été annexée au présent acte, conformément à la loi, après avoir été revêtue d'une mention signée par le notaire et les comparants.

Les comparants déclarent qu'ils vont procéder aux formalités complémentaires de constitution.

Dont acte.

Première assemblée générale constitutive.

75. — Convocation.

MM. les actionnaires de la société anonyme (ou en commandite par actions) en voie de formation, sous la dénomination de « . . . . . », sont convoqués en assemblée générale à . . . . . le . . . . . *(jour)*, à . . . . . *(heure)*, à l'effet de vérifier la déclaration faite par M . . . . ., fondateur, relativement aux souscriptions et aux versements du capital en numéraire, suivant acte reçu par M^e. . . . . ., notaire à . . . . . ., le . . . . . ., et de désigner le commissaire chargé, conformément à la loi, de vérifier les apports en nature ou la cause des avantages particuliers stipulés dans le projet de statuts et d'en faire un rapport à la seconde assemblée générale.

(Signature du fondateur.)

76. — Pouvoir pour représenter un actionnaire aux assemblées générales constitutives.

Je soussigné donne pouvoir à M . . . . . . de pour et en mon nom se présenter aux assemblées générales convoquées pour la constitution définitive de la société anonyme (ou en commandite par actions), en voie de formation, dite « . . . . . . ».

Prendre part en conséquence à toutes délibérations, notamment sur la vérification de la déclaration notariée de souscription et de versement; nommer un ou plusieurs commissaires chargés de faire un rapport sur la valeur des apports en nature et la cause des avantages particuliers ; approuver, s'il y a lieu, dans la seconde assemblée, lesdits apports et avantages ; nommer tous administrateurs, tous commissaires de surveillance ; approuver les statuts ; faire toutes déclarations utiles ; accepter toutes fonctions qui me seraient conférées ; signer toutes feuilles de présence et procès-verbaux ; élire domicile, substituer au besoin tous mandataires, et généralement faire le nécessaire pour la constitution définitive de ladite société, promettant avoir le tout pour agréable.

77. — Procès-verbal de délibération.

L'an . . . . ., le . . . . . ., à . . . . . heure,

Les actionnaires de la société anonyme en formation dite « . . . . . », au capital de . . . . . francs, divisé en . . . . . actions de . . . . . francs chacune, dont les statuts ont été établis suivant acte . . . . .

Se sont réunis en première assemblée générale constitutive au siège social à . . . . . ., rue . . . . . ., au désir de la convocation qui leur a été faite d'assister à la présente réunion par M . . . . . ., fondateur de la société, suivant lettres recommandées à la poste le . . . . .

Nota : La convocation peut encore être faite par voie d'insertion dans un journal d'annonces légales.

Une feuille de présence dressée par le fondateur est signée, à son entrée en séance, par chaque actionnaire ou son mandataire.

L'assemblée procède à la composition du bureau.

M. . . . . . est nommé président.

M. et M. . . . . . sont désignés comme scrutateurs.

M. . . . . . est invité à remplir les fonctions de secrétaire et prend place au bureau.

Le bureau ainsi composé, M. le président se fait représenter :

1º La liste contenant les noms, prénoms, qualités et domiciles des souscripteurs des. . . . . actions de capital, le nombre d'actions souscrites par chacun d'eux et le montant des versements effectués, laquelle liste est émargée des signatures de tous les souscripteurs.

Ou bien : les bulletins de souscriptions.

2º Les récépissés des lettres recommandées à la poste, et adressées à tous les souscripteurs.

Et s'il y a lieu : l'exemplaire légalisé et enregistré du journal. . . . . contenant l'avis de convocation, et le numéro du *Journal officiel* dans lequel ont paru les insertions prescrites par la loi du 30 janvier 1907.

Et il constate, d'après la feuille de présence (laquelle, certifiée par les membres du bureau, sera annexée au présent procès-verbal), que les actionnaires présents ou représentés réunissent. . . . . actions sur celles souscrites contre espèces, lesquelles représentent plus de la moitié du fonds social en numéraire ; il constate en outre la présence de M. . . . . ., fondateur-apporteur.

En conséquence, M. le président déclare l'assemblée régulièrement constituée et l'invite à délibérer sur les questions à l'ordre du jour et qui consistent :

1º Dans la vérification de la sincérité de la déclaration notariée ci-après relatée ;

2º Et dans la nomination d'un ou de plusieurs commissaires chargés d'apprécier les apports en nature faits par M. . . . . . à la société et les avantages stipulés aux statuts, et de faire un rapport à ce sujet à la deuxième assemblée générale constitutive.

Préalablement M. . . . . ., secrétaire, à la demande de M. le président, donne lecture à l'assemblée de l'expédition délivrée par Mᵉ. . . . . ., notaire, d'un acte reçu par lui. . . . . ., le. . . . . ., aux termes duquel M. . . . . ., fondateur de la société, a déclaré que les. . . . . actions émises contre espèces avaient été souscrites entièrement et que chaque souscripteur avait versé une somme égale au quart du montant des actions par lui souscrites, et de la copie de la liste ci-devant indiquée demeurée annexée audit acte après avoir été certifiée sincère et véritable par M. . . . . .

Et M. le président met à la disposition du bureau et des membres de l'assemblée une expédition des statuts et toutes les pièces qui viennent d'être indiquées.

Après discussion générale, personne ne demandant plus la parole, M. le président met successivement aux voix les résolutions suivantes :

Première résolution.

« L'assemblée générale, après vérification, reconnaît sincère et véritable la déclaration de souscription et de versement faite par M. . . . . ., fondateur de la société anonyme. . . . . ., suivant acte reçu par M⁰. . . . . ., notaire à. . . . . ., le. . . . . . »

Cette résolution est adoptée à l'unanimité.

Deuxième résolution.

« L'assemblée générale nomme M. . . . . . *(nom, prénoms et domicile)* commissaire chargé de faire un rapport à la deuxième assemblée générale constitutive, sur les apports en nature faits par M. . . . . ., fondateur-apporteur, et sur les avantages résultant des statuts tant au profit de M. . qu'au profit de. . . . . *(V. à cet égard les nᵒˢ 1795 et suiv. du traité.)*

Cette résolution est adoptée à l'unanimité des actionnaires présents à l'exception de M. . . . . ., apporteur, qui s'est abstenu de voter.

De tout ce que dessus a été dressé le présent procès-verbal qui a été signé par les membres du bureau.

Deuxième assemblée générale constitutive.

78. — Avis de convocation.

Les actionnaires de la société anonyme en voie de formation, dite « . . . . . . » sont convoqués en seconde assemblée générale constitutive, à. . . . ., rue. . . . ., nᵒ. . . . . ., pour le. . . . . 19. . . . . ., à. . . . . heures de relevée.

Ordre du jour.

1º Lecture du rapport de M. . . . . ., commissaire, sur les apports en nature de M. . . . . . et sur les avantages particuliers stipulés par les statuts ; vote sur les conclusions dudit rapport. Ce rapport imprimé sera tenu à la disposition des actionnaires, au futur siège social, cinq jours au moins avant l'assemblée ;

2º Nomination des administrateurs ;

3º Nomination d'un ou plusieurs commissaires chargés de faire un rapport sur les comptes du premier exercice ;

4º Approbation des statuts et constitution définitive de la société.

79. — Rapport du commissaire chargé d'apprécier les apports en nature et avantages particuliers.

Messieurs, dans l'assemblée générale en date du. . . . . ., vous m'avez chargé de faire un rapport sur la valeur des apports en nature effectués à la société en voie de formation « . . . . . », les attributions faites en représentation de ces apports et les avantages particuliers stipulés dans le projet de statuts.

Je viens vous rendre compte de ma mission.

Aux termes de l'art. . . . . . du projet de statuts, M. . . . . ., fondateur, a déclaré apporter à la société sise à. . . . . . *(Mentionner le détail et la valeur des apports)*, ... actions, entièrement libérées, de 500 fr. chacune, lui ont été attribuées en représentation de cet apport *(Indiquer les motifs justifiant cette attribution et les éléments d'appréciation de la valeur de l'apport)*.

M. . . . . . a stipulé en sa faveur tels avantages. Voici les raisons de lui concéder ces avantages. . . . .

Je vous propose, en conséquence, d'approuver purement et simplement les apports effectués, les attributions faites en représentation de ces apports, et les avantages particuliers stipulés.

80. — Procès-verbal.

L'an . . . . . , le . . . . . , à . . . . . heure,

Les actionnaires de la société anonyme dite « . . . . . » au capital de. . . , divisé en. . . . . actions de. . . . . francs chacune, dont. . . . . ont été attribuées à M. . . . . ., fondateur-apporteur, et le surplus a été émis contre espèces ;

Se sont réunis en deuxième assemblée générale constitutive au siège social à. . . . . , rue. . . . . ., au désir de la convocation *(V. formule 78)*.

Une feuille de présence dressée par les soins du fondateur est signée à son entrée en séance par chaque actionnaire ou son mandataire.

L'assemblée procède à la composition de son bureau.

M. . . . . . est nommé président.

M. . . . . . et M. . . . . . sont désignés comme scrutateurs.

M. . . . . . est désigné comme secrétaire.

M. le président se fait représenter *(pièces relatives à l'avis de convocation)* et constate, d'après la feuille de présence (laquelle certifiée par les membres du bureau sera annexée au présent procès-verbal), que les actionnaires présents ou représentés réunissent. . . . actions sur celles souscrites contre espèces, lesquelles représentent plus de moitié du fonds social en numéraire. . . . . . ; il constate en outre la présence de M. . . . . ., fondateur.

En conséquence, M. le président déclare l'assemblée régulièrement constituée et l'invite à délibérer sur les questions à l'ordre du jour et qui sont les suivantes :

1º Approbation du rapport du commissaire ;

2º Nomination des premiers administrateurs ;

3º Nomination d'un ou plusieurs commissaires pour le premier exercice social ;

4° Approbation des statuts ;

5° Fixation de la valeur des jetons de présence ;

6° Fixation de la rémunération due aux commissaires.

Préalablement M. . . . . ., commissaire, nommé par l'assemblée générale constitutive du. . . . . à l'effet de faire un rapport sur les apports en nature faits par M. . . . . . et les avantages stipulés aux statuts, donne lecture à l'assemblée de ce rapport dont un exemplaire a été mis à la disposition des actionnaires dès le. . . . . ., ainsi que l'indiquaient les lettres (ou l'avis) de convocation.

Le dit rapport conclut à l'approbation pure et simple des apports et avantages.

Après discussion générale et personne ne demandant plus la parole, M. le président met successivement aux voix les résolutions suivantes :

Première résolution.

« L'assemblée générale, après avoir entendu la lecture du rapport de M..., commissaire, adopte purement et simplement les conclusions du rapport ; en conséquence elle approuve les apports en nature faits à la société par M. . . . . . et les avantages stipulés aux statuts tant au profit de M . . . qu'au profit de . . . . . . »

Cette résolution est adoptée à l'unanimité des actionnaires présents, à l'exception toutefois de M. . . . . ., apporteur, qui s'est abstenu de voter.

Deuxième résolution.

« L'assemblée générale nomme comme premiers administrateurs :

1° M. . . . . . (nom, prénoms et domicile).

2° M. . . . . .

3° M. . . . . .

Cette résolution est adoptée à l'unanimité.

MM. . . . . . présents à l'assemblée acceptent les fonctions d'administrateurs de la société.

Ou bien : Lesdites fonctions d'administrateurs sont remplies par MM. . ., ici présents, et au nom de M. . . . . . par M. . . . . ., son mandataire également présent.

Troisième résolution.

« L'assemblée générale nomme M . . . . . . (nom, prénoms, domicile), commissaire pour faire un rapport sur les comptes du premier exercice social, conformément à la loi. »

Cette résolution est adoptée à l'unanimité et M. . . . . ., ici présent, déclare accepter les fonctions de commissaire.

Quatrième résolution.

« L'assemblée générale approuve les statuts de la société anonyme. . . . tels qu'ils sont établis par l'acte passé devant Mᵉ. . . . . ., notaire à . . ., le. . . . . ., et déclare la société définitivement constituée. »

Cette résolution est adoptée à l'unanimité.

Cinquième résolution.

« L'assemblée générale fixe à. . . . . francs la valeur des jetons de présence auxquels ont droit les administrateurs d'après l'article. . . . . des statuts. »

Cette résolution a été adoptée à l'unanimité.

Sixième résolution.

« L'assemblée générale fixe à. . . . . francs par an la rémunération à laquelle a droit le commissaire en vertu de l'article. . . . . des statuts. »

Cette résolution est adoptée à l'unanimité.

De tout ce que dessus a été dressé le présent procès-verbal qui a été signé par les membres du bureau et par les administrateurs et le commissaire, ces derniers pour l'acceptation de leurs fonctions.

Publicité.

81. — Extrait à insérer dans un journal d'annonces légales.

I. — D'un acte sous signatures privées en date du . . . . . *(Ou :* Suivant acte reçu par Mᵒ . . . . . et son collègue, notaires à. . .., le . . . .; M. . . . . a établi les statuts d'une société anonyme ; desquels statuts il a été extrait littéralement ce qui suit :

Aʀᴛ. 1ᵉʳ. — *(Reproduire ici les dispositions entières des art.* 1, 2, 3, 4, 5, 6, 7, 8, 18, 19, 22, 24, 25, 26, 29, 30, 31, 41, 47, 48, *de la formule* 69.

Pour extrait :
(Signé : . . . . .)

II. — Suivant acte reçu par Mᶜ. . . . . et son collègue, notaires à . .; le. . . . ., enregistré :

M. . . . . . a déclaré : que le capital en numéraire de la société anonyme . . . . . fondée par lui sous la dénomination de «. . . . .», s'élevant à. . . . . fr., représenté par . . . . . actions de . . . . . francs chacune, qui étaient à émettre en espèces, a été entièrement souscrit par divers ; et qu'il a été versé par chaque souscripteur une somme égale au quart du montant des actions par lui souscrites, soit au total. . . . . francs.

Il a été dressé, à l'appui de cette déclaration, un état contenant les noms, prénoms, qualités et demeures des souscripteurs, le nombre d'actions souscrites et le montant des versements effectués par chacun d'eux. Cette pièce, certifiée véritable, a été annexée audit acte notarié.

Pour extrait :
(Signé : . . . . .)

III. — Des procès-verbaux de deux délibérations prises par l'assemblée générale des actionnaires de la société anonyme dite «. . . . . .»,

Il appert :

Du premier, en date du. . . . . :

1º Que l'assemblée générale a reconnu la sincérité de la déclaration de souscription et de versement, faite par le fondateur de ladite société aux termes de l'acte reçu par Mᵉ. . . . . ., notaire, le . . . . . . ;

2º Qu'elle a nommé un commissaire chargé d'apprécier la valeur des apports en nature faits à la société par M. . . . . ., ainsi que les avantages particuliers résultant des statuts, et de faire un rapport qui serait soumis à une assemblée ultérieure ;

Et du deuxième, en date du. . . . . :

1º Que l'assemblée générale a approuvé les apports faits à la société par M. . . . . . et les avantages particuliers stipulés par les statuts ;

2º Qu'elle a nommé comme premiers administrateurs, dans les termes de l'art. . . . . des statuts :

M. . . . . . ; M. . . . . . *(Indiquer les noms, prénoms, qualités et domiciles des administrateurs)* ;

Lesquels ont accepté lesdites fonctions ;

3º Que l'assemblée a nommé M. . . . . . et M. . . . . . *(Noms, prénoms, qualités et domiciles)*, commissaires (avec faculté d'agir conjointement ou séparément, pour faire un rapport à l'assemblée générale sur les comptes du premier exercice. MM. . . . . . ont accepté ces fonctions ;

4º Qu'elle a approuvé les statuts, et a déclaré la société dite «. . . . . . » définitivement constituée.

Pour extrait :
(Signé : . . . . . .)

Expéditions : 1º de l'acte contenant les statuts de la société ; 2º de la déclaration de souscription et de versement et de la liste y annexée ; 3º de l'acte de dépôt et des deux délibérations constitutives y annexées, ont été déposées le. . . . . aux greffes du tribunal de commerce de . . . . . . et de la justice de paix du canton de . . . . . . *(S'il y a une succursale, ajouter : et le . . . . . aux greffes du tribunal de commerce de . . . . . et de la justice de paix du canton de . . . . . .)*.

Pour mention :
(Signé : . . . . . .)

82. — Notice pour le Bulletin des annonces légales obligatoires.

(A publier au cas d'émission publique, loi du 30 janvier 1907 et décret du 3 février 1912.)

Société anonyme française, dite. . . . . . en formation.

Statuts déposés chez Mᵉ. . . . . ., notaire à . . . . . ., le . . . . . ., siège social.

Objet de la société :

Apports : *nom de l'apporteur, désignation des apports, leur rémunération, nombre d'actions libérées ; de parts de fondateurs ; etc.* . . . . .

Le capital social est de. . . . . Il est divisé en actions de. . . . . chacune ; dont . . . . actions entièrement libérées seront remises à l'apporteur, et le surplus, soit actions de numéraire, soit à souscrire et libérer. La libération aura lieu : un quart à la souscription, le surplus suivant les appels de fonds auxquels procédera le conseil d'administration par la suite. Les actions peuvent être transférées au porteur après libération.

L'exercice social commencera le 1er janvier. L'assemblée générale annuelle se tiendra dans les 3 mois qui suivront la clôture de chaque exercice.

Les assemblées ordinaires et extraordinaires se réuniront au siège social, et la convocation en sera faite au moyen d'un avis inséré dans un journal d'annonces légales dudit siège. Pour les assemblées extraordinaires, il y aura lieu en outre à insertion au *Bulletin des annonces légales obligatoires* au cas de convocation d'une 2e ou d'une 3e assemblée, suivant les dispositions de la loi du 22 novembre 1913.

Les assemblées ordinaires seront convoquées, ainsi qu'il vient d'être dit. . . . . jours, et les assemblées extraordinaires. . . . . jours, à l'avance.

Pour les assemblées constitutives, qui seront convoquées de la même manière, le délai sera de. . . . . pour la 1re et de. . . . . pour la 2e.

Les porteurs de parts de fondateurs (lesquels sont réunis en société civile) n'auront droit qu'à une part de bénéfices nets de la société (et des bénéfices de liquidation).

Possibilités et conditions du rachat des parts ;

Les bénéfices nets seront répartis comme suit :. . . . .

. . . .

L'assemblée générale aura toujours le droit, sur la proposition du conseil d'administration, d'affecter une partie desdits bénéfices à des fonds de réserves spéciaux ou d'amortissement.

En cas de liquidation, et après paiement du passif par les liquidateurs, le solde de l'actif net servira d'abord à rembourser le capital-action, s'il y a lieu. Le surplus sera partagé, savoir. . . . . (. . . . . aux parts de fondateurs. . . . . aux actions. . . . .).

Le Fondateur,
(*Signature légalisée*).

83. — Acte de cession civile d'actions d'apport.

Entre les soussignés :

M. . . . ., demeurant à . . . . .,

D'une part,

Et M. . . . ., demeurant à . . . . .,

D'autre part,

Il a été convenu et arrêté ce qui suit :

M. . . . . est propriétaire d'actions d'apports de la société anonyme de . . . . . qui lui ont été attribuées aux termes des statuts de la dite société, statuts déposés en l'étude de . . . . . et publiés . . . . Aux termes de la loi du 1er août 1893, ces actions ne peuvent être commercialement négociées pendant deux années à partir du . . . . . Elles sont restées à la souche et sont frappées d'un timbre indiquant leur nature et la date de la constitution de la société. Mais ces actions peuvent faire l'objet d'une cession civile valable.

En conséquence M. . . . . cède par ces présentes, sous la garantie de droit, à M. . . . . , qui accepte :

. . . . . actions de . . . . . francs chacune, entièrement libérées, de la société anonyme dite « . . . . . », dont le siège est à . . . . ., faisant partie des . . . . . actions attribuées à M. . . . . , en représentation de son apport en nature, aux termes des statuts de cette société.

M. . . . . sera propriétaire des actions cédées, au moyen des présentes, à compter de ce jour ; il aura droit aux dividendes dont elles sont productives, à compter du jour de la constitution de la société. Il aura le droit d'assister aux assemblées générales de la société *(ou : à compter du . . . . .).*

M. . . . . subroge M. . . . . dans tous les droits et obligations attachés aux dites actions. Ce dernier pourra, à l'expiration du délai de deux ans à partir du jour de la constitution de la société, se faire délivrer les actions cédées et ce, hors la présence et sans le concours de M. . . . .

En outre, cette cession est faite moyennant le prix de. . . . . francs, que M . . . . . reconnaît avoir reçu de M . . . . . à qui il en donne quittance.

Pour faire signifier les présentes à ladite société, tout pouvoir est donné au porteur de l'un des originaux.

Fait double à . . . . ., le . . . . .

IX

RÉUNIONS DU CONSEIL ET ASSEMBLÉES GÉNÉRALES

84. — Délibérations du conseil d'administration. — Délégation de pouvoirs à un administrateur.

En exécution de l'article. . . . des statuts, le conseil nomme M. . . . . administrateur délégué et lui confère les pouvoirs suivants :

Il représente la société vis-à-vis des tiers dans les actes d'administration ordinaire.

Il nomme et révoque tous agents et employés de la société, et passe avec eux tous contrats.

Il surveille les dépenses de la société et pourvoit à l'emploi de ses fonds disponibles.

Il consent et accepte tous marchés d'entreprises de travaux publics et particuliers, à forfait ou autrement et contracte tous engagements.

Il autorise toutes acquisitions ou ventes de biens meubles, ainsi que tous baux et locations, ou leurs résiliations concernant spécialement l'exploitation sociale.

Il touche toutes les sommes dues à la société, à quelque titre que ce soit ; il fait tous retraits de titres et valeurs ; il donne toutes quittances et décharges. Il autorise la signature et l'acceptation de tous billets, traites, lettres de change, endos et effets de commerce, les cautionne ou avalise. Il dirige et surveille toutes opérations de trésorerie.

Il autorise et contracte tous prêts, crédits et avances simples, à concurrence d'une somme maxima de. . . . . . par année.

Il gère et dirige *les usines de la société*, achète *les coupes de bois* nécessaires à son exploitation, achète et remplace le matériel indispensable, ordonnance toutes ses dépenses.

Il autorise le paiement des dettes sociales, pourvoit à la paye régulière des ouvriers, etc., et s'assure, en cas de besoin, les fonds pour ce nécessaire.

Il suit toutes actions judiciaires, tant en demandant qu'en défendant.

Il propose au conseil d'administration toutes mesures utiles et lui soumet les comptes qui doivent être présentés à l'assemblée générale des actionnaires.

85. — Appel de fonds.

MM. les actionnaires de la société anonyme « . . . . . », dont le siège est à . . . . . ., rue . . . . . ., sont informés que le conseil d'administration, agissant en vertu des pouvoirs à lui conférés par l'art. . . . . . des statuts (ou la délibération de l'assemblée générale des actionnaires en date du . . . . . .), a, dans sa séance du . . . . . ., décidé de faire l'appel du . . . . . sur les actions de capital, soit . . . . . francs par action.

Ce versement, conformément à l'art. . . . . . des statuts, doit être fait au siège social, au plus tard le . . . . . Les versements en retard porteront intérêt au profit de la société, à raison de 6 p. 100 l'an, sans préjudice du droit de la société de faire vendre les titres à la Bourse de Paris, huit jours après ledit délai, et sans mise en demeure préalable, le tout conformément aux art. . . . . . des statuts.

Le conseil d'administration.

Assemblée générale annuelle.

86. — Avis de convocation.

MM. les actionnaires de la société « . . . . . » sont convoqués en assemblée générale ordinaire, pour le. . . 19. . ., à. . . . heures de relevée, au siège social, à . . . . . ., rue . . . . . ., n°. . . .

Ordre du jour :

1° Rapport du conseil d'administration sur les opérations sociales de l'exercice 19 . . . ;

2° Rapport du commissaire sur les comptes du même exercice ;

3° Approbation, s'il y a lieu, des comptes et du bilan de l'exercice 19 . . et fixation du dividende ;

4° Nomination d'administrateurs ;

5° Nomination d'un commissaire-censeur pour l'exercice 19 . . .

(N.-B. — On peut ajouter d'autres questions telles que : autorisation d'émissions d'obligations, ou autorisation à un administrateur de passer des marchés avec la société, conformément à l'art. 40 de la loi du 24 juillet 1867.)

Aux termes de l'art . . . des statuts, ont le droit de prendre part à l'assemblée générale les propriétaires de . . . . . actions au moins, et ceux qui, par suite de groupement, représentent ce nombre d'actions. Les propriétaires d'actions au porteur et les actionnaires qui usent du droit de groupement doivent déposer leurs titres au siège social. . . . . jours au moins avant l'assemblée (art . . . des statuts).

87. — Rapport du conseil d'administration à l'assemblée générale ordinaire.

Messieurs,

En conformité de l'article. . . de nos statuts, nous avons l'honneur de vous présenter notre rapport sur l'exercice . . . qui a pris fin le . . . . .

Avant d'examiner les différents articles du bilan qui est soumis à votre approbation, nous avons à vous fournir des explications générales sur l'administration de la société et le développement de l'exploitation.

. . . .

Ces explications fournies, voici les développements que nous avons à vous donner sur les différents articles du bilan . . . . .

Après la lecture du rapport de votre commissaire des comptes à qui nous laisserons la parole tout à l'heure, nous vous demanderons, messieurs, de vouloir bien voter sur l'approbation du chiffre du bilan et du compte de profits et pertes, sur les répartitions du solde au compte de réserve, et enfin sur la fixation du dividende et sa répartition. Vous aurez ensuite à fixer les jetons de présence de vos administrateurs.

L'année dernière il vous a plu de mettre à cet effet une somme de . . . . . à leur disposition. Nous vous prions de vouloir bien leur renouveler ce même vote.

Vous aurez aussi à renouveler à vos administrateurs l'autorisation précédemment donnée de prendre des intérêts dans les sociétés en relations d'affaires avec la nôtre.

Au cours de l'exercice écoulé, MM . . . . . ., administrateurs, ont donné leur démission.

Ou bien : Nous avons le regret de vous apprendre le décès de MM. : . . . .

Conformément à l'article . . . . . des statuts, le conseil d'administration a procédé au remplacement de MM. . . . . ., sauf à vous à approuver ou désapprouver les choix faits par votre conseil.

Nous avons donc l'honneur de soumettre à votre délibération la nomination définitive de MM . . . . . comme administrateurs pour une période de . . . . .

88. — Rapport du commissaire-censeur sur les exercices annuels.

Messieurs,

J'ai l'honneur de vous présenter le rapport que vous avez bien voulu me charger d'établir sur les comptes de l'exercice de votre société qui a pris fin le. . . . .

Le bilan dressé par le service de la comptabilité comprend à l'actif et au passif les articles suivants sur chacun desquels je donne une explication complémentaire pour vous en faciliter l'examen et l'appréciation.

(Reproduire ici les articles du bilan sur lesquels le commissaire a des explications à fournir.)

. . . .

. . . .

L'examen et la vérification auxquels je me suis livré des comptes qui vous sont présentés m'ont permis de constater leur exactitude et leur concordance avec les écritures sociales. Je conclus en conséquence à leur approbation.

Avant de fixer le dividende à distribuer, vous devrez, conformément à l'art. . . . des statuts, vous prononcer sur les propositions que vous fera le conseil d'administration au sujet des amortissements dont il y a lieu de frapper certaines valeurs dépendant de l'actif social qui en sont susceptibles, sous la création de réserves spéciales pour en tenir lieu.

. . . . ., le . . . . . .

(Signature.)

AUTRE FORMULE

Messieurs,

L'assemblée générale de votre société en date du . . . . . m'a chargé des fonctions de commissaire-censeur, conformément à l'art. 32 de la loi du 24 juillet 1867 et à l'art. . . . . . de vos statuts, pour l'exercice . . . . . .

J'ai l'honneur de vous présenter mon rapport sur le bilan et les comptes de l'exercice écoulé.

(Sur le bilan.)

Les comptes qui vous sont présentés sont d'accord avec les écritures de la société. Leur vérification par le soussigné en a confirmé l'exactitude. Je conclus en conséquence à leur approbation.

Après cette approbation, vous aurez à prendre vos résolutions en ce qui touche la répartition des bénéfices, l'application de la portion de ces béné-

fices à un compte d'amortissement des valeurs sociales qui en sont susceptibles ou à un compte « réserve spéciale » devant en tenir lieu.

Vous aurez ensuite à décider la portion de bénéfices à distribuer aux
actionnaires.

AUTRE FORMULE (*finale*).

Les comptes ci-dessus examinés sont en parfaite concordance avec les
livres de comptabilité et avec la balance des écritures.

Le solde du compte de profits et pertes s'élève à la somme de. . . . .

Le conseil d'administration vous propose d'employer cette somme à
l'amortissement du compte « matériel » pour. . . . . et à l'amortissement
des comptes ci-après :

. . . .

Total . . . .

Le surplus, soit . . . .; serait attribué à la réserve légale ;

5 0/0 pour . . . .
aux actionnaires à titre d'intérêts, conformément à l'art. . . . . . des statuts, sur lesquels un acompte a été distribué en cours d'exercice.

Le solde du compte « profits et pertes » resterait créditeur de . . . . .

Nous nous rallions entièrement aux propositions de notre conseil d'administration relativement à l'emploi très sage et très prudent jusqu'à concurrence de . . . . . du solde du compte de « profits et pertes » et à l'attribution du surplus, telle que nous venons de l'indiquer.

En conséquence, nous concluons, d'une part, à l'approbation des comptes
de l'exercice clôturé le . . . . .; d'autre part, à l'approbation des propositions du conseil sur le mode d'emploi de répartition du solde du compte
de « profits et pertes ».

89. — Procès-verbal en cas d'insuffisance des actions représentées.

L'an 19 . . . ., le . . . . . ., à . . . heures de relevée,

Les actionnaires de la société anonyme « . . . . » se sont réunis en assemblée générale ordinaire au siège social à. . . . ., rue. . . . ., n°. ., sur la
convocation du conseil d'administration, suivant avis inséré dans le journal
d'annonces légales. . . . ., feuille du. . . .

M. . . . . préside l'assemblée comme président du conseil d'administration ; MM. . . . . . ., les deux plus forts actionnaires présents, sont
appelés comme scrutateurs ; M. . . est désigné comme secrétaire.

La feuille de présence, signée des actionnaires présents, et certifiée véritable par les membres du bureau, constate que . . . . actionnaires possédant seulement . . . actions sont présents ou représentés.

L'assemblée générale ne réunissant pas le quart au moins du capital
social, M. le président constate que cette assemblée ne peut délibérer valablement : qu'il y a donc lieu de convoquer une autre assemblée dans les
formes et délais prescrits par les statuts. Les résolutions qui seront prises

par cette assemblée seront valables, quelle que soit la portion du capital représentée, conformément aux dispositions de l'art. 29 de la loi du 24 juillet 1867.

De tout ce que dessus, il a été dressé le présent procès-verbal, qui a été signé par les membres du bureau.

90. — Procès-verbal de la délibération.

L'an . . . . ., le . . . . . ., à . . . . . heure . . . . .

Les actionnaires de la société anonyme « . . . . . » se sont réunis en assemblée générale ordinaire au siège social, à . . . . . ., rue . . . . . ., sur la convocation faite par le conseil d'administration, suivant avis inséré dans . . . . ., feuille du . . . . ., ainsi que le constate un numéro enregistré et légalisé dudit journal.

M. . . . . ., président du conseil d'administration, remplit les fonctions de président, M. . . . . est désigné comme secrétaire, et MM. . . . . . comme scrutateurs.

La feuille de présence, signée des actionnaires présents et certifiée véritable par les membres du bureau, établit que . . . . . actionnaires, possédant . . . . . actions, sont présents ou représentés. L'assemblée, composée d'actionnaires représentant plus du quart du capital social, est déclarée régulièrement constituée.

M. le président expose que l'assemblée est réunie à l'effet de voter sur l'approbation des comptes et du bilan de l'exercice . . . . . ., la fixation du dividende à répartir pour ledit exercice, la nomination d'administrateurs pour . . . . . ans et de commissaires des comptes pour l'exercice. . . . .

M. le président présente à l'assemblée l'inventaire de l'actif et du passif de la société au . . . . ., le bilan de la société au même jour et le compte des profits et pertes. Ces documents, ainsi que le rapport du commissaire des comptes, ont été mis à la disposition des actionnaires au siège social quinze jours avant la présente réunion.

M. le président donne lecture du rapport du conseil d'administration sur les opérations de l'exercice . . . . . ; M. . . . . . donne lecture de son rapport sur les comptes du même exercice.

Diverses observations sont échangées, puis il est procédé au vote sur les questions à l'ordre du jour, et l'assemblée adopte les résolutions suivantes :

Première résolution.

« L'assemblée générale, après avoir entendu le rapport du conseil d'administration et celui du commissaire des comptes pour l'exercice . . . . . ., approuve les comptes et le bilan dudit exercice ; elle fixe à . . . . . . francs le dividende à répartir pour chaque action. »

Cette résolution est adoptée à l'unanimité.

Deuxième résolution.

« L'assemblée générale nomme MM. . . . . ., administrateurs pour . .
. . . ans. »

Cette résolution est adoptée à l'unanimité.

MM. . . . . déclarent accepter les fonctions qui leur sont confiées.

Troisième résolution.

« L'assemblée générale nomme M. . . . . . commissaire des comptes
pour l'exercice . . . . . »

Cette résolution est adoptée à l'unanimité.

M. . . . . déclare accepter les fonctions qui lui sont confiées.

Le présent procès-verbal a été signé par les membres du bureau, les administrateurs et le commissaire des comptes.

91. — Pouvoir pour représenter à l'assemblée générale ordinaire ou extraordinaire.

Je soussigné . . . . .

Donne par ces présentes pouvoir à M. . . . . ., demeurant à . . . . .

De pour moi et en mon nom se présenter le . . . . . ., à . . . . . .,
rue . . . ., à l'assemblée générale ordinaire de la société « . . . . . », assister à la réunion comme à toute autre qui aurait lieu ultérieurement si la première ne pouvait délibérer, prendre part à toutes délibérations et à tous votes sur les questions à l'ordre du jour, accepter toutes fonctions qui me seraient conférées, signer tous registres, feuilles de présence et procès-verbaux, élire domicile, substituer et généralement faire le nécessaire, promettant l'avouer.

     A. . . . . ., le . . . . .

Assemblées générales extraordinaires

POUR LA MODIFICATION DES STATUTS, LA PROROGATION DE LA SOCIÉTÉ, LA
DISSOLUTION ANTICIPÉE, LE CHANGEMENT AU MODE DE LIQUIDATION, ETC.

92. — Convocation.

MM. les actionnaires de la société anonyme « . . . . . » sont convoqués
en assemblée générale extraordinaire le . . . . . ., à . . . . . heures . .
. . ., au siège social à . . . . . ., rue . . . . .

Ordre du jour :

Modification de l'art. . . . . des statuts.

(*Ou* : Prorogation de la société jusqu'au . . . . .)

(*Ou* : Dissolution à partir du . . . . .)

Nomination de liquidateurs.

Aux termes de l'art. 31 nouveau de la loi du 24 juillet 1867, et de

l'art. . . . . des statuts, tout actionnaire peut prendre part à la délibération, avec un nombre de voix égal aux actions qu'il possède, sans
limitation.

Modification des statuts.

93. — Procès-verbal de l'assemblée générale.

L'an . . . . . ., le . . . . . ., à . . . . . heure . . . . .

Les actionnaires de la société anonyme « . . . . . . » se sont réunis en
assemblée générale extraordinaire au siège social, à . . . . . ., rue . . . .
. ., sur la convocation faite par le conseil d'administration suivant avis
inséré dans le . . . . . ., feuille du . . . . . ., ainsi que le constate un
numéro enregistré et légalisé dudit journal. (Des lettres personnelles ont
été adressées à chacun des titulaires d'actions nominatives.)

M. . . . . ., président du conseil d'administration, remplit les fonctions
de président, M. . . . . . est désigné comme secrétaire, et MM. . . . . .
comme scrutateurs.

La feuille de présence, signée des actionnaires présents et certifiée véritable par les membres du bureau, établit que . . . . . actionnaires, possédant . . . . . . actions, sont présents ou représentés. L'assemblée, comprenant un nombre d'actionnaires représentant plus de la moitié du capital social, est déclarée régulièrement constituée.

M. le président expose que l'assemblée est réunie à l'effet de voter sur
certaines modifications qu'il y aurait lieu d'apporter aux statuts ; donne
lecture du rapport du conseil d'administration sur ce sujet.

Après l'échange de diverses observations, il est procédé au vote, et l'assemblée adopte à l'unanimité (ou : à la majorité de . . . . . actionnaires
représentant . . . . . actions et . . . . . voix) la résolution suivante :

L'art. . . . . . des statuts est modifié ainsi qu'il suit :

« . . . . »

Tous pouvoirs sont donnés au porteur d'une copie certifiée du présent
procès-verbal pour effectuer les publications prescrites par la loi. Le présent
procès-verbal a été signé par les membres du bureau.

94. — Extrait à insérer dans un journal d'annonces légales.

Suivant délibération prise le . . . . . (*Ajouter s'il y a lieu* : dont une
copie a été déposée pour minute à Me . . . . . ., notaire à . . . . . ., le . .
. . .), l'assemblée générale des actionnaires de la société anonyme « . . .
. . » a apporté les modifications suivantes aux statuts de ladite société
publiés dans le . . . . . du . . . . .

L'art. . . . . . des statuts est modifié ainsi qu'il suit :

« . . . . »

(*Ou bien* : La société, dont l'expiration était fixée par l'art. . . . . . des statuts au . . . . ., est prorogée jusqu'au . . . . . *(Ou :* dissoute à partir . . . . .)

Deux doubles (ou deux expéditions) de ladite délibération ont été déposés aux greffes de la justice de paix de . . . . . et du tribunal de commerce de . . . . ., conformément à la loi.

Pour extrait :
(Signature du gérant ou des administrateurs ou du notaire.)

95. — Procès-verbal d'une première assemblée extraordinaire dissoute faute de quorum.

L'an . . . . ., le . . . . .

(Calcul d'après la feuille de présence, du nombre d'actionnaires présents ou représentés.)

Le président constate que l'assemblée ne réunit pas les trois quart du capital social exigé par la loi et les statuts ; conséquemment lève la séance, avisant les actionnaires présents qu'une seconde assemblée sera convoquée dans les formes et délais déterminés par la loi.

96. — Convocation à une 2ᵉ assemblée.

Les actionnaires de la société anonyme « . . . . . », convoqués en assemblée extraordinaire par avis publié . . . . ., n'ayant pu délibérer valablement faute de quorum, sont convoqués à nouveau en assemblée générale extraordinaire pour le . . . . ., au siège social . . . . ., afin de délibérer sur les questions suivantes, qui faisaient l'objet de l'ordre du jour de la première assemblée.

97. — Ordre du jour.

Reproduction pure et simple de l'ordre du jour de la première assemblée. Conditions du dépôt des titres en vue de l'assemblée. . . . . .

98. — Convocation à une 3ᵒ assemblée.

Même formule que la précédente, avec indication que deux assemblées ont été tenues sans réunir les quorums légaux (la 1ʳᵉ, des 3/4 du capital social, la 2ᵉ, la 1/2 du même capital) ; et reproduction intégrale de l'ordre du jour de la 1ʳᵉ.

Note : Ces convocations doivent paraître à la fois dans le « Bulletin des annonces légales obligatoires » et dans un journal d'annonces légales du lieu où la société est établie.

Rachat de parts de fondateurs.

99. — Délibération de l'assemblée générale des actionnaires.

L'assemblée générale décide, en conformité de l'art. . . . . des statuts, qu'il soit procédé au rachat des parts de fondateur actuellement existantes.

À cette fin, elle donne au conseil d'administration les pouvoirs les plus étendus pour réaliser ce rachat, soit globalement par convention avec la société civile des porteurs de parts, soit par marchés de gré à gré, en observant pour ce les prescriptions statutaires et aussi vite qu'il sera possible.

Les titres rachetés devront être détruits.

Les sommes qui seront employées à ladite opération seront inscrites à un compte spécial dont l'assemblée générale ordinaire assurera l'amortissement.

X

AUGMENTATION ET RÉDUCTION DU CAPITAL

100. — Assemblée générale décidant l'augmentation du capital sans nouveaux apports.

L'an 19 . . . . . ., le . . . ., à . . . . . . heures de relevée,

Les actionnaires de « . . . . . . », société anonyme au capital de . . . . . . francs, divisé en . . . . . actions de . . . . . francs,

Se sont réunis en assemblée générale extraordinaire, au siège social, à . . . . . ., rue . . . ., n°. . . . . ., sur la convocation faite par le conseil d'administration, suivant avis inséré dans le journal. . . . . ., feuille du . . . .

Il a été dressé une feuille de présence, signée par tous les actionnaires assistant à la réunion.

L'assemblée procède à la composition de son bureau, M . . . . . occupe le fauteuil de la présidence comme président du conseil d'administration ; M . . . . . et M . . . . ., les deux plus forts actionnaires présents et acceptants, sont appelés comme scrutateurs, et M . . . . . est désigné comme secrétaire.

M. le président constate, d'après la feuille de présence, certifiée véritable par les membres du bureau, que. . . . . actionnaires, possédant. . . . actions, sont présents ou représentés. L'assemblée réunissant ainsi plus de la moitié du capital social est déclarée régulièrement constituée.

M. le président communique à l'assemblée un exemplaire légalisé et enregistré du journal contenant l'avis de convocation.

Il rappelle que l'assemblée a été convoquée à l'effet de statuer sur l'augmentation du capital social, et il donne lecture du rapport du conseil d'administration à ce sujet.

Cette lecture terminée, quelques explications sont échangées entre des membres de l'assemblée sur la mesure proposée.

Personne ne demandant plus la parole, M. le président met aux voix la résolution suivante, à l'ordre du jour :

Résolution.

« L'assemblée décide que le capital de la . . . . . ., actuellement fixé
à . . . francs, sera augmenté de. . . . . francs par l'émission au pair
de. . . . . actions de. . . . . francs chacune. Le capital sera porté en
conséquence à. . . . . francs.

« Les actions de l'augmentation donneront à partir du. . . . . les mêmes droits que les actions anciennes ; elles seront soumises à toutes les dispositions des statuts. Le versement du premier quart aura lieu à la souscription ; le surplus sera exigible au fur et à mesure des besoins de la société
d'après les décisions du conseil d'administration.

« Le conseil d'administration a tout pouvoir pour recueillir les souscriptions et les versements, faire la déclaration notariée et les publications et
remplir les formalités nécessaires à la régularité de l'opération.

« Une assemblée générale composée des actionnaires anciens et nouveaux
sera convoquée à la diligence des administrateurs pour vérifier la sincérité
de la souscription et modifier les statuts. »

Le présent procès-verbal a été signé par les membres du bureau.

101. — Autre formule.

Augmentation du capital. — Pouvoirs donnés au conseil d'administration.

L'assemblée générale décide de porter de. . . . . fr. à. . . . . le
capital de la société par l'émission de. . . . . actions de. . . . .,
lesquelles auront les mêmes droits exactement que celles constituant le
capital initial.

L'assemblée décide aussi que l'augmentation susdite de. . . . . fr.
sera réalisée par le conseil d'administration en une ou plusieurs fois, ou
par tranches successives dont il fixera lui-même l'importance et les
modalités, toutes autorisations nécessaires lui étant conférées pour la
passation de toutes conventions relatives à cette émission.

Si le conseil émet des actions avec primes (ce à quoi il est également
autorisé pour le tout ou pour partie, suivant son appréciation), le montant
de ces primes sera d'abord employé à faire face aux frais d'émission et
de publicité.

L'emploi du surplus, inscrit provisoirement à un fonds de réserve, sera
déterminé ultérieurement par l'assemblée générale ordinaire, sur la proposition du conseil et en conformité des statuts.

Les nouvelles actions donneront droit aux mêmes intérêts et dividende
que les anciennes.

Le montant desdites actions sera payable. . . . . .

102. — Assemblée générale décidant l'augmentation du capital avec apports nouveaux.

(V. formules précédentes.)

. . . .

Le président lit ensuite le rapport du conseil d'administration sur l'augmentation du capital social et offre la parole aux actionnaires qui la demandent (1).

Le président donne connaissance à l'assemblée des conventions préliminaires intervenues avec . . . . . en vue de l'apport de . . . . . .

Après échange de diverses observations, personne ne demandant plus la parole, le président met aux voix la résolution suivante :

Résolution.

« L'assemblée générale, après avoir pris connaissance des conventions intervenues le. . . . . entre M. . . . . ., apporteur, et les représentants de la société, aux termes desquelles il est fait apport à celle-ci de divers éléments d'actif, moyennant l'attribution de . . . . . actions nouvelles de la société de. . . . . francs chacune, entièrement libérées, décomptées au pair (*ou bien*, si la valeur des actions dépasse leur valeur nominale : décomptées à . . . . . francs), approuve et accepte provisoirement cet apport aux conditions stipulées, mais sous réserve de la vérification et de l'approbation dudit apport, conformément à la loi.

« L'assemblée nomme M. . . . . commissaire chargé de faire un rapport à une subséquente assemblée générale sur la valeur de cet apport et sur les attributions et avantages stipulés en échange.

« En conséquence, et sous la réserve qui précède, l'assemblée vote l'augmentation du capital social, qui sera porté de. . . . . francs à . . . . . francs par la création de . . . . . actions nouvelles de . . . . . francs chacune, entièrement libérées, avec jouissance à partir du. . . . . ; qui seront attribuées à M. . . . . . en représentation de son apport, ainsi que la modification de l'article . . . des statuts, qui sera ainsi rédigé : . . .
. . (*insérer ici la nouvelle rédaction de l'article des statuts contenant l'énonciation du capital social*). »

Cette résolution est votée à l'unanimité (*ou bien* : par . . . . . voix contre . . . . . ; *si l'apporteur est présent ou représenté à la réunion, ajouter* : M. . . . . . s'est abstenu de prendre part au vote).

Personne ne demandant plus la parole, le président déclare la séance levée à . . . . . heures.

De tout ce que dessus, il a été dressé procès-verbal qui a été signé, ainsi que la feuille de présence, par le président, les scrutateurs et le secrétaire.

103. — Déclaration notariée de souscription et de versement.

Par devant M⁰. . . . . ., notaire à . . . . . ., et son collègue, le. . . 19 . . . . .

(1) S'il s'agit d'une société en commandite par actions, il faut écrire : Le président donne la parole au gérant. Celui-ci fait à l'assemblée la lecture de son rapport proposant l'augmentation du capital social. Le président donne ensuite lecture du rapport du conseil de surveillance sur la même question et offre la parole aux actionnaires qui la demandent.

Ont comparu :

1° M . . . . .,

2° M . . . . . ; etc.

Membres du conseil d'administration de la « . . . . . . », société anonyme au capital de . . . . . francs, ayant son siège à . . . . . ., rue . .
. . .,

Lesquels ont dit qu'aux termes d'une délibération en date du . . . l'assemblée générale extraordinaire des actionnaires de ladite société a décidé que le capital de cette société serait augmenté de . . . . . francs, par l'émission au pair de . . . . . actions de . . . . . francs chacune, dont le montant serait payable . . . ; que la même assemblée a autorisé le conseil d'administration à recueillir la souscription, à recevoir les versements et à faire la déclaration notariée des souscriptions et des versements.

Les comparants déclarent par les présentes :

Que les . . . . . actions de . . . . . francs chacune de la « . . . . . » représentant l'augmentation de capital de . . . . . francs décidée par la délibération ci-dessus énoncée, ont été souscrites par . . . . . personnes ;

Et qu'il a été versé, en espèces, par chaque souscripteur, une somme de
. . . . .

À l'appui de cette déclaration, les comparants ont représenté un état, certifié véritable et signé par eux, contenant les noms, prénoms, qualités et domiciles des souscripteurs, le nombre d'actions souscrites et le montant des versements effectués par chacun d'eux.

Ledit état est demeuré annexé au présent acte, conformément à la loi, après avoir été certifié *ne varietur* par les comparants et revêtu d'une mention par les notaires soussignés.

Dont acte. . . . . .

104. — Convocation à une deuxième assemblée.

Société (Dénomination).

Tous les actionnaires anciens et nouveaux de la société « . . . . . . » sont convoqués en assemblée générale extraordinaire, au siège social, à
. . . . . ., rue . . . . . ., n° . . . . . ., pour le . . . . . . 19 . . . . .,
à . . . . . heures de relevée, à l'effet de :

1° Vérifier et reconnaître la sincérité de la déclaration de souscription et de versement relative à l'augmentation du capital social ;

2° Voter toutes modifications aux statuts, qui sont la conséquence de cette augmentation de capital.

105. — Assemblée générale constatant l'augmentation du capital.

L'an . . . . . ., le . . . . . ., à . . . . . . heures de relevée,

Les actionnaires anciens et nouveaux de la « . . . . . », société anonyme au capital de . . . . . francs,

Se sont réunis en assemblée générale extraordinaire au siège social à . .

. . ., rue . . . . . ., n° . . . . ., sur la convocation faite par le conseil d'administration suivant avis, etc.

Il a été dressé une feuille de présence, signée par tous les actionnaires assistant à cette réunion.

Il est procédé à la constitution du bureau : M. . . . ., président du conseil d'administration, remplit les fonctions de président ; M. . . . et M. . . . . ., les deux plus forts actionnaires présents et acceptants, sont appelés comme scrutateurs ; M. . . . . . est désigné comme secrétaire.

M. le président constate d'après la feuille de présence, certifiée véritable par les membres du bureau, que . . . . . actionnaires sont présents ou régulièrement représentés. L'assemblée, réunissant ainsi plus de la moitié du capital social ancien et nouveau, est déclarée régulièrement constituée.

M. le président expose :

Qu'aux termes d'une délibération en date du . . . . . ., l'assemblée générale extraordinaire des actionnaires a décidé que le capital de la société serait augmenté de . . . . . francs, divisés en . . . . . actions de . . . . . . francs chacune, payables . . . . . ;

Qu'en vertu des autorisations qui lui ont été données, le conseil d'administration a reconnu sincère la souscription des . . . . . actions nouvelles, et a reçu de chacun des souscripteurs le . . . . . ., soit . . . . . francs ;

Que ces souscriptions et versements ont été constatés par une déclaration faite par le conseil d'administration, suivant acte reçu par Mᵉ. . . . ., notaire à . . . . . ., le . . . . . ., auquel acte est annexé un état contenant les noms des souscripteurs, le nombre des actions souscrites et le montant des versements effectués par chacun d'eux.

Et qu'enfin l'assemblée générale de ce jour est réunie à l'effet de vérifier la sincérité de la déclaration notariée précitée, et de modifier l'art. . . . . . des statuts, comme conséquence de l'augmentation du capital.

Il est donné lecture à l'assemblée dudit acte notarié et de la liste y annexée.

Après échange d'observations, les résolutions suivantes sont adoptées à l'unanimité :

Première résolution.

« L'assemblée générale reconnaît la sincérité de la déclaration faite par le conseil d'administration, suivant acte reçu par Mᵉ. . . . . ., notaire à . . . ., le . . . . . ., de la souscription des . . . . actions de . . . . francs représentant l'augmentation du capital de . . . . . francs autorisée par l'assemblée générale du . . . . . et du versement du . . . . . sur chacune de ces actions.

« En conséquence, le capital social, qui était de . . . . . francs, est élevé à . . . . . . francs. »

Cette résolution, mise aux voix, est adoptée à l'unanimité.

Deuxième résolution.

« L'assemblée décide que par suite de l'augmentation du capital, la rédaction de l'art. . . . . des statuts est modifiée ainsi qu'il suit :

« Art. . . . . — Le capital social est fixé à . . . . . francs, et divisé en . . . . . actions de . . . . . francs chacune, dont. . . . . francs, formant le capital originaire, et. . . . . francs, montant de l'augmentation résultant des décisions d'assemblées générales d'actionnaires des . . . . . et. . . . . »

Cette résolution est adoptée à l'unanimité.

La présente délibération et celle du . . . . ., ainsi que la déclaration notariée de souscription et de versement, seront publiées conformément à la loi ; pour faire les dépôts et publications, tous pouvoirs sont donnés au porteur d'une copie ou d'un extrait.

De tout ce que dessus, il a été dressé le présent procès-verbal, lequel a été signé par les membres du bureau, après lecture.

106. — Extrait à insérer dans un journal d'annonces légales.

I. — Aux termes d'une délibération en date du. . . . ., dont copie est annexée à la minute d'un acte reçu par Mᵉ. . . . ., notaire à. . . . . . ., le. . . . ., enregistré,

L'assemblée générale extraordinaire des actionnaires de la société anonyme « . . . . . . », dont le siège est à . . . . . ., rue . . . . . ., nᵒ. . . . ., a décidé que le capital de cette société, qui était alors de . . . . . francs, serait augmenté de . . . . . francs par l'émission, au pair, de. . . . . actions de . . . . . francs, et que par suite, ce capital serait porté à . . . . . francs ; que les actions nouvelles seraient payables : . . . . . au moment de la souscription, et le surplus aux époques qui seraient fixées par le conseil d'administration ; qu'enfin le conseil d'administration était autorisé à recueillir la souscription des nouvelles actions, à recevoir les versements, à faire la déclaration notariée des souscriptions et versements, et à remplir toutes formalités nécessaires.

Pour extrait :
(Signé. . . . .)

II. — Suivant acte reçu par Mᵉ. . . . ., notaire à. . . . . ., le. . . . . ., le conseil d'administration de la société anonyme de « . . . . . » a déclaré : que les . . . . . actions nouvelles de . . . . . francs chacune de ladite société ont été souscrites par diverses personnes, et qu'il a été versé en espèces, par chaque souscripteur, une somme égale au . . . . . du montant des actions par lui souscrites ; à cet acte a été annexée une liste certifiée contenant les noms, prénoms, qualités et domiciles des souscripteurs, le nombre d'actions souscrites et le montant des versements effectués par chacun d'eux.

Pour extrait :
(Signé. . . . .)

III. — Par une délibération en date du . . . . ., dont une copie a été déposée pour minute à Me. . . . ., notaire à . . . . ., par acte du. . . . . . enregistré,

L'assemblée générale de tous les actionnaires anciens et nouveaux de la société anonyme « . . . . . » a :

1° Reconnu la sincérité de la déclaration de souscription et de versement faite par le conseil d'administration de ladite société, aux termes de l'acte reçu par ledit Me. . . . ., notaire, le . . . . . . ;

2° Décidé, par suite de l'augmentation du capital, que la rédaction de l'article . . . . des statuts est modifiée et remplacée ainsi qu'il suit :

« Art. . . . . — Le capital social est fixé à . . . . . francs et divisé en . . . . . actions de . . . . . francs chacune, dont. . . . . francs formant le capital originaire, et . . . . . francs montant de l'augmentation résultant des décisions des . . . . . et . . . . . »

Pour extrait :

(Signé. . . . .)

Expéditions des délibérations des. . . . . et. . . . . et de l'acte notarié du. . . . ., ainsi que de la liste y annexée, ont été déposées le. . . . ., aux greffes de la justice de paix du canton de. . . . . et du tribunal de commerce de. . . . .

Pour mention :

(Signé. . . . .)

Transformation des réserves en actions.

MODES DE RÉALISATION.

107. — A. — Création d'actions nouvelles.

Première résolution.

En conformité de l'article . . . . . des statuts, l'assemblée générale décide de porter le capital social à . . . . . francs par l'incorporation au capital actuel d'une somme de . . . . . francs qui sera prélevée sur le compte de réserve figurant au passif du bilan du . . . . . sous le titre de . . . . .

« En conséquence, l'assemblée générale décide de créer . . . . . actions nouvelles, d'une valeur nominale de . . . . . francs chacune, numérotées de . . . . . à . . . . . et entièrement libérées, qui seront attribuées aux actionnaires, à raison de . . . . . action(s) nouvelle(s) pour . . . . . action(s) ancienne(s).

« Les . . . . . actions nouvelles ainsi créées auront les mêmes droits que les actions anciennes et seront délivrées, coupon n°. . . . attaché, avec jouissance à dater du . . . . .

« Le droit aux actions nouvelles sera constaté par la remise à la société de . . . . . coupons n⁰ . . . . . détachés des actions anciennes pour . . . . . action(s) nouvelle(s) ou bien par une estampille apposée sur les actions anciennes. »

Deuxième résolution.

« Comme conséquence de l'adoption de la résolution qui précède, l'assemblée générale décide de modifier ainsi qu'il suit l'article . . . . . des statuts :

« Le capital social est fixé à . . . . . francs et divisé en . . . . . actions d'une valeur de . . . . . francs chacune.

« Sur ces actions . . . . . ont été créées, suivant décision de l'assemblée générale extraordinaire du. . . . ., par voie de prélèvement sur les réserves et attribuées aux propriétaires des actions précédemment existantes, à raison de . . . . . action(s) nouvelle(s) pour . . . . . action(s) ancienne(s).

« Pour les publications légales, tous pouvoirs sont donnés au porteur d'un extrait du présent procès-verbal. »

108. — B. — Augmentation de la valeur nominale des actions anciennes.

Première résolution.

En conformité de l'article . . . . . des statuts, l'assemblée générale décide de porter le capital social à . . . . . francs, en élevant la valeur nominale des actions existantes de . . . . . à . . . . . francs, au moyen de l'incorporation au capital social d'une somme de . . . . . francs prélevée sur le compte de réserve figurant au bilan du . . . . . sous le titre . . . . .

« Cette augmentation de valeur nominale sera constatée par l'apposition d'une estampille sur les actions. »

Deuxième résolution.

« Comme conséquence du vote de la résolution qui précède, l'assemblée générale décide de modifier comme suit l'article . . . . . des statuts :

« Le capital est fixé à . . . . francs et divisé en . . . . . actions d'une valeur nominale de . . . . . francs chacune, portant les numéros . . . . à . . . . . .

« Pour les publications légales, tous pouvoirs sont donnés au porteur d'un extrait du présent procès-verbal. »'

109. — Assemblée générale autorisant la réduction du capital (Rachat d'actions).

L'an. . . ., le . . . . . ., à . . . . . heures de relevée,

Les actionnaires de la société anonyme « . . . . . . », au capital de. . .

. . . francs, se sont réunis en assemblée générale extraordinaire, au siège social, à . . . . . ., rue . . . . . ., nᵒ . . . . ., en exécution de la convocation faite par le conseil d'administration, suivant avis inséré dans le journal. . . . . ., feuille du . . . . .,

Il est procédé à la constitution du bureau. M. . . . . . préside comme président du conseil d'administration ; MM. . . . . . . et . . . . ., les deux plus forts actionnaires présents, sont appelés comme scrutateurs ; M. . . . . . est désigné comme secrétaire.

Il a été dressé une feuille de présence, signée des actionnaires. Cette pièce, certifiée véritable par les membres du bureau, constate que. . . . . actionnaires, possédant. . . . . actions, sont présents ou représentés. L'assemblée, réunissant ainsi plus de la moitié du capital social, est déclarée régulièrement constituée.

M. le président dépose sur le bureau un exemplaire légalisé et enregistré du journal contenant l'avis de convocation, ainsi que du *Journal officiel* dans lequel ont été faites les publications prescrites par la loi de 1907.

M. le président expose que l'assemblée est réunie à l'effet de décider s'il y a lieu de réduire le capital social et d'autoriser le conseil d'administration à racheter. . . . . actions et si cette résolution est adoptée, pour statuer sur les modifications statutaires qui en seraient la conséquence.

Diverses explications sont échangées.

M. le président met aux voix les résolutions suivantes :

Première résolution.

« L'assemblée générale autorise le conseil d'administration à racheter soit à l'amiable, soit en Bourse ou en banque, moyennant un prix qui ne pourra être supérieur à. . . . . francs par action, ... actions de la société entièrement libérées.

« Les actions rachetées seront annulées, et ne participeront plus à l'avenir à aucun dividende, même à celui de l'exercice en cours.

Tous pouvoirs sont donnés au conseil d'administration pour effectuer l'achat et l'annulation de titres prévus par la présente délibération et pour faire les publications prescrites par la loi.

« Lorsque le rachat des. . . . . actions aura été effectué, le capital social, fixé par les statuts à. . . . . francs, et divisé en: . . . . : actions de. . . . . francs chacune, se trouvera réduit à. . . . . francs; et divisé en. . . . . actions de. . . . . francs chacune entièrement libérées. »

Cette résolution est adoptée à l'unanimité.

Deuxième résolution.

« L'assemblée générale décide que comme conséquence du rachat et de l'annulation des. . . . . actions, l'art. . . . . . des statuts sera modifié ainsi qu'il suit :

« Art. . . — Le fonds social, primitivement fixé à. . . . . francs, est réduit à. . . . . francs divisés en. . . . . actions de . . . . . francs chacune. »

Cette résolution est adoptée à l'unanimité.

Troisième résolution.

« Les titres de la société seront frappés d'une estampille avec cette mention : capital réduit à. . . . . francs, délibération du. . . . . (*Variante, ce qui est plus pratique* : échangés contre de nouveaux titres portant l'indication du capital réduit). L'échange devra être opéré avant la réunion de l'assemblée générale annuelle qui suivra la déclaration de rachat faite par le conseil d'administration. »

Cette résolution est adoptée à l'unanimité.

De tout ce que dessus, il a été dressé le présent procès-verbal, qui a été signé par les membres du bureau, après lecture.

110. — Procès-verbal d'une assemblée générale convoquée à la fois ordinairement et extraordinairement.

(Une assemblée peut être à la fois ordinaire et extraordinaire, pourvu que l'avis de convocation ait avisé les actionnaires qu'elle aurait cette double qualité, et que le quorum le plus élevé des deux (d'après la loi et les statuts) soit atteint. — C'est ce que constatera le procès-verbal.)

. . . .

Le président constate, d'après la feuille de présence, que . . . . . actionnaires, possédant . . . . . actions, sont présents ou représentés ; et qu'en conséquence l'assemblée réunit plus des 3/4 du capital social (*quorum de la loi du* 22 *nov.* 1913 *pour les assemblées extraordinaires*). Celle-ci est donc reconnue régulière et peut valablement délibérer.

Délibération . . . . . *Résolution* . . . . .

(Note : Nous estimons d'ailleurs qu'il est aussi simple de procéder séparément, au moyen de deux convocations, de la tenue des deux assemblées — d'ailleurs consécutives — de la rédaction de deux procès-verbaux, etc... pour éviter toutes erreurs.)

111. — Acte de déclaration du conseil d'administration constatant le rachat d'actions.

Par devant M^e. . . ., notaire à. . . ., et son collègue, et le. . . 19. . .,

A comparu : M. . .,

Agissant au nom et comme membre du conseil d'administration de la société anonyme « . . . », dont le siège est à . . . ., rue . . . ., n°. . . ; et autorisé aux fins des présentes, par une délibération prise par ledit conseil dans sa séance du. . . et dont copie est demeurée ci-annexée, après avoir été certifiée véritable par le comparant, et revêtue d'une mention signée des notaires soussignés,

Lequel a exposé que suivant délibération prise le . . . ., l'assemblée générale extraordinaire des actionnaires de la société anonyme « . . . » a voté les résolutions suivantes :

(Reproduire les résolutions.)

Une copie du procès-verbal de ladite délibération est demeurée annexée au présent acte, après avoir été certifiée véritable par le comparant et revêtue d'une mention par les notaires soussignés.

Ceci exposé, le comparant déclare :

Qu'en exécution de la délibération susénoncée du . . . ., le conseil d'administration :

A racheté . . . actions au porteur de . . . francs, entièrement libérées, de la société anonyme de . . ., portant les numéros . . . ;

Et a annulé ces . . . actions, et apposé sur les titres, sur les coupons et sur la souche de chacune de ces actions, une estampille portant le mot « annulé ».

Par suite, la réduction du capital social de . . . francs à . . . francs, décidée par l'assemblée générale du . . . ., et soumise à la condition suspensive du rachat et de l'annulation de . . . actions, est aujourd'hui définitive.

Comme conséquence de la réduction ci-dessus constatée du capital social, l'art. . . . des statuts est définitivement modifié conformément à la délibération précitée.

Pour faire publier cette délibération et les présentes conformément à la loi, tout pouvoir est donné au porteur d'une expédition ou d'un extrait.

Dont acte. . .

<h3 align="center">112. — Publicité. — Extrait à insérer dans un journal
d'annonces légales.</h3>

Suivant délibération en date du . . . ., l'assemblée générale extraordinaire de la société anonyme « . . . . . . », dont le siège est à . . . ., a autorisé le conseil d'administration à racheter . . . actions de . . . . francs entièrement libérées de . . .

Ce rachat a été opéré ainsi qu'il résulte d'une délibération du conseil d'administration en date du. . .

<h3 align="center">113. — Assemblée générale réduisant le capital social à la suite
d'une diminution de l'actif (Réduction du taux des actions).</h3>

L'an. . . . . ., le. . ., à . . . heures de relevée,
Les actionnaires. . .

Première résolution.

L'assemblée générale décide ce qui suit :

« Le capital social de. . . francs est réduit à la somme de. . . francs, égale à la valeur actuelle de l'actif social, d'après l'inventaire dressé au 31 décembre 19. . .

« Il est divisé en. . . actions de. . . francs chacune entièrement libérées, lesquelles remplaceront les. . . actions de. . . francs chacune existant actuellement.

« L'échange des nouveaux titres d'actions contre les anciens aura lieu au siège de la société à partir du. . ., et devra être terminé avant la prochaine assemblée générale ordinaire, à laquelle les porteurs des nouveaux titres seront seuls admis. »

Cette résolution a été votée à l'unanimité.

Deuxième résolution.

Comme conséquence de la résolution qui précède, l'assemblée générale modifie et remplace ainsi qu'il suit l'art. . . . . . des statuts :

« ART. . . — Le capital social originairement fixé à. . . . . francs et divisé en. . . . . actions de. . . . . francs chacune, est aujourd'hui de. . . . . divisé en. . . . . actions entièrement libérées, aux termes d'une délibération de l'assemblée générale des actionnaires du. . . . »

Cette résolution est adoptée à l'unanimité.

Pour faire publier la présente délibération conformément à la loi, tout pouvoir est donné au porteur d'une expédition ou d'un extrait.

De tout ce que dessus, etc.

Extrait à insérer. — V. formule 112.

XI

TRANSFORMATION ET FUSION

114. — Transformation d'une société civile anonyme en société anonyme commerciale.

Résolution unique.

« L'assemblée générale,

« Vu l'art. 7 de la loi du 1er août 1893,

« Décide la transformation de la société anonyme. . . . . en société anonyme commerciale, soumise aux lois des 24 juillet 1867 et 1er août 1893.

Cette résolution est adoptée à l'unanimité.

115. — Assemblées spéciales prévues par l'art. 34 du Code de commerce. Convocation des propriétaires d'actions de priorité.

MM. les actionnaires de la société. . . . ., propriétaires d'actions privilégiées de cette société, sont convoqués en assemblée spéciale à. . . . . ., pour le. . ., à . . . . . heures,

A l'effet de :

Statuer sur la ratification ou l'approbation des modifications qui pourront résulter dans les droits attachés à cette catégorie d'actions du fait de la création de nouvelles actions privilégiées en représentation de l'augmentation de capital qui pourra être décidée par l'assemblée générale extraordinaire de tous les actionnaires, convoquée pour le. . . . .

116. — Convocation des propriétaires d'actions ordinaires.

MM. les actionnaires de la société. . . . . ., propriétaires d'actions ordinaires de la même société, sont convoqués en assemblée spéciale à. . . . ., pour le . . . . . ., à. . . . . ., à l'effet de :

Statuer sur la ratification ou l'approbation des modifications qui pourront résulter dans les droits attachés à cette catégorie d'actions, du fait de la création de nouvelles actions privilégiées en représentation de l'augmentation de capital qui pourra être décidée par l'assemblée générale extradinaire de tous les actionnaires convoquée pour le. . . . .

117. — Tenue de l'assemblée spéciale des propriétaires d'actions de priorité.

L'an. . . . . et le. . . . . ., à. . . . . heures,

MM. les actionnaires, propriétaires d'actions de priorité de la société. . . . ., se sont réunis en assemblée spéciale à. . . . ., par suite de la convocation à ces jour, heure et lieu, faite suivant avis inséré dans le journal d'annonces légales dit. . . . . et ce conformément à la loi du 16 novembre 1903 et aux statuts de la société,

A l'effet de statuer sur la ratification ou l'approbation des modifications pouvant résulter dans les droits attachés à cette catégorie d'actions du fait de la création de nouvelles actions privilégiées, en représentation de l'augmentation de capital de. . . . . francs, décidée par délibération de l'assemblée générale extraordinaire de tous les actionnaires, tenue le. . . . .

L'assemblée est présidée par M. . . . . ., président du conseil d'administration.

MM. . . . . ., les deux plus forts actionnaires présents et acceptants, remplissent les fonctions de scrutateurs.

Le bureau ainsi composé nomme comme secrétaire M. . . . . .

M. le président se fait représenter le journal dit. . . . . contenant l'avis de convocation, ainsi que la feuille de présence signée par chaque membre de l'assemblée en entrant en séance.

Il constate et fait constater par les membres du bureau, ainsi que cela est établi par la feuille de présence, laquelle demeurera annexée au procès-verbal, que les actionnaires présents ou représentés sont au nombre de. . . . . et qu'ils représentent, tant comme propriétaires que comme mandataires; . . . . actions sur la totalité des . . . . . actions privilégiées existant actuellement.

En conséquence, le président déclare cette assemblée régulièrement cons-

tituée comme représentant plus de la moitié du capital représenté par les
dites actions privilégiées.

Sont déposés sur le bureau :

1° La feuille de présence ;

2° Le procès-verbal de la délibération de l'assemblée générale extraordinaire qui a décidé l'augmentation de capital ;

3° Le texte de la loi du 16 novembre 1903 ;

4° Un exemplaire des statuts ;

5° Un exemplaire du journal d'annonces légales dit . . . . . contenant l'avis de convocation de la présente assemblée.

M. le président expose l'objet de la réunion et demande si quelque membre de l'assemblée a quelque observation à présenter ou désire quelques
autres explications.

Personne ne demandant la parole, il est mis aux voix la résolution suivante :

Résolution unique :

L'assemblée spéciale des propriétaires d'actions privilégiées de la société
. . . . . ., après avoir pris connaissance de la délibération votée par l'assemblée générale extraordinaire de tous les actionnaires, à la date du . .
. ., aux termes de laquelle la dite assemblée a décidé et autorisé l'augmentation du capital social d'une somme de . . . . . francs par l'émission
de . . . . . actions nouvelles privilégiées, à libérer de. . . . . au
moment de la souscription, et devant être assimilées aux actions privilégiées anciennes et avoir les mêmes droits ;

Déclare ratifier et approuver les modifications qui pourront résulter et
résulteront dans les droits attachés aux actions privilégiées actuelles, quant
aux dividendes et au remboursement, dans les conditions visées aux art.
. . . . . des statuts, du fait de la décision sus-rappelée et de la création
de . . . . . nouvelles actions privilégiées, représentant l'augmentation
du capital décidée comme il est dit ci-dessus.

Cette résolution est adoptée à l'unanimité.

*Pour la délibération relative aux actionnaires propriétaires d'actions or-
dinaires, les termes sont identiques : il y a lieu simplement de remplacer
les mots « actions privilégiées » par « actions ordinaires ».*

Fusion.

118. — Apport à une société à charge d'actions à créer par voie d'augmentation de capital.

MM. . . . . .

Agissant au nom de la société anonyme dite « . . . . . » dont le siège est
à . . . . . ., en vertu des pouvoirs qui leur ont été spécialement conférés
par délibération de l'assemblée générale des actionnaires de cette société
du . . . . .

Apportent à la société :

Tout l'actif de la compagnie . . . . . sans exception ni réserve et tel qu'il résulte de l'inventaire et du bilan dressés à la date du. . . . .

Cet actif comprend notamment : . . . .

. . . .

La société prendra les biens et les droits apportés dans l'état actuel, sans garantie de la part de la compagnie . . . . . .; sans recours ni répétition contre elle pour quelque cause que ce soit.

Elle se trouvera substituée à ladite compagnie pour l'exécution de tous les contrats, marchés, traités, conventions ; elle en aura le bénéfice et devra supporter toutes les charges, clauses et conditions, de manière que ladite compagnie ne soit jamais inquiétée ni recherchée à cet égard.

L'apport est fait par la compagnie . . . . .

Moyennant . . . . . actions de . . . . . francs libérées.

Et à charge par la société d'acquitter tout le passif de la compagnie. .

Conformément à la loi, les actions d'apport resteront à la souche et ne seront pas négociables pendant deux années à compter du jour de la constitution définitive de la société.

(*V. formule 25 : Apport de l'actif net à provenir d'une liquidation.*)

119. — Transformation d'une société étrangère en société anonyme française.

Statuts de la société F. V.

Société anonyme au capital de. . . . . de francs.

ART. 1. — Il est formé entre les actionnaires de la société F. V. Limited, Société anglaise ayant son siège d'exploitation à Paris, rue . . . . . ., n° . . ., une société anonyme française.

ART. 2. — La société ayant pour objet de continuer à exploiter l'établissement commercial et industriel de la société anglaise F. V. Ld., constituée suivant certificat n°. . . . ., du. . . . ., de demander, acquérir tous brevets d'invention ou marques de fabrique pouvant être employés pour l'un quelconque des buts de la société, de les céder ou d'en consentir toutes licences, etc. . . . . . des statuts.

ART. 3. — La société prend la dénomination de Société française des Etablissements F. V.

ART. 4. — Le siège social est fixé à Paris. Il pourra être transféré dans tout autre endroit du département de la Seine par simple décision du conseil d'administration, ou hors de la Seine en vertu d'une décision de l'assemblée générale des actionnaires.

Le conseil d'administration pourra également établir toutes succursales et agences partout où il en reconnaîtrait l'utilité sans que ces créations puissent changer le lieu de juridiction.

ART. 5. — La durée de la société est fixée à quatre-vingt-dix neuf années, à compter du jour de sa constitution définitive, sauf le cas de dissolution anticipée ou de prorogation prévu par les présents statuts.

Art. 6. — M. . . . ., liquidateur de la société anglaise F. V. Ld. enregistrée le. . . . . 19. ., sous le certificat no. . . . . ., nommé à ces fonctions de liquidateur par. . . . ., ou M.. . . . ., administrateur de la société anglaise F. V., autorisé par. . . . ., fait apport de tous les éléments actifs et passifs de la société anglaise dissoute et dans les droits de laquelle la société française en formation sera purement et simplement substituée, et entre autres de. . . ., etc.

En rémunération du présent apport, il est attribué à la société cédante . . . . . actions de cent francs chacune entièrement libérées de la présente société. Ces actions sont attribuées en échange de la totalité des actions de la société anglaise au nombre de. . . . . entièrement libérées et de. . . . . libérées de moitié, dans les proportions suivantes :. . . . . actions en échange des. . . . . de la première catégorie et. . . . . en échange des. . . . . de la seconde catégorie.

Dans le cas où les actionnaires anglais ne posséderaient pas un nombre d'actions correspondant à un nombre entier d'actions françaises, ils devraient s'entendre et se grouper entre eux pour que l'échange puisse se faire sans fraction.

Art. 7. — Le capital social est fixé à. . . . . fr. divisé en. . . . . actions de cent francs chacune. Ces actions ont été attribuées, ainsi qu'il vient d'être dit, à M. . . . ., liquidateur ou administrateur dûment autorisé et agissant pour le compte des actionnaires anglais de la société anglaise F. V. Elles sont dites de la catégorie A et auront dans les assemblées générales un droit de vote de cinq voix par action.

Art. 8. — Le capital social pourra être augmenté en une ou plusieurs fois par la création d'actions nouvelles en représentations d'apports ou en espèces. . . . .

XII

RÉGULARISATION

120. — Régularisation de sociétés nulles pour défaut de souscription ou de versement ou défaut de vérification régulière des apports.

§ 1er. — *Nullité quant à la souscription et au versement.*

Par devant. . . . .

A comparu M. . . ., lequel a dit que suivant acte reçu par Me. . . . ., notaire, le. . . . ., M. . . . . . a déclaré que le capital de la société, fixé par les statuts à. . . . ., avait été intégralement souscrit et le quart de chaque action versé par chaque actionnaire.

Mais qu'une erreur s'est glissée dans cette déclaration et que le conseil d'administration de la société a décidé, usant du bénéfice de la loi du 1er août 1893, de réparer la nullité.

En conséquence, M . . . . . déclare, rectifiant l'article . . . . . ., que les . . . . . actions composant le capital social ont été souscrites par MM . . . . . et que le quart a été régulièrement versé sur chaque action.

À l'appui de sa démonstration M. . . . a représenté : 1° la délibération du conseil d'administration, décidant de réparer la nullité ;

2° Un état certifié par lui véritable et signé, contenant les noms, prénoms, domiciles des souscripteurs, le nombre d'actions souscrites par chacun d'eux et le montant des versements effectués.

3° Une expédition en due forme des statuts annexés à la déclaration du . . . . .

Annexe.

121. — Convocation des actionnaires en assemblée générale.

Tous les actionnaires de la société . . . . . sont convoqués en assemblée générale extraordinaire, ayant pour but de réparer tout vice de nullité en conformité de la loi du 1er août 1893. Lieu. Date.

Ordre du jour.

1° Vérification de la déclaration notariée reçue . . . . ., notaire, le. . . .

Rectification de la déclaration notariée originaire reçue . . . . . ., notaire, le. . . . .

2° Approbation des formalités justificatives.

3° Nomination d'administrateurs et de commissaires.

Cette assemblée se tiendra en conformité de l'art. 27 de la loi de 1867. Aucun actionnaire ne pourra avoir plus de dix voix.

Le Conseil d'administration.

122. — Procès-verbal de l'assemblée.

Voir pour le début la formule 77.

M. le président expose : « *cause de nullité* ».

Pour réparer le vice de constitution, une nouvelle déclaration notariée a été faite devant Me . . . . . ., notaire. M. le président en donne lecture.

Les actionnaires sont convoqués en assemblée générale constitutive pour voter la réparation du vice et vérifier et reconnaître la sincérité de la nouvelle déclaration notariée.

Le président met aux voix la résolution suivante :

L'assemblée générale, désirant ratifier tous vices de constitution, reconnaît, après vérification, sincère et véritable la nouvelle déclaration notariée reçue Me . . . . ., notaire. . . . . . à . . . . . .

Cette résolution est adoptée à . . . . .

De tout ce que dessus . . . .

§ 2. — *Nullité résultant du défaut de vérification régulière des apports.*
Convocation des actionnaires.

Employer la formule ci-dessus ou cet ordre du jour :

Nommer un ou plusieurs commissaires chargés de faire un nouveau rapport à une autre assemblée générale sur les apports en nature ou avantages particuliers stipulés aux statuts.

123. — Procès-verbal de la première assemblée.

Formule n° 77.

124. — Procès-verbal de la deuxième assemblée.

Exposé par le président de la cause de nullité qu'il s'agit de réparer. . . . . et prendre la formule n° 80.

Première résolution.

L'assemblée générale, après avoir entendu la lecture du rapport de M. . . ., commissaire, en adopte les conclusions. Elle approuve de nouveau les apports, confirmant aussi le vote entre les . . . . . . et approuve également la rémunération des apports et les avantages particuliers.

Deuxième résolution.

L'assemblée ratifie en tant que de besoin la nomination faite dans l'assemblée du . . . . . . de MM. . . . . ., administrateurs, et de M . . . . ., commissaire.

Troisième résolution.

L'assemblée ratifie en tant que de besoin le vote émis à l'assemblée du . . . . . . approuvant les statuts de la société.

Pour faire la publication sur pouvoir, etc.

D

SOCIÉTÉS COOPÉRATIVES

125. — **Statuts pour une association ouvrière de production (1).**

Les soussignés :

1º Nom, prénoms, profession, domicile;

Ont établi ainsi qu'il suit les statuts de la société qu'ils se proposent de fonder :

TITRE PREMIER.

Formation. — Dénomination. — Durée. — Objet. — Siège social.

ART. 1ᵉʳ. — Il est formé, entre les soussignés et ceux qui adhéreront par la suite aux présents statuts, une société anonyme à capital et personnel variables régie par les lois des 24 juillet 1867, 1ᵉʳ août 1893 et 22 nov. 1913.

ART. 2. — Cette société prend la dénomination de :. . . . . .

Anonyme à capital variable.

ART. 3. — Sa durée est fixée à 99 ans, à compter du jour de la constitution définitive.

ART. 4. — Elle a pour objet :. . . . .

ART. 5. — Le siège social est fixé à . . . .

Il pourra être transféré ailleurs par décision du conseil d'administration et dans toute autre ville par décision de l'assemblée générale.

TITRE II.

Capital social. — Parts d'intérêt. — Transferts.

ART. 6. — Le capital social est primitivement fixé à la somme de. . . francs, représenté par. . . . . parts d'intérêt de 100 francs chacune.

ART. 7. — Le capital est susceptible d'augmentation, soit par les versements successifs faits par les premiers associés, soit par l'admission de nouveaux membres, et de diminution par les retraites, exclusions ou décès.

ART. 8. — La somme au-dessous de laquelle le capital social ne pourra être réduit est de. . . . . francs.

---

(1) Ces statuts sont ceux adoptés par la Chambre consultative des Associations ouvrières de production.

Dans le cas où le capital viendrait à être augmenté, le capital irréductible serait porté aux 9/10es du maximum atteint.

Art. 9. — Les parts d'intérêt sont nominatives et indivisibles ; la société ne reconnaît qu'un propriétaire pour chacune d'elles ; la responsabilité de chaque associé est limitée à la valeur des parts qu'il a souscrites.

Art. 10. — Tout associé n'est tenu de souscrire qu'une seule part d'intérêt lors de son admission, mais il s'engage à souscrire, au fur et à mesure des libérations successives, un minimum de. . . . . parts, et toutefois un nombre suffisant pour atteindre le montant du crédit de son compte parts d'intérêt.

Art. 11. — Les parts d'intérêt souscrites sont payables : le dixième en souscrivant, et le surplus, pour les associés travaillant dans l'entreprise sociale, au moyen de versements équivalant au moins au dixième des salaires ou appointements, jusqu'à concurrence de la libération des parts souscrites.

Les associés travaillant au dehors verseront. . . . . francs par mois. La libération peut être anticipée.

Art. 12. — La propriété des parts d'intérêt est constatée par les reçus des sommes versées et l'inscription sur les registres de la société.

Après libération complète des parts obligatoires, les reçus partiels pourront être échangés contre un reçu unique.

Sauf stipulation contraire, les sommes laissées à la société par les associés sont, après trois mois, portées à leur compte parts d'intérêt.

Art. 13. — Les parts des associés démissionnaires exclus ou décédés sont annulées. Les sommes qu'elles représentent sont assimilées aux créances ordinaires sous réserve des dispositions de l'article 18 ci-après.

Titre III.

Admission. — Retraite. — Exclusion. — Décès.

Art. 14. — Pour être admis comme associé, il faut avoir une profession permettant d'être occupé dans l'entreprise sociale et être agréé, après demande écrite, par le conseil d'administration et accepté définitivement par l'assemblée générale.

La société se réserve le droit de rembourser au fur et à mesure de ses ressources les parts possédées par des personnes n'appartenant pas à l'industrie exploitée par la société.

Art. 15. — Tout associé pourra se retirer lorsqu'il le jugera convenable en prévenant le conseil d'administration.

Art. 16. — L'assemblée générale peut prononcer, à la majorité fixée pour la modification des statuts, l'exclusion d'un associé ayant causé un préjudice matériel ou moral à la société ; convocation spéciale sera adressée à l'intéressé pour qu'il puisse présenter sa défense.

L'associé en retard de plus d'un an dans ses versements statutaires sera considéré comme démissionnaire un mois après avis de se mettre en règle à lui adressé par lettre recommandée.

Art. 17. — Le départ des associés cesse d'avoir lieu lorsque le capital se trouve réduit au chiffre irréductible fixé par l'article 8.

Art. 18. — L'associé qui cessera de faire partie de la société, soit par l'effet de sa volonté, soit par suite de décision de l'assemblée générale, restera tenu, pendant cinq ans, envers les associés et envers les tiers, de toutes les obligations existant au moment de sa retraite.

Il s'interdit, pendant une période de cinq ans, d'exploiter à son compte, soit directement, soit indirectement, dans le département de. . . . . ., une industrie ayant le même objet que la présente société, sous peine de dommages-intérêts.

La part de l'actif social qui revient à l'associé cessant, pour une cause quelconque, de faire partie de la société, est établie d'après le dernier inventaire, déduction faite de tous les fonds de réserve et de ceux provenant de subventions, dons et legs, qui restent d'une manière absolue la propriété exclusive de la société.

L'ex-associé devient ainsi un simple créancier de la société, n'ayant sous aucun prétexte le droit de s'immiscer dans ses affaires et, conformément à la loi, s'il survenait dans le délai de cinq ans des pertes se rapportant aux exercices durant lesquels il appartenait à la société, son remboursement n'aurait lieu que sous déduction de sa part proportionnelle dans les pertes.

Art. 19. — Les sommes restant dues aux ex-associés sont productives d'un intérêt de 3 %. Ils ne peuvent en exiger le remboursement que dans le délai de cinq ans. La société se réserve le droit de remboursement par anticipation.

Art. 20. — Les clauses des articles 17 et 18 sont applicables aux héritiers et ayants droit de l'associé décédé.

Titre IV.

Administration.

Art. 21. — La société est administrée par un conseil composé de trois à sept membres, dont les deux tiers au moins seront pris parmi les associés professionnels nommés au scrutin secret par l'assemblée générale et à la majorité des suffrages.

Les administrateurs sont révocables et rééligibles.

Art. 22. — Pour être éligible au conseil d'administration, il faut posséder au moins. . . . . . parts d'intérêt entièrement libérées, sauf pour le premier conseil.

Ces parts sont, conformément à la loi, déposées dans la caisse de la société pour demeurer affectées à la garantie de leur gestion. Elles sont inaliénables.

Art. 23. — Les administrateurs sont responsables, conformément aux règles du droit commun, individuellement ou solidairement, suivant le cas, envers la société ou envers les tiers, soit des infractions aux dispositions de la loi, soit des fautes qu'ils auraient commises dans leur gestion, notamment en distribuant ou en laissant distribuer sans opposition des répartitions fictives.

Les administrateurs ne contractent aucune obligation personnelle ni solidaire relativement aux engagements de la société.

ART. 24. — Le conseil est nommé pour trois ans et renouvelable par tiers chaque année ; le sort désigne l'ordre des premiers renouvellements.

En cas de vacances, le conseil pourvoit au remplacement du membre manquant et pour le temps qui lui restait à courir ; le choix du conseil doit être ratifié par la plus prochaine assemblée générale.

ART. 25. — Le conseil se réunit une fois par mois au jour qu'il désigne, et toutes les fois que les circonstances l'exigent, sur convocation du président.

ART. 26. — Chaque année le conseil nomme parmi ses membres un président et un secrétaire, ils sont rééligibles.

ART. 27. — La présence de la moitié au moins des membres du conseil est nécessaire pour la validité des délibérations.

Les délibérations sont prises à la majorité des membres présents.

Nul ne peut voter par procuration dans le sein du conseil.

En cas de partage des voix, celle du président est prépondérante.

ART. 28. — Les délibérations du conseil sont constatées par des procès verbaux inscrits sur un registre spécial et signées par le président et le secrétaire.

Les copies ou extraits de ces procès-verbaux ainsi que ceux des assemblées générales, à produire en justice ou ailleurs, sont signés par le président du conseil ou par deux administrateurs.

ART. 29. — Le conseil d'administration a les pouvoirs les plus étendus pour agir au nom de la société et faire ou autoriser tous les actes et opérations relatifs à son effet.

Il a notamment les pouvoirs suivants, lesquels sont énonciatifs et non limitatifs :

Présenter le règlement intérieur de la société qui sera ensuite adopté définitivement par une assemblée générale ;

Nommer et révoquer tous les agents, ouvriers et employés de la société, fixer leurs traitements, salaires, remises, gratifications et secours ;

Fixer les dépenses générales d'administration, régler les approvisionnements de toutes sortes ;

Toucher les sommes dues à la société et payer celles qu'elle doit ;

Souscrire, endosser, accepter et acquitter tous effets de commerce ;

Statuer sur tous traités et marchés rentrant dans l'objet de la société ;

Faire toutes soumissions administratives et autres, et toutes entreprises à forfait ou autrement.

Consentir et accepter tous baux, contrats d'affermages et toutes promesses de ventes, et ce, moyennant les prix, sous les charges et conditions qu'il avise, lors même que cette durée excéderait neuf années ;

Faire tous achats, ventes ou échanges d'immeubles, aux prix, charges et conditions qu'il avise ; faire tous travaux, toutes constructions, appropriations ou installations ;

Céder ou acheter tous biens et droits mobiliers ou immobiliers aux prix, charges et conditions qu'il avise ;

Déterminer le placement des fonds disponibles et régler l'emploi des fonds de réserve ;

Contracter tous emprunts et consentir toute délégation de transport avec ou sans garantie au profit de tout prêteur sur les sommes pouvant être dues à la société pour travaux exécutés par elle ;

Effectuer tous emprunts avec ou sans hypothèques ou autres garanties sur les biens sociaux ;

Autoriser aussi tous traités, transactions, compromis, tous acquiescements et désistements, ainsi que toutes mainlevées d'inscriptions, saisies, oppositions et autres droits avant ou après payement ;

Poursuivre sur toutes actions judiciaires, tant en demandant qu'en défendant, provoquer toutes résolutions de vente, traiter, composer, compromettre, transiger en tout état de cause, et généralement faire, pour la bonne et prompte administration des affaires de la société, tout ce qui sera nécessaire, quoique non prévu, les administrateurs devant avoir les pouvoirs les plus absolus et ceux d'agir au nom de la société de la même manière qu'un majeur, sans restriction quelconque ;

Le conseil arrête les états de situation, les inventaires, le bilan et les comptes qui doivent être soumis à l'assemblée générale ; il statue sur toutes propositions à lui faire et arrête l'ordre du jour.

Art. 30. — Les administrateurs peuvent choisir parmi eux, parmi les associés, ou en dehors de la société, un directeur dont ils sont toujours responsables envers elle.

Dans le cas où le directeur serait pris en dehors du conseil d'administration, il n'y assisterait qu'avec voix consultative.

Le conseil détermine l'étendue des attributions et pouvoirs du directeur, l'importance de ses avantages fixes ou proportionnels et les conditions de sa retraite ou de sa révocation.

Le conseil peut, en outre, conférer des pouvoirs à telle personne que bon lui semble, par mandat spécial et pour un ou plusieurs objets déterminés.

TITRE V.

Commissaires des comptes.

Art. 31. — L'assemblée générale annuelle désigne un ou plusieurs commissaires, associés ou non, chargés de faire un rapport à l'assemblée générale de l'année suivante sur la situation de la société, sur les comptes présentés par les administrateurs.

Les commissaires sont rééligibles.

En cas d'empêchement de l'un des commissaires, celui ou ceux qui restent peuvent procéder seuls.

ART. 32. — Pendant le trimestre qui précède l'époque fixée par les statuts pour la réunion de l'assemblée générale annuelle, le ou les commissaires ont droit, toutes les fois qu'ils le jugent convenable dans l'intérêt social, de prendre communication des livres et d'examiner les opérations de la société.

Ils peuvent toujours, en cas d'urgence, convoquer l'assemblée générale.

Les commissaires touchent une rémunération dont l'importance est fixée par l'assemblée générale.

Titre VI.

Assemblée générale.

ART. 33. — L'assemblée générale se compose de tous les associés à jour de leurs versements statutaires.

Nul ne peut représenter un associé, s'il n'est lui-même associé.

Chaque membre de l'assemblée n'a droit qu'à une voix, soit par lui-même, soit comme mandataire.

Les délibérations sont prises à la majorité relative des votants.

L'assemblée générale régulièrement convoquée et constituée représente l'universalité des associés ; ses décisions obligent même les absents, incapables ou dissidents.

Les assemblées générales ordinaires ou extraordinaires sont convoquées quinze jours au moins à l'avance par lettres adressées aux sociétaires et par une insertion dans l'organe de la chambre consultative *L'Association ouvrière.*

ART. 34. — Il est tenu une feuille de présence ; elle contient les noms et domicile des associés et le nombre des parts d'intérêt dont chacun d'eux est propriétaire.

Cette feuille, certifiée par le bureau de l'assemblée, est déposée au siège social et doit être communiquée à tout requérant.

ART. 35. — L'assemblée générale a pour bureau celui du conseil, complété par la nomination de deux assesseurs.

ART. 36. — L'assemblée générale est ordinaire, extraordinaire ou modificative des statuts.

ART. 37. — L'assemblée générale ordinaire est convoquée une fois par an, avant la fin du mois de mai, aux lieux, jour et heure désignés dans l'avis de convocation du conseil d'administration.

L'ordre du jour est arrêté par le conseil d'administration ; il n'y est porté que les propositions émanant du conseil, du ou des commissaires et celles qui auraient été communiquées au conseil vingt jours au moins avant la réunion, avec un nombre de signatures représentant au moins le quart des sociétaires. Il ne peut être mis en délibération aucun autre objet que ceux portés à l'ordre du jour.

L'assemblée générale ordinaire entend le rapport des administrateurs sur les affaires sociales ; elle entend également le rapport du ou des commissaires.

La délibération contenant approbation du bilan et des comptes est nulle, si elle n'a été précédée du rapport du ou des contrôleurs.

L'assemblée générale discute, approuve ou redresse les comptes, elle fixe les dividendes à répartir.

Elle nomme les administrateurs et commissaires.

Elle délibère sur toutes les autres propositions portées à l'ordre du jour.

Enfin, elle prononce souverainement sur tous les intérêts de la société et confère au conseil les autorisations nécessaires pour tous les cas où les pouvoirs à lui attribués seraient insuffisants.

ART. 38. — L'assemblée générale extraordinaire est celle qui est convoquée en dehors de l'assemblée annuelle, soit par le conseil d'administration chaque fois qu'il juge utile de prendre l'avis de tous les associés, ou lorsqu'elle lui est demandée pour des motifs bien déterminés par le quart au moins des associés, soit d'urgence par le ou les commissaires des comptes.

Le délai de convocation, pour cette assemblée, est réduit à huit jours.

ART. 39. — Pour être régulièrement constituée, l'assemblée générale ordinaire ou extraordinaire doit représenter au moins le tiers des sociétaires possédant ensemble au moins le quart du capital social.

Dans le cas où l'assemblée générale ne réunirait pas les conditions ci-dessus, une nouvelle convocation serait faite par lettre individuelle et par une publication dans un journal d'annonces légales. Les délibérations deviennent alors valables, quel que soit le nombre des associés présents, mais elles ne peuvent porter que sur les questions à l'ordre du jour de la première réunion.

ART. 40. — L'assemblée générale, délibérant comme il est dit ci-après, peut modifier les statuts dans toutes leurs dispositions. Elle ne peut, toutefois, changer la nationalité de la société ni augmenter les engagements des sociétaires.

Dans les assemblées générales qui ont à délibérer sur les modifications aux statuts, tout sociétaire, quel que soit le nombre des parts d'intérêt dont il est porteur, peut prendre part aux délibérations avec un nombre de voix égal aux parts d'intérêt qu'il possède, sans limitation.

Les assemblées qui ont à délibérer sur les modifications touchant à l'objet ou à la forme de la société ne sont régulièrement constituées et ne délibèrent valablement qu'autant qu'elles sont composées d'un nombre d'associés représentant les trois quarts au moins du capital social. Les résolutions, pour être valables, doivent réunir les deux tiers au moins des voix des sociétaires présents ou représentés.

Dans tous les cas de modifications aux statuts autres que ceux prévus par le précédent paragraphe, si une première assemblée ne remplit pas les conditions ci-dessus fixées, une nouvelle assemblée peut être convoquée dans les formes statutaires et par deux insertions à quinze jours d'intervalle dans le *Bulletin annexe du Journal officiel* et dans un journal d'annonces légales du lieu où la société est établie. Cette convocation reproduit l'ordre du jour en invoquant la date et le résultat de la précédente assemblée. La seconde assemblée délibère valablement si elle se compose d'un nombre de sociétaires représentant la moitié au moins du capital social. Si cette seconde assemblée ne réunit pas la moitié du capital social, il peut être convoqué, dans les formes ci-dessus, une troisième assemblée qui délibère valablement si elle se compose d'un nombre de sociétaires représentant le tiers du capital social. Dans toutes ces assemblées, les résolutions, pour être valables, devront réunir les deux tiers des voix des sociétaires présents ou représentés.

Art. 41. — Les délibérations de l'assemblée générale sont constatées par des procès-verbaux inscrits sur un registre spécial et signés par les membres composant le bureau.

Titre VII.

Etat semestriel. — Inventaire. — Répartition des bénéfices. — Fonds de réserve. — Caisse de solidarité.

Art. 42. — L'année sociale commence le 1er janvier et finit le 31 décembre de chaque année.

Art. 43. — Il est dressé, chaque semestre, un état sommaire de la situation active et passive de la société. Cet état est mis à la disposition des commissaires.

Il est en outre établi chaque année, conformément à l'article 9 du Code de commerce, un inventaire contenant l'indication de l'actif et du passif de la société.

L'inventaire, le bilan et le compte de profits et pertes sont mis à la disposition des commissaires, le quarantième jour au plus tard avant l'assemblée générale ; ils sont présentés à cette assemblée.

Quinze jours avant l'assemblée générale, tout sociétaire peut prendre, au siège social, communication de l'inventaire et de la liste des sociétaires et se faire délivrer, à ses frais, copie du bilan résumant l'inventaire et du rapport des commissaires.

Art. 44. — Les produits de la société, constatés par l'inventaire annuel, déduction faite des frais généraux et charges sociales, de tous amortissements et de toutes réserves industrielles, constituent les bénéfices nets.

Art. 45. — Ces bénéfices seront affectés et répartis de la manière suivante :

Réserves. . . . . % dont. . . % seront prélevés pour constituer le fonds de réserve légal, jusqu'à ce qu'il ait atteint le montant du capital social, ce prélèvement sera alors affecté au fonds de développement et . . . % pour constituer le fonds de développement de la société ;

Capital. . . % seront distribués aux associés, à titre de dividende, pour leurs parts d'intérêt libérées, sans pouvoir excéder. . . % du montant du capital. L'excédent sera attribué au travail ;

Travail. . . % seront attribués à tous les ouvriers ou employés, associés ou non, qui auront fourni un travail personnel à la société ;

Direction. . . % dont. . . % au directeur et aux membres du conseil d'administration, au prorata des présences aux réunions ;

Solidarité. . . % dont. . . % constitueront la caisse de solidarité de la société ; . . . % sera versé à la caisse de propagande et d'encouragement de la chambre consultative, pour la création et le soutien des associations ; . . . % seront versés à l'Orphelinat de la coopération.

ART. 46. — La réparation des bénéfices aura lieu dans les six mois qui suivent l'assemblée générale ordinaire, et le payement se fera aux lieux désignés par le conseil d'administration.

Toute somme non touchée un an après l'époque fixée sera prescrite et acquise au fonds de réserve.

ART. 47. — Les associés qui n'auraient pas leurs parts d'intérêt obligatoires entièrement libérées seront tenus de laisser, en versement sur ces parts, le montant de la répartition au travail et des dividendes des parts d'intérêt, jusqu'à concurrence de complète libération.

ART. 48. — Les fonds de réserve se composent de l'accumulation des sommes produites par le premier prélèvement sur les bénéfices.

Ils servent à supporter les pertes dans le cas où il en surviendrait dans un exercice et sont, en outre, le véritable moyen permettant, sous tous les rapports, le développement de l'entreprise.

ART. 49. — La répartition au travail est faite au prorata des salaires ou appointements touchés par chaque ouvrier ou employé pendant l'exercice écoulé.

L'attribution faite aux tiers sur la répartition du travail et sur la répartition à la solidarité n'implique de leur part aucune ingérence dans les comptes ; ils doivent, pour l'obtention de leurs profits, s'en rapporter entièrement au bilan et aux comptes approuvés par l'assemblée générale ordinaire.

ART. 50. — La caisse de solidarité est créée en vue de mettre à la disposition du conseil d'administration des fonds lui permettant de secourir les associés, le personnel et leurs familles et participer à des œuvres de solidarité.

Dans son rapport annuel, le conseil d'administration devra indiquer l'emploi des fonds de la caisse de solidarité.

ART. 51. — Les fonds de réserve et la caisse de solidarité appartiennent

à la société. Tout associé quittant l'association pour quelque cause que ce
soit ne peut rien revendiquer des fonds de réserve et perd tous ses droits à
la caisse de solidarité.

A l'expiration de la société, si la prorogation n'en était pas décidée, ou en
cas de dissolution anticipée, l'attribution en serait faite par l'assemblée
générale, constituée conformément à l'article 40, à la chambre consultative des associations ouvrières de production.

Le fonds de développement est inscrit à l'avoir des associés au prorata
de leurs parts libérées. Il n'est pas productif d'intérêts.

ART. 52. — Les articles 8, 14, 18, 45 (relatif à la solidarité), 50 et 51,
qui forment la base et la raison d'être de la société, sont considérés comme
articles fondamentaux.

Titre VIII.

Dissolution. — Liquidation. — Contestation.

ART. 53. — En cas de perte des trois quarts du capital social, le conseil
convoquera l'assemblée générale de tous les associés à l'effet de statuer sur
la question de savoir s'il y a lieu de prononcer la dissolution de la société.

La résolution de l'assemblée est, dans tous les cas, rendue publique.

ART. 54. — A l'expiration de la société, ou en cas de dissolution anticipée, l'assemblée générale règle le mode de liquidation et nomme un ou
plusieurs liquidateurs investis des pouvoirs les plus étendus.

Après l'extinction du passif et des frais de liquidation, le surplus est
distribué aux associés sauf les fonds de réserve et la caisse de solidarité qui
seront attribués comme il est dit à l'article 51.

ART. 55. — Toutes contestations qui pourraient s'élever pendant le
cours de la société ou de sa liquidation, soit entre les associés et la société,
soit entre les associés eux-mêmes, au sujet des affaires sociales, feront
d'abord l'objet d'une tentative de conciliation et soumises à l'arbitrage de
la chambre consultative des associations ouvrières de production.

En cas de non-conciliation, les litiges seront jugés conformément à la loi et
soumis à la juridiction des tribunaux compétents du département de. . .

ART. 56. — A cet effet, tout associé doit faire élection de domicile dans
le département de. . . . . ., et toutes assignations ou significations seront
régulièrement données à ce domicile.

A défaut d'élection de domicile, les assignations et significations sont
valablement faites au parquet de M. le procureur de la République près le
tribunal civil de. . . . .

Tous pouvoirs sont donnés au porteur d'un exemplaire des présents
statuts pour les faire publier, et effectuer les dépôts légaux.

Fait en quadruple original à. . . . . ., le. . . . . .

126. — Statuts de coopératives de consommation (1).

Société coopérative . . . .
Société anonyme a capital et a personnel variables, siège
social . . . .

Nom, objet et durée de la société.

Art. 1er. — Entre les soussignés et tous ceux qui adhéreront aux présents statuts, il est constitué une société coopérative anonyme à capital et à personnel variables, sous le titre de : « Union des coopérateurs de. . . »

Art. 2. — Cette société a pour but la production et la vente, tant à ses membres qu'à tous consommateurs, de tous objets de consommation.

L'objet de la société peut être étendu par simple décision de l'assemblée générale ayant pouvoir pour modifier les statuts ; toutefois, il ne saurait être porté atteinte à son caractère coopératif.

Art. 3. — La durée de la société est fixée à 99 ans. Toutefois, elle peut être dissoute avant cette date, par une décision de l'assemblée générale ayant pouvoir pour modifier les statuts.

Art. 4. — Le siège social est fixé à. . . . . . ; il peut être transporté en tout autre lieu par simple décision du conseil d'administration.

Admissions. — Démissions. — Exclusions.

Art. 5. — Toute personne peut adhérer à la présente société à condition de souscrire une action et de s'engager à respecter les présents statuts.

La société est tenue de recevoir comme associés tous ses clients habituels pourvu qu'ils s'engagent à remplir les obligations statutaires.

Les adhésions seront soumises au conseil d'administration qui vérifiera si les candidats remplissent toutes les conditions fixées par les présents statuts.

Art. 6. — La part sociale ou action que doit souscrire un consommateur pour devenir membre de la société est de cent francs. La souscription de plusieurs parts ou actions est facultative.

Dès que le consommateur a versé le dixième de sa part ou action, il devient, de plein droit, membre de la société. Il doit opérer les versements suivants à raison de un franc par mois au moins jusqu'à concurrence du quart de sa part sociale ou action. Le surplus de sa part ou action sera constitué sur la somme lui revenant dans les bénéfices, à moins qu'il ne se soit libéré par avance. La responsabilité du sociétaire dans les affaires sociales est limitée au montant de sa souscription.

Art. 7. — Le capital initial est fixé à la somme de. . . . . . divisée en
. . . . . . actions de 100 francs. Il pourra être porté, par des adhésions

____

(1) Ces statuts ont été préparés d'accord entre la Commission de répartition et la Fédération Nationale des coopératives de consommation.

nouvelles, jusqu'à la somme de 200.000 francs. Lorsque ce chiffre aura été atteint, il pourra être augmenté par des délibérations de l'assemblée générale prises d'année en année, sans que chacune des augmentations puisse être supérieure à 200.000 francs.

ART. 8. — Il sera délivré à chaque sociétaire un livret contenant le texte des statuts et portant en tête le nom du sociétaire, le numéro d'ordre de son compte action dans la comptabilité de la société.

ART. 9. — Tout sociétaire pourra démissionner en adressant une lettre recommandée au conseil d'administration de la société.

ART. 10. — L'assemblée générale peut exclure tout sociétaire qui a nui aux intérêts de la société.

Pour procéder à toute exclusion, l'assemblée générale devra réunir toutes les conditions prévues par l'art. 20.

ART. 11. — Lorsqu'un membre vient à décéder, la société subsiste entre les sociétaires survivants. Mais les héritiers du défunt cessent d'être actionnaires de la société.

ART. 12. — En cas de démission, d'exclusion ou de décès, le sociétaire a droit au remboursement des sommes versées sur le montant nominal de l'action sauf ce qui est dit à l'art. 14, mais il ne peut en aucun cas prétendre sur les diverses réserves de la société, énumérées à l'art. 27.

La société se réserve un délai de cinq ans pour procéder au remboursement de l'action.

ART. 13. — Les actions ne pourront être cédées ni transférées.

ART. 14. — Le départ des associés cesse d'avoir lieu lorsque le capital social se trouve réduit au quart du capital constaté lors de la dernière assemblée générale, ou lorsqu'il est réduit au dixième du capital initial.

Assemblées générales.

ART. 15. — Deux fois par an, au cours du trimestre qui suit la clôture des comptes de chaque semestre, le conseil d'administration convoque l'assemblée générale de tous les actionnaires par les procédés qu'il juge opportuns.

ART. 16. — Tout sociétaire n'a droit qu'à une voix dans les assemblées générales, quel que soit le nombre de ses actions.

ART. 17. — Tout actionnaire peut assister à l'assemblée générale ou s'y faire représenter par un autre sociétaire ou par un membre de sa famille habitant avec lui.

ART. 18. — L'assemblée générale examine et vérifie les comptes de la société et la gestion du conseil d'administration. Des rapports doivent lui être présentés par le conseil et la commission de contrôle ; le dernier bilan doit lui être soumis. Quinze jours au moins avant la réunion, ce rapport et ce bilan doivent être mis à la disposition de tous les membres de la société qui peuvent en demander copie au conseil d'administration.

L'assemblée générale a les droits les plus étendus pour la gestion de la société.

Art. 19. — Les assemblées générales délibèrent valablement lorsque le quart du capital est représenté. Toutefois, si ce quorum n'est pas atteint, une seconde convocation aurait lieu et cette seconde assemblée pourrait délibérer valablement, quel que soit le nombre des présents.

Art. 20. — Toutefois, lorsqu'il s'agit de modifier les statuts ou d'exclure un sociétaire, les assemblées générales ne peuvent délibérer valablement que si les trois quarts du capital sont représentés.

Si l'assemblée ne réunit pas le quorum, une nouvelle assemblée sera convoquée dans les formes prévues par l'art. 16 des présents statuts et par deux insertions à quinze jours d'intervalle, dans le *Bulletin annexe du Journal officiel* et dans un journal d'annonces légales. Cette convocation reproduit l'ordre du jour en indiquant la date et le résultat de la précédente assemblée.

La seconde assemblée délibère valablement si la moitié au moins du capital social est représentée. Au cas où cette assemblée ne réunirait pas la moitié du capital, il sera convoqué, dans les formes ci-dessus, une troisième assemblée qui délibérera valablement si elle représente le tiers du capital social.

Dans toutes ces assemblées, les résolutions, pour être valables, devront réunir les deux tiers des voix des actionnaires présents ou représentés.

Conseil d'administration.

Art. 21. — La société est administrée par un conseil d'administration composé de neuf membres nommés pour trois ans par l'assemblée générale et renouvelables par tiers. Nul ne peut être élu membre du conseil d'administration s'il n'est sociétaire et s'il n'achète annuellement, soit dans la présente société, soit dans toute autre société coopérative, pour une somme de. . . . . . francs.

Art. 22. — Le conseil d'administration a les pouvoirs les plus étendus pour la gestion des biens et affaires de la société. Il a notamment les pouvoirs suivants qui sont seulement indicatifs de ces droits :

Il fixe les dépenses de l'administration ;

Il autorise tous baux et locations, activement et passivement ;

Il donne et autorise toutes mainlevées d'oppositions ou d'inscriptions hypothécaires, ainsi que des désistements de privilèges avec ou sans payement ;

Il décide l'exercice de toutes les actions judiciaires tant en demandant qu'en défendant ; il passe tous traités, transactions ou compromis ;

Il autorise tous retraits, transferts et aliénations de fonds, rentes et valeurs appartenant à la société ;

Il donne toutes quittances ;

Il établit les règlements relatifs à l'organisation des services. Il arrête les comptes qui doivent être soumis à l'assemblée ; il fait le rapport à l'assemblée générale sur les comptes et la situation de la société ;

Il achète et vend les immeubles et les fonds de commerce ; reçoit toutes donations ; procède à tous emprunts à charge d'en rendre compte à la prochaine assemblée générale. Mais il ne peut constituer une hypothèque, ni donner en nantissement un fonds de commerce ;

Enfin, il gère toutes les affaires et pourvoit à tous les intérêts sociaux.

ART. 23. — Le conseil d'administration peut conférer des pouvoirs à telle personne que bon lui semble par mandat spécial ou général et pour un ou plusieurs objets déterminés.

Les décisions du conseil d'administration sont prises à la majorité des membres présents.

Commission de contrôle.

ART. 24. — L'assemblée générale élit une commission de contrôle de trois membres choisis parmi les sociétaires, qui est chargée d'examiner les comptes et la gestion du conseil d'administration. Dans le cas où un ou plusieurs commissaires des comptes refuseraient ou seraient empêchés de remplir leur mission, le ou les commissaires restants pourraient valablement opérer le contrôle et présenter le rapport à l'assemblée générale.

La commission de contrôle peut prendre connaissance à tout moment de la comptabilité et des livres tenus par la société. Elle doit être convoquée aux inventaires. Elle a accès dans tous les services de la société et peut se livrer à toutes vérifications qu'elle jugera utiles.

Elle présente à chaque assemblée un rapport relatant le résultat des vérifications auxquelles elle s'est livrée.

ART. 25. — Si l'assemblée générale a omis de nommer une commission de contrôle ou si les contrôleurs désignés ne voulaient ou ne pouvaient pas exercer leurs fonctions, le président du tribunal de commerce pourrait désigner d'office des contrôleurs parmi les membres de la société.

Inventaire et bilans.

ART. 26. — La société tient les livres prescrits par le Code de commerce. Elle procède à deux inventaires annuels : le 31 décembre et le 30 juin.

ART. 27 (1). — Sur les bénéfices nets, il est d'abord prélevé :

1º Conformément aux dispositions de l'art. 36 de la loi du 24 juillet 1867, un vingtième au moins affecté à la formation d'un fonds de réserve. Ce prélèvement cesse d'être obligatoire lorsque le fonds de réserve a atteint le dixième du capital social.

2º La somme nécessaire pour attribuer à tous les actionnaires un intérêt

---

(1) Les chiffres sont variables, sauf le minimum de 5 p. 100 versé à la réserve légale.

de. . . . . . (1). . . . . sur les versements opérés par eux, et pour verser 15 % de la somme globale des bénéfices nets à un fonds de développement.

L'excédent est réparti comme suit :

5 % à une réserve spéciale ;

80 % à la consommation au prorata des achats faits par chacun ;

10 % au fonds de prévoyance et aux œuvres d'hygiène et de solidarité sociales ;

5 % à la propagande coopérative.

La ristourne correspond à la vente au public et est versée au fonds de prévoyance.

Art. 28. — Les sommes portées au fonds de prévoyance peuvent être employées en secours en nature aux sociétaires infirmes, malades, à leurs veuves et à leurs orphelins, après leur décès, ainsi qu'à toute œuvre de solidarité sociale.

Art. 29. — Les sommes portées au fonds de propagande seront mises à la disposition du conseil d'administration pour l'organisation de la propagande coopérative.

Dissolution.

Art. 30. — L'assemblée générale pourra, aux conditions fixées par l'art. 20, prononcer la dissolution de la société.

Elle nommera en ce cas une commission de liquidation, dont elle déterminera les pouvoirs.

Après liquidation de l'actif et acquittement de toutes les dettes, l'assemblée générale attribue l'actif net à des œuvres de solidarité sociale, à d'autres sociétés coopératives ou au fonds de dotation des sociétés coopératives de consommation.

Art. 31. — Tous pouvoirs sont donnés au porteur pour la publication des présents statuts.

127. — Statuts de la société coopérative de reconstitution (2) approuvée de . . . . . .

TITRE Ier. — *Objet et constitution de la société.*

Adhérents.

Art. 1er. — Il est formé entre les soussignés, sinistrés ayant droit à indemnités pour réparation de dommages de guerre immobiliers dans l. . . . commune de. . . . . (ou leurs ayants cause) une société coopérative, régie par la loi du 15 août 1920 et le décret du 9 octobre 1920, rendu en exécution de cette loi, et dont l'objet est plus loin désigné (3).

---

(1) Chiffre variable avec le taux du loyer de l'argent.
(2) Statuts émanant du ministère des Régions libérées.
(3) Les dispositions imprimées en caractères italiques sont les seules susceptibles de modification ou de suppression sans empêcher l'approbation de la société par l'État.

Le nombre des sociétaires en est illimité. Après signature des statuts par les fondateurs, pourront adhérer au contrat :

1° De droit, pendant les trois mois qui suivront la publication de l'extrait de l'acte constitutif, prévue par l'art. 8 de la loi précitée ;

2° Passé ce délai, sur demande acceptée par le conseil d'administration :

Toutes personnes possédant la qualité de sinistré, définie au premier paragraphe du présent article.

Sont compris parmi les adhérents éventuels et pourront participer au fonctionnement de la société au même titre que les autres associés, pour les immeubles qu'ils possèdent dans le ressort de la société :

1° Les départements, les communes, les établissements publics, suivant les conditions déterminées par le décret du 9 octobre 1920 ;

2° Les personnes incapables dûment autorisées.

L'adhésion des sinistrés est donnée sur un bulletin établi dans la forme indiquée par le décret du 9 octobre 1920 et contenant la désignation des intérêts qu'ils engagent dans la société.

Au fur et à mesure de l'avancement des travaux des commissions cantonales, les évaluations définitives des dommages doivent être notifiés par chaque intéressé au président de la société, qui les inscrit sur les rôles de la société aux lieux et place de l'évaluation provisoire.

Dénomination et siège social.

Art. 2. — *La présente société prend nom de société coopérative de reconstitution de* . . . . .

Le siège en est établi à. . . . .

Objet.

Art. 3. — La société a pour objet de procéder ou faire procéder, pour le compte de ses adhérents, à toutes opérations relatives à la reconstitution immobilière, notamment à la préparation des dossiers, à l'évaluation des dommages, à l'établissement des plans, devis descriptifs et marchés, à l'exécution, à la surveillance et au paiement des travaux de déblayement, de réparation ou de reconstitution, et au remploi des avances et acomptes prévus par la loi du 17 avril 1919.

Durée.

Art. 4. — La durée de la société est fixée à. . . . . . années : elle pourra être prorogée, par décision de l'assemblée générale, pour le temps nécessaire à l'exécution des travaux et au règlement des comptes ; la société pourra être dissoute, par anticipation et par décision de l'assemblée générale, dans les conditions qui sont indiquées à l'art. 25.

Disparition d'un associé.

Art. 5. — Le décès, la volonté, l'interdiction, la faillite, la liquidation judiciaire ou la déconfiture de l'un des membres n'entraîneront pas la dissolution de la société : dans ces divers cas, comme en cas de cession, elle continuera de plein droit entre les autres associés et les héritiers ou ayants droit du sociétaire disparu.

ART. 6. — Au décès d'un associé, ses héritiers capables ou incapables seront, de plein droit, membres de la société, en ses lieux et place, mais ils ne compteront que pour une personne et devront donner à l'un d'eux pouvoir pour représenter tous les autres. A défaut, la société pourra provoquer en référé cette désignation par le président du tribunal civil. Après partage ou licitation, les héritiers seront remplacés par tout copartageant ou tiers acquéreur, à qui seraient adjugés le ou les biens atteints de dommages de guerre non encore réparés.

Dans ce dernier cas, les intéressés seront tenus, à peine de tous dommages et intérêts envers la société, d'imposer à l'adjudicataire l'obligation de prendre, dans la société, la place du décédé et de poursuivre l'exécution des travaux dans les conditions prévues par le marché d'entreprise.

Au cas de vente amiable, l'associé vendeur sera, sous les même sanctions, tenu d'imposer une obligation semblable à l'acquéreur.

Démission.

ART. 7. — Tout sociétaire peut se retirer de l'association :

1º Après fixation de ses indemnités par les commissions ou juridictions compétentes, et avant déclaration de remploi ;

2º Dans le cas où il aura opté pour le remploi, après achèvement des travaux de reconstitution de son ou de ses immeubles, et liquidation, qui devra suivre, de son compte individuel. Tout commencement d'exécution de travaux équivaudra à un engagement de remploi à concurrence au moins des sommes nécessaires pour parfaire lesdits travaux.

Dans l'un et l'autre cas, la démission ne deviendra définitive qu'après réception par le membre démissionnaire, des divers travaux par lui exécutés et après acceptation par lui et ratification par l'assemblée générale de la liquidation susmentionnée.

Toutefois, le membre démissionnaire restera tenu de sa part dans tous engagements pris ou toutes dépenses faites par la société pour l'ensemble des associés antérieurement à la démission et qui, se rapportant à l'art. 11 des présents statuts, n'auraient pu faire l'objet d'une liquidation anticipée.

TITRE II. — *Fonctionnement de la société.*

ART. 8. — Le conseil d'administration agit, d'une manière générale pour le compte des adhérents, comme étant leur mandataire vis-à-vis de l'État et des tiers, et gère leurs intérêts dans les conditions prévues par la loi du 15 août 1920.

Il passe notamment tous contrats et marchés en leur nom, et fait exécuter les travaux de réparations ou de reconstitution de leurs immeubles, conformément aux plans, devis, cahier de charges et marchés acceptés par eux.

Si l'associé demande un supplément de travaux entraînant une dépense supérieure au montant de son indemnité immobilière (immeubles bâtis), il doit verser par avance le complément du prix ou affecter à la reconstruction de son immeuble une partie suffisante des indemnités pour dommages de guerre, dont il pourrait, par ailleurs, être bénéficiaire.

Ordre d'urgence.

Art. 9. — L'ordre dans lequel sont exécutés les travaux relatifs aux immeubles à réparer, construire ou reconstruire est arrêté par le conseil d'administration et approuvé par l'assemblée générale pour l'année suivante ou l'année en cours, si c'est celle de la fondation et s'il est possible de préparer à temps un programme de travaux exécutables cette même année.

Le programme annuel est basé sur les projets de remploi établis conformément à l'art. 9 de la loi du 17 avril 1919. Il tient compte des disponibilités financières de la société et place en première ligne les réparations d'immeubles et en seconde ligne les travaux de construction, ceux-ci étant classés suivant l'ordre d'urgence générale ci-après : . . . .

Ressources de la société.

Art. 10. — Le fonds social se divise en fonds de gestion et fonds de travaux.

Au crédit du fonds de gestion sont portés notamment :

1º Les subventions accordées par l'État ;

2º *Les droits d'entrée fixés à . . . . . (1) pour les membres indiqués au 1º paragraphe 2 de l'article 1er des statuts et à . . . . . (2) pour les membres indiqués au 2º du même paragraphe ;*

3º *Les versements faits par les associés pour leur part contributive aux dépenses et frais communs de la société, ces versements étant fixés à . . (3) ;*

Au crédit du fonds de travaux sont portés notamment :

1º Les avances remboursables accordées par l'État ;

2º *Les versements faits par les associés . . . . . (4).*

Au crédit de l'un et l'autre compte, suivant les décisions du conseil d'administration :

1º *Les libéralités, dons et legs faits à la société ;*

2º *Les intérêts des sommes ci-dessus indiquées.*

Tous versements au fonds social sont effectués soit en argent, soit au moyen de valeurs négociables.

(1) Par exemple : 50 fr.
(2) Par exemple : 100 fr.
(3) Par exemple : 5 p. 1.000 du montant de la reconstruction.
(4) Par exemple : 10 p. 100 sur le montant des avances ou acomptes.

Dépenses de la société.

Art. 11. — Au débit du fonds social sont portés notamment :

1º Les frais de constitution et de gestion (fonds de gestion) ;

2º Les dépenses faites pour exécution de travaux sur avances remboursables (fonds de travaux).

Compte de l'associé.

Art. 12. — A l'entrée du sociétaire dans la coopérative, il est procédé à un apurement de son compte sinistré, de telle sorte que soient déterminées exactement les sommes qu'il a pu toucher à titre d'avances ou d'acomptes, celles qui lui sont imputées à titre de créance d'État et celles qui lui restent à recevoir.

A partir de ce moment, la société est substituée exclusivement au sociétaire pour obtenir le paiement des avances ou acomptes, dont ce dernier sera fondé à bénéficier.

Un compte personnel est, dès lors, ouvert à chaque associé.

Au crédit de ce compte sont portés : le montant des ouvertures de crédit faites au nom de l'associé en exécution de l'art. 5 de la loi du 15 août 1920, ainsi que les versements personnels effectués, le cas échéant et à titre de ressources supplémentaires, par cet associé.

Les versements du sociétaire à son compte individuel sont effectués :

1º Soit au moyen des avances ou acomptes attribués à ce sociétaire ;

2º Soit en argent ;

3º Soit au moyen de valeurs négociables.

Au débit de ce compte, sont portés les dépenses des travaux effectués pour cet associé et, s'il y a lieu, les frais de réalisation des valeurs comprises dans les versements dudit.

Titre III. — *Administration de la société.*

Conseil d'administration et bureau.

Art. 13. — La société est administrée par un conseil composé de. . . . membres élus par l'assemblée générale, pris parmi les adhérents et pour . . . . . (1) ans à l'exclusion des personnes qui ont passé avec elle des contrats pour l'exécution de travaux ou de marchés de fournitures.

Le conseil est rééligible chaque année, par. . . . . (2), les. . . . . (3) premiers. . . . . (4) sortants étant désignés par voie de tirage au sort.

En cas de vacances, le conseil pourvoit au remplacement de ses membres par voie d'élection provisoire, et les nouveaux membres ainsi élus sont habilités à remplir régulièrement leurs fonctions jusqu'à ce qu'il ait été statué

(1) Par exemple : quatre ans.
(2) Par quart.
(3) Trois.
(4) Quarts.

par la plus prochaine assemblée générale sur leur maintien ou leur remplacement.

S'il y a ratification par l'assemblée générale, chaque membre élu par le conseil d'administration continue à remplir ses fonctions pendant le temps qu'auraient duré celles du membre remplacé.

Le conseil choisit parmi ses membres un bureau composé d'un président, d'un ou plusieurs vice-présidents, d'un secrétaire et d'un trésorier.

Le bureau est élu pour un an ; les membres en sont rééligibles.

Les fonctions de membres du conseil d'administration et du bureau sont honorifiques et gratuites. Toutefois les dépenses effectuées pour le compte ou à l'occasion du fonctionnement de la société peuvent être remboursées sur état de frais visés par le président et par le trésorier. Le secrétaire et le trésorier peuvent également recevoir des indemnités de bureau.

Art. 14. — Le conseil d'administration est investi des pouvoirs les plus étendus en ce qui concerne la direction générale des affaires de la société. Il se conforme aux dispositions de la loi du 15 août 1920 et, notamment, se tient en relations avec les agents du contrôle de l'État. Il règle les contrats passés au nom de la société : locations, marchés, etc., et choisit les architectes, entrepreneurs et hommes de l'art chargés de la préparation des projets, de l'exécution et du règlement des travaux. Ce choix ne peut porter que sur les listes d'agréés établies pour le département dans les conditions fixées par le décret du 9 octobre 1920.

Il décide l'exécution de tous contrats et marchés approuvés par les adhérents et fait procéder par ceux-ci à la réception de leurs travaux.

Il ordonne tous payements et encaissements.

Il peut transiger, compromettre, donner tous désistements et mainlevée avec ou sans payement.

Il fixe les conditions dans lesquelles les fonds de la société sont gérés et désigne les établissements de crédit public ou ceux placés sous le contrôle et la surveillance de l'Etat dans lesquels les fonds et valeurs sont mis en dépôt. S'il croit devoir s'adresser à des banques, sociétés ou organisations privées, il en demande l'autorisation à l'assemblée générale. Il fixe le montant maximum de la somme qui peut rester à la disposition du trésorier.

Il statue sur les demandes d'admission et autorise, à la majorité absolue des membres présents, l'entrée des nouveaux membres dans la société.

Il nomme et révoque le personnel salarié.

Il fixe l'ordre du jour des assemblées générales.

Il est chargé d'obtenir l'approbation prévue au titre II de la loi du 15 août 1920.

Le conseil peut déléguer tout ou partie de ses pouvoirs à l'un de ses membres et charger, sous sa responsabilité, un directeur ou gérant d'exécuter et surveiller les opérations de la société. Ce directeur ou gérant ne peut être pris parmi les personnes ayant passé avec la société des contrats ou marchés, comme il est dit au paragraphe 1er du présent article.

Art. 15. — *Le conseil se réunit au moins une fois par trimestre et chaque fois qu'il est convoqué par son président ou sur la demande de la moitié de ses membres.*

La présence de la moitié des membres du conseil d'administration est nécessaire pour la validité des délibérations. Si le quorum n'est pas atteint, il est procédé à une seconde convocation à huitaine ; toutes délibérations sont, dès lors, valables.

Le vote par procuration n'est pas admis. En cas de partage, la voix du président est prépondérante.

Il est tenu procès-verbal des séances. Les procès-verbaux ainsi que les copies ou extraits sont signés par le président et le secrétaire.

Art. 16. — Les membres du conseil d'administration et du bureau, en tant qu'ils stipulent ou agissent au nom de la société, ne contractent aucune obligation personnelle ou solidaire, pourvu qu'ils se renferment exactement dans les limites de leurs pouvoirs.

Mais ils sont responsables envers la société ou envers les tiers, soit des infractions aux dispositions de la loi du 15 août 1920, soit des fautes lourdes, malversations ou dols qu'ils auraient commis dans l'exercice de leurs fonctions.

Art. 17. — *Le bureau est chargé de l'exécution des délibérations du conseil d'administration.*

Il se réunit sur la convocation de son président ou sur la demande de deux de ses membres.

Art. 18. — *Le président fait exécuter les décisions prises par le conseil d'administration et le bureau ;*

Il a la police des assemblées et veille à ce que les discussions ne s'écartent pas de leur but spécial ;

Il liquide et ordonnance toutes les dépenses de la société ;

Il représente la société dans ses rapports avec les tiers et avec l'autorité publique, sauf délégation spéciale donnée à un autre membre par le conseil ;

Il la représente également en justice, tant en demandant qu'en défendant, mais ne peut intenter aucune action judiciaire au nom de la société sans y être autorisé par une délibération conforme du conseil d'administration prise à la majorité des voix.

Art. 19. — *En cas d'empêchement du président, le ou les vice-présidents le remplacent. A leur défaut, le conseil d'administration délègue ses pouvoirs à l'un de ses membres.*

Art. 20. — *Le secrétaire est chargé des travaux administratifs.*

Il tient le registre des procès-verbaux des séances de l'assemblée générale, du conseil d'administration et du bureau, chaque procès-verbal devant porter sa signature et celle du président.

Art. 21. — Le trésorier tient la comptabilité de la société, ainsi que le compte de chacun des associés, dans la forme indiquée par le décret du 9 octobre 1920.

Il reçoit et conserve sous sa responsabilité les fonds et valeurs de la société et a qualité pour en délibérer valablement quittance, mais il ne peut en rester dépositaire que dans les limites et conditions rigoureusement déterminées par le conseil d'administration. Il doit justifier de leur existence et présenter sa comptabilité à toute réquisition du président du conseil d'administration, du commissaires contrôleur, dont la désignation est prévue à l'art. 23, ou des agents du contrôle de l'Etat.

Il dresse, chaque année, quarante jours avant la réunion de l'assemblée générale, un état de la situation active et passive de la société. Cet état, après examen et approbation du conseil d'administration, est mis à la disposition du commissaire contrôleur quarante jours au moins avant l'assemblée générale ; il est présenté à cette assemblée.

Le trésorier prépare, en outre, le compte rendu financier annuel, qui doit être adressé au ministère des régions libérées, conformément à l'article 14 de la loi du 15 août 1920 et au décret du 9 octobre 1920.

Dans le cas où un comptable serait adjoint au trésorier, ce comptable ne pourrait être pris parmi les personnes ayant passé avec la société les contrats visés par l'art. 13 des présents statuts, ni par leurs employés ou représentants.

Contrôle intérieur de la comptabilité et de la gestion des fonds.

Art. 22. — Un ou plusieurs commissaires contrôleurs choisis ou non parmi les membres de la société, mais pris en dehors du conseil d'administration, sont nommés chaque année par l'assemblée générale. Des commissaires suppléants sont en même temps désignés.

Les commissaires contrôleurs sont rééligibles et peuvent être rétribués par décision de ladite assemblée.

Ils établissent le rapport de contrôle sur la comptabilité et la gestion des fonds de la société et le présentent à l'assemblée générale.

Assemblée générale.

Art. 23. — *L'assemblée générale ordinaire des membres de la société se réunit une fois par an, au mois de. . . . . ., sur convocation du conseil d'administration.*

Des assemblées générales extraordinaires peuvent être convoquées sur l'initiative du conseil d'administration ou sur la demande du quart au moins des sociétaires.

Le bureau de la société est de droit bureau des assemblées générales.

L'assemblée générale régulièrement constituée représente l'universalité des associés et ses décisions sont obligatoires pour tous.

Les convocations pour l'assemblée générale sont faites par le conseil d'administration au moins. . . . . jours à l'avance, par lettre individuelle et par avis publié soit par affiches, soit à son de caisse dans la localité, soit par la voie des journaux.

Tous les associés ont le droit d'assister à l'assemblée générale.

Quinze jours avant l'assemblée générale annuelle, le conseil d'administration procède à une revision des bulletins, arrêtés à cette date, et prépare un état portant les noms des adhérents actuels, avec indication des intérêts engagés par eux dans la société. Cet acte fait foi pour le calcul de la majorité en sommes, lors des votes en assemblée générale.

L'assemblée n'est valablement constituée que si elle est composée des deux tiers des adhérents représentant la moitié du montant total des indemnités gérées par la société.

Si une première assemblée ne remplit pas les conditions ci-dessus fixées, une nouvelle assemblée est convoquée dans un délai de. . . . . (1). Ses décisions seront définitives pourvu qu'elle réunisse au moins la moitié des adhérents représentant le tiers du montant total des indemnités. Si ces conditions ne sont pas encore remplies, une troisième assemblée est convoquée dans l. . . . . (2) suivant et délibère valablement quels que soient le nombre de sociétaires présents et le montant total des indemnités représentées.

Les décisions sont toujours prises à la majorité absolue des adhérents présents ou représentés, chaque associé n'ayant droit qu'à une voix pour lui-même, avec un pouvoir de représentation de. . . . . (3) voix au maximum.

Une feuille de présence est signée par les associés et il est dressé un procès-verbal des délibérations de l'assemblée sur un registre spécial préalablement coté et paraphé par le président ou l'un des membres du conseil d'administration. Les procès-verbaux sont signés par le président et le secrétaire.

Les copies ou extraits de ces délibérations sont certifiés et signés par le président et le secrétaire du conseil d'administration.

Art. 24. — *L'assemblée générale annuelle ou extraordinaire ne peut délibérer valablement que sur les questions portées à l'ordre du jour, lequel est arrêté par le conseil d'administration. Tout membre désireux de faire porter une question à l'ordre du jour doit en soumettre le texte au conseil d'administration un mois au moins avant lesdites assemblées.*

L'assemblée générale annuelle entend les rapports présentés tant par le bureau que par le ou les commissaires contrôleurs sur la gestion du conseil d'administration et sur la situation financière de la société.

Elle se prononce sur les comptes qui lui sont présentés.

Elle statue sur les demandes d'emprunts qui lui sont proposées par le conseil d'administration et fixe définitivement les conditions dans lesquelles ils seront contractés et réalisés.

Elle se prononce sur les cas de démission et statue sur la liquidation des comptes des membres démissionnaires.

(1) Par exemple, quinzaine.
(2) Par exemple, la quinzaine.
(3) Par exemple, cinq, dix, quinze, vingt voix.

Elle pourvoit au remplacement des membres du conseil d'administration dont le mandat est expiré.

Elle fixe le taux des intérêts à servir aux associés pour les sommes comprises dans leurs versements.

Elle décide la distribution ou l'emploi des ressources exceptionnelles qui peuvent survenir à la société et détermine le chiffre des réserves à constituer s'il y a lieu.

Elle décide enfin la modification des statuts de l'association, de sa fusion avec d'autres sociétés et de son adhésion à telle union approuvée de sociétés coopératives.

Titre IV. — *Dissolution. — Liquidation.*

Art. 25. — La dissolution de la société ne peut avoir lieu avant la période pour laquelle elle a été constituée.

Toutefois si l'assemblée générale en fait la demande à la majorité en nombre et en sommes, le président du conseil d'administration doit convoquer dans le délai d'un mois une nouvelle assemblée générale qui, après avoir entendu les propositions du conseil d'administration, statuera sur la demande de dissolution dans les mêmes conditions de majorité ci-dessus indiquées.

Art. 26. — *Le conseil d'administration qui se trouvera en fonctions au jour de la dissolution aura tous pouvoirs pour faire la liquidation soit directement par lui-même, soit par les soins d'un ou plusieurs de ses membres qu'il déléguera à cet effet, soit par l'intermédiaire de personnes étrangères au conseil d'administration ou à la société et à qui mandat pourra être donné.*

Les opérations de liquidation seront poursuivies sous la surveillance de l'administration.

Il sera prélevé sur l'actif du fonds social prévu à l'art. 10 des présents statuts, et dans l'ordre suivant : 1° le montant des engagements contractés vis-à-vis des tiers ; 2° le montant des avances remboursables consenties par l'Etat ; 3° les sommes nécessaires pour rembourser aux sociétaires les versements faits par eux, conformément à l'art. 10, comme contribution aux dépenses et frais communs de la société.

Le surplus sera, le cas échéant, consacré à des œuvres d'intérêt général et collectif, avec l'approbation de l'autorité compétente, s'il y a lieu, et sauf stipulations particulières attachées aux dons, legs ou dotations.

Titre V. — *Dispositions générales.*

Art. 27. — *Les contestations qui peuvent s'élever entre les associés relativement aux affaires sociales doivent être soumises à l'examen du bureau qui s'efforce de les régler à l'amiable ; s'il n'y réussit pas, il invite les parties à recourir à l'arbitrage soit de l'union, soit du comité départemental des sociétés coopératives.*

Art. 28. — En cas de recours à l'autorité judiciaire, toutes les contestations qui pourraient s'élever pendant la durée de la société ou lors de sa liquidation, soit entre les sociétaires eux-mêmes, soit entre l'un d'eux et les héritiers ou représentants de l'un d'entre eux, à raison des affaires sociales seront jugées par les tribunaux compétents à (1). . . . . . où les intéressés sont présumés avoir fait élection spéciale de domicile par leur adhésion aux présents statuts.

128. — Statuts de la « Famille judiciaire ».

Société anonyme coopérative de consommation à capital variable.

Au capital initial de 13.125 francs. Siège social à Paris : Boulevard du Palais.

Aux termes d'un acte reçu par M⁰. . . . . , notaire à Paris, le 30 mars 1920, enregistré, il a été extrait littéralement ce qui suit :

Ont comparu :

1⁰ M. . . . . , avocat à la cour d'appel, demeurant à Paris ;

2⁰ M. . . . . , avocat à la cour d'appel, demeurant à Paris ;

3⁰ M. . . . . , avocat à la cour d'appel, demeurant à Paris ;

4⁰ Et M. . . . . , avocat à la cour d'appel, demeurant à Paris.

Tous quatre anciens combattants, et membres du groupe des Anciens Combattants du Palais.

Lesquels ont établi de la manière suivante les statuts d'une société coopérative anonyme de consommation à capital variable qu'ils se proposent de fonder.

Art. 1er. — Une société coopérative anonyme de consommation à capital et à personnel variables est formée entre les personnes qui adhèrent aux présents statuts.

Art. 2. — La société prend la dénomination de *La Famille judiciaire* (société coopérative anonyme de consommation à capital variable).

Art. 3. — La société a pour objet unique la mise à la disposition des sociétaires des avantages de la coopération par l'affiliation des sociétaires à toute autre société coopérative ou d'inspiration coopérative.

Elle s'interdit tout acte de spéculation.

Art. 4. — La durée de la société est fixée à 99 ans à partir du jour de sa constitution définitive.

Art. 5. — Le siège social est à Paris, boulevard du Palais, au Palais de justice, dans les locaux du conseil de l'ordre des avocats à la cour d'appel.

Il peut être transféré dans tout autre endroit de la même ville par simple décision du conseil d'administration.

Art. 6. — La société comprend des actionnaires sociétaires.

Nul ne peut être actionnaire de la société s'il n'appartient, en qualité de

---

(1) Indiquer le chef-lieu judiciaire de l'arrondissement dans lequel est situé le siège social.

membre, d'ancien membre ou d'employé à l'ordre des avocats, aux compagnies ou groupements judiciaires et notariaux ou à la magistrature et si son adhésion n'a été acceptée par le conseil d'administration, qui en aucun cas ne sera tenu de motiver sa décision.

Art. 7. — Les demandes d'admission se font au siège social sur une fiche signée par le postulant et contenant une adhésion formelle aux statuts avec justification de sa qualité. Après acceptation par le conseil, les fiches sont conservées et transcrites sur un registre spécial qui contiendra les numéros d'ordre, les noms, prénoms, professions, date et lieu de naissance, et domicile du sociétaire.

Il n'est pas délivré de titre représentatif de l'action.

Art. 8. — Le sociétaire verse, indépendamment du montant de son action pour droit d'adhésion, une somme de vingt-cinq francs qui sera appliquée aux frais de constitution et de premier établissement, et qui pourra être en tout ou partie versée avec abandon définitif à toute société coopérative ou d'inspiration coopérative à laquelle la présente société serait affiliée par le conseil d'administration.

Les sommes provenant de ces versements seront portées à un compte spécial. Elles sont définitivement acquises à la société.

Art. 9. — Le capital social de fondation est fixé à la somme de treize mille cent vingt-cinq francs.

Art. 10. — Il est divisé en cent cinq actions de cent vingt-cinq francs chacune.

Le capital social pourra être porté dès la première année à deux cent mille francs par l'adhésion de nouveaux sociétaires. Il sera susceptible d'augmentation par l'émission d'associés nouveaux à la suite des délibérations de l'assemblée générale ordinaire prises d'année en année. Chacune des augmentations ne pourra être supérieure à deux cent mille francs.

Art. 11. — Le capital social est aussi susceptible de diminution à la suite de reprises d'apport résultant de retraites d'actionnaires ou de décès.

Mais il ne peut être réduit au-dessous du capital de fondation.

Art. 12. — L'action est entièrement libérée à la souscription.

Art. 13. — Nul ne peut posséder plus d'une action.

La société ne reconnaît qu'un propriétaire pour chaque action.

Art. 14. — Toute action est nominative. Toute cession d'action par les voies civiles est interdite.

Elle n'a lieu que par voie de transfert.

Le transfert doit être signé sur un registre spécial par le cédant ou son représentant et par le cessionnaire.

Les actions ne peuvent être cédées qu'à une personne appartenant aux groupements visés à l'art. 6 et avec l'autorisation du conseil d'administration conformément à l'art. 50 de la loi du 24 juillet 1867.

Art. 15. — Les transferts ne sont autorisés en cas de décès d'un sociétaire qu'au profit de sa veuve ou de ses enfants mineurs.

La demande de transfert devra être adressée au conseil d'administration, soit par la veuve, soit par le tuteur des enfants mineurs.

A défaut de transfert, les ayants droit sont remboursés sur justification de leurs qualités.

Art. 16. — Tout sociétaire a droit de se retirer de la société, pourvu que la renonciation ne soit pas faite à contretemps et qu'elle soit de bonne foi.

Art. 17. — Le retrayant exerce son droit au moyen d'une déclaration de démission signée sur un registre spécial tenu au siège social.

Il doit prévenir quatre mois avant la clôture de chaque exercice le conseil d'administration, qui lui donne acte de sa déclaration.

Art. 18. — Tout actionnaire qui perdrait la qualité exigée par l'article 6 pour faire partie de la société devrait en prévenir le conseil d'administration. Son action serait annulée et remboursée dans un délai de quatre mois à compter de la fin de l'exercice courant.

En outre, l'assemblée générale pourra décider à la majorité fixée pour la modification des statuts qu'un ou plusieurs des associés cesseront de faire partie de la société. Elle n'aura pas à motiver sa décision. Le remboursement de l'action ainsi annulée sera effectué dans un délai de quatre mois à compter de la fin de l'exercice courant.

Art. 19. — L'assemblée générale régulièrement convoquée et constituée représente l'universalité des sociétaires.

Elle se compose de tous les sociétaires.

Elle tient des séances ordinaires et extraordinaires.

Art. 20. — Nul ne peut se faire représenter aux assemblées générales que par un sociétaire.

Mais un même sociétaire ne peut représenter plus de dix actionnaires.

Art. 21. — Les assemblées générales ordinaires et extraordinaires sont convoquées par un avis inséré dans un journal d'annonces légales et indiquant l'objet de la réunion.

Le lieu et la date des réunions seront affichés au moins quinze jours à l'avance au siège social.

Art. 22. — L'ordre du jour est arrêté par le conseil d'administration.

Il n'y est porté que les propositions émanant du conseil d'administration ou celles qui auraient été communiquées au conseil un mois au moins avant la réunion avec la signature de vingt sociétaires.

Il ne peut être mis en délibération que les objets portés à l'ordre du jour.

Art. 23. — L'assemblée générale, présidée par le président du conseil d'administration ou un administrateur délégué à cet effet, désigne elle-même les deux assesseurs et le secrétaire.

Art. 24. — Les décisions des assemblées générales ne sont valables qu'autant qu'elles ont été prises conformément aux statuts.

Elles sont prises à la majorité des voix.

Art. 25. — Les procès-verbaux des délibérations seront inscrits sur un registre spécial et revêtus de la signature du président et du secrétaire de la séance.

Ce registre reste déposé aux archives.

Les copies ou extraits des procès-verbaux à produire partout où besoin sera seront signés par l'un des administrateurs.

Art. 26. — Il est tenu une fois par an, dans les trois mois qui suivent la clôture de l'exercice, une assemblée générale ordinaire.

Art. 27. — L'assemblée générale ordinaire est valablement constituée lorsque les sociétaires présents par eux-mêmes ou par mandataires représentent le quart au moins du capital social.

Si l'assemblée générale ne réunit pas ce nombre, une nouvelle assemblée est convoquée à quinze jours de date au moins et elle délibère valablement sur l'ordre du jour arrêté pour la première convocation, quelle que soit la portion de capital représentée par les sociétaires.

Art. 28. — L'assemblée générale ordinaire entend le rapport du conseil d'administration, approuve les comptes, fixe les bénéfices à répartir à titre de restitution, nomme et remplace les administrateurs quand il y a lieu, et d'une façon générale délibère et statue souverainement sur toutes les questions intéressant la société qui ne seraient pas du ressort du conseil d'administration et confère à celui-ci tous les pouvoirs complémentaires qui seraient par elle reconnus utiles.

Art. 29. — L'assemblée générale extraordinaire peut être convoquée toutes les fois que l'assemblée générale ordinaire ou le conseil d'administration en reconnaissent l'utilité.

Art. 30. — Toute proposition de modification ou de revision des statuts qui n'émanerait pas du conseil d'administration devrait être adressée au conseil au moins un mois avant l'assemblée générale et signée de cent actionnaires.

Art. 31. — A l'expiration de la société ou en cas de dissolution anticipée, l'assemblée générale règle le mode de liquidation et nomme un ou plusieurs liquidateurs.

Elle conserve les mêmes pouvoirs que par le passé durant la liquidation.

Art. 32. — Les liquidateurs ont les pouvoirs les plus étendus pour réaliser toutes les valeurs sociales et le produit, après acquittement du passif comprenant les frais de liquidation, est réparti entre les sociétaires.

Art. 33. — Les liquidateurs peuvent, avec l'autorisation de l'assemblée générale extraordinaire, faire le transport à une autre société, ou à un particulier, par vente, apport ou tout autre mode, de l'ensemble des biens, droits et obligations, tant actifs que passifs, de la société dissoute.

Art. 34. — L'année sociale commence le 15 avril et finit le 14 avril de l'année suivante.

Art. 35. — *La Famille judiciaire* est administrée par un conseil composé de cinq à quinze membres.

Art. 36. — Les membres du conseil doivent être pris parmi les sociétaires.

Ils doivent être majeurs.

Leurs fonctions sont purement gratuites.

Art. 37. — Le premier conseil d'administration est formé des membres suivants habitant tous à Paris, savoir :

. . . .

. . . .

La composition de ce premier conseil ne sera pas soumise à l'approbation de l'assemblée générale.

Art. 38. — La durée des fonctions des administrateurs est de trois années.

Le conseil est renouvelé par tiers tous les trois ans.

Le sort désigne les premiers sortants, le renouvellement se fait ensuite à l'ancienneté.

Tout membre sortant est rééligible.

Le conseil pourvoit provisoirement au remplacement de ses membres démissionnaires ou décédés, à charge de faire ratifier leur nomination par la plus prochaine assemblée.

Art. 39. — Le conseil se réunit aussi souvent que les besoins de la société l'exigent.

Nul au conseil ne peut voter par procuration.

Art. 40. — Le conseil désigne à la majorité des voix le président et le secrétaire.

Les délibérations sont prises à la majorité des voix des membres présents.

Art. 41. — Le conseil est investi des pouvoirs les plus étendus pour la gestion et l'administration des affaires de la société.

Il convoque l'assemblée générale et en fixe l'ordre du jour.

Il édicte tout règlement intérieur.

Art. 42. — Le conseil peut déléguer tout ou partie de ses pouvoirs à un ou plusieurs de ses membres ou même à un directeur choisi hors de la société.

Art. 43. — Le conseil choisit parmi ses membres un trésorier et s'il y a lieu un trésorier adjoint.

Leurs fonctions sont déterminées par le conseil.

Art. 44. — Les décisions du conseil sont constatées par des procès-verbaux signés par les administrateurs qui y ont pris part et transcrits sur des registres cotés.

Les copies ou extraits de ces procès-verbaux, à produire partout où besoin sera, seront certifiés et signés par l'un des administrateurs.

Art. 45. — Un fonds de réserve est constitué pour aider au développement de la société et faire face aux dépenses extraordinaires. Ce fonds est constitué par une retenue d'au moins 50 % sur les sommes qui pourraient revenir à la société après prélèvement des frais d'administration.

Art. 46. — A la dissolution de la société et après la liquidation de ses engagements, le fonds de réserve sera partagé également entre toutes les actions.

Art. 48. — La présente société ne sera définitivement constituée qu'après :

1º Que les actions composant le capital de fondation auront été souscrites, et qu'il aura été versé en espèces par chaque souscripteur la somme de cent cinquante francs, montant de l'action et du droit d'adhésion, ce qui sera constaté par une déclaration faite en suite des présentes par les fondateurs de la société ;

2º Qu'une assemblée générale convoquée cinq jours d'avance par lettres individuelles aura reconnu la sincérité de la déclaration notariée, constaté l'acceptation des premiers administrateurs, nommé un ou plusieurs commissaires des comptes pour le premier exercice social et constaté leur acceptation.

ART. 49. — Pour faire partout où il sera besoin la publicité légale, tous pouvoirs sont donnés au porteur d'une expédition ou d'un extrait des actes et délibérations de la société.

E

SOCIÉTÉS A CAPITAL VARIABLE

129. — Modèle de statuts d'une coopérative à capital variable, arrêté par le ministère de l'agriculture.

Titre Ier. — *Formation de la société. — Son objet.*
Sa dénomination. — Sa durée.

Art. 1er. — Il est formé entre les syndicats professionnels agricoles et les membres de ces syndicats établis dans la circonscription qui adhéreront aux présents statuts, par la souscription ou la possession d'une ou plusieurs parts, une société anonyme coopérative à capital et personnel variables régie par les lois des 24 juillet 1867, 1er août 1893 et 29 décembre 1906.

Art. 2. — Cette société a pour objet : *(Indiquer l'objet précis de la société : toutes les opérations concernant la production, la transformation ou la vente des produits agricoles provenant exclusivement des exploitations des associés, soit l'exécution de travaux agricoles d'intérêt collectif, acquisition, construction, installation et appropriation de bâtiments, ateliers, magasins, matériel de transport, achat et utilisation de machines et instruments nécessaires aux opérations agricoles d'intérêt collectif).*

Art. 3. — Son siège est établi à . . . . .

Il pourra être transféré ailleurs en vertu d'une simple décision du conseil d'administration.

Art. 4. — Sa durée est fixée à . . . . . à compter du jour de sa constitution définitive, sauf prorogation ou dissolution anticipée (1).

Titre II. — *Capital social. — Parts. — Versements. — Transferts.*

Art. 5. — Le capital social est, quant à présent, fixé à la somme de (2) . . . . . divisée en . . . . . parts de (3) . . . . . chacune. Toutefois, au cours du premier exercice, le conseil d'administration aura le droit de porter, en une ou plusieurs fois, le capital social au total de . . . . .

(1) La durée de la société est illimitée.
(2) Le capital initial ne peut être supérieur à 200.000 fr. et chaque augmentation nécessaire qui peut être décidée d'année en année par l'assemblée générale ne peut excéder 200.000 fr. (art. 49 de la loi du 24 juillet 1867).
(3) Le taux minimum des parts doit être de 25 fr. (art. 1er de la loi du 1er août 1893).

au moyen de souscriptions nouvelles postérieures à la constitution de la société.

Il avisera, comme il l'entendra, au meilleur moyen de se procurer des souscriptions, mais ne sera nullement tenu, en ce qui concerne le capital nouveau, d'attendre qu'il soit souscrit en totalité et réalisé dans la proportion de.... comme pour le capital initial.

Le capital pourra ensuite être augmenté, d'année en année, par délibération de l'assemblée générale décidant l'émission de nouvelles parts.

Il pourra, par contre, être réduit par suite de reprises d'apports résultant de retraites ou d'exclusions de porteurs de parts, mais jamais de plus du dixième du capital initial augmenté.

Lorsque la société aura reçu une avance de l'Etat conformément à la loi du 29 décembre 1906, le capital ne pourra, sous aucun prétexte, être réduit au-dessous du montant qui aura servi de base à ladite avance.

Art. 6. — Tout souscripteur de parts doit être agriculteur et demeurer membre de l'un des syndicats agricoles existants dans la circonscription de la société.

Chaque sociétaire doit être au moins souscripteur d'une part.

Art. 7. — Chaque part est payable (1) . . . . . . en souscrivant et le surplus à l'appel du conseil d'administration.

Tout souscripteur pourra se libérer en totalité par un seul versement.

Les versements en retard seront passibles d'un intérêt de 5 p. 100 l'an.

Passé le délai de trois mois, et après une mise en demeure préalable par lettre recommandée, la société disposera de la part aux risques et périls du souscripteur.

Les porteurs de parts, conformément à la loi, ne sont engagés que jusqu'à concurrence du montant des parts souscrites par eux.

Art. 8. — Les parts seront toujours nominatives ; les titres de ces parts qui pourront être délivrés seront extraits de registres à souche signés de deux administrateurs et frappés du timbre de la société.

Leur taux de remboursement ne pourra, en aucun cas, même en cas de dissolution, excéder leur prix initial.

Elles sont indivisibles à l'égard de la société qui ne reconnaît qu'un seul propriétaire pour chaque part.

En conséquence, tous les copropriétaires d'une part sont tenus de se faire représenter par un seul d'entre eux.

Aucun dividende ne sera attribué au capital ou aux fractions de capital.

L'intérêt servi aux parts ne pourra jamais dépasser 4 p. 100.

Art. 9. — Les parts seront transmises par une inscription sur les registres de la société, signée du cédant, du cessionnaire et d'un administrateur.

Toutefois le transfert est subordonné à l'agrément du conseil d'administration qui peut s'y opposer en exerçant, au nom et pour le compte d'un

---

(1) La loi n'exige que le versement du dixième, quel que soit le taux des parts.

associé ou de la société elle-même, un droit de préemption, au prix fixé par la dernière assemblée générale.

TITRE III. — Admissions. — Retraites. — Exclusions.

ART. 10. — Lorsque, en vertu de l'art. 4, une augmentation du capital aura été décidée par une assemblée générale, l'émission des nouvelles parts aura lieu aux conditions fixées par ladite assemblée qui pourra réserver, dans une proportion déterminée, un droit de préférence aux anciens souscripteurs. L'admission des nouveaux porteurs de parts n'aura lieu qu'en vertu d'une décision du conseil d'administration.

ART. 11. — Tout porteur de parts a le droit de se retirer de la société au moyen d'une déclaration signée par lui sur un registre spécial tenu au siège de la société. La déclaration devra être faite un mois au moins avant la clôture de l'exercice annuel.

ART. 12. — Le conseil d'administration pourra proposer l'exclusion d'un ou plusieurs porteurs de parts à l'assemblée générale qui se prononcera dans les conditions fixées par l'art. 52 de la loi du 24 juillet 1867.

Cette exclusion devra être motivée soit par un préjudice grave causé à la société, soit par la perte de la qualité de membre de syndicat agricole.

ART. 13. — La retraite et l'exclusion des porteurs de parts cessent d'être possibles lorsque le capital social sera réduit au chiffre minimum fixé par l'art. 4, à moins que l'associé sortant ne soit immédiatement remplacé par un nouvel associé dont l'apport soit au moins égal au sien.

ART. 14. — Lors de la retraite ou de l'exclusion d'un porteur de parts, la société doit lui rembourser ses parts au prix fixé par la dernière assemblée générale qui ne pourra jamais être supérieur au prix initial ainsi qu'il est prescrit à l'art. 8.

Ce remboursement ainsi que le payement de l'intérêt de ses parts et des ristournes qui peuvent lui revenir ne seront exigibles qu'à l'époque fixée par le conseil d'administration pour le payement de l'intérêt et de la répartition pour trop perçu de l'exercice en cours, conformément aux dispositions de l'art. 44.

Le porteur de parts qui cesse de faire partie de la société reste tenu pendant cinq ans, envers ses co-associés et envers les tiers, de toutes les dettes et de tous les engagements de la société contractés avant sa sortie, mais cette responsabilité ne peut excéder le montant de ses parts.

ART. 15. — En cas de retraite volontaire ou forcée, les porteurs de parts ou leurs héritiers ou ayants droit ne peuvent, sous aucun prétexte, provoquer l'apposition de scellés sur les biens ou valeurs de la société, ni en demander le partage ou la licitation, ni s'immiscer en aucune façon dans son administration ; ils doivent, pour l'exercice de leurs droits, s'en rapporter aux décisions de l'assemblée générale.

En cas de décès d'un porteur de parts, le conseil d'administration aura toujours le droit de rembourser les héritiers dans les conditions de l'art. 14.

Titre IV. — *Administration.*

Art. 16. — La société est administrée par un conseil composé de. . . membres pris parmi les porteurs de parts et nommés par l'assemblée générale.

Art. 17. — Les administrateurs doivent être chacun propriétaire de. . . . . parts pendant toute la durée de leur mandat. Ces parts seront affectées à la garantie de tous les actes de leur gestion, même de ceux qui seraient exclusivement personnels à l'un des administrateurs. Elles sont inaliénables, frappées d'un timbre indiquant leur inaliénabilité et déposées dans la caisse sociale.

Art. 18. — Les administrateurs sont nommés pour. . . . . ans. Le conseil d'administration se renouvelle par tiers tous les . . . .ans. Les deux premières séries sont désignées par le sort. Les administrateurs sortants sont toujours rééligibles.

Art. 19. — En cas de vacances par décès, démission ou autre cause, d'un ou de plusieurs administrateurs, ils peuvent être provisoirement remplacés par le conseil, par voie d'élection, jusqu'à la prochaine assemblée générale qui procède à l'élection définitive. Le membre ainsi nommé achève le temps de celui qu'il a remplacé.

Art. 20. — Chaque année le conseil nomme parmi ses membres son bureau composé d'un président, de deux vice-présidents et de deux secrétaires.

Art. 21. — Le conseil d'administration se réunit au siège social aussi souvent que l'intérêt de la société l'exige, au moins une fois tous les trois mois, sur la convocation du président ou, en cas d'empêchement, sur celle d'un des vice-présidents ; en cas de partage, la voix du président est prépondérante.

Nul ne peut voter par procuration dans le sein du conseil.

Art. 22. — Les délibérations sont constatées par des procès-verbaux qui sont portés sur un registre tenu au siège de la société et signés par le président et le secrétaire qui y ont pris part.

Les copies ou extraits des délibérations à produire en justice ou ailleurs sont certifiés par le président du conseil ou l'un des vice-présidents.

Art. 23. — Le conseil a les pouvoirs les plus étendus pour l'administration des biens et des affaires de la société. Il peut même transiger, compromettre, donner tous les désistements et mainlevées avec ou sans payement. Il arrête les comptes qui doivent être soumis à l'assemblée générale, propose tous projets d'augmentation du capital et toutes les modifications énumérées à l'art. 40.

Le président du conseil représente la société en justice, tant en demandant qu'en défendant ; en conséquence, c'est à sa requête ou contre lui que doivent être intentées toutes actions judiciaires.

Les pouvoirs sus-énoncés ne sont qu'indicatifs et non limitatifs.

Art. 24. — Les fonctions de membre du conseil d'administration sont gratuites. Les administrateurs auront seulement droit au remboursement de leurs débours.

Art. 25. — Le conseil peut déléguer ses pouvoirs à un comité de direction composé de. . . . . membres (1).

Le conseil nommera, en outre, un directeur qui pourra être une personne étrangère à la société et qui exercera ses fonctions sous le contrôle du conseil d'administration.

Titre V. — *Direction.*

Art. 26. — Le comité de direction et, sous son autorité, le directeur sont chargés, chacun en ce qui le concerne, de l'exécution des décisions du conseil d'administration et de la gestion des affaires sociales.

Le directeur reçoit un traitement annuel dont la quotité est arrêtée par le conseil d'administration, qui détermine aussi les autres avantages qui peuvent lui être accordés ainsi qu'au personnel salarié placé sous ses ordres.

Art. 27. — Le directeur représente le conseil d'administration vis-à-vis des tiers dans la limite des pouvoirs qui lui ont été confiés.

Titre VI. — *Commission de surveillance.*

Art. 28. — Conformément à l'art. 32 de la loi du 24 juillet 1867, un ou plusieurs commissaires, membres ou non de la société, seront désignés chaque année par l'assemblée générale, ils sont rééligibles et peuvent être rétribués par décision de ladite assemblée générale.

Titre VII. — *Assemblée générale.*

Art. 29. — L'assemblée générale régulièrement constituée représente l'universalité des porteurs de parts ; ses décisions sont obligatoires pour tous, même pour les absents ou dissidents. Elle se compose de tous les porteurs de parts. Elle est présidée par le président du conseil d'administration et, en son absence, par un des vice-présidents ; à défaut, par l'administrateur que le conseil désigne.

Les fonctions de scrutateurs sont remplies par deux sociétaires désignés par l'assemblée générale.

(1) La nomination d'un comité de direction n'est utile que dans les cas où les membres du conseil d'administration seraient dans l'impossibilité de s'occuper d'une façon suivie des affaires sociales.

Le bureau ainsi composé désigne le secrétaire.

Art. 30. — Nul porteur de parts ne peut se faire représenter aux assemblées générales que par un autre porteur de parts. Exception est faite pour les personnes civiles et pour les incapables dont le délégué ou le mandataire peut n'être pas porteur de parts.

Art. 31. — Les délibérations sont prises à la majorité des voix des membres présents ou représentés, sauf l'exception prévue à l'art. 39. Chaque membre ne possède qu'une voix, quel que soit le nombre de parts qu'il a souscrites.

Art. 32. — Ces délibérations sont constatées par des procès-verbaux inscrits sur un registre spécial et signés par les membres du bureau ; une feuille de présence, contenant les noms et les domiciles des porteurs de parts membres de l'assemblée et le nombre de parts dont chacun est porteur, est certifiée par le bureau et annexée au procès-verbal pour être communiquée à tout requérant.

Art. 33. — Les copies ou extraits des délibérations de l'assemblée à produire en justice ou ailleurs sont signés par deux membres du conseil d'administration.

Art. 34. — Les convocations aux assemblées générales ordinaires ou extraordinaires sont faites par une lettre adressée à chaque sociétaire ou par un avis inséré, au moins huit jours avant l'époque de la réunion, dans l'un des journaux de. . . . . désignés pour les annonces légales (1).

Ce délai sera le même dans le cas de deuxième convocation.

Lorsque l'assemblée est extraordinaire, l'avis de convocation doit relater l'ordre du jour.

Art. 35. — L'ordre du jour est arrêté par le conseil d'administration ; il est soumis préalablement aux commissaires. Il n'y est porté que les propositions émanant du conseil ou des commissaires, ou qui ont été communiquées au conseil un mois au moins avant la réunion, avec la signature d'au moins vingt porteurs de parts.

Il ne peut être mis en délibération que les objets portés à l'ordre du jour.

Art. 36. — Il est tenu une assemblée générale ordinaire chaque année, au lieu désigné par le conseil d'administration dans sa convocation.

Art. 37. — L'assemblée générale ordinaire délibère valablement lorsqu'elle est composée d'un nombre de porteurs de parts représentant le quart au moins du capital social alors existant.

Si cette condition n'est pas remplie à la première réunion, la délibération ne peut avoir lieu.

Il est fait une nouvelle convocation conformément à l'art. 34, et la délibération sur les objets à l'ordre du jour de la première réunion est valable, quel

(1) Sous réserve, en ce qui concerne les assemblées extraordinaires, de l'application de la loi du 22 novembre 1913.

que soit le nombre des membres présents et des parts représentées. Cette nouvelle réunion doit avoir lieu dans les délais légaux.

Art. 38. — L'assemblée générale annuelle entend le rapport des commissaires sur la situation de la société, sur le bilan et sur les comptes présentés par les administrateurs. Elle discute et, s'il y a lieu, approuve les comptes. Elle fixe la somme à répartir entre les coopérateurs et la valeur des parts. Elle nomme les administrateurs à remplacer et les commissaires chargés de la surveillance pour l'exercice suivant.

Sur la proposition du conseil d'administration, elle décide s'il y a lieu d'augmenter le capital social. Elle constate les augmentations et diminutions du capital effectuées.

Elle peut décider également, sur la proposition du conseil d'administration, que les opérations sociales pourront s'étendre à l'achat en commun des marchandises nécessaires aux besoins agricoles de ses membres.

Elle délibère et statue souverainement sur tous les intérêts de la société. Elle confère au conseil d'administration tous les pouvoirs supplémentaires qui seraient reconnus utiles.

Art. 39. — Les assemblées générales extraordinaires qui ont à délibérer sur des propositions de modifications aux statuts, de continuation de la société au delà du terme fixé pour sa durée ou de sa dissolution avant ce terme, de transformation de la société ou de l'extension de son objet à d'autres opérations agricoles, de fusion avec toute autre société, ne sont régulièrement constituées qu'autant qu'elles sont composées d'un nombre de porteurs de parts représentant la fraction du capital déterminée par la loi du 22 nov. 1913 (nouvel art. 31 de la loi de 1867). Elles délibèrent à la majorité des deux tiers des voix des membres présents.

TITRE VIII. — *Inventaires. — Etat de situation.*

Art. 40. — L'exercice commence le 1er janvier et finit le 30 décembre. Par exception, le premier exercice comprend le temps écoulé entre la constitution définitive de la société et le 31 décembre 19 . . .

L'intérêt à servir aux porteurs de parts ne commence à courir qu'à partir du 1er janvier 19. . .

Art. 41. — Il est établi, à la fin de chaque année sociale, un inventaire contenant l'indication des valeurs mobilières et immobilières et de toutes les dettes actives et passives de la société. Cet inventaire est mis, ainsi que le bilan et le compte de profits et pertes, à la disposition des commissaires le quarantième jour au plus tard avant l'assemblée générale.

Ces divers documents sont ensuite présentés à l'assemblée générale.

Tout porteur de parts peut en prendre, à l'avance, communication au siège social, ainsi que de la liste des porteurs de parts, pendant les quinze jours qui précèdent la réunion de l'assemblée générale.

Titre IX. — *Répartition des excédents annuels.*

Art. 42. — Si, lors de l'inventaire annuel, déduction faite des charges, amortissement et frais généraux, l'actif surpasse le passif, il est prélevé 5 % sur la différence entre ces deux sommes pour constituer la réserve légale et pour le surplus la somme nécessaire pour payer aux porteurs de parts un intérêt de 4 % du capital versé.

Si, après ce double prélèvement, il existe un excédent, il est réparti de la manière suivante :

10 % pour un fonds de réserve supplémentaire ;

90 % aux coopérateurs à titre de ristourne proportionnellement aux opérations faites par eux avec la coopérative.

En cas d'insuffisance pour le payement de l'intérêt de 4 % aux porteurs de parts, le complément sera pris sur le fonds de réserve supplémentaire.

Art. 43. — Dans le cas où l'inventaire révélerait des pertes, le montant de ces pertes serait prélevé d'abord sur le fonds de réserve supplémentaire, puis sur le fonds de réserve ordinaire ; en cas d'insuffisance, sur les profits disponibles des exercices suivants et avant le prélèvement des intérêts du capital social.

Art. 44. — Le payement de l'intérêt alloué aux porteurs de parts et de la répartition aux coopérateurs pour trop perçu a lieu dans les trois mois qui suivent l'assemblée générale annuelle, aux époques fixées par le conseil d'administration, par les voies et moyens indiqués par lui.

L'intérêt est valablement payé au porteur du titre ou du coupon, et sans responsabilité aucune pour la société en cas de perte ou de soustraction du titre ou coupon.

Art. 45 (1). — Tout intérêt non réclamé dans les cinq ans de son exigibilité est prescrit au profit de la société.

Toute ristourne non réclamée dans l'année de l'exigibilité est prescrite au profit de la société.

Les sommes prescrites sont versées au fonds de réserve supplémentaire.

Titre X. — *Fonds de réserve.*

Art. 46. — Un double fonds de réserve est constitué par l'accumulation des sommes prélevées sur les profits annuels, conformément aux dispositions de l'art. 45, pour faire face aux charges et dépenses extraordinaires et imprévues.

Lorsque le fonds de réserve légal aura atteint le dixième du capital initial ou augmenté, le prélèvement affecté à sa création cesse de lui profiter et sera versé au compte de réserve supplémentaire.

Lorsque la somme des réserves aura atteint le quart du capital initial ou augmenté, l'assemblée générale décidera, sur la proposition du conseil d'administration, si le surplus sera laissé à ce compte, en totalité ou en partie, ou

____

(1) Cette disposition ne peut plus être insérée dans les statuts depuis la loi du 25 juin 1920. Consulter à cet égard la formule 72.

s'il sera employé à rembourser, par voie de tirage au sort, les parts souscrites par les sociétaires ou à parer à toutes éventualités et à fonder des établissements utiles au développement de la société.

En aucun cas, la réserve ne pourra être répartie entre les sociétaires.

Titre XI. — *Contestations.*

Art. 47. — Toutes contestations qui pourront s'élever pendant la durée de la société ou au cours de la liquidation, à raison des affaires sociales, seront jugées à . . . . . par les tribunaux compétents ; mais, préalablement à toute instance judiciaire, elles seront soumises à l'examen du bureau de la société, qui s'efforcera de les régler à l'amiable.

Art. 48. — Dans le cas de contestations, tout porteur de parts devra faire élection de domicile à. . . . . et toutes assignations et notifications seront valablement données au domicile élu par lui, sans égard à la distance du domicile réel.

A défaut d'élection de domicile, cette élection aura lieu de plein droit, pour les notifications judiciaires, au parquet du procureur de la République près le tribunal de. . . . .

Titre XII. — *Dissolution. — Liquidation.*

Art. 49. — A l'expiration de la société ou en cas de dissolution anticipée, l'assemblée générale extraordinairement convoquée règle le mode de liquidation ; elle nomme un ou plusieurs liquidateurs ou confie la liquidation aux administrateurs en exercice. Pendant la liquidation, les pouvoirs de l'assemblée générale se continuent comme pendant l'existence de la société.

Toutes les valeurs de la société sont réalisées par les liquidateurs qui ont, à cet effet, les pouvoirs les plus étendus, et après payement des dettes sociales et remboursement du capital, sur la proposition du conseil d'administration, l'assemblée extraordinaire pourra décider de l'emploi du fonds de réserve à des entreprises ayant pour but d'améliorer les conditions de vente des produits agricoles.

En aucun cas, ces fonds ne pourront être répartis entre les porteurs de parts.

Titre XIII. — *Dispositions générales.*

Art. 50. — Les sociétaires s'engagent solidairement pour garantir le remboursement des avances qui pourront être consenties par l'Etat en application de la loi du 29 décembre 1906. L'amortissement de ces avances se fera conformément aux instructions données par le ministère.

Art. 51. — Toute modification projetée aux statuts sera portée à la connaissance de la caisse régionale responsable du remboursement de l'avance qui en fera part au ministre, sans qu'aucune modification puisse

être considérée comme acquise avant que le ministre ait notifié qu'il n'y
fait pas objection à raison des conditions dans lesquelles l'avance de l'Etat
a été consentie.

Art. 52. — La société coopérative se soumettra aux opérations de contrôle et de surveillance ordonnées par le ministre de l'agriculture et la caisse
régionale de . . . . . .

Art. 53. — La comptabilité sera tenue conformément aux prescriptions du Code de commerce et aux instructions du ministre de l'agriculture.

Art. 54. — Pour tout ce qui n'est pas prévu aux présents statuts, il sera
établi des règlements intérieurs par les soins du conseil d'administration.

Tous pouvoirs sont donnés à M . . . . . ., porteur d'une expédition des
présents statuts, pour procéder aux formalités d'enregistrement, d'insertion et de publications voulues par la loi.

Formalités à remplir pour la constitution d'une société anonyme à capital variable.

1º Organiser une réunion préparatoire dans laquelle les fondateurs se
mettront d'accord sur les statuts à adopter.

2º Recueillir les adhésions sur des bulletins imprimés ou polycopiés
suivant le modèle ci-dessous donné comme exemple.

130. — Modèle de bulletin d'adhésion.

Société . . . .
anonyme à capital variable . . . .
en formation,
au capital de . . . francs divisé en . . . actions de . . . francs chacune.

Le soussigné (nom, prénoms, profession et adresse) déclare souscrire à
la société . . . . . ., en formation, ... (nombre d'actions en toutes
lettres) actions de . . . francs chacune, dont un dixième (cette fraction
sera changée si les statuts exigent un versement initial supérieur) sera
versé dès que les . . . . . actions nécessaires à la constitution de la
société seront souscrites.

A . . . . . ., le . . .

(*Signature*, précédée des mots « lu et approuvé ».)

Le capital fixé par les statuts doit être entièrement souscrit.

3º Dresser quatre exemplaires des statuts sur papier timbré (signés
par le ou par les fondateurs). Ces statuts sont ensuite présentés au bureau
de l'enregistrement. Le coût de l'enregistrement est de 6 fr. par exemplaire.

4º Dresser sur papier timbré la liste des souscripteurs, comprenant
leurs noms, prénoms, professions et adresses, le nombre d'actions souscrites et les versements effectués par chacun d'eux. La somme effectivement versée doit être égale, au minimum, au dixième du capital souscrit.

Dès le début le nombre des actionnaires ne doit pas être inférieur à sept.

131. — Modèle de liste de souscripteurs.

	NOMS ET PRÉNOMS des souscripteurs	PROFESSIONS	ADRESSES	NOMBRE d'actions souscrites	SOMMES VERSÉES sur les actions

La présente liste est certifiée exacte et véritable par M. . ., soussigné, fondateur de la Société.

A. . . . , le. . .

(Signature.)

5° Porter chez un notaire : 1° un exemplaire des statuts ; 2° la liste des souscripteurs.

La souscription et les versements obligatoires sont constatés par une déclaration des fondateurs faite devant le notaire. Les deux pièces susvisées sont annexées à cette déclaration. Cet acte est le seul, parmi les actes nécessaires à la constitution, pour lequel le concours d'un notaire soit indispensable.

6° Le notaire délivre trois expéditions de la déclaration de souscription du capital. Dès réception de ces trois expéditions, convoquer l'assemblée générale constitutive.

132. — Modèle de convocation.

Les sociétaires de la société coopérative anonyme à capital et personnel variables (dénomination) sont convoqués par les fondateurs en assemblée générale constitutive le . . . ., à. . . heures, rue . . . . ., n° . . . . . , à . . . . .

Pour les fondateurs :
Le Président du Comité provisoire,
(Signé :) . . .

133. — Ordre du jour.

1° Vérification et reconnaissance de la sincérité de la déclaration notariée de souscription et de versement ;

2° Nomination des administrateurs ;

3° Nomination des commissaires de surveillance ;

4° Approbation des statuts et constitution définitive de la société ;

5° Vote sur toutes autres propositions accessoires ;

6° Assemblée générale constitutive. Les fondateurs ou le comité provisoire font déposer dans la salle où se tient l'assemblée une feuille de présence, sur papier libre ; chaque sociétaire doit inscrire individuellement ses nom, prénoms, adresse, ainsi que le nombre d'actions souscrites par lui.

(Pour le modèle d'une feuille de présence, se reporter au modèle de liste de souscripteurs et supprimer la dernière colonne.)

La feuille de présence est certifiée et signée par les membres du bureau de l'assemblée.

Lorsqu'un sociétaire ne peut assister à l'assemblée, il donne à une autre personne pouvoir de le représenter. Ce pouvoir est établi sur papier timbré (2 francs) dans les termes ci-après :

Je soussigné . . . . . (nom et prénoms), demeurant à . . . . . , rue . . . . . , nº . . . . . , souscripteur de . . . . . actions de la société . . . . ., donne par les présentes à M. . . . . (nom et prénoms), rue. . ., nº. . . . . ., de me représenter à l'assemblée générale constitutive de ladite société, qui se tiendra le . . . . . , à . . . . . , rue . . . . , nº . . . . .

A . . . . , le . . . . .

(Signature, précédée des mots « bon pour pouvoir ».)

L'un des fondateurs ou l'un des membres du comité provisoire ouvre la séance et fait procéder à l'élection du bureau de l'assemblée qui, ensuite, aborde l'ordre du jour.

Le secrétaire consignera sur le registre des procès-verbaux de séances, qui sera ouvert à cette occasion, les statuts et le procès-verbal de l'assemblée générale.

134. — Modèle de procès-verbal de l'assemblée générale.

L'an mil neuf cent . . . . ., le . . . . ., à . . . . . heures, les sociétaires de la coopérative à capital et personnel variables en formation . . . . . (*dénomination*), au capital actuel de . . . . . fr., divisé en . . . . . parts de . . . . . francs chacune, se sont réunis à . . . . . en assemblée générale constitutive, suivant la convocation qui leur a été faite par les fondateurs d'assister à la réunion.

Il a été dressé une feuille de présence signée par les sociétaires présents à la réunion.

L'assemblée procède à la composition de son bureau :

M. . . . . . est nommé président ;

M. . . . . . et M. . . . . . scrutateurs ;

Et M. . . . ., secrétaire.

M. le président constate, ainsi qu'il est établi par la feuille de présence et les pouvoirs qu'il a en mains, que les sociétaires présents et les délégués des sociétaires absents sont au nombre de . . . . . et possèdent . . . parts (1).

----

(1) Il doit y avoir la moitié au moins du capital souscrit représentée — sinon les délibérations ne sont que provisoires. Dans ce dernier cas, une nouvelle assemblée générale est

La feuille de présence certifiée par les membres du bureau demeurera annexée au présent procès-verbal.

L'assemblée représentant plus de la moitié du capital social est déclarée régulièrement constituée.

M. le président expose à l'assemblée :

Que suivant acte sous seings privés, en date du . . . . . mil neuf cent . . . . . , MM. (*noms des fondateurs*) ont établi les statuts d'une société coopérative anonyme à capital et personnel variables, sous la dénomination de . . . . , au capital de . . . . , divisé en . . . . . parts de . . . . . francs chacune ;

Qu'aux termes d'un acte reçu par Me. . . . , notaire à . . . . . , le . . . . , MM. (*noms des fondateurs*)[1] ont déclaré que les . . . . . parts ci-dessus avaient été souscrites intégralement, et qu'il avait été effectué des versements égaux (ou supérieurs) au dixième du capital social et que la liste des souscriptions et des versements était annexée à cet acte.

M. le président rappelle que l'assemblée est réunie, conformément à la loi, à l'effet de :

1o Vérifier et reconnaître la sincérité de la déclaration notariée précitée ;

2o Nommer les administrateurs ;

3o Nommer les commissaires de surveillance ;

4o Approuver les statuts et déclarer la société régulièrement constituée ;

5o Prendre telles résolutions accessoires que l'assemblée jugera.

Ensuite, M. le président donne lecture de l'acte de déclaration de souscription et de versement et de la liste y annexée. Et il soumet à l'assemblée cette déclaration et les pièces à l'appui.

Après l'échange de diverses explications, M. le président met aux voix successivement les résolutions suivantes à l'ordre du jour.

Première résolution.

L'assemblée générale, après en avoir pris connaissance, reconnaît sincère et véritable la déclaration de souscription et de versement faite par les fondateurs de la société coopérative. . . . . . (*dénomination*), suivant acte reçu par Me. . . . , notaire à . . . . , le . . . . .

Cette résolution est adoptée à l'unanimité (ou par . . . . . voix contre . . . . . voix).

Deuxième résolution.

L'assemblée générale nomme comme administrateurs MM. (*noms, prénoms et domiciles*).

convoquée. Deux avis, publiés à huit jours d'intervalle, au moins un mois à l'avance, dans l'un des journaux désignés pour recevoir les annonces légales, font connaître aux sociétaires les résolutions provisoires adoptées par la première assemblée et ces résolutions deviennent définitives si elles sont approuvées par la nouvelle assemblée, composée d'un nombre de sociétaires représentant le cinquième au moins du capital social.

Cette résolution est adoptée à l'unanimité (ou par . . . . . voix contre . . . . . voix).

MM. (*répéter les noms*), présents à l'assemblée, déclarent accepter ces fonctions.

Troisième résolution.

L'assemblée générale nomme commissaires de surveillance MM. (*noms, prénoms et domiciles*).

Cette résolution est adoptée à l'unanimité (ou par . . . . . voix contre . . . . . voix).

MM. (*répéter les noms*), présents à l'assemblée, déclarent accepter ces fonctions.

Quatrième résolution.

L'assemblée générale approuve les statuts de la société. . . . . . (*dénomination*), tels qu'ils sont établis, et déclare ladite société constituée, toutes les formalités prescrites ayant été remplies.

Cette résolution est adoptée à l'unanimité (ou par . . . . . voix contre . . . . . voix).

Cinquième résolution.

L'assemblée générale charge M. . . . . . de faire les publications prescrites par la loi.

Cette résolution est adoptée à l'unanimité (ou par . . . . . voix contre . . . . . voix).

Rien n'étant plus à l'ordre du jour, la séance est levée. De tout ce que dessus il a été dressé le procès-verbal, qui a été signé par les membres du bureau et par les administrateurs et commissaires pour l'acceptation de leurs fonctions.

(Signatures.)

8° Publication de la société.

Dans le *délai maximum d'un mois* à dater de l'assemblée constitutive, il y a lieu de procéder à la publication de la société.

A cet effet doivent être remplies les formalités suivantes :

1° Faire sur papier timbré trois exemplaires du procès-verbal de l'assemblée générale constitutive, signés, chacun, par les membres du bureau de la société ;

2° Aller chez le receveur de l'enregistrement avec ces trois exemplaires. Les faire enregistrer. Coût de l'enregistrement : 6 fr. ;

Payer, en plus, le *droit d'apport*, à raison de 1 fr. 25 pour 100 sur le montant du capital souscrit ;

3º Déposer au *greffe de la justice de paix du siège social*, contre reçu :
a) un des exemplaires des statuts ; *b*) une des expéditions de la déclaration notariée ; *c*) un des procès-verbaux de l'assemblée constitutive ; *d*) une liste contenant les noms, prénoms, professions, adresses des associés, et le nombre de parts souscrites par chacun d'eux. Cette liste sera certifiée par le bureau de la société et devra, comme les autres documents, être établie sur papier timbré ;

4º Faire les mêmes dépôts au *greffe du tribunal de commerce du siège social* :

5º Publier, dans un *journal d'annonces légales*, un extrait des statuts et des pièces annexées.

Observation importante. — *Cet extrait doit contenir toutes les mentions que les tiers ont intérêt à connaître.*

135. — Modèle de publication légale.

1. Aux termes d'un acte sous signatures privées, en date du . . . . . , il a été établi les statuts d'une société anonyme à capital et personnel variables, desquels il a été fait les extraits suivants :

La société prend la dénomination de . . . . .

Le siège social est fixé à . . . . .

Le capital social est primitivement fixé à . . . . . francs.

Il ne pourra être réduit au-dessous du . . . . .

La société commence le . . . . . (*date de sa constitution définitive*) pour finir le . . . . , soit une durée de . . . . . ans.

La société est administrée par un conseil de . . . . . membres.

Le conseil est nommé pour . . . . . ans et renouvelable par . . . chaque année.

Le conseil a les pouvoirs les plus étendus pour agir au nom de la société et faire ou autoriser tous les actes et opérations relatifs à son effet.

Les extraits des procès-verbaux du conseil, ainsi que ceux des assemblées générales, à produire en justice ou ailleurs, sont signés par le président du conseil ou par deux administrateurs.

L'intérêt à servir aux sommes versées sur les actions est fixé à . . . . . au maximum.

. . . . . % sont prélevés annuellement sur les bénéfices pour composer le fonds de réserve.

Pour extrait :

Le président du conseil d'administration,

(*Signé :* . . .)

II. Aux termes d'un acte reçu par Mᵉ . . . . , notaire à . . . . . , le . . . . , MM. . . . . , fondateurs, ont déclaré que les . . . . . parts, de . . . . . francs chacune, représentant le capital de fondation, ont été entièrement souscrites par diverses personnes, et qu'il a été versé,

en espèces, par chacun des souscripteurs, une somme égale au moins au
. . . . . du montant des parts par lui souscrites, soit au total . . . . .
francs ; auquel acte est annexé un état certifié, contenant les noms, prénoms, qualités et domiciles des souscripteurs, le nombre des parts souscrites et le montant des versements effectués par chacun d'eux.

Pour extrait :
Le président du conseil d'administration,
(Signé :. . .)

III. De la copie du procès-verbal de l'assemblée constitutive tenue
le . . . . . ., il appert qu'il a été pris les résolutions suivantes :

1º L'assemblée approuve, à l'unanimité, les statuts ;

2º L'assemblée reconnaît la sincérité de la déclaration de souscription
et de versement du capital ;

3º L'assemblée nomme MM. . . . . . membres du conseil ;

4º L'assemblée nomme MM. . . . . . commissaires ;

5º Toutes les prescriptions de la loi et des statuts ayant été remplies,
la société . . . . . est définitivement constituée.

Pour extrait :
Le président du conseil d'administration,
(Signé t. . .)

IV. Un double des statuts, une expédition de l'acte de déclaration de
souscription et de versement, une copie des délibérations de l'assemblée
générale constitutive et un état des souscriptions et versements, ont été
déposés aux greffes du tribunal de commerce de . . . . . et de la justice de paix de . . . . , suivant procès-verbal dressé à chacun des greffes,
le . . . . .

Pour mention :
Le président du conseil d'administration,
(Signé :. . .)

9º Déclaration d'existence à l'enregistrement.

Cette déclaration n'est pas nécessaire pour les sociétés dont les actions,
conformément aux modèles de statuts qui précèdent, ne sont pas transmissibles.

Les sociétés dont les actions sont négociables doivent, dans le délai d'un
mois à dater de l'assemblée constitutive, faire au bureau de l'enregistrement du siège social une déclaration constatant l'objet, le siège, la durée
de la société, la date des actes constitutifs, le nom des directeurs ou gérants, le nombre et le montant des titres émis. La déclaration est accompagnée : 1º d'un exemplaire des statuts certifié par le représentant de la
société ; 2º d'un exemplaire du journal dans lequel les publications légales
ont été faites.

10º Il y a lieu de rappeler qu'une loi du 31 mai 1916 est venue restreindre le droit d'émission de valeurs mobilières pendant la durée des

hostilités. Ses dispositions cesseront sans doute prochainement d'être en vigueur ; il n'est pas inutile cependant d'en donner ci-après le texte :

Art. 1er. — L'émission, l'exposition, la mise en vente, l'introduction sur le marché en France de titres de rente, emprunts et autres effets publics des gouvernements étrangers, d'obligations ou de titres de quelque nature qu'ils soient, de villes, corporations ou sociétés françaises ou étrangères sont interdites à partir de la promulgation de la pésente loi jusqu'à une date à fixer par décret en Conseil des ministres après la cessation des hostilités.

Toutefois, il peut être dérogé à cette disposition par arrêté du ministre des finances.

Art. 2. — Les infractions à la présente loi seront passibles d'un emprisonnement de six mois à un an et d'une amende de mille à dix mille francs (1.000 à 10.000 fr.) et en cas de récidive d'un emprisonnement de un à deux ans et d'une amende de dix mille à vingt-cinq mille francs (10.000 à 25.000 fr.).

L'article 463 du Code pénal sera applicable.

F

SOCIÉTÉ ANONYME D'HABITATIONS A BON MARCHÉ

136. — Modèle de statuts approuvé par le ministre du travail et de la prévoyance sociale.

Les soussignés :
1º M. . . . ., demeurant à. . . . .
2º M. . . . .,   »   »
3º M. . . . .,   »   »

Ont établi de la manière suivante les statuts d'une société anonyme qu'ils se proposent de constituer :

ART. 1er. — Il est formé entre les souscripteurs des actions ci-après créées une société anonyme qui sera régie par les présents statuts et par les lois en vigueur, tant sur les sociétés que sur les habitations à bon marché et la petite propriété.

ART. 2. — La société a pour objet :

1º De réaliser, dans les conditions et pour l'application de la législation sur les habitations à bon marché, soit l'acquisition, la construction, la vente ou la location d'habitations salubres et à bon marché, ainsi que de leurs dépendances ou annexes, telles que jardins, bains et lavoirs, soit l'amélioration et l'assainissement d'habitations existantes, et la vente ou la location de jardins formant dépendances des habitations, soit l'achat d'immeubles destinés à ces usages ;

2º De réaliser, le cas échéant, la création de l'exploitation de bains-douches, la création, la vente ou la location de jardins ouvriers, ou l'application de l'article 1er de la loi du 10 avril 1908.

Elle peut, à cet effet, acquérir, construire, aliéner, prendre et donner en location.

Elle peut, dans le même but, faire des prêts en vue, soit de la construction ou de l'achat d'immeubles destinés à des habitations à bon marché, soit de l'acquisition de champs ou jardins, et à cet effet, contracter des emprunts et négocier toutes garanties qu'elle aurait elle-même reçues de ses emprunteurs.

Ses opérations seront limitées aux immeubles situés. . . . .

Art. 3. — La dénomination de la société est : « Société anonyme. . .
. . »

Art. 4. — La société a son siège à. . . . . Il pourra être transféré dans une autre ville par décision du conseil d'administration.

Art. 5. — La durée de la société est. . . . .

Art. 6. — Le fonds social est fixé à. . . . .francs.

Il est divisé en actions de. . . . . francs chacune.

Art. 7. — Le quart au moins sera versé en espèces sur chaque action préalablement à la constitution de la société.

Le surplus sera appelé en totalité ou par versements successifs suivant décision du conseil d'administration dans. . . . . mois de la notification de cette décision. Tout versement appelé sur les actions portera intérêt de plein droit, au profit de la société, à raison de 4 p. 100 l'an et à compter de son exigibilité.

Art. 8. — Les actions sont nominatives. Elles sont représentées par un certificat détaché d'un registre à souche, numéroté, revêtu de la signature de deux administrateurs et frappé du timbre de la société.

Elles sont indivisibles vis-à-vis de la société qui ne reconnaît qu'un seul propriétaire pour une action. Si une même action a plusieurs propriétaires, ceux-ci sont tenus de se faire représenter auprès de la société par une seule et même personne.

La cession des actions ne peut avoir lieu que par une déclaration de transfert, inscrite sur les registres de la société et signée du cédant et du cessionnaire, ou de leurs mandataires, avec le visa de l'administrateur.

Art. 9. — Si les locataires acquéreurs usent de la faculté de contracter une assurance temporaire à la Caisse nationale d'assurance en cas de décès, la police d'assurance sera faite au profit de la société.

La société peut elle-même contracter cette assurance sur leur tête.

Art. 10. — La société est administrée par un conseil composé de. . . membres, qui se renouvelle tous les ans par. . . . .

Pour les. . . . .premières années, ce renouvellement aura lieu par tirage au sort. Le roulement une fois établi, le renouvellement a lieu par ancienneté

Les membres sortants sont toujours rééligibles.

Art. 11. — Les membres du conseil d'administration doivent être propriétaires, en leur nom personnel, pendant toute la durée de leurs fonctions, chacun de. . . . . actions, affectées à la garantie des actes de gestion.

Art. 12. — Les administrateurs sont nommés et peuvent être révoqués par l'assemblée générale.

En cas de vacances dans le sein du conseil d'administration, par décès, démission ou autre cause, les membres restants pourvoient au remplacement jusqu'à la prochaine assemblée générale, qui procède à l'élection définitive.

Les fonctions du nouveau membre cessent à l'époque où auraient cessé celles du membre qu'il remplace.

Art. 13. — Chaque année, le conseil d'administration nomme parmi ses membres un bureau composé d'un président, d'un vice-président et d'un secrétaire.

Le conseil d'administration se réunit aussi souvent que l'intérêt de la société l'exige et au moins une fois par trimestre.

La présence de. . . . . membres au moins est nécessaire pour la validité de ses délibérations.

Les délibérations sont prises à la majorité des membres présents, et, en cas de partage, la voix du président est prépondérante.

Les délibérations du conseil, ainsi que les délibérations des assemblées générales, sont constatées par des procès-verbaux inscrits sur des registres tenus au siège de la société et signés par le président et le secrétaire de la séance.

Les copies ou extraits de ces délibérations ainsi que des bilans sont certifiés et signés par deux administrateurs, dont l'un membre du bureau.

Art. 14. — Le conseil d'administration est investi des pouvoirs les plus étendus pour la gestion et l'administration de la société.

Il fait ou autorise tous les actes rentrant dans l'objet de la société ; il peut notamment :

Acheter, vendre, échanger, toucher et recevoir ; faire accepter tous baux et locations, avec ou sans promesse de vente ; convertir au porteur et aliéner toutes valeurs quelconques ;

Consentir, même sans paiement, tout désistement de privilège, hypothèque, action résolutoire et autres droits réels, faire mainlevée de toutes inscriptions, saisies, opposition et autres empêchements quelconques, le tout même sans paiement ; consentir toutes antériorités et toutes subrogations avec ou sans garanties ; traiter, transiger, compromettre, acquiescer ;

Contracter des emprunts jusqu'à concurrence d'une somme principale de. . . . . en conférant hypothèque sur les immeubles sociaux, émettre tous titres, en représentation des emprunts, fixer le mode et les conditions du droit de contrôle qui peut être consenti aux prêteurs ;

Déléguer une ou plusieurs personnes pour l'exécution des actes délibérés par le conseil.

Tous les actes concernant la société doivent être signés par deux administrateurs, dont un membre du bureau, à moins d'un mandat spécial donné par le conseil d'administration.

Art. 15. — L'assemblée générale nomme. . . . . commissaires-vérificateurs et, au besoin, un suppléant ; ils sont élus pour un an et rééligibles. Leurs fonctions sont gratuites ; toutefois s'ils sont étrangers à la société, ils peuvent recevoir une rémunération fixée par l'assemblée générale.

Ils veillent à l'exécution des statuts de la société ; ils ont le droit de vérifier la comptabilité et la caisse ; ils font un rapport annuel à l'assemblée générale et peuvent, en cas d'urgence, convoquer une assemblée extraordinaire.

ART. 16. — L'assemblée générale régulièrement constituée représente et oblige l'universalité des actionnaires.

Tout actionnaire a le droit d'assister à l'assemblée générale. Nul ne peut s'y faire représenter que par un actionnaire fondé de pouvoirs.

Les femmes mariées et les mineurs peuvent être représentés par leurs maris ou tuteurs.

ART. 17. — L'assemblée générale se réunit de droit chaque année dans le premier trimestre qui suit la clôture de l'inventaire. Elle se réunit en outre, extraordinairement toutes les fois que le conseil en reconnaît l'utilité, ou encore sur la réquisition écrite d'actionnaires représentant au moins le quart du capital social.

ART. 18. — Les assemblées générales sont convoquées, vingt jours au moins à l'avance, par lettres individuelles et par avis inséré dans un journal de. . . . .

Les lettres et avis indiquent les objets à l'ordre du jour de la réunion.

Par exception, l'assemblée générale constitutive, ainsi que chacune des assemblées générales appelées à sanctionner toute augmentation du capital social, pourra n'être convoquée que huit jours à l'avance.

ART. 19. — Les assemblées générales sont présidées par le président du conseil d'administration, à son défaut, par le vice-président, et à défaut de ce dernier, par l'administrateur que désigne le conseil.

Les deux plus forts actionnaires acceptants remplissent les fonctions de scrutateurs.

Les assemblées désignent le secrétaire, qui peut ne pas être actionnaire.

Aucun autre objet que ceux à l'ordre du jour ne peut être mis en délibération.

Les propositions à soumettre aux assemblées générales doivent être adressées au conseil un mois au moins avant la date de réunion desdites assemblées. Celles qui réuniront les signatures d'un dixième des actionnaires ou d'actionnaires représentant le dixième du capital social figureront de droit à l'ordre du jour.

ART. 20. — Les délibérations sont prises à la majorité des voix des membres présents.

La propriété d'une action donne droit à une voix. Les actions en sus donnent droit à autant de voix qu'elles représentent de fois un capital de 500 francs, sans que chaque actionnaire puisse, soit par lui-même, soit comme fondé de pouvoirs, posséder plus de dix voix.

En cas de partage, la voix du président est prépondérante (1).

(1) Ce paragraphe devra être complété, en ce qui concerne les conditions de quorum et de votation, par les dispositions du nouvel art. 31 de la loi de 1867, modifié par la loi du 22 novembre 1913.

Art. 21. — L'assemblée générale ordinaire entend le rapport du ou des commissaires sur la situation de la société, sur le bilan et sur les comptes présentés par les administrateurs.

Elle discute, approuve ou rejette les comptes et fixe le dividende dans la limite de l'article 25.

Elle choisit les commissaires et nomme les administrateurs.

Elle donne au conseil d'administration tous les pouvoirs nécessaires pour les cas non prévus.

Elle fixe les sommes affectées à l'amortissement du capital social par l'annulation définitive des actions remboursées.

Enfin, d'une manière générale, elle prononce sur tous les intérêts de la société.

Art. 22. — Une assemblée générale extraordinaire peut apporter aux présents statuts toutes additions et modifications reconnues utiles.

Elle peut aussi, sur la proposition du conseil, autoriser, soit la continuation de la société au delà du terme fixé, soit la dissolution avant ce terme, soit l'augmentation du capital social, soit la réduction de ce capital, soit la fusion ou l'alliance avec d'autres sociétés.

Art. 23. — L'année sociale commence le 1er janvier et finit le 31 décembre. Le premier exercice comprend le temps écoulé entre la date de la constitution définitive et le 31 décembre de l'année suivante.

Art. 24. — Il sera dressé, chaque semestre, un état sommaire de la situation active et passive de la société et, au 31 décembre de chaque année, un inventaire général de l'actif et du passif.

Dans les trois mois qui suivent la clôture de l'exercice, le compte-rendu de l'assemblée générale et le bilan sont adressés au ministre du travail et de la prévoyance sociale, par l'intermédiaire du préfet.

Art. 25. — Après l'acquittement des charges de toute nature, il est opéré sur les bénéfices :

1º Un prélèvement de 5 p. 100 pour former le fonds dit de réserve légale, lequel devient facultatif lorsque ce fonds de réserve atteint le dixième du capital social.

2º Une répartition de dividende qui ne peut excéder 4 p. 100 par an du capital non remboursé.

Le surplus, s'il en existe, forme une réserve spéciale destinée à assurer le développement de la société, à parer aux éventualités et, en cas d'insuffisance dans le produit net, à permettre la majoration des dividendes, jusqu'à concurrence du maximum de 4 p. 100 du capital non remboursé.

Art. 26. — En cas de perte de la moitié du fonds social, la dissolution de la société a lieu de plein droit.

Art. 27. — Lors de l'expiration de la société, ou en cas de dissolution anticipée, l'assemblée générale appelée à statuer sur la liquidation ne pourra, après paiement du passif et remboursement du capital versé, attribuer la portion d'actif qui excéderait la moitié du capital social versé qu'à une ou plusieurs autres sociétés régies par la loi du 12 avril 1906, sous réserve de l'approbation du ministre du travail après avis du Conseil supérieur des habitations à bon marché.

ART. 28. — La liquidation s'opère par les soins du conseil d'administration alors en exercice, à moins de décision contraire de l'assemblée générale. La nomination des liquidateurs met alors fin aux pouvoirs des administrateurs et de tout mandataire.

L'assemblée générale appelée à statuer sur l'attribution de l'actif devra représenter le tiers du capital. Si cette assemblée ne réunit pas cette condition, la seconde assemblée convoquée dans le même but délibérera valablement, quelle que soit la portion du capital représentée.

ART. 29. — Les présents statuts, ainsi que toutes les modifications qui y seraient apportées, seront soumis à l'approbation du ministre du travail et de la prévoyance sociale.

ART. 30. — Pour la publication des présents statuts et des actes et procès-verbaux de constitution de la société, tous pouvoirs sont donnés au porteur d'une expédition ou d'un extrait.

Fait en quatre originaux (dont deux pour les publications) à . . . . . ., le . . . . . 19 . . . . .

G

SOCIÉTÉ ANONYME DE CRÉDIT IMMOBILIER

137. — Modèle de statuts approuvés par le ministre du travail et de la prévoyance sociale.

Par devant M^e. . . . . ., notaire à. . . . . ., soussigné ;

Ont comparu :

1° M. . . . . ., 2°. . . . . . etc...

Lesquels ont établi ainsi qu'il suit les statuts d'une société anonyme de crédit immobilier qu'ils se proposent de constituer :

ART. 1er. — Il est formé entre les souscripteurs des actions ci-après créées une société anonyme qui sera régie par les présents statuts et par le titre II de la loi du 24 juillet 1867, modifiée par la loi du 1er août 1893, ainsi que par la loi du 10 avril 1908 et les lois subséquentes sur la matière.

ART. 2. — La société a pour objet de consentir aux emprunts remplissant les conditions prévues par la loi du 10 avril 1908 (art. 3), des prêts hypothécaires individuels destinés, soit à l'acquisition de champs ou jardins dans les termes de ladite loi, soit à l'acquisition ou à la construction de maisons individuelles à bon marché, de faire des avances aux sociétés d'habitations à bon marché constituées selon la loi du 12 avril 1906, pour celles de leurs opérations effectuées en conformité du paragraphe 1er de l'article 2 de la loi du 10 avril 1908, et de consentir tous autres prêts autorisés par la législation sur la matière.

Elle peut, à cet effet, contracter des emprunts et négocier toutes garanties qu'elle aurait elle-même reçues de ses emprunteurs.

Ses opérations seront limitées aux immeubles situés. . . . . .»

ART. 3. — La dénomination de la société est « Société anonyme de crédit immobilier de. . . . . . »

ART. 4. — La société a son siège à. . . . .

Il pourra être transféré dans une autre ville par décision du conseil d'administration.

ART. 5. — La durée de la société est. . . . .

ART. 6. — Le fonds social est fixé à. . . . .

Il est divisé en. . . . . actions de . . . . . francs chacune.

ART. 7. — Le quart au moins sera versé en espèces sur chaque action préalablement à la constitution de la société.

Un autre quart sera appelé en totalité ou par versements successifs, suivant décision de l'assemblée générale, dans. . . . . . mois de la notification de cette décision.

ART. 8. — Tout versement appelé sur les actions portera intérêt de plein droit, au profit de la société, à raison de 4 p. 100 l'an à compter de son exigibilité.

ART. 9. — Les actions sont nominatives. Elles sont représentées par un certificat détaché d'un registre à souche, numéroté, revêtu de la signature de deux administrateurs et frappé du timbre de la société.

Elles sont indivisibles vis-à-vis de la société, qui ne reconnaît qu'un seul propriétaire pour une action. Si une même action a plusieurs propriétaires, ceux-ci sont tenus de se faire représenter auprès de la société par une seule et même personne.

La cession des actions ne peut avoir lieu que par une déclaration de transfert, inscrite sur les registres de la société et signée du cédant et du cessionnaire, ou de leurs mandataires, avec le visa de l'administrateur.

ART. 10. — Le taux des prêts directs aux particuliers ne peut excéder 3 ½ p. 100 ; celui des avances aux sociétés d'habitations à bon marché : 3 p. 100 pour les sociétés anonymes et 2,50 p. 100 pour les sociétés coopératives.

ART. 11. — En dehors des opérations prévues par la législation en vigueur, la société ne peut effectuer que des placements en rentes sur l'État. Les fonds disponibles, sauf l'encaisse nécessaire pour les besoins courants, sont déposés à la Caisse des dépôts et consignations, dans une caisse d'épargne, ou à la Banque de France.

ART. 12. — L'assurance contractée par les emprunteurs à la Caisse nationale d'assurance en cas de décès sera faite au profit de la société.

La société peut elle-même contracter cette assurance sur leur tête.

ART. 13 à 16. — (*V. les art. 10 à 13 de la formule* 136).

ART. 17. — Le conseil d'administration est investi des pouvoirs les plus étendus pour la gestion et l'administration de la société.

Il fait ou autorise tous les actes rentrant dans l'objet de la société ; peut notamment :

Acheter, vendre, échanger, toucher et recevoir, prendre en location les immeubles nécessaires à ses services, convertir au porteur et aliéner toutes valeurs quelconques.

Consentir, même sans paiement, tout désistement de privilège, hypothèque, action résolutoire, et autres droits réels, faire mainlevée de toutes inscriptions, saisies, oppositions et autres empêchements quelconques, le tout même sans paiement ; consentir toutes antériorités et toutes subrogations avec ou sans garanties ; traiter, transiger, compromettre, acquiescer.

Contracter des emprunts jusqu'à concurrence d'une somme principale égale au montant des prêts autorisés par l'art. 5 de la loi du 10 avril 1908 en conférant toutes garanties, émettre tous titres en représentation de ces emprunts, fixer le mode et les conditions du droit de contrôle qui peut être consenti aux prêteurs ;

Déléguer une ou plusieurs personnes pour l'exécution des actes délibérés par le conseil.

Tous les actes concernant la société doivent être signés par deux administrateurs dont un membre du bureau, à moins d'un mandat spécial donné par le conseil d'administration.

ART. 18 à 24. — (*V. les art. 15 à 21 de la formule* 136).

ART. 25. — Une assemblée générale extraordinaire (1) peut apporter aux présents statuts toutes additions et modifications reconnues utiles.

Elle peut aussi, sur la proposition du conseil, autoriser soit la continuation de la société au delà du terme fixé, soit la dissolution avant ce terme, soit l'augmentation du capital social, soit la réduction de ce capital jusqu'à 100.000 francs, soit la fusion ou l'alliance avec d'autres sociétés.

ART. 26. — L'année sociale commence le 1er janvier et finit le 31 décembre. Le premier exercice comprend le temps écoulé entre la date de la constitution définitive et le 31 décembre de l'année suivante.

ART. 27. — Il sera dressé, chaque semestre, un état sommaire de la situation active et passive de la société, et, au 31 décembre de chaque année, un inventaire général de l'actif et du passif.

Avant le 31 mars de chaque année, le compte rendu de l'assemblée générale approuvant les comptes de l'année précédente, accompagné du bilan, est adressé au ministre du travail et de la prévoyance sociale.

ART. 28. — Après l'acquittement des charges de toute nature, il est opéré sur les bénéfices :

1o Un prélèvement de 5 p. 100 pour former le fonds dit de réserve légale, lequel devient facultatif lorsque ce fonds de réserve a atteint le dixième du capital social ;

2o Une répartition de dividende qui ne peut excéder 4 p. 100 par an du capital non remboursé.

Le surplus, s'il en existe, forme une réserve spéciale destinée à assurer le développement de la société, à parer aux éventualités et, en cas d'insuffisance dans le produit net, à permettre la majoration des dividendes jusqu'à concurrence du maximum de 4 p. 100 du capital versé et non remboursé.

ART. 29. — En cas de perte de la moitié du fonds social, la dissolution de la société a lieu de plein droit.

ART. 30. — Lors de l'expiration de la société, ou en cas de dissolution anticipée, l'assemblée générale appelée à statuer sur la liquidation ne pourra, après paiement du passif et remboursement du capital versé, attri-

____

(1) Compléter conformément aux dispositions de la loi du 22 novembre 1913 (art. 31, Loi de 1867).

buer la portion d'actif qui excéderait la moitié de la quotité du capital social versé qu'à une ou plusieurs autres sociétés régies par la loi du 10 avril 1908, sous réserve de l'approbation du ministre du travail, après avis du conseil supérieur des habitations à bon marché.

Art. 31. — La liquidation s'opère pas les soins du conseil d'administration alors en exercice, à moins de décision contraire de l'assemblée générale. La nomination des liquidateurs met alors fin aux pouvoirs des administrateurs et de tout mandataire.

L'assemblée générale appelée à statuer sur l'attribution de l'actif devra représenter le tiers du capital social. Si cette assemblée ne réunit pas cette condition, la seconde assemblée convoquée dans le même but délibérera valablement, quelle que soit la portion du capital représentée.

Art. 32. — Les présents statuts, ainsi que toutes modifications qui y seraient apportées, seront soumis à l'approbation du ministre du travail et de la prévoyance sociale.

Art. 33. — Pour la publication des présents statuts et des actes et procès-verbaux de constitution de la société, tous pouvoirs sont donnés au porteur d'une expédition ou d'un extrait.

Dont acte.

H

SOCIÉTÉS DE CAPITALISATION

138. — Modèle de statuts de société anonyme.

Statuts de la société « La Capitalisation » (enregistrés par le ministère du travail), société anonyme pour favoriser l'économie et l'épargne par la constitution des capitaux. — Siège social a Paris, rue Louis-le-Grand, 3 (entreprise privée, assujettie au contrôle de l'Etat).

Titre premier. — *Dénomination de la société. — Objet. — Durée. Siège.*

Art. 1er. — La société anonyme constituée le 21 juillet 1888 sous la dénomination *la Capitalisation, société anonyme pour favoriser l'économie et l'épargne par la constitution de capitaux,* continue à exister en conformité des lois et décrets applicables aux entreprises de capitalisation.

Art. 2. — La société a pour objet :

La constitution, en échange de versements uniques ou périodiques, directs ou indirects, de capitaux payables à échéances fixes ou à la suite de tirages ; toutes opérations à intérêts simples ou composés et, en général, toutes combinaisons d'épargne et de capitalisation qui peuvent et pourront être autorisées par la législation spéciale aux entreprises de capitalisation ;

Tous achats, ventes, échanges ou gestions d'immeubles en propriété, nue propriété ou usufruit, dépôts, émissions, prêts et avances sur titres, le tout de nature à favoriser ou faciliter directement ou indirectement l'épargne et la prévoyance.

La société pourra, en outre, constituer et gérer toutes mutualités ou autres sociétés, sous réserve, en ce qui concerne les gestions qu'elle pourrait entreprendre, de l'accomplissement des conditions prévues par la loi pour les entreprises de cette nature.

Art. 3. — L'actif de la société est employé conformément aux prescriptions tant du règlement d'administration publique du 17 juillet 1908, rendu en exécution de l'art. 8 de la loi du 19 décembre 1907, que de toutes autres dispositions qui pourraient être appliquées ultérieurement aux entreprises de capitalisation, sous réserve des dispositions prévues aux paragraphes 2 et 3 de l'art. 20 de ladite loi en ce qui concerne les placements antérieurement effectués.

La société peut déposer les fonds disponibles dans les établissements de crédit choisis par le conseil d'administration.

Elle peut, afin de pourvoir à ses besoins, se faire ouvrir tous comptes d'avances.

Les valeurs mobilières appartenant à la société doivent être représentées par des certificats ou titres nominatifs ; les valeurs qui ne comporteraient pas de certificats ou titres nominatifs doivent être représentées par des récépissés de la Banque de France. Toutefois, peuvent être conservées au porteur, les valeurs dont le dépôt à titre de cautionnement est exigé par la législation des pays étrangers dans lesquels la société réaliserait des opérations.

La société s'interdit toute opération de spéculation.

Art. 4. — La durée de la société reste fixée à 99 années à partir du 21 juillet 1888, date de sa constitution définitive, sauf les cas de prorogation ou de dissolution prévus par les présents statuts.

Art. 5. — La société a son siège à Paris. Ses opérations s'étendent à la France, aux possessions françaises, aux pays de protectorat et à l'étranger.

La société peut faire élection de domicile à l'étranger, soit par elle-même, soit par ses représentants.

Titre II. — *Conditions générales des opérations.*

Art. 6. — Les stipulations relatives aux contrats, bons ou polices délivrés par la société à dater de la mise en vigueur des présents statuts sont régies par des tarifs et des conditions établis par le conseil d'administration en conformité des dispositions de la loi.

Tout contrat, bon ou police doit contenir les indications prescrites par la loi.

La société s'interdit de percevoir, sous quelque forme que ce soit, des droits d'entrée.

En aucun cas les modifications apportées aux tarifs ne peuvent préjudicier aux contrats déjà existants, mais elles peuvent leur profiter en vertu de décisions du conseil d'administration.

Art. 7. — Les frais de gestion compris dans les versements ou primes, c'est-à-dire les frais de gestion proprement dits, les frais d'acquisition et les frais d'encaissement, ne peuvent pas dépasser 35 0/0 des versements ou primes.

Art. 8. — Tout contrat, bon ou police sur lequel les versements ou primes prévus ont cessé d'être effectués est, de plein droit, résilié ou annulé.

Il est résilié si les versements ont été faits intégralement pendant trois ans, ou pendant toute durée moindre que le conseil d'administration a la faculté de déterminer spécialement pour toutes catégories de titres ;. la valeur de résiliation indiquée dans les conditions générales de chaque titre ne peut, en aucun cas, être inférieure à 40 0/0 des versements effectués ; elle est payable immédiatement par la société, sous retenue d'impôts.

Si les versements ont été faits pendant moins de trois ans, ou pendant un temps inférieur au minimum de durée fixé par le conseil comme il vient d'être dit, le contrat, bon ou police est annulé et les versements effectués demeurent acquis à la société.

A dater du jour de la résiliation ou de l'annulation, le contrat, bon ou police perd ses droits aux tirages, ainsi qu'à la participation aux bénéfices qui peut y être afférente.

Ces déchéances ne peuvent avoir d'effet avant un mois à dater du jour de l'échéance impayée et ce délai ne court, si le titre est nominatif, qu'à partir d'une mise en demeure par lettre recommandée.

Art. 9. — Tous les héritiers des titulaires de contrats nominatifs sont, de plein droit, substitués auxdits titulaires et la société s'interdit de stipuler, à raison du décès, aucun versement supplémentaire ni aucune retenue spéciale.

Art. 10. — La durée maxima de la capitalisation pour les diverses catégories de contrats, bons ou polices ne peut dépasser 50 ans, à compter du premier versement effectué.

Celle des contrats, bons ou polices dont le capital est payable directement ou indirectement à époque indéterminée par voie de tirage au sort ou autrement, ne peut excéder 33 ans et toute combinaison de payement doit être enregistrée dans les formes prévues à l'art. 1er de la loi du 19 décembre 1907.

Les opérations de tirage au sort des numéros des contrats, bons ou polices payables par anticipation sont effectuées publiquement aux époques fixées dans les titres, soit au siège social, soit en tout autre lieu choisi par le conseil d'administration.

Tout souscripteur ou porteur, après chaque tirage, a droit, sur sa demande, à la délivrance gratuite, au siège social, de la liste intégrale des titres sortis dans les séries qui l'intéressent et non encore payés.

Art. 11. — La société est tenue de constituer des réserves mathématiques égales aux engagements qu'elle assume, dans les conditions prévues par la loi et les décrets en vigueur.

Jusqu'à concurrence du montant des réserves mathématiques et de la réserve de garantie dont il sera parlé à l'art. 54, l'actif est affecté, conformément à la loi, au règlement des opérations de la société par un privilège qui prendra rang après le paragraphe 6 de l'art. 2101 C. civ.

Art. 12. — Aucune modification soit aux statuts, soit aux tarifs, soit aux tableaux d'amortissement ne peut être mise en vigueur qu'après un nouvel enregistrement au ministère compétent, conformément à la loi.

Art. 13. — Indépendamment des droits appartenant aux titres créés antérieurement à la mise en vigueur des présents statuts, sur la quotité de bénéfices de 75 0/0 dont il va être parlé ci-après, la société peut consentir en faveur de tous autres contrats, bons ou polices, ou pour telles catégories qu'elle juge convenable, une participation dans les bénéfices.

Le mode et la quotité de cette participation sont déterminés par le conseil d'administration et indiqués dans les contrats, bons ou polices, sans toutefois que cette quotité puisse, pour l'ensemble des titres (y compris ceux antérieurs), être supérieure à 75 0/0 des bénéfices nets provenant du compte des titres de capitalisation, conformément à l'art. 55 des présents statuts.

Le conseil d'administration détermine les frais et les charges de toute nature à porter au compte des titres de capitalisation.

Art. 14. — Aucune modification n'est apportée aux contrats, bons ou polices en cours au moment de la mise en vigueur des présents statuts ; toutefois, à l'expiration d'un délai de 50 ans à compter de la promulgation de la loi du 19 décembre 1907, ou d'un délai de 25 ans pour les titres stipulés payables à époques aléatoires, tout souscripteur ou porteur aura droit au payement immédiat du montant de la réserve mathématique de son contrat ; il devra exercer ce droit dans l'année qui suivra l'expiration desdits délais, le tout conformément à l'art. 22 de ladite loi.

Titre III. — *Fonds social. — Actions.*

Art. 15. — Le fonds social est de 5 millions de francs, divisé en 10.000 actions nominatives de 500 francs chacune.

Le capital pourra être augmenté ultérieurement en une ou plusieurs fois, par l'émission de nouvelles actions nominatives.

Art. 16. — En cas d'augmentation du capital social, les actionnaires ont un droit de préférence pour la souscription des actions à émettre, dans la proportion des titres par eux possédés.

Ceux d'entre eux qui n'auraient pas un nombre suffisant d'actions pour en obtenir au moins une dans la nouvelle émission peuvent se réunir pour exercer leur droit.

Le conseil d'administration fixe les délais et les formes dans lesquelles le bénéfice des dispositions qui précèdent peut être réclamé.

Art. 17. — Chacune des actions actuelles est libérée de 125 francs formant le premier quart versé lors de la souscription.

Les trois autres quarts seront payables selon les besoins de la société et aux époques fixées par décision du conseil d'administration, sous réserve des dispositions de l'art. 5 de la loi du 19 décembre 1907.

Tout appel de fonds devra être annoncé un mois à l'avance par un avis inséré dans deux journaux d'annonces légales de Paris.

Art. 18. — Les titres d'actions sont détachés d'un registre à souche.

Ils sont numérotés, revêtus des signatures soit de deux administrateurs, soit d'un administrateur et du directeur, et frappés du timbre de la société.

La cession des actions s'opère au moyen de transferts inscrits sur les registres de la société. A cet effet, des déclarations de transfert et d'acceptations de transfert, signées l'une par le cédant, l'autre par le cessionnaire, sont remises à la société et conservées par elle. Mention du transfert est faite au dos du titre, ou l'ancien titre est annulé et remplacé par un autre au nom du nouveau titulaire.

La société peut exiger que les signatures des parties soient certifiées par un officier public.

Les intérêts et dividendes de toute action sont valablement payés au porteur du titre ou du coupon.

Art. 19. — Toute action est indivisible.

La société ne reconnaît qu'un propriétaire pour une action.

Les héritiers ou créanciers d'un actionnaire ne peuvent, sous quelque prétexte que ce soit, provoquer l'apposition de scellés sur les biens et valeurs de la société, en demander le partage ou la licitation, ni s'immiscer en aucune manière dans son administration. Ils doivent, pour l'exercice de leurs droits, s'en rapporter aux inventaires sociaux et aux délibérations de l'assemblée générale.

Art. 20. — Les actionnaires ne sont responsables que jusqu'à concurrence du montant des actions qu'ils possèdent.

Les droits et obligations attachés à chaque action suivent le titre dans quelques mains qu'il passe, et la cession comprend toujours les dividendes échus et à échoir, ainsi que la part éventuelle dans les bénéfices et les fonds de réserve.

La possession d'une action emporte, de plein droit, adhésion aux statuts de la société et aux décisions de l'assemblée générale.

Chaque action donne droit, dans le partage des bénéfices revenant aux actionnaires et dans la propriété de l'actif social, à une quotité proportionnelle au nombre des actions émises.

En cas de perte d'un titre d'action, la société ne peut être tenue d'en délivrer un nouveau que moyennant caution, conformément aux art. 151, 152 et 155 C. com. Le nouveau titre est délivré trois mois seulement après que la déclaration de perte aura été insérée dans un des journaux d'annonces légales de Paris.

Art. 21. — Tout versement appelé sur les actions portera intérêt de plein droit en faveur de la société à raison de 5 0/0 l'an, à compter du jour de son exigibilité, sans demande en justice, ni mise en demeure spéciale.

A défaut de versement à l'échéance, la société aura, en outre, quinze jours après une simple publication dans deux journaux d'annonces légales de Paris, le droit de faire procéder à la vente des actions en retard, par les soins d'un notaire, ou à la Bourse de Paris, par le ministère d'agent de change.

Cette vente peut être faite en masse ou en détail, soit un même jour, soit à des époques successives, sans mise en demeure et sans aucune formalité judiciaire.

Les titres des actions vendues deviendront nuls de plein droit ; il en sera délivré de nouveaux aux acquéreurs sous les mêmes numéros.

Tout titre ne portant pas mention régulière des versements exigibles cesse d'être négociable.

Indépendamment de ces mesures, la société se réserve d'agir selon les moyens ordinaires et de droit.

ART. 22. — Le prix provenant de la vente autorisée par l'article précédent, déduction faite des frais, appartiendra à la société et s'imputera dans les termes de droit sur ce qui lui sera dû par l'actionnaire exproprié ; celui-ci sera passible de la différence, s'il y a déficit, mais il profitera de l'excédent s'il en existe.

TITRE IV. — Administration de la société.

ART. 23. — L'administration de la société est confiée à un conseil d'administration et à un directeur, auquel un ou plusieurs sous-directeurs peuvent être adjoints.

SECTION I. — Conseil d'administration.

ART. 24. — Les administrateurs sont au nombre de cinq au moins et de neuf au plus.

Ils sont nommés par l'assemblée générale des actionnaires.

Leurs fonctions durent six années, sauf ce qui va être stipulé ci-après.

Ils sont toujours rééligibles.

Le conseil se renouvelle, suivant l'ordre d'ancienneté, de façon que le renouvellement soit aussi régulier que possible et complet dans chaque période de six ans.

Au cas où le conseil serait renouvelé en entier, l'ordre de sortie sera déterminé par un tirage au sort en séance du conseil. Une fois le roulement établi, le renouvellement aura lieu de nouveau par ordre d'ancienneté.

ART. 25. — En cas de vacances par décès, démissions ou toute autre cause, et en général quand le nombre des administrateurs est inférieur au maximum ci-dessus fixé, le conseil peut pourvoir au remplacement ou s'adjoindre de nouveaux membres jusqu'à la prochaine assemblée générale, laquelle procède à l'élection définitive.

Si la nomination d'un administrateur faite par le conseil n'était pas ratifiée par l'assemblée générale, les actes accomplis par cet administrateur pendant sa gestion n'en seraient pas moins valables.

L'administrateur nommé en remplacement d'un autre ne demeure en fonctions que pendant le temps qui reste à courir de l'exercice de son prédécesseur.

Art. 26. — Le conseil nomme son président et choisit un secrétaire pris dans le sein ou en dehors du conseil d'administration.

Art. 27. — Chaque administrateur doit déposer dans la caisse de la société cinquante actions qui sont affectées à la garantie de tous les actes de la gestion et qui restent inaliénables pendant la durée de ses fonctions.

Ces actions sont frappées d'un timbre indiquant leur inaliénabilité.

Art. 28. — Les administrateurs reçoivent des jetons de présence dont le montant total, fixé par l'assemblée générale, est maintenu jusqu'à décision nouvelle. Ils ont droit, en outre, à la part des bénéfices sociaux fixée par l'art. 56 ci-après.

La répartition du tout entre les membres du conseil est réglée par le conseil lui-même, sans que le directeur, s'il fait partie du conseil, puisse prendre aucune part à cette répartition.

Le conseil d'administration peut donner à un ou plusieurs de ses membres des missions spéciales. Les administrateurs recevant cette délégation auront droit à des indemnités ainsi qu'à des frais de voyage et de séjour qui seront fixés par le conseil et portés aux frais généraux.

Art. 29. — Le conseil d'administration se réunit au siège social autant de fois que l'exige l'intérêt de la société, sur la convocation de son président ou du directeur.

En cas d'empêchement, le président est remplacé par le membre le plus âgé.

Art. 30. — Aucune délibération n'est valable sans le concours de la majorité des administrateurs en exercice.

Les résolutions sont prises à la majorité des membres présents ; en cas de partage, la voix du président est prépondérante.

Nul ne peut voter par procuration dans le sein du conseil.

Les délibérations sont constatées par des procès-verbaux inscrits sur un registre et signés par le président et le secrétaire ou par les membres qui les suppléent en cas d'empêchement.

Les copies et extraits, à produire en justice ou ailleurs, sont certifiés par le directeur et par un administrateur, ou par deux administrateurs.

Art. 31. — Le conseil d'administration est investi des pouvoirs les plus étendus pour la gestion et l'administration des affaires de la société.

Il autorise toutes les opérations de la société, et notamment :

Il arrête, en se conformant aux dispositions de la loi, les divers tarifs servant de base aux opérations de la société.

Il règle la forme et les conditions des contrats de toute nature et de tous titres, bons ou polices.

Il arrête, pour chaque catégorie de contrats, bons ou polices, le montant des réserves affectées à la garantie des risques et engagements, en observant toutes prescriptions légales.

Il détermine les cas, conditions et quotités des participations accordées aux contractants avec la société.

Il fixe le mode de perception des sommes à recevoir.

Il règle l'emploi des fonds en conformité de l'art. 3 ci-dessus, notamment il autorise l'achat de toutes valeurs, tous prêts, avances et ouvertures de crédit, avec ou sans amortissement, l'acquisition de tous immeubles, ainsi que toutes constructions et reconstructions.

Il autorise tous retraits, transferts ou aliénations de rentes sur l'Etat, d'effets publics, d'actions ou autres valeurs appartenant à la société, ainsi que toutes ventes ou échanges d'immeubles, tous baux avec ou sans promesse de vente, soit comme bailleur, soit comme preneur.

Il autorise également toutes actions judiciaires.

Il peut traiter, compromettre, transiger sur tous les intérêts de la société, autoriser tous désistements de privilèges, hypothèques ou actions résolutoires, toutes mainlevées, avec ou sans payement.

Il consent toutes subrogations ou antériorités sur droits privilégiés ou hypothécaires, et dans l'effet de toutes inscriptions, tous cautionnements avec ou sans solidarité ou limitation et avec ou sans discussion.

Il autorise tous emprunts, en arrête les conditions, confère toutes hypothèques ainsi que tous nantissements et autres garanties mobilières et immobilières.

Il fixe les dépenses d'administration ; il détermine les indemnités, les traitements, salaires, commissions et gratifications et, s'il y a lieu, les cautionnements des employés et agents ou correspondants.

Il arrête les bilans et les comptes qui doivent être soumis à l'assemblée générale des actionnaires.

Il fait chaque année, à cette assemblée, un rapport sur la situation des affaires sociales et sur les comptes.

Il fixe provisoirement le dividende.

Il soumet à l'assemblée générale les propositions d'augmentation du capital social, de modifications aux statuts, de prorogation et, s'il y a lieu, de dissolution anticipée de la société et de fusion avec d'autres sociétés.

Il peut déléguer tout ou partie de ses pouvoirs, mais par un mandat spécial et pour des cas déterminés.

Il peut substituer la société dans tous les droits, avantages et obligations des contrats de capitalisation passés par d'autres sociétés et acquérir leur portefeuille, aux prix, clauses et conditions qu'il juge convenables.

Les énonciations qui précèdent sont purement indicatives et non limitatives ; elles ne peuvent apporter aucune restriction aux pouvoirs généraux et absolus qui sont attribués sans aucune réserve au conseil d'administration.

Art. 32. — Le conseil est autorisé à créer, en dehors des contrats, bons ou polices de capitalisation, objet principal de la société, des bons de caisse ou des obligations à long et à court terme, avec ou sans amortissement.

Art. 33. — Les membres du conseil d'administration ne contractent, à raison de leur gestion, aucune obligation personnelle : ils ne répondent que de l'exécution de leur mandat.

Section II. — Direction.

Art. 34. — Le directeur est nommé par le conseil d'administration et pris soit dans le conseil, soit en dehors.

Avant d'entrer en fonctions, le directeur doit justifier de la propriété de cent actions de la société. Ces actions demeurent affectées par privilège à la garantie de sa gestion ; elles sont inaliénables pendant la durée de ses fonctions, frappées d'un timbre indiquant leur inaliénabilité et déposées dans la caisse sociale.

Si le directeur n'est pas membre du conseil d'administration, il assiste néanmoins à toutes les réunions du conseil, avec voix consultative.

En cas d'absence, vacance ou maladie, il est remplacé par un sous-directeur et à défaut par un administrateur ou par un mandataire spécial désignés par le conseil.

Le traitement du directeur est fixé par une délibération du conseil.

Le directeur peut être révoqué par une délibération motivée, prise à la majorité des administrateurs en exercice.

Art. 35. — Le directeur est chargé de l'exécution des délibérations du conseil d'administration et de la gestion de toutes les affaires courantes de la société.

Ses pouvoirs sont déterminés par le conseil d'administration. Toutefois, par le seul fait de sa nomination, le directeur a les pouvoirs suivants :

Il fait tous les actes conservatoires ; il exerce et suit, en vertu de délibérations du conseil, les actions judiciaires tant en demandant qu'en défendant.

Il conduit le travail des bureaux, dirige les agents ou correspondants et propose au conseil la rémunération des agents, correspondants et employés.

Il fait le recouvrement de toutes les sommes dues à la société à un titre quelconque, et signe seul la correspondance, les quittances, les acquits et généralement tous les actes relatifs aux affaires courantes.

Il signe conjointement avec un administrateur les titres des actions ainsi que les contrats, bons ou polices.

Il peut, avec l'approbation du conseil d'administration, déléguer pour des opérations spéciales et déterminées ses pouvoirs à un tiers.

Le conseil détermine les pouvoirs et fixe le nombre d'actions affectées à la garantie de la gestion du ou des sous-directeurs qui seraient adjoints au directeur.

Titre V. — *Commissaires et censeur.*

Art. 36. — Conformément à l'art. 32 de la loi du 24 juillet 1867, deux commissaires sont désignés chaque année par l'assemblée générale. Ils sont rééligibles.

Les attributions des commissaires sont celles définies par la loi précitée du 24 juillet 1867.

Ils vérifient les inventaires et comptes annuels et présentent à ce sujet un rapport à l'assemblée générale.

Ils peuvent, en cas d'urgence et d'accord entre eux, convoquer l'assemblée générale.

En cas de décès, démission ou empêchement de l'un des deux commissaires, l'autre procède seul.

Les commissaires ont droit à une indemnité dont la quotité est fixée chaque année par l'assemblée générale ordinaire.

Art. 37. — Un troisième commissaire, ayant titre de censeur, est également nommé par l'assemblée générale des actionnaires, pour une durée de trois années. Il est toujours rééligible.

Art. 38. — Le censeur est spécialement chargé de veiller à la stricte exécution des statuts. Il a le droit d'assister aux séances du conseil, avec voix consultative. Les livres, la comptabilité et généralement tous les documents doivent lui être communiqués à toute réquisition. Il peut, à quelque époque que ce soit, vérifier la caisse et le portefeuille. L'objet principal de sa mission est de s'assurer à toute époque de l'existence et du régulier emploi des fonds destinés à la constitution des capitaux promis aux tiers, à échéances fixes ou variables.

Il fait chaque année un rapport spécial à l'assemblée générale, qu'il a le droit de convoquer lorsqu'il le juge nécessaire.

Art. 39. — Le censeur a droit à une indemnité dont la valeur est fixée par l'assemblée générale.

En cas de décès, démission ou empêchement du censeur et à défaut par le conseil de convoquer l'assemblée générale pour procéder au remplacement du dit censeur, il est pourvu, jusqu'à la première assemblée générale, à ce remplacement par ordonnance de M. le président du tribunal civil, à la requête des commissaires, les administrateurs dûment appelés.

Titre VI. — *Assemblées générales.*

Art. 40. — L'assemblée générale, régulièrement constituée, représente l'universalité des actionnaires.

Elle se compose de tous les actionnaires propriétaires d'actions libérées des versements appelés.

Pour avoir droit de faire partie de l'assemblée générale, il est nécessaire d'être inscrit comme actionnaire depuis au moins trois mois avant la réunion de l'assemblée, sous réserve du droit, pour le conseil d'administration, d'abréger ce délai pour les assemblées appelées à délibérer sur les objets prévus à l'art. 59.

ART. 41. — L'assemblée générale ordinaire se réunit chaque année, avant le 15 mai.

Elle se réunit, en outre, extraordinairement sur convocation du conseil, des commissaires ou du censeur.

ART. 42. — Aucun actionnaire ne peut se faire représenter à l'assemblée si ce n'est par un mandataire ayant lui-même le droit d'y assister.

Les femmes mariées peuvent être représentées par leurs maris.

Les mineurs sont représentés par leurs tuteurs.

Les usufruitiers représentent les nus propriétaires.

Les sociétés, associations et établissements publics sont représentés par leur directeur ou par un de leurs administrateurs, pourvu d'une autorisation ou d'un pouvoir suffisant.

ART. 43. — Les convocations sont faites 15 jours au moins avant la réunion, par un avis inséré dans deux journaux d'annonces légales de Paris.

ART. 44. — Les assemblées générales qui ont à délibérer dans des cas autres que ceux prévus à l'art. 59 ci-après sont régulièrement constituées lorsque les membres présents ou représentés réunissent le quart des actions.

Si cette condition n'est pas remplie sur une première convocation, il en est fait une seconde dans les mêmes formes pour réunir une nouvelle assemblée.

Dans ce cas, le délai entre la convocation et la réunion de l'assemblée peut n'être que de dix jours.

Les membres présents à la deuxième réunion délibèrent valablement, quel que soit le nombre des actions représentées, mais seulement sur les objets à l'ordre du jour de la première convocation.

ART. 45. — Le conseil d'administration arrête l'ordre du jour.

Aucun autre objet que ceux à l'ordre du jour ne peut être mis en délibération.

ART. 46. — L'assemblée est présidée par le président du conseil et, à son défaut, par l'administrateur que le conseil désigne.

Les fonctions de scrutateurs sont remplies par les deux plus forts actionnaires présents ou représentés, et, sur leur refus, par ceux qui les suivent dans l'ordre de la liste, jusqu'à acceptation.

Le bureau, ainsi constitué, désigne le secrétaire qui peut être pris en dehors de l'assemblée.

ART. 47. — Les délibérations sont prises à la majorité des voix des membres présents.

Chacun d'eux a autant de voix qu'il possède ou représente d'actions.

Le vote au scrutin secret a lieu toutes les fois que la demande en est faite par dix membres de l'assemblée.

ART. 48. — L'assemblée générale entend le rapport du conseil sur la situation des affaires sociales.

Elle entend également les rapports des commissaires et du censeur.

Elle approuve, s'il y a lieu, le bilan et les comptes et fixe les dividendes et bénéfices à répartir sur la proposition du conseil.

Elle nomme les administrateurs.

Elle choisit les commissaires et le censeur.

Elle arrête la liste, prévue par les lois et décrets en vigueur, des valeurs de toute nature, françaises et étrangères, qui peuvent être employées pour le placement des fonds de la société.

Elle délibère sur les propositions portées à l'ordre du jour.

Enfin, elle prononce souverainement sur les intérêts sociaux et confère au conseil les pouvoirs nécessaires pour les cas qui n'auraient pas été prévus.

Art. 49. — Les délibérations de l'assemblée, prises conformément aux statuts, obligent tous les actionnaires, même absents ou dissidents.

Elles sont constatées par des procès-verbaux inscrits sur un registre spécial et signés par les membres composant le bureau, ou au moins par la majorité d'entre eux.

Art. 50. — Une feuille de présence destinée à constater le nombre des membres de l'assemblée et celui de leurs actions demeure annexée à la minute du procès-verbal. Elle est signée par les actionnaires présents, tant pour eux-mêmes que pour les actionnaires qu'ils représentent.

Art. 51. — Les justifications à faire vis-à-vis des tiers des délibérations de l'assemblée générale résultent des copies ou extraits certifiés conformes par deux administrateurs.

Titre VII. — *Inventaires.* — *Comptes annuels.* — *Réserves.*
Partage des bénéfices.

Art. 52. — L'année sociale commence le 1er janvier et finit le 31 décembre.

Art. 53. — Il est dressé tous les six mois un état sommaire de la situation active et passive de la société, conformément aux prescriptions de l'art. 34 de la loi du 24 juillet 1867.

En outre, à la fin de chaque année sociale, un inventaire de l'actif et du passif est établi par les soins du conseil, qui peut faire supporter à l'actif les réductions qu'il juge convenables. Les comptes sont établis de façon à faire ressortir, d'une part, les bénéfices provenant du compte de tous les titres de capitalisation, délivrés avec ou sans participation, et, d'autre part, les bénéfices provenant de toutes les autres opérations sociales.

En conformité de l'art. 23, § 2, de la loi du 19 décembre 1907, il est tenu une comptabilité spéciale concernant les contrats souscrits avant l'entrée en vigueur de ladite loi.

Art. 54. — Indépendamment des réserves mathématiques prévues à l'art. 11 ci-dessus, la société est tenue de constituer, dans les conditions prévues par les lois et décrets en vigueur, une réserve de garantie qui tient lieu du prélèvement prescrit par l'art. 36 de la loi du 24 juillet 1867. Le prélèvement destiné à la constitution de cette réserve sera réduit ou cessera d'être obligatoire lorsque ladite réserve aura atteint les chiffres prévus par les lois et décrets dont il s'agit.

Au cas où la somme affectée annuellement à la constitution de la réserve de garantie serait inférieure à 20 0/0 de l'ensemble des bénéfices nets de la société (y compris la réunion d'ordre dont il va être parlé), le surplus serait prélevé sur ces bénéfices pour être mis au fonds de réserve statutaire, fixé à 20 0/0 desdits bénéfices nets par les statuts primitifs.

En ce qui concerne la portion de bénéfices à prendre éventuellement, pour cette réserve statutaire, sur le compte des titres de capitalisation, le calcul en est fait en réunissant, pour ordre, aux bénéfices de ce compte le montant des sommes affectées pour l'exercice à la réserve de garantie ; des 20 0/0 de ce total il est déduit le montant des sommes mises à cette dernière réserve ; l'excédent, s'il y a lieu, forme le prélèvement à faire sur les bénéfices du compte spécial des titres de capitalisation pour être porté à la réserve statutaire.

Il n'est fait aucune compensation des insuffisances de bénéfices d'une année sur l'autre.

Lorsque le fonds de réserve statutaire aura atteint une somme qui, avec la réserve de garantie, représentera le cinquième du fonds social), le prélèvement dont il vient d'être parlé cessera d'être obligatoire ; il reprendrait son cours si ladite réserve statutaire venait à être entamée.

Art. 55. — Sur les bénéfices nets provenant du compte de tous les titres de capitalisation, c'est-à-dire après déduction de tous frais quelconques, des réserves mathématiques et de garantie et aussi, s'il y a lieu, de la réserve statutaire, il est prélevé 75 0/0 au maximum desdits bénéfices pour former un compte de participation ; la fixation de la part revenant aux titres y ayant droit est faite, dans les conditions arrêtées par le conseil d'administration, en tenant compte du nombre total des contrats, bons ou polices en cours, délivrés avec ou sans participation ; la part afférente aux titres délivrés sans participation, de même que la différence entre la part totale et celle réduite pouvant revenir à certains titres, restent appartenir à la société et se réunissent à ses bénéfices généraux.

L'approbation des comptes par l'assemblée générale des actionnaires et la répartition par le conseil entre les ayants droit font loi à l'égard des porteurs de contrats, bons ou polices, qui ne peuvent, en aucun cas, s'immiscer dans les affaires sociales ni dans l'établissement des comptes.

Art. 56. — Sur le reliquat de l'ensemble des bénéfices nets de la société, déduction faite des réserves et de la participation pouvant revenir aux contrats, bons ou polices, en conformité des dispositions qui précèdent, il est prélevé la somme nécessaire pour servir aux actionnaires, à titre de premier dividende, 5 0/0 des sommes dont les actions sont libérées, sans que l'insuffisance d'un exercice puisse donner lieu à un rappel quelconque sur un autre exercice.

Le solde est réparti comme suit :

15 0/0 aux administrateurs ;

3 0/0 au directeur ;

2 0/0 pour constituer un fonds de retraite et distribuer des gratifications au personnel autre que le directeur ;

80 0/0 aux actionnaires, à titre de deuxième dividende.

Toutefois, sur ces 80 0/0, l'assemblée générale pourra prélever, avant toute distribution, telle somme qu'elle avisera pour la création d'un fonds de prévoyance, dont elle déterminera le montant et les applications.

En cas d'insuffisance des bénéfices d'un exercice, la somme nécessaire pour servir le premier dividende de 5 0/0 du capital versé pourra être prélevée sur ce fonds de prévoyance.

Art. 57. — Le payement des dividendes se fait annuellement aux époques fixées par le conseil d'administration.

Le conseil pourra, à la fin du deuxième semestre, autoriser la distribution, à titre provisoire, d'un acompte sur le dividende, basé sur les bénéfices réalisés.

Art. 58. — Tout dividende qui n'est pas réclamé dans les cinq ans de son exigibilité est prescrit au profit de la société.

Titre VIII. — *Modifications aux statuts.*

Art. 59. — L'assemblée générale peut, sur l'initiative du conseil, être convoquée extraordinairement et apporter tant aux statuts qu'au fonctionnement de la société les modifications reconnues utiles.

Elle peut notamment autoriser :

1º L'augmentation du capital social ;

2º La réduction de ce capital, sous réserve des droits antérieurs des tiers ;

3º La prolongation ou la dissolution anticipée de la société ;

4º L'extension des opérations sociales ;

5º La fusion avec toute autre société.

Dans ces divers cas, les convocations doivent contenir l'indication sommaire de l'objet de la réunion.

L'assemblée n'est régulièrement constituée et ne peut valablement délibérer que si elle réunit la quotité du capital social exigée par la loi en vigueur.

En vertu de la délibération de cette assemblée, le conseil d'administration et le directeur sont autorisés à consentir les modifications et changements qui en seraient la conséquence et à réaliser les actes qui devront les consacrer.

Toutefois, ces délibérations ne sont exécutoires qu'après un nouvel enregistrement, sauf en ce qui concerne la dissolution.

Titre IX. — *Dissolution.* — *Liquidation.*

Art. 60. — Sur la proposition du conseil, l'assemblée générale peut prononcer la dissolution et la liquidation de la société.

En cas de perte de moitié du capital social, la dissolution anticipée de la société sera obligatoire conformément à la loi.

Le conseil d'administration, dans le cas de perte ci-dessus, est tenu de convoquer immédiatement l'assemblée pour statuer sur la liquidation.

Les dispositions de l'art. 59 pour les modifications aux statuts sont applicables à ce cas.

La délibération de l'assemblée générale est, dans tous les cas, rendue publique.

Art. 61. — A l'expiration de la société ou en cas de dissolution anticipée, l'assemblée générale, sur la proposition du conseil, règle le mode de liquidation et nomme, soit parmi les membres du conseil, soit en dehors d'eux, un ou plusieurs liquidateurs dont elle détermine les pouvoirs ; elle peut autoriser, soit la réalisation ou la vente même à l'amiable de tout l'actif social mobilier et immobilier, soit le transport général, par vente ou apport, à une autre société, des droits et engagements de la société dissoute, soit enfin la liquidation par tous autres moyens.

Pendant le cours de la liquidation, les pouvoirs de l'assemblée générale se continuent comme pendant l'existence de la société ; l'être moral continue de subsister.

L'assemblée a notamment le droit d'approuver les comptes de la liquidation et d'en donner quittance et décharge.

Elle est convoquée par les liquidateurs.

Tout l'actif provenant de la liquidation, après l'extinction du passif et le remboursement du montant des sommes dont les actions sont libérées, est réparti par égales parts entre les actions.

Titre X. — *Contestations.*

Art. 62. — Toutes les contestations qui pourront s'élever pendant la durée de la société ou lors de la liquidation, soit entre les actionnaires et la société, soit entre les actionnaires eux-mêmes et à raison des affaires sociales, seront jugées conformément à la loi.

Dans le cas de contestations, tout actionnaire doit faire élection de domicile à Paris, et toutes les notifications et assignations seront valablement faites au domicile par lui élu, sans avoir égard à la distance du domicile réel.

A défaut d'élection de domicile, cette élection aura lieu de plein droit, pour les notifications judiciaires, au parquet de M. le procureur de la République près le tribunal civil de première instance de la Seine.

Le domicile élu, formellement ou implicitement, comme il vient d'être dit, entraînera attribution de juridiction aux tribunaux compétents de Paris.

Les contestations touchant l'intérêt général et collectif de la société ne peuvent être dirigées contre le conseil d'administration ou un de ses membres qu'au nom de la masse des actionnaires et en vertu d'une délibération de l'assemblée générale.

Tout actionnaire qui veut provoquer une contestation de cette nature doit en faire, quinze jours au moins avant la prochaine assemblée générale, l'objet d'une communication au président du conseil, qui est tenu de mettre la proposition à l'ordre du jour de cette assemblée.

Si la proposition est repoussée par l'assemblée, aucun actionnaire ne peut la reproduire en justice à titre d'action sociale ; si elle est accueillie, l'assemblée générale désigne un ou plusieurs commissaires pour suivre la contestation au nom des actionnaires.

Les significations auxquelles donne lieu la procédure sont adressées uniquement aux commissaires, qui sont tenus d'élire à Paris un domicile où toutes les notifications leur seront valablement faites.

Aucune signification individuelle ne peut être faite aux actionnaires.

En cas de procès, l'avis de l'assemblée devra être soumis aux tribunaux en même temps que la demande elle-même.

Titre XI. — *Publications.*

Art. 63 et dernier. — Pour faire toutes publications, pouvoir est donné au porteur d'une expédition, copie ou extrait des actes à publier.

139. — Modèle de statuts de société mutuelle.

Statuts (enregistrés par le ministère du travail) de la société « La Mutuelle Rouennaise », société de prévoyance mutuelle et de capitalisation. — Siège social a Rouen, 1, rue Jeanne-d'Arc. — Entreprise privée assujettie au contrôle de l'État.

Titre 1er. — *Objet. — Dénomination. — Siège. — Durée.*

Art. 1er. — Il est formé entre toutes les personnes qui ont adhéré et qui adhéreront aux présents statuts, conformément aux dispositions des art. 1832 et suiv. C. civ., une société mutuelle ayant pour objet la capitalisation ou la constitution d'un capital par l'épargne, en échange de versements périodiques ou uniques, avec ou sans tirages.

La société est régie par les présents statuts et la loi du 19 décembre 1907.

Art. 2. — La société prend le titre de *La Mutuelle Rouennaise*, société de prévoyance mutuelle et de capitalisation.

Art. 3. — Le siège de la société est établi à Rouen, 1, rue Jeanne-d'Arc, et ne pourra pas être transféré dans une autre ville.

La société pourra étendre ses opérations et avoir des agences, des succursales partout où le conseil d'administration le jugera convenable.

Art. 4. — La société est constituée pour une durée de quatre-vingt-dix-neuf ans, à compter de son enregistrement définitif, et pourra être prorogée par décision de l'assemblée générale, constituée comme il est dit art. 28 et 30.

Par dérogation à l'art.1865 C.civ., la société ne sera pas dissoute par la mort d'un de ses associés ; elle continuera de plein droit avec ses héritiers. Les héritiers ou créanciers d'un sociétaire ne peuvent, sous quelque prétexte que ce soit, provoquer l'apposition des scellés sur les biens ou valeurs de la société, en demander le partage ou la licitation, ni s'immiscer en aucune manière dans son administration ; ils doivent,pour l'exercice de leurs droits, s'en rapporter aux inventaires sociaux et aux délibérations de l'assemblée générale.

Titre II. — *Opérations de la société et combinaisons.*

Art. 5. — La société a pour objet de constituer à ses adhérents, en un laps de temps déterminé, un capital, au moyen de combinaisons de versements périodiques ou uniques capitalisés dans les conditions de la loi du 19 décembre 1907, en faisant ou non une part aux remboursements anticipés par voie de tirage au sort.

Art. 6. — Les combinaisons effectuées par la société seront insérées à la fin des statuts, dont elles feront partie intégrante. La société se réserve toujours le droit d'en établir d'autres, sans toutefois que, pour une combinaison, la durée maximum de capitalisation ne puisse dépasser cinquante ans, à compter du premier versement du souscripteur, et même trente-trois ans, si cette combinaison comporte la faculté de rembourser des bons ou polices par anticipation, soit au moyen de tirages garantis ou non, soit de toute autre façon.

Les combinaisons ne pourront comporter, pour frais de gestion, un prélèvement supérieur à trente-cinq pour cent des versements effectués.

Titre III. — *Engagement social. — Conditions générales.*

Art. 7. — Nul ne peut faire partie de la société s'il n'est habile à contracter, à moins qu'il ne soit procédé aux formalités légales si le titulaire est mineur, incapable ou interdit.

Les demandes d'admission sont adressées au siège de la société, et le directeur a le droit de refuser toute demande sans être obligé d'en donner le motif.

Art. 8. — L'engagement de la société et des tiers résulte de la possession ou de la souscription d'un bon ou police emportant adhésion aux statuts et aux décisions de l'assemblée générale.

Toutefois, le souscripteur n'est engagé que pour le montant de sa sous cription vis-à-vis de la société et ne peut jamais être appelé à verser un supplément de cotisation.

Les bons ou polices sont des titres signés par le directeur et un administrateur, ou un des deux, et une personne déléguée à cet effet. Ils portent, en dehors des clauses imposées par la loi du 19 décembre 1907, la date d'émission ou de souscription, un numéro d'ordre, le montant et la durée maximum de capitalisation et les conditions de remboursements anticipés garantis ou non.

ART. 9. — Les titres sont nominatifs ou au porteur, au choix des souscripteurs ; ils peuvent être transférés ou cédés à des tiers. Ce transfert est constaté, pour les titres nominatifs, par une mention, tant sur les polices que sur les registres de la société. Quant aux titres au porteur, leur cession s'opère par simple tradition.

En cas de décès du titulaire d'un titre nominatif, ses héritiers lui sont substitués de plein droit, sans qu'ils aient à supporter aucun versement supplémentaire ou aucune retenue spéciale. Les titres sont indivisibles à l'égard de la société, et les sociétaires, ainsi que leurs représentants à un titre quelconque, ne peuvent les scinder, pas plus sur les droits qu'ils comportent que sur les versements et charges auxquels ils peuvent donner lieu.

Le règlement des bons ou polices se fait dans le trimestre qui suit la date de leur expiration, à l'exception des titres désignés par le sort pour être remboursés par anticipation ; ceux-ci sont réglés dans le mois qui suit la date à laquelle ils ont été désignés pour le remboursement.

Tout titre remboursé est annulé, la réserve mathématique correspondante est prise en recette par l'exercice qui a le remboursement à sa charge. Tous bénéfices ou revenus non réclamés dans un délai de cinq ans restent acquis à la société et seront pris définitivement en recette par l'exercice suivant la cinquième année (1).

ART. 10. — Les cotisations sont payables d'avance pour la fraction périodique stipulée au contrat.

Les versements doivent être effectués soit au siège de la société, soit au bureau de l'agence directement, par la poste ou autrement, contre quittances signées du directeur ou d'un fondé de pouvoirs ; seules ces quittances feront foi des versements.

Le sociétaire ne pourra se prévaloir de l'usage qu'aurait pris la société de faire encaisser les cotisations à domicile, pour les considérer comme quérables, alors qu'elles sont toujours portables.

Il ne sera perçu aucun droit d'entrée, sous quelque forme que ce soit.

Les souscripteurs supportent tous droits de timbre, d'enregistrement, toutes taxes créées ou à créer et le coût de la lettre recommandée, prévue par l'art. 12, pour mise en demeure en cas de retard de payement.

Tirages.

ART. 11. — Le remboursement anticipé par voie de tirages a lieu tous

(1) Cette clause doit être mise en concordance avec la loi du 25 juin 1920 (Voir formule 72).

II

les trois mois : les quinze janvier, quinze avril, quinze juillet et quinze octobre de chaque année, dans les conditions et proportions déterminées par chaque combinaison et par les présents statuts.

Chaque combinaison devra donc spécifier la nature des engagements pris par la société concernant les remboursements anticipés.

Si la date d'un tirage tombe un dimanche ou un jour férié, le tirage est reporté au lendemain.

Les tirages sont publics ; ils ont lieu au siège social, en présence d'un administrateur au moins. Ils sont annoncés au moins quinze jours à l'avance par une affiche placardée dans les bureaux du siège social.

Tout souscripteur ou porteur de titre, de bon ou police aura droit, sur sa demande, à la délivrance gratuite de la liste intégrale des titres sortis dans les séries qui l'intéressent et non encore remboursés.

Annulations. — Réductions. — Rachats. — Prêts.

ART. 12. — Toute police souscrite à terme, sur laquelle les versements seraient en retard de trois mois, cesse de concourir aux chances de remboursement anticipé sans que le sociétaire soit déchu de ses autres droits.

Toutefois, l'adhérent peut, pour raison d'accident ou de maladie dûment constatée, suspendre ses paiements sans perdre ses droits aux tirages, à la condition formelle d'avoir obtenu de la société un sursis, qui ne peut excéder une année. Sauf dans ce dernier cas, un retard de six mois entraîne la déchéance du contrat pour tous ses droits.

Pour les contrats au porteur, la non-participation aux tirages et la déchéance sont de droit, après les délais stipulés ci-dessus, sans qu'il soit besoin d'une mise en demeure quelconque.

Pour les contrats nominatifs, les délais stipulés ne courent qu'à compter de la date d'envoi d'une lettre recommandée mettant en demeure de régler les versements en retard.

ART. 13. — Les titres déchus seront purement et simplement annulés s'il est effectué moins de deux annuités de versements, et le produit en est pris en recette pour l'exercice en cours ; s'il est versé plus de deux annuités, le titre est réduit d'office, dans la proportion du nombre de cotisations annuelles intégralement payées, au nombre maximum de cotisations annuelles stipulées pour la libération du contrat. La valeur réduite, entièrement libérée de toute charge, sera payée au terme du contrat, mais les contrats ainsi réduits cessent de participer aux chances des remboursements anticipés ainsi qu'à tous bénéfices, et leurs possesseurs ne jouissent plus d'aucun droit quant à la gestion de la société, en tant que possesseurs de ces contrats réduits.

Tout sociétaire pourra, sur sa demande, obtenir la réduction, laquelle sera déterminée sur les bases indiquées ci-dessus, ou le rachat de son contrat.

La valeur de rachat est égale, au minimum, à la valeur de réduction escomptée à cinq pour cent, à intérêts composés, pour le temps restant à courir à la date du rachat jusqu'au terme final maximum du contrat.

Les contrats rachetés sont annulés.

ART. 14. — L'adhérent en retard de moins de six mois pourra remettre son contrat en vigueur, pour tous ses effets, en acquittant le montant de l'arriéré augmenté des intérêts de retard, calculés à raison de quatre pour cent l'an.

La société pourra faire des avances à un taux convenu, mais qui ne pourra être inférieur à quatre pour cent sur les contrats qui lui seront alors remis en garantie. Ces prêts ne pourront dépasser les valeurs de rachat.

TITRE IV. — *Placement des fonds.*

ART. 15. — A l'exception des fonds de caisse indispensables, les fonds seront provisoirement déposés dans les établissements de crédit choisis par le conseil d'administration et convertis ensuite en placements prévus par la loi du 19 décembre 1907, à savoir :

1º Sans limitation, en valeurs émises par l'État français, en obligations libérées et négociables des départements, des communes, des chambres de commerce et du Crédit foncier de France. En prêts sur lesdites valeurs jusqu'à concurrence de soixante-quinze pour cent de leurs cours. En avance sur les polices émises par l'entreprise. En prêts sur première hypothèque, sans toutefois pouvoir dépasser cinquante pour cent de la valeur de l'immeuble ;

2º Dans la proportion de quarante pour cent au plus, en immeubles situés en France, autres que des usines ou établissements industriels ;

3º Dans la proportion de vingt-cinq pour cent en valeurs de toute nature françaises ou étrangères figurant à la cote officielle de la Bourse de Paris, et dont la liste doit être approuvée par l'assemblée générale.

Dans chacune des catégories ci-dessus énumérées sont respectivement compris, avec les placements en pleine propriété, les nue propriété et usufruit des valeurs correspondantes.

Dans les inventaires, les valeurs figurant à l'actif seront estimées de la manière suivante :

1º Les valeurs mobilières, au prix d'achat, sauf lorsque pour l'ensemble desdites valeurs ce prix serait supérieur de plus de cinq pour cent à celui qui résulterait du cours de la Bourse de Paris ou, à défaut, des cours d'une des principales places d'émission, à la date de la clôture d'inventaire. Dans ce cas, *La Mutuelle Rouennaise* se conformera à l'arrêté ministériel qui fixera les conditions et délai dans lesquels la valeur estimative devra être réduite de la différence entre le prix d'achat et le prix résultant de l'évaluation aux cours susvisés ;

2º Les prêts sur titres, hypothécaires, aux départements, chambres de commerce, ainsi que les avances sur polices, d'après les actes qui en font foi, en tenant compte des amortissements effectués ;

3° Les immeubles, soit au prix d'achat, soit au prix de revient, tel qu'il ressort des travaux de construction et d'amélioration, à l'exclusion des travaux d'entretien proprement dits.

Titre V. — *Réserves mathématiques. — Réserve de garantie. — Réserves facultatives. — Fonds de premier établissement. — Parts bénéficiaires.*

Art. 16. — Les réserves mathématiques sont constituées par un prélèvement sur les versements des souscripteurs et calculées conformément aux décrets rendus en application de la loi du dix-neuf décembre mil neuf cent sept.

La réserve de garantie se compose de l'accumulation des sommes produites par le prélèvement annuel opéré sur les cotisations encaissées au cours de chaque exercice, conformément à la loi du dix-neuf décembre mil neuf cent sept.

Le conseil d'administration pourra, avec l'approbation de l'assemblée générale, constituer toutes réserves qu'il jugera utiles à la garantie des intérêts sociaux et au bon fonctionnement de la société.

Art. 17. — Pour assurer dès l'origine les engagements de la société, il est créé un fonds de premier établissement divisé en mille bons de cent francs payables en espèces, rapportant cinq pour cent d'intérêt et, en outre, dix pour cent des bénéfices restant disponibles après déduction faite des charges et amortissements.

Ces mille bons doivent être amortis en quinze ans, conformément au tableau ci-dessous :

Tableau d'amortissement.

1re Année . . .	5 bons	500	Reports . . .	170 bons	17.000
2e — . . .	10 —	1.000	9e Année . .	50 —	5.000
3e — . . .	20 —	2.000	10e — . .	50 —	5.000
4e — . . .	20 —	2.000	11e — . .	100 —	10.000
5e — . . .	20 —	2.000	12e — . .	110 —	11.000
6e — . . .	25 —	2.500	13e — . .	170 —	17.000
7e — . . .	30 —	3.000	14e — . .	170 —	17.000
8e — . . .	40 —	4.000	15e — . .	180 —	18.000
	170 —	17.000		1.000 —	100.000

Art. 18. — Il est créé également en faveur des fondateurs de *La Mutuelle Rouennaise*, tant pour les dédommager de leurs travaux préparatoires que pour permettre de rémunérer tous concours sollicités par eux pour la formation de la société, quatre cents parts de fondateurs, jouissant pendant toute la durée de la présente société, même en cas de prorogation, d'un droit de quatre-vingt centimes pour cent du montant brut des capitaux souscrits ou émis annuellement, et qui est porté au compte des frais généraux. Le nombre de ces parts ne peut être augmenté ni diminué, non plus que le taux

de quatre-vingt centimes pour cent. Ces parts, au porteur, extraites d'un registre à souche et numérotées de une à quatre cents, seront signées par deux administrateurs.

Elles pourront être rendues nominatives à la demande de ceux des porteurs qui en exprimeraient le désir.

Mode de règlement et emploi des fonds. — Répartition.

Art. 19. — Les versements des sociétaires et autres produits d'un exercice sont employés de la façon suivante :

Il est d'abord pourvu à la constitution des réserves mathématiques (qui comprennent les sommes nécessaires pour faire face aux remboursements anticipés garantis) et de la réserve de garantie, puis il est fait face aux charges sociales déterminées par les présents statuts et les frais généraux de toute nature.

L'assemblée générale, sur la proposition du conseil d'administration, constitue les réserves supplémentaires facultatives et le reste forme l'excédent net disponible qui sera réparti comme suit :

Trois pour cent au directeur ;

Dix pour cent aux administrateurs ;

Cinq pour cent aux commissaires ;

Deux pour cent au personnel extérieur de la société ;

Dix pour cent aux bons des fonds de premier établissement ;

Soixante-dix pour cent reviendront aux sociétaires sous forme de remboursements anticipés.

(Les bons ou polices qui comportent déjà des remboursements anticipés garantis participeront ainsi à des remboursements supplémentaires.)

Cette répartition sera faite aux sociétaires par voie de tirage fait à la date du premier tirage suivant la tenue de l'assemblée générale annuelle.

La somme provenant de cet excédent sera répartie entre les diverses combinaisons, au prorata des capitaux en cours dans chacune des combinaisons. Le montant échu à une combinaison, divisé par le montant de remboursement d'un contrat, donnera le nombre de contrats à amortir dans la combinaison.

Le résidu laissé par la division susmentionnée sera reporté au tirage suivant. Les numéros des polices à rembourser ainsi par anticipation sont désignés par un tirage au sort effectué sur la totalité des numéros émis dans la combinaison ; si parmi les numéros désignés, il se trouve un numéro annulé ou non encore souscrit, il sera procédé à son remplacement par un nouveau tirage au sort.

Titre VI. — *Administration. — Conseil d'administration*
Pouvoirs. — Attributions.

Art. 20. — Le conseil d'administration se compose de cinq membres. Il peut déléguer à l'un ou plusieurs de ses membres, ou à un directeur pris en dehors de son sein, les pouvoirs temporaires et permanents nécessaires à la bonne marche et à la bonne direction de l'entreprise.

Art. 21. — Les membres du conseil d'administration sont nommés au scrutin secret en assemblée générale et choisis parmi les adhérents ; le procès-verbal d'assemblée constitutive constatera leur acceptation.

Les fonctions d'administrateurs durent six ans.

Le conseil d'administration est renouvelable par sixième tous les ans, s'il y a lieu, et les administrateurs sortants sont toujours rééligibles.

Toutefois, pour la première période sexennale, la durée des fonctions peut être de moins de six années, le conseil étant renouvelé à raison de zéro ou un membre chaque année, de telle façon que le renouvellement soit complet dans la période et se fasse aussi également que possible, suivant le nombre de ses membres. Le sort indiquera l'ordre de sortie et le renouvellement ainsi établi. Pour les périodes sexennales suivantes, il aura lieu par rang d'ancienneté de fonction.

Si le nombre des administrateurs tombe au-dessous de cinq, le conseil pourvoit à la vacance jusqu'à la plus prochaine assemblée qui procède à la nomination définitive.

Tout administrateur nommé en remplacement d'un autre dont le mandat n'est pas expiré n'exerce ses fonctions que pour le temps restant à courir au prédécesseur.

Art. 22. — Le conseil élit parmi ses membres, chaque année, un président, un vice-président et un secrétaire ; ils sont toujours rééligibles.

Le conseil d'administration se réunit une fois par mois et, en outre, toutes les fois qu'il est nécessaire pour la bonne marche des affaires.

La présence de trois membres au moins est obligatoire pour la validité des délibérations. Les décisions du conseil sont prises à la majorité des membres présents. En cas de partage par l'égalité des voix, la voix du président est prépondérante.

Le conseil est convoqué à la diligence du directeur ou du président, et se réunit chaque fois que l'intérêt de la société l'exige.

Les procès-verbaux des séances sont transcrits sur un registre spécial tenu au siège social, signé de tous les administrateurs ayant assisté à la séance, et du directeur.

Les copies ou extraits sont signés par l'un des membres du conseil d'administration. En cas d'empêchement du président ou du vice-président, la séance est présidée par le membre le plus ancien.

Art. 23. — Le conseil d'administration est investi des pouvoirs les plus étendus. Il statue sur toutes les affaires de la société, après en avoir délibéré. Il ordonne et règle les dépenses de l'entreprise. Il ordonne toutes les ventes et achats, transferts de titres par les soins du directeur assisté d'un administrateur. Il règle et contrôle la tenue des livres avec le concours du comité de surveillance. Il fixe l'ordre du jour de l'assemblée générale. Il soumet les comptes à l'approbation de l'assemblée annuelle. Il arrête les états de répartition aux sociétaires suivant les règles établies par les statuts et l'assemblée générale. Il arrête chaque année la liste des sociétaires ayant droit d'assister à l'assemblée générale.

ART. 24. — Le conseil veille à l'observation des statuts et à l'entretien des contrats. Il représente la société vis-à-vis des tiers, passe tous traités, transactions, forfaits, compromis, ordonne tous désistements ou mainlevées d'inscription, saisies, oppositions, en un mot, fait tout le nécessaire pour la bonne marche de l'entreprise.

Les pouvoirs ci-dessus ne sont qu'énonciatifs et non limitatifs.

Direction générale.

ART. 25. — Le directeur est nommé par l'assemblée générale à la première réunion. Il dirige le travail des bureaux, il signe la correspondance courante, il signe avec l'administrateur de service les contrats ou polices ou autres engagements avec la société. Il assiste aux délibérations du conseil avec voix consultative. Il représente la société en justice sur l'autorisation du conseil ; il nomme ou révoque le personnel.

La révocation du directeur, pour malversation ou faute grave, ne peut être proposée à l'assemblée générale qu'avec la majorité du conseil d'administration. Le directeur peut se faire aider par tous conseils, mais sous sa responsabilité.

ART. 26. — Les membres du conseil d'administration, ainsi que le directeur, ne contractent aucune obligation personnelle ni solidaire à raison de leur gestion. Ils ne sont responsables que de l'exécution de leur mandat. Il leur est interdit de prendre ou de conserver un intérêt direct ou indirect dans une opération faite avec la société, sans y être autorisés spécialement par l'assemblée générale.

Le directeur doit, comme garantie de gestion, posséder dix bons du fonds de premier établissement et des polices pour un montant à reconstituer de dix mille francs.

Chaque administrateur devra posséder cinq bons du fonds de premier établissement et des polices pour un montant à reconstituer de trois mille francs.

Ces titres sont inaliénables pendant toute la durée du mandat ; ils sont déposés dans les caisses de la société, après avoir été revêtus d'un timbre les constatant.

Les administrateurs ont droit à un jeton de présence dont l'importance est fixée par l'assemblée générale, indépendamment des frais de chemins de fer pour les administrateurs qui n'habitent pas au siège social.

Assemblées générales.

ART. 27. — L'assemblée générale représente l'universalité des sociétaires, ses décisions sont obligatoires pour tous.

L'assemblée générale annuelle se compose du conseil d'administration, du conseil de surveillance, du directeur et des membres adhérents, sans toute-fois que le nombre des voix présentes ou représentées puisse être inférieur à vingt-cinq.

L'adhérent ne peut se faire représenter que par un autre adhérent. La possession ou la présentation de deux contrats nominatifs ou au porteur avant l'ouverture de la séance, lors de l'établissement de la feuille de pré-sence, est exigée pour assister à l'assemblée générale, et donne droit à une voix, sans toutefois que le nombre puisse dépasser dix voix, soit par fondé de pouvoirs, soit personnellement.

Elle se réunit tous les ans dans le courant d'avril. Elle est annoncée au moins vingt et un jours à l'avance par un avis inséré dans un journal d'an-nonces légales du lieu du siège social.

L'assemblée est présidée par le président ou le vice-président du conseil d'administration ou l'administrateur le plus ancien présent. Les deux socié-taires présents, possesseurs de titres pour le capital le plus élevé à reconsti-tuer, sont de droit assesseurs, et le bureau ainsi constitué choisit son secré-taire.

Aucune question ne peut être discutée en dehors de celles figurant à l'or-dre du jour indiqué dans l'avis de convocation si elle n'a pas été, au préala-ble, soumise quinze jours à l'avance au conseil d'administration.

L'approbation des comptes de l'exercice est soumise à l'assemblée géné-rale, après lecture du compte rendu établi par le conseil de surveillance. L'as-semblée nomme les membres du conseil d'administration, de surveillance et le directeur au scrutin secret, et les remplace dans les conditions prévues aux présents statuts.

Elle peut conférer ses pouvoirs au conseil d'administration, mais seule-ment pour des objets déterminés. Spécialement convoquée à cet effet, en cas de crise grave, elle peut suspendre momentanément le droit des sociétaires au rachat de leurs contrats, et, en cas de guerre, pendant toute sa durée, elle peut suspendre le service de recouvrements : les contrats seraient alors prorogés d'office pour un temps égal. Elle fixe, sur la proposition du conseil d'administration, la répartition de l'excédent, conformément à l'art. 19. Mais le conseil aura toujours la faculté, en cours d'exercice, en se basant sur les résultats fournis par les exercices antérieurs, de procéder d'avance à des remboursements anticipés imputables sur les résultats au cours de l'exer-cice évalués à l'époque du remboursement anticipé. Toutefois, les avances ne pourront être faites sur les fonds appartenant aux réserves mathémati-ques et de garantie.

En outre, elle autorise les emprunts par voie d'émission d'obligations hypothécaires ou autres.

Art. 28. — L'assemblée peut être convoquée extraordinairement dans les mêmes conditions que l'assemblée ordinaire, sur l'intervention du conseil d'administration, des commissaires, du directeur ou du quart des adhérents.

Le directeur ne peut se refuser, pour quelque cause que ce soit, à la convoquer, mais doit protester si des résolutions contrevenant aux statuts et aux lois qui régissent les sociétés y étaient prises. Cette assemblée, composée comme d'ordinaire, ne peut toutefois délibérer valablement que si le nombre de voix présentes ou représentées est d'au moins cinquante. Si le minimum de vingt-cinq voix pour l'assemblée ordinaire, ou de cinquante voix pour l'assemblée extraordinaire, n'est pas atteint, une seconde assemblée est convoquée dans les mêmes formes que la première, à quinze jours d'intervalle. Ses décisions seront définitives, quel que soit le nombre des présents ou représentés.

Les délibérations de toute assemblée générale seront prises à la majorité absolue des voix ; en cas de partage par égalité de voix, la voix du président est prépondérante.

Dans les assemblées, il est tenu une feuille de présence certifiée par le bureau ; ses délibérations sont constatées par des procès-verbaux signés par les membres du bureau. Elle est appelée à se prononcer sur tout ce qui n'aurait pas été prévu aux présents statuts. La feuille de présence demeure, ainsi que les pouvoirs, annexée au procès-verbal.

Par dérogation à ce qui précède, les assemblées constitutives seront annoncées seulement cinq jours d'avance.

Conseil de surveillance. — Commissaires.

Art. 29. — Le conseil de surveillance se compose de trois membres au moins et doit remettre, quinze jours avant l'assemblée générale, un rapport sur l'emploi des fonds, la tenue des livres, les pièces de comptabilité, le bilan et le compte des profits et pertes.

A cet effet, les commissaires ont le droit, pendant le trimestre qui précède l'assemblée générale, toutes les fois qu'ils le jugeront convenable, de prendre connaissance des livres et d'examiner les opérations de la société.

Les membres du conseil de surveillance peuvent être pris en dehors des membres de la société. Le conseil doit posséder dans son sein un entrepreneur du bâtiment et un architecte. Le concours que leur profession pourra apporter en cours de gestion sera rétribué, et l'importance de la rémunération fixée par l'assemblée générale annuelle, en prenant comme base le nombre et le chiffre des transactions d'après les tarifs de leur corporation.

Les commissaires sont nommés chaque année par l'assemblée générale ; ils sont rééligibles ; ils peuvent résigner leurs fonctions, et, dans ce cas, sur requête des administrateurs ou du directeur, il est procédé à leur remplacement, conformément à l'art. 24 du décret du 22 janvier 1868.

Il leur est alloué une indemnité fixée par l'assemblée générale.

Titre VII. — Dispositions diverses.

Art. 30. — Les modifications qu'il peut y avoir lieu d'apporter aux statuts, comme aussi toutes délibérations ayant pour objet la continuation de la société au delà du terme fixé, ou la dissolution anticipée, ne seront opérées et prises que par décision de l'assemblée générale extraordinaire, convoquée et délibérant d'après les règles de l'art. 28 ci-dessus.

Les modifications des statuts et des combinaisons ne sont valables et exécutoires qu'après nouvel enregistrement au ministère du travail et de la prévoyance sociale.

Toutes modifications aux statuts doivent être portées à la connaissance des sociétaires par un avis inséré dans un journal d'annonces légales du lieu du siège social.

Dispositions transitoires.

Art. 31. — Il sera prélevé une somme de cinquante mille francs sur les fonds à provenir de l'émission (art. 17 des statuts) pour effectuer à la Caisse des dépôts et consignations le dépôt exigé par la loi. Pour toutes les opérations de capitalisation, *La Mutuelle Rouennaise* se conformera à la loi du 19 décembre 1907.

Art. 32. — La société ne sera valablement constituée qu'après :

1º Dépôt des statuts et la déclaration notariée, la réunion de vingt-cinq adhésions au moins, représentant un ensemble de vingt-cinq mille francs de capitaux à constituer, sur lesquels il sera versé le quart de la cotisation d'une année ;

2º Réunion des assemblées constitutives pour vérifier et reconnaître la sincérité des déclarations des fondateurs, nommer les commissaires chargés de faire un rapport sur les avantages attribués aux fondateurs, nommer les administrateurs, le directeur, le conseil de surveillance, et constater leurs acceptations, et pour approuver les avantages attribués aux fondateurs et déclarer la société constituée.

Les frais de constitution et de premier établissement seront prélevés sur les bons du fonds de premier établissement, et le compte en sera apuré par l'assemblée qui suivra celle de constitution.

L'amortissement aura lieu en quinze ans.

Titre VIII. — *Contestations. — Élection de domicile. — Dissolution.*

Art. 33. — Pour toutes contestations, élection de domicile est faite au lieu du siège social. Toute action en justice doit être, au préalable, soumise au conseil d'administration. En cas de dissolution de la société, pour quelque cause que ce soit, il est procédé à la liquidation amiable par le liquidateur nommé par l'assemblée générale des sociétaires, qui fixera ses pouvoirs, ainsi que son mode de rémunération. Les produits de l'entreprise serviront à acquitter les réserves mathématiques, toutes les charges sociales et d'exploitation ; le reste sera réparti de la manière suivante : dix pour cent aux bons du fonds de premier établissement, cinq pour cent au directeur, quinze pour cent aux administrateurs, et soixante-dix pour cent aux sociétaires ou adhérents.

Titre IX. — *Combinaisons.*

Art. 34. — *Combinaison A.* — *Police de mille francs,* remboursable en douze ans, versements 8 fr. par mois jusqu'au remboursement, mais au plus pendant dix ans, soit au maximum 960 fr.

Tirages trimestriels de un contrat sur 2.000 émis, constituant des remboursements anticipés garantis, sans préjudice de la participation prévue à l'art. 19 des statuts.

Le versement unique est de 750 fr.

Combinaison A bis. — *Police de cinq cents francs,* remboursable en douze ans, versements de 4 fr. par mois jusqu'au remboursement, mais au plus pendant dix ans, soit au maximum 480 fr.

Tirages trimestriels de un contrat sur 2.000 émis, constituant des remboursements anticipés garantis, sans préjudice de la participation prévue à à l'art. 19 des statuts.

Le versement unique est de 375 fr.

Combinaison B. — *Police de mille francs,* remboursable en quinze ans, versements de 5 fr. par mois jusqu'au remboursement.

Tirages sur l'excédent annuel, conformément à l'art. 19 des statuts.

Le versement unique est de 680 fr.

Combinaison B bis. — *Police de cinq cents francs,* remboursable en quinze ans, versements de 2 fr. 50 par mois jusqu'au remboursement.

Tirages sur l'excédent annuel, conformément à l'art. 19 des statuts.

Le versement unique est de 340 fr.

Combinaison C. — *Police de douze cents francs,* remboursable en vingt ans, versements de 5 fr. par mois jusqu'au remboursement, mais au plus pendant dix-huit ans, soit au maximum 1.080 fr.

Tirages trimestriels de un contrat sur 2.000 émis, constituant des remboursements anticipés garantis, sans préjudice de la participation prévue à l'art. 19 des statuts.

Le versement unique est de 700 fr.

Combinaison C bis. — *Police de six cents francs,* remboursable en vingt ans, versements de 2 fr. 50 par mois jusqu'au remboursement, mais au plus pendant dix-huit ans, soit au maximum 540 fr.

Tirages trimestriels de un contrat sur 2.000 émis, constituant des remboursements anticipés garantis, sans préjudice de la participation prévue à l'art. 19 des statuts.

Le versement unique est de 350 fr.

Combinaison D. — *Police de mille francs,* remboursable en vingt ans, versements de 4 fr. par mois jusqu'au remboursement.

Tirages trimestriels de un contrat sur 2.000 émis, constituant des remboursements anticipés garantis, sans préjudice de la participation prévue à l'art. 19 des statuts.

Le versement unique est de 600 fr.

Combinaison E. — Police de sept cents francs, remboursable en vingt-cinq ans, versements de 3 fr. par mois jusqu'au remboursement, mais au plus pendant dix-huit ans, soit au maximum 648 fr.

Tirages trimestriels de un contrat sur 1.200 émis, constituant des remboursements anticipés garantis, sans préjudice de la participation prévue à l'art. 19 des statuts.

Le versement unique est de 410 fr.

140. — Extraits pour la publication.

I.— Suivant acte sous seing privé en date du. . . . . . (ou : Suivant acte reçu par Me. . . . . ., notaire à. . . . . ., le. . . . . enregistré),

M. . . . . a établi les statuts d'une société. De ces statuts, il a été extrait littéralement ce qui suit :

ART. 1er. — (*Reproduire ici les dispositions entières des art. 1er, 2, 3, 4, 5, 6, 7, 8, 9, 10, 17, 18, 19, 20, 22, 23, 24, de la formule 95*).

Pour extrait :

(Signé : . . . . .)

II. — Aux termes d'un acte reçu par Me. . . . . et son collègue, notaires à. . . . . ., le. . . . . ., enregistré,

M. . . . . a déclaré : que les. . . . . actions de. . . . . francs chacune représentant le capital de fondation de la. . . . . *à capital variable*, ont été entièrement souscrites par diverses personnes ; et qu'il a été versé, en espèces, par chacun des souscripteurs, une somme égale au dixième du montant des actions par lui souscrites : auquel acte est annexé un état certifié, contenant les noms, prénoms, qualités et domiciles des souscripteurs, le nombre des actions souscrites et le montant des versements effectués par chacun d'eux.

Pour extrait :

(Signé : . . . . .)

III. — Par délibération du. . . . . ., dont une copie a été déposée pour minute à Mo. . . . ., notaire à . . . . ., suivant acte du. . . . ., l'assemblée générale des actionnaires de . . . . . *à capital variable*, a :

1o Reconnu la sincérité de la déclaration de souscription et de versement faite par le fondateur de la société, suivant acte reçu par ledit Mo. . . . ., notaire à . . . . ., le . . . . . ;

2o Nommé comme premiers administrateurs, dans les termes de l'art. . . . . . des statuts : 1o M. . . . . . ; 2o M. . . . . . ; etc., lesquels ont accepté ces fonctions ;

3o Nommé M. . . . . ., qui a accepté, commissaire pour faire un rapport à l'assemblée générale sur les comptes du premier exercice ;

4o Approuvé les statuts de la société, et déclaré cette société définitivement constituée.

Pour extrait :

(Signé : . . . . .)

Expéditions des statuts, de l'acte de déclaration de souscription et de versement et de l'état y annexé, et de la délibération constitutive, ont été déposées le. . . . . aux greffes du tribunal de commerce de. . . . . et de la justice de paix de. . . . .

Pour mention :

(Signé : . . . . . .) »

I

SOCIÉTÉS ANONYMES OUVRIÈRES

141. — Statuts.

Statuts de la société « Les Charpentiers de Paris », coopérative ouvrière (anonyme à capital et personnel variables).

Titre Ier. — *Formation de la société.*

Art. 1er. — Entre les soussignés et ceux qui adhéreront aux présents statuts, il est formé une société anonyme par actions, à capital et personnel variables.

Art. 2. — La société prend la dénomination de « Les Charpentiers de Paris », société coopérative ouvrière.

Art. 3. — La société a pour objet l'entreprise et l'exploitation de tout ce qui concerne l'industrie de la charpente en bois et en fer et de tous les travaux qui s'y rattachent. Elle pourra aussi faire l'entreprise générale du bâtiment, s'il y a lieu.

Art. 4. — La durée de la société est fixée à quinze années, à partir du jour de la formation définitive.

Cette durée pourra être prorogée par décision de l'assemblée générale.

Art. 5. — Le siège social est établi provisoirement à Paris, rue Labrouste, nº 24. Il pourra être changé par un vote de l'assemblée générale.

Titre II. — *Capital social. — Actions. — Transferts.*

Art. 6. — Le capital social est fixé provisoirement à la somme de cent trente-cinq mille francs.

Ce capital ne peut être réduit au-dessous de cent vingt et un mille cinq cents francs. Si le capital social vient à être augmenté, le capital irréductible augmentera dans la même proportion, de façon qu'à toute époque il représente les neuf dixièmes du capital.

Le capital social pourra être augmenté suivant les besoins de la société par décision de l'assemblée générale.

Art. 7. — Le capital social est divisé en deux cent soixante-dix actions de cinq cents francs chacune. Les titres sont nominatifs.

Art. 8. — Le montant des actions est payable, savoir :

La moitié à la souscription ;

L'autre moitié sera divisée en quatre payements, qui auront lieu par quarts tous les deux mois, de façon que le capital soit entièrement versé fin novembre prochain, lors de la répartition des titres définitifs.

Il est facultatif de faire des versements anticipés.

Art. 9. — Dans le cas de retard dans les versements, l'administration poursuivra le remboursement par toutes les voies de droit jusqu'à l'exécution du souscripteur ; les intérêts de retard seront payés au taux de 5 p. 100 l'an, et, si le retard se prolonge plus d'une année, le titulaire n'aura aucune part dans les bénéfices, il sera considéré comme démissionnaire et ses actions seront vendues à ses risques et périls.

Art. 10. — Les titres d'actions sont nominatifs ; il ne pourra exister d'actions au porteur. Les actions sont indivisibles, la société ne reconnaît qu'un sociétaire pour chacune d'elles.

Art. 11. — La cession des actions s'opère par une déclaration de transfert signée du cédant et du cessionnaire ou de leurs mandataires et inscrite sur un registre à ce destiné.

Le cessionnaire doit à peine de nullité être agréé par le conseil d'administration.

Art. 12. — Les actionnaires ne sont engagés dans la société que pour le montant des actions par eux souscrites.

Art. 13. — Chaque sociétaire ne pourra posséder plus de cent soixante actions.

Art. 14. — Les droits et obligations attachés à l'action suivent le titre dans quelques mains qu'il passe ; la possession d'une action emporte de plein droit adhésion aux statuts et à toute décision de l'assemblée générale.

Art. 15. — Chaque action entièrement libérée donne droit aux avantages stipulés à l'art. 56 des présents statuts.

Titre III. — *Admission. — Radiation.*

Art. 16. — Pour être admis à souscrire des actions ou à en acquérir par voie de transfert, en un mot pour faire partie de l'association :

Il faut :

1º Être de nationalité française ;

2º Appartenir à la corporation des charpentiers ;

3º Etre âgé de vingt et un ans au moins ;

4º Souscrire au moins deux actions pour la formation d'un capital assez important pour assurer le bon fonctionnement de la société.

Art. 17. — Tout sociétaire peut se retirer de la société en prévenant le conseil six mois à l'avance.

L'assemblée générale, dans sa première réunion, est appelée à se prononcer sur cette démission ; si elle est acceptée, les actions sont remboursées au sociétaire à leur valeur et comme il est dit à l'art. 18.

Art. 18. — En cas de démission, radiation ou exclusion d'un action-naire, celui-ci devra, dans le délai d'un mois de sa sortie de la société, ou transférer ses actions à un tiers agréé par l'administration, ou subir le droit de préemption que l'association se réserve afin de ne pas voir passer ses actions entre des mains étrangères à la charpente, mais sans que le capital irréductible soit diminué ; ces actions seront remboursées au pair sans autre avantage et sans part dans les bénéfices.

Ce remboursement se fera en cinq années, soit un cinquième par année avec intérêt à 5 p. 100 l'an.

Art. 19. — Les héritiers ou créanciers d'un actionnaire décédé ne peu-vent sous aucun prétexte :

1° Provoquer l'apposition des scellés sur les biens ou valeurs de la so-ciété ;

2° Demander la liquidation de la société, ni le partage desdits biens ou valeurs ;

3° S'immiscer dans son administration.

Ils doivent, pour l'exercice de leurs droits, s'en rapporter aux inventaires sociaux et aux délibérations des assemblées générales.

Art. 20. — Les héritiers qui ne seraient pas agréés par le conseil d'ad-ministration ou qui ne rempliraient pas les conditions exigées devront ven-dre leurs actions dans un délai de deux mois à un tiers agréé par la société ou subir le droit de préemption que l'association se réserve.

Le droit de préemption exercé par l'association obligera celle-ci à rem-bourser aux héritiers ou ayants droit le montant de chaque action et des avantages y attachés au taux déterminé par le dernier inventaire. Le rem-boursement devra s'opérer une année sans intérêt, après que les droits des réclamants auront été reconnus et le compte arrêté.

Titre IV. — *Administration de la société.*

Art. 21. — La société est administrée par un conseil d'administration composé de cinq membres, y compris le directeur, qui fait partie de droit du conseil d'administration. Les membres sont élus en assemblée générale, à la majorité des voix de tous les membres présents.

Art. 22. — Le conseil, sauf le directeur, dont les fonctions d'adminis-trateur ont une durée de six années, se renouvelle tous les ans par deux membres sortants. Les membres sortants sont désignés par le nombre de voix qui les a élus ; celui qui a eu le moins de voix sortira le premier et ainsi de suite. En cas d'égalité, les noms des membres sortants seront tirés au sort ; ils sont toujours rééligibles.

Après l'établissement de ce premier roulement, les administrateurs sor-tants seront désignés par l'ancienneté.

Art. 23. — Il sera nommé ultérieurement, et s'il y a lieu, deux suppléants qui ne seront appelés au sein du conseil que dans le cas où des vacances se produiraient dans le courant d'un exercice, soit par décès ou autrement.

Art. 24. — Le conseil se réunit au siège social aussi souvent que l'intérêt de la société l'exige et au moins une fois par mois.

Art. 25. — Les délibérations sont prises à la majorité des voix des membres présents. En cas de partage, la voix du président est prépondérante.

La présence de trois membres au moins est nécessaire pour la validité de la délibération.

Nul ne peut voter par procuration dans le sein du conseil.

Art. 26. — Les délibérations sont constatées par des procès-verbaux qui sont portés sur un registre spécial et signés par le président et le secrétaire.

Les copies et extraits à produire en justice ou ailleurs sont certifiés par le président ou par le directeur et un administrateur.

Art. 27. — Le conseil d'administration est investi des pouvoirs les plus étendus pour l'administration et la gestion de toutes les affaires de la société.

Il a notamment les pouvoirs suivants, lesquels sont énonciatifs et non limitatifs :

Il règle et arrête les dépenses générales de l'administration ;

Il statue sur toutes les opérations faisant l'objet de la société ;

Il décide s'il y a lieu pour la société d'intenter toutes actions en justice et d'y défendre ; il peut transiger et compromettre ;

Il consent tous désistements de privilèges, hypothèques, actions résolutoires et autres droits de toute nature, fait mainlevée de toutes inscriptions, saisies, oppositions et autres empêchements, le tout avec ou sans payement ;

Il peut contracter tous emprunts et consentir toutes délégations ou transferts au profit de tous prêteurs, notamment au profit du Crédit foncier de France, des sommes pouvant être dues à la société pour travaux exécutés soit pour l'Etat, la Ville de Paris ou autres villes, le département de la Seine ou autres départements, administrations particulières, etc. ;

Il consent toute antériorité ou subrogation dans l'effet de tous privilèges, hypothèques, actions résolutoires, etc.

Art. 28. — Le conseil fixe les salaires et traitements des sociétaires, ouvriers et employés, travaillant pour le compte de la société.

Il fixe la quotité des indemnités à accorder pour la conduite des travaux importants ou difficiles, les déplacements, les frais de représentation, les gratifications, secours, etc.

Art. 29. — Le conseil d'administration arrête les comptes qui doivent être soumis aux assemblées générales.

Il convoque les assemblées générales ordinaires et extraordinaires ; il propose la répartition du dividende.

Art. 30. — Le conseil délègue ses pouvoirs à un directeur élu par l'assemblée générale pour toute la durée de la société. Le directeur fera partie du conseil d'administration de droit, comme il est dit à l'article 21 des présentes.

Art. 31. — Conformément à l'art. 32 C. com., les membres du conseil d'administration ne contractent, à raison de leur gestion, aucune obligation personnelle ou solidaire; ils ne répondent que de l'exécution de leur mandat.

Art. 32. — Les membres du conseil d'administration recevant des jetons de présence pour toutes les réunions faites en dehors du travail, la quotité de ces jetons sera fixée par l'assemblée générale. Chaque administrateur doit être propriétaire de deux actions, qui sont inaliénables pendant toute la durée de ses fonctions et affectées à la garantie des actes de la gestion ; les titres de ces actions sont frappés d'un timbre indiquant l'inaliénabilité et déposés dans la caisse sociale.

Titre V. — *Direction.*

Art. 33. — Conformément à l'art. 30, le directeur choisi et nommé par l'assemblée générale est administrateur jusqu'à l'expiration de son mandat. L'assemblée générale devra le réélire administrateur à l'expiration des six premières années. Il est chargé de l'exécution de toutes les décisions du conseil.

Art. 34. — Le directeur gère les affaires de la société. Il est chargé d'assurer l'exécution des délibérations du conseil d'administration; il représente la société vis-à-vis des tiers ; il signe la correspondance, les acquits ou endossements d'effets, chèques, acceptations, les quittances de toutes les sommes qui pourraient être dues à la société, les mandats sur la Banque de France, sur les caisses publiques, le Trésor, la Caisse municipale, la Caisse du Mont-de-Piété, la Caisse de l'Assistance publique, la Caisse des consignations et toutes autres, et généralement tous actes ayant pour objet la réalisation des affaires autorisées par le conseil d'administration.

Les actions judiciaires pourront être exercées au nom de l'association, poursuites et diligences du directeur.

Le directeur a seul la signature. Il tient ou fait tenir par des employés de son choix les écritures de toutes les affaires et opérations de l'association et il est responsable de leur exactitude.

En cas d'absence ou de maladie, le directeur est remplacé provisoirement par un administrateur désigné par le conseil d'administration.

La fonction d'administrateur est exclusive de toute autre, à moins d'accord avec le conseil d'administration.

Le directeur assiste aux séances du conseil ; il a voix délibérative.

Art. 35. — Le directeur, outre les attributions et les pouvoirs qui précèdent et ceux qui lui sont dévolus par le conseil, dirige toutes les opérations de fabrication, d'achats et de ventes, traite toutes les affaires de la société, répartit le travail des ateliers, rédige et formule, de concert avec le conseil d'administration, le règlement intérieur de l'atelier, y introduit toutes les modifications reconnues utiles, sauf ratification de l'assemblée générale. Il embauche tous les travailleurs dont le concours serait reconnu utile pour l'exécution des travaux de l'association.

Art. 36. — Le directeur est placé sous l'autorité du conseil d'administration ; il est toujours révocable par l'assemblée générale, sur la proposition du conseil d'administration prise à la majorité des voix de tous les membres présents.

Dans ce cas, l'assemblée générale devra comprendre les quatre cinquièmes des actionnaires. Si l'assemblée ne réunissait pas le nombre d'actionnaires exigé, une deuxième convocation aurait lieu à dix jours au moins d'intervalle, en indiquant le motif de la réunion.

<h3 style="text-align:center">Titre VI. — Commission de contrôle.</h3>

Art. 37. — Les opérations de l'association sont soumises à l'examen d'une commission de contrôle composée de deux membres.

Ils sont nommés pour une année par l'assemblée générale.

Art. 38. — Les commissaires, nommés chaque année, peuvent agir conjointement ou séparément.

Art. 39. — Conformément à la loi, les commissaires font leur rapport après chaque inventaire sur le bilan et les comptes présentés par le conseil d'administration et dont lecture est faite à l'assemblée générale.

Art. 40. — La commission de contrôle se réunit au siège social quand les intérêts de la société l'exigent, et au moins une fois par trimestre ; elle prend sur place connaissance de toutes les opérations de la caisse, de la comptabilité, du portefeuille, des factures et des pièces de caisse.

Art. 41. — De même que les membres du conseil, les commissaires de contrôle reçoivent des jetons de présence dont la quotité est fixée par l'assemblée générale.

<h3 style="text-align:center">Titre VII. — Assemblées générales.</h3>

Art. 42. — L'assemblée générale, régulièrement constituée, représente l'universalité des actionnaires.

Il est tenu une assemblée générale ordinaire chaque année au mois d'avril. La convocation a lieu par simple lettre adressée à tous les actionnaires quinze jours francs avant celui de la réunion.

Art. 43. — En cas d'urgence, le conseil peut convoquer les actionnaires en assemblée générale extraordinaire.

Dans ce cas, les convocations auront lieu par simple lettre adressée huit jours francs avant celui de la réunion à tous les actionnaires ; elles contiendront le motif de la convocation et les questions à l'ordre du jour.

Art. 44. — L'assemblée générale se compose de tous les actionnaires, quel que soit le nombre des actions qu'ils possèdent et dont les versements ont été régulièrement opérés ; nul n'est admis, s'il n'a pas rempli cette obligation.

Chaque actionnaire n'a qu'une voix, quel que soit le nombre d'actions qu'il possède.

Art. 45. — L'assemblée générale ordinaire est régulièrement constituée lorsque les actionnaires représentent au moins les deux tiers du capital social. Si cette quantité n'est pas réprésentée, il est convoqué une deuxième assemblée qui délibère valablement, quel que soit le capital représenté et le nombre des actionnaires présents.

Entre la convocation et l'assemblée, il y aura toujours quinze jours d'intervalle et les lettres seront adressées dans ce cas pour la seconde au moins huit jours à l'avance.

Art. 46. — L'assemblée générale est présidée par le président du conseil d'administration, assisté du directeur, du secrétaire du conseil et de deux membres les plus âgés du conseil d'administration qui rempliront les fonctions de scrutateurs.

Art. 47. — Les délibérations sont prises à la majorité des membres présents.

L'ordre du jour est préalablement arrêté par le conseil d'administration s'il n'y est porté que les propositions émanant du conseil ou de la commission de contrôle. Si les sociétaires ont des propositions à présenter, elles devront être signées de huit membres et être communiquées au conseil six jours au moins avant la réunion.

Art. 48. — L'assemblée générale ordinaire entend le rapport du conseil d'administration, le rapport de la commission de contrôle sur la situation de la société, sur le bilan et sur les comptes présentés par le conseil d'administration.

Elle statue sur l'approbation des comptes, la fixation du dividende à répartir, la somme à allouer aux commissaires à titre de rémunération, la nomination des membres du conseil d'administration et des commissaires.

Enfin, elle prononce sur tous les intérêts de la société qui ne sont pas réservés aux assemblées extraordinaires.

Art. 49. — L'assemblée générale extraordinaire peut, sur l'initiative du conseil d'administration, apporter aux présents statuts les modifications dont l'utilité sera reconnue.

Elle peut décider notamment :

1º L'augmentation ou la réduction du capital social ;

2º La prolongation ou la dissolution anticipée de la société ;

3º L'amortissement total ou partiel du capital social, avec les bénéfices, par la voie du sort ou autrement ;

4º L'exclusion de tout associé.

Le tout sans altérer la société dans son essence.

Dans ces divers cas, l'assemblée générale ne sera régulièrement constituée que si elle est composée d'un nombre d'actionnaires représentant la moitié du capital social (1).

Dans les cas prévus au présent article, lorsqu'après une première convocation, l'assemblée n'aura pas été régulièrement constituée, conformément à l'alinéa qui précède, il pourra être convoqué une deuxième assemblée générale dans la quinzaine qui suivra.

La seconde assemblée ne sera elle-même constituée que si elle se compose d'un nombre d'actionnaires représentant au moins la moitié du capital social.

Les avis de convocation doivent indiquer sommairement l'objet de la réunion lorsque l'assemblée doit délibérer sur l'un des cas prévus par le présent article.

Art. 50. — Les délibérations de l'assemblée générale sont constatées par des procès-verbaux inscrits sur un registre spécial et signés par les membres composant le bureau.

Les extraits à produire sont signés par le président du conseil d'administration et un administrateur.

Art. 51. — Les délibérations de l'assemblée générale prises conformément aux statuts obligent tous les actionnaires, même absents ou dissidents.

Titre VIII. — *Etat de situation. — Inventaire. — Fonds de réserve.
Partage des bénéfices.*

Art. 52. — L'année sociale commence le 1er janvier et finit le 31 décembre.

Par exception, le premier exercice ne comprendra que le temps qui se sera écoulé jusqu'au 31 décembre 1893.

Art. 53. — Il sera dressé chaque semestre un état sommaire de la situation active et passive de la société. Cet état est mis à la disposition des commissaires.

Il est, en outre, établi chaque année, conformément à l'art. 9 C. com., un inventaire contenant l'indication de toutes les valeurs et de toutes les dettes actives et passives de la société.

L'inventaire, le bilan, le compte de profits et pertes sont mis à la disposition des commissaires de contrôle le quarantième jour ou plus tard avant l'assemblée générale ; ils sont présentés à cette assemblée.

Art. 54. — Quinze jours au moins avant la réunion de l'assemblée générale, tout actionnaire peut prendre au siège social communication de l'inventaire, de la liste des actionnaires et se faire délivrer copie du bilan et du rapport des commissaires.

Art. 55. — Il est ouvert un compte spécial de premier établissement,

(1) Cet alinéa et les suivants jusqu'à la fin de l'article, devraient aujourd'hui être modifiés conformément aux dispositions nouvelles de la loi du 22 novembre 1913 (Voir formule précédemment).

lequel comprendra tous les frais faits pour arriver à la constitution définitive de la société. Ce compte sera amorti en quinze années par quinzième chaque année.

Art. 56. — Les bénéfices seront répartis ainsi qu'il suit :

5 p. 100 au fonds de réserve légale ;

5 p. 100 au capital versé ;

20 p. 100 à tous les travailleurs et employés, au prorata des salaires reçus;

20 p. 100 au directeur de la société ;

5 p. 100 au gâcheur de charpente ;

2 p. 100 au gâcheur d'escalier ;

15 p. 100 à toutes les actions ;

28 p. 100 au fonds de réserve extraordinaire.

Les intérêts et dividendes seront payés dans les deux mois qui suivront l'assemblée générale.

Art. 57. — En cas d'insuffisance des produits d'une année pour donner, comme intérêts et dividendes réunis, 5 0/0 par action, la différence pourra être prélevée sur le fonds de réserve extraordinaire.

Art. 58. — Les fonds de réserve pourront atteindre ensemble trois fois le montant du capital versé.

Art. 59. — Tous les intérêts et dividendes qui n'ont pas été touchés cinq ans après l'époque fixée pour leur payement sont prescrits et acquis à la société (1).

Titre IX. — Dissolution. — Liquidation.

Art. 60. — En cas de perte des trois quarts du fonds social, les administrateurs convoquent l'assemblée générale de tous les actionnaires, à l'effet de statuer sur la question de savoir s'il y a lieu de prononcer la dissolution de la société. La résolution de l'assemblée est, dans tous les cas, rendue publique au moyen du dépôt et de l'insertion prescrits par les art. 55 et 56 de la loi de 1867.

Art. 61. — A défaut par le conseil d'administration de réunir l'assemblée générale en cas de perte des trois quarts du fonds social, la convocation est faite par les commissaires. Dans le même cas, tout actionnaire, sans attendre la convocation de l'assemblée, peut demander a issolution de la société devant les tribunaux.

Art. 62. — A l'expiration de la société ou en cas de dissolution anticipée, l'assemblée générale règle le mode de liquidation et nomme un ou plusieurs liquidateurs.

Pendant la liquidation, les pouvoirs de l'assemblée générale se continuent comme pendant l'existence de la société.

Toutes les valeurs de la société sont réalisées par les liquidateurs qui ont,

---

(1) Cet article doit être mis en accord avec la loi du 25 juin 1920 (Voir formule 72).

à cet effet, les pouvoirs les plus étendus, et le produit, après le prélèvement des frais de liquidation, en est réparti aux actionnaires.

Les liquidateurs peuvent, avec l'autorisation de l'assemblée générale, faire apport ou vente à une société ou à tout autre des biens, droits et obligations tant actives que passives de la société dissoute.

TITRE X. — *Contestations.*

ART. 63. — Toutes les contestations qui pourront s'élever pendant le cours de la société ou lors de la liquidation, soit entre les actionnaires, la société, les administrateurs ou les commissaires, entre les actionnaires eux-mêmes relativement aux affaires sociales, seront soumises à la juridiction des tribunaux compétents de Paris.

Tout actionnaire qui veut provoquer une contestation de cette nature doit faire élection de domicile à Paris. A défaut d'élection de domicile, cette élection a lieu de plein droit, au parquet de M. le procureur de la République près le tribunal de la Seine. Toutes les notifications et assignations sont valablement faites au domicile élu formellement ou implicitement.

ART. 64. — Des associés représentant au moins le cinquième du fonds social peuvent, dans un intérêt commun, charger à leurs frais un ou plusieurs mandataires d'intenter une action contre les administrateurs, en raison de leur gestion, sans préjudice de l'action que chaque associé peut intenter individuellement en son nom personnel ; le tout conformément aux art. 17 et 39 de la loi de 1867.

TITRE XI.

ART. 65. — Tous les pouvoirs sont donnés au porteur de l'expédition ou d'un exemplaire des présents pour faire les dépôts et publications prescrits par la loi.

Fait et signé triple à Paris, le . . . . . .

J

SOCIÉTÉS D'ASSURANCES MUTUELLES

142. — Modèle de statuts.

Chapitre Ier. — *De la constitution de la société.*

Formation de la société. — Etendue de ses opérations.

Art. 1er. — Il y a société d'assurance mutuelle entre les sociétaires actuels et les propriétaires de valeurs immobilières ou mobilières qui adhéreront aux présents statuts conformément à l'art. 8 ci-après.

Cette société est une société libre, conformément à la loi du 24 juillet 1867 et au règlement d'administration publique du 22 janvier 1868.

Son titre est : « Société d'assurance mutuelle de . . . . . »

Les opérations de la société peuvent s'étendre à toute la France.

Durée de la société.

Art. 2. — La durée de la société est de . . . . . années qui ont commencé à courir le . . . . .

Cette durée peut être toujours prorogée par une délibération du conseil général prise dans les termes de l'art. 34 ci-après.

Siège de la société.

Art. 3. — Le siège de la société est à . . . . .

Objet de la société.

Art. 4. — La société a pour objet de garantir mutuellement ses membres des dommages causés par *l'incendie*, ainsi que par la foudre, l'emploi d'appareils électriques d'éclairage, chauffage, ventilation ou sonnerie, l'inflammation et l'explosion du gaz de houille à éclairer et à chauffer, soit que les objets aient été brûlés, brisés ou détériorés.

En cas d'explosion de chaudières à vapeur ou de substances explosibles, et à moins d'une stipulation contraire insérée dans la police, la société ne garantit que des dommages causés par l'incendie qui aura pu précéder l'explosion ou en être la conséquence, à l'exclusion de ceux causés directement par l'explosion tels que déplacements, bris, etc.

Il pourra être contracté une assurance spéciale en vue de la réparation des dommages causés, même sans incendie, par les substances explosibles qui seraient, à l'insu de l'assuré, introduites dans la maison ou placées aux alentours, que l'explosion provienne soit de la malveillance, soit de toute autre cause. Mais ce risque spécial sera mis en commun entre ceux-là seulement qui en demanderont l'assurance, de telle sorte que cette assurance ne puisse, en aucun cas, apporter une charge nouvelle aux autres sociétaires, ainsi qu'il est expliqué à l'art. 21 ci-après.

La garantie de la société ne s'applique pas, sauf les exceptions spécifiées aux paragraphes précédents, aux accidents qui ne constituent pas un incendie au sens propre du mot. Elle ne comprend pas, notamment, les détériorations provenant d'un excès de chaleur sans embrasement, non plus que les brûlures aux linges, vêtements et tapis, les détériorations dues au contact ou à l'approche d'un appareil de chauffage ou d'éclairage, la destruction totale ou partielle des objets tombés ou jetés par mégarde dans un foyer ; elle ne comprend pas non plus les détériorations provenant de la fermentation ou du vice propre de la chose assurée, ou d'un accident de ménage ou de métier, ni des pertes résultant d'un défaut ou d'un accident de fabrication, mais elle comprend les dommages d'incendie qui en sont la suite.

L'assurance contre l'explosion des chaudières à vapeur ne comprend pas les dommages de crevasses ou fissures causés aux appareils à vapeur par l'usure ou les coups de feu.

L'assurance contre la foudre ne comprend, en aucun cas, les dégâts causés par les ouragans, les trombes ou par tout phénomène météorologique autre que la chute de la foudre.

En ce qui concerne les dommages résultant d'emploi d'appareils électriques, la responsabilité de la société ne s'étend pas, à moins d'une stipulation formelle, aux avaries et détériorations totales ou partielles subies par les appareils eux-mêmes et leurs accessoires.

La société répond des dommages ou frais occasionnés par le sauvetage des objets assurés. Elle répond aussi des frais de dépose et pose des tentures murales non endommagées dont l'enlèvement est nécessité par la réparation du sinistre. Mais sa garantie ne s'applique, en aucun cas, aux objets perdus ou volés pendant ou après le sinistre, ni aux frais faits par l'autorité, à moins que cette dernière ne soit fondée en droit à les réclamer aux sinistrés.

Les objets assurés ne sont couverts qu'au siège du risque indiqué dans le contrat, à moins que l'effet de l'assurance ne soit étendu par une clause formelle.

La garantie de la société peut, au moyen de stipulations particulières, s'appliquer ainsi :

1º Au *risque locatif*, c'est-à-dire à la responsabilité que le locataire peut encourir vis-à-vis du propriétaire aux termes des art. 1733, 1734 et 1735 C. civ. pour les dégâts causés par l'incendie aux objets loués ;

2° Au *risque de voisinage* ou *recours des voisins*, c'est-à-dire à la responsabilité que l'assuré peut encourir vis-à-vis des voisins (propriétaires, locataires ou co-locataires) pour les dégâts causés à leurs propriétés, mobiliers ou marchandises, par suite d'incendie provenant de sa faute ou de celle des personnes dont il est responsable (art. 1382, 1383 et 1384 C. civ.).

3° Au *recours des locataires*, c'est-à-dire à la responsabilité que le propriétaire peut encourir vis-à-vis de ses locataires pour les dégâts causés à leurs mobiliers ou marchandises par suite d'incendie provenant d'un vice de construction (art. 1721 C. civ.) ou d'un défaut d'entretien ;

4° Au *risque de chômage* ou perte des loyers par suite d'incendie.

Cette assurance de chômage a pour objet d'indemniser :

I. Les *propriétaires* d'immeubles de la perte des loyers ou privation de jouissance de tout ou partie de leur immeuble.

II. Les *locataires* du recours que les propriétaires pourraient avoir à exercer contre eux de ce chef.

III. Les *propriétaires et les locataires* du recours que les propriétaires voisins pourraient avoir à exercer contre eux au même titre.

L'assurance du risque locatif, du risque de voisinage, du recours des locataires et du risque de chômage comprend implicitement les différents cas de sinistres prévus au paragraphe 1er du présent article.

L'assurance de chômage ne s'applique qu'à la perte des loyers ou privation de jouissance éprouvée par les propriétaires d'immeubles, et ce pendant le temps qui sera démontré nécessaire pour la réparation des dommages et au plus pendant une année à partir du sinistre.

En dehors de cette assurance de chômage ainsi limitée, la société ne répond que des dommages causés aux objets matériels : elle ne doit aucune indemnité pour changement d'alignement, pertes industrielles ou commerciales, privation de jouissance des objets mobiliers, résiliation de baux, en général pour aucun dommage indirect ou immatériel.

Les monnaies, billets de banque, lingots, effets de commerce, contrats ou titres de toute nature ne sont jamais compris dans l'assurance. La garantie de la société peut s'appliquer à l'argenterie, aux dentelles, fourrures, bijoux, pierreries et perles fines, médailles, tableaux, statues, tapisseries, et en général aux objets rares et précieux, mais autant seulement que la police en contient la stipulation formelle.

Toutefois l'assurance du recours des voisins ou locataires comprend implicitement les dommages causés à toutes les propriétés immobilières ou mobilières dont l'assurance est autorisée par les statuts, à l'exception seulement des pierreries et perles fines non montées.

La société ne garantit pas des sinistres provenant d'invasion, d'émeute, de guerre civile ou de force militaire quelconque. Toutefois en ce qui concerne l'assurance spéciale, dont il est parlé au paragraphe 3 du présent article, cette restriction ne comprend que les cas d'invasion, de guerre civile ou de force militaire quelconque.

En cas de sinistre dans ces circonstances et pour avoir droit à une indemnité, le propriétaire devra faire la preuve que le dommage n'est pas dû à l'une des causes énoncées ci-dessus.

En cas d'occupation des lieux, même en temps de paix, par des soldats cantonnés ou logés, l'assuré sera également tenu de faire la preuve que le dommage n'est pas dû à cette cause.

La société peut donner et prendre des réassurances à forfait.

De l'admission et de l'exclusion des assurances.

Art. 5. — Les objets et risques admis à l'assurance comportant des chances inégales d'incendie ou de perte pour la société, les sociétaires concourent au payement des charges sociales en raison des dangers que présente leur assurance, suivant la classification prononcée par le conseil d'administration.

Les fabriques et grands dépôts de poudre à tirer, de pièces d'artifice et autres substances explosibles sont exclus de l'assurance.

Le conseil d'administration peut accepter les assurances des biens communaux, départementaux ou de l'Etat, ainsi que celles d'établissements dont la comptabilité est soumise au contrôle du gouvernement, moyennant une contribution déterminée à forfait.

Un tableau annexé aux statuts énumère les principales causes d'aggravation de risque qui peuvent modifier la classification. En dehors de cette énumération, le conseil classera par analogie les risques qui pourraient n'y être pas prévus.

Dans tous les cas, le conseil d'administration est souverain pour apprécier les risques que comportent les assurances proposées, pour déterminer leur classification, et pour prononcer leur admission ou leur rejet total ou partiel, sans être tenu de faire connaître les motifs de sa décision.

Administration de la société.

Art. 6. — La société est administrée par un conseil d'administration auprès duquel est placé un comité des sociétaires, et par un directeur, comme il est établi aux chapitres VI et VII.

Chapitre II. — *Des assurances.*

De ceux qui peuvent contracter des assurances.
De la renonciation au droit à recours.

Art. 7. — Toute personne ayant intérêt à la conservation des objets dont l'assurance est autorisée par les statuts peut être admise à devenir membre de la société.

Quand l'assurance est contractée en vue d'une responsabilité, la garantie de la société est, à moins de stipulation contraire, formellement limitée aux cas de sinistre engageant la responsabilité du signataire de la police.

L'assurance souscrite par une personne autre que le propriétaire des objets assurés emporte délégation de l'indemnité éventuelle au profit du propriétaire. Néanmoins, si ceux des objets assurés qui n'appartiennent pas au signataire de la police ne sont pas dûment spécifiés, de même que dans le cas de l'assurance faite « pour le compte de qui il appartiendra », le payement effectué entre les mains du signatataire de la police libère définitivement la société, à moins d'opposition régulière. Mais dans tous les cas prévus au présent paragraphe, l'évaluation des dommages est faite avec le seul signataire de la police, et toute déchéance encourue par lui personnellement, avant ou après le sinistre, est opposable au tiers.

La renonciation au droit à *recours* contre les responsables ne peut résulter que d'une stipulation formelle insérée dans la police.

En cas d'affranchissement individuel ainsi consenti par la société à une ou plusieurs personnes nommément désignées, tout changement dans la personne du tiers affranchi doit être, dans le délai de trente jours francs, notifié à la société, qui se réserve le droit de supprimer la clause d'affranchissement. A défaut de cette notification, l'affranchissement est caduc de plein droit et les parties retombent sous l'empire du droit commun.

En cas d'affranchissement individuel ou collectif, la renonciation au droit à recours n'a d'effet qu'autant que les tiers responsables n'ont pas assuré leur responsabilité. Les sous-locataires ne bénéficient pas de l'affranchissement du locataire principal.

De la formation et des bases du contrat d'assurance.

Art. 8. — La désignation et l'évaluation des objets est faite sur la déclaration de l'assuré ; le conseil d'administration se borne à appliquer au risque la classification correspondante.

Les immeubles sont estimés d'après la valeur matérielle des constructions sans comprendre la valeur du sol.

Les objets mobiliers et les marchandises sont évalués d'après leur quantité et leur valeur vénale au moment de l'assurance.

L'assurance du risque locatif, si l'assuré n'occupe qu'une partie de l'immeuble, est basée sur le montant du loyer. Elle doit être égale à quinze fois au moins le montant du loyer.

L'assurance contre le recours des voisins et contre celui des locataires est faite d'après l'importance présumée de la somme pour laquelle ces recours peuvent être exercés.

L'assurance du chômage des loyers contractée par le propriétaire a pour base le revenu brut de l'immeuble.

L'assurance du chômage des loyers contractée par le locataire doit être égale au moins au montant de son loyer. Elle ne s'étend aux autres loyers de l'immeuble que si le locataire a assuré une somme excédant son loyer personnel, et pour cet excédent seulement.

L'assurance des propriétaires et des locataires contre le recours que les propriétaires voisins pourraient avoir à exercer contre eux du chef de chômage est faite par article spécial, d'après l'importance présumée de la somme pour laquelle ce recours peut être exercé.

Quand l'assurance proposée est admise, l'assuré signe un acte d'adhésion aux statuts. Dans cet acte sont relatés ses nom, prénoms et domicile, sa profession, s'il en exerce une au siège du risque, la qualité en laquelle il agit ; son domicile élu ; la nature, position, valeur, ainsi que les circonstances spéciales du risque assuré ; la classification de ce risque et les autres conditions particulières de l'assurance. Le sociétaire doit déclarer si les bâtiments sont construits sur terrains d'autrui, s'ils contiennent des professions dangereuses, s'ils sont contigus à un théâtre, à une fabrique, à d'autres bâtiments couverts en bois ou en chaume, en papiers ou tissus goudronnés, vernis ou bitumés, ou à des établissements contenant des marchandises ou produits d'une espèce dangereuse.

Toute réticence, toute fausse déclaration de l'assuré, qui diminueraient l'opinion du risque ou en changeraient le sujet, annulent l'assurance, même dans le cas où la réticence ou la fausse déclaration n'aurait pas influé sur le dommage ou la perte de l'objet assuré (C. com., art. 348). Néanmoins les primes payées demeurent acquises à la société.

Le directeur délivre une police au nouveau sociétaire. Cette police constate l'assurance consentie par la société et les conditions auxquelles elle est faite. Elle contient en outre un extrait de l'art. 9 ci-après sur la durée de l'engagement et la faculté réciproque de résiliation à l'expiration de chaque période de cinq ans.

En outre, un exemplaire des statuts est remis avec la police à chaque nouveau sociétaire. L'acte d'adhésion et la police mentionnent cette remise.

Le conseil d'administration a toujours le droit de provoquer la vérification et la révision des risques assurés. Si l'assuré ne consent pas aux modifications du contrat découlant des changements constatés, l'assurance peut être résiliée par la société ; et en ce cas, le sociétaire doit payer, outre les primes échues, une indemnité égale à la prime de l'année courante.

Durée du contrat d'assurance.

Art. 9. — Les assurances sont contractées pour toute la durée de la société, sauf le droit réciproque du sociétaire et de la société de les faire cesser à l'expiration de chaque période de cinq ans, par une déclaration faite six mois d'avance.

La déclaration du sociétaire, si elle n'a pas lieu par acte extrajudiciaire, devra être faite par lui-même ou par un fondé de pouvoirs ayant qualité à cet effet, soit au siège social, soit dans les bureaux du représentant local de la société ; elle sera signée par le déclarant contre récépissé. La déclaration de la société pourra être notifiée par lettre recommandée.

Les déclarations individuelles sont seules admises : toute dénonciation collective ou faite au nom de plusieurs assurés différents serait nulle et de nul effet.

Les assurances admises par le conseil d'administration ont leur effet à partir du lendemain à midi du jour où le nouveau sociétaire a signé son engagement, à moins d'indication contraire de la police ; et c'est de cette date que courent les périodes quinquennales dont il vient d'être parlé au paragraphe 1er.

Le conseil général pourra, sur la proposition du conseil d'administration, décider que tous les contrats nouveaux ou à renouveler prendront date du premier jour de l'exercice social. En ce cas, la période comprise entre la date de chaque adhésion et le premier jour de l'exercice suivant sera assimilée à une période quinquennale au point de vue du droit réciproque de résiliation.

Le conseil d'administration peut admettre des assurances soit pour un temps limité, soit pour des périodes moindres que celles de cinq ans ci-dessus déterminées.

Causes de résolution du contrat d'assurance.

ART. 10. — Le contrat d'assurance est résolu avant l'expiration de son terme, lorsque les objets ou risques assurés ont entièrement et définitivement cessé d'exister, pourvu que notification en ait été faite à la société.

Le contrat est encore résolu :

1º *Sans qu'il soit besoin d'aucune notification*, par la transmission de propriété entre vifs des objets assurés (vente, donation, création ou dissolution de la société, ou toute autre cause), à moins que l'acte translatif de propriété ne contienne l'obligation pour le nouveau propriétaire de continuer les assurances dans les termes de l'art. 11 ;

2º *A la suite de notification*, dans les différents cas où les présents statuts donnent au conseil d'administration le droit de résilier le contrat, et notamment après tout sinistre déclaré ou non, quelle qu'en soit l'importance. La résiliation après sinistre doit être notifiée au sociétaire au plus tard dans le délai de six mois à partir du jour de la déclaration du sinistre.

Le conseil d'administration peut, après sinistre, résilier de la même manière toutes les autres polices au nom de même assuré, mais en lui remboursant, au prorata du temps restant à courir pour finir l'année d'assurance, les primes afférentes à ces polices.

Quand le contrat vient à cesser ou à être résolu en tout ou en partie avant le terme fixé dans la police par suite de disparition ou suppression du risque, le sociétaire devra payer, à titre d'indemnité, une année de la prime inscrite sur la police, sans préjudice des primes échues ou dues. En cas de résolution partielle ou de réduction de l'assurance, une indemnité sera due dans les mêmes conditions, et elle sera du montant de la réduction annuelle subie par la prime.

Dans tous les cas où la résiliation doit être notifiée au sociétaire, la notification peut être faite par simple lettre recommandée, et à moins de prorogation formelle consentie par la société, elle produit son effet le lendemain à midi de la remise ou présentation constatée soit à la personne de l'assuré, soit à son mandataire signataire de la police, soit à son domicile réel ou élu.

La société se réserve le droit de réduire en tout temps le montant de l'assurance lorsqu'elle porte sur fabriques, usines, mobiliers industriels, marchandises, récoltes ou autres objets sujets à varier. Si l'assuré ne consent pas immédiatement aux réductions demandées, la société aura le droit de résilier la police par une lettre recommandée qui produira son effet quinze jours francs après la remise ou présentation constatée. Dans lesdits cas de réduction ou de résiliation, la société remboursera, pour le temps non révolu de l'année en cours, la fraction de prime correspondante aux valeurs qui cesseront d'être garanties.

Effet du contrat d'assurance en cas de mutation de propriété.

ART. 11. — En cas de transmission de propriété entre vifs, le sociétaire doit imposer à son successeur, par une clause explicite de l'acte translatif de propriété, l'obligation de continuer les assurances contractées avec la société, obligation qui comporte celle de faire, s'il y a lieu, les déclarations prescrites au paragraphe 5 du présent article.

A défaut de cette obligation explicite, le sociétaire aliénant sera tenu de payer immédiatement à la société, à titre d'indemnité, la prime d'une année outre celle échue ou due à la date de l'acte translatif de propriété ; et l'assurance sera résolue de plein droit à partir de la même date, conformément au paragraphe 3 de l'art. 10.

Le successeur ainsi obligé est subrogé par ce fait dans tous les droits et obligations de son auteur vis-à-vis de la société, et notamment dans l'obligation de prévenir celle-ci conformément aux prescriptions de l'art. 9, au cas où il voudrait faire cesser l'assurance.

En cas de décès, l'assurance continue de plein droit pour le compte de la succession, et les héritiers ou représentants sont tenus solidairement au payement des charges sociales.

Quand la transmission de propriété, entre vifs ou par décès, porte sur un fonds de commerce ou une exploitation industrielle, les successeurs, héritiers ou représentants sont tenus de déclarer leur qualité dans le délai de trente jours francs, sous peine de déchéance en cas de sinistre. La société pourra refuser d'agréer le nouveau propriétaire et résilier la police, mais à charge par elle de rembourser les primes y afférentes au prorata du temps restant à courir pour finir l'année d'assurance.

Dans tous les cas, si le nouveau propriétaire, malgré l'obligation de continuer les assurances, refuse de signer une nouvelle police ou avenant, la société se réserve le droit de résilier le contrat huit jours francs après mise en demeure à lui faite par lettre recommandée, et il n'en sera pas moins tenu de payer, outre les primes échues ou dues, une année de prime à titre d'indemnité.

Déclarations à faire au cours de l'assurance.

Art. 12. — Avant de faire aucun changement qui multiplie ou aggrave les chances de sinistre, avant de transporter les objets ou risques assurés dans un lieu autre que celui désigné dans la police, le sociétaire est tenu de notifier à l'administration les changements projetés.

Toute autre circonstance survenant au cours de l'assurance et qui est de nature à modifier l'opinion du risque doit être notifiée à l'administration dans un délai de huit jours francs.

Si c'est par le fait de tiers que surviennent, soit dans le bâtiment occupé par l'assuré, soit dans le bâtiment voisin, des changements qui aggravent le risque, le sociétaire est tenu d'en faire la déclaration au plus tard dans le délai d'un mois, après qu'il a pu les connaître.

En cas de liquidation judiciaire ou faillite, l'assuré, son représentant ou ses ayants cause sont tenus de notifier ces circonstances dans un délai de trente jours francs.

S'il existe d'autres assurances à d'autres compagnies portant sur les mêmes objets assurés par la société ou sur d'autres objets faisant partie du même risque, le sociétaire est tenu d'en faire la déclaration dans la police. Si ces autres assurances sont contractées postérieurement, il doit les notifier dans les quinze jours francs à l'administration, qui, dans tous les cas, a le droit d'exiger la représentation des polices.

Toutes les déclarations ci-dessus, et en général toutes les déclarations imposées au sociétaire, doivent être notifiées soit à la direction, soit au représentant local de la société ; et l'assuré ne peut en aucun cas exciper d'une visite des lieux par un agent de la société.

Faute par l'assuré de s'être conformé aux obligations énoncées dans les paragraphes ci-dessus du présent article, il est, en cas de sinistre, déchu de tout droit à indemnité, sauf décision contraire du conseil d'administration. La déchéance est indivisible, quelle qu'en soit la cause, et elle s'applique à l'ensemble des valeurs ou articles dépendant du même risque.

Dans tous les cas faisant l'objet des déclarations ci-dessus, la société peut modifier les conditions de l'assurance, ou même la résilier immédiatement.

Si, en cas de refus par le sociétaire d'accepter les nouvelles conditions de l'assurance, le conseil d'administration use de son droit de résiliation immédiate, le sociétaire doit payer l'indemnité spécifiée au dernier paragraphe de l'art. 8.

CHAPITRE III. — *Des obligations et des droits des sociétaires.*

Section I. — De la garantie mutuelle. — Du règlement des sinistres.

De la garantie mutuelle des sociétaires.

ART. 13. — Tout sociétaire est assureur en même temps qu'assuré. Il est, dans la proportion réglée à l'art. 17, garant des charges sociales, qui comprennent l'ensemble des dépenses, frais d'administration, indemnités de sinistres et frais accessoires.

Toute assurance ayant existé au cours d'un exercice doit supporter sa part de contribution dans le montant total des charges de cet exercice, à raison du nombre de mois pendant lequel elle a existé.

L'exercice social commence le 1.er avril et finit le 31 mars.

Toutefois le conseil général pourra décider que l'exercice coïncidera à l'avenir avec l'année légale. En ce cas, il sera établi un exercice transitoire ne comprenant que neuf mois, du 1er avril au 31 décembre suivant.

Le conseil général pourra aussi décider que l'exercice social sera divisé non en mois ou douzièmes, mais en demi-mois ou vingt-quatrièmes.

Il n'y a point de solidarité entre les sociétaires.

Déclaration des sinistres.

ART. 14. — Aussitôt qu'un sinistre se produit, le sociétaire doit user de tous les moyens en son pouvoir pour en arrêter les progrès et pour sauver ou protéger les objets assurés.

La déclaration du sinistre est faite le plus promptement possible, et avant réparation, par la personne assurée ou par toute autre en son nom, à la direction ou au représentant local de la société.

Aucune indemnité ne sera due par la société pour tout sinistre qui n'aura pas été déclaré dans le délai de quinze jours francs à partir du jour où il a eu lieu, à moins de circonstances exceptionnelles que le conseil est souverain pour apprécier.

La déclaration du sinistre est consignée sur un registre à ce destiné ; elle est signée par le déclarant qui peut en demander récépissé.

L'assuré pourra être tenu, si la société l'exige, de faire ou de renouveler à ses frais sa déclaration devant le juge de paix du canton ; il pourra être aussi tenu de fournir dans la quinzaine l'état par lui certifié des objets incendiés, avariés ou détériorés.

Indépendamment même de toute déclaration, le fait seul du sinistre a pour effet de subroger la société dans tous les droits, recours et actions du sociétaire incendié, par préférence à lui-même, contre toutes les personnes garantes ou responsables du sinistre, et même contre les assureurs s'il y a lieu, et de lui conférer la faculté de prendre en son nom propre toute mesure conservatoire contre qui il appartiendra.

Règlement des sinistres.

ART. 15. — Après que le sinistre a été déclaré, il est immédiatement procédé à sa constatation, à l'estimation du dommage et à la fixation de l'indemnité.

Pour le règlement des dommages, la société nomme un expert, le sociétaire en nomme un autre, à moins qu'il ne consente à s'en rapporter à celui de la société. Dans le cas où les deux experts ne sont pas d'accord entre eux, il leur est adjoint un troisième expert nommé par les deux premiers, sinon par le président du tribunal civil de l'arrondissement où se trouve le risque assuré. Les experts sont dispensés de toute formalité judiciaire.

Dans le cas de règlement amiable, chaque partie supporte les frais de son expert ; par dérogation, les frais de règlement des dommages causés aux immeubles de Paris assurés par le propriétaire sont à la charge de la société seule. Mais dans tous les cas, la tierce expertise est payée à frais communs.

L'estimation préalable des dommages par les experts spécifiés au paragraphe 2 est de rigueur, et jusqu'à ce qu'elle ait lieu le sociétaire est non recevable à intenter aucune action en justice à la société, sauf dans le cas où celle-ci refuserait elle-même de constituer l'expertise.

L'assurance ne doit jamais devenir une cause de bénéfice pour l'assuré. L'indemnité ne peut être supérieure à la valeur réelle des objets assurés au moment du sinistre, quel que soit le montant de l'assurance ; et la société aura toujours le droit de faire reconstruire ou réparer les bâtiments détruits ou endommagés, et de remplacer en nature les objets mobiliers avariés ou détruits par le sinistre.

Dans aucun cas, la société ne peut être tenue à payer une somme supérieure à celle portée sur la police pour chaque nature de risque.

Les bases des règlements d'indemnité sont les suivantes :

1º Les immeubles sont estimés d'après la valeur réelle des constructions.

2º Les objets mobiliers ou marchandises sont estimés d'après leur valeur vénale.

3º Les matières premières sont évaluées d'après les cours officiels.

4º Les marchandises en voie de fabrication sont estimées à l'état brut d'après les cours officiels, avec augmentation des frais de fabrication déjà faits.

La valeur et les cours sont ceux du jour du sinistre, sous réserve du principe général énoncé au paragraphe 5 du présent article.

Le conseil d'administration pourra néanmoins admettre des évaluations préalables à forfait, revisables à toute époque avant sinistre, pour certains objets spécifiés individuellement dans la police.

L'assuré ne peut faire aucun délaissement ni total ni partiel des objets assurés, avariés ou non avariés. La société a la faculté de reprendre en totalité ou en partie, pour le montant de leur estimation, les objets avariés et les matériaux provenant des bâtiments atteints par le sinistre.

Quand les bâtiments assurés sont construits sur le terrain d'autrui, l'indemnité ne peut être employée, à moins de circonstances exceptionnelles dont le conseil d'administration est seul juge, qu'à la réparation ou la réédification sur le même emplacement des bâtiments détruits ; sans quoi lesdits bâtiments sont estimés comme matériaux de démolition. Le payement de l'indemnité a lieu au fur et à mesure de l'exécution des travaux.

Une fois l'expertise terminée, le sauvetage, même au cas de contestation, demeure aux risques et périls de l'assuré, lequel est seul responsable des aggravations de dommage qui pourraient ultérieurement survenir par suite du défaut de soin ou d'entretien.

L'assuré est tenu, lorsqu'il en est requis, de produire les titres, livres et factures, justifiant ses droits de propriété, la quantité et la valeur des objets assurés.

Si, au moment du sinistre, la quantité et la valeur des objets assurés sont reconnues excéder le montant de l'assurance, l'indemnité subit une réduction proportionnelle. Toutefois le recours des locataires et celui des voisins sont, dans la limite de la somme assurée, garantis pour le montant intégral du dommage.

Si, contrairement aux prescriptions de l'art. 8, le locataire n'a pas assuré son risque locatif pour une somme égale à quinze fois au moins le montant annuel de son loyer, la société n'est responsable du sinistre que dans la proportion existant entre la somme assurée et le montant de quinze années de loyer.

Le locataire de la totalité d'un immeuble qui n'a fait couvrir son risque locatif que pour une somme inférieure à la valeur dudit immeuble, subit également une réduction proportionnelle d'indemnité.

Toutefois le conseil d'administration peut, suivant les circonstances, décider que la règle proportionnelle faisant l'objet des trois paragraphes précédents ne sera pas appliquée.

Lorsque la société assure seulement une partie du risque, elle n'intervient au règlement des dommages que dans la proportion de son assurance.

Elle ne devra que dans la même proportion aux propriétaires d'immeubles les frais d'expertise et de tierce expertise spécifiés au paragraphe 3.

Si les objets ou risques assurés se trouvent garantis également par d'autres assureurs, la société ne devra d'indemnité à l'assuré qu'au prorata de la somme garantie par elle.

L'assuré qui a causé volontairement le sinistre ou en a facilité les progrès, celui qui exagère sciemment le montant des dommages, celui qui dissimule ou soustrait tout ou partie des objets sauvés, celui enfin, qui à l'appui de sa réclamation, fait usage de documents ou de moyens mensongers ou frauduleux, est déchu de tout droit à une indemnité. Le conseil d'administration a en outre le droit de résilier toutes les autres polices au nom du même assuré.

Toute action en payement des dommages résultant de l'incendie est prescrite par cinq ans, à compter du jour du sinistre ou de la clôture des opérations d'expertise ou de tout acte interruptif de prescription. La société, ce délai expiré, ne peut être tenue à aucune indemnité soit vis-à-vis des tiers opposants, soit vis-à-vis des ayants cause.

Payement des sinistres.

Art. 16. — Tout payement est fait à la charge par l'indemnisé de réitérer dans la quittance, s'il en est requis, la subrogation stipulée au dernier paragraphe de l'art. 14.

Cette subrogation a lieu en tous cas sans garantie.

De la contribution.

Art. 17. — Tous les sociétaires doivent contribuer au payement des charges sociales, ainsi qu'il a été dit à l'art. 13, chacun en proportion du montant de son assurance et du risque qu'elle comporte.

Ce risque est exprimé en degrés, et chaque degré représente un centime par mille francs de valeur assurée. Mais la valeur de cette unité ou degré est susceptible d'être augmentée ou diminuée par décision du conseil général, sans toutefois qu'un sociétaire puisse, en aucun cas, être tenu de payer plus de cinq centimes par degré pour un même exercice. Ce maximum constitue le *fonds de garantie* spécifié à l'art. 29 du décret du 22 janvier 1868.

Conformément au même degré, il est formé un *fonds de prévoyance*. A cet effet les sociétaires sont tenus de verser à l'avance une portion de la contribution. Le conseil général décide chaque année si ce versement sera supérieur ou inférieur à la contribution indiquée sur la police, sans qu'il puisse, en aucun cas, dépasser la moitié du maximum fixé ci-dessus pour le *fonds de garantie*.

Les sommes nécessaires pour solder les indemnités de sinistre et couvrir les frais qui y sont relatifs sont d'abord imputées sur le *fonds de prévoyance*. En cas d'insuffisance de ce fonds, il y est pourvu par le fonds de réserve ou par des versements supplémentaires sur la contribution annuelle, en conformité de l'art. 13 et du paragraphe 2 du présent article.

Si, au contraire, le *fonds de prévoyance* laisse un reliquat, la partie non absorbée est acquise au fonds de réserve.

Section II. — Frais d'administration. — Payement des contributions.

Règlement des frais annuels d'administration.

Art. 18. — Le conseil général fixe tous les cinq ans au moins la somme destinée à faire face aux dépenses de gestion et d'administration, c'est-à-dire à toutes les dépenses autres que les indemnités de sinistres, les frais qui s'y rattachent, les frais de réassurance et les commissions. Cette somme est prélevée sur le fonds *de prévoyance*, sans que le montant en puisse excéder dix centimes pour mille francs de l'ensemble des valeurs assurées.

Si la somme prélevée pour frais de gestion et d'administration n'est pas absorbée par les dépenses, le reliquat est acquis au fonds de réserve. En cas d'insuffisance, il peut y être pourvu par les intérêts du fonds de réserve.

Des payements à faire par les sociétaires.

Art. 19. — La portion de contribution payable d'avance, en conformité du paragraphe 3 de l'art. 17, est due pour la première année le jour d'effet du contrat, et pour chacune des autres années le jour du mois correspondant, à moins d'indication contraire mentionnée dans la police.

Il en est de même des droits de timbre et d'enregistrement et de tous autres impôts ou taxes existant ou qui seraient établis ultérieurement.

Dans le cas prévu au paragraphe 5 de l'art. 9, la première quittance, comprenant les mois restant à courir sur l'exercice, sera due le jour d'effet du contrat ; les quittances ultérieures seront dues le premier jour du premier mois des exercices suivants.

S'il y a lieu à versements supplémentaires, dans le cas prévu au paragraphe 4 de l'art. 17, le payement est dû aussitôt que l'avis en est donné aux sociétaires après apurement définitif des comptes de l'exercice.

En cas de non payement des charges sociales, le directeur avertit le retardataire au moyen soit d'un acte extrajudiciaire, soit d'une lettre recommandée dont la remise ou présentation constatée, soit à la personne de l'assuré, soit à son mandataire signataire dela police, soit à son domicile réel ou élu, vaut mise en demeure. Si quinze jours après cette mise en demeure, l'assuré ou l'ayant cause ne s'est pas libéré, l'effet de l'assurance est suspendu de plein droit à son égard ; en outre, deux mois après ladite mise en demeure, l'assurance peut être définitivement rayée par la société, qui en fait notification par lettre recommandée ; le tout sans préjudice du droit de la société d'exercer des poursuites pour le payement des primes échues ou dues et de toutes autres charges sociales. Le payement pendant ou après l'incendie ne donne droit à aucune indemnité, si ce n'est pour des sinistres postérieurs à cette libération, l'assurance ne reprenant son effet qu'à partir du lendemain à midi de la date du paye ment intégral.

Sauf les cas spéciaux mentionnés aux paragraphes 5 et 8 ou dernier de l'art. 10, au paragraphe 5 de l'art. 11, et à l'avant-dernier paragraphe de l'art. 15, la totalité de la contribution payable d'avance est due pour toute année d'assurance commencée. Les réductions dans la valeur assurée ou dans la classification ne modifient cette contribution qu'à partir de l'année suivante.

Chapitre IV. — *Fonds de réserve.*

Art. 20. — Il y a un fonds de réserve alimenté par les reliquats du *fonds de prévoyance*, par les économies faites sur les frais d'administration, par les intérêts des fonds placés, par les recours ou portions de recours provenant des exercices clos que le conseil d'administration pourra lui attribuer, et en général par toutes les rentrées n'ayant pas une affectation spéciale.

L'objet principal de ce fonds de réserve est d'éviter ou de modérer les versements supplémentaires prévus au paragraphe 4 de l'art. 17.

En conséquence, le conseil d'administration réuni au comité des sociétaires est autorisé, dans les circonstances et proportion qu'il juge convenables, à consacrer une partie du fonds de réserve au payement des indemnités des sinistres, à la décharges des sociétaires, sans que ce prélèvement puisse excéder la moitié du fonds de réserve pour un même exercice.

Le maximum du fonds de réserve est fixé tous les cinq ans par le conseil général.

Le fonds de réserve est acquis à la société actuelle ou à celle qui pourra être appelée à la continuer ou à la remplacer par réunion ou fusion. En aucun cas, il ne peut être l'objet de réclamations individuelle ou collectives de la part des sociétaires.

En cas de dissolution définitive de la société, l'emploi du reliquat du fonds de réserve est réglé par le conseil général, sur la proposition des membres du conseil d'administration, et soumis à l'approbation du ministre compétent.

Les sommes composant le fonds de réserve et qui ne sont pas nécessaires au service courant devront être placées en rentes sur l'Etat, bons du Trésor public ou autres valeurs créées ou garanties par l'Etat, en actions de la Banque de France, en obligations des départements et des communes, du Crédit foncier de France ou des compagnies françaises de chemins de fer qui ont un minimum d'intérêt garanti par l'Etat, au choix du conseil d'administration qui détermine le mode d'achat et de vente et effectue les achats et les ventes au nom de la société par les soins du directeur et d'un membre du conseil d'administration délégué à cet effet. Ces valeurs sont immatriculées au nom de la société.

Le conseil général pourra, sur la proposition du conseil d'administration, décider qu'il sera fait, sur les sommes composant le fonds de réserve, acquisition d'un immeuble destiné à servir en tout ou partie à l'installation des bureaux et de l'administration.

Le conseil d'administration pourra, en cas de besoin, opérer des emprunts hypothécaires sur l'immeuble de la société jusqu'à concurrence de sa valeur, ainsi que tous emprunts à la Banque de France sur les valeurs composant la réserve.

CHAPITRE V. — *Assurance spéciale contre les substances explosibles.*

ART. 21. — L'assurance spéciale dont il est parlé au paragraphe 3 de l'art. 4 donne lieu à une contribution spéciale.

Le maximum qu'un sociétaire peut être tenu de payer pour un seul exercice est, dans le cas de cette assurance spéciale, fixé à vingt-cinq centimes par degré. Ce maximum constitue le *fonds de garantie*.

Cette contribution, qui pèsera uniquement sur les sociétaires ayant contracté l'assurance qui fait l'objet du présent article, servira seule à payer les dommages y afférents.

Le montant de la portion de contribution payable d'avance, ou fonds *de prévoyance*, ne pourra pas dépasser le cinquième du minimum fixé ci-dessus pour le fonds de garantie.

Le conseil général fixe tous les cinq ans au moins la somme à prélever sur le fonds de prévoyance pour frais de gestion et d'administration.

Cette somme ne peut en aucun cas excéder cinq centimes par mille francs de l'ensemble des valeurs faisant l'objet de l'assurance spéciale.

Si après ce prélèvement, qui demeurera acquis à la société à titre d'abonnement pour frais de gestion et d'administration, le montant des sinistres n'absorbe pas le fonds de prévoyance, le reliquat servira à former un fonds de réserve à part qui ne pourra être employé qu'au payement des sinistres afférents à cette assurance spéciale.

Si au contraire le maximum de la contribution (ou fonds de garantie) joint à la portion disponible du fonds de réserve spécial ne suffisait pas à payer intégralement les sinistres de l'exercice, l'indemnité de chaque ayant droit serait diminuée au centime le franc, conformément à l'art. 37 du règlement d'administration publique en date du 22 janvier 1868.

Toutes les autres dispositions édictées par les présents statuts seront applicables à l'assurance spéciale faisant l'objet du présent article.

Chapitre VI. — *De l'administration.*

Section I. — Conseil général des sociétaires.

Composition du conseil général.

Art. 22. — Le conseil général représente l'universalité des sociétaires et ses décisions obligent chacun d'eux ou ses ayants cause.

Il se compose de cent cinquante sociétaires dont le chiffre d'assurance est le plus considérable. Dans le calcul de ce chiffre, il n'est pas tenu compte des assurances contre le recours des voisins et celui des locataires, non plus que de l'assurance spéciale contre les explosifs.

Les personnes morales, les indivisions, les mineurs, les femmes mariées, non séparées de biens, font partie du conseil général en la personne d'un administrateur ou directeur, copropriétaire, tuteur ou mari.

Les membres du conseil général ont le droit de se faire représenter à l'assemblée soit par un mari, aïeul, père, frère, fils, petit-fils, beau-frère ou gendre, soit par le fondé de pouvoirs mentionné sur la police, soit enfin par un autre membre du conseil général. Tout mandataire ne remplissant pas ces conditions doit être agréé par le conseil d'administration.

Aucun mandataire ne peut disposer de plus de deux voix en plus de la sienne.

Quinze jours au moins avant la réunion du conseil général, tout sociétaire peut prendre, par lui ou par un fondé de pouvoirs, communication de l'inventaire et de la liste des membres du conseil général.

Il peut même se faire délivrer, mais à ses frais, copie de ces documents.

Constitution et attributions du conseil général.

Art. 23. — Le conseil général est présidé par un de ses membres, élu à la majorité des suffrages à chaque réunion.

Le président et le vice-président du conseil d'administration remplissent les fonctions de scrutateurs.

Le secrétaire du conseil d'administration remplit les fonctions de secrétaire.

Le conseil général se réunit une fois par année, dans le courant du mois de mai, ou au plus tard dans les trois mois qui suivent la clôture de l'exercice, et toutes les fois que le conseil d'administration le croit utile aux intérêts de la société.

L'assemblée délibère valablement si elle réunit le quart des membres composant le conseil général.

Ses délibérations sont prises à la majorité des membres présents ; en cas de partage, la voix du président est prépondérante.

Il est dressé procès-verbal de ses délibérations par le secrétaire. Le procès-verbal de chaque séance est arrêté et signé par le président, les deux scrutateurs et le secrétaire.

Ce document reste déposé au siège de la société et doit être communiqué à tout sociétaire sur sa réquisition.

Les membres du conseil d'administration qui ne font pas partie du conseil général assistent à l'assemblée avec voix consultative seulement.

Le conseil général délibère sur l'approbation à donner tant au chiffre du versement à faire à titre de *fonds de prévoyance* qu'au chiffre de la somme à prélever sur ce *fonds de prévoyance* pour faire face aux frais de gestion et d'administration.

Les comptes de chaque exercice, arrêtés par le conseil d'administration réuni au comité des sociétaires, sont présentés chaque année à l'approbation du conseil général sur le rapport de ce comité.

Le conseil général délibère aussi, lorsqu'il y a lieu, sur la ratification de la nomination ou de la révocation du directeur prononcée par le conseil d'administration suivant l'art. 29.

Il statue en outre sur toutes les affaires de la société qui lui sont soumises, soit par le comité des sociétaires, soit par le conseil d'administration.

Il nomme les administrateurs conformément à l'art. 26.

Enfin il nomme tous les ans les membres du comité des sociétaires, comme il va être dit à l'art. 24.

Si l'assemblée ne réunit pas le quart des membres composant le conseil général, elle ne peut prendre qu'une délibération provisoire ; dans ce cas, une nouvelle assemblée est convoquée. Deux avis publiés à huit jours d'intervalle, au moins un mois à l'avance, dans l'un des journaux désignés pour recevoir les annonces légales, font connaître aux sociétaires les résolutions provisoires adoptées par la première assemblée, et ces résolutions deviennent définitives si elles sont approuvées par la nouvelle assemblée, quel que soit le nombre des membres présents ou représentés.

Comité des sociétaires.

Art. 24. — Le conseil général choisit dans son sein, lors de sa réunion annuelle, un comité de cinq membres chargé de suivre pendant le courant de l'année toutes les opérations de l'administration. Les membres de ce comité peuvent être réélus.

Les membres du comité des sociétaires prennent part aux délibérations du conseil d'administration avec voix délibérative dans tous les cas prévus par les présents statuts.

Ils peuvent toujours, même lorsqu'ils n'ont pas voix délibérative, exiger que leurs observations soient consignées au procès-verbal de la séance.

Ils ont le droit de prendre communication de tous les livres de la société, et notamment des états sommaires de situation qui doivent être dressés tous les trois mois.

Le comité des sociétaires rend compte au conseil général, dans sa séance annuelle, des observations qu'il a pu faire pendant l'année, et fait un rapport à l'assemblée générale sur la situation de la société, sur le bilan et sur les comptes présentés par l'administration.

Le conseil général, après avoir délibéré sur le rapport du comité, statue sur ses observations.

Le comité des sociétaires a le droit, en cas d'urgence, de convoquer le conseil général.

Section II. — Conseil d'administration. — Composition du conseil d'administration.

Art. 25. — Le conseil d'administration est composé de huit membres au moins et douze au plus nommés par le conseil général.

Renouvellement et remplacement des membres du conseil d'administration.

Art. 26. — Les membres du conseil d'administration sont renouvelés par moitié tous les trois ans : les premiers sortants sont désignés par le sort. Les membres sortants peuvent être toujours réélus.

En cas de décès ou de démission de l'un des administrateurs, il peut être pourvu à son remplacement provisoire par le conseil d'administration jusqu'à la plus prochaine réunion du conseil général, qui nomme définitivement. Le membre ainsi nommé reste en exercice jusqu'à l'époque à laquelle devaient cesser les fonctions de celui qu'il remplace.

Conditions pour faire partie du conseil d'administration.

Art. 27. — Tout membre du conseil d'administration doit, soit par lui-même, soit par sa femme, être engagé à la société pour cent mille francs au moins d'assurance. Le chiffre de l'assurance est établi conformément au paragraphe 2 de l'art. 22.

Constitution et réunion du conseil d'administration.

Art. 28. — Le conseil d'administration nomme tous les ans son président et un ou plusieurs vice-présidents.

Son secrétaire est pris hors de son sein.

Le conseil d'administration se réunit au moins un jour par semaine, et en outre toutes les fois que l'intérêt de la société le réclame.

Attributions du conseil d'administration.

Art. 29. — Le conseil d'administration nomme et révoque le directeur, sauf la ratification du conseil général.

Il peut, en cas de décès, absence ou empêchement quelconque, déléguer provisoirement les pouvoirs du directeur en tout ou en partie soit à l'un de ses membres, soit à une personne étrangère.

Le conseil d'administration, le directeur entendu, nomme les membres du conseil du contentieux, le secrétaire et les architectes ; il détermine les avantages à leur attribuer.

Il nomme, sur la présentation du directeur, les autres agents et employés, fixe leur traitement et règle leur pension de retraite.

Il délibère sur toutes les affaires de la société et statue notamment sur toutes poursuites à exercer, toutes actions à intenter, tous compromis et transactions à faire, ainsi que sur tous achats, emprunts et ventes. Ses décisions ou arrêtés sont consignés sur des registres tenus à cet effet par le secrétaire du conseil. Le directeur est chargé de leur exécution.

Aucune dépense ne peut être payée qu'en vertu des décisions émanées du conseil d'administration.

Le conseil d'administration réuni au comité des sociétaires fixe le chiffre du *fonds de prévoyance*. Il arrête tous les cinq ans au moins le budget des dépenses de la société, ainsi que le montant de la somme à prélever sur le fonds de prévoyance pour faire face aux frais de gestion et d'administration. Il vérifie les comptes annuels du directeur, les arrête et en donne décharge et quitus, sauf l'approbation du conseil général.

Le montant du *fonds de prévoyance*, ainsi que le montant de la somme à prélever sur ce fonds pour faire face aux frais de gestion et d'administration, sont soumis à l'approbation du conseil général.

Le conseil d'administration ne peut délibérer valablement qu'au nombre de cinq membres ; dans le cas où le comité des sociétaires doit lui être adjoint avec voix délibérative, les membres de ce comité présents à la délibération doivent être au nombre de deux au moins.

Les décisions sont prises à la majorité des membres présents ; en cas de partage, la voix du président est prépondérante.

Le conseil d'administration peut déléguer ses pouvoirs soit à un ou plusieurs de ses membres, soit à une ou plusieurs autres personnes, par un mandat spécial et pour une ou plusieurs affaires déterminées.

Les membres du conseil d'administration ne contractent, à raison de leur gestion, aucune obligation personnelle ni solidaire relativement aux affaires de la société ; ils ne répondent que de l'exécution de leur mandat.

Chapitre VII. — Directeur.

Fonctions du directeur.

Art. 30. — Le directeur dirige et exécute toutes les opérations de la société sous l'autorité du conseil d'administration.

Il assiste, avec voix consultative, aux séances du conseil d'administration et du conseil général.

Il convoque le conseil général en vertu d'arrêtés rendus par le conseil d'administration réuni au comité des sociétaires.

Il convoque les réunions extraordinaires du conseil d'administration, d'accord avec le président de ce conseil.

Le directeur met sous les yeux du conseil général, lors de la réunion annuelle, l'état de situation de la société, celui des recettes et dépenses de l'exercice précédent, et le compte détaillé de tout ce que la société a dû payer pour cause de sinistres.

Il donne aux membres du comité des sociétaires, comme aux membres du conseil d'administration, tous les renseignements qu'ils peuvent désirer ; il leur communique les registres des délibérations et arrêtés de l'administration, les états de situation de la société, et leur procure tous les documents que les intérêts des sociétaires peuvent exiger ; le tout sans déplacement ; il donne également à chaque sociétaire, sur sa demande, tous les renseignements qui le concernent personnellement.

Il signe et délivre les polices d'assurances ; il fait procéder à la reconnaissance et à la vérification des sinistres, ainsi qu'à l'estimation des indemnités à payer, comme il est dit à l'art. 15 ; il est chargé de la tenue et de l'ordre des bureaux, des rapports de la société avec les autorités, de la correspondance, enfin de la régularisation comme de la suite et de l'exécution de tous les actes qui peuvent concerner la société.

Il fait tenir les registres soit d'administration, soit de comptabilité.

Toute action judiciaire autre que celles qui ont pour objet le recouvrement des contributions (recouvrement que le directeur demeure autorisé à poursuivre par toutes voies de droit et sans autorisation préalable) ne peut être engagée et soutenue par le directeur, au nom et aux frais de la société, que d'après une décision du conseil d'administration. En justice de paix, le directeur peut se faire représenter par un agent de la société.

Le directeur est expressément chargé de faire tous actes conservatoires dans l'intérêt de la société.

Il a qualité pour consentir seul tous désistements de privilèges, hypothèques et actions résolutoires, et il donne mainlevée de toutes inscriptions, saisies, oppositions et autres empêchements, avec ou sans payement.

Cautionnement du directeur.

Art. 31. — Le directeur fournit pour sûreté de sa gestion un cautionnement de cent mille francs, soit en immeubles à Paris, soit en l'une des valeurs énumérées au paragraphe 7 de l'art. 20, à son choix.

Le conseil d'administration pourra toutefois élever ce cautionnement.

Le cautionnement du directeur est reçu et restitué par le conseil d'administration qui, au nom de la société, par le ministère de trois de ses membres qu'il désigne, prend toutes les inscriptions et donne toutes décharges et mainlevées.

Chapitre VIII. — *Caissier.*

Cautionnement et fonctions du caissier.

Art. 32. — Le caissier fournit un cautionnement de vingt-cinq mille francs, soit en immeubles à Paris, soit en l'une des valeurs énumérées au paragraphe 7 de l'art. 20, à son choix.

Les inscriptions nécessaires sont prises sur ses biens par le directeur au nom de la société ; il n'en peut être donné mainlevée ni consenti radiation qu'après l'apurement de ses comptes et la présentation d'un quitus délivré en vertu d'une délibération du conseil d'administration réuni au comité des sociétaires :

Le caissier tient sa comptabilité journalière sous le contrôle immédiat du directeur.

Il reçoit sur ses simples quittances les sommes dues par les sociétaires pour leur contribution. Il ne peut faire les autres recettes que sur des reçus signés de lui et visés par le directeur.

Il paye les dépenses, pourvu qu'elles soient faites en conformité des arrêtés du conseil d'administration.

Les fonds qui ne sont pas nécessaires au service courant sont versés soit dans les caisses de l'Etat, soit à la Banque de France.

Caisse à trois clefs.

Art. 33. — Indépendamment de la caisse courante, il y a une caisse à trois clefs où sont déposées les valeurs composant les cautionnements et celles appartenant au fonds de réserve.

Les entrées et sorties de ces valeurs sont constatées par le moyen que l'administration juge à propos d'adopter.

Des trois clefs de la caisse, une est remise au caissier, une seconde au directeur et la troisième au président du conseil d'administration.

Chapitre IX. — *Dispositions générales.*

Art. 34. — Si l'expérience démontre que des changements ou modifications doivent être introduits dans les statuts, le conseil général peut les adopter sur la proposition du conseil d'administration. Il peut aussi faire tous traités sur réunion ou de fusion avec d'autres sociétés d'assurance mutuelle. Dans ces différents cas, comme dans celui de prorogation de la société au delà du terme fixé pour sa durée, ou celui de dissolution avant ce terme, la décision est prise à la majorité des membres présents à la délibération, mais le nombre des membres présents doit être égal à la moitié au moins des membres composant le conseil général.

La décision est portée à la connaissance des sociétaires dans le premier récépissé de contribution qui leur est délivré.

Si cette décision a pour objet une modification relative à la nature des risques garantis ou au périmètre de la circonscription territoriale, elle donne de plein droit à chaque sociétaire la faculté de résilier son engagement. Cette faculté doit être exercée par lui dans le délai de trois mois à dater de la notification qui lui en aura été faite dans la plus prochaine quittance. La dénonciation ne sera valable que suivant l'un des modes prescrits par l'art. 9 pour les dénonciations en fin de période quinquennale, à l'exclusion également de toute déclaration collective.

Election de domicile.

Art. 35. — Le domicile de la société est élu au siège social.

143. — Déclaration d'adhésion et de versement.

Par-devant M^e. . . . .,

Et le. . . . .,

A comparu :

M. . . . ;

Lequel a exposé ce qui suit :

Aux termes d'un acte. . . . ., M. . . . . comparant a établi les statuts d'une société d'assurances mutuelles contre . . . ., dite «. . . .», dont le siège doit être à. . . . .

Aux termes de ces statuts, la société ne peut être valablement constituée que lorsqu'elle aura recueilli. . . . . adhérents et . . . . . francs de valeurs assurées, chaque adhérent devant, avant la constitution définitive de la société, opérer le versement d'une somme de. . . . . francs, à valoir sur la contribution de la première année.

Le comparant déclare : que. . . . . ont adhéré aux statuts ;

Que les valeurs assurées s'élèvent à une somme totale de. . . . . ;

Que chaque assuré a effectué le versement d'une somme de . . . . à valoir sur la contribution de la première année ;

A l'appui de cette déclaration, le comparant a représenté un état, par lui certifié sincère et véritable, contenant les noms et prénoms, qualités et domiciles des adhérents, le montant des sommes assurées et des versements effectués par chacun d'eux sur la contribution de la première année.

Laquelle pièce est demeurée ci-annexée, conformément à la loi, après avoir été certifiée *ne varietur* par le comparant, et revêtue d'une mention signée des notaires soussignés.

144. — Etat d'adhésion et de versement.

Dont acte, etc.

Etat nominatif des adhérents aux statuts de la société (d'assurances mutuelles contre. . . . .) (en formation) des sommes assurées par chacun des adhérents et des versements effectués par chacun d'eux sur la contribution de la première année.

Numéros d'ordre	Noms, prénoms, qualités et domicile des adhérents	Sommes assurées	Versements effectués
1	. . . .	. . .	. . .
2	. . . .	. . .	. . .
	. . . .	. . . .	
	. . . .		

Le soussigné, fondateur de ladite société, déclare certifier sincère et véritable l'état ci-dessus.

A. . . . . ., le. . . . . .

(Signature.)

145. — Procès-verbal d'assemblée constitutive.

L'an. . . . . ., le. . . . . .

MM. les membres de « . . . . . . », société d'assurances mutuelles contre. . . . . ., dont les statuts ont été dressés suivant acte. . . . . ., se sont réunis en assemblée générale extraordinaire constitutive, au siège social, à. . . . . ., rue. . . . . ., n°. . . . . ., sur la convocation adressée à chacun d'eux par le fondateur de la société.

La feuille de présence a été signée par tous les assistants.

Il est procédé à la formation du bureau. Sont nommés : MM. . . . . ., président ; MM. . . . . .et. . . . . ., scrutateurs, et M. . . . . ., secrétaire.

De la feuille de présence (certifiée par les membres du bureau) il résulte que. . . . .adhérents sont présents ou représentés. Ce nombre excédant la moitié de tous les adhérents, l'assemblée générale est déclarée régulièrement constituée.

M. le président rappelle que, conformément au décret du 22 janvier 1868, l'assemblée doit :

1° Vérifier et reconnaître la sincérité de la déclaration notariée d'adhésion et de versement ;

2° Nommer les premiers administrateurs, le directeur, les commissaires et reconnaître la constitution définitive de la société.

M. le président dépose sur le bureau les statuts et une expédition de la déclaration notariée. Il est donné lecture de la déclaration et de la liste y annexée. M. le président met successivement aux voix les résolutions suivantes :

Première résolution.

« L'assemblée générale reconnaît la sincérité de la déclaration d'adhésion et de versement faite par le fondateur de la société « . . . . . . », suivant acte reçu par Mᵉ . . . . . ., notaire à. . . . . ., le. . . . . . »

Cette résolution est adoptée à l'unanimité.

Deuxième résolution.

« L'assemblée générale nomme administrateurs, conformément aux art. . . . et suivants des statuts :

« M. . . . . .(nom, prénoms, qualité et domicile) ; 2° etc. . . . . . »

Cette résolution est adoptée à l'unanimité.

MM. . . . déclarent accepter lesdites fonctions.

Troisième résolution.

« L'assemblée générale nomme comme directeur de la société, conformément aux art. . . . . et . . . . . des statuts :

« M. . . . . (*nom, prénoms, qualité et domicile*). »

Cette résolution est adoptée à l'unanimité.

M. . . . . déclare accepter lesdites fonctions.

Quatrième résolution.

« L'assemblée générale nomme, conformément à l'art. . . . des statuts :

« Comme commissaires : 1º M. . . . . .; 2º M. . . . . . ;

« Comme commissaires suppléants : 1º M. . . . . .; 2º M. . . . . . »

Cette résolution est adoptée à l'unanimité.

MM. . . . . déclarent accepter lesdites fonctions.

Cinquième résolution.

« Toutes les prescriptions du décret du 22 janvier 1868 et des statuts ayant été remplies. . . . . ., la société d'assurances mutuelles contre. . . . . dite « . . . . . » est déclarée définitivement constituée. »

Cette résolution est adoptée à l'unanimité.

De tout ce que dessus il a été dressé le présent procès-verbal, qui a été signé par les membres du bureau et par les administrateurs, directeur et commissaires.

146. — Extrait à publier dans un journal d'annonces légales.

I. — Suivant acte reçu par Mᵉ. . . . . ., notaire à. . . . . ., le. . . . ., *ou* suivant acte sous seing privé, *etc.*, M. . . . . . a établi les statuts d'une société d'assurances mutuelles.

De ces statuts il a été extrait littéralement ce qui suit :

ART. 1ᵉʳ. — (*Rapporter ici les dispositions entières de tous les articles.*)

II. — Par acte passé devant Mᵉ. . . . . ., notaire à . . . . ., le. . . . ., M. . . . . a déclaré que la société « . . . . . » avait réuni. . . . . adhérents, assurant des valeurs pour une somme de. . . . . francs ; que chaque assuré a effectué le versement d'une somme de. . . . . à valoir sur la contribution de la première année. Audit acte est demeuré annexé un état certifié sincère et véritable contenant les noms et prénoms et domiciles des adhérents, le montant des sommes assurées et des versements effectués par chacun d'eux sur la contribution de la première année.

III. — De la copie déposée pour minute à Mᵉ. . . . . ., notaire à . . . . par acte du. . . . . ., du procès-verbal d'une délibération prise le. . . . . par l'assemblée générale des membres de « . . . . . », société d'assurances mutuelles contre. . . . . ., il appert que ladite assemblée :

1º A reconnu la sincérité de la déclaration d'adhésions et de versements faite par le fondateur de la société. . . ., suivant acte passé devant Mᵉ. . . . ., notaire, le. . . . . ;

2º A nommé comme administrateurs, conformément aux art. . . . . et suivants des statuts : 1º M. . . . . ; 2º M. . : . . . ; 3º M. . . . . etc. ; lesquels ont accepté ces fonctions ;

3º A nommé comme directeur de la société, conformément aux art. . . et suivants des statuts, M. . . . . ., lequel a accepté ;

4º Et a déclaré ladite société définitivement constituée. Pour extrait :

Expéditions : 1º des statuts ; 2º de la déclaration notariée et de l'état y annexé ; 3º de l'acte de dépôt et de la délibération y annexée, ont été déposées, le. . . . ., aux greffes de la justice de paix du canton de . . . . et du tribunal civil de. . . . .

(Signé : . . . . .)

K

LIQUIDATIONS AMIABLES.
RÈGLEMENTS TRANSACTIONNELS. — CONCORDATS

147. — Avis de convocation à une assemblée de dissolution.

Société en commandite.

MM. les actionnaires de la société en commandite par actions dénommée . . . . . :, avec siège à . . . . . , sont convoqués, par le conseil de surveillance, en assemblée générale, et conformément à l'art. 11 de la loi du 24 juillet 1867, pour donner leur avis sur un projet de dissolution anticipée de la société.

L'assemblée se réunira le . . . . ., au . . . . . , à . . . . .

148. — Avis de convocation à une assemblée de dissolution.

Société anonyme.

Tous les actionnaires (*la loi du 22 novembre 1913 donne le droit de vote à tout actionnaire, nonobstant toute clause contraire des statuts*) de la société anonyme dénommée . . . . ., avec siège social à . . . . ., sont convoqués par le conseil d'administration en assemblée générale extraordinaire pour statuer sur les questions suivantes :

L'assemblée se réunira le . . . . . , au (lieu, rue . . . . ., n° . . . .), ... heure de relevée.

ORDRE DU JOUR :

Examen de la situation (commerciale ou financière) de la société.

Dissolution anticipée, s'il y a lieu.

Au cas de dissolution, nomination de liquidateurs ; mode de liquidation ; fixation des pouvoirs des liquidateurs (et, s'il y a lieu : autorisation à leur donner de faire apport de tout ou partie de l'actif social à une autre société, préexistante ou à constituer ; conditions de l'apport ; pouvoirs à ce nécessaires).

Ajouter la formule relative au dépôt des actions au porteur : « Les propriétaires d'actions au porteur doivent, en conformité de l'article . . . des statuts, déposer leurs titres . . . . . jours avant l'assemblée, au siège social, ou à . . . . . chez . . . . . »

149. — Procès-verbal d'une assemblée générale extraordinaire de dissolution.

L'an . . . . , le . . . . .

Les actionnaires de la société anonyme dite . . . . . se sont réunis au siège social . . . . , en assemblée extraordinaire, sur la convocation qui leur en a été faite par le conseil d'administration. Cette convocation a été adressée, en conformité de la loi du 22 novembre 1913, à tous les actionnaires ; elle a été faite, dans les termes de l'article . . . . . des statuts, par lettres individuelles aux porteurs d'actions nominatives et par avis inséré dans . . . . . journal d'annonces légales. (Il est justifié des convocations par la production des récépissés postaux, et d'un numéro enregistré et légalisé du journal susdit.)

Le bureau est composé comme suit : M. . . . . , président du conseil d'administration, remplit les fonctions de président. MM. . . . . ont été désignés comme scrutateurs, et M. . . . . . comme secrétaire.

La feuille de présence, signée des actionnaires présents et certifiée véritable par les membres du bureau, établit que . . . . . actionnaires, possédant . . . . . actions, sont présents ou représentés. En conséquence, l'assemblée comprenant un nombre d'actionnaires représentant plus des trois quarts (L. 22 nov. 1913) du capital social, M. le président la déclare régulièrement constituée.

M. le président expose . . . . . (la situation financière ou commerciale de la société . . . . .) et donne lecture du rapport que le conseil d'administration a rédigé sur ce sujet. Ledit rapport conclut à la nécessité d'une dissolution immédiate de la société, par anticipation sur son terme statutaire, mais en conformité de l'article . . . . . des mêmes statuts.

Diverses observations sont échangées sur l'opportunité d'une telle mesure entre M. le président et plusieurs actionnaires.

Puis les résolutions suivantes sont mises aux voix et votées ; étant rappelé que chaque actionnaire dispose d'autant de voix qu'il possède d'actions, sans limitation (L. 22 nov. 1913).

Première résolution.

La société anonyme dite . . . . . , dont l'expiration était fixée par l'article . . . . . de ses statuts au . . . . . , est dissoute par anticipation à compter de ce jour, en conformité de l'article . . . . . des mêmes statuts.

Cette résolution est adoptée à l'unanimité des actionnaires présents (ou à la majorité d'actionnaires représentant . . . . . (les deux tiers au moins ; L. 22 nov. 1913) . . . . . des actionnaires présents ou représentés.)

Deuxième résolution.

Comme conséquence de la dissolution anticipée qui vient d'être déclarée, la société anonyme dite . . . . . est mise en liquidation volontaire, également à compter de ce jour, et M. . . . . (ou MM. . . . .) est désigné comme son liquidateur.

Le siège de la liquidation est établi à l'ancien siège de la société . . . . .

Cette résolution . . . . .

M. . . . . (ou MM. . . . .), qui vient d'être introduit à l'assemblée, déclare accepter le mandat qui lui est confié.

Troisième résolution.

L'assemblée générale confère au liquidateur les pouvoirs les plus étendus, suivant la loi et les usages du commerce, pour procéder à la liquidation de la société ; mettre à fin les opérations en cours ; réaliser l'actif ; payer le passif (et répartir le solde net restant entre les actionnaires). Elle lui donne plus spécialement les pouvoirs suivants :

(Voir formule de pouvoirs, par ailleurs.)

Cette résolution . . . . .

Tous pouvoirs sont donnés au porteur d'une copie certifiée du présent procès-verbal pour effectuer les publications prescrites par la loi.

Le présent procès-verbal a été signé des membres du bureau.

150. — **Pouvoirs donnés au liquidateur.**

(Formule générale.)

Dissolution de société.

Compagnie . . . . .

Société anonyme au capital de . . . . .

Siège social à Paris, rue . . . . .

D'une délibération de l'assemblée générale extraordinaire des actionnaires de la Compagnie . . . . , en date du . . . . . , enregistrée le . . . . . , nº . . . . . par le receveur qui a perçu les droits,

Il appert :

Que l'assemblée a voté à l'unanimité les résolutions suivantes :

Première résolution.

L'assemblée générale, en vertu des pouvoirs qui lui sont conférés par l'article . . . . . des statuts, prononce la dissolution anticipée de la société, à compter du . . . . .

Deuxième résolution.

L'assemblée générale nomme comme liquidateur M. . . . . , liquidateur-administrateur amiable de société, demeurant à . . . . , rue . . . nº . . . . .

Troisième résolution.

L'assemblée générale confère au liquidateur les pouvoirs les plus étendus, conformément aux lois et usages du commerce, pour la réalisation de l'actif et l'acquit du passif dû aux tiers.

Il aura notamment les pouvoirs suivants :

Continuer l'exploitation faisant l'objet de la société dissoute présentement, jusqu'au moment qu'il appréciera être le plus favorable à la réalisation partielle ou globale de l'actif social ;

Céder et vendre, soit à l'amiable, soit aux enchères, les éléments composant l'actif social, meubles, brevets, licences et tous immeubles ou droits immobiliers, dépendant ou pouvant dépendre de la société dissoute, de la manière, aux personnes et moyennant les prix qu'il jugera convenables et sans avoir à remplir aucune formalité de justice ;

Louer et affermer à toutes personnes, pour le temps et au prix, charges et conditions qu'il avisera, tout ou partie des immeubles de la société ; toucher tous les loyers et fermages ; faire toutes demandes en diminution et dégrèvement d'impôts ; signer, à cet effet, tous mémoires ou pétitions ;

Céder ou résilier tous baux et locations, tous traités et marchés, avec ou sans indemnité ;

Toucher toutes sommes qui sont ou seront dues à la société ; payer celles qu'elle peut ou pourra devoir ; régler tous comptes ;

Exercer toutes poursuites et actions judiciaires, tant en demandant qu'en défendant, devant tous degrés de juridiction ; représenter la société dans toutes opérations de faillites et de liquidations ;

En tout état de cause, traiter, transiger, compromettre, donner tous désistements et mainlevées, avec ou sans paiement ;

Passer et signer tous actes, produire à tous ordres, toucher toutes allocations, les quittancer ;

Et pour le cas où les créanciers ne consentiraient pas à attendre la réalisation de l'actif ou toute combinaison devant permettre de liquider amiablement la société, le liquidateur aura tous pouvoirs pour demander au tribunal de commerce le bénéfice de la liquidation judiciaire et, dans ce but, procéder à toutes formalités légales et d'usage ;

Aux effets ci-dessus, passer et signer tous actes, constituer tous mandataires tant généraux que spéciaux, pour la gestion des affaires de la liquidation et pour toutes les opérations de celle-ci, et généralement faire tout ce qui sera nécessaire, sans aucune restriction, pour la réalisation de l'actif, le règlement du passif, et la liquidation complète et définitive de la société.

Les pouvoirs énoncés ci-dessus sont énonciatifs et nullement limitatifs.

Deux expéditions de ladite délibération ont été déposées le . . . . . , aux greffes du tribunal de commerce de . . . . . et de la justice de paix du . . . . . arrondissement de . . . . .

151. — Pluralité de liquidateurs (autre formule).

M. C. . . . . . et M. R. . . . . . seront l'un et l'autre liquidateurs de ladite société, et jouiront de tous les pouvoirs qu'ils tenaient, comme gérants, de l'article . . . . . de l'acte constitutif de la société. Ils pourront agir conjointement ou séparément.

152. — Avis de clôture de liquidation.

Société anonyme « La . . . . . . » en liquidation.

Il est porté à la connaissance des intéressés que, par délibération en date du . . . . . , l'assemblée générale de la société anonyme « La . . . . . », tenue sur la convocation de ses liquidateurs :

1º A approuvé les comptes de la liquidation, et ratifié la répartition faite aux actionnaires, à savoir de . . . . . . après paiement intégral du passif social.

2º A donné quitus et décharge entière aux liquidateurs de leur gestion.

3º Et a prononcé, à compter dudit jour . . . . . , la clôture définitive des opérations de la liquidation (1).

Règlement transactionnel.

153. — Publication au « Bulletin des annonces légales » du jugement d'homologation.

Suivant jugement du tribunal de commerce de la Seine du . . . . . ont été homologués le règlement transactionnel conclu le . . . . . . entre la société anonyme . . . . . ayant pour objet . . . . , et son siège social . . . . . et ses créanciers ordinaires, ainsi que le règlement transactionnel conclu le . . . . . . entre la dite société et ses obligataires.

(*Résumer les conditions essentielles du règlement : réductions accordées ; délais de paiement ; etc. . . . . . .*)

Ont été nommés commissaires à l'exécution dudit règlement . . . . . conformément à l'art. 28 de la loi du 4 juillet 1919.

Pour insertion : *Le Greffier.*

Liquidations judiciaires. — Concordats.

154. — Liquidation judiciaire de la Compagnie auxiliaire des chemins de fer et travaux publics.

Extrait du concordat voté le 10 mai 1889 et homologué le 4 juin 1889 par jugement du tribunal de commerce de la Seine.

A la date du 14 mars 1889, le tribunal de commerce de la Seine a pro-

---

(1) Voir série de formules complémentaires, en matière de liquidation, dans le *Manuel formulaire des liquidations amiables* d'André Dolbeau. Librairie Arthur Rousseau, 1915.

noncé la liquidation judiciaire de la Compagnie auxiliaire des chemins de fer et travaux publics, conformément à la loi du 4 mars 1889.

A la suite de ce jugement, les administrateurs de la Compagnie auxiliaire on réuni les actionnaires en assemblée générale, à la date du 22 mars 1889, pour leur demander s'il leur convenait de dissoudre la société et de réaliser l'actif, ou de continuer la société sous le bénéfice d'un concordat à obtenir des créanciers.

Les actionnaires ont déclaré que, dans l'intérêt des créanciers et dans leur propre intérêt, il y aurait lieu de continuer la société sous le bénéfice d'un concordat.

Ils ont également décidé que si ce concordat était accepté par les créanciers, les administrateurs devraient convoquer une nouvelle assemblée générale des actionnaires pour lui proposer une réduction du capital social, une modification du titre de la société et divers changements aux statuts.

Ils proposeront également à cette assemblée de réaliser les terrains de Saint-Ouen pour en consacrer le prix au remboursement du Crédit foncier et à l'installation de nouveaux parcs à wagons dans la grande banlieue de Paris.

Conditions du concordat.

MM. les créanciers font à la Compagnie auxiliaire des chemins de fer et travaux publics remise partielle de leur créance, ainsi qu'il va être expliqué.

Chaque obligation de 500 francs admise ou à admettre pour :

1° La somme principale de.		392 50
2° La prime de remboursement		6 90
3° La part du coupon n° 16 échue le 14 mars 1889, y compris les impôts d'usage.		7 50
Au total pour. . . . . . . .fr.		406 90

sera réduite à 200 francs.

L'intérêt, au lieu d'être de 10 francs par semestre, soit 20 francs par an, sera de 5 francs par semestre, soit 10 francs par an.

Le remboursement à 200 francs des obligations se fera par voie de tirage au sort semestriel en quatre-vingt-cinq ans.

Le premier coupon de 5 francs sera payé le 1er novembre 1890 ; le second, le 1er mai 1891, et ainsi de suite, de six mois en six mois, jusqu'au remboursement du titre.

Le premier tirage aura lieu le 1er novembre 1890 ; le second, le 1er mai 1891, pour continuer de semestre en semestre. Le dernier tirage aura lieu le 1er mai 1975.

Jusques et y compris le coupon échu le 1er novembre 1888, les créanciers pour coupons en retard, admis ou à admettre, recevront, au comptant, au moment de l'estampillage des titres, une somme de 3 fr. 80 par chaque coupon en retard, sous déduction des impôts d'usage.

La remise consentie ci-dessus sur le montant du remboursement du titre sera constatée au moyen d'un timbre humide appliqué sur le cadre de chaque titre d'une manière apparente et portant la mention ci-après : « *Liquidation judiciaire. — Concordat du 10 mai 1889, homologué le 4 juin 1889. — Obligation réduite de 500 francs à 200 francs.* »

La remise consentie sur le montant de chaque coupon sera également constatée au moyen d'un timbre humide sur chacun des coupons.

Le nouveau tableau d'amortissement, calculé sur les 35.692 obligations et d'après l'annuité nécessaire au service des obligations, sera imprimé et appliqué au verso de chaque titre.

155. — Liquidation judiciaire de la Compagnie franco-algérienne.

Concordat voté le 19 avril 1890 et homologué le 28 avril 1890.

Exposé.

Le passif chirographaire de la Compagnie franco-algérienne consiste dans :

1º 97.709 obligations restant sur les 100.000 émises en 1874 ;

2º Diverses créances d'un montant approximatif de 2.500.000 francs.

Les obligations 1874 ont été admises au passif de la liquidation judiciaire pour, savoir :

Taux d'émission	220 fr.		
Prime de remboursement	14	»	99
Coupon de juillet 1888	7	»	10
Prorata des intérêts courus du 1er juillet au jour de la faillite	5	»	68
Total	247	»	77

Les autres créances chirographaires seront assimilées aux obligations.

En ce qui concerne les obligations d'Aïn-Thizy, Mascara, Méchéria à Aïn-Sefra, Modzbah à Méchéria et Mostaganem à Tiaret, ces obligations étant spécialement garanties par l'Etat et constituant des créances privilégiées et nanties, aucune modification ne sera apportée à leur service régulier, et elles conservent intégralement la situation qui leur est faite par les lois qui leur sont spéciales.

L'actif sur lequel la Compagnie base l'exécution du concordat consiste dans :

1º La ligne non garantie d'Arzew à Kralfallah ;

2º La ligne industrielle de Modzbah à Marhoum ;

3º La concession d'alfas ;

4º La part bénéficiaire dans la Société de l'Habra et de la Macta ;

5º Le domaine particulier ;

6º Diverses créances appartenant à la Compagnie ;

7º Les espèces en caisse et généralement toutes les ressources de la Compagnie.

Quant aux lignes d'Aïn-Thizy à Mascara, Méchéria à Aïn-Sefra, Modzbah à Méchéria et Mostaganem à Tiaret, chacune de ces lignes forme le gage excusif des obligations qui lui sont spéciales.

Le concordat ci-après stipulant des répartitions sur les bénéfices nets annuels de la Compagnie, le compte de ces bénéfices sera établi dans la forme habituelle d'un compte de profits et pertes ainsi qu'il suit :

Au crédit seront portés tous les produits quelconques provenant des exploitations susindiquées, sans aucune réserve ;

Au débit seront portés : 1° les dépenses d'exploitation ; 2° les frais d'impôts, redevances et charges-privilégiées ; 3° les frais généraux de toute nature.

La balance donnera le chiffre sur lequel s'effectueront les répartitions stipulées ci-après.

Ceci exposé, le concordat dont suivent les stipulations a été convenu entre les créanciers de la Compagnie franco-algérienne, d'une part, et d'autre part, le conseil d'administration de ladite Compagnie, spécialement autorisé aux fins des présentes,

Savoir :

CONCORDAT

Fixation du passif.

Art. 1er. — Les créanciers chirographaires, autres que les obligataires, sont assimilés à ces obligataires.

Art. 2. — Chaque fraction de 247 fr. 77 de passif, admis ou à admettre, est réduite à 200 francs.

Les fractions au-dessous de 247 fr. 77 sont réduites dans la même proportion.

Art. 3. — MM. les créanciers font remise à la Compagnie du surplus de leurs créances.

Payement du capital et des intérêts.

Art. 4. — La Compagnie s'engage à payer à ses créanciers par chaque fraction de capital réduite à 200 francs, savoir :

a) Cent francs au moyen d'un tirage au sort annuel qui sera fait à l'assemblée statutaire des actionnaires, le mois de mai de chaque année, pour commencer au mois de mai 1891 et finir le mois de mai 1972, et ce d'après un tableau d'amortissement annexé au présent concordat.

Ce capital de 100 francs sera, jusqu'à son remboursement, productif d'un intérêt fixe annuel de 2 fr. 50, payable : 1 fr. 25 le 1er janvier et 1 fr. 25 le 1er juillet de chaque année, pour le premier payement être fait le 1er juillet prochain.

b) Cent francs, au moyen des 70 p. 100, dont il sera parlé sous l'art. 6, à prélever sur les bénéfices du compte annuel de profits et pertes.

Cette seconde portion de 100 francs produira un intérêt variable, suivant l'état annuel des bénéfices de la Compagnie.

Art. 5. — Les créanciers par obligations conserveront leurs titres actuels ; il sera apposé sur chacun de ces titres un timbre humide ainsi conçu :

« Compagnie franco-algérienne en liquidation judiciaire. — Concordat du 19 avril 1890, homologué le 28 avril 1890.

« Cette obligation est réduite en capital à 200 francs payables :

a) Cent francs par voie de tirages au sort en quatre-vingt-deux années, lesquels 100 francs sont, jusqu'à remboursement, productifs d'un intérêt de 2 fr. 50, payables 1 fr. 25 le 1er janvier et 1 fr. 25 le 1er juillet de chaque année.

« *b) Cent francs* suivant le mode et aux époques indiqués par le concordat, lesquels 100 francs ne sont pas productifs d'intérêt fixe. »

Les créanciers autres que les obligataires recevront, pour chaque fraction de créance assimilée, un récépissé constatant l'existence de la créance réduite, ainsi conçu :

« Compagnie franco-algérienne en liquidation judiciaire. — Concordat du 19 avril 1890, homologué le 28 avril 1890.

« La Compagnie s'engage à payer à . . . . . . savoir :

« *a) Cent francs* en quatre-vingt-deux ans, par voie de tirages au sort, lesquels sont, jusqu'à remboursement, productifs d'un intérêt de 2 fr. 50 par an, payables 1 fr. 25 le 1er janvier et 1 fr. 25 le 1er juillet de chaque année.

« *b) Cent francs* suivant le mode et aux époques indiqués par le concordat, lesquels 100 francs ne sont pas productifs d'intérêt fixe. »

Ce récépissé portera, pour sa participation aux tirages annuels, un numéro à la suite des obligations auxquelles il est assimilé.

Compte de profits et pertes.

ART. 6. — Le solde créditeur du compte de profits et pertes, établi conformément à l'exposé qui précède, sera employé :

D'abord, et par préférence, à payer l'intérêt de 2 fr. 50 et le remboursement par tirage de la somme de *cent francs* dont il est parlé sous le paragraphe *a* de l'art. 4.

Le surplus sera attribué, savoir :

1º 70 p. 100 à servir, en premier lieu et jusqu'à concurrence de 4 francs, un intérêt à la fraction de la créance *b* ou créance assimilée.

L'excédent de ces 70 p. 100, après payement dudit intérêt de 4 francs, sera employé à l'amortissement de la portion *b*, cet amortissement devant s'effectuer au marc le franc entre tous les créanciers.

2º 30 p. 100 à la formation d'un fonds de réserve ayant pour affectation spéciale : d'abord d'assurer en tant que besoin le service des intérêts et de l'amortissement de la portion *a* de *cent francs* de créances ; ensuite, de former le fonds de roulement indispensable pour la reprise et la continuation de l'exploitation des voies ferrées à l'expiration des traités actuellement existants avec la Compagnie de l'Ouest-Algérien.

ART. 7. — La distribution de l'intérêt variable aura lieu le 1er juillet de chaque année, et l'amortissement s'effectuera chaque fois que les sommes qui y sont affectées dans le paragraphe 1º ci-dessus représenteront 3 p. 100 des créances de la portion b.

En attendant, les sommes destinées à ces répartitions seront employées en rentes françaises, bons du Trésor ou titres garantis par l'Etat.

Ressources actuelles de la Compagnie.

Art. 8. — Les sommes qui seront touchées de la Compagnie de l'Ouest-Algérien ou de l'Etat, comme conséquence de l'exploitation des lignes de chemin de fer de la Compagnie franco-algérienne, mais seulement en tant que lesdites sommes auront des causes antérieures au 31 mars 1890, seront portées au compte de réserve dont il a été parlé sous l'art. 6.

La situation de la Compagnie franco-algérienne avec la Compagnie de l'Ouest-Algérien et l'Etat sera donc arrêtée au 31 mars 1890 pour fixer les sommes qui lui seront réservées.

Les espèces qui existent dans les caisses de la société, dans celles du liquidateur judiciaire et à la Caisse des dépôts et consignations, de même que toutes les sommes qui seront touchées par la Compagnie pour quelque cause que ce soit en dehors de celles à recevoir de l'Ouest-Algérien et de l'Etat, pour causes antérieures au 31 mars 1890, seront portées, dans l'année de l'encaissement, au compte des profits et pertes dont il a été parlé dans l'exposé fait en tête du présent concordat.

Art. 9. — Le maximum de la réserve sera de 2.500.000 francs. Les prélèvements stipulés en sa faveur dans l'art. 6 continueront à être opérés jusqu'à ce que ce chiffre soit atteint.

Art. 10. — Lorsque ladite réserve aura atteint le chiffre de 2 millions 500.000 francs, les 30 0/0 de l'excédent de bénéfices nets dont il est parlé dans l'art. 6, § 2, deviendront disponibles.

La moitié en sera versée aux créanciers, en amortissement de la portion b de créance ; la répartition sera faite au marc le franc, comme il est dit à l'art. 7.

L'autre moitié restera la propriété de la Compagnie qui pourra en user suivant ses convenances.

Sort de la réserve.

Art. 11. — Ainsi qu'il est indiqué à l'art. 6, la Compagnie, en cas d'insuffisance du compte de profits et pertes pour le service des intérêts et de l'amortissement de la portion a des créances, pourra prendre sur la réserve somme suffisante pour faire ou parfaire ce service.

Dans ce cas, la réserve serait reconstituée les années suivantes au moyen des 30 0/0 de l'excédent de bénéfices nets indiqués à l'art. 6, et ce avant tout autre emploi des dits 30 0/0.

Art. 12. — Les fonds réservés pourront, après le service de la portion a des créances, être employés à faire des avances à l'Etat comme conséquence de l'exploitation des lignes de chemin de fer, et seront placés en rentes, bons du Trésor ou titres garantis par l'Etat français, sauf une somme de 100.000 francs que la Compagnie pourra conserver dans ses caisses pour les besoins courants.

La Compagnie s'interdit formellement de donner aux fonds de réserve d'autres destinations que celles prévues ci-dessus.

Libération anticipée.

Art. 13. — La Compagnie aura, à toute époque, la faculté de rembourser par anticipation la portion *a* des créances en payant l'intégralité des *cent francs*, valeur assignée à cette portion par l'art. 4.

Il est formellement stipulé que la Compagnie ne pourra user de cette faculté de libération qu'à la condition de payer tous les créanciers en même temps.

La Compagnie aura, jusqu'au 1er janvier 1910, la faculté de se libérer de la portion de créance *b*, dont il est parlé à l'art. 4, en payant à ses créanciers une somme espèces de *cinquante francs* par cent francs, les sommes qui auraient été versées à valoir sur la portion *b*, conformément aux dispositions de l'art. 6, seraient déduites, et la Compagnie serait libérée en versant le solde.

Elle ne pourra toutefois se libérer de la portion *b* des créances qu'après avoir éteint la portion *a*.

Elle pourra également se libérer en réalisant une combinaison qui assurerait aux créanciers, jusqu'à la fin de la société, un revenu garanti par l'Etat de 7 fr. 50 par portion entière de passif de 200 francs ; mais ceci sous la condition formelle que cette combinaison serait réalisée dans un délai maximum de vingt années à dater de ce jour.

Art. 14. — Au cas où l'Etat viendrait à exercer son droit de rachat sur les bases prévues au cahier des charges, la Compagnie s'engage, si elle ne peut réaliser la faculté de remboursement anticipé qui lui est accordée par l'article précédent, à verser intégralement à ses créanciers la somme à provenir de ce rachat.

Dans le cas où, après l'expiration du délai de vingt ans accordé par l'art. 13, la somme à provenir du rachat ou de la résiliation dépasserait la proportion de 450 francs en capital ou 7 fr. 50 en annuité par portion entière de 200 francs, l'excédent sera partagé par moitié entre les créanciers et la Compagnie.

D'une façon générale, si la Compagnie cédait tout ou partie de ses concessions, le capital des créances réduites deviendrait exigible à concurrence du produit des cessions.

Commissaires au concordat.

Art. 15. — MM. Linol, Jacob et Bauer sont nommés commissaires à l'exécution du présent concordat, et en cette qualité, sont chargés de vérifier les comptes de chaque exercice, de veiller aux payements des intérêts, aux tirages, à la constitution, à la reconstitution et à l'emploi du fonds de réserve, aux répartitions ; et généralement de sauvegarder les intérêts des créanciers.

Les commissaires, en cas de décès et autres empêchements, seront remplacés par ordonnance du président du tribunal de commerce de la Seine, sur requête présentée par la partie la plus diligente.

Le tribunal de commerce de la Seine, en cas de contestation, fixera, sur requête des commissaires, l'allocation à laquelle ils auront droit.

Art. 16. — Il est fait mainlevée de toutes inscriptions prises sur les immeubles de la société par MM. Beaugé et Masselin, syndics de la faillite, notamment, savoir :

1º Au bureau des hypothèques de Mascara (Oran), le 19 mars 1889, vol. 42, nº 71 ;

2º Au bureau des hypothèques d'Oran, le 22 mars 1889, vol. 430, nº 127.

Le liquidateur judiciaire et la société sont dispensés de faire inscrire le présent concordat au bureau des hypothèques.

Art. 17. — La Compagnie, pour les créances de peu d'importance, c'est-à-dire pour les fractions et résidus de passif inférieurs à 200 francs de capital réduit, pourra traiter tout de suite avec les créanciers en leur remettant une somme espèces et un récépissé proportionnels au règlement général décrit sous l'art. 4. Cette remise d'espèces et de récépissé devra avoir lieu dans les trois mois de l'homologation du concordat.

Art. 18. — Les dispositions de pratique, relatives aux formalités d'exécution, feront, s'il y a lieu, l'objet d'une annexe au présent concordat.

156. — Liquidation judiciaire du Crédit foncier colonial.

Projet de concordat proposé par les contrôleurs désignés par les créanciers.

Art. 1er. — MM. les créanciers soussignés font remise au Crédit foncier colonial de 25 0/0 sur ce qui leur est dû en principal et accessoires arrêtés au 19 janvier 1892, jour du jugement déclaratif de la liquidation judiciaire, et d'après les bases arrêtées aux procès-verbaux de vérification et d'affirmation des créances.

Art. 2. — Les 75 0/0 non remis sont stipulés payables en vingt-sept ans par voie de répartition, pour le premier versement être effectué le 1er juillet 1893, et continuer ainsi d'année en année jusqu'à parfait payement, au moyen d'annuités égales comprenant l'intérêt fixe dont il sera ci-après parlé et l'amortissement.

Art. 3. — Les dividendes ci-dessus promis sont stipulés productifs d'intérêt à partir du 1er janvier 1892, lesquels intérêts sont déterminés de la manière suivante :

1º Un intérêt fixe de 12 francs par chaque obligation stipulée remboursable à 600 francs, et 10 francs par chaque obligation stipulée remboursable à 500 francs, lequel sera payable le 1er janvier de chaque année ;

2º Un intérêt variable qui ne pourra dépasser 9 francs par obligation stipulée remboursable à 600 francs et qui ne pourra dépasser 7 fr. 50 par obligation stipulée remboursable à 500 francs, lequel sera payable six mois après la clôture de l'exercice, soit le 1er juillet de chaque année.

Par exception, lesdits intérêts fixes et variables, pour l'année 1892, sont stipulés payables en même temps le 1er juillet 1893.

Ces intérêts seront calculés à l'origine sur le capital nominal et ensuite sur ce qui restera dû au fur et à mesure de l'amortissement.

Le tout ainsi qu'il sera expliqué en l'art. 9 ci-après.

Art. 4. — Toutefois, et au lieu de recevoir les répartitions ci-dessus promises sur les titres actuels, MM. les créanciers auront la faculté de les échanger contre des titres nouveaux que la société s'engage à créer aux conditions qui seront ci-après indiquées.

Art. 5. — MM. les porteurs d'obligations anciennes, stipulées remboursables à 600 francs, recevront pour chacune de ces obligations une obligation nouvelle au capital de 420 francs, portant intérêt comme suit :

1º Un coupon fixe de 12 francs payable le 1er janvier de chaque année ;

2º Un coupon d'intérêt variable ne pouvant dépasser la somme de 9 fr. et payable le 1er juillet de chaque année.

MM. les porteurs d'obligations anciennes stipulées remboursables à 500 fr. recevront pour chacune de ces obligations une nouvelle obligation au capital de 350 francs, portant intérêt comme suit :

1º Un coupon fixe de 10 francs payable le 1er janvier de chaque année ;

2º Un coupon d'intérêt variable ne pouvant dépasser la somme de 7 fr. 50 et payable le 1er juillet de chaque année.

Les créanciers autres que les obligataires auront le droit de réclamer autant d'obligations nouvelles de 350 francs que le montant intégral de leurs créances comprendra de fois la somme de 479 fr. 84. La différence leur sera immédiatement réglée en espèces et pour solde sur le taux de 50 p. 100.

Par exception, le premier coupon d'intérêt fixe et le premier coupon d'intérêt variable des nouvelles obligations seront payables le 1er juillet 1893, mais le second coupon d'intérêt fixe sera payable le 1er janvier 1894, le troisième le 1er janvier 1895, et ainsi de suite ; le deuxième coupon d'intérêt variable sera payable le 1er juillet 1894, le troisième le 1er juillet 1895, et ainsi de suite le tout impôt déduit.

Il sera pourvu au payement desdits coupons fixes et variables, ainsi qu'il sera dit en l'art. 9 ci-après.

Art. 6. — Les obligations nouvelles seront au porteur ou nominatives, au choix du titulaire. Les porteurs actuels d'obligations nominatives auront le choix de se faire délivrer sans frais des titres nominatifs pour les obligations nouvelles substituées à celles qu'ils possèdent.

Art. 7. — Les obligations nouvelles devront être amorties au pair de 420 francs et de 350 francs dans un délai de vingt-sept ans par voie de tirage au sort. Le tableau d'amortissement sera établi comme pour les obligations actuellement existantes sur la base d'annuités uniformes, comprenant l'intérêt fixe et l'amortissement.

Toutefois, le nombre d'obligations à amortir inscrit au tableau d'amortissement ne constituera qu'un minimum obligatoire pour le Crédit foncier colonial. Les sommes restant disponibles au 1er juin de chaque année sur le fonds spécial dit fonds d'amortissement créé en vertu de l'art. 9 ci-après et ainsi qu'il sera expliqué audit article, seront employées au tirage d'un nombre correspondant d'obligations qui seront remboursées le 1er juillet suivant.

Par contre, si une année quelconque ledit fonds se trouvait insuffisant, le nombre des obligation à tirer au sort sera réduit du nombre de celles amorties par anticipation, depuis la date du concordat, en vertu de la disposition qui précède.

Le tirage des obligations à amortir aura lieu chaque année à la date du 15 juin, pour le premier avoir lieu le 15 juin 1893.

Les titres sortis seront remboursables le 1er juillet suivant, savoir :

Les obligations de 420 francs, à 426 francs, y compris six mois d'intérêts fixes acquis au 1er juillet ;

Et les obligations de 350 francs à 355 francs, y compris six mois des mêmes intérêts.

Les obligations cessent de porter intérêt à partir de la date fixée pour leur remboursement.

ART. 8. — La demande d'échange des créances et obligations anciennes en obligations nouvelles devra être adressée au siège de la société, rue Mogador prolongée, no 2, dans le mois du jour où le jugement d'homologation du présent concordat sera passé en force de chose jugée ; néanmoins, ce délai pourra être prolongé par décision du conseil d'administration du Crédit foncier colonial.

En recevant les obligations nouvelles qui leur seront attribuées, MM. les créanciers devront remettre à la société les titres constitutifs de leurs créances.

L'échange dont s'agit emportera de plein droit, de la part des échangistes, de leurs cessionnaires ou de leurs héritiers, adhésion aux statuts de l'association des obligataires formée suivant acte passé devant Me Portefin, notaire à Paris, le. . . . . ., association qui a pris la dénomination de « Syndicat des obligataires du Crédit foncier colonial », les pouvoirs conférés à l'assemblée générale desdits obligataires étant déclarés irrévocables, et toutes autres associations de même genre étant déclarées inopérantes à l'égard du Crédit foncier colonial.

ART. 9. — Chaque année, au 31 décembre, il sera dressé un inventaire du bilan et le compte de profits et pertes de la société. Les frais de la liquidation judidiaire, ainsi que les autres dettes privilégiées que pourrait devoir la société, devront figurer au compte de profits et pertes du prochain exercice.

Chaque année, à la même époque, et pour la première fois le 31 décembre 1892, toutes les sommes recouvrées, déduction faite des déboursés de toute nature, seront divisées en deux parts :

1º Toutes les rentrées en capital, notamment par suite de remboursement total ou partiel des prêts par encaissement d'annuités ou autrement, ou provenant de réalisations d'immeubles, de matériel non soumis au remplacement, de vente d'actions de la Société foncière coloniale dont il sera parlé ci-après, seront portées, déduction faite des frais y afférents, au compte spécial qui constituera le fonds d'amortissement ;

2º Tous les produits bénéficiaires, tels qu'intérêts, commissions, bénéfices sur exploitation, déduction faite des frais généraux, seront portées à un autre compte qui prendra la dénomination de compte d'exploitation ;

3º Enfin il sera constitué un troisième compte, dit compte de réserve, dont la dotation et l'affectation seront ci-après indiquées.

§ 1. — Compte d'amortissement.

Sur les sommes affectées au compte dont il s'agit, le Crédit foncier colonial est autorisé à prélever les sommes qui lui seront nécessaires pour la mise en exploitation de ses domaines, ainsi que les sommes que, dans le même but, il serait amené à prêter à la Société foncière coloniale, société dont la formation et le but sont ci-après prévus et déterminés.

Le surplus sera affecté au payement, même par anticipation, des dividendes en capital promis aux créanciers, proportionnellement entre eux, soit qu'ils aient ou non opté pour l'échange prévu en l'art. 4, et sous la réserve inscrite au troisième alinéa de l'art. 7.

§ 2. — Compte d'exploitation.

Sur les sommes affectées au compte dont s'agit, il sera prélevé tout d'abord les sommes nécessaires au payement de l'intérêt fixe.

Le surplus sera attribué :

1º 15 p. 100 au Crédit foncier colonial, qui est autorisé à en faire la répartition à ses actionnaires ;

2º 60 p. 100 au service de l'intérêt variable qui est limité ainsi qu'il a été dit aux art. 3 et 5 ;

3º Et le reste sera porté au compte d'amortissement.

Jusqu'au remboursement de toutes les obligations nouvelles et de tous les dividendes promis, les actionnaires du Crédit foncier colonial ne pourront recevoir d'autres dividendes, sous quelque forme que ce soit, qu'à concurrence des 15 p. 100 susmentionnés ; le Crédit foncier colonial aura d'ailleurs le droit constant de payer par anticipation la totalité des 75 p. 100 en capital promis à ses créanciers.

§ 3. — Fonds de réserve.

Sur les disponibilités actuelles du Crédit foncier colonial, il sera créé un fonds de réserve de 1 million, pour lequel la société ne sera tenue à aucun emploi spécial.

Ce fonds est destiné à assurer en tout état de cause, et en cas d'insuffisance des ressources attribuées au compte d'exploitation, le payement des intérêts fixes.

Si, une année quelconque, cette réserve vient à être entamée pour ledit objet, elle sera recomplétée pendant la ou les années suivantes par un prélèvement sur le compte d'exploitation, après le payement des intérêts fixes, mais avant toute attribution à la société, à l'intérêt variable et au fonds d'amortissement.

A l'expiration de la société, et au plus tard dans la vingt-septième année, cette réserve servira, comme tout le reste de l'actif et avant toute attribution aux actionnaires, à l'accomplissement dans leur intégralité des engagements pris par le Crédit foncier colonial, aux termes du présent concordat.

Art. 10. — En cas d'expropriation des immeubles hypothéqués au Crédit foncier colonial, ou de revente des immeubles lui appartenant, le Crédit foncier colonial pourra constituer une société nouvelle qui prendra la dénomination de « Société foncière coloniale » et qui sera autorisée à se rendre adjudicataire desdits immeubles aux conditions ci-après :

Les prix moyennant lesquels la Société foncière coloniale deviendra acquéreur ne pourront être supérieurs aux sommes que le Crédit foncier colonial sera en droit de réclamer et auxquelles les immeubles vendus serviront de garantie.

Le Crédit foncier colonial sera autorisé à faire l'apport, dans les formes légales, à la Société foncière coloniale, par voie d'augmentation du capital de cette dernière, de ce qu'il sera appelé à recevoir dans les prix d'adjudication comme créancier hypothécaire, s'il s'agit d'une expropriation ou du prix même d'adjudication qui lui sera dû s'il s'agit de la revente d'un immeuble lui appartenant.

Il sera attribué au Crédit foncier colonial autant d'actions entièrement libérées de la Société foncière coloniale que le comportera le montant de son apport.

La Société foncière coloniale ne pourra procéder à la revente des immeubles à elle adjugés dans les conditions ci-dessus spécifiées qu'avec l'autorisation du Crédit foncier colonial, et elle n'en reprendra la libre disposition que le jour où le Crédit foncier colonial aura cessé d'être propriétaire de la totalité des actions à lui attribuées à raison de ses apports.

La garantie due par les colonies en vertu des conventions passées entre elles et le Crédit foncier colonial continuera à fonctionner au profit de ce dernier.

La Société foncière coloniale ne pourra être créée qu'avec l'assentiment des délégués du syndicat des obligataires, et cet assentiment ne pourra être donné qu'après qu'eux-mêmes y auront été autorisés par délibération d'une assemblée générale des obligataires convoqués spécialement à cet effet, un mois à l'avance, et à qui les statuts de la Société foncière coloniale seront soumis.

Art. 11. — Aux présentes est intervenu M. . . . . ., agissant en vertu des pouvoirs à lui conférés par l'acte d'association des obligataires ci-dessus énoncé, à l'effet d'insérer les stipulations suivantes.

Le Crédit foncier colonial continuera librement ses opérations de gestion et d'administration, mais il ne pourra, sans l'approbation des délégués de la dite association :

Faire aucun prêt ni contracter aucun emprunt, autres que ceux d'un caractère temporaire et qui seraient nécessités par les opérations d'exploitation de ses propriétés et domaines, ou de ceux qui pourraient être acquis par la Société foncière coloniale ;

Vendre ses immeubles, soit en détail, soit en bloc ;

Passer aucun traité avec les colonies, à raison de leur garantie ou de son domaine foncier, la Société s'engageant, en outre, à communiquer auxdits délégués toute proposition qui pourrait lui être faite ; à cette occasion, toute proposition d'achat par les tiers devra également être communiquée aux délégués ;

Prendre part à la constitution de la Foncière coloniale, dans les termes et conditions spécifiés en l'art. 10 ;

Vendre ou disposer des actions de la Foncière coloniale qui pourraient lui être attribuées ;

Autoriser la Foncière coloniale à procéder à la revente de ses immeubles.

Le Crédit foncier colonial tiendra chaque année à la disposition des délégués, et au fur et à mesure de leur demande, une somme qui ne pourra dépasser 18.000 francs, laquelle est destinée à faire face aux frais dudit syndicat, indemnité aux délégués, publications, secrétariat, imprimés, etc. Ces frais seront compris dans les frais généraux annuels du Crédit foncier colonial. Le maximum de 18.000 francs pourra être modifié ultérieurement, d'accord entre le syndicat et la société, après un vote approbatif des assemblées générales des actionnaires et des obligataires ; par exception, les sommes à verser de ce chef au syndicat par le Crédit foncier colonial, au cours de 1892, ne dépasseront pas 9.000 francs.

Les délégués dudit syndicat, ou l'un d'eux, par eux désignés, auront le droit :

1º D'assister aux délibérations du conseil d'administration et de l'assemblée générale des actionnaires lorsqu'il s'agira de délibérer sur les questions soumises à l'approbation préalable desdits obligataires ou de leurs délégués, avec voix consultative et pouvoir de faire consigner leurs observations au procès-verbal. Ils devront être convoqués auxdites assemblées ;

2º De prendre constamment communication de la comptabilité du Crédit foncier colonial, ainsi que de son bilan, de son inventaire et du compte des profits et pertes, ainsi que des comptes d'amortissement, d'exploitation et de réserve, dans le mois qui précédera la convocation de l'assemblée générale ordinaire annuelle des actionnaires.

Le Crédit foncier colonial déclare que, connaissance par lui prise des stipulations qui précèdent, il y donne son adhésion pleine et entière avec engagement de s'y conformer. Il accepte que les représentants dudit syndicat aient le droit de poursuivre par tous les moyens légaux et même judiciairement, tant en demandant qu'en défendant, l'effet des conventions qui précèdent, renonçant à se prévaloir de la maxime que « nul ne ne peut plaider en France par procureur ».

Il est fait attribution de juridiction aux divers tribunaux compétents séant dans le département de la Seine pour statuer sur les difficultés pouvant surgir entre les parties.

ART. 12. — De convention expresse, il est stipulé que le présent concordat n'emportera aucune novation à l'égard des créanciers, non plus qu'à l'égard des conventions intervenues entre le Crédit foncier colonial et les colonies, le présent concordat ne constituant qu'un règlement entre cette société et ses créanciers, sans que les tiers étrangers à la convention aient à en profiter ou à en souffrir.

Il en sera de même à l'égard des statuts de la compagnie, lesquels continueront à la régir comme par le passé.

ART. 13. — En cas d'inexécution du concordat qui précède aux dates et conditions ci-dessus spécifiées, la résolution en aura lieu un mois après une mise en demeure restée infructueuse.

157. — Liquidation judiciaire de la Compagnie française de chemins de fer vénézuéliens.

Concordat.

Exposé.

La ligne de Santa Barbara à la Vigia, qui fait l'objet de la concession de la « Compagnie française de chemins de fer vénézuéliens » fut terminée en septembre 1891 ; mais elle fut coupée peu après par les eaux, à la suite d'une grave inondation, et la Compagnie n'en prit charge qu'à la date du 1er mai 1892.

La guerre civile, qui vient de bouleverser le Vénézuéla, avait éclaté en mars de la même année. Pour ne pas laisser la Compagnie dans l'embarras, en l'obligeant à constituer elle-même ses services au milieu du désordre causé par la révolution, les entrepreneurs de la construction (Compagnie de Fives-Lille et Société anonyme de travaux Dyle et Bacalan) consentirent à assurer la marche des services pour le compte de la Compagnie, privée complètement des recettes du trafic par le fait de la guerre civile ; de là est résultée la créance en leur faveur, inscrite au bilan du 29 octobre 1892, pour huit cent soixante-quatre mille quatre cent quatre-vingt-deux francs soixante-neuf centimes (864.482 fr. 69).

Les conséquences de la révolution se faisant encore sentir, il n'a pas été possible pour la compagnie de se passer du concours des entrepreneurs et de nouvelles avances ont été faites par ceux-ci.

La liquidation définitive entre l'entreprise et la Compagnie n'a pas encore été établie, mais il résulte de l'examen de la situation que le total qui pourra être dû aux entrepreneurs n'excédera pas un million de francs (1.000.000 fr.).

Ce chiffre devra naturellement être contrôlé ultérieurement, mais étant donné qu'il constitue un maximum, la situation des dettes de la société se trouve fixée d'une manière suffisante.

La Compagnie ne pouvant payer le coupon des obligations en novembre 1892, par suite du non-encaissement de la garantie d'intérêts stipulée dans l'acte de concession, a demandé le bénéfice de la loi du 4 mars 1889 ; et après avoir obtenu la nomination d'un liquidateur judiciaire, elle sollicite aujourd'hui un concordat.

En raison de la situation politique et financière de la République des Etats-Unis du Vénézuéla, qui ne permet pas encore de prévoir le moment où la garantie d'intérêts pourra être encaissée, la Compagnie est astreinte à la plus grande prudence ; elle ne peut donc prendre, vis-à-vis de ses créanciers, d'engagements fermes que pour des sommes très restreintes ; autrement, elle s'exposerait aux risques d'y manquer de nouveau. Mais par contre, si ses créanciers consentent à n'être payés qu'au prorata des ressources disponibles, elle leur propose de maintenir, dans leur intégralité, le capital et le revenu de leurs obligations.

Le projet de concordat offre à chacun des créanciers, soit l'échange de ses obligations anciennes contre pareil nombre d'obligations nouvelles leur donnant droit à la répartition des disponibilités, soit le payement de vingt pour cent (20 p. 100) de leur créance en cinquante annuités.

La Compagnie ne demande à réserver sur les disponibilités que dix pour cent (10 p. 100) des produits nets, pour assurer le fonds de roulement sans lequel aucune société industrielle ne peut fonctionner, et encore cette réserve ne devra jamais dépasser cinq cent mille francs (500.000 fr.).

La Compagnie s'engage à ne faire aucune distribution à ses actionnaires tant que les intérêts et l'amortissement dus aux porteurs des obligations nouvelles seront en souffrance.

Enfin, la Compagnie tient essentiellement à associer les obligataires à ceux des actes de sa gestion qui pourraient exercer une influence sérieuse sur leur commune entreprise.

En conséquence des faits qui viennent d'être exposés, la Compagnie française de chemins de fer vénézuéliens soumet à l'approbation de ses créanciers les clauses concordataires suivantes :

ART. 1er. — MM. les créanciers auront la faculté de convertir leurs créances en obligations nouvelles, que la société s'engage à créer aux conditions ci-après indiquées.

ART. 2. — Les obligations créées en vertu de l'article qui précède seront au capital nominal de cinq cents francs (500 fr.). Elles seront au porteur et pourront être échangées contre des certificats nominatifs. Ces obligations auront droit à l'amortissement et à un intérêt de cinq pour cent (5 p. 100) l'an, impôt à déduire, à dater du 1er mai 1892, intérêt calculé, à l'origine, sur le capital nominal, et ensuite, sur ce qui restera au fur et à mesure de l'amortissement. Mais la Compagnie ne sera tenue de leur distribuer annuellement que les sommes disponibles en conformité de l'art. 6 ci-après.

Si les payements effectués annuellement n'atteignent pas un intérêt de 5 p. 100 (impôts à déduire), la Compagnie restera débitrice de la différence, laquelle devra être réglée au moyen des disponibilités futures.

Lorsque les disponibilités, calculées en conformité de l'art. 6 ci-après, auront permis d'acquitter les intérêts échus, l'excédent, s'il en existe, sera appliqué pour assurer l'amortissement des obligations nouvelles avant la date de l'expiration de la société.

Un tableau d'amortissement sera dressé, en conséquence, et annexé à l'original du présent contrat pour servir de base, en cas de besoin, à l'exécution de cette clause.

L'amortissement se fera par rachat en Bourse, si le cours des obligations est au-dessous du pair, ou par voie de tirage au sort, si le cours des obligations est au pair ou au-dessus.

Les payements dont s'agit devront continuer pendant toute la durée de la concession jusqu'à extinction des obligations en capital en intérêts. Il en sera de même pour le cas où la Compagnie viendrait à obtenir la prorogation de la concession actuelle ou de nouvelles concessions.

Si, au moment de la dissolution de la société, les obligations n'étaient pas remboursées intégralement en capital et intérêts, tout l'actif social, sous la déduction des dettes nouvelles qui auraient pu être créées, et ce qui pourrait rester dû sur les dividendes fixes promis aux termes de l'art. 5, sera dévolu aux obligataires jusqu'à concurrence de leurs droits. L'excédent, s'il en existe, appartiendra aux actionnaires.

En cas d'insuffisance dudit actif pour rembourser les obligations, comme il est dit ci-dessus, les obligataires font remise à la Compagnie de ce qui pourrait leur rester dû.

Art. 3. — Nonobstant le mode employé par le liquidateur judiciaire pour la vérification et l'admission des obligations anciennes émises le 1er mai 1889, mode qui fait ressortir le chiffre à trois cent quatre-vingt-deux francs vingt-cinq centimes (382 fr. 25) chacune, MM. les obligataires auront le droit de réclamer autant d'obligations nouvelles qu'ils possèdent d'obligations anciennes.

Les entrepreneurs de la construction, seuls créanciers de la Compagnie en dehors des obligataires, auront le droit de réclamer autant d'obligations nouvelles que le montant de leur créance chirographaire contiendra de fois 382 fr. 25.

En échange des obligations nouvelles qui leur seront délivrées, Messieurs les créanciers devront remettre à la Compagnie leurs titres de créance.

Art. 4. — La demande de conversion autorisée aux termes de l'article qui précède devra être adressée au siège de la Compagnie, 15, avenue Matignon, dans le délai de trois mois à partir de la date de l'homologation du concordat.

Les créanciers qui, à l'expiration de ce délai, n'auraient pas fait connaître leur intention, seront invités, par avis inséré dans deux journaux de Paris, de Bruxelles et d'Amsterdam, à se prononcer dans un nouveau délai de trois mois.

A l'expiration de ce dernier délai, ceux des créanciers qui n'auront pas opté pour l'échange des titres seront considérés comme ayant accepté la répartition dont il est question dans l'article ci-après.

Art. 5. — Les créanciers qui n'auront pas fait usage de la faculté d'échange ci-dessus définie recevront vingt pour cent (20 p. 100) de leur créance payable en cinquante années ; le premier payement sera effectué le 15 avril 1895, et les autres suivront d'année en année, à la même date, pour finir le 15 avril 1945.

Art. 6. — Chaque année, au 31 décembre, il sera dressé, par les soins du conseil d'administration, un bilan, un inventaire et le compte profits et pertes de la Compagnie.

Les frais de la liquidation judiciaire, ainsi que les autres dettes privilégiées que pourrait avoir la Compagnie devront figurer au compte de profits et pertes du présent exercice, lequel sera clos le 31 décembre 1893.

Le solde du compte de profits et pertes, déduction faite de toutes les charges, constitue les produits disponibles. A ces produits seront ajoutés les recouvrements que la société pourra effectuer sur les créances dont elle sera bénéficiaire, notamment sur le gouvernement de Vénézuéla, soit à raison de la garantie qu'il a consentie, ou des indemnités dues à un titre quelconque, soit par le fait de tous accords qui pourraient intervenir ultérieurement entre lui et la Compagnie en cas de modifications de la concession actuelle.

Le solde du compte ainsi constitué servira :

1° A payer aux créanciers qui n'auraient pas opté pour la conversion le dividende fixe promis par l'art. 5 ;

2° A constituer un fonds de prévoyance non distribuable, dont l'affectation et l'emploi seront déterminés par le conseil d'administration, et qui sera formé au moyen d'une retenue annuelle de dix pour cent (10 p. 100) sur le compte qui précède.

Cette retenue cessera d'être opérée le jour où ledit fonds aura atteint une somme de cinq cent mille francs (500.000 fr.), mais elle devra fonctionner à nouveau le jour où le fonds dont il s'agit viendrait à être diminué.

Le surplus sera attribué aux obligataires, dans les conditions prévues au troisième paragraphe de l'art. 2 ci-dessus.

La répartition des sommes attribuées aux obligations nouvelles sera faite par la Compagnie française de chemins de fer vénézuéliens.

Art. 7. — De convention expresse, il est stipulé que les présentes n'apporteront aucune novation ni dérogation aux engagements respectifs de la Compagnie française et du gouvernement du Vénézuéla, notamment en ce qui concerne la garantie d'intérêts consentie par ledit gouvernement.

Il en sera de même à l'égard des statuts de la Compagnie française, lesquels continueront à la régir comme par le passé, le présent concordat ne constituant qu'un règlement entre la Compagnie française et ses créanciers, sans que les tiers étrangers à la convention aient à en profiter ou à en souffrir.

Art. 8. — Les créanciers nomment les trois personnes, qui seront ci-après désignées, commissaires à l'exécution du présent concordat et leur confèrent les pouvoirs nécessaires à l'effet de concourir, avec le conseil d'administration, à l'établissement du bilan et du compte profit et pertes, à la répartition des bénéfices annuels, à l'approbation de tous comptes, ainsi qu'à l'effet de donner toutes mainlevées, quitus et décharges de l'exécution des conditions du présent concordat.

La Compagnie ne pourra, sans l'agrément des commissaires, contracter aucun emprunt nouveau, se livrer à aucune entreprise nouvelle, ni modifier la nature et la durée de sa concession.

En cas de démission ou décès d'un des commissaires nommés par les créanciers, il sera pourvu à son remplacement par ordonnance du président du tribunal de commerce de la Seine, sur la requête de la partie la plus diligente.

158. — Liquidations judiciaires de la Compagnie des chemins de fer de la province de Santa-Fé.

Concordat voté le 26 avril 1892 et homologué par jugement du 6 juillet 1892.

Exposé.

La Compagnie française des chemins de fer de la province de Santa-Fé a été constituée au capital de 10 millions, dont le premier quart a été versé au moment de sa constitution, et les trois autres quarts en vertu de l'appel qui en a été fait ultérieurement par délibération du conseil d'administration.

Elle est concessionnaire pour une durée de cinquante-cinq ans, à partir de l'année 1888, de trois groupes de lignes toutes situées dans la province de Santa-Fé et représentant une longueur totale de 1.317 kilomètres environ, savoir :

Premier groupe comprenant . . . . 262 kil.
construit par le gouvernement de la province de Santa-Fé, au moyen d'emprunts contractés en Angleterre, et remboursés complètement par la Compagnie française.

Deuxième groupe comprenant . . . .   555 kil.
également construit par le gouvernement de la province de Santa-Fé, avec des emprunts contractés par lui en Angleterre.

Troisième groupe comprenant . . . .   500 kil.
à construire par la Compagnie française.

                         Soit en tout . . . . . . 1.317 kil.

Ce dernier groupe peut être considéré aujourd'hui comme terminé ; 292 kilomètres ont été livrés à l'exploitation, et les 208 kilomètres restants, presque entièrement achevés, seront reçus officiellement dans un délai très rapproché.

Il reste dû, à ce jour, à la Compagnie de Fives-Lille. . . 2.482.485 fr.
dont, pour solde du forfait et expropriations, la somme de . 1.684.485 fr.
et solde de travaux supplémentaires exécutés ou en cours d'exécution . . . .   798.000 fr.
travaux que la Compagnie de Fives-Lille s'est engagée à terminer.

                      Ensemble. . . . . . 2.482.485 fr.

Sur ladite somme de 2.482.485 francs, l'entreprise était créancière, au 4 janvier 1892, de . . . . 1.246.950 fr.
et le solde qui lui restera dû pour travaux exécutés au compte de la liquidation ne dépassera pas . . . . 1.235.535 fr.

Par contre, elle doit, pour le service des obligations qu'elle a pris à sa charge, 742.162 francs, et il restera compte à faire pour les intérêts intercalaires correspondant aux sections de lignes non encore ouvertes.

Le 25 avril 1889, il a été procédé à l'émission de 165.620 obligations de la Compagnie française des chemins de fer de la province de Santa-Fé, lesquelles étaient productives d'un intérêt de 25 francs par an, et remboursables à 500 francs au moyen de tirages annuels, dont le dernier devait être effectué en 1945. A l'exception du compte qui précède, de la Compagnie de Fives-Lille, lequel sera réglé d'accord avec le syndicat des obligataires dont il sera ci-après parlé, la Compagnie française n'a contracté aucune dette.

La Compagnie de Fives-Lille avait à sa charge le service de 84.290 obligations, service dont elle devait être exonérée au fur et à mesure de l'ouverture à l'exploitation des sections et proportionnellement à leur importance. Elle a rempli ses engagements.

Le gouvernement de la province de Santa-Fé devait, de son côté, en cas d'insuffisance des produits de l'exploitation, garantir le service des intérêts et de l'amortissement des obligations émises, ainsi que de l'intérêt du capital emprunté par lui aux Anglais pour l'exécution du deuxième groupe. Il n'a pu le faire.

La Compagnie française y a pourvu jusqu'à concurrence du montant de son capital-actions. Mais ce capital étant épuisé, elle n'a pu faire face au payement du coupon venant à l'échéance du 1er janvier 1892. Elle s'est trouvée, dès lors, dans la nécessité de demander sa mise en liquidation judiciaire. Le tribunal de commerce de la Seine a fait droit à sa requête par un jugement en date du 4 janvier 1892.

Ces événements, si dommageables qu'ils soient pour la Compagnie elle-même, n'ont porté aucune atteinte à la valeur productive du réseau qui reste entière et paraît suffisante pour assurer, plus tard, la rémunération de tous les capitaux engagés.

Seulement, aujourd'hui, en raison de la situation politique et financière de la République Argentine, la Compagnie est astreinte à la plus grande prudence. Elle ne peut donc prendre, vis-à-vis de ses créanciers, d'engagements fermes que pour des sommes très restreintes ; autrement, elle s'exposerait au risque d'y manquer de nouveau.

D'autre part, par une disposition accessoire, elle offre à ses créanciers, s'ils consentent à n'être payés qu'au prorata des ressources disponibles, à maintenir, dans leur intégralité, le capital et le revenu de leurs obligations.

Le présent projet de concordat laisse à chacun d'eux l'option entre le payement de 20 p. 100 de leur créance en cinquante annuités et l'échange de ces 20 p. 100 contre autant d'obligations nouvelles qu'ils en possédaient d'anciennes, n'emportant aucune réduction de leur créance et leur donnant droit à la répartition des disponibilités, ainsi qu'il sera dit ci-après.

D'autre part, la Compagnie tient essentiellement à associer les obligataires à ceux des actes de sa gestion qui peuvent exercer une influence sérieuse sur l'avenir de leur commune entreprise, tels, par exemple, que la conclusion, s'il y a lieu, de nouveaux emprunts, la concession de nouvelles lignes, les échanges avec les compagnies voisines, les modifications du traité avec le gouvernement de la province de Santa-Fé.

Dans ce but, elle s'engage à reconnaître aux représentants réguliers du syndicat que quelques-uns d'entre eux ont formé sous la dénomination de *Syndicat des obligataires de la Compagnie française des chemins de fer de la province de Santa-Fé*, les droits nécessaires pour l'exécution de leur mandat, droits qui sont spécifiés dans les articles ci-après.

La Compagnie tient en outre à justifier, en quelques mots, l'attribution des 10 p. 100 qui lui est faite sur les produits nets, aux termes de l'art. 7 du concordat.

Par cette disposition, elle a surtout en vue de sauvegarder l'avenir, de rester, en tout état de choses, en mesure de payer les dividendes fixes stipulés au profit de ceux qui n'auront pas opté pour la conversion, et de s'assurer des disponibilités sans lesquelles aucune société industrielle ne peut fonctionner ; on verra d'ailleurs qu'elle prend l'engagement formel de ne faire aucune distribution à ses actionnaires, tant que les intérêts dus aux porteurs des obligations nouvelles seront en souffrance.

En conséquence des faits qui viennent d'être exposés, la Compagnie française des chemins de fer de la province de Santa-Fé soumet à l'acceptation de ses créanciers les clauses concordataires suivantes :

Art. 1er. — MM. les créanciers soussignés, sous le mérite des observations qui précèdent, et sous réserve de l'offre qui leur est faite par l'art. 3 ci-après, font remise à la Compagnie française des chemins de fer de la province de Santa-Fé de 80 p. 100 sur le montant de leurs créances, en principal et accessoires, arrêté au 4 janvier 1892, date du jugement déclaratif de la liquidation judiciaire.

Art. 2. — Les 20 p. 100 non remis sont stipulés payables en cinquante années par cinquantièmes pour le premier versement être effectué le *premier juillet mil huit cent quatre-vingt-treize*, et les autres versements être continués d'année en année jusqu'à parfait payement.

Art. 3. — Toutefois, au lieu de recevoir le dividende de 20 p. 100 ci-dessus stipulé, MM. les créanciers auront la faculté de convertir leurs créances en obligations nouvelles que la société s'engage à créer aux conditions ci-après indiquées.

Art. 4. — Les obligations créées en vertu de l'article qui précède seront au capital nominal de cinq cents francs. Elles seront au porteur et pourront être échangées contre des certificats nominatifs. Ces obligations auront droit à l'amortissement et à un intérêt de 5 p. 100 l'an, impôts à déduire, à dater du 1er juillet 1891, intérêt calculé, à l'origine, sur le capital nominal, et ensuite, sur ce qui restera dû au fur et à mesure de l'amortissement. Mais la Compagnie ne sera tenue de leur distribuer, annuellement, que les sommes disponibles, en conformité de l'art. 7 ci-après.

Si les payements effectués annuellement n'atteignent pas un intérêt de 5 p. 100 (impôts à déduire), la Compagnie restera débitrice de la différence, laquelle devra être réglée au moyen des disponibilités futures.

Lorsque les disponibilités, calculées en conformité de l'art. 7 ci-après, auront permis d'acquitter les intérêts échus, l'excédent, s'il en existe, sera appliqué à l'amortissement des obligations.

Les versements dont s'agit devront continuer pendant toute la durée de la concession jusqu'à extinction des obligations en capital et intérêts. Il en sera de même pour le cas où la Compagnie viendrait à obtenir la prorogation de la concession actuelle ou de nouvelles concessions.

Si, au moment de la dissolution de la société, les obligations n'étaient pas remboursées intégralement en capital et intérêts, tout l'actif social, sous la déduction des dettes nouvelles qui auraient pu être créées, et de ce qui pourrait rester dû sur les dividendes fixes promis aux termes de l'art. 2, sera dévolu aux obligataires, jusqu'à concurrence de leurs droits. L'excédent seul, s'il en existe, appartiendra aux actionnaires.

En cas d'insuffisance dudit actif pour rembourser les obligations, comme il est dit ci-dessus, les obligataires font remise à la Compagnie de ce qui pourrait leur rester dû.

La forme du titre des obligations nouvelles, ainsi que le mode de répartition des disponibilités revenant aux obligataires, seront déterminés, d'un commun accord, entre le syndicat formé par lesdits obligataires, dont il sera parlé ci-après, et la Compagnie.

Art. 5. — Nonobstant le mode employé par le liquidateur judiciaire pour la vérification et l'admission des obligations anciennes émises le 25 avril 1889, mode qui fait ressortir le chiffre à 455 fr. 40 chacune, MM. les obligataires auront le droit de réclamer autant d'obligations nouvelles qu'ils possèdent d'obligations anciennes.

La Compagnie de Fives-Lille, seule créancière de la Compagnie en dehors des obligataires, aura le droit de réclamer autant d'obligations nouvelles que le montant de sa créance chirographaire contiendra de fois 500 francs.

En échange des obligations nouvelles qui leur seront délivrées, MM. les créanciers devront remettre à la Compagnie leurs titres de créance.

La conversion dont il s'agit emportera de plein droit, de la part des échangistes, de leurs cessionnaires ou de leurs héritiers, adhésion aux statuts de l'association des obligataires, formée suivant acte reçu par Mᵉ Rigault, notaire à Paris, le 20 avril 1892, et qui a pris la dénomination de *Syndicat des obligataires de la Compagnie française des chemins de fer de la province de Santa-Fé*, les pouvoirs conférés à l'assemblée générale desdits obligataires, aux termes de l'acte susénoncé, étant déclarés irrévocables au regard de la Compagnie française, et toutes autres associations du même genre devant être considérées comme inopérantes à l'égard de la même Compagnie française.

Art. 6. — La demande de conversion autorisée aux termes de l'article qui précède sera adressée au siège de la Compagnie, à Paris, rue Caumartin, nº 64 ; elle devra avoir lieu au plus tard dans le mois du jour où le jugement d'homologation du présent concordat sera passé en force de chose jugée, et ce délai expiré, les retardataires n'auront plus droit qu'aux dividendes fixes promis par la Compagnie.

Néanmoins, ce délai pourra être augmenté par décision du conseil d'administration de la Compagnie française, après appréciation des motifs en chaque cas, et sans que les décisions par lui prises à cet égard puissent faire l'objet d'aucun recours en justice ou autrement.

Les créanciers qui auront opté pour la conversion cesseront d'avoir droit aux dividendes fixes promis par l'art. 2.

Art. 7. — Chaque année, au 31 décembre, il sera dressé, par les soins du conseil d'administration, un bilan, un inventaire et le compte de profits et pertes de la Compagnie.

Les frais de la liquidation judiciaire, ainsi que les autres dettes privilégiées que pourrait avoir la Compagnie, devront figurer au compte de profits et pertes du présent exercice, lequel sera clos le 31 décembre 1892.

Le solde du compte de profits et pertes, déduction faite de toutes les charges, constitue les produits disponibles. A ces produits seront ajoutés les recouvrements que la société pourra effectuer sur les créances dont elle est bénéficiaire, notamment sur le gouvernement de la province de Santa-Fé, à raison de la garantie qu'il a consentie.

Le solde du compte ainsi constitué servira :

1º A payer aux créanciers qui n'auraient pas opté pour la conversion, le dividende fixe promis par l'art. 2 ;

2º A constituer un fonds de prévoyance, non distribuable, dont l'affectation et l'emploi seront déterminés par le conseil d'administration, et qui sera formé au moyen d'une retenue annuelle de 10 p. 100 sur le compte qui précède.

Cette retenue cessera d'être opérée le jour où ledit fonds aura atteint une somme de 2 millions, mais elle devra fonctionner à nouveau le jour où le fonds dont il s'agit viendrait à être diminué.

Le surplus sera attribué :

90 p. 100 aux obligataires,

Et 10 p. 100 à la société, qui pourra en disposer — dans les termes de ses statuts — étant entendu, toutefois, qu'aucune distribution ne pourra être faite aux actionnaires tant qu'il restera des intérêts dus aux obligataires.

La répartition des sommes attribuées aux obligations nouvelles sera faite par la Compagnie française des chemins de fer de la province de Santa-Fé.

ART. 8. — Aux présentes est intervenu M. Duplan, demeurant à Paris, rue des Pyramides, nº 2, agissant en vertu des pouvoirs à lui conférés par l'acte d'association des obligataires ci-dessus énoncé, à l'effet de stipuler :

1º Que la Compagnie française des chemins de fer de la province de Santa-Fé ne pourra contracter aucun emprunt nouveau, ni en fixer les conditions sans l'assentiment des représentants de ladite association ;

2º Que sans le même assentiment, elle ne pourra se livrer à aucune nouvelle entreprise, ni passer aucune convention qui aurait pour résultat de modifier la nature ou la durée de ses concessions, l'étendue de son réseau, ou la garantie d'insuffisance des produits d'exploitation ;

3º Qu'elle se charge gratuitement de percevoir, pour compte du syndicat, les cotisations dont il lui indiquera le montant ;

4º Que le conseil d'administration des obligataires ou un délégué choisi par lui dans son sein aura le droit :

a) D'assister aux délibérations du conseil d'administration et de l'assemblée générale des actionnaires, lorsqu'il s'agira de délibérer sur les questions soumises à l'approbation préalable desdits obligataires, avec voix consultative et pouvoir de faire consigner ses observations au procès-verbal ;

b) De prendre communication de la comptabilité de la Compagnie française ainsi que de son bilan, de son inventaire et du compte de profits et pertes dans le mois qui précédera la convocation de l'assemblée générale ordinaire annuelle des actionnaires, en se faisant assister, s'il le juge à propos, par un employé de son choix.

La Compagnie française des chemins de fer de la province de Santa-Fé déclare que connaissance par elle prise des stipulations qui précèdent, elle

y donne son adhésion pleine et entière avec engagement de s'y conformer.
Elle accepte que les représentants dudit syndicat aient le droit de poursuivre par tous les moyens légaux, et même judiciairement, tant en demandant qu'en défendant, l'effet des conventions qui précèdent, renonçant à
se prévaloir de la maxime que *nul ne peut plaider en France par procureur*.

Il est fait attribution de juridiction aux divers tribunaux compétents
séant dans le département de la Seine, pour statuer sur les difficultés pouvant surgir entre les parties.

Art. 9. — De convention expresse, il est stipulé que les présentes n'apporteront aucune novation ni dérogation aux engagements respectifs de la
Compagnie française et du gouvernement de la province de Santa-Fé, notamment en ce qui concerne la garantie d'intérêts consentie par ledit gouvernement.

Il en sera de même à l'égard des statuts de la Compagnie française, lesquels continueront à la régir comme par le passé, notamment en ce qui concerne les stipulations contenues dans les art. 7 et 8 des statuts, relatifs aux
parts de fondateur ; le présent concordat ne constituant qu'un règlement
entre la Compagnie française et ses créanciers, sans que les tiers étrangers
à la convention aient à en profiter ou à en souffrir.

159. — Liquidation judiciaire de la Compagnie française des chemins de fer argentins.

Concordat.

Exposé.

La Compagnie française des chemins de fer argentins a été constituée au
capital de cinq millions de francs, dont le premier quart a été versé au moment de sa constitution et les trois autres quarts en vertu de l'appel qui en
a été fait ultérieurement par décision du conseil d'administration.

Elle est concessionnaire, pour une durée de cinquante-cinq ans, à partir
de l'année 1888, d'une ligne de chemins de fer allant de San Cristobal à Tu-
cuman, et ayant une longueur totale d'environ 650 kilomètres.

Cette ligne est construite et ouverte entièrement à l'exploitation depuis
le 6 juillet 1912.

Le 10 août 1888, il a été procédé à l'émission de 112.000 obligations de la
Compagnie française des chemins de fer argentins, lesquelles étaient productives d'un intérêt de 25 francs par an et remboursables à 500 francs au
moyen de tirages annuels, dont le dernier devait être effectué en 1945.

Les obligataires sont les seuls créanciers de la Compagnie, en dehors de
la Compagnie de Fives-Lille, créancière de 182.495 fr. 66.

La Compagnie de Fives-Lille avait à sa charge le service desdites 112.000
obligations, service dont elle devait être exonérée au fur et à mesure de

l'ouverture à l'exploitation des sections et proportionnellement à leur importance.

Elle a rempli ses engagements.

Le gouvernement national argentin avait de son côté garanti pour toute la durée de la concession une annuité en or de 4.625 francs par kilomètre exploité, soit, pour 650 kilomètres, 3.006.250 francs par an, somme suffisante pour le service annuel (intérêts et amortissements) des 112.000 obligations créées par la Compagnie. Il n'a pas tenu ses engagements, et la Compagnie a dû prélever sur son capital-actions les sommes nécessaires au payement des coupons et au remboursement des obligations dont le service incombait au gouvernement argentin.

Mais ce qui restait de disponible sur ce capital, à la fin du mois de juillet 1893, était insuffisant pour permettre à la Compagnie de payer le coupon de ses obligations échéant le 1er août, et elle s'est trouvée dès lors dans la nécessité de demander sa mise en liquidation judiciaire. Le tribunal de commerce de la Seine a fait droit à sa requête par un jugement en date du 25 juillet 1893, et après avoir obtenu la nomination d'un liquidateur judiciaire, elle sollicite aujourd'hui un concordat.

En raison de la situation politique et financière de la République Argentine qui ne permet pas encore de prévoir le moment où la garantie d'intérêts pourra être encaissée, la Compagnie est astreinte à la plus grande prudence ; elle ne peut donc prendre vis-à-vis de ses créanciers d'engagements fermes que pour des sommes très restreintes ; autrement elle s'exposerait au risque d'y manquer de nouveau.

Mais par contre, si ces créanciers consentent à n'être payés qu'au prorata des ressources disponibles, elle leur propose de maintenir dans leur intégralité le capital et le revenu de leurs obligations.

Le projet de concordat laisse au choix de chacun des créanciers, soit l'échange de ces obligations anciennes contre un pareil nombre d'obligations nouvelles, n'emportant aucune réduction de leur créance, et leur donnant droit à la répartition des disponibilités, ainsi qu'il sera dit ci-après, soit le payement de 20 p. 100 de leur créance en cinquante annuités.

D'autre part, la Compagnie tient essentiellement à associer les obligataires à ceux des actes de sa gestion qui peuvent exercer une influence sérieuse sur l'avenir de leur commune entreprise.

Dans ce but, elle s'engage à reconnaître aux représentants réguliers du syndicat que quelques-uns d'entre eux ont formé sous la dénomination de « Syndicat des obligataires de la Compagnie française des chemins de fer argentins », les droits nécessaires pour l'exécution de leur mandat, droits qui sont spécifiés dans les articles ci-après.

La Compagnie tient en outre à expliquer l'attribution de 5 p. 100 qui lui est faite sur les produits nets, aux termes de l'art. 7 du concordat.

Si tout l'actif social doit d'abord profiter aux créanciers jusqu'à complet payement des obligations, il n'en est pas moins vrai que c'est par les actionnaires que la société est représentée légalement dans ses rapports avec les tiers, et notamment avec le gouvernement national argentin.

Il a donc paru équitable de rémunérer la société de sa gestion par un léger prélèvement sur les produits nets en faveur des actionnaires, qui se trouveront ainsi avoir également intérêt à la bonne marche de la société.

En conséquence des faits qui viennent d'être exposés, la Compagnie française des chemins de fer argentins soumet à l'approbation de ses créanciers les clauses concordataires suivantes :

Art. 1er. — MM. les créanciers soussignés, sous le mérite des observations qui précèdent et sous réserve de l'offre qui leur est faite par l'art. 3 ci-après, font remise à la Compagnie française des chemins de fer argentins de 80 0/0 sur le montant de leurs créances, en principal et accessoires, arrêté au 25 juillet 1893, date du jugement déclaratif de la liquidation judiciaire.

Art. 2. — Les 20 p. 100 non remis sont stipulés payables en cinquante années par cinquantièmes, pour le premier versement être effectué le 1er janvier 1895 et les autres versements être continués d'année en année jusqu'à parfait payement.

Art. 3. — Toutefois, au lieu de recevoir le dividende de 20 p. 100 ci-dessus stipulé, MM. les créanciers auront la faculté de convertir leurs créances en obligations nouvelles que la société s'engage à créer aux conditions ci-après indiquées.

Art. 4. — Les obligations créées en vertu de l'article qui précède seront au capital nominal de 500 francs. Elles seront au porteur et pourront être échangées contre des certificats nominatifs.

Ces obligations auront droit à un intérêt de 5 p. 100 l'an (impôts à déduire), à dater du 1er février 1893, date du payement du dernier coupon. Mais la Compagnie ne sera tenue de leur distribuer annuellement que les sommes disponibles, en conformité de l'art. 7 ci-après.

Si les paiements effectués annuellement n'atteignent pas un intérêt de 5 p. 100 (impôts à déduire), la Compagnie restera débitrice de la différence, laquelle devra être réglée au moyen des disponibilités futures revenant aux obligataires, conformément à l'art. 7.

Lorsque les disponibilités calculées en conformité de l'art. 7 ci-après auront permis d'acquitter tous les intérêts échus, l'excédent, s'il en existe, sera appliqué à l'amortissement des obligations.

L'amortissement se fera par rachat en Bourse, si le cours des obligations est au-dessous du pair, ou par voie de tirage au sort, si le cours des obligations est au pair ou au-dessus.

Les versements dont s'agit devront continuer jusqu'à extinction des obligations en capital et intérêts pendant toute la durée de la concession. Il en sera de même pour le cas où la Compagnie viendrait à obtenir la prorogation de la concession actuelle ou de nouvelles concessions.

Si, au moment de la dissolution de la société, les obligations n'étaient pas remboursées intégralement en capital et intérêts, tout l'actif social, sous la déduction des dettes qui pourraient exister et de ce qui pourrait rester dû sur le dividende fixe promis aux termes de l'art. 2, sera dévolu aux obligataires jusqu'à concurrence de leurs droits. L'excédent seul, s'il en existe, appartiendra aux actionnaires.

En cas d'insuffisance dudit actif pour rembourser les obligations, comme il est dit ci-dessus, les obligataires font remise à la Compagnie de ce qui pourrait leur rester dû.

La forme du titre des obligations nouvelles, ainsi que le mode de répartition des disponibilités revenant aux obligataires, seront déterminés d'un commun accord entre le conseil d'administration du syndicat des obligataires dont il sera parlé ci-après et celui de la Compagnie française des chemins de fer argentins.

Art. 5. — Nonobstant le mode employé par le liquidateur judiciaire pour la vérification et l'admission des obligations anciennes émises le 10 août 1888, mode qui fait ressortir le chiffre à 471 fr. 419 chacune, MM. les obligataires auront le droit de réclamer autant d'obligations nouvelles à 500 francs qu'ils possèdent d'obligations anciennes.

La Compagnie de Fives-Lille, seule créancière de la Compagnie, en dehors des obligataires, pour la somme de 182.495 fr. 66, aura le droit de réclamer autant d'obligations nouvelles que sa créance contient de multiples de 500 francs, soit 365 obligations.

En échange des obligations nouvelles qui leur seront délivrées, MM. les créanciers devront remettre à la Compagnie leurs titres de créances.

L'échange dont il s'agit emportera de plein droit, de la part des échangistes, de leurs cessionnaires ou de leurs héritiers, adhésion aux statuts de l'association des obligataires, formée suivant acte reçu par Mᵉ . . . . ., notaire à Paris, le . . . . . ., et qui a pris la dénomination de « Syndicat des obligataires de la Compagnie française des chemins de fer argentins », les pouvoirs conférés à l'assemblée générale desdits obligataires, aux termes de l'acte susénoncé, étant déclarés irrévocables au regard de la Compagnie française des chemins de fer argentins, et toutes autres associations du même genre devant être considérées comme inopérantes à l'égard de la même Compagnie.

Art. 6. — La demande d'échange autorisée aux termes de l'article qui précède sera adressée au siège de la Compagnie, à Paris, 66, rue de la Chaussée-d'Antin : elle devra avoir lieu au plus tard dans le mois du jour où le jugement d'homologation du présent concordat sera passé en force de chose jugée, et ce délai expiré, les retardataires n'auront plus droit qu'aux dividendes fixes promis par la Compagnie.

Néanmoins, ce délai pourra être augmenté par décision du conseil d'administration de la Compagnie française, après appréciation des motifs en chaque cas et sans que les décisions par lui prises à cet égard puissent faire l'objet d'aucun recours en justice ou autrement.

Les créanciers qui auront opté pour l'échange cesseront d'avoir droit aux dividendes fixes promis par l'art. 2.

Art. 7. — Chaque année, au 31 décembre, il sera dressé par les soins du conseil d'administration un bilan, un inventaire et le compte de profits et pertes de la Compagnie, qui comprendra notamment les annuités encaissées du gouvernement national argentin, à raison de la garantie d'intérêts qu'il a consentie.

Les frais de la liquidation judiciaire, ainsi que les autres dettes privilégiées que pourrait avoir la Compagnie, tels que les impôts, droits de timbre, etc., etc., devront figurer au compte de profits et pertes du présent exercice (lequel sera clos le 31 décembre 1893).

Le solde créditeur du compte de profits et pertes constitue les produits disponibles.

Sur ce solde, la Compagnie prélèvera :

1° Somme suffisante pour payer aux créanciers qui n'auraient pas échangé leurs titres anciens le dividende fixe promis par l'art. 2 ;

2° 10 p. 100 pour constituer un fonds de prévoyance non distribuable.

Cette retenue cessera d'être opérée le jour où ledit fonds aura atteint une somme de un million cinq cent mille francs, mais elle devra fonctionner à nouveau le jour où le fonds dont il s'agit viendrait à être diminué. Le surplus sera attribué :

95 p. 100 aux obligataires et 5 p. 100 à la société, qui pourra en disposer dans les termes de ses statuts.

La répartition des sommes attribuées aux obligations nouvelles sera faite par la Compagnie française des chemins de fer argentins.

Art. 8. — En cas de rentrée extraordinaire, telle que rachat par le gouvernement national argentin de sa garantie annuelle, l'emploi de cette somme sera déterminé, d'un commun accord, par les conseils d'administration de la Compagnie française des chemins de fer argentins et du syndicat des obligataires de ladite Compagnie.

Art. 9. — Aux présentes est intervenu M. . . . . ., demeurant à Paris, agissant en vertu des pouvoirs à lui conférés par l'acte d'association des obligataires ci-dessus énoncé, à l'effet de stipuler :

1° Que la Compagnie française des chemins de fer argentins ne pourra contracter aucun emprunt nouveau ni en fixer les conditions sans l'assentiment du conseil d'administration du syndicat des obligataires ;

2° Que sans le même assentiment, elle ne pourra se livrer à aucune nouvelle entreprise, ni passer aucune convention qui aurait pour résultat de modifier la nature ou la durée de ses concessions, l'étendue de son réseau ou la garantie d'intérêts consentie par le gouvernement argentin ;

3° Qu'elle ne pourra engager aucune dépense de premier établissement lorsque le conseil d'administration du syndicat des obligataires de la Compagnie française des chemins de fer argentins y aura opposé un veto unanime, motivé et notifié par écrit au conseil d'administration de la Compagnie française ;

4° Que la Compagnie française des chemins de fer argentins tiendra chaque année, à la disposition du conseil d'administration du syndicat des obligataires et au fur et à mesure de ses demandes, une somme qui ne pourra dépasser quinze mille francs, laquelle est destinée à faire face aux frais dudit syndicat et qui sera portée au compte de frais généraux de la Compagnie française.

Le maximum de quinze mille francs pourra être modifié ultérieurement, d'accord entre le syndicat et la société, et après un vote approbatif des assemblées générales des actionnaires et des obligataires.

Par exception, les sommes à verser de ce chef au syndicat par la Compagnie française des chemins de fer argentins au cours de l'année 1893 ne dépasseront pas 3.250 francs ;

5° Que le conseil d'administration du syndicat des obligataires ou un délégué choisi par lui, dans son sein :

a) Assistera à toutes les délibérations du conseil d'administration de la Compagnie française des chemins de fer argentins, avec voix consultative et pouvoir de faire consigner ses observations au procès-verbal ;

b) Assistera aux assemblées générales de la Compagnie française des chemins de fer argentins ;

c) Prendra communication de la comptabilité de la Compagnie française, ainsi que de son bilan, de son inventaire et du compte de profits et pertes, un mois avant la date fixée pour l'assemblée générale ordinaire annuelle des actionnaires, en se faisant assister, s'il le juge à propos, par un employé de son choix.

La Compagnie française des chemins de fer argentins déclare que connaissance par elle prise des stipulations qui précèdent, elle y donne son adhésion pleine et entière avec engagement de s'y conformer. Elle accepte que le conseil d'administration dudit syndicat ait le droit de poursuivre par tous les moyens légaux, et même judiciairement, tant en demandant qu'en défendant, l'effet des conventions qui précèdent, renonçant à se prévaloir de la maxime « Nul ne peut plaider en France par procureur ».

Il est fait attribution de juridiction aux divers tribunaux compétents séant dans le département de la Seine pour statuer sur les difficultés pouvant surgir entre les parties.

Art. 10. — De convention expresse, il est stipulé que les présentes n'apporteront aucune novation ni dérogation aux engagements respectifs de la Compagnie française et du gouvernement national argentin, notamment en ce qui concerne la garantie d'intérêts consentie par ledit gouvernement.

Il en sera de même à l'égard des statuts de la Compagnie française, lesquels continueront à la régir comme par le passé, notamment en ce qui concerne les stipulations contenues dans les art. 7 et 8 des statuts relatifs

aux parts de fondateur, le présent concordat ne constituant qu'un règlement entre la Compagnie française et ses créanciers, sans que les tiers étrangers à la convention aient à en profiter ou à en souffrir.

160. — Liquidation judiciaire de la Société des immeubles de France.

*Concordat du 23 avril 1895, homologué par jugement du tribunal de commerce
de la Seine du 6 juin 1895, confirmé par arrêt de la 1re chambre de la Cour
d'appel de Paris du 24 juillet 1895.*

Art. 1er. — La Société des immeubles de France abandonne d'abord
à ses créanciers, qui l'acceptent, la partie de son actif mobilier comprenant :

1º Diverses créances hypothécaires détaillées à l'inventaire ;

2º Tous les dividendes susceptibles d'être encaissés dans la faillite de la
Banque d'Escompte de Páris, dont la Société des immeubles est la principale créancière ;

3º Les sommes à provenir de répétitions et recours à exercer ;

4º Et toutes sommes, titres, valeurs, créances, qui seraient ou pourraient
devenir disponibles, notamment après payement du passif privilégié ou du
règlement d'autres créances.

Pour ledit actif être réalisé par les soins de M. Roucher, à cet effet maintenu liquidateur, et être employé ainsi qu'il sera expressément déterminé
sous l'art. 8 ci-après.

Art. 2. — En dehors dudit abandon, la société s'engage à payer à ses
créanciers 50 p. 100 du montant de leurs créances, dans un délai de quarante ans, à raison de 1,25 p. 100 par an, pour le payement être effectué
un an après l'homologation définitive du présent concordat, et les autres
versements être continués d'année en année jusqu'à parfait payement.

Le payement de chaque dividende sera constaté par une estampille sur
les titres de créances.

Art. 3. — Toutefois, au lieu de recevoir ledit dividende annuel de 1,25
p. 100 ci-dessus stipulé, MM. les créanciers auront la faculté de convertir
leurs créances en obligations nouvelles que la société s'engage à créer aux
conditions suivantes :

Art. 4. — MM. les porteurs d'obligations anciennes émises à 387 fr. 50
(1re émission 3 p. 100 libérées, et admises au passif de la liquidation pour
412 fr. 96, ou pour 413 fr. 28, suivant qu'elles sont au porteur ou nominatives) recevront pour la somme de 400 francs, en échange de chacun de ces
titres munis du coupon nº 24, à l'échéance du 10 mai 1894, une obligation
nouvelle, au capital nominal de 400 francs, produisant un intérêt fixe annuel
de 6 francs (impôts à déduire), ledit intérêt divisé en deux coupons de 3 fr.
chacun, payables les 1er mai et 1er novembre de chaque année, avec jouissance à compter du 1er novembre 1895.

MM. les porteurs d'obligations anciennes, émises à 475 francs (2º émission 4 p. 100 libérées, et admises au passif de la liquidation pour 483 fr. 46, ou 483 fr. 85, suivant qu'elles sont au porteur ou nominatives), recevront pour la somme de 475 francs, en échange de chacun de ces titres munis du coupon nº 9, à l'échéance du 10 mai 1894, une obligation nouvelle au capital nominal de 475 francs, produisant un intérêt fixe annuel de 7 francs (impôts à déduire), divisé en deux coupons de 3 fr. 50 chacun, payables les 1er mai et 1er novembre de chaque année, avec jouissance à partir du 1er novembre 1895.

Les nouvelles obligations étant respectivement remises aux créanciers pour une valeur de 400 francs ou de 475 francs, selon les titres pour lesquels elles seront données en échange, le solde de la valeur d'admission des titres échangés sera réglé en raison de son importance, soit en obligations nouvelles de même nature que celles échangées, soit en coupures d'obligations de 50 francs, soit enfin en espèces, ainsi qu'il sera dit aux quatre derniers alinéas du présent article.

La Société des immeubles ne sera tenue de distribuer annuellement aux porteurs de ces nouvelles obligations que les sommes disponibles, en conformité des art. 8 et 9 ci-après.

Si, pour une cause quelconque, l'intérêt fixe ci-dessus prévu ne pouvait être intégralement payé, la société restera débitrice de la différence, qui devra être réglée sans intérêts sur les disponibilités futures.

MM. les porteurs d'obligations pour le solde de la valeur d'admission desdits titres au delà de 400 francs et de 475 francs, selon leur nature, et MM. les créanciers autres que les obligataires auront le droit de réclamer autant d'obligations nouvelles de 400 francs que le montant de leurs créances comprendra de multiples de 400 francs.

D'autre part, la Société des immeubles aura le droit de créer des titres provisoires et au porteur de 50 francs ; huit de ces coupures donneront droit à une obligation nouvelle de 400 francs, et l'échange devra en être opéré dans les deux mois qui suivront la remise des titres.

Ces titres provisoires seront délivrés, sur leur demande, aux créanciers de sommes inférieures à 400 francs, soit pour obligations non libérées, soit pour coupons échus, soit enfin pour toute autre cause.

Quant aux fractions de créances inférieures à 50 francs, elles seront payées immédiatement en espèces, et pour solde, à raison de 25 p. 100.

Art. 5. — L'amortissement des obligations aura lieu au pair par voie de tirage au sort, conformément au tableau d'amortissement, en soixante-quinze ans, qui sera dressé pour chaque nature de titres sur la base du tableau d'amortissement annexé à l'original du présent contrat, comprenant le capital à 400 francs et à 475 francs, et l'intérêt à 6 francs et à 7 francs ci-dessus stipulé.

Le tirage au sort sera effectué chaque année dans le mois de la clôture de l'exercice ; le payement des titres sortis s'effectuera le 1er mai suivant ; le porteur du titre sorti recevra également le montant du coupon échu à cette date.

En outre, il sera chaque année appliqué au rachat d'obligations à la Bourse de Paris les 35 p. 100 stipulés au paragraphe 4 de l'art. 9.

Les titres rachetés ou remboursés dans les conditions qui précèdent devront tous être annulés au moment du payement, et frappés à cet effet d'un timbre spécial ; ils ne pourront, par suite, être remis en circulation ou aliénés d'une manière quelconque.

Art. 6. — La demande d'échange des créances et obligations anciennes en obligations nouvelles devra être adressée au siège actuel de la société, rue Saint-Honoré, n° 366, dans les deux mois du jour où le jugement d'homologation du présent concordat sera passé en force de chose jugée ; néanmoins, dans l'intérêt des créanciers, ce délai pourra être prorogé, par décision du conseil d'administration, d'accord avec les commissaires au concordat.

Après avoir reçu les obligations nouvelles qui leur auront été attribuées, et après avoir touché la fraction de leur créance payable en espèces, ainsi qu'il a été dit à l'art. 4 ci-dessus, MM. les créanciers qui auront accepté en payement les nouvelles obligations devront remettre à la société les titres constitutifs de leurs créances, qui, se trouvant représentées par les nouvelles obligations, ne leur donneront plus droit aux dividendes fixes prévus par l'art. 2.

Art. 7. — En outre desdites obligations et pour chacune d'elles, les créanciers recevront un bon dit de liquidation donnant droit à une part proportionnelle du solde du fonds de réserve constitué sous l'article suivant.

Ce bon donnera éventuellement droit à un intérêt variable, payable sur les 65 p. 100 de la part des produits nets actuels tels qu'ils sont indiqués au paragraphe 4 de l'art. 9.

Art. 8. — Les produits de la réalisation de la partie de l'actif mobilier abandonnée aux créanciers, ainsi qu'il est dit à l'art. 1er, seront employés :

1° A l'actif du passif privilégié ;

2° A la constitution d'un fonds de réserve concordataire dans les limites indiquées à l'art. 9 ci-après ;

3° Le surplus, au remboursement de la dette hypothécaire, en commençant par les créanciers à qui la société paye le taux le plus élevé.

Le liquidateur judiciaire chargé de la réalisation de cet actif remettra, après l'acquit du passif privilégié, les sommes à en provenir aux commissaires qui devront les verser dans les caisses d'un établissement de crédit désigné par les commissaires ; ces derniers surveilleront l'application immédiate des sommes ainsi déposées d'abord au compte de la réserve concordataire, ensuite au remboursement des créanciers hypothécaires.

Les fonds de la réserve devront être employés en titres de la catégorie de ceux autorisés par l'Etat pour les compagnies d'assurances sur la vie.

L'établissement dépositaire ne pourra s'en dessaisir en tout ou partie que sur une décharge de la société visant le présent article, contresignée par deux au moins des commissaires. En cas de changement de la caisse dépositaire, la nouvelle caisse sera désignée par les commissaires, et le dépôt passera directement de la première à la seconde.

Les intérêts produits par les titres de la réserve concordataire seront compris dans les produits de chaque exercice.

Ce fonds est destiné :

1º A compléter les sommes nécessaires à la répartition prévue à l'art. 2, au payement de l'intérêt des obligations et à l'amortissement par voie de tirage au sort, si les disponibilités de l'exercice sont insuffisantes pour couvrir ces objets ;

2º A améliorer, lorsque l'utilité en aura été reconnue par les commissaires, le rendement des immeubles de la société, si par impossible les frais ordinaires d'entretien n'y pouvaient suffire.

Après amortissement intégral des nouvelles obligations, la réserve concordataire sera répartie entre tous les porteurs de bons de liquidation, ainsi qu'il est dit à l'art. 7.

Art. 9. — Chaque année, au 31 décembre, il sera dressé un inventaire, un bilan et le compte des disponibilités de la société, y compris les revenus de la réserve concordataire.

Les frais exposés au cours des opérations de la liquidation judiciaire jusqu'à l'homologation du concordat, et les dettes privilégiées qui auront été payées, devront figurer au compte du présent exercice, qui sera clos le 31 décembre 1895.

Le solde créditeur dudit compte constituera la partie disponible, après prélèvement des sommes nécessaires à l'acquit des impôts, charges et entretien des immeubles, au payement des annuités (intérêts et amortissement) dues aux créanciers hypothécaires et au payement des frais d'administration, sans que ces frais, y compris notamment les droits d'abonnement au timbre et les allocations au conseil d'administration et aux commissaires à l'exécution du concordat, puissent excéder 170,000 francs. Cette dernière somme ne pourra être éventuellement augmentée qu'en cas d'élévation des droits existants ou de nouveaux droits les excédant.

Le solde du compte disponible ainsi constitué servira pour l'exercice qui sera clos le 31 décembre prochain :

1º A réserver somme nécessaire au payement de l'intérêt acquis aux obligataires du 1.er novembre au 31 décembre ;

2º Le surplus sera versé au fonds de réserve.

Et pour tous les autres exercices :

1º A payer aux créanciers qui n'auraient pas opté pour la conversion, le dividende de 1 fr. 25 fixé par l'art. 2 ;

2º Ainsi qu'il a été dit à l'art. 5, au payement de l'intérêt fixe et à l'amortissement des obligations par voie de tirage au sort, conformément au tableau d'amortissement, étant entendu qu'aucun prélèvement annuel ne pourra être fait sur la réserve pour l'amortissement conformément au tableau, si le total des obligations remboursées ou rachetées est supérieur aux chiffres du tableau d'amortissement ;

3º A compléter ou à reconstituer la réserve jusqu'à concurrence de 4 millions de francs ;

4º Le surplus sera appliqué :

35 p. 100 à un amortissement supplémentaire d'obligations par voie de rachat en Bourse ;

65 p. 100 seront répartis chaque année entre les bons, à titre d'intérêt variable, comme il est dit à l'art. 7.

Si, dans le délai de soixante-quinze ans prévu pour leur amortissement, toutes les obligations n'avaient pas été remboursées, et si le fonds alors existant de la réserve ne suffisait même pas à en assurer le payement, celles des obligations non encore amorties à l'expiration de la soixante-quinzième année devront être remboursées sur l'actif alors existant de la société.

Art. 10. — La Société des immeubles de France, en dehors de l'actif par elle abandonné, continuera librement ses opérations de gestion et d'administration ; mais elle ne pourra, après l'homologation du présent concordat, faire aucun prêt, contracter aucun emprunt, ni faire aucune acquisition ou vente d'immeubles, ni toute opération immobilière ou mobilière, ni même apporter aucune modification à ses statuts, sans le consentement de la majorité des commissaires ci-après chargés de veiller à l'exécution du présent concordat.

Spécialement, et dans le cas où la Société des immeubles serait amenée à vendre un ou plusieurs de ses immeubles, elle devra employer le prix à provenir de ces réalisations à rembourser à due concurrence les hypothèques dont ils seraient grevés. S'il y a un reliquat disponible, il devra être employé à l'amortissement des obligations. Le même mode d'emploi sera applicable à toutes indemnités qui pourraient être touchées de compagnies d'assurances, en cas de sinistres.

Art. 11. — Trois commissaires à l'exécution du présent concordat seront nommés par le président du tribunal de commerce de la Seine sur requête à lui présentée par la partie la plus diligente, à défaut par l'assemblée des créanciers de s'être mise d'accord sur la nomination de ces commissaires.

Ils auront, en cette qualité, le droit d'assister, avec voix consultative, aux délibérations du conseil d'administration. Ils devront toujours être convoqués aux assemblées générales.

Ils auront le droit de prendre, à toute époque, communication de la comptabilité de la Société des immeubles, et dans le mois qui précédera la réunion de l'assemblée générale des actionnaires, de son bilan, de son inventaire et des comptes d'exploitation et de rachat ou d'amortissement.

Aucun prélèvement (en conformité de l'art. 8) ne pourra être fait sur les fonds ou revenus de la réserve, sans l'assentiment de deux au moins des commissaires. Les commissaires veilleront spécialement à la reconstitution de cette réserve, si elle est entamée, et à l'emploi des fonds qui y seront versés en exécution du paragraphe 3° de l'art. 9.

La société accepte que lesdits commissaires aient le droit de poursuivre soit ensemble, soit séparément, par tous les moyens légaux, et même judiciairement, tant en demandant qu'en défendant, l'exécution des conventions qui précèdent, renonçant à se prévaloir de la maxime que « Nul ne peut plaider en France par procureur ».

A cet égard, il est fait attribution de juridiction aux différents tribunaux compétents séant dans le département de la Seine pour statuer sur les difficultés pouvant surgir entre les parties.

En cas de démission ou de décès ou d'impossibilité d'un des commissaires de remplir ses fonctions, il sera pourvu à son remplacement par ordonnance du président du tribunal de commerce de la Seine, sur la requête de la partie la plus diligente.

Art. 12. — Les inscriptions prises au nom de la masse par le liquidateur judiciaire, en vertu des dispositions de l'art. 4 de la loi du 4 mars 1889 et de l'art. 490 C. com., savoir :

au 1er bureau des hypothèques de la Seine, le 21 juillet 1894, v. 1690, n° 50
au 2e   —   —   —   v. 1706, n° 189
au 3e   —   —   —   v. 1180, n° 49
au bureau des hypothèques de Bordeaux, le 23 juillet 1894, v. 1595, n° 138
     —   de Rouen,   —   v. 1287, n° 72

sont et demeurent conservées pour la complète garantie des engagements qui précèdent ; mais MM. les créanciers déclarent dispenser M. Roucher, liquidateur, de transcrire le jugement d'homologation du présent concordat.

MM. les commissaires devront renouveler, s'il y a lieu, soit conjointement, soit séparément, lesdites inscriptions, avant l'expiration de chaque période décennale, à partir des dates où elles ont été prises. Tous pouvoirs nécessaires leur sont à cet effet donnés.

Tous pouvoirs leur sont également, par ces présentes, conférés à l'effet de donner à la majorité toutes mainlevées partielles ou définitives, en cas de réalisations d'immeubles dans les conditions prévues par l'art. 10: Ils pourront également donner mainlevées totales desdites inscriptions et tous quitus et décharges à la société, se désister de tout droit de privilège, hypothèque et action résolutoire, consentir avec la société toutes hypothèques résultant d'emprunts dont le produit serait spécialement affecté au remboursement de dettes hypothécaires déjà existantes, consentir également la radiation partielle ou définitive de toutes inscriptions, comme aussi toutes antériorités, ainsi que toutes subrogations, mais sans autres garanties que celles de droit.

Enfin toutes notifications qui pourraient devenir nécessaires en cas d'aliénation d'immeubles devront être faites entre leurs mains, comme représentant seuls, en ce cas, la masse des créanciers de la société.

Art. 13. — Il est stipulé, de convention expresse, que le présent concordat ne constitue qu'un règlement entre la Société et ses créanciers, sans que les tiers aient à en profiter ou à en souffrir.

Art. 14. — En cas d'inexécution du concordat qui précède, aux dates et conditions ci-dessus spécifiées, la résolution en aura lieu un mois après une mise en demeure restée infructueuse.

161. — Concordat à revenu variable. — Concordat de la Société de constructions mécaniques du midi de la Russie.

PREMIÈRE PARTIE

Dividende fixe.

Art. 1er. — Messieurs les créanciers chirographaires font remise à la société, qui accepte, de 60 p. 100 du montant de leurs créances, en principal et accessoires, arrêté au 22 octobre 1906, date du jugement qui a prononcé la liquidation judiciaire.

Les 40 p. 100 non remis seront payables en 20 annuités fixes de 2 % sans intérêts, le premier versement devant avoir lieu deux ans après que le présent concordat aura été définitivement homologué et les autres d'année en année.

Option pour l'échange contre des obligations nouvelles.

Toutefois pendant les quatre mois qui suivront l'homologation définitive du concordat, Messieurs les créanciers auront la faculté, qui leur est présentement reconnue par la société, de renoncer aux engagements concordataires qui précèdent et de les remplacer par l'échange de leurs titres de créances contre des obligations nouvelles à revenu variable que la société s'engage à créer ainsi qu'il suit :

Création d'obligations nouvelles.

Art. 2. — Les obligations nouvelles à revenu variable dont il s'agit seront d'un capital nominal de cinq cents francs. Elles seront au porteur. Elles n'auront pas droit à intérêt fixe, mais la société sera tenue de leur distribuer annuellement à titre d'intérêt non imputable sur le capital, jusqu'à concurrence de 4 ½ p. 100, soit 22.50, mais sans accumulation d'une année sur l'autre, les bénéfices disponibles résultant de son compte de profits et pertes établi suivant les règles posées à l'article suivant :

Etablissement du compte de profits et pertes.

ART. 2. — Chaque année il sera dressé, par les soins du conseil d'administration de la société, un compte de profits et pertes comprenant aux dépenses les charges courantes de la société, les frais d'exploitation et d'administration, les frais généraux, les amortissements industriels, les service des dettes privilégiées et impôts. L'excédent des recettes sur les dépenses constituera les bénéfices nets de la société.

Sur cet excédent, il sera prélevé :

1º Le dividende fixe de 2 p. 100 par an stipulé à l'art. 1er en faveur des créanciers qui n'auront pas opté pour l'échange ;

2º Une somme représentant 10 p. 100 des bénéfices pour constituer un fonds de prévoyance jusqu'à concurrence d'une somme de 100.000 francs destinée notamment à assurer le paiement du dividende fixe ci-dessus indiqué, étant expliqué cependant qu'un autre emploi pourra être fait du fonds de prévoyance avec l'assentiment des commissaires, mais que dans ce cas la réserve de 100.000 francs dont il s'agit devra être complétée les années suivantes.

Le solde après ces deux prélèvements sera réputé bénéfice disponible et servira à distribuer aux obligations nouvelles le revenu variable auquel elles ont droit.

Amortissement des obligations nouvelles.

ART. 4. — Si le bénéfice disponible est supérieur à la somme nécessaire pour servir aux obligations nouvelles le revenu maximum de 4 ½ p. 100, l'excédent sera appliqué : 90 p. 100 à l'amortissement de ces obligations, 10 p. 100 à la société.

L'amortissement des obligations nouvelles à revenu variable s'effectuera, savoir : 1º Si les obligations sont au-dessous du pair, par des achats en bourse ou par des adjudications publiques au « moins demandant » ; 2º Si les cours sont au pair ou au-dessus du pair, par voie de tirage ou de répartitions au marc le franc entre toutes les obligations restant à amortir. Dans le cas de répartition au marc le franc, les obligations seront frappées d'une estampille indiquant le montant du remboursement partiel et le capital nominal de l'obligation sur lequel porte le revenu variable sera réduit d'autant.

La société se réserve le droit d'employer ses ressources personnelles provenant de 10 p. 100 à elle attribués dans le solde bénéficiaire comme il est dit ci-dessus à augmenter l'amortissement des obligations.

Dans le cas où la société débitrice prendrait fin, soit par l'expiration de sa durée statutaire, soit par l'effet d'une dissolution anticipée, et si, dans ce cas, les obligations nouvelles à revenu variable n'étaient pas encore entièrement amorties, l'actif social, sauf ce qui est dit à l'art. 7 ci-après, leur serait dévolu jusqu'à concurrence de leurs droits, mais après déduction des créances hypothécaires et privilégiées et des sommes pouvant rester dues aux créanciers non échangistes à titre de dividendes fixes, lesdits dividendes devant être alors escomptés au taux composé de 4 ½ p. 100 l'an suivant la durée restant à courir jusqu'aux échéances. Si l'actif était insuffisant pour acquitter entièrement les obligations nouvelles, cet actif leur serait réparti au marc le franc et les obligataires font d'ores et déjà dans ce cas remise à la société de ce qui leur resterait dû après la répartition effectuée.

Conditions de l'option.

Art. 5. — Pour profiter de l'option qui leur est consentie par la société d'échanger leurs titres de créances contre des obligations nouvelles à revenu variable, Messieurs les créanciers devront faire la déclaration écrite qu'ils acceptent l'échange aux bureaux du siège social, dans les quatre mois qui suivront la publication dans les journaux judiciaires du département de la Seine, de l'homologation définitive du présent concordat.

De convention expresse cette déclaration d'acceptation emportera de plein droit, de la part des optants, de leurs cessionnaires ou héritiers et de tous futurs porteurs, adhésion aux statuts du « Syndicat des obligataires » annexés au présent concordat, remarque faite que les pouvoirs conférés par ces statuts, tant à l'asssemblée générale des obligataires qu'à ses délégués, sont déclarés irrévocables au regard de la société débitrice, et que toute autre association d'obligataires sera considérée comme inopérante à l'égard de cette société.

Les titres des obligations feront mention de cette stipulation.

Conditions de l'échange.

Art. 6. — Les obligations nouvelles seront échangées titre pour titre avec les obligations actuellement existantes de la société.

Ceux de Messieurs les créanciers dont les créances ne sont pas actuellement représentées par des obligations et qui opteront pour l'échange de leurs titres de créances contre des obligations nouvelles recevront autant de ces obligations nouvelles que la somme de 488 fr. 20 sera contenue de fois dans le montant total de leurs créances.

Les créances inférieures à 488 fr. 20 et les fractions de créances ou surplus inférieures à 488 fr. 20 seront réglées à raison de 40 p. 100 de leur montant payable dans les trois mois qui suivront l'échange.

DEUXIÈME PARTIE.

Le présent concordat n'apporte aucune dérogation aux statuts de la Société de constructions mécaniques du midi de la Russie. Ces statuts pourront recevoir toutes les applications et modifications qui y sont prévues, notamment en leur art. 41, sans que pour cela la validité des présentes puisse être mise en question.

La société pourra notamment, ainsi que le prévoient ses statuts, emprunter, vendre son actif, en faire apport à d'autres sociétés françaises ou étrangères, fusionner avec elles ou se transformer elle-même en une autre société française ou en société étrangère. Mais ces emprunts, vente, apport, fusion ou transformation ne pourront avoir lieu qu'aux conditions suivantes :

Cas d'emprunt.

ART. 7. — La société débitrice pourra, dans le but d'améliorer ses exploitations, contracter à concurrence d'une somme effective de 8.500.000 francs, un ou plusieurs emprunts dont l'intérêt et l'amortissement seront garantis par une hypothèque sur les biens immobiliers de la société. Cette hypothèque sera de premier rang en vertu de l'antériorité consentie par les créanciers hypothécaires actuels dans leur intervention mentionnée à l'art. 10 ci-après.

Les emprunts hypothécaires dont il s'agit pourront être réalisés d'abord au moyen d'ouvertures de crédit, mais ils pourront ensuite être transformés en obligations hypothécaires de premier rang.

Cas de vente.

Le prix de l'actif vendu à une autre société pourra donner lieu à un paiement en espèces ou à un paiement en titres.

1º Paiement du prix en espèces.

La société ne pourra consentir la vente de son actif moyennant un prix payable en espèces qu'à la condition de recevoir de son acquéreur au moins somme suffisante pour lui permettre, après avoir éteint ses dettes hypothécaires et privilégiées :

1º De rembourser les dividendes annuels de 2 p. 100 restant dus sur le dividende total fixe de 40 p. 100 promis aux créanciers non échangistes et payable en vingt années, mais à raison de l'anticipation du paiement que ferait la société de dividendes non échus, la valeur de ces dividendes non échus serait ramenée au jour de la vente en leur faisant subir un escompte calculé au taux composé de 4 ½ p. 100 suivant la durée du temps restant à courir jusqu'aux échéances et la somme ainsi obtenue sera immédiatement payée aux créanciers non échangistes pour solde des dividendes concordataires à eux promis ;

2º De payer immédiatement aux porteurs des obligations à revenu variable un dividende de 20 p. 100 calculé sur le montant nominal non amorti de ces obligations, étant stipulé que les sommes versées antérieurement à ces mêmes porteurs à titre de revenu leur seraient acquises et ne viendraient pas en déduction du montant de leurs créances.

Si après avoir effectué les paiements stipulés aux paragraphe 1º et 2º ci-dessus, il reste un excédent sur le prix de l'actif vendu, cet excédent sera réparti au marc le franc et jusqu'à concurrence du solde leur restant dû, aux porteurs d'obligations à revenu variable, les dites obligations comptées pour leur capital non amorti.

La vente de l'actif ayant lieu moyennant un prix payable en espèces et ce prix ayant été employé et réparti comme il vient d'être dit, la société se trouvera libérée de ses engagements concordataires vis-à-vis de tous ses créanciers.

2° *Paiement du prix en titres.*

La société devra imposer à un acquéreur payant en titres l'obligation :

1° De désintéresser les créanciers hypothécaires et privilégiés ou d'obtenir d'eux qu'ils renoncent à toute action contre la société venderesse de manière qu'elle ne puisse pas être inquiétée à raison des dites créances ;

2° De remettre aux créanciers non échangistes des bons d'annuités fixes correspondant aux dividendes annuels de 2 p. 100 leur restant dus sur le dividende total de 40 p. 100 à eux promis par l'article 1er du présent concordat ;

3° De remettre aux porteurs des obligations à revenu variable des obligations semblables contenant les conditions et droits stipulés dans les présentes pour ces obligations ;

4° De remettre aux porteurs des obligations de premier rang dont il a été parlé ci-dessus, des obligations semblables contenant les conditions et droits stipulés en leur faveur.

Cas d'apport ou de fusion.

La société débitrice devra imposer à la société bénéficiaire de l'apport ou de la fusion les mêmes obligations que celles imposées à l'acquéreur payant son prix en titres.

Stipulations particulières pour le cas où, après apport ou fusion, les créanciers hypothécaires et privilégiés donneraient mainlevée.

Si les créanciers hypothécaires et privilégiés actuels recevaient dans la combinaison d'apport ou de fusion, en complet paiement de ce qui leur est dû, c'est-à-dire contre quittance définitive et pour solde et contre mainlevée de leurs hypothèques, privilèges et gages, des actions de la société bénéficiaire d'apport ou de fusion comptées à leur pair de 500 francs, les porteurs d'obligations à revenu variable recevront, si bon semble à cette dernière société, la même monnaie de paiement sur la base d'une évaluation nominale de 250 francs entièrement libérés par obligation sans tenir compte des sommes versées soit à titre de revenu, soit à titre d'amortissement.

Dans le cas où la société userait de cette faculté, cette mesure devra être prise vis-à-vis de tous les obligataires.

Cette situation particulière qui peut transformer les obligations en actions sera une conséquence du choix que les créanciers auront fait en acceptant, au lieu de dividendes fixes, le paiement en obligations à revenu variable.

Les actions remises aux créanciers hypothécaires et privilégiés et celles remises aux porteurs d'obligations à revenu variable seront semblables ;

elles seront de même nature et auront les mêmes droits que les actions les plus favorisées de la société bénéficiaire de l'apport ou de la fusion.

Il ne sera fait au capital-actions de la société actuelle aucune répartition de bénéfice avant que les actions dont il vient d'être parlé n'aient touché un dividende de 9 p. 100, de manière à ce que les anciens obligataires reçoivent le même revenu qu'avant l'échange.

Cas de transformation.

S'il y a transformation de la société française débitrice en société française ou étrangère, la nouvelle société devra avoir vis-à-vis des créanciers non échangistes, des créanciers hypothécaires et privilégiés, des porteurs d'obligations à revenu variable, les mêmes obligations que celles qui viennent d'être stipulées à la charge d'une société bénéficiaire d'apport ou fusion réglant son prix en titres, notamment en ce qui concerne la remise aux ayants droit des bons d'annuités fixes, des obligations semblables aux obligations à revenu variable et d'autre part, elle aura également la faculté d'échanger contre des actions les obligations à revenu variable dans les conditions et circonstances ci-dessus déterminées.

Cas non prévus.

S'il se présentait en vue d'une vente, fusion ou transformation, une combinaison ayant d'autres bases ou nécessitant pour sa réalisation d'autres conditions que celles qui viennent d'être envisagées et déterminées, la société pourrait y donner suite, mais sous la réserve expresse d'avoir obtenu l'agrément écrit du syndicat des obligataires à revenu variable dont il va être parlé à l'art. 9.

Conséquence des cas de vente, apport, fusion ou transformation ci-dessus prévus.

ART. 8. — Après l'exécution des conditions de paiement comptant ou de remise de titres stipulées précédemment dans les différents cas de vente, d'apport, de fusion ou de transformation qui y sont prévus, la Société de constructions mécaniques du midi de la Russie sera entièrement libérée vis-à-vis de ses créanciers et il y aura entre eux novation par changement de débiteur en ce qui concerne les engagements résultant des bons dividendes fixes, obligations semblables aux obligations à revenu variable, actions remises aux créanciers de la société et obligations hypothéciaires de premier rang.

Syndicat des obligataires à revenu variable.

ART. 9. — Les statuts d'une association dénommée « Syndicat des obligataires » ont été établis suivant acte reçu par Mᵉ. . . . . . ., notaire, le . . . . ; ils sont annexés aux présentes.

L'homologation définitive du présent concordat emportera de plein droit et obligatoirement l'adhésion à ce syndicat de tous les porteurs des obligations nouvelles à revenu variable que la société débitrice s'est engagée à créer aux termes des art. 1 et 2 ci-dessus. Mention de cette stipulation sera faite sur les obligations dont il s'agit.

La société débitrice déclare expressément reconnaître et approuver le Syndicat des obligataires comme seul organe de représentation des porteurs d'obligations à revenu variable vis-à-vis d'elle. En conséquence, les pouvoirs conférés à l'assemblée générale des dits porteurs aux termes des statuts susénoncés et au conseil d'administration du syndicat sont déclarés irrévocables, au regard de la société débitrice, et toutes autres associations du même genre devront être considérées comme inopérantes au regard de la même société.

La société débitrice déclare en outre que connaissance prise des statuts du Syndicat des obligataires, elle y donne son adhésion pleine et entière et s'engage à s'y conformer en tous points.

Art. 10. — Au présent concordat se sont produites les interventions mentionnées ci-après, sous les conditions et réserves formelles et expresses que les stipulations qui suivent ne pourront, en aucun cas, être opposables aux dits intervenants que si le concordat est voté et définitivement homologué.

Sont intervenus : le Crédit foncier et agricole d'Algérie dont le siège est à Paris, rue Cambon, nᵒ 43, représenté par Monsieur. . . . . ., en vertu des pouvoirs ci-annexés, et la Société générale dont le siège est à Paris, 56, rue de Provence, représentée par Monsieur. . . . . ., en vertu des pouvoirs ci-annexés, déclarant se porter forts pour Monsieur Werth et la Banque du Nord à Saint-Pétersbourg, créanciers hypothécaires, inscrits sur les registres du grand notaire à Saint-Pétersbourg, savoir : M. Werth en premier rang pour une somme de 3.500.000 fr., la Banque du Nord en deuxième rang pour une somme de 1.000.000 de francs, lesquels ont déclaré que dans le but de faciliter le relèvement des affaires de la société, ils consentent à s'engager pour eux et leurs ayants droit :

1ᵒ D'ores et déjà à déclarer et reconnaître un droit d'antériorité au profit des prêteurs ou des obligataires de premier rang dont il est parlé à l'art. 7;

2ᵒ D'ores et déjà et pendant un délai de trois années à dater de l'homologation définitive du concordat, à renoncer au paiement des intérêts ;

3ᵒ Dans le cas où, pendant ce laps de temps, la société se transformerait ou ferait apport, fusion ou vente de son actif, comme il a été dit à l'art. 7, à accepter en paiement de leurs créances hypothécaires des actions de la nouvelle société, au pair, et à donner mainlevée des hypothèques.

Est intervenue la même Société générale se portant forte pour la Banque du Nord, laquelle a déclaré qu'ayant, postérieurement à la mise de la société sous l'administration judiciaire en Russie, avancé à ladite administration un privilège de droit sur les créanciers chirographaires et antériorité accordée par les créanciers hypothécaires sus-énoncés une somme de

300.000 roubles ou 800.000 francs environ, elle consent pour elle et ses ayants droit :

D'ores et déjà à déclarer et reconnaître qu'elle partagera son droit actuel d'antériorité avec les prêteurs ou obligataires de premier rang dont il est parlé à l'art. 7 sans réserve d'aucune sorte, de telle manière qu'à l'égard de la société débitrice cet emprunt de 800.000 francs et ceux prévus à concurrence des 8 millions ½ effectifs fassent partie de la même opération sans autres avantages spéciaux que ceux décrits à l'art. 7.

Commissaires.

Art. 11. — Les membres du conseil d'administration du Syndicat des obligataires seront de plein droit commissaires à l'exécution du présent concordat ; ils représenteront spécialement vis-à-vis de la société débitrice les porteurs d'obligations nouvelles à revenu variable comme il est dit plus haut.

M. Michel Raynaud, liquidateur judiciaire près le tribunal de commerce de la Seine, demeurant à Paris, 6, quai de Gesvres, est nommé commissaire à l'exécution du concordat. Ses fonctions s'exerceront au profit commun de tous les créanciers.

Les fonctions des commissaires pourront être exercées conjointement ou séparément par le conseil d'administration du Syndicat des obligataires d'une part et par M. Raynaud d'autre part.

La société débitrice reconnaît aux commissaires le droit d'assister aux séances de son conseil d'administration, d'y porter leurs observations et de les faire consigner au procès-verbal ; d'assister aux assemblées générales dans les mêmes conditions ; de prendre connaissance à toute époque de a comptabilité, du bilan, de l'inventaire et du compte de profits et pertes de même que les commissaires aux comptes de la société ; de poursuivre par toutes voies de droit l'exécution des conditions du présent concordat, ainsi que sa résolution en cas d'inexécution, la société reconnaissant que les pouvoirs des commissaires sont irrévocables à son égard et renonçant dès à présent à se prévaloir de la règle que « Nul en France ne peut plaider par procureur ».

La société débitrice versera chaque année pour les frais de commissariat une somme de 6.000 francs indépendamment des frais de justice, de convocation et d'assemblée que les commissaires seraient amenés à dépenser dans l'exercice de leurs fonctions et qui devront être supportés par la société.

Le total de ces dépenses sera porté par elle au compte de ses frais généraux.

Les fonctions de commissaires cesseront de plein droit après l'entière exécution des conditions du présent concordat ou en cas de résolution.

161 bis. — Concordat du chemin de fer de Damas-Hamah.

Art. 1er. — MM. les créanciers soussignés, sous le mérite des observations qui précèdent et sous réserve de l'offre qui leur est faite par l'art. 3 ci-après, font remise à la Société anonyme ottomane des chemins de fer de Beyrouth-Damas-Hauran et Biredjik sur l'Euphrate, de 50 p. 100 sur le montant de leurs créances, en principal et accessoires, arrêté au 18 juin 1900, date du jugement déclaratif de la liquidation judiciaire.

ART. 2. — Les 50 p. 100 non remis sont stipulés payables en cinquante annuités par cinquantièmes, pour le premier versement être effectué le 1er janvier 1912 et les autres versements être continués d'année en année jusqu'à parfait paiement.

ART. 3. — Toutefois, au lieu de recevoir le dividende de 50 p. 100 ci-dessus stipulé, MM. les créanciers auront la faculté de convertir leurs créances en obligations nouvelles que la société s'engage à créer aux conditions ci-après indiquées.

ART. 4. — Les obligations créées en vertu de l'article qui précède seront au capital nominal de 500 fr., elles seront au porteur et pourront être échangées contre des récépissés de dépôt.

Ces obligations, qui porteront la nouvelle dénomination sociale imposée par le gouvernement ottoman, auront droit à un intérêt maximum de 15 fr. par an, impôts à déduire, à dater du 1er janvier 1901, considéré d'un commun accord comme date opportune de reprise des paiements, mais la société ne sera tenue de distribuer annuellement que les sommes disponibles de l'exercice, en conformité de l'art. 8 ci-après.

La société, d'accord avec le conseil d'administration du Syndicat des obligataires, décidera si un acompte doit être payé au mois de juillet 1901, et en fixera l'importance.

L'amortissement se fera par rachat en Bourse, si le cours des obligations est au-dessous du pair, et par voie de tirage au sort, si le cours des obligations est au pair ou au-dessus.

Les versements dont il s'agit devront continuer jusqu'à l'extinction des obligations en capital et intérêts, pendant toute la durée de la concession. Il en sera de même pour le cas où la société viendrait à obtenir la proroga-tion de la concession actuelle ou des concessions nouvelles. Si, au moment de la dissolution de la société, les obligations n'étaient pas remboursées intégralement en capital et intérêts, tout l'actif social, sous déduction des dettes qui pourraient exister et de ce qui pourrait rester dû sur le divi-dende fixe, promis aux termes de l'art. 2, sera dévolu aux obligataires jusqu'à concurrence de leurs droits ; l'excédent, s'il en existe, appartiendra aux actionnaires, dans les termes des statuts sociaux.

En cas d'insuffisance dudit actif, pour rembourser les obligations comme il est dit plus haut, les obligataires font remise à la société de ce qui pour-rait leur rester dû.

La forme du titre des obligations nouvelles, ainsi que le mode de réparti-tion des disponibilités revenant aux obligataires, seront déterminés d'un commun accord entre le conseil d'administration du Syndicat des obligataires dont il sera parlé ci-après, et celui de la Société anonyme ottomane du chemin de fer de Damas-Hamah et prolongements.

Art. 5. — MM. les porteurs d'obligations pourront réclamer autant d'obligations nouvelles qu'ils possèdent d'obligations anciennes.

Ces dernières obligations devront être remises à la société, qui procédera à leur annulation ; elles seront, en outre, munies de tous leurs coupons, à partir et y compris celui même à l'échéance du 1er janvier 1901.

MM. les créanciers autres que les obligataires auront le droit de réclamer autant d'obligations nouvelles de 500 francs que le montant de leur créance comprendra de fois ladite somme de 500 francs. Le surplus, s'il en existe, leur sera payé comptant, à raison de 50 p. 100, et ils devront, en échange, remettre leurs titres de créance, à moins qu'ils n'aient des recours à exercer envers des tiers.

L'échange dont il s'agit emportera de plein droit, de la part des échangistes, de leurs cessionnaires ou de leurs héritiers, adhésion aux statuts de l'association des obligataires, formée suivant acte reçu par Me. . . . . ., notaire à Paris, le. . . . . ., et qui a pris la dénomination de « Syndicat des obligataires de la Société anonyme ottomane des chemins de fer de Beyrouth-Damas-Hauran et Biredjick sur l'Euphrate », les pouvoirs conférés à l'assemblée générale desdits obligataires, aux termes de l'acte sus-énoncé, étant déclarés irrévocables au regard de ladite société et toutes autres associations du même genre devant être déclarées comme inopérantes à l'égard de la même société.

Art. 6. — La demande d'échange, autorisée aux termes de l'article qui précède, sera adressée au siège administratif de la société, 21, rue de Londres ; elle devra avoir lieu, au plus tard, dans les trois mois du jour où le jugement d'homologation du présent concordat sera passé en force de chose jugée et, ce délai expiré, les retardataires n'auront plus droit qu'au dividende fixe promis par la société.

Néanmoins, ce délai pourra être augmenté, par décision du conseil d'administration de la Société anonyme ottomane des chemins de fer de Beyrouth-Damas-Hauran et Biredjick sur l'Euphrate, après appréciation des motifs en chaque cas et sans que les décisions prises par lui puissent faire l'objet d'un recours en justice ou autrement.

Les créanciers qui auront opté pour l'échange cesseront d'avoir droit au dividende fixe promis à l'art. 2.

Art. 7. — En vue de la construction et de l'exploitation de la ligne Rayak-Hamah, la Société anonyme ottomane des chemins de fer de Damas-Hamah et prolongements est autorisée à créer 462 obligations par kilomètre, soit au maximum 90.000 obligations 4 p. 100, remboursables en 90 ans et portant la dénomination de « obligations privilégiées Damas-Hamah et prolongements » et à les remettre à la Banque ottomane.

La société se réserve le droit de porter ultérieurement jusqu'à 583 par

kilomètre le chiffre des obligations émises en corrélation avec la quotité de
la garantie définitivement fixée au delà de 12.500 francs.

Art. 8. — Sont approuvés les termes généraux des accords verbaux
financiers et industriels pour la construction de la ligne Rayak-Hamah
et l'exploitation du réseau entier de la Société Damas-Hamah et prolongements, tel qu'il se comportera après cette extension.

Art. 9. — Chaque année, au 31 décembre, il sera dressé, par les soins
du conseil d'administration, un bilan, un inventaire et le compte de profits
et pertes.

Au crédit du compte profits et pertes les recettes brutes de l'exploitation de l'ensemble du réseau, les garanties à encaisser du gouvernement
ottoman et tous les autres revenus de la société, constituant les ressources.

Au débit dudit compte seront portées les diverses charges de la société
auxquelles il devra être satisfait, suivant les disponibilités, dans l'ordre suivant :

Dépenses d'exploitation :

Frais généraux, à Paris, de la société, ainsi que ceux du Syndicat des
obligataires.

Le service des nouvelles obligations à créer, gagées sur la garantie minima de 12.500 francs accordée par le gouvernement ottoman.

Enfin, et tant que le solde de la garantie fournie par le gouvernement
ottoman le comportera, par le chiffre auquel elle sera maintenue, le service
de l'annuité de 420.000 francs, donnée simultanément avec les nouvelles
obligations en paiement du premier établissement de la ligne Rayak-Hamah
et des charges diverses y afférentes.

A titre transitoire, les frais de la liquidation judiciaire et de constitution
de la Société civile des obligataires, ainsi que les autres dettes privilégiées
que pourrait avoir la société telles que appointements des employés, impôts, droit de timbre, etc., devront figurer au compte de profits et pertes
du présent exercice (lequel sera clos le 31 décembre 1901).

Le solde créditeur du compte profits et pertes, établi comme ci-dessus,
constitue les produits disponibles.

Sur ce solde, la société prélèvera :

1° Somme suffisante pour faire face au paiement des dividendes fixes
dus aux créanciers qui n'auraient pas opté pour la conversion de leurs titres
contre des obligations nouvelles.

2° 5 p. 100 pour constituer un fonds de prévoyance ; cette retenue cessera
d'être opérée le jour où ledit fonds aura atteint le chiffre de 500.000 francs,
mais elle devra fonctionner à nouveau dès que le chiffre viendrait à être
diminué.

Le surplus sera attribué de la façon suivante :

1° 90 p. 100 aux obligataires de la ligne de Beyrouth-Damas-Hauran ;

2° 10 p. 100 au profit de la société qui en fera usage dans les termes de
ses statuts. Dans cette répartition entre les obligataires et la société, il est

entendu qu'une attribution minima de 10 francs sera, d'abord et par préférence, assurée à chaque obligation.

Lorsque la part attribuée annuellement aux obligataires aura permis de répartir 15 francs d'intérêts à chacune des obligations, le surplus de leur part sera exclusivement affecté à leur amortissement.

L'affectation du solde créditeur de l'exercice 1900, qui appartient aux obligataires actuels, sera faite d'un commun accord entre le conseil d'administration de la Société des chemins de fer de Beyrouth-Damas-Hauran et le conseil d'administration du Syndicat des obligataires de ladite société.

Art. 10. — En cas de réalisation partielle ou totale de la ligne actuellement en exploitation, le produit en sera exclusivement affecté aux obligations actuelles, et employé à leur amortissement, sauf emploi différent décidé d'un commun accord entre le conseil d'administration de la Société des chemins de fer de Beyrouth-Damas-Hauran et le conseil d'administration du Syndicat des obligataires de ladite Société.

Art. 11. — Aux présentes est intervenue :

La Banque Ottomane, représentée par M. . . .

Agissant en vertu d'une délibération du conseil d'administration de cette société, en date du . . . . . ., dont une expédition est ci-annexée, ladite banque créancière, vérifiée et affirmée, de la liquidation judiciaire de la société pour une somme de 7.454.929 fr. 21, à l'effet de stipuler qu'elle renonce à sa créance et garantit la société contre les effets des réclamations formulées comme il est dit dans l'exposé, par la Société des Batignolles et la Société Syrienne, qu'elle se charge du paiement de la construction de la ligne de Rayak à Hamah, le tout moyennant la délivrance des obligations à créer en représentation de la garantie, conformément à l'art. 7, et, sous les aléas prévus, la jouissance pour 420.000 francs de l'annuité complémentaire de 2.500 francs, comprise dans les 15.000 francs de garantie kilométrique, au-dessus de 12.000 francs, servant à gager les obligations ci-dessus.

Art. 12. — Aux présentes sont également intervenus :

MM. Drouin et Manteau, agissant en vertu des pouvoirs à eux conférés par l'acte d'association des obligataires ci-dessus énoncé, à l'effet de stipuler :

1º Que la Société anonyme ottomane du chemin de fer de Beyrouth-Damas-Hauran, qui prendra la dénomination de « Damas-Hauran et prolongements », ne pourra contracter aucun emprunt que celui prévu par l'art. 7, ni en fixer les conditions sans l'assentiment du conseil d'administration du Syndicat des obligataires ;

2º Que, sans le même assentiment, elle ne pourra se livrer à aucune nouvelle entreprise, ni passer aucune convention qui aurait pour résultat de modifier la nature ou la durée de ses concessions, l'étendue de son réseau, la garantie d'intérêt consentie par le gouvernement ottoman ;

3º Qu'elle ne pourra engager aucune dépense de premier établissement, lorsque le conseil d'administration du Syndicat des obligataires de la

Société anonyme ottomane des chemins de fer Beyrouth-Damas-Hauran
y aura opposé un veto unanime motivé et notifié par écrit au conseil d'administration de la Société de Beyrouth-Damas-Hauran ;

4° Que la Société anonyme ottomane des chemins de fer de Beyrouth-
Damas-Hauran et Biredjick sur l'Euphrate tiendra, chaque année, à la disposition du conseil d'administration du Syndicat des obligataires, et au fur
et à mesure de ses demandes, une somme de qui ne pourra dépasser 12.000 fr.,
laquelle est destinée à faire face aux frais dudit syndicat, et qui sera portée
au compte des frais généraux de la Société de Damas-Hamah et prolongements ;

5° Que le conseil d'administration du Syndicat des obligataires :

a) Devra être avisé de toutes les réunions du conseil d'administration
de la Société Damas-Hamah et prolongements, et recevoir une copie certifiée de tous les procès-verbaux, lesquels ne seront exécutoires qu'après avoir
été visés par le conseil d'administration du syndicat, sur tous les points
énumérés aux paragraphes 1, 2, 3 et 4 ci-dessus réservés. L'avis du conseil
d'administration du syndicat devra être donné dans la huitaine de la remise
du procès-verbal ; passé ce délai, l'adhésion sera considérée comme acquise ;

b) Assistera aux assemblées générales de la Société de Beyrouth-Damas-
Hauran ;

c) Prendra communication de la comptabilité de la société, ainsi que de
son bilan, de son inventaire et du compte de profits et pertes, un mois avant
la date fixée pour l'assemblée générale ordinaire annuelle des actionnaires
en se faisant assister, s'il le juge à propos, par un employé de son choix.

Le Syndicat des obligataires de la société sera dissous de droit :

1° Lorsque toutes les obligations Beyrouth-Damas-Hauran auront été
amorties ;

2° Lorsque, pendant dix exercices consécutifs, la société aura distribué
aux obligataires le plenum des intérêts stipulés en leur faveur.

La Société de Damas-Hamah et prolongements déclare que connaissance
par elle prise des stipulations qui précèdent, elle y donne son adhésion
pleine et entière, avec engagement de s'y conformer. Elle accepte que le
conseil d'administration dudit syndicat ait le droit de poursuivre par tous
les moyens légaux, et même judiciairement, tant en demandant qu'en défendant, l'effet des conventions qui précèdent, renonçant à se prévaloir de la
maxime : Nul ne peut plaider en France par procureur.

Il est fait attribution de juridiction aux divers tribunaux compétents du
département de la Seine, pour statuer sur les difficultés pouvant surgir entre
les parties.

Art. 13. — De convention expresse, il est stipulé que les présentes n'apporteront aucune novation ni dérogation aux engagements respectifs de la
Société des chemins de fer de Damas-Hamah et prolongements et du gouvernement ottoman, notamment en ce qui concerne la garantie d'intérêts
consentie par ledit gouvernement.

Il en sera de même à l'égard des statuts de la société, lesquels continueront à la régir comme par le passé, le présent concordat ne constituant qu'un règlement entre la Société de Beyrouth-Damas-Hauran et ses créanciers, sans que les tiers étrangers à la convention aient à en profiter ou à en souffrir.

Fait et signé, séance tenante, à Paris, les jour, mois et an que dessus.

L

GROUPEMENTS D'OBLIGATAIRES ET DE PORTEURS DE PARTS. — OBLIGATIONS HYPOTHÉCAIRES

Société civile de porteurs de parts de fondateurs.

162. — Renvoi aux formules 30 et 31.

Syndicats d'obligataires.

168. — Statuts des Syndicats des obligataires : 1º du Crédit foncier colonial ; — 2º des Chemins de fer argentins ; — 3º des Chemins de fer de Santa-Fé (1).

Par devant Me. . . . . . et son collègue, notaires à Paris, soussignés,

Ont comparu :

1º M. . . . . . ;

2º M. . . . . ;

3º M. . . . . ;

Lesquels, préalablement aux conventions qui font l'objet des présentes, ont exposé ce qui suit :

La *Compagnie française des chemins de fer de la province de Santa-Fé* a été constituée aux termes d'un acte reçu par Mᵉ Labouret, notaire à Paris, le 11 décembre 1888.

Le siège de cette société est à Paris, rue Caumartin, nº 64. Son capital a été fixé à 10 millions. Sa durée est de quatre-vingt-dix-neuf ans à partir de sa constitution définitive. Elle a pour objet toutes opérations se rattachant à l'industrie des chemins de fer dans la province de Santa-Fé, dans la République Argentine et dans celle de l'Uruguay.

Elle est concessionnaire pour une durée de cinquante-cinq ans, à partir de l'année 1888, des lignes de chemins de fer suivantes, sises dans la province de Santa-Fé :

Ligne de Santa-Fé à San-Cristobal.	200 kil.
— Empalme à San-Carlos.	50 kil.
— Santa-Fé à Colastine	12 kil.
	262 kil.

(1) Le texte des statuts est à peu près le même pour les trois syndicats ; nous avons pris comme texte commun celui des Chemins de fer de Santa-Fé Nous avons indiqué les variantes spéciales à chacun des syndicats des obligataires des chemins de fer de Santa-Fé et de celui des obligataires des chemins de fer argentins ; toutes les autres clauses sont communes aux formules adoptées par les trois syndicats.

Ces lignes ont été construites par le gouvernement de la province de Santa-Fé, au moyen d'emprunts contractés en Angleterre et qui ont été entièrement remboursés par la Compagnie française.

Ligne de Humbold à Soledad. . . . .   94 kil.
—   Pilar à la frontière de Cordoba. . . . .   84 kil.
—   San-Carlos sud à Galvez . . . .   29 kil.
—   Santa-Fé à Reconquista . . . .   418 kil.
—   Santa-Fé à San-José. . . . .   6 kil.
—   Gessler à Cronda . . . .   24 kil.
                                          655 kil.

Ces lignes ont été construites par le gouvernement de la province de Santa-Fé, au moyen d'emprunts contractés en Angleterre, et qui n'ont pas été remboursés.

Ligne de Empalme à Santo-Tome . . . .   14 kil.
Ligne de Santa-Fé à Rosario :
   Santa-Fé à Santo-Tome. . . . .   10 kil.
   Santo-Tome à Sorrento . . . . 152 kil.   167 kil.
   Sorrento à Rosario. . . . .   5 kil.
Ligne de Mariel à Porto-Gaboto. . . . .   10 kil.
—   Véra au parallèle 28 . . . .   180 kil.
—   Manuel-Galuez à San-Cristobal . . . .   119 kil.
Embranchements industriels. . . . .   10 kil.
                                          500 kil.

Ces lignes ont été construites au moyen des fonds appartenant à la Compagnie française.

Le 25 avril 1889, il a été émis 165.620 obligations de ladite Compagnie, au prix de 427 fr. 50. Ces obligations étaient productives d'un intérêt de 25 francs par an et étaient stipulées remboursables à 500 francs au moyen de tirages annuels dont le dernier devait être effectué en 1945.

Le gouvernement de la province de Santa-Fé, en cas d'insuffisance du produit des lignes en exploitation, avait garanti le service desdites obligations en intérêts et amortissement, mais il n'a pas tenu son engagement.

La Compagnie française, de son côté, n'a pas payé le coupon venant à échéance le 1er janvier dernier. Sur la requête par elle présentée, elle a été mise en liquidation judiciaire par jugement du tribunal de commerce de la Seine en date du même mois. Elle sollicite en ce moment de ses créanciers un concordat pouvant se résumer ainsi :

Il lui serait fait remise d'une partie de sa dette ; la portion non remise serait stipulée payable à terme.

Les créanciers auraient le droit de convertir le dividende fixe à eux promis en obligations nouvelles, dont le payement des intérêts et l'amortissement seraient subordonnés aux bénéfices réalisés et au recouvrement des créances.

La Compagnie française, remise à la tête de ses affaires par l'effet dudit concordat, peut être amenée :

1° A contracter de nouveaux emprunts pour étendre son réseau ou pour toutes autres causes, emprunts qui primeraient ses dettes actuelles ;

2° A passer avec le gouvernement de la province de Santa-Fé, avec le gouvernement national de la République Argentine, et même avec des tiers, des traités ayant pour résultat de modifier la nature et la durée de la concession, l'étendue de son réseau, ainsi que les garanties promises pour le payement des intérêts et l'amortissement des obligations ;

3° A se livrer à des entreprises autres que celles qu'elle exploite en ce moment.

Les soussignés, tous porteurs d'obligations comprises dans l'émission du 25 avril 1889, et ayant affirmé leurs créances :

Considérant que l'option autorisée par le projet de concordat, et aux termes de laquelle les dividendes fixes promis par la Compagnie française pourront être convertis en obligations nouvelles du type susvisé, paraît être le mode le plus avantageux pour la conservation des droits des créanciers ;

Considérant qu'en optant pour ladite conversion, les créanciers suivent le sort de l'entreprise ; que des emprunts nouveaux, des entreprises nouvelles ou des conventions de nature à modifier les droits acquis peuvent présenter des avantages ou des inconvénients ;

Considérant que les porteurs des obligations nouvelles, livrés à leur initiative individuelle, ne sauraient avoir qu'une intervention inefficace ; qu'ils ont intérêt à se grouper entre eux pour procéder au moyen de mandataires communs ;

Ont arrêté les bases d'une association, en stipulant tant pour leur compte que pour celui des futurs adhérents :

Art. 1er. — Il est formé entre les soussignés et tous les autres porteurs présents et futurs des obligations nouvelles de la Compagnie française des chemins de fer de la province de Santa-Fé qui auront adhéré aux présents statuts, une association pour la défense de leurs intérêts et l'exercice en commun de leurs droits contre ladite Compagnie.

Art. 2. — Ladite association prend la dénomination de « Syndicat des obligataires de la Compagnie française de chemins de fer de la province de Santa-Fé ».

Art. 3. — Le siège de l'association est à Paris et sera ultérieurement fixé par décision du conseil d'administration.

Art. 4. — Sa durée ne sera limitée que par l'exécution pleine et entière des engagements que la Compagnie française des chemins de fer de la province de Santa-Fé prendra envers ses nouveaux obligataires, aux termes de son concordat à intervenir.

Art. 5. — Chaque adhérent conservera la propriété exclusive personnelle des obligations qui lui seront attribuées. Il aura le droit d'en disposer, de les vendre ou de les aliéner. A partir de ce moment, il cessera de faire partie de l'association, mais ses cessionnaires ou représentants en feront partie en son lieu et place, par le fait même de la transmission du titre.

ART. 6. — L'association est administrée par un conseil composé de trois membres au moins et de cinq membres au plus, nommés par l'assemblée générale. Ils sont élus pour cinq ans et indéfiniment rééligibles.

Toutefois, le premier conseil est provisoirement composé des trois fondateurs susnommés.

La mission de ce premier conseil est strictement limitée aux fins ci-après :

D'intervenir au concordat que la Compagnie française des chemins de fer de la province de Santa-Fé entend proposer à ses créanciers à l'effet de stipuler que ladite Compagnie, quand elle sera remise à la tête de ses affaires, ne pourra :

Clause spéciale au Syndicat des obligataires de Santa-Fé et à celui des Chemins de fer argentins. — Contracter aucun emprunt nouveau, ni en fixer les conditions sans l'assentiment des représentants du présent syndicat ;

Que, sans le même assentiment, elle ne pourra se livrer à d'autres entreprises que celles existant en ce moment, passer aucune convention avec le gouvernement de la province de Santa-Fé, avec le gouvernement national de la République Argentine, ou tous autres tiers, qui auraient pour résultat de modifier la durée ou la nature de ses concessions, l'étendue de son réseau ou la garantie d'insuffisance des produits d'exploitation.

Clause spéciale au Syndicat des obligataires des Chemins de fer argentins. — Qu'elle ne pourra engager aucune dépense de premier établissement, lorsque le conseil d'administration du Syndicat des obligataires y aura opposé un veto unanime, motivé et notifié par écrit au conseil d'administration de la Compagnie française des chemins de fer argentins ;

Qu'elle tiendra, chaque année, à la disposition du conseil d'administration du Syndicat des obligataires, et au fur et à mesure de ses demandes, une somme qui ne pourra dépasser 15.000 francs, laquelle est destinée à faire face aux frais du syndicat, jetons de présence aux administrateurs, publications, secrétariat, imprimés, etc., et qui sera portée au compte des frais généraux de la Compagnie française des chemins de fer argentins. Ce maximum de 15.000 francs pourra être modifié ultérieurement, d'accord entre le syndicat et la Compagnie, après un vote approbatif des assemblées générales des actionnaires et des obligataires. Par exception, la somme à verser de ce chef au syndicat par la Compagnie française des chemins de fer argentins, au cours de l'année 1893, ne dépassera pas 3.250 francs ;

Que le conseil d'administration des obligataires, soit par lui-même, soit par un délégué pris dans son sein, aura le droit :

1° D'assister aux délibérations du conseil d'administration et de l'assemblée générale des actionnaires qui auront à traiter des questions sujettes à l'approbation desdits obligataires, avec voix consultative et pouvoir de faire consigner ses observations au procès-verbal ;

2° De prendre communication de la comptabilité de la Compagnie française, de son bilan, de son inventaire, de son compte des profits et pertes, dans le mois qui précédera la convocation de l'assemblée annuelle et ordinaire des actionnaires, en se faisant assister, s'il le juge à propos, par un employé de son choix ;

De faire prendre à la Compagnie française l'obligation de ne reconnaître et de ne se soumettre à l'intervention d'aucune autre association de ses créanciers que celle présentement constituée ;

De faire accepter par ladite Compagnie que les représentants du présent syndicat auront le droit de poursuivre par tous les moyens de droit, même judiciairement, tant en demandant qu'en défendant, l'effet de ses engagements, et de la faire renoncer à se prévaloir de la maxime que « Nul ne peut plaider en France par procureur » ;

De faire, en outre, accepter par ladite Compagnie la compétence des tribunaux séant dans le département de la Seine, pour statuer sur les différends qui pourraient surgir à l'occasion de l'exécution des conventions intervenues.

De faire introduire audit concordat une clause aux termes de laquelle la conversion des créances en obligations nouvelles de la Compagnie emportera de plein droit, de la part des échangistes, de leurs cessionnaires ou de leurs héritiers, adhésion aux présents statuts, et que les pouvoirs conférés à l'assemblée générale, aux termes desdits statuts, seront considérés comme irrévocables.

Clause spéciale au Syndicat des Chemins de fer de Santa-Fé et à celui des Chemins de fer argentins. — M . . . . . est, dès à présent, désigné à l'effet d'intervenir audit concordat au nom du syndicat, et tous pouvoirs lui sont conférés aux fins de ladite intervention. A défaut de M . . . . ., l'un ou l'autre des soussignés prendra son lieu et place.

ART. 7. — Aussitôt après l'expiration du délai prévu au concordat de la Compagnie française pour la conversion des dividendes fixes en obligations nouvelles, le conseil d'administration provisoirement nommé devra convoquer l'assemblée générale des obligataires à l'effet d'élire un conseil d'administration définitif, et ses fonctions cesseront à partir de l'entrée en fonctions du nouveau conseil.

Chacun des administrateurs définitivement nommés devra être propriétaire de vingt-cinq obligations qui devront être transférées au nominatif et grevées d'inaliénabilité pendant la durée de ses fonctions. Ces obligations resteront déposées dans la caisse du syndicat.

ART. 8. — En cas de vacance dans le conseil, par démission, décès ou autrement, le conseil lui-même aura le droit de se compléter. Les nominations ainsi faites ne seront que provisoires. Elles seront soumises à la prochaine assemblée générale qui statuera définitivement sur l'élection.

L'administrateur désigné en remplacement d'un autre ne restera en exercice que jusqu'à l'époque à laquelle devait expirer le mandat de celui qu'il remplace.

Art. 9. — Chaque année, après l'assemblée générale ordinaire, le conseil choisira un président parmi ses membres.

Art. 10. — Le conseil se réunit au siège social, aussi souvent que les circonstances le rendront nécessaire. Il sera tenu de ces séances un procès-verbal dont les extraits à produire seront signés par le président, ou, à son défaut, par deux administrateurs.

Les délibérations sont prises à la majorité des membres du conseil.

En cas de partage, la voix du président est prépondérante.

Clause spéciale au Syndicat des obligataires des Chemins de fer argentins. — Dans le cas où il s'agira d'opposer un veto à une dépense de premier établissement demandée par le conseil d'administration de la Compagnie française des chemins de fer argentins, la décision ne sera valable à l'égard de la Compagnie que si elle est prise à l'unanimité.

Quand tous les membres du conseil ne sont pas présents, il faut, pour qu'une délibération soit valablement prise, outre la présence du président, celle d'un autre administrateur, si le conseil est composé de trois membres, et de deux autres administrateurs si le conseil est composé de quatre ou de cinq membres ; en ce cas, la délibération devra être prise à l'unanimité.

En l'absence du président, les délibérations ne peuvent être valablement prises qu'en présence et à l'unanimité de tous les autres membres du conseil.

Un jeton de 25 francs est alloué par séance à chaque membre du conseil. Il sera de 50 francs pour le président.

Le secrétaire est désigné par le conseil. Il peut être pris en dehors des adhérents et recevoir des appointements à déterminer par le conseil.

Art. 11. — Le conseil est investi des pouvoirs les plus étendus pour la gestion et l'administration du syndicat.

Il représente le syndicat vis-à-vis de la Compagnie française des chemins de fer de la province de Santa-Fé.

Il exécute les décisions de l'assemblée générale.

Il passe et résilie les baux des locaux destinés à l'usage du syndicat.

Clause spéciale aux Syndicats des obligataires de Santa-Fé et des Chemins de fer argentins. — Il accepte toutes hypothèques qui pourraient être conférées au profit du Syndicat des obligataires et remplit les formalités nécessaires pour arriver à leur régularisation.

Il perçoit les cotisations et en fixe l'emploi.

Il veille à l'exécution des engagements pris envers le syndicat par la Compagnie française des chemins de fer de la province de Santa-Fé, aux termes de son concordat.

Il représente le syndicat en justice, tant en demandant qu'en défendant, vis-à-vis de ses adhérents et de la Compagnie française des chemins de fer de la province de Santa-Fé. Il pourra notamment s'opposer, par tous les moyens de droit, à toute mesure que voudrait prendre la Compagnie française des chemins de fer de la province de Santa-Fé, en contradiction avec les termes de son concordat.

Il arrête les comptes qui doivent être soumis à l'assemblée générale, dresse le rapport annuel à faire à ladite assemblée et propose toutes modifications à apporter aux statuts.

Clause spéciale au Syndicat des obligataires des Chemins de fer argentins.— Il peut déléguer tout ou partie de ses pouvoirs à un ou plusieurs de ses membres et pour des objets déterminés, à une ou plusieurs personnes, même étrangères à la société.

Il soumet à l'assemblée générale des obligataires les propositions ayant pour objet de se faire autoriser à donner son assentiment à tous emprunts dépassant la somme de cinq cent mille francs qui pourraient être contractés ou à toute entreprise nouvelle qui pourrait être projetée par la Compagnie française, ainsi qu'à toutes conventions qui auraient pour résultat de modifier la nature ou la durée des concessions de ladite Compagnie, l'étendue de son réseau ou la garantie d'intérêts consentie par le gouvernement national argentin.

Il exécute les décisions de l'assemblée générale.

Etant expliqué que les pouvoirs qui précèdent sont énonciatifs et non limitatifs.

Art. 12. — Les adhérents au présent syndicat s'imposent une cotisation annuelle de 15 centimes par chacune des obligations qu'ils possèdent. Cette cotisation est uniquement destinée à faire face aux frais généraux du syndicat. L'assemblée générale pourra toujours, suivant les besoins du syndicat, en augmenter ou en diminuer le chiffre.

Art. 13. — L'assemblée générale, régulièrement constituée, représente et engage l'universalité des adhérents.

Elle se réunit de droit chaque année dans le mois qui suivra l'assemblée générale ordinaire des actionnaires de la Compagnie française des chemins de fer de la province de Santa-Fé. Elle se réunit en outre toutes les fois que le conseil d'administration en reconnaît l'utilité.

Clause spéciale au Syndicat des obligataires des Chemins de fer argentins.— L'assemblée générale est aussi convoquée lorsque des obligataires, réunissant ensemble le dixième au moins des obligations en circulation, en auront adressé par écrit la demande au conseil d'administration ; dans ce dernier cas, le conseil sera tenu de procéder à la convocation de l'assemblée dans un délai de deux mois.

Tout porteur ou titulaire de dix obligations est de droit membre de l'assemblée générale.

Les propriétaires d'obligations en nombre inférieur au minimum ci-dessus fixé peuvent se réunir pour se faire représenter à l'assemblée générale par un ou plusieurs d'entre eux en nombre égal au nombre de fois que le minimum d'intérêts se trouve compris dans les obligations réunies.

Nul ne peut être porteur de pouvoirs d'obligataires s'il n'est obligataire lui-même et membre de l'assemblée. La forme des pouvoirs est déterminée par le conseil d'administration. Chaque membre de l'assemblée aura autant de voix qu'il possédera de fois dix obligations, soit comme propriétaire, soit comme mandataire, sans pouvoir disposer de plus de cinquante voix, quel que soit le nombre d'obligations par lui déposées pour assister à l'assemblée.

Les convocations doivent être faites dix jours au moins avant la réunion, dans un journal d'annonces légales se publiant à Paris.

Art. 14. — Les adhérents qui voudront assister à l'assemblée générale devront déposer leurs obligations au moins cinq jours à l'avance au siège du syndicat. Les récépissés de dépôt des obligations dans un établissement de crédit seront reçus en représentation des obligations elles-mêmes.

Les assemblées générales, pour délibérer valablement, doivent être composées d'un nombre d'obligataires représentant le quart au moins des obligations possédées par ceux qui auront adhéré au présent syndicat.

Les délibérations seront prises à la majorité des voix.

Il est tenu une feuille de présence. Elle contient les noms et domiciles des membres présents, le nombre des obligations par eux représentées, ainsi que le nombre de voix auxquelles chacun a droit. Cette feuille est certifiée par le bureau de l'assemblée. Elle est déposée au siège du syndicat et doit être communiquée à tout intéressé.

Si l'assemblée générale ne réunit pas le nombre d'obligations ci-dessus prescrit, une nouvelle assemblée est convoquée à huitaine dans les mêmes formes que la première, et elle délibère valablement, quel que soit le nombre d'obligations représentées. L'ordre du jour soumis à la deuxième assemblée devra être le même que celui soumis à la première.

Le président du conseil d'administration est de droit président de l'assemblée générale ; mais en cas d'empêchement, le conseil d'administration peut déléguer un de ses membres pour remplir les fonctions de président de l'assemblée générale. Les deux plus forts obligataires acceptants remplissent les fonctions de scrutateurs.

Le bureau ainsi composé désigne le secrétaire, qui peut ne pas être obligataire.

Il est dressé un procès-verbal de l'assemblée, qui sera signé par les membres du bureau, et dont les extraits à produire sont certifiés par le président du conseil d'administration, ou à son défaut, par deux administrateurs.

Art. 15. — Le conseil d'administration règle l'ordre du jour qui doit être soumis à l'assemblée générale. Aucun autre objet que ceux portés à l'ordre du jour ne peut être mis en délibération.

Le conseil d'administration inscrira à l'ordre du jour toute question à soumettre à l'assemblée générale si cette inscription lui est demandée, au moins cinq jours avant la convocation, par vingt personnes ayant le droit d'assister à l'assemblée.

Il fait un rapport sur les opérations traitées dans le courant de l'exercice, ainsi que sur la situation active et passive.

ART. 16. — L'assemblée générale délibère sur les questions à l'ordre du jour.

Elle nomme et révoque les administrateurs.

Clause spéciale au Syndicat des obligataires des Chemins de fer argentins. — Elle statue sur toutes propositions du conseil d'administration ayant pour objet d'autoriser ce dernier, à donner son assentiment à tous emprunts dépassant la somme de cinq cent mille francs qui pourraient être contractés ou à toute entreprise nouvelle qui pourrait être projetée par la Compagnie française des chemins de fer argentins, ainsi qu'à toutes conventions qui auraient pour résultat de modifier la nature ou la durée des concessions de ladite compagnie, l'étendue de son réseau ou la garantie d'intérêts consentie par le gouvernement national argentin.

Elle apporte aux présents statuts toutes les modifications qu'elle jugera utiles ou nécessaires ; elle statue sur toutes conventions à passer avec la Compagnie française des chemins de fer de la province de Santa-Fé.

Elle fixe le montant des cotisations dues par ses adhérents.

Elle détermine la rémunération qui pourra être accordée aux membres du conseil d'administration, en dehors des jetons de présence.

Elle approuve les comptes du conseil d'administration et lui donne quitus de ses fonctions.

Elle confère au conseil d'administration les pouvoirs qui n'auraient pas été prévus aux présents statuts.

Elle délibère valablement sur les cas de dissolution ou de prorogation du syndicat, étant stipulé de convention expresse que les pouvoirs conférés à l'assemblée générale sont irrévocables, tant de la part des adhérents que de leurs cessionnaires, héritiers ou représentants.

ART. 17. — Si, à la dissolution du présent syndicat, soit pour la durée du terme pour lequel il a été formé, soit par un vote de l'assemblée générale, il existe des fonds disponibles, la répartition en sera faite aux adhérents, en proportion du nombre d'obligations par eux possédées.

ART. 18. — En cas de difficultés sur l'application ou l'interprétation des conventions et stipulations contenues aux présents statuts, il est fait attribution de juridiction aux tribunaux compétents du département de la Seine.

Le conseil d'administration représente l'association dans tous les procès ou contestations à intervenir, chaque adhérent renonçant à invoquer la maxime que « Nul en France ne plaide par procureur ».

ART. 19. — Dans le cas où la Compagnie française des chemins de fer de la province de Santa-Fé viendrait à ne pas obtenir de concordat, ou si l'ayant obtenu, l'homologation venait à en être refusée, le présent syndicat serait considéré comme nul et non avenu.

ART. 20. — Les présents statuts seront publiés dans un journal d'annonces légales du département de la Seine. Tous pouvoirs, etc.

Société pour la défense des droits des obligataires.

164. — Statuts.

Par devant M⁰. . . . . .

A comparu :

M. . . . . .

Lequel a dit ce qui suit :

I. — La société anonyme . . . . . . au capital de . . . . . . divisé en
. . . . . . actions de 500 francs chacune, ayant pour objet . . . . . ., constituée pour une durée de . . . . . . avec siège social à. . . . . ., suivant
acte reçu par M⁰. . . . . ., notaire à . . . . . ., le . . . . . . et aux
termes de deux délibérations . . . . . ., publiées conformément à la loi,

A contracté un emprunt de . . . . . . par voie de création et d'émission
de . . . . . obligations de cinq cents francs chacune, lesquelles obligations numérotées de 1 à . . . . . . ont été toutes souscrites et sont nominatives ou au porteur, au choix des propriétaires de ces obligations.

Cet emprunt a été contracté en exécution d'une délibération de l'assemblée extraordinaire des actionnaires de la dite société en date du . . . . .

II. — Les affaires commerciales de la société . . . . . ayant périclité,
et la situation des obligataires étant devenue critique, M. . . . . . a jugé
à propos, pour la sauvegarde des intérêts de tous les propriétaires d'obligations, de centraliser les droits et actions attachés aux obligations pour l'exercice en commun desdits droits et actions.

A cet effet et suivant avis inséré dans le journal d'annonces légales du
département de la Seine . . . . . en date du . . . . . ., M. . . . . a
convoqué tous les propriétaires d'obligations à ces lieu, jour et heure en vue
de prendre les mesures nécessaires et de constituer entre eux un syndicat,

Et il a requis M. . . . . ., notaire, de constater l'intervention des obligataires qui se présenteront et de dresser procès-verbal de la délibération
qui sera prise.

Et a signé en cet endroit après lecture.

Intervention des obligataires.

A l'instant sont intervenus :

1º M. . . . . . (nom, prénoms, qualités et domicile), propriétaire de. .
. . . obligations portant les numéros. . . . . ci. . . . . . .

2º M. . . . . ., propriétaire de. . . . .

M. . . . . ______

Soit ensemble (nombre d'obligations). . . . .

Représentant avec celles nᵒˢ . . . . . possédées par M. . . . .

comparant . . . . ______

Les . . . . . obligations émises par la société . . . .

Lesquels ont déclaré se rendre au désir de la convocation qui leur a été faite à la diligence de M. . . . . .

Et à l'instant les susnommés, après avoir entendu les explications de M. . . . . . ., ont, d'accord avec lui, arrêté les conventions suivantes :

ART. 1er. — Il est formé entre les susnommés propriétaires actuels, et les propriétaires et porteurs futurs des . . . . . obligations ci-devant indiquées, une association ou syndicat pour la défense de leurs intérêts et l'exercice en commun de leurs droits contre la société débitrice dite. . .

ART. 2. — La dite association prend le nom de : « Syndicat. . . . . . »

ART. 3. — Elle est constituée pour une durée qui prendra fin lorsque toutes les obligations seront remboursées. Toutefois elle pourra être dissoute avant cette époque par délibération de l'assemblée générale des obligataires.

ART. 4. — Le siège de l'association est à . . . . .

ART. 5. — La société sera gérée par un conseil composé de trois membres au moins et de cinq au plus. . . . . . .

(*Donner au conseil les pouvoirs qui seront nécessaires et à cet effet s'inspirer de la formule précédente.*)

ART. 6. — Pour faire face aux frais généraux du syndicat il sera perçu annuellement une cotisation de quinze centimes par obligation. Cette cotisation pourra être augmentée par décision de l'assemblée générale.

ART. 7. — L'assemblée générale des obligataires se réunit de droit chaque année le premier dimanche de février à neuf heures du matin au siège social.

Elle se réunit encore en cas d'urgence sur convocation du conseil d'administration (*déterminer le mode de convocation*).

Tout porteur ou titulaire d'une seule obligation est de plein droit membre de l'assemblée.

Les délibérations sont prises à la majorité des voix quel que soit le nombre d'obligations représentées, chaque porteur ou titulaire dispose d'autant de voix qu'il possède d'obligations.

Une feuille de présence est dressée à chaque assemblée et demeure annexée au procès-verbal de la délibération prise.

L'assemblée générale est présidée par le président du conseil, ou en cas d'empêchement par un administrateur délégué par le conseil à cet effet.

ART. 7 *bis*. — (*Ajouter la clause complémentaire qui figure sous l'art. VIII de la formule suivante.*)

ART. 8. — L'assemblée délibère sur les questions mises à l'ordre du jour par le conseil (énoncer les pouvoirs de l'assemblée générale).

ART. 9. — En cas de difficultés sur l'interprétation des conventions qui précèdent, il est fait attribution de juridiction aux tribunaux compétents du département de . . . . .

ART. 10. — Les présentes conventions seront publiées dans un journal d'annonces légales du département de . . . . . A cet effet tous pouvoirs sont donnés au porteur d'un extrait.

Dont acte.

Nota : Les statuts du syndicat étant le règlement des parties, toutes conventions et stipulations peuvent y être insérées, pourvu bien entendu qu'elles n'aient rien d'illicite et qu'elles ne deviennent pas une entrave à la libre négociation des obligations.

Société civile entre les obligataires
(obligations hypothécaires).

165. — Statuts.

Suivant acte reçu par Me. . . . . ., notaire à . . . . . ., le. . . . . ., la société anonyme dite . . . . . a contracté un emprunt de . . . . . par voie d'émission au pair de . . . . . obligations de cinq cents francs chacune productives d'intérêts à . . . . . et remboursables de la manière stipulée audit acte.

Ces obligations ont été souscrites aux termes du même acte par les comparants à raison de chacun . . . . .

Elles sont garanties par une hypothèque sur les immeubles de la société débitrice étant : (*Les désigner sommairement*).

Ceci exposé, les comparants ont formé une société dans les termes suivants :

I. — Il est formé par ces présentes une société civile particulière entre les propriétaires actuels et futurs des obligations sus-indiquées.

Cette société a pour dénomination « Société civile des obligataires, etc... »

II. — La société a pour objet la centralisation de tous les droits et actions attachés aux obligations dont s'agit et l'exercice en commun de tous les droits des propriétaires de ces obligations, de telle sorte que la société, à l'exclusion desdits propriétaires individuellement, pourra agir dans l'intérêt général et selon les pouvoirs qui seront conférés ci-après.

III. — La société commencera ce jour et prendra fin en même temps que l'extinction complète de l'emprunt représenté par les obligations.

IV. — Son domicile est à . . . . .

V. — La société sera gérée par (*nombre*) administrateurs, lesquels conserveront leurs fonctions jusqu'à leur décès, leur démission ou leur révocation.

M. . . . . .

M. . . . . .

Qui acceptent les dites fonctions.

Les administrateurs ont les pouvoirs les plus étendus pour gérer, administrer et pour représenter la présente société vis-à-vis de la société débitrice et des tiers.

Ils ont notamment les pouvoirs suivants qui sont nominatifs et non limitatifs :

Exercer tous les droits ou actions attachés aux obligations.

Demander et accepter toutes garanties hypothécaires ou autres, prendre toutes mesures conservatoires, former toutes inscriptions au profit de la société civile sur les immeubles de la société civile en vertu de tous actes, titres et jugement, les renouveler au besoin et indéfiniment.

Recevoir le paiement des coupons d'intérêts et le remboursement des obligations sorties au tirage, si ces paiement et remboursement n'ont pas été réclamés par les ayants droit dans les six mois de leur exigibilité, employer les fonds ainsi reçus au mieux de leurs intérêts, en donner à la société débitrice quittance et décharge.

Faire exécuter tous les engagements pris par la société . . . . . . envers les propriétaires des obligations émises.

Exercer toutes poursuites, contraintes et diligences nécessaires depuis les préliminaires de la conciliation jusqu'à l'entière exécution de tous jugements et arrêts ; traiter, transiger, compromettre, obtenir tous jugements, les faire exécuter, produire à tous ordres et distributions, se faire délivrer tous bordereaux de collocation, en recevoir le montant. En cas de faillite ou liquidation judiciaire de la société débitrice, représenter la présente société, y produire tous titres de créance, adhérer à tous concordats ou les repousser, accepter ou contester les répartitions, toucher les dividendes de répartition. A défaut de paiement, poursuivre la société débitrice mobilièrement et immobilièrement.

Donner quittances et décharges, faire mainlevée avec désistement de tous droits réels partiellement ou définitivement de toutes inscriptions, saisies, oppositions et autres empêchements, avec ou sans paiement. Consentir mentions et subrogations avec ou sans garantie, consentir toute antériorité, remettre ou obliger la société à la remise de tous titres et pièces.

Déléguer tout ou partie des pouvoirs ci-dessus à l'un des administrateurs ou à un tiers, mais dans ce dernier cas pour une opération déterminée.

VI. — Nonobstant la présente société, chacun des propriétaires des obligations conserve la propriété personnelle et exclusive de ses obligations, et peut les transférer et vendre sans être tenu d'avoir recours à la société à cet effet ou de l'en informer.

VII. — L'assemblée générale des obligataires se réunira au siège social sur la convocation qui sera faite à la diligence des administrateurs ou de l'un d'eux au moyen d'un avis inséré dans un journal d'annonces légales du département de . . . . . . au moins quinze jours à l'avance.

Elle sera présidée par l'un des administrateurs ou à son défaut par le plus fort propriétaire de titres présent et acceptant.

Un secrétaire sera désigné,

Et une feuille de présence sera dressée.

(Il peut être inséré que les obligataires qui désireront prendre part à la délibération seront tenus de déposer leur titre au siège social au moins huit jours à l'avance et qu'il sera délivré un récépissé de dépôt qui leur servira de carte d'entrée.)

L'assemblée ne pourra délibérer qu'autant que les membres présents ou représentés réuniront le tiers des obligations non amorties. Dans le cas où cette condition ne serait pas remplie, une deuxième assemblée sera convoquée et pourra délibérer valablement, quel que soit le nombre d'obligations représentées (1).

Les délibérations seront prises à la majorité des voix et les obligataires disposeront d'autant de voix qu'ils posséderont ou représenteront d'obligations (sans que dans aucun cas un membre de l'assemblée puisse disposer de plus de . . . voix).

L'assemblée des obligataires statue sur toutes choses concernant la société, elle nomme et révoque les administrateurs, leur confirme et confère leurs pouvoirs.

Ses délibérations sont constatées par des procès-verbaux inscrits sur un registre tenu au domicile de la société, ou par des procès-verbaux dressés en la forme notariée.

VIII. — Provisoirement, et pour toute la durée normale ou prorogée de la loi du 4 juillet 1919 sur le règlement transactionnel, l'assemblée générale des obligataires se réunira sous la présidence du juge délégué par le tribunal de commerce et aux conditions de quorum et de votation prévus aux art. 24, 25 et 26 de ladite loi pour délibérer sur l'approbation des propositions faites par la société débitrice.

IX. — Pour l'exécution du présent acte de société, les parties intéressées seront soumises, quel que soit leur domicile respectif, à la juridiction du tribunal civil de . . . . .

Aux présentes est intervenu :

M . . . . .

Agissant au nom et comme administrateur délégué de la société. . . . débitrice.

Lequel, connaissance prise des statuts de la Société civile des obligataires . . . . . . qui précèdent, a déclaré reconnaître l'existence de cette société et obliger, dans tous les cas, la société qu'il représente à s'adresser directement à la Société civile . . . . . ., à traiter avec elle, sans discussion préalable des obligataires considérés individuellement.

Dont acte . . . . .

Obligations hypothécaires négociables.

166. — Acte de création d'obligations.

Par devant Mᵉ . . . . .
Ont comparu :
M . . . . .

____

(1) Voir réserve formulée dans la note sous la formule de société civile entre porteurs de fonds de fondateurs.

Agissant au nom et comme administrateur délégué de la société anonyme dite : . . . . ., au capital de . . . . . ., ayant son siège à . . . . et dont les statuts ont été établis suivant acte dressé par Mᵉ. . . . . ., notaire à . . . . . ., le . . . . . . ; ladite société constituée définitivement aux termes de deux délibérations de l'assemblée générale des actionnaires en date, la première du. . . . . et la deuxième du. . . . . ., et publiées conformément à la loi ainsi que le constatent les pièces déposées au rang des minutes de Mᵉ. . . . ., notaire, suivant acte reçu par lui, le . . . . .

Et en vertu :

1º D'une délibération de l'assemblée générale des actionnaires de ladite société, du . . . . ., laquelle a décidé d'emprunter au nom et pour le compte de la société une somme de . . . . . par voie d'émission de . . . . obligations de cinq cents francs chacune, et a donné mission au conseil d'administration de suivre la réalisation de cet emprunt, avec pouvoir pour ledit conseil de déléguer l'un de ses membres à cet effet ;

2º D'une délibération du conseil d'administration de la société en date du . . . . . ., aux termes de laquelle M. . . . . . a été délégué à l'effet des présentes.

Desquelles délibérations les copies en due forme sont demeurées ci-annexées après avoir été certifiées véritables par le comparant et revêtues de la mention d'annexe d'usage par les notaires soussignés.

D'une part ;

Et :

1º M. . . . . .

2º M. . . . . .

3º M. . . . . .

4º M. . . . . .

5º M. . . . . .

6º M. . . . . .

D'autre part ;

Lesquels ont dit et fait ce qui suit :

Art. 1ᵉʳ. — M. . . . . ., au nom de la société. . . . . et en vertu de la délégation sus-énoncée, déclare par ces présentes créer . . . . . . obligations de cinq cents francs chacune représentant un emprunt total de . . . . . fait par la société. Lesdites obligations à souscrire au pair et payables soit entièrement à la souscription, soit un quart en souscrivant et le solde sur appels du conseil d'administration.

Art. 2. — MM. . . . . . comparants de deuxième part déclarent souscrire, savoir :

M. . . . . ., 100 des obligations ci-devant créées, ci . . . . .

M. . . . . . . des mêmes obligations, ci . . . .

M. . . . .

M. . . . .

M. . . . .

M. . . . .

Soit ensemble la totalité des obligations créées, ci. . . . .

Et M. . . . . reconnaît que lesdits souscripteurs ont fait le versement savoir :

Chacun de MM. . . . . du montant des obligations par eux transcrites.

Et MM. . . . . chacun de cent vingt-cinq francs par obligation souscrite.

Ces derniers s'obligent à effectuer le paiement du solde du montant des obligations par eux souscrites, au siège social, d'ici fin décembre prochain, et avant cette date si le conseil d'administration en fait l'appel.

Tout versement en retard porte intérêt de plein droit au profit de la société sur le pied de 6 p. 100 l'an, à compter du jour de l'exigibilité et sans mise en demeure préalable.

Les titres non entièrement libérés cessent d'être négociables.

ART. 3. — Les titres d'obligations portent les n^{os} de 1 à. . . . .

Ils sont extraits d'un carnet à souche, ils portent le timbre de la société et sont signés par un administrateur.

Les titres sont au porteur ou nominatifs au choix des propriétaires.

La cession des titres au porteur s'opère par la simple tradition.

La cession des titres nominatifs s'opère par une déclaration de transfert faite sur un registre spécial tenu au siège de la société et signée du cédant et du cessionnaire.

Les titres seront remis aux ayants droit, savoir : ceux entièrement libérés sous un mois de ce jour, et ceux restant à l'être, contre le paiement du solde des sommes restant à verser.

Jusque-là ces dernières obligations seront représentées par des titres nominatifs provisoires qui feront mention des versements successifs.

ART. 4. — Les obligations dont il s'agit produisent un intérêt annuel de quinze francs, soit trois pour cent par an, que la société paiera en deux termes, les premier janvier et juillet de chaque année au moyen de coupons de sept francs cinquante centimes chacun. Ces intérêts commenceront à courir savoir : sur les obligations libérées, à compter du. . . . ., et sur celles non entièrement libérées, à partir du jour de chaque versement et seulement sur les sommes payées.

ART. 5. — M. . : . oblige la société. . . . . à rembourser au pair les obligations créées par les présentes dans un délai de. . . . après le

. . . . .

Ce remboursement se fera à raison de. . . . obligations par an, lesquelles seront désignées par voie de tirage au sort.

Le tirage au sort sera fait au cours de la réunion de l'assemblée générale annuelle sous la surveillance des membres du bureau et pour la première fois au cours de la séance de l'assemblée générale qui se réunira dans le courant de. . . . 19. .

La société débitrice pourra se libérer par anticipation soit en rapprochant les époques de tirage au sort, soit en augmentant à chaque tirage le nombre des obligations à amortir. Toutefois les remboursements effectués par anticipation s'imputeront sur les dernières échéances.

Avis du tirage au sort sera donné aux porteurs d'obligations par voie d'insertion faite dans un journal d'annonces légales du département de la Seine au moins huit jours avant chaque tirage.

Un procès-verbal du tirage sera dressé par les soins du bureau.

Les numéros des obligations sorties au tirage seront publiés dans unjournal d'annonces légales du département de . . . . . dans la quinzaine qui suivra le jour du tirage et les intérêts sur ces actions cesseront de courir à compter du jour fixé par le conseil d'administration pour le remboursement de ces actions. Le remboursement des obligations se fera dans les six mois du jour du tirage, et il comprendra pour chaque obligation, le capital de l'obligation augmenté des coupons échus depuis moins de cinq ans et non touchés, et les intérêts depuis la dernière échéance jusqu'au jour du remboursement.

Chaque obligation présentée au remboursement devra être munie de tous ses coupons à échéance postérieure au jour du remboursement. Le montant des coupons qui ne seront pas représentés sera retenu sur le remboursement des obligations.

Le montant des obligations qui ne serait pas touché par les ayants droit dans le délai imparti pour le remboursement sera déposé à la caisse des consignations avec affectation spéciale et le récépissé qui sera délivré par ladite caisse suffira pour justifier la libération de la société, et la société ne sera pas tenue de la différence d'intérêts.

Art. 6. — Les droits de timbre des titres d'obligations, la taxe de 4 p. 100 à laquelle les obligations sont assujetties et tous impôts à créer soit sur le capital soit sur le revenu seront à la charge de la société sans répétition contre les obligataires.

Toutefois les droits de transfert et de transmission resteront à la charge de ces derniers.

A la sûreté et garantie du remboursement des . . . . . . obligations créées représentant l'emprunt de . . . . . contracté par la société. . . . .

Au paiement des intérêts ainsi que de tous frais et accessoires, M. . . ès qualité affecte et hypothèque spécialement au profit des propriétaires desdites obligations ce qui est accepté par MM. . . . . . comme souscripteurs et premiers propriétaires et porteurs de ces obligations, savoir :

Désignation. — Origine de propriété. . . . .
. . . .

Assurance contre l'incendie.

M. . . . . . déclare que les constructions faisant partie de l'immeuble hypothéqué sont assurées contre l'incendie par la compagnie. . . . . suivant police, n⁰. . . . . .

Et il oblige la société débitrice à maintenir et renouveler au besoin cette assurance tant que les obligations ci-devant créées ne seront pas entièrement remboursées, comme aussi à en acquitter exactement et par avance les primes et cotisations annuelles et à en justifier aux obligataires individuellement ou à leur représentant légal à première réquisition.

Notification des présentes sera faite à ladite compagnie d'assurance aux frais de la société en vue d'assurer aux ayants droit des obligations l'attribution dans les termes de la loi du 19 février 1889 de l'indemnité qui serait allouée en cas de sinistre. Et à cet effet tous pouvoirs sont donnés au porteur d'un extrait.

Situation hypothécaire.

. . . .

. . . .

Nomination d'un représentant légal.

Art. 7. — Les obligations ci-devant créées profiteront au même rang et concurremment entre elles de toutes les garanties conférées par la société et des inscriptions qui seront prises.

Mais ces garanties et les actions auxquelles elles donneront lieu ne pourront être exercées par les obligataires individuellement.

MM. . . . . constituent dès à présent pour représentant légal de tous les ayants droit actuels et futurs aux obligations dont s'agit M. . . . . ., l'un des comparants et des souscripteurs.

Celui-ci aura seul droit, en sa dite qualité de représentant légal des obligataires, de prendre inscription en vertu des présentes, et de renouveler l'inscription qui sera prise aussi souvent qu'il y aura lieu.

Il pourra également consentir tous désistements des droits hypothécaires ci-devant conférés, toutes mainlevées au profit de la société, avec ou sans paiement, et les inscriptions devront être radiées conformément aux mainlevées qu'il aura consenties.

Toutes notifications et significations devront lui être adressées et tous pouvoirs lui sont donnés à l'effet d'exercer toutes poursuites et actions judiciaires, produire à tous ordres, se faire délivrer tous bordereaux de collocation, en recevoir le montant (sauf compte entre lui et les obligataires).

Les droits conférés au représentant légal sont absolus et indiscutables, ils seront par lui exercés comme bon lui semblera, sans entrave de la part de qui que ce soit.

En cas de décès de M. . . . . ., représentant légal, tous les obligataires seront convoqués en assemblée générale, à la diligence de l'un d'eux ou de la société . . . . . ., à l'effet de pourvoir à son remplacement.

Cette convocation sera faite dans un journal d'annonces légales du département de . . . . . au moins quinze jours à l'avance.

L'assemblée ne pourra délibérer valablement que si les personnes présentes ou représentées réunissent le tiers au moins des obligations.

Si cette condition n'est pas remplie, une deuxième assemblée sera convoquée, et quel que soit le nombre d'obligations représentées, elle délibérera valablement.

Les délibérations seront prises à la majorité des voix des obligataires, chacun d'eux disposant d'autant de voix qu'il représentera d'obligations. Les délibérations seront opposables à tous les obligataires.

Le nouveau représentant légal des obligataires aura les mêmes droits que son prédécesseur.

M. . . . . ., ès qualités, reconnaît M. . . . . . et après lui son successeur comme représentant légal de tous les obligataires, et interdit à la société la faculté de se prévaloir de la maxime: « Nul en France ne plaide par procureur ».

ART. 8. — La possession des obligations créées emportera de plein droit adhésion aux stipulations qui précèdent ainsi qu'aux pouvoirs conférés au représentant légal des obligataires.

ART. 9. — Les frais, droits et honoraires des présentes, etc. . . . . .

Élections de domicile.

Dont acte.

167. — Bordereau de l'inscription à prendre en vertu de l'acte qui précède.

Bordereau d'inscription d'hypothèque conventionnelle à prendre au. . . . . . bureau des hypothèques de. . . . .

M. . . . . .

Constitué représentant légal de tous les ayants droit actuels et futurs aux quatre cents obligations de 500 francs chacune créées aux termes de l'acte ci-après énoncé, ainsi qu'il sera expliqué plus loin,

Requiert au profit de :

1o M . . . .

2o M . . . .

3o M . . . .

4o M . . . .

5o M . . . .

6o M . . . .

Souscripteurs desdites obligations dans la proportion qui va être indiquée et premiers ayants droit auxdites obligations.

2. Et tous ceux qui deviendront ultérieurement propriétaires des obligations dont il s'agit.

Pour lequel domicile est élu.

. . . .

. . . .

Inscription d'hypothèque conventionnelle contre :

La société anonyme dite . . . ., au capital de . . . . . ., ayant son siège à Paris, rue . . . . . ., et dont les statuts ont été établis suivant acte reçu par M^e. . . . ., notaire à . . . . . ., le . . . . ., la dite société constituée, etc...

En vertu :

D'un acte reçu par M^e. . . . ., notaire à . . . . . ., le . . . . . ., aux termes duquel M. . . . . ., administrateur délégué de la société . . . . . ., ayant agi en vertu des autorisations et délégations contenues dans une délibération de l'assemblée générale extraordinaire des actionnaires de la société prise le . . . . . et dans une délibération du conseil d'administration de la même société en date du. . . . . ., desquelles délibérations des copies en due forme sont demeurées annexées à la minute dudit acte, a créé . . . . . obligations de cinq cents francs chacune représentant ensemble un emprunt de . . . . . francs décidé par l'assemblée générale des actionnaires dans sa séance susindiquée du . . . . . ., lesquelles obligations ont été souscrites savoir :

Par M . . . . . pour . . . .
    M . . . . . pour . . . .
    M . . . . . pour . . . .
    M . . . . . pour . . . .
    M . . . . . pour . . . .
    etc . . . .

Total égal, ci. . . . .

Par ce même acte M. . . . . . ès-qualités a reconnu que les souscripteurs desdites obligations lui avaient versé savoir :

MM. . . . . ., le montant intégral des obligations par eux souscrites.

Et MM. . . . . ., chacun la somme de 125 francs ou le quart de chaque obligation par eux souscrite.

Et ces derniers se sont obligés à effectuer le paiement du solde des obligations par eux souscrites d'ici fin décembre prochain, et avant cette date si le conseil d'administration en fait l'appel.

Audit acte il a été stipulé ce qui suit :

Les obligations émises produiraient un intérêt annuel de 15 francs, soit 3 p. 100, payable à l'aide de coupons de sept francs cinquante centimes à échéance des premier janvier et juillet de chaque année.

Ces intérêts commenceraient à courir à compter du . . . . . pour les obligations libérées, et à compter du jour de chaque versement pour les autres, et qu'ils cesseraient de courir sur les obligations sorties au tirage à compter du jour fixé pour le remboursement.

Ce remboursement des obligations aura lieu au pair dans un délai de dix ans après le . . . .

Il se fera à raison de . . . . . obligations par an, lesquelles seront désignées par voie de tirage au sort.

Le tirage au sort sera fait au cours de la réunion de l'assemblée générale annuelle sous la surveillance des membres du bureau, et pour la première fois au cours de la séance de l'assemblée générale qui se réunira dans le courant de . . . . . 19. . . . .

La société débitrice pourra se libérer par anticipation, soit en rapprochant les époques de tirage au sort, soit en augmentant à chaque tirage le nombre des obligations à amortir. Les remboursements anticipés s'imputeront sur les dernières échéances.

A la sûreté et garantie du remboursement des . . . . . obligations représentant l'emprunt de . . . . . contracté par la société, du paiement des intérêts ainsi que de tous frais et accessoires, M. . . . . ès-qualités a affecté et hypothéqué au profit des propriétaires desdites obligations ce qui a été accepté par MM. . . . . comme souscripteurs et premiers propriétaires et porteurs de ces obligations, les immeubles ci-après désignés.

Pour sûreté

1º De la somme de . . . . . représentant le capital de l'emprunt souscrit par la société au profit des propriétaires actuels et futurs des . . . . obligations imposant dans leur réunion l'intégralité de cet emprunt, la dite somme remboursable et productive d'intérêts ainsi qu'il est ci-devant expliqué ci . . . .

2º Des intérêts légaux à 5 p. 100, ci . . . .

3º De la somme de . . . . . à laquelle sont évalués approximativement les frais de conservation et de mise à exécution et autres accessoires de la créance, ci . . . . ____________

Total sauf mémoire, à. . . . .

Spécialement sur :

. . . .

Désignation des immeubles :

. . . .

Nota : Dans l'acte sus-indiqué il a été inséré ce qui suit, littéralement transcrit :

« Les obligations ci-devant créées » etc. . . . . ., *(copier les articles 7 et 8 de l'acte de création des obligations)*.

M

SYNDICATS DE GARANTIE ET AUTRES

168. — Syndicat d'émission (dit : de garantie).

Art. 1er. — Il est formé entre les adhérents aux présentes conventions, sans solidarité entre eux, et jusqu'à concurrence pour chacun d'eux du montant de son engagement, une association en participation ou syndicat ayant pour objet :

1º De garantir à la Société X. . . . . . la souscription de. . . . . actions nouvelles de . . . . . . francs chacune, représentant l'augmentation de capital de 5 à 10 millions de francs à laquelle cette société a décidé de procéder ;

2º De réaliser pour le compte commun tout ou partie des actions ainsi souscrites.

Art. 2. — Les actions à souscrire en vue de l'augmentation de capital de la Société X. . . . . . seront émises à . . . . . . francs plus une prime de 25 francs, soit au total . . . . . . francs, et souscrites à ce prix par les syndicataires dans les conditions ci-après déterminées.

Art. 3. — Les parts syndicales comprendront chacune 100 actions de la Société X. . . . . .

Les syndicataires devront, lors de leur adhésion au syndicat, remettre entre les mains de la gérance :

1º Un bulletin de souscription d'augmentation de capital de la société . . . . . . correspondant à leur engagement syndical et destiné à être remis à ladite société ;

2º Une somme proportionnelle de . . . . . . par action souscrite représentant le premier quart, plus la prime de 25 francs ;

3º Une somme de . . . . . . francs, par part, devant constituer un fonds de roulement en vue de la réalisation du but poursuivi.

Art. 4. — Le syndicat sera géré par MM. X. et Y. En cas de décès ou démission de l'un des gérants, une assemblée générale des syndicataires sera réunie par les soins de l'autre, dans le but de procéder à l'élection d'un co-gérant en remplacement.

La gérance sera investie des pouvoirs les plus étendus ; elle pourra notamment payer toutes commissions de placement, faire toutes les dépenses de publicité qui lui paraîtront utiles.

La gérance fixera le prix de réalisation des actions ainsi que la limite et le prix des rachats en bourse ou autrement, qu'elle jugerait utile d'effectuer, *mais seulement dans la limite du montant des fonds en caisse.*

L'acceptation des comptes du syndicat tels qu'ils seront présentés par la gérance sera obligatoire pour tous les adhérents.

Art. 5. — Les actions souscrites par chacun des syndicataires, ou les certificats nominatifs correspondants, seront déposés entre les mains de la gérance et, pendant toute la durée du syndicat, les syndicataires devront remettre à la gérance les pouvoirs nécessaires pour les représenter à toutes les assemblées générales de la société émettrice.

Art. 6. — Les syndicataires auront le droit d'exclure des ventes pour compte commun tout ou partie de leurs actions, et ce, au prix d'émission et en faisant connaître leur volonté au moment de la signature des présentes.

Les titres exclus ne seront néanmoins remis aux syndicataires qu'après la dissolution du syndicat, de même que le bénéfice syndical pouvant leur revenir sur ces titres ne leur sera payé qu'après la clôture des comptes.

Art. 7. — Le syndicat constitué et existant entre les adhérents aux présentes prendra fin :

1º Par la réalisation de son objet, c'est-à-dire par le placement de tous les titres non exclus des ventes pour compte commun,

2º A défaut et au plus tard à l'expiration d'une période de 12 mois à compter de la date de l'assemblée générale qui aura ratifié l'augmentation du capital de la société X. . . . .

Néanmoins, le syndicat pourra être prorogé d'une durée de six mois par simple décision de la gérance.

Art. 8.—Si, lors de la liquidation de la participation, *toutes les actions n'étaient pas réalisées*, le solde en serait réparti entre les syndicataires au prorata de la part de chacun d'eux, mais sous déduction des titres exclus des ventes en commun qui devront d'abord être attribués à leurs réclamants.

Art. 9. — Les bénéfices consistant dans la différence, entre le prix net de revient des titres et le prix auquel ils seront réalisés, déduction faite des frais exposés, seront répartis de la façon suivante :

1º Il sera d'abord attribué 10 % à la gérance à titre de rémunération ;

2º Le solde sera partagé entre les syndicataires au prorata de l'engagement de chacun d'eux.

Art. 10. — La gérance ne reconnaît comme participants que ceux qui ont adhéré directement au présent syndicat au moment de sa constitution : elle restera étrangère à toute rétrocession éventuelle à des tiers.

En cas de décès d'un syndicataire, ses héritiers ou ayants droit ne pourront s'immiscer dans les affaires du syndicat ni demander sa dissolution ou liquidation : ils devront se conformer à toutes les clauses des présentes, et seront tenus de se faire représenter par une seule personne.

Art. 11. — La gérance peut toujours convoquer l'assemblée générale des syndicataires pour lui demander une modification aux présents statuts, ou lui soumettre les propositions nouvelles que pourrait faire la société émettrice. Les décisions de l'assemblée ne pourront être prises que si la moitié plus une des parts syndicales y sont représentées.

ART. 12. — Dans le cas où la société X. . . . . n'aurait pas voté et publié l'augmentation de son capital ci-dessus prévue dans un délai de. . . du . . . . ., la présente convention deviendrait nulle de plein droit.

Formule d'adhésion.

Je soussigné,

demeurant à . . . . . .

A) Déclare adhérer aux conditions ci-dessus indiquées et souscrire . . . . . parts syndicales,

B) Déclare adhérer aux conditions ci-dessus indiquées et apporte dans le syndicat . . . . ., actions anciennes.

Je déclare en outre exclure . . . . . actions des ventes pour compte commun.

Paris, le . . . . . .

169. — Statuts-types de syndicats de garantie contre les accidents du travail annexés au décret du 27 décembre 1906.

TITRE PREMIER. — *Constitution et objet du syndicat.*

ART. 1er. — Il est formé entre les adhérents aux présents statuts un syndicat de garantie solidaire.

ART. 2. — Le syndicat a pour objet de garantir, dans les conditions déterminées par la loi du 9 avril 1898 et les lois postérieures sur la matière, tous ses membres contre les suites des responsabilités civiles des accidents du travail survenus à leur personnel.

ART. 3. — La dénomination du syndicat est *Syndicat de garantie de. .*

ART. 4. — Le syndicat a son siège social à . . . . . Ce siège ne pourra être transféré dans une autre ville que par décision de l'assemblée générale.

ART. 5. — La durée du syndicat est de . . . . . .

ART. 6. — Les opérations du syndicat s'appliquent à . . . . . *(spécifier ici les catégories d'exploitations)* pour les accidents survenus au personnel des entreprises ayant leur siège dans . . . . . *(spécifier ici le territoire sur lequel rayonne le syndicat).*

ART. 7. — Il ne sera définitivement constitué, sous réserve de l'approbation ministérielle, que lorsqu'il comprendra (1) . . . et lorsqu'une

____

(1) *Insérer ici* l'une des deux formules suivantes :

...au moins 5.000 ouvriers ou employés assurés et 10 chefs d'entreprise adhérents, dont 5 ayant au moins 300 ouvriers ou employés ;

ou bien :

...au moins 2.000 ouvriers ou employés assurés et 300 chefs d'entreprise adhérents, dont 30 ayant au moins chacun 3 ouvriers ou employés.

première assemblée générale, convoquée à la diligence des fondateurs, aura vérifié la réalisation de cette condition, nommé les membres du conseil d'administration, désigné, pour la première année, les commissaires institués par l'article 19 ci-après et constaté l'acceptation desdits administrateurs et commissaires.

Les membres du conseil d'administration sont nommés pour (1) . . . . . ; ils sont rééligibles. Le conseil se renouvelle par tiers.

ART. 8. — L'assemblée générale visée à l'article précédent doit être composée de la moitié au moins des adhérents représentant le quart des salaires assurés ou du quart des adhérents représentant la moitié de ces salaires.

Si l'assemblée générale ne réunit pas les conditions ci-dessus, elle ne peut prendre qu'une délibération provisoire ; dans ce cas, une nouvelle assemblée générale est convoquée à quinze jours au moins d'intervalle.

ART. 9. — Tous les adhérents sont liés solidairement pour le payement des rentes et indemnités attribuables, en vertu de la législation sur la matière, à la suite d'accidents ayant entraîné la mort ou une incapacité permanente survenus postérieurement à leur adhésion au syndicat.

Les adhésions sont souscrites, soit pour la durée du syndicat, soit pour des périodes successives de . . . . . années, ou pour la partie restant à courir de ces périodes. Toutefois, dans le cas où l'adhérent cesse son industrie, il peut résilier son adhésion pour l'avenir.

L'adhérent qui cesse de faire partie du syndicat continue à être solidairement tenu avec tous les autres pour le payement des rentes et indemnités dues par suite de sinistres survenus pendant les exercices durant lesquels il a adhéré au syndicat. Cette solidarité ne prend fin que lorsque le syndicat a liquidé entièrement ses charges pour lesdits exercices, soit directement, soit en versant à la Caisse nationale des retraites l'intégralité des capitaux constitutifs des rentes et indemnités dues.

Le syndicat peut, dans les conditions déterminées par le règlement intérieur, se décharger de tout ou partie de ses risques par voie de réassurance, tout en restant soumis à la responsabilité solidaire.

ART. 10. — Les sinistres, quelle que soit la date à laquelle ils ont été connus, sont toujours supportés par l'exercice correspondant à l'année dans laquelle s'est produit l'accident. L'exercice prend cours le 1er janvier et finit le 31 décembre de chaque année.

TITRE II. — *Administration et fonctionnement.*

ART. 11. — Le syndicat est administré par un conseil d'administration composé de . . . . . membres (2), élus par l'assemblée générale et choisis parmi les adhérents.

---

(1) *Insérer ici* : une durée qui ne peut être supérieure à six ans.
(2) Le chiffre à fixer par les statuts ne peut être inférieur à 6, ni supérieur à 9.

Le conseil d'administration élit parmi ses membres un président, ... vice-présidents et . . . . . secrétaires dont les fonctions durent un an. Ils sont rééligibles.

Le conseil d'administration se réunit au moins une fois par mois. La présence de la majorité des membres est nécessaire pour la validité des délibérations. Celles-ci sont prises à la majorité absolue des voix des membres du conseil. Le vote par procuration est interdit.

Il est dressé un procès-verbal de chaque séance du conseil d'administration, lequel est signé du président et du secrétaire.

Art. 12. — Le conseil d'administration nomme, parmi ses membres ou en dehors d'eux, un directeur, qui dirige sous son autorité les opérations du syndicat.

Art. 13. — Il est tenu chaque année, avant le 15 avril, une assemblée générale pour approuver les comptes qui lui sont présentés conformément aux art. 19, 29 et 30 des présents statuts.

L'assemblée générale se compose de l'universalité des adhérents dont la solidarité n'a pas pris fin par la liquidation définitive des périodes pendant lesquelles leurs contrats ont eu cours.

Art. 14. — Chaque membre de l'assemblée générale peut se faire représenter par un adhérent faisant lui-même partie de l'assemblée et porteur d'un pouvoir régulier, sur papier libre.

Nul adhérent ne peut réunir plus de . . . . . . voix pour l'assemblée générale constitutive, ni plus de . . . . . . voix pour les autres assemblées générales (1), tant pour lui-même que comme mandataire.

Tout adhérent porteur de pouvoirs doit les déposer au siège social et les y faire enregistrer cinq jours au moins avant la réunion de l'assemblée générale, faute de quoi ces pouvoirs sont nuls et sans effet.

Art. 15. — Dans toutes les assemblées générales, il est tenu une feuille de présence. Elle contient les noms et domiciles des membres présents.

Cette feuille, certifiée par le bureau de l'assemblée et déposée au siège social, doit être communiquée à tout adhérent.

Art. 16. — L'assemblée générale est présidée par le président du conseil d'administration ou, à son défaut, par un vice-président. Elle a pour secrétaire un secrétaire du conseil. L'assemblée désigne deux assesseurs pour compléter le bureau.

Art. 17. — L'assemblée générale ne peut délibérer valablement que si elle réunit le quart au moins des membres ayant le droit d'y assister ; si elle ne réunit pas ce nombre, une nouvelle assemblée est convoquée à huit jours au moins d'intervalle et elle délibère valablement, quel que soit le nombre des membres présents ou représentés.

Dans chaque assemblée générale, il ne peut être valablement délibéré que sur les questions portées à l'ordre du jour.

(1) Le chiffre à fixer par les statuts ne peut être supérieur à 3 pour l'assemblée constitutive,

L'ordre du jour ne peut contenir que les propositions émanant du conseil d'administration et celles qui lui auront été communiquées vingt jours au moins avant la réunion de l'assemblée générale avec la signature d'un dixième des adhérents au moins, ou de cent adhérents, si le dixième est supérieur à cent.

ART. 18. — Les assemblées qui ont à délibérer sur des modifications aux statuts ou sur des propositions de continuation du syndicat au delà du terme fixé pour sa durée, ou de dissolution avant ce terme, ne sont régulièrement constituées et ne délibèrent valablement qu'autant qu'elles réunissent les conditions visées à l'art. 8 ci-dessus pour l'assemblée générale constitutive. Toutefois, en cas de dissolution anticipée, si les deux convocations prévues à l'art. 8 n'ont pas donné de résultats, une troisième convocation sera faite, à quinze jours d'intervalle, et la délibération prise sera valable, quel que soit le nombre des adhérents présents.

ART. 19. — L'assemblée générale annuelle désigne un ou plusieurs commissaires choisis parmi les adhérents ne faisant pas partie du conseil d'administration pour faire un rapport à l'assemblée générale de l'année suivante sur la situation du syndicat, sur le bilan et sur les comptes présentés par le conseil d'administration.

Ce rapport doit mentionner les résultats du dernier exercice, ainsi que la situation de chacun des exercices antérieurs non définitivement réglés.

La délibération de l'assemblée contenant approbation du bilan et des comptes est nulle, si elle n'a été précédée du rapport des commissaires, qui doit être imprimé et envoyé à tous les adhérents quinze jours avant la réunion.

ART. 20. — Les commissaires ont droit, toutes les fois qu'ils le jugent convenable dans l'intérêt du syndicat, de prendre communication des livres et d'examiner les opérations du syndicat. Ils peuvent toujours, en cas d'urgence convoquer l'assemblée générale.

ART. 21. — Dans les quinze jours qui précèdent la réunion de l'assemblée générale, tout adhérent peut prendre ou faire prendre par un fondé de pouvoirs, au siège social, communication ou copie de l'inventaire et de la liste des membres composant l'assemblée générale.

ART. 22. — Lorsqu'un exercice est définitivement apuré après expiration des délais de révision, une assemblée générale est immédiatement convoquée pour procéder à la vérification et, s'il y a lieu, à l'approbation des comptes dudit exercice. Elle statue, le cas échéant, sur l'application des dispositions des 3e et 4e alinéas de l'art. 28 et de l'alinéa 1º de l'art. 32.

ART. 23. — Afin d'assurer l'exacte application des statuts, un règlement intérieur délibéré par l'assemblée générale et communiqué au ministre du travail avant sa mise en vigueur règle dans leurs détails les rapports du syndicat et des adhérents.

ART. 24. — Les actes d'adhésion remis aux adhérents doivent contenir les conditions spéciales de l'engagement, sa durée, ainsi que les clauses de résiliation et de tacite reconduction, s'il y a lieu. Ils constatent en outre la remise d'un exemplaire reproduisant le texte entier des statuts et du règlement intérieur et relatent le texte intégral des art. 3, 9, 19 et 30 de la loi du 9 avril 1898, ainsi que les autres dispositions prescrites par l'art. 11 du décret du 28 février 1899 et l'art. 21 (1) dudit décret.

En cas de modifications des statuts ou du règlement intérieur, tout adhérent recevra également le texte desdites modifications.

Art. 25. — Le bénéfice de la garantie du syndicat est acquis à l'adhérent à partir de la date fixée par l'acte d'adhésion.

Art. 26. — Le règlement intérieur détermine le mode et les conditions des déclarations à faire en cas de sinistre par les adhérents. Il spécifie les productions de pièces nécessaires.

Les indemnités de sinistres sont payées aux victimes d'accidents ou à leurs ayants droit par le syndicat, sans que le syndicat puisse exciper à l'encontre des ouvriers créanciers des règlements de comptes ou contestations pouvant exister entre le syndicat et l'adhérent chez lequel l'accident s'est produit.

Titre III. — *Organisation financière.*

Art. 27. — La cotisation de chaque adhérent est calculée au centime le franc des salaires payés par l'adhérent, d'après un coefficient de risque indiqué sur l'acte d'adhésion.

L'assemblée générale peut astreindre, en outre, les adhérents à un droit d'entrée dont elle fixe la base, le taux et l'affectation.

Art. 28. — Chaque année, le conseil d'administration détermine la cotisation à payer par cent francs de salaire pour chaque profession. Les cotisations sont établies de manière à pouvoir couvrir, sur ses propres ressources, toutes les charges de l'exercice, y compris la réserve complémentaire prévue à l'art. 29 et le fonds de réserve prévu à l'art. 32.

En cas d'insuffisance de ressources constatée dès l'établissement du bilan d'un exercice non encore définitivement liquidé, l'assemblée générale peut décider la perception de cotisations supplémentaires au prorata des cotisations versées dans l'année.

Cette perception devient obligatoire lors de la liquidation définitive de l'exercice, si l'insuffisance des ressources n'est pas, le cas échéant, couverte par le fonds de réserve.

Lorsqu'un exercice laisse un solde bénéficiaire, ce solde est réparti entre les adhérents, au prorata des cotisations, après que le prélèvement nécessaire pour constituer le fonds de réserve a été effectué.

Art. 29. — Les opérations du syndicat sont réglées annuellement dans les conditions ci-après :

____

(1) Devenu aujourd'hui l'art. 20, depuis les modifications apportées au décret du 28 février 1899 par celui du 27 décembre 1906.

1º Les capitaux constitutifs des rentes attribuées au cours d'un exercice sont versés à la Caisse nationale des retraites, au plus tard dans le mois qui suit l'approbation des comptes de cet exercice par l'assemblée générale ;

2º Pour toutes celles de ces rentes qui n'ont pas été constituées au cours de l'exercice, le bilan doit faire apparaître une somme égale à la valeur, au 31 décembre, des capitaux constitutifs à verser à la Caisse nationale des retraites, évaluées d'après les tarifs établis par la Caisse nationale des retraites.

En outre, pour les rentes dues à la suite d'accidents ayant entraîné une incapacité permanente, il est établi, jusqu'à l'expiration du délai légal de revision, une réserve complémentaire, calculée conformément au barème adopté pour les sociétés d'assurances contre les accidents du travail ;

3º En ce qui concerne les accidents dont les conséquences sont encore inconnues ou qui n'ont pas encore pu donner lieu à attribution de rentes, il doit être réservé au passif du bilan de l'exercice dans lequel ils sont survenus une provision suffisante pour y faire face ;

4º Un exercice n'est définitivement réglé qu'après la constitution à la Caisse nationale des retraites de toutes les rentes dues à la suite des accidents survenus au cours dudit exercice et de l'acquittement de toutes les autres charges correspondantes.

ART. 30. — Chaque année, le conseil d'administration soumet à l'assemblée générale l'inventaire du dernier exercice.

Cet inventaire est accompagné d'un compte de profits et pertes et d'un bilan donnant la situation, d'année en année, de chacun des exercices inventoriés antérieurement et non définitivement liquidés.

Ces documents doivent être publiés et tenus à la disposition de tout adhérent qui en fait la demande moyennant le payement d'une somme qui ne peut excéder 1 franc.

Il ne peut être attribué à chaque exercice que les recettes et les dépenses qui lui sont propres, sauf emploi, le cas échéant, du fonds de réserve.

ART. 31. — Le syndicat s'interdit toute spéculation. Les fonds ne peuvent être employés qu'au fonctionnement normal du syndicat pour l'exécution de la loi du 9 avril 1898.

Les placements correspondant aux provisions à effectuer en vertu des paragraphes 2 et 3 de l'art. 29 ci-dessus sont effectués dans les mêmes conditions que les placements analogues des sociétés d'assurances.

Les autres placements sont déterminés par l'assemblée générale.

ART. 32. — Il est constitué un fonds de réserve au moyen :

1º D'un prélèvement dont le *quantum* sera fixé par l'assemblée générale sur les excédents bénéficiaires après liquidation définitive des exercices ;

2º D'un prélèvement de . . . . . p. 100 sur le montant de toutes les cotisations.

Le fonds de réserve fait l'objet d'un compte spécial ; il est destiné à parer, en tout ou partie, aux insuffisances éventuelles de ressources de tous les exercices, indistinctement. Toutefois, les sommes provenant du fonds de réserve ne pourront être affectées à un même exercice que jusqu'à concurrence de moitié, au maximum.

Lorsque le fonds de réserve aura atteint la somme de . . . . . ., l'assemblée générale pourra, sur la proposition du conseil d'administration, décider que les prélèvements prévus au présent article seront, soit totalement, soit partiellement, suspendus.

Le fonds de réserve est la propriété du syndicat. Aucun adhérent ou ancien adhérent n'en peut réclamer une part quelconque.

En cas de dissolution du syndicat, l'emploi à faire du fonds de réserve sera déterminé dans les conditions prévues à l'art. 33 des présents statuts.

Titre IV. — *Dissolution et liquidation.*

Art. 33. — En cas de dissolution volontaire du syndicat, une assemblée générale extraordinaire nomme un ou plusieurs liquidateurs, détermine leurs pouvoirs ainsi que la forme et la durée de la liquidation, et délibère, s'il y a lieu, sur la dévolution de l'actif restant disponible, après acquittement de toutes les charges, à une œuvre de prévoyance sociale.

Faute de délibération par l'assemblée, il est statué, après avis du Comité consultatif des assurances contre les accidents du travail, par un arrêté du ministre du travail, qui désigne les liquidateurs amiables chargés, sous son contrôle, de la liquidation des exercices non définitivement liquidés.

N

BILANS ET FORMULES COMPTABLES

NOTE SUR LA COMPTABILITÉ DANS LES SOCIÉTÉS

Considérations générales.

La bonne tenue de la comptabilité et son organisation rationnelle sont d'un intérêt vital pour toutes les entreprises quelles qu'elles soient. Elles s'imposent d'une façon particulièrement impérieuse en matière de sociétés.

La comptabilité des sociétés devra être organisée d'une façon telle que les contrôles puissent être exercés avec autant de facilité que possible, et à cet égard, la forme de la comptabilité à parties doubles apparaît comme étant la seule qui donne les garanties désirables.

Des contrôles « préventifs », si l'on peut dire, seront chaque fois qu'il sera possible assurés au moyen d'une scission très nette entre les services chargés de la manutention et de la conservation des deniers, des matières et des valeurs appartenant à la société d'une part et le service de la comptabilité chargé de l'inscription des mouvements de fonds, de marchandises, de valeurs, de tous éléments généralement quelconques formant le patrimoine de la société, d'autre part.

Le contrôle des agents comptables eux-mêmes sera réalisé autant que possible d'une façon automatique, au moyen de l'enregistrement, par deux agents différents de chacune des parties constitutives de l'écriture à parties doubles qui constate digraphiquement chaque opération.

Dans les sociétés traitant des affaires nombreuses et complexes, on n'obtiendra l'ordre dans la comptabilité qu'en adoptant un système de comptabilités auxiliaires, permettant de classer les opérations en catégories.

On trouvera ci-après une étude sommaire de la comptabilité telle qu'elle sera le plus généralement organisée dans les sociétés.

Organisation et tenue de la comptabilité.

Cette brève étude ne saurait prétendre à exposer d'une façon complète le mécanisme et le fonctionnement de la comptabilité à parties doubles.

D'une façon générale, l'ampleur des opérations nécessitera l'adoption d'un système de comptabilité comprenant une comptabilité analytique dite auxiliaire et une comptabilité synthétique ou générale, cette dernière n'étant que l'expression à la fois simplifiée et condensée des énonciations de la comptabilité auxiliaire.

La comptabilité auxiliaire enregistre les mouvements d'espèces, de marchandises, d'effets de commerce, de tous éléments composant le patrimoine de la société au fur et à mesure que ces mouvements se produisent ; elle les groupera méthodiquement selon leur nature ; par la comptabilité synthétique ou générale on réalisera périodiquement la synthèse des mouvements constatés par la comptabilité auxiliaire et on en déterminera la résultante.

La comptabilité auxiliaire ne fournira aux investigations que des renseignements d'ordre particulier, par exemple sur telle ou telle opération déterminée de la société, sur la position de tel ou tel compte de client ou de fournisseur, sur la naissance ou l'extinction de telle ou telle créance active ou passive déterminée.

On trouvera ci-après (§ 1) une étude sommaire de la comptabilité auxiliaire qui permettra aux gérants et administrateurs de se rendre compte des renseignements que l'examen de cette comptabilité est susceptible de leur procurer.

Quant à la comptabilité synthétique ou générale, elle réalise, comme on l'a dit plus haut, la synthèse des opérations de la société et en révèle la résultante : le mécanisme de cette synthèse est d'ordre trop technique pour trouver place ici.

Parmi les livres qui constituent la comptabilité générale, le journal légal ne saurait donner de renseignements qu'aux seuls praticiens ; le grand livre général bien que plus intelligible pour les non-professionnels ne sera pas, en général, directement consulté à cause de son maniement difficile, mais on prendra connaissance de la situation qu'il révèle grâce aux différentes balances qu'il permet d'établir : balances de vérifications mensuelles, balances d'inventaires, états semestriels et bilans.

Ces différentes balances sont l'expression de la situation générale active et passive de la société à la date où elles sont dressées : elles constitueront pour les administrateurs l'un des documents comptables qu'ils pourront consulter avec le plus de fruit.

On trouvera ci-après (§ 2) une étude sommaire des livres constituant la comptabilité générale.

§ 1. — La comptabilité auxiliaire.

Elle est formée par un nombre variable de livres dits : journaux analytiques ou auxiliaires où l'on note, au fur et à mesure qu'elles se produisent, toutes les opérations d'après leur nature.

La réglure et la disposition de ces livres varient avec les besoins des entreprises ; leur nombre est également subordonné à l'importance et à la nature des opérations de chaque entreprise.

On trouvera ci-après, à titre d'indication, l'étude sommaire des livres analytiques qu'on rencontre dans la plupart des entreprises.

A) MOUVEMENTS D'ESPÈCES

Ils sont constatés sur le journal de caisse.

Journal de caisse. — C'est le registre sur lequel le caissier inscrit chaque jour les entrées et les sorties de numéraire.

Les totaux de ce livre-journal forment la statistique de l'entrée et de la sortie des espèces.

Le solde du journal originaire de caisse doit obligatoirement être conforme à l'existant en caisse.

A titre de contrôle, le caissier est tenu de « faire sa caisse » : c'est une opération à laquelle il devra procéder chaque jour.

Les dépenses, sans exception, seront appuyées de pièces justificatives, lesquelles seront numérotées et conservées par le caissier. Les recettes, de même, seront appuyées de titres justificatifs émanant soit des tiers qui ont effectué les versements, soit des services comptables de la société en raison avec le service de caisse. Quand la pièce manque, elle sera créée par le caissier et comportera un libellé très complet de la cause de la recette.

Le journal originaire de la caisse comportera un nombre approprié de colonnes qui permettront de procéder au dépouillement des recettes et des dépenses, c'est-à-dire à leur classification par nature de comptes.

Dans les maisons où il y a plusieurs caisses, on relève le total de chaque livre de caisse sur un journal central de caisse.

Parfois, il sera tenu un registre de « petite caisse » par une personne chargée de régler les menus frais (pourboires, frais de courses, etc...).

On trouvera en annexe (formule 170) le modèle d'un journal originaire de caisse tel qu'il peut convenir à la généralité des entreprises.

B) MOUVEMENTS DE MARCHANDISES

Ils sont constatés :

A l'entrée des marchandises : sur le journal originaire des entrées en magasin appelé communément livre des achats.

A la sortie des marchandises : sur le journal originaire des sorties de magasin appelé communément livre des ventes, ou encore livre de débits.

Journal originaire des entrées en magasin. — C'est le registre sur lequel sont inscrites dans l'ordre où elles parviennent au comptable toutes les factures d'achat des marchandises entrées en magasin.

A noter que les achats au comptant étant inscrits d'autre part sur le livre de caisse comme dépenses, on devra créer pour ordre un compte « achats au comptant » qui, dans la comptabilité synthétique, devra toujours être soldé.

On trouvera en annexe (formule 171) un modèle de journal originaire des entrées en magasin.

Journal originaire des sorties de magasin. — C'est le registre sur lequel on inscrit toutes les factures des marchandises vendues.

Pour les ventes au comptant, on débitera pour ordre un compte « Ventes au comptant » qui fonctionnera d'une façon analogue au compte « Achats au comptant » et qui sera toujours soldé.

Lorsqu'on voudra réaliser la permanence de l'inventaire, on réservera une colonne dans le tracé du livre de ventes pour y inscrire en regard de chacune des ventes le prix de revient des marchandises facturées.

On trouvera, à titre documentaire, en annexe (formule 172), un modèle de livre-journal des sorties de magasin permettant de condenser tous les éléments nécessaires pour établir la permanence d'inventaire.

C) MOUVEMENTS DES EFFETS DE COMMERCE

Ils sont enregistrés sur les deux journaux originaires suivants :

Journal originaire d'entrée et de sortie des effets à recevoir ;

Journal originaire de sortie et de rentrée des effets à payer.

Journal originaire d'entrée et de sortie des effets à recevoir. — C'est le livre sur lequel on inscrit chaque jour les entrées et les sorties d'effets actifs (créances actives du commerçant).

Les effets à recevoir ou effets actifs comportent les billets souscrits à l'ordre de la maison, les traites tirées par la maison sur les clients et les remises d'effets faites à la maison pour un motif quelconque.

Le journal originaire d'entrée et de sortie des effets à recevoir est généralement tenu à livre ouvert : la page gauche pour l'entrée, la page droite pour la sortie. Son solde indique l'existant en portefeuille.

Dans les banques et sociétés qui se livrent à des opérations multiples, l'inscription des entrées et des sorties d'effets à recevoir est faite sur des registres nombreux et même sur des feuilles volantes numérotées.

Dans tous les cas, la disposition et la réglure du ou des registres d'entrée et de sortie des effets à recevoir ne sera pas sensiblement modifiée ; à titre documentaire on trouvera en annexe (formule 173) un modèle pour la page gauche du journal originaire d'entrée et de sortie des effets à recevoir.

La même réglure convient pour la sortie : la désignation du numéro de sortie précédera toutefois celle du numéro d'entrée.

A noter que les encaissements d'effets échus faits par le caissier étant inscrits en recettes au livre originaire de caisse en même temps qu'en sortie sur le livre originaire des effets à recevoir, il y aura lieu de créer pour ordre un compte qu'on intitulera : effets à encaisser, qui ressortira nécessairement toujours soldé dans la comptabilité synthétique.

L'émargement des effets sortis est réalisé en portant au moment de la sortie de chaque effet le numéro de sortie en regard du numéro d'entrée sur la page des entrées et le numéro d'entrée en regard du numéro de sortie sur la page de sortie.

Journal de sortie et de rentrée des effets à payer. — C'est le registre sur lequel on inscrit au fur et à mesure qu'elles se produisent les sorties et les rentrées d'effets passifs (créances passives du commerçant).

Son solde indique le montant des effets à payer qui se trouvent en circulation.

Les effets à payer passifs sont les effets souscrits par la maison, les traites tirées sur la maison, acceptées par elle ou non contredites.

Les effets souscrits par la maison sont comptabilisés en « sortie » à la date de leur souscription, les traites acceptées au moment de leur acceptation, les traites tirées sur la maison au moment où le comptable est averti de la création de l'effet.

Le journal originaire de sortie et de rentrée des effets à payer doit fonctionner dans les mêmes conditions que le journal originaire d'entrée et de sortie des effets à recevoir : on ne procédera point à un simple émargement en face de la sortie pour constater les rentrées ; celles-ci seront comptabilisées sur la page de droite du journal originaire de sortie et de rentrée des effets à payer.

Nota. — Les journaux originaires ci-dessus étudiés ne donnent pas le classement des effets actifs ou passifs par *dates d'échéance* : ce classement sera réalisé au moyen d'échéanciers. On en trouvera un modèle en annexe (formule 174).

D) MOUVEMENTS DIVERS D'ÉLÉMENTS D'ACTIF OU PASSIF.

Les opérations qui, par leur nature exceptionnelle, ne pourront trouver place sur les registres analytiques spéciaux seront inscrites sur le journal originaire des opérations diverses.

Journal originaire des opérations diverses. — On y relate toutes les opérations pour l'enregistrement desquelles on ne tient pas de journal originaire des opérations diverses.

Grands Livres originaires. — Indépendamment des journaux originaires strictement indispensables pour relater les mouvements d'actif et de passsif qui constituent la vie sociale, il sera tenu un ou plusieurs grands livres originaires, selon les besoins.

Les grands livres ont pour but le développement de certains comptes en autant de sous-comptes qu'il sera utile : ce sont en quelque sorte des livres de dépouillement de chapitres spéciaux particulièrement intéressants à connaître dans le détail.

Par leur fonction dans le mécanisme de la comptabilité, ils ne font pas plus partie de la comptabilité auxiliaire que de la comptabilité synthétique : ils sont généralement classés sous le titre de la comptabilité auxiliaire, parce qu'ils en dérivent par reports directs.

Les grands livres originaires qu'on rencontre dans presque toutes les entreprises sont : le grand livre des fournisseurs et le grand livre des clients.

L'exactitude des grands livres originaires sera vérifiée tous les mois ; elle résultera de la concordance entre les chiffres de la balance de chaque grand livre originaire et les chiffres du compte qu'il développe tels qu'ils apparaîtront à la balance du grand livre général.

§ 2. — *La comptabilité générale.*

Elle centralise les opérations détaillées aux livres auxiliaires ; cette centralisation est réalisée par le journal général.

LE JOURNAL GÉNÉRAL

Il a pour fonction essentielle de reproduire sous des rubriques laconiques, par des écritures à parties doubles, le résumé mensuel des opérations enregistrées au jour le jour sur les livres auxiliaires ; la confection du journal n'est qu'une œuvre de condensation, de synthèse.

Toutes les modifications qu'il comporte, quelles qu'elles soient, figurent au grand livre général, qui en opère une classification rationnelle.

Le seul avantage du journal, au point de vue des renseignements qu'il est susceptible de fournir, c'est de présenter le résumé mensuel des opérations ; la forme de sa rédaction le rend difficilement intelligible aux non-initiés.

LE GRAND LIVRE GÉNÉRAL

C'est un registre sur lequel on reproduit, en les classant par comptes, toutes les énonciations du journal général.

C'est le livre le plus utile au commerçant grâce à la manière dont les opérations y sont groupées.

Lorsque le grand livre général comporte des comptes collectifs, c'est-à-dire des comptes globaux comprenant plusieurs sous-comptes dont il est utile de connaître la position individuelle, on fera usage de grands livres originaires pour en opérer le dépouillement ; il a été expliqué plus haut le mode de confection de ces grands livres spéciaux.

L'exactitude du grand livre général résultera des documents comptables périodiquement dressés : les balances.

LES BALANCES

Les balances sont l'expression la plus claire de la situation générale active et passive du commerçant à la date à laquelle elles sont dressées.

Elles consistent en le relevé des totaux et des soldes des comptes du grand livre général.

On reconnaît la justesse d'une balance à ce que les trois conditions suivantes sont réalisées :

1° Le total du doit égale celui de l'avoir.

2º Ces totaux égalent ceux du journal ;

3º Le total des soldes débiteurs égale celui des soldes créditeurs.

Si ces trois conditions ne sont pas remplies, la balance est fausse et l'erreur ou les erreurs devront être recherchées et trouvées.

La justesse d'une balance ne donne qu'une probabilité très grande de l'exactitude des reports ; les erreurs, si elles n'altèrent pas les totaux du doit et de l'avoir, ne sont pas révélées par la balance, par exemple lorsqu'un compte est débité ou crédité pour un autre, la balance apparaît juste.

On trouvera en annexe (formule 176) le modèle d'une balance de vérification mensuelle.

LE BILAN

Le bilan est l'état analytique et synthétique qui exprime la situation active et passive d'un commerçant.

Il est dressé en fin d'exercice.

La balance de vérification n'est qu'un résumé concis des renseignements que comporte la comptabilité à la date où elle est dressée. Le bilan a en outre le caractère d'exprimer la situation véritable de la société telle que cette situation résulte d'un inventaire et d'une réestimation faits par le commerçant de tous les éléments actifs et passifs de sa maison de commerce ; en outre, encore le bilan décèle l'importance des bénéfices ou des pertes de l'exercice.

Pour représenter la situation véritable de la maison de commerce en fin d'exercice, la comptabilité doit subir, si exactement qu'elle ait été tenue, des corrections et des amendements.

Après ces corrections et ces amendements qui portent le nom technique d'écritures d'inventaire, les chiffres de la comptabilité se trouvent rigoureusement conformes à la valeur intrinsèque des éléments actifs et passifs du patrimoine du commerçant telle que cette valeur a été estimée par lui.

Le bilan doit être clair et concis. Pour en faciliter la compréhension, on classe les comptes en groupes, savoir : capital, valeurs fixes actives et passives, valeurs circulantes actives et passives, créances envers les tiers, actives et passives.

On trouvera en annexe (formule 177) un modèle de bilan.

COMMENT S'ÉTABLIT LE COMPTE DES RÉSULTATS DE L'EXERCICE

En fin d'exercice, il est procédé à un inventaire en vue de déterminer par des investigations extra-comptables la valeur intrinsèque de tous éléments actifs ou passifs de la maison de commerce ; cet inventaire a pour but de préparer le bilan.

L'inventaire fait connaître la situation de la maison de commerce sans révéler s'il y a prospérité ou décadence ; le bilan, de son côté, révèle le résultat définitif de l'exercice en bénéfices ou en pertes.

Ces documents, même rapprochés l'un de l'autre, ne permettent pas de distinguer la source des profits ou des pertes, l'examen du résumé du compte de pertes et profits permettra de combler cette lacune.

LE COMPTE DE PERTES ET PROFITS

On établit ce compte en y faisant figurer les revenus et les charges, les profits et les pertes extraits des comptes divers où ils étaient jusqu'en fin d'exercice répartis par catégories.

En définitive, le compte de pertes et profits constitue une balance succincte des bénéfices et des pertes groupés par chapitres.

On trouvera en annexe (formule 178) un exemple de compte de pertes et profits.

LA COMPTABILITÉ INDUSTRIELLE

C'est une comptabilité analytique comprenant des livres variés où sont méthodiquement groupées les dépenses d'après leur nature.

D'une façon générale, on peut dire que la division de la comptabilité industrielle sera corrélative de la division du travail dans l'industrie envisagée.

On modèlera autant que possible la division de la comptabilité sur la division du travail dans l'industrie dont il s'agit de comptabiliser les résultats en créant autant de livres ou comptes qu'il existe d'opérations diverses dans le cycle de la fabrication entreprise ; ces livres ou comptes porteront comme titres les noms des opérations qu'ils sont destinés à enregistrer.

L'organisation de la comptabilité industrielle sera tout entière inspirée par la nécessité de *l'établissement du prix de revient.*

Dans le cas où l'on commencera l'exploitation d'une industrie fondée de toutes pièces, force sera d'évaluer le prix de revient *a priori* en se basant sur tous éléments d'appréciation que l'on pourra se procurer, mais dès que l'exploitation aura normalement fonctionné on établira le prix de revient *a posteriori* grâce aux renseignements certains que procure l'enregistrement des dépenses réellement faites au cours de l'exploitation.

Le prix de revient ou coût de production d'un article déterminé comprend :

1º Le prix de revient des matières employées ;

2º Le montant de la main-d'œuvre ;

3º La quote-part de frais de fabrication ;

4º Les frais spéciaux spécialement applicables à l'article considéré.

COMPTABILITÉ DU MAGASIN

Elle est réalisée par le livre auxiliaire des entrées et des sorties du magasin de matières premières tenu par le service de la comptabilité de la même façon que le livre auxiliaire des entrées et des sorties du magasin de ventes.

A la tête du magasin de matières premières, on placera un employé spécial, le magasinier, qui prendra en charge les quantités entrées et ne les laissera sortir que contre la remise de bons de sortie émanant du service de la comptabilité ; quand les matières premières employées sont très variées, le magasinier devra tenir le compte des entrées et des sorties de chaque article au moyen de fiches.

COMPTABILITÉ DE LA MAIN-D'ŒUVRE

L'enregistrement du temps de présence de chaque ouvrier doit être fait par des employés dits « pointeurs » qui relèvent du service administratif de l'exploitation.

Divers systèmes de pointages et de contrôle peuvent être adoptés ; en définitive, les heures de présence de chaque ouvrier constatées sur des fiches individuelles ou sur des carnets de paye individuels sont totalisés par fiches ou carnets et donnent lieu à l'établissement de feuilles de paye périodiques émargées par les ouvriers.

On trouvera en annexe un modèle de feuille de paye (formule 179).

Dans les industries où les opérations sont variées et où il importe de connaître le coût exact de chaque opération industrielle ou ventile les frais de main-d'œuvre grâce à l'emploi de bons d'attachement.

Le bon d'attachement comporte l'indication très exacte du travail à entreprendre ; il est remis à l'ouvrier lorsqu'il commence le travail ; quand le travail est terminé, l'ouvrier rend ce bon au chef d'atelier et le pointeur note le temps passé au travail fixé.

Le bon d'attachement est classé dans le dossier auquel il a trait.

Le total des bons d'attachement pour une période donnée doit égaler le total de la feuille de paye établie pour la même période.

COMPTABILITÉ DES FRAIS DE FABRICATION

Dans l'enregistrement des recettes et des dépenses, on distinguera très soigneusement les frais généraux commerciaux (frais de vente, de bureau, de comptabilité, loyer de locaux commerciaux, etc...) et les frais de production.

Les frais de production seront portés à un livre auxiliaire spécial des « frais de fabrication » qui sera dépouillé par sortes de frais (force motrice, éclairage, transports, chauffage, etc...).

Pour évaluer la quote-part des frais de fabrication à appliquer au coût de production d'un article déterminé, on peut se baser sur le rapport qui existe entre le total des frais de fabrication du dernier exercice écoulé et la quantité totale d'articles ouvrés pendant ce même exercice.

On peut également déterminer quels ont été les frais de fabrication en fonction de la main-d'œuvre prenant pour base les résultats du dernier exercice écoulé ; on admettra par exemple, toutes choses égales, que les frais de fabrication d'un article représentent x p. 100 du montant de la main-d'œuvre appliquée à cet objet.

COMPTABILITÉ DES FRAIS SPÉCIAUX

Pour grouper les « frais spéciaux » spécialement applicables à un article déterminé, on réservera une colonne dans le tracé du compte frais de fabrication, ou mieux, on créera autant de comptes spéciaux qu'il sera nécessaire.

RÉSUMÉ

Grâce à la sommaire étude qui précède, les administrateurs de sociétés pourront se faire une idée assez exacte des renseignements et des enseignements qu'ils pourront tirer de l'examen des documents comptables dressés par le comptable pour les besoins de la comptabilité elle-même.

Il va sans dire que la comptabilité sera organisée par le personnel technique compétent en vue de fournir aux gérants tous les renseignements qu'ils pourront désirer ; le comptable devra tenir une comptabilité analytique telle que les dépouillements de recettes et de dépenses soient très minutieusement poussés ; il devra être à même de fournir à des intervalles périodiques rapprochés à des situations d'ensemble, des renseignements stastistiques détaillés et d'une façon générale tous les états et tous les diagrammes indispensables aux administrateurs pour se forger une opinion nette sur la situation dans le passé, dans le présent et même dans l'avenir. De ces documents dressés, non point pour les besoins de la comptabilité elle-même, mais uniquement pour guider les administrateurs dans leurs déterminations, on trouvera des modèles en annexe :

(Formule 180) Situation de trésorerie (situation dans l'avenir).

(Formule 181) Diagramme du chiffre d'affaires (situation dans le passé).

170. — *a)* ENREGISTREMENT DES MOUVEMENTS D'ESPÈCES

Modèle de livre-journal de caisse

RECETTES   DÉPENSES

DATES		CAUSE DE LA RECETTE	MONTANT	DÉPOUILLEMENT DES RECETTES				DATES		CAUSE DE LA DÉPENSE	MONTANT	DÉPOUILLEMENT DES DÉPENSES			
				Banque	Clients	Ventes au comptant	Autres causes					Achats de marchandises	Frais généraux	Fournisseurs	Autres causes
1921 mars	4	Ventes comptant de ce jour.....	1.415 25			1.415 25		1921 mars	5	Payé facture Robert du 28 février 1921............	2.712 45			2.712 45	
»	5	M/retrait de la Banque de France chèque C25138.	3.000 »	3.000				»	5	Achat d'une machine à copier..	1.500 »				1.500
»	5	Encaissé facture André du 25 février 1921......	812 »		812			»	5	Réglé salaire de la semaine du garçon.........	85 »		85		
»	5	Vendu déchets de papier.........	25 »				25								
»	5	Ventes au comptant de ce jour..	7.313 »			7.313 »									
			12.565 25	3.000	812	8.728 25	25				4.297 45		85	2.712 45	1.500
mars	6	Solde en caisse..	8.267 80												

171. — b) ENREGISTREMENT DES MOUVEMENTS DE MARCHANDISES

Modèle de livre-journal des entrées en magasin

(Livre des achats)

DATES		Nos des factures	COMPTES A CRÉDITER	DÉSIGNATION DES MARCHANDISES	Quantités	Prix par unité		Prix par objet		Prix par facture		Escomptes		Prix nets	
Mars	5	124	Martin..........	Drap écossais.......	1.200 m.	30	»	36.000	»	36.000	»	720	»	35.280	»
»	6	125	Dubois ...:....	Drap Sedan noir....	100 m.	25	»	2.500	»}	3.700	»	»	»	3.700	»
				Taffetas h^te nouvté...	100 m.	12 —	»	1.200	»}						
»	7	126	Achats au compt^t	Popeline...........	300 m	15	»	4.500	»	4.500	»	45	»	4.455	»

172. — b) ENREGISTREMENT DES MOUVEMENTS DE MARCHANDISES

Modèle de livre-journal des sorties de magasin

(Livre des Ventes)

DATES	Nᵒˢ des factures	COMPTES A DÉBITER	DÉSIGNATION DES MARCHANDISES	Quantités	Prix par unité		Prix par objet		Prix par facture		Escompte		Prix net		Prix de revient	
Mars 31	131	*Clients* : Hamel...	Drap écossais....	100 m.	40	»	4.000	»								
			Popeline.........	200 m.	20	»	4.000	»	8.000	»	120	»	7.880	»	5.910	»
Avril 1ᵉʳ	132	*Ventes au comptant.*	Drap Sedan noir.	10 m.	30	»	300	»	300	»	»	»	300	»	250	»

178. — c) ENREGISTREMENT DES MOUVEMENTS D'EFFETS DE COMMERCE

Modèle de livre-journal d'entrée des effets à recevoir

DATE	N° de port.	CLIENTS CRÉDITEURS ou débiteurs	NATURE DES EFFETS	DATE D'ÉCHÉANCE	ESCOMPTES et RABAIS		MONTANT des EFFETS		SORTIE
	470	Laurent, à Paris	Traite	30 avril 1921			317	»	Soc. Générale
		Richard, à Paris	Billet à ordre	31 mars 1921		25	137	75	Effets à ...
		Antoine, à St-Louis	Traite	30 juin 1921		»	817	75	»
	702	André, à Amiens	Traite	31 mars 1921		»	1.583	25	Soc. Générale

174. — ÉCHÉANCIER

Effets échéant en mars 1921.

1		2		3		4		5		6		Etc.....	
Nos d'entrée	Sommes	Nos d'entrée	Sommes	Nos d'entrée	Sommes	Nos d'entrée	Sommes	Nos d'entrée	Sommes	Nos d'entrée	Sommes	.....	....
15	700 »					11	800 »	7	950 30				
								18	1.230 »				

175. — d) ENREGISTREMENT DES OPÉRATIONS DIVERSES

Modèle de livre-journal des opérations diverses

DATES DES OPÉRATIONS	NATURE DES OPÉRATIONS	COMPTES A DÉBITER	MONTANT DES DÉBITS		COMPTES A CRÉDITER	MONTANT DES CRÉDITS	
1921. 1er mars.......	Achat à Gérard de mobilier de bureau..	Mobilier	15.000	»	Fournisseurs........	15.000	»
30 juin........	Intérêts de mon compte-courant à la Banque au 30 juin 1921..............	Banquier	73	55	Intérêts et agios...	73	55

176. — Balance de vérification du mois de mars 1921

(Les comptes ont été sériés d'une façon méthodique pour aider à la compréhension de la situation qu'ils révèlent.)

Fos du Grand-Livre	TITRES DES COMPTES	TOTAUX				SOLDES			
		DÉBIT		CRÉDIT		DÉBITEURS		CRÉDITEURS	
	COMPTES DU CAPITAL ET DES RÉSULTATS								
	Capital-actions.. ..	»	»	400.000	»	»	»	400.000	»
	Réserve légale.. ..	»	»	2.352	25	»	»	2.352	25
	Frais généraux.. ..	43.212	25	»	»	43.212	25	»	»
	Escomptes et rabais.	1.203	10	2.715	25	»	»	1.512	15
	Intérêts et agios. ..	817	85	»	»	817	85	»	»
	Ventes..	4.712	15	307.812	15	»	»	303.100	»
	COMPTES DES VALEURS DE L'ENTREPRISE								
	Valeurs fixes :								
	Immeubles..	100.000	»	»	»	100.000	»	»	»
	Mobilier et matériel.	77.803	»	»	»	77.803	»	»	»
	Frais de 1er établiss*.	52.812	»	»	»	52.812	»	»	»
	Loyer d'avance. ..	3.029	25	»	»	3.029	25	»	»
	Cautionnemts divers.	1.604	75	»	»	1.604	75	»	»
	Amortissements. ..	»	»	41.061	50	»	»	41.061	50
	Valeurs circulantes :								
	Caisse	303.817	95	288.601	25	15.216	70	»	»
	Effets à recevoir. ..	79.816	10	46.200	»	33.616	10	»	»
	Effets à payer	37.409	85	62.701	»	»	»	25.291	15
	Achats au comptant.	7.812	»	7.812	»	»	»	»	»
	Magasins	313.714	20	202.613	»	111.101	20	»	»
	Valeurs engagées :								
	Participation N. ..	85.000	»	»	»	85.000	»	»	»
	COMPTES DES TIERS								
	Banquier	224.309	25	57.812	20	166.497	05	»	»
	Fournisseurs	197.129	»	237.614	10	»	»	40.485	10
	Clients..	315.819	25	233.027	05	82.792	20	»	»
	Comptes-courants ..	50.612	05	10.312	25	40.299	80	»	»
		1.900.634	»	1.900.634	»	813.802	15	813.802	15

177. — BILAN AU 31 MARS 1921

Actif		Passif	
Actif		**Passif**	
Valeurs fixes :		Capital actions..	200.000
Mobilier	12.000	Réserve légale	07
Matériel d'exploitation	18.400		
Frais de 1er établissement	10.800	*Résultats :*	
		Pertes et profits.	25.302 70
Valeurs circulantes :			
Caisse	5.322 25	*Valeurs fixes :*	
Banquiers	26.456 25		
Effets à recevoir.	20.400	Amortissements divers..	5.200
Marchandises	87.050		
		Valeurs circulantes :	
Tiers :		Réescompte du portefeuille	141
Clients..	73.950	Effets à payer	5.860
Créances douteuses..	3.000		
		Tiers :	
		Créanciers divers.	16.567 80
		Réserve pour créances douteuses..	3.000
	257.378 50		257.378 50

178. — Compte de Profits et Pertes ou Résultats de l'Exploitation.

I. — PARTIE INDUSTRIELLE

Stock matières premières, à prix de revient, au précédent bilan. 293.123 40

Frais de fabrication imputables aux objets en cours de fabrication à la date du précédent bilan. 20.798 90

       313.922 30

Matières premières achetées au cours de l'exercice. 933.822 40
Ports, douane, octroi 43.701 12
Personnel technique. 22.607 50
Main-d'œuvre 92.392 50
Loyer de l'usine, impôts, assurances 18.913 45
Combustible. 23.605 15
Éclairage 2.702 85
Entretien et divers. 5.105 05
Amortissement du matériel. 28.172 40
   savoir : 15 % sur 157.000 » gros outillage, ci. . . . 23.550 » {
       20 % sur 23.112 05 petit outillage, ci. . . 4.692 40 }

       1.484.944 72

Produits livrés au magasin de ventes par l'usine (à prix de revient) pendant l'exercice 1.115.622 15

Stock matières premières, à prix de revient, d'après l'inventaire 819.712 37

Frais de fabrication imputables aux objets en cours de fabrication 49.610 20

       1.484.944 72

       »   »

II. — PARTIE COMMERCIALE

Stock marchandises fabriquées à la date du précédent bilan, à prix de revient (inventaire du magasin de ventes). . . . . 112.700 »

Marchandises livrées par l'usine au magasin de ventes au cours de l'exercice. 1.115.622 15

       1.228.322 15

Ventes de l'exercice. 1.402.103 25

Stock marchandises en magasin au présent bilan, suivant inventaire. . . . . 153.315 »

       1.555.418 25

          BÉNÉFICE BRUT 327.096 10

   Frais généraux commerciaux :
Direction et administration. . . . . 30.000 »
Personnel. 45.613 80
Publicité . . . . 12.120 »
Loyer des bureaux, impôts, assurances. . . . . . 19.815 »
Chauffage et éclairage. 5.750 10
Téléphone, frais de correspondance, fournitures de bureau 4.215 85
Entretien 1.712 20
Agios, frais de recouvrement 619 15
Réescompte du Portefeuille. . . . . 320 »

       120.165 50

Amortissement du mobilier 10 % sur 57.815 25   5.781 50
Amortissement des frais de 1ᵉʳ établissement :
  10 % sur 33.812 75. . . . . 3.381 30
Montant des amortissements. 9.162 80

       129.328 30

Réserves pour créances douteuses. 7.815 30

       137.143 60

          BÉNÉFICE NET AU BILAN. 189.952 50

179. — COMPTABILITÉ INDUSTRIELLE

Feuille de paye

Semaine du 1er au 6 mars 1921

NOM ou NUMÉRO	HEURES PAR JOUR							Total d'heures	Prix par heure	Brut à payer	Avances	Retenues	Total à retenir	Net à payer	ÉMARGEMENT
	1	2	3	4	5	6	7								
Moreau...	7	8	8	7	»	8	8	54	3 »	162 »	» »	» »	» »	162 »	Moreau
etc...															

180. — Situation de Trésorerie pour le mois d'avril.

Disponibilités immédiates :

Solde en caisse le 1er avril	12.513 45
Solde du compte de Banque le 1er avril..	17.321 12
Bons de la Défense Nationale échus..	30.000 »
	59.834 57

Disponibilités prévues au cours du mois :

Effets à recevoir à échoir (détail à l'échéancier du mois)..	13.112 »
Ventes au comptant prévues (moyenne mensuelle)	20.000 »
Disponibilités au 30 avril.	92.946 57

Paiements à effectuer :

Le 15 avril, loyer échu	4.300 »
Effet Laurent échu le 19 avril	15.000 »
Marchandises à recevoir sur marché Desroussaux, environ (payables à 5 jours date de facture)	20.000 »
Frais généraux courants, environ.	4.000 »
Paiements prévus.	43.300 »

RÉSUMÉ :

Disponibilités réelles.	59.834 57
Paiements prévus.	43.300 »
Différence	16.534 57
Disponibilités prévues au cours du mois.	33.112 »
Disponibilités en fin de mois.	49.646 57

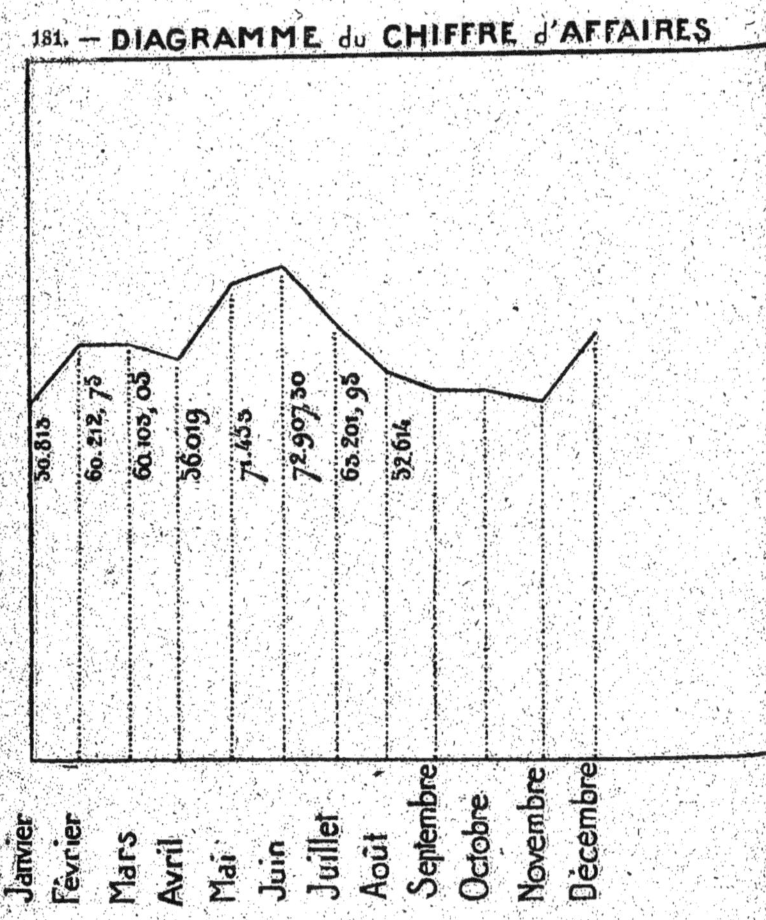

181. — DIAGRAMME du CHIFFRE d'AFFAIRES
50.813
60.212,75
60.105,05
56.019
77.453
72.907,30
65.201,95
52.614
Janvier
Février
Mars
Avril
Mai
Juin
Juillet
Août
Septembre
Octobre
Novembre
Décembre

182. — Comptabilité générale

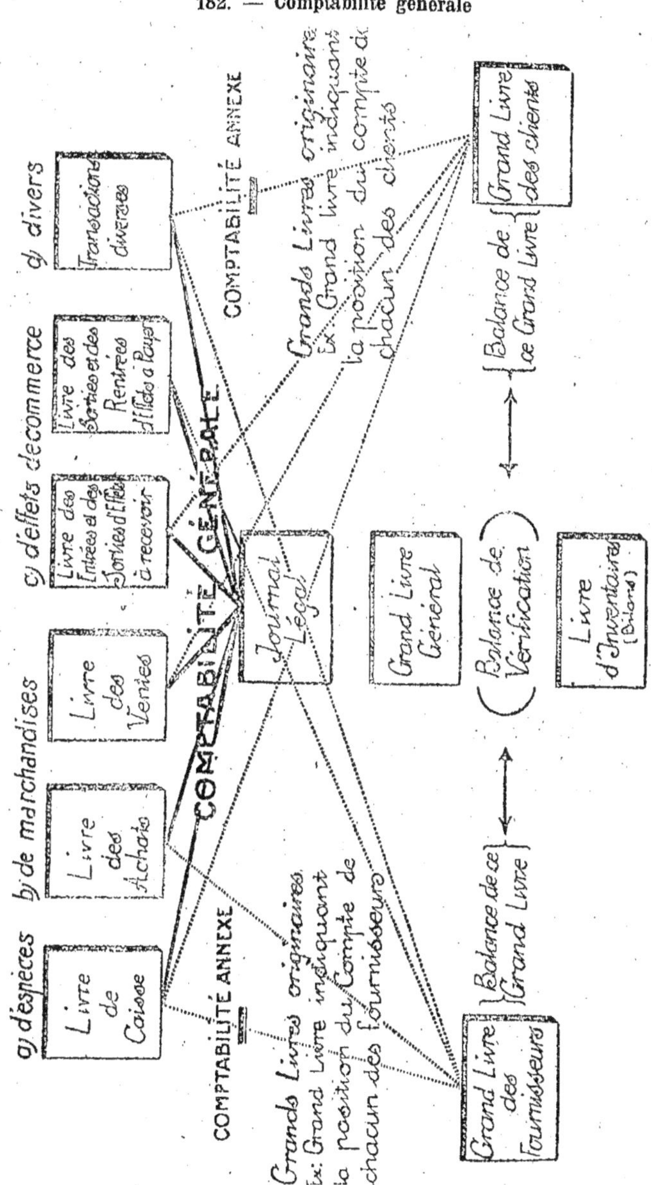

ADDENDUM

Commentaire sur la loi du 2 juillet 1919 relative à l'institution d'un règlement transactionnel pour cause générale de guerre entre les commerçants et leurs créanciers (Voir Traité, n° 3889 *bis*).

Inspirée par une idée généreuse — celle de faciliter aux industriels, commerçants et aux sociétés commerciales, qui ont souffert de la guerre, les moyens de se relever — la loi du 2 juillet 1919 a tout d'abord trouvé un très favorable accueil près des tribunaux de commerce, des cours d'appel, et même de la Cour de cassation, qui en ont largement accordé le bénéfice à ceux qui le requéraient.

La jurisprudence a même été fort loin à cet égard, puisqu'elle a admis que le règlement transactionnel pouvait être obtenu pour toutes causes, même étrangères à la guerre, pourvu que l'état de gêne du commerçant et la présentation de sa requête au tribunal de commerce intervinssent dans les délais de l'art. 1er.

Depuis quelque temps cependant une réaction s'est produite, sans doute en raison du nombre croissant des demandes introduites, ainsi que de la fréquence (relative) de la non-exécution des engagements pris, et les tribunaux et cours se montrent beaucoup plus sévères à accorder la faveur réclamée.

Pourtant, nombre de gens estiment que le règlement transactionnel, véritable concordat préventif, doit être maintenu, définitivement, dans notre droit, et l'on annonce que divers projets seraient présentés en ce sens au Parlement. La difficulté qu'ils s'efforcent sans doute de résoudre consiste à concilier l'absence de publicité avec l'intérêt des tiers.

La loi du 2 juillet 1919 contient un chapitre (Titre IX) que nous reproduisons ci-dessus et qui vise spécialement les sociétés (voir n° 3889 *bis*). Les deux dispositions essentielles qu'il renferme sont relatives :

La première, à la nécessité de faire voter par l'assemblée extraordinaire des actionnaires, convoqués et délibérant suivant les dispositions de la loi de 1913, l'autorisation (*préalable*) de déposer la requête à faire un règlement transactionnel.

La deuxième, relative aux conditions dans lesquelles les *obligataires* devront être convoqués et délibérer pour donner leur adhésion aux pro positions de la société débitrice (1).

Loi du 31 décembre 1920 sur les émissions financières.

. . . .

Art. 32. — L'alinéa 1 de l'art. 1er de la loi du 31 mai 1916 est ainsi modifié :

« *Art.* 1er. — L'émission, l'exposition, la mise en vente, l'introduction sur le marché en France de titres de rente, emprunts et autres effets publics des gouvernements étrangers d'obligations ou de titres, de quelque nature qu'ils soient, de villes, corporations ou sociétés étrangères, sont interdites à partir de la promulgation de la présente loi, jusqu'à une date à fixer par décret en conseil des ministres après la cessation des hostilités. »

NOTE. — Le texte que nous reproduisons (art. 32 de la loi du 31 décembre dernier) supprime la nécessité de l'autorisation gouvernementale pour toutes les émissions à venir, comportant appel au public, de titres français ; la maintenant seulement, ce qui paraît être une excellente mesure de contrôle, pour les mises en souscriptions ou introductions sur le marché de valeurs étrangères.

Loi de finances du 25 juin 1920.

Titre V. — *Dispositions diverses.*

Art. 3. — Sont définitivement acquis à l'Etat, exception faite pour les sociétés d'habitations à bon marché :

1° Le montant des coupons, intérêts ou dividendes atteints par la prescription quinquennale et afférents à des actions ou à des obligations négociables émises par toute société commerciale ou civile ou par toute collectivité soit privée, soit publique ;

2° Les actions, parts de fondateurs, obligations et autres valeurs mobilières des mêmes sociétés ou collectivités, lorsqu'elles sont atteintes par la prescription trentenaire ;

3° Les dépôts de sommes d'argent, et, d'une manière générale, tous avoirs en espèces dans les banques, les établissements de crédit et tous

---

(1) Voir notamment *Le Règlement transactionnel* de Georges Marais. Rousseau et Cie, édit., 1920.

les autres établissements qui reçoivent des fonds en dépôt ou en compte courant, lorsque ces dépôts ou avoirs n'ont fait l'objet, de la part des ayants droit, d'aucune opération ou réclamation depuis trente années.

Les agents de l'enregistrement, des domaines et du timbre ont droit de prendre communication au siège des banques, établissements ou collectivités visés au présent article ou dans leurs agences ou succursales, de tous registres, délibérations et documents quelconques pouvant servir au contrôle des sommes ou titres à remettre à l'État.

Un règlement d'administration publique déterminera les conditions d'application des dispositions ci-dessus.

Toute contravention aux dispositions du présent article ou du règlement d'administration publique prévu au paragraphe précédent sera punie d'une amende de 100 à 5.000 francs, augmentée, le cas échéant, d'une somme égale au montant des coupons, intérêts, dividendes, dépôts ou avoirs ou à la valeur nominale des titres pour le versement ou la remise desquels une omission, une dissimulation ou une fraude quelconque aura été commise au préjudice de l'État par la société, la collectivité ou l'établissement intéressé.

Décret

Portant règlement d'administration publique pour l'exécution de l'art. **3** *de la loi du 25 juin 1920 relatif à l'attribution à l'État des coupons, titres négociables et soldes créditeurs des comptes de banques atteints par la prescription (J. off. 27 mai 1921).*

Le Président de la République française,
Sur le rapport du ministre des finances,
Vu l'art. **3** de la loi du 25 juin 1920, ainsi conçu :

« Sont définitivement acquis à l'État, exception faite pour les sociétés d'habitations à bon marché :

« 1° Le montant des coupons, intérêts ou dividendes atteints par la prescription quinquennale et afférents à des actions ou à des obligations négociables émises par toute société commerciale ou civile, ou par toute collectivité, soit privée, soit publique ;

« 2° Les actions, parts de fondateur, obligations et autres valeurs mobilières des mêmes sociétés ou collectivités lorsqu'elles sont atteintes par la prescription trentenaire ;

« 3° Les dépôts de sommes d'argent et, d'une manière générale, tous avoirs en espèces dans les banques, les établissements de crédit et tous autres établissements qui reçoivent des fonds en dépôts ou en compte-courant, lorsque ces dépôts ou avoirs n'ont fait l'objet, de la part des ayants droit, d'aucune opération ou réclamation depuis trente années.

« Les agents de l'enregistrement, des domaines et du timbre ont droit de prendre communication au siège des banques, établissements ou collectivités visés au présent article, ou dans leurs agences ou succursales, de tous registres, délibérations et documents quelconques, pouvant servir au contrôle des sommes ou titres à remettre à l'Etat.

« Un règlement d'administration publique déterminera les conditions d'application des dispositions ci-dessus.

« Toute contravention aux dispositions du présent article ou du règlement d'administration publique prévu au paragraphe précédent sera punie d'une amende de 100 à 5.000 francs, augmentée, le cas échéant, d'une somme égale au montant des coupons, intérêts, dividendes, dépôts ou avoirs ou à la valeur nominale des titres pour le versement ou la remise desquels une omission, une dissimulation ou une fraude quelconque aura été commise au préjudice de l'Etat par la société, la collectivité ou l'établissement intéressé. »

Le Conseil d'Etat entendu,

Décrete :

ART. 1er. — Les sociétés, compagnies, entreprises commerciales ou civiles, les départements, communes, établissements publics ou d'utilité publique, et, d'une façon générale, toutes les collectivités soit privées, soit publiques, autres que les sociétés d'habitations à bon marché, sont tenus de remettre au bureau des domaines de leur siège :

1º Le montant des coupons, intérêts ou dividendes atteints par la prescription quinquennale et afférents aux actions ou obligations négociables qu'elles ont émises ;

2º Les actions, parts de fondateurs, obligations et autres valeurs mobilières émises par elles et atteintes par la prescription trentenaire ou, à défaut, des duplicata négociables.

Toutes les fois que les titres comportent la forme nominative, la remise des valeurs s'opérera au moyen de titres de cette nature établis en jouissance courante au nom du domaine de l'Etat.

Si les valeurs ainsi devenues la propriété de l'Etat ont été remboursées, rachetées, amorties ou ont été l'objet de répartitions, lots ou primes, de quelque nature que ce soit, le versement de sommes ainsi acquises à titre de remplacement ou d'accroissement sera versé au domaine dans les formes établies pour la remise du montant des coupons, dividendes ou intérêts.

ART. 2. — Toute maison de banque, tout établissement de crédit et tous autres établissements qui reçoivent des fonds en dépôts ou en compte-courant, est tenu de remettre au bureau des domaines du siège de son établissement tous les dépôts ou avoirs en espèces qui n'ont fait l'objet de la part des ayants droit d'aucune opération ou réclamation depuis trente ans.

Pour les banques, établissements ou entreprises qui possèdent des agences ou succursales et dont les écritures comptables relatives à ces dépôts ou avoirs ne sont pas centralisées à l'établissement principal, la remise doit être faite au bureau des domaines du siège de l'agence ou de la succursale intéressée.

Art. 3. — Les remises au domaine sont effectuées dans le courant des mois de janvier, avril, juillet et octobre de chaque années.

Elles comprennent toutes les sommes et valeurs qui ont été atteintes par la prescription au cours du trimestre précédent.

La première remise trimestrielle à opérer au domaine devra comprendre toutes les sommes et valeurs atteintes par la prescription depuis la mise en vigueur de la loi du 25 juin 1920 jusqu'au dernier jour du trimestre précédant la remise.

Art. 4. — Chaque versement de sommes et valeurs est appuyé des relevés faisant ressortir distinctement suivant les cas :

1º La désignation précise et détaillée des coupons, intérêts et dividendes compris dans le versement, l'indication de leur montant, la date de leur exigibilité, ainsi que la date d'échéance de la prescription quinquennale ;

2º La désignation précise et détaillée des titres ou duplicata remis au domaine, l'indication de leur valeur nominale, la nature et la date de la dernière opération dont les titres ont fait l'objet, ainsi que la date d'échéance de la prescription ou, s'il s'agit de titres amortis ou ayant bénéficié de répartitions, lots ou primes de quelque nature que ce soit, la désignation précise et détaillée de ces titres, le montant et la date d'exigibilité des sommes, lots, primes et autres produits y afférents, la nature et la date de la dernière opération dont ils ont fait l'objet, ainsi que la date d'échéance de la prescription ;

3º Le nom et la qualité du déposant ainsi que la nature et le montant des dépôts ou avoirs en espèces versés au domaine, la date de la dernière opération dont ils ont fait l'objet, et la date d'échéance de la prescription.

Ces relevés doivent être certifiés véritables par les directeurs ou gérants des établissements ou collectivités tant pour leur établissement principal que pour leurs agences ou succursales, par les préfets pour les départements, par les maires pour les communes, et par leurs administrateurs légaux pour les établissements publics et d'utilité publique.

Art. 5. — Le recouvrement des sommes à verser au domaine ainsi que les remises de titres ou duplicata sont poursuivis et les instances introduites et jugées comme en matière de recouvrement de produits et revenus domaniaux.

Art. 6. — Les dispositions du présent décret ne sont pas applicables aux sommes, valeurs ou titres non réclamés dont l'attribution est régie par des lois particulières.

Art. 7. — Le ministre des finances est chargé de l'exécution du présent décret qui sera publié au *Journal officiel* et inséré au *Bulletin des lois.*

Fait à Paris, le 14 mai 1921.

Loi du 24 mars 1921

Prorogeant les sociétés par actions et par parts d'intérêt ayant leur siège social ou exploitation en régions libérées ou dévastées et qui sont arrivées à leur terme statutaire depuis le 1er août 1914.

Le Sénat et la Chambre des députés ont adopté,

Le Président de la République promulgue la loi dont la teneur suit :

Art. 1er. — Les sociétés par actions dont le siège social ou l'exploitation se trouvait, au moment des hostilités, dans les régions libérées ou dévastées et qui sont arrivées à leur terme statutaire, peuvent proroger leur durée avec un effet rétroactif au jour de ce terme, dans les conditions où la prorogation aurait pu être valablement déclarée avant la date de leur expiration.

La décision relative à la prorogation visée au paragraphe précédent devra intervenir au plus tard dans les six mois qui suivront la promulgation de la présente loi.

Art. 2. — La réunion et la délibération des assemblées générales ayant pour but de proroger la durée des sociétés par actions arrivées à leur terme statutaire se feront conformément aux dispositions des art. 1, 2 et 3 de la loi du 17 juin 1920.

Seront considérés comme valables les actes accomplis au nom des sociétés visées à l'article précédent par les personnes autorisées à gérer, administrer et signer pour les sociétés, dans la limite de leurs pouvoirs statutaires, depuis l'arrivée de la société à son terme normal jusqu'à la réunion de l'assemblée générale des actionnaires.

Dans le cas où l'assemblée générale des actionnaires ne serait pas réunie à l'expiration du délai de 6 mois fixé par l'art. 1er, les actes visés par le présent article cesseront d'être valablement accomplis à l'expiration du dit délai.

Art. 3. — Les sociétés par parts d'intérêts sont admises aux bénéfices des dispositions prévues par la présente loi dans les termes de leurs statuts.

La présente loi, délibérée et adoptée par le Sénat et par la Chambre des députés, sera exécutée comme loi de l'Etat.

Fait à Paris, le 24 mars 1921.

Loi du 21 mai 1921

Portant modification à l'art. 5 de la loi du 17 mars 1905 relative à la surveillance et au contrôle des sociétés d'assurances sur la vie et de toutes les entreprises dans les opérations desquelles intervient la durée de la vie humaine, et à l'art. 5 de la loi du 19 décembre 1907 relative à la surveillance et au contrôle des sociétés de capitalisation.

Article unique. — Le deuxième alinéa de l'art. 5 de la loi du 17 mars 1905 est modifié ainsi qu'il suit :

« Les sociétés françaises à forme mutuelle ou à forme tontinière devront constituer un fonds de premier établissement qui ne peut être inférieur à cinq cent mille francs (500.000 fr.) et qui doit être amorti en quinze ans au plus. »

L'art. 5 de la loi du 10 décembre 1907 est rédigé ainsi qu'il suit :

« *Art. 5.* — Les sociétés françaises anonymes ou en commandite doivent avoir un capital social au moins égal à deux millions de francs (2.000.000 fr.).

« Les sociétés françaises à forme mutuelle devront constituer un fonds de premier établissement qui ne peut être inférieur à cinq cent mille francs (500.000 fr.) et qui doit être amorti en quinze ans au plus. Toutes les entreprises sont tenues, en outre, de constituer, dans les conditions prévues à l'art. 9, § 4, une réserve de garantie, qui tient lieu du prélèvement prescrit par l'art. 36 de la loi du 24 juillet 1867.

Loi du 24 juin 1921

Portant modification des art. 47, 48, 49 et 50 C. com.

Le Sénat et la Chambre des députés ont adopté,

Le Président de la République promulgue la loi dont la teneur suit :

ARTICLE UNIQUE. — Les art. 47, 48, 49, 50 C. com. sont modifiés ainsi qu'il suit :

« *Art. 47.* — Indépendamment des trois espèces de sociétés indiquées dans l'art. 19 ci-dessus, la loi reconnaît les associations commerciales en participation.

« *Art. 48.* — Les associations en participation ont lieu, pour les objets, dans les formes ou proportions d'intérêt et aux conditions convenues entre les parties.

« *Art. 49.* — Les associations en participation sont des sociétés dont l'existence ne se révèle pas aux tiers.

« Elles ne sont pas sujettes aux formalités de publicité prescrites pour les autres sociétés de commerce.

« Chaque associé contracte avec les tiers en son nom personnel.

« L'association en participation ne constitue pas une personne morale.

« Il ne peut être admis de titres cessibles ou négociables au profit des associés.

« *Art. 50.* — Les associations en participation peuvent être constatées conformément aux dispositions de l'art. 109. »

La présente loi, délibérée et adoptée par le Sénat et par la Chambre des députés, sera exécutée comme loi de l'État.

Fait à Paris, le 24 juin 1921.

COMMENTAIRE.

Par la loi dont nous reproduisons le texte intégral ci-dessus, le Parlement a donné aux *associations commerciales en participation* un statut un peu plus complet que celui qui résultait des seuls art. 47 à 50 C. com.

La nouvelle loi ne fait guère d'ailleurs que codifier les solutions de la jurisprudence, notamment en ce qui concerne *la multiplicité d'objets* auxquels peut s'appliquer cette forme de groupement des individus (aucune limitation ni exclusion) — *son absence de personnalité morale* (qui la distingue essentiellement des *sociétés*) — *son caractère occulte* — *la liberté absolue* des conventions à intervenir entre les participants — *la facilité de la preuve* (renvoi pur et simple à l'art. 109 C. com.) — *la responsabilité* de l'associé (ou du gérant de l'association) qui traite avec les tiers, etc...

Et il n'y a guère à signaler que l'alinéa (dernier de l'art. 49 ancien) qui interdit toute « émission de titres *cessibles* ou *négociables* au profit des associés ».

La nouvelle loi n'interdisant pas la création d'une *indivision* entre les coparticipants, il demeure possible — conformément aux décisions de la jurisprudence et à une pratique assez fréquente— de constituer entre ceux-ci, par l'acte statutaire, une telle communauté d'intérêts ; étant seulement bien entendu que la propriété indivise existant entre les associés n'aura jamais pour effet de conférer la personnalité morale à leur association.

Il est toutefois permis de regretter qu'aucune stipulation de la loi nouvelle ne réglemente les dissolution et mise en liquidation de la participation, ce qui fait qu'une fois de plus le législateur a prévu la création d'une forme de groupement sans songer à sa désagrégation.

Il en résulte que, d'après les solutions de la jurisprudence, la liquidation de l'association en participation, qui n'est pas un être moral, mais une simple communauté d'intérêts (avec ou sans indivision), demeurera un simple règlement de comptes (avec ou sans partage) entre coassociés, par un mandataire officieux ou officiel qu'on appellera (le mot importe peu) un liquidateur ou seulement un arbitre (jurisprudence du Tribunal de commerce de la Seine).

Décret du 8 janvier 1921

Relatif à la mention à imprimer sur les valeurs mobilières françaises abonnées qui seront dispensées de l'apposition du timbre à l'extraordinaire.

Vu l'art. 10 de la loi de crédits provisoires du 31 décembre 1920, dont les deux premiers alinéas sont ainsi conçus :

« Les sociétés, compagnies, entreprises et les départements, communes et établissements publics, qui auront contracté un abonnement pour l'acquittement des droits de timbre exigibles sur les titres d'actions ou d'obligations émis par eux, pourront être dispensés, par l'administration de l'enregistrement, par dérogation aux prescriptions des art. 16, 22 et 28 de la loi du 5 juin 1850, de l'apposition du timbre à l'extraordinaire

sur la souche et le talon desdits titres et autorisés à remplacer cette appo
sition par une mention imprimée sur ces titres, dont le texte sera fixé
par un décret.

« Chaque autorisation fera l'objet d'un avis inséré au *Journal officiel*
par les soins de l'administration. »

Vu les art. 16, 22, 28 et 31 de la loi du 5 juin 1850.

Art. 1er. — La mention à apposer sur les titres pour lesquels les sociétés, compagnies, entreprises et les départements, communes et établissements publics, auront été dispensés, en conformité de l'art. 10 de la loi
du 31 décembre 1920, de l'apposition du timbre à l'extraordinaire sera
ainsi conçue :

« Droit de timbre acquitté par abonnement.

« Avis d'autorisation inséré au *Journal officiel* du... »

Art. 2. — La mention prévue par l'article précédent sera imprimée
tant sur la souche que sur le talon des titres.

Proposition de loi

*Sur les associations d'obligataires, présentée à la Chambre des députés
par M. René Lafarge le 16 novembre 1920.*

Art. 1er. — Les porteurs d'obligations provenant d'un même emprunt,
émises avant la promulgation de la présente loi par des sociétés françaises ou par des sociétés étrangères en France, peuvent se réunir en
assemblée générale, laquelle décide s'il y a lieu de constituer une association d'obligataires pour la défense de leurs intérêts.

Cette association devra être déclarée dans les conditions prévues par
la loi du 1er juillet 1901, et elle sera soumise aux règles relatives aux associations déclarées et aux dispositions spéciales ci-après :

Art. 2. — L'assemblée générale est convoquée, soit par le conseil
d'administration de la société émettrice, soit par un ou plusieurs obligataires, possédant au moins cent obligations non encore remboursées.

Art. 3. — La convocation est faite au moyen d'un avis inséré dix jours
au moins à l'avance dans un journal d'annonces légales du lieu du siège
de la société si elle est française ; de Paris, si elle est étrangère.

Si l'initiative de la réunion est prise par la société débitrice, celle-ci
doit, en outre, adresser les convocations individuelles, par lettres recommandées, aux propriétaires d'obligations nominatives, et à tous les obligataires qui lui ont fait connaître, dans les trois années écoulées avant la
date de convocation, leurs noms et leurs adresses.

Si la réunion est provoquée par un ou plusieurs obligataires, ceux-ci
doivent se faire délivrer par la société émettrice un état contenant les

noms et adresses des mêmes obligataires, et adresser des convocations individuelles à chacun de ceux mentionnés dans l'état fourni.

Toute convocation indique l'objet de la réunion et les conditions relatives au dépôt de titres et à la forme des pouvoirs.

Art. 4. — L'assemblée générale est ouverte par un administrateur de la société émettrice, ou à son défaut, par l'obligataire possédant ou représentant le plus grand nombre de titres. Elle nomme son président.

Celui-ci est assisté des deux plus forts obligataires présents et acceptants. Le bureau désigne un secrétaire choisi dans l'assemblée. Les délibérations sont constatées par un procès-verbal signé par les membres du bureau.

A ce procès-verbal sont annexés : l'état fourni par la société débitrice, et certifié conforme par le conseil d'administration, des obligations émises et de celles se trouvant en sa possession ; la feuille de présence, dressée par ceux qui ont fait la convocation, des obligataires présents ou représentés, avec indication des noms, prénoms et domicile, et du nombre d'obligations, avec les numéros, déposées par chacun d'eux ; les procurations de ceux qui se sont fait représenter.

Nul ne peut représenter un obligataire s'il n'est lui-même propriétaire d'obligations.

La feuille de présence est mise à la disposition des membres de l'assemblée aussitôt après sa confection. Un administrateur de la société émettrice a, dans tous les cas, accès à l'assemblée générale, avec voix consultative.

Art. 5. — L'assemblée générale ne délibère valablement qu'autant qu'elle est composée d'un nombre d'obligataires représentant au moins les trois quarts du capital des obligations émises et non remboursées, déduction faite des obligations qui sont en la possession de la société.

Si cette assemblée ne remplit les conditions ci-dessus fixées, une nouvelle assemblée peut être convoquée dans les mêmes conditions de forme et de délai que la première ; en outre la convocation reproduit l'ordre du jour en indiquant la date et le résultat de la première assemblée.

La seconde assemblée délibère valablement si elle se compose d'un nombre d'obligataires représentant au moins le quart du capital des obligations possédées par la société.

Dans toutes les assemblées, les résolutions, pour être valables, doivent réunir les deux tiers des voix des obligataires présents ou représentés.

Chaque obligataire a, dans l'assemblée, un nombre de voix égal à celui des obligations qu'il possède ou représente.

Art. 6. — Si l'assemblée générale décide la création d'une association d'obligataires, elle en détermine les statuts.

Elle peut également, si elle estime ne pas être en mesure de les établir, réserver à une nouvelle assemblée, qui doit être convoquée et tenue suivant les mêmes règles que la première, le soin d'en arrêter les dispositions.

Art. 7. — Les frais de convocation des assemblées et de confection des statuts sont à la charge de la société émettrice.

Art. 8. — Toute société qui, postérieurement à la promulgation de la présente loi, procédera à une émission d'obligations devra, à peine de nullité de l'emprunt, stipuler parmi les conditions de celui-ci qu'il existera entre les obligataires une association déclarée dont les statuts devront figurer sur le bulletin de souscription, la signature de ce bulletin emportant approbation de ces statuts. Le texte intégral des statuts devra figurer également sur les titres des obligations.

Art. 9. — Le fonctionnement de l'association sera assuré au moyen :

1° De la représentation des obligataires par un ou plusieurs administrateurs, choisis ou non parmi eux, et désignés soit par les statuts, soit par l'assemblée générale des obligataires ;

2° D'assemblées générales d'obligataires qui pourront être convoquées, soit par le conseil d'administration de la société émettrice, soit par le ou les administrateurs de l'association, soit enfin par un groupe d'obligataires représentant le vingtième des obligations émises et non amorties, si l'administrateur, saisi par ce groupe d'une demande écrite tendant à cette convocation, n'y a pas déféré dans le mois de cette demande.

Art. 10. — Le ou les administrateurs représenteront les obligataires dans leurs rapports avec la société anonyme. Ils les représenteront en justice, ainsi que dans les opérations de faillite et de liquidation judiciaire.

Les statuts détermineront l'étendue de leurs pouvoirs.

Dans la quinzaine qui précède l'assemblée générale annuelle de la société débitrice, le ou les administrateurs de l'association peuvent exercer un droit de communication identique à ceux prévus au profit des actionnaires par les art. 12 et 35 de la loi du 24 juillet 1867.

Art. 11. — Toute décision ou opération ayant pour effet de modifier d'une façon quelconque, soit les droits et obligations réciproques de la société émettrice et des obligataires, soit les statuts de l'association existant entre ces derniers, devra, pour être valable, être prise par l'assemblée générale des obligataires.

Les dispositions des art. 4 et 5 seront applicables à ces assemblées, en ce qui concerne les formes et délais de convocation, l'établissement de la feuille de présence et du procès-verbal, la constitution du bureau, la représentation des obligataires, le calcul des voix et la présence d'un administrateur de la société émettrice.

L'assemblée pourra délibérer si le quart des obligations émises et non amorties, déduction faite de celles possédées par la société, s'y trouve représenté.

A défaut, une deuxième assemblée convoquée à quinze jours au moins et trois mois au plus d'intervalle, avec le même ordre du jour, peut délibérer quel que soit le nombre d'obligataires représenté. La convocation est faite dans les mêmes formes que pour la première, mais doit mentionner le résultat de la première réunion.

Les délibérations sont prises à la majorité des voix.

Toutefois, les décisions qui entraîneraient une réduction de la créance des obligataires contre la société ou du taux des intérêts, ou encore l'abandon total ou partiel des garanties spéciales conférées aux obligataires, de même que toute acceptation de propositions concordataires, ne pourraient être votées qu'à une majorité comprenant les trois quarts des voix des membres présents ou représentés.

La conversion des obligations en actions (qui ne peut avoir lieu en aucun cas autrement qu'entièrement libérées) ne peut être décidée que si les statuts en confèrent expressément le pouvoir à l'assemblée générale des obligataires et dans les mêmes conditions de majorité.

Les conditions de quorum et de majorité ci-dessus prescrites peuvent être aggravées, mais non atténuées, par les statuts de l'association.

Les décisions de l'assemblée générale intéressant les droits des obligataires et les décisions prises par l'association conformément à ces statuts sont opposables à tous les obligataires.

Une copie de chaque procès-verbal d'assemblée générale des obligataires doit être remise au siège social à tout obligataire qui en fait la demande.

ART. 12. — Les obligataires entre lesquels il existe au moment de la présente loi, sous le nom d'association, société civile, groupement ou autre dénomination quelconque, une convention ayant pour objet la centralisation et la défense de leurs intérêts, dans des conditions différentes de celles ci-dessus prévues, pourront, en se conformant aux règles prescrites par les articles 1er et suivants, décider de se placer sous le régime de la présente loi, et apporter à leurs statuts toutes modifications qui en seront la conséquence.

ART. 13. — La présente loi laisse entière l'application des dispositions de la loi du 2 juillet 1919, dans le cas spécial de règlement transactionnel.

TABLE DES MATIÈRES

DEUXIÈME PARTIE (*suite*)

TROISIÈME PARTIE

DES TONTINES. — DES SOCIÉTÉS D'ASSURANCE SUR LA VIE ET AUTRES SOCIÉTÉS D'ASSURANCES. — DES SOCIÉTÉS ANONYMES A PARTICIPATION OUVRIÈRE. — DES SOCIÉTÉS DE CRÉDIT AGRICOLE.— DES SOCIÉTÉS DE CRÉDIT MARITIME.— DES SOCIÉTÉS DE CAPITALISATION ET SOCIÉTÉS D'ÉPARGNE. — DES SOCIÉTÉS D'ASSURANCES CONTRE LES ACCIDENTS DU TRAVAIL ET DES SYNDICATS DE GARANTIE.— DES SYNDICATS DE PRODUCTEURS (CORNERS, POOLS, TRUSTS, CARTELLS). — DES SOCIÉTÉS A CAPITAL VARIABLE ET SOCIÉTÉS COOPÉRATIVES. — DES SOCIÉTÉS COOPÉRATIVES DE CONSOMMATION. — DES SOCIÉTÉS DE CRÉDIT AU PETIT ET AU MOYEN COMMERCE ET A LA PETITE ET A LA MOYENNE INDUSTRIE.— DES SOCIÉTÉS COOPÉRATIVES DE RECONSTITUTION.

HUITIÈME PARTIE

RÉGIME FISCAL

ANNEXES

Documents administratifs.

ADDENDUM

TABLE DES FORMULES

C

Société de capitaux.

D

Sociétés coopératives.

E

Sociétés à capital variable.

F

Sociétés anonymes d'habitations à bon marché.

G

Société anonyme de crédit immobilier.

H

Sociétés de capitalisation.

I

Sociétés anonymes ouvrières.

J

Sociétés d'assurance mutuelle.

K

Liquidations amiables.— Règlements transactionnels.— Concordat.

L

Groupements d'obligataires et de porteurs de parts.
Obligations hypothécaires.

M

Syndicats de garantie et autres.

N

Bilans et formules comptables.

TABLE ALPHABÉTIQUE

Les chiffres renvoient aux numéros de l'ouvrage.

fraude, 1727. — Egalité entre
actionnaires, 1731. — Exécution
en Bourse, 1735. — Intérêts, 1738.
— *Loi de* 1893. — Responsabilité du non-versé, 1743.

Liquidation. — Communauté d'intérêts, 710. — Principe de la liquidation, 711. — Liquidateur, 712
et suiv. — Survie de l'être moral,
277, 715. — Nomination du liquidateur, 718. — Révocation, 721.
— Publication du nom du liquidateur, 492, 724. — Justice compétente, 725. — Le liquidateur
représente les associés et non les
créanciers, 734 et suiv. — Société nulle, 726. — Mode de liquidation, 492, 728. — Réunion des
actions en une seule main, 638,
3422. — Révocation de mandat,
731. — Caution, 732. — Pouvoirs, 733 et suiv. — Etablissement et réalisation de l'actif,
738 et suiv. — Achèvement des
opérations et acquit du passif,
760 et suiv. — Exercice des actions sociales, 767. — Pluralité
de liquidateurs, 768. — Liquidation et faillite, 769. — Responsabilité du liquidateur, 770 et
suiv. — Reddition de compte,
779. — Clôture de la liquidation,
810. — Compte, 811 et suiv. —
Sociétés par actions, 3427 et
suiv. — Apport par le liquidateur
à une société nouvelle, 3440. —
V. *Partage.*

Liquidation judiciaire. — V. *Faillite.*

Loi de 1913. — V. *Modification des
statuts.*

Loteries, 224. — V. *Pénalités.*

M

Majoration des apports. — V. *Apports en nature.* — *Pénalités.*

Mandat. — V. *Assemblées générales.*

Mandat authentique. — V. *Déclaration notariée.*

Marches. — V. *Administrateurs.* —
Sociétés anonymes.

Marque de fabrique, 160.

Mines, 155 et suiv.

Modification des statuts. — *Loi du
22 novembre* 1913. — Historique,
3241. — Sociétés auxquelles s'applique la loi. Assemblées constitutives. Commandites. Dissolution,
3242. — Pouvoir des assemblées.
Modifications permises, conditions, 3245. — Composition, quo-

rum. Majorité. Assemblées successives, 3247. — Sanctions, 3251.
— Tiers, 3252. — Interdictions
statutaires, 3254. — Rétroactivité,
3255. — Sociétés auxquelles ne
s'applique pas la loi de 1913,
3256. — V. *Augmentation de
capital.* — *Réduction du capital.*
— *Transformation.*

N

Nantissement. — V. *Gage.*

Nationalité. — Des administrateurs,
3017. — Sociétés étrangères, 3958.

Négociation des actions, 1761 et
suiv. — Actions ordinaires, 1761.
— Avant constitution, 1762. —
Vente à l'émission, 1678. — Restriction au droit, 1769. — Actions
nominatives, 1770. — Actions
d'apport, 1780. — Voies civiles,
1783. — Société transformée,
1785. — Sociétés nulles, 1957.

Nombre des associés. — V. *Sociétés
anonymes.*

Non-versé. — V. *Libération.*

Notice. — V. *Publicité.*

Nullité des sociétés par actions. —
V. aussi *Publicité.* — Principes,
1912. — Causes, 1913 et suiv. —
Apport non sérieux, 1915. —
Actes postérieurs à la constitution, 1916. — Ordre public, 1917.
— Plein droit, 1920. — Dissolution, 1922. — Demande principale, 1921. — Effets du jugement.
V. *Jugement de nullité.* — Qui
peut la demander, 1929. — V.
Actions en justice. — Tiers, 1925
et suiv. — Intéressés. Actionnaires, 1929. — Acheteurs d'actions, 1936. — Créanciers sociaux, 1939. — Créanciers personnels, 1940. — Débiteurs sociaux, 1942. — Effets, 1943. —
Opérations non commencées,
1943. — Passé, 1944. — Société
de fait, 1944, 1954. — Négociation d'actions, 1955. — Garantie,
1958. — Responsabilité, 1959
et suiv. — Société en commandite, 1962. — Société anonyme,
1974. — Conseil de surveillance,
1964. — Augmentation de capital,
1969. — Gérant, 1970. — Apporteurs, 1971. — Actionnaires, 1973.
— Fondateur, 1974. — Caractère de la responsabilité, 1991.
— Sociétés en commandite, 1992.